NANNING YEARBOOK
2008

《南宁年鉴》编纂委员会编

广西人民出版社

主　　编　林小静
责任编辑　韦洁琳

南宁年鉴

（2008）

《南宁年鉴》编纂委员会编

地址：广西南宁市竹塘路13号
电话：0771－5847659　5847661
邮编：530022
E－mail：nanning nianjian@sina.com
nj4661@sina.com

出　版　广西人民出版社
社　址　广西南宁市桂春路6号
邮　编　530028
网　址　http://www.gxpph.cn
发　行　全国新华书店
印　刷　广西民族印刷厂
开　本　890mm×1240mm　1/16
印　张　38
字　数　1980千字
版　次　2008年8月　第1版
印　次　2008年8月　第1次印刷

ISBN 978－7－219－06328－6/Z·158
定　价：198元

南宁市政区图

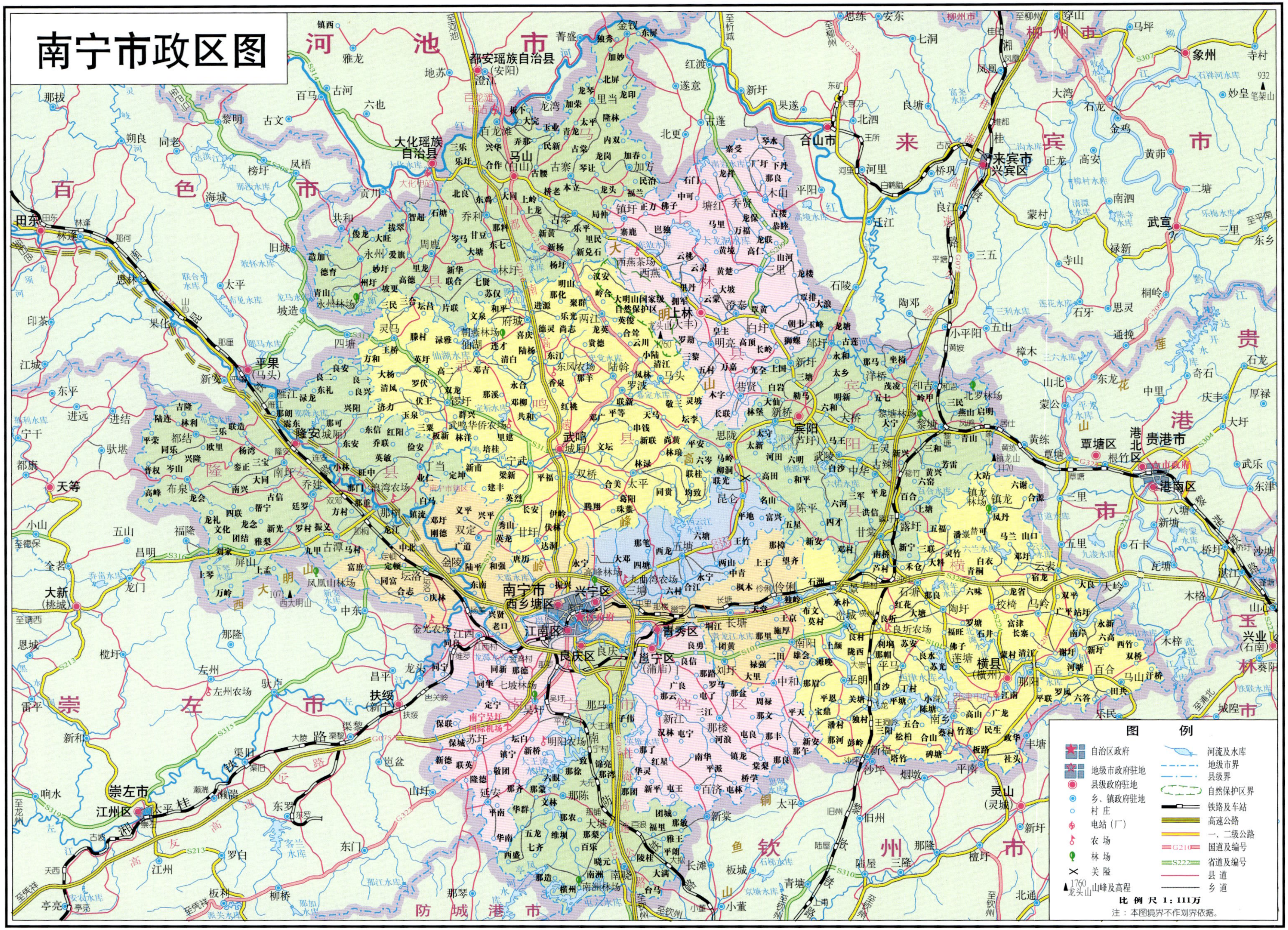

图例

自治区政府
地级市政府驻地
县级政府驻地
乡、镇政府驻地
村庄
电站（厂）
农场
林场
关隘
山峰及高程
河流及水库
地级市界
县级界
自然保护区界
铁路及车站
高速公路
一、二级公路
国道及编号
省道及编号
县道
乡道

比例尺 1:111万

注：本图境界不作划界依据。

广西地图院编制
审图号：桂S（2006）50号
2008年8月

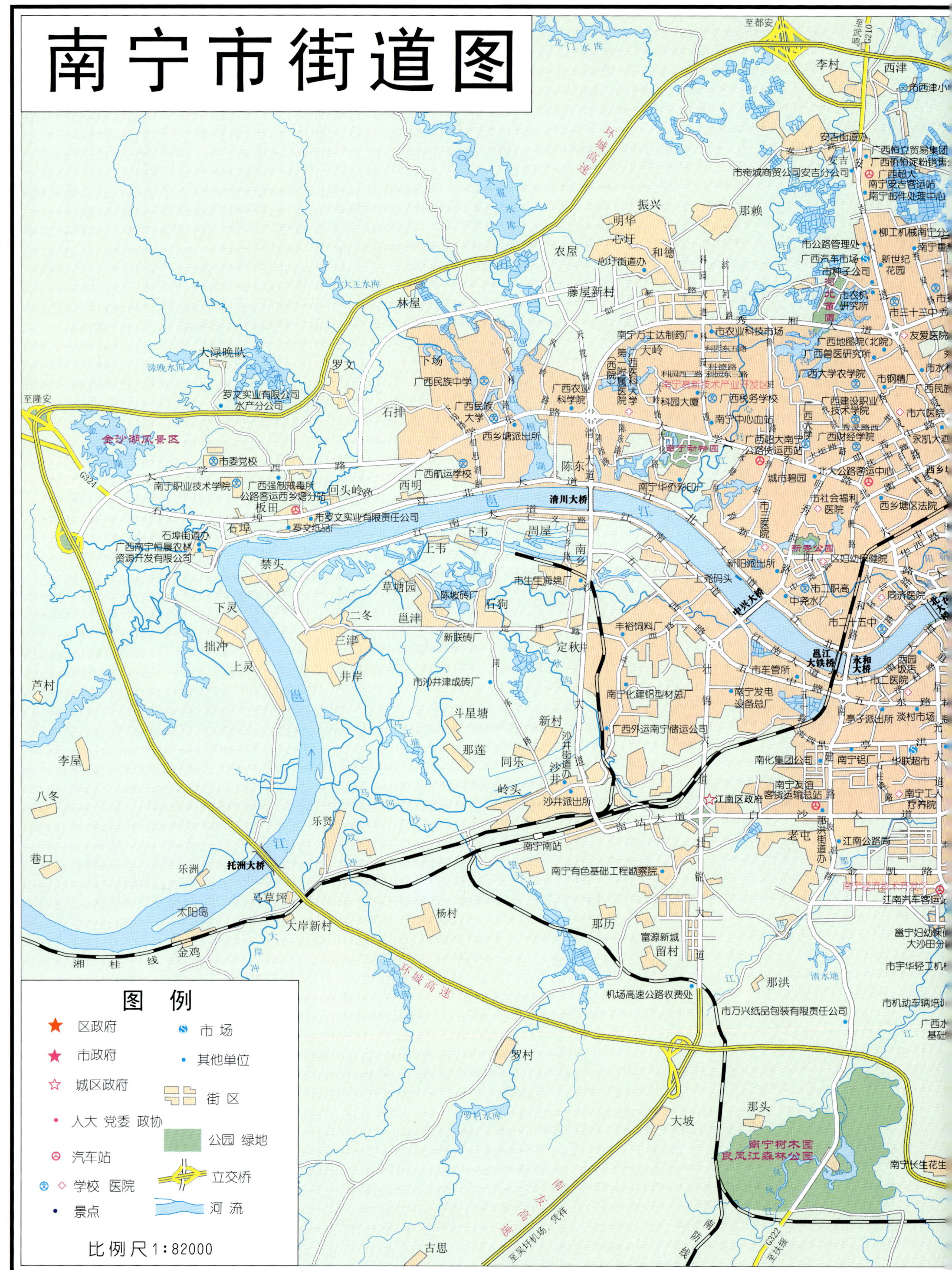

南宁市街道图
图例
区政府
市政府
城区政府
人大 党委 政协
汽车站
学校 医院
景点
市场
其他单位
街区
公园 绿地
立交桥
河流
比例尺1:82000
环城高速
至都安
至武鸣
G210
李村
西津
安吉街道办
安吉
市帝城商贸公司安吉分公司
南宁安吉客运站
南宁邮件处理中心
振兴
明华
那赖
心圩
和德
农屋
心圩街道办
藤屋新村
林屋
大王水库
大禄晚肤
罗文
下场
广西民族中学
广西农业科学院
广西民族大学
石排
西乡塘派出所
罗文实业有限公司水产分公司
至隆安
金沙湖风景区
G324
市委党校
南宁职业技术学院
广西强制戒毒所
公路客运西乡塘分站
回头岭
板田
广西航运学校
西明
陈东
石埠
石埠街道办
广西南宁恒晨农林资源开发有限公司
罗文纸品厂
市罗文实业有限责任公司
邕江
清川大桥
上韦
下韦
周屋
禁头
下灵
草塘园
陈坡砖厂
石狗
市生生海绵厂
二冬
邕津
三津
新联砖厂
井岸
市沙井津成砖厂
拙冲
上灵
芦村
李屋
八冬
巷口
乐洲
托洲大桥
太阳岛
马草坪
大岸新村
金鸡
湘桂线
乐贤
斗星塘
那莲
新村
同乐
岭头
沙井街道办
沙井派出所
南宁南站
杨村
南宁有色基础工程勘察院
那历
富源新城
留村
机场高速公路收费处
罗村
大坡
那头
南宁树木园
良凤江森林公园
南宁长生花生
古思
至吴圩机场、凭祥
南友高速
南防线
G322
至扶绥
那洪
市万兴纸品包装有限责任公司
江南区政府
南宁友谊客货运输总站
老屯
江南公路局
南化集团公司
南宁铝厂
华联超市
亭子派出所
市车管所
南宁发电设备总厂
南宁化建铝型材总厂
广西外运南宁储运公司
丰裕饲料厂
定秋井
上尧码头
中兴大桥
邕江大铁桥
永和大桥
中尧水厂
市二职高
新阳派出所
区妇幼保健院
市二十五中
市工医院
西园饭店
南宁万士达制药厂
市农业科技市场
大岭
广西医科大学
南宁高新技术产业开发区
广西税务学校
科园大厦
南宁中心血站
南宁动物园
广西超大南宁公路货运西站
广西大学
南宁华侨彩印厂
城市碧园
北大公路客运中心
市社会福利医院
西乡塘区法院
市三医院
新秀公园
广西地图院(北院)
广西兽医研究所
广西大学农学院
市钢精厂
广西建设职业技术学院
广西财经学院
市六医院
永凯大酒
市公路管理处
广西汽车市场
市种子公司
新世纪花园
市农机研究所
市三十三中
友爱医院
柳工机械南宁分公司
广西恒立贸易集团
广西桥柏淀粉销售
广西超大
市西津小
江南汽车客运
邕宁妇幼保健院大沙田分
市华轻工机
市机动车辆培训
广西水基础
清水塘
西乡
同济医院
南宁工人疗养院

广西地图院编制

审图号：桂S（2006）50号

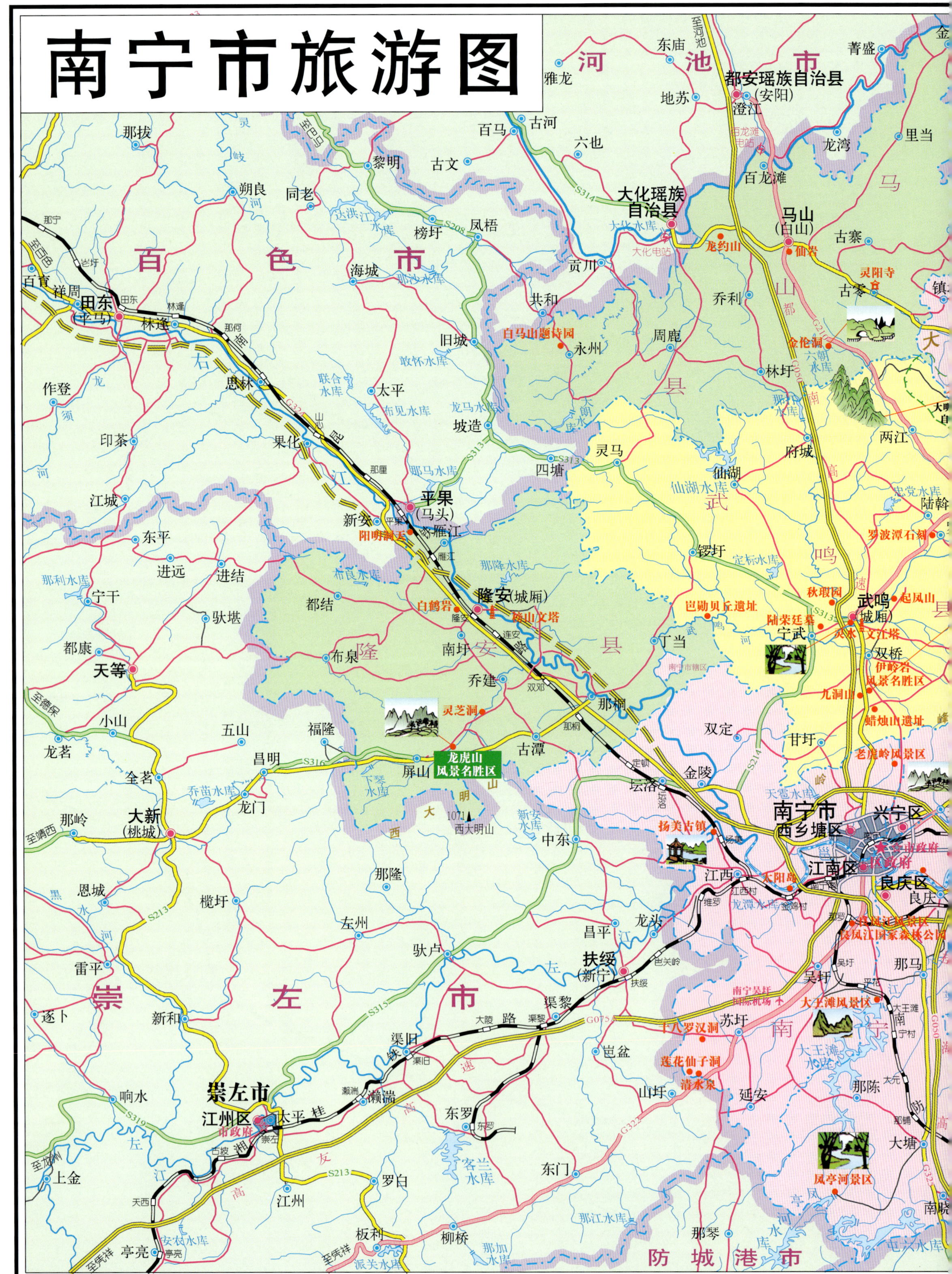

南宁市旅游图
百色市
河池市
崇左市
防城港市
都安瑶族自治县
大化瑶族自治县
马山
平果
隆安
武鸣
扶绥
崇左市
南宁市
西乡塘区
兴宁区
江南区
良庆区
田东
天等
大新
龙虎山风景名胜区
灵芝洞
白鹤岩
阳明洞天
龙约山
金伦洞
灵阳寺
扬美古镇
大王滩风景区
凤亭河景区
九洞山
蜡烛山遗址
老虎岭风景区
伊岭岩风景名胜区
巴勋贝丘遗址
秋瑕园
罗波潭石刻
十八罗汉洞
莲花仙子洞
清水泉
太阳岛
良凤江国家森林公园
南宁吴圩国际机场
西大明山

广西地图院编制

审图号：桂S(2006)50号

2008年8月

南宁高新技术产业开发区

火炬大厦

2007年12月，自治区党委书记郭声琨（前排左三）视察中国—东盟企业总部基地

2008年6月，自治区党委常委、市委书记车荣福（左四），市长黄方方（左二）视察中国—东盟企业总部基地

南宁高新技术产业开发区管理委员会
地址：滨河路1号火炬大厦
邮政编码：530007
电话：0771-5816665 5816666 5816661
网址：http://www.nnhitech.gov.cn

南宁高新技术产业开发区组建于1988年，位于大学与科研院所密集的南宁市西部，1992年11月晋升为国家级高新区。行政管辖面积43.5平方公里，2007年实现技工贸营业总收入406亿元，实现工业总产值270.36亿元；科技工业园规模以上工业总产值103亿元，成为广西首个突破百亿元的工业园区。

市委、市政府对高新区实行特区式封闭管理，开放式运行，全市29个部门授予高新区市级管理权限。高新区管委会严格按照“小机构、大服务”的原则，实行“封闭式管理，开放式运行”的管理模式，建立灵活高效的运行机制。在广西率先推行“一站式服务中心”。近年来，先后出台《南宁国家高新区优惠政策》、《南宁高新区科技工业园地价优惠的试行办法》、《关于在高新区工业园实行“无费区”政策的细则》、《关于科技型中小企业技术创新专项配套基金暂行规定》、《重点技术改造项目配套财政贴息管理办法》等政策规定，降低企业的建设成本。高新区每年从财政中拿出4000多万元，对进行技术创新的企业和技术改造的项目，以及留学人员创业进行专项支持。同时，制定《南宁高新区管委会关于高层次人才享受待遇有关暂行规定》，为进入高新区工作的高层人才提供住房、交通等方面的便利。高新区管委会还以财政出资为引导、企业融资为主、民间资金为辅建立南宁联合创新投资公司，解决科技型中小企业“融资难”的问题。

在产业发展上，高新区努力做到四个坚持：坚持环境优先、实现可持续发展；坚持以大项目带动主导产业资源整合；坚持大力引进跨国公司和知名企业进入工业园区；坚持增强整体优势，加强产业组合创新，大力引进和孵化关联度大、辐射力强、带动性强的项目。

目前，高新区已经形成以生物工程及制药、电子信息、机电一体化、现代化为主的产业群。项目引进数量连年增长，项目科技含量也有很大提高，在争取大项目、大资金上取得新突破。已入驻企业累计3 385多家，高新技术企业163家，三资企业183家 。美国、日本、德国、法国、加拿大、香港、台湾等12个国家和地区的客商在此投资创业。

良好的政策支撑体系，完善的投资软环境，使高新区成为南宁乃至广西的高新技术产业化基地，成为南宁改革开放的重要窗口和最具活力的新的经济增长点，成为投资者的乐土、创业者的乐园。

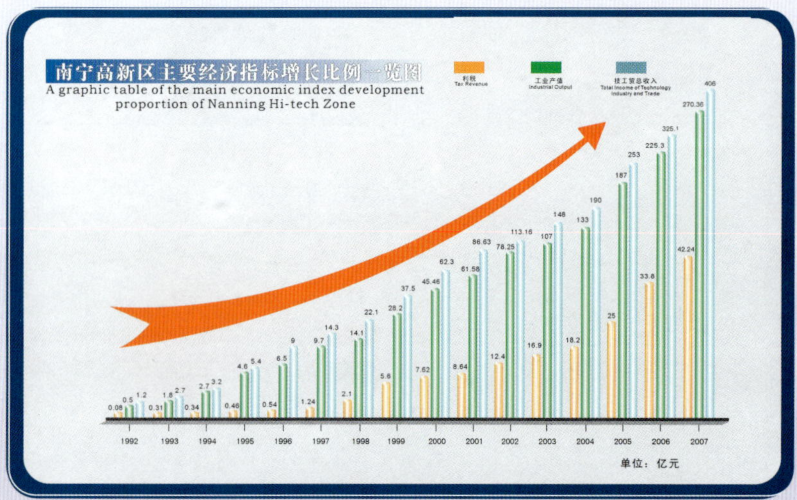

南宁高新区主要经济指标增长比例一览图

高新区科园大道

南宁软件园

兴宁区

兴宁区位于南宁市东北部，行政区域面积751平方公里，辖三塘镇、五塘镇、昆仑镇、朝阳街道办事处、民生街道办事处，37个行政村，36个社区，总人口约33万。2007年，实现地区生产总值52.06亿元，比上年增长18.1%；财政收入11.17亿元，增长28.43%；农业总产值6.51亿元，增长11.23%；工业总产值29.8亿元，增长25.84%；全社会固定资产投资24.46亿元，增长32.74%；社会消费品零售总额99.7亿元，增长21.89%；城镇居民人均可支配收入实现13738元，增长14.55%，农民人均纯收入3935元，增长12.03%。各项工作和社会事业取得新成绩、新进步。先后获首批全国科普示范城区、全国科技进步先进城区、社会治安综合治理先进集体、和谐邻里建设示范城区称号。东沟岭棚户区改造项目获2006年联合国迪拜国际改善居住环境良好范例奖。

朝阳商贸中心区。以朝阳路为轴线的3平方公里范围内汇集了上千家商场、商店、宾馆，有引进世界500强和全国50强企业的大连万达商业广场；有商号旺铺栉次鳞比素有南宁市"王府井"美称的步行街；有交易场、新旧和平商场、民族商场构成繁华的商业"金三角"，是南宁市集购物、休闲、饮食为一体的核心商业区。近年来，兴宁区积极配合市政府推进商贸活市百亿工程，推进朝阳商贸中心区的改造升级，引进外来企业和资金进行城市建设。经过不懈的努力，先后有南宁万达商业广场、新朝阳商业广场、金朝阳商业广场、太阳广场等重要商业地产建成。上海路围合区、澳门街、西南商都等旧改项目全面启动，金之岛城市广场、海奇置地等7个新的商贸活市百亿工程顺利实施。基础设施的改善，吸引众多知名商业企业如沃尔玛、百盛、大食代、麦当劳、肯德基、国美、苏宁、梦之岛等落户辖区。

东沟岭新区。位于市区东北部，是兴宁区向东北方向延伸发展的生态型新区，东起环城高速路转南梧二级路，南到衡阳路延长线，西至邕武路，北到外环高速路，规划总面积1412.16公顷。是南宁市第一个由城区负责规划、开发、建设的新区。2007年市政府同意东沟岭新区继续享受土地出让金返还，用于新区基础设施建设的优惠政策；四组团项目成功挂牌出让；金桥物流园储备用地B地块约230亩（15.33公顷）土地已具备挂牌出让条件；投资3000万元的中兴大道一期工程竣工通车；兴东路东段完成路基施工，投资约1100万元；金禾湾经济适用房、澳华经济适用房、皇龙新城、金源·橘子郡累计完成投资15.35亿元。2004年，"东沟岭棚户区改造项目"获国家建设部授予的"中国人居环境范例奖"，2006年获联合国迪拜国际改善居住环境良好范例奖。

三塘工业集中区。位于三塘镇，筹建于2003年末，规划用地800公顷，一期控制性规划用地面积约295公顷。重点发展高新技术、一类环保型都市工业，并详细规划汽车及配件产业区、印刷产业区、科技产业区、一类工业综合产业区等。至2007年末，投资额为1.5亿元的嘉捷特种设备生产项目、兴典混凝土项目及金恒丰出口包装箱生产一期项目一批规模大、技术含量高、市场前景好的

工业项目已经入园建设，二期入区的7个项目用地指标已完成申报工作。三塘镇南区一期和北区控制性详细规划已获市政府批准。

南梧大道经济带。以东沟岭新区为起点，昆仑关为终点，依托南梧大道二级公路，通过东沟岭新区开发、工业集中区建设、九曲湾温泉、嘉和城温泉谷旅游和昆仑关景区开发，带动三塘镇、五塘镇、昆仑镇的小城镇建设，在南梧大道两旁形成集物流、商贸、房地产、特色餐饮、旅游等产业的经济带。2007年，总投资5.4亿元，全长9.66公里的南梧大道扩建三期工程于10月末全线竣工（南梧大道总长13.53公里，总投资8亿多元）；年末，引进的金桥农产品批发市场一期工程已开工建设，东盟—川桂国际物流园项目、玉柴南宁国际物流中心、金桥小区A地块项目进入征地阶段；九曲湾温泉度假区、嘉和城温泉谷旅游项目成为南宁市旅游热点，年内接待游客84万多人次。

① 2007年12月10日，自治区党委常委、市委书记马飚（中），市长陈向群（右一）视察望州南社区
② 民生路兴宁路步行街一角
③ 万达商业广场
④ 机关工作人员定期走访企业
⑤ 兴宁区获得联合国迪拜国际改善居住环境良好范例奖。图为宣传花车
⑥ 兴宁区首届休闲美食节
⑦ 机关领导干部下乡为企业和群众现场办公
⑧ 2007年12月12日，举行玉柴物流项目开工仪式

南宁化工股

2006年10月1日，自治区党委书记刘奇葆（二排中）到公司视察

2007年12月10日，自治区党委书记郭声琨（前左二）到公司视察

2007年，南宁化工股份有限公司有总资产22.05亿元；营业收入18.22亿元，比上年增长41.95%；利税总额1.63亿元，比上年增长29.09%；利润7731.44万元，增长22.84%。主营烧碱、聚氯乙烯、氯化石蜡、盐酸、液氨、氯化氢、水泥、电石生产和氯碱化工系列产品及其原辅材料、机械设备及技术的进出口贸易等业务。年主要产品产能：烧碱26万吨（离子膜碱16万吨），聚氯乙烯14万吨，盐酸12万吨，液氯10万吨，三氯异氰尿酸1.5万吨。产品产量占广西总量70%。拥有自营进出口权，产品辐射南方大部分省份和北美、欧盟、东南亚等36个国家和地区。2004～2007年，公司积极探索低成本扩张的道路，改变简单的增量发展，通过加大资本市场融资力度，实现本部做强、异地新建及异地收购重组相协调发展的模式，在对外投资方面获得突破性进展。

参股公司——年产10万吨烧碱、12万吨聚氯乙烯的贵州安龙金宏特种树脂有限责任公司生产区一角

目前，公司有全资、控股、参股子公司10家，分别为：南宁狮座建材有限公司（100%控股），南宁丰塔建材有限公司（74.38%控股），贵州省安龙华虹化工有限责任公司（57.35%控股），贵州兴义市立根电冶有限公司（51.54%控股），梧州市联溢化工有限公司（51%控股），南宁绿州化工有限责任公司（51%控股），南宁化工（香港）有限公司（40%参股），南宁中南油化工有限公司（40%参股），贵州省安龙金宏特种树脂有限责任公司（6.38%参股），广西南南铝箔有限责任公司（4.46%参股）。

全资子公司——年产50万吨水泥的南宁狮座建材有限公司水泥生产线

“十一五”期间公司将积极响应和贯彻执行自治区、南宁市的发展规划，推动南宁市工业经济的发展，结合广西铝矿、甘蔗制糖造纸、林浆纸、木薯等资源丰富的特点，发挥传统产业优势，利用高新技术改造传统产业，保持和扩大公司氯碱产品在华南地区的优势，把氯碱主业做大做强做精，提高市场竞争力。以南化为中心进行产业整合，优化资源配置；大力开发精细化工，开发新剂型氯代异氰尿酸系列产品、高纯氯乙酸及下游产品，开发新型食品添加剂。充分利用企业自产初级产品为基础，发展深加工和衍生物产品；大力发展生物化工、生物农药及高科技产业。建成在国内同行前五名、华南地区最大的氯碱和精细化工综合企业，努力打造成为广西的支柱产业之一。力争在“十一五”至“十二五”期间实现烧碱年产100万吨，工业总产值、销售收入分别达到100亿元，建成以烧碱和聚氯乙烯生产为主，集电石、氯碱化工、精细化工、建材等生产行业跨地区发展的集团企业。

份有限公司

2005年12月22日，贵州省黔西南州党政考察团到公司参观

控股子公司——年产8万吨电石的贵州兴义市立根电冶有限公司

控股子公司——年产3万吨烧碱的梧州市联溢化工有限公司

控股子公司——年产27万吨电石的贵州安龙华虹化工有限责任公司生产区

控股子公司——南宁绿洲化工有限责任公司年产30万吨烧碱、32万吨聚氯乙烯可行性研究报告通过专家组评审。目前正在紧张筹备中，项目计划于2008年开工建设

南宁永凯实业集团有限责任公司

集团董事局主席、总裁　赖可宾

南宁永凯实业集团是一家多元化、跨行业的现代化大型民营企业。拥有南宁春晖房地产开发有限责任公司、南宁华凯房地产开发有限责任公司、南宁永凯物业管理有限责任公司、南宁永凯大酒店有限公司、广西宾阳黎塘永凯大酒店有限责任公司、广西宾阳县永凯运输有限公司6家控股公司。在东葛路、凤岭等核心地段开发永凯现代花园、永凯现代城、永凯春晖花园3个楼盘，总建筑面积50万平方米，各楼盘商业定位为5A写字楼、五星级酒店、五星级酒店式公寓、精品百货商场、大型生活超市等。2006年实现销售收入2亿多元，纳税总额1000多万元。2002～2006年为发展社会主义新农村建设、扶弱助残、扶贫济困等共向社会各界捐助善款1200多万元。

永凯集团自创办以来，始终坚持“以人为本”的经营理念，诚信经营，不断探索企业创新发展的方法，各项工作得到政府和社会各界的肯定。先后获全国就业与社会保障先进民营企业、全国民营企业文化建设先进单位、中国民营企业纳税百强、广西和谐劳动关系优秀企业、广西优秀企业、振兴南宁“创新经济效益杯”金杯奖、南宁市民族团结进步先进集体等称号，2006年度在广西企业100强中排名第34位。集团董事局主席、总裁赖可宾被评为全国关爱员工优秀民营企业家，自治区先进乡镇企业家、优秀中国特色社会主义事业建设者、百名优秀企业家，市劳动模范、十大杰出青年等，并被推选为市人大代表、自治区政协委员。

在建中的永凯春晖花园A区国际之窗主楼效果图

市领导为赖可宾（右二）颁发“南宁市十大杰出青年”荣誉证书

在建中的永凯现代城效果图

广西永凯糖业有限责任公司

化验室

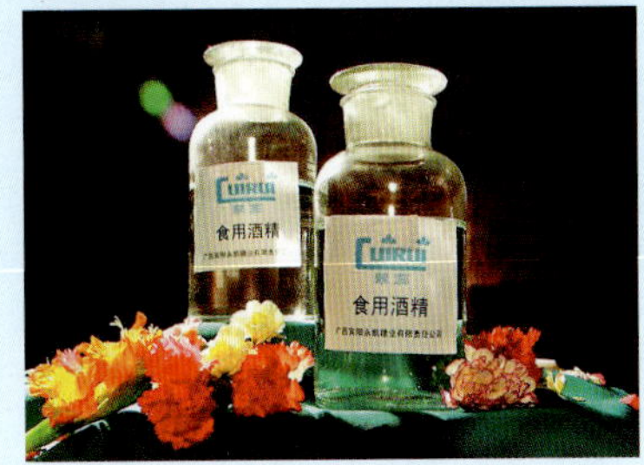

食用酒精

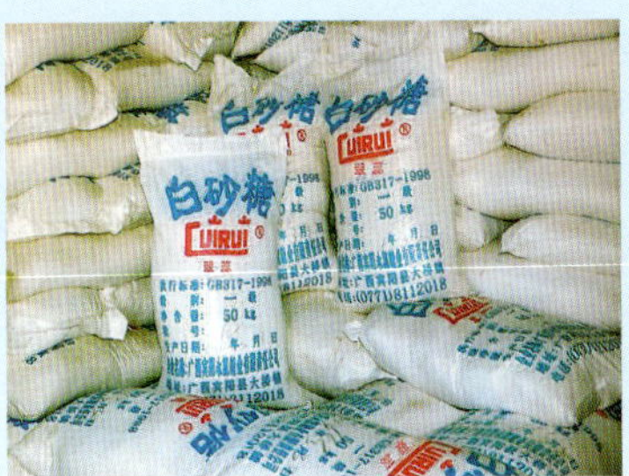

白砂糖

广西永凯糖业有限责任公司是一家现代化大型制糖企业。公司注册地设在南宁市，下设左江分公司、宾阳大桥分公司、宾阳黎塘分公司；注册资本2.4亿元，资产总值15亿多元；在册员工1600多人，其中各类专业技术人员500多人。2006年实现营业销售收入8.33亿元，上缴税金达亿元。公司经营范围包括白砂糖、赤砂糖、原糖、食用酒精、掺混肥料的生产销售等。拥有日榨甘蔗2.4万吨规模的制糖生产线、年产3.1万吨食用酒精的生产线和年产3万吨掺混肥料（BB肥）生产线。公司生产的“翠蕊”牌白砂糖被评为广西著名商标和广西名牌产品，食用酒精获全国行业产品质量优秀奖（第一名），3家制糖分公司均通过ISO 9001:2000质量管理体系认证。

为进一步做强做大企业，不断拓展国内外市场，2007年3月，先后成立广西永凯糖纸有限责任公司和广西永凯宾阳纸业有限责任公司两个筹建处，分别以原糖为原料加工精制糖，充分利用蔗渣制浆造纸，并于2008年投产。2007年8月，花旗国际企业投资有限公司向公司投资5000万美元，双方建立长期的战略合作伙伴关系，为永凯糖业向国际化发展奠定坚实的基础。

2007年8月15日，董事长赖可宾（前右一）与CVCI亚太区总裁祁国栋（前左一）签署战略合作协议

左江分公司全貌

青　秀　区

2008年2年7月，中共中央总书记胡锦涛在区委书记肖志钢（左一）的陪同下亲切慰问春节期间坚守工作岗位的金浦垃圾中转站环卫工人

2007年2月，自治区党委书记刘奇葆（前排右一），自治区党委常委、市委书记马飚（后排右一）在区委书记肖志钢（前排左一）、区长赵禹鹏（后排中）陪同下到青秀区检查工作

青秀区位于南宁市东部，是广西壮族自治区党、政、军机关所在地，是南宁市的政治、经济、文化、科技、教育、金融、信息和会展中心，是中国—东盟博览会的主要活动地。城区辖4个镇、5个街道办事处和1个省级经济开发区，面积872万平方公里，常住户籍人口55万，流动人口27万，居住着汉、壮、苗、瑶等多个民族。

环境优美，人文景观荟萃。青秀区有风景如画、让人流连忘返的国家4A级、南宁市最大的综合旅游风景区——青秀山风景名胜旅游区；有流光溢彩的全市最大、最美的夜景灯光公园——南湖公园；有集名树、亚洲最大的激光水幕电影综合水景于一体的全国先进城市广场——南湖广场；有寓意放眼世界、广迎宾朋、共谋发展的大型雕塑广场——五象广场；有广西最大、现代化程度最高、配套设施最齐全的会展中心——南宁国际会展中心；有绿荫如盖、花果飘香，充分体现人与自然和谐、供接待各国元首的别墅群——荔园山庄；有一代伟人邓小平亲笔题写碑名、供人景仰的百色起义先驱韦拔群、李明瑞等革命烈士纪念碑和雷经天故居；是无产阶级革命家、政治家、著名社会活动家、党和国家卓越领导人邓颖超的故乡；是中国近现代史上有影响的爱国教育家、教育理论家、教育改革先驱雷沛鸿的家乡和中共广西省第一次代表大会会址；首府南宁的城市地标、西南第一高楼——地王国际商会中心座落其中；汇聚广西展览馆、博物馆、科技馆、人民会堂和南宁国际会展中心等有着浓厚文化底蕴的自治区级各大场馆，高楼林立、现代化气息浓郁，是广西对外展示改革开放成果的“城市名片”。

区位独特，经济又好又快发展。青秀区区位优势明显，基础设施完善，交通便利。近年来，城区党委、政府充分发挥城区区位优势，以增强综合实力为目标，抢抓机遇，加快发展，全面实施“科技兴区、三产富区、服务强区、依法治区、文明建区”的发展战略，解放思想，转变观念，开拓进取，勇于创新，以大改革促进大开放，以大开放促进经济大发展，经济建设驶入了飞速发展的快车道。“九五”以来，城区地区生产总值和财政收入年均增长速度保持在25%和53%以上。2007年，城区地区生产总值完成69.86亿元，社会消费品零售额完成106.12亿元，全社会固定资产投资额完成34.83亿元，财政总收入完成23.27亿元，城镇居民人均可支配收入达1.65万元，农民人均纯收入达3975元,城区财政收入、城镇居民可支配收入和农民人均收入均位居全广西

区委书记肖志钢（左一）、区长赵禹鹏（左三）等领导到群众工作部接待来访群众

区委书记肖志钢（中），区委副书记、区长赵禹鹏（右二），人大主任黄素萍（左二），政协主席张宝昌（右一），区委副书记邓健民（左一）在青秀区重点建设项目工作汇报会上

各县区之首。城区按照“大力发展现代服务业，巩固提升传统服务业”的工作思路，坚持实施“三产富区”战略，突出发展商贸流通业、房地产业、餐饮娱乐业、会展服务业，在巩固提高传统服务业的同时，积极发展金融、科技、文化、体育、中介服务、社区服务等新兴产业，进一步加大提升对“三产”的软硬件建设，不断完善服务功能，营造了良好的发展环境，使青秀区成为首府南宁投资“三产”的首选地，辖区内房地产业、特色餐饮、科技、文化、信息、连锁超市、现代物流等服务业迅速崛起，法国零售巨头“家乐福”、广州友谊、巴黎春天百货、北京华联超市、深圳人人乐超市、外滩数码新城、星湖电子广场、中房公司、航洋国际投资公司等知名企业纷纷进驻，形成了青秀区特有的“五圈八街”商贸格局和以埌东、凤岭、仙葫为龙头的房地产开发热潮，成为名副其实的购物中心、美食天堂、居住福地和娱乐前线。城区积极创新工业发展思路，做大做强工业经济，突出抓好产业结构调整，做大做强支柱产业，全力打造优势产业，改造提升传统产业，加快发展新兴产业和高新技术产业，不断增强企业自主创新能力。2007年，固定资产投入施工项目198个，实际利用外资额2481万美元，实际到位内资额21.63亿元。新增规模口企业7家，新增产值8386万元。二塘工业园、仙葫东区工业园已经成功引进南宁市生源中药饮片有限责任公司、广西建业混凝土有限公司等7个项目，其中广西建业混凝土有限公司已投入生产，年产值可达1亿多元。

2007年6月21日，举办与辖区大中专院校共谋发展座谈会

社会和谐，发展成效显著。青秀区区党委、政府高度重视维护辖区大局稳定工作，以开展创建“平安青秀”为抓手，坚持“稳定压倒一切，责任重于泰山”原则，广泛深入开展“和谐建设在基层”活动，加大“大排查、大调处、大化解”工作力度，切实维护辖区的社会稳定大局；坚决贯彻落实自治区党委、政府关于实施城乡清洁工程的重大决策，切实转变工作作风，强化治理“五乱”工作措施，不断拓展和深化城乡清洁工程内涵，坚持做到落实“三到位”，即思想认识、干部深入、工作措施到位；实现了“三个变化”，即市容市貌、经济工作及干部作风有了明显变化，营造了洁、齐、美的城乡环境，得到了广大市民群众的肯定和好评。自2007年2月26日自治区现场会以来，到城区考察城乡清洁工程的省内外党政代表团120多个，共3000多人次。坚持以打造教育强区为目标，把“两基”巩固提高工作作为落实科教兴区和构建和谐社会的战略举措来抓，确立教育优先发展的战略地位，不断增强教育的基础与活力，“两基”成果稳步提高，基础教育教学水平名列全市各县区前列。几年来，城区先后获得全国社区建设示范城区、科技工作先进城区、爱心献功臣先进城区、计划生育优质服务先进县区、社区教育工作实验区、城市市容环境卫生先进集体时传祥奖、群众体育先进单位、婚育新风进万家活动先进集体、科技进步先进城区、民政工作先进区、社区卫生服务示范区、科普示范城区、残疾人社区康复工作示范城区、拥军爱民模范单位、中医进社区卫生服务先进城区、婚姻登记规范化建设窗口单位、预防青少年违法犯罪工作先进集体、双合格家庭教育工作示范城区、优秀青年中心、万家社区文明风采电视大赛一等奖及自治区文明城区、双拥工作模范城区、教育工作先进区、社会治安综合治理模范城区、劳动和社会保障工作先进城区、民政工作先进城区、双文明建设先进城区等130多项国家级和自治区级荣誉。

埌东新貌

南宁市城市管理综

2005年7月1日，自治区党委书记刘奇葆（右四）在自治区党委常委、市委书记马飚（右三）的陪同下视察南宁市数字化城管指挥中心

2007年，南宁市城市管理综合行政执法支队按照市委、市政府“开放创新年”的部署要求，全力实施城乡清洁工程，着重在创新管理体制和创新数字化城市综合管理模式上实现新突破。由支队负责建设的南宁市数字化城市综合管理与指挥系统被评为市“十大创新成果”，支队被评为市创新先进集体，2人被评为市创新活动先进个人，1人被自治区建设厅评为二等功。

实施体制改革，创新管理体制，破解城市管理难题。为进一步全面实施城乡清洁工程，结合“数字城管”建设的实际，按照市委、市政府提出的“统一领导，分级管理，条块结合，以块为主”的城市管理体制改革要求，全面改革现行的城市管理和城市管理综合行政执法体制，调整和完善城市管理综合执法职能，实施执法队伍整编制改革，实现管理体制的创新，建立起城乡清洁工程长效管理新机制，有效解决城市管理中存在的问题。

打造“数字化城管”，创新管理模式，实现管理技术和手段上的革命。数字城管系统综合运用计算机、无线网络、现代光纤通信网络、遥感影像、GPS全球定位等技术，利用GIS基础地理信息，采用万米单元网格管理法、城市部件管理法、城市事件管理法等管理方法，实行监督与指挥两个管理职能轴心分离的管理新模式，通过信息化管理内在的系统性、网络性、程序性和透明性推进城市管理资源优化整合、管理流程科学再造、管理主体多元参与，使系统成为提高城市管理水平的有效手段，提升城市管理水平和服务能力，实现城市管理运作效率的大提高。

全面持续开展城乡清洁工程，把南宁建设成为生态绿城。加大对各城区、开发区“五乱”现象和综合行政执法的监督检查力度，组织各大队重点开展户外广告、违章运输撒漏、城市“牛皮癣”等综合整治活动，为首府南宁实现“洁、齐、美”的市容环境做出贡献。

2006年2月15日，建设部城建司领导和专家视察南宁市数字化城管指挥中心

合行政执法支队

2005年12月11日，市城市管理局领导向国家建设部城建司有关领导和专家汇报南宁市数字城管建设情况

执法人员整治违章停放车辆

专项整治违章摊点

专项整治违章撒漏泥土车

拆除户外广告

南宁市国家税务局

2007年，南宁市国家税务局以“质量、效率、落实”为工作主线，贯彻“实”、“新”、“特”、“好”、“快”的总体要求，狠抓作风效能建设，强化科学管理，着力打造“电子国税、文化国税、创新国税、和谐国税”，实现税收收入、依法治税、征管质效、行政效能、文明创建“五个”新突破。全年累计组织税收收入68.31亿元，首次突破60亿元大关，比上年增收14亿元，增长25.76%，提前半个月超额完成全年税收收入任务，税收总量、增幅、增收额均创历史最好水平，月均增收税款超亿元，为实现全市财政收入突破150亿元的奋斗目标，促进首府经济社会发展和建设富裕文明和谐新广西做出积极贡献。不折不扣地兑现落实西部大开发、企业改制、技术创新、引进外资、民政福利企业等各项税收优惠政策，改革出口退税管理模式，应用出口退税远程申报系统，减少审核环节，增加办退次数，加快了退税进度。全年累计为4000多户企业办理各项减、免、退税近20亿元，占同期国税总收入26%，有力地助推了企业发展。

① 2007年12月21日启动广西国税12366纳税服务平台，为纳税人提供高效便捷的涉税服务

② 局党组学习党的十七大精神

③ 在自治区国税系统率先将原来功能单一的窗口整合为可办理各项涉税事宜的“大一窗”，实现“一岗多职”、“一岗多能”

④ 在车辆购置税办税厅安装银联POS刷卡机，取代现金缴款业务，纳税人只需1~2分钟即可办妥申报缴纳车购税手续

编 辑 说 明

一、《南宁年鉴》是南宁市人民政府主办的综合性地方年鉴，是系统记述南宁市自然、政治、经济、文化和社会等方面情况的年度资料性文献，是社会各界和海外人士认知南宁的窗口、成功事业的助手。

二、《南宁年鉴》于1996年创刊，每年出版一卷。本年鉴为2008年卷（总第13卷），着重记载2007年度南宁市的基本情况。

三、本年鉴的基本内容，分为综合情况、动态信息、辅助资料三大部分。综合情况部分分设特载、特辑、南宁概貌3个专栏。动态信息部分分设两会一节、党政机关、群众团体、法制、军事、开发区·新区、城市建设与管理、环境保护·园林绿化、国有资产监管与运营、工业、农林·水利、交通运输业、信息业、商业贸易、对外经济贸易、南宁与东盟、旅游业、会展业、个体私营经济、财政·税务、金融、经济管理与监督、教育、科学、文化、新闻出版、卫生、体育、社会生活、区县、人物31个类目。辅助资料有大事记、城市竞争力、图片专辑、附录4个类目；并在各类目中穿插相关小知识、小资料、图表及黑白照片；图片专辑以彩色照片集中反映全市物质文明、政治文明、精神文明建设的成就。内容层次的设置，利于读者分类系统阅读和检索，并表示类目与条目之间的层次关系，不反映严格的科学分类体系，机构、企事业单位等排序和层次一般亦不表示其地位和规模。

四、本年鉴采用分类编辑法，按类目、分目、条目三个层次的体例编辑，以不同字体、字号及版式设计区分不同层次，条目标题均加【】表示。

五、本年鉴所记述的“自治区”或“广西”指广西壮族自治区；“邕”指南宁市；“六县六城区”指南宁市辖武鸣、横县、宾阳、上林、马山、隆安6个县及兴宁、江南、青秀、西乡塘、邕宁、良庆6个城区；第四届中国—东盟博览会、第四届中国—东盟商务与投资峰会、南宁国际民歌艺术节简称为“两会一节”；“五乱”指摊点乱摆、车辆乱停、垃圾乱扔、广告乱贴、工地乱象；相关单位名称在首次出现时用全称，以后均用简称，如“南宁市安全生产监督管理局”简称为“市安监局”。

六、本年鉴所载资料主要由南宁市各部、委、办、局、县、区、开发区及有关单位供稿并审核。

七、本年鉴主要数据以市统计局编印的《南宁市情统计手册》所公布的数据为准；其他数据以供稿部门提供的为准。

八、本年鉴图片专辑、特辑、特载、附录所记述的内容不受年度限制；为了保持内容的连贯性和完整性，个别条目记述时间适当上溯或下延。

九、本年鉴配备双重检索系统：书前刊有中英文目录，书后备有索引。索引采用内容分析法，款目按汉语拼音字母顺序（同音字按声调）排列，索引范围详及条目、文献、图片、表格等。

十、本年鉴出有电子版（光盘），主要内容在南宁市政府门户网站——南宁政务信息网推出。光盘采用先进的多媒体和全文检索技术。

十一、2008年卷《南宁年鉴》的编纂出版得到社会各界的大力支持。在此，编委会表示衷心感谢。由于编辑水平有限，本年鉴的差错和疏漏之处，恳请读者批评指正，以利今后改正提高。

《南宁年鉴》编纂委员会

邓国付　市园林管理局局长
雷德贵　市交通局局长
黄礼新　市水利局局长
唐波文　市农业局局长
唐志喜　市商务局局长
陈晓玲　市文化局局长
汤晓斌　市卫生局局长
黄　海　市人口和计划生育委员会主任
农　冰　市环境保护局局长
井穗军　市体育局局长
谢小萍　市统计局局长
唐本开　市新闻出版局局长
林国开　市国有资产监督管理委员会主任
杨德辉　市社会科学院院长
杨维超　武鸣县县长
黄国健　横县县长
陈戚华　宾阳县县长
尹建华　上林县县长
李　兵　马山县县长
欧　波　隆安县县长
刘为民　兴宁区区长
黄建宁　江南区区长
赵禹鹏　青秀区区长
廖俊云　西乡塘区区长
黄　宁　邕宁区区长
孙志强　良庆区区长
梁新莲　市政府地方志编纂办公室副主任
许杨群　市政府地方志编纂办公室副主任
黄丹心　市政府地方志编纂办公室调研员
王笑貌　市政府地方志编纂办公室副调研员

主　　编　林小静
副 主 编　梁新莲　许杨群　黄丹心　王笑貌
总　　纂　林小静
副 总 纂　梁新莲

《南宁年鉴》编辑部

主　　任　余朝霞
责任编辑
责任校对　李志楠　沈述莲　余朝霞　黄善秋　孙贵寿　梁笑飞　周　红　梁　坤
图片策划　林小静　梁新莲　李志楠　余朝霞
图片收集整理　梁新莲　李志楠　余朝霞　梁笑飞　李敬江
图片编辑　李志楠　余朝霞　沈述莲　黄善秋　孙贵寿　梁笑飞　周　红　梁　坤　李敬江
装帧设计　林小静　梁新莲　余朝霞　王　涛　张海燕　黄小纯　张谱兰　曾兰森
封面题字　卢定山
印章篆刻　杨宇云
英文翻译　彭国光
封面摄影　梁广宁
市花摄影　李志楠
市树摄影　周家志
地图绘制　广西地图院
文字照排　卢庆宁　班彩梅　唐文俊

《南宁年鉴》编写人员（编写组）

（排名不分先后）

中共南宁市委办公厅
吕　曦　肖　俊
中共南宁市委组织部
编写组
中共南宁市委宣传部
欧金焕
中共南宁市委统一战线工作部
李丹妮
中共南宁市直属机关工作委员会
李建华
中共南宁市委政策研究室
李耿民
中共南宁市委老干部局
黄　飚
南宁市精神文明建设委员会办公室
陈　强
南宁市人民代表大会常务委员会办公厅
韦杉娜
南宁市人民政府办公厅
刘述桂　卢智龙　伍光清
中国人民政治协商会议南宁市委员会
马恩宁
中共南宁市纪委、市监察局
编写组
民革南宁市委员会
雷协培
民盟南宁市委员会
覃紫斌
民建南宁市委员会
李　娟
民进南宁市委员会
刘瀚钟
农工民主党南宁市委员会
杜永康
致公党南宁市委员会
董俊荣
九三学社南宁市委员会
庞建辉
南宁市工商业联合会
陈建昭
南宁市总工会
蒋建坤　苏小坚
共青团南宁市委员会
陈佳璐
南宁市妇女联合会
沈进东
南宁市文学艺术界联合会
郑嘉琳
南宁市归国华侨联合会
李　杰
南宁市科学技术协会
莫秋碧
南宁市社会科学界联合会
莫善宁
中国国际贸易促进委员会南宁市支会
彭国光
南宁市残疾人联合会
袁建萍
南宁市红十字会
陈　菁
南宁市关心下一代工作委员会
陈谟志
南宁市民政局
胡小民　申广富　雷兰英　李群峰　陆　霆　梁玉军　丁振辉　黄　伟　何　文　庞昌林
南宁市人事局
韦火清
南宁市机构编制委员会办公室
郑进新　黄振生
南宁市人民政府行政审批管理办公室
李世尚
南宁市外事办公室
熊　伟
中共南宁市委、市政府信访局
余桂莲　宋鸿云　范淑强
南宁市民族事务委员会
黄　露　冯志鹏
中共南宁市委台湾工作办公室
张居松
南宁市侨务办公室
何　俊
中共南宁市委政法委员会
江　雯
南宁市法制办公室
黄　玲
南宁市中级人民法院
谢林伶
南宁市人民检察院
蒙　旗
南宁市公安局
黎　柱　李泽泰　李　金　杨　梅
南宁市司法局
王琦汕
南宁警备区
欧思慧
中国人民武装警察部队南宁市支队
宋柳生
南宁市人民防空办公室
邓　谦
南宁市开发区领导小组办公室
编写组
南宁高新技术产业开发区管理委员会
李绍华
南宁经济技术开发区管理委员会
韦永胜
南宁华侨投资区（中国—东盟经济园区）管理委员会
王佳林

广西良庆经济开发区管理委员会
黄　雄
南宁市相思湖新区管理委员会
雷　蕾
南宁市建设委员会
陈　琳　兰慧君
南宁市规划管理局
雷泽识　颜朝芳
南宁市勘测院
龙利军
南宁市房产管理局
韦照鲜
广西首府南宁住房制度改革委员会办公室
编写组
南宁住房公积金管理中心
编写组
南宁市国土资源局
谭世明
南宁市邕江防洪大堤修建管理处
编写组
南宁市环境保护局
李好那
南宁市城市管理局
覃革新
南宁市园林管理局
黄品文
南宁市排水公司
谢　德
南宁市经济委员会
潘彩献　朱丹江　张　力　李小航
朱政军　陈祖筹　曾小妮　唐亚亚
马祥琼　彭远利　黄春霞　袁宇彬
谭颜言
南宁市国有资产监督管理委员会
黄孝林　陈志刚　黄道琪
南宁振宁资产经营有限责任公司
黄正斌
南宁壮宁资产经营有限责任公司
唐逢志
南宁沛宁资产经营有限责任公司
卢永恒
南宁威宁资产经营有限责任公司
李爱金　庞智萍
南宁市食品药品监督管理局
韦永敏

南宁供电局
葛松光
南宁市二轻集体工业联社
李晓琳
南宁市烟草专卖局
韦春晖
广西中烟工业公司
周丽霞
南宁国际会议展览有限责任公司
韦　珍
南宁市农业局
杜　勇　林　辉　梁玉珍　黄永贵
周冠群　韦启彬　张文飞　曾建国
林之桂　王冬梅　兰张红　粟继军
黄士壮
南宁市水产畜牧兽医局
陆国现　黄剑锋　张　起
南宁市扶贫开发领导小组办公室
陆仁健
南宁市林业局
蓝庆环　梁月芳　林志武　黄增干
李青兰　覃　标　雷秀峰　张海琳
南宁市农业机械化管理中心
陆凤婵
南宁市水利局
卢明发
南宁市农工商总公司
黄励勤
柳州铁路局史志办公室
桑开焕
南宁市交通局
王训起
南宁吴圩国际机场
郑春艳
南宁市邮政局
黄　辉
南宁市信息化工作办公室
冼就毅
广西电信有限公司南宁市分公司
农荣生　庞跃声
中国移动通信集团广西有限公司南宁分公司
黄　英
中国联通有限公司南宁分公司
曾建强
南宁市无线电管理处
覃　巍

南宁市商务局
唐志喜　李桂良　梁　勇
南宁市物资集团总公司
冯良川
南宁市供销合作联社
李京模
南宁市粮食局
董红兵　陆兆强
南宁盐业分公司(南宁盐务管理局)
韦丽萍
中石化南宁石油分公司
陈启慧
南宁市旅游局
编写组
青秀山风景名胜旅游区管理委员会
张晓媛
广西大明山国家级自然保护区管理局
夏肖勇
南宁昆仑关战役遗址保护管理委员会
徐晓芳
南宁市财政局
关　俊　陈　瑜
南宁市国家税务局
卢华君　邓有侃
南宁市地方税务局
李玉露　孙炳清
中国人民银行南宁中心支行
陈恒丹
中国工商银行广西分行营业部
卢枚君
中国农业银行广西分行营业部
曾　敬
中国银行南宁市邕州支行
杨瑞萌
中国建设银行股份有限公司广西分行
杨　茜
交通银行南宁分行
黄莹莹
中国光大银行南宁分行
牛爱华
南宁市商业银行
范桂桃

中国保险监督管理委员会广西监管局

吴传明

中国证券监督管理委员会广西监管局

编写组

中国人寿保险股份有限公司南宁分公司

杨豫萍

中国人民财产保险股份有限公司南宁市分公司

葛东旭

中国太平洋人寿保险股份有限公司广西分公司

张志坚　陈　志　朱顺福

中国太平洋财产保险股份有限公司广西分公司

张宏卫

中国平安财产保险股份有限公司广西分公司

樊丰谋

中国平安人寿保险股份有限公司广西分公司

江　燕

南宁市发展和改革委员会

杨华伟

南宁市招商促进局

黄为谦　文建宁

南宁市物价局

王荣姣

南宁市审计局

张启杰

南宁市工商行政管理局

麻加宁　李凤玲

南宁市劳动和社会保障局

陈　玲　彭　涛

南宁市质量技术监督局

唐向荣

南宁市安全生产监督管理局

何　嘉

南宁市统计局

唐昌松

南宁海关

黄伟文

南宁海事局

黄荣丹

广西出入境检验检疫局

谭业军

南宁市文化局

孙剑伟　潘雨茜　邵发建　李舒琳　姚　彧　李云林　陈晓钰　潘玉清　刘　青

南宁市图书馆

编写组

南宁市新华书店

谭继来

南宁市文物管理办公室

蒲晓东　梅晓光

南宁市档案局

胡春华　邓淑华

南宁日报社

符显略　苏贤庆

南宁市广播电视局

黄勇章　唐　燊　王　戈　张建宁　谢向东　侯双穗　杨新录

南宁市新闻出版(版权)局

黄小蓟

南宁市教育局

刘淞坚

中共南宁市委党校

张伦书　李志成　赵廷和　农　瑛

南宁职业技术学院

李云华

南宁市科学技术局

李卫伶　伍美新

南宁市气象局

江　雪

南宁市地震局

庞小立

广西水文水资源南宁分局

黄召生

南宁市社会科学院

覃洁贞

南宁市人民政府地方志编纂办公室

林小静　梁新莲　李志楠　余朝霞　沈述莲　黄善秋　孙贵寿　梁笑飞　周　红　梁　坤　李敬江

中共南宁市委党史研究室

蒋运华

南宁市卫生局

梁晓杨

南宁市爱国卫生运动委员会办公室

邓其军　李　华　王海秋　颜　宇　覃德善　覃　丹

南宁市体育局

井穗军　陆兴南　刘曙光　王一冰　卢业锋　梁　凯

南宁市城市应急联动中心

黄呈华

南宁市人口和计划生育委员会

林建人

国家统计局南宁调查队

覃宏珍

南宁市老龄工作委员会办公室

谭邕生　甘丹妮

南宁市机关事务管理局

李春权　李忠权

南宁市人民政府宗教事务局

余志鹏

兴宁区人民政府办公室

徐曼春

青秀区人民政府办公室

蔡光燊

西乡塘区人民政府办公室

陆永龙　周家厚

江南区人民政府办公室

许候境

邕宁区人民政府地方志编纂委员会办公室

奚少婷

良庆区人民政府地方志编纂办公室

龚瑞侦

武鸣县史志办公室

黄孟乔

横县地方志编纂委员会办公室

陆世敏　莫思祝

宾阳县地方志编纂委员会办公室

卓家林

上林县地方志编纂委员会办公室

覃利英

马山县地方志编纂委员会办公室

蓝振福

隆安县地方志编纂委员会办公室

黄永清

《南宁年鉴》照片摄影人员

（按姓氏笔画排列）

王　戈　文建宁　申广富　刘　广　刘　宇　陈卓凡　陈孚平　陈湘萍　杜　勇　李好那　麦春富　苏方略　吴　军　吴希玉　张源耀　张　延　庞跃声　周家志　骆文刚　欧桂兰　钟琦惠　莫善宁　唐雪东　黄　飚　黄小蔺　黄仁照　黄耀高　梁　凯　梁广宁　梁基欢　蒋　勤　覃希云　覃新亮　曾　敬　赖有光　蒙志献　甄仲民　黎　明等

《南宁年鉴》照片提供单位

（排名不分先后）

南宁市公安局
南宁市卫生局
南宁市广播电视局
南宁市公安消防支队
广西壮族自治区工商业联合会
南宁市外事办公室
广西壮族自治区北部湾办公室
广西壮族自治区南宁监狱
南宁电视台
南宁威宁资产经营有限责任公司
南宁市劳动和社会保障局
南宁市人民政府行政审批管理办公室
中共南宁市直属机关工作委员会
南宁市工商业联合会
南宁市侨务办公室
南宁市人民防空办公室
南宁市归国华侨联合会
中国国际贸易促进委员会南宁市支会
南宁市工商行政管理局
南宁市国土资源局
南宁市发展和改革委员会
南宁市园林管理局
南宁市房产管理局
南宁市规划管理局
南宁市残疾人联合会
南宁市环境卫生管理处
南宁市水利局
南宁市信访局

南宁市监察局

民革南宁市委员会

民盟南宁市委员会

民进南宁市委员会

农工党南宁市委员会

致公党南宁市委员会

九三学社南宁市委员会

南宁市妇女联合会

南宁市文学艺术界联合会

南宁市红十字会

南宁市人民检察院

南宁市中级人民法院

南宁市国有资产监督管理委员会

南宁供电局

南宁化工股份有限公司

南宁永凯实业集团有限责任公司

广西永凯糖业有限责任公司

南宁市海茵地产开发公司

广西南南铝箔有限责任公司

广西运德汽车运输集团有限公司

南宁五菱桂花车辆有限公司

南宁市农业机械化管理中心

南宁市地震局

南宁市民政局

南宁市人民政府宗教事务局

南宁市科技局

南宁市商务局

南宁市烟草专卖局

南宁市财政局

南宁市地方税务局

南宁市教育局

南宁市城市管理综合行政执法支队

南宁职业技术学院

南宁市城市管理局

南宁市交通局

南宁市信息化工作办公室

南宁市经济委员会

南宁市质量技术监督局

南宁市安全生产监督管理局

中国电信股份有限公司南宁分公司

中国银行南宁市邕州支行

广西农垦糖业集团金光制糖有限公司

广西中烟工业公司

南宁市墙体材料改革办公室

南宁市总工会

南宁市邕宁电业公司

中国移动通信集团广西有限公司南宁分公司

南宁花花大世界园林产业示范园

广西地矿建设工程有限公司

南宁警备区

中国人民武装警察部队南宁市支队

南宁市农业局

南宁市国家税务局

南宁市科学技术协会

南宁市新闻出版(版权)局
南宁市邮政局
南宁市扶贫开发领导小组办公室
宾阳县规划建设局
南宁市气象局
南宁市体育局
南宁住房公积金管理中心
南宁市计划供水节约用水办公室
广西南宁水利电力设计院
南宁昆仑关战役遗址保护管理委员会
北京华联综合超市股份有限公司南宁分公司
中国农业银行广西分行营业部
南宁建宁水务集团有限责任公司
宾阳县地方税务局
南宁市第一中学
南宁市第二中学
南宁市第三中学
南宁市第五中学
南宁市第十四中学
南宁市第二十一中学
南宁市第二十六中学
南宁市第二十八中学
南宁市第三十一中学
南宁市第三十三中学
宾阳中学
宾阳县高级中学
宾阳县开智中学
南宁管道燃气有限责任公司
南宁市建筑管理处
南宁市城市照明管理处
南宁医药有限责任公司
宾阳县疾病预防控制中心
深圳航空有限责任公司南宁分公司
广西超大运输集团有限责任公司
南宁糖业股份有限公司
南宁浮法玻璃有限责任公司
广西华盛集团廖平糖业有限责任公司
华润混凝土(南宁)有限公司
南宁同达盛混凝土有限公司
中国大地财产保险股份有限公司广西分公司
南宁百货大楼股份有限公司
南宁市人口和计划生育委员会
南宁高新技术产业开发区
南宁经济技术开发区
青秀区
兴宁区
西乡塘区
江南区
良庆区
宾阳县
马山县
隆安县

目　　录

党政机关

群众团体

法　制

军 事

开发区·新区

城市建设与管理

环境保护·园林绿化

国有资产监管与运营

工　业

农林·水利

交通运输业

信　息　业

商 业 贸 易

对外经济贸易

南宁与东盟

旅 游 业

会 展 业

个体私营经济

财政·税务

金　　融

经济管理与监督

教 育

科 学

文　化

新闻出版

卫　生

体　　育

社会生活

区　　县

人　　物

城市竞争力

图片专辑

附 录

索 引

CONTENTS

Mass Organizations

Legal System

Military

Development Zones & New Districts

Urban Construction & Administration

Environment Protection & Garden Forestation

Supervision and Engagement for State—Owned Assets

Industry

Agriculture, Forestry & Water Conservancy

Transportation

Information Industry

Commerce and Trade

Foreign Economic & Trade

Nanning & ASEAN

Tourism

Meeting & Exhibition Industry

Individual & Private Economy

Finance & Taxation

Banking

Economic Management & Supervision

Education

Science

Culture

News & Publishing

Health

Sports

Social Life

Districts & Counties

Personage

City Competition

Special Photos Collection

Appendix

Index

风采南宁
（2007年）
2007年“联合国人居奖”
全国双拥模范城（2005～2007年）
2005～2006年度全国科技进步先进市
2007年全国粮食生产先进市
招商

扁桃树

1986年6月，市第八届人大常委会第四次会议确定扁桃树为市树。扁桃树为常绿阔叶乔木。树干通直，最高可达30米，胸径最大可达1米以上。树冠圆整呈广卵状，外形美丽，冠大荫浓，四季常青。其果味似杧果，营养丰富，为亚热带名果。

朱槿花

1986年12月，市第八届人大常委会第七次会议确定朱槿为市花。朱槿为常绿灌木，又称扶桑、假牡丹、大红花。四季常开，五彩缤纷。其根、叶、花均可入药，具有清热解毒、利尿消肿之功能。易繁殖，既可地栽、盆栽，又可做花篱之用。南宁市栽种的朱槿约有16个品种，常见的有大红花、粉喇叭、泰国黄、假牡丹、大红朱槿、黑牡丹、黄朱槿、吊钟、拱手花等。

抗震救灾

2008年5月12日下午14时28分，四川的汶川等地发生了新中国成立以来破坏性最大、涉及范围最广的8.0级强烈地震灾害，波及陕西、甘肃、云南、重庆等省（市），影响到17个省区市，造成数十万人伤亡，人民生命财产受到了严重损失。灾难突如其来，抗震救灾成为全党全国的首要任务，党中央提出要用举国之力投入抗震救灾，号召“一切为了灾区，全力支援灾区”，一场感天动地、气壮山河的抗震救灾斗争在中华大地展开了。

四川汶川大地震深深牵动着南宁市各族人民的心。市委、市政府号召全市680多万各族人民发扬“一方有难，八方支援”的精神，竭尽全力支援灾区开展抗震救灾，在第一时间向四川地震灾区派出了以党员为骨干的救援队伍319人。其中消防救援队官兵130人，卫生防病工作队队员39人，公安特警288人，还有一些单位、企业、民间组织、志愿者等以不同形式参与灾区的救援工作。他们发挥“特别能吃苦，特别能战斗，特别能奉献”的精神，为支援灾区人民抗震救灾，重建家园，夺取抗震救灾胜利作出了积极的贡献，受到了公安部，卫生部，当地党委、政府，自治区党委、政府和人民群众的充分肯定和高度评价。5月14日，市委、市政府决定，向四川灾区捐款500万元。全市社会各界捐赠款5933万元、捐物折款409万元。全市广大党员心系灾区，在为灾区捐款、捐物的同时，交纳特殊党费2800多万元用于抗震救灾。

南宁消防官兵在都江堰太平街成功救出被困群众

南宁市卫生监督员深入灾区村屯进行水质监测

南宁市疾控中心防疫人员在灾区开展防病工作

南宁特警在灾区巡逻，维护社会治安

2008年5月14日，在市政府举行的南宁市为四川地震灾区捐款仪式上，大家慷慨解囊，伸出援助之手

2008年5月23日晚，在南宁电视台举行“‘绿城先锋·爱的奉献’——南宁市‘党员奉献日’交纳‘特殊党费’支援灾区抗震救灾活动”电视直播晚会

2008年5月19日，在南宁市广播电视局举行“南宁市红十字会 南宁电台爱心联盟大行动”，向地震灾区运送救灾物资的发车仪式

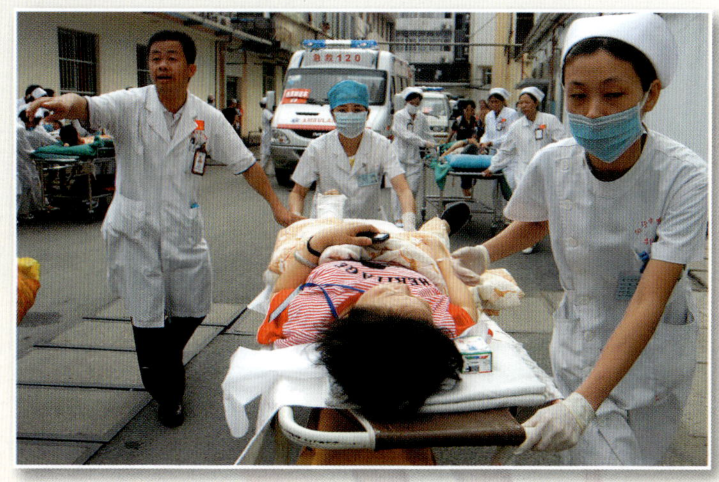

2008年5月22日，广西医科大学第一附属医院医护人员在救治地震灾区转运来的伤员

2008年6月15日，四川地震灾区伤病员痊愈后向广西壮族自治区人民医院赠送锦旗

2008年7月8日，市领导与南宁市抗震救灾先进事迹报告团成员合影

图：市公安局　市卫生局　市广电局　市消防支队　周家志

圣火耀绿城

圣火照亮绿城，火炬传递力量！2008年6月7日上午，在680万南宁人民激情涌动的热烈氛围中，承载中国百年梦想的北京奥运圣火在绿城传递。此次南宁站的传递，是奥运圣火在广西境内传递的第2站，也是国内传递的第39站，传递全程16.5公里。208名火炬手手擎象征着“更高、更快、更强”的奥林匹克精神和“和平、友谊、进步”的奥林匹克理想的“祥云”火炬，穿越民族广场、南湖广场、五象广场、中国—东盟商务区、南宁国际会展中心。全程近3个小时。奥运圣火境内传递南宁站的“和谐之旅”，向全世界展示了获得“联合国人居奖”的南宁优美的自然风光、璀璨的壮乡文化、辉煌的建设成就和昂扬向上的邕城人民崭新的精神风貌。

2008年6月7日上午，北京2008奥林匹克火炬接力南宁站传递的起跑仪式在南宁市民族广场举行

北京奥组委委员、国家工业和信息化部副部长奚国华（右三）将2008北京奥运会火炬交给自治区党委书记、自治区人大常委会主任郭声琨（左三）

第一棒火炬手——广西籍奥运冠军、自治区体育局副局长吴数德

广西籍体操世界冠军莫慧兰参加传递

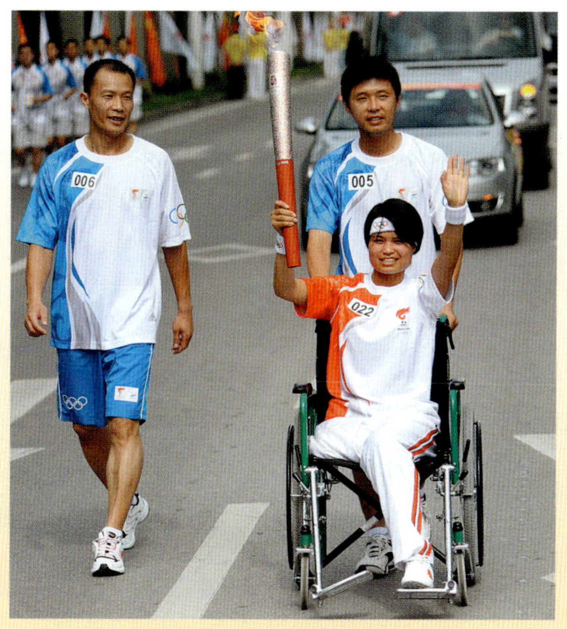

“全国道德模范”谢芳秋参加传递

南宁残疾人跳高全国冠军归玉娜参加传递

最后一棒火炬手——广西短跑名将、有“亚洲飞人”美誉的陈文忠点燃城市圣火盆

南宁市民激情迎奥运圣火

图：黄耀高　周家志

2007年6月1日，中共中央政治局常委、全国政协主席贾庆林（前左二）在南宁市考察调研。图为贾庆林在南宁中国—东盟领馆区视察

2007年5月3日，中共中央政治局委员、中央书记处书记、中宣部部长刘云山（前左三）在南宁市考察调研。图为刘云山在广西美术出版社视察

2007年3月7日，中共中央政治局委员、中央书记处书记、国务委员周永康（前左二）在南宁市考察调研。图为周永康在南南铝业股份有限公司视察

2007年10月28日，国务院副总理曾培炎（前右二）在南宁市考察调研。图为曾培炎在南宁青秀山风景名胜旅游区视察

2007年3月22日，全国政协副主席、中央统战部部长刘延东（右六），全国政协副主席张怀西（右七）、李蒙（右八）、张梅颖（右九）到南宁市考察调研。图为刘延东一行在南宁高新技术产业开发区视察

2007年9月27日，全国政协副主席、全国工商联主席黄孟复（前左二）一行在南宁市考察调研。图为黄孟复在广西皇氏甲天下乳业股份有限公司视察

2007年9月26日，自治区党委书记、自治区人大常委会主任刘奇葆（前左三）在南宁市考察调研。图为刘奇葆在埌西菜市场视察

视察

2007年1月16日，自治区政府主席陆兵（前右二）在南宁市考察调研。图为陆兵在市工商局办照服务大厅视察

2007年12月11日，新任自治区党委书记郭声琨（右三）在南宁市考察调研。图为郭声琨在望州南社区视察

2008年1月28日，新任自治区政府主席马飚到南宁市检查春运工作。图为马飚在埌东客运站通过车站通讯系统与滞留在贵阳的司机通电话

图：自治区工商联　市工商局　刘　宇　周家志

2007年3月14日，市委常委、宣传部部长、副市长肖莺子（右）在市政府会见应邀来访的英国伊斯特本市市长、市议会议员科林·贝尔斯（左）为团长的英国伊斯特本市代表团一行，双方共同签署了建立友好城市关系意向书。图为肖莺子向科林·贝尔斯赠送礼品

2007年3月24日，南非非国大总书记莫特尔访问南宁市。图为莫特尔（中）在武鸣县下渌村参观

2007年6月26日，副市长赵宏声（右六）出席在南宁饭店举行的隆安县与西班牙爱斯特美拉市建立友好城市关系意向书签字仪式

2007年8月28日，市长陈向群（右三）在广西沃顿大酒店会见智利驻华大使费尔南多·雷耶斯·马塔（左三），双方进行了亲切友好的交谈，并签署了南宁市与智利伊基克市建立友好城市关系意向书

2007年9月2～12日，市长陈向群（右）率团访问菲律宾与印度尼西亚两国。图为陈向群代表南宁市与菲律宾达沃市市长罗德里戈·杜特蒂签署两市建立友好城市关系协议书

2007年9月21日，市长陈向群（右）在南宁饭店会见法国驻广州新任总领事章泰年

2007年9月26日至10月1日，副市长赵宏声（正面左）率南宁市友好代表团一行出访韩国果川市，开展“南宁文化果川行”活动。图为双方会谈的情景

2007年10月28日，市人大常委会副主任邓其新（左五）在邕江宾馆会见韩国果川市副市长洪承构（左四）一行，副市长赵宏声（右五）与果川市副市长洪承构分别代表两市签署2008年友好交流计划书

2007年12月9日，自治区党委常委、市委书记马飚（右）在广西沃顿国际大酒店会见欧盟国家驻华使节莅邕考察访问团一行，就加强与欧盟各国合作交流工作进行友好交谈

2007年10月30日，市长陈向群（右）会见由柬埔寨西哈努克市市长柴和（左）率领的西哈努克市代表团一行，双方共同签署建立友好城市关系协议书，并在滨湖广场的国际友谊林中种下象征两市友谊的友谊树

2007年7月26日，日本宇城教育考查团与南宁市第十四中学进行友好交流

2007年10月28日，南宁市图书馆与韩国果川市情报科学图书馆建立友好图书馆关系。图为签约仪式

2007年10月29日，南宁市青秀山与韩国果川市冠岳山建立姐妹山关系暨“牵手南宁果川喜迎北京奥运”健康徒步走活动在南宁青秀山风景名胜旅游区举行

图：市外事办

国家批准实施《广西北

2008年1月16日，国家批准实施《广西北部湾经济区发展规划》，这标志着广西北部湾经济区的开放开发正式纳入国家战略。规划确定，国家将采取政策措施，支持广西北部湾经济区创新体制机制，扩大开放合作，加强基础设施建设，完善产业布局，把经济区建设成为中国—东盟开放合作的物流基地、商贸基地、加工制造基地和信息交流中心。南宁作为广西北部湾经济区核心城市，将发挥首府中心城市的作用，发展高新技术产业、加工制造业和商贸、金融、会展、物流等现代服务业，建设保税物流中心，成为面向中国与东盟合作的区域性国际城市、综合交通枢纽以及信息交流中心。

2008年2月28日，自治区党委、自治区政府在北京人民大会堂举行《广西北部湾经济区发展规划》介绍会。全国政协主席贾庆林发来贺信，国务院副总理曾培炎致辞，全国人大常委会副委员长蒋正华、全国政协副主席李兆焯出席会议。自治区党委书记郭声琨主持会议，自治区政府主席马飚介绍了基本情况

2008年2月21日，出席《广西北部湾经济区发展规划》新闻发布会的南宁市市长陈向群接受记者采访，就国家批准实施《广西北部湾经济区发展规划》给南宁市带来的历史性发展机遇和南宁市主动融入北部湾开放开发建设等问题回答记者提问

2008年2月21日，《广西北部湾经济区发展规划》新闻发布会在南宁荔园山庄举行。自治区政府主席马飚、国家发展改革委地方司副司长陈宣庆在会上介绍了有关情况。自治区政府副主席陈武、林念修在会上分别回答了记者的提问。自治区政府秘书长王跃飞主持会议

部湾经济区发展规划》

南宁市按照建设“北部湾经济区总部基地，自治区先进制造业基地，南宁市新的行政中心、文体中心、商业中心、物流业基地”的发展定位，抓好五象新区规划的完善和实施。图为在建的广西体育中心工地

广西北部湾经济区规划范围图

广西北部湾经济区产业布局图

图：自治区北部湾办　南宁电视台　刘　宇　周家志

2007年10月28日，第四届中国—东盟博览会在南宁国际会展中心开幕。由中国商务部和东盟国家经贸主管部门及东盟秘书处共同主办。中国国务院副总理曾培炎、文莱王储穆赫塔迪·比拉、柬埔寨首相洪森、老挝总理波松等国家领导人出席开幕式并巡视展馆。博览会共设展位3400个，参展企业1908家，参展商8181人，专业观众3.35万人（比上届增长8%）。至10月31日止，累计交易金额14.2亿美元（比上届增长12.1%）；签订国际经济合作项目182个，总投资61.54亿美元（比上届增长5.28%）；国内经济合作项目138个，总投资582.14亿元（比上届增长5.13%）。南宁市共签订投资项目102个，总投资441.94亿元；内外贸易合同873份，贸易总金额142.6亿元。博览会于10月31日闭幕。

中国与东盟10国的领导及嘉宾（共13人）同时启动手中的加速器，为博览会开幕剪彩

中国国务院副总理曾培炎宣布第四届中国—东盟博览会开幕

文莱王储穆赫塔迪·比拉致辞

世界银行副行长乔伊·普曼菲致辞

一东盟博览会

中国商务部副部长高虎城致辞

广西壮族自治区政府主席陆兵致辞

东盟秘书处秘书长王景荣主持开幕式

CAEXPO

10月28日，博览会开幕前，国务院副总理曾培炎（前右二）在南宁国际会展中心巡视博览会展馆

10月28日下午，在南宁国际会展中心举行的第四届中国—东盟博览会签约仪式

10月28日下午，在邕江宾馆举办2007南宁投资贸易洽谈会暨项目签约仪式

一东盟博览会

商品贸易专题展

魅力之城专题展

农村适用技术专题展

图：黎　明　刘　宇　周家志　文建宁　刘　广

第四届中国—东

2007年10月28日上午，第四届中国—东盟商务与投资峰会在南宁广西人民会堂开幕。以“创新合作，加快提升区域增长力”为主题，由中国商务部、中国国际贸易促进委员会和自治区政府共同主办，东盟工商会、中国—东盟商务理事会、东盟10国国家工商会协办。中国国务院副总理曾培炎和文莱王储穆赫塔迪·比拉、老挝总理波松、越南总理阮晋勇等出席峰会开幕式并发表演讲。中国与东盟各国的部长、使节、工商协会负责人，世界银行等国际组织代表以及企业家、专家学者共1400多人出席开幕式。开幕式上，曾培炎就中国—东盟自由贸易区建设，区域经济合作和提升区域经济增长力等问题发表主旨演讲。下午，举行两场专题论坛，安排中国与东盟有关国家的政府高官、企业家、商协会领袖围绕“服务贸易：新领域、新商机”和“深化金融合作，便利贸易投资”两个专题，就《服务贸易协议》带来的无限商机进行了有益的交流，有力地推进了中国与东盟开展服务贸易和金融合作。

中国国务院副总理曾培炎发表主旨演讲

文莱王储穆赫塔迪·比拉发表演讲

老挝总理波松发表演讲

越南总理阮晋勇发表演讲

盟商务与投资峰会

中国国际贸易促进委员会副会长于平主持会议

广西壮族自治区党委书记刘奇葆致辞

第四届中国—东盟商务与投资峰会开幕式会场

图：刘宇

南宁国际

2007年10月28~31日，第九届南宁国际民歌艺术节在南宁举行。此届民歌艺术节内容包括：大地飞歌·2007中国—东盟博览会暨南宁国际民歌艺术节开幕晚会、绿城歌台、“相约南宁”外国艺术家专场晚会、“欢乐南宁”中外嘉宾大联欢活动和第十七届中国厨师节暨2007南宁·东南亚国际旅游美食节。

10月28日晚，大地飞歌·2007中国—东盟博览会暨南宁国际民歌艺术节开幕晚会在南宁民歌广场上演。图为晚会现场

晚会由朱军、李咏（左）和董卿（右）联袂主持

毛阿敏演唱广西本地音乐人创作的《大地之约》

① 广西歌手严当当（左）和陈春燕（右）演唱《走出三月三》
② 泰国当红歌手TATA YOUNG演唱《I believe》
③ 10月29日，“欢乐南宁”中外嘉宾大联欢活动在青秀山金汇如意坊举行。图为韩国友城果川市艺术团表演国粹——跳大绳
④ 2007年10月30日，在南宁市友爱广场歌台上柬埔寨艺术家表演节目的场景
⑤ 2007年10月31日，在南宁电视台举办的外国艺术家专场晚会上，美国乡村音乐组合演唱《光辉大地》
⑥ 2007年10月19~31日，第十七届中国厨师节暨2007南宁·东南亚国际旅游美食节在南宁青秀山风景名胜旅游区举行
⑦ 阿炳师傅在烤鸡

图：市外事办　周家志　陈卓凡

经济又好

2007年，南宁市经济社会呈现又好又快发展态势。地区生产总值突破1000亿元，达到1062.99亿元，比上年增长17.1%，增速高于全自治区2.2个百分点，高于全国5.7个百分点，为1994年以来最高。财政收入150.84亿元，比上年增长25.32%，提前实现三年翻一番目标。全社会固定资产投资560.22亿元，比上年增长25.27%；全社会消费品零售总额515.62亿元，比上年增长18.4%；城镇居民人均可支配收入11877元，比上年增长16.52%；农民人均纯收入3453元，比上年增长13.84%；万元生产总值能耗、化学需氧量排放量、二氧化硫排放量分别比上年下降2.3%、15%、5%。

2007年，南宁市实现全部工业产值830.88亿元，比上年增长29.97%。图为12月26日，南宁华润水泥第一条4000吨生产线点火投产暨第二条4000吨生产线开工仪式在西乡塘区举行

2007年，南宁市县域经济发展提速，六县实现地区生产总值304.21亿元，比上年增长17.4%。全市农业总产值255.48亿元，比上年增长7.55%。图为武鸣县甘圩镇的超级稻喜获丰收

又快发展

2007年，南宁市服务业增加值537.04亿元，比上年增长17.3%；中小超市进社区进乡镇目标全面实现；“万村千乡市场工程”成效明显。图为市市场开发服务中心建设的位于新民路的新民便民菜店

2007年，南宁市合同引进资金563.72亿元，比上年增长23.61%。图为9月18日在市政府会议中心召开的南宁市东部产业招商工作会议现场

2007年，南宁市实际利用外资2.3亿美元，比上年增长24.43%。成功引进了富士康、华南工业原料城、深圳盐田港等一批知名企业和项目，成为承接东部产业转移的重要基地。图为10月27日，市长陈向群（右）与华南工业原料城控股有限公司董事长郑松兴（左）在南宁市政府签约

图：西乡塘区政府办　威宁公司　杜　勇　刘　广

创新年活动·机关效

2007年，是市委、市政府确定的南宁市的“创新年”。全市各级各部门各单位把开展“创新年”活动作为工作的总抓手，从思想观念、发展模式、体制机制、工作方式方法、自主创新、文化建设、和谐社会建设、环境建设等方面推进全方位创新，开创了首府多区域合作、工业化发展、城镇化建设的新局面。

同年，按照自治区的部署，南宁市认真开展转变干部作风、加强机关效能建设活动，主要解决影响干部作风和机关效能的突出问题，并建章立制，以建立和完善首问负责制、限时办结制、责任追究制三项制度为切入点和突破口，优化办事流程，严格限时办结，提高办事效率，建立和完善各级政务服务中心，为群众和投资者提供“一站式”便捷服务，严格行政效能监察，推动各部门办事效率和服务质量的提高。

同年，按照自治区的部署和要求，以“生产发展、生活宽裕、乡风文明、村容整洁、管理民主”为目标，以经济发展、农民增收为中心，以基础设施建设为突破口，以政治建设、文化建设、社会建设和党的建设为保障，在武鸣县和原邕宁县辖区开展社会主义新农村试点工程，给试点县区农村带来了“六大变化”：农村基础设施得到明显改善；农业优势产业及产业化经营得到较快发展；农民生活水平得到显著提高；农村文明和谐得到协调推进；村容村貌得到有效整治；农村民主管理得到全面加强。

2008年4月29日，南宁市2007年“创新年”活动总结表彰暨2008年全民创新全民创业活动动员大会在市政府会议中心召开

图为市长陈向群（左一）给获奖单位颁奖

能建设 · 新农村建设

2007年5月30日，自治区党委书记刘奇葆（前坐）等自治区领导到南宁市政务服务中心检查三项制度落实情况

实行三项制度后，行政审批高效便捷。图为市政务服务中心一角

在社会主义新农村建设中，农村基础设施明显改善。图为江南区吴圩镇那海村已建成的通村水泥路

农村文明和谐同步推进。图为2007年6月29日，武鸣县双桥镇下渌村在新建成的文化活动场所举行联欢晚会

农民生活水平明显提高。图为西乡塘区的大林新村

图：市审批办　西乡塘区政府办　周家志　陈卓凡　陆宁毅

为民办实事

完善农村特困群众最低生活保障制度，做到应保尽保。图为2007年8月31日，隆安县享受农村低保对象（资金）发放仪式

继续完善五保户供养制度，提高五保户供养标准，由原来每月每人补助30元提高到50元。图为2008年1月9日隆安县召开农村五保供养工作会议，总结相关工作

在完成自治区下达计划的基础上，继续实施建设改造2200户农村特困人口危房工程，其中农村特困人口危房1000户、农村残疾人危房1000户、华侨农林场归侨危房200户。图为西乡塘区坛洛镇马伦村残疾人马乃标的危房改造前（左）后（右）对比

继续实施农村人口饮水安全解困工程，在完成大石山区及社会主义新农村建设试点项目基础上，再解决1.5万农村人口饮水安全问题。图为隆安县农村饮水工程施工现场

完成农村劳动力转移就业8万人。图为2007年3月7日，市劳动和社会保障局在邕宁区新江镇举办农民就业培训暨转移就业仪式

继续大力推进新型农村合作医疗建设，在符合条件的6个县2个城区全面实施新型农村合作医疗制度。图为2007年11月20日召开的南宁市推进建立全面新型农村合作医疗制度启动大会现场

继续实施高危孕产妇救助工程。图为2007年5月26日举办的2007年南宁市县级以上产科主任培训班，为实施高危孕产妇救助工程做好基础工作

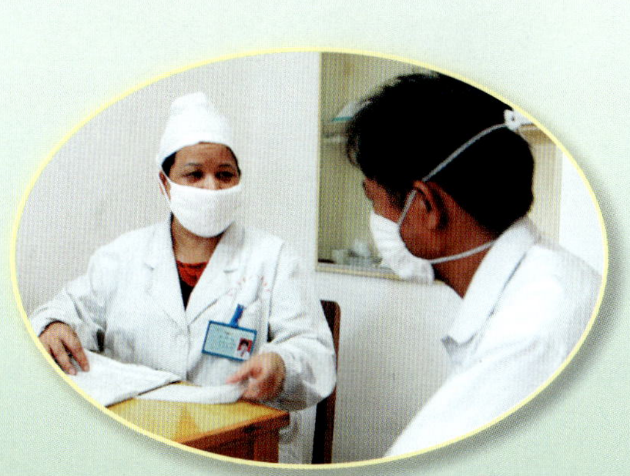

继续为生活困难的城乡肺结核患者免费治疗。图为市第四人民医院为患者免费治疗

继续为5000对农村新婚夫妇免费进行地中海贫血筛查。图为2007年6月6日，在隆安县服务点进行筛查的情景

为民办实事

开展隆安、马山两个国家扶贫开发重点县基础设施建设大会战。图为隆安县基础设施建设大会战现场

加大对考上大学的贫困家庭子女的资助力度，资助贫困家庭大学新生1000名，继续资助贫困家庭中小学生4000名。图为2007年10月25日，市民政局在马山县古寨乡加善村琴堂小学举行捐资助学活动仪式

结合城乡清洁工程，加大实施城乡市场建设工程力度，市区范围内新建、改造农贸市场28个。图为改造后的南宁淡村农贸市场

实施绿化植树170万棵工程。图为2007年3月1日，自治区党政军义务植树活动暨南宁市年内种植170万株树木工程在南宁启动

完善城乡垃圾中转站设置，建设垃圾中转站5座，每县建设1个县级垃圾无害化处理场。图为2007年12月投入使用的金浦垃圾中转站

继续实施城市河道治污及排涝一期工程，包括13条内河的规划、拆违、绿化工作，实施河道治污工程3个（竹排冲上游、心圩江支流、亭子冲），排涝工程17个。图为整治改造后的竹排冲

继续加大城市经济适用住房建设力度，全年新开工面积100万平方米，竣工80万平方米。图为富宁新兴苑经济适用房

继续新建600套廉租住房。图为2007年8月3日举行的市“惠民安居·金桥苑”廉租房工程开工奠基仪式

实施保护骑楼街及危房改造工程，继续改造36条小街小巷。图为改造后的民生路骑楼

继续新建、恢复20个城市停车场。图为2007年12月投入使用的南宁饭店全自动智能立体停车库

新增就业岗位5万个。图为中华路南宁劳动力市场招聘场面

图：市劳动和社会保障局　市卫生局　市园林局　市房产局　市规划局　市残联　隆安县政府办　市环卫处　周家志　申广富　黄仁照　唐　驰

邕江桥梁风景线

从1957年9月至2008年3月，在南宁市中心区的邕江江面上，已相继建成开通了邕江铁路大桥、邕江大桥、中兴大桥、白沙大桥、清川大桥、永和大桥、葫芦鼎大桥、仙葫大桥和蒲庙大桥等桥梁。另有北大桥、桃源大桥、凌铁大桥和南宁大桥在建。邕江桥梁的建设，不仅改善了城市的交通状况，强化了区域性国际城市的交通枢纽功能，而且成为城市的亮丽风景线。

邕江铁路大桥，1957年9月22日建成通车，是邕江上第一座永久性桥梁

邕江大桥，1964年7月15日建成通车，是南宁市第一座公路桥，结束了南宁市区邕江两岸的轮渡历史

中兴大桥，1988年8月1日建成通车

白沙大桥，1995年1月27日建成通车

清川大桥，1997年12月28日建成通车

邕江桥梁风景线

蒲庙大桥，1996年9月11日建成通车

永和大桥，2004年10月27日建成通车

葫芦鼎大桥，2007年6月15日建成通车

仙葫大桥，2008年3月18日建成通车

建设中的南宁大桥

建设中的桃源大桥

建设中的北大桥

图：周家志

《南宁年鉴》获全国年鉴评比特等奖

在2008年第四届全国年鉴编校质量检查评比中，《南宁年鉴》（2007年卷）在获奖的174部年鉴中脱颖而出，荣获特等奖，为获特等奖的5部省会城市年鉴之一（排第三位），是广西惟一获此奖项的地级市年鉴。

近年来，在市委、市政府的领导下，在全市各级各单位的支持和参与下，市地方志工作部门认真贯彻国务院颁布的《地方志工作条例》，在编纂《南宁年鉴》中，坚持开放创新，强化精品意识，优化工作机制，突出地方特色，精心策划设计；客观记述南宁市抓住中国—东盟博览会在邕举办、北部湾经济区开发等机遇，积极创建中国绿城、和谐南宁和区域性国际城市，获得“联合国人居奖”，经济社会快速发展等地情，使《南宁年鉴》的质量不断提高，成为文化南宁建设的基础性载体，宣传推介南宁的资料性文献。其光盘，作为历届中国—东盟博览会赠送贵宾和重要客商的宣传品。在这次评比中，《南宁年鉴》（2007年卷）因南宁特色鲜明、框架设计合理、编纂和校对质量上乘而摘此殊荣。

《南宁年鉴》(2007卷)

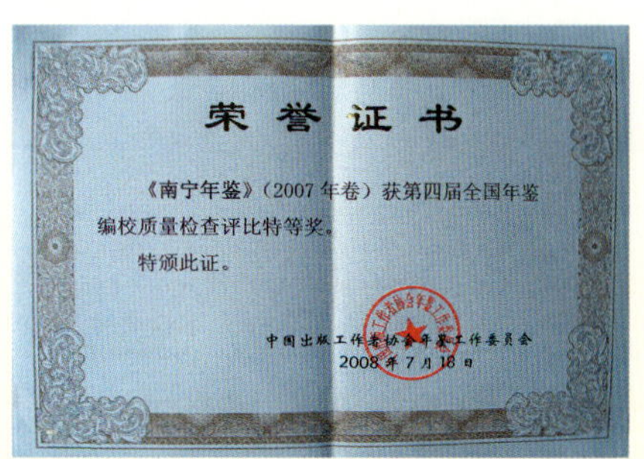
荣誉证书

《南宁年鉴》(2007年卷)获第四届全国年鉴编校质量检查评比特等奖。

特颁此证。

中国出版工作者协会年鉴工作委员会

2008年7月18日

获奖证书

2008年3月，南宁市地方志办公室人员到玉林考察，与玉林市地方志办公室人员交流修志经验

2007年5月18日，南宁市纪念《地方志工作条例》颁布一周年座谈会召开

2007年11月29日，南宁市地方志书与综合年鉴研讨会召开

2008年6月16日，《南宁市志·金融志》三级评审会场

图：王笑貌　李敬江　梁笑飞

南宁市海茵地产开发公司

海茵·国际花城项目专题研讨会

南宁市海茵地产开发公司（前身为南宁市房地产开发经营公司）是一家国有独资企业，组建于1984年8月，是广西最早的房地产开发企业之一，二级房地产开发资质，注册资金2012.5万元，资产总额2.99亿元，房地产综合开发能力强。

公司秉承“务实、创新、卓越、奉献”的经营理念，先后开发建设南宁市和平商场、新华商场、永华大厦、永和小区等有较大影响力的建筑，为南宁的繁荣发展刻下了难以磨灭的印记。

“海茵·国际花城”是海茵地产的主打项目，位于青秀区仙葫大道中16号，占地面积约47公顷，毗邻南宁新经济文化商贸中心——东盟国际经济区及青秀区政府，是目前南宁东仙葫片区最大的楼盘。邕宁支流那平江如玉带般缠绕小区1.8公里，小区建筑以花园洋房、别墅、高层、小高层为主，是一个珍稀的、综合配套齐全的高尚大型水岸生活社区，目前已开发1～3期。该楼盘后期开发坚持绿色建筑理念，走打造南宁市首家“生态住宅小区”及区域性地产新标杆的高端之路，与广州普邦园林公司合作，打造高品质的园林景观；聘请广州奥园物业做高级物业管理顾问，战略性打造大型和谐社区；首家引入全生态的环保污水处理系统，营造高标准的绿色生活空间；打造生态景观内河，规划中的“壮家风雨桥”水陆生态风景将更具神韵。“海茵·国际花城”因其天生丽质，品质超群，以及海茵地产极高的信誉度和强烈的社会责任感，2007年成为海茵旺销年，所推户型产品，全部售罄。

海茵地产与广州普邦园林公司、广州奥园物业公司合作签约仪式

海茵·国际花城二期实景拍摄

南宁供电局

2007年9月23日晚，自治区主席陆兵（右一）看望南湖灯展保供电工作人员

2007年6月12日，市长陈向群（右一）率南宁市各相关部委办领导到南宁供电局现场办公

南宁供电局是中国南方电网广西电网公司下属的特大型供电企业，始建于1961年。承担首府南宁市经济社会发展和人民群众的供电任务。2007年，内设22个部室（管理所、队、中心），有职工1581人。共有35千伏及以上变电站51座，输电线路2253公里，配电线路2372公里。

年内，南宁供电局以电网建设为龙头，通过加强政企合作，与市政府签订《南宁市“十一五”电网发展战略合作框架协议》。市委、市政府以“最优的政策、最高的效率、最好的服务、最佳的环境”全力支持南宁电网项目的建设，开创电网跨越式发展新局面。政企双方成立南宁市电网规划建设领导小组；颁布实施《南宁电网建设绿色通道实施办法》，将电网工程纳入城市基础设施统筹推进，协调发展。在广西电网公司的大力支持下，南宁供电局积极筹措21.5亿元资金，计划

2007年9月27日，自治区党委常委、市委书记马飚（右二）等领导在局长揣小勇（前排左一）、总经理余建国（前排左二）、副总经理李一平（右一）陪同下出席15个重点工程开竣工仪式

于2007～2008年全力开展40个主电网和配网建设项目改造工作。已竣工投入运营13个，并于国庆节前举办15个重点工程开竣工仪式（竣工投运的500千伏邕州变电站等项目5个，开工建设的220千伏青山变电站等项目10个），将进一步完善南宁市区网架结构，为首府南宁党政机关、国际会展中心等重要场所提供优质的供电服务；同时在很大程度上增加市区和周边县份电网的供电可靠性，为南宁市国民经济快速发展提供电力保障。

在电网建设快速发展的引领下，南宁供电局各项工作步入新的发展历程。至年末，完成供电量145.46亿千瓦时，售电量139.29亿千瓦时，分别比上年增长21.85%、21.96%。安全生产形势平稳，实现3个安全百日无事故纪录，跨年度安全生产941天。顺利完成迎峰度夏、防汛防风工作任务，完成泛北部湾经济合作论坛、党的十七大、两会一节等一系列重要保供电任务。全面组织开展优质服务年和绿色节能宣传活动，进一步规范供电服务和供电市场行为，加强广大市民节能的意识，优质服务水平进一步提高。在2007年南宁市两次窗口服务行业创城达标竞赛测评中，均以100分满分的成绩名列32个行业58个测评单位的榜首。先后获全国企业文化建设工作先进单位、第九届全国职工职业道德先进单位、南方电网公司首批文明单位、市首批文明行业等多项荣誉，连续多年获市先进单位和振兴南宁经济效益杯金杯奖。

办公大楼

500千伏邕州变电站全景

南宁市公安局

2007年，南宁市公安局以开展“创新年”、“作风年”活动为契机，以牢固树立执法为民思想为核心，以深入推进“三基”（抓基层、打基础、苦练基本功）工程建设为载体，扎实做好各项公安业务工作，切实加强公安队伍建设，取得实质性、突破性的成效，有效维护首府的社会和谐与稳定。

①

大力推进“三基”工程建设。投入经费1.92亿元，公安基层基础工作得到明显加强，民警整体素质进一步提高。

深化警务机制改革创新。一是实施以公安指挥中心为龙头、以巡（特）警为主、以分局为基础、以交警为补充、以保安力量为辅助、以警务督察为保障的全市“网络化”治安巡逻防控机制。全市建设监控点275个，设立以街面治安防控点为支撑点的巡区94个，落实电瓶巡逻车154台，增设治安岗亭100多个，整合一支近2500名专业治安巡防队伍；全面编织以公安民警为主的“警网”、以治安巡防队伍和群防群治力量为辅助的“民网”、以电子视频监控为依托的“天网”，筑牢治安防控的基础。二是启动社区和农村警务战略，划分警务区615个，建立警务室315个，配置社区和驻村民警917名，为群众提供上门服务、预约服务、承诺服务，积极开展“和谐建设在基层”活动。

维护社会稳定。抓住“出嫁女”、“两公司”、征地拆迁等热点、难点和敏感问题，进一步健全和完善信息预警机制，积极预防和妥善处置因人民内部矛盾引发的群体性事件，实现了“大事不出，中事不出，小事少出”的工作目标。

强化严打整治。立刑事案件2.31万起，比上年下降1.16%；破刑事案件9927起、逮捕5009人、刑事拘留5999人，比上年分别增长7.95%、0.14%和4.69%；受理治安案件2.70万起，比上年上升14.2%；查处治安案件1.04万起、2.09万人，比上年分别减少5.59%、5.85%。

加强和改进社会管理。审批办理各类户口准迁手续1.10万人，分发第二代身份证199.44万张，办理临时身份证2.01万张；受理出国（境）申请8.86万人次、批准8.85万人次，办理外国人居留许可1746本、入出境证66本、签证签发3222人。发生立案道路交通事故1704起、死亡501人、受伤2344人，直接经济损失432.61万元，比上年分别下降24.13%、6%、20.81%和5.16%；发生火灾241起、死亡4人、受伤5人，直接经济损失239.74万元，比上年分别下降3.60%、20%、16.67%和92.40%。

做好“两会一节”安保工作。完成各项安保勤务258场次，包括7名警卫对象在内的等级警卫任务129场次。其他重大会议、节庆的安保工作及各种警卫工作，全部做到滴水不漏、万无一失。

②

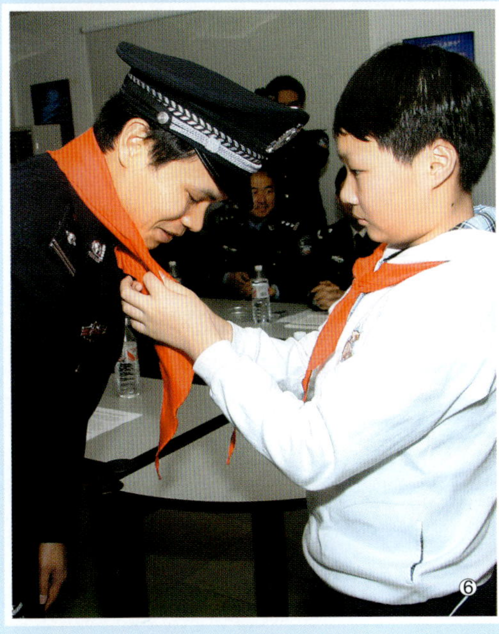

① 局长赵波（右二）检查奥运圣火传递安保工作
② 反恐演练
③ 女警方队
④ 交警检查过往车辆
⑤ 特警在训练
⑥ 少先队员慰问优秀干警杨家荣
⑦ 巡警在擒敌演练

广西壮族自治区南宁监狱

南宁监狱位于厢竹大道42号，2003年8月建成投入使用，是一座关押成年男性重刑犯监狱，也是广西唯一关押外国籍、无国籍以及港、澳、台成年男性罪犯的监狱。

2007年，南宁监狱坚持以邓小平理论和“三个代表”重要思想为指导，牢固树立“从严治警建一流队伍，与时俱进创一流业绩”的理念，以打造平安监狱、文化监狱为目标，以维护监狱安全稳定为首任，以提高罪犯改造质量为中心，紧紧围绕“抓班子、带队伍，促改革、创亮点，强基层、保稳定”工作思路，坚持按照治监法制化、作风军事化、行为规范化、工作标准化、建设园林化、发展时代化的“六化”标准，加强硬件和软件建设，深入开展社会主义法治理念教育活动、公正执法检查活动、警察岗位练兵活动、监狱管理工作专项整顿活动、转变干部作风加强机关行政效能建设活动和建设思想政治工作“生命线工程”，实现了“无警察违法违纪、无罪犯脱逃、无狱内重大案件、无罪犯非正常死亡、无重大安全生产事故”的目标。被评为自治区政法系统100家人民满意政法单位和全国监狱工作先进单位，并立集体二等功；被司法部命名为现代化文明监狱。

2007年9月17日，司法部部长吴爱英（前中）到南宁监狱视察

2007年11月29日，司法部副部长陈训秋（前中）到南宁监狱视察

2007年8月15日，自治区副主席吴恒（前中）到南宁监狱参加部级现代化文明监狱挂牌仪式

2007年3月7日，南宁监狱召开转变干部作风加强机关行政效能建设活动动员大会

开展警察岗位练兵

罪犯行为规范考评现场

南宁市人民检察院

南宁市人民检察院辖县区检察院12个，派出专门检察院1个。近年来，继续以“强化法律监督，维护公平正义”为工作主题，全面履行法律监督职能，维护国家法律尊严和社会公正，促进经济建设健康发展。市检察院机关先后获全国检察机关文明接待室、检察机关不起诉案件专项复查活动先进单位、检察机关扣押冻结款物专项检查工作先进单位、检察机关纪检监察工作先进单位等称号；青秀区检察院被评为全国检察机关模范检察院；兴宁区检察院获全国维护妇女儿童权益特别贡献奖。涌现了全国青年卫士谭璇、全国优秀公诉人彭安明、全国巾帼建功标兵黄素卿等一批政治素质过硬、执法严明、勇于走在时代前列的优秀检察官。

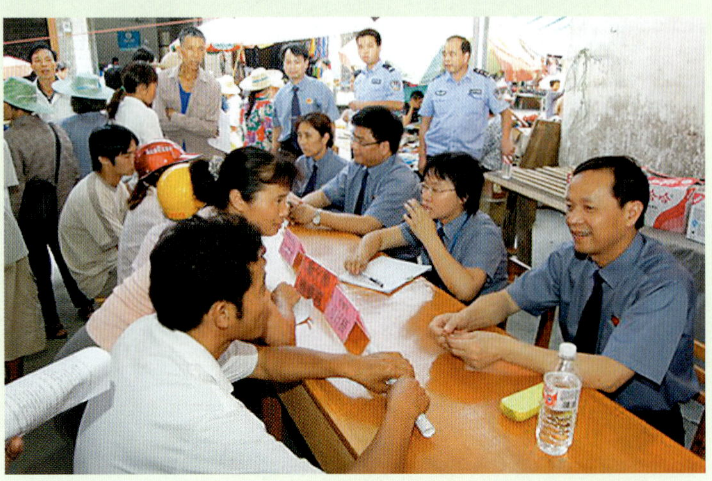

检察长马日梧（右一）带领检察干警到马山县古零镇街头巡访，接待群众

副检察长林少平给银行干部讲授预防职务犯罪法律知识

2007年8月，全市检察机关开展侦查监督业务大练兵活动。图为考评团对选手利用多媒体限时汇报案件的技能进行当场测评

2007年9月8日，自治区检察院副检察长陈普生（前排右五），陪同以越南谅山省人民检察院副院长禄文卯（前排右四）为团长的越南检察官代表团到市检察院访问时留影

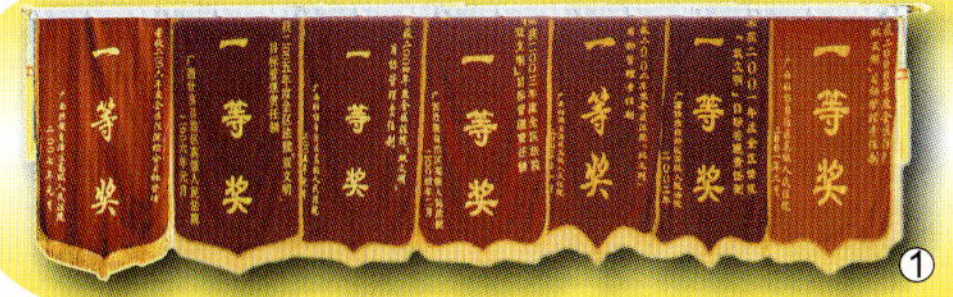

南宁市中级人民法院

2007年，南宁市两级人民法院围绕全市中心工作，认真履行宪法和法律赋予的职责，全面加强各项审判工作。共办结各类审判（执行）案件37012件，涉诉标的金额56.84亿元。其中，基层法院审结各类（执行）案件28160件，中院审结8844件；裁判正确率99.62%；当事人不服一审提出上诉占10.89%；一审案件在法定期限内全部结案。根据构建社会主义和谐社会的要求，探索诉讼调解的新方法、新方式，调解率进一步提高，民事案件调解结案8143件，占42.13%。

推进制度创新。在原有350多个规章制度的基础上，制定19个新制度，在全市法院范围内实行案件质量管理、法官业绩考核和涉诉信访工作机制，对院长接待日制度进行改革，推行法官判后答疑、联合接待、预约接待和领导包案的新制度；关注民生，设立特困群体救助基金，制定《执行案件特困人员救助基金试行办法》，对因司法裁判功能有限或穷尽执行手段仍不能弥补其损失，而生活又极度困难的当事人提供必要的司法救助；加强对弱势群体进行司法救助，共决定缓、减、免交诉讼费283.72万元。审判质量与效率明显提高，全市法院二审维持原判占91.69%，改判和发回重审案件占5.16%，接待来访13875人次，处理来信1819件。

队伍建设创新。两级人民法院开展社会主义法治理念教育和执法大检查活动，进一步增强大局意识、法律意识、责任意识和司法为民意识。涌现出一批以江南区法院和法官黄睿为代表的“公正司法，一心为民”的好法院、好法官，年内获市级以上表彰的集体22个、个人75名。

加强物质基础设施建设。2007年是贯彻实施国务院颁布的《诉讼费交纳办法》的第一年，面对案件大幅度上升，收费大量减少、办公经费困难的新情况，通过召开现场办公会，签订目标责任状，落实资金，确保4个“五化法庭”工程建设如期完成。基层法院审判办公用房建设，在当地党委和政府的帮助下，也取得明显进展，其中青秀区法院审判办公用房主体工程已经完成。

① 2000~2006年，市中院连续7年获自治区高级人民法院“双文明”目标管理责任制和综合目标管理一等奖

② 全国人大代表、市中院党组书记、院长莫建芳（前排左四）在参加第十届全国人民代表大会第五次会议期间与中共中央总书记、国家主席胡锦涛亲切握手

③ 市法院营造人性化司法环境，推行人性化执行

④ 市中院每月一次的“院长接待日”实行专业接访。图为院党组书记、院长莫建芳（右一）接待来访群众

⑤ 全市法院调解工作经验交流会会场

南宁市人民

党组书记、主任　邱全芳

南宁市人民防空办公室，位于金湖北路68号。是市政府主管人民防空工作的职能部门，市国防动员委员会的常设办事机构。内设人事教育科、综合科、计划财务科、指挥通信科、工程科、政策法规科6个职能科室；下辖市人防通信站、人防平战管理处、人防监察所、人防培训中心、南宁人防科研设计院5个事业单位和市人防新华经营公司1个企业单位；共有干部职工180多人。市辖12个县区都独立设置行政编制为正科级的人防办。

近年来，市人防办以《中华人民共和国人民防空法》等相关法律法规为依据，全面落实科学发展观，认真贯彻落实全国第五次人防会议精神，按照“长期准备、重点建设、平战结合”的人防建设方针，在建设统一高效的组织指挥体系、布局合理的防护工程体系、灵敏可靠的通信警报体系、精干过硬的专业队伍体系、保障有力的人口疏散体系及人防法制建设和推进人防机关“准军事化”建设方面，取得显著成绩。2000年和2005年，南宁市先后两次被评为全国人防先进城市；市人防办先后被评为全国、广州军区、自治区人防工作先进单位，2003年9月和2007年11月先后被国家评为全国人防机关“准军事化”建设先进单位，2007年被评为“全国人民防空工程建设先进单位”。

2007年1月，南宁警备区司令员曾友信（前左一）、政委翟宗华（前右一）等领导视察市人防办

2007年11月15日，国防大学教授黄祖海在南宁市作国家安全形势报告

南宁市县处级、科级、少数民族干部培训班学员和人防系统干部职工在听国家安全形势报告

防空办公室

2007年2月，副市长钱学明（右一）视察市人防办

2007年8月30日，自治区党委常委、市委书记马飚在防空警报试鸣演练指挥部作指示

2007年1月30日，南宁市“0408”人防工程开工奠基仪式

市人防办党组学习中心组成员（从左到右）：陈汉斌、陈仕龙、庞贤佳、邱全芳、梁宗潮、万仁贵、王春、赵建设

广西南南铝箔

广西南南铝箔有限责任公司是一家以研发和生产经营高精度铝及铝合金板、带、箔系列产品的铝加工企业。引进及采用目前具有国际先进水平的各类设备及工艺技术，生产厚度3～0.006毫米、宽幅达1600毫米的多种铝及铝合金板、带、箔材。主要产品有铝合金百叶片、高精度幕墙装饰板、高精度PS板、涂层基板、铝塑复合基板、防盗瓶盖料、电缆箔、空调箔、食品和香烟包装箔、药用包装箔等，产品覆盖面和应用领域广泛。

2007年4月7日，中共中央政治局委员、书记处书记、国务委员周永康（前左三）到公司视察

公司铝板带箔材生产线自2005年开始生产以来，注重加强科技研发和产品结构调整，不断加大科技进步投入，有效地促进了企业生产经营的快速增长。已形成年产3.5万吨各类板带箔材的生产能力，年销售额6亿元以上，其中出口销售占销售总量50%以上。5052合金百叶窗料产品、5052合金幕墙板、3003容器箔、8011家用箔、1100和3003涂装卷板材等各类板带箔材产品为广西名牌产品，在市场上具有较强的竞争能力和优良的品牌形象。新产品研发上，3003合金蜂窝结构材料及合金铝箔餐具材料研发项目，5052航天航空蜂窝材料用箔、1050合金PS板、1235合金铝箔坯料研发项目取得重要进展，各种新产品陆续投放市场。

公司主要控股股东为南南铝业股份有限公司，主要以建筑铝合金型材、电子工业铝材、铝门窗及幕墙等产品为主，具备年产5万吨的铝加工材生产能力，主要产品“南南”牌铝合金型材为广西名牌产品、中国驰名商标，是广西企业50强之一。

地　　址：亭洪路55号

电　　话：+86-771-2193388（办公室）　　2193333（销售部）

邮政编码：530031

传　　真：+86-771-4859099（办公室）　　2193318（销售部）

网　　址：http://www.alnan.com

电子信箱：foil@alnan.com（办公室）　　lb-sale@alnan.com（销售部）

各种板、带、箔材产品

有限责任公司

铝合金带材拉弯矫直生产线

冷轧、箔轧生产线

装车待发的箔材卷

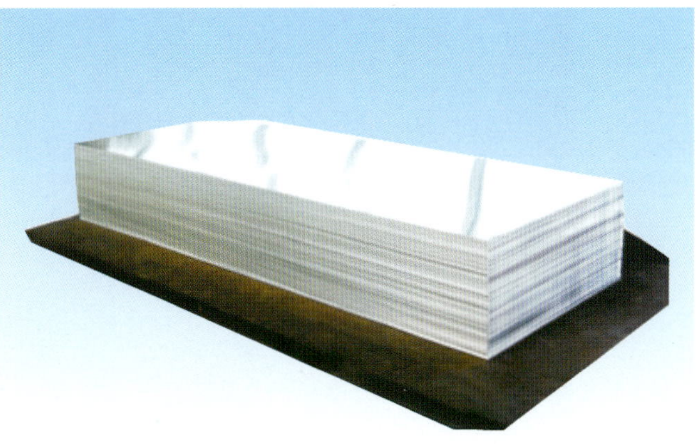

集团公司即将投入物流运输的大拖头载重汽车

广西运德汽车运输集团有限公司，由成立于1952年的南宁汽车运输总公司改制而成，具有交通部一级客运资质，系国家大型二类企业，交通部重点联系单位，已通过ISO 9001:2000质量管理体系认证，连续获得南宁市明星企业、广西50强企业、中国道路运输企业100强、全国服务业企业500强称号。集团公司经营范围：普通旅客运输、旅游客运、城市公交、的士出租，大件、零担、零担快运、普通、冷藏、危险品货物、散装水泥、集装箱运输，出入境运输、运输服务、国际货运代理、人身意外保险代理、机动车辆保险代理、货物运输保险代理、各类汽车、摩托车施救、检测、修理，汽车、燃油料、零配件销售，汽车技术培训，商贸，旅游，宾馆餐饮，广告，装潢、房地产开发、物业管理。

集团公司于2005年、2007年相继收购北海汽车运输总公司、北海市客运中心，投资控股越南山德汽车联营公司、香港运德运贸有限公司、澳门运德运贸有限公司后，已拓展成为横跨南宁、北海、崇左，延伸到越南、香港、澳门的大型跨国运输集团，下辖南宁埌东客运站、物流中心南宁货运北站、北海客运服务站、崇左客运服务站等26家汽车客货服务总站及8个直属单位，拥有A级汽车检测站5个、甲类保修厂6个、乙类保修厂14个；独资经营广西运德集团北海汽车运输有限公司、控股中外合资嘉华车辆维修中心、广西运德集团南宁凤之岭汽车运输有限公司等10家企业，参股经营广西通港旅运有限公司、桂龙国际运输有限责任公司等7家企业。

集团公司拥有各类营运客货车2200辆，客运以豪华大巴及舒适型卧铺车为主，运行客货运班线754条，覆盖 广西，辐射香港、澳门特别行政区以及粤、琼、川、渝、滇、黔、闽、湘、赣、浙、苏、鄂、豫等省，并开通了南宁至越南河内、下龙湾，北海至下龙湾，凭祥至越南谅山等跨国班线。其中：高速及直达客运快班90多条，覆盖南宁至北海、桂林、柳州、梧州等自治区内各主要城市，形成了高档次、高密度、高品位的高速客运服务网。货运主要为大型载重车及零担快车，零担运输网络幅射华南及中南各省市并办理中转28个省市的零担业务和货物快递业务。

集团公司连年获南宁市振兴经济效益金杯奖，并多次获广西优秀企业、“九五”期间管理优秀企业、经济效益银杯奖、企业管理优秀单位、安全管理先进单位和南宁市“九五”期间管理优秀企业、先进单位、安全生产先进单位等奖励和称号。

董 事 长：亓竞生
地　　址：友爱南路4号
邮政编码：530011
电　　话：0771-2102228
传　　真：0771-2432273
网　　址：www.yunde.cn

集团公司新一届董事会。图为董事长亓竞生（中）与董事会成员合影

汽车运输集团有限公司

企业精神：安全、高效、团队、敬业
企业目标：创一流服务、创一流品牌、建一流企业

服务宗旨：安全、快捷、优质、高效
企业口号：好运达万里 美德颂天下

广西运德集团所属单位分布图

集团公司站场分布图

集团公司南总快班乘务员囊括2007年度自治区“十佳乘务员大赛”前四名

营运中的集团公司豪华快班车

南宁市国

2006年12月16日，国土资源部副部长贠小苏（前排右三）、自治区国土资源厅厅长黄方方（前排右一）到市国土资源局检查指导工作

2007年，南宁市国土资源局根据国务院《关于加强土地调控有关问题的通知》、国土资源部《关于调整报国务院批准城市建设用地审批方式有关问题的通知》和自治区国土资源厅《关于抓紧组织2007年度报国务院批准城市农用地转用和土地征收编报工作有关问题的通知》精神，主动与市发展和改革委员会等有关部门沟通，及时做好用地申报工作。上报获国土资源部批准的中心城市建设用地550公顷，保证中心城市范围内重点项目建设用地的需求；上报六县六城区范围内用地64个批次和单独选址项目，总面积1439.59公顷，其中：六城区39个批次，面积1133.88公顷；六县25个批次，面积305.71公顷。

组织实施招拍挂公开出让土地21期，出让土地58宗，面积238.13公顷，总成交额63.47亿元。其中挂牌出让16期，面积201.11公顷，成交额42.09亿元；拍卖出让5期，面积37.23公顷，成交额21.38亿元。在12月6日举办的“南宁市2007年第三期国有建设用地使用权公开拍卖会”上，两宗位于东盟商务区的地块分别以每亩1202万元和1215万元的价格成交，再创南宁市招拍挂成交地价新高。组织采矿权挂牌公开出让2期，成交额73.53万元。

继续加大土地收购储备力度。年内，经市规划管理局出具规模蓝线图同意纳入储备用地共计5870.22公顷。其中：国有存量土地673.83公顷，规划红线储备土地1998.80公顷，规

2007年8月22日，局长阮兆丰（右二）陪同自治区国土资源厅厅长黄方方（左三）、市长陈向群（左二）到五象新区现场办公

2007年12月21日公开接访活动。图为常务副局长李伟时（右排二），副局长赖丙贵（右排一）、任叙新（右排三）接待来访群众

2007年12月6日，在2007年第三期国有建设用地使用权公开出让拍卖会上，常务副局长李伟时（前排右一）代表出让方与受让方代表（前排右二）签约

土资源局

2007年7月11日，国土资源部征地制度改革调研组到南宁开展调研活动

2007年11月23日，召开南宁市整顿和规范矿产资源开发秩序工作汇报会

划蓝线储备土地3197.60公顷。纳入政府土地储备的新增建设用地5196.40公顷，包括东盟商务区、南宁大商汇等涉及全市及市属六城区和44个自治区、市重点新增建设项目。同时筹措资金7.51亿元，确保储备用地转用、征地所需资金及时到位。全年完成征（拨）地面积994.46公顷，拆迁面积14.38万平方米。为南宁经济发展和城市建设做好用地服务。

2007年9月29日，召开局机关委员会全体党员大会，市直机关工委副书记谭英姿（前排左二），局党组书记、局长阮兆丰（前排右二），常务副局长李伟时（前排右一），党组副书记汪蓉（前排左一）在主席台上

2007年8月22日，举办第38个“世界地球日”宣传活动，群众踊跃签名

南宁市发

2007年1月15日，自治区党委常委、市委书记马飚（左）在规划建设北部湾（广西）经济区南宁区域性国际物流基地咨询会上致辞

2007年1月25日，市发展改革委务虚会议召开

南宁市发展和改革委员会，是市政府综合研究拟订全市经济和社会发展政策，进行经济总量平衡，指导全市总体经济体制改革的管理部门。2007年内设18个科室，下辖市经济信息中心、市工程咨询事务所；市北部湾开放开发办、城市轨道交通办、循环经济发展办、节能减排办、竹排冲环境综合整治指挥部、邕宁梯级枢纽工程办、县域经济发展办、推广乙醇汽油办、日元贷款办、华侨农林场改革发展办等非常设机构。

市发展改革委主要负责研究提出全市国民经济和社会发展战略、中长期规划、重点专项规划、年度发展计划。衔接、平衡各主要行业的行业发展规划。研究提出总量平衡、发展速度和结构调整的调控目标及政策。开展全市社会总需求和总供给等重要经济总量的综合平衡和重大比例关系的协调，研究提出资源开发、生产力布局和生态环境建设规划，引导和促进全市经济结构合理化和区域经济协调发展。提出全市固定资产投资总规模，安排全市财政性基本建设资金和国家、自治区下拨的专项投资；对政府性基金基本建设使用实行计划管理；指导和监督国外贷款建设资金的使用，向政策性银行推荐贷款项目。负责全市重大基本建设项目的布局和前期工作的组织、协调、管

2007年10月，市发展改革委组织的南宁市基本建设项目前期工作实务专题培训班开班

2008年1月30日，全市发展和改革工作会议召开

展和改革委员会

理。安排国家和自治区及本市拨款建设项目、本市大中型基本建设项目，确定年度市重点基本建设项目以及重大利用外资项目和境外投资项目。组织全市重大项目稽查；对重大项目建设进行行政性监管。开展全市科学技术、教育、旅游、文体、卫生等社会事业以及国防建设与经济和社会发展的衔接平衡；研究提出经济与社会协调发展、相互促进的政策，协调各项社会事业发展中的重大问题。研究提出高技术产业发展规划及其方向、重点和布局，推进重大科技成果产业化。

主任刘雄在2008年第一季度全市经济运行分析会上发言

2008年2月，市发展改革委中心组专题学习会召开

2008年5月，主任刘雄（前左三）到横县考察南宁电厂项目前期工作

2008年5月，主任刘雄（前右二）到横县检查防汛工作

2008年6月，南宁市城市轨道交通建设规划评估会召开

南宁市劳动

2007年12月28日，自治区主席马飚（前右二）在市长陈向群（前左一）陪同下到南宁人力资源市场视察工作

2007年9月3日，自治区劳动保障厅厅长蒋明红（右一）、副市长刘长林（前左一）在局长董秀银（左三）陪同下对“社会保险费统一征缴”新机制进行工作调研和指导

2007年，南宁市劳动和社会保障局以求真务实和敢为人先的开拓精神，对40多项管理规章制度进行修改、补充和完善，强化“一牌两卡三联系”干部管理制度，推出预约服务、柜员制服务、一站式服务等惠民举措，提升行政效能，彰显“执政为民、以人为本、和谐发展”的风范。从最困难的群体入手，从最紧迫的问题入手，努力建设积极就业、稳定就业、充分就业新格局，推出了一系列创新举措。

创新就业援助方式。出台解决零就业家庭问题的专项文件，对3316名急需援助的就业困难人员进行家访，量身订做就业服务计划3000份。给予零就业家庭发放《再就业优惠证》，对零就业家庭人员就读全日制中等职业学校，给予每人每学年1500元助学金，在全市建立零就业家庭动态为零新机制。新建信用社区18个，为有创业愿望的下岗失业人员提供创业资金扶持。

创新维权方式。在全市开展创建和谐劳动关系工业园区和创建劳动关系和谐单位活动，发动500多家企业参加创建活动，表彰首批劳动关

2007年2月4日，开展再就业新政策宣传周活动，劳动保障部失业保险司司长毛健（前右二）、自治区劳动保障厅厅长蒋明红（右一）在局长董秀银（前右三）陪同下到现场检查指导工作

2007年9月3日，南宁市在自治区率先上线运行金保工程

和社会保障局

系和谐单位18家，开展劳动监察网络化管理模式新探索，推进全市和谐劳动关系的建设。

创新就业引导方式。在全市认定品牌培训基地20个，实施“凤还巢”工程，建立返乡创业品牌基地10个；创新劳动用工组织方式，引导县区把46场专场招聘会开进乡镇村屯，同时拉开村级劳动保障工作站建设序幕；创新服务载体，选择118家企业作为重点服务对象，开展就业服务进百家企业活动；在全市开展创建充分就业社区活动，组织170个社区参加创建活动；创新求职登记方式，在全国率先启用身份识别和记录系统。

率先运行金保工程。9月3日，南宁市在自治区率先上线运行金保工程，在建立社会保险费统一征缴新机制的基础上，把涉及养老、医疗、失业、工伤、生育5个保险，时间跨度近20年的近7亿多条数据整合在一起，建立社会保险费统一征缴大厅，把分散征缴整合为定点统一征缴，把专管员制改为柜员制，直接为服务对象提供一站式、一条龙全程服务。

启动城镇居民基本医疗保险试点工作。10月12日，南宁市启动城镇居民基本医疗保险试点工作，把城镇居民纳入医疗保险覆盖范围，建设“人人享有医疗保险”的目标，为全市70多万城镇居民奉上了一份厚礼。

2007年，对零就业家庭等就业困难人员实施对口岗位援助

2007年，启动“凤还巢”工程，引导外出务工人员返乡创业

2007年10月12日，南宁市启动城镇居民基本医疗保险试点工作

2007年12月21日，召开部分企业贯彻执行《劳动合同法》座谈会

南宁市城市管理局

党组副书记、副局长苏拥军（中）在局系统开展转变干部作风、加强机关行政效能建设活动作动员讲话

整治市容环境卫生

2007年，南宁市城市管理局在推进城乡清洁工程、市政基础设施建设、为民办实事、城市管理体制创新等工作方面取得较好成绩，为南宁市经济和社会发展，为南宁市获取“联合国人居奖”做出贡献。

一、推进城乡清洁工程，城市面貌呈现新气象

抓住迎接“两会一节”和创建联合国人居城市的契机，以强化市城乡办工作为抓手，加大组织协调、检查监督、处罚教育、重点建设四个方面的力度，全面推进城乡清洁工程，城市“五乱”（摊点乱摆、车辆乱停、垃圾乱扔、广告乱贴、工地乱象）现象得到有效遏制，城市面貌焕然一新。

二、推进行业规范化，城市管理服务能力明显提升

根据南宁市多机遇和多区域合作发展的新态势，及时推进城市管理行业的标准化和法制化建设。着手开展环卫专项规划、户外广告专项规划和夜景灯光专项规划的编制工作，完成《南宁市城市市容和环境卫生管理条例》、《南宁市市政设施管理条例实施细则》等多部法律的修订，制定完善《南宁市户外广告设置标准》、《南宁市城市容貌管理标准》等12个行业管理标准和规划，为高标准、严要求地推进城市管理各项工作的发展提供依据。

环卫管理取得新进展。共征收生活垃圾处理费4118万元；协调落实果皮箱1万多个、环卫三轮车135辆、环卫资金2000万元；核发建筑垃圾处置许可证907张、建筑垃圾处置许可副证6221张、建筑垃圾处置运输许可证830张，实收处置费1353万元，调剂处置建筑垃圾量356万吨；完成城南生活垃圾填埋场扩建工程渗滤液处理站建设任务，旧填埋场封场顺利验收完毕；引进外资3492万元开发的CDM项目发电的管线全部安装完毕，气体试点火成功；新管理区滑坡治理工程已全部完成。

市政设施明显改善。道路维修方面。完成道路维修13.43万平方米、人行道维修面积7万平方米、下水道井座维修2488井；下水道疏通长度12万米；清掏沙井6.6万井次；更换复合材料井盖3217块，完成投资51.98万元。完成城市家具（椅子）维修666张，完成投资8.57万元；制作安全防护栏1400块，完成投资21万元；改造排水管352米，检查井48座，完成投资21万元。桥梁维修方面。完成中兴大桥和白沙大桥的检测，并在4座跨江大桥设置水准测量监控系统，完成投资37.45万元，共维修桥梁栏杆280米，清理维修伸缩缝2149米。照明设施维护方面。完成路灯维修1.2万盏次；清洁城市灯杆460杆、灯具2227套，油漆灯杆567杆；完成青竹立交桥照明及亮化工程安装，共安装灯杆32杆（含灯具96套）、灯具427套、护栏灯4000套，导向灯3500套、投光叶笼灯145个，全市平均路灯亮灯率达99.2%。

城市广场管理得到加强。全面完成节日（活动）的换花、景点布置和绿化日常管护任务，确保城市广场设施完好，鲜花常开；配合市委、市政府及各部委办局举办广场公益活动126场，接待国内外参观团181个。

大桥管理工作扎实推进。共清理整顿桥区违章占道行为1.16万起，拆除违章搭盖6起，清理非法小广告1.4万条（幅），劝阻乱停乱放车辆、马车2万辆次，清理盲流人员130人次，疏导交通216次，抢救跳江轻生人员20起；取缔桥区马路市场1处，清理跨门槛经营摊点42个。桥区环境、秩序明显改善。共完成路桥收费703万元。

数字化城管成效显著。市数字化城市综合管理与指挥系统于2007年6月开始投入试行。至年末，数字化城管共上报案件9.28万件，立案6.59万件。其中，部件案件1.07万起，事件案件5.53万件；共处置完成案件5.59万件，办结率79.8%。

夜景亮化工作有新进展。完成楼宇亮化758栋，实际完成投资约1.38亿元；完成桥体亮化10

座；完成“盛世和韵，魅力南宁”2007南湖灯展的方案编制和线路安装工作，确保灯展活动的顺利开展。

重点工程稳步推进。局系统涉及的城建重点工程项目有15个，计划投资3.86亿元。实际累计开工11个，完工7个，在建4个，待建4个，完成投资 1.38亿元。

为民办实事进展顺利。内涝整治项目累计开工23个，完工14个，在建9个；完成小街小巷改造40条，超额完成工作任务；城区6座垃圾中转站全部建成并投入使用，县级垃圾无害化处理场建设项目的各项工作正在有序开展，前期投入资金550多万元。

“南珠杯”竞赛等工作顺利开展。加强“南珠杯”竞赛工作的指导和协调，共组织“南珠杯”检查8次，召开现场会1次，较好地推动竞赛工作的顺利开展。

三、推进城市管理模式创新，大城管的格局逐步显现

行业管理实现“五个创新”。1.市政设施维护模式创新。逐步推行“管干”分离试点，将作业层推向社会，实现市场化运作、社会化管理；完善道路亮化景观灯维护和防盗管理市场化运作工作，推行市政设施市场化运作，改善市政设施被盗问题缓解管理层面的压力。2.环保设施应用创新。深入实施路灯节能降耗工作，继续推广使用复合材料井盖。3.环卫建设融资方式得到创新。积极通过申请国债、银行贷款和招商引资等多种方式，多渠道筹措环卫建设资金。2006年引进广西首个CDM项目。4.市政管廊管理模式创新。通过将市政管廊（即地下管线综合沟）建设特许经营权授予企业实施，解决道路反复挖掘建设的问题，实现城市地下空间资源的综合利用和有偿使用。5.数字城管工作创新。南宁市的数字化城管在总结外地经验的基础上，结合南宁市特点，在管理体制、管理方法、管理技术、管理内容和应用软件开发等方面进行了创新。

城市管理实现网络化。1.市城市管理局的协调能力不断增强。根据市委、市政府的要求，组织实施城乡清洁工程、迎接中国—东盟博览会市容环境综合整治、“南珠杯”竞赛、防内涝、交通整治、卫生城复审、数字化城管、亮化建设、“流动红（黄）旗”竞赛评比等多项具体工作，协调面涉及多种行业、多个领域。2.以块为主、条块结合的城市管理新体制逐步确立。通过开展城市管理综合行政执法体制和管理权下放，以城区、开发区管理为主，部门配合为辅的职责明确，多级联动、机制灵活的大城管格局逐渐确立，在全市迎办重大活动的工作中发挥了重要作用。3.社会联动、全民参与的城市管理格局正在形成。通过举办各种主题活动，城乡清洁工程等城市管理理念已深入人心；热爱南宁，遵守城市管理秩序，自觉参与城市管理活动的风气已逐渐形成。

城市楼宇亮化建设一瞥

整洁的市容市貌

2006年12月27日，城南生活垃圾卫生填埋场扩建工程主体工程竣工投入使用

南宁市

① 2007年2月8日，交通部副部长冯正霖（前右三）在埌东客运站检查春运工作

② 2007年7月3日，自治区交通厅厅长黄华宽（右二）在市政务服务中心交通局办事窗口检查工作

③ 2007年9月16日，市长陈向群（左一）等市领导乘坐公交车出席市首届城市公共交通周及无车日活动启动仪式

④ 2007年5月24日，市交通局局长雷德贵（右一）在宾阳县平天村调研和慰问新农村驻村指导员

2007年，南宁市交通局以开展“创新年”和“转变干部作风、加强机关行政效能建设”活动为契机，转变发展观念，创新发展模式，强化行业管理，交通各项工作均取得较好成绩，先后被评为南宁市农村基础设施建设三大会战先进单位、开展百日安全无事故活动先进单位、招商项目“大兑现”工作先进单位、争创“联合国人居奖”先进单位、依法行政先进集体、统计工作先进集体，并获第十七届中国厨师节特殊贡献奖等。

试点县区社会主义新农村道路建设全面完成。新增1822个50户以上自然屯通水泥路，101.6万农民群众直接受益。

交通运输生产持续增长。共完成公路客运量9546万人，货运量7160万吨；完成水路客运量105.9万人，货运量1491.1万吨；完成港口吞吐量208万吨。

行业监管工作迈上新台阶。《南宁市出租汽车客运管理条例》10月1日起颁布实施；建立了全市道路运输GPS监控中心；治理车辆超限超载工作形成综合治理的长效机制，打击非法运输力度加大，全年共查处“三车”（人力三轮车、二轮摩托车、三轮摩托车）5230辆，违法营运客车880辆、货车3909辆、面包车1525辆、出租汽车236辆。开展了船舶“防碰撞、防泄漏”、渡口渡船和港口经营资质专项整治、特种设备安全风险隐患和应急资源排查、防汛船舶应急保障演练等活动，提高了港航企业安全防范和应对突发事件的能力。

运输服务保障能力进一步提高。圆满完成首届城市公共交通周及无车日活动的组织工作，以及第十七届中国厨师节、东南亚国际旅游美食节、中国—东盟博览会、南宁

交　通　局

国际民歌艺术节等重大节会的交通运输服务保障工作。新开公交线路10条，更新和新增公共汽车208辆，调整和优化公交线路32条，增设公交站点175个，报废更新出租汽车900辆。

行业文明创建和廉政建设进一步深化。开展以“讲职业道德，建诚信窗口，创文明行业”为主题的和谐建设活动，推出荆小兰、农向华等先进典型。围绕基础设施建设、运输服务和行政执法等重点领域抓好廉政建设工作，并结合行政效能建设活动的开展，把行政效能监察纳入党风廉政建设和反腐败工作的总体部署。

开展“创新年”和转变干部作风加强机关行政效能建设活动取得实效。修改、调整47个岗位职责，确定4项下放到县区的事权、2项重复交叉的职能、4项缺失的职能以及2项需调整的内设机构职能报市编委；共有领导干部3000多人次到基层一线检查指导工作；压减行政审批事项，精简审批程序，在市政务服务中心交通窗口直接办理的事项占全部审批事项83%，交通窗口2007年连续3个季度被评为“红旗窗口”。

⑤ 2007年9月16日，南宁市首届城市公共交通周及无车日活动启动仪式现场

⑥ 2007年8月7日，市航务管理处在邕江组织开展防汛船舶应急保障演练

⑦ 新建成的青秀区长塘渡口至那曾村新农村水泥路

⑧ 整治非法营运“三车”

南宁市信息化

2007年9月26日上午，自治区党委书记、刘奇葆（前左二）等自治区、市领导到南宁市数字化城管监督中心检查和指导工作

2007年9月23日，自治区党委常委、市委书记马飚（左）和市长陈向群（右）为南宁市城市管理监督中心、指挥中心揭牌

2007年，南宁市信息化工作办公室以创新为动力，以资源整合为工作重点，以信息化带动工业化，在电子政务、城市管理、公共安全、公共服务等领域信息化建设和应用取得较好的成效，有力地促进全市经济和社会发展。

信息交流中心建设稳步推进。南宁市初步提出建设中国—东盟区域性信息交流中心的目标、定位、功能、建设内容、重点工程、实施步骤、投资预算，以及相关的政策保障与措施建议等；重点完成公共物流信息平台、电子商务、信息产业基地的专项规划。顺利推进信息化大楼等基础设施项目建设，为区域性信息交流中心建设奠定坚实的硬件基础，信息交流中心建设工作得到稳步推进。

电子政务建设取得成效。南宁电子政务三期建设工程项目进展顺利，年内完成电子政务网络建设、基于内网的政府办公协同管理和服务系统、电子监察系统、数据资源中心一期建设。信息化项目管理系统、环境保护及监测系统工程、报警电话手机用户五字段传输工程、中小企业信息服务平台、财政国库集中支付系统完善、粮食应急供应指挥信息系统等项目建设加快推进，全年累计推进和完成相关业务管理系统项目20多个，完成投资3200多万元。

数字化城管建设提高了城市管理水平。南宁市按照“资源整合、信息共享；统一监督、两级指挥；重心下移、四级联动；综合执法、全面覆盖”数字化“大城管”的总体目标和建设模式，全力推进数字化城管建设。9月23日，南宁市数字化城管正式运行，实现城市管理工作的科学化、严格化、数字化、精细化、网格化、长效化，较以往传统城市管理手段，大大缩短案件发现和处置时间，提高了城市管理水平与指挥工作效率，建立起城乡清洁工程的长效管理机制，进一步营造“洁齐美”的城市环境，给市民提供更良好的人居环境和服务。

政府门户网站实现新突破。南宁市政府门户网站——南宁政务信息网（www.nanning.gov.cn）进一步加大政府门户网站技术平台的升级改造力度，强化管理和维护，加快政务信息公开步伐，提升在线办事和公众参与功能，着力推进网上咨询、网上信访、网上政风行风等建设。网上信访系统处理完成和公开信访件553条，群众满意率87.16%；网上政风行风专栏实现全市80多个职能部门和公共服务行业单位通过

南宁市创新城市管理技术和手段，图为工作人员在应用数字化城市综合管理与指挥系统处理城市管理案件

2007年3月17日，南宁信息产业基地产业发展规划专家评审会召开

2007年4月，国家信息产业部推进司司长陈伟（右）视察南宁市横县农村信息化农村综合信息服务工作

2007年10月26日，南宁市信息化大楼举行开工仪式

网站平台接听解答受理群众咨询和投诉。在2007年中国政府网站绩效评估中，南宁市政府门户网站在全国地市级政府排名49位，名次较2006年上升了23位，位于自治区14个地级市首位，成为政务公开和政民互动的一站式服务平台。

信息化推广应用得到加强。信息化在全市机关的应用范围不断扩大和深化，应用力度逐年加大。全市机关外网办公自动化系统、电子政务数据共享与交换平台、LED政务信息发布系统、政协提案管理系统、人口和计划生育网络管理信息系统、人事资源中心与管理系统、电子文件中心与管理系统及工商、税务等其他部门业务系统在工作中得到广泛推广应用，提高机关行政效能、为民服务水平。打防控电子视频监控系统一期建成，劳动和社会保障就业援助呼叫系统启动建设，“金土”工程、住房状况调查管理信息系统、房地产权属交易管理业务系统建成应用，推进安全、和谐社会构建。

信息化助推经济发展进程加快。信息化在南宁市国民经济重要部门和关键领域的推广应用工作得到进一步加强，信息化对促进全市经济增长方式转变、推动传统产业升级改造和提升传统产业竞争力方面的作用显现。推广应用信息技术逐步成为建设社会主义新农村、建立企业现代管理体系、推进城市工业化、优化商贸服务业的重要手段。全市共有104个乡镇建立起乡镇门户网站，340个行政村建立可提供互联网应用的“三农”信息服务站，以乡镇门户网站为骨干，以“三农”（农业、农村、农民）信息服务站为基础的农村信息网络服务格局基本形成。

政策法规建设及信息化技术培训得到强化。加强信息化的政策法规制定工作，编制出台《关于加快南宁市信息化发展的意见》、《南宁市电子政务网络平台管理规定》、《南宁市信息化项目验收管理暂行办法》等多个指导、管理、规范信息化的政策法规文件，进一步健全信息化法规体系。在全市范围内开展信息化培训、软件正版化工作，全年累计培训人数1500人次， 发放各类正版软件6840套，优化了信息化建设环境。

2007年9月，市信息办主任钱健（右二）参加第三届中国国家数字城市大会，并陪同自治区建设厅厅长宋继东（左二）参观大会“数字南宁”成果展

2007年3月17日，中国—东盟区域性信息交流中心咨询会召开，加快中心规划建设工作

南 宁 市 经

南宁市工业工作会议

2007年3月，市委、市政府召开工业工作会议，表彰为南宁市工业发展作出突出贡献的单位和个人

南宁市经济委员会是负责全市工业发展和工业经济运行调节的市人民政府工作部门，加挂市中小企业局牌子。2007年，全面落实科学发展观，深入实施"工业强市"战略，围绕"创新年"和开展转变干部作风加强机关行政效能建设活动，各项工作取得新成效。

全面推进"百项工业项目大会战"，加大工业投入。全年"百项工业项目大会战"在建项目120项，带动全市工业投资继续保持两位数增长。大力实施"建设工业百家亿元企业工程"，壮大强优企业，亿元企业数量居自治区首位，强优企业成为拉动全市工业增长的引擎；大力发展园区经济，建设城市经济新高地，克服土地、资金等因素的制约，推进园区的各项建设。强化工业招商引资，提高工业招商水平，以承接东部产业转移为契机，围绕食品、电子、铝加工、化工、造纸等重点支柱产业，组织策划，推动工业招商引资。科学规划，加快调整和完善工业布局，完成10户企业的结构调整和搬迁改造，完成5家企业搬迁改造项目的前期工作。推动企业技术创新，提高企业核心竞争力，完善政策措施，推进企业技术创新和信息化建设，推进产学研联合。全年共完成技术创新项目258项，完成技术创新投入6.18亿元，比上年增长20.5%。完善融资平台，扶持中小企业发展，建立中小企业、非公有制工业企业创新发展的工作新机制，做好协调和服务工作。大力开展节能降耗，推动循环经济建设，在制糖、化工等重点行业，组织开展燃煤工业锅炉（窑炉）改造、热电联产、余热余压利用、工业节水等工程的技术改造和节能新技术应用项目的实施，推广应用水煤浆，推行清洁生产。加强工业经济运行的宏观调控和服务，制定出台《关于加强工业企业自主创新若干规定》等一批加快推进工业发展的文件和政策措施，强化目标责任管理，加强工业经济运行的监控、预测、分析和服务。

全市工业生产继续保持快速增长，经济效益再创新高，工业经济呈现出又好又快发展的良好态势：

工业总量大幅提升，总产值突破800亿元。完成全部工业总产值830.88亿元，比上年增长30%。工业总量居广西第二。

工业增加值稳步增长，占GDP的比重上升近1个百分点。全部工业增加值279.15亿元，比上年增长24.1%。工业增加

南宁市中小企业信息网络服务平台于2007年12月建成。图为副市长赵宏声（中）、自治区经委副主任方乃纯（右）、市经委主任陈世平（左）主持开通仪式

市经委在自治区首创单位内部设立首问服务窗口，为企业提供"一站式"服务

济　委　员　会

值在地区生产总值中的比重继续提高。

经济效益再创新高。经济效益综合指数比上年提高41.87个百分点。规模以上工业实现利税71.16亿元，增长46.72%，实现利润31.7亿元，增长98.96%。

工业投资、技改投资快速增长，首次双超100亿元。完成工业投资112.5亿元、技改投资103.52亿元，分别比上年增长36.77%、28.16%，实现历史突破。

亿元企业数量迅速增加，对产值增长的贡献率超过60%。产值超亿元的企业达到155家，增加51家，亿元企业占全市规模以上工业总产值69.11%，对全市产值增长的贡献率63.85%。

产品结构调整成效明显，新产品产值增长近70%。工业企业产品更新换代步伐加快，产品技术含量、附加值和档次提高。规模以上工业企业完成新产品产值38.04亿元，比上年增长68.91%。

园区工业经济发展迅猛，占工业产值的比重超过40%。工业园区共完成规模以上工业总产值285亿元，占全市规模以上工业总产值42.85%。园区经济逐步成为经济发展的主要增长力量。

工业招商取得重大突破，工业合同引进资金额185.09亿元，占全市合同引进资金总数32.68%；工业实际到位资金87.32亿元，占全市实际到位资金总数30%。承接东部产业转移取得重大突破，富士康公司、丰达公司等大企业落户南宁。

中小企业实现快速发展，新增工业企业超300家。规模以上中小工业企业完成工业总产值600亿元，比上年增长33.85%，占全部规模以上工业总产值90.22%。

工业节能降耗成效显著，万元规模以上工业增加值综合能耗1.539吨标准煤，比上年下降5.13%。

2008年1月，副市长刘长林（左五）在广西南宁百会药业集团有限公司主持启动仪式

市政府每季度组织各县区、开发区及市直有关部门召开工业经济运行分析会

市中小企业局经常组织金融部门和企业召开座谈会，向中小企业推介金融产品

组织各县区、开发区到防城港学习考察临海工业，参与北部湾（广西）经济区建设

南宁市质量技术监督局

党组书记、局长　覃家源

2007年，南宁市质量技术监督局以特种设备和食品质量安全监管为重点，以打假治劣为主线，在质量监管、名牌培育、安全监察、标准化、计量、食品生产监管、打假扶优、服务"两会一节"、产品质量和食品安全专项整治、机关行政效能建设等各方面取得显著成绩。年内，南宁市新获中国名牌产品2个、国家免检产品5个、广西名牌产品18个；104家企业登记加入电子监管网，激活上市企业31家；598家食品生产加工企业全部取得食品生产许可证，无证食品生产企业的查处率100%，611家食品小作坊100%签订质量安全承诺书，食品小企业小作坊100%建立质量档案；完成企业标准备案667个，标准修改43个，5家企业完成采用国际标准产品标志申报备案并获准使用采标标志；8月广西（横县）茉莉花（茶）检测中心挂牌成立；上林县质检所、武鸣县质检所分别于8月、12月通过自治区质量技术监督局组织的实验室资质认定现场评审，9月建成广西产品质量监督检验院宾阳检测中心并通过国家实验室认可；市质监局与市科技局共同完成的南宁市"国家重要技术标准"研究项目获2007年度广西科学技术进步奖三等奖。市质监局被评为2007年度自治区质监工作"两强市局"，宾阳、横县、武鸣县质监局被评为"七强县局"。

①2008年1月16日，自治区质监局党组书记、局长邓于仁（左三），自治区政协常委、原自治区质监局局长倪龙生（左四）、副局长段一中（右三）、闭俊东（右二）、谢谨瑜（右一）向市质监局党组书记、局长覃家源（左二），副局长冯兵民（左一）颁发2007年度自治区质监系统"两强市局"牌匾及执法车钥匙

②2007年6月13日，市人大常委会副主任赖贵寿（左三）带领调研组到市质监局检查指导工作

③2007年10月23日，副市长、市产品质量和食品安全工作领导小组组长刘长林（前左一）在副组长覃家源(前左二)陪同下，检查超市产品购销台账

南宁市安全生产监督管理局

2007年，南宁市安全生产监督管理局坚持“安全发展”和“安全第一，预防为主，综合治理”的方针，围绕“系统谋划，综合整治，群防群治”的工作思路，以事故防范工作为重点，不断在安全生产体制、机制、政策措施方面进行探索、创新，建立健全监管网络，加强宣传及培训教育，严格责任制，强化监督管理，深化专项整治，夯实基础性工作，使全市安全生产工作得到进一步加强，生产经营单位的安全生产条件不断改善，从业人员安全生产意识有所增强。实现连续7年安全生产形势持续稳定好转，事故死亡人数等控制指标逐年下降。为全市经济和社会发展及南宁国际民歌艺术节、中国—东盟博览会等重大活动的成功举办创造了安全稳定的社会环境，为建设和谐社会打下良好基础。2006年被评为全国安全监管工作先进集体。

① 全市防范重特大安全事故工作会议现场
② 自治区、市安全生产监督管理局领导视察建设工地
③ 安全生产工作检查
④ 局长黄南方（左）检查宾阳县烟花爆竹厂安全生产情况
⑤ 副局长张琦（左一）看望村级安全员

南宁市

①

②

南宁市财政局是市政府主管全市财政工作的综合部门，主要工作职责是贯彻实施国家的财政法律、法规，履行财政预算内外资金的筹集、分配、管理、监督职能，管理全市会计工作。局机关设19个科室，有事业机构13个，拥有一支“政治强、业务精、作风硬、纪律严”的财政干部队伍。

2007年，市财政局深入实施“转变干部作风加强机关行政效能建设”及“创新年”各项活动，充分发挥财政生财、聚财、用财的职能作用，大力支持经济发展，依法强化税收征管，不断优化支出结构，稳步推进各项财政改革，有力促进了全市经济社会事业全面、协调、可持续发展。年内，获全国财政评审系统先进单位、军民共建精神文明先进单位、市直单位定点扶贫工作先进单位等荣誉共33项。

一是加强财政收支管理，确保财政收入稳定快速增长。协调全市各征收部门不断强化收入责任机制，加强收入进度监督考核，加强税源分析监控，加大税收征管力度，确保财政收入的稳定快速增长。组织财政收入150.84亿元，比上年增收30.48亿元，增长25.32%。同时，进一步加强支出管理，严格执行人大通过的支出预算，优化财政支出结构，在保证人员工资发放和事关国家安全及政权建设资金支出需要的基础上，将支出重点向事关民生领域倾斜，确保农业、教育、科技事业的支出增长幅度达到预算法要求。财政总支出完成126.43亿元，收入与支出相抵，当年年终滚存结余23.36亿元（净结余5.57亿元）。

二是以财佐政，促进财政收入增长和经济发展的良性互动。以支持发展作为财政工作的重点，按照以市场化为主导，政府适当引导扶持的原则，不断创新财政支持经济发展的方式方法，充分发挥财政资金导向作用，并综合运用多种财政政策工具，努力将财政资源转化为经济发展的推动力，促进南宁市经济又好又快发展。认真贯彻市委、市政府大力推进“百项工业项目大会战”、“建设百家亿元工业企业工程”的要求，增加财政支持工业力度，共安排工业结构调整资金1.9亿元，用于支持企业挖潜改造、技术创新和县区工业园区、工业集中区基础设施建设；扎实推进社会主义新农村试点项目建设，通过整合财政预算内外资金，累计拨付市本级补助资金3.32亿元，确保市本级应配套资金的全额拨付到位，并通过财政上下级往来累计超调资金4174万元，增加市财政对困难县区补助资金8500万元，帮助县区缓解配套资金困难。安排非新农村试点县区农村基础设施建设资金4900万元，重点支持非试点县区的农村水利建设、整村推进扶贫项目、农村沼气建设及市新农村建设示范村项目，并认真落实支农惠农政策；大力支持服务业发展，安排旅游发展资金1000万元，拨付国际航线补贴573万元，同时加大城市规划投入，拨付规划经费7000万元；围绕加快城镇化建设目标，多渠道筹集资金，筹集城市重点工程项目资金132.33亿元，支持城市重点项目建设，同时严格按照城建项目资金管理的相关规定，认真核拨项目资金，加强重点工程项目资金管理，提高资金使用效益，拨付工程项目资金62.3亿元。

三是以人为本，加大民生事业的支持力度，努力构建和谐社会。将财政支出进一步向社会保障、义务教育和公共

⑤

⑥

财　政　局

医疗卫生等社会事业倾斜，加大财政对公共产品、公共服务及公益性事业的保障能力，努力构建和谐南宁。拨付企业离退休人员基本养老金11.75亿元；发放城市低保资金7070万元，比上年增长20%；发放农村低保救济金2013万元，并提高农村五保户供养标准；加快推进新型农村医疗制度改革，至年底，市六县两城区参加新农合农民参合率78.22%。全年拨付就业再就业资金5689万元，安排灾害救济支出2343万元，同时还拨付1.14亿元用于校舍维修、教学仪器更新等教育投入，安排3675万元用于应用技术研究与开发。

四是强化财政监督，维护正常财经秩序，提高财政资金使用效益。通过部门预算、政府采购监督管理，政府投资项目评审和会计管理等多项有效的财政监督措施，不断提高依法理财的水平，保障财政资金安排、使用的合法性和有效性，提高财政资金使用效益，不断建设法治财政。同时不断完善财政资金绩效评价体系，抓住财政支出管理中的薄弱环节、社会关注的农业、教育、社保等热点问题，积极开展支出绩效评价，逐步建立起科学、规范的预算支出绩效评价体系，不断建设绩效财政。

五是深化财政改革，促进依法理财、科学理财。按照完善公共财政体系的总体要求，深化财政改革，努力建立操作规范、运行高效、管理科学、公开透明的财政支出管理体制机制，以更好地为南宁建设区域性国际城市服务。进一步深化部门预算制度改革，改进预算编制办法，促进预算更加科学合理，强化预算约束力；进一步完善政府采购改革，逐步建立行为规范、服务高效、监管有力、协调发展的政府采购运行体系；完善国库集中支付改革，扩大集中支付范围，规范财政资金支付行为，提高财政资金的使用效率；推进县区财政体制改革，以事权和财权相匹配为原则，不断规范政府间财政分配关系，充分调动县区发展经济积极性。

① 2007年3月2日下午，全市财政工作会议召开
② 2007年3月27日下午，南宁市筹资工作会议召开
③ 局中心组学习党的十七大精神讨论会
④ 局机关转变干部作风、加强机关行政效能建设活动动员大会
⑤ 局长秦赣江（中）到共建单位武警市支队慰问
⑥ 2007年5月，市财政局与共建对子单位武警市支队获自治区军（警）民共建精神文明先进单位
⑦ 市财政局到扶贫点武鸣县陆斡镇育秀村小学慰问
⑧ 市财政学会举行“创新杯”气排球比赛
⑨ 局机关干部职工积极参加城乡清洁工程活动

南宁市工商行政管理局

2007年，南宁市工商行政管理局坚持以科学发展观为指导，以实现监管与发展、服务、维权、执法“四个统一”为目标，全面推进各项职能到位，先后获国家级奖1项、自治区级奖11项、市级奖18项。

为服务首府经济发展，市工商局出台《南宁市工商行政管理局关于转变作风、创新观念、优化环境促进发展若干措施》33条，推行“九项服务”、“十个放宽”首次免予处罚行政告诫等制度。10月，投入270多万元，在全市推行食品安全监管“十个统一”工程，全面完成食品安全专项整治工作3个100%的目标任务。为进一步推进城乡清洁工程、全面治理“五乱”工作，举行大型宣传活动，并向全市经营户发出《倡议书》，实行市局领导、分局局长、工商所所长、工商干部分级负责的四级责任制，全市189个市场通过整治，容貌焕然一新。为支持社会主义新农村建设工作，举办12期培训班，大力培育农村党员经纪人，开展农民专业合作社注册登记工作，8月3日，南宁市第一家农民专业合作社在良庆区那马镇成立。落实违法案件查办通报制度及落实“违法广告预警制”，查处网上房地产广告等5起；查处各类商标违法案件129件；指导20家企业申报“广西著名商标”；查处涉嫌传销案件4件，捣毁传销窝点149个，解救被骗人员66人，遣送传销人员1456人，有效遏制非法传销活动。制定及下发《关于规范当前成品油市场经营秩序的紧急通知》，依法查处非法倒卖汽油摊点12个，立案查处涉及房地产违法违规经营行为46件，共对240多场次拍卖活动进行监督检查，查处无照经营货运案件4起。

一年来，通过开展机关效能建设和向黄振磊学习活动，队伍建设得到整体提高，被国家工商总局确定为全国系统文化建设基地，被自治区纪委、自治区工商局、南宁市纪委确定为广西党员干部示范基地，被国家工商总局确定为政务公开示范点。

① 发动工商业主为灾区献爱心
② 城乡清洁工程宣传小分队深入市场进行宣传
③ 组织个体私营业主参加经贸洽谈活动
④ 开展南宁市个体、私营、经营者城乡清洁工程主题宣传活动

南宁经济技术开发区

南宁经济技术开发区创建于1992年，2001年5月晋升为国家级经济技术开发区。开发区管委会是市政府派出机构，对开发区实行特区式封闭管理，行使市级管理权限。

开发区位于南宁市区南部，规划控制面积110平方公里。东至白沙大道中段，南连良庆区，西接南宁火车南站，北至南站路和白沙大道，与江南区相接。距南宁吴圩国际机场15公里，距北大货运码头5公里，相邻西南最大的火车编组站——南宁南站，城市快速环道和外环高速公路在开发区内横穿而过，与连接贵州、广东及广西的高速公路形成便捷的交通网，具有独特的区位优势。

2002年以来，开发区各项主要经济指标年均增长幅度在50%以上，呈现跨越式发展态势，进入了快速发展时期，示范、窗口、辐射和带动作用日益增强。2002~2005年，地区生产总值、工业总产值、工业增加值在全国中西部16个国家级经济技术开发区中的排位均提升2位，合同利用外资、实际利用外资的排位分别提升11位和1位。2004年跃入中西部15个新批准的国家级开发区在吸收外资、扩大出口、发展高新技术产业、土地集约利用、带动区域经济发展等方面综合排名前10名。2007年，工业总产值突破45亿元，财政收入连续5年实现高位增长，年均增幅超过80%。至年末，有注册企业近400家，吸引法国、荷兰、日本、韩国、马来西亚、新加坡等20多个国家和中国香港、台湾等地的商家投资置业，形成电线电缆、精细化工、纸制品三大主导产业。

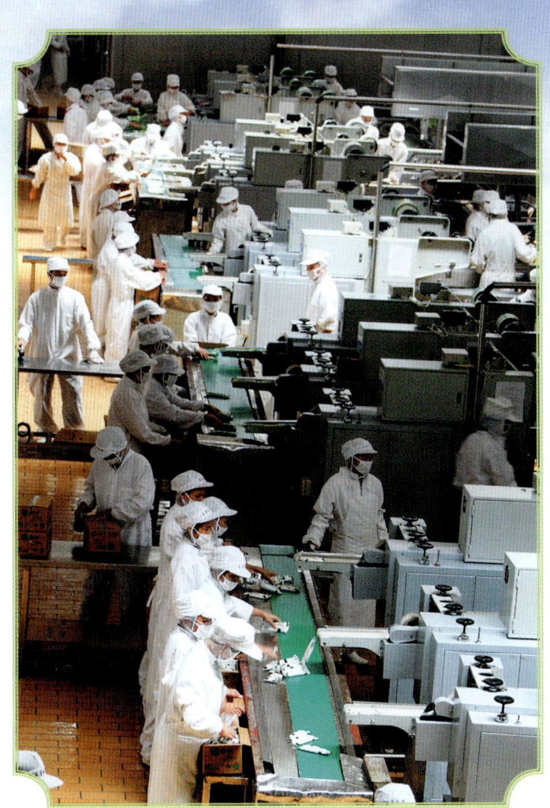

蒙牛高档冰淇淋项目生产车间

管委会地址：星光大道230号
邮政编码：530031
电话：0771-4518881 4518882 4518883 4517060
传真：0771-4516162

管委会办公楼

中国电信 CHINA TELECOM

中国电信股份

分公司领导班子：总经理班兆林（中），副总经理顾民（左二）、邓忠伟（右一）、陈卫红（右二）、总经理助理杨峰（左一）

2007年8月17日，自治区党委副书记郭声琨（右三）和自治区党委常委、组织部部长陈际瓦（右二）在中国电信广西公司总经理赵强（左一）、副总经理刘小宁（前左二）和南宁分公司总经理班兆林（右一）等人的陪同下，视察南宁信息广场综合服务演示厅，并观看党员远程教育系统的业务演示

中国电信股份有限公司南宁分公司，是广西壮族自治区电信有限公司的下属分支机构，是境外上市的中国电信股份有限公司的组成部分，是本地的主导电信运营商。

2007年，分公司以科学发展观为指导，持续推进企业从传统电信运营商向综合信息服务提供商转型，在做好固定电话、小灵通等传统语音业务发展的同时，致力于信息化基础设施建设。实施城市信息化、政务信息化、行业信息化、社区信息化、家庭信息化等“蓝色天空”信息工程和百乡千村万户上宽带广西农村信息化的工程，促进了南宁市经济和社会发展。

2008年，分公司按照南宁市委、市政府关于构建区域性国际城市，建设区域性信息交流中心的目标与规划，加大信息化基础设施建设投入，建一流网络，实现网络IP化、宽带化、融合化；着力打造“商务领航”、“我的e家”、“全球眼”等信息化品牌业务；推进“蓝色天空”信息工程和百乡千村万户上宽带工程，让信息化惠及每一位市民，促进和谐南宁建设。

2007年10月28日，前来出席第四届中国—东盟博览会开幕式的信息产业部副部长蒋耀平（中）到南宁国际会展中心的中国电信展台参观，并与南宁分公司总经理班兆林（左一）亲切交谈

2007年12月18日，市长陈向群（前中）率政府各有关部门负责人到南宁分公司考察指导工作

有限公司南宁分公司

2007年9月23日，市政府“数字城管”工程项目正式开通启用

电信员工下乡为农村信息服务站的乡村信息员开展网站管理知识培训

2007年3月30日，“家校通”工程项目在石柱岭小学正式开通使用

2007年12月22日，位于共和路124号的中国电信@数码广场开业

2007年1月16日，兴宁区五塘营业厅开业

中国银行 南宁市

2007年，中国银行南宁市邕州支行以科学发展观统领全局，以效益为中心，转变经营观念、经营机制和增长方式，提升市场竞争力，推动各项业务又好又快发展；通过管理创新、机制创新、产品创新和流程再造，强化内部控制能力，加快个人金融业务转型，提升市场竞争力；加强各级班子建设、队伍建设、企业文化建设，取得了良好的经营业绩。各项人民币贷款余额58.92亿元，比上年增长17.74%；各项人民币存款余额70.14亿元。

作为首府高校助学贷款发放惟一指定银行，邕州支行承办32所自治区属院校中21所主要院校的助学贷款工作。新学年开学期间，在各家院校设立业务咨询台，设立助学贷款绿色通道，并先后在广西财经学院、广西大学、广西民族大学举行2007级新生国家助学贷款首批发放仪式。共为18795名家庭经济困难且符合贷款条件的学生发放国家助学贷款1.12亿元。

作为中国—东盟博览会惟一主办银行，在第四届中国—东盟博览会期间，邕州支行圆满完成各项金融服务工作。全市22个代兑点共为外宾办理101万元人民币的兑换业务。在南宁国际会展中心设立临时服务点营业6天，共为东盟十国、美国、日本、英国及国内各省市客商办理柜台交易业务565笔。

2008年2月，自治区党委书记郭声琨（右二）会见中国银行总行副行长王永利（左二）和广西分行行长杨展鹏（左一）

2007年9月，自治区副主席吴恒（前右一）在支行行长黄立新（左三）陪同下视察邕州支行助学贷款工作

2007年，邕州支行大力支持南宁房地产行业的发展

邕州支行

2007年10月，在南宁国际会展中心开设第四届中国—东盟博览会临时服务点

2007年9月，向2007级大学新生发放助学贷款

2007年7月，开展奥运服务业务技能比赛

2007年8月，中国银行大学西支行开业

2007年4月，中国银行高尔夫球邀请赛在南宁举行

南宁市第二中学

领导班子

国际中学生信息学奥林匹克竞赛金牌获得者黄天明

南宁市第二中学，前身是创办于1906年的南宁府中学堂，是广西首批重点中学，首批示范性高中。学校秉承“以人的发展为本，师生员工与学校共同发展”的办学理念和“办知名学校，造福一方；创优质教育，回报社会”的办学宗旨，1992年被列为中国名校，2005年、2006年被评为中国百强中学，2007年被评为全国教育系统先进集体、广西教育科研先进集体、联合国教科文组织华东师范大学教师教育教席联席学校。曾获全国民族团结进步模范单位、优秀青少年维权岗、师德建设先进集体和自治区文明单位等荣誉称号。

校区坐落于市区中心，占地4.67万平方米，布局合理、环境优雅、教学设施一流，为学生的学习、生活提供了良好的条件。琅东校区占地28.2万平方米，具有“现代化、生态型、园林山水式、文化气息浓郁”特色，2008年上半年建成招生。

2007年，学校有教学班54个，学生3000人。有专任教师211人，其中享受国务院政府特殊津贴2人，先后被评为自治区特级教师32人，市级以上优秀教师、先进教育工作者61人次，市级以上劳动模范13人次，在职高级教师91人，市教坛明星6人，学科带头人35人，教学骨

部分获奖牌匾

全国优质课比赛一等奖获得者杨雪联

国际中学生物理奥林匹克竞赛金牌获得者赖柯吉

2007年考取清华大学、北京大学的学生

干88人。教师中获硕士学位15人，有研究生学历29人，研究生课程班结业60多人。办学成绩骄人，连续5年获南宁市高中毕业班工作“卓越奖”。2004~2007年被北京大学、清华大学、香港中文大学录取的学生共有60人。

2007年，在校生共有42人75人次获全国奥林匹克竞赛省级赛区一等奖，其中学生潘锦钊在该校承办的第七届中国西部数学奥林匹克竞赛中以最高分获金牌，直接进入国家数学奥林匹克集训队；学生在美国亚特兰大FVC机器人世界锦标赛中获最佳团队奖，在第五届WRO世界奥林匹克机器人竞赛中国区选拔赛获高中组常规项目金牌；学校所申报的课题“教研组文化建设的方法和途径”获联合国教科文组织立项及资金资助。

实验室

图书馆

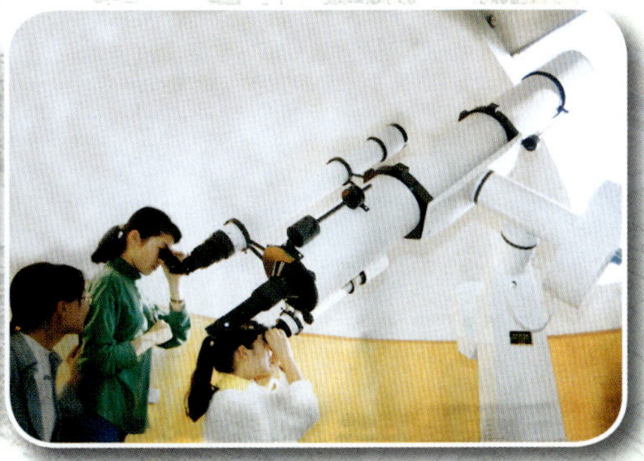

学生在学校天文台观测天象

东校区鸟瞰效果图

南宁市第

①

②

南宁市第三中学坐落在秀丽的青秀山脚下、旖旎的南湖之滨。是广西首批重点中学和示范性高中。前身为1897年维新人士余镜清创办的南宁乌龙寺讲堂，曾用过的校名有南宁府中学堂、南宁府中学校、广西省立第一中学、广西省立第一高中、广西省立第一联中、南宁中学、南宁高中等，1955年改称现名。

深厚的文化底蕴、严谨的教风学风，孕育了一代代三中学子。他们当中有原全国人大副委员长甘苦、中国人民解放军装甲兵政委莫文骅中将为代表的党政军领导人；有中国工程院院士李京文、美国因美石油公司总裁蒙培、著名指挥家陈传熙、世界冠军陈铁等为代表的科技、经济、艺术、体育界精英；有哈佛大学博士林映晞、陆向华，普林斯顿大学博士麻晓娟，贝尔实验室研究学者王子南等为代表的名校俊彦。

110年来，学校不断进取，改革创新，形成了“真爱教育”的办学思想和“德育为先，文理并重，崇尚一流”的办学特色，成为莘莘学子向往的求知殿堂。进入新世纪后，一大批优秀学子在与同类学校的竞争中脱颖而出，在全国各类竞赛中屡创佳绩。历年高考成绩优异，重点、本科率长期名列广西前茅，尖子生成绩突出。2003年以来共培养出10名广西高考状元。

近年来，学校先后获全国文教系统先进单位、首届中小学校园文化建设百佳学校、群众体育先进单位、青少年科技活动先进单位、思想道德建设教育活动先进单位、中小学科研兴校示范基地、外语教研工作示范校等十几项国家级荣誉和一系列自治区、市级荣誉。

③

三 中 学

① 2001年，教育部部长陈至立（前排左二）在自治区副主席吴恒（前排左一）等领导的陪同下视察学校
② 部分特级教师合影
③ 花园式教学区
④ 学校大门
⑤ 舞蹈《天琴世代有传人》获2007年中小学生艺术展演广西第一名、全国一等奖
⑥ 科学艺术馆
⑦ 逸夫体育馆
⑧ 学生公寓
⑨ 图书馆

隆安县

县委书记　容康社

县人民政府县长　欧　波

隆安县位于广西壮族自治区中部偏西南，右江中下游两岸。南昆铁路、南宁至百色二级公路和高速公路以及右江航道穿过县境，交通便捷，区位优势明显。2007年辖6镇4乡，行政区域面积2277平方公里，人口38.43万人，耕地面积34436公顷，林地面积106891公顷，森林覆盖率45.51%。全县所有行政村全部实现通电。经济以农业为主，工业以制糖为主要支柱。主要矿产资源有金、银、煤和水晶石等，其中地处古潭乡境内的凤凰山银矿储量达330万吨，居全国第三、自治区第一。旅游景区(点)有龙虎山自然保护区、渌水江漂流、峨山生态旅游区、榜山文塔等，其中龙虎山自然保护区为自治区级旅游景区。土特产品有白砂糖、叮当鸡、板栗、荔枝、龙眼、香蕉、果蔗等，其中板栗为广西三大板栗生产基地之一，有“中国板栗之乡”称号。

2007年1月2日，时任自治区政府主席陆兵（前排左二）到都结乡政府视察

2007年，隆安县委、县政府紧紧围绕“东融南宁，西靠铝都，东扩西进，重点向东”的发展思路，全力推进“开放立县、农业稳县、科教兴县、项目旺县、工业强县”发展战略，县域经济快速协调健康发展。全年实现地区生产总值26.47亿元，其中第一产业增加值10.35亿元，第二产业增加值8.31亿元，第三产业增加值7.80亿元。全县农林牧渔业总产值16.99亿元，粮食总播种面积3.52万公顷，总产量13.58万吨，分别增长0. 89%和4.70%；蔗糖种植面积1.56万公顷，产量108.43万吨，分别增长13.01%和22.72%；香蕉、板栗、木薯、无公害蔬菜、黑山羊、水产等优势产业进一步发展。县本级财政全年农业农村投入累计6678万元，比上年增加4742万元，增长244.94%。建设村级路38条276公里、屯级路118条214.8公里，完成水利和人饮项目104个、沼气池建设4102个。财政收入2.01亿元，其中地方财政收入10278万元；地方财政支出47034万元。全社会固定资产投资完成额169996万元。社会消费品零售总额6.21亿元。城镇居民人均可支配收入9668元，人均消费性支出7217元。全年输出农民工6.49万人次。农村居民人均纯收入2891元，人均生活费支出1893元。城乡居民年末储蓄存款余额15.39亿元。

2006年10月12日，时任自治区党委常委、市委书记马飚（右三）到隆安华侨管理区江海电子厂视察

2007年，县委、县政府加大招商引资工作力度，成功签约内资合同项目27个，合同总金额27.478亿元，同比增

自治区重点投资项目——金鸡滩水电站坝首夜景

县委书记容康社（前排右一）、县长欧波（前排左一）到隆安华侨管理区检查指导工作

蝶城文化广场

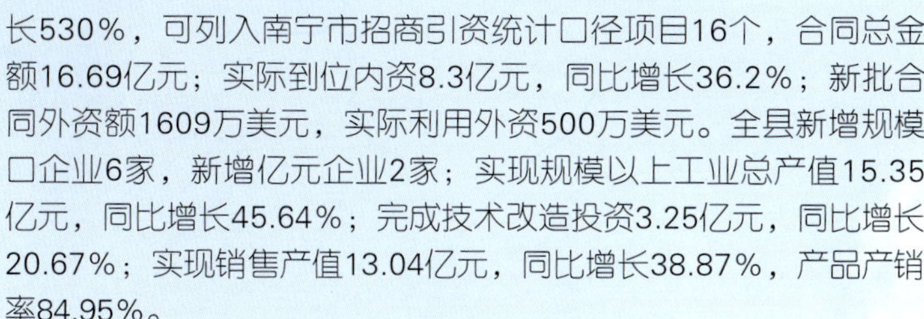

长530%，可列入南宁市招商引资统计口径项目16个，合同总金额16.69亿元；实际到位内资8.3亿元，同比增长36.2%；新批合同外资额1609万美元，实际利用外资500万美元。全县新增规模口企业6家，新增亿元企业2家；实现规模以上工业总产值15.35亿元，同比增长45.64%；完成技术改造投资3.25亿元，同比增长20.67%；实现销售产值13.04亿元，同比增长38.87%，产品产销率84.95%。

“叮当”鸡养殖场

隆安县荣获2007年全区县域经济发展进步奖、自治区第六届城市市容环境综合整治“南珠杯”县城C类县特等奖，2007年度南宁市流动人口管理工作一等奖，南宁市2007年度绿化先进单位，2007年度全市政府系统政务信息工作先进单位进步奖，南宁市2007年人口与计划生育目标管理责任制考评一等奖，南宁市区2005－2007年度平安建设县区三等奖，南宁市参加自治区第六届市容环境综合整治“南珠杯”竞赛先进单位，首府南宁争创“联合国人居奖”先进单位。

招商引资项目落户华侨管理区的飞捷重钢构件

县委书记：容康社
县委副书记、县长：欧波
县人大主任：韦才团
县政协主席：隆成碧

2008年4月28日，县城第二座跨右江大桥——南百高速公路配套工程花周大桥建成通车。

渌水江漂流

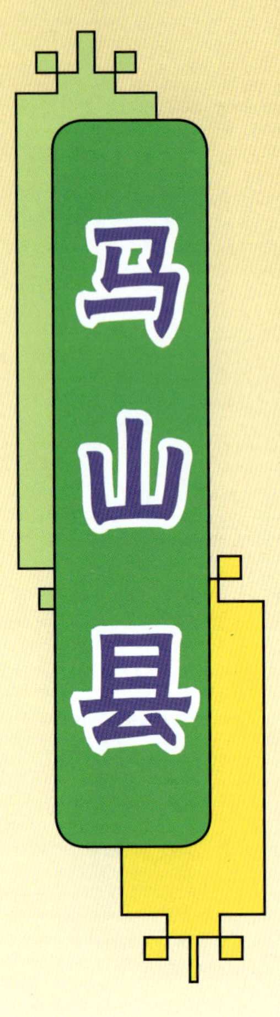

马山县位于广西中部，居红水河南岸、大明山北麓，东交忻城、上林，西接大化、平果，南邻武鸣，北望都安，是四市（南宁、来宾、河池、百色）六县的结合部，属南亚热带季风性气候区，温暖湿润，四季宜人。交通便利，县城距南宁市区96公里，西南出海大通道——水南公路横贯境内，210国道和上林至马山、马山至大化二级公路经过县城。

马山县辖11个乡镇、145个行政村、6个社区，总面积2363平方公里，聚居壮、汉、瑶、苗等9个民族，人口52.41万。粮食作物以水稻、玉米、木薯为主，经济作物以甘蔗、水果、花生、黄豆、旱藕为主；矿藏储量丰富，探明有煤、铁、锰、水晶、重晶石等矿种27个；劳动力资源充足，常年劳务输出10多万人；水电资源丰富，红水河流经县内近百公里，国家重点开发红水河10座大型梯级水电站中的百龙滩水电站、乐滩水电站位于境内。

县长李兵（左一）与深圳创辉企业管理顾问有限公司、东莞市芙谊制衣针织有限公司、广州市易达鞋材有限公司、香港金富塑胶制品厂、东莞市盛铭电子有限公司5家企业签订招商引资合作协议

马山县素有“中国黑山羊之乡”、“广西民间艺术之乡”之称。马山壮族三声部民歌被誉为“中华民族文化瑰宝”；壮族扁担舞多次代表广西赴北京汇报演出和参加国际展演；壮族会鼓规模宏大、气势磅礴。得天独厚的地形环境造就了马山的奇山秀水，有世界十大名洞之一的金伦洞、广西“八大美景”之一的红水河画廊、千年历史佛教圣地灵阳寺；有“天然氧吧”之称的弄拉生态自然保护区、神奇美丽的永州地下暗河、金钗石林和红旗湖；有红水河奇石、根雕和少数民族服饰等极具地方特色的艺术品。土特产品丰富，有马山黑山羊、马山土鸡、金银花、旱藕粉等品牌特产；有红水河油鱼、周鹿香牛、永州鱼片、白山汤圆、林圩酸粉等风味美食；有竹笋、黑豆、彩色竹豆、开心红薯等生态食品。

近年来，马山县委、县政府以加快发展为第一要务，以招商引资为突破口，加大农业结构调整力度，推进工业化、城镇化、农业产业化进程，县域经济较快发展。2007年，成

2007年12月3日，中国黑山羊之乡——广西南宁·马山首届文化旅游美食节在马山县城开幕

文化旅游美食节开幕式“千人打扁担”表演

文化旅游美食节开幕式“千人会鼓”表演

功举办中国黑山羊之乡——广西南宁·马山首届文化旅游美食节，进一步提高马山知名度，打造马山文化旅游美食品牌，带动了相关产业发展。与上年相比，全县实现地区生产总值21.88亿元，增长17.1%；财政收入1.26亿元，增长14.35%；工业总产值11.66亿元，增长39.40%，其中规模以上工业总产值8.17亿元，增长46.50%；全社会固定资产投资10.66亿元，增长22.44%；全社会消费品零售总额6.28亿元，增长17.07%；农民人均纯收入2680元，增长17.13%；城镇居民人均可支配收入9227元，增长29.59%。

2007年9月26~29日，马山县四家班子领导等一行60人赴深圳、东莞、广州等地开展承接东部产业转移招商引资。图为在东莞国际会展大酒楼召开的马山县招商引资工作推介会

2008年2月20日，马山县城（白山镇）给水系统改造工程竣工通水。图为市政协副主席梁峰林（右四）、县委书记张光廷（右二）、县长李兵（左三）、县政协主席林永立（左一）等领导为工程竣工通水剪彩

2007年8月8日，马山县汉邦水泥有限公司揭牌。图为县委书记张光廷（左六）、县长李兵（右五）、县人大常委会主任杨盛稳（左四）、县政协主席林永立（右三）等领导出席揭牌仪式

西乡塘区

西乡塘区位于南宁市区中西部，行政区域总面积1298平方公里。辖3个镇、9个街道办事处，总人口100万，是南宁市人口最多的城区。2007年实现地区生产总值62.71亿元，财政收入11.22亿元。被评为全国科技进步先进县（区）、广西“两基”工作先进县（区）、广西双拥模范县（区）。

区委书记　吕洁

区长　廖俊云

西乡塘区有耕地面积1.99万公顷，适宜种植水稻、蔬菜、各种经济作物和亚热带水果。盛产香蕉、菠萝、荔枝、龙眼，是南宁市重要的蔬菜、花卉、瓜果、禽蛋、鱼类和鲜奶的供应基地。年种植香蕉面积1万公顷，年产香蕉30万吨，是南宁市最大的香蕉产区。以三产为主要特色，有北京华联、国美电器、苏宁电器、东博国际五金机电城等一批知名专业市场，形成了规模较大的家具、钢材、机电产品、汽车销售、装饰材料、药业物流、粮油批发、小商品、副食品等大型批发市场。销售额超亿元的市场有31个，销售额超10亿元的市场有3个。虎邱城北钢材市场年销售额达83亿元，列全国同类专业市场第三名、西南地区第一名。安吉物流园已成为南宁市重点建设的五大物流园区之一。随着南宁东盟国际大商汇物流中心、南宁农副产品物流中心、东盟国际汽车城等重大物流项目的建成，商贸集聚和吸纳能力大大增强，西乡塘区将成为面向东盟的区域性国际物流基地。有大中专院校55所、科研单位87家，专业技术人员8.5万人。南宁高新技术产业开发区、相思湖新区坐落在辖区内。雄厚的科研机构、众多的人才资源，为城区经济社会发展注入了新的活力。正在建设北湖工业集中区，打造承接东部产业转移平台，引进了一批发展前景广阔大项目。投资25亿元的南宁大商汇项目、投资13亿元的华润水泥、投资10亿元的南宁农产品物流中心、投资10亿元的南宁再生资源产业基地、投资3亿元的南宁航盛新型建材50万立方加气混凝土砌块生产线已被列入自治区层面推进的重点建设项目。

开放的西乡塘区竭诚欢迎国内外客商朋友来观光旅游，投资置业，共展宏图。

贯穿辖区的快速环道

安吉汽车市场

十万亩香蕉林

广西农垦糖业集团金光制糖有限公司

董事长　何维克

广西农垦糖业集团金光制糖有限公司（原广西金光实业总公司制糖化工厂）创建于1976年，隶属广西农垦糖业集团有限公司，是广西农垦骨干企业之一；距南宁市区60多公里，毗邻左、右江畔，水陆交通便利，资源丰富。

2007年，公司占地29.2公顷，固定资产原值1.86亿元，净值1.2亿元；员工645人，其中各类专业技术人员90人。经过20多年对设备的挖潜改造和技术革新，日处理甘蔗量8000吨，年产机制糖10万吨、食用酒精5000吨。主要产品“三冠”牌白砂糖获绿色食品资格认证，并获全国亚法糖质量评比第二名、自治区优质食品奖；食用酒精获全国质量评比优质食品奖。产品销往全国各地，企业列入全国食品加工行业500强。

公司坚持以“质量第一，顾客至上”为宗旨，对照ISO9001标准建立质量管理体系，以市场为导向推进质量标准化管理。2004~2006年，被评为南宁市先进单位、西乡塘区经济工作纳税突出贡献企业和明星企业，获振兴南宁创新·经济效益杯金奖、2006年南宁市重合同、守信用企业等称号。

地址：西乡塘区金光农场内
邮政编码：530042
电话：0771—3355400
传真：0771—3355424

① 甘蔗生产基地
② 制炼车间
③ 丰富多彩的文化生活
④ 公司大门

南宁市烟草专卖

局长　席亮文

局领导班子

南宁市烟草专卖局（公司）成立于1984年4月11日，实行由广西烟草专卖局（公司）和市政府双重领导，以广西烟草专卖局（公司）为主的管理体制。内设13个科（室、中心），下辖12个县级局（营销部），有在职职工954人。

市烟草专卖局（公司）于2003年率先在自治区取消县级公司法人资格，推行“电话订货、电子结算、网上配货、现代物流”现代营销模式；2004年在自治区率先突破税利1个亿，积极进行组织机构调整，大力强化市级公司市场经营主体地位；2005年，率先全面推行“一级配一级送”、“一级配二级送”的一库式模式，优化整合网点机构和城乡访送线路，积极推行“弹性配送”新办法；2006年，率先开展企业文化建设，努力开拓文化治理企业新思路；到2007年大力开展“按订单组织货源”改革，全面推行ISO 9000质量管理体系模式。卷烟销量从2002年的12.43万箱增长到2007年的18.35万箱，年均增幅9.5%；销售收入从7.36亿元增长到19.08亿元，年均增幅26%；税利从0.43亿元增长到3.97亿元，年均增幅137%；利润从0.24亿元增长到3.06亿元，年均增幅195%；单箱销售销售额从5921.1元增长到1.22万元，年均增幅19.2%，实现了从传统商业向现代物流的成功转变。

在维护国家利益和消费者利益上，市烟草专卖局坚决打击卷烟制假售假违法行为，2007年，共查处涉烟违法案件5955起，查获非法卷烟6452件、烟叶烟丝1502吨。8月，与公安部门共同破获“8·03”、“8·10”特大制售假烟网络案件，案值均超过1200万元，两案共抓获犯罪嫌疑人52人、刑拘29人、逮捕12人、判刑4人。打假工作连续两年获国家烟草专卖局的表彰，被评为国家烟草行业先进单位。

市烟草专卖局（公司）还组织开展“四心工程”创建等活动，以制权为核心，以管人为根本，以理财为重点，以公开为前提，党风廉

南宁烟草电话订货呼叫中心

局（公司）

管理服务大厅

新建成的南宁烟草物流中心

政建设工作和反腐败不断量化细化；将企业文化建设与企业经营管理、职业道德建设、人力资源管理相结合，开展以“践行‘两个至上’共同价值观，构建和谐南烟”为核心内容的企业文化建设，进一步增强企业凝聚力。与国家级贫困县隆安县都结乡三乐村挂钩扶贫支教，为当地小学修缮教室、篮球场和蓄水库等。企业先后获南宁市先进单位、守合同重信用企业等多项荣誉。

2008年5月，“南宁烟草科技园”正式投入使用。占地6.93公顷，总投资1.39亿元，借助国际先进的GPS和GIS现代信息技术，整合优化企业物流供应链，实现卷烟等商品的仓储、包装、运输、配送等服务，最终构筑起一个物畅其流、快捷准时、经济合理、用户满意的社会化、专业化的现代物流、科技系统。

现代物流设备正在调试、监控试运行中

销毁伪劣卷烟21.47万条及烟叶106吨

南宁市墙体材料改革办公室

南宁市墙体材料改革办公室于2005年3月成立后，承担全市发展新型墙材与建筑节能任务。工作中坚持科学发展观，贯彻执行国家、自治区有关墙改节能方针政策，围绕节能减排工作重点“禁实、限粘、推新”，推进全市墙改节能管理工作深入开展。

2007年，根据“十一五”节能减排目标，开展工艺设备登记备案，对砖瓦窑业进行清理整顿，并结合南宁市实际制定关停取缔粘土砖厂计划，关停取缔无证砖厂61家（市本级28家、县区和开发区33家）。开展本地实用技术、产品的研发，发展新型墙体材料，市区新增新型墙体材料生产能力4.1亿标块，生产各类新型墙体材料30亿标块；引进外地投资新建加气混凝土砌块厂4家，社会投资的小型空心砌块厂20家，年生产总能力335万立方米，满足建筑市场需求。至年末，共完成砖瓦及混凝土砌块工艺设备登记备案企业191家，新型墙体材料企业资质认定证书年检129家，实现节约土地266.67公顷，节约标煤18.6万吨，减少二氧化硫排放1994吨目标。

市墙改办结合全市开展的“创新年”活动，通过创建学习型机关，加强行政效能建设，公开向社会承诺，进一步简化墙改基金的征收报建环节，验收、核退基金和新型墙材初审认定和审批程序。推进政务公开，增强行政工作透明度，及时在市建设信息网上公布墙改和建筑节能相关政策、法规和日常工作动态，提高服务质量和工作效率。

① 南宁市推广应用新型墙体保温材料——泡沫玻璃砖

② 市墙改办开展创建“学习型”、“创新型”单位学习活动

③ 2007年12月，副市长钱学明（左二）、市建委主任高新（左一）检查建筑工地

④ 2007年6月，自治区建设厅厅长宋继东（前右一）、自治区墙改办主任孙宜宾（前左二）在市建委副主任刘学勤（前左一）、市墙改办主任徐伟（前左三）陪同下视察新型墙材生产项目

特　　　载

马飚书记在中共南宁市委十届三次全会第一次全体会议上的讲话(摘要)

(2007年11月9日)

一、市委常委会一年来的工作

去年以来,在自治区党委、政府的正确领导下,我们坚持以邓小平理论和“三个代表”重要思想为指导,深入贯彻落实科学发展观,紧紧抓住中国—东盟博览会长期落户南宁和多区域合作加快推进的历史性机遇,充分发挥多区域合作交汇点的优势,围绕把南宁建设成为广西“首善之区”和区域性国际城市的目标,以开展“创新年”活动为主线,着力开创多区域合作、工业化发展、城镇化建设新局面,着力抓好和谐社会建设、“三农”工作和人才队伍建设,着力打造中国—东盟的区域性物流基地、商贸基地、加工制造业基地和信息交流中心、交通枢纽中心、金融中心,经济建设、政治建设、文化建设、社会建设和党的建设全面进步,进一步巩固了我市经济社会又好又快发展的良好势头。今年1~9月,全市实现生产总值737.63亿元,同比增长17%,我市经济连续23个季度保持两位数增长,连续7个季度经济增速超过14%,创历史新高;财政收入113.11亿元,同比增长29.10%,增幅为40个月以来最高;规模以上工业总产值462.21亿元,同比增长31.40%,已连续20个月保持27%以上增长速度;全社会固定资产投资355.33亿元,同比增长25.02%;社会消费品零售总额375.57亿元,同比增长17.72%,为2003年以来最高增幅;外贸进出口总额8.78亿美元,同比增长36.70%;城镇居民人均可支配收入8839元,同比增长13.21%,连续12个月保持两位数增长;农民人均现金收入3461元,同比增长17.41%,自2004年以来均保持两位数增长。我们主要抓了以下几方面工作:

(一)加强理论武装工作,用科学理论推动实践发展

我们坚持从提高贯彻落实科学发展观的能力,实现科学发展、和谐发展、率先发展、又好又快发展的战略高度,认真贯彻中央和自治区党委关于加强理论学习的一系列重要指示精神,深入贯彻落实科学发展观,切实用科学理论武装头脑、指导实践、推动工作。

我们坚持以县(处)级以上领导干部为重点,不断健全学习制度,不断拓展学习内容,不断创新学习方法,不断增强学习效果,不断提高思想认识。通过深入学习科学发展观、构建社会主义和谐社会、加强党的执政能力建设和先进性建设等一系列重大战略思想,深入学习胡锦涛总书记6月25日在中央党校的重要讲话精神以及中央领导同志对广西工作的重要指示精神,努力使各级党员领导干部掌握马克思主义的立场、观点和方法,掌握党的路线、方针、政策,全面增强贯彻落实科学发展观的自觉性和坚定性,成为科学发展观的坚定信仰者和模范实践者。强化各级党委(党组)中心组学习,抓好中心组学习情况的考核,把定性考核与定量考核结合起来,探索建立科学的学习效果评估标准体系,建立了领导干部自觉学习的长效机制,使中心组学习效果得到较好巩固提高。坚持举办“时代前沿”知识讲座,采取多种形式,认真抓好广大党员和干部群众的理论学习。

市委常委会带头搞好学习,认真开展中心组学习,坚持用科学的发展思路、科学的发展举措和科学的发展方法推进经济社会又好又快发展,在深入贯彻落实科学发展观方面起表率作用。进一步完善了推进工业化城镇化、建设社会主义新农村、深化开放合作、承接东部产业转移、建设五象新区、城市内河综合整治等重大决策部署。每位常委同志还结合中国—东盟博览会长期落户南宁,中国—东盟自由贸易区等多区域合作加快推进以及广西北部湾经济区全面开放开发的实际,围绕在全区率先实现全面建设小康社会、建设广西“首善之区”和区域性国际城市的目标,发扬理论联系实际的马克思主义学风,学以致用、用以促学,做到学理论、议大事,转观念、出思路,促发展、求实效,有力地推动了我市的改革开放和现代化建设。

党的十七大闭幕后,我们把学习宣传贯彻党的十七大精神作为全市各级党组织当前和今后一个时期的首要政治任务,及时组织传达学习贯彻。10月24日我们召开市委常委会扩大会,10月25日召开全市干部大会,对党的十七大精神进行认真传达学习,并对全市学习宣传贯彻党的十七大精神作出具体部署。昨天,举办了南宁市领导干部学习党的十七大精神专题培训班,参加听课人数达10000多人。通过及时传达学习,迅速掀起了学习宣传贯彻党的十七大精神的热潮,真正把全市广大党员、干部和群众的思想和行动统一到党的十七大精神上来,把智慧和力量凝聚到夺取全面建设小康社会新胜利、建设广西“首善之区”和区域性国际城市上来。

(二)全面贯彻落实科学发展观,促进经济又好又快发展

我们坚持以科学发展观统领经济社会发展全局,认真贯彻执行国家宏观调控政策,加快转变经济发展方式,着力提高发展水平,着力提升发展质量,促进了经济又好又快发展。

1、深入开展“百项工业项目大会战”,大力实施“建设工业百家亿元企业工程”,进一步做大做强工业经济。我们加快推进“工业强市”战略,走有首府特色的新型工业化道路。一是积极组织开展“百项工业项目大会战”,加大工业投入,带动了全市工业投资保持快速增长。今年1~9月,全市工业投资持续保持

强劲增长，同比增长44.13%。二是大力实施“建设工业百家亿元企业工程”，着力培育大企业、大集团。1~9月，全市产值超亿元的企业已达到97家，比去年同期增加22家，亿元企业对全市产值增长的贡献率达55.54%。三是大力发展园区经济，全力推进各开发区、工业园区建设，打造城市经济发展新高地。1~9月，全市16个开发区、工业集中区共完成规模以上工业总产值185.87亿元，占全市规模以上工业总产值的40.21%，成为全市工业经济增长的“领头羊”。高新区、经开区荣获2007年自治区先进工业园区称号，综合考评成绩分获全区第一名和第三名。四是工业技改投资保持快速增长势头，有力地推动了全市工业经济的增长。1~9月，完成技改投资63.47亿元，同比增长33.71%。五是实施知名品牌战略，调整工业布局。重点扩张铝加工、化工与精细化工、食品、机械电子等产业，改造提升制浆造纸、建材、制糖等产业，培育发展生物工程与制药、信息等产业，发展电力能源等产业，加快做大做强高新技术产业。六是在企业全面开展节能降耗、综合利用、清洁生产、水煤浆推广以及再生资源体系建设等工作，推行循环经济生产模式，加快建设节约型社会。今年以来，全市工业生产保持30%左右的高速增长态势。1~9月，全市完成规模以上工业总产值462.21亿元，同比增长31.4%。

2、扎实推进社会主义新农村建设，农业和农村经济加快发展。一是坚持统筹城乡发展，扎实推进社会主义新农村建设。全市新农村建设试点工作全面推进，成效显著。1~9月，武鸣县和原邕宁县辖区连片新农村建设试点项目共开工7933项，完工6004项，累计完成投资12.95亿元，占计划总投资的90%。全市选派2796名机关干部担任社会主义新农村建设指导员，进驻1394个行政村，指导和协助驻地群众开展农业生产、基层党建等工作。二是以富裕农民为中心，大力发展农业和农村经济。实施龙头企业带动战略，加快优势产业及生产基地建设，大力发展特色农业，加大对农业产业化的扶持力度，一个集城郊型、创汇型、生态型为一体的具有南亚热带特色的现代农业初具规模。三是积极推进大石山区基础设施建设大会战。大石山区隆安、马山两县基础设施大会战今年计划投资2.78亿元，至10月底，项目已动工9411项，竣工9026项，实际完成投资3.05亿元。四是实施“百万农民就业培训”工程，积极引导和组织农村富余劳动力外出务工。今年以来，我市夏粮喜获丰收，水果生产快速发展，农业保持良好的发展态势。1~9月，全市实现农林牧副渔业总产值143.18亿元，同比增长7.81%。

3、扩大需求，刺激消费，服务业发展水平不断提升。以增加居民消费为重点，拓宽消费领域，改善消费环境，通过举办“月月美食节”、“月月汽车展”、“月月服装展”、“月月房产展” 等活动，以及实施“万村千乡”工程，有力地促进了消费水平的快速增长。城乡市场体系建设全面推进，商业网点快速发展，市场网络体系初步形成。目前已拥有各类市场600多个，年交易额超亿元的市场18个（其中10亿元以上的市场3个）。围绕塑造“奇山秀水绿南宁”旅游品牌，以景区景点建设为重点，加快对大明山生态风景区、昆仑关战役遗址等重大项目的建设，旅游业的发展进一步加快。加快发展现代物流业，引进了深圳盐田港等国际化大型物流企业，积极申报设立南宁保税物流中心(B型)。加快推进中国—东盟商务区等重点项目建设，大力培育连锁经营、现代物流、会展业等新型业态和新型产业，积极发展仓储、金融、保险、咨询、信息、法律服务、社区服务等社会需求多、潜力大的新兴服务业。中国—东盟区域性信息交流中心建设加快推进，城市信息化水平不断提高。1~9月，全市实现社会消费品零售总额375.57亿元，同比增长17.72%。

4、城镇化进程加快推进，城市人居质量进一步改善。按照“以邕江为轴线，西建东扩，完善江北，提升江南，重点向南”的城市发展方向，加快推进城镇化进程。五象新区基础设施建设、城市内河综合整治、城市道路桥梁、中国—东盟博览会配套项目、自治区50周年大庆项目等一批项目顺利推进。生态南宁建设扎实推进，“植树”、“治水”工作取得新进展。继去年在市区种植154万棵树的基础上，今年又种植170万棵树。对市区18条内河进行综合整治取得阶段性成果，内河两岸的景观得到了明显改善。坚持以人为本的发展理念，城市人居质量进一步改善。今年，我市获得联合国人居奖评审委员会全票通过，荣获了全球人居领域最高规格的奖项——“联合国人居奖”，成为今年联合国人居署向中国城市颁发的惟一奖项，世界再次记录了中国、再次记录了广西、再次记录了南宁。

5、全民动员、全民行动，开展声势浩大的“城乡清洁工程”，“数字城管”正式运行。我们认真贯彻落实自治区党委、政府关于在全区深入持久开展“城乡清洁工程”的决策部署和自治区党委刘奇葆书记多次在南宁考察市容环境卫生综合整治工作的指示精神，提高认识，提高标准，加强领导，明确责任，严管重罚，堵疏结合，综合治理，严格问责，全民动员、全民参与、全民行动，在全市范围内开展了声势浩大、深入持久的“城乡清洁工程”、治理“五乱”大行动，城乡面貌焕然一新，市容市貌发生了很大的变化，南宁市变得更加干净、更加清洁、更加卫生，城市文明程度有了很大的提高，得到了自治区党委、政府的充分肯定，受到了全市人民的欢迎、拥护、支持和称赞，也得到了来南宁考察的中央各部委办局领导、各省市领导、东盟各国领导人以及中外客商的充分肯定。进一步深化城市管理体制改革，积极探索城市管理的长效机制。南宁市数字化城市综合管理与指挥系统已于9月23日正式投入运行，实现了对城市“科学、严格、精细、长效”的管理，形成了“资源整合、信息共享，统一监督、两级指挥，重心下移、四级联动，综合执法、全面覆盖”的数字化城市管理新格局，城市建设管理和公共安全管理又迈上了新台阶。

6、以项目为中心，招商引资工作成效显著，大企业、大集团纷纷进驻。以优化企业服务为重点，深入开展“服务月”活动，协调推进一批项目、走访一批企业、协调一批投诉、办好一批实事，有力地促进了外来企业的发展。深入开展“百项招商项目大兑现”活动，加快“绿色通道”建设，有力带动了新签合同项目的落地和实施，项目履约率、开工竣工率、资金到位率进一步提高。创新招商引资工作机制，全力推进境内外招商引资工作，深入开展“百企入邕”活动，招商引资工作成效进一步提高。紧紧抓住东部产业转移和国家加工贸易政策调整给我市带来的重大发展机遇，积极承接东部地区产业转移。9月份，组织1000人规模的大型产业招商团，前往珠三角地区实施大规模产业招商，在珠三角地区掀起了“投资创业在南宁”的强大声势。富士康、盐田港、华南工业原料城等一批著名企业纷纷落户南宁。1~9月，招商引资继续保持快速增长势头，共引进内、外资合同项目646个；合同引进资金396.84亿元，增长29.2%；实际到位资金199.23亿元，增长15.07%。

（三）坚持开放创新，深化各项改革，进一步增强发展的动力和活力

1、开展“创新年”活动，用创新的办法推进工作、促进发展。我们坚持把开展“创新年”活动作为全市工作的总抓手，从思想观念、发展模式、体制机制、工作方式方法、自主创新、文化建设、和谐社会建设、创新环境等方面推进全方位创新，充分依靠创新要素驱动城市发展，着力把南宁建设成为具有强大创新动力和雄厚创新实力的城市。通过开展“创新年”活动，使创新逐

渐成为了全市上下的自觉行动，创新驱动发展的作用日益显现，机关作风明显转变，投资环境明显改善，企业发展信心明显增强，确保了经济社会快速健康协调发展。

2、积极参与多区域合作，主动融入、积极服务广西北部湾经济区开放开发。积极主动参与多区域合作，特别是参与中国—东盟“一轴两翼”区域经济合作，积极拓展面向东盟的经贸合作领域。主动承接珠三角、长三角、环渤海湾等先进地区产业转移，与泛珠三角等国内各区域经济合作进一步加强，两广、桂闽、桂台、桂港等经贸与投资合作不断深化。主动融入、积极服务广西北部湾经济区开放开发，积极组织协调我市融入北部湾经济区规划编制、重大基础设施和重大产业项目规划建设等工作，加快推进与北、钦、防三市的全面对接，主动承接临海大工业辐射，推进区域间商贸、物流、旅游、农业等产业合作。

3、高质量服务好“两会一节九论坛”，树立我市对外开放新形象。今年的“两会一节九论坛”规模大、影响大，中国国务院副总理曾培炎、文莱王储穆赫塔迪·比拉、柬埔寨首相洪森、老挝总理波松、越南总理阮晋勇等国家领导人以及东盟秘书长王景荣和183位部长级贵宾出席了“两会”，国内外知名企业家、艺术家云集南宁。经过全市各级各部门和广大干部群众的共同努力，“两会一节九论坛”取得了圆满成功，展示了我市改革开放的新形象，提升了我市在多区域合作中的战略地位，为国家增了光，为广西争了气，为南宁添了彩，赢得了广泛的赞誉。

4、深化改革，加快形成落实科学发展观的体制机制保障。深化国有资产管理体制改革，健全国有资产出资人制度，完善国有资产授权经营和监管制度。积极推进国有企业改革、改制、改造，放心、放胆、放手发展非公经济，不断增强经济主体活力。深化行政管理体制改革，加快政府职能转变和管理创新。进一步清理、规范收费项目和行政审批，不断深化行政审批制度改革和农村税费改革，社会主义市场经济体制进一步完善。

（四）深入开展群众性精神文明创建活动，全力推进全市文化大发展大繁荣

加强社会主义核心价值体系建设，大力弘扬和树立社会主义荣辱观，全面加强公民道德建设。2007年9月，在“全国道德模范”评选表彰活动中，我市谢芳秋被评为“全国见义勇为模范”，周小容获“全国道德模范”提名奖。深入开展“十千一万户”活动和“群众文化进广场”活动，推进群众性精神文明创建活动。牢牢把握先进文化的前进方向和正确舆论导向，大力发展文化事业和文化产业，加快推进全市文化大发展大繁荣。深化文化体制改革，大力促进文化事业和文化产业发展，成功举办了第9届南宁国际民歌艺术节，《大地飞歌》唱响世界，大型话剧《苍天有泪》入选2007年第五届全国优秀话剧展演暨话剧100周年庆典演出，晋京演出并获得了文化部颁发的二等奖。

（五）切实加强社会主义民主法制建设，积极发展社会主义民主政治

坚持和完善人民代表大会制度、共产党领导的多党合作和政治协商制度、民族区域自治制度，最大限度地调动各方面积极性。扩大社会主义民主，健全社会主义法制，推进科学执政、民主执政、依法执政，进一步调动了人民群众的积极性、主动性、创造性。拓宽民主党派和无党派人士参政议政渠道，加强和改进新形势下党的群众工作，更好地发挥工会、共青团、妇联等人民团体的作用。大力推进依法治市工作，全面推进依法行政。加强对司法机关的监督，确保司法公正，维护社会公平正义。基层民主进一步扩大，人民群众民主参与积极性进一步提高。

（六）坚持以人为本，广泛开展“和谐建设在基层”活动，着力构建和谐南宁

坚持把和谐社会建设放到更加突出的位置，以解决人民群众最关心、最直接、最现实的利益问题为重点，构建和谐南宁。

市委、市政府作出了《关于向望州南社区学习，深入广泛开展“和谐建设在基层”活动的决定》，广泛开展“和谐建设在基层”活动。中央电视台《新闻联播》栏目对望州南社区进行了专题报道，把小区“能帮就帮”的和谐美名传遍了全国各地，“能帮就帮”的望州南精神已成为首府南宁的城市品质。

进一步加大为民办实事力度，20件为民办实事项目进展顺利，得到了广大人民群众的拥护。加强就业再就业工作，实施全民创业计划，实施就业和再就业工程，开展“百万农民就业培训”活动，确保“零就业家庭”就业，建设“充分就业的城市”迈出了新步伐。截至10月底，城镇新增就业52326人，农村劳动力转移就业新增81049人，下岗失业人员实现再就业13408人，帮助就业困难人员实现再就业2403人，城镇登记失业率为3.82%。

进一步完善社会保障体系，积极推动社会保障向农村延伸，扩大农村最低生活保障制度覆盖范围。启动了城镇居民基本医疗保险试点工作。健全扶贫帮困送温暖组织网络，做好扶贫帮困送温暖工作。加大扶贫开发力度，扶贫开发工作成效显著，贫困地区人民生产生活条件明显改善。

开展“社会发展百亿工程”，促进科教文卫体、人口、环境保护、资源、公共安全等各项社会事业与经济建设全面、协调、可持续发展。科技创新能力持续增强，科技与经济、社会结合更加紧密。职业教育攻坚战扎实推进，教育成果进一步巩固，今年上半年以优异的成绩通过了国家“两基”复查验收。认真落实人口与计划生育政策，实现了人口与经济、社会、资源、环境的协调发展。环境监管和污染控制力度加大，生态环境得到有效改善。加强公共卫生体系建设，大力发展城市社区卫生服务，加强农村卫生工作，城乡卫生事业协调发展。

围绕构建平安南宁，深入开展“大接访、大排查、大调处”活动，构建“大防控”体系，最大限度地增加和谐因素，最大限度地减少不和谐因素，打牢维护社会和谐稳定的根基。加强安全生产，有效减少一般事故发生，杜绝重特大安全事故。“双拥”工作力度进一步加大。

（七）以加强党的执政能力建设和先进性建设为重点，全面加强党的建设

认真贯彻落实中央保持共产党员先进性四个长效机制文件，巩固和扩大先进性教育活动成果，扎实开展“八桂先锋行”和“访民情、听民意、解民忧、帮民富、保民安”活动。围绕建设社会主义新农村，选派了2989名新农村建设指导员进驻1394个行政村，大力开展了“四个走进”活动。到9月底，全市新农村建设指导员共走进自然屯12872个，走进困难家庭1.7万户，共筹集款物价值1000多万元，解决群众关注问题2398个，组织党员群众集中授课1872场次，培训党员群众9.1万多人次。

以提高执政能力为重点，进一步加强领导班子和干部队伍建设。以提高素质和能力为重点，大力推进干部教育培训工作。今年1月初，市委为加强领导班子建设和干部队伍建设，举办了全市领导干部培训班，对全市1300多名市、县（区）、乡（镇）三级领导干部进行集中培训。加强各级领导班子思想政治建设。进一步优化各级领导班子结构。以“两个源头”建设为重点，大力加强后备干部队伍建设。继续实施“人才强市”战略，抓好

人才工作。以实施《公务员法》为契机,扎实推进干部人事制度改革。进一步扩大党内民主,坚持和完善民主集中制。提高基层组织的凝聚力和战斗力,进一步推进基层党建工作。重视和加强老干部工作。

加强机关行政效能建设,大力整顿干部作风和机关作风。健全首问负责制,全面推行限时办结制,严格实行责任追究制,干部工作作风明显改进,服务能力明显增强,办事效率明显提高,发展环境明显优化。

深入贯彻落实中纪委七次全会和自治区纪委二次全会精神,深入开展党风廉政建设和反腐败斗争,认真贯彻落实《建立健全教育、制度、监督并重的惩治和预防腐败体系实施纲要》,认真落实党风廉政建设责任制,进一步建立健全具有首府南宁特色的惩防体系。年初,在全市领导干部培训班上,对全市1300多名市、县(区)、乡(镇)三级领导干部进行集体廉政谈话,进一步加强思想道德和党纪国法教育,进一步增强领导干部反腐倡廉的自觉性和自我防范的能力。

在充分肯定成绩的同时,我们也清醒地看到经济社会发展中存在的突出矛盾和问题,工作中还有不少需要改进的地方。对此,市委常委会高度重视,将采取有力措施加以解决。特别是要加快经济发展方式转变,调整经济结构,深化改革开放,推进自主创新,着力提升发展质量;要统筹城乡发展,积极发展县(区)域经济,加强农村基础设施建设,大力发展农业和农村经济;要进一步加快五象新区建设,加快城市基础设施建设,扩大城市规模,完善城市功能;要进一步加强项目工作,加大招商引资工作力度,拓宽投融资渠道,增强经济发展的后劲;要切实抓好节能减排,加强资源节约和生态环境保护;要大力发展基层民主,扩大公民有序政治参与;要挖掘民族文化资源,大力发展文化事业和文化产业,推进文化大发展大繁荣;要进一步改善民生,加快发展社会事业;要积极化解矛盾纠纷,最大限度地增加和谐因素,最大限度地减少不和谐因素,维护社会和谐稳定;要深化机关作风效能建设,提高机关办事效率,完善发展环境;要全面加强党的建设,推进反腐倡廉。

二、全面准确学习领会党的十七大和自治区党委九届四次全会精神

党的十七大于10月15~21日在北京隆重召开,这是我们党在我国改革发展关键阶段召开的一次十分重要的大会。大会批准了胡锦涛同志代表十六届中央委员会所作的报告,批准了中央纪律检查委员会的工作报告,审议通过了《中国共产党章程(修正案)》,选举产生了新一届中央委员会和中央纪律检查委员会。大会高举旗帜、继往开来、求真务实,开成了一次团结的大会、胜利的大会、奋进的大会,对于我们抓住和用好重要战略机遇期、推动党和国家事业继续向前发展具有十分重大的意义。

大会批准的胡锦涛同志代表十六届中央委员会所作的报告,以马克思列宁主义、毛泽东思想、邓小平理论和"三个代表"重要思想为指导,深入贯彻落实科学发展观,鲜明回答了党在改革发展关键阶段举什么旗、走什么路、以什么样的精神状态、朝着什么样的发展目标继续前进的重大问题。报告回顾了十六大以来党和国家事业的新发展,总结了改革开放的伟大历史进程和宝贵经验,阐述了科学发展观的科学内涵和根本要求,明确了实现全面建设小康社会奋斗目标的新要求,对我国经济建设、政治建设、文化建设、社会建设和党的建设作出了全面部署,勾画了全面建设小康社会、加快推进社会主义现代化的宏伟蓝图。报告内容丰富、思想深刻,是一篇闪耀着马克思主义光辉的纲领性文献,是我们党团结带领全国各族人民坚定不移走中国特色社会主义道路、在新的历史起点上继续发展中国特色社会主义的政治宣言和行动纲领。

大会通过的《中国共产党章程(修正案)》体现了党的理论创新和实践发展的成果,体现了党的十七大报告确立的重大理论观点、重大战略思想、重大工作部署,对坚持和完善党的领导、加强和改进党的建设提出了明确要求。

大会选举产生的新一届中央领导集体,一定能够团结带领全党全国各族人民,不断夺取全面建设小康社会的新胜利,开创中国特色社会主义事业的新局面。

自治区党委九届四次全会于2007年11月7~8日在南宁召开。会议认真贯彻党的十七大精神,听取和讨论自治区党委常委会工作报告,审议并通过了《中共广西壮族自治区委员会关于学习贯彻党的十七大精神的决定》,对全区学习宣传贯彻党的十七大精神进行了部署,并对推进全面建设小康社会、建设富裕文明和谐新广西提出了具体要求。(市委办公厅)

谢寿堂主任在南宁市第十二届人民代表大会第五次会议上作的工作报告(摘要)

(2008年2月25日)

2007年工作回顾

一、突出地方特色,立法任务较好完成

全年共审议地方性法规8部,其中《南宁市出租汽车客运管理条例》、《南宁市清真食品管理条例》已经自治区人大常委会审议批准并颁布实施;《南宁市饮用水水源保护条例》、《南宁市环境噪声污染防治条例》已报自治区人大常委会待批准;《南宁市农村集体资产管理规定》、《南宁市社会急救医疗管理条例》、《南宁市城市房屋拆迁管理条例》等法规已进入常委会二审或初审;《南宁市大型社会活动安全管理条例》经一审后,因国家已出台相关行政法规,常委会作出终止立法的决定。

在搞好法规审议的同时,常委会先后对我市会展管理、公共汽车客运管理、水资源管理、非税收入管理、农贸市场管理、应急联动、水土保持、农产品质量安全管理等8个项目进行了立法调研,为下一步立法打下了坚实的基础。

此外,常委会还完成了全国人大和自治区人大交办的《中华人民共和国动物防疫法》、《劳动争议调解仲裁法》、《就业促进法》、《劳动合同法》、《企业所得税法》、《循环经济法》、《水污染防治法》等7部法律草案以及《广西壮族自治区个体工商户条例》、《旅游条例》、《非税收入条例》、《私营企业条例》、《实施〈代表法〉办法》等5部法规草案的征求意见和立法调研任务。

二、认真落实监督法,监督工作取得较好成效

在法律监督中,共开展了12部法律法规的执法检查。通过开展《治安处罚法》的执法检查,促进全市公安机关严格按照治安管理处罚程序,依法、公正、严格、高效办理治安案件。通过开展《南宁市城市市容环境卫生管理条例》、《南宁市环境噪声污染防

治条例》、《南宁市户外广告设置管理条例》的执法检查,推动城乡清洁工程取得实效。通过开展《广西壮族自治区土地山林水利权属纠纷调解处理条例》的执法检查,推动农村"三大纠纷"的有效化解,维护了农村的社会稳定。通过开展《南宁市科技进步若干规定》的执法检查,推动创新型城市建设。通过开展《南宁市房地产交易管理条例》的执法检查,推动我市房地产交易规范有序,切实维护人民群众的切身利益。通过开展《南宁市青秀山风景名胜区管理条例》和《南宁市人大常委会关于加强五象岭景区规划管理的决定》的执法检查,确保青秀山风景名胜区和五象岭景区在开发中得到切实有效的保护。此外,常委会还针对《统计法》和《南宁市统计管理条例》执法检查中发现存在的基层统计力量薄弱、统计调查经费不足、执法力度不强等问题,要求市人民政府采取切实有效措施认真解决。针对《国务院住房公积金管理条例》执法检查中发现有的单位违规挪用公积金仍有部分未归还、缴存力度不够等问题,向市政府提出了进一步建立住房公积金制度和规范住房公积金管理等意见和建议。

在工作监督中,共听取和审议市人民政府和"两院"专项工作报告22个。重点听取和审议了市人民政府关于2007年农业生产安排和春耕生产工作的报告、关于国民经济和社会发展计划执行情况的报告、关于2007年上半年市本级预算执行情况的报告和2006年决算草案的报告、"一府两院"年中和全年工作报告,以及为民办20件实事、"两院"办公用房建设、五象新区开发、内河整治、城镇化建设、农贸市场建设管理、城乡道路秩序管理等工作情况,并针对存在问题提出了改进意见,有力地推动了"一府两院"的工作。常委会还采取年中工作专题调研、"创新年"专题调研等形式,向"一府两院"提出工作意见和建议。重点开展了对我市的社会主义新农村建设试点工作、财源建设、园区经济发展、华侨农林场改革与发展、经济适用房建设、实施新型农村合作医疗情况、"两基"达标迎国检、进城农民工子女入学、资助贫困家庭子女上学等方面的专题调研活动。对调研中发现的问题,及时提出了有针对性的意见和建议。

依照《预算法》的规定,常委会还加强对财经工作的监督。及时审查并批准了市人民政府2006年本级决算;积极探索预算监督的途径和方法,组织专家学者和实际工作者,对财政预算草案和部门预算草案进行初审,提出审查意见,并开展了市本级部门预算执行情况专项检查;听取和审议了审计工作报告,针对审计发现的问题,要求并督促12个有关部门认真进行整改。一些部门及时纠正了收支不纳入部门预算管理、应缴财政款项未及时上缴等问题。

认真做好受理群众来信来访工作。一年来,常委会共受理人民群众来信来访1148件(次),其中涉法涉案申诉298件(次),协调和督促有关部门解决了一批信访群众反映强烈的问题。召开了全市人大系统信访工作会议,对做好新时期人大信访工作提出了意见。

三、坚持抓大事、议大事,认真决定重大事项

常委会紧紧围绕涉及全市工作大局、人民群众切身利益和社会普遍关注的重大问题,组织常委会组成人员、人大代表以及各专委,深入开展视察和调查研究活动,依法作出相应的决议和决定。去年,根据市委的重大决策部署,常委会决定并组织召开人民代表大会3次,共召开常委会会议10次,依法对城市近期建设规划修编、南宁市国家级生态示范区建设规划、财政预决算、农业生产安排和春耕生产、"五五"普法规划等24个重大事项作出了决议、决定。在常委会第十次会议上,常委会还采取特事特办的方法,审议了《市人民政府关于提请审议以市本级财政为心圩江、可利江环境综合整治工程银行贷款提供还贷资金的议案》,并作出决定,支持市政府工作,使这笔贷款得以及时到位,保障了心圩江、可利江环境综合整治工程的资金需要。

四、严格依法办事,做好人事任免和选举工作

常委会依照宪法和法律的规定,认真贯彻党的干部路线和干部政策,坚持党管干部的原则与依法任免地方国家机关工作人员的有机统一,充分发扬民主,严格依法办事,认真做好人事任免工作。全年共依法任免地方国家机关工作人员51人次,其中任命27人,免职24人。依法补选陈向群同志为南宁市市长。依法补选自治区人大代表1名,市人大代表6名,市人大常委会委员1名。依法选举自治区第十一届人大代表85名。

五、主动搞好服务,代表作用得到较好发挥

注意加强代表的学习培训工作。常委会在开展视察、专题调研、执法检查等活动前,认真组织代表学习宪法和有关法律法规以及人大工作知识。去年,常委会共举办培训班13期,培训代表850人次。

注意拓宽代表知情知政渠道。常委会坚持为代表订购寄送《中国人大》、《广西人大》、《南宁人大》、《南宁政报》等学习资料。坚持邀请代表列席常委会会议,坚持组织代表参加视察、专题调研、执法检查等活动,及时向代表通报常委会和全市的重大工作、经济社会发展等情况。分别推荐45名人大代表担任市禁毒工作监督员和市作风效能建设听证质询小组成员,为代表了解社情民意提供了舞台,拓宽了渠道。

注意提高代表议案及建议、批评和意见办理工作质量。2007年,常委会共收到代表提出的建议、批评和意见257件,其中第二次代表大会主席团交付由市人大有关专委会调查的代表议案10件。常委会对10个议案的调查结果进行了审议,对其中的3个议案作出了决定,对另外的7件作出处理意见。为增强代表建议办理的实效性,常委会还从代表提出的建议中,筛选出11件进行重点督办。常委会还要求人大各专门委员会要加强与相关部门的联系沟通,及时了解掌握各承办单位的办理情况,加大了督办力度;及时与相关人大代表联系,通报办理情况,征求代表对办理的意见,并反馈到相关承办单位及时整改,保证办理质量。到去年底止,代表建议、批评和意见已全部办复。从收到的116名代表对建议办理情况的反馈意见中,代表对办理结果表示满意和基本满意的达97.41%。

注意创新代表活动的内容和形式。去年8月份,围绕市委的中心工作和常委会工作要点,常委会选择7个事关大局和人民群众切身利益的重点工作,组织市人大代表和由我市选举产生的自治区人大代表开展专题调研活动,形成了调查报告,对发现的问题也提出了意见和建议,促进了问题的解决。常委会还召开代表履职经验交流会,有26名代表在会上介绍了各自的履职经验。

组织驻会的常委会组成人员,到市辖12县区走访、看望市人大代表,并召开座谈会,听取代表对常委会和"一府两院"工作的意见和建议,共收集到代表的意见建议40多条,涉及到市人大常委会和"一府两院"工作的主要方面,这些意见建议已经转交市人大和"一府两院"的有关部门研究办理。

注意完善代表活动的制度和机制。常委会采取按行政区域与行业、专业相结合等多种方式划分代表小组,积极有效地开展代表活动。

六、加强自身建设,履职能力有新提高

加强思想政治建设。常委会党组坚持抓学习不放松,3次组织中心组成员进行专题理论学习,5次召开机关全体党员干部职工学习会,认真组织学习邓小平理论和"三个代表"重要思想,学习党的十六届六中全会和十七大精神,学习法律法规、市场经济和现代科技知识,深入贯彻落实科学发展观,使常委会组成人员和机关工作人员的思想政治素质、法律知识、履职能力有了进一步的提高。

加强机关作风建设。常委会认真开展机关作风效能建设,干部精神面貌和工作作风有明显改变,深入基层调研蔚然成风。据不完全统计,去年仅常委会组织开展的大型调研活动就有6次,各部门自行组织开展的工作调研28项,各种调研成果超过70项。

加强机关干部队伍建设。常委会机关先后开展了科级干部交流和竞争上岗活动,共交流了13名科级干部,提拔任用科级干部7名,较好地调动了机关干部的积极性。

加强对人民代表大会制度的宣传和理论研究工作。召开了全市人大宣传信息工作会议,注意加强与市属新闻媒体的联系,进一步加大了对代表大会、常委会会议以及人大工作的宣传报道力度。继续认真办好《南宁人大》,办刊质量不断提高;创办了《人大信息》,为交流人大工作提供了平台。举办了"南宁市开创人大工作新局面"的征文活动,全市广大人大工作者积极撰文参加,共收到论文140篇,征文作者提出的对策建议,对推动我市各级人大不断开创工作新局面,具有较强的指导意义。

加强与各级人大的联系。常委会自觉接受自治区人大的监督和指导,协助做好自治区人大到我市开展的各项调研考察工作,承办好在我市召开的有关会议,常委会领导应邀列席自治区人大常委会,积极参加自治区人大开展的各种活动。

加强对县区人大常委会的指导。常委会坚持邀请县区人大常委会负责人列席常委会会议制度;先后举办了县区人大常委会领导干部专题培训班、工作座谈会、经验交流会等;成功举办全市人大系统机关第三届运动会,进一步增强了各级人大的交流、联系与团结。

加强与兄弟省(区)市人大的联系。去年,常委会组织参加了全国五个少数民族自治区首府城市人大工作研讨会、西部地区部分城市人大工作研讨会、全国人大财经工作交流会、广西北部湾城市人大工作研讨会、广西区辖市人大工作交流会等12个全国、全区性的会议,主动交流、学习、借鉴各兄弟城市人大工作的好做法和好经验。同时,热情周到地接待好到我市学习考察的各省区市的人大同志,全年共接待全国各地人大考察团(组)近300批约2300多人次。

积极开展对外交往。常委会服从和服务于我市全方位开放合作的总体要求,积极开展对外交往,常委会领导率队或参加自治区人大的组团,出访了英国、法国、日本、加拿大等国。先后接待了越南国会办公厅代表团、加蓬国会侨领代表团以及香港、澳门的客人。通过对外友好交往,加深了了解,增进了友谊,宣传了南宁,宣传了我国的人民代表大会制度。

2008年主要工作任务

今年市人大常委会工作的总体要求是:高举中国特色社会主义伟大旗帜,坚持以邓小平理论和"三个代表"重要思想为指导,深入贯彻落实科学发展观,以党的十七大精神为动力,围绕中心,服务大局,认真履行宪法和法律赋予的职责,充分发挥地方国家权力机关的职能作用,为把南宁建设成为中国一东盟开放合作的区域性国际城市、广西北部湾经济区的核心城市和广西"首善之区",为在全区率先实现全面建设小康社会目标作出新的贡献。根据这个总体要求,我们要着重做好以下四个方面的工作:

一、加强和改进立法工作,不断提高立法质量

今年常委会安排的立法项目主要有8个,其中继续审议《南宁市农村集体资产管理规定》、《南宁市社会急救医疗管理条例》,新制定、修订《南宁市城市市容环境卫生管理条例》、《南宁市严格限制养犬规定》、《南宁市城市应急联动条例》、《南宁市会展管理条例》、《南宁市河道与堤防建设管理条例》和《南宁市户外广告设置管理条例》。安排开展的立法调研项目有10个,具体是:城乡规划管理、青秀山风景名胜区管理、城市房地产交易管理、预算审查监督、特种行业治安管理、政府特许经营管理、爱国卫生管理、粮食流通管理、青年志愿者服务、农民工权益保障等方面。与此同时,积极参与全国和自治区立法工作,认真完成全国人大和自治区人大交办的征求有关法律法规草案意见的任务。

在立法中,要坚持"以人为本、立法为民"的思想,坚持走群众路线、充分发扬民主,实行科学立法、民主立法,凡属重大问题都要事先听取人民群众意见;凡涉及社会发展和群众利益的重大问题都应创造条件让人民群众广泛参与,向社会公开征求意见。通过广泛听取和采纳社会各方面的意见和建议,不断提高地方立法的针对性和可行性,努力使地方性法规严谨周密、切实可行。

在立法中,要创新地方立法理念,完善地方立法程序。要严格执行立法法,充分发挥常委会与各专门委员会的职能作用,形成立法的工作合力。要试行"立法助理"、"立法指导"制度,建立和完善立法信息公开、立法听证、专家学者论证以及向社会公开征集立法项目等制度,努力开拓更畅通的立法渠道,使立法程序更加完善,立法技术更加规范。要把立法和执法检查结合起来,积极开展"立法后评价"活动,主动对地方性法规实施的情况进行检验和评价,并根据形势发展和实际需要及时加以改进和完善,不断提高我市地方立法的质量。

二、创新监督工作方式,不断增强监督工作实效

深入贯彻实施监督法,按照围绕中心、服务大局、突出重点、增强实效的思路,把工作监督与法律监督、专项监督与综合监督、初次监督与跟踪监督、听取专项工作报告与开展执法检查、推动自行整改与依法纠正结合起来,创新监督方式,加大监督力度,确保监督实效。

在工作监督方面:要继续加强对"一府两院"工作情况、国民经济和社会发展计划执行情况、财政预算执行情况、市本级财政预算执行和其他财政收支审计情况进行监督,重点要对经济运行、预算执行情况、预算超收安排、使用和存在问题的整改进行监督。要对生态环境建设、节能减排工作进行调查和调研。要对《广西北部湾经济区发展规划》的实施、招商引资、五象新区开发建设、内河整治、服务博览会基础设施建设、自治区成立50周年大庆项目建设、社会主义新农村建设、城乡就业工作、为民办实事以及人大及其常委会作出重大决策的执行情况开展检查和视察。

此外，还要加强人大信访工作，加大督办力度，切实维护好人民群众的合法权益。要依法认真审议和决定重大事项，推动我市经济又快又好发展。要坚持党的领导，充分发扬民主，严格依法办事，认真做好人事任免和人大代表的补选工作。

在法律监督方面：今年重点抓好对《中华人民共和国食品卫生法》、《环境影响评价法》、《畜牧法》、《审计法》、《道路交通安全法》、《民族区域自治法》、《南宁市清真食品管理条例》、《南宁市出租汽车管理条例》等8部法律法规的执法检查，确保法律法规在我市得到正确实施。

要加强对规范性文件的备案审查工作。尽快建立健全备案审查工作机构，明确备案审查监督职能，使备案审查工作有人抓有人管。尽快建立备案审查制度，对备案时限、受理机构、审查内容等要作出原则规定，使备案审查工作有章可循。不断加大备案审查工作力度，突出备案审查工作重点，对审查中发现的违法内容或不适当内容要及时提出纠正意见，切实维护国家法制的统一。

要创新监督工作方式。今年常委会将对"一府两院"的监督工作试行专项工作评议。常委会将组织人大代表、常委会组成人员，集中运用视察、调查、听取工作报告、进行民主测评、提出整改意见等多种手段，进一步加大对"一府两院"的工作监督，从而使权力机关的监督、人大代表的监督与人民群众的监督三位一体，有机结合，进一步促进"一府两院"依法行政，公正司法。常委会将妥善处理监督与支持的关系，努力做到：参与不干预，到位不越位，支持不盲从，监督不挑剔，保护不庇护。

三、强化和创新服务工作，充分发挥人大代表作用

要进一步提高代表议案和建议的办理质量，为代表提高议案和建议质量提供更好的服务。常委会要进一步加强与代表的沟通，充分听取代表的意见，注重代表议案、建议、批评和意见的实际落实率和解决率。在制定年度工作要点、立法计划和监督工作计划时，要充分考虑代表在议案和建议中提出的意见。在起草、修改和审议相关法规草案和专项工作报告时，要邀请有关代表参加。要加强对代表建议的综合分析工作，确定重点建议，落实承办单位，加大督办力度，真正做到事事有交代，件件有落实，不断提高代表议案、建议的办理效率和质量。

要改进和加强代表视察工作，并在提高视察实效上下工夫。今年常委会要组织代表对"一府两院"的工作进行1~2次视察。在视察选题上，要与党委和政府的工作合拍，与人民群众的呼声合拍；在视察内容上，要紧紧围绕宪法和法律的实施情况、党和政府的中心工作、人大及其常委会的决定和决议贯彻落实情况、人民群众普遍关心的热点问题来组织视察；在视察效果上，要深入基层一线，听实话，摸实情，讲实效。还要根据视察内容的需要，组织不同行业、专业的代表参加，逐步扩大代表的参与面。

要拓宽代表知情知政渠道。在继续为代表赠送《中国人大》、《广西人大》、《南宁人大》、《南宁政报》等学习资料的同时，今年要创造条件，设立人大代表网站，开设市人大代表信息管理系统和市人大代表议案、建议管理系统，开辟代表反映社情民意的"绿色通道"，为代表了解市情民意，互通信息、交流经验提供平台；坚持和完善代表列席常委会会议等各项制度，增加代表列席常委会和专委会会议的人数，建立健全向代表通报全市重大工作的机制，拓宽代表知情知政、参与管理地方国家事务的渠道。要密切常委会与代表的联系，每年开展两次走访代表活动，认真听取代表的意见、建议和呼声。

要创新代表活动方式，认真做好闭会期间的代表工作，不断增强代表工作的生机与活力。要加强代表培训工作，不断提高代表的政治素质、法律素质和履职能力。要把代表视察列入常委会年度工作计划，为代表活动提供必要的经费保障。常委会及其职能部门要热心代表工作，关心代表工作、支持代表工作，要切实解决代表履行职务中遇到的困难和问题，努力为代表执行职务提供优质服务。

四、加强常委会自身建设，为全面完成今年工作任务提供坚强的组织保障

要进一步加强政治理论、法律知识、人大业务知识的学习。坚持用科学理论武装头脑，用十七大精神指导工作，不断提高常委会组成人员和机关工作人员的政治素质、法律素质和业务素质，不断增强依法做好人大工作的自觉性。要进一步加强制度建设，不断完善常委会各项工作制度，努力形成规范统一、相互配合、运转高效的运行机制，使人大常委会工作进一步制度化、法制化、规范化，使人大常委会的工作质量和效率进一步得到提高，使人民代表大会制度的特点和优势进一步得到体现。要继续加强培训工作，为常委会组成人员和机关工作人员提高履职能力和业务水平创造条件。要继续深化机关作风效能建设，经常组织常委会组成人员和机关工作人员深入基层了解社情，深入群众了解民意，为提高常委会的审议质量和工作水平打好基础。要进一步加强人大制度和人大工作的理论研究，继续办好《南宁人大》、《人大信息》等刊物。要自觉接受自治区人大的监督和指导，进一步开展与兄弟省(区)市人大及其常委会的联系和交流，开展与国外友好城市议会的友好交往。要进一步加强与县区人大工作的联系和指导，努力提高我市人大工作的整体水平。

（市人大办公厅）

陈向群市长在南宁市第十二届人民代表大会第五次会议上作的政府工作报告（摘要）

（2008年2月24日）

2007年工作回顾

经济社会发展又好又快，GDP总量实现历史性突破。初步统计，地区生产总值突破1000亿元，达到1062.99亿元，增长17.1%，增速高于全区2.2个百分点，高于全国5.7个百分点，为1994年以来最高。GDP总量首次突破1000亿元，这是我市全面建设小康社会进程中的一个重要里程碑，表明我市经济实力跃上了新台阶，经济发展进入了新阶段。财政收入突破150亿元，达到150.84亿元，增长25.32%，提前实现三年翻一番目标。全社会固定资产投资突破500亿元，达到560.22亿元，增长25.27%。全社会消费品零售总额突破500亿元，达到515.62亿元，增长18.4%，增速创1997年以来新高。城镇居民人均可支配收入11877元，增长16.52%；农民人均纯收入3453元，增长13.84%。万元生产总值能耗下降2.3%，化学需氧量排放量削减15%，二氧化硫排放量削减5%。城镇登记失业率控制在3.8%以内，人口自然增长率控制在自治区下达指标以内。

工业发展势头强劲，工业经济总量大幅提升。全部工业产

值突破800亿元,达到830.88亿元,增长29.97%。规模以上工业产值669.73亿元,增长34.11%;利税总额71.16亿元,增长46.72%。工业发展呈现出增长快、效益好的良好态势。积极承接东部产业转移,一批大企业、大项目陆续引进落户,产业结构调整取得新进展。明确工业园区产业定位,推进项目入园、产业集聚,工业布局得到进一步优化。工业园区的增长主平台作用逐步显现,高新区、经开区、东盟经开区三大工业园区完成工业产值173.87亿元,增长43.13%,其中高新区规模以上工业产值达103.5亿元,成为全区第一个规模以上工业产值"百亿园区"。开展"百项工业项目大会战",工业投资创历史新高,完成投资112.5亿元,其中技改投资89.31亿元,分别增长36.78%和39.83%。实施"建设百家亿元工业企业工程",优势企业进一步做大做强。产值超亿元企业新增51家,总数达155家;超亿元企业完成工业产值462.81亿元,占全市规模以上工业产值的69.1%,对全市工业产值增长的贡献率为63.85%。实施品牌战略成效显著,明阳牌白砂糖被评为中国名牌产品,真龙牌香烟荣获中国驰名商标,实现我市工业产品驰名商标零的突破。

县域经济发展提速,新农村建设扎实推进。六县实现地区生产总值304.21亿元,增长17.4%;财政收入18.08亿元,增长14.95%;全社会固定资产投资126.09亿元,增长27.23%;规模以上工业产值161.57亿元,增长52.05%,比全市高17.94个百分点。农业生产再获丰收,全市农业总产值255.48亿元,增长7.75%。落实支农惠农政策,进一步加大农业投入,发放种粮综合直补、农机具购置补贴、能繁母猪补贴等各类涉农补贴资金1.07亿元。调整优化农业产业结构,推进农业产业化进程。超级稻种植面积居全区首位,粮食总产量创2000年以来新高。速丰林基地面积居全区第一,占全区总面积四分之一。甘蔗、蚕桑、木薯等种植规模明显扩大,奶牛、生猪和罗非鱼等养殖效益明显提高。农业产业化龙头企业带动作用增强,农村专业合作经济组织发展壮大。农业科技贡献率达48%,种植业、养殖业主要品种良种率达90%以上。无公害农产品生产基地建设加快,蔬菜农药残留合格率居全国大中城市前十名。加强农村道路、供电、饮水等基础设施建设,农民生产生活条件进一步改善。武鸣县和原邕宁县辖区连片开展社会主义新农村建设试点工作顺利完成。大石山区隆安、马山两县基础设施大会战积极推进。整村推进扶贫开发取得新进展。

服务业快速发展,城市服务功能进一步增强。服务业增加值突破500亿元,达到537.04亿元,增长17.3%。物流业快速发展。公路客货运量、水路货运量、港口吞吐量大幅增长。安吉、沙井、金桥、国际综合物流园等物流基础设施项目全面推进。商贸业发展势头强劲,市场调控力度加大,市场供需保持平衡。中小超市进社区进乡镇目标全面实现,"万村千乡市场工程"成效明显。新开通南宁至金边、万象、首尔三条国际航线,恢复南宁至曼谷、吉隆坡、新加坡航线。旅游会展业成为服务业的持续增长点。全年旅游接待人数突破2000万人次,旅游总收入突破110亿元。成功举办第11届南宁国际学生用品交易会暨教育展览会、第17届中国厨师节暨国际旅游美食节。房地产业稳健发展,完成房地产开发投资187.46亿元,增长34.79%;商品房开工面积669.14万平方米,竣工面积419.77万平方米,分别增长3.6%和15.56%。

"城乡清洁工程"成效显著,城市建设步伐加快,节能减排取得突破,荣获"联合国人居奖"。深入开展"城乡清洁工程",城乡环境进一步美化。成立市规划工作委员会,完善城市规划管理体制。城市建设投资突破100亿元,服务博览会基础设施、城市路网及桥梁、市政公用配套设施进一步完善。葫芦鼎大桥、青竹立交桥建成通车,快速环道全线贯通。推进五象新区开发建设,五象大道、玉洞大道等项目建设进展顺利,开工建设广西体育中心、文化艺术博物馆等公益设施项目。推进旧城改造和"城中村"改造。进一步理顺城市管理体制,完成城管执法机构和人员重组,数字化城市综合管理与指挥系统投入运行。启动生态南宁建设,国家级生态示范区创建工作进入全面验收阶段。全面启动18条城市内河治理,完成七一总渠改造。加快环保基础设施建设,江南污水处理厂一期、埌东污水处理厂二期工程投入运行,城市污水集中处理率提高到80%以上。加强园林绿化建设,完成170万株树木种植工程,绿城特色更加凸显。开展节能减排百日行动和环保专项整治行动,节能减排工作力度进一步加大,单位生产总值能耗下降和主要污染物排放量削减均达到预期目标。市区空气质量保持国家二级标准,优良率为96.44%;水环境功能区水质达标率保持100%。城市人居环境得到进一步改善,荣获2007年全球人居领域最高奖"联合国人居奖"。

承接东部产业转移取得重大进展,对外开放出现新局面。加大招商引资力度,突出产业招商,开展千人招商活动,积极承接东部地区产业转移。全年合同引进资金563.72亿元,增长23.61%;实际到位资金280亿元,增长25.89%。实际利用外资2.31亿美元,增长24.43%。成功引进了富士康、华南工业原料城、深圳盐田港等一批知名企业和项目,成为承接东部产业转移的重要基地。主动融入多区域经济合作,推进与北部湾经济区的融合对接。做好"两会一节九论坛"服务工作,参会客商规模和档次均超过历届,投资项目签约金额和内外贸易签约金额均创历年新高。发展对外贸易,扩大进出口规模。外贸进出口总值达12.86亿美元,增长38.6%,增速创2000年以来新高。巩固港澳台、欧美等传统市场,拓展东南亚市场,实现出口10.13亿美元,增长41.4%。

各项社会事业全面协调发展,精神文明建设进一步加强。启动和实施重大科技专项12项、科技创新计划项目334项,获得自治区科技进步奖17项,连续四次荣获"全国科技进步先进市"称号。"高活力α-乙酰乳酸脱羧酶的研制与应用"摘取2007年国家科技进步奖二等奖,实现我市获取国家科技进步奖零的突破。加强人才小高地建设。深入实施国家百千万人才工程、广西新世纪十百千人才工程和知识更新工程。加强基础教育和农村教育,"两基"工作顺利通过国家验收。落实农村义务教育经费保障新机制,全市农村义务教育阶段学生享受免交学杂费政策;开展经常性助学活动,安排教育专项经费,实现"不让一个学生因家庭贫困而失学"的目标。加快发展中等职业教育,各县建立职业教育中心。成功举办第九届南宁国际民歌艺术节。大型话剧《苍天有泪》荣获第五届全国优秀话剧二等奖。邓颖超纪念馆和越南中央学舍区修缮完成,南宁孔庙迁建顺利进行,保护和利用文化遗产取得新进展。广泛开展群众文体活动,在广西第十一届运动会上获得奖牌总数和总分两个第一。广播电视覆盖范围进一步扩大,成功举办中越春节跨国直播晚会。公共卫生服务体系、公共卫生应急体系和基层卫生服务网络进一步完善。推行新型农村合作医疗制度试点,参合率达78.21%。建立社区卫生服务机构71个,服务面覆盖率达73%。人口出生率控制在自治区下达的指标内,出生人口素质不断提高。推进精神文明创建活动及"和谐在基层"活动,望州南社区获得"全国和谐邻里建设示范社区"称号。开展"民主法制示范村"建设,武鸣县大皇后村获得全国"民主法制示范村"称号。双拥工作成效显著,荣获"全国双拥模范城"四连冠。

注重保障和改善民生,社会保持稳定和谐。全年城镇新增就业61852人,下岗失业人员实现再就业16759人,帮助就业困难人员实现再就业3146人，帮助153户城镇零就业家庭解决就业问题，全市城镇无零就业家庭出现。累计培训农村劳动力29.7万人，新增农村劳动力转移就业8.87万人。社会保险覆盖面进一步扩大。企业离退休人员养老金按时足额发放。“金保工程”在全区率先上线运行。启动城镇居民基本医疗保险试点工作。完善城镇低保制度，推行农村低保，全市共有226.04万人次享受最低生活保障，累计发放低保金9472.98万元，基本做到应保尽保。经济适用住房建设面积115.26万平方米；完善城镇居民住房保障制度，建成廉租房3.43万平方米，1467户廉租房住户享受实物配租、货币补贴、租金核减等优惠政策。着力解决事关群众利益的实际问题，完成为民办20件实事。初步建立“网格化”治安巡逻防控机制，治安防控能力进一步增强；形成资源整合、整体联动的“大调解”“大接访”工作机制，社会大局保持稳定。落实安全生产责任制，加强安全生产和食品药品监管，安全形势平稳好转。

加强作风效能建设，政府工作不断改进。深入开展“创新年”活动，全方位推进政府工作创新，创新观念得到强化，创新能力得到提升，创新机制得到完善，创新环境得到优化。推进审批制度改革，进一步清理、规范收费项目，市县(区)政务服务中心全部建成使用。严格落实首问负责制、限时办结制、行政过错责任追究制。开通运行行政效能电子监察系统，实现自治区、市、县(区)三级联网。

坚持依法行政，推进政务公开，政府工作透明度不断增强。《公务员法》实施进展顺利。坚持定期向人大报告工作、向政协通报情况制度，人大代表议案、建议和政协提案全部办理完毕。廉政建设和反腐败工作取得新的成效。

一年来，我市民族、台湾事务、宗教、档案、物价、口岸、审计、统计、外办、侨务、人防、扶贫、农机、地震、机关事务管理、市志、社会科学、工会、共青团、妇联、残联等部门和单位都做了大量工作，取得了显著成绩。国家安全、金融、保险、税务、电信、邮政、供电、烟草专卖、工商、食品药品监督、质量技术监督、气象、铁路、民航、海关、海事、边防、检验检疫等中央、自治区驻邕单位，为我市经济社会发展提供了有力保障，做出了积极贡献。

在看到成绩的同时，我们也清醒地看到，当前我市经济社会发展还存在许多问题。主要有：工业化水平较低，支柱产业不强；服务业结构调整进展缓慢，传统服务业比重偏大；农业产业化程度较低，县域经济发展不平衡；违法违章建筑蔓延的势头没有得到有效遏制，部分城建项目受征地拆迁影响进展缓慢；物价上涨较快，少数群众生活压力增大。对于这些问题，我们必须高度重视，采取有力措施加以解决。

2008年工作任务

今年政府工作的总体要求是：全面贯彻落实党的十七大精神，高举中国特色社会主义伟大旗帜，坚持以邓小平理论和“三个代表”重要思想为指导，深入贯彻落实科学发展观，围绕加快发展、科学发展、又好又快发展，继续解放思想，坚持改革创新，推进开放合作，在经济建设上更加注重工业主导，在社会建设上更加注重改善民生，在城市建设上更加注重提升水平，在环境建设上更加注重生态文明，着力建设物流、商贸、加工制造业三个基地，打造信息交流、交通枢纽、金融三个中心，把南宁建设成为中国—东盟开放合作的区域性国际城市、广西北部湾经济区的核心城市和广西“首善之区”，为在全区率先实现全面建设小康社会目标做出新的贡献。

根据上述总体要求，2008年我市经济社会发展的主要预期目标是：地区生产总值增长15%，财政收入增长16%，全社会固定资产投资增长20%，社会消费品零售总额增长16%，全部工业总产值增长23%。城镇居民人均可支配收入增长10%，农民人均纯收入增长8%。万元生产总值能耗降低2%，化学需氧量排放量削减4%，二氧化硫排放量削减1%。城镇新增就业6万人，城镇登记失业率控制在4.5%以内。人口自然增长率控制在10‰以内。

为实现上述目标，我们将着力抓好以下十项工作：

一、加快新型工业化进程，促进工业做大做强

工业化是南宁的主导方向和首要选择，是全市经济发展的主战场。要围绕把南宁建设成为区域性加工制造业基地的目标，选准定位，大力营造工业文化氛围，以生态的优势、开放的优势、区位的优势、后发的优势发展工业，以新产业的培育催生工业，以中小企业的成长壮大工业，以存量资产引进战略投资者盘活工业，以招商引资承接产业转移扩充工业，走出一条绿色、环保、具有首府特色的新型工业化路子。今年，要在产业培育、园区发展、企业上市、国企改革等方面取得新的突破，实现全部工业总产值突破1000亿元目标。

加大工业扶持力度。今年安排10亿元资金用于支持工业发展，其中7亿元用于工业用地储备，3亿元用于产业扶持、园区建设、企业培育和技术创新等方面。研究制定加快工业发展的政策措施，加大对重点产业、重点企业、重点项目、重点园区的资金支持和激励力度，完善融资担保、技改贴息、争创品牌、技术创新、节能降耗、企业上市等扶持政策。

优化产业结构。重点培育铝加工、机械与装备制造业，使之尽快成为主导产业；引进发展电子信息、生物工程与制药等高新技术产业，使之尽快成为优势产业；改造提升农产品加工、化工、建材、造纸等传统产业，使之进一步做大做强，逐步形成支柱产业突出、新兴产业与传统产业并存、轻重比例协调的现代工业产业体系。

促进产业集群。坚持以品牌引领产业集群，以优势企业带动产业集群，以大项目凝聚产业集群，推动产品深加工、上下游产业集聚，拉长产业链，打造一批特色产业基地，促进强优企业形成产业龙头，优势产业形成产业集群。积极培育以南南铝业为龙头的铝加工产业集群，以广发重工为龙头的机械与装备制造产业集群，以富士康等企业为龙头的电子信息产业集群，以南糖为龙头的食品产业集群，以凤凰纸业为龙头的造纸产业集群。

培育壮大企业。选择一批成长性好、带动作用明显的企业，加大扶持力度，培育形成一批年销售收入超10亿元、30亿元乃至50亿元的大企业、大集团。重点支持南糖、南化、南南铝业、广发重工等骨干企业尽快上台阶。深入实施建设工业百家亿元企业工程，健全中小企业服务体系，加大对中小企业的扶持力度。今年要新增工业企业300家以上，新增规模以上工业企业80家以上，新增亿元工业企业30家以上，力争1~2家企业上市融资，引进一批战略合作伙伴，推动一批企业加快发展。

发展园区经济。进一步明确园区的产业定位和方向，突出发展特色优势产业，把工业园区作为承接铝深加工、电子信息、机械汽配、消费品工业、食品加工、服装加工、家具制造等产业转移的主要基地，把高新区、南宁经开区、东盟经开区、良庆经开区、仙葫开发区、江南工业园、六景工业园、隆安华侨管理区等打造成为各有侧重、各具特色的工业园区，实现产业集群、要素集聚、服务集成。改革创新园区管理体制和运行机制，加快园区投融资平台建设，增强园区融资能力。加强土地储备，加快园

区基础设施建设,全年建设工业标准厂房100万平方米以上。

推进项目建设。加大工业投入,完成工业投资145亿元,深入实施"百项工业项目大会战"。加强项目策划和前期工作,继续实施招商项目"大兑现",简化项目报批手续,加快在建项目和新开工项目的施工进度,千方百计协调解决项目资金、土地等问题,使更多的项目能够及时落地、尽快施工、早日投产。

提高企业创新能力。搭建公共技术平台,加强以企业技术中心为主体的技术创新体系建设,增强重点产业和骨干企业的自主研发能力,加快产品和技术引进消化吸收再创新、集成创新和原始创新。推动产学研合作,促进科技成果与产业发展相结合,提高产业科技水平。加大信息化与工业化的融合力度,积极推进以完善骨干企业信息化应用与管理为重点的信息化项目建设。今年重点培育2个国家级技术中心、4个自治区级技术中心。

二、依托中心城市综合承载能力,加快发展以现代物流、旅游会展为重点的服务业

加快发展现代物流业,推进区域性物流基地建设。完善基础设施、信息网络、物流配送三大平台,积极培育物流市场,确立南宁区域性物流中心地位。合理规划物流基地空间布局,加快建设南宁国际综合物流园、安吉物流园、江南沙井物流园、金桥物流园、南宁大商汇等重点物流园区,加速完善物流基础配套设施。引进一批国内外知名物流企业,发展第三方物流,使物流业成为我市经济发展的新亮点。

改造提升商贸流通业,推进区域性商贸基地建设。以现代流通方式改造传统业态,以引进国内外知名零售企业和品牌推动商贸业提档升级。建设中国—东盟商务区,提升朝阳、凤岭商圈,打造香港街、澳门街、台湾街、广东街四条商业街,建设南宁东盟国际工业原料产品物流城、广西国际农产品物流中心等十大专业市场,调整优化城市商业布局,形成立足广西、辐射西南、面向东盟的贸易中心。推进"万村千乡市场工程",加快构建农村市场流通网络。引导培育汽车、饮食、服装、文化、健身等消费热点,促进消费性服务业健康快速发展。

整合发展旅游会展业,构建区域性国际旅游胜地、旅游集散中心和会展中心。突出"中国绿城、壮乡歌海、会展之城、旅游胜地、美食天堂"等旅游主题,打造风情旅游、节庆旅游等系列旅游产品和线路,把旅游业发展成为我市的支柱服务产业。实施精品战略,推进大明山、昆仑关景区、英皇东盟文化城等项目建设。加大邕江旅游开发力度,加快沿江旅游硬件设施建设。积极开展泛北部湾、泛珠三角区域的旅游合作,推动广西北部湾"4+2"城市旅游联盟发展,整合区域旅游资源,推进无障碍旅游区建设。出台鼓励会展业发展的政策,设立扶持会展业专项基金,以中国—东盟博览会为平台,以南宁国际民歌艺术节及其他节庆、论坛为载体,培育发展会展业,打造区域性会展城市品牌。

统筹发展其他服务业,推动形成区域性服务中心。建设面向东盟的保税仓储服务区、企业研发服务区及综合服务区,打造国际化服务总部基地,引进总部企业,发展总部经济。发展信息服务业,推进区域性信息交流中心建设。发展现代金融业,吸引国内外各类金融机构在邕拓展业务,培育区域金融市场,建立多层次、多元化的金融体系,促进形成区域性金融中心。以首府公共资源为依托,发展中介、科技、咨询等知识密集型服务业,积极承接国际服务业外包。稳健发展房地产业。

三、加快县域经济发展,深入持久地推进社会主义新农村建设

建立以工促农、以城带乡机制,以工业化思维发展各具特色的县域经济。各县要发挥优势,突出重点,围绕中心城市和区域市场,因地制宜发展资源经济、配套经济、劳务经济、生态经济,为城市工业和服务业提供产业配套,成为面向市场、服务城市的农副产品供应基地、生物质能源基地、技能型人力资源供应基地、休闲旅游观光基地,推动形成县域经济竞相发展、齐头并进的局面,千方百计促进农民增收。支持耗能少、污染低、效益高、就业容量大的乡镇企业加快发展。加快城镇化进程,促进经济合理布局和农村人口就地就近转移。抓好农村剩余劳动力转移就业工作。今年,力争实现农民人均纯收入增加300元以上。

构建特色优势农业产业体系,围绕中心城市发展推进农业产业化。要强化大城市对农业的带动,强化大工业对农业的拉动,培育一批加工型农业产业化龙头企业,建设一批规模较大、具有区域特色的农业产业基地。重点发展优质稻、桑蚕、糖蔗、无公害蔬菜、水果、花卉、罗非鱼、速生丰产林等优势特色产业,力争培育国家级农业产业化龙头企业5个以上、自治区级30个以上、市级80个以上。加快实施农业标准化生产步伐,建设农产品标准化生产示范基地,打造名优品牌,提高农产品竞争力。发展壮大农民专业合作经济组织,不断提高农户发展生产和进入市场的组织化程度。

加强农村基础设施建设,改善农民生产生活条件。加大财政对"三农"的扶持力度,抓好农田水利、农村道路等农村基础设施建设和扶贫开发工作。以自治区实施桂中治旱为契机,实施100座病险水库除险加固、100项小型农村水利设施、100项水利管护设施建设项目,实现保水田100万亩,完成18万农村人口饮水和农村学校学生饮水安全解困项目;推进"百村示范"工程,建设100个新农村示范村;实施百村脱贫建设工程,重点解决100个贫困村群众饮水难、行路难、增收难等问题。完成大石山区马山、隆安两县基础设施建设大会战任务,在新农村建设非试点县区修建通乡水泥路234公里、通村水泥路364公里。推进各县无电户通电工程,实现全市户户通电。

四、高度重视节能减排和环境保护,推进生态文明建设

加大节能减排力度。以重点领域、重点行业、重点企业的污染防治为着力点,坚决淘汰落后产能,坚决整治存量污染。全面开展水泥、淀粉、制浆造纸、制糖等行业污染整治工作,淘汰一批不符合产业政策和环保要求的小型企业。大力开发和推广节约、替代、循环利用和治理污染的先进适用技术,推进节能减排技术改造。完善城镇环境卫生基础设施,加快市区及县城生活污水处理和垃圾无害化处理设施建设,推动世行贷款环境综合整治、亚行贷款环境改善、亭子冲环境综合整治、东盟经开区污水处理厂一期、五象污水处理厂一期、江北垃圾焚烧发电厂、南宁经开区水煤浆集中供热中心等项目建设。加强对重点江河、城市安全饮用水源、农村环境污染的综合治理。加大环境监测预警体系和节能监测体系建设力度,预防重大环境污染事故发生。

建立节能减排机制。把节能减排指标的完成情况作为检验经济发展成效的重要标准,严格执行国家关于限制、淘汰类项

目投资管理制度，严格环境影响评价和建设项目“三同时”管理，把好准入关。落实国家有关节约能源资源和保护生态环境的法律与政策，建立节能减排激励机制、约束机制和淘汰落后产能退出补偿及保障机制。按照国家标准，做好淘汰类高耗能产业实行差别电价工作。深入开展节能减排全民行动，加强宣传教育，提高全社会节能减排意识。

大力发展循环经济。积极争取我市成为国家发展可再生能源示范试点城市，以新能源及生物产业、资源综合利用、污染防治及生态环境保护等领域为重点，优先发展一批环保产业项目。开展再生资源回收体系建设试点，推进再生资源产业基地项目建设。推进清洁生产，在制糖、能源、化工和建材等行业推广工业生态链循环经济模式。加强工业用地规划，鼓励工业园区建设使用标准厂房，提高土地使用效率。严格保护耕地，坚决查处和制止土地违法行为。

五、加大城市规划建设管理力度，全面提升城市品位和形象

高品位做好城市规划。严格规划的审批和管理，维护规划的严肃性，确保发挥规划的龙头和导向作用。根据广西北部湾经济区规划，围绕建设区域性国际城市目标，按照“以邕江为轴线，西建东扩，完善江北，提升江南，重点向南”的发展思路，加快城市总体规划的修编完善和上报审批，完成生态南宁建设规划，抓紧全市综合交通等规划修编，进一步完善五象新区规划。加大城乡规划编制力度，加强规划管理执法工作，初步建立覆盖城乡的规划管理体系。

高标准搞好城市建设。树立“精品”意识，推行“精品”标准，建设“精品”城市。今年要加大力度、加快速度推进服务博览会的基础设施建设，推进自治区成立50周年大庆项目建设，推进环卫、供水、供电、供气、排水等市政基础设施建设，推进立交桥、跨江大桥、市区道路等城市路网建设，推进城市轻轨、快速公交、高等级公路、铁路、码头、机场等交通基础设施建设，推进旧城改造和“城中村”改造，确保完成年度工作任务。以创建中国森林城市为目标，推进“百里环城森林生态圈”工程等生态园林建设，种树200万株；推进竹排冲、相思湖、心圩江和可利江等内河环境综合整治，做好“树”和“水”两篇文章，使南宁城市功能更完善、城市环境更优美。

高效能抓好城市管理。深入持久有效地推进“城乡清洁工程”，拓展广度、深度和高度，并以此为重要抓手，全面提升城市管理水平。重点抓好“六个延伸”：由平面到立面向城市空间延伸，重点整治户外广告和标牌；由中心到边缘向城乡结合部延伸，重点清理违章违法建筑；由城市主要节点向交通基础设施和百姓生活环境延伸，重点打通断头路和改造农贸市场；由主干道向小街小巷和旧城改造延伸，由地面保洁向内河整治和生态建设延伸，由单一管理向综合管理、联合执法延伸，进一步完善数字化城市综合管理与指挥系统，形成推进“城乡清洁工程”的长效机制，塑造优美、整洁、有序的国际化城市新形象。优化交通管理，完善城市道路交通监控系统，切实缓解高峰时段交通拥堵状况。

六、以实施广西北部湾经济区规划为契机，高水平、高强度推进五象新区开发建设

今年，要按照建设“北部湾经济区总部基地、自治区先进制造业基地，南宁市新的行政中心、文体中心、商业中心、物流业基地”的发展定位，抓好五象新区规划的完善和实施，引导城市框架向南延伸。要积极与石化、林浆纸、能源、钢铁、海洋和物流等临海大产业对接，加快南宁国际综合物流园等一批重大产业项目建设。要加快道路交通及其他重点项目建设，加速与“北钦防”城市群的连接。要研究出台配套措施，落实好、兑现好新区土地利用、征地拆迁和补偿安置、被征地农民培训就业和社会保障等政策，为五象新区开发提供政策支持。

七、更加注重保障和改善民生，促进城乡社会和谐

完善社会保障体系。坚持广覆盖、保基本、多层次、可持续的方针，加快建立覆盖城乡居民的社会保障体系。扩大城镇职工基本养老保险、基本医疗保险覆盖面，重点抓好非公有制企业、灵活就业人员和进城务工农民的参保工作。扩大城镇居民基本医疗保险，普及新型农村合作医疗。推进失业、工伤和生育保险，探索建立失业、工伤保险市级统筹制度。完善五保户供养制度，加强五保村建设，探索建立农村养老保险体系。逐步提高城市最低生活保障标准，完善农村特困群众最低生活保障制度。全面落实优抚安置、医疗救助、救灾救济等政策和制度，发展社会福利事业。完善城镇住房保障制度，建立多层次住房保障体系，重点解决中低收入家庭和特殊困难群体的住房问题。

推进城乡就业工作。以创建充分就业城市为目标，坚持以发展促进就业，以创业带动就业，完善公共就业服务体系，建立城乡统一的人力资源市场，千方百计扩大就业，全面完成统筹城乡就业试点工作任务。深入开展充分就业社区建设，充分就业社区率要达到95%。切实解决就业困难群体再就业问题，动态消除“零就业家庭”。鼓励大中专毕业生自主创业，鼓励本市在外工作和外出务工人员返乡创业。今年，新增城镇就业人数6万人以上，新增农村劳动力转移就业9万人以上。

提高城乡居民收入。落实好、兑现好中央和自治区的支农惠农政策，多渠道增加农民收入。健全农民工工资制度，确保农民工工资按时足额发放。探索建立企业职工工资正常增长机制和支付保障机制，进一步提高企业退休人员养老金，逐步提高最低工资标准。依法规范劳动用工行为，实行劳动监察“网格化”管理，维护劳动者合法权益。逐步提高社区工作人员和村干部补助标准。

切实维护社会稳定。坚持安全发展，强化安全生产监管，进一步完善安全生产控制目标体系，严格执行安全生产行政责任追究制度。建立隐患排查治理和危险源监控长效机制，推行企业安全质量标准化建设。加强公共应急体系建设，提高应急救援能力。坚持全面动态可持续的稳定，推进“平安南宁”建设。健全维稳综治督促检查考评机制，全面落实维稳综治目标管理责任。建立社会稳定风险评估机制，从源头上预防和化解社会矛盾。完善社会矛盾调处和信访制度，深入开展矛盾纠纷“大排查、大调处、大接访”活动。加强社会治安防控体系建设，严厉打击各种违法犯罪活动。

关心和解决群众利益问题。继续为民办20件实事，解决群众的实际问题。加大公共财政支出，对民生进行重点倾斜。今年市本级财政预算计划安排民生支出8.41亿元，占整个支出的18.26%，用于民生方面增加的支出占当年财政新增支出的44.6%。新增民生支出重点用于增加困难群体生活补贴、提高基层人员待遇、农贸市场改造、教育扶贫等方面。抓好今春雨雪冰冻灾后重建和生产自救工作，帮助灾区群众解决生产生活困难。

八、协调发展各项社会事业,整体提高城乡文明水平

优先发展教育事业。推进义务教育均衡发展,巩固提高"两基"攻坚成果,加快普及高中阶段教育步伐。实行城市免费义务教育,对农村义务教育阶段学生免费提供教科书,建立健全家庭经济困难学生资助体系。合理调整市区学校布局,加快建设一批新学校,解决部分城区义务教育就近入学问题。实施中等职业教育攻坚计划,整合职业教育资源,建立职业技术教育和培训基地。今年计划投入1亿元专项资金用于中等职教基地建设。从今年起,市财政连续三年给予各县每年500万元的专项资金,用于扶持发展中等职业教育。加强与东盟国家的教育交流与合作。

加强人才和科技工作。推进人才强市战略,实施一批重点人才开发项目,加快培养和引进各类高层次人才、急需人才和适用人才,提升人才小高地建设层次和水平。全面启动第四轮创新计划,实施支柱产业升级工程、高新技术产业促进工程、节能减排科技支撑工程、农业标准化和农产品质量安全工程等四大工程,开展创新型企业培育与产学研结合促进行动、新农村建设科技支撑行动、多区域科技合作行动、知识产权开发保护行动、科学技术普及拓展行动等五大科技行动。组织实施一批重大科技专项,实现高新技术产业产值同比增长20%以上,新增创新产品100项,试验示范推广农业新品种、新技术100项,全市专利申请量比上年增长10%以上。

推进文化大发展大繁荣。加强公共文化服务体系建设,开工建设市科技馆、老年人活动中心等"五馆合一"项目,开工建设新民族影城、南宁艺术博物馆等一批重大文化基础设施项目。抓好县级图书馆、文化馆和乡镇文化站建设。繁荣文化艺术创作,组织开展好庆祝自治区成立50周年、南宁国际民歌艺术节10周年系列活动和南宁—东盟文化交流活动。实施历史文化工程,加强文化遗产保护工作。加快实施广播电视无线覆盖工程和"走出去"工程,抓好广播电视多媒体的开发利用和管理。支持理论创新和政策研究,促进哲学社会科学繁荣发展。

提高医疗卫生服务水平。完成市疾控中心和急救中心项目建设。加大对县、乡镇卫生医疗设施投入,逐步完善城乡公共卫生和医疗服务体系、环境卫生体系,提高突发公共卫生事件应急处置能力。进一步降低艾滋病、结核病、乙型肝炎、狂犬病等传染病的发病率,积极防治地方病、职业病。继续推行新型农村合作医疗制度,实现我市新农合制度全面覆盖。大力发展城市社区卫生服务,配合三项医疗保障制度的推行,力争城市社区卫生服务人口覆盖率达80%以上。加强卫生执法和卫生监督,切实保障食品药品卫生安全。

推动全民健身和竞技体育工作。营造奥运氛围,开展全民迎奥运等系列群众性体育活动。组织好北京奥运会火炬传递接力南宁段活动。抓好竞技体育人才培训选送工作。加强公共体育设施建设。加大体育赛事市场化运作力度,发展体育产业。

抓好人口和计划生育工作。落实奖励扶助政策,稳定低生育水平,提高出生人口素质,逐步解决出生人口性别比偏高等问题。加强基层计生服务设施建设,积极开展流动人口计划生育优质服务活动,提高流动人口管理服务水平。

加强精神文明建设。全面落实《全国文明城市测评体系》各项创建任务,全力以赴争创全国文明城市。加强社会公德、职业道德、家庭美德和个人品德建设,深入开展社会主义荣辱观教育和未成年人思想道德教育。加大"城乡清洁工程"宣传教育力度,提高城乡居民文明卫生意识。巩固发展双拥工作成果,提高军警民共建水平。加强社会信用体系建设。

九、推进改革创新,扩大开放合作,为加快发展提供动力、注入活力

纵深推进各项改革,理顺促进加快发展的体制机制。全面落实促进非公经济发展政策,优化投资软环境,鼓励全民创业。建立国有资本经营预算制度,健全国有资产监管体系,确保国有资产保值增值。深化投融资体制改革,搭建融资平台。加快公共财政建设,坚持财政增量向"三农"、公共服务领域、社会事业发展的薄弱环节倾斜。完善国库集中支付和政府采购制度,提高财政资金使用效益。在本级预算单位推行"公务卡"制度试点。推进农村综合改革、事业单位分类改革和华侨农林场改革。

融入东盟,参与多区域合作,承接东部产业转移,努力开创对外开放新局面。要率先对接东盟,以旅游业、商贸业和房地产业为先导走向东盟,通过"走出去"做大企业、壮大产业;以东盟市场为重点,扩大产品出口,鼓励企业到国外投资办厂、承包工程、开发资源,带动产品和劳务出口。加强与国际组织、投资机构的交流合作,承办好联合国工业发展组织2008年投资促进高峰论坛。坚持"巩固珠三角、开拓长三角、兼顾渤海湾"的招商战略,充分利用"两广、桂港、桂澳、桂台"等经贸合作平台,开展"百企入邕、央企入邕"活动,积极承接以铝深加工、电子信息、机械汽配、消费品工业、食品加工、服装加工、家具制造等产业为重点的东部产业转移。设立承接东部产业转移专项资金,用于标准厂房建设和项目前期工作。承办好"泛珠三角"省会城市市长论坛。

十、加强和改进政府工作,建设学习型、创新型、服务型政府

坚持依法行政,提高行政水平。自觉接受人大及其常委会与政协的监督,认真听取民主党派、工商联、无党派人士和各人民团体的意见,办好人大代表议案、建议和政协提案。完善科学民主决策机制,坚持专家咨询、社会公示和听证制度,提高行政决策水平。推进政务公开,主动接受社会公众监督。落实《全面推进依法行政实施纲要》,全面推进依法治市。深入开展"五五"普法,形成自觉学法守法用法的社会氛围。

坚持从严治政,提高行政执行力。积极履行政府职责,强化责任意识、责任考核、责任追究,把解决实际问题的能力作为衡量执行力高低的重要标准,营造真抓实干、敢于负责的氛围,杜绝乱作为、不作为,做到令行禁止,提高政府执行力和公信力。加强作风建设,开展访民情、听民意、解民忧、帮民富、保民安活动。深化行政审批制度改革,完善市、县(区)政务服务中心功能和电子监察系统功能。加强行政效能建设,建立政府绩效管理评价体系,全面落实"三项制度",提高行政效率和服务水平。

坚持廉洁从政,加强廉政建设。建立健全惩治和预防腐败体系,落实党风廉政建设责任制,加强领导干部廉洁自律,做到为民、务实、清廉。加大执法监察、廉政监察和效能监察力度。开展专项治理,坚决纠正损害群众利益的不正之风。完善资金管理、政府采购、工程招投标、土地出让、产权转让等制度,从源头上预防腐败。

(市政府办公厅)

张国环副主席在政协南宁市第九届委员会第三次会议上作的工作报告(摘要)

(2008年2月23日)

一、2007年工作回顾

一年来,在中共南宁市委的正确领导和自治区政协的指导下,在市人大、市政府的大力支持下,我们坚持以邓小平理论和"三个代表"重要思想为指导,深入贯彻落实科学发展观,正确把握团结和民主两大主题,以促进发展作为履行职能的第一要务,组织市政协各参加单位和政协委员,围绕中心,服务大局,认真履行政治协商、民主监督、参政议政的职能,为全市经济社会又好又快发展作出了积极的贡献。

(一)加强政治理论学习,保持正确的政治方向

我们始终把政治理论学习作为提高履职能力的重要任务,组织委员认真学习中共十七大精神、胡锦涛总书记在中央党校发表的重要讲话和全国"两会"精神;学习《中共中央关于加强人民政协工作的意见》、全国政协关于"推进北部湾区域经济合作与发展"座谈会精神以及人民政协理论;学习自治区党委、政府和中共南宁市委的一系列决策精神。在学习中,坚持理论联系实际,注重学习效果。采取集中培训学习与个人自学相结合,请专家、教授辅导与学习交流相结合、组织参观学习与观看电教片相结合等方式。先后邀请出席全国"两会"的人大代表、政协委员传达全国"两会"精神,邀请市委党校教授作学习中共十七大精神辅导报告,举办政协委员和机关干部专题培训班。通过学习,进一步提高政协委员的政治思想素质和履行职能的综合能力,增强了贯彻执行党的路线、方针、政策的自觉性和履行职责的使命感、责任感。

(二)正确把握团结和民主两大主题,积极发挥政协组织作用

发挥多党合作优势,当好社会发展的"助推器"。通过上门走访、召开座谈会等方式,了解各民主党派、工商联、人民团体的工作情况和思想动态,及时传达市委、市政府的重大决策部署,加强沟通,形成共识;经常组织各民主党派、工商联等政协参加单位开展视察、调研活动,共商建设富裕文明和谐南宁大计;常委会、主席会认真听取各民主党派、工商联以及无党派人士的意见和建议,调动他们参政议政的积极性;注重协调党政部门认真办理各种提案,努力营造团结民主、合作共事的良好环境,为实现市委、市政府提出的工作目标奠定坚实的政治基础。

发挥言路畅通优势,架起党群关系的"连心桥"。紧紧抓住与广大人民群众生产生活密切相关的热点、难点问题,通过调研视察、召开座谈会、联系走访等方式,广泛了解民情,反映民意。先后编发《南宁政协信息》、《社情民意》共47期、《心桥》会刊4期。向市委、市政府和有关部门反映群众的意见建议。积极组织发动各界人士开展送温暖活动,为农村贫困地区、困难群众以及学校捐钱捐物。组织政协委员到县区开展送科技、文化、卫生、法律下乡活动,积极帮助群众解决困难和问题,为构建和谐社会打牢民意基础。

发挥联系面广优势,营造和谐发展的"大平台"。随着我市对外开放不断扩大,改革不断深化,经济繁荣发展,非公经济在各个领域不断发展壮大,新的社会阶层成为建设富裕文明和谐南宁的一支新兴重要力量。为了让他们在南宁更好地发展,我们通过走访座谈,宣传党和政府有关发展非公经济的政策、法律、法规,帮助他们协调解决在发展中遇到的困难和问题,鼓励他们大胆发展。采取总结宣传先进典型等方法,在全社会营造尊重劳动、尊重创造、支持改革创新的良好氛围。

发挥桥梁纽带作用,搭起民主协商的"大舞台"。充分利用政协全会、常委会,组织常委和委员对全局性工作进行协商讨论,为各民主党派、工商联和各界人士参政议政提供便利。组织政协委员先后参与《中共南宁市委、南宁市人民政府关于推进机关效能建设的决定》、《南宁市城市城建拆迁管理条例》、《南宁市收回国有土地使用办法》、《南宁市社会急救管理条例》、《南宁市统计管理条例》等10多部(件)政策性文件和地方性法规规章草案以及城市轨道交通、五象新区规划、城市内河治理等重大项目的协商讨论,提出修改意见和建议,为市委、市政府决策提供了重要参考。

(三)围绕中心,全力服务经济社会发展大局

组织调研视察,为市委、市政府决策提供参考。一年来,先后组织十多个课题调研组,就加快我市电网基础设施建设、桑蚕业的发展、工业园区建设、工业企业自主创新能力、承接东部产业转移、优先发展公共交通、加强二手房交易监管、现代中药产业发展、招商引资工作和文物保护工作等课题进行调查研究,形成了一批有重要参考价值的专题调研报告,从不同角度为南宁市的建设和发展提出意见和建议。先后组织开展50多次各类视察活动,对社会主义新农村建设、华侨农林场改革、城市内河综合整治、园林绿化、重大工业项目建设、城市建设重点项目、外商投资企业、体育产业发展、农村五保供养制度以及市政府为民办实事项目等方面进行视察,形成视察报告,并通过召开常委会议、座谈会等形式,向市政府和有关部门反馈视察情况。通过视察活动,让市政协常委和委员进一步了解政府工作情况,为政府部门改进工作提供参考意见。

积极议政建言,努力提高参政议政实效。充分发挥提案参政议政的重要作用,运用信息网络,创建网上议政新平台。开设网上征集提案、网上交办、网上跟踪督办一体化管理系统。实行提案委、提案人、提案承办单位三方互动,大大提高了提案参政议政的效果。2007年累计征集政协提案381件,经审查立案的有354件,截止2007年12月20日,提案办复率达100%,提案办理工作满意率达98%。有不少提案和调研报告得到市委、市政府的重视,如加快桑蚕业发展、市区湿地保护法规、加快我市电网基础设施建设、承接东部产业转移、治理"五乱"等提案和专题调研报告得到党政部门的采纳。

认真开展民主监督,为推进我市各项工作尽责。认真贯彻市委、市政府关于机关作风效能建设的精神,组织市政协委员对市建委、公安局、国土资源局、旅游局等市直单位的作风效能建设活动进行民主评议,帮助查找存在问题,提出整改建议。充分发挥政协委员担任监督员的监督作用。先后推荐40多名市政协委员担任行政执法监督员、法院执法监督员、检察院监督员、卫生监督员、禁毒监督员,并对监督员进行业务培训,提高了民主监督的能力。

积极参与招商引资,为加快我市经济发展出力。充分发挥政协联系广泛的优势,积极与海内外商会、企业联系,宣传推介南宁,牵线搭桥,引进人才、资金和项目。市政协领导多次带队赴广

东、福建等地考察企业、招商引资,为承接东部产业转移做了大量的工作。先后牵线引进台商厦门翔鹭集团在隆安县投资15亿元建设年产500万吨的新型干法水泥厂,广东雄塑集团在经济技术开发区投资2亿元建设塑料生产基地等一批外资企业。

广泛征集文史资料,为创建“文化南宁”作贡献。组织实施历史文化工程,认真征集和整理建国后我市文史资料,先后征集到各类史料320多篇46万多字,历史照片110多幅,编辑出版了《抗美援朝》史料专集,为我市进行爱国主义教育和革命传统教育提供了新教材。

(四)加强联系,扩大对外交往

主动与上级政协和兄弟城市政协联系。认真做好全国政协领导、自治区政协领导以及视察团、调研组到我市视察考察活动的接待工作,自觉接受上级政协的指导。为加强和兄弟城市政协的联系,通过网上交流、刊物交流等形式先后与100多个兄弟城市政协交流工作经验,探讨新时期政协工作新思路、新方法。同时,我们还承办了全国十六城市政协工作研讨会第二十届年会、全国少数民族自治区首府市政协工作联系会第十六次会议、西南五市政协工作协作会第二十次会议,与防城港市政协共同承办了广西区辖市政协主席工作联系会议。先后组织10多个考察团到外地学习考察。在对外交往中,积极宣传我市改革开放和现代化建设成就,不断扩大南宁的知名度和影响力。

积极与海内外友好人士的联系交流。先后组团出访韩国、日本、马来西亚、香港、澳门等国家和地区,拜访当地友好社团和友好人士,召开座谈会,宣传推介南宁,拓展海外联谊工作,先后接待来邕考察的海外人士250多人次。多次走访沿海城市台商协会,邀请他们来邕考察。注重联系走访外商企业家,组织召开在邕商会联谊会议,鼓励和支持异地商会不断发展壮大,努力为外商企业的发展创造良好环境。

加强对县区政协的联系和指导。坚持班子成员分工联系县区制度,市政协领导定期深入县区政协指导工作;每月召开一次县区政协主席联席会,互通情况,交流经验,促进县区政协工作的开展;市与县区政协联合开展调研视察活动,密切与县区政协的协作和交流,形成合力,共同推进全市政协工作深入开展。邀请县区政协主席列席市政协常委会议,以使县区了解市政协工作动态,更好地结合本县区的实际开展工作。

(五)注重抓好自身建设,提高政协队伍素质和政协机关效能

按照《中共中央关于加强人民政协工作的意见》要求,全面抓好政协的自身建设。创新制度,抓好政协履行职能的制度化、规范化、程序化建设和机关效能建设。先后制订《委员履行职责双向活动制度》、《委员履行职责联系群众制度》、《委员履行职责反映社情民意制度》、《委员履行职责定期向党政部门提出意见建议制度》,对委员履行职能提出了明确要求,使委员履行职能做到有章可循。同时,完善机关公文、接待、车辆、财务管理等规章制度,规范管理。结合政协工作特点,制定机关效能建设“十要十不让”行为规范,有效地规范了机关办事行为,不断提高服务质量和办事效率。进一步理顺专门委员会、界别、委员小组等工作关系,规范工作程序,市政协领导分工负责,加强对专委会的指导,定期开展活动,促进专委会、界别以及委员小组的工作灵活有效地开展。

回顾一年来的工作,我们深刻体会到:只有重视政治理论学习,解放思想,勇于实践,才能在工作中不断开拓创新;只有坚持团结民主两大主题,注重发挥整体优势,才能凝聚各方面的智慧和力量,推动政协事业不断发展;只有紧密围绕中心,服务大局,积极作为,才能增强政协工作的活力,提高履职的成效。一年来,我们的工作取得了一定的成绩,这是中共南宁市委正确领导和市人大、市政府大力支持的结果,是市政协各参加单位和全体政协委员共同努力的结果,也是市直各单位以及海内外各界人士支持和帮助的结果。

二、2008年主要工作

2008年是全面贯彻落实中共十七大作出战略部署的第一年,是实施“十一五”规划承上启下的一年。做好今年政协的各项工作,意义重大。我们要始终坚持以邓小平理论和“三个代表”重要思想为指导,深入贯彻落实科学发展观,认真学习贯彻中共十七大精神,把握团结和民主两大主题,紧密围绕全市工作大局,认真履行政协职能,进一步拓展政治协商的新领域,探索民主监督的新方法,创新参政议政的新途径,凝聚社会各方面力量,调动一切积极因素,为促进我市经济社会又好又快发展作出新的贡献。

(一)深入学习贯彻中共十七大精神,切实加强政治思想建设

中共十七大是我国改革发展关键阶段召开的一次十分重要的会议,十七大报告鲜明地回答了党在改革发展关键阶段举什么旗帜、走什么路、以什么样的精神状态、朝着什么样的发展目标继续前进的重大问题,是中国共产党团结带领全国各族人民坚定不移走中国特色社会主义道路,在新的历史起点上继续发展中国特色社会主义的政治宣言和行动纲领。学习和贯彻中共十七大精神,是我们当前和今后一个时期的首要政治任务。要按照市委的部署和要求,不断把学习贯彻中共十七大精神引向深入。要深刻领会中共十七大的主题,坚定不移地高举中国特色社会主义伟大旗帜;要深刻领会中共十六大以来党和国家取得的新的伟大成就,更加自觉地贯彻执行党的路线方针政策;要深刻领会改革开放的伟大历史进程和宝贵经验,始终坚持、不断发展中国特色社会主义道路和中国特色社会主义理论体系;要深刻领会科学发展观的科学内涵、精神实质和根本要求,增强贯彻落实科学发展观的自觉性和坚定性;要深刻领会实现全面建设小康社会奋斗目标的新要求,为夺取全面建设小康社会新胜利而奋斗;要深刻领会社会主义经济建设、政治建设、文化建设、社会建设等方面的重大部署,努力促进各项事业协调发展、共同进步。要把学习中共十七大精神与学习自治区党委、政府和中共南宁市委、市政府的决策部署结合起来,与学习人民政协理论结合起来,把学习贯彻中共十七大精神的过程,变成统一思想、提高认识的过程,研究问题、改进工作的过程,增进团结、凝聚力量的过程,推动政协工作的新进步和政协事业的新发展。

(二)认真履行政协职能,为促进经济社会又好又快发展献计出力

积极开展政治协商,为促进决策的民主化、科学化提供保证。充分利用政协全会、常委会,组织市政协常委、委员对事关全局性的重大事项进行协商讨论,为市委、市政府科学决策提供参考依据。根据市委、市政府的工作部署,组织委员中的专家学者,对地方性法规和政府规章草案进行协商讨论,提出修改意见和建议,为地方性法规和政府规章的顺利实施创造条件。

要拓展协商领域,改进协商方式,加强与部门的沟通,主动联系,加强服务,增强协商效果,使政治协商过程成为统一思想、增进团结、凝聚智慧、献计出力的过程。

认真开展民主监督,促进市委、市政府决策的贯彻落实。着眼维护党和人民的根本利益,积极开展民主监督活动。组织委员参加各种座谈会、通报会、听证会、评审会、检查评比等活动,加强对行政执法的监督;组织委员旁听市中级人民法院公开审理案件,对执法情况进行民主监督。充分利用视察、提案、反映社情民意等方式,做好经常性的民主监督工作。要继续重视和支持政协委员参加社会监督活动,发挥特邀监督员的作用,通过组织参加行风评议、专项执法监督等活动,对党政部门工作提出意见建议,促进机关作风转变,提高行政效率。

继续加强提案工作,提高参政议政水平。要进一步改进提案工作,发挥政协建议案和提案在民主监督、参政议政中的作用。创新提案工作方式,实现提案工作信息化、网络化,通过新闻媒体,向社会公开征集提案线索。充分发挥短信平台作用,实行政协提案委、提案人、提案承办单位三方互动交流,提高提案办理的实效。建立领导领衔督办制度、市直单位设立政协提案工作联络员和承办单位定期联系沟通制度,及时掌握承办单位办理提案进展情况,促进提案工作由办理型向落实型转变。通过市委办公厅、市政府办公厅和市政协办公厅联合召开政协提案交办会等形式,形成推动政协提案办理的合力。通过开展办理提案"回头看"活动,加强提案办理的有效性。对重点提案,由提案委员会全程跟踪,新闻媒体全程报道,确保重点提案的办理落到实处。

(三)充分发挥政协自身优势,为建设和谐南宁建言献策

积极组织委员开展视察调研活动。要认真贯彻落实科学发展观,把促进科学发展作为履行政协职能的第一要务。紧紧围绕转变经济发展方式、推进产业结构优化升级、增强自主创新能力、节能减排、加快生态文明建设、推动城乡协调发展、加强社会主义新农村建设、新增劳动力就业培训、承接东部产业转移和物流园区建设、整合土地资源开发、加快建设廉租房和经济适用房、构建和谐社区以及我市非物质文化遗产的挖掘、保护、开发和利用等方面,进行调研和视察。尤其要紧紧抓住北部湾开放开发这个重点课题,进行专题调研,为把我市建设成为广西北部湾经济区核心城市建言献策。

积极协调关系,营造良好发展环境。加强与各民主党派、工商联、人民团体的沟通联系,及时传达市委的重大决策部署,积极反映各民主党派、工商联和各界人士的意见和建议,促进民主团结、合作共事。组织政协委员和爱国人士,深入少数民族地区开展扶贫助教活动和科技、文化、卫生、法律下乡活动,促进民族团结和谐。积极做好新社会阶层的团结协调工作,帮助他们解决生产经营中遇到的困难和问题,凝聚他们的聪明才智,引导他们共建富裕文明和谐南宁。进一步加强对县区政协的指导,密切市、县区政协的联系。多做协调关系、理顺情绪工作,团结一切可以团结的力量,调动一切可以调动的积极因素,为全市经济社会发展创造团结和谐的社会环境。

积极参与文化南宁建设。有计划、有重点地开展文史资料征集编辑工作,发挥文史资料"存史、资政、团结、育人"的作用,大力推动文化发展与繁荣。与有关部门联合编纂《南宁风物志》,广泛宣传南宁的历史名人、文化古迹,进一步提升南宁的城市历史文化品位。积极参与全民健身迎奥运活动。组织开展书画展、文艺下乡等文化活动,丰富城乡文化生活,为营造生动活泼、健康向上的精神文明建设氛围出力。

密切关注民生。坚持把实现好、维护好、发展好最广大人民群众的根本利益作为政协工作的出发点和落脚点,发挥政协联系面广的优势,深入基层、深入实际,广泛倾听群众呼声,及时向市委、市政府和有关部门反映群众的意见和建议。高度关注以改善民生为重点的社会建设,围绕事关人民群众直接利益的教育、医疗、住房、就业、物价、社会保障等问题,有针对性地组织开展委员视察调研活动,提出改善民生的意见和建议,协助党委和政府做好关注民生、保障民生、改善民生的工作,为构建和谐南宁作贡献。

(四)加强海外联谊,扩大友好交往

要加强与港澳委员的联系。定期开展与港澳政协委员的联谊活动,及时向他们传达市委、市政府的重大决策,通报我市经济社会发展情况,宣传我市改革开放取得的新成果,支持他们组织开展各种活动,关心他们的事业发展,调动他们参政议政的积极性。发挥港澳政协委员的桥梁纽带作用,多形式、多渠道、多领域地加强对海外各界人士的工作,更好地发挥他们在促进邕港、邕澳经济技术文化交流与合作的重要作用,引进人才、引进资金、引进项目,为我市经济社会发展作贡献。

要积极开展台胞、台属、台商的团结联谊工作。加强对台经济文化交流和民间交往,深入宣传中央对台方针政策,坚决反对和遏制"台独"分裂势力及其活动,维护和促进两岸关系和平稳定发展,为祖国统一大业多做争取台湾民心的工作。积极为台商来我市考察交流、投资置业提供服务,维护他们的合法权益,调动一切积极因素,为我市经济社会发展献计出力。

加强与华侨华人社团的联系。采取走出去、请进来,互访交流等方法,扩大与海内外侨胞的联系交往,宣传推介南宁,吸引更多的海内外人才为我市现代化建设服务。关注 我市华侨农林场的改革与发展,积极反映他们的意见建议,帮助他们排忧解难,多做凝聚侨心、汇集侨智、发挥侨力的工作,促进华侨农林场的健康快速发展。

(五)加强自身建设,为全面提高政协工作水平打牢基础

注重抓好政协委员队伍建设。切实加强政协委员政治思想建设,对政协委员进行理论政策的学习教育,增强贯彻执行党的路线、方针、政策的自觉性。要努力搭建委员履职的平台,积极开展委员履职"四个一"活动,即每年至少参加一次视察调研活动,报送一件较高质量的提案,反映一条有价值的社情民意,提出一条改进和加强政协工作的建议。努力造就一支政治思想过硬、业务素质强的政协委员队伍。

发挥好界别的作用。进一步研究建立有利于发挥界别作用的工作机制。注意把界别活动和委员小组活动结合起来,提高活动的实效性。组织专家学者开展咨询、研讨活动,发挥各类人才的聪明才智,为全市经济、政治、文化、社会建设服务。

进一步抓好政协机关建设。要坚持内强素质、外树形象,把增强政协亲和力和提高机关办事效率作为政协机关建设的重点。抓好干部队伍思想作风建设,增强公仆意识、服务意识、效能意识,努力营造奋发有为、争创一流工作业绩的良好氛围。继续开展机关业务培训学习,不断提高机关干部的理论水平、业务能力、工作效率和服务质量。不断完善机关各项规章制度,进一步推进政协机关工作制度化、规范化、程序化建设。

(市政协办公厅)

责任编辑 孙贵寿

特　　辑

南宁市获联合国人居奖

概　　况

2005年以来，中共南宁市第九、第十次代表大会先后提出争创“中国人居环境奖”和“联合国人居奖”的工作目标，市政府连续多年在政府工作报告中明确这一工作任务。2005年11月，2005’城市可持续发展南宁国际会议暨首届中国(南宁)国际人居建筑成就博览会在南宁市举行，向世界全面展示南宁市现代化发展水平，进一步扩大了南宁市的知名度和影响力。2007年，南宁市在2000年获联合国人居署迪拜国际改善居住环境良好范例奖、2001年获首届“中国人居环境奖”的基础上，结合2007年世界人居日“安全的城市，公正的城市”主题，集中概括多年来人居工作的成就，申报“联合国人居奖”。9月11日，市政府因实施发展了中国第一套城市应急联动系统和为人居环境改善作出的突出贡献，而被联合国人居奖评审委员会全票授予2007年“联合国人居奖”。南宁市成为2007年中国惟一获此殊荣的城市。联合国人居署称南宁市城市应急联动系统是一个突出的、可借鉴的系统，并作为人居署推行“更安全亚洲城市计划”的范例。之后，联合国副秘书长兼人居署执行主任安娜·卡珠穆罗·蒂贝琼卡博士专门致信市长陈向群，通报南宁市获得2007年“联合国人居奖”，并邀请南宁市组团赴墨西哥参加“世界人居日”颁奖典礼。9月17日，市委、市政府在市新闻中心召开新闻发布会，发布南宁市政府获

2007年10月5日上午，在2007世界人居日庆典暨联合国人居奖颁奖大会上，联合国副秘书长兼人居署执行主任安娜·卡珠穆罗·蒂贝琼卡博士(右二)向南宁市市长陈向群(左一)颁发2007年“联合国人居奖”奖牌　　刘　广　摄

2007年“联合国人居奖”的消息。10月5日上午，市长陈向群率团参加在墨西哥蒙特雷市举行的2007世界人居日庆典暨联合国人居奖颁奖大会，陈向群在领取2007年“联合国人居奖”奖牌后作为联合国人居奖获奖城市代表发表致词。10月8日上午，首府南宁获2007年“联合国人居奖”庆典大会暨首府南宁庆祝荣获2007年“联合国人居奖”奖牌巡游活动在南宁市举行。

南宁举行“联合国人居奖”庆典大会

2007年10月8日上午，首府南宁获2007年“联合国人居奖”庆典大会在市政府会议中心举行。自治区党委书记、自治区人大常委会主任刘奇葆，自治区政府主席陆兵为2007年“联合国人居奖”奖牌揭幕。大会由南宁市市长陈向群主持。会上，建设部副部长齐骥代表建设部，自治区党委常委、自治区政府副主席李金早代表自治区党委、自治区政府向南宁市荣获2007年“联合国人居奖”表示祝贺；自治区党委常委、秘书长车荣福宣读自治区党委、自治区政府致南宁市委、市政府的贺信；自治区党委常委、南宁市委书记马飚作讲话；兴宁区望州南社区党总支书记王丛清作为市民代表发言。大会结束后，举行首府南宁庆祝荣获2007年“联合国人居奖”奖牌巡游活动。马飚宣布活动开始，并将奖牌递交给劳动模范代表、广西绿城水务股份有限公司抄表员牙庭科与中共十七大代表、市公交总公司驾驶员农向华。奖牌巡游活动从市政府会议中心开始，4辆巡游车和6辆由青秀区、兴宁区、西乡塘区、江南区、良庆区、邕宁区的彩车组成的车队途经民族广场、朝阳广场、南宁火车站、南宁国际会展中心、五象广场、南湖名树博览园等巡游点。奖牌巡游过程中，牙庭科、农向华，进城务工人员代表何育勇，应急联动110代表张玲、119代表黄胜新、120代表林璟玉，优秀共产党员代表杨家荣，环卫工人代表廖颍芝，“和谐建设在基层”望州南社区居民代表伍莲芳和衡阳路小学学生代表张俊锋进行了奖牌接力传递。数万名市民沿途驻足欢迎游行队伍。

贺　　信

中共南宁市委、南宁市人民政府：

欣悉南宁市荣获2007年“联合国人居奖”，自治区党委、自治区人民政府表示热烈祝贺！

南宁是自治区的首府，是全区政治、经济、文化中心。几年来，南宁市委、市人民政府带领全市人民坚持以邓小平理论和“三个代表”重要思想为指导，全面贯彻落实科学发展现，认真贯彻落实自治区党委、自治区人民政府各项决策和部署，坚持以人为本，加快建设步伐，开创了经济发展、社会进步、人民群众安居乐业的喜人局面。荣获“联合国人居奖”，是南宁市各级

各有关部门扎实提高行政效能，不断提高城市综合管理水平的集中体现；是南宁市人民持之以恒地开展人居环境建设，积极实施“城乡清洁工程”，共建和谐南宁的重大成果；标志着南宁市在建设区域性国际城市的进程中迈出了坚实的一步。

“联合国人居奖”是全球人居领域最高奖项，荣获这个奖项不仅是南宁市各族人民的大喜事，也是全区各族人民的大喜事。希望你们珍惜取得的荣誉，继续坚持以邓小平理论和“三个代表”重要思想为指导，深入贯彻落实科学发展观，认真学习贯彻即将召开的党的十七大精神，不断总结工作经验，坚持不懈地提高行政效能，强化公共管理，扎实推进“城乡清洁工程”，进一步改善人居环境，推进经济社会又好又快发展，为把南宁建设成为广西“首善之区”和区域性国际城市而努力奋斗，为建设富裕文明和谐新广西作出新的贡献！

中共广西壮族自治区委员会
广西壮族自治区人民政府
2007 年 10 月 8 日

“联合国人居奖”成就展

2007 年 12 月 29 日至 2008 年 1 月 2 日，首府南宁人居环境建设暨争创“联合国人居奖”成就展览在南湖名树博览园举行。由市委、市政府主办，市委宣传部、市建委以及市争创“联合国人居奖”工作领导小组办公室承办。主题：改善人居环境，共建和谐南宁。展场用图片墙（上百幅图片，并配以翔实的文字）、联合国人居署回赠南宁礼物展、南宁市荣获 2007 年“联合国人居奖”的申报材料等主题展的方式来回顾南宁市申获联合国人居奖的历程，以及在改善人居环境和城市建设领域所取得的成就。展览为室外、室内展览相结合，室外展览结束后移至南宁国际会展中心四号展厅长期对外展出，展览面积 2160 平方米。

联合国人居奖纪念雕塑

2007 年 9 月，为纪念 2007 年南宁市获联合国人居奖，经市委、市政府批准，选址在南湖广场（锦春路一侧、青秀山龙象塔轴线）入口小广场处设立联合国人居奖纪念雕塑。市规划局邀请北京赫重海景观艺术有限公司（谷士斌）、广州雕塑院（陆增康）、广西艺术学院雕塑研究室（石向东、黄月新）4 家设计机构（个人）开展设计工作，10 月完成设计方案。2008 年 1 月，经综合比选及向专家咨询，并根据城市规划工作委员会 2008 年第六次会议决定，对联合国人居奖雕塑设计方案《家园》进行公示。《家园》由广西艺术学院雕塑研究室创作，以绿城为主题，叶子围合的中央的三口之家象征着居住在南宁的市民，生活在绿城这一环境中的美好景象，隐喻绿城南宁为地球人居住最佳的地方。雕塑设计高 6.5 米，底座材质选用花岗岩，主体为汉白玉或芝麻白花岗岩，造价 80 万元（主体为汉白玉）或 60

2007 年 10 月 8 日上午，首府南宁获 2007 年“联合国人居奖”庆典大会在市政府会议中心召开。会后，进行首府南宁庆祝荣获 2007 年“联合国人居奖”奖牌巡游活动

周家志　陈湘萍　摄

万元(主体为芝麻白花岗岩)。设计方案于2008年4月10~30日同时在《南国早报》及南宁规划信息港(网址:www.nnghj.gov.cn)公示。

中外人士评价南宁

国际地方保护环境理事会欧洲区主任基诺·范·贝京2005年11月在参观南宁市市容市貌后说:"南宁作为中国的绿城名副其实。一路走来满眼绿色,让人心旷神怡,南宁市民生活在这样绿色的环境里,可以健康长寿。"

欧洲委员会研究总局环境项目执行部长皮埃尔·瓦雷特2005年11月到南宁参加城市可持续发展南宁国际会议时说:"实施人居发展意味着对环境、经济和社会包容性有更大的挑战。南宁是一个很好的榜样,是人居方面一个很好的范例。"

马来西亚霹雳州行政议员郑可扬2005年11月到南宁参加城市可持续发展南宁国际会议时说:"南宁如今的变化一日千里,这与我以前首次来到南宁时所看到的城市景象大不一样,短短几年变化如此巨大,可见南宁发展速度之快,尤其体现在城市规划的进步方面。"

韩国果川市都市课主任兼代表团团长俞喆浚2005年11月到南宁参加城市可持续发展南宁国际会议时说:"南宁,不愧为中国绿城。眼前的南宁跟自己想象中的南宁有着惊人的差距,现实的南宁比想象中的更美丽,更漂亮。"

意大利著名建筑设计、室内设计大师安东2007年8月4日在南宁接受《南宁晚报》"黄金楼市"专访时说:"南宁是一座会唱歌的城市。在南宁,也许其中的某一座建筑不会唱歌,但整个南宁却给人唱歌的感觉,是一个城市的大合唱!整座城市给人的感觉是舒适的。"

台湾歌手吴克群2007年9月在参加"我的音乐地盘无线音乐俱乐部百城巡演歌友会"南宁站演出时说:"来到南宁,好像来到了泰国,有种仿若异国他乡所特有的绮丽风光,处处都有使人新奇的景观。"

(梁一家)

南　宁　赋

翠滴红凝,美哉南宁!壮乡首府,历史名城。发祥于青秀山下;耸立于邕江水滨。古称要塞,地处边庭。西南出海大通道,中外经商大本营。楼宇摩空,人怀高远。桄榔拔地,势欲飞腾。城曰凤凰,以表风华之美;徽标五象,寓其勇往之情;花开朱槿,以应繁荣之世;果结扁桃,证其大业有成!

罗秀春山,云蒸霞蔚;南湖夜月,影湛波平。大明山之雄奇,壮人曰圣;伊岭岩之瑰丽,国际知名。况复群芳如壮锦,逢三春而更盛;嘉木接彤云,足四季以长青。关关嘤嘤,百鸟和鸣。蒸蒸腾腾,百业俱兴!铜鼓敲来,笑溢苗瑶古寨;歌圩开处,喜闻骆越新声。个个如痴如醉;村村载舞载欣。下里与阳春并在;新潮与古朴同行。岂不谓城虽古老,貌却年轻者哉!

遥思远古,本属遐荒。赖我先民,辟土开疆。瘴雨蛮烟,难磨坚韧;冲炎冒暑,锻就刚强。志比愚公,挖山不止;心同精卫,填海何妨?于是锄月耕云,遍垦不毛之地;春华秋实,终成鱼米之乡。赫赫煌煌,日富月昌。融和百越,造福一方。漫言兵发嬴秦,象齿横招战祸;光昭骆越,马头曾铸辉煌!若夫依马伏波故事,南疆属汉;受李御史感召,叛酋归唐。铜柱之勋名显赫;邕江之吟咏昂扬!文彩衣冠,早被文身之地;汉唐法典,再申率土之邦。当时狄公之策马南来,邕人之提壶北向。此情牵本土,心系中央之故也。

熙宁八年交趾犯境。所经即荒村焦土,所遇即抢掠奸屠。及其围邕城也,触目残垣断壁,皆为坚垒;满城病卒疲民,绝无懦夫。苏缄有种,竭尽守城之责;孤旅无援,何来救赵之符?连宵苦战,矢石俱尽;月半坚持,粮水都无。孤城终陷敌手,举国痛切肌肤!六万军民同殉国难,千秋史册永绘壮图。山不言而寂寂;水带恨以呜呜。风悲忠勇之士,亦歌亦哭;树吐英雄之花,如火如荼。精诚能感天地,气节重于头颅,斯之谓乎!

昆仑关乃邕之门户。隘狭而长,山高而陡。扼南北通道,兵家必争;号江山钥匙,神鬼莫叩。民国己卯,序属深秋。不期南国雄关,窃据东邻小丑。是役惨酷,前所未有:阵屡陷而再攻;关复收仍失守。枪鸣即兔跳凫惊;炮轰即沙飞石走。遍地烟硝,无非混血混腥;漫山尸体,何辨是仇是友?或云天助义师,终致日酋殒首。岂意疯狂已极,即气数将完;不义多行,即死神恭候。余寇或成落网之鱼,或成丧家之狗。噫嘻!日寇生则与禽兽同流,死则与腐草同臭。唯我英雄精神不死,如松柏之常青;毅魄长存,如山河之永寿!

是以情缘景生,才为世显。海棠暮雨,少游倍感沧桑;夜色孤城,陶弼原多忧患。董传策青山放歌,风骨清奇;王阳明书院讲学,精神深远。故刘翰林主掌杏坛,雷院长扬名学界,渊源有自,绝非偶然!而情萦龙象塔,云举原为阁老;魂绕翠云廊,白夫无愧乡贤。此皆名光桑梓,气若芝兰者也。

至若孙中山扬美运筹,终致南关起义;洋关泊舰,来作北伐动员。一任时局变幻,何惊处境艰难?南宁兵变,此乃小平光辉起点;百色政权,实由"珍发"暗中启端。八桂点点星火,渐成燎原趋势;右江滚滚洪流,推动革命向前。

诚哉!春生南国,红豆多情;泽被壮乡,绿城有幸。邓大姐自称壮女,永铭血肉情缘;周总理谦言半子,足见伟人品性!岂止佳话流传,至今令人起敬。当年邕江冬泳,主席信步闲庭。热血一腔,何惧三九严寒?胸怀博大,任尔浪高风劲!

物华天宝,并非虚饰之言;人杰地灵,莫作自夸之柄!百年开埠,早得商机;六秩回眸,渐臻佳境。

壮汉苗瑶,含英吐华。各行各业,可喜可嘉!厂多明星企业,人多俊彦专家。铝有"绿洲""奔月";机有手扶拖拉。竹编劲售,质载环球美誉;腊味风行,香飘港澳人家。绣球为友情信物;壮锦乃民族奇葩。稻熟鱼肥,四野金波拍岸;黄蕉丹荔,漫山硕果为霞。龙眼香即桂圆美;甘蔗甜即白糖佳。人爱"明山"之米;众夸茉莉之茶!天天桃李,灼灼其华,壮乡美景,如诗如画,可谓人间仙境,不必桃源泛槎。

然而今日之通都大邑,已非往日之边陲小城。尤须开门接物,岂可故步自封?缘结东盟十国,志在双赢;胸存世界五洲,方能全胜!首首原生古曲,艺苑推崇;年年《大地飞歌》,全球和应。让南宁走向世界;使世界认识南宁!

泛北部湾,大湄公河,两翼齐飞;交通枢纽,物流基地,一应俱备。打造优势产业,启建五象新区;投资门路诸多,合作平台优惠。商务投资峰会,各国元首咸来;中国东盟博览,四方客商鼎沸。壮乎哉!扬北部湾之洪波,商海顿涌新潮;占南中国之区位,宏猷定当兴桂。凸显时代精神,致令世人钦佩。

呜呼!喜和谐之有象,移陋俗于无形。扬中华之美德,建当代之文明。更新观念,净化心灵。坚持开放,永远创新。家家美眷,户户芳邻,人人快乐,处处温馨。歌曰:

邕江春水兮,浩浩汤汤。青山嘉木兮,为栋为梁。指前路之璀灿兮,祝幸福之无疆。

(注:此文为南宁作家周绍麟受市委宣传部指派、市文联委托所撰写,发表于2007年6月11日《光明日报》第四版"百城赋"专栏)

(郑嘉琳提供)

责任编辑　梁笑飞

大 事 记

2007年大事记

1月

1日 市委、市政府在民族广场举行"纪念南宁开埠100周年"启动仪式。

4日 自治区首府规划建设委员会召开第四次会议，审议并通过南宁市城市近期建设规划和五象新区规划等。

7日 南宁市分别在南宁高新技术产业开发区主会场和市相思湖新区、江南区、南宁经济技术开发区、武鸣县、南宁华侨投资区分会场举行2007年新年重大项目开工、竣工仪式。

8日 南宁市科技表彰大会在市政府会议中心召开。

12日 在上海举行的第三届中国会展业高峰论坛上，南宁国际会展中心被评为"2006年度中国最佳会展中心"，同时中国—东盟博览会被评为"2006年度中国十大最具影响力政府主导型展会"。

13日 南宁市在西乡塘区政府礼堂举行首届家庭教育十佳家长、十佳儿童暨家庭教育论文(课题成果)评选活动颁奖仪式。

15日 南宁市2007年"再就业援助月"和"春风行动"活动在市劳动力市场正式启动。

20日 市委、市政府在市政府会议中心召开城乡清洁工程工作会议，传达贯彻落实自治区党委书记刘奇葆当天在南宁市检查城乡清洁工程工作时的重要指示精神。22日，市委、市政府召开深入实施城乡清洁工程工作会议，部署开展城乡清洁工程活动。

○ 南宁市在建管大厦会议室召开解决建设领域拖欠工程款和农民工工资紧急工作会议，明确表示：南宁市绝不允许再次发生拖欠农民工工资现象。

21日 市委、市政府在民族广场举行共建"诚信南宁"万人宣传签名活动暨《信用南宁》电视栏目开播仪式。

24日 中共南宁市第十届委员会第二次全体会议在市政府会议中心召开。

31日 1月·烧烤火锅美食节主题活动在阿里妈妈烧烤连锁店开幕，正式启动"2007南宁旅游月月美食节活动"。

2月

2日 南宁市在明园饭店召开2007年党外人士情况通报会，向各民主党派、工商联、无党派人士通报南宁市2006年经济社会发展情况和2007年工作计划，征求各民主党派、工商联、无党派人士对市社会发展的意见和建议。

3日 市政府与广西电网公司在市政府会议中心签署《南宁市"十一五"电网发展战略合作框架协议》。

3~4日 首届中国报网互动共赢高峰论坛暨中国传媒百人专家团年会在南宁圣展酒店举行。

4日 "邓颖超纪念展"在朝阳路3号广西高等法院旧址内开展。

5~8日 政协南宁市第九届委员会第二次会议在南宁人民会堂召开。

6~9日 南宁市第十二届人民代表大会第二次会议在南宁人民会堂召开。

9日 市政府发布《南宁市烟花爆竹经营燃放管理规定》，决定从2007年春节期间开始，解除烟花爆竹禁令，实行有限制的燃放政策。

10日 市随军家属就业安置专场招聘会在自治区体育馆举行。

11日 南宁·澳门街一期项目动土仪式举行。

16日 南宁电视台和越南国家数字技术电视台联合举办"春天的旋律"春节晚会。

27日 南宁市转变干部作风加强机关行政效能建设和深入实施城乡清洁工程全市动员大会在市政府会议中心召开。

3月

1日 南宁市2007年种植170万株树木工程启动。

5日 南宁市"和谐建设在基层"系列活动启动仪式暨西乡塘区"学雷锋、送关爱、促和谐"便民服务活动在友爱广场举行。

6~16日 自治区党委常委、市委书记马飚和市人大常委会主任谢寿堂率市党政考察团，赴深圳、广州、东莞、南京、扬州、杭州、大连等城市进行学习考察。

9日 市管道燃气公司关闭第一批管道燃气转换天然气片区(友爱北路、秀灵路、安吉路)的市政管理网和户外管理网的管道燃气阀门。安吉气源站结束8年供应液化石油气的历史，天然气正式输送进南宁市管网。南宁市的液化石油气转由江南气源站供应。

15日 南宁市在市政府会议中心召开转变干部作风加强机关行政效能建设活动通报会，会议对市园林局和市林业局窗口工作人员违反纪律进行通报批评。

20日 市委、市政府在江南区召开新农村建设试点工作现场推进会，总结交流上年试点工作的经验，推广江南、邕宁等县区的做法，研究部署2007年的试点工作。

22日 耐克森(南宁)电缆有限公司在南宁经济技术开发区举行开业庆典仪式。

○ 全国政协副主席、中央统战部部长刘延东，全国政协副主席、民进中央常务副主席张怀西，全国政协副主席、农工党中央常务副主席李蒙，全国政协副主席、民盟中央常务副主席张梅颖到南宁市城乡考察调研。

26日 南宁哈利玛松香改性树脂项目竣工典礼在南宁经济技术开发区举行。标志着广西最大松香深加工企业——南宁哈利玛化工有限公司正式投入生产。

28日 南宁市工业工作会议在市政府会议中心召开。

○ 南宁市传达学习全国"两会"精

神大会在市政府会议中心召开。

4月

7日　中央政治局委员、书记处书记、国务委员周永康到南宁市考察调研，并向一线执勤民警和企业职工表示亲切慰问。

8日　南宁国际儿童医院奠基仪式在凤岭举行。

9日　市委、市政府在市政府会议中心为市首批210名市直单位社会主义新农村建设指导员及12名指导员队长举行欢送仪式。

13日　南宁市2007年首次“公开大接访暨与民沟通日”活动举行。并分别于6月28日、9月21日、12月21日3次举行。

13~14日　自治区政府主席陆兵在马山县检查“两基”(基本普及九年义务教育、基本扫除青壮年文盲)迎国检工作。

14日　越南国会主席阮富仲一行参观南宁国际会展中心。

15日　全国政协“推进北部湾区域合作与发展”专题调研组到南宁市考察调研。

16日　由澳门特区行政法务司司长陈丽敏率领的澳门代表团一行到南宁市参观考察。

17日　副市长陈向群在广西沃顿国际大酒店会见到邕访问的美国可口可乐公司执行副总裁、可口可乐装瓶投资集团总裁芬南一行。双方就进一步加强和扩大合作、做大做强南宁可口可乐饮料有限公司等事项进行友好交谈。

19日　2007年中国壮乡·武鸣“三月三”歌圩在武鸣县城举行。

○　广西第十二届汽车交易会暨西乡塘区春季车展在安吉路广西汽车市场开幕。

20日　世界银行贷款中国项目大检查城建项目专家团一行到南宁，就涉及世界银行贷款的城市环境建设项目进行检查，实地了解有关项目的实施情况。

23日　承接东部产业转移南宁—珠海企业家座谈会在广西沃顿国际大酒店召开。

24日　自治区党委常委、市委书记马飚在广西沃顿国际大酒店会见由中国国民党中常委洪玉钦率领的台商百企入桂考察团暨南台湾工商企业亿载联谊会广西参访团一行。次日，洪玉钦一行分别到南宁高新技术产业开发区和南宁经济技术开发区参观考察。

29日　市委、市政府在南宁人民会堂召开2006年度劳动模范、先进生产(工作)者暨振兴南宁“创新·经济效益杯”劳动竞赛表彰大会。

○　南宁市第十二届人大常委会第七次会议决定，副市长陈向群代理市长职务。

○　南宁市第二个爱心捐血屋——南棉捐血屋正式启用。

5月

1日　南宁地王“云顶观光”正式对外开放。

○　国家统计局南宁调查队成立大会揭牌仪式在市政府举行。

11日　南宁市“创新观念大宣传、大征集”活动在朝阳广场举行。

12日　南宁市少数民族古籍抢救搜集整理保护工作会议在市政府召开。

16~17日　南宁市第十二届人民代表大会第三次会议在南宁人民会堂召开，依法补选陈向群为南宁市市长。

24日　由中国和越南两国建设部共同主办，南宁市和胡志明市共同承办的中国—越南城市规划与管理研讨会在南宁召开。

28日　市12家医疗机构获自治区新型农村合作医疗定点医疗机构授牌，分别为市第一、第二、第三、第四、第五、第六、第七、第八、第九人民医院，市红十字会医院，市中医医院和市妇幼保健院。

29日　2007年浙商(中国)投资博览会公布“2007浙商(中国)最佳投资城市”名单，南宁市获浙商最佳投资城市奖。

30日　市长陈向群率领市政府代表团访问柬埔寨西南部的海港城市——西哈努克市。并在柬埔寨首都金边与西哈努克市市长柴和签订《南宁市与西哈努克市缔结友好城市意向书》。31日，代表团访问金边市，与金边市市长克普进行友好会谈。

31日　南宁市在浙江世贸中心举行投资环境推介会。

6月

1~4日　中共中央政治局常委、全国政协主席贾庆林在广西考察调研期间，先后考察南宁中国—东盟国际商务区、南宁国际会展中心、南湖广场。

6~11日　俄罗斯及独联体国家旅行商、媒体考察团一行到南宁市考察。南宁市在桂景大酒店举行“中国绿城”南宁旅游推介会暨俄罗斯及独联体旅行商、媒体考察团欢迎会。

7日　由越南外交部副部长武勇率领的越南外交部代表团访问南宁。

9日　“百企入桂”——承接东部产业转移青年企业家广西(南宁)行活动之一的南宁市投资环境暨重点项目推介会在南宁饭店召开。

10日　第四届泛珠三角省会城市市长论坛在湖南长沙开幕。市长陈向群在会上代表南宁市政府作题为《发挥区位优势，打造多区域交流合作平台》的发言。12日，南宁市被论坛组委会确定获得第五届市长论坛承办权。

14日　全市承接产业转移工作暨2006年度十佳乡镇表彰会在市政府会议中心召开。

○　全国水稻重大病虫防控暨重大植物阻截带建设现场会在武鸣县双桥镇召开。与会代表参观武鸣县双桥镇农业部水稻重大病虫害综合示范区。

15日　南宁市2007年夏季重大项目开工竣工仪式分别在南宁高新技术产业开发区、南宁经济技术开发区、南宁华侨投资区、内河整治建设工地举行。此次竣工重大项目共123个，总投资102.13亿元。

19日　“全民健身与奥运同行”2007年全国龙舟月第四届中国南宁国际龙舟邀请赛在南湖公园开赛。

21日　广西北部湾经济区“4+2”城市旅游联盟体第一次联席会议在南宁召开。

23日　广西首家沃德财富中心——交通银行南宁分行营业部沃德财富中心开业。

28日　自治区首家市级职工社会化维权综合服务机构——南宁市困难职工帮扶中心和职工维权中心服务大厅在市工人文化宫正式落成启用。

30日　市政府与广西大学“科技合作”活动启动仪式在南宁国际会展中心举行。

7月

2日　市委、市政府作出向望州南社区学习，广泛深入开展“和谐建设在基层”活动的决定。决定在全市推广学习望州南社区“能帮就帮，帮别人就是帮自己”的互助精神；“有样学样，跟着党员干部干”的榜样精神；“社区爱我，我爱社区”的关爱精神；“一花香不如百花香，一家好不如百家好”的团队精神；“想到做到，争先创新”的创新精神；“自强不息，乐观向上”的自强精神。

6日　广州友谊南宁店在地王大厦开业。

○　南宁市2007年“书香绿城”主题读书月活动暨“图书漂流”阅读行动启动仪式在朝阳广场举行。

○　市委、市政府召开银政座谈会。中国银行监督管理委员会广西监管局局长熊良俊，中国人民银行南宁中心支行党委书记、行长黄良波等金融机构主要领导，与市四家班子、各城区开发区及有关部委办局等领导出席。

15日　市委、市政府在明园饭店召开全国省级党刊聚焦北部湾大型采访活动南宁市情况汇报会，向媒体介绍南宁市在广西北部湾开发中的发展情况。

18日　自治区党委常委、市委书记马飚，隆安县县委书记容康社在广州市召开的广州军区第三届“国防之星”表彰大会上，获广州军区第三届“国防之星”称号。

26～27日　2007泛北部湾经济合作论坛在南宁举行。来自越南、新加坡、马来西亚、菲律宾、印度尼西亚、文莱、韩国及中国的政府官员、专家学者和海内外部分著名企业代表500人参加。全国人大常委会副委员长、著名经济学家蒋正华在开幕式上致辞。

8月

3日　南宁市第二个廉租住房小区“惠民安居·金桥苑”廉租住房工程项目正式破土动工。

4～6日　自治区党委常委、市委书记马飚，市长陈向群，市人大常委会主任谢寿堂，市政协主席黄家仁率领市党政代表团到深圳市考察访问。市政府和深圳盐田港集团在深圳市五洲宾馆就投资建设广西南宁国际综合物流园项目签署合作意向书。

14日　南宁市政务服务中心在科园路东五路6号政务服务中心举行揭牌仪式并正式对外运行。

27日　市委、市政府在市政府会议中心召开全市承接东部产业转移招商工作会议。

28日　广西最大的粮油食品深加工项目——农乐粮油食品加工基地项目在南宁经济技术开发区建成投产。

30日　南宁市第八次进行防空警报试鸣暨人员疏散隐蔽演练。

31日　自治区党委常委、市委书记马飚在红林大酒店会见前来广西出席第三届桂台经贸合作交流会暨第二届两岸产业共同市场论坛的中国国民党副主席章仁香一行。

9月

2日　自治区党委常委、市委书记马飚在广西沃顿国际大酒店会见前来广西出席第三届桂台经贸合作交流会暨第二届两岸产业共同市场论坛的亲民党荣誉副主席钟荣吉一行。

○　在玉林市举办的第三届桂台经贸合作交流会举行的合作项目签约仪式上，南宁市与台湾投资商签订合作项目1个，总投资额1000万美元。

2～12日　市长陈向群率团访问菲律宾、印度尼西亚。3日，市长陈向群在菲律宾达沃市与达沃市市长罗得里戈·杜特蒂签署建立友好城市关系协议书。

3日　南宁市成为自治区首个上线运行“金保工程”的城市，并同步启用社会保障统一征缴大厅。

4～8日　市四家班子领导率领市承接东部产业转移招商代表团赴深圳、东莞、佛山(顺德)等地开展为期一周的招商洽谈活动。

8日　南宁市在厦门金威大酒店召开投资环境推介会。

13日　第八次南宁市归侨侨眷代表大会在市政府会议中心召开。

15日　副市长刘长林率领市代表团参加在广州举行的第四届中国国际中小企业博览会暨中日中小企业博览会。

16～22日　南宁市举行首届“城市公共交通周及无车日”活动。

17日　市委、市政府在南宁日报社新闻发布会议室召开新闻发布会，发布联合国人居奖评审委员会一致同意授予南宁市政府2007年“联合国人居奖”的消息。10月1~6日，市长陈向群率代表团应联合国人居署邀请赴墨西哥参加“世界人居日”颁奖典礼。10月8日，首府南宁举行获2007“联合国人居奖”庆典大会和奖牌巡游活动。

18～19日　市四家班子领导率领市党政代表团到钦州市、防城港市学习考察。

19～23日　第三届中国南宁—东南亚国际围棋邀请赛和第二届中国—东盟南宁国际桥牌邀请赛分别在翔云大酒店、邕州饭店举行。

20日　南宁外国语学校与越南河内阿姆斯特丹专属中学在南宁外国语学校签订友好合作协议，两校结成友好学校。

23日　市委、市政府在市政府会议中心召开全市实施城乡清洁工程一周年工作总结暨服务“两会一节”动员大会。

○　“盛世和韵　魅力南宁”2007南湖灯展活动亮灯仪式在滨湖广场举行。11月30日撤展。

○　南宁数字化城市管理系统正式运行启动。

25日　市节能减排“百日行动”动员大会在市政府会议中心召开。

○　南宁市被定为自治区首批城镇居民基本医疗保险试点城市。

27日　全国政协副主席、全国工商联主席黄孟复一行考察南宁市工业企业发展情况。

○　南宁电网15项重点工程开工、竣工仪式在兴宁区四塘镇举行。

28～30日　第十一届南宁国际学生用品交易会暨2007年南宁国际教育展览会在南宁国际会展中心举行。

10月

9月26日至10月1日　副市长赵宏声率市友好代表团一行，出访友好城市——韩国果川市开展“南宁文化果川行”活动。

11日　市政府在市司法局机关大院举行配发司法所工作用车仪式。

12日　南宁市城镇居民基本医疗保险启动仪式在青秀区中山社区举行。

○　通过亚洲发展银行贷款购买的用于改善南宁市城市环境的50辆环卫车辆在南宁国际会展中心举行交车仪式。

18日　市长陈向群在市政府会见由菲律宾达沃市市长罗得里戈·杜特蒂为团长的达沃市政府代表团。双方签署两市加强交流与合作协议书，并在滨湖广场国际友谊林共同种下象征两市友谊的友谊树。

19日　南宁市最大的立交桥——青竹立交桥基本完工并实现通车。

19～31日　第十七届中国厨师节暨2007南宁·东南亚国际旅游美食节在南宁举行。

25日　全市领导干部大会在市政府会议中心召开，传达学习中共十七大和十七届一中全会精神。

26日　广西首家全自动智能立体车库在南宁饭店正式启用。

27日　南宁市与深圳华南国际工业原料城合作项目——华南城公司在南宁一期投资60亿元建设南宁东盟国际工业原料产品物流城项目正式签约。

28日　第四届中国—东盟商务与投资峰会在广西人民会堂召开。中国与东盟各国的部长、使节、工商协会负责人、世界银行等国际组织代表以及企业家、专家学者1400余人出席开幕式。

○　“大地飞歌·2007”第四届中国—东盟博览会暨南宁国际民歌艺术节开幕晚会在南宁民歌广场上演。

○　2007海外华商相聚中国—东盟博览会暨广西商机介绍会在南宁华侨投资区举行。

○　南宁市政府与果川市政府在南宁市图书馆签署南宁市图书馆和果川市科技情报图书馆建立友好图书馆关系协议书仪式；29日，南宁市青秀山与果川市冠岳山建立姐妹山关系暨“牵手南宁果川喜迎北京奥运”健康徒步走活动在青秀山风景名胜旅游区举行。

○　2007年南宁投资贸易洽谈会暨项目签约仪式在邕江宾馆举行。

28～31日　第四届中国—东盟博览会在南宁国际会展中心召开。28日,在南宁国际会展中心举行开幕式，中国国务院副总理曾培炎、文莱王储穆赫塔迪·比拉、柬埔寨首相洪森、老挝总理波松、越南总理阮晋勇及其他政府官员出席。

29日　南宁首次境外友好城市经贸合作座谈会在广西沃顿国际大酒店召开。

○　南宁市政府与香港英皇集团就合作建设英皇—东盟度假村生态旅游项目正式签约，签约项目计划在南宁一期投资总额51亿元。

30日　市长陈向群在市政府会见由柬埔寨西哈努克市市长柴和率领的西哈努克市代表团一行,双方共同签署建立友好城市关系协议书,并在滨湖广场的国际友谊林中种下象征两市友谊的友谊树。

11月

1日　自治区党委常委、市委书记马飚在明园饭店会见应邀参加第四届中国—东盟博览会的佳能(中国)有限公司政府及大客户业务拓展与涉外关系本部高级总经理高松和日本银行驻中国首席代表濑口清之一行。

○　南宁市第三中学与美国乔治·美森高中、澳大利亚本迪戈高中在南宁三中科学艺术馆分别举行友好学校签字仪式。

○　南宁市首次对市区范围内的市属二级以上12家试点医疗机构实行单病种限价,限价项目39个。

2日　由教育部中学校长培训中心、市教育局主办的主题为“现代学校文化建设”的中外名校长论坛在邕江宾馆举行。有来自美国、英国、澳大利亚、南非、挪威、芬兰、新加坡等7个国家30名校长和教育专家及来自北京、上海、天津、广州等20多个省、市的名校长及南宁市的中学校长约300人参加。

6～7日　2007中国房地产西部论坛首次在南宁举办。

8日　广西首个大型农产品加工物流园区——南宁金桥农产品批发市场在昆仑大道三塘段北面举行动工仪式。自治区党委常委、市委书记马飚在南宁国际会展中心会见前来参动工仪式的台湾知名人士、中国国民党中央常委、中国台商发展促进协会理事长蒋孝严一行,就进一步加强经贸项目合作、打造台商投资平台等事项进行交流。

9日　中共南宁市第十届委员会第三次全体会议在市政府会议中心召开。自治区党委常委、市委书记马飚作工作报告。

9～13日　由广西数学会和南宁市第二中学共同承办的第七届中国西部数学奥林匹克竞赛在南宁举行。

12日　南宁市第八届“李国伟、荣慕蕴教育园丁奖”颁奖大会在市政府会议中心召开。

13日　南宁市在武鸣县召开全市秋冬种生产暨冬春水利建设现场会,研究部署秋冬种生产和冬春水利建设工作。

15日　南宁市科技企业孵化基地开工奠基仪式在南宁高新技术产业开发区举行。

16日　南宁市慈善总会在南宁成立。

20日　南宁市全面推进建立新型农村合作医疗制度启动大会在市政府会议中心召开。

20～22日　自治区政府主席陆兵到天等、隆安两县就大石山区基础设施大会战工作进行专题调研。

26日　南宁铁路局在南宁铁路局机关一号院举行揭牌仪式。

27日　全国十六城市政协工作研讨会第二十二届年会、全国少数民族自治区首府市政协工作联系会第十六次会议、西南五市政协工作协作会第二十次会议在南宁市召开。

29日　南宁市召开消防工作紧急会议，通报当天中国人民银行南宁中心支行工地火灾情况，布置全市下阶段消防安全工作。

12月

2日　第二届南宁国际半程马拉松比赛暨第25届南宁解放日长跑活动在民族广场举行。

3～5日　中国黑山羊之乡——广西南宁·马山首届文化旅游美食节举行。

16日　南宁市工商业联合会(总商会)钦州商会成立庆典在南宁国际会展中心举行。

21日　南宁市创建国家级生态示范区工作通过由自治区环保局组织的专家组考核验收。

○　南宁·上林2007文化旅游美食节在上林县人民会堂广场开幕。

26日　广西首家美术博物馆——邕江湾美术馆开馆,“纪念毛泽东114周年诞辰《毛泽东诗词》广西名家书法展”、“中国美术界名家作品年展”两个主题书画展同时向公众开放。

27日　五象大道正式通车。

○　湘桂铁路衡阳至南宁(广西段)扩能改造工程暨柳南城际铁路项目启动仪式在南宁举行。

28日　南宁至百色高速公路通车。

28～29日　首届南宁—东盟城市商会经济合作与发展论坛暨南宁商会百年庆典在南宁国际会展中心举行。期间,与会代表达成《南宁共识》;南宁市召开了投资环境推介会。　(周　红　肖　俊)

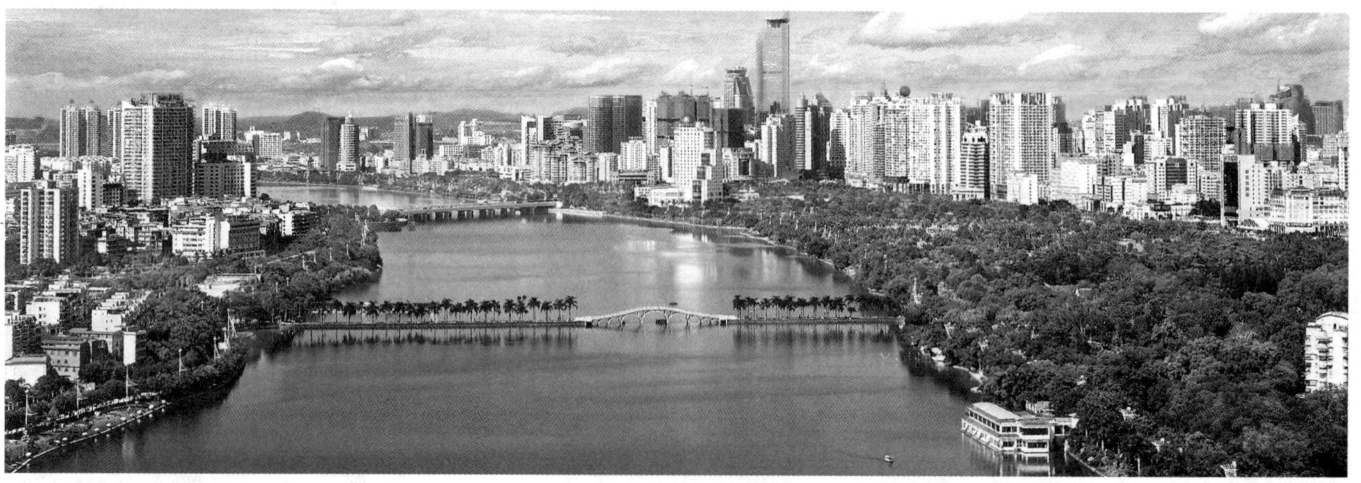

南湖风光　　梁广宁　摄

责任编辑　周　红

南宁概貌

基本情况

【地理位置】 南宁市是广西壮族自治区首府,位于广西南部,地处亚热带,北回归线以南,介于东经107°19′~109°38′、北纬22°12′~24°02′(地理坐标东经108°22′、北纬22°48′)之间,南北长201公里,东西宽234公里。建成区土地面积179平方公里。处于中国华南、西南和东南亚经济圈的结合部,是环北部湾沿岸重要经济中心;是新崛起的大西南出海通道枢纽城市。具有“两近两沿”的特点。“两近”:一是近海,市区距钦州港、防城港和北海港分别为104公里、173公里和204公里;二是近边,距中越边境的东兴市、凭祥市分别为204公里和230公里。“两沿”:一是沿铁路线,湘桂、黔桂、黎湛和南昆铁路在南宁交汇,是西南地区重要的铁路枢纽;二是沿江,邕江是西江的支流,而西江又是珠江的干流,西江二期整治工程完工后,1000吨级内河船舶可以从南宁直达港澳地区。南宁市对广西沿海城市发挥着中心城市的依托作用,对华南、西南经济圈发挥着枢纽城市的连接作用,对东南亚各国发挥着中国前沿城市的开放作用,处于中国北部湾经济区、南宁—新加坡经济走廊、大湄公河次区域一轴两翼区域合作战略构想的重要位置。 (唐昌松)

【建置沿革】 南宁古属百越之地。秦始皇帝三十三年(前214),秦统一岭南地区,设南海、桂林、象郡,南宁属桂林郡辖地。汉高祖元年至元鼎元年(前206~前116)为南越国地,元鼎六年(前111)属郁林郡领方县地。三国时,属吴国辖地,归广州郁林郡临浦县地,一直延续到西晋。东晋大兴元年(318),从郁林郡析出晋兴郡,隶属广州,治所晋兴县,晋兴县成为南宁的第一个地名。隋开皇十八年(598),改晋兴县为宣化县,治所宣化城(今南宁市)。唐武德四年(621),以宣化县地设南晋州,领宣化一县;五年,宣化县分出宣化、武缘(今武鸣)、朗宁、晋兴、横山5个县,隶属南晋州;贞观六年(632),南晋州改称邕州,为邕州都督府,这是南宁成为桂西南地区行政中心的开始,也是南宁简称“邕”之始(“邕”字来自唐《元和郡县志》“因州西南邕溪水为名”的记述);天宝元年(742)改邕州为朗宁郡;乾元元年(758)复为邕州,撤销朗宁郡建制,由州领县;咸通三年(862),邕州属岭南西道,治所宣化县,这是南宁相当于今省级政权治所开始。元至元十六年(1279),改邕州为邕州路,辖宣化县、武缘县,置邕州路总管府,兼左右两江溪峒镇抚,隶属湖广行中书省;泰定元年(1324)九月,为庆南疆绥服,邕州路改称南宁路(取南疆安宁之意),宣化县隶属南宁路,南宁得名始于此;至正二十三年(1363),湖广行中书省分置广西行中书省,南宁路隶属广西行中书省。明洪武元年(1368)废南宁路,置南宁府,宣化县隶属南宁府,治所在今南宁城。清朝承袭明朝建置,清朝初年,南宁府隶属广西省,宣化县隶属南宁府,府、县治均在今南宁市。

民国元年(1912)7月,废宣化县并南宁府,同年10月,广西军政府从桂林迁至南宁,南宁成为广西省会;2年6月,废府留县,南宁府改为南宁县,同时置邕南道,领邕宁、武鸣、扶南(今属扶绥县)、那马(今属马山县)、上思、横、宾阳、永淳(今属横县)、上林、隆安10个县,归德(今属柳江县)、果化(今属平果县)、土忠(今属扶绥县)3个土州,都阳(今属都安县)、安定(今属都安县)、白山(今属马山县)、古零(今属马山县)、兴隆(今属东兰县)、旧城(今属平果县)、定罗(今属马山县)、迁隆峒(今属宁明县)8个土司,治所均在今南宁市;3年6月,为避云南省的南宁县同名而改名邕宁县。同年置南宁道,领邕宁、永淳、横、宾阳、上林、武鸣、隆山(今属马山县)、那马、都安、果德(今属平果县)、隆安、扶南、绥渌(今属扶绥县)、上思14个县和定罗土司;15年废道,由省直接领县;18年7月设南宁市政府,与邕宁县合署办公,同年11月,撤市建制;19年置南宁民团区,23年置南宁行政监督区,24年置第九区,均领邕宁、

埌东新景 周家志 摄

宾阳、横、永淳、扶南、绥渌、同正(今属扶绥县)、隆安、上思9个县;25年10月,广西省会从南宁迁至桂林;29年置南宁行政监督区(又叫第九区);31年4月,将第八区(武鸣)、第九区合并称第四行政区,治所南宁,领邕宁、永淳、横、宾阳、上林、武鸣、隆山、都安、那马、平治(治今平果县)、果德、隆安、同正、扶南、绥渌、上思16个县;38年10月,广西省会再次从桂林迁至南宁。

1950年1月,南宁建市。同年2月8日,广西省人民政府成立,确定南宁市为省会。1952年12月,南宁亦为桂西壮族自治区(1956年改为桂西壮族自治州)驻地。1958年3月,广西壮族自治区成立,南宁为首府。(梁新莲)

【土地资源】 2007年,南宁市土地总面积221.12万公顷。其中:耕地面积61.79万公顷,园地面积7.76万公顷,林地面积77.31万公顷,牧草面积3.67万公顷,其他农用地面积11.08万公顷,居民点及工矿用地面积9.99万公顷,交通运输用地面积1.21万公顷,水利设施用地面积2.74万公顷,未利用土地面积42.05万公顷,其他土地面积3.52万公顷。市区土地总面积64.79万公顷,其中耕地面积20.31万公顷,园地面积3.26万公顷,林地面积26.31万公顷,牧草地面积1.69万公顷,其他农用地面积2.21万公顷,居民点及工矿用地面积4.13万公顷,交通运输用地面积5478.61公顷,水利设施用地面积8778.18公顷,未利用土地面积4.32万公顷,其他土地面积1.13万公顷。(谭世明)

【植物资源】 南宁市地形地貌为典型的山地、丘陵和盆地,水热条件好,孕育了丰富的植物资源。2007年,全市的维管束植物有209科、764属、2023种。其中:蕨类植物42科、84属、250种;裸子植物7科、9属、18种;被子植物160科、671属、1755种。乔木树种有600种以上,以壳斗科、茶科、杜鹃花科、樟科、胡桃科、木兰科、大戟科为优势。国家公布保护的一、二级野生植物主要分布在广西大明山国家级自然保护区、龙山自治区级自然保护区、龙虎山自治区级自然保护区、武鸣三十六弄—陇均自治区级自然保护区。2007年在龙虎山自然保护区首次发现中国特有植物——龙州锥,为《中国物种红皮名录》收录的极危树种。

【动物资源】 2007年,南宁市自然分布的野生脊椎动物有31目、90科、208属、294种。其中:两栖类19种,主要有大鲵、棘胸蛙、虎纹蛙、泽蛙、大绿蛙、斑腿树蛙等;爬行类42种,主要有蟒蛇、山瑞鳖、大壁虎、大头平胸龟、乌龟、百花锦蛇、金环蛇、银环蛇、眼镜王蛇、五步蛇、滑鼠蛇等;鸟类151种,主要有原鸡、林三趾鹑、风头鹃隼、雀雕、猛隼、小鸦鹃、草鸮、长尾阔嘴鸟等;哺乳类60种,主要有黑叶猴、猕猴、小灵猫、大灵猫、林麝、苏门羚、黑熊、穿山甲等。国家公布保护的一、二级野生动物主要分布在广西大明山国家级自然保护区、龙山自治区级自然保护区、龙虎山自治区级自然保护区、武鸣三十六弄—陇均自治区级自然保护区。(林志武)

【水资源】 南宁市气候湿润,雨量充沛,多年平均降雨量在1241~1753毫米之间,其中市区1310毫米,上林县1753.2毫米。市辖区河系发达,河流众多,流域集水面积在200平方公里以上的河流有郁江、右江、左江、武鸣河、八尺江、清水河、良凤江、香山河、东班江、沙江、镇龙江等39条。市内最大的河流是郁江,流过南宁市区、横县。右江的下游经过隆安县,在南宁市老口附近与左江汇合形成郁江。郁江(南宁水文站)年均天然径流量375.1亿立方米。熔岩地区地下伏流发育,地下水资源丰富,市辖区多年平均地下水量模数为每平方公里11.1万立方米,全市多年平均浅层地下水资源补给量为25亿立方米。市辖区内的多年平均水资源总量约139.9亿立方米(区域水资源总量是指当地年内降水量形成的地表、地下水总量,不含过境水量)。2007年,郁江(南宁水文站)天然径流量为244.7亿立方米,比多年平均值偏少28.6%。全市水资源总量约88.66亿立方米。市各江河的多年平均含沙量较少,绝大多数测站均在每立方米0.1~0.5公斤。区域内的左江、右江、郁江水质尚好,大部分河段的水质符合饮水用水标准。部分小支流由于受沿河工矿企业的排污影响,河水受污染严重。全市有大、中、小型水库779座,其中:库容1亿立方米以上的大型水库5座,1000万立方米以上的中型水库25座,小型水库749座,总库容38亿立方米左右。水库的水质基本上符合饮水用水标准。全市人均拥有可利用水量约8000立方米,水资源总量比较丰富。但由于降水和河川径流的时空分布不均匀,并非所有的水资源量都能为人所控制利用,致使一些地区仍然水旱灾害频繁,农业产量不稳定和水资源供需矛盾日益突出。(黄召生)

【矿产资源】 2007年,南宁市已勘查发现矿产资源63种,主要有:能源矿产褐煤、无烟煤、石煤、地热(热矿水);黑色金属矿产铁、锰、钒、钛;有色金属矿产铜、铅、锌、铝土矿、镍、钴、钨、铋、钼、锑;贵金属矿产有金、银;化工原料非金属矿产有磷、硫铁矿、芒硝、砷、泥炭、重晶石;冶金辅助原料非金属矿产萤石、耐火粘土;建材和其他非金属矿产压电水晶、熔炼水晶、滑石、叶蜡石、石膏、水泥用石灰岩、建筑石料用灰岩、高岭土、膨润土、陶粒用粘土、砖瓦用粘土、玻璃用砂、玻璃用砂岩、水泥配料用砂岩、粉石英、水泥配料粘土、砖瓦用页岩、水泥配料用页岩、饰面用花岗岩、建筑用花岗岩、方解石、硅灰岩、建筑用砂(河砂);水汽矿产矿泉水等。共有矿床、矿点506处。优势矿产有钨、银、钒、铜、金、石灰岩、花岗岩、芒硝、耐火粘土、滑石、水晶、砂岩。平势矿产有煤、锰、铝、铅、锌、硫、铁矿、膨润土、高岭土、石膏。(谭世明)

【气　候】 2007年,南宁市呈气温偏高、降水偏少、日照时数正常的气候特点。年均气温22.1℃,较常年偏高0.6℃;年均降水量1209毫米,较常年偏少一成;平均日照时数1635小时,较常年偏多5%。暴雨和局地强对流天气出现频繁且影响较大;后汛期有4个热带气旋影响,分别是0703号"桃芝"、0707号"帕布"、0709

南宁有丰富的水资源。图为左江(左)、右江(中)、邕江(右)三江口　　甄仲民　摄

号“圣帕”和0714号“范斯高”，均属外围环流影响；9~11月出现较为严重的秋旱。

【水　文】 2007年1~3月，南宁市各江河主要控制水文站的降水量与历年均值偏少12.5%~37.5%。4~9月，辖区主要江河的各控制站降水量在744.1~1162.5毫米，汛期降水总量与历年相比：黑水河那岸站、向水河大新站降水量接近多年同期均值，属平水年；清水河上林、邹圩站、右江隆安站、左江崇左站、黑水河新和站、明江宁明站分别偏少10.2%、16.0%、11.4%、16.1%、14.7%、14.0%，属于偏枯水年；左江龙州站、扶绥站、郁江南宁站分别偏少32.9%、22.5%、23.2%，属于枯水年。10~12月，辖区内郁江流域及清水河流域普遍干旱。降雨量与历年均值相比，平而、新和、扶绥、南宁、邹圩、上林等6个站的偏少50%以上；鸭水滩、宁明、大新、崇左等4个站偏少40%~45%，其他测站偏少30%~40%。纵观整个汛期降雨过程，降雨量集中在7~8月，9月降雨明显减少。非汛期的10~12月降雨量偏少，属干旱年景。年内入汛后洪水出现时间与常年比较是正常的。5月上旬，郁江流域即出现明显的涨水过程，至9月末，各江河再没有出现明显洪水过程，汛期开始和结束属正常情况。整个汛期，各站最大洪水均没有达到高洪水位。10~12月，南宁市流域内降水量偏少，邕江水位均在低洪以下，南宁水文站12月31日24时水位为62.34米。

水　质　按照《国家地表水环境质量标准》(GB3838-2002)，对归春河的硕龙河段共监测12次，其中三类水质9次，四类水质3次；对平而河的平而关河段共监测12次，其中二至三类水质9次，四至五类水质3次。对水口河水口桥河段共监测12次，其中三类水质6次，四至超五类水质6次。对龙州站河段共监测6次，其中三类水质1次，四至超五类水质5次。除1月为超五类水质外，其他测次为二至三类水质。扶绥站河段全年水质为三至四类之间。对南宁站河段共监测12次，其中二至三类水质8次、4次为四类水质。对右江的下颜河段共监测9次，全部为四至五类水质。对郁江蒲庙河段共监测12次，除12月为三类水质外，其他测次为四至超五类水质。对豹子头河段共监测6次，全部是超五类水质；对邕江河南水厂河段监测10次，全部为四至超五类水质。对六景河段共监测5次，全部为四类水质。监测河段主要污染(超标)物为粪大肠菌群、铁、氨氮、溶解氧等。造成水质变差的主要原因是由于非汛期降水量普遍偏少，河流流量偏少，致使河流的纳污容量很小，点源污染容易使河流的水质变劣。汛期气温高适合微生物大量繁殖，大量地表污染物被雨水冲刷入河造成面源污染，使河流水质相应的变劣。邕江主要污染源来自大坑口、二坑口、亭子冲、竹排冲、水塘江等排污口排放的污水以及雨水冲刷流域地面上的污染物流入所致。　（黄召生）

【人　口】 2007年末，南宁市常住户籍总户数195.87万；总人口683.51万，比上年增加11.62万，增长1.73%。其中：非农业人口185.95万，比上年增加4.2万，增长2.31%；农业人口497.56万，比上年增加7.42万。市区人口259.77万，比上年增加4.91万，增长1.93%。全市出生人口9.88万，出生率14.58‰；死亡人口2.78万，死亡率4.11‰，人口自然增长率10.47‰。　（唐昌松）

【行政区划】 2007年，南宁市行政区为兴宁区、青秀区、江南区、西乡塘区、良庆区、邕宁区和武鸣县、隆安县、马山县、上林县、宾阳县、横县共12个县区，共84个镇、15个乡、3个民族乡、21个街道办事处。　（胡小民）

【民　族】 南宁市是一个以壮族人口占多数、多民族聚居的首府城市。居住着壮、汉、瑶、苗、回等民族。壮族为世代居住在本地的土著民族，汉族为秦汉以后陆续迁入，回族为元朝以后迁入，瑶族和苗族大多为清代以后迁入，其余民族多于解放后陆续从全国各地迁来。至2007年末，南宁市常住户籍总人口683.51万，其中少数民族人口394.18万人，占总人口57.67%；少数民族人口总数、少数民族人口占总人口比例均居全国5个少数民族自治区首府城市之首。隆安县是壮族人口最多的县，占县总人口比重96.74%。汉族在各地均有分布，以宾阳县、横县和除邕宁区、良庆区以外的城区较为集中；瑶族主要聚居在马山县和上林县；全市有3个民族乡，分别为马山县古寨瑶族乡、里当瑶族乡和上林县镇圩瑶族乡；苗族在各地均有分布，以各城区较为集中；回族、满族主要居住在各城区；其他少数民族在各县区均有分布。

【语言文字】 2007年，居住在南宁市的少数民族中，除回族、满族已全部转用汉语外，其他少数民族都保留有自己的语言，部分少数民族保留有自己的传统文字。普通话和规范汉字为公务用语用字，国家机关工作人员、教师从业实施普通话水平测试。全社会推广普通话和推行规范汉字，公共服务行业基本以普通话为服务用语。

汉语方言　主要有白话（粤语）、平话、桂柳话(西南官话)3种。城区近郊农村汉族普遍使用平话，中心城区汉族多使用白话，部分使用桂柳话(西南官话)。中心城区贸易及社会交往的汉语方言以南宁白话为主。

壮　语　壮语是壮族主要的语言交际工具，使用较为广泛的区域为武鸣县、横县、上林县、马山县、隆安县、邕宁区、良庆区。壮语分为南部方言区和北部方言区，大致以邕江为界，并向西北伸展连接右江，江的南部地区属南部方言区，江的北部地区属北部方言区，俗称“南壮”和“北壮”。南宁壮语分属“南壮”和“北壮”两大方言及其接合区，即邕江和右江以北为壮族北部方言邕北土语区，以南为壮族南部方言邕南左江土语区。北部方言区的壮话与武鸣壮话大同小异；南部方言区的壮话则与邕宁

壮族对歌　　周家志　摄

壮话基本相同。壮语南部方言和北部方言语法结构、基本词汇大致相同,而语音差异则比较明显。如南部方言有一套送气的清音声母 ph、th、kh 等,北部方言一般无送气声母;此外,北部方言有独立的 r 声类(有多种方音变体,多数地方读 Y),而南部方言多无此独立声类。在词汇方面,南部方言区的壮语与北部方言区的壮语大约有 30%~40%的词汇不相同,在语法上也存在一些差异。南宁市壮族聚居的村庄、圩镇,日常交际用语为当地壮语方言,壮族聚居的县城及乡镇行政驻地集市贸易的主要用语为当地壮语方言,其周边及杂居的汉族居民多数也兼通壮语。由于壮汉民族长期和睦相处,普通话的推广使用,以及广播、电视的普及和覆盖面的日益扩大,南宁市城乡壮族兼通普通话或白话的现象也较为普遍。

壮　文　古壮字和壮语拼音文字的简称。古壮字也称土俗字,壮语称为 Sawndip,萌芽于汉代,产生于唐代,由壮族一些受汉文化教育的文人(包括巫师)借助汉字或汉字的偏旁部首所创。其构字方式大体有形声字(即利用汉字的偏旁部首和意符组合而成的字)、会意字(即利用汉字本体的意义,加上一些特殊的符号,或者是以两个以上的汉字合并而成的字)、借汉字(即直接借用汉字音或义,借音是借用汉字的正者或谐音记录壮语字,一经借用,其原来汉语语义不复存在,表示的是壮语语义;另一种是既借音又借义的字)、象形字(即依物赋形,依事描样,以简单而富有概括力的笔画,勾画出物体的基本形象的字)。古壮字兴于唐宋,盛于明清,民间普遍用于记录或书写神话、故事、传说、歌谣、谚语、剧本、楹联、碑刻、药方、家谱、家族、契约、讼诉、经文、记财等。南宁市各县区壮族地区民间仍流传有使用古壮字记录、抄录的山歌唱本和师公唱本,大部分的民间老艺人、师公(师公戏)传承人在抄录、创作唱本时也仍然在使用古壮字和沿用古壮字的创字方法。壮文拼音文字是以拉丁字母为基础拼音创制的文字,1957 年经政务院批准并公布实施,共有 28 个字母,并以 z、J、x、q、h 等字母分别作第二、三、四、五、六调的调号标注于字尾。20 世纪 50、60 年代,开始在壮族地区推行使用壮文拼音文字。2004 年,市政府颁布实施《南宁市社会用字管理暂行规定》,明确壮文的使用纳入社会用字管理范畴。全市党政机关、社会团体、企事业单位名称牌、公章都使用壮汉两种文字,公共场所设置的挂牌、路牌、标志牌也同时标注有壮文拼音文字。

瑶　语　主要属汉藏语系苗瑶语族苗语支,流行于马山县古寨瑶族乡、里当瑶族乡和上林县镇圩瑶族乡。城区居住的瑶族内部也有部分使用瑶语作为日常语言交际工具。瑶语受汉语、壮语影响很大,借入了大量的汉语、壮语词汇。

(黄　露　冯志鹏)

【华　侨】 2007 年,南宁市有归侨侨眷 11 万人,其中归侨 1.8 万人,主要是 20 世纪六七十年代从印度尼西亚、越南等国家回国定居。在海外的南宁籍华侨华人 9 万多人,主要分布在越南、菲律宾、马来西亚、泰国、缅甸、新加坡、印度尼西亚、巴基斯坦、美国、英国、加拿大、澳大利亚、危地马拉、德国、巴西、智利、新西兰、瓦努阿图、瑞士等 35 个国家和地区。主要从事科研、商贸、医疗、教育、文艺、餐饮等行业。 (何　俊)

【宗　教】 2007 年,南宁市有佛教、伊斯兰教、天主教、基督教 4 种宗教,经政府批准开放的宗教活动场所 35 处,分布在兴宁区、青秀区、西乡塘区、江南区、邕宁区、良庆区及武鸣县、横县、宾阳县、上林县、马山县 11 个县区。宗教教职人员 89 人;教徒约 5.5 万人,信教群众近 20 万人。成立有市佛教协会、市伊斯兰教协会、市天主教爱国会、市基督教“三自”(自治、自养、自传)爱国运动委员会、市基督教协会 5 个市级宗教团体。各宗教团体坚持独立自主自办的方针,团结广大信教群众,爱国爱教,遵循国家有关法律法规和教义教规,过着正常宗教生活。 (余志鹏)

【自然灾害】 2007 年,南宁市接连遇到倒春寒、强风暴雨、干旱等气候性灾害和“两迁”(迁入的稻飞虱、稻纵卷叶螟)病虫性灾害。

倒春寒　3 月 5~14 日,受强冷空气南下的影响,南宁市经历一段较长时间的低温阴冷天气,日均气温比常年偏低 5℃左右,比上年同期低 5℃~6℃;3 月 17~23 日,受冷空气持续影响,维持低温阴雨天气;4 月 1~2 日,受强冷空气影响出现降温降雨天气过程,是十年来少见的“倒春寒”天气,大部地区阴天、雨天多、光照少,延误春耕生产进度。

春　旱　早春时节,受上年秋旱的延续影响,南宁市 2~4 月降水量偏少、气温偏高,库塘蓄水不足,农业干旱。受旱面积 3.71 万公顷,稻田缺水面积 2.34 万公顷,其中 8633.33 公顷为无水源抗旱面积,主要分布在邕宁区、良庆区、江南区和马山县,又以大王滩水库灌区的良庆区、邕宁区最为严重,连片面积 3333.33 公顷以上。

夏　旱　7 月以来,持续高温少雨天气使南宁市的干旱范围迅速扩大。有 13 个县区(含华侨投资区)82 个乡镇 976 个村屯出现旱情,受旱农业人口达 75.63 万人,其中 4.81 万人、4.88 头大牲畜饮水发生困难。农作物受灾面积 3.8 万公顷,绝收面积 5886.67 公顷,其中粮食作物受灾面积约 1.87 万公顷、经济作物受灾面积约 1.93 万公顷;预计因灾造成粮食减产 1021 吨以上,甘蔗等经济作物减产 3 万吨以上,折合农业经济损失约 2967 万元。旱情较严重的横县和隆安县受灾面积分别为 1.06 万公顷和 9153.3 公顷;其次是马山县和上林县,受灾面积分别为 7140 公顷和 4973.33 公顷。旱情较重的横县将减收粮食约 750 吨、甘蔗约 3 万吨。

秋　旱　10~12 月上旬,全市降水量介于 28~70 毫米之间,平均降雨量均为 46 毫米。至 12 月 22 日,旱情蔓延至 27 个乡镇 562 个村屯,农业人口 24.75 万人,其中隆安县、邕宁区、兴宁区、江南区受旱较重。全市有 2.49 万公顷农作物受灾,其中粮食作物受灾面积 213.33 公顷,经济作物受灾面积 2.46 万公顷。甘蔗和蔬菜受灾较重,面积分别达 1.82 万公顷、1.02 万公顷,原料蔗和蔬菜分别减收 17.6 万吨、3.11 万吨。

强风暴雨　4 月 17 日下午,突如其来的雷雨侵袭南宁市,风力达到六级以上或阵风七级以上。西乡塘区、武鸣县遭受大风破坏严重。西乡塘区香蕉受灾面积 381 公顷,倒伏 38.09 万株,损失 318.6 万元。其中,坛洛镇香蕉受灾面积达 308 公顷,刮断倒伏香蕉约 25.81 万株,全年香蕉减产四分之一;双定镇受风灾 18.33 公顷,倒伏 2.75 万株,预计损失 82.5 万元;金陵镇香蕉倒伏 62.67 公顷,10.34 万株,损失 236.1 万元。8 月 10 日,受第 7 号热带风暴“帕布”的影响,隆安县的古潭乡、那桐镇和西乡塘区的富庶乡等地香蕉生产遭严重破坏,绝收面积 100 公顷,直接经济损失 800 多万元。

“两迁”病虫性灾害　4 月下旬以来,南宁市稻飞虱有明显迁入高峰,发生期之早、虫量之大多年不见,且其种群结构组成向抗药性强的褐飞虱发展。达中等偏重发生程度,发生面积 5 万公顷,其中重发生的田块有 1.53 万公顷,局部田块为大发生。以隆安县、上林县、江南区、良庆区、青秀区、兴宁区等地较为严重。水稻各品种中,以插秧早、封行快的超级稻品种发生密度较大。5 月中旬,稻纵卷叶螟出现一个迁入高峰,全市稻纵卷叶螟发生面积 4.47 万公顷,发生程度为中等局部中等偏重发生,以南部的县区发生偏重。5 月末,水稻陆续进入孕穗期,“两迁”虫害数量达到高峰,防治面积超过 5.6 万公顷,其中统防统治示范面积 80 公顷;稻纵卷叶螟防治面积 4 万公顷次。

许多田块施药2~3次。5月末至6月初，“两迁”害虫暴发为害态势严重，稻飞虱和稻纵卷叶螟发生面积分别超过12.8万公顷、10万公顷，呈中等偏重发生。

（杜　勇）

经济与社会发展

【经济发展概况】 2007年，南宁市经济发展呈现速度加快、结构优化、效益良好、民生改善的良好态势。经济总量突破1000亿元，实现生产总值1069亿元，比上年增长17.2%。其中：第一产业增加值157.94亿元，增长7.3%；第二产业增加值372.27亿元，增长21.1%（其中工业增加值284.10亿元，增长24.1%；建筑业增加值88.18亿元，增长12.6%）；第三产业增加值538.80亿元，增长17.6%。三次产业对经济增长的贡献率分别为6.8%、42.3%、51%，分别拉动经济增长1.2、7.2、8.7个百分点。人均生产总值15774元（折合2159美元）。财政收入150.84亿元，增长25.32%。规模以上工业企业利税总额71.16亿元，增长46.72%（利润总额31.7亿元，增长98.96%）。城镇居民人均可支配收入1.19万元，增长16.52%；农民人均纯收入3462元，增长14.14%。全社会固定资产投资560.22亿元，增长25.27%。城镇固定资产投资517.92亿元，增长27.02%。社会消费品零售总额515.62亿元，增长18.4%。全部工业总产值830.21亿元，增长29.87%（规模以上工业总产值669.07亿元，增长35.03%）。进出口12.86亿美元，增长38.6%（进口2.73亿美元，增长29.1%；出口10.13亿美元，增长41.4%）。实际到位内资256.13亿元，增长29.81%。外商直接投资1.85亿美元，增长23.81%。年末从业59.63万人，增长2.29%；从业人员劳动报酬142.42亿元，增长24.55%。年末金融机构存款余额1871.51亿元，比年初增长18.05%；贷款余额1922.35亿元，比年初增长15.63%。保险保费收入27.05亿元，增长26.63%。

【经济结构调整】 2007年，南宁市经济结构进一步调整和优化，多年来比重偏低的第二产业特别是工业在经济总量中的比重继续提高。三次产业比重分别由上年的15.44:34.17:50.39调整为14.77:34.82:50.40。

【区域发展】 2007年，兴宁区、青秀区、武鸣县、隆安县、上林县经济增速比全市高，横县与全市持平，马山县、宾阳县、邕宁区、西乡塘区、江南区、良庆区低于全市。南宁高新技术产业开发区、南宁经济技术开发区、南宁华侨投资区规模以上工业总产值增速高于全市；南宁高新技术产业开发区、南宁经济技术开发区全社会固定资产投资增速高于全市。

【自主创新】 2007年，南宁市实施“创新年”活动，从各个方面尤其是在机制创新、产业发展等重点领域推进自主创新。开展企业技术创新示范活动，实施科技创新服务平台建设工程，促进科技成果向现实生产力转化。鼓励和引导企业建立技术开发中心，建设一批工程技术研究中心、企业技术开发中心、技术实验室等自主创新项目。引导和鼓励企业增加科技活动经费，推动企业成为科技投入的主体。建立和完善风险投资的投入、运作和退出机制，鼓励金融机构对重大科技产业化项目、科技成果转化项目等给予优惠信贷支持。积极发展高新技术产业。规模以上工业新产品产值增长68.91%。启动城市生活垃圾焚烧发电新模式、“飞地工业”发展研究并完成相应成果，提出建设拆迁安置房的新思路并积极推动相关工作。创新招商引资方式，

南宁市获2007年度广西十佳企业名单

南宁化工股份有限公司

南宁市获2007年度广西优秀企业名单

广西华劲集团股份有限公司　广西明阳生化科技股份有限公司　广西农垦糖业集团良圻制糖有限公司　南宁锦虹棉纺织有限责任公司　广西银泉化工有限责任公司　广西皇氏甲天下乳业股份有限责任公司　南宁百货大楼股份有限公司　中房集团南宁房地产开发公司　南宁广发重工集团有限公司　南宁现代运输有限责任公司　南宁铁路局南宁车站　广西大都混凝土有限公司　广西南宁嘉泰水泥制品有限公司　市邮政局　市广东温氏畜禽有限公司

南宁市获2007年度广西企业100强名单

中国石油化工股份有限公司广西南宁石油分公司　南宁糖业股份有限公司　南宁化工股份有限公司　南南铝业股份有限公司　南宁百货大楼股份有限公司　广西冠桂糖业有限公司　广西运德汽车运输集团有限公司　广西超大运输集团有限责任公司　广西华劲集团股份有限公司　南宁建筑安装工程有限责任公司　南宁建宁水务集团有限责任公司　南宁锦虹棉纺织有限责任公司　广西南宁凤凰纸业有限公司　南宁广发重工集团有限公司　南宁浮法玻璃有限责任公司

经济总量与上年比较示意图

（单位：亿元）

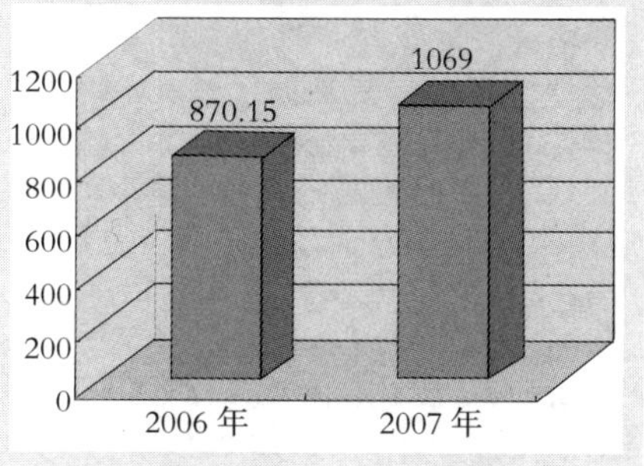

经济增长幅度与上年比较示意图

（单位：%）

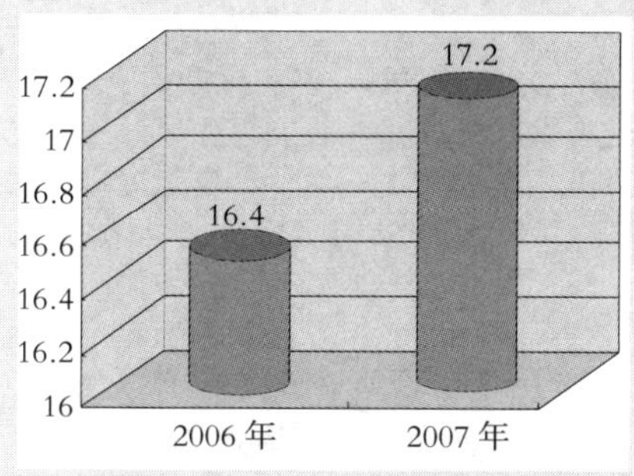

三次产业在经济总量中构成变化示意图

（单位：%）

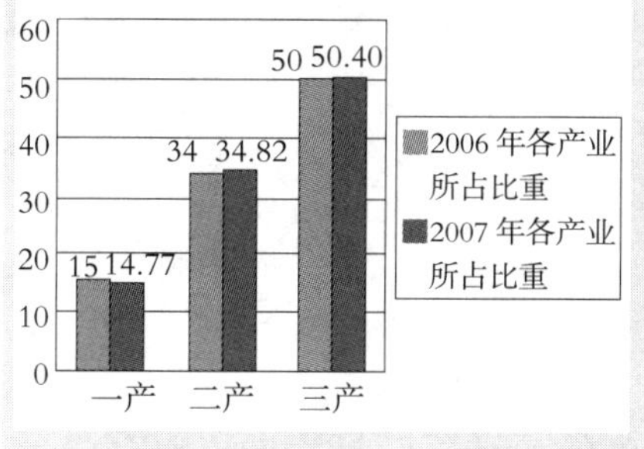

三次产业增长幅度与上年比较示意图

（单位：%）

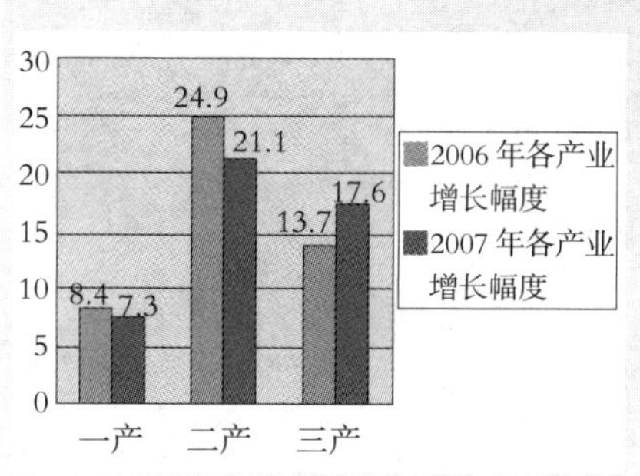

三次产业构成示意图

（单位：%）

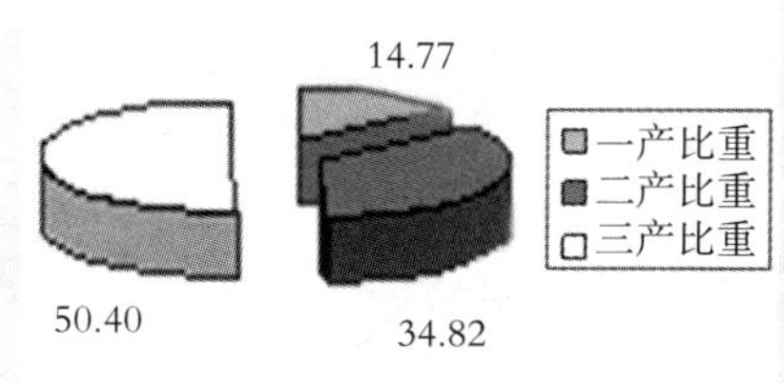

确定承接东部产业转移7个重点产业，明确县区、开发区工业发展定位。

【循环经济发展与节能减排】 2007年，南宁市落实国家发展循环经济、转变经济发展方式的部署，实施《南宁市加快发展循环经济实施意见》、《南宁市节能减排实施方案》等一批政策。市与县区、开发区签订年度工业能耗降低目标责任书，与45家重点耗能企业签订年度工业节能目标责任书。在制糖、造纸等高耗能、高污染行业大力推行清洁生产。开展节能减排百日行动和环保专项整治行动，一批因设备落后或环保未达标的酒精、淀粉等行业生产企业被停产整顿或关闭。江南污水处理厂一期、埌东污水处理厂二期工程投入运行，城市污水集中处理率80%以上。与上年相比万元生产总值能耗下降2.3%；化学需氧量排放量削减15%，二氧化硫排放量削减5%。

【信息化建设】 2007年，南宁市电子政务建设系统工程进一步完善，传统信息业务有所减少，现代化信息业务在规模和水平明显提高的基础上快速增加。邮电业务总量84.78亿元，比上年增长24.51%。其中:邮政业务总量2.83亿元，下降1.98%；电信业务总量81.95亿元，增长25.68%。市话交换机总容量236.51万门。固定电话用户(含小灵通)167.96万户，比上年下降1.85%。其中:城市固定电话用户123.65万户，下降4.41%；乡村固定电话用户44.3万户，增长6.06%。移动电话用户262.18万户，增长12.54%。互联网用户81.12万户，下降0.84%。

8月14日，南宁市政务服务中心举行挂牌仪式　　市审批办提供

【非公有经济】 2007年，南宁市非公有经济发展较快。各级政府部门和其他有关方面在税收、信贷、项目、用地等方面提供便利条件，做好协调服务工作。以非公有企业为主的中小企业信用担保服务体系进一步健全和完善。以开发区、工业集中区等为依托，优化发展环境。抓好中小企业人员培训工作，做好协调服务工作，促进中小企业持续健康发展。规模以上非公有企业工业产值493.61亿元，比上年增长62.67%。商贸流通市场的经营主体个体、私营、股份制经济零售额共481.35亿元，占全市社会消费品零售总额93.35%，增长18.18%。

【经济体制改革】 2007年，南宁市计划、投融资、财税、流通、金融、价格、农村经济体制改革继续深化，资金、技术、劳动力等要素市场进一步完善，市场配置资源的基础性作用进一步发挥。加强企业信用建设，信用体系建设取得新成效。改善非公有经济发展环境，加大对重点中小企业的扶持力度。以建设项目为中心，改革投资管理体制机制。改革项目建设机制，推动政府投资项目代建制试点工作，开展七一总渠、信息化大厦等代建制项目的试点工作。鼓励社会资金参与项目前期工作。开展《南宁市政府投资管理办法》、《南宁市鼓励社会资金投资城市公共基础设施办法》等政策的研究和制定工作。

重点抓好南宁糖业、南宁化工、广发重工等一批优强企业，70%以上的国有资产收益投入到优强企业。落实出资人职责，实施战略管理。坚持以多种方式推进困难国有企业的改革，开展国际经济技术合作公司等30家企业的“歇业晒壳”与职工分流安置工作。制定和完善关于职工经济补偿金、科学选择战略投资者、产权转让管理、产权纠纷调处、国有产权界定和资产审计及评估等各项规定。重点推行国有企业法定代表人任期经济责任审计制，规范国有企业及其法定代表人的经济行为。推进行政审批制度改革，进一步清理、规范收费项目，市、县区政

南宁市2007年度振兴南宁“创新·经济效益杯”劳动竞赛获奖单位和个人名单

金杯奖：南宁化工股份有限公司　中国移动通信集团广西有限公司南宁分公司　广西电网公司南宁供电局　中国电信股份有限公司南宁分公司　中房集团南宁房地产开发公司　广西运德汽车运输集团有限公司　南宁威宁资产经营有限责任公司　广西华劲集团股份有限公司　广西南宁凤凰纸业有限公司　市琅园房地产有限责任公司　广西建工集团第一建筑工程有限责任公司　广西银泉化工有限责任公司　广西明阳生化科技股份有限公司　南宁百货大楼股份有限公司　市房产业开发总公司　市邕宁电业公司　南宁建宁水务集团有限责任公司　市公共交通总公司　广西皇氏甲天下乳业股份有限公司　广西建工集团第二建筑工程有限责任公司　广西广明药业有限公司　南宁现代运输有限责任公司　南宁锦虹棉纺织有限责任公司　南宁糖业股份有限公司　中国石油化工股份有限公司广西南宁石油分公司

银杯奖：市新华书店有限责任公司　广西高峰人造板有限公司　上林南华糖业有限责任公司　武鸣县电业公司　宾阳县供电公司　华润混凝土(南宁)有限公司　广西农垦糖业集团良圻制糖有限公司　南宁化工集团有限公司　可口可乐(广西)饮料有限公司　广西伊灵烟叶复烤有限责任公司　广西大都混凝土有限公司　广西桂西制药有限公司　广西玉柴专用汽车有限公司　广西黎塘工业瓷厂　广西田园生化股份有限公司　南宁农工商集团有限责任公司　广西凤凰银业有限责任公司　广西富丰集团有限公司　南宁医药有限责任公司　广西南宁梦之岛百货有限公司

铜杯奖：市手表厂　广西华宏混凝土有限公司　广西三月花国际大酒店管理有限公司　南宁美恒安兴纸业有限公司　广西飞翔特种印务股份有限公司　南宁兴典混凝土有限责任公司　北京华联综合超市股份有限公司南宁第二分公司　南宁同达盛混凝土有限公司　隆安县电业公司　市桂果香果品有限公司　广西迪美印务有限责任公司　广西鼎华商业股份有限公司　市储备粮管理有限责任公司　南宁漓源粮油饲料有限公司　北京华联综合超市股份有限公司南宁分公司　广西南蒲纸业有限公司　广西康华药业有限责任公司　广西南宁达尊食品有限责任公司　广西博科药业有限公司　南宁振宁西南薄板钢管有限公司

2007年南宁市明星企业名单

南宁化工股份有限公司　市房产业开发总公司　中国石油化工股份有限公司广西南宁石油分公司　中房集团南宁房地产开发公司　广西建工集团第二建筑工程有限责任公司　广西建工集团第一建筑工程有限责任公司　南宁现代运输有限责任公司　南宁锦虹棉纺织有限责任公司

(注:根据市委、市政府关于在振兴南宁“创新·经济效益杯”劳动竞赛活动中，连续三年获得金杯奖的企业由市委、市政府授予南宁市明星企业称号)。

务服务中心全部建成使用。开通运行行政效能电子监察系统，实现自治区、市、县和城区三级联网。

【社会发展概况】 2007年，南宁市积极推动社会事业全面发展，加快建设和谐社会。

教　育　“两基”（基本普及九年义务教育，基本扫除青壮年文盲）工作顺利通过国家验收，城乡基础教育加强。落实农村义务教育经费保障新机制，农村义务教育阶段学生享受免交学杂费政策。开展经常性助学活动，安排教育专项经费，实现“不让一个学生因家庭贫困而失学”的目标。加快发展中等职业教育，各县均建立职业教育中心。教育基础设施建设得到加强，预算内财政资金教育基本建设实施两批计划共70个项目，年度完成投资2.12亿元，二中东校区、职业技术学院二期等项目取得较大进展。

科学技术　继续实施“十一五”科技发展规划，组织实施创新计划项目447个，实施重大科技专项12个，实施市本级科学研究与技术开发项目152个，新增市级工程技术研究中心10家，实施市科技企业孵化基地建设等项目，连续第四次获全国科技进步先进市称号。高活力α-乙酰乳酸脱羧酶的研制与应用获得国家科技进步二等奖，实现南宁市国家科技进步奖零的突破。获得自治区科技进步奖17项。加强人才小高地建设。深入实施国家百千万人才工程、广西新世纪十百千人才工程和知识更新工程。

文　化　成功举办第九届南宁国际民歌艺术节。大型话剧《苍天有泪》获第五届全国话剧优秀剧目展演二等奖。邓颖超纪念馆和越南中央学舍区（广西南宁育才学校）总部旧址修缮完成，孔庙迁建等项目顺利进行，村村通广播电视工程继续实施，保护和利用文化遗产取得新进展。有专业艺术表演团体9个，文化艺术馆7个，县级以上公共图书馆14个，乡镇文化站102个。广播人口覆盖率86.82%，电视人口覆盖率94.19%。市属有线电视用户48.43万户。

卫生医疗　新型农村合作医疗制度试点参合率78.22%。建立社区卫生服务机构74家，服务覆盖率71%。部分重大卫生项目建设加快，市疾控中心二期、市四医院传染病业务楼甲类传染病住院楼等工程基本完成。拥有各类卫生机构2112家（不含村卫生院），病床位2.06万张。各类卫生专业技术人员2.96万人（含个体），其中执业医师1.19万人。

体　育　成功举办第四届中国南宁东盟国际龙舟邀请赛、第三届中国—东盟国际围棋邀请赛、第二届中国南宁—东盟国际桥牌邀请赛、中国南宁国际半程马拉松比赛等多项国际体育赛。南宁市运动员参加国际比赛获金牌2枚、银牌2枚、铜牌2枚；参加全国性比赛获金牌2枚、银牌2枚、铜牌3枚。在广西第十一届运动会上获奖牌总数和总分两个第一。群众体育广泛开展，全民健身活动持久不衰。加强体育设施建设，做好体育设施规划，李宁水上体育公园等项目不断推进。

人口与计划生育　年末，全市户籍人口683.51万人，比上年增长1.73%，其中市区人口259.77万人，增长1.93%。全市人口出生率14.58‰，人口死亡率4.11‰，人口自然增长率10.47‰。人口低生育水平保持稳定，人口出生率控制在自治区下达的指标内，出生人口素质不断提高。基层计生服务设施已纳入自治区建设规划。

就　业　新增城镇就业人数6.19万人，1.68万失业人员实现再就业。拥有各类职业介绍所58个，增加9家；就业服务机构14个；基层劳动保障事务所19个；城镇单位从业59.63万人，增长2.29%；城镇登记失业2.99万人，失业率3.72%，下降0.23个百分点。

社会保障　参加养老保险企业8319个，增加1132个；参加基本养老保险人数51.07万人，增加4.88万人；参加失业保险人数31.81万人，增加0.24万人；参加社会统筹的离退休人员人数11.55万人，增加0.62万人；参加基本医疗保险人数51.21万人，增加6.29万人。有社会福利机构725个，增加14个；床位11045张，增加851张；全年收养人数8977人，增长4.11%。享受最低生活保障226.04万人次，发放最低生活保障金9472.98万元。社会保险覆盖面进一步扩大。企业离退休人员养老金按时足额发放。“金保工程”在自治区率先上线运行。

【主要问题】 2007年，南宁市经济与社会发展存在的主要问题：

1.经济结构调整的步伐不够快。主导产业带动力不够强，支柱产业实力不够强大，整体产业竞争力不强，缺少大企业带动。优势产业发育不够，特色产业规模比较小，优势特色产业尚未能够形成强劲的实力，对整体经济的带动力比较小。产业发展水平和经营层次、经营效益不够高。农业发展水平比较低，生产技术水平仍然落后，农业现代化经营程度和比重比较低，农业和农村经济受自然因素影响大，工业发展水平、生产装备现代化水平、生产技术水平、产品技术含量、企业经营效率还不高。服务业发展水平不够高，经营层次总体上比较低，传统的、比较落后的经营模式和经营方式还占相当大的比重；进出口商品和服务贸易、信息服务、法律服务、技术服务、咨询服务等高附加值现代服务业比重不高。高技术产业比重偏低，高技术产品偏少。企业和产品竞争力比较弱，缺乏有全国影响的知名企业和名牌产品，工农业产品仍然以低附加值产品为主。出口产品以初级产品、低附加值产品为主，市场不大、竞争力不强，经济外向型程度低。

2.招商引资困难较多，很难招来大项目、大资本。吸引外来资金的办法不多，效果不明显；产业配套条件不够理想，扩大投资面临较多困难，建设项目在土地、资金、拆迁等方面遇到的困难相当大，严重影响建设项目的实施。建设项目主要依靠从国有银行融资，其他融资渠道不多。

3.加快经济发展、促进投资和推动产业升级的软硬环境不够完善。城乡基础设施仍未能很好地适应经济和社会发展的需要。道路交通条件不够完善。铁路、航空建设还存在明显差距。内河治理任务艰巨，垃圾和污水处理设施不够完善。农村基础设施比较落后。城乡两元经济结构问题突出，城区与县相比，生产总值、财政收入、城乡居民储蓄存款余额等人均主要经济指标差距较大。城乡居民收入和消费水平差距较大。开放程度不够高，市场化程度不够高，现代市场体系不够完善，非公有经济发展程度不够高，民间资本活动不够活跃。公开、公平、公正和诚信的市场环境、社会环境还未完全建立起来。创新的观念意识仍然比较欠缺，尚未形成以企业为主体的比较成熟完善的自主创新体系，自主创新工作成效不够明显。产业发展缺乏创新成果的支撑。人才特别是高层次人才、特殊人才资源不足的问题较为明显。

4.经济增长方式粗放的问题仍存在。存在着重经济增长、轻环境保护的现象。相关生产标准和管理制度还不完善、不配套，节能减排投入不足。部分企业开展节能环保技术改造的动力不强，一些节能环保项目需要建设。企业在环保违法方面成本偏低，浪费资源、破坏环境等行为仍然存在。

5.社会发展中的矛盾和问题仍比较多，促进社会和谐的任务还相当艰巨。公共产品和公共服务投入不足。社会保障体系不够完善，医疗费用高、教育费用高、部分低收入和困难群体生活压力大等问题反映比较强烈。劳动力总量过剩与结构性短缺的问题并存，全社会就业压力比较大。城市就业、农村富余劳动力进城务工困难比较多。商品房价格偏高，居民住房、收入分配、社会治安、食品安全等问题不同程度地有所反映。在国有企业改制、土地征用、城市建设拆迁等方面存在损害普通群众利益的

整治后的竹排冲河段　　市水利局提供

问题。贫困山区贫困人口脱贫任务仍比较重。

6. 居民消费价格总水平上涨幅度偏大。主要由于肉禽蛋等食品价格以及住房等商品价格过快上涨，导致居民消费价格总水平上涨4.4%。食品类、烟酒及用品类、衣着类、家庭设备用品及服务类、居住类五大类价格分别比上年上涨11.1%、0.5%、0.5%、2.3%、4.7%。对低收入阶层造成比较大的影响，少数群众生活压力增大。

固定资产投资

【概　况】 2007年，南宁市全社会固定资产投资继续快速增长。通过实施城市建设、百项工业项目大会战、商贸物流设施建设、社会主义新农村建设试点和农村基础设施建设、社会发展百亿工程等几大领域的投资计划和建设工程，带动全社会固定资产投资规模进一步扩大。全社会固定资产投资560.22亿元，增长25.27%，其中城镇固定资产投资517.92亿元，增长27.02%（基本建设投资212.74亿元，增长17.97%；更新改造投资103.52亿元，增长28.16%；房地产开发投资187.46亿元，增长34.79%）。城镇房地产开发投资的大幅度增长以及更新改造投资的较大幅度增长支撑全社会固定资产投资的持续快速增长。建设施工项目比上年有明显增加。除房地产开发项目和城镇工矿区私人建房项目外，投资施工项目2815个，增长9.75%（投资3000万元以上项目688个，增长17.41%）。施工项目中，当年新开工1919个，增长16.37%（投资3000万元以上项目250个，增长10.13%）。15个县区、开发区投资332.59亿元，增长27.52%。其中，六县投资126.09亿元，增长27.23%；六区投资136.2亿元，增长28.09%。南宁高新技术产业开发区、南宁经济技术开发区、南宁华侨投资区共投资7.43亿元，增长25.83%。

【城市建设投资】 2007年，南宁市分两批下达城建计划项目共290个。其中建设项目213个，完成投资75.1亿元。葫芦鼎大桥、青竹立交桥等建成通车，快速环道实现全线贯通，东盟商务区基础设施、竹排冲环境综合整治和5座跨江大桥等续建，心圩江和可利江环境综合整治、平乐大道等开工，城市轨道交通、世行贷款南宁市城乡环境综合整治等开展前期工作。三塘廉租房、凤岭在水一方等经济适用住房、江南堤路园农民回建房等在建或开展前期工作，分别建成廉租房、经济适用住房3.43万平方米、47.55万平方米；青秀山风景名胜旅游区、东南亚美食街等旅游项目加快开发。

【工业建设投资】 2007年，南宁市工业建设投资112.5亿元，增长36.77%。工业技术改造投资89.31亿元，增长39.86%。百项工业项目大会战在建项目121个，其中新开工项目72个，全年投资43.08亿元，增长24.64%。华润水泥日产4000吨水泥生产线、玉柴专用汽车年产3000套汽车上装设备等建成投产或即将建成投产，金浪浆业年产5万吨蔗渣浆等在建，恒安纸业年产3.4万吨高档生活用纸等陆续开工。

【商贸物流建设投资】 2007年末，南宁市商贸物流在建项目84个，投资26.5亿元。航洋国际商贸城等建成开业，大商汇商贸物流中心、金桥农产品批发市场等在建，金桥国际物流商区等项目开工。

【农村建设投资】 2007年，南宁市社会主义新农村建设试点继续实施道路、水利、生态能源、教育文化体育、医疗卫生、广播电视通信、村屯绿化、村屯规划等建设项目，开工8180个，完工8164个；累计完成投资15.1亿元，比计划总投资额多4%。经过两年努力，新农村建设试点工作已基本完成。2007年是大石山区隆安、马山两县基础设施大会战第一年，项目开工9412个，竣工9356个；完成投资5.35亿元，占总投资88%。

【投资结构】 2007年，南宁市固定资产投资结构继续调整变化。在全社会固定资产投资总额中，第一产业投资占1.63%，比上年降低0.03个百分点。第二产业投资占21.38%，比上年提高2.37个百分点（工业投资占20.08%，提高1.69个百分点）。第三产业投资占76.99%，比上年降低2.34个百分点（商业投资占5.75%，比上年降低2.72个百分点）。投资热点主要集中在制造业、建筑业、教育、房地产等基础产业、社会事业和投资获利高的领域。全社会固定资产投资560.22亿元。按产业划分：第一产业9.11亿元，增长22.66%；第二产业119.78亿元，增长40.92%（工业112.5亿元，增长36.77%）；第三产业431.34亿元，增长21.57%（商业32.22亿元，下降14.95%）。按投资构成划分：建筑工程341.68亿元，增长20.65%；安装工程19.75亿元，增长16.32%；设备、工具、器具购置75.82亿元，增长26.65%。按经济类型划分：国有经济217.09亿元，增长17.25%；

7月13日，香港钟表业考察团来邕考察　　刘　广　摄

集体经济13.4亿元,增长46.02%;私营个体178.39亿元,增长36.36%;其他经济151.34亿元,增长23.99%。按社会行业划分:农林牧渔业9.11亿元,增长22.66%;采矿业3.38亿元,增长10.77%;制造业93.71亿元,增长36.89%;电力、燃气及水的生产和供应业15.4亿元,增长43.47%;建筑业7.28亿元,增长165%;交通运输、仓储及邮政业32.38亿元,增长14.42%;信息传输、计算机服务和软件业7.59亿元,下降17.84%;批发和零售业11.87亿元,增长23.12%;住宿和餐饮业5.93亿元,下降32.74%;金融业0.85亿元,下降39.33%;房地产业225.21亿元,增长30.8%;租赁和商务服务业4.26亿元,增长43.64%;科学研究、技术服务和地质勘察业4.77亿元,增长59.03%;水利、环境和公共设施管理业75.44亿元,增长2.14%;居民服务和其他服务业0.66亿元,增长33.51%;教育21.71亿元,增长32.13%;卫生、社会保障和社会福利业7.62亿元,增长11.89%;文化、体育和娱乐业6.35亿元,增长66.66%;公共管理和社会组织26.68亿元,增长49.58%。城镇固定资产投资517.92亿元。按建设性质划分:基本建设212.74亿元,增长17.97%;更新改造103.52亿元,增长28.16%;房地产开发187.46亿元,增长34.79%。

【投资资金来源】 2007年,南宁市全社会固定资产投资资金来源总计657.29亿元,比上年增长28.47%。资金来源总计中,上年末结余资金59.69亿元,增长72.86%;当年资金来源597.59亿元,增长25.26%。当年资金来源中,按来源渠道划分为:国家预算内资金32.57亿元,下降18.95%;国内贷款84.55亿元,增长12.31%;利用外资9.76亿元,下降6.89%(外商直接投资3.39亿元,下降9.56%);自筹资金252.9亿元,增长28.56%(自治区自筹8.9亿元,增长72.09%;市自筹20.23亿元,增长67.07%;县自筹19.82亿元,增长65.75%;企、事业单位自筹189.93亿元,增长25.56%);其他资金来源217.81亿元,增长41.07%(集资46.39亿元,增长69.69%;定金及预付款69.15亿元,增长62.28%)。

【非国有经济投资】 2007年,南宁市非国有经济投资额343.13亿元,比上年增长30.94%,比重为61.25%,上升2.65个百分点。集体经济投资13.4亿元,比上年增长46.02%,比重为2.39%,上升0.34个百分点;私营个体投资178.39亿元,比上年增长36.36%,比重为31.84%,上升2.59个百分点。

【主要投资项目】 2007年,南宁市固定资产投资额超亿元的城建项目有13个:心圩江环境综合整治3.81亿元,五象大道3.55亿元,青竹立交桥2.51亿元,竹排冲环境综合整治2.41亿元,南梧大道三期2.32亿元,可利江环境综合整治2.16亿元,南宁大桥2.03亿元,银海大道拓宽2亿元,建设生态南宁1.4亿元,凤岭南路1.36亿元,北大桥1.34亿元,江南堤路园市政工程(三津—南站南侧路段)1.24亿元,青秀山东南亚美食街1.14亿元。投资额超过1亿元的工业项目有7个:华润水泥(南宁)生产线5.11亿元,南宁华侨投资区基础设施3.16亿元,东盟科技产业园2.11亿元,南宁凤凰纸业环境保护综合治理1.47亿元,南宁化工隔膜烧碱技术改造1.44亿元,恒安纸业年产3.4万吨高档生活用纸1.19亿元,南宁金浪浆业年产3.4万吨蔗渣机械浆1.02亿元。 (杨华伟)

招商引资

【概　况】 2007年,南宁市抢抓多区域经济合作的发展机遇,坚持以创新招商引资工作机制、方式为突破口,以承接东部产业转移、推进签约项目建设、提升服务企业水平、深化区域经济合作和扩大利用外资规模为工作重点,推进招商引资工作。共引进内、外资合同项目858个,合同引进资金566.42亿元,比上年增长24.41%;实际到位资金291.87亿元,比上年增长30.7%。

【国内招商引资】 2007年,南宁市推进商协会招商,邀请美国华南商会、法国中小企业商会、深圳市国际商会、北京广西商会等共30多家商协会组织500多家会员企业来邕开展投资环境考察和项目洽谈活动。推进"招大引强"工作,共邀请深圳盐田港、深圳华南工业原料城、深圳富士康、香港钟表总会、香港英皇集团、香港新鸿基集团、香港华润集团、上海绿地集团、上海世茂集团、日本富士能佐野株式会社等100多家中外知名企业负责人来邕洽谈项目。组织开展承接东部产业转移、产业招商活动。9月,市招商促进局会同市经委先后组织250多人的招商队伍赴深圳和东莞、佛山三市开展招商活动周活动;组织由县区、开发区为主体的65个产业招商小组分赴珠三角地区各经济发达城市广州、深圳、东莞、佛山、顺德开展产业招商活动,共签订投资合同(协议)7个,投资总额8.48亿元。借助国内大型经贸展会和专业展会平台推进招商洽谈工作。先后组织市经贸代表团参加泛珠三角经贸合作洽谈会、2007年中日韩产业交流会(青岛)、2007丝绸之路国际服装服饰文化节暨2007年中亚经贸合作高层论坛、第11届中国国际投资贸易洽谈会等经贸活动。全市共引进自治区外境内合同项目369个,合同引进内资334.97亿元,实际到位内资156.03亿元。

【国外招商引资】 2007年,南宁市以拓展东盟、港澳台地区和日韩、欧美经贸合作为重点,创新招商引资方式。5月,组织市经贸代表团随自治区经贸代表团出访越南、印度尼西亚、马来西亚、新加坡等东盟四国,签约项目11个,总投资1.01亿美元。与越南、印度尼西亚、马来西亚和新加坡的企业家建立在谈项目14个,总投资1.47亿美元。探索推进委托招商,与新加坡国际企业发展局、越南计划投资部北方投资促进中心,马中经贸总商会、华南美国商会、毕马威会计师事务所、日本贸易振兴机构、韩国贸易振兴公社等共15家国外商协会和投资中介机构达成合作协议。加强与境外驻穗使领馆联系,市领导带队赴广

9月8日,南宁(深圳)承接产业转移合作项目签约仪式举行　　刘　广　摄

州拜会英、法、德、美等9国驻穗总领事馆和商务机构，为建立新型经贸合作机制,促进合作共赢打下基础。接待华南美国商会、法国马恩河谷省、澳大利亚澳中集团、联亚集团、美国中美商贸促进会、美国新泽西州市长代表团、香港嘉里集团、美国普瑞斯曼有限公司、法国驻广州总领事馆糖业代表团、新加坡政府直接投资有限公司等110人次客商来邕投资考察,做好项目洽谈和跟踪服务工作。全市新签利用外资合同项目87个,外商直接投资合同外资额5亿美元，外商直接投资1.85亿美元。

【投资贸易洽谈会系列活动】 2007年10月28~31日,南宁市借助“两会一节”平台，举办投资贸易洽谈会暨项目签约仪式等一系列经贸活动，推出并签订一批成熟的项目，推介南宁“联合国人居奖”城市的全新形象。1.招商引资与内外贸易。共签订投资项目102个，总投资441.94亿元。其中:内资项目80个,总投资274.28亿元;外资项目22个,合同利用外资22.35亿美元。签订内外贸易合同873份,贸易总金额142.6亿元。其中:内贸合同总金额133.63亿元，外贸合同总金额1.2亿美元。2.推进重点项目建设。“两会一节”期间,全市各县区、开发区开工和竣工的项目共112个，总投资138.45亿元。青竹立交桥、葫芦鼎大桥等一批重点路桥项目建成通车，中国—东盟企业总部基地、南宁国际商业贸易中心等一批工业、商贸重点项目开工建设。3.展示南宁“联合国人居奖”城市形象。邀请来自20多个国家、地区和国内20多个省、市、自治区的1100多名中外客商参加中国—东盟博览会和南宁市投资贸易洽谈会等各项活动。

【重大项目开(竣)工仪式】 2007年1月8日,南宁市举行新年重大项目开工竣工仪式,开、竣工项目80个,总投资81.26亿元。其中:开工42个,总投资61.98亿元;竣工38个,总投资19.28亿元。项目涵盖工业、城建、商贸等领域。6月15日,举行夏季重大项目开工竣工仪式。开、竣工重大项目123个，总投资102.13亿元。其中:开工89个,总投资86.07亿元;竣工34个，总投资16.06亿元。项目涉及工业、城建、农业、商贸、社会事业、房地产六大类。

【外资企业服务】 2007年6月中旬至11月末,南宁市开展服务外商投资企业系列活动。通过专题调研、召开现场办公会和上门服务等形式,解决外商投资企业在南宁市投资建设、生产经营过程中遇到的问题。市招商局会同市人事局、教育局、劳动和社会保障局、外商投资企业协会与各大、中、专、技工院校，联合建立外商投资企业劳动人才用工服务体系,为企业提供劳动人事、生产经营和技术管理方面的服务。市招商局与市劳动和社会保障局共同举办外商投资企业劳动管理和社会保障政策法规培训班、外商投资企业劳动合同法培训班,会同市国税局、地税局组织开展外资企业税收政策专题讲座,会同市国土局、环保局组织开展土地政策与形势、工业用地与环保准入专题讲座,为企业管理层了解到国家有关政策法规与投资形势提供服务。举办外商投资企业成就在南宁摄影比赛、摄影展及单项体育比赛,宣传企业成就。市招商局会同市第一医院,为在邕投资的外商企业建立外商医疗优诊服务体系,开辟外企人员就医“绿色通道”;先后到日资企业南宁泰格金属有限公司、港资企业中达丰田汽车有限公司开展送医上门活动,为200多名员工做健康检查,建立个人健康档案。活动期间,市四家班子领导先后多次组织市直部门到华润水泥、昌弘制药、龙昌日用品等外商投资企业,开展实地调研活动,现场帮助企业解决生产建设中遇到的困难和问题。

【招商项目大兑现活动】 2007年，南宁市开展“招商项目大兑现”活动,对186个投资总额超5000万元以上的内外资签约项目,落实“四定”(定责任单位、定责任人、定进度计划、定联系领导)工作要求,完善“二项措施”(完善招商项目绿色通道建设、重大项目联席会议制度),强化项目“三率”(项目履约率、资金到位率、项目开工率)工作考核,推进签约招商项目的落地建设与实施。已实施项目173个,实施率93.01%,到位资金101.52亿元。其中内资项目到位资金95.42亿元,实际利用外资(广西全口径)7536万美元。在推进的24个意向、协议项目中,有13个项目签订合同，项目转化率54.17%,其中11个项目已实施,到位资金4.56亿元。

区域经济合作

【概　况】 2007年,南宁市借助中国—东盟博览会平台,借助长三角、泛珠三角、环渤海湾、泛北部湾、海峡两岸形成的“两角、两湾、两岸”经济合作平台,抓住中国—东盟自由贸易区加快建设和泛北部湾合作推进的机遇,推进与多个区域经济的合作。共引进自治区外境内合同项目369个，合同引进资金334.97亿元,比上年增长37.75%;实际到位内资156.03亿元,比上年增长49.57%。其中与泛珠三角地区的合作项目273个，总投资281.18亿元;与长三角地区的合作项目68个,总投资49.82亿元;与环渤海湾地区的合作项目29个，总投资31.78亿元。

【泛北部湾经济区区域经济合作】 2007年5月，南宁市组织经贸代表团随自治区经贸代表团出访越南、印度尼西亚、马来西亚、新加坡等东盟四国。期间,市代表团参加自治区举办的各类推介洽谈会和签约活动，开展一系列经贸和友城访问活动，推出一批有实质性的经贸合作项目。达成签约项目11个，总投资1.01亿美元。其中：投资项目5个，总投资3908万美元；走出去项目5个，总投资6142万美元；贸易项目1个，年交易额4000万美元,项目涉及农业、汽车配件、网络科技、工业园区建设等领域。

【泛珠三角区域经济合作】 2007年,南宁市推进南宁与泛珠三角区域各省的经济交流与合作。6月,组团参加在长沙市举办的第四届泛珠三角省会城市市长论坛和区域经贸合作洽谈会。9月,组团参加2007年广州博览会,参会期间举办面向世界500强和跨国公司在华企业、台商企业以及知名企业的投资推介会,宣传推介南宁,促进双方企业互动交流;组织招商小分队赴深圳、东莞、佛山等珠三角地区中心城市开展承接产业转移招商活动周和千人招商两次大型承接产业转移招商活动。与泛珠三角区域内各省签订合作项目273个。其中:签订内资合作项目235个，项目总投资额240.7亿元;引进港澳地区项目38个，合同外资额5.4亿美元。

【西南与南贵昆经济区域合作】 2007年7月,南宁市组团参加在广东省茂名市召开的第十七届西南经济区市长联席会，与来自广东、广西等西南地区30个城市的市长,港澳地区贸易发展局官员,企业及旅行社负责人共200多名参会代表共商合作与发展大计。自2005年9月第十六届会议召开以来，南宁市与西南经济区成员城市之间开展交流与合作的领域不断扩大,至2007年6月,双方共签订经济合作项目57个,总投资48.13亿元,实际到位资金累计7.41亿元。合作领域主要涉及制造业、房地产、交通运输、商贸等行业。 (黄为谦)

群众性精神文明建设

【概　况】 2007年，南宁市开展和谐建设在基层系列创建、全国道德模范评选推荐、百万市民学礼仪、书香绿城建设工程、创新观念大宣传大征集大评比系列、城乡清洁工程宣传教育月等群众性精神文明创建活动。形成“能帮就帮”的和谐南宁的城市品质，营造出“学道德模范，树文明新风”的社会风尚。

【公民道德建设】 2007 年 3 月，南宁市精神文明建设委员会办公室组织开展学雷锋送关爱促和谐、春到城乡美在绿城、保护母亲河——绿色和谐你我同行等学雷锋主题活动。以学礼仪讲文明促和谐为主题，实施文明礼仪培训工程，组织开展百万市民学礼仪系列活动。拍摄制作文明礼仪知识教学片，组建由专业礼仪讲师组成的文明礼仪宣讲团，到机关、企业、学校、社区开展礼仪培训讲座，各县区、各行业（系统）共举办文明礼仪培训班 2718 场，参加培训的干部群众 114 万人次。10 月，举办喜迎十七大 服务“两会一节”——南宁市社区文明礼仪风采大赛。以阅读进步创新为主题，实施书香绿城建设工程，通过组织图书漂流、赠书献爱心、拒绝盗版从我做起、名家名篇诗文朗诵会、绿城讲坛、好书伴我成长征文比赛等活动，推动群众性阅读活动的开展，促进学习型社会建设。组织全国道德模范评选推荐活动，通过在新闻媒体、政府网站开设《学道德楷模 树文明新风》专栏，刊播推荐全国道德模范候选人启事和候选人事迹，向 70 多万手机用户发送短信等方式，经各级各单位和广大市民群众参与推荐和评选，谢芳秋、周小容分获全国见义勇为模范、全国道德模范提名奖。组织开展第五个公民道德宣传日、中国公民旅游文明素质行动、文明旅游共创和谐市民签约活动等公民思想道德建设实践活动，推进公民道德建设的发展。

【城乡清洁工程宣教活动】 2007 年 4 月，南宁市以“提升文明素质共创优美环境”为主题，开展城乡清洁工程宣传教育月活动，重点宣传相关的法律法规知识和《广西城乡居民文明卫生公约》。4~5 月，组织开展系列宣传教育活动：一是开展实施工程、优化环境、建文明城区宣传教育活动。在城区各乡镇、街道办事处、开发区及各级文明单位、军（警）民共建单位中通过召开会议，编印简报、黑板报，举办学习培训班、知识竞赛、主题文艺演出等形式，向广大干部职工及部队官兵宣传城乡环境卫生与容貌秩序管理方面的法律法规和文明卫生基本知识，共发放宣传资料 25.09 万多份，宣传小册子 11.78 万本，悬挂宣传横幅 1000 多条，在主要街道和居民区竖立通告牌、文明宣传广告牌 450 块。二是开展城乡清洁工程全面治理“五乱”（摊点乱摆、车辆乱停、垃圾乱扔、广告乱贴、工地乱象）歌谣（童谣）征文活动。共收到歌谣（童谣）作品 2000 多首，精选部分获奖作品配以漫画，在《南宁日报》刊登，并制作成百米宣传长卷在各县区巡回展示，印制宣传折页在社区、学校、村屯广泛发送。三是组织文明卫生宣传教育进社区、进农村、进学校、进家庭“四进”活动。先后在江南区五一中路社区、邕宁区城关一小、西乡塘区忠良村举行城乡清洁工程宣传教育活动。在社区开展增强卫生意识，营造良好环境、创建文明社区宣传教育活动；在农村结合新农村建设开展强化环境卫生意识、创建文明村镇、优化农村人居环境宣传教育活动；在中小学校开展优化教书育人环境、创建文明卫生学校宣传教育活动，近 15 万名中小学生参与；在居民家庭开展美化家庭、创建文明卫生家庭宣传教育活动。四是在各级文明社区、文明单位、文明村镇、文明行业、文明示范窗口和军（警）民共建单位中开展提高思想认识、深入实施工程、营造优良环境宣传教育活动。抓好动态管理，开展专项督查，组织精神文明建设督查员到文明单位、文明社区开展城乡清洁工程文明卫生宣传教育情况督查。指导各单位落实“门前三包”（包卫生、包秩序、包绿化）、室内“四净”（门窗四壁净、顶棚地面净、桌椅茶几净、走廊楼道净）、居住楼院“三化”（净化、美化、绿化），“门前三包”责任状签订率 100%。五是开展“百万市民大行动”主题活动。9 月下旬，以强化城乡环境、公共秩序、文明交通等为重点，组织开展共创文明优美环境 服务“两会一节”——百万市民大行动、文明出行大宣传、莘莘学子大参与主题活动，广大干部群众进一步提高文明卫生意识，逐步养成讲文明、讲卫生、讲秩序的良好习惯。

8 月 17 日晚，市委、市政府举办“能帮就帮，南宁市‘爱心改变命运——我要上学’”大型公益活动晚会。图为自治区党委常委、市委书记马飚（二排左三）、市长陈向群（二排右三）、市政协主席黄家仁（二排左一）与电视台演艺人员、受捐助学生合影　王　戈　摄

【未成年人思想道德建设】 2007 年，南宁市重点加强未成年人思想道德建设工作联席会议制度建设，对联席会议成员和联络员进行充实调整。开展丰富多彩的未成年人思想道德建设教育活动，通过“南宁未成年人网络家园”网站开展欢乐寒假精彩在线、我为广西清洁美丽和谐提好建议、我爱南宁板报展评、中小学健康安全知识竞赛等网络教育活动，使网站成为未成年人思想道德教育的新阵地。开展我爱南宁、快乐参与五个一系列主题教育实践活动，举办第二届南宁市中小学生安全知识竞赛活动，组织广西第三个未成年人思想道德建设宣传日暨首府远离网吧、拒绝沉迷、文明上网、健康成长系列活动启动仪式，使未成年人在快乐参与中接受教育。加强督查力度，市委常委会专门听取未成年人思想道德建设“回头看”工作情况汇报。8 月，组织开展“回头看”督查工作，重点督查各县区未成年人思想道德建设工作机构、人员编制、专项经费、制度建设的落实情况。市文化局建立市网络监控中心，对全市在册网吧进行实时监控管理；隆安县布泉乡开展留

守儿童教育;市教育局、市公安局针对中小学生法制教育开展平安校园大篷车活动;市广播电视局开展爱心改变命运公益募捐助学活动。市文明办精选近年全市未成年人思想道德建设工作创新案例31篇,汇编出版《南宁市未成年人思想道德建设创新案例》。

纪念南宁开埠100周年系列活动启动仪式　周家志　摄

【"和谐建设在基层"活动】 2007年,南宁市制定印发《南宁市开展"和谐建设在基层"系列活动实施方案》,在全市广泛开展关爱促和谐——和谐建设在社区活动、效能促和谐——和谐建设在机关、奉献促和谐——和谐建设在企业、快乐促和谐——和谐建设在学校、文明促和谐——和谐建设在村屯、诚信促和谐——和谐建设在窗口单位、和睦促和谐——和谐建设在家庭七大主题的"和谐建设在基层"系列创建活动。树立望州南社区先进典型,市委、市政府印发关于开展向望州南社区学习的通知,广泛弘扬望州南社区"能帮就帮,帮别人就是帮自己"的和谐社会理念,在各县区、各部门、各单位和社会各阶层、各行业以及广大干部群众中掀起向望州南社区学习,自觉实践"能帮就帮"精神的热潮。市文明办在全市开展感动南宁——文明和谐十个"十佳"人物评选活动,17万市民参与评选投票,共推选十个"十佳"人物100名。武鸣县以双桥镇下渌村为示范点,开展"四抓四新"(抓素质提高,培育新农民;抓精神文明,提倡新风气;抓卫生整治,营造新环境;抓政务公开,构筑新体系)活动,促进和谐壮乡建设;各县区、各部门广泛开展访民情、听民意、解民忧、帮民富、保民安,爱心改变命运扶贫助学,真情送服务,希望工程圆梦行动,全民阅读、共建和谐、社区情、和谐颂,田园欢歌文艺演出,共创文明和谐绿城——百场数字电影进社区,企业"四好"(政治素质好、经营业绩好、团结协作好、作风形象好)领导班子创建,创建学习型班组、争做知识型员工,廉政文化进机关,爱心超市扶贫助困等活动。全市各县区、各部门共开展文艺演出、电影晚会等文艺活动500多场次,观众80多万人;圆梦行动收到助学捐款305万元,资助学生800多人。

【望州南社区先进典型】 望州南社区成立于2001年,地处南宁市望州南路,隶属兴宁区朝阳街道办事处,由望州南小区和市委党校教职工生活区等7个周边单位组成,常住居民2081户,人口约6800人。社区居民大多数来自朝阳路等多条街道旧城改造的被拆迁户。几年来,社区坚持以邓小平理论和"三个代表"重要思想为指导,全面贯彻落实科学发展观,坚持以人为本,倡导"能帮就帮"的良好社会道德风尚,在共建共享中探索出一套行之有效的和谐创建工作方法,广大干部群众用自己的行动共同建设和谐社区,形成"能帮就帮,帮别人就是帮自己"的互助精神;"有样学样,跟着党员干部干"的榜样精神;"社区爱我,我爱社区"的关爱精神;"一花香不如百花香,一家好不如百家好"的团队精神;"想到做到,争先创新"的创新精神;"自强不息,乐观向上"的自强精神。把社区建设成为一个管理有序、服务完善、环境优美、治安优良、生活便利、人际关系和睦、道德风尚良好的现代文明和谐社区。先后获得树立广西新形象创建全国文明城先进集体、自治区优秀质量QC小组、市安全生产先进社区、市文明新风进社区活动先进单位、市优秀家长学校、市计生药具管理工作先进社区等荣誉共计118项。2007年9月14日,望州南社区先进事迹首场报告会在南宁人民会堂举行。望州南社区居委会主任黄伟玲、居民代表单金妹、工作人员韦燕萍,兴宁区朝阳街道办事处副主任陈宇锋,南宁电视台记者李桦等报告团成员,以自己的亲身经历或所见所闻,从不同侧面为大家介绍了望州南社区的先进事迹。望州南社区先进事迹报告团分别到各县区、部队、机关、学校等进行巡回报告16场次。

【创新观念宣传教育活动】 2007年,南宁市以纪念南宁开埠100周年为契机,组织开展创新观念大宣传、大征集、大评比系列活动,倡导创新观念。1月1日,举办以全方位创新促全方位开放——纪念南宁开埠100周年系列活动启动仪式。5月11日,在全市开展创新观念大宣传、大征集日活动,各县区、各部门通过发放与该县区、行业、单位有关的政策法规宣传资料、设点向市民提供政策法规宣传咨询服务,通过在新闻媒体公布创新观念征集启事,利用行风政风热线接听市民意见建议,利用手机短信开展创新观念征集活动,组织各级各部门到工厂车间、外资企业、乡镇村屯、街道社区、学校和家庭等,开展创新观念大征集活动。共收集建议和意见9489条,其中市民意见、建议7521条,单位意见、建议1968条。经组织有关专家、学者、教授评选,评出10条"最佳创新观念"。

【群众性精神文明创建活动】 2007年,南宁市围绕创建全国文明城市,继续开展文明机关、文明社区、文明村(镇)和文明单位创建活动。评选表彰首批文明机关15个,第七批文明社区6个,第22批文明单位32个、文明村(镇)25个。推荐市地税局申报自治区第三批文明行业。加强农村精神文明创建工作,开展百里邕江文明村群建设调查研究。按照以点带面,联片创建,整体推进的思路,开展连片文明村群创建活动。评选表彰市2007年度军(警)民共建标兵单位12对、先进单位17对。举办"军民携手共促和谐"军(警)民共建篮球赛。开展百城万店无假货创建活动,推动诚信社会建设。兴宁商业步行街、东葛路、星湖路、人民中路、朝阳路和宾阳临浦大道等6条街获自治区第二批创建无假冒伪劣商品示范街称号,广西华联江南店、广西电子科技广场获自治区第二批创建无假冒伪劣商品示范店称号。推荐兴宁商业步行街、东葛路、星湖路申报全国第七批百城万店无假货活动示范街,推荐广西华联江南店、南宁电子科技广场申报全国第六批百城万店无假货活动示范店。市文明办、商务局、工商局等部门联合对获全国百城万店无假货活动的南宁百货大楼股份有限公司和南宁梦之岛购物中心进行复查。

（陈　强）

2007年政治机构党派团体市直属事业单位及领导人

中共南宁市委员会

书　记：马　飚　2005.03~
副书记：林国强　1998.01~2007.04
陈向群　2007.04~
谢泽宇　2006.09~
覃孟征(挂职)　2006.03~
常　委：曾友信　2006.08~
秦敬德(女)　2006.08~
陈　刚　2006.09~2007.04
黄伟京　2006.09~
岑可成　2006.08~
赵　波　2002.07~
胡建华　2004.11~
肖莺子(女)　2006.09~
周异决(挂职)　2007.07~
周红波　2007.07~
秘书长：黄伟京　2006.09~2007.07
周红波　2007.07~

市人民代表大会常务委员会

主　任：谢寿堂　2006.09~
副主任：封家骧　2006.09~
刘南生　2003.10~
陈瑞深　2006.09~
卢丽芬(女)　2000.09~
赖贵寿　2006.02~
邓其新　2006.02~
秘书长：周如斯　2006.09~

市人民政府

市　长：林国强　1998.02~2007.05
陈向群　2007.05~
副市长：陈　刚　2000.09~2007.04
黄伟京　2007.07~
肖莺子(女)　2004.09~
周异决(挂职)　2007.08~
郑军健　2000.02~
钱学明　2006.09~
黄焕升　2006.09~
周红波　2006.09~2007.07
刘长林　2007.07~
温守荣　2007.08~
臧国平(挂职)　2005.12~2007.12
赵宏声(挂职)　2006.09~2007.09
董仕军(挂职)　2006.11~
秘书长：卫自光　2006.09~

政协南宁市委员会

主　席：黄家仁　2006.09~
副主席：张国环　2004.02~
唐济武　2006.09~
崔建国(兼)　2000.09~
李秋明　2004.02~
陈自力(兼)　2004.02~2007.07
梁峰林　2006.02~
颜石廉　2006.09~
袁曼虹(女)　2006.09~
秘书长：侯小兵　2006.09~

中共南宁市纪律检查委员会

书　记：秦敬德(女)　2006.08~

市中级人民法院

党组书记：莫建芳(女)　2006.09~
院　　长：莫建芳(女)　2006.09~

市人民检察院

党组书记：马日梧　2006.09~
检 察 长：马日梧　2006.12~

南宁警备区

司 令 员：曾友信　2005.12~
政治委员：翟宗华　2006.05~

中共南宁市委办公厅

秘书长：黄伟京　2006.09~2007.07
周红波　2007.07~
秘书长、副秘书长领导办公厅工作

中共南宁市委组织部

部　长：岑可成　2006.08~

中共南宁市委老干部局

局　长：王民粮　2006.09~

中共南宁市委宣传部

部　长：肖莺子（女）　2006.09~

中共南宁市委统战部

部　长：胡建华　2006.09~

中共南宁市委政法委员会

书　记：赵　波　2002.07~

中共南宁市委政策研究室

主　任：范善齐　2000.08~

市机构编制委员会办公室

主　任：郑进新　1999.05~

市直属机关工作委员会

书　记：黄伟京　2006.09~2007.07
周红波　2007.07~

市人大常委会办公厅

秘书长：周如斯　2006.09~
秘书长、副秘书长领导办公厅工作

市人大常委会调查研究室

主　任：施扬汉　2006.09~

市人大常委会选举联络工作委员会

主　任：崔桂静（女）　2006.09~

市人大常委会法制工作委员会

主　任：钟建国　2006.09~

市人大法制委员会

主任委员：冯　山　2006.09~

市人大内务司法委员会

主任委员：马金安　2006.09~

市人大财政经济委员会

主任委员：连精昌　2006.09~

市人大农业委员会

主任委员：卢学智　2006.09~

市人大城乡建设环境保护委员会

主任委员：周志波　2006.09~

市人大教育科学文化卫生委员会

主任委员：周凯声　2006.09~

市人大民族华侨外事宗教委员会

主任委员：梁秀霞(女)　2006.09~

市人民政府办公厅

秘书长：卫自光　2006.09~
秘书长、副秘书长领导办公厅工作

市发展和改革委员会

党组书记：刘　雄　2004.08~
主　　任：刘　雄　2004.09~

市经济委员会（市中小企业局）

党 组 书 记：陈世平　2006.09~
主任(局长)：陈世平　2006.09~

市教育局

党委书记：夏建军　2001.11~
局　　长：夏建军　2003.09~

市科学技术局（市知识产权局）

党组书记：傅隆政　2003.08~
局　　长：傅隆政　2003.09~

市民族事务委员会

党组书记：韦藤贤(女)　2006.09~
主　　任：韦藤贤(女)　2006.09~

市公安局

党委书记：赵　波　2006.09~
局　　长：赵　波　2006.09~

市监察局
局　长：王艳珍(女)　2006.09~

市民政局
党组书记：徐邦兴　2006.06~
局　　长：徐邦兴　2000.10~

市司法局
党组书记：覃宾生　2004.03~
局　　长：覃宾生　2004.03~

市财政局
党组书记：秦赣江(女)　2006.09~
局　　长：秦赣江(女)　2006.09~

市人事局
党组书记：马南萍(女)　2006.08~
局　　长：马南萍(女)　2006.09~

市劳动和社会保障局
党组书记：董秀银(女)　2006.08~
局　　长：董秀银(女)　2001.11~

市国土资源局
党组书记：阮兆丰　2002.03~
局　　长：阮兆丰　2001.11~

市建设委员会
党组书记：高　新　2006.08~
局　　长：高　新　2006.09~

市规划管理局
党组书记：黄善武　2001.11~2007.06
封　宁　2007.06~
局　　长：黄善武　2001.11~2007.06
封　宁　2007.06~

市市政管理局（2007年9月机构更名为市城市管理局）
党组书记：张建辉　2006.08~2007.12
局　　长：张建辉　2006.09~2007.12

市城市管理局（2007年9月成立，市城市管理综合行政执法局、市城市管理指挥中心）
党组书记：陈　竑　2007.12~
局长(主任)：陈　竑　2007.12~

市房产管理局
党组书记：冯炳浩　2006.06~
局　　长：冯炳浩　2006.09~

市园林管理局
党组书记：邓国付　2006.09~
局　　长：邓国付　2006.09~

市交通局
党组书记：雷德贵　2006.09~
局　　长：雷德贵　2000.10~

市水利局
党组书记：黄礼新　2006.09~
局　　长：黄礼新　2006.09~

市农业局
党组书记：唐波文　2006.06~
局　　长：唐波文　2006.09~

市商务局（市口岸办公室）
党组书记：唐志喜　2004.07~
局　　长：唐志喜　2004.08~

市文化局
党组书记：陈晓玲(女)　2006.06~
局　　长：陈晓玲(女)　2000.01~

市卫生局
党委书记：汤晓斌　2006.09~
局　　长：汤晓斌　2006.09~

市人口和计划生育委员会
党组书记：黄　海　2004.07~
主　　任：黄　海　2004.07~

市审计局
党组书记：朱林玉(女)　2001.11~
局　　长：朱林玉(女)　2000.10~

市环境保护局
党组书记：农　冰　2006.09~
局　　长：农　冰　2006.09~

市广播电视局
党组书记：韦秉中　2001.11~
局　　长：韦秉中　2000.10~

市体育局
党组书记：井穗军　2001.11~
局　　长：井穗军　2001.11~

市统计局
党组书记：谢小萍(女)　2006.09~
局　　长：谢小萍(女)　2000.10~

市新闻出版局（市版权局）
党组书记：唐本开　2006.08~
局　　长：唐本开　2006.09~

市林业局
党组书记：韦志鹏　2006.09~
局　　长：韦志鹏　2006.09~

市安全生产监督管理局（市煤矿安全监督局、市安全生产委员会办公室）
党组书记：黄南方　2004.07~
局　　长：黄南方　2004.07~

市旅游局
党组书记：贾玉成　2006.08~
局　　长：贾玉成　2003.06~

市粮食局
党组书记：蒙祝宁　2006.06~
局　　长：蒙祝宁　2003.01~

市外事办公室
党组书记：黄菊如(女)　2004.02~
主　　任：黄菊如(女)　2004.02~

市侨务办公室
党组书记：郑小嘉(女)　2004.02~
主　　任：郑小嘉(女)　2004.03~

市法制办公室
党组书记：范卫东　2006.09~
主　　任：范卫东　2006.09~

市水产畜牧兽医局（2007年5月成立）
党组书记：梁兆强　2007.06~
局　　长：梁兆强　2007.06~

市委、市人民政府信访局
党组书记：易　坚(女)　2001.11~
局　　长：易　坚(女)　2001.04~

市国有资产监督管理委员会
党委书记：林国开　2004.07~
主　　任：林国开　2004.07~

市人民防空办公室
党组书记：邱全芳　2006.08~
主　　任：邱全芳　2006.09~

市扶贫开发领导小组办公室
党组书记：林暄辉　2001.11~
主　　任：林暄辉　2001.11~

市信息化工作办公室
党组书记：钱　健　2003.08~
主　　任：钱　健　2003.09~

南宁高新技术产业开发区管理委员会
党工委书记：李晓东　2006.09~
主　　任：李晓东　2006.09~

南宁经济技术开发区管理委员会
党工委书记：熊可范　2004.07~
主　　任：熊可范　2004.07~

南宁华侨投资区管理委员会（中国—东盟经济园区管理委员会）
党工委书记：李　斌　2006.09~

主　　任：李　斌　2006.09~

南宁青秀山风景名胜旅游区管理委员会
党工委书记：文光琪　2006.09~
主　　任：文光琪　2006.09~

南宁市相思湖新区管理委员会
党组书记：胡书文　2006.09~
主　　任：胡书文　2006.09~

市政协办公厅
秘书长：侯小兵　2006.09~
秘书长、副秘书长领导办公厅工作

市政协提案委员会
主　任：梁晓明　1998.07~

市政协经济委员会
主　任：古培康　2006.09~

市政协文史学习委员会
主　任：刘银宾　2006.09~

市政协教科文卫体委员会
主　任：陆益斌　2006.09~

市政协海外联谊民族宗教委员会
主　任：阳伟红(女)　2006.09~

市政协人口资源环境与城乡建设委员会
主　任：郑本炼　2005.10~

市政协社会法制委员会
主　任：咸建媛（女）　2002.11~

市总工会
党组第一书记：李秋明　2004.02~
党 组 书 记：蔡霓虹(女)　2003.08~
主　　席：李秋明　2004.03~

市妇女联合会
党组书记：高　虹(女)　2006.09~
主　　席：高　虹(女)　2006.09~

共青团南宁市委员会
党组书记：胡晶波（女）　2005.03~
书　　记：胡晶波（女）　2005.03~

市科学技术协会
党组书记：余桂华　2005.01~
主　　席：余桂华　2004.12~

市归国华侨联合会
党组书记：谭　漪(女)　2006.09~
主　　席：谭　漪(女)　2006.11~

市残疾人联合会
党组书记：梁朝东　2004.07~
理 事 长：梁朝东　2000.02~

市文学艺术界联合会
党组书记：林万里　2006.09~
主　　席：林万里　2002.03~

市工商业联合会
党组书记：王继宁(女)　2006.09~2007.01
　　　　　黄丽娟(女)　2007.01~2007.11
　　　　　黄秋娣(女)　2007.11~
会　　长：黎四龙　2006.10~

市社会科学界联合会
党组书记：谭耀山　2006.06~
主　　席：谭耀山　2006.08~

中国国际贸易促进委员会南宁市支会
会　长：邓卫民　2006.09~

市红十字会
会　长：郑军健　2004.12~

中国国民党革命委员会南宁市委员会
主任委员：唐济武　2000.01~

中国民主同盟南宁市委员会
主任委员：崔建国　2000.04~

中国民主促进会南宁市委员会
主任委员：陈自力　2000.04~

中国民主建国会南宁市委员会
主任委员：钱学明　2006.11~

中国农工民主党南宁市委员会
主任委员：袁曼虹(女)　2001.06~

中国致公党南宁市委员会
主任委员：张　渊　2006.09~

九三学社南宁市委员会
主任委员：邓明政　2006.08~

市委党校（市经济干部学院、市行政学院、市社会主义学院）
常务副校长（院长）：张伦书　1997.10~

市档案局（市档案馆）
党 组 书 记：黄桂成　1998.07~
局长(馆长)：黄桂成　1998.07~

市委党史研究室
主　任：廖运山　2003.08~

南宁日报社
党组书记：梁繁峰　2006.06~
社　　长：梁繁峰　2005.01~
总 编 辑：梁繁峰　2005.01~

市接待办公室
主　任：谢宗务　2006.08~

市大型活动办公室
常务副主任：方　仲　2006.06~

市招商促进局（市投资投诉中心）
党 组 书 记：黄　毅(女)　2004.07~
局长(主任)：黄　毅(女)　2004.07~

市农业机械化管理中心（市农业机械化管理局）
党 组 书 记：李天绍　2001.11~
主任(局长)：李天绍　2001.11~

市地震局
党组书记：蒋维松　2004.07~
局　　长：蒋维松　2004.04~

市城市应急联动中心
党组书记：孙乡平　2006.09~
主　　任：孙乡平　2006.09~

市市直机关后勤服务中心（市机关事务管理局）
党 组 书 记：覃善开　2006.06~
主任(局长)：覃善开　2002.12~

南宁住房公积金管理中心
党组书记：杨国球　2004.07~
主　　任：杨国球　2003.10~

市人民政府地方志编纂办公室
党组书记：林小静　2004.07~
主　　任：林小静　2004.07~

市二轻集体工业联社
党组书记：空缺
主　　任：空缺

市社会科学院
党组书记：杨德辉　2006.09~
院　　长：杨德辉　2004.07~

市广东商业街、香港商业街、澳门商业街、中国—东盟国际商务区建设管理办公室
主　任：朱　沫　2004.07~2007.08
　　　　郭维宁　2007.08~

南宁昆仑关战役遗址保护管理委员会(南宁昆仑关旅游风景区管理委员会)
党组书记：方建诠　2006.06~
主　　任：方建诠　2006.03~

广西大明山国家级自然保护区管理局(南宁大明山风景旅游区管理委员会)
党委书记：罗世敏　2005.06~

局　　长：罗世敏　2005.06~
主　　任：罗世敏　2006.03~

市政府集中采购中心
主　任：陆　勤(女)　2005.03~

南宁职业技术学院
党委书记：郑军健　2003.05~2007.04
　　　　　朱朝霞(女)　2007.04~
　　　　　　　　(2007.04为副厅级)
院　　长：陈建新　2003.05~
　　　　　　　　(2007.06为副厅级)

市供销合作联社
党组书记：何达生　2006.09~
主　　任：何达生　2004.08~

市人民政府行政审批管理办公室
党组书记：张星辉　2006.08~
主　　任：张星辉　2006.09~

首府住房制度改革委员会办公室
党总支书记：周井光　2005.09~
主　　　任：周井光　2002.02~

中共武鸣县委员会
书　记：苏绍荣　2002.10~

武鸣县人大常委会
主　任：潘祖乐　2006.09~

武鸣县人民政府
县　长：杨维超　2005.01~

政协武鸣县委员会
主　席：李　宁　2006.09~

中共横县委员会
书　记：莫树周　2006.06~2007.08
　　　　吴　炜　2007.08~

横县人大常委会
主　任：陈保金　2002.11~

横县人民政府
县　长：吴　炜　2003.09~2007.09
县　长：黄国健　2008.01~

政协横县委员会
主　席：梁达溪　2002.11~

中共宾阳县委员会
书　记：施汉飞　2001.02~

宾阳县人大常委会
主　任：覃作福　2006.09~

宾阳县人民政府
县　长：陈咸华　2006.09~

政协宾阳县委员会
主　席：胡乃高　2006.09~

中共上林县委员会
书　记：陈文儒　2006.06~

上林县人大常委会
主　任：陆　康　1999.01~

上林县人民政府
县　长：尹建华　2006.09~

政协上林县委员会
主　席：韦日兴　2002.11~

中共马山县委员会
书　记：张光廷　2004.07~

马山县人大常委会
主　任：杨盛稳　2006.09~

马山县人民政府
县　长：李　兵　2006.09~

政协马山县委员会
主　席：林永立　2006.09~

中共隆安县委员会
书　记：容康社　2006.06~

隆安县人大常委会
主　任：韦才团　2006.09~

隆安县人民政府
县　长：欧　波　2006.09~

政协隆安县委员会
主　席：隆成碧　2006.09~

中共兴宁区委员会
书　记：李　勤　2004.11~

兴宁区人大常委会
主　任：罗思义　2006.09~

兴宁区人民政府
区　长：刘为民　2005.04~

政协兴宁区委员会
主　席：李乃玲　2005.04~

中共江南区委员会
书　记：魏凤君　2005.03~

江南区人大常委会
主　任：陈　尧（女）　2006.09~

江南区人民政府
区　长：黄建宁（女）　2004.02~

政协江南区委员会
主　席：杜惠南　2002.10~

中共青秀区委员会
书　记：黄润斌　2006.09~2007.01
　　　　肖志钢　2007.01~

青秀区人大常委会
主　任：黄素萍（女）　2005.04~

青秀区人民政府
区　长：黄丽娟(女)　2006.09~2007.03
　　　　赵禹鹏　2007.03~

政协青秀区委员会
主　席：张宝昌　2005.04~

中共西乡塘区委员会
书　记：吕　洁（女）　2006.09~

西乡塘区人大常委会
主　任：黄福仁　2005.04~

西乡塘区人民政府
区　长：廖俊云　2006.09~

政协西乡塘区委员会
主　席：谢坪芝（女）　2005.04~

中共邕宁区委员会
书　记：温达勤　2005.03~

邕宁区人大常委会
主　任：许文贤　2005.04~

邕宁区人民政府
区　长：黄　宁　2005.04~

政协邕宁区委员会
主　席：黄济法　2005.04~

中共良庆区委员会
书　记：温守荣　2006.07~2007.08
　　　　储朝晖　2007.08~

良庆区人大常委会
主　任：邓国健　2005.04~

良庆区人民政府
区　长：孙志强　2006.09~

政协良庆区委员会
主　席：任宁生　2005.04~

（市委组织部）

责任编辑　周　红

两会一节

第四届 中国—东盟博览会

【概　况】 2007年10月28~31日，第四届中国—东盟博览会在南宁市举办。由中国商务部和东盟国家经贸主管部门及东盟秘书处共同主办、广西壮族自治区政府承办。10月28日上午在南宁国际会展中心举行开幕式。中国国务院副总理曾培炎、文莱王储穆赫塔迪·比拉、柬埔寨首相洪森、老挝总理波松、越南总理阮晋勇，东盟秘书处秘书长王景荣，中国与东盟国家有关部长、地方政府行政长官，国际组织负责人、世界知名企业家、商业协会会长、区域经济研究专家、各界人士代表及广西壮族自治区四家班子领导出席开幕仪式。东盟秘书处秘书长王景荣主持开幕式。广西壮族自治区政府主席陆兵、世界银行副行长乔伊·普曼菲、中国商务部副部长高虎城、文莱王储穆赫塔迪·比拉先后致辞。中国国务院副总理曾培炎宣布第四届中国—东盟博览会开幕。中国国务院副总理曾培炎、文莱王储穆赫塔迪·比拉、柬埔寨首相洪森、老挝总理波松、越南总理阮晋勇、印度尼西亚交通部部长贾马尔、缅甸商务部部长丁尔登、泰国商务部部长格勒格雷·吉拉佩、广西壮族自治区党委书记刘奇葆、马来西亚贸工部副部长吴立洋、中国商务部副部长高虎城、菲律宾农业部副部长巴娜德特、新加坡交通部政务部长陈惠华等共同启动加速器，为第四届中国—东盟博览会开幕剪彩。

此届博览会以“港口合作”为重点主题，共设商品贸易、投资合作、农村适用技术、“魅力之城”4大专题；中国和东盟国家共有183名部长级贵宾参会；共设展位3400个，参展企业1908家，参展商8181人（比上届增长3.6%）；专业观众3.35万人（比上届增长8%）；商品贸易成交额14.2亿美元（比上届增长12.1%）；签订国际经济合作项目182个。总投资额61.5亿美元（比上届增长5.3%），签订国内经济合作项目138个、总投资额582.1亿元（比上届增长5.1%）；有171家媒体1106名记者到会，刊发有关新闻稿1.2万篇（条、幅）。

与前三届相比，此届博览会的经贸成效、办展水平以及影响力进一步提高。围绕重点探索完善办会机制，为长期办好博览会和商务峰会奠定了坚实基础，并彰显五大特色：一是持续发展，推出主题国活动，共办共赢机制进一步深化；二是突出主题，深化合作与交流，尤其是中国—东盟港口发展与合作论坛，达成共识，影响深远；三是提高成效，以客户为中心，加强对企业的服务，有效地做好贸易配对，经贸成效进一步提高；四是设计紧扣港口合作的主题，充分体现了个性和特色；五是搭建平台，“两会一节九论坛”（九论坛即：中国—东盟港口发展与合作论坛、中国—东盟质检部长会议、2007海外华商相聚中国—东盟博览会暨广西商机介绍会、中国—东盟妇女交流活动、中国—东盟林业合作论坛、中国—东盟社会发展与减贫论坛、中国—东盟电力合作论坛、中国—东盟自由贸易区法律论坛、亚欧首脑会议高官会协调会）同期举办，“展会结合”特点更加鲜明，为中国与东盟搭建了多领域多层次的交流平台。10月31日为博览会设置的公众开放日，当日进入会展中心的观众约8万人次。同日下午，在南宁荔园山庄举行的新闻发布会上，中国—东盟博览会组委会副主任兼秘书长、广西壮族自治区政府副主席李金早宣布，第四届中国—东盟博览会胜利闭幕！

【专题展览】 2007年10月28~31日，在南宁国际会展中心举办的第四届中国—东盟博览会，共设商品贸易、投资合作、农村适用技术、“魅力之城”4个专题，展馆展区设16个室内展厅和室外展场。设展位3400个，参展企业1908家，参展商8181人，比上届增长3.6%，展位供不应求。其中，东盟10国及其他国家、地区使用展位1132个，占总展位数33%，比上届增长34.93%，印度尼西亚、马来西亚、缅甸、泰国、越南5个东盟国家包用独立展馆展示本国商品，包馆国家比上届增加3个；中国企业使用展位2215个，占总展位数65%。此届博览会展区设置更加专业化，展品进一步集中；配合港口合作主题及中国—东盟港口发展与合作论坛的举办，“魅力之城”专题展全部确定为港口城市。

商品贸易专题设在室内二层4~15号及附楼一层16号展厅。东盟参展商品主要集中在电子电器、日化产品、农产品、食品、家具、珠宝玉器、工艺品、棕榈油及制品、矿产品等行业；国内参展商品主要集中在工程机械、食品加工和包装机械、电力设备、汽车零配件、建筑材料等行业。投资合作专题设在室内一层1号展厅。主要展示项目有招商与投资、国际工程承包、劳务合作、资源开发和金融服务。农村适用技术专题设在室内一层3号展厅。主要展示农业种植养殖、农产品深加工、农业生物等技术和现代农业装备。“魅力之城”专题设在室内一层2号展厅。此届博览会11个国家魅力港口城市分别是：中国的天津、文莱的斯里巴加湾、柬埔寨的西哈努克港、印度尼西亚的巨港、老挝的沙湾拿吉、马来西亚的巴生港、缅甸的仰光港、菲律宾的苏比克湾、新加坡的新加坡港、泰国的春武里府和越南的下龙。主要综合展示各“魅力之城”的城市形象，并重点介绍各国在港口发展规划和政策、港口先进设备、航线航班开发等方面的发展与合作商机。室外展区主要展示港口机械、大型车辆和工程机械。

【经贸活动】 2007年10月28~31日在南宁市举办的第四届中国—东盟博览会，有参展企业1908家，参展商8181人，比上届增长3.6%；专业观众3.35万人，比上届增长8%。其中，境外专业观众比上届增长6.3%。累计商品贸易成交额14.2亿美元，比上届增长12.1%。其中，机械设备6.5亿美元；建筑材料1.4亿美元；电子电器1亿美元；农产品和食品1.5亿美元；五金化工1.3亿美元；其他商品 2.5 亿美元。举行 26 场投资推介活动，共签订国际经济合作项目 182 个，总投资额 61.5 亿美元(比上届增长 5.3%)；签订国内经济合作项目 138 个，总投资额 582.1 亿元人民币(比上届增长 5.1%)。此届博览会签约项目规模更大，在 182 个国际经济合作项目中，超亿美元项目 18 个，比上届多 4 个；制造业项目比重增加，分别占国际、国内合作项目的 46.2%、59.4%；"走出去"项目成为新亮点，共签订"走出去"项目 59 个，比上届增加 19 个，总投资额 15.8 亿美元。

南宁市在积极参加博览会有关投资贸易促进活动的同时，还举办了 2007 南宁投资贸易洽谈会暨项目签约仪式、境外友好城市经贸合作座谈会和制造业专题、商贸物流专题考察洽谈等一系列经贸活动，取得丰硕成果。共签订内外贸易合同 873 份，贸易总金额 142.6 亿元。其中，内贸合同总金额 133.63 亿元；外贸合同总金额 1.12 亿美元。产品涉及日用百货、针纺织品、民族服饰等 200 多个名优新特产品。签订投资项目 102 个，项目总投资 441.94 亿元。其中，内资项目 80 个，项目总投资 274.28 亿元；外资项目 22 个，合同利用外资 22.35 亿美元。投资项目涉及工业及高新技术、基础设施、旧城改造和房地产、商贸、旅游等领域。南宁糖业股份有限公司、南宁五菱桂花车辆有限公司、南南铝业股份有限公司等 20 家市属企业参加博览会商品展览活动，申请室内展位 14 个，室外展位 5 个。参展产品涉及食品、机械设备、工程机械、建筑材料、农产品、农用化肥、农用机械、农用农药、数码产品、通信产品、卫生洁具、工艺品、电子信息等行业。

【中国—东盟博览会高官会议】 2007 年 10 月 31 日下午，中国—东盟博览会高官会议暨第五届中国—东盟博览会国家专题展区抽签仪式在南宁荔园山庄召开。东盟各国、东盟秘书处的博览会共办部门代表，以及中国商务部和中国—东盟博览会秘书处有关负责人出席。会议总结了第四届中国—东盟博览会的相关情况，提出第五届博览会的设想及建议；通过第五届中国—东盟博览会国家专题展位分配抽签仪式，确定 11 国国家专题展位安排顺序，依次为：越南、老挝、新加坡、印度尼西亚、文莱、柬埔寨、中国、泰国、缅甸、菲律宾、马来西亚；颁发了第四届中国—东盟博览会东盟方奖项。越南、马来西亚获最佳参展组织奖；泰国、印度尼西亚、老挝获最佳行业组织奖；菲律宾、新加坡获最佳采购商奖；东盟秘书处获特别贡献奖；文莱获主题国奖；缅甸、柬埔寨获最佳展

第四届中国—东盟博览会
中国和东盟十国展厅

①越南展厅 ②老挝展厅
③新加坡展厅 ④印度尼西亚展厅
⑤文莱展厅 ⑥柬埔寨展厅
⑦中国展厅 ⑧泰国展厅
⑨缅甸展厅 ⑩菲律宾展厅
⑪马来西亚展厅

文建宁 周家志 摄

示效果奖;缅甸获最佳创意奖。

第四届中国—东盟商务与投资峰会

【概　况】 2007年10月28日，第四届中国—东盟商务与投资峰会在南宁市召开。由中国商务部、中国国际贸易促进委员会、广西壮族自治区人民政府主办，东盟工商会、中国—东盟商务理事会、东盟10国的国家工商会协办，中国—东盟商务与投资峰会秘书处承办。主题为“创新合作——加快提升区域增长力”。10月28日上午，在广西人民会堂举行开幕式。中国国务院副总理曾培炎、文莱王储穆赫塔迪·比拉、老挝总理波松、越南总理阮晋勇，东盟秘书处秘书长王景荣，中国和东盟国家政府官员、商协会代表、工商界精英以及国际组织代表、研究机构代表等共1400余人出席。开幕式由中国国际贸易促进委员会副会长于平主持。曾培炎在开幕式上就中国—东盟自由贸易区建设，区域经济合作和提升区域经济增长力等问题发表主旨演讲。提出了中国与东盟进一步开拓合作领域、提高合作水平的四点建议：一是落实重点项目；二是扩大相互投资；三是开拓合作领域；四是深化次区域合作。还指出，广西壮族自治区地处中国华南、西南与东盟有关国家的结合部，是中国与东盟合作的重要基地。中国政府将支持广西壮族自治区发挥独特的区位优势，加强基础设施和发展能力建设，改善商务和投资环境，加快广西北部湾经济区开发开放步伐。中国欢迎更多的东盟国家企业到广西开展贸易投资合作。穆赫塔迪·比拉在演讲中说，中国和东盟各国面临着越来越多的机遇，合作关系日益扩大，建立一个有效的、安全的和一体化的交通运输网络，特别是港口建设意义十分重大。波松在演讲中指出，中国和东盟之间是战略伙伴关系，各国相互信任，并且共同致力于实现互利共赢的关系，并为了本地区和全世界的和平稳定、友谊、合作和发展而努力。阮晋勇在演讲中说，正在加速建设的中国—东盟自贸区对推动各地区经济增长至关重要，所以希望和东盟都尽快结束关于自贸区的谈判，尽快签署协议。广西壮族自治区党委书记刘奇葆在致欢迎辞时，为进一步推动泛北部湾经济合作不断走向深入提出了四点建议：一是设计提出普惠共赢的合作内容，二是建立平等参与的合作机制，三是构建投融资合作平台，四是推进具体务实的合作项目。

10月28日下午，峰会在广西人民会堂分别举办了服务贸易专题论坛和金融专题论坛。两个论坛于当天下午结束，第四届中国—东盟商务与投资峰会圆满闭幕。

【服务贸易主题论坛】 2007年10月28日下午，第四届中国—东盟商务与投资峰会服务贸易专题论坛在广西人民会堂一楼礼堂举行。中外方代表900多人出席。议题为“服务贸易：新领域，新商机”。论坛分两节进行。第一节由中国—东盟商务理事会常务副秘书长许宁宁主持。天津市副市长崔津渡、越南文化体育和旅游部副部长阮名泰、中国建筑工程总公司总经理孙文杰、印度尼西亚金锋集团主席林文光、中国商务部国际司副司长张少刚、中国国际经济贸易仲裁委员会副主任于健龙等先后发表演讲，并回答了参会嘉宾的现场提问。第二节由文莱国家工商会会长拉扎里主持。东盟秘书处秘书长王景荣，中国移动通信集团广西有限公司总经理吴唯宁、印度尼西亚工商会会长希达悦、马来西亚马中控股集团总裁吴国强等先后发表演讲，并现场回答了参会嘉宾的现场提问。演讲嘉宾和与会代表围绕论坛议题，就中国—东盟《服务贸易协议》带来的无限商机，各抒已见，热烈讨论，进行了有益的交流。阮名泰表示，越南将鼓励相互旅游业的投资，消除旅游合作中的壁垒，进一步增加旅游业的发展潜力。孙文杰说，中国建筑工程总公司非常愿意与东盟各国的企业一道在房屋建设基础设施、地产、设计规划以及国际工程承包方面开展友好合作。林文光表示，希望能够进一步加强东盟各成员国之间的交通服务，为各国企业家创造更方便、快捷的投资通道。王景荣指出，发展北部湾将会给东盟各国带来更多的商机，特别是给服务贸易和货物贸易带来更多的机会，中国和东盟之间将会有更多的商机与合作。吴唯宁提出了构建一个畅通的信息交流平台的设想，第一阶段是推动广西南宁成为中国—东盟信息合作化的一个平台，第二阶段合作建设中国—东盟信息高速公路。希达悦认为，通过制定的政策和规则，通过政府和商业部门的合作来促进服务贸易的发展，让所有人获益。广西壮族自治区政府副主席李金早作闭幕演讲时表示，广西将以交通为重点，进一步加强基础设施建设，加快推进广西铁路、公路、港口、码头、机场的建设，尤其是现代化大型组合港的建设。另外，还将在区域合作、市场环境、人才培养、资源流动等方面营造更广阔的服务贸易发展空间，为深化中国与东盟全面经济合作，实现本地区共同发展和繁荣作出新的贡献。

【金融专题论坛】 2007年10月28日下午，第四届中国—东盟商务与投资峰会金融专题论坛在广西人民会堂五楼会议厅举行。中外方代表250余人出席。议题为“深化金融合作，便利贸易投资”。论坛分两节进行，均由中国银行金融机构部总经理张秉训主持。中国银行副行长王永利、马来西亚贸工部副部长吴立洋、广西壮族自治区政府常务副主席郭声琨、泰国盘古银行总裁陈智深、印度尼西亚力宝集团董事局主席李文正、中国出口信用保险公司副总经理张卫东、联合国计划开发署驻华国别署副主任麦瑞德、中国现代国际关系研究院专家翟昆等先后发表演讲，并回答了参会嘉宾的现场提问。与会嘉宾回顾了十年前发生的亚洲金融风波所带来的教训和反思，充分认识到，金融稳定和安全是实现地区经济稳定发展的重要保障。中国与东盟有必要加强区域内财政金融领域政策对话，开展机构能力建设合作，推进地区金融市场和预警机制建设，增强危机防范能力，更好地促进地区经济稳定发展。王永利说，中国—东盟金融合作互补性强，金融市场开放将是未来中国—东盟金融合作的一项重要内容，有利于在区域内营造更加开放的金融市场环境，为双边及多边贸易、投资往来提供形式多样的便利化服务。吴立洋指出，要确保地区的宏观经济稳定，关键是金融稳定，只有实现金融稳定和宏观金融稳定才可以实现金融经济增长。郭声琨表示，广西加快设立一家区域性、国际化、股份制的商业银行——广西北部湾银行，努力使北部湾经济区成为区域性金融中心。陈智深建议，通过政府及私人企业进行金融合作，政府机构领路，私人企业则起着重要支持作用。李文正提出，中国可以成为东盟各国产品以及农产品主要买方，建立农产品和其他产品的交易中心，包括期货交易中心和其他的金融市场发展，这是中国—东盟的金融产业合作中首要任务。翟昆认为，中国与东盟的合作是和谐世界的示范，而加强双方的金融合作将有力提升这一区域的增长力。中国国际贸易促进委员会副会长于平在发表闭幕演讲时表示，中国—东盟区域金融合作日益成为中国—东盟自由贸易区的重要组成部分。“深化金融合作，便利贸易投资”已成为双方金融界加强合作的重要内容，也是双方工商企业界迫切诉求的合作内容。

南宁国际民歌艺术节

【大地飞歌·2007】 2007年10月28日

晚,“大地飞歌·2007”第四届中国—东盟博览会暨南宁国际民歌艺术节开幕晚会在南宁民歌广场举行。中国国务院副总理曾培炎,东盟各国代表团,中央、国家机关有关部门负责人,各省、自治区、直辖市代表团,参加“两会一节”的部分代表,主要客商、参展商,广西壮族自治区有关领导出席。观众约2.8万人。开幕仪式由南宁市市长、南宁国际民歌艺术节组委会主任陈向群主持。南宁市委书记、南宁国际民歌艺术节组委会主任马飚致开幕辞,并宣布:“大地飞歌·2007”第四届中国—东盟博览会暨南宁国际民歌艺术节开幕!

晚会以“盛世欢歌”为主题,分为欢庆、欢聚、欢腾、欢歌4个篇章。中央电视台著名导演郎昆任艺术总监、杨东升任总导演,著名主持人朱军、李咏、董卿联袂主持。舞台以巨大的浪花为主要形象,配合幻化的光效,气势磅礴,璀璨夺目,体现了庆祝党的十七大召开的喜庆,以及广西实施北部湾战略的时代特点;铜鼓状巨幅视频彩屏将壮乡的奇山秀水与晚会动态画面结合。著名歌唱家魏松、柏文以一曲直抒主题的《盛世欢歌》,伴着气势恢弘的舞美拉开了晚会的序幕。代表着藏族、蒙古族、彝族、维吾尔族及朝鲜族的哈拉玛组合、黑骏马组合、太阳部落组合、天山雪莲组合和歌手君龙以一组别具风格的《大地飞歌》组歌,带出欢庆篇章的序曲。著名歌手张也、腾格尔、韩红分别演唱了《和谐颂》、《在那遥远的地方》、《天路》。中国通俗歌后毛阿敏的一首《大地之约》唱开了欢聚篇章。满文军、孙悦、凤凰传奇分别演唱了《阿娇》、《神鹰传说》、《醉美天下》;著名歌唱家廖昌永、莫华伦、张健一美声联唱《重归苏莲托》、《桑塔露琪娅》、《莫斯科郊外的晚上》、《今夜无人入睡》。广西歌手袁泉、唐彩媚、肖燕、王晓婷全新演绎中国—东盟博览会会歌《相聚到永久》,将晚会带入欢腾篇章。著名歌手汤灿演唱了一首配合北部湾经济区开发的新歌《风生水起北部湾》。越南民歌天后范菲蓉的《难忘的黑马》,新加坡民歌手莫哈末·沙莎比尔、玛特由妲的《诺吉娅》,泰国新生代天后TATA YOUNG的《I BELIEVE》给晚会带来了异国艺术风格的音乐魅力;香港当红歌手组合TWINS的《星光游乐园》、歌星谢霆锋的《因为爱所以爱》,台湾著名歌手庾澄庆的《热情的沙漠》、常青树费玉清的《梦驼铃》给观众带来时尚的气息。晚会尾声,在激昂的配乐和漫天的焰火中,著名歌唱家吴碧霞与广西演员组成的合唱团一起唱响压轴歌曲《神州共举杯》,将晚会推向最高潮。参加晚会演出的舞蹈演员、群众演员逾千人;共使用2500多套服装、600多件道具;灯光和焰火设计、现场录播手段皆采用现代国际时尚科技元素。

【2007南宁·东南亚国际旅游美食节】 2007年10月19~31日,第十七届中国厨师节暨2007南宁·东南亚国际旅游美食节在南宁市举办。由中国烹饪协会,广西壮族自治区商务厅、旅游局、国际博览事务局和南宁市政府主办,市商务局、旅游局、青秀山风景名胜旅游区管委会和广西烹饪行业协会、市餐饮行业协会、南宁澳特西玛置业有限公司承办。19日上午在南宁青秀山东南亚美食城举行开幕式,近2000名国内外嘉宾、参会代表参加。南宁市委副书记谢泽宇主持开幕式。南宁市市长陈向群、中国烹饪协会会长苏秋成、世界厨师联合会副主席爱德华·莱昂纳德、上海市烹饪协会会长沈思明分别致词。广西壮族自治区政府副主席穆虹宣布第十七届中国厨师节暨2007南宁·东南亚国际旅游美食节开幕。中国烹饪协会名誉会长胡平、中国烹饪协会会长苏联成,广西壮族自治区人大常委会副主任甘幼玶、广西壮族自治区政府副主席穆虹、南宁市市长陈向群共同点燃开幕炉火。随后,苏秋成、穆虹、陈向群等出席在美食节现场为餐饮祖师爷、厨师福星“詹王”像揭幕仪式,并为南宁名厨阿炳师傅烤制2008只美凰鸡剪彩。参加开幕式的嘉宾和参会代表还现场参观各类展览、观摩了各类比赛。此届旅游美食节与第十七届中国厨师节共同举办,以“弘扬中华餐饮文化,推动中外厨艺交流,展现民族菜风采,增进中国—东盟美食文化交流”为主题,举行了詹王杯第二届全国中餐技能创新大赛、大厨四宝杯第二届全国厨艺绝技演示暨鉴定活动、第二届广西民族地方特色美食展示大赛、世界厨师联合会执委会非正式会议、中国烹饪协会专家工作委员会年会、中国餐饮企业资本运营论坛、“醉美南宁”专场文艺晚会、名师大师献艺活动、南宁市江南区邕州老街分会场活动、詹王杯第二届全国中餐技能创新大赛作品展等综合、展览、节庆、比赛、会议文化和互动6类23项活动。设有青秀山东南亚美食城主会场和邕州老街、自治区党校2个分会场。设展位395个。其中,主会场175个;邕州老街分会场220个。内容涉及美食、调味品、服装、旅游产品展销。有37个代表团(国外3个,即菲律宾达沃市、韩国果川市、印度尼西亚槟港市;国内34个),1849名代表(美国、韩国、比利时、日本、马来西亚、新加坡等12个国家及港、澳、台代表140人;国内代表1709人)参加了此届厨师节暨旅游美食节。有480名选手报名参加设置的3项比赛活动。此外,有960名参展商参加了邕州老街分会场的活动。期间,参展参会和观摩的厨师1万多名;参与的游客超过50万人次。19~20日,在青秀山东南亚美食城举行詹王杯第二届全国中餐技能创新大赛、大厨四宝杯第二届全国厨艺绝技演示暨鉴定活动。创新大赛有来自全国31个省、市、自治区的选手报名参加280余个项目的比赛,依次决出特金奖51项、金奖78项、银奖53项、优秀奖75项。南宁宗辰酒楼的“富贵黑米包”获面点项目金奖;南宁宗辰酒楼的“茶乡竹肠皇”和“蕉香文鱼腩”获热菜项目银奖;南宁老甘粉饺店的“老甘粉饺”获面点项目银奖。厨师绝技演示活动有来自全国17个省、市、自治区的选手报名参加60个项目的比赛,评出最佳厨艺奖16项、技艺超群奖15项、绝技表演奖1项。南宁阿里妈妈小吃店蒋林生的“单人率队烤制2008只鸡”获最佳厨艺奖。19~20日在东南亚美食城举行的第二届广西民族地方特色美食大赛,内容以广西民族、地方特色风味菜肴,风味名点、名小吃和绿色保健食品为主。大赛分团体赛和个人赛。团体赛有来自广西14个地级市和区直的15个代表队参加;个人赛有66名选手参加。各项赛事现场评判和颁奖。评出最佳组织奖6个、优秀组织奖3个,南宁市获最佳组织奖;团体赛金奖10个、银奖5个,南宁市的明园饭店、凤凰宾馆、味道制造餐饮文化有限公司、邕江宾馆获金奖;个人赛金奖4项、银奖51项、优秀奖11项,南宁市生辉烧卤连锁店的杨辉(作品:脆皮梅子鸭)获金奖。20日上午,还在自治区党校多功能厅举行了“中华金厨奖”表彰颁奖大会。经各省市区烹饪协会推荐、中国烹饪协会专家组审核、网上公示,最终确定全国213人获2007年度“中华金厨奖”称号。南宁市凤凰宾馆的蒙世涛获“最佳厨房管理奖”;南宁稻之源日本料理的何国华获“最佳人才培育奖”;南宁龙升阁汉宫膳食坊的黄国英、南宁金禾宫大酒店的赖钧仪、南宁阿里妈妈小吃店的蒋林生获“最佳技术创新奖”。第十七届中国厨师节于21日闭幕,下一届中国厨师将在北京举办。2007南宁·东南亚国际旅游美食节于31日闭幕。

【绿城歌台】 2007年10月29~30日,2007南宁国际民歌艺术节“绿城歌台”活动分别在南宁市12个县区的广场、社区、学校、旅游景点举行。由南宁国际民歌艺术节组委会主办。共设外国友城歌台、朝阳花园中心歌台等17个歌台。有来自意大利、保加利亚、美国、德国、新西兰、澳大利亚、南非、斯洛文尼亚、印度、奥地利和东盟等20个国家的21个艺术表演团体173名艺术家，与南宁市艺术剧院及业余艺术表演团队的演员一道，在各个歌台进行了19场演出。意大利那不勒斯曼陀铃乐团、奥地利幺踏拍鞋舞队、德国景泰蓝乐队为观众表演了欧洲优美的、幽默的音乐和民族特色舞蹈；美国裂谷蓝草乡村音乐组合充分展现了美国乡村音乐的魅力；久负盛名的南非彩虹乐队的表演融合了传统的舞蹈及浓郁的非洲风情的音乐元素；泰国、柬埔寨、老挝、印度、菲律宾、新加坡的艺术团分别给观众表演了神秘、高贵、经典的古典歌舞和独具风情的民族歌舞；南宁市本土艺术表演团队的表演也十分精彩，民族歌舞，武术、魔术、舞狮表演，原声态山歌等，展现了原汁原味的乡土文化及多姿多彩的民族文化。绿城歌台活动以舞会友，以歌传情，歌舞欢腾，上下同乐，参与者和观众约32人次。

【外国艺术家专场】 2007年10月31日晚，“振宁之夜·相约南宁”——外国艺术家专场晚会在南宁电视台8号演播厅举行。由南宁国际民歌艺术节组委会主办。有来自意大利、保加利亚、美国、新西兰、澳大利亚、德国、南非、斯洛文尼亚、印度、奥地利和东盟等19个国家137名艺术家参加，共表演节目24个。奥地利幺踏拍鞋舞队表演的《上克赖纳拍鞋舞》拉开了晚会的序幕。柬埔寨艺术团等表演的民族舞蹈；斯洛文尼亚波乐卡女子乐队等弹唱的民间音乐；德国景泰蓝乐队等演奏的民族音乐；美国裂谷蓝草乡村音乐组合等演唱的乡村音乐；印度尼西亚吉达努山打拉光辉艺术团等演唱的经典歌曲，使观众体会到不同民族独特的文化底蕴，领略到不同民族独有的民族风韵。晚会在全体艺术家用刚学会的中文合唱中国民歌《好一朵茉莉花》后落下帷幕。

【欢乐南宁·中外嘉宾大联欢】 2007年10月29日上午，2007南宁国际民歌艺术节“欢乐南宁·中外嘉宾大联欢”在南宁青秀山金汇如意坊举行。南宁市有关领导，参加“两会一节”的法国、英国、日本、韩国、老挝、马来西亚、越南、泰国、柬埔寨、印度尼西亚等国家的外国嘉宾及部分国内嘉宾，与马来西亚怡宝市艺术团、泰国孔敬市艺术团、奥地利克拉根福市艺术团、韩国果川市艺术团及广西送变电艺术团的艺术家和演员，以及约800名观众一道载歌载舞，欢聚一堂。一组广西民族组舞《酒歌》拉开了大联欢的序幕。马来西亚的节日舞蹈、泰国的民族乐曲、奥地利的拍鞋舞、壮乡风味的歌舞等精彩节目让观众大饱眼福；反映壮乡民俗民风的互动游戏板鞋竞技和背新娘等活动，吸引了外国嘉宾的极大兴趣，纷纷上台参与，亲身体验中国少数民族的传统文化风俗。当大联欢活动进入尾声时，全场观众情不自禁地上台参与表演，大家手拉手跳起欢快的多耶舞，把欢乐的气氛推向了高潮。（龙　树）

其他重要活动

【中国—东盟港口发展与合作论坛】
2007年10月28~29日在南宁荔园山庄国际会议中心举行。由交通部、自治区政府举办。主题：加强区域合作，促进共同发展。来自东盟10国的交通部长、副部长，港口主管部门的高级官员，东盟秘书处官员，中国与东盟各国及世界各国港航业著名的企业家和学者共450人参加会议。论坛期间通过了《中国-东盟港口发展与合作联合声明(南宁共识)》。

【第一届中国—东盟质检部长会议】
2007年10月28~29日在南宁红林大酒店召开。由中国质检总局、东盟秘书处主办；广西出入境检验检疫局、中国—东盟博览会秘书处承办。主题：进出口食品安全管理与合作，保护消费者权益。国务院副总理曾培炎、东盟秘书处秘书长王景荣出席开幕式并致辞。中国—东盟质检部长会议中方主席、中国质检总局局长李长江主持开幕式，质检总局副局长魏传忠代表中方作主旨发言。自治区党委书记刘奇葆、自治区政府副主席杨道喜、国务院办公厅、商务部、发展改革委等有关部门的领导，缅甸驻华大使吴登伦，印度尼西亚驻华大使苏决界，东盟10国卫生、农业部门的官员出席了开幕式。来自东盟10个成员国的23个主管部门、5个驻华外交机构和东盟秘书处等29个单位(其中部级官员23名)，中国外交部、农业部、商务部、卫生部、质检总局、国务院法制办公室、食品药品监管局等7个部门、自治区政府、25个出入境检验检疫机构和质量技术监督机构，以及中国香港特别行政区食物与卫生局和澳门特别行政区民政部署的代表共140人参加会议。与会代表讨论通过了《南宁联合声明》，并就在11月举行的中国—东盟领导人会议期间正式签署中国与东盟《关于加强卫生与植物卫生合作的谅解备忘录》达成一致意见。

【2007海外华商相聚中国—东盟博览会暨广西商机介绍会】 2007年10月29日在南宁饭店召开。由国务院侨务办公室、自治区政府主办，自治区侨务办公室、中国—东盟博览会秘书处承办，自治区商务厅、招商促进局、北部湾办公室、归国华侨联合会协办。主题：新广西新商机新发展。国务院侨务办公室主任李海锋，自治区政府主席陆兵，自治区党委常委、组织部部长陈际瓦，自治区人大常委会副主任甘幼玶，自治区政协副主席章崇任等出席会议。会议由陈际瓦主持。来自世界30多个国家和地区的200多名海外重点华商代表参加会议。陆兵向华商们介绍了广西的区位、政策和资源优势，希望广西与海外华商能在更广泛的领域加强合作，促进共同发展。会上还举行了项目签约仪式，共签订侨资项目18个，投资金额3.8亿美元。

【中国—东盟社会发展与减贫论坛】
2007年10月30~31日在南宁明园饭店举行。由中国国务院扶贫办公室、自治区政府主办，中国国际扶贫中心、自治区扶贫办公室、中国—东盟博览会秘书处承办，联合国开发计划署支持，广西外资扶贫项目管理中心协办。主题：参与和推进区域社会发展与减贫交流合作。论坛分为两个平行会议，第一个平行会议以各国社会发展与减贫经验和政府间合作进展与挑战为主题；第二个平行会议以其他各国相关方(学术界、企业界、非政府组织)如何与政府互动共同推动社会发展与减贫事业为主题。来自中国和东盟10国主管扶贫工作的高级官员或扶贫机构负责人、社会发展和减贫领域的专家学者、著名企业家等160人参加会议。与会代表交流了东盟各国与中国促进减贫和社会经济协调发展的进展、经验与方法，探讨了在本地区建立减贫与社会发展领域多方协作框架的途径，并通过《第一届中国—东盟社会发展与减贫论坛南宁倡议》。

【中国—东盟林业论坛】 2007年10月30日在南宁红林大酒店举行。由中国林业局和自治区政府联合主办，自治区林业局、中国—东盟博览会秘书处承办。主题：中国—东盟林业合作与可持续发展，包含中国—东盟林业投资与林产品贸易合作、非木材林产品在东南亚国家的利用与发展、林业科技合作3个议题。中国林业局副局长、东盟秘书处副秘书长、东盟国家6名副部长级官员和专业人士等国内外代表共190人参加会议。论坛上，文莱、柬埔寨、中国、老挝、马来西亚、缅甸、菲律宾、泰国、越南等国的林业官员先后发言。国际林业研究中心、中国林业局的专家分别作主题演讲。论坛通过了《中国—东盟林业合作南宁倡议》。

【第四届中国—东盟自由贸易区法律论坛】 2007年10月30日在南宁国际会

展中心举行。由中华全国律师协会、法制日报社、中国—东盟博览会秘书处主办，自治区司法厅、广西律师协会承办。主题:合作发展与法律服务。来自中国及东盟各国政界、司法、立法、仲裁、商界的官员、专家、学者等120多人参加会议，与会代表围绕主题展开全面和有针对性的探讨。鉴于中国与越南两国近年来双边贸易迅速增长，第四届论坛将“中越法律顾问服务协作”作为论坛的重要议题，首次增加公证协作议题。同时，安排了一定比例的各国商会、企业领袖在论坛期间展开法律服务面对面交流，体现了法律论坛来自于博览会、服务于自贸区经贸发展的宗旨和特征。

【中国—东盟电力合作与发展论坛】 2007年10月28日在南宁锦华大酒店举行。由中国电力企业联合会、中国国际贸易促进委员会电力行业委员会、中国—东盟博览会秘书处主办，中国电力企业联合会国际合作部、哲基博览亚洲有限公司承办，广西电力行业协会协办。主题:中国电力行业走出去的商务经验，服务东盟电力市场的优势与策略，东盟10国电力市场的发展，商务环境和投资机会，大湄公河区域电力现状及规划，电力合作策略、投资与技术等。来自中国、东盟10国、美国、加拿大、俄罗斯等国家和欧洲、南亚部分国家以及台湾、香港、澳门的电力、法律、投资等领域的高级管理人员、国际事务主管、专家、企业负责人等300多人参加会议。东盟秘书处副秘书长、中国电力监管委员会主席、自治区政府副主席、中国南方电网有限责任公司副总经理等在开幕式上致辞。中国电力企业联合会理事长和柬埔寨工业、矿业、能源部部长作主题演讲。论坛组织了40余篇高质量的有关电力规划、行业发展报告，投资与风险管理以及发电、输电、环境保护、节能降耗等技术领域的论文在大会发表。会议通过主题演讲、高峰对话、行业报告、商务配对、专题研讨、参观考察等不同形式，打造高层次、实效性、互动性的商务交流平台，共同分析中国—东盟国家电力行业发展现状，探讨中国—东盟国家电力行业发展趋势，了解电力行业新技术和先进管理经验，分享电力行业国际合作和区域合作经验。

【亚欧会议高官会】 2007年10月29~30日在桂林召开。由中国外交部主办，自治区政府承办。亚欧会议是亚洲与欧洲之间的政府间论坛，旨在通过开展政治对话，经贸合作和社会文化交流，增进了解，加强互信，促进建立亚欧新型全面伙伴关系。主题:亚欧首脑会议筹备工作。来自中国及东盟10国、东盟秘书处、日本、韩国、蒙古、印度、巴基斯坦、欧盟27个成员国及欧盟委员会等亚欧会议45个成员的副部级或司级官员180多人参加会议。会议由中国亚欧会议高官王学贤主持。与会代表主要讨论了第七届亚欧首脑会议筹备及亚欧会议进程有关问题，与会代表并就国际和地区形势交换了意见。

【中国—东盟妇女交流活动】 2007年10月21~30日在南宁举行。由中国妇女联合会主办，自治区妇女联合会承办。活动分为3个部分。10月22日，“东盟与中日韩性别意识主流化”培训班在自治区党校开班，东盟10国和中国、日本、韩国3个国家从事性别平等工作的20多名政府官员参加培训。10月27日上午，“中国—东盟妇女培训中心”揭牌仪式在南宁广西妇女大厦举行，中国人大常委会副委员长、中国妇联主席、中国东盟协会会长顾秀莲发来贺电，中国国务院妇儿工委副主任、中国妇联副主席、书记处第一书记黄晴宜，中国妇联副主席、书记处书记赵少华，老挝国家妇联副主席凯姆陈·佛姆森格萨万，自治区党委常委、组织部部长陈际瓦等出席揭牌仪式。中国妇联领导及有关人员，东盟与中日韩性别意识主流化培训班学员，湖南、贵州、吉林三省区妇联主席、业务部长，女企业家代表以及广西各界妇女代表等近300人参加了揭牌仪式。10月27日晚，中国—东盟妇女友好交流招待会在南宁西园饭店举办，宴请参加中国—东盟博览会的中国及东盟各国女企业家、知名企业家夫人，在南宁的东盟各国女专家学者，参加东盟与中日韩社会性别意识主流化培训班的各国嘉宾等100多人。黄晴宜、陈际瓦、凯姆陈·佛姆森格萨万在会上致词。建立了互利、互补、互助的新型合作关系，共同推进中国—东盟妇女事业的发展，不断深化中国—东盟战略伙伴关系。

（李敬江）

服务“两会一节”

【概　况】 2007年，南宁市在总结前三届成功举办“两会”经验的基础上，贯彻中共中央总书记胡锦涛关于“中国—东盟博览会要长期办下去，办出特色，办出实效”的指示精神，各项筹备工作力度不减，标准不降，干劲不松，不断提高城市的办会水平和服务功能，圆满完成各项工作任务。一是健全机构，完善机制，奠定服务好“两会一节”工作的组织基础。6月，成立南宁市服务第四届中国—东盟博览会工作领导小组和2007南宁国际民歌艺术节组委会，下设办公室和18个工作部门，并抽调人员组建工作班子；全市有关部门成立相应机构。8月，制定印发《南宁市服务2007年“两会一节”工作方案》和《南宁市服务2007年“两会一节”应急预案》；各工作部结合实际分别制定具体实施方案和应急预案207个，完善各项服务工作机制。二是明确任务，突出重点，努力做好服务“两会一节”的各项工作任务。加大城市基础设施建设和市容景观综合整治力度，改善城市环境；精心做好交通安全、社会稳定、节会保卫、供水供电保障、气象服务、通信信息服务、志愿者服务、卫生防疫、食品安全及场馆设备维护等工作，确保“两会一节”活动顺利进行；拓展合作领域，抓好招商引资和客商邀请工作；加快旅游软硬环境建设，提升服务接待水平；举办南宁国际民歌艺术节的系列活动，加大宣传力度，营造热烈、浓厚的“两会一节”舆论氛围。

【城市基础设施与环境改善】 2007年，在服务“两会一节”过程中，南宁市把加大城市基础设施建设和市容景观整治作为首要任务来抓，城市环境明显改善。完成南梧大道三期、青竹立交桥、葫芦鼎大桥、越秀立交桥、七一总渠改造等一批服务“两会一节”配套基础设施项目建设。完成道路维修11.8万平方米，人行道维修6万平方米，路灯维修9537盏次。对50公里精品线路市容环境进行综合整治。把服务“两会一节”市容秩序整治与实施城乡清洁工程相结合，自1月起至“两会一节”举办，共下发督办函1699件，查处各类违章行为208.9万多起。其中，查处摊点乱摆(含跨门槛经营)行为59.8万起、车辆乱停放行为26万起、垃圾乱扔行为35.8万起、广告乱贴行为85.4万起、工地乱象行为1.99万起。有618栋高层建筑按照整体设计要求完成亮化工程；南湖沿岸及汇歌桥亮化、南湖灯展供电、机场高速公路沿线亮化供电等4个工程项目，于9月25日完工。把建设100片景观林项目作为“170万株树木”工程的核心项目，至10月，投入资金1.36亿元，种植树木159.73万株；“两会一节”期间，采取鲜花下地与摆设相结合、小品制作上档次和出精品的方式，共布置鲜花225万盆。自10月24日起至“两会一节”举办，对民族大道等60多条市区内重要道路进行冲洗清洁。为民歌广场、会展中心等各活动场所提供移动公厕保障1020座次；组织市容环境卫生检查督导人员210人次，检查道路和小街小巷736条次、公厕和垃圾中转站186座次；出动1.5万人次，清理1537个卫生死角，清理生活垃圾9037吨。同时，还在全市开展了深入实施城乡清洁工程，把南宁打造成一座生态环境优美的绿色之城，一座整洁干净的卫生之城，一座治安秩序良好、平安公正、安居乐业的和谐之城的“百万市民大行动，文明出行大宣传，莘莘学子大参与”的系列活动，对改善城市环境起到了积极的促进作用。

【会展场馆设备维保和服务设施完善】 2007年，南宁市服务“两会一节”组委会会展部专门制定了《服务“两会一节”工作方案》和《场馆设备设施检修进度计划》，所属各专业小组也根据各自的工作特点制定了服务“两会一节”工作方案和应急预案。4~9月，全力以赴抓好会展场馆设备设施维保和服务设施实善工作。对会展场馆的设备设施，特别是电气、空调、电梯、消防、智能化等主要设备设施，按照高质量、严要求、抓细节的总体要求，进行了两轮检修维护和调试，做到不留死角、不留盲区、不留隐患。强电专业检修维护各种电线电缆360万米，各种配电柜、控制柜、控制箱1800多面，各式开关5万多个，照明灯具10万多个；弱电专业检修维护数据检测点130多万米，各种设备1.3万多台，数据检测点13万个；消防专业检修维护设备300多台，消防水管1万多米，消防电缆80多万米，控制点600多个；给排水专业检修维护设备60多台，给排水管6000多米；空调专业检修维护设备3000多台，风管15万多平方米，空调水管19万多米，风阀5000多个，水阀2万多个。10月10日前，投资100万元，对博览会开幕式贵宾休息室进行装修维修；15日前，投资300万元，完成展厅屋面亮化工程。同时，在博览会举行前，派专人与博览会组委会及主场服务商进行对接，及时了解和掌握工作动态、要求，做好展务工作对接、物流服务、配合主场展位搭建、展览器材运送等工作安排和计划。组成6个巡馆检查小组进行巡查，按照展场规定对违章操作和乱接乱拉电线坚决予以制止，杜绝一切事故隐患发生；加强与负责物流工作单位的协调，尽力为其提供便利；对参展商的重型机械等展品进场，做好相关注意事项的告知工作。博览会举办期间，每天投入近500人力及动力叉车、液压搬运车、平板推车、高空升降平台车、家具和展具等，为展会提供服务。

【招商招展】 2007年，南宁市有关部门精心组织，团结协作，多形式、多渠道开展“两会一节”招商招展工作。先后组织经贸代表团出访越南、印度尼西亚、马来西亚、新加坡等东盟国家，参加第四届泛珠三角经贸合作洽谈会、厦门中国投资贸易洽谈会、天津第十四届商品交易投资洽谈会、第三届中国吉林东北亚博览会、第四届桂台经贸合作洽谈会、杭州第四届浙商大会和第二届浙商投资博览会等区域间展览会及投资贸易洽谈会，开展了一系列项目推介、投资环境说明和承接产业转移活动，宣传中国—东盟博览会，邀请国内外重点企业参展参会，推进在谈项目和签约项目的实施进程。8月，召开全市承接东部产业转移招商工作会议，部署相关工作。确定以铝深加工、电子IT、机械汽配、消费品工业、仪器、服装、家具7个产业为重点招商产业；以珠三角地区为重点招商区域；以产业招商、产业链招商为重点招商方式。9月初，由市四家班子有关领导分别率领250多人组成的7个招商专业组，分赴广东省深圳市、东莞市和佛山市，开展承接珠三角地区产业转移招商活动周活动；9月中、下旬，启动“千人招商”活动，组成65个产业招商小组共1000多人分赴珠三角地区等重点城市开展大规模产业招商活动。邀请美国华南商会、法国中小企业商会、深圳市国际商会、江苏侨资企业协会、海南中小企业联合会、珠海市民营企业协会等30多家商协会组织500多家会员企业，到南宁开展投资环境考察和项目洽谈活动；先后邀请深圳盐田港、深圳富士康、香港英皇集团、香港新鸿星集团、上海绿地集团、西班牙长泰旅游集团、马来西亚成功集团、日本富士能佐野株式会社和台湾瑞西国际投资集团等100多家中外知名企业负责人，到南宁进行项目洽谈合作，推进在重点领域和重大项目上开展产业投资合作。南宁市有关部门先后与新加坡国际企业发展局、越南计划投资部北方投资促进中心、马来西亚马中经贸总商会、广东省商会联合会、日本贸易振兴机构、韩国贸易振兴公社等15家有影响的国内外商协会和投资中介机构，就组织企业到南宁考察、开展委托代理招商、促进经贸合作等事宜达成合作协议；还与深圳市企业家联合会、广东省五金机电商会、东莞市电子行业协会等20家珠三角地区的商会和行业协会签订了委托招商协议；此外，南宁市有关领导还带队赴广州拜会了英国、法国、德国、美国等9个国家驻广州的总领事馆和商务机构，进一步加强联合与合作。通过开展多种形式的活动，为“两会一节”的招商招展工作打下良好的基础。南宁市在“两会一节”期间，签订投资项目102个、金额441.94亿元；共邀请1100多名中外客商参加各项活动。

【宾馆服务设施与接待服务完善】 2007年，南宁市有关部门根据服务“两会一节”的总体部署，制定相关的工作方案，落实各项措施，提高软硬件水平，完成服务接待任务。一是做好饭店的星级评定和复核工作。8月始，对新申报的大酒店进行了星级的评定检查，新增四星级饭店1家；对原评定的星级饭店进行2007年度复核，促使星级饭店加强对硬件设施的维护与更新，提高经营管理和服务质量。至“两会一节”召开前，共有星级宾馆80家，客房1.21万间，床位2.15万张。二是抽调人员组成8个检查组，于10月中旬对全市承担“两会一节”接待工作的158家宾馆酒店进行综合大检查活动，确保各接待宾馆酒店以一流的服务水平迎接参会的中外嘉宾。三是通过分别召开接待宾馆酒店业主和服务人员培训会议，邀请专家对抽调的接待服务人员进行专场培训等方式，进一步增强相关人员的服务素质，提高接待水平。四是按照“热情、细致、得体、大方、规范、安全”的工作要求，精心做好嘉宾的迎送、活动、食宿安排、车辆调配、各类票证的申报和发放等，以热情的接待、规范的礼仪、周到的服务、细致的工作服务好“两会一节”，使嘉宾充分领略“绿城南宁”的风情、风貌，充分感受南宁人民的热情好客。

【安全保卫】 2007年，南宁市公安部门在总结前三届博览会安全保卫工作成功经验的基础上，坚持“安全第一”的工作方针，精心组织，周密部署，措施得力，出动警力超过20万人次，圆满完成了“两会一节”期间217项安全保卫工作和警卫任务。成立2007“两会一节”安全保卫工作组织机构，制定各类方案、预案102个。深入相关单位和场点等，开展情况调研和警卫基础工作调查。结合社会治安状况实际，持续开展多项社会治安综合整治专项行动，为“两会一节”的成功举办创造了良好的社会治安环境。构筑对敌斗争的安全、社会面治安的控制，环绕全城的查控、区域性的稳控等四道防线，强化对全市社会面的控制。持续开展“大练兵”活动，举行演习、专项培训、安保合成实战等专项演练，提高技能，完善措施。组织指导有关部门、单位做好重点单位和重要部门的安全防范。精确测算、多方调集警力和装备，满足安保工作的需要。启动各重要活动场点安全跟踪检查机制；重点做好住地、现场、线路的安全保卫工作；严格安检措施、严格人员政审和证件审查，确保“两会一节”各项活动的安全举行。完成市区内67条主次干道及“两会一节”场点周边道路交通标线的更新，施划交通标线5.24万平方米，设置各类交通标志850套，新增设2943个机动车临时泊位;自8月26日起,开展持续70天的从严查处机动车占道行驶等交通违法行为,集中整治城市道路交通秩序;精心周密做好交通调度,高水准确保交通安全畅通。10月10日,市委、市政府在民族广场举行首府南宁服务“两会一节”安全保卫誓师大会。

【医疗卫生保障】 2007年,南宁市卫生部门全力以赴,把服务“两会一节”作为一项重要工作来抓,制订并落实各项措施,圆满完成医疗卫生保障工作的各项任务。成立工作领导小组,制定和完善医疗保健、卫生监督等37个工作方案和预案。将食品放心工程和创建“文明城市”考评竞赛活动等纳入“两会一节”卫生安全保障工作中一并开展。按计划对接待单位实施前期卫生监督,建立卫生安全保障队伍及预备队。举行卫生法律法规、卫生监督知识技能的培训和岗位练兵活动;配备仪器设备;开展各种演练和演习,提高监督管理水平和对突发事件的应急处理及紧急救护能力。切实抓好对禽流感和非典型肺炎等重点传染病的监测及防治。针对全市经营性场所卫生状况、食品经营单位的持证情况,开展4次大规模的综合检查和清理整顿;对26家二级以上医院进行实地检测;对接待宾馆进行反复核查,落实各项责任制和卫生安全。同时,还通过应用信息监控系统,实行食品安全数字化管理,实行食品卫生安全责任制度,抓餐饮业量化分级管理工作等,有效地保障了食品卫生安全。从各相关单位挑选200多名医疗、护理、疾病控制和卫生监督工作人员,参加服务“两会一节”的医疗卫生保障工作。在“两会一节”举办之前和举办期间,对所有承担接待任务的宾馆、饭店、公共场所及各快餐店进行突击监督和监测检查;对所有大型活动场所的食品卫生状况实施全程监管;对各种大型活动现场进行现场医疗保健和应急医疗保障,派出12个驻点医疗保健小组及31个现场应急医疗保障组,服务于“两会一节”各个活动场所。做到无群体性疾病、食物中毒等突发公共卫生事件发生。

【食品安全保障】 2007年,南宁市成立服务“两会一节”组委会副食品供应部,制定《2007年南宁市服务“两会一节”食品安全保障工作实施方案》、《2007年“两会一节”接待宾馆饭店食品定点采购制度》等及其他各种方案和预案,组织市商务局、农业局、卫生局、工商局、质监局、民委、食品药品监督管理局等成员单位履行职能,开展食品生产、加工、流通等环节服务“两会一节”食品安全保障供应的基础性工作,加强食品安全、卫生、质量监测,促进食品安全保障的长效管理。同时,做好市场及各接待宾馆饭店副食品安全保障供应工作,负责从副食品生产到各宾馆饭店的集中定点采购,进行全程安全检查监控,保质保量地完成副食品定点供应任务。农业部门加大对市场上市销售蔬菜产品检测力度,对检测不合格的蔬菜产品,配合工商部门及市场业主及时进行销毁处理。10月20日起至“两会一节”闭幕,共检测市场上市销售蔬菜4.71万批次,检出农药残留超标菜806批次,销毁处理超标菜1.27万公斤。先后开展了“红盾亮剑”食品安全系列专项行动,全市工商、商务、质监、农业、卫生等部门共检查生产企业160家、市场(超市)80多家、宾馆饭店150家,监督指导各接待宾馆饭店认真实行食品原(辅)料采购索证索票制度、进货验收制度和登记备案制度、食品报告等制度。“两会一节”举办期间,市商务局、农业局派驻各接待宾馆饭店工作人员约200人,对生鲜食品、定型包装食品等进行严格的检测检查。其中,商务局组织50名工作人员进驻宾馆饭店,共检查原(辅)料肉类4.36万公斤、水产品类1.54万公斤、粮油类2.36万公斤、调味品类6850公斤,全部要求票证齐全和合格产品;农业局组织100名工作人员及50名志愿者进驻宾馆饭店,每天对进入各接待宾馆饭店的蔬菜进行农药残留检测,共检测7000多批次,销毁农药残留超标蔬菜1500多公斤,杜绝不合格蔬菜的流入。此外,还通过检查摸底、组织有关人员进行相关的教育培训、对有清真饮食接待任务的宾馆饭店提出具体要求和指导性意见、落实生鲜清真牛肉的供应等工作,满足中外嘉宾对清真饮食的需要。“两会一节”期间,未发生一起食物中毒及其他公共卫生突发事件。

【供水保障】 2007年,南宁市有关部门成立“两会一节”供水保障及抢险领导小组,设立管网抢修队、水厂抢修队、水表维护抢修队、技术服务组、物资供应保障组等机构,制定《2007年“两会一节”供水保障及抢险预案》。“两会一节”举办前,完成荔园山庄专用供水管道的铺设;对东盟商务区供水管网及配套设施的使用状况进行全面检查;对“两会一节”重要活动场所,接待宾馆饭店等单位的供水状况进行调查,针对存在的问题提出整改方案,全面落实整改措施,清除供水安全事故隐患;对各水厂、加压站和供水管线全面开展供水设备及设施大检查,就排查出的安全隐患进行整改,确保送水设施处于良好状态;做好储备物资的计划采购,抓好易损易耗件和备品备件的合理调配,确保应对突发事件造成供水故障时抢修物资的供应;做好各接待宾馆饭店高位水池和二次供水水池的洗池消毒工作,确保二次供水水质合格;组织150多人次,对6个重点区域及周边10多条重要线路的供水管道、阀门井和井盖、污水检查等进行安全检查和维护,同时落实专人进行防控;对员工加强宣传教育和业务培训,增强安全服务意识,提高应对突发事件的能力。“两会一节”期间,认真落实各项工作保障措施,与各重要活动场所和接待宾馆饭店建立联络热线,实行全天候24小时服务;加强水质监测;各水厂及有关部门坚持24小时值班制度,各抢险队集中待命,保持供水服务热线的信息畅通,确保安全优质供水。此外,还安排工作人员实行24小时监控,及时掌握全市的水压状况,科学合理调度,确保水压均衡。

【供电保障】 2007年,南宁市有关部门成立了2007年“两会一节”供电服务工作领导小组,设立保供电、客户服务和工程建设等工作组及会展中心等6个重要场所电网供电保障小组;制定了《2007年“两会一节”保供电准备工作计划表》、《2007年“两会一节”保供电前期保障方案》等一系列的计划,方案和预案;编制了《南宁供电局保供电工作管理实施细则》,加强保供电工作常态化、规范化管理,为开展服务“两会一节”的保供电工作打下良好的基础。“两会一节”举办前,输电专业对向南宁市供电的所有500千伏、220千伏线路进行一次彻底巡视;完成110千伏沙津等线停电登检和埌东一等线带电登检、沙津线等10条重点保供电线路导线接头和电缆测量及处理发热缺陷、保供电线路更换自爆等消除缺陷工作;对市区10条保供电线路的29处危险点进行重点监控,对危及线路安全运行的楼房、施工点,发放危害电力设施安全隐患通知书27份。变电专业对220千伏埌东、沙田及110千伏南湖、凤岭、津头变进行预试、定检;完成变电站的备自投试验及53项重大缺陷的消除工作。配电专业对重点场所线路的开闭所电缆头进行带电测温,对15条线路干线电缆及设备绝缘摇测;对涉及保供电场所配网线路及设备进行巡视检查。对各活动场所等336户用户进行两轮安全用电检查;对52户重要用户进行低压接线资料的收集,协助制定应急预案;督促27户有自备发电机的重要用户进行接入演练;与140户用户签订《保障2007年“两会一节”供用电安全责任状》;安排重要用户进行大负荷试验、备自投实际测试。完成了主网云景路110千伏线路改造,

110 千伏五一、南湖变 DBC 模块变换，埌东变 12 组 220 千伏隔离开关更换，配网会展中心等重要用户外电源改造，民歌广场等临时供电设施安装调试等保供电配套工程建设。同时，组织进行多项次的保供电反事故演习，保证了配套亮化、市政建设工程的及时接火送电。“两会一节”举办期间，采取科学合理安排值守，充分发挥设备性能作用，科学设置通讯方式等措施，圆满完成各级各类保供电任务 151 项。

【气象服务】 2007 年，南宁市有关部门制定了气象服务预案、人工消云减雨应急预案，成立气象保障服务指挥、天气监测预报服务、人工影响天气服务小组和设备维护等小组，明确职责，任务到岗，责任到人。组织骨干力量针对“两会一节”期间的突发性降雨、大风、强冷空气等对户外活动影响较大的天气环流进行大量普查，积极探索预报方法；对全市自动站、雷达等进行检查与维护；对人工消云减雨的各环节进行精心准备。同时，还加强与中央气象台、广州区域中心气象台、广西气象台的会商，充分利用各方面的条件，为准确预报提供保障。从 9 月 10 日开始至“两会一节”闭幕，通过传真方式，向广西壮族自治区“两会”指挥中心提供 37 份专题气象服务材料；向南宁国际民歌艺术节组委会现场指挥部提供 31 份气象服务材料。10 月 28 日和 31 日，通过短信方式，向有关领导提供气象信息，准确预报了 28 日上午、晚上及 31 日晚上等重要活动关键时段的天气。

【通信信息服务】 2007 年，南宁市成立服务“两会一节”组委会通信信息部，制定了工作方案和工作进度计划表，充分发挥市信息办、市应急联动中心、南宁电信分公司、南宁移动分公司、南宁联通分公司、市邮政局等成员单位的职能作用，应用信息化系统和技术，顺利完成“两会一节”信息通讯保障、服务工作。按照“利于管理、方便操作、提高效率”的原则，利用中国—东盟信息化平台对已建成的信息化系统进行进一步整合，为组委会构建了一个“统一管理、功能强大、对口使用、信息共享”的组织管理和指挥调度平台。“两会一节”综合服务与组织管理信息系统实现了组织管理工作的规范化、网络化、信息化，在整合资源，提高组织、协调和管理工作效率上发挥了重要作用；食品安全监管信息系统实时把食品卫生状况传递给监管部门；重大活动保障及管理信息系统确保了各项组织工作高效、协同、有序；中国—东盟信息化平台实现了跨系统、跨部门的资源整合、信息共享、协同办公。通过中国—东盟博览会多语种呼叫系统，为参展参会客商和来宾提供在线翻译、贸易配对、商务旅游等信息咨询服务；通过政府门户网站、博览会专题网站、信息亭信息查询系统，为参展参会客商和来宾提供政务信息、博览会新闻、展商信息、展品信息，以及吃、住、行、娱、医等信息查询服务。加强检查维护力度，确保无线集群指挥调度系统的通信畅通。各通信运营商分别制定通信保障预案、成立应急通信保障小组，做好重点活动场所现场通信保障工作。调整话务量较高的交换设备，对重点交换局及人流量高度集中地区的基站进行升级扩容，设置现场指挥中心和网管指挥中心，派出专业人员和出动机动保障设备。铺设开通“两会一节”相关活动现场的宽带和市内电话，满足现场新闻媒体的通信需求，确保网络及电台现场直播。通过对服务人员进行服务礼仪、业务操作等方面的培训，对部门服务网点设施及报刊亭等进行改造清理，在会展中心设置临时邮局，方便客商和来宾用邮等工作，确保邮政服务质量。

【志愿者服务】 2007 年，南宁市成立服务“两会一节”组委会志愿者部，设立组织调配、宣传活动、招募培训、后勤服务等机构，制定工作方案，广泛动员、精心组织志愿者参与“两会一节”的志愿服务活动，圆满完成了各项工作任务。经宣传发动，社会各界热心人士及在国内工作的外藉人士和旅居国外的华人华侨纷纷踊跃报名，顺利招募志愿者 1 万多人。10 月 20 日，1500 名志愿者代表服务“两会一节”的首府万名志愿者在南宁五象广场宣誓上岗。10 月 21 日开始，采用集中培训、分级培训、专业培训等方式，对志愿者进行博览会简介、礼仪知识、东盟 10 国概况等内容的专项培训，确保志愿者整体素质达到要求。“两会一节”期间，共出动志愿者 2 万多人次，开展各项志愿服务工作。在南宁国际会展中心、民歌广场等各场馆，提供卫生清理、票务协助、观众引导、维护秩序、发放物品、场馆布置、应急支援等服务；在“两会一节”组委会各部门，提供外语翻译、礼仪接待、检测蔬菜、清点票证、义务宣传、信息录入、讲解咨询、车辆调度等 10 多项专项服务；在全市的主要街道路口，近百支小分队开展了维持交通秩序、文明交通劝导、护绿保洁等活动；在民航、铁路、银行、旅游、商业、公安等窗口服务单位，志愿者 8 小时内优质服务，8 小时外义务奉献服务。此外，还在全市主要街道路口、活动场所、窗口服务行业的柜台、班组、车队等明显地方设志愿者服务标志，公布服务内容，延伸了志愿者行动的范围。

【宣传服务】 2007 年，南宁市成立服务“两会一节”组委会宣传部，制定工作方案，围绕服务“两会一节”做了大量工作，营造良好的舆论环境和社会氛围。周密组织，全方位做好新闻宣传。充分利用报刊、电台、电视、网络等新闻传播媒体开设“两会一节”专题、专栏，组织市属新闻媒体制作播放公益广告；中央、自治区各主流媒体对“两会一节”的系列活动进行持续深入地报道；相关电台、电视台分别对民歌节开幕式晚会等重要活动进行现场直播和转播。做好 2007 南宁国际民歌艺术节活动等新闻发布会的宣传工作。与中央电视台合作完成 2007 年南宁城市宣传专题片拍摄与剪辑，并制作成 DVD 光碟。完成《南宁概览·2007》（中文版、国外版）、《绿城南宁》DVD 的编辑出版。市地方志办公室制作完成《南宁年鉴》（2007）电子光盘。分别在深圳航空公司航班、中央电视台《新闻联播》、凤凰卫视中文台等投放 15 秒形象片，在吴圩机场登机牌做南宁形象广告；在《人民日报》做《联合国人居奖拥抱南宁》专版，在《光明日报》、香港《文汇报》等媒体做 12 个专版，宣传联合国人居奖城市、中国—东盟博览会举办地南宁的良好形象。在新华网广西频道等开设“2007 南宁国际民歌节”宣传专题。在广西新闻网建立“第十七届中国厨师节暨 2007 南宁·东南亚国际旅游美食节”专题网站、“2007 南宁国际民歌艺术节”专题网站及南宁市服务“两会一节”工作专题。邀请新浪网、搜狐网、北青网对南宁国际民歌艺术节开幕式晚会等系列文艺活动进行采访报道。组织新浪等 7 家网络媒体现场图文直播报道第四届中国—东盟博览会暨 2007 南宁国际民歌艺术节开幕式晚会。全力以赴，做好社会环境宣传。在主要道路、公共场所广告牌、有关单位和在建楼宇等处设置发布了一批“两会一节”公益广告牌和宣传标语。在市区主要道路、“两会一节” 主要活动场所、公共场所、接待宾馆、各有关单位等处设置宣传旗、宣传气球、彩旗、升挂国旗、悬挂灯笼。在主要道路的电子显示屏幕滚动播出公益广告及信息。在城市广场等处摆设鲜花、花坛和吉祥物。组织全市的高大建筑物等开放霓虹灯、轮廓灯和彩灯。广泛深入扎实地开展百万市民素质培训、百万市民学礼仪，城乡清洁工程宣传教育和百万市民周末大扫除及“和谐建设在基层”等精神文明创建活动，不断提高市民素质和城市文明程度。 （龙　树）

责任编辑　李志楠

党政机关

中共南宁市委员会

重要会议

【中共南宁市委第十届委员会会议】 2007年共召开2次会议。

第二次全体会议 1月24日上午在市政府会议中心召开。市委委员、候补委员出席。自治区党委常委、市委书记马飚主持。市委副书记谢泽宇作关于南宁市推荐提名广西出席党的十七大代表候选人人选情况报告；与会代表分组讨论酝酿南宁市推荐提名广西出席党的十七大代表候选人人选建议名单；市委委员举手表决确定南宁市推荐提名广西出席党的十七大代表候选人人选名单44名。

第三次全体会议 11月9日下午在市政府会议中心召开。市委委员、候补委员出席，市纪委委员列席。自治区党委常委、市委书记马飚代表市委作工作报告。与会代表分组讨论、审议并通过《中共南宁市委关于学习贯彻党的十七大精神的决定》和《中国共产党南宁市第十届委员会第三次全体会议公报》。

（吕 曦 肖 俊）

【行政效能建设和实施城乡清洁工程动员大会】 2007年2月27日，南宁市转变干部作风加强机关行政效能建设和深入实施城乡清洁工程全市动员大会在市政府会议中心召开。市长林国强主持。自治区党委常委、市委书记马飚在会上讲话。会议传达、学习和贯彻自治区转变干部作风加强机关行政效能建设电视电话会和自治区实施城乡清洁工程现场会精神，并就南宁市深入开展机关行政效能建设工作和城乡清洁工程进行总动员。要求全市切实转变干部作风、加强机关行政效能建设。强调，深入持久实施城乡清洁工程。一要在全市范围内开展一次贯彻自治区实施城乡清洁工程现场会精神的大学习、大讨论活动，把会议精神传达到县区、开发区各机关单位，做到家喻户晓、深入人心。二要全面贯彻落实自治区实施城乡清洁工程现场会精神，进一步理顺管理体制，推进长效管理；加快推进内河整治进度，进行"城中村"改造，建设县城和乡镇无公害垃圾处理场，加强停车场、公厕等市政基础设施建设，完善城市服务设施；加强城市管理综合执法；进一步处理好堵与疏的关系，堵疏结合，把南宁市建成充分就业城市；加强工地管理，实行文明施工；加强信息化管理，进一步坚持属地管理原则；深入开展城乡卫生进家庭、清洁卫生进农村活动；进一步建立快速反应机制、监督机制、经费保障机制。三要继续加强领导，进一步明确责任，继续完善责任制，严格奖惩制度；严格实行问责制度；继续加大宣传力度；把城乡清洁工程深入持久有效地开展下去。 （政府办）

重大决策

【开展创新年活动】 2006年12月31日，市委、市政府作出2007年开展"创新年"活动的决定。

主要目标：夯实创新基础，增强创新活力，推进自主创新，发展创新型产业、建设科技创新基地、建设创新型政府、优化创新环境，形成重点产业支撑、重点区域示范、重点企业引领、重点项目带动、创新环境优越、各层面各领域全面推进的全方位创新格局，以全方位创新促进全方位开放，以创新增强城市竞争力，充分依靠创新要素驱动城市发展，把南宁建设成为具有强大创新动力和雄厚创新实力的城市。着力开创南宁市多区域合作、工业化发展、城镇化建设"三个新局面"，着力抓好和谐社会建设、"三农"（农业、农村、农民）工作、人才队伍建设"三个基础"，着力建设物流、商贸、加工制造业"三个基地"，着力打造信息交流、交通枢纽、金融"三个中心"，促进经济社会又好又快发展。

主要内容：推进思想观念创新，推进发展模式创新，推进体制机制创新，推进工作方式方法创新，推进自主创新，推进创新文化的建设，推进和谐社会建设创新，推进创新环境的营造。

【推进社会主义新农村建设】 2007年6月12日，市委、市政府作出关于推进社会主义新农村建设的决定。

指导思想：以邓小平理论和"三个代表"重要思想为指导，贯彻落实党的十六届五中、六中全会精神，全面落实科学发展观，坚持把解决好"三农"问题作为党委、政府工作的重中之重，统筹城乡经济社会发展，实行工业反哺农业、城市支持农村和"多予、少取、放活"的方针，以发展现代农业为首要任务，以增加农民收入为核心，以基础设施建设为重点，以提高农民素质为支撑，以加强农村基层组织和民主法制建设为保证，统筹推进农村经济建设、政治建设、文化建设、社会建设和党的建设，促进农村经济社会协调发展，推进建设富裕文明和谐的社会主义新农村。

基本原则：发展生产、繁荣农村；以工促农、以城带乡；政府主导、农民主体；统筹规划、示范带动；基础先行、务求实效；协调推进、共同发展。

目标要求：通过"十一五"乃至更长时期的努力，使广大农村经济实力明显增强，产业稳步发展，生产生活条件明显改善，村容村貌显著改观，农民收入持续增长，城乡差距逐步缩小；农村社会事业建设得到加强，健康文明新风尚逐步形成，农民整体素质不断提高，基层组织功能得到增强。条件较好的县建成自治区经济强县，力争更多的县入围西部百强县；条件较差的县基础设施得到增强，经济实力快速提升，尽快赶上自治区发展水平；六城区城乡一体化进程加快，推进农村城镇化、农业产业化、农民市民化。

主要措施：积极发展现代农业；千方百计增加农民收入；加强农村基础设施建设；大力发展农村公共事业；加强农村民主管理；落实支农惠农政策。

【学习望州南社区开展"和谐建设在基层"活动】 2007年7月2日，市委、市政府作出关于向望州南社区学习，广泛深入开展"和谐建设在基层"活动的决定。决定在全市推广学习望州南"六种精神"：1.学习望州南社区“能帮就帮，帮别人就是帮自己”的互助精神，在全社会积极倡导互帮互助的良好社会道德风尚，推动形成“我为人人，人人为我”的和谐氛围。2.学习望州南社区“有样学样，跟着党员干部干”的榜样精神，在全社会积极倡导党员干部想群众所想、急群众所急、干群众所盼、帮群众所需的公仆情怀，推动形成和谐的干群关系。3.学习望州南社区“社区爱我，我爱社区”的关爱精神，在全社会积极倡导诚信、宽容、互谅的中华传统美德，推动形成健康向上的社会心态。4.学习望州南社区“一花香不如百花香，一家好不如百家好”的团队精神，在全社会积极倡导促进和谐人人有责、和谐社会人人共享，推动形成共建共享的生动局面。5.学习望州南社区“想到做到，争先创新”的创新精神，切实增强全民创新意识，使创新成为每一个市民的自觉行动。6.学习望州南社区“自强不息，乐观向上”的自强精神，在全社会积极倡导不怕困难，知难而进，积极向上的乐观生活态度，推动形成自强不息，奋斗不止的价值观念。

【加快发展农业优势产业】 2007年8月8日，市委、市政府作出关于加快发展农业优势产业的决定。

指导思想：牢固树立和全面落实科学发展观，用现代物质条件装备农业，用现代科学技术改造农业，用现代产业体系提升农业，用现代经营形式推进农业，用现代发展理念引领农业，用培养新型农民发展农业。以农业增效、农民增收、企业增利、财政增税、就业增加、市场竞争力增强为目标，以形成产业发展新格局为主要任务，以培育农业优势产业为重点，以发展农产品加工为突破口，以优质产品原料基地建设为依托，以引进培育龙头企业为核心，以科技进步为支撑，以机制创新为动力，遵循市场经济规律，优化资源配置，扶大做强龙头企业，壮大优势农产品基地，不断延伸农业产业链，促进现代农业发展，提高农业整体竞争力，推进社会主义新农村建设。

基本原则：市场导向；产业发展；持续发展；因地制宜。

发展目标：按照国家和自治区优势农产品区域布局，根据南宁市农业产业发展基础和市场前景，加快发展优质谷、糖料蔗、果蔬、桑蚕、木薯、商品林、花卉、畜禽、牛奶、罗非鱼等十大农业优势产业。到2010年，实现主要农业优势产业产值221亿元，年均增长6%；农产品加工工业产值400亿元，年均增长20%以上；建设一批专业化、规模化、标准化、商品化的优势产业基地；力争培育5家以上国家级农业重点龙头企业，30家以上省级农业重点龙头企业，80家以上市级农业重点龙头企业；年销售收入亿元以上的农产品加工企业有30家，其中年销售收入25亿元的2家，年销售收入10亿元的3家，年销售收入5亿元的农产品加工企业6家；各类农业合作经济组织联结带动农户50万户，占农户总数40%。

工作重点：加快产业基地建设；加快农业科技进步；培育农业市场体系；抓好农产品质量安全生产；发展农业龙头企业；大力培育农业合作经济组织；扩大农业对外合作开放。

【加快五象新区开发建设】 2007年9月17日，市委、市政府作出关于加快五象新区开发建设的决定。

总体思路：以邓小平理论和“三个代表”重要思想为指导，贯彻落实科学发展观，全面落实自治区党委、政府的决策部署，围绕“重点向南发展战略，建设五象新区，再造一个新南宁”，推进广西北部湾经济区建设目标，按照高起点规划、高强度投入、高标准建设、高效能管理的要求，抢抓机遇，开放创新，统筹安排，分步实施，加快功能区建设，加强基础设施和公共设施建设，突出抓好重大项目建设，大力发展现代物流业、商贸业、先进制造业等产业，逐步把五象新区建设成为特色鲜明、功能突出、环境优美、带动力强的现代化新区，促进经济社会又好又快发展。

基本原则：高起点规划、高强度投入、高标准建设、高效能管理，不断提升新区规划建设管理水平；突出发展特色，培育新区特色优势产业；走可持续发展道路，把新区建设与合理利用资源、保护生态环境结合起来，建设资源节约型和环境友好型新区；不断提升新区服务功能，促进区域协调发展；妥善处理新区建设各种关系，凝聚各方力量，共同推进新区建设。

目标要求：五象新区开发建设分阶段实施。五年内核心区建成基本框架，使之初具规模，其他区域建设稳步推进；再经过10~15年的建设，进一步拓展五象新区，实现再造一个新南宁的目标。2007~2011年，重点推进核心区建设，协调推进物流园区、工业园区、龙岗片区及其他区域建设，核心区要构建“一心一带六区”(市级市民中心，沿邕江生态控制带，市民中心区、商务区、文娱区、体育区、休闲区、居住区)框架，完成一批重点项目的开发建设及社会服务体系等配套建设，形成基础设施比较完善、城市功能配套、产业协调发展、人口初具规模的城市新区，物流园区要推进南宁区域性国际物流产业基地建设，重点推进保税物流中心(B)型及综合物流中心等项目建设，建立高效率的现代物流体系，形成初具规模的物流产业，逐步建成广西北部湾经济区的“无水港”。工业园区要基本完成基础设施建设，吸引一批先进制造业和高新技术产业项目落户园区并建成投产。龙岗片区要加快推进基础设施建设，建设办公区和商住区。其他区域也要按规划要求稳步推进开发建设。2012年以后，开发建设重心由核心逐步向其他区域延伸。经过10~15年的努力，把五象新区逐步建设成为基础设施完善，服务功能健全，产业优势突出，环境优美洁净，具有现代气息，最适宜人居住的新区，建设成为泛北部湾经济合作区的重要总部基地，自治区的先进制造业基地，南宁市新的行政、文体、商业中心和物流、制造业基地，再造一个新南宁。

【全面实施“社会发展百亿工程”】 2007年10月30日，市委、市政府作出关于全面实施“社会发展百亿工程”的决定。

指导思想：以邓小平理论和“三个代表”重要思想为指导，全面贯彻落实科学发展观，加快推进南宁市社会和谐进步，全面实施“社会发展百亿工程”，建设具有丰富城市文化内涵、公共服务水平较高、人民群众安居乐业、社会全面和谐进步的新南宁，构建和谐南宁，建设区域性国际城市和广西“首善之区”。

基本原则：以人为本、促进人的全面和谐发展；开放创新；突出重点、全面协调发展；把社会效益放在首位、兼顾经济效益。

主要目标：2007~2010年，力争用4年的时间，通过实施文化、教育、卫生、科技、体育、民政、环境、公检法司等一批关系社会民生发展的重大基础设施建设项目，实现社会发展项目投资突破100亿元的目标。2007~2008年，全面启动“社会发展百亿工程”，开工一批重大社会发展项目，为实现百亿工程目标打下坚实基础，同时竣工一批标志性社会发展项目，作为自治区成立50周年大庆献礼工程。2009~2010年，确保“社会发展百亿工程”重大项目全部竣工投入使用，真正发挥社会效益，为实现“十一五”规划提出的建设和谐社会目标打好基础。

工作重点：大力发展文化事业和文化产业，推进一批重大文化项目建设；实施一批教育基础设施项目，办好让人民群众满意的教育；加大卫生事业投入，切实解决群众看病难、看病贵问题；切实关注民生，着力解决群众困难；加快其他社会发展项目建设，全面促进各项社会事业协调发展。

【建立城市管理长效机制】 2007年12

月24日,市委、市政府作出关于建立城市管理长效机制的决定。

指导思想:以邓小平理论和“三个代表”重要思想为指导,深入贯彻落实科学发展观,继续解放思想,坚持改革开放,推动科学发展,树立社会、环境、经济效益相统一的发展理念,按照把首府南宁建设成为区域性信息交流中心和区域性国际城市的要求,以数字化城管系统为依托,坚持城市管理重心下移、以人为本、依法治市,科学管理,依法管理,民主管理,严管重罚,严格问责,堵疏结合,提高素质,综合治理,完善社会公共管理职能,建设和谐有序、整洁美观的城乡环境,建立健全城市管理长效机制,提升首府城市管理现代化水平,促进社会和谐,推动经济社会又好又快发展。

基本原则:统一领导、分级管理;建管并重、标本兼治;依法行政、以人为本;突出重点、综合整治;市场运作、社会参与。

总体目标:城市管理体制得到进一步理顺,建立统一领导、分级管理,条块结合、以块为主的城市管理体制,形成整合资源,信息共享;统一监督,两级指挥;重心下移,四级联动;综合执法,全面覆盖的城市管理新格局,形成比较完善的城市管理制度体系,形成人财物相统一、责权利相一致、奖惩与监督落实到位的运行机制。行政执法工作规范、全面、高效,政府的公共服务和公共管理水平明显提高,依法管理城市的能力显著增强。城市基础设施优质、安全、高效运行,城市功能不断得到完善。市民素质不断提高,城市文明程度进一步提升。推进南宁市成为全国文明城市和国家卫生城市,营造一流的人居环境和创业环境。

主要内容:明确各级职责,建立条块结合、以块为主、重心下移的城市管理体制;推进城市管理综合行政执法改革;建立健全城市管理法规体系;坚持严管重罚;强化责任追究;加强执法队伍建设;加强执法监督;加快推进首府南宁数字化城市综合管理与指挥系统建设和完善;建立统一监督、二级指挥的城市管理体制。

重大活动

【创新年活动】 2007年是市委、市政府确定的“创新年”。要求全市各级各部门各单位把“创新年”作为全年工作的总抓手,从思想观念、发展模式、体制机制、工作方式方法、自主创新、文化建设、和谐社会建设、环境建设等方面推进全方位创新,促进各级各部门创新观念得到强化,创新能力得到提升,创新文化得到弘扬,创新机制得到完善,创新环境得到优化,充分依靠创新要素驱动城市发展,开创首府经济社会又好又快发展的新局面。

成立机构　市委、市政府成立市开展“创新年”活动领导小组及办公室,由市四家班子主要领导担任组长,市委、市政府其他领导担任副组长,成员包括各县区、开发区及其市各有关部委办局的主要领导;领导小组下设办公室(即市创新办),并设综合组、协调组、宣传组、督查组和秘书组等5个工作组。各级各部门各单位也成立相应的机构。

制定方案　1月4日,市委、市政府印发《关于开展“创新年”活动的决定》;3月20日,印发《开展“创新年”活动工作方案》。各级各部门各单位制定开展“创新年”活动实施方案120多个;各项重点工作牵头单位制定《开展“创新观念大宣传”、“创新观念大征集”、“创新观念大评比”三大活动实施方案》、《关于推进人才培养和引进机制创新工作方案》、《南宁市国有资产监管模式创新实施方案》、《2007年南宁市“百企入邕”活动工作方案》、《2007年“建设工业百家亿元企业工程”实施方案》等36个重点专项工作方案对创新工作进行全面动员部署。

宣传推动　1月4日,市属各新闻媒体全文刊发自治区党委常委、市委书记马飚《把南宁建成有强大创新动力和雄厚新实力的城市》的署名文章,揭开全市“创新年”活动新闻宣传的序幕。市属各新闻媒体加大宣传力度,集中时段、集中版面进行系列宣传报道。《南宁日报》开设“开展创新年活动,建设创新型城市”专栏,每天报道各级各部门各单位开展“创新年”活动的动态消息和做法,共发表新闻消息、通讯、言论376篇,图片55幅;推出“推进全方位创新、建设创新型城市”理论论坛版,发表理论文章22篇、知识问答13期;《南宁晚报》开设“开放创新”和“创新大PK”专栏,发表文章240篇、图片100多幅,开设“创新:南宁奔跑新引擎”报道专题19期;南宁电台、南宁电视台结合自身特点,设置专栏专题,加强对全市开展“创新年”活动的动态消息和进展情况的采访报道,制作并滚动播出“创新年”公益广告和标语口号。

调查研究　在全市组织开展以“创新年”为主题的工作调研,共有62个单位、429名领导干部参加调研,撰写并报送调研报告306篇,为群众办实事好事、为基层解决实际困难和问题473件。

创新观念　以纪念南宁开埠100周年活动为契机,组织举办“以全方位开放——纪念南宁开埠100周年”系列活动,启动创新观念大宣传、创新观念大征集、创新观念大评比三大活动。5月11日,市直34个部门在朝阳广场、各县区在本辖区同时开展创新观念大宣传大征集活动,发放《创新观念市民征集表》2万多份。围绕“你有什么好的创意、你有什么问题需要大家出点子”内容,向社会各界广泛征集创新金点子。共收集到自治区内外群众建议和意见9489条,其中市民意见、建议7521条,单位意见、建议1968条。对收集的自治区内外群众建议和意见以及单位意见、建议进行评比,评选出10条最佳创新观念、十大手机创新观念短信和十大网络创新观念。

十佳评选　9~12月,在全市组织开展创新十佳评选活动。评选十大创新成果10个、十佳创新单位10个、十佳创新集体10个、十佳创新人物10人、十佳导游员10人、十大技术能手10人、十大杰出进城建筑务工人员10人。评选全市创新先进单位33个、先进集体35个、先进个人149人。　(吕曦　肖俊)

组　织

【概　况】 2007年,南宁市党组织有地方党委13个、党组230个、工委45个;基层党委365个、党总支部1173个、党支部11881个。党员有21.8万人,其中:女党员5.12万人,农民党员10.68万人,非公有制经济组织党员8198人,在职职工党员8.37万人,离退休党员4.68万人。新发展党员4840人,其中:女党员1521人,少数民族党员2769人。年内,市各级党组织以加强领导班子建设、巩固和发展先进性教育活动成果为重点,全面加强干部队伍建设、人才队伍建设、党的基层组织和党员队伍建设,不断深化干部人事制度和党内民主制度改革,提高组织部门自身建设的水平。

【干部教育培训】 2007年,南宁市继续实施“干部教育年”活动,推进在职干部全员培训。共举办培训班2685期,培训干部近33.2万人次,累计投入资金1700多万元。在重点培训方面,引进项目管理模式,有22个市直部门承担培训任务,举办重点培训班97期,培训干部2万多人次。加强换届后领导班子思想政治建设,组织开展“五个一活动”(组织开展一次千名领导干部集中大培训、举行一次向千名领导干部赠书活动、进行一次千名领导干部集体廉政谈话、开展一次班子成员“谈心交心”活动、开展一次作风集中整顿活动),对市、县、乡三级领导班子成员共1300多人进行集中大培训。组织全市1900名村支书、主任集中市委党校统一培训;通过现代远程教育网络,先后组织市、县、乡、村四级1万名党员干部和5700名组工干部、指导员学习十七大精神。实行领导授课模式，市四家班子领导到主体班授课20多人次，邀请12个自治区直部门领导授课14人次，13个市直部门领导授课23人次，各县区领导授课200多人次。委托上海、浙江等经济发达地区高校或培训机构举办培训班16期，培训干部500多人次；选送400多人次领导干部到中央党校、自治区党校进修学习，1000多人次通过其他途径到自治区级以上其他培训机构学习。

【各级领导班子调配】 2007年，市委根据领导班子建设和工作需要，严格按照《党政领导干部选拔任用工作条例》的规定，调整充实市、县区两级公安、法院、检察院部分班子成员，完成部分县区人武部领导担任县区委常委，县区人大、政协副职兼任县区总工会主席和选派县区新农村建设工作队队长工作。指导市侨联、市青联、市学联等群团做好换届工作。完成市人民代表大会补选市长的有关人事安排工作。调整充实处级干部76人，其中提拔47人，交流20人，改任非领导职务9人。指导好各县区、市直单位抓好科级干部的选拔配备工作。

【人才工作】 2007年，南宁市坚持党管人才的原则，发挥组织部门牵头抓总的作用，实施人才强市战略，以"两高一新"(高层次人才、高技能人才、新型农村实用人才)人才队伍建设为重点，全面推进人才队伍建设。组织实施市"十一五"人才规划，实施领军人才工程，组织市专业技术拔尖人才和优秀青年专业技术人才到上海、杭州等地进行培训，选派46名中高层次人才到美国、英国以及香港等发达国家和地区培训学习。实施新技师培养工程，出台《南宁市"十一五"技能型人才培训方案》、《南宁市新技师培养带动计划实施方案》，完善南宁市十佳技能人才评选机制。培训高技能人才500人次，完成职工职业技能鉴定6000人次，建成企业技能人才培训基地10家，建立就业见习基地20家。实施龙头示范工程，建立茉莉花、花菇、香蕉等农业产业化科技示范教学基地，组织农民到科技示范基地学习，培养新型农村实用人才。继续做好人才小高地建设，组织开展第三批市级人才小高地的申报评选工作，制定完善人才小高地项目化管理方案，实施项目化管理。实施市领导联系关护科技人才制度，协调解决优秀人才遇到的实际困难。

【基层组织建设】 2007年，南宁市以"八桂先锋行"活动为总载体，以"党员奉献日"为总抓手，结合不同领域、不同行业党组织和不同岗位党员的实际情况，开展和谐建设在基层活动，继续选聘2000名在校大学生担任社区书记（主任）助理。围绕和谐农村建设，抓好农村党员大培训工作、村级组织活动场所建设、农村党员干部现代远程教育工作、新农村信息库建设、新农村建设指导员选派和管理工作等，创新乡村小喇叭、乡村小电影等农村党员培训形式，建立乡村便民服务站点，组织开展"先锋连万家，三情促和谐"活动、"党员带头献爱心，健康温暖送农民"主题活动，探索惠民、便民、利民的有效途径。围绕推进和谐社区建设，实施"党员当先锋、志愿献爱心，我为和谐社区建设添光彩"主题实践活动，开展党内自愿捐助、党员义工服务社区、"爱心小分队"进社区活动；开展"工地党旗飘，关爱进工棚"主题实践活动，以及学习望州南"能帮就帮"精神活动。围绕和谐企业建设，开展国有企业"四好"(政治素质好、经营业绩好、团结协作好、作风建设好)班子创建活动。探索非公有制企业党建工作机制，继续抓好已实行的自治区、市、县区三级党委组织部门联系非公有制企业制度。深化"党员当先锋、商圈显风采"主题实践活动，要求非公有制企业党员要切实做到"四为五表率"(为企业聚人心、为企业献良策、为企业树形象、为企业添光彩，争当爱岗敬业的表率、诚信经营的表率、优质服务的表率、无私奉献的表率、遵纪守法的表率)，提升非公有制企业党建水平。全市规模以上非公有制企业100%建立党组织。围绕和谐机关建设，开展转变干部作风加强机关行政效能建设，在全市开展以"访民情、听民意、解民忧、帮民富、保民安"为主要内容的"五民"活动和万名机关党员干部下基层活动等。

【组织部门自身建设】 2007年，南宁市各级组织部门继续深化和拓展"树公道正派形象，创一流工作业绩，永葆共产党员先进性"主题实践活动，推进部门自身建设。实施"素质工程"，建立"组工干部书架"，开展"四个一"(每日一学、每周一讲、每月一讨论、每季一调研)推进"学习型机关"建设，深化"六个百"(百个部门、百个企事业单位、百个学校、百个乡镇、百个社区、百个村屯)调研活动，提高广大组工干部的能力素质；开展作风效能建设活动，以"作风最正、效能最好"为目标，通过建立健全以"三项制度"(首问负责制、限时办结制、责任追究制)为重点的各项工作制度，设计和改进工作流程图，推进公开承诺制，提高组织部门工作效能；做好调研、宣传、信息、信访等基础性工作，加强信息化建设，提高组织工作水平，信息工作连续3年获自治区第一名，连续2年获自治区组织工作调研活动优秀组织奖，调研课题《加强组工干部队伍能力建设问题研究》获2007年度自治区组织工作优秀调研成果一等奖。

（市委组织部）

宣　　传

【理论武装工作】

理论学习　2007年，市委宣传部制定全市理论学习计划并进行具体部署。继续组织学习《江泽民文选》。组织全市各级党委(党组)学习中心组开展5个专题的学习，发放学习资料4000多册，做好《理论热点面对面——2007》和党的十七大辅导资料的征订发行工作。做好市委中心组学习秘书工作，协助举办"学习胡锦涛总书记在参加全国人大广西代表团审议时所作的讲话"专题学习会。组织举办全市宣传理论骨干和信息员培训班。十七大闭幕后，及时组织召开形式多样的学习会、座谈会学习贯彻党的十七大精神，组建由自治区、市有关领导专家学者约30人组成的"南宁市学习贯彻党的十七大精神宣讲团"在全市进行巡回宣讲，共举办宣讲报告会92场，听众约8万人。举办南宁市"青秀杯"学习贯彻党的十七大精神征文活动。在《南宁日报》开辟"学习贯彻十七大精神"理论专版，刊发理论文章60多篇。

理论宣传　组织全市党员干部学习中共中央总书记胡锦涛在中央党校的"6·25讲话"。举办南宁市理论界学习方永刚先进事迹座谈会。组建"南宁市深入开展创新年活动宣讲团"，从6月开始巡回宣讲60多场，听众4万多人；与市直属机关工委联合举办全市领导干部"创新与发展"专题讲座。在《南宁日报》开辟"南宁开埠百年纪念"、"构建社会主义和谐社会"、"学习胡总书记重要讲话"、"推进全方位创新建设创新型城市"等专栏，刊发理论文章50多篇。完成6期《南宁宣传》的编辑出版工作。

理论研究　围绕市委、市政府的重大决策部署，组织撰写《一项群众满意的民心工程》、《把"城乡清洁工程"作为群众的民心工程抓好抓实》、《有机结合相互促进》、《积极构建多区域交流合作平台》、《推进全方位创新　建设创新型城市——纪念南宁开埠一百周年》等一组有深度理论文章，分别在《求是》、《广西日报》、《南宁日报》发表，其中在《求是》发表的《一项群众满意的民心工程》，经自治区主要领导的批示在自治区有关媒体转载。编辑出版理论研究内部刊物《学习与创新》、《机遇·挑战·对策》两本书。完成"完善帮扶机制、共享发展成果"课题研究，撰写《夯实基础工作　构建和谐南宁》等理论文章。

【典型宣传】

望州南精神　2007年，南宁市开展“和谐建设在基层活动”，推出望州南社区典型。印发《关于向望州南社区学习，广泛深入开展“和谐建设在基层活动”的决定》、《关于学习贯彻落实〈关于向望州南社区学习，广泛深入开展“和谐建设在基层活动”的决定〉的通知》，总结提炼望州南社区的“六种精神”。中央电视台、中央人民广播电台、新华社、《经济日报》等中央主流新闻媒体作详细报道，《广西日报》、《南国早报》、广西电视台、广西电台等自治区主要媒体推出专题系列报道。市属媒体从6月到8月初在重要位置(时段)开设“学习望州南精神”和“和谐建设在基层”专栏，大力宣传望州南“六种精神”。至10月，中央、自治区及市属新闻媒体刊播相关报道近千篇(条)，收到群众来电来函近万份(条)。举办首府南宁各界学习望州南社区座谈会。举办学习“望州南社区精神”征文比赛活动，收到参赛文章253篇。9月18日，召开南宁社科界学习“望州南精神”理论研讨会，邀请自治区7个部门的领导和专家与南宁市的理论工作者共同研讨望州南精神。组建“望州南社区先进事迹报告团”巡回演讲16场次。

和谐建设在基层活动　市委宣传部组织市属新闻媒体对市公安局刑事科学技术研究所副所长杨家荣的先进事迹进行集中深入的采访报道，树立和谐社会坚强卫士的新形象。组织做好和谐社区、和谐村屯、和谐家庭、和谐学校、和谐机关、和谐单位、和谐企业、党内和谐建设先进典型的选树和宣传工作。从7月下旬开始，组织市属媒体集中宣传报道武鸣下渌村、江南区雷寨坡等和谐村屯；青秀区长塘镇全国五好文明家庭黄凤科家庭、蓉茉社区李永法家庭，西乡塘区唐山路社区黄美玲夫妇，横县莫汝金家庭，邕宁区闭兰英家庭等和谐家庭；市衡阳路小学、马山县特殊教育学校、上林县中学、邕宁区城关一小、市十四中等和谐学校；广西万寿堂药业有限公司、广西聚福隆超市等和谐企业；青秀区人民检察院、市地方税务局等和谐机关、单位典型。

【宣传报道】　2007年，市委宣传部围绕全市中心工作，在市属新闻媒体重要版面、重要时段开辟专栏、专题，策划推出一批有深度、有影响力的重点宣传报道。制定专项宣传报道方案63个，组织采访报道693次，主要有创新年活动、城乡清洁工程、转变干部作风加强机关行政效能建设、学习宣传贯彻胡锦涛总书记重要讲话精神、潮涌北部湾、和谐南宁宣传、南宁市获“联合国人居奖”、“两会一节”、第十七届中国厨师节暨2007南宁·东南亚国际旅游美食节等宣传。与自治区媒体对接联系，自治区主要媒体刊播南宁市的新闻近1.9万篇(条)，其中，《广西日报》3630多篇(重点稿600篇)，《南国早报》4100多篇，《当代生活报》2920篇，《法制快报》1800多篇，广西电台4000多条，广西电视台3100多条。市属媒体统一开设“潮涌北部湾”专栏专题，对采访北海、钦州、防城港、玉林、崇左五市活动进行报道，对广西日报社北部湾经济区采访组和五市新闻代表团来邕采访进行报道，实现广西北部湾经济区内各市新闻宣传的良好互动和合作交流。

【网上舆论引导】　2007年，市委宣传部成立南宁市互联网宣传管理领导小组。密切与广西新闻网等本地新闻网站和人民网、中国网等国内知名新闻网站的联系，加强日常网上新闻宣传。分别与人民网、中国网、中国经济网广西频道合作建立南宁宣传平台，其中人民网全年更新相关新闻5000多条、图片800多幅，每天点击率46万多人次。成功承办由国家新闻出版总署报刊中心、中国人民大学舆论研究所、国家新闻出版物发行数据调查中心、中国报业网联合主办的2007首届中国报网互动共赢高峰论坛暨中国传媒百人专家团年会；参与报道的媒体300多家，包括100多家新闻网站和报纸网站，网上宣传条数达180多万。组织举办首届“新媒体　新南宁”城市形象DV大赛，共选取18部入围作品在网上宣传公示、有奖投票，点击人数30多万人次。加强全市网络评论员队伍建设，网络评论员从上年的48人增加到300人。强化网络从业人员队伍素质培训，分别举办网络评论员培训班、网站负责人培训班、论坛管理员培训班、网络宣传干部培训班等4期培训班，参训近400人。组织网络评论员围绕南宁市重点工作、网上舆论热点、突发事件及南宁人居环境、投资环境、风土人情等各方面在全国重点网站论坛及本地网站论坛共发帖、跟帖5000多条，推荐舆情信息1.5万多条。

【爱国主义教育与国防教育】　2007年，市委宣传部编发《党员教育材料》10期、《形势政策教育参考材料》2期，举行形势政策教育报告会2场，向县区和市直单位党组织发放《形势政策教育辅导材料》3万多册。开展以“心系祖国，健康成长”为主题的第十四届全市青少年爱国主义读书教育活动，组织发动60多万中小学生参加讲故事、演讲和征文比赛等活动，发行教育读本50多万册；组队参加自治区和全国比赛，获全国小学组讲故事比赛一等奖和二等奖各1人；市委宣传部获全国青少年爱国主义读书教育活动组织特等奖。组织召开全市国防教育工作会议，部署2007年国防教育工作；做好首府南宁庆祝建军80周年系列活动的组

9月14日，望州南社区先进事迹首场报告会在南宁人民会堂举行　周家志　摄

织筹备工作，与南宁警备区政治部、市教育局联合举办“国防连着你我他”大型公益国防教育巡回展览。

【文化建设】

文化活动　2007年，市委宣传部在继续举办元宵节晚会、农民工艺术节、绿城少儿艺术节三大活动的基础上，举办一批群众文化活动。南宁书画名人系列作品展，有1月举办的迎新年·岭南仫佬人潘琦书法作品展，12月举办的钟家佐书法作品展及亲情·雷爱祖姐弟画展。黄金周演出活动，有在春节期间举办的2007和谐之韵——南宁粤剧演出黄金周活动。主题文艺晚会，有6月举办的“保护文化遗产，惠泽千秋万代”主题非物质文化遗产专场演出，7月与自治区有关单位联合举办的首府各界庆祝中国人民解放军建军80周年文艺晚会，11月举办的南宁市田园欢歌文艺汇演，12月举办的第十三届CCTV青年歌手电视大奖赛广西赛区选拔赛暨南宁市优秀歌手选拔邀请赛等。

文艺精品工作　市委宣传部举办文艺精品生产创作座谈会，对全市文艺精品生产进行总结和规划，对第三届签约作家签约工作进行总结和分析。组织、报送参评精神文明建设“五个一工程”奖的8部作品中，歌曲《盛世和韵》获第十届中宣部精神文明建设“五个一工程”入选作品奖，广播剧《红帆船》获自治区党委宣传部精神文明建设“五个一工程”优秀奖。完成大型话剧《苍天有泪》的二度创作工作，进京参加纪念中国话剧诞辰百年暨“第五届全国话剧优秀剧目展演”活动并获二等奖。参与联合拍摄的第一部电影——以市福建工商所所长黄振磊先进事迹为题材的影片《我们需要你》于8月3日正式公映。

文化交流　市委宣传部组织有市文化局、新闻出版局、旅游局、大型活动办和南宁日报社、南宁大地飞歌传媒有限公司等单位有关人员参加的考察团，赴北京、西安、深圳、昆明、丽江、长沙等文化建设先进城市考察文化事业和文化产业发展情况。组织市广电系统体制改革学习考察团赴南京、杭州、长沙等地学习考察先进城市在广播电视体制改革方面的主要做法和成功经验，形成考察材料，提出加快市广电系统改革步伐的建议。做好自治区党委宣传部组织的“唱响北部湾——百名文艺家采风团”、广播剧《北部湾情歌》主创人员、广西北部湾文艺家采风团在南宁市采风创作的相关接待工作，与到南宁市考察的河南省郑州市代表团、黔东南苗族侗族自治州文化产业与民族文化保护学习考察组进行座谈，展现南宁市的良好形象。

文化名人推介　市委宣传部组织市属媒体、网络媒体对市中青年文艺工作者先进代表陆坚、施娟、梁素梅、徐歌、陈大明等5人进行集中宣传、推介，刊播他们的创作经历、心得及其代表作。

【对外宣传】　2007年，市委宣传部加强与中央主流媒体、港澳主要媒体乃至海外媒体的联系与合作，对南宁建设区域性国际城市的实践和成效进行宣传报道。制定和印发《南宁市突发公共事件新闻发布应急预案》、《南宁市人民政府及其各部门各县区人民政府新闻发布制度实施细则》和《南宁市关于建立对外宣传奖励办法》、《南宁市对外新闻宣传选题会制度》等规章制度，指导和组织召开新闻发布会20次。围绕全市中心工作确定宣传主题，邀请《人民日报》、新华社等中央主流媒体及香港凤凰卫视、《香港文汇报》等港澳媒体到南宁市采访报道，邀请香港时事评论员参访团、全国省级党刊“聚焦北部湾”大型采访团、“聚焦广西·北部湾”国际广播电视联合采访团和参加中国—东盟媒体合作高级研讨会暨采访活动的有关领导、专家、记者来考察、采访。中央主流媒体编发宣传南宁的稿件5140篇（幅），其中，新华社4071条（幅），《人民日报》（含国内、海外版）63篇，中央人民广播电台244条，中央电视台327条（含《新闻联播》单条7条、综合31条等），《光明日报》34篇，《经济日报》78篇，中新社262篇（幅），《中国经济时报》61篇。在香港媒体刊发宣传南宁稿件99篇，其中《香港商报》40篇，《香港大公报》14篇，《香港文汇报》45篇（幅）。配合自治区党委书记刘奇葆率团出访东盟五国活动，在越南《西贡解放日报》、新加坡《联合早报》开辟南宁交流专版，在越南国家数字电视台播放南宁宣传片。开展对外文化交流，以市对外文化交流协会名义与南宁电视台、越南国家数字电视台联合举办中越2007年迎新春电视晚会《春天的旋律》。设计制作外宣读本《南宁概览2007》（中、英文版）；与中央电视台合作拍摄城市宣传专题片《绿城南宁》并制作成DVD光盘。

【干部教育】　2007年，市委宣传部组织举办市首期新闻发言人培训班，邀请外交部原新闻发言人沈国放、中央电视台主持人白岩松抵邕为来自全市各部门的700多名新闻发言人、联络员、网络评论员授课。举办南宁市采访线工程建设暨新闻发言人培训班，邀请清华大学新闻与传播学院院长助理、全球新闻研究室主任董关鹏前来讲课。举办全市文化资源开发创新专题研讨班，组织来自宣传文化系统等有关单位的30名学员到西安、重庆等地学习考察。　（欧金焕）

统一战线

【调研与宣传】　2007年，全市统战系统各单位先后撰写《坚持“五轮驱动”，积极推进社会主义新农村建设》和《发挥统战优势和作用，创新海外联谊工作新模式》等10多份汇报、调研材料。向中央统战部报送信息142条，各刊物采用44条，网站采用43条；向自治区统战部报送信息155条，采用95条；向市委信息办报信息326条，采用104条。获中央统战部颁发的信息直报点先进单位、自治区党委统战部自治区统战理论研究优秀组织奖单位、全市党委系统信息工作先进单位一等奖等称号。多渠道开展统一战线社会宣传，在新华社广西分社、《南宁日报》、南宁电视台等各种新闻媒体刊播统战理论文章及新闻100多条次；新华社广西分社还开设专栏，专题采访南宁市发展商会经济的做法。市委统战部编辑出版《南宁市各民主党派政治交接教育实践与探索》、《2006南宁市统战理论研究优秀论文汇编》等学习交流资料。

【多党合作】　2007年，南宁市开展对重大事项的政治协商3次。市委统战部联合市委政研室，为市各民主党派、工商联确定市财政局分别追加专项调研经费16万元，总计32万元。市委、市政府召开民主党派、无党派人士协商会和情况通报会8次，并邀请市委和市政府两办、市发改委、经委、建委、财政局等市直有关部门领导列席会议，落实民主党派的知情权、参与权。市民主党派开展政治交接教育实践活动的做法，得到中央统战部的肯定并在全国推广。落实党派机关联办经费、“三下乡”经费、党派办公大楼修缮费、重点调研课题以及有关重大活动专项活动经费等，投入120万元改善党派机关办公条件。

【党外干部培养】　2007年，南宁市向县区和市直有关单位转发中央统战部《关于规范无党派人士政治面貌的意见》，共收集经县区委统战部规范的无党派人士个人基本信息196条。选送党外干部2名参加中央统战部、中央社会主义学院培训班学习；选送10名党外干部参加自治区党委统战部、自治区社会主义学院的学习。在市社会主义学院举办包括党外处级干部培训班、民主党派新一届市委委员培训班等5个主体班，培训党外学员331人，其中处级干部84人、统战干部78人。

【对台工作】　2007年，市委统战部发放

《南宁市外资企业情况登记表》和《旅港乡亲情况调查表》，收集辖区内外资企业和旅港乡亲的有关情况。为台资企业和台商协调处理经济纠纷等各种生产生活问题11件，维护台商的合法权益；处理台胞台属来信来访问题6件，接待来访台胞台属7批15人次。台湾民间交流团多次到南宁市进行交流考察。台湾东森新闻S台“中国大体验”节目资深制作人兼主持人廖庆学一行到南宁市采访当地民间文化和风土人情。8月，台湾台北教育参访团一行69人来南宁市交流考察，重点考察市滨湖路小学、市第三中学，并与市中小学校长、教师进行两场教育座谈会。

【宗教工作】 2007年，全市共举办宗教有关工作的培训班、知识问答、专题讲座、主题演讲等各种形式的学习活动22次，培训宗教工作干部、统战委员1000多人次。支持宗教团体开展公益慈善事业，引导宗教与社会主义社会相适应。市爱国宗教团体分别为横县平马镇卫生院和上林县塘红乡古春村捐赠善款10万元，用于农村卫生院购买医疗设备和村级道路硬化；捐款捐物4万多元，参与献爱心、送温暖活动。市委统战部指导上林县、武鸣县、隆安县、良庆区、青秀区、江南区等县区依法查处辖区范围的非法宗教活动、乱建庙宇行为10多起；市财政投入专项经费7.5万元，修缮合法基督教堂和聚会点。

【非公经济统战工作】 2007年，南宁市在非公有制经济人士中开展争做优秀中国特色社会主义事业建设者的活动，评选表彰标兵10人和建设者42人。做好承接产业转移的招商工作，先后到广东中山、东莞、顺德、深圳等地考察招商，引进香港恩娜控股有限公司在西乡塘区安吉工业园区投资10多亿元筹建南宁—东盟国际珠宝商贸物流采购基地；美国中美商贸促进会会长陈建志投资新型墙体建筑材料公司；广西桂源房地产开发公司投资4.5亿元建设金源橘子郡商品房项目。发展“光彩事业”，促进民营企业、商会及非公有制经济人士参与社会主义新农村建设。号召民营企业广泛参与“百千万”助学扶贫活动。引进海外扶贫资金170.70万元，水泥50吨，修建教学楼7幢、宿舍楼2幢、村水泥路1条，资助贫困生15人。扩大与国内重要客商、港澳台和海外华人华侨及海外友好社团、知名人士的交流与交往，共接待港澳台、海外友人65批700多人。

【海外联谊】 2007年，市委统战部先后接待港澳台经贸考察团组40个共511人次。邀请前驻叙利亚大使时延春、前驻马来西亚大使王春贵到南宁参观考察，并聘请他们为市海外联谊会顾问。组建由前驻叙利亚大使时延春等7名退休大使组成的市海外联谊会退休大使顾问团，为招商引资开辟新路。向海内外知名人士寄发“关于征集对我市实施‘一轴两翼’发展战略的思考函”共100多份，收到反馈意见及建议方面文章20多篇。市海外联谊会首次独立组团出访泰国、马来西亚、菲律宾、印度尼西亚、新加坡东盟五国，邀请东盟五国的相关商会会长出席首届南宁—东盟城市商会经济合作与发展论坛暨南宁百年商会庆典活动。由市海外联谊会牵头推进，依托市总商会成立市总商会驻海外联络处，已达成共识的有驻雅加达、新加坡、吉隆坡、曼谷、纽约、费城、曼切斯特、马尼拉等8个联络处。授予委托书的有驻纽约、曼切斯特、吉隆坡、雅加达4个联络处。市海外联谊会筹备的澳门南宁联谊会注册成立。

12月12日，南宁市新的社会阶层联谊会成立。图为市委常委、市委统战部部长胡建华(右二)为联谊会成立揭牌　覃新亮　摄

【市新的社会阶层联谊会成立】 2007年12月12日，南宁市新的社会阶层人士联谊会第一次理事会议暨成立大会在九曲湾温泉度假村召开，市委常委、统战部部长胡建华出席会议。会议通过《南宁市新的社会阶层人士联谊会章程》(草案)、《南宁市新的社会阶层人士联谊会选举办法》(草案)，选举会长1名，常务副会长5名，副会长11名，秘书长1名；黄丽娟为会长。联谊会宗旨是遵守宪法、法律、法规和国家政策，遵守社会道德风尚，增进南宁市新社会阶层人士的凝聚力，加强新社会阶层人士之间的交流与合作，进一步整合和提升新社会阶层人士的智力资源，弘扬团结互助、奉献社会精神，为建设富裕文明和谐新南宁服务。

(李丹妮)

市直机关党的工作

【概　况】 2007年，中共南宁市直属机关工作委员会有直属机关党组织96个。其中：机关党委41个，党总支部17个，党支部38个。所辖市直机关基层党组织797个。其中：机关党委50个，党总支部50个，党支部697个。有党员1.36万人。市直工委围绕市委的中心工作，以加强党的执政能力建设和先进性建设为根本任务，以“建设一流的队伍，培育一流的作风，创造一流的业绩”为目标，开展转变干部作风加强行政效能建设、开放创新和争先创优活动，推进机关党的思想、组织、作风、制度和反腐倡廉建设。出版《机关党建》简报16期，板报3期，报送各类信息、简讯13篇。

【机关党的思想建设】 2007年，市直工委加强市直机关党员干部理论专题学习和培训。4月12日，举办市直机关理论骨干培训班，邀请市委党校教授作《泛北部湾区域经济合作及我们的任务》专题辅导。依托“时代前沿知识”系列讲座，对领导干部及市直机关党务干部进行时代前沿领域的发展形势及政策法规等知识教育。组织开展参观图片展览、观看教育影片、党员电教等党员教育活动。先后组织市直机关党员干部近3万人次观看《我的长征》等4部教育影片。组织机关党务干部参观望州南社区，举行望州南社区事迹报告会专场；开展向方永刚、杨家荣学习活动。完成全市390名在职正处级以上领导干部的领书券及购书卡发放工作。

【双休日培训工程】 2007年，市直工委继续做好全市副处级以上领导干部时代前沿知识系列讲座暨双休日工程工作。共组织举办领导干部时代前沿知识讲座

3期，有2200多人次参加。其中邀请专家举办《民生问题与和谐社会》、《城市信用体系建设》两期时代前沿知识讲座；设立南宁分会场，听取自治区领导干部培训讲座1期。

【机关党的组织建设】 2007年，市直机关各单位做好党组织换届工作，对班子缺员的党组织及时进行增补，做好党组织书记的考核审批工作，对已到期换届的党组织进行分类指导，有31个独立单位机关党组织完成换届工作。完成32个机关单位离退休干部党支部返还党费17.65万元，保证离退休党支部开展党员活动的正常开支。组织市直机关党员450多人次参加自治区、市优秀党员先进事迹报告会。发展新党员188名，审批预备党员转正196名。12月25~30日，组织9个检查工作组，分别对97个独立机关党组织的党建工作情况进行检查和考评，对检查中发现的问题进行指导和纠正。对市工商局机关党委、市国税局机关党委等10个2006年度市直机关党建目标管理“十佳”单位及12个优胜单位进行表彰。

【机关党风廉政建设】 2007年，市直工委与市直各单位签订党建目标责任状。组织召开市直机关“廉政文化进机关”活动现场经验交流会，介绍推广市房产局、工商局等单位经验。召开社会各界人士座谈会，听取对市直机关领导干部作风建设的意见和建议。向管辖的98个单位机关党组织发放《南宁市直属机关领导干部作风建设调查问卷》5000份。组成5个调研小组到市直机关29个单位进行调研，召开座谈会29次，参会293人，同时发放调查问卷297份。做好来信来访、案件查处工作。市直各单位纪检监察部门共收到群众来信、来访、电话举报件169件次，其中，来信96件，来访11人，来电62次；初核举报线索169件。对某局一名违纪党员擅自挪用公款案的材料进行审理，按程序及规定，给予开除党籍处分。

【党员义工活动】 2007年，市直工委组织97个所辖单位开展党员义工、爱心小分队、服务“两会一节”活动。市直各机关党组织成立爱心小分队21个，有队员302人。各机关党组织先后组织党员1302人次主动进社区、街道开展卫生保洁、清理死角等活动23次；为贫困学生54人捐助1.51万元，慰问残疾人困难户3户；为“爱心超市”捐赠1010元和价值1155元的大米、食用油；开展法律、税务咨询等活动80多次，发放宣传资料500份，解答咨询法律问题48个；进入村屯开展山林矛盾纠纷接访劝返行动。市政法委党总支组成6个小分队到六城区指导协调维稳和社会治安巡防工作；救助站小分队加强对市区流浪乞讨人员引导救助工作；市信访局党支部小分队接待来访10批16人次，处理群众来信、网上信访85件，接听有效来电1016个。 （李建华）

政策研究

【概 况】 2007年，市委政策研究室履行决策咨询服务职能，发挥决策参谋作用。起草市委、市政府政策文件15份（正式出台8份），参与起草修改市领导讲话稿5篇；起草重大汇报材料和分析报告6篇；完成课题研究项目4个、专题调研活动3项；报送市委信息15篇（被采用14篇，被市委办报送中央办公厅1篇），上报自治区党委政研室信息8篇；编辑出版资料汇编书籍2本；编辑出版《南宁调研》内部刊物12期，并被全国城市党委政研系统联席会评为“全国优秀党刊”。《建设国际性现代化南宁研究》、《南宁市县域经济发展研究》2个课题研究成果获南宁市第五届“五象工程社科奖”。

【政策文件制定】 2007年，市委政研室共起草市委、市政府重大文件15份。其中，已经出台的文件有：《中共南宁市委员会关于学习贯彻党的十七大精神的决定》、《关于开展“创新年”活动的决定》及其配套文件、《关于建立城市管理长效机制的决定》、《关于加快五象新区开发建设的决定》、《关于推进承接产业转移工作的实施意见》、《关于开展全民创业行动的意见》及其配套文件、《关于推进社会主义新农村建设的决定》、《关于鼓励建设和使用工业标准厂房的意见》。为市委组织部、宣传部、政法委、经委、劳动保障局、商务局、统计局、农业局、五象新区指挥部等10多个部门和单位起草的20多份政策文件提出修改意见和建议。

2月12日，市直机关召开党的工作会议 市直机关工委提供

【重点课题研究】 2007年，市委政研室围绕南宁市构建开放南宁、和谐南宁，建设区域性国际城市的总体目标，有针对性地开展4项重点课题研究。1.《南宁市农村全面建设小康社会研究》，以统计局发布的农村全面建设小康社会指标体系为指导，详细分析了当前南宁市全面建设小康社会的实现程度及特点、存在的难点和问题、具备的基础和条件，作出南宁市“十一五”期间以至2015年、2020年农村全面建设小康社会的指标实现预测，提出南宁农村全面建设小康社会的重点任务以及保障措施，课题成果为有关部门完成南宁市全面建设小康社会规划纲要提供重要参考。2.《南宁融入北部湾经济合作研究》，调查研究南宁市在北部湾经济区中合作的现状及优势，总结近年来开展区域合作的经验做法，分析存在问题，借鉴国内先进地区推进区域合作的成功经验，就如何发挥南宁的区位优势，在基础设施建设、产业发展、政策制定等方面加快融入北部湾经济区的开发与建设，促进南宁经济又好又快发展提出对策建议。3.《发挥首府辐射带动作用，促进城乡统筹发展》，提出发挥首府南宁的带动作用，推动城乡基础设施建设、产业发展、市场体系建设一体化，促进城乡统筹发展的思路和对策。4.《构建和谐南宁研究》，围绕社会主义和谐社会的总要求，总结近年来南宁构建和谐社会取得的主要成绩，分析存在的问题及其原因，提出南宁市构建社会主义和谐社会，建设广西首善之区的主要任务和对策建议。

【专题调查研究】 2007年，市委政研室围绕南宁市经济社会发展中的难点、热点、重点问题，开展两个专题调研活动。

“走访一百个社区”专题调研 2006年10月至2007年6月，到六城区、各开发区100个社区开展走访调研，及时将群众意见比较集中的就业、物价上涨、社会治安、特困低保等问题及其原因、对策建议综合整理，分期向市委、市政府汇报，市委、市政府主要领导分别做批示，要求有关部门和城区研究解决。市政府办公厅根据第一期走访活动情况汇报印发通知，将主要存在问题解决责任具体落实到各部门、单位、城区，督办执行，使一批影响群众生产生活的问题得到及时解决。

市内河综合整治群众意见专题调研 5~7月，采取召开座谈会、发放问卷调查表等调研方式，将内河整治的进展情况和广大群众(包括相关部门和城区)比较突出和集中的意见及建议进行整理，就内河整治领导机构设置、完善规划、工作推进、拆迁补偿、截断污染源、优化水质、工程施工、沿江企业和砂场搬迁、河岸安全防护、土地确权、长效管理等10多个方面提出建议，推进内河整治顺利开展。

(李耿民)

机构编制

【概　况】 2007年，南宁市机构编制委员会召开委员会议3次，审议机构设置、增加编制等机构编制事项126项。确定置换分配方案，将自治区编委用于置换南宁市地方自定编制的行政编制，分别下达给县区和市直有关部门。对城市管理体制和城市综合行政执法体制及兽医、种子管理体制进行改革，调整青秀山风景名胜旅游区管委会管理职能和开发区环境保护管理体制，理顺部门职能关系。全市列入年度机构编制管理目标责任制考核的110个单位均考核合格。参加检验的事业单位4046个，年检率94%；办理事业单位法人变更登记手续900个；培训事业单位法人代表1000人。

【城市管理体制改革】 2007年，市机构编制委员会办公室根据市委、市政府推进数字化城市管理建设、建立城市管理长效机制的决定，对城市管理体制和城市管理综合行政执法体制进行改革。主要内容：按照“统一领导、分级管理，条块结合、以块为主”的城市管理体制，改革现行城市管理和城市管理行政执法体制，形成资源整合、信息共享；统一监督、两级指挥；重心下移、四级联动；综合执法、全面覆盖的大城管新格局。整合城市管理职能，将市市政管理局(市城市管理综合执法局)调整设置为市城市管理局(市城市管理综合行政执法局)。创建城市管理体制，将城市管理职能和城市管理监督职能分开，分别组建市城市管理监督中心和市城市管理指挥中心。整合现有城市数字化资源，构建数字化城市综合管理与指挥系统。组建南宁市信息网络管理中心，为全市城市管理和经济社会发展提供统一的信息网络系统，并在此基础上构建中国—东盟区域性信息交流中心。

【城市管理综合行政执法体制改革】 2007年，南宁市按照“综合执法”、“重心下移”的要求，继续扩大城市管理综合行政执法的范围；实行市和城区两级行政执法主体体制。继续扩大城市管理综合行政执法的范围，包括规划、国土资源、建筑市场和施工、房产、公用事业、人防工程建筑、城市内河、文化市场、民政殡葬、卫生行政、畜禽屠宰、人口和计划生育、劳动和人才市场、安全生产等管理方面的法律、法规、规章、规定的有关行政处罚权。按照成熟一个、纳入一个的办法，依法按程序逐步扩大。将现行的市一级行政执法主体体制改为市和城区、开发区两级行政执法主体体制。市城管局为市一级城市管理综合行政执法的主体，主要负责全市城市管理综合执法的政策研究、监督指导和重大执法活动的协调。城区城管局加挂城市管理综合行政执法局的牌子、开发区管委会(在相应的内设机构加挂城市管理综合行政执法局的牌子)，作为城区、开发区一级的城市管理综合行政执法主体，负责辖区内的具体执法活动。

【兽医管理体制改革】 2007年，南宁市按照精简、统一、效能的原则，建立健全兽医管理体制和运行机制。主要内容：建立健全兽医行政管理机构。将原由市农业局承担的水产畜牧业、饲料工业行政管理职责划出，独立设置市渔牧兽医局，为市政府主管渔业、畜牧业、饲料工业和兽医工作的工作部门。将各县区的水产畜牧局统一更名为渔牧兽医局，由县区政府直属事业单位改为县区人民政府主管渔业、畜牧业、饲料工业和兽医工作的工作部门。各开发区不独立设置兽医行政管理机构，由开发区管委会负责，南宁青秀山风景名胜旅游区、南宁市相思湖新区兽医行政管理工作由市渔牧兽医局负责。建立兽医行政执法机构。整合归并现有的市、县区、开发区动物防疫检疫、兽医卫生监督等各类执法机构及其行政执法职能，市、县区、开发区分别组建动物卫生监督所，作为兽医行政执法机构，归口市、县区兽医行政管理部门和开发区管委会管理。建立健全兽医技术支持机构。整合畜牧兽医系统内现有的动物疫病诊断、监测、检疫检验等机构和资源，分别设立市、县动物疫病预防控制中心，归口同级兽医行政管理部门管理。市辖城区设立动物疫病预防控制中心，与动物卫生监督所实行“一套人马，两块牌子”的管理体制。完善渔牧兽医技术服务机构。整合市、县现有水产、畜牧、兽医技术服务机构及其技术服务职能，分别组建或合并设置渔牧兽医技术推广站，归口同级兽医行政管理部门管理。保留邕宁区、良庆区现有的水产畜牧技术服务机构水产畜牧服务中心，更名为渔牧兽医技术推广站，归口城区兽医行政管理部门管理；其他4个城区不设置渔牧兽医技术推广站，其渔牧兽医技术推广的业务由市渔牧兽医技术推广站负责。加强基层动物防疫机构建设。根据经营性服务和公益性职能分开的原则，整合现有乡镇畜牧兽医站、水产站，按一乡镇一站设立渔牧兽医站。乡镇渔牧兽医站实行县区兽医行政管理部门和乡镇双重领导，以县区管理为主的管理体制，乡镇渔牧兽医站的人员、业务、经费等由县区兽医行政管理部门统一管理。仍以农业生产为主的街道办事处，设置渔牧兽医站。

【种子管理体制改革】 2007年，南宁市按照政企分开的原则，分别建立健全市、县种子管理机构，现有种子生产经营机构与农业主管部门脱钩，属国有性质的种子生产经营机构整体划入国有资产监管部门。将事业单位性质的市种子公司的种子经营业务剥离后，组建市种子管理站，不再保留市种子公司事业单位建制。

【青秀山风景区管委会职能调整】 2007年，南宁市将青秀山风景名胜旅游区党工委、管委会承担的辖区范围内的科技、教育、文化、卫生、体育、新闻出版、民政(含基层组织建设)、人口与计划生育、宗教、社会治安综合治理与维护社会稳定、城市管理指挥调度和综合行政执法、环境卫生和市容环境综合整治等社会事务管理职能，农业、水产畜牧兽医、林业、水利、交通等部分经济管理职能以及征地拆迁工作调整由青秀区党委、政府管理。职能调整后，青秀山风景区党工委主要负责管委会及所属单位党务工作；青秀山风景区管委会主要负责青秀山风景保护区及旅游功能区的建设、保护、管理、绿化和旅游项目开发等工作。同时，将由青秀山风景区管委会管理的市青山小学、三岸小学、翡翠园学校、建设工程质量监督站青秀山风景名胜旅游区分站、土地储备供应中心、市政环卫管理站、房屋和征地拆迁办公室、会计集中核算中心成建制移交青秀区政府管理。

【开发区环境保护管理体制调整】 2007年，南宁市将开发区范围内的环境保护行政管理和执法监察工作由开发区负责改为由市环境保护局统一负责，设立市环境保护局南宁高新技术产业开发区分局、南宁经济技术开发区分局、南宁华侨投资区(中国—东盟经济园区)分局、南宁青秀山风景名胜旅游区分局、市相思湖新区分局,为市环保局的派出机构,负责各开发区的环境保护监督管理工作。同时,相应调整市环境监察支队、市环境保护监测站的事业编制。

【部门职能关系理顺】 2007年,南宁市对市级各部门的工作职能进行全面调查梳理,对交叉重复和职责不清的进行专项集中清理。市直21个部门单位提出的交叉重复和职责不清的职能共51项,涉及38个部门单位(部分为中直和自治区垂直管理单位)。经审议,市政府公布对市直部门单位提出的交叉重复和职责不清的48项事项的审定结果。

【事业单位机构编制存量盘活】 2007年,南宁市在编制总量内,调整设置县区新型农村合作医疗管理机构和各乡镇经办机构;撤并6所中小学校,成立各县特殊教育学校;突出社会公益目的,调整、设置145个事业单位;给13个单位予以更名,为9个单位确定机构规格,调整29个事业单位的业务范围、编制或经费管理形式。 (郑进新 黄振生)

老干部工作

【概 况】 2007年,南宁市有离休干部1515人,其中市区(含中国—东盟经济园区)1036人,武鸣县105人,横县101人,宾阳县79人,上林县53人,马山县97人,隆安县44人。行政机关458人,事业单位362人,企业单位695人。正副厅(局)级(含享受)81人,正副处(县)级(含享受)1084人,享受正副乡(科)级待遇355人,享受其他待遇29人。第二次国内革命战争时期入伍4人,抗日战争时期入伍163人,解放战争入伍1348人。70~79岁757人,80岁以上758人。市区离退休干部党支部单独建立的152个,与在职党员合编73个,与社区合编12个。年内,被评为自治区老干部工作先进集体单位3个、先进个人9人,记二等功的单位2个、个人3人。其中,市委老干局被评为自治区老干部工作先进集体并记集体二等功。

【老干部文体活动】 2007年,南宁市举行离退休干部麻将、地掷球、门球赛等,参加比赛1000多人。市老干部活动中心组织老干部开展健身、棋牌、桌球、乒乓球、门球、跳舞等活动,参加活动5万多人次。市老年大学开设19个专业、40个班,有学员1400多人。元旦、春节期间举办全市离退休干部迎春游园活动,有套圈、投球、钓鱼等7个项目,参加活动1600多人。各级各单位根据老干部的爱好和特点,组织开展文体活动,参加各类文体活动3万多人次。

【老干部待遇落实】 2007年,市委老干局组织老干部学习邓小平理论、“三个代表”重要思想、科学发展观以及党的十六届六中、七中全会和十七大精神;组织部分离退休党支部书记参加自治区党委老干部局举办的离退休干部党支部书记培训班学习;举办学习十七大精神报告会,600多人参加;组织副厅级以上离休干部阅文24次;给离休干部订阅《老年知音》3400多份;组织老干部参观考察市重点企业和重点工程建设项目;组织市四家班子老领导参加南宁国际民歌节开幕式晚会;组织市四家班子领导元旦、春节期间分别登门走访慰问二战时期入伍的老红军、老干部和原四家班子离退休老领导42人以及到自治区、市各医院看望因病住院的老干部和市管在职、退休处级干部360人;登门慰问破产企业离休干部47人;举办元旦、春节、“七一”、国庆老干部电影招待会,1万多人参加;与市人事局联合组织全市离退休干部迎春茶话会,原任部委办局副职以上离休干部和原四家班子退休的老领导以及退休干部430多人参加;组织730多名离休干部进行身体全面检查;登门给28名80岁以上高龄的老红军、老干部、老领导祝寿;对老干部待遇落实情况进行不定期检查,督促单位、企业落实老干部的政治生活待遇。

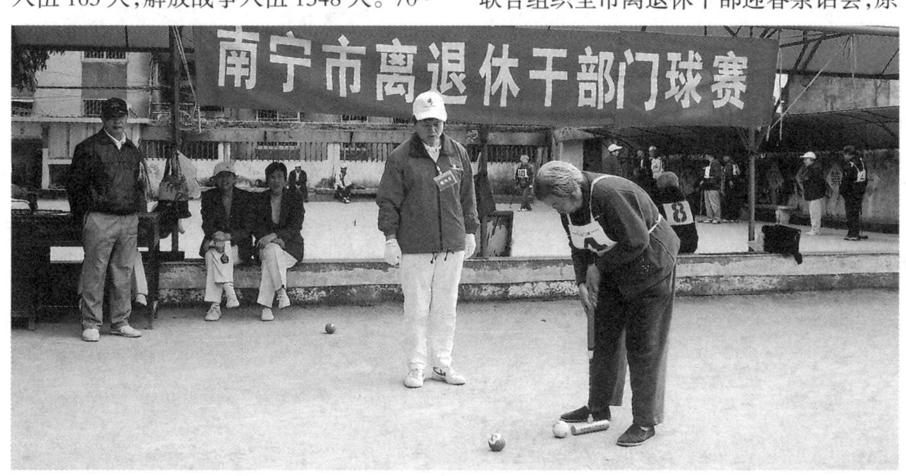

11月6日,南宁市举行全市离退休干部门球赛 黄飚 摄

【专题调研活动】 2007年,市委老干局联合有关部门,到县区、企业等基层开展专题调研活动。完成《关于贯彻落实中办厅字[2005]12号和桂办发[2006]19号文件精神进一步做好市属企业离休干部管理服务工作调研情况汇报》、《关于做好市属企业离休干部管理服务工作的实施意见》、《关于做好改制、破产和特困企业离休干部管理服务工作的思考》、《关于我市直属部分企事业单位离休干部要求解决享受临时生活补贴的调研情况汇报》等调研课题。其中,《关于做好市属企业离休干部管理服务工作的实施意见》被市委、市政府办公厅转发。

【为老干部办实事】 2007年,市委老干局协调有关部门、单位为老干部办好事实事86件。主要有:帮助协调解决市糖业公司、东宇运输公司和马山县供销社3个单位7名离休干部的离休费及政策性补贴共1.86万元;市金牛公司、鼎华公司、纸箱厂、平板玻璃厂、六职高6个单位6名离休干部的生活补贴等共2.68万元;市水泥厂、日用塑料厂和纸箱厂、疾病防控中心和原南宁地区水电设计院及二轻公司等单位6名老干部的医药统筹减免、医疗费报销、健康疗养费等共5.76万元;130家困难企业372名离休干部“三项补贴”260多万元;43家特困企业132名离休干部减免医疗统筹金3600万元等。 (黄 飚)

党 校 工 作

【概 况】 2007年,中共南宁市委党校实行“一校三院”体制,即市经济干部学院、市行政学院、市社会主义学院。实行校委制,内设机关党委、办公室、教务科、行政科、学员工作科、业务指导科、财务科、马列教研室、基础教研室、管理学教研室、计财教研室、法学教研室、行政学教研室、统战教研室、科研室、图书馆16个科室。有在编人员123人。

【干部培训】 2007年,市委党校主要举办全市领导干部培训班、新农村建设专题培训班、中青年干部班、团委书记等培训班33期,培训8786人次。承办云南省昆明市中青班、党外县处班、官渡区中青班、宜良县处级干部培训班，福建省福州市委党校县处级领导干部培训班，内蒙古自治区巴彦淖尔市县处级领导干部培训班，培训450人次。至年末，中央党校函授学院南宁分院的学历教育累计培养大专生7579人、本科生7744人、研究生94人。

【科研工作】 2007年，市委党校重点以党的十六届六中全会、十七大精神为指导，深入贯彻落实科学发展观，重点进行党的先进性建设、执政能力建设的理论研究和南宁市的实践研究。在省、市级以上公开刊物和出版社发表论文69篇(国家级3篇、省级15篇、市级51篇)；启动12个校级课题；出版23万字的专著《领导公共关系》；参与《南宁市新农村建设实践与经验汇编》一书编写。

(张伦书　李志成　赵廷和　农　瑛)

南宁市人民代表大会

重要会议

【市第十二届人民代表大会】 2007年共召开3次会议。

第2次会议　2月5~9日在南宁人民会堂召开。2月6日上午开幕，应出席代表494人，实出席代表458人。南宁市选出的自治区第十届人大代表，市委副书记、副市长，市委、市人大常委会、市政府副秘书长，市委各委、办、局主要负责人，市人大及其常委会各部门处级干部，市政府各委、办、局主要负责人，市中级法院副院长，市检察院副检察长，市各人民团体主要负责人，市级双管及有关单位主要负责人共170人列席。大会主席团由67人组成。主席团第一次会议推定马飚、谢寿堂、谢泽宇、封家骧、刘南生、陈瑞深、卢丽芬、赖贵寿、邓其新为大会主席团常务主席。大会秘书长由封家骧兼任。会议听取和审议市政府工作报告；审查和批准市2006年国民经济和社会发展计划执行情况的报告与2007年国民经济和社会发展计划；审查市和市本级2006年预算执行情况的报告与2007年预算，批准市本级2006年预算执行情况的报告与2007年预算；听取和审议市人大常委会工作报告、市中级人民法院工作报告、市人民检察院工作报告；审议市政府关于提请审议春节期间实行限制燃放烟花爆竹的议案。会议作出市第十二届人民代表大会第二次会议关于政府工作报告的决议等7项决议。会议期间，代表提出的议案92件，还召开市领导听取代表意见会。自治区党委常委、市委书记马飚，市人大常委会主任谢寿堂在闭幕会上作讲话。

第3次会议　5月16~17日在南宁人民会堂召开。9月25日上午开幕，应出席代表494人，实出席代表462人。大会主席团由67人组成。主席团第一次会议推定马飚、谢寿堂、谢泽宇、封家骧、刘南生、陈瑞深、卢丽芬、赖贵寿、邓其新为大会主席团常务主席。大会秘书长由封家骧兼任。会议议程：补选市长。大会依照法律程序，以无记名投票方式，选举陈向群为市长。市人大常委会主任谢寿堂致闭幕词。自治区党委常委、市委书记马飚，市长陈向群在闭幕式上分别作讲话。

第4次会议　12月25~26日在南宁人民会堂召开。12月25日下午开幕，应出席代表494人，实出席代表453人。大会主席团由66人组成。主席团第一次会议推定马飚、谢寿堂、谢泽宇、封家骧、刘南生、陈瑞深、卢丽芬、赖贵寿、邓其新为大会主席团常务主席。大会秘书长由封家骧兼任。会议议程：选举南宁市出席自治区第十一届人民代表大会代表；补选市第十二届人民代表大会常务委员会委员1人。大会依照法律程序，以无记名投票方式，选举马飚等85人为南宁市出席自治区第十一届人民代表大会代表，补选刘社鹏为市第十二届人大常委会委员。市人大常委会主任谢寿堂致闭幕词，自治区党委常委、市委书记马飚在闭幕式上作讲话。

2月5~9日，市十二届人大二次会议在南宁人民会堂召开　　麦春富　摄

【市第十二届人民代表大会常务委员会会议】 2007年共召开10次会议。

第4次会议　1月16日在市人大常委会会议厅召开。市人大常委会主任谢寿堂主持会议。会议根据自治区人大常委会办公厅《关于补选自治区十届人大代表的通知》，自治区党委提名谢寿堂为自治区十届人大代表候选人，并推荐到南宁市依法进行补选的精神，以无记名投票的方式，补选谢寿堂为自治区第十届人大代表，待报自治区人大常委会确认。会议听取市人大常委会秘书长周如斯作的关于召开市十二届人大第二次会议有关事项的说明，审议并原则通过市人大常委会工作报告，会后市人大常委会办公厅和调研室再根据大家的意见进行修改，提交市十二届人大二次会议审议。会议还审议通过市十二届人大二次会议建议日程草案、主席团常务主席建议名单草案、副秘书长建议名单。

第5次会议　2月4日在市人大常委会会议厅召开。市人大常委会主任谢寿堂主持。会议听取和审议并表决通过市十二届人大常委会代表资格审查委员会主任委员周如斯作的关于代表出缺情况和补选代表的代表资格审查报告；审议市政府关于提请审议春节期间实行限制燃放烟花爆竹的方案。会议经过联组审议，表决通过市十二届人大二次会议增加建议议程的决定。

第6次会议　3月22~23日在市人大常委会会议厅召开。市人大常委会主任谢寿堂主持。会议听取和审议市政府关于南宁市2007年农业生产安排和当前春耕生产情况的报告及市人大农业委员会的调查报告，作出关于2007年市农业生产安排和抓好当前春耕生产的决议；听取和审议市人大有关专委关于市十二届人大二次会议关于要求制定《南宁市农贸市场管理条例》的议案第20号、关于尽快选定南宁市垃圾填埋新址的议案48号代表议案审议结果的报告；审议《南宁市城市房屋拆迁管理条例(修订草案)》；审议通过《南宁市清真食品管理条例(草案)》和市人大常委会2007年市人大常委会工作要点；审议市政府关于提请审议2007年南宁市地方立法计划；通过有关人员的人事任免事项。

第7次会议　4月29日在市人大常委会会议厅召开。市人大常委会主任谢寿堂主持。常委会组成人员经过审议，通过有关人员的人事任免事项，作出关于召开市十二届人大三次会议的决定和通过市十二届人大三次会议的有关事项。

第8次会议　6月26~29日在市人大常委会会议厅召开。市人大常委会主任谢寿堂主持。会议听取和审议市政府关于《南宁市户外广告设置管理条例》实施情况的报告及市人大常委会执法检查组的执法检查报告、市政府关于国务院《住房公积金管理条例》实施情况的报告及市人大常委会执法检查组的执法检查报告；市人大有关专委关于十二届人大二次会议《关于规划建设环卫专用车辆停车场的议案》第2号、《关于加强肉类食品安全综合执法力度的议案》第6号、《关于加快推进江南堤路园工程农村回建安置工作的议案》第11号、《关于要求尽快制定“社会发展百亿工程”具体实施项目的议案》第21号、《关于尽快为我市农村中小学办理土地使用权证的议案》第24号、《关于要求加大对全市桑蚕优势产业投入的议案》第54号、《关于提请划拨环卫用地的议案》第74号、《关于将南宁制糖造纸厂造纸生产项目外迁的议案》第77号代表议案审议结果的报告及市人大常委会代表资格审查委员会关于市十二届人大代表出缺情况和补选代表的代表资格审查报告；审议市政府关于提请审议《南宁市大型社会活动安全管理条例(草案)》的说明，并对条例进行初审；对第11号代表议案作出决定，对第2号、第6号、第21号、第24号、第54号、第74号、第77号代表议案分别作出处理意见，交市政府办理；通过市十二届人大常委会代表资格审查委员会关于代表资格审查的报告及有关人事任免事项。

第9次会议　7月30~31日在市人大常委会会议厅召开。市人大常委会主任谢寿堂主持。会议听取和审议市政府关于南宁市2007年上半年国民经济和社会发展计划与市本级预算执行情况的报告，市本级2006年决算草案的报告、2006年本级预算执行和其他财政支出情况审计工作的报告以及市人大财政经济委员会作的关于2006年南宁决算的审查报告，作出关于批准2006年市本级决算的决议；通过有关人员的任免事项。

第10次会议　8月10~11日在市人大常委会会议厅召开。市人大常委会主任谢寿堂主持。会议听取和审议市政府关于《南宁市城市市容环境卫生管理条例》、《广西壮族自治区土地山林权属纠纷调处条例》、《南宁市环境噪声污染防治条例》、《中华人民共和国治安管理处罚法》实施情况的报告及市人大常委会执法检查组执法检查的报告以及市人大法制委员会关于《南宁市饮用水水源保护条例(草案)》的审议结果报告，作出市人大常委会关于通过《南宁市饮用水水源保护条例》的决定，报自治区人大常委会审议通过后施行；审议市政府关于提请审议市本级财政为心圩江、可利江环境综合整治工程银行贷款提供还贷资金的议案，作出同意以市本级财政为心圩江、可利江环境综合整治工程国内银行贷款提供还贷资金的决定；通过有关人事任免事项。

第11次会议　10月22~23日在市人大常委会会议厅召开。市人大常委会主任谢寿堂主持。会议听取和审议市政府关于《中华人民共和国统计法》、《南宁市统计管理条例》实施情况的报告及市人大常委会执法检查组的执法检查报告；市政府关于《南宁市城市房地产交易管理条例》实施情况的报告及市人大常委会执法检查组的执法检查报告；市政府关于《南宁市人大常委会关于加强五象岭景区规划管理的决定》执行情况的报告和市人大常委会执法检查组的执法检查报告；市政府关于《南宁市环境噪声污染防治条例(草案)》的说明和市人大城建环保委员会的审议报告。审议市政府关于《南宁市青秀山风景名胜区管理条例》实施情况的报告及市人大常委会执法检查组的执法检查报告及市人大代表7个调研组2007年年中专题调研情况报告。

第12次会议　11月30日在市人大常委会会议厅召开。市人大常委会主任谢寿堂主持。会议审议关于召开市十二届人大四次会议的有关事项；听取和审议市人大常委会代表资格审查委员会关于代表出缺情况和补选代表的代表资格审查报告、市政府关于《南宁市科学技术进步若干规定》实施情况的报告及市人大教科文卫委员会的执法检查报告、市人大法制委员会关于《南宁市环境噪声污染防治条例(草案)》审议结果的报告、市政府关于提请审议授予洪瑞泉、何玉棠两名友人荣誉市民称号的说明并作出相关的规定；审议通过有关人事任免事项。

第13次会议　12月21日在市人大常委会会议厅召开。市人大常委会主任谢寿堂主持。会议听取和审议市政府关于《南宁市社会急救医疗管理条例(草案)》和市人大教科文卫委员会的审议报告、市人大法制委员会关于《南宁市农村集体资产管理规定(草案)》审议结果的报告；审议通过市人大代表7个视察组2007年年终视察情况的报告和有关人员的人事任名事项。

重大活动

【执法检查】 2007年，市人大常委会共组织开展执法检查8次。

《市户外广告设置管理条例》实施检查　5月22日，市人大常委会执法检查组对市政府贯彻实施《南宁市户外广告设置管理条例》的情况进行检查。检查组听取市市政局、工商局、市委宣传部等单位的情况汇报，实地观察市部分道路、广场、街道的广告设置情况。并将检查情况向市十二届人大常委会第八次会议报告。经常委会会议审议认为，市政府高度重视《条例》的贯彻实施，作了大量的工作，取得较好的成绩。但还存在对《条例》的宣传力度不够，户外广告设置的专项规划编制和标准一直没有出台，《条例》的部分内容不够完善，特别是公益性广告设置管理方面有待进一步规范等问题。

《住房公积金条例》实施检查　5月25~30日，市人大常委会执法检查组对市政府贯彻实施《住房公积金条例》的情况进行检查。检查组分别听取市住房公积金管理中心、南宁高新技术开发区、南宁经济技术开发区和市辖六县政府对贯彻实施《条例》的情况汇报，检查市辖六县部分乡镇政府、学校、医院、企业等33个单位，并将检查情况向市十二届人大常委会第八次会议报告。经常委会会议审议认为，市政府及有关部门在贯彻实施《条例》中作了大量的工作，取得一定的成绩，但对《条例》宣传的广度和深度还不够，一些部门、企业、事业单位的领导，特别是非公有制企业的经营者认识不到位，住房公积金缴存发展不平衡，一些单位住房公积金财政公助部分比例偏低，不符合《条例》的精神，违规挪用的住房公积金仍有部分未归还，住房公积金的缴存执法力度有待进一步加强等。

《城市市容环境卫生管理条例》实施检查　6月5日，市人大常委会执法检查组对市政府贯彻实施《南宁市城市市容环境卫生管理条例》的情况进行检查。检查组听取市市政局关于贯彻落实《条例》情况的工作报告，进行实地检查。并将检查情况向市十二届人大常委会第十次会议报告。经常委会会议审议认为，《条例》实施3年来，特别是上年南宁市实施城乡清洁工程、全面治理“五乱”行为活动以来，市政府及其有关部门加大了对《条例》的宣传贯彻力度，进一步完善管理体制和监督机制，在环卫工作管理、市容环境卫生整治、城市景观亮化建设、严格执法等方面作了大量的工作，取得显著的成绩。存在问题是未制定出市城市市容标准和环境卫生标准及环境卫生专业作业的标准与规范；非法“小广告”屡禁不止；法制机制不够完善，“五乱”行为在部分区域存在反弹现象。

《环境噪声污染防治条例》实施检查　6月25日，市人大常委会执法检查组对市政府贯彻实施《南宁市环境噪声污染防治条例》的情况进行检查。检查组听取市环保局、公安局等政府有关部门汇报，检查部分街道、广场和夜市。并将检查情况向市十二届人大常委会第十次会议报告。经常委会会议审议认为，市政府及其有关职能部门认真贯彻《条例》精神，把专项整治和日常管理结合起来，使南宁市的噪声环境质量得到明显改善。存在问题主要是执法力量不足，对噪声污染的监管不到位，长效管理有待加强等。

《治安管理处罚法》实施检查 5~7月，市人大内务司法委员会组织对南宁市贯彻落实《中华人民共和国治安管理处罚法》情况进行检查。这次执法检查采取自查和抽查的方式进行。检查期间，首先安排公安机关用两个月的时间进行自查自纠。7月，检查组进行抽查活动。检查组听取市政府关于贯彻实施《治安管理处罚法》的情况汇报，召开有人大代表、群众和人民警察代表参加的座谈会，在收集各县区公安局(分局)书面汇报材料的基础上，抽查青秀区、良庆区、宾阳县、上林县公安局(分局)、兴宁、朝阳和武鸣县、隆安县、横县的城厢派出所等9个单位，查阅这些单位处理治安案卷卷宗135卷。同时走访有关单位，了解单位与群众的意见，并将检查情况向市十二届人大常委会第十次会议报告。经常委会会议审议认为，《治安管理处罚法》自2006年3月1日颁布实施以来，市各级公安机关以《治安管理处罚法》为依据，坚持“打、防、控”结合的方针，取得重大治安案件减少、社会治安趋于稳定的成效。存在问题主要是少数民警素质与《治安管理处罚法》要求还有差距；执法水平参差不齐，执法技能仍需进一步提高；少数案件处理不够严肃，立案制度还不够完善，处理程序还不够规范。

《加强五象岭景区规划管理决定》实施检查 8月16~17日，市人大常委会执法检查组对市政府贯彻实施《市人大常委会关于加强五象岭景区规划管理的决定》的情况进行检查。检查组听取市林业局、规划局、国土局、民政局及良庆区政府等单位的汇报，视察了五象岭景区。并将检查情况向市十二届人大常委会第十一次会议报告。经常委会会议审议认为，自2006年5月31日市第十一届人大常委会第四十五次会议通过《决定》以来，市政府及其有关职能部门贯彻《决定》精神，不断加强五象岭景区的规划管理工作，取得一定的成绩。存在问题主要是景区的总体规划和详细规划还未编制，景区的保护线还未划定；管理机构尚未成立，五象森林公园权属移交工作也未完成；景区内仍存在违法建设问题。

《城市房地产交易管理条例》实施检查 8月22日，市人大常委会组成执法检查组对市政府贯彻实施《南宁市城市房地产交易管理条例》的情况进行检查。检查组听取市房产局关于实施《条例》情况的汇报，实地检查房地产交易大厅。并将检查情况向市十二届人大常委会第十一次会议报告。经常委会会议审议认为，市政府及其有关职能部门贯彻《条例》精神，在房地产交易市场监管、内部管理、建立房地产信息系统建设等方面作了大量的工作，取得明显成效。存在问题主要是对《条例》宣传不够，部分市民自觉缴纳房屋租赁税的意识较差；《条例》的内容还不够完善和全面；市房地产交易中心基础设施建设跟不上形势发展的需要。

《青秀山风景名胜区管理条例》实施检查 8月27日，市人大常委会组成执法检查组对市政府贯彻实施《南宁市青秀山风景名胜区管理条例》的情况进行检查。检查组听取市规划局、青秀山风景名胜旅游区管委会的汇报，实地检查规划的19.4平方公里的青秀山风景区。并将检查情况向市十二届人大常委会第十一次会议报告。经常委会会议审议认为，《条例》实施以来，市政府及其有关部门依法严格保护景区的地形、地貌和生态环境，取得一定的成绩，同时还存在不少问题。

《统计法》实施检查 9月中旬，市人大常委会执法检查组对市政府贯彻实施《中华人民共和国统计法》、《南宁市统计管理条例》的情况进行检查。检查组听取市统计局关于南宁市贯彻实施《统计法》、《统计条例》情况的汇报，实地检查武鸣县、隆安县、西乡塘区、良庆区及其所辖的双桥镇、南圩镇、坛洛镇、那马镇(其他各县区进行书面汇报)。并将检查情况向市十二届人大常委会第十一次会议报告。经常委会会议审议认为，市政府及其有关职能部门依法统计，保障了统计数据的准确性和及时性，取得较好的成绩。存在问题主要是统计部门“取数难”的问题仍然存在，一些单位和个人对统计工作不够重视，不主动配合；县区及乡镇一级的统计力量薄弱，主要是人员不足、经费不足；没有专门的统计执法队伍，执法力度不强。

【代表视察】 2007年12月3~7日，市人大常委会按照《代表法》的有关规定，组织部分市十二届人大代表对市“一府两院”2007年度工作进行视察。视察团团长由市人大常委会主任谢寿堂担任。副团长由副主任封家骧、刘南生、陈瑞深、卢丽芬、赖贵寿、邓其新担任。参加视察的市人大代表130人，编成7个视察组，各组组长由视察团正副团长兼任。各视察组在视察结束后，形成视察报告，提交市十二届人大常委会第十三次会议审议。

现代商贸服务业发展情况视察 第一视察组采取听取汇报、召开座谈会和实地察看的方式，先后听取市政府、市商务局等有关部门的情况汇报，视察虎邱城北钢材市场、安吉汽车市场、五里亭果菜批发市场、市百货大楼有限公司、沃尔玛民族大道店、太华药业、利客隆相思湖大卖场以及横县的“农家店”、利客隆超市、家家乐商场等。代表们认为南宁市现代商贸服务业发展的规模在不断扩大，新型业态不断涌现，基础设施逐步完善。但还存在对发展商贸服务业认识有待进一步提高，统筹规划亟待加强，基础设施需进一步完善，农村商贸服务发展滞后，政府服务职能有待进一步完善等问题。提出进一步改进意见。

城建工程建设视察 第二视察组分别听取市建委、规划局、市政局、环保局、房产局、园林局和五象新区指挥部、房改办、相思湖新区管委会、内河整治指挥部的汇报，并进行实地视察。代表们肯定市政府在实施城乡清洁工程和本年度为民办实事有关城建工程建设工作中所取得的成绩，指出存在的问题，提出意见和建议。

代表建议办理情况视察 第三视察组对市十二届人大二次会议以来代表建议办理情况进行视察。采取听汇报、开座谈会、实地视察、看材料等形式。代表们认为，市政府及其职能部门依法履行政府职能，进一步密切政府与人民群众联系，使代表建议的办理工作有一定的改进和加强。但还存在超时办结，答复函有语句生硬、错、漏等现象；对多部门办理同一建议的协调工作不到位；有相当一部分承办单位缺乏主动与代表联系的意识，存在重答复、轻落实的现象。建议市政府及其有关部门要进一步提高对代表建议办理的认识，建立健全和完善办理代表建议的有关制度，抓好代表建议的落实，抓好有关承办人员业务培训等几点建议。

农村特困群众最低生活保障视察 第四视察组到市民政局、市司法局以及武鸣县、兴宁区、江南区的乡镇和村屯，听取市民政局关于完善农村特困群众最低生活保障制度和农村特困户危房工程建设改造情况的汇报，并与市民政局工作人员进行座谈；听取市司法局关于开展人民调解工作情况的汇报并与人民调解员代表进行座谈；走访和慰问一些特困户和残疾人群众，并视察农村特困户危房工程和农村残疾人危房建设改造情况、人力三轮车在市中心区行使与停放等状况以及司法所建设情况。代表们指出南宁市在有关工作中存在的问题，提出意见和建议。

科教文卫工作视察 第五视察组听取市教育局、科技局、文化局、卫生局、人口计生委、广电局、体育局、新闻出版局2007年主要工作完成情况汇报，并到市第四人民医院、邕宁电报局旧址修复现

场、良庆区、宾阳县和隆安县，视察代表建议的落实情况和新型农村合作医疗制度建设的进展情况。代表们认为2007年市政府及其有关职能部门执行人大会议决定，努力完成代表大会确定的教科文卫工作方面的目标任务。并针对存在的问题提出意见和建议。

大石山区基础设施建设大会战视察　第六视察组先后听取市扶贫办和隆安、马山县政府开展大石山区基础设施建设大会战情况汇报，视察两县部分项目。代表们充分肯定两县开展基础设施建设大会战工作所取得的成绩，并对存在的问题和巩固发展大会战成果提出意见和建议。

旅游业管理视察　第七视察组分别听取"一府两院"2007年工作情况报告和市旅游局的旅游工作汇报，先后视察邕宁区顶蛳山遗址、大明山生态旅游点、武鸣县明秀园、马山县金伦洞、上林县大龙湖、昆仑关、嘉和城等旅游景区。代表们对全市旅游行业有进一步的了解，并就旅游行业的管理与发展提出意见和建议。

【专题调研】 2007年，市人大常委会由主任、副主任牵头，各专委会和部分人大代表及有关部门负责人参加，组成6个专题调研组，就南宁市财源发展现状、经济适用房建设问题、华侨农林场发展与改革、两级法院和检察院办公用房建设、新型农村合作医疗制度实施工作、农贸市场建设管理工作等专题开展调查研究，并形成各项专题报告，向市委、市政府提出改进工作的意见和建议。

【代表方案与建议办理】 2007年，自市第十二届人民代表大会第二次会议以来，经市人大常委会审议作出决定的代表议案有3件，分别为第11号《关于加快推进江南堤路园工程农村会见安置工作的议案》、第20号议案《关于要求制定〈南宁市农贸市场管理条例〉的议案》、第48号议案《关于尽快选定南宁市垃圾填埋新址的议案》。收到市人大代表对南宁市各方面工作提出的建议、批评和意见257件。其中，由议案转作建议处理的84件，二次会议期间提出建议151件，二次会议闭会期间提出建议32件，三次会议期间提出建议3件。经常委会、主任会议同意，确定11件为重点督办的建议，其中由常委会通过的5件，由主任会议确定的6件。交由市人大常委会办公厅办理的2件、市政府系统办理的254件、其他机关和组织办理的19件。至年末对建议全部办复。从各承办单位给代表的答复函看，已经解决或基本解决的57件，正在解决或已列入计划逐步解决的161件，因条件限制暂不解决需待条件成熟后解决的20件。从收到的116份代表对办理情况的反馈意见看，满意和基本满意的113份，不满意的3份。

【人事任免】 2007年，市人大常委会任免国家机关工作人员共51人。其中：人大系统2人次（任命1人、免职1人）；政府系统13人次（决定代理1人、决定任命7人、接受辞职3人、决定免职2人）；法院系统6人次（任命3人、免职3人）；检察院系统30人次（任命10人、批准任命5人、免职9人、批准辞职5人、不批准任命1人）。　（韦杉娜）

南宁市人民政府

重要会议

【政府常务会议】 2007年，市政府召开常务会议29次，审议议题194个，确定事项244项。主要有：《政府工作报告》、《南宁市烟花爆竹经营燃放管理规定》、《南宁市工业用地使用权招标拍卖挂牌出让暂行办法》、《南宁市人口和计划生育管理若干规定》、《2007年南宁市"百企入邕"境内外招商引资活动计划》、《南宁市建立现代社会信用体系规划》、《南宁市实施行政许可若干规定》、《南宁市重大食品安全事件应急预案》、《南宁市〈米粉质量安全要求〉标准实施办法》、《南宁市精神文明建设"十一五"规划》、《南宁市残疾人事业"十一五"规划纲要（2006~2010年）》、《南宁市突发公共事件新闻发布应急预案》、《南宁市人民政府关于〈全民科学素质行动计划纲要〉的实施意见》、《南宁市人民政府关于加快发展循环经济的实施意见》、《南宁市人民政府关于进一步明确市和县区事权划分理顺部门职能关系的通知》、《南宁市经济适用住房管理暂行办法》、《南宁市荣誉市民在本市享受的优惠礼遇》、《南宁市处置森林火灾应急预案》、《南宁市城市防洪应急预案》、《南宁市安全生产"十一五"规划》、《南宁市人民政府办公厅关于进一步落实行政执法责任制的实施意见》、《南宁市"十一五"农村公路建设实施方案》、《南宁

2007年市人大常委会任免人员情况表

时　间	会　　议	任免	姓名(少数民族)	职务
3月23日	第6次会议	任命	姜夕云	市人大常委会副秘书长
3月23日	第6次会议	任命	余万庆(壮族)	市中级人民法院副院长
3月23日	第6次会议	免职	包福光	市中级人民法院副院长
3月23日	第6次会议	任命	杨远波	市人民检察院副检察长
3月23日	第6次会议	任命	兰志才(壮族)	市人民检察院副检察长
4月29日	第7次会议	任命	陈向群	市人民政府副市长、代市长
4月29日	第7次会议	免职	陈　刚	市人民政府副市长
4月29日	第7次会议	辞职	林国强	市人民政府市长
6月29日	第8次会议	辞职	汪正荣	市十二届人大常委会委员
6月29日	第8次会议	免职	周惠中	市人大常委会选举联络工委副主任
6月29日	第8次会议	任命	封　宁	市规划局局长
6月29日	第8次会议	任命	梁兆强	市水产畜牧兽医局局长
6月29日	第8次会议	免职	黄善武	市规划局局长
7月31日	第9次会议	任命	黄伟京	市人民政府副市长
7月31日	第9次会议	任命	刘长林	市人民政府副市长
7月31日	第9次会议	免职	周红波	市人民政府副市长
8月11日	第10次会议	任命	周异决(壮族)	市人民政府副市长
8月11日	第10次会议	任命	温守荣	市人民政府副市长
12月21日	第13次会议	任命	陈　竑	市城市管理局局长
12月21日	第13次会议	免职	张建辉(壮族)	市市政管理局局长

市市区内涝应急抢险工作预案》、《南宁市肉类市场供应应急预案》、《南宁市艾滋病防治战略规划（2006~2010）年》、《2007年南宁市绿城生态文化建设实施方案》、《南宁市城市森林总体规划(2006~2020)》、《南宁市物业管理办法》、《南宁市城市照明管理规定》、《南宁市艺术博物馆项目建设方案》、《南宁市工业发展用地储备规划》、《南宁市县区工业产业发展定位规划》、《南宁五象新区核心区统筹土地利用及征地拆迁补偿安置办法(试行)》、《南宁市被征地农民培训就业和社会保障试行办法》、《南宁市城镇居民基本医疗保险暂行办法》、《南宁市城镇居民基本医疗保险诊疗项目、医疗服务设施范围和支付标准以及用药范围管理试行办法》、《南宁市城镇居民基本医疗保险门诊大病(慢性病）管理试行办法》、《南宁市环境噪声污染防治条例(草案)》、《南宁市人民政府关于调整南宁市城镇土地使用税单位税额的请示》、《南宁市电子信息产业基地产业发展规划》、《南宁市城市总体规划（2006~2020年)》、《南宁市预拌混凝土行业发展规划纲要（2007~2010年)》、《关于提高南宁市公益性岗位“4050”人员岗位补贴的请示》、《南宁市企业国有资产监督管理办法》、《南宁市人民政府关于加快推进统筹城乡就业试点工作的意见及其配套文件》、《南宁市企业信用信息征集和发布管理办法》、《南宁市关于扶持中小企业信用担保机构发展的意见》、《南宁市储备粮管理办法》、《南宁市本级会议费管理办法》和《南宁市本级国家机关和事业单位差旅费管理办法》、《南宁市工会劳动法制监督工作意见》、《关于调整辖区部分街道管辖区域的请示》等事项。

【全市农村工作会议】 2007年2月12日在市政府会议中心召开。会议总结部署全市农业和农村工作，要求各级农业系统和有关部门要认真学习中共中央“一号文件”精神，用工业化思维谋划农业，着力强化“五大支撑”(现代农业的产业支撑、设施支撑、科技支撑、服务支撑、政策支撑)。切实关注民生，以增加农民收入为核心，加强农村基础设施建设，加快发展农村社会事业，统筹推进农村各项改革，全面完成新农村建设试点任务，解决好农民切身利益的现实问题。

【全市工业工作会议】 2007年3月28日在市政府会议中心召开。自治区党委常委、市委书记马飚，自治区政协副主席、市长林国强分别在会议上讲话。会议全面总结2006年南宁市工业工作情况，并对2007年全市工业工作做全面部署。要求深入开展“创新年”活动，创新思想观念、工业化发展模式、工业体制机制、发展工业的方式方法，提高工业企业自主创新能力，培育工业创新文化，营造激励工业创新的环境；大力推进“百项工业项目大会战”，以大投入带动工业大发展；大力推进“建设百家亿元工业企业工程”，以大企业带动工业大发展；大力推进开发区、工业集中区建设，以园区型工业带动工业大发展；积极主动融入多区域合作，以大招商带动工业大发展；加快培育特色优势产业，以大产业带动工业大发展；大力推进企业自主创新能力建设，以技术进步提高工业竞争力；大力发展循环经济，以资源节约与综合利用提高工业增长质量。会议还对2006年度工业工作先进集体和个人进行表彰，各县区、开发区和有关部门及单位分别向市政府递交2007年工业主要经济指标、重大工业项目目标责任书。

【全市承接产业转移招商工作相关会议】

全市承接产业转移工作暨2006年度十佳乡镇表彰会 2007年6月14日在市政府会议中心召开。自治区党委常委、市委书记马飚，市长陈向群分别在会上讲话。会议贯彻落实自治区承接产业转移工作会议精神，研究部署南宁市承接产业转移工作和县(区)域经济工作，并对2006年度全市“十佳乡镇”和经济发展进步奖的乡镇进行表彰。要求进一步明确承接产业转移的重点方向，把园区打造成为承接产业转移的主要载体；积极营造承接产业转移的良好环境；加强对承接产业转移工作的组织领导；加强组织协调，制定完善规划和计划，建立健全承接机制，完善工作奖惩制度。

全市承接东部产业转移招商工作会议 8月27日在市政府会议中心召开。自治区党委常委、市委书记马飚，市长陈向群分别在会上讲话。会议研究分析当前南宁市承接东部产业转移面临的形势，部署承接东部产业转移招商工作。要求着重做好5个方面工作：一是必须紧紧抓住东部产业转移的重要机遇，切实增强做好承接东部产业转移工作的紧迫感和责任感。二是必须切实解决承接东部产业转移项目落地的问题。三是必须切实做好产业园区的规划工作。四是必须切实抓好承接东部产业转移的产业招商工作。五是必须切实抓好承接东部产业转移招商工作的几个问题。进一步开展招商引资项目的“大兑现”活动，提高招商引资项目的履约率、开工率、竣工率；加大产业园区基础设施建设力度；加大农民工的就业培训力度；加大构建承接东部产业转移项目“绿色通道”的力度；加大对产业转移项目的扶持力度；加大对承接东部产业转移招商工作的领导力度。

全市东部产业招商工作会议 9月18日在南宁人民会堂召开。自治区党委常委、市委书记马飚，市长陈向群分别在会上讲话。会议对如何推进承接东部产业转移项目建设，以及如何进一步组织开展大规模招商活动等作具体部署。要求着重做好4个方面工作：一要统一思想，增强抢抓机遇的敏锐性，抢占先机承接东部产业转移。二要把握招商的重点区域、对象、方式、产业。三要进一步加大构建承接东部产业转移项目“绿色通道”的力度，结合当前开展的转变干部作风、加强机关行政效能建设工作，对项目引进、落地、审批、开工建设全过程实行跟踪服务。四要加强组织领导。各县区、开发区都要成立领导小组和相应机构，制定具体的招商方案，把承接东部产业转移招商工作落到实处。

【全面推进建立新型农村合作医疗制度启动大会】 2007年11月20日上午在市政府会议室召开。市长陈向群在会上讲话。会议要求，全面推进南宁市新农合制度，建立相对统一的新农合补偿标准，提高参合农民受益水平；加强监管，规范医疗机构服务行为；统一规划，加快新农

8月27日，南宁市承接东部产业转移招商工作会议在市政府会议中心召开　文建宁　摄

合信息化建设，实现新农合信息共享，降低新农合管理成本和提高工作效率；统筹兼顾，进一步推动农村卫生工作的全面开展。

重大决定

【实行工业用地使用权招标拍卖挂牌出让】 2007年3月5日，市政府出台《南宁市工业用地使用权招标拍卖挂牌出让暂行办法》，共16条。内容包括：制定目的和依据、适用对象、基本原则、参加南宁市工业用地招标拍卖挂牌相关工作的管理部门、工业用地招标拍卖挂牌出让实施程序及要求、工业用地招标拍卖挂牌出让后的监管及责任。适用对象主要为市区范围内国有工业用地，包括工业生产用地、工业仓储工地、工业研发用地及工业厂区内设置的必备的办公和生产辅助设施用地。

【建立现代社会信用体系】 2007年3月26日，市政府出台《南宁市建立现代社会信用体系规划》。要求从2006年开始，用5~15年左右的时间，在南宁市基本建立符合市场经济和现代社会信用制度要求的、覆盖社会经济生活各个方面的现代社会信用体系。坚持政府推动、市场运作、统筹规划、分步实施、因地制宜、突出特色、重点带动、着眼长远、加强宣传、共同参与的原则。阶段性目标和步骤：第一阶段：2006~2007年，形成规划和主要管理办法。第二阶段：2008~2010年，全面推进南宁市现代社会信用体系建设。第三阶段：2011~2020年，完善提高阶段。并提出主要工作措施：切实加强组织领导；落实责任制；大力培育市场对信用产品的需求；全面整合南宁市信用信息资源；加强政府对信用市场的管理；充分发挥行业协会等市场中间组织的作用；构建有效的失信惩戒机制；建立信用教育与研究体系。

【大力发展残疾人事业】 2007年3月28日，市政府出台《南宁市残疾人事业“十一五”规划纲要（2006~2010年）》，内容包括：“十五”规划纲要执行情况；“十一五”规划纲要的主要目标、指导原则和任务指标、主要措施，其中包括康复、教育、就业、社会保障、扶贫、文化、体育、社会环境、维权、残疾人组织、社区、信息化建设12个方面的指标和措施。

【推进全民科学素质】 2007年4月10日，市政府出台《关于〈全民科学素质行动计划纲要〉的实施意见》。

指导思想：要求以邓小平理论和“三个代表”重要思想为指导，坚持以科学发展观统领全局，按照“政府推动、全民参与、提升素质、促进和谐”的方针，大力加强公民科学素质建设的基础工程，为构建开放南宁、和谐南宁，全面建设小康社会，建设区域性国际城市打下雄厚的人力资源基础。

工作目标：到2010年，促进科学发展观在全社会的树立和落实；以重点人群科学素质行动带动全民科学素质的整体提高；科学教育与培训、科普资源开发与共享、大众传媒科技传播能力、科普基础设施等公民科学素质建设的基础得到加强，公民提高自身科学素质的机会与途径明显增多；科学技术教育、传播与普及有较大发展，期末市民公众科学素养水平达到2.50%以上。

【加快发展循环经济】 2007年5月21日，市政府出台《南宁市人民政府关于加快发展循环经济的实施意见》。

指导思想：要求以科学发展观为指导，坚持资源开发与节约并重，紧紧围绕实现经济增长方式的根本性转变，以优化资源利用为核心，以提高资源生产率和减少废弃物排放为目标，以技术创新和制度创新为动力，完善政策措施，逐步形成节约型的增长方式和消费模式，促进全市经济可持续、协调发展。

奋斗目标：到2010年，基本建立起较完整的发展循环经济的政策和管理体系；制定循环经济发展中长期战略目标和分阶段推进计划。力争制糖、造纸、化工、食品加工、淀粉加工等重点行业资源利用效率有较大幅度提高，形成一批具有较高资源生产率、较低污染排放率的清洁生产企业。重点领域建立和完善资源循环利用体系和机制；以现有工业园区和开发区为基础，建立生态工业园区。资源利用效率大幅度提高，万元生产总值能源消耗比2005年降低10%，万元生产总值耗水量降至全国平均水平以下。单位产值废弃物排放显著削减。公众节约意识，发展循环经济、建设节约社会的自觉性进一步提高。

重大活动

【市四家班子领导率队招商】 2007年3月6~16日，自治区党委常委、市委书记马飚、市人大常委会主任谢寿堂等市四家班子领导以及各县区和部分市直部门领导组成的市党政考察团，赴深圳、广州、东莞、南京、扬州、杭州、大连等先进城市进行学习考察和招商。8月4~5日，自治区党委常委、市委书记马飚率领的南宁市党政代表团到深圳盐田港集团、富士康集团等知名企业进行承接产业转移考察，与深圳市企业界交流座谈。9月5~8日，市人大常委会主任谢寿堂、市政协主席黄家仁等21名市四家班子领导率领市直相关部、委、办、局和各县区（开发区）相关人员200多人，组成14个小组，分别前往深圳、东莞、佛山等地，重点围绕铝深加工、电子IT、机械汽配、消费品工业、食品、服装、家具等7个产业，开展承接东部产业转移招商活动周。先后走访深圳、东莞和佛山三市32家商会和行业协会，签订委托招商协议27个；上门拜会七大行业的龙头企业126家。9月19~30日，南宁市以县区（开发区）为主，市直有关部门、市直双管单位密切配合，组成65个产业招商小组共1000多人的产业招商队伍，再次到珠三角等地开展大规模产业招商活动。签订投资合同（协议）项目7个，投资总额8.48亿元；走访企业、商协会206家；与商协会和企业签订委托代理招商协议19项。

【“联合国人居奖”庆典活动】 2007年9月17日，市委、市政府举行新闻发布会，发布联合国人居奖评审委员会一致同意授予南宁市政府2007年“联合国人居奖”的消息。10月1~6日，应联合国人居署邀请，市长陈向群率领市代表团一行赴墨西哥参加2007年世界人居暨“联合国人居奖”颁奖大会领奖。10月8日，南宁市召开庆典大会。自治区党委书记、自治区人大常委会主任刘奇葆，自治区主席陆兵出席并为奖牌揭幕。国家建设部副部长齐骥出席并发表讲话；自治区党委常委、秘书长车荣福宣读自治区党委、自治区政府贺信；自治区党委常委、市委书记马飚发表讲话；市民代表、兴宁区望州南社区党总支书记王丛清作发言；市长林国强主持大会。会后进行奖牌巡游活动。马飚将奖牌递交给劳动模范代表、广西绿城水务股份有限公司抄表员牙庭科，南宁市出席党的十七大代表、市公交总公司驾驶员农向华。奖牌巡游活动从庆祝大会主会场开始，包括六辆彩车组成的车队沿途受到数万名市民夹道欢迎，在车队途经的民族广场、朝阳广场、南宁火车站，南宁国际会展中心、五象广场进行盛大的文艺表演。奖牌巡游行进过程中，进城务工人员代表何育勇，应急联动110代表张玲、119代表黄胜新、120代表林璟玉，优秀共产党员代表杨家荣，环卫工人代表廖颖芝进行奖牌接力传递。在巡游活动的终点——南湖名树博览园，数千市民手持国旗、彩旗列队欢迎奖牌。最后奖牌由81岁高龄的社区义务巡防队代表伍莲芳，和谐建设在基层代表、12岁的衡阳路小学学生张俊峰安置在展示台时，欢呼声响起，五彩礼花腾空，上万名市民放飞手中的气球,把奖牌巡游活动推向高潮。

【为民办实事项目实施】 2007年,南宁市把为民办20件实事列为重点项目,跟踪督办,明确职责,抓好落实,取得成效。农村特困群众最低生活保障得到落实,做到应保尽保;五保户供养标准得到提高,市区每人每月补助由30元提高到50元;2200户农村特困人口(其中特困人口1000户、残疾人1000人、华侨农林场归侨200户)危房得到改造,特困人口住房条件得到改善;农村饮水安全解困工程实施,受益人口2万;帮助农村劳动力转移就业8.3万人;新型农村合作医疗制度在6个县2个城区实施;为生活困难的1842例城乡肺结核患者提供免费治疗;高危孕产妇救助工程继续实施;为5000对农村新婚夫妇免费进行地中海贫血筛查;隆安、马山两个国家扶贫开发重点县基础设施建设大会战开展;贫困家庭大学新生1000人、中小学生4000人得到资助;新建、改造农贸市场28个;种植绿化树木173.98万株;城区垃圾中转站设置得到完善,每县建设垃圾无害化处理场1个;城市河道治污及排涝一期工程项目33个(其中内河规划拆违、绿化工程13个,河道治污工程3个,排涝工程17个)全部开工;累计86.2万平方米的经济适用房建设竣工65.4万平方米,全额集资房项目建设竣工18.99万平方米;新建廉租住房600套;骑楼街保护及危房改造工程取得实效,40条小街小巷改造完毕;新建、恢复城市停车场22个;新增就业岗位6.2万个。

(刘述桂　卢智龙　伍光清)

人　　事

【公务员登记】 2007年,南宁市继续抓好实施公务员法入轨运行工作,重点抓好公务员登记工作。一是解决疑难问题,做好公务员登记审批工作。一方面,抓紧做好尚未登记的部分公务员的登记审批工作;一方面,针对公务员登记扫尾工作中遇到的难点疑点问题,认真梳理归纳,加强政策调研,提出解决办法,及时向自治区公务员主管部门和市委、市政府请示汇报。至年末,全市列入公务员登记范围的机关单位745个,实际登记1.96万人,占97.8%;暂缓登记310人,不予登记121人。二是抓好组织申报,规范参照公务员法管理单位人员登记。共向自治区人事厅申报参公单位285个,自治区批复南宁市政府系列列入参照公务员法管理事业单位210个。依照法律法规,规范参照公务员法管理事业单位工作人员登记办法,开展登记审批工作,共完成参照公务员法管理事业单位审核296个,实际登记1069人。

【机关事业单位工资制度改革】 2007年,南宁市从组织、人事、财政等部门抽调人员组成工作组,开展机关事业单位工资套改和增加离退休费审批工作。成立督查组,开展自查自纠和质量检查工作,完成工资和离退休费审批、补发工作。全市机关事业单位已完成工资套改和增加离退休费16.93万人,占总人数99%。针对工资制度改革工作中的疑难问题,认真排查、收集、归类、研究,及时向自治区人事厅请示、汇报,确保按政策规定落实机关事业单位人员的工资和离退休费。做好测算和清理工作,确保机关工作人员及离退休人员津贴补贴按时发放。

【公务员考试录用】 2007年,南宁市坚持公务员录用"凡进必考",将公务员考录工作纳入开展转变干部作风加强机关行政效能建设的重点监督项目,实行全程监督。有29个机关单位100个职位计划考试录用担任主任科员以下非领导职务公务员211人,报名参考4681人,招考人数与报考人数之比1:22.2。经过笔试、面试、考核、体检等环节,完成录用审批工作。

【事业单位公开招聘】 2007年4月,南宁市事业单位公开考试招聘工作全面启动,共有43个系统236家事业单位招聘工作人员807人,报名参加考试1.31万人,通过资格预审9875人,参加考试8378人。对公开招聘程序进行规范。一是简化工作环节,缩短工作周期,提高工作效率。二是开设招聘专窗,实行网上报名,实时监督,及时发现和纠正在资格审核中违反规定的行为,防止少数单位因人设岗,暗箱操作。三是签订责任书,加强考试组织管理,坚持公示制度,严格审核备案,重点抓好关键环节的跟踪指导和监督。为配合做好"两基"(基本普及九年义务教育、基本扫除青壮年文盲)达标工作,组织宾阳、马山、上林3个县面向代课教师公开考试招聘中小学教师612人。

【事业单位岗位设置】 2007年,南宁市重点探索专业技术职务岗位设置办法,指导事业单位按管理岗位、专业技术岗位、工勤岗位三种类型进行岗位设置,在核定的编制数额和人员结构比例范围内因事设岗,指导事业单位开展岗位设置和竞争上岗。选择隆安县中学、隆安县医院作为岗位设置工作的试点单位,为自治区制定出台岗位设置政策提供依据。会同教育、卫生两大系统,对高、中、初专业技术职称岗位内设等级进行模拟设定,为今后实际操作做好前期准备工作。

【国外人才培训项目实施】 2007年,南宁市选拔13名具有高级专业技术任职资格的干部参加2007年度广西紧缺人才(管理学)培训项目赴英国伍斯特大学留学。经过组织申报,自治区外国专家局批准南宁市人力资源的管理开发与利用、城市物业管理的发展与优化、城市长效管理办法及规章制度、中小学校长培训、科技型中小企业创新平台建设考察培训、优势农业产业规划和布局等6个国外培训项目。其中,年内实施人力资源的管理开发与利用、城市物业管理的发展与优化、城市长效管理办法及规章制度、中小学校长培训4个项目,共选派81名管理和专业技术人员出国(境)培训。

【人才小高地建设】 2007年,南宁市通过实施项目化管理,加强人才小高地建设。围绕产业发展重点和承接东部产业转移的需要,统筹规划,培育新的人才小高地载体,组织开展第二批市级人才小高地申报工作。加大人才小高地人才培养、引进力度,共引进各类人才840人(含柔性引进),其中,院士16人,博士65人,硕士371人,具有高级专业技术职务任职资格204人。开展科研项目85个,获省部级奖15个,市级奖19个;申请国家专利34个,获批准8个,促进人才优

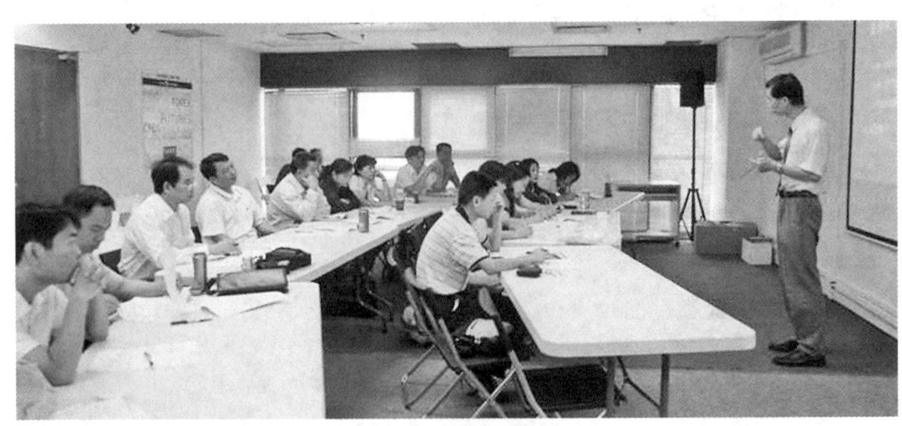

南宁市"人力资源管理开发与利用"国外培训项目的学员在新加坡学习培训　唐雪东　摄

势向科技转化和产业升级。

【国外专家智力项目引进】 2007年，南宁市创新工作机制，拓宽引智渠道，实施各种心脏或大出血骨外科手术、大功率电力电能质量控制装置的研究与开发、广西高品位茧丝生产技术的研究与开发、变性淀粉生产及应用技术攻关、改扩建4万吨/年离子膜法烧碱、节能降耗技术指导、海外经济学家北部湾行等7个国外专家智力项目，聘请37名外国专家进行技术指导。其中，横县农业优势产业人才小高地高品位茧丝生产技术的研究与开发项目，通过聘请日本专家的指导，解决原料茧解适度低的技术难题，送检的五批白厂丝，经国家商检局检测鉴定为5A级。

【专业化人才培养体系建设】 2007年，南宁市围绕专业技术人才创新能力的提高，突出重点项目人才团队建设，实施重点产业方向领军人才、重点产业方向高层次紧缺人才、县域经济重点发展方向重点人才的培养计划，开展择优资助工作，共申报计划项目142个，其中：领军人才计划项目49个，紧缺人才培养项目20个，县域经济重点发展人才培养计划73个。经评审，拟资助项目106个、资金总额374.8万元。实施专业技术人才知识更新工程(653工程)，重点在现代管理、现代制造、信息技术、现代农业等领域，加强专业技术人员继续教育，提高专业技术人才的创新能力，继续教育人数46万多人次。深化职称制度改革，建立健全科学的专业技术人才评价机制，建立完善职称评委专家库19个，补充完善专家库900多人。完善专业技术职务聘任制和职业资格制度，推行初级职称“以考代评”，首批参考612人。创新服务手段，开通服务“直通车”，上门服务，为各类专业技术人才2万多人提供职称评审和验证服务。

【学术与技术带头人选拔培养】 2007年，南宁市依托新世纪学术技术带头人培养工程，开展学术和技术带头人的选拔培养，共评选出第五批南宁市学术和技术带头人70人。重点抓好培养项目的评估、资助和项目管理工作，确保培养人选在目标期限内有课题、有项目、有成果、有提高。新世纪学术和技术带头人培养人选共完成科研项目90个，其中：国家级2个，省部级5个，市(厅)级83个；获国家科技进步二等奖1个、省部级科技进步奖5个、市(厅)级科技进步奖12个，获批国家专利15个。

【博士后科研工作站建设】 2007年，南宁市针对南宁胜利科技股份有限公司博士后科研工作站运行不力，多年无博士后进站的情况，征得自治区人事厅的同意，特向国家人事部申请将工作站移交南宁新技术创业者中心管理，通过整合，创新管理方式，发挥和利用博士后科研工作站产学研功能，与中科院计算所签订协议，引进3名博士后进站工作，就“特色软件产品开发、信息服务及相关技术产品攻关与应用示范——大容量智能信息检索系统”等科研项目进行攻关，实现人才资源、技术共享。

【人才市场服务】 2007年，南宁市完善人才市场服务功能，提升市场服务质量。一是成功举办人才交流大会和专场招聘会共146场，参会单位6633个，办理网上招聘单位1360个，实现就业和达成就业流动意向协议8万多人。加强区域人才市场合作，开展西南人才联盟人才交流项目合作，举办南宁、重庆、成都、昆明、贵阳等西南人才市场联合网上招聘会。完善服务方式，开展对口和上门服务，新增代理单位66个，办理人事代理4193人，接收、入库人事档案11911册。实施中国—东盟经济园区企业人才服务工程，抽调人员定期到园区工作，主动提供人才服务，并协助中国—东盟经济园区、南宁经济技术开发区举办人才招聘会。此外，拓展人才派遣业务，开展QQ在线服务，建立起诚信档案制度，为人才与用人单位提供服务。8月18日，首届中国—东盟经济园区人才招聘会在园区内举行，有58家企业到场招聘，行业涉及制药、机械、造纸、教育、旅游等。提供岗位1500多个，入场求职各类人才3000多人，达成就业协议1000多份。

【毕业生就业指导】 2007年，南宁市开展高校毕业生就业服务年活动，为毕业生提供多种形式的公益性就业服务。在13所驻邕高校中建立高校毕业生就业服务站，提供就业政策、人才需求趋势、供求信息、就业指导等服务，配合高校举办校园专场招聘会共16场次。实施“三支一扶”计划，完成两批26名高校毕业生的招募工作。组织用人单位参加自治区毕业生双选会，举办南宁市毕业生专场招聘会，为毕业生提供1.21万个就业岗位。共有9943名毕业生回邕办理报到落户、就业手续，落实就业单位7663人，就业率77.1%。

【贫困家庭毕业生就业援助行动】 2007年下半年，南宁市启动贫困家庭毕业生就业援助行动，旨在帮助一名贫困生就业，让一户家庭走出贫困。采取个人自荐与县区人事部门及社区推荐相结合的方式，经审核，符合援助条件并纳入援助计划的有26人。为援助对象开展有针对性的就业指导和技能培训，帮助调适择业心理，提高择业能力。推出“就业援助服务卡”全程免费服务，按照面向基层、面向一线、专业适用的原则，实行“一对一”重点推荐。建立回访跟踪制度，对援助对象进行定期跟踪，确实促进贫困家庭毕业生充分就业。至年末，有17名贫困家庭毕业生经过援助落实就业单位。

【人事考试工作】 2007年，南宁市开通南宁人事考试职称网，将人事考试、职称评审和人才培训功能集为一体，为广大专业技术人才继续教育、职称评审和参加人事考试的报名、审核、缴费及考后成绩查询、打证提供一条龙服务。加强人事考试的组织管理工作，组织录用公务员、事业单位公开考试招聘工作人员、全国职称外语等级、计算机技术与软件专业资格（水平）等33项人事考试，共有10.28万人参加考试。

【人事争议仲裁】 2007年，南宁市继续做好人事争议仲裁工作的规范化管理，推进仲裁工作“关口”前移，主动指导教育、卫生、农业、园林等系统事业单位严格按照人事政策法规开展内部人事管理，预防和避免人事纠纷。主动沟通协调，运用调解手段为双方当事人提供对话平台，做好

8月18日，2007年首届中国—东盟经济园区人才招聘会在园区内举行　　苏方略　摄

人事争议调解工作。畅通维权渠道,严格办案程序,依法、公正、公平地处理人事争议案件17件。

【军转安置】 2007年,南宁市接收安置军转干部324人,其中:计划分配237人,自主择业87人。团职干部由市委组织部通盘考虑,指令性安置;营职(含文职科级)以下和专业技术转业干部,按照"供需见面、双向选择、政府保底"的办法进行安置,按时完成年度军转安置任务。完善自主择业管理服务办法,建立自主择业军转干部年度登记报告制度。组织开展自主择业军转干部适应性培训,共88人参加培训。为2006年转业到南宁市区的113名自主择业转业干部办理医疗保险,协助自治区按时完成自主择业军转干部退役金调整工作。

【企业军转干部解困工作】 2007年,南宁市按照自治区关于适当提高部分企业军转干部生活困难补助标准的要求,及时制定发放方案,协调有关部门认真落实各项待遇,共为1971名退休及下岗失业的困难企业军转干部提高生活困难补助金。做好困难企业军转干部的走访慰问工作和政策宣传工作,春节期间共走访慰问困难企业军转干部300多名;"八一"期间,采取分片包干的办法,开展形式多样的纪念活动和慰问功臣、特困企业军转干部活动,召开座谈会、茶话会16次,组织慰问企业军转干部389人。 (韦火清)

外　　事

【概　况】 2007年,南宁市外事办公室审批因公出访团组共523批1397人次,其中:经贸类占19.77%,考察类占13.28%,友城类占6.26%,文体类占4.43%,教育类占1.07%,其他占55.19%。分别出访美国、加拿大、英国、法国、德国、俄罗斯、西班牙、意大利、奥地利、瑞典、丹麦、挪威、芬兰、克罗地亚、土耳其、日本、韩国、澳大利亚、新西兰、墨西哥、巴西、智利、南非、肯尼亚、埃及、阿尔及利亚、印度、孟加拉、越南、泰国、马来西亚、新加坡、菲律宾、印度尼西亚、文莱、缅甸、柬埔寨、老挝等38个国家和中国香港、澳门地区。共接待境外来访团组148批2534人次。其中:党政团组93批1692人次,经贸团组40批586人次,科教文体团组1批4人次,使领馆类团组7批17人次,友城团组6批73人次,其他类型团组8批162人次。分别来自美国、英国、法国、德国、加拿大、俄罗斯、瑞士、西班牙、日本、韩国、澳大利亚、越南、泰国、马来西亚、新加坡、菲律宾、印度尼西亚、文莱、缅甸、柬埔寨、老挝等21个国家和中国香港、澳门地区。市外办有英、法、德、日、俄、泰、越7个语种翻译人员。

【友好城市活动】

韩国果川市　2007年1月10日,韩国果川市开发区考察团一行11人访问南宁市,重点参观南宁高新技术产业开发区,并就开发区规划建设、招商引资经验和园区相关部门进行座谈;市长林国强会见考察团一行。4月26日,应韩国果川市政府邀请,南宁市由12名业余羽毛球选手组成的代表队赴果川市参加由该市羽毛球联合会举办的"2007年果川市京仁日报杯全国企业、机关对抗暨卡尔顿杯第8届京畿道、仁川地区羽毛球比赛"。5月,根据两市签署建立友好城市关系协议书的内容,南宁市选派市园林局园林管理科科长陆志成赴果川市,果川市政府选派该市文化体育课职员李泰宪到南宁市。9月26日至10月1日,由副市长赵宏声率领的友好代表团一行35人,赴韩国果川市开展南宁文化果川行活动,活动以展示壮乡文化、树立城市形象、宣传城市资源、增进两地友情为主要目的,结合演出、展览、结好等内容;在第11届果川露天艺术节上,南宁市艺术剧院奉献两台民族风情演出;28日,市友好代表团与果川市开展南宁青秀山与果川冠岳山结为姐妹山及登山活动,副市长赵宏声与果川市市长、议长及果川市民一道,登顶冠岳山,一同种下两山结好的纪念树。10月17~20日,果川市派出食品卫生界代表人士一行15人参加中国第十七届厨师节暨南宁—东南亚国际旅游美食节活动。10月28日,果川市副市长洪承构率领政府代表团访问南宁市,南宁市图书馆与果川市情报科学图书馆签署建立友好图书馆关系协议书,同意每年定期交换本国文献资料50册以上;在各自的公共图书馆内长期互设对方的图书文献展示区,展示对方的文献资料。在签约仪式上,双方各交换本国文献资料470多册。10月29日,副市长董仕军与果川市副市长洪承构共同出席在青秀山举行的"喜迎北京奥运,牵手南宁果川"健康徒步活动,并种下象征南宁市青秀山与果川市冠岳山建立姐妹山关系的友谊树。

柬埔寨西哈努克市　5月28日至6月1日,市长陈向群率市政府代表团一行5人,对柬埔寨西哈努克市进行访问,双方就加强两市在经贸、文化、体育、教育及旅游等方面的合作达成共识,并签订《南宁市与西哈努克市缔结友好城市意向书》。10月,西哈努克市市长柴和率领政府代表团访问南宁市,两市市长分别代表两市签署建立友好城市关系协议书,并在滨湖广场的国际友谊林共植象征两市友谊的友谊树。

菲律宾达沃市　9月2日,市长陈向群率团赴菲律宾进行友好访问;3日,在达沃市与达沃市市长罗得里戈·杜特蒂签署建立友好城市关系协议书。10月17~19日,应市长陈向群的邀请,以达沃市市长罗得里戈·杜特蒂为团长的政府以及企业家代表团一行17人到南宁市访问,两市市长再次签署两市建立友好城市关系协议书,并在滨湖广场的国际友谊林共植象征两市友谊的友谊树。

【友好交往城市活动】

英国伊斯特本市　2007年3月13~16日,应市长林国强邀请,伊斯特本市市长科林·贝尔斯率教育文化考察团一行6人访问南宁市。3月14日,副市长肖莺子在市政府会见伊斯特本市市长贝尔斯一行,双方共同签署建立友好城市关系意向书,并商讨在文化、教育、商贸等领域进行交流与合作等事宜;15日,伊斯特本市代表团一行参观南宁东方外国语学校,初步达成帮助培训、互派英语教师的初步意向。7月,市人大常委会主任谢寿堂率领市代表团回访伊斯特本市,进一步洽商双方开展友好往来与合作事宜。

法国马恩河谷省　3月和7月,法国马恩河谷省两次派出代表团访问南宁市,希望与南宁市在经济、教育、文化等领域开展友好交流与合作,并希望与南宁市建立友好交往关系。9月,应马恩河谷省议会的邀请,南宁市派出以市政协副主席张国环为团长的友好代表团访问该省,进一步探讨和磋商两市建立友好关系的具体事宜。"两会一节"期间,马恩

2007年南宁市主要出访团组情况表

时间	出访团组负责人	出访国家(地区)	出访任务	出访人数
5月	市委副书记谢泽宇	印度尼西亚	友城考察访问	10
	市长陈向群	柬埔寨	友城考察访问	5
	副市长黄焕升	美国	友城访问、参会	7
7月	副市长肖莺子	意大利	考察	8
8月	副市长钱学明	肯尼亚、南非	汇报南宁市申报"联合国人居奖"工作情况	7
9月	市长陈向群	菲律宾	友城考察访问	8
	副市长赵宏声	韩国	友城考察访问	35

河谷省议会副主席贾里埃率领政府和经济代表团访问南宁，与南宁市签署两市建立友好关系意向书。

智利伊基克市　8月28日，智利驻华大使费尔南多·雷耶斯·马塔应邀访问南宁市，商讨有关智利伊基克市与南宁市建立友好城市关系事宜。市长陈向群会见马塔大使，双方签署两市建立友好城市关系意向书。11月，首届商务圆桌会议暨"亚太及南美洲的商机"在伊基克市举行，副市长赵宏声率市代表团应邀参加会议并拜访伊基克市政府，就有关两市尽快建立友好城市关系交换意见，同时代表市政府邀请伊基克市市长在2008年适当的时候访问南宁，进一步洽商两市开展友好往来事宜。12月13~15日，南宁市与智利驻华大使馆在南宁共同举办"伊基克——南宁，协调合作推动周边国家市场连接"系列活动。活动由市外办牵头，市商务局、文化局、招商局、政府新闻办等单位承办，由"加强合作，共谋发展研讨会"、"智利电影文化展"和"智利葡萄酒品尝会"三个部分组成。智利驻华大使费尔南多·雷耶斯·马塔率来自伊基克自由贸易区和伊基克市所在大区的官员组成的代表团一行5人出席活动。

【南宁市荣誉市民评选】　2007年，市外办继续开展南宁市荣誉市民评选工作。社会各界和有关单位共推荐来自美国、澳大利亚、英国、泰国、韩国、日本、文莱、孟加拉、新加坡等国家和中国香港、澳门、台湾地区25名候选人。根据评选的条件和候选人对南宁市的贡献情况，在征求相关部门和单位的意见后，市政府

2007年南宁市主要来访团组情况表

时间	来访团组	来访任务	来访人数
1月	澳门归侨总会南宁考察团	考察参观	28
	加拿大铝业项目考察团	铝项目考察	4
	越南育才学校	教育交流	4
	香港发展委员会	考察参观	5
	美国驻广州总领事和华南美国商会代表团	投资考察和洽谈	68
2月	日本熊本县厅代表团	考察参观	3
3月	英国伊斯特本市市长代表团	签署两市结好意向书，商讨交流合作	6
	法国马恩河谷省代表团	经贸考察	27
	南非非国大代表团	参观考察南宁市农村经济发展情况	3
4月	澳门特区行政法务司司长一行	参观考察	58
	越南国会主席一行	参观考察	39
	越南胡志明市市委市政管理代表团	参观考察南宁市市政管理	49
	美国大纽约使区代表团	考察南宁市投资环境和政策	30
	柬埔寨驻南宁总领事一行	礼节性拜访	4
5月	瑞士驻广州总领事	礼节性拜访	1
	英国驻广州总领事一行	礼节性拜访	3
6月	世界银行贷款项目监督团	考察贷款项目	4
	老挝党和国家前主席一行	考察学习桑蚕种植经验和做法	13
	法国开发署考察团	考察参观	17
	澳大利亚驻广州新任总领事一行	考察参观	2
	西班牙马德里爱斯特美拉市一行	签署友城意向书	9
7月	韩国文化部代表团	考察交流	16
	法国马恩河谷省代表团	友好交往	7
	日本宇城市教育考察团	友好交往	7
8月	东盟青年外交官代表团	考察城市和社会主义新农村建设	21
	越南政府特别代表团武宽一行	参观考察	11
	美国国会助手代表团	考察南宁市经济发展	23
	越南广宁省代表团	举办研讨会	192
9月	法国驻广州总领事一行	礼节性拜访	2
	第三届中国—东盟媒体合作高层研讨会东盟代表考察团	参观采访	62
10月	菲律宾达沃市考察团	签署两市结好协议书	17
	泰国孔敬市代表团	参加"两会一节"	30
	韩国果川市代表团	参加"两会一节"	20
	越南海防市代表团	参加"两会一节"	6
	越南下龙市代表团	参加"两会一节"	5
	马来西亚怡保市代表团	参加"两会一节"	16
	印度尼西亚茂物县代表团	参加"两会一节"	6
	柬埔寨西哈努克市代表团	参加"两会一节"	10
	老挝巴色市代表团	参加"两会一节"	5
	法国马恩河谷省代表团	参加"两会一节"	8
	英国伊斯特本市代表团	参加"两会一节"	7
11月	俄罗斯驻广州总领事	礼节性拜访	19
	越南胡志明市委书记黎清海一行	考察参观	7
	菲律宾青年政治家基金会代表团	考察社会主义新农村建设和中国—东盟博览会、泛北部湾经济合作构想情况	7
12月	国际钓鱼运动联合会代表团	考察举办世界钓鱼运动大会事宜	13
	欧盟国家驻华使节代表团	考察交流	24

同意评选来自中国澳门地区的洪瑞泉和来自文莱的何玉棠2人为荣誉市民。

【环北部湾城市群外事部门合作研讨会】 2007年3月6日，第一届广西环北部湾城市群外事部门合作研讨会在南宁市召开。由市外办牵头主办，北海、钦州、防城港、玉林、崇左五市外事(侨务)部门协办。自治区外办主任黄永强、副市长赵宏声出席研讨会并讲话，广西环北部湾城市群的南宁、北海、钦州、防城港、玉林、崇左等六市外事部门负责人在研讨会上分别作专题发言并进行讨论。北部湾(广西)经济区规划建设管理委员会梁金荣博士就中国—东盟"一轴两翼"区域经济合作战略构想的背景、内涵、意义以及广西推进泛北部湾区域合作的举措进行专题讲座。

【"欧洲风·激情夜"广场文化活动】 2007年4月21日在阳光100中庭广场举行，由市外办与阳光100共同举办，拉开2007南宁中外文化交流广场"国际风情节"年度系列活动的帷幕。中外嘉宾和朋友约400人参加活动。安排有拉丁舞表演、儿童时装表演、小提琴演奏，精选《罗马假日》、《虎口脱险》等经典怀旧影片分时段展演，举行慕尼黑德国啤酒品尝互动游戏、幸运转盘抽奖等活动。市中外文化交流广场自2006年9月成立以来，举办交响音乐会、投资嘉年华、万圣狂欢节等活动，开辟中原越语角、"悠闲一下"英语角等外语交流园地，累计参与交流活动的中外朋友1000多人次。

【首届南宁外国人才艺展示活动】 2007年7~9月举办。由市外办、市委宣传部外宣办、南宁电视台承办。参加活动的有来自美国、英国、澳大利亚、加拿大、泰国、印度尼西亚、越南等十几个国家在南宁工作和学习的外国朋友。活动分为外国人才艺展示选拔和外国人才艺展示晚会两个部分。9月24日，外国人才艺展示晚会在南宁电视台举行，晚会上，来自美国、英国、澳大利亚、越南、印度尼西亚、尼泊尔、尼日尔、赞比亚、喀麦隆、加拿大、纳米比亚、泰国等国家的近百名演员演出节目15个，外国观众500多人。 (熊 伟)

信访工作

【概 况】 2007年，南宁市、县区信访部门共受理群众来信来访来电7.86万件(人次)，其中市信访局共受理群众来信来访来电5.7万件(人次)。加强对重大信访事项的督查督办，规范"公开大接访暨与民沟通日"活动，定期排查信访热点、难点和不稳定因素，及时掌握信访动态和报送信访信息。妥善处理集体上访和信访突出问题与群体性事件，做好劝返和处置"进京非正常上访"人员工作。具体履行信访事项复查复核工作职责。坚持每月10日"市领导接待日"制度，先后有11名市领导接待来访群众348批1587人次(5人以上集体访64批1143人次)。领导批示办理信访事项48件。聘请律师参与群众来访接待；实施全国信访信息系统第一期工程和"网上信访"试点建设，拓宽信访渠道。表彰2006年度南宁市信访工作先进单位(集体)73个和先进个人169名。市信访局被人事部、国家信访局授予全国信访系统先进集体，获自治区信访工作先进集体等称号。

【信访事项受理与查核】 2007年，市信访局共受理群众来信4468件。其中：中央转来23件，自治区机关转来1772件，市领导收信转来279件，市委办、政府办收信转来442件，从"市长信箱"收信367件，从市政务网上"市长信箱"收信736件，市信访局收信515件，市人大以及其他渠道转来334件；联名信641件，重信1102件。接待群众来访2150批7149人次，其中重复访276批617人次。在处理集体上访中，5人以上集体访253批4421人次；30人以上大型集体访50批2753人次。"市长公开电话"受理办公室共接听市民来电8.12万个，其中有效电话4.54万个，立案办理4577个，办结率100%；负责业务管理的公共服务呼叫中心接听市民来电2.53万个，有效电话2.21万个。其中：环保热线1.02万个，物价热线2749个，人事热线3033个，旅游热线311个，行政效能投诉热线449个，青少年服务热线353个，市政热线3766个，司法热线1213个。4月9日，南宁市成立信访事项复查复核委员会，下设办公室。指定由市信访局负责履行对信访人向市政府提出信访事项复查复核请求的具体职责。至年末，共受理复查复核案件119件，按期办结105件，到期办结率100%。其余14件未到期，转下年度办理。在复查复核中，维持各县区、各有关部门处理意见69件，撤销7件；因不属于信访事项作不予受理答复26件；经过做思想工作使当事人撤诉3件。

【网上信访试点建设】 2007年5月，国家信访局确定南宁市为全国"网上信访"100家试点单位之一，市财政投入54万元，各县区投入50多万元进行网上信息系统一期工程建设。7月1日，南宁市"网上信访"正式开通，至年末，市信访局完成光纤架设、设备安装等前期工作，12个县区信访部门有9个与当地机要网联通。共受理群众来信522件。

【信访信息】 2007年，市信访局向自治区信访局和市委办、政府办报送信访信息1520条，被采用710条。编辑《信访简报》24期、《信访月综述》12期、《信访专报》11期、《情况综述》4期、《市长公开电话工作简报》12期、《来电摘报》18期、《市长公开

9月24日，2007首届南宁外国人才艺展示大赛晚会在南宁电视台举行 市外办提供

市信访局被评为全国信访系统先进集体 市信访局提供

电话来电呈报》8期。在《南宁日报》刊登“市长热线回音壁”213期，反馈问题616个；在《南宁晚报》刊登“12345在线”155期，反馈问题313个；在《法制快报》刊登“市长热线反馈”202期，反馈问题811个。在南宁电台播出《市长公开电话直通车》54期，在广西电视台播出市长热线专题节目8期。撰写调研文章9篇，被采用5篇。其中《南宁市开展“公开大接访”活动的经验》，被国家信访局《全国信访工作调研报告》刊用。

【律师参与接待】 2007年3月9日，市信访局创新涉法涉诉信访接待，聘请有律师资质的律师12人，每周二、四上午轮流到市委、市政府群众来访接待室参与接待来访群众，为反映涉及法律、诉讼问题的信访人提供法律咨询、民间调解、法律援助等服务。至年末，共有律师76人次接待来访群众96批171人次。

【信访案件查办督办】 2007年，市信访局共立案查办信访案件5982件。其中，上级交办107件，到期103件，到期办结率100%。自立案件5875件，办结率100%。在信访案件查办过程中，坚持“事要解决”原则，先后20多次到各县区、各开发区和市直相关部门指导、协调、督办重大疑难信访案件。市信访局和市安监局联合督办上林县西燕镇发生公路滑坡造成5人死亡、14人受伤的重大事故，事故责任单位给9户受灾村民赔偿金160.26万元；市信访局督办隆安县苏彰超反映被拖欠退休金3.77万元、陈康振反映被拖欠工程款400多万元，宾阳县陆钟莲反映被扣工资7000多元抵交学校贷款等问题均得到妥善解决。

【信访突出问题与群体性事件处理】 2007年，南宁市处理信访突出问题及群体性事件联席会议办公室先后印发《矛盾纠纷排查通知》、《开展矛盾纠纷排查化解工作实施方案》，把230件矛盾纠纷疑难案件落实包案领导和责任单位，明确工作步骤、时间、要求和措施。8~10月，全市开展干部下访专项活动，把集体上访、进京非正常上访、老访户等80件信访突出问题的疑难案件列为市、县区党政领导干部下访包案重点对全市进京非正常上访154人次，逐案逐人摸底，建立台账，向自治区联席办反馈处理情况。在全国“两会”、党的十七大和自治区“两会”期间，市、县区联席办及各部门坚持24小时领导带班、专人值班和每日“零”报告制度，没有发生信访突出问题与群体性事件处置不当的情况。

【公开大接访暨与民沟通日】 2007年，南宁市公开大接访活动规范为公开大接访暨与民沟通日，分别于4月13日、6月28日、9月21日、12月21日开展，12个县区以及市直部门累计有235个单位1.11万名干部(厅级14人、处级950人、科级4465人、科级以下5683人)参加；接待来访群众5131批1.3万人次，听取群众反映问题4380件；按《信访条例》规定应当受理的信访事项3173件，当场解决或答复1851件，其余信访事项事后办结。活动采取现场接待和下访接待相结合，有8049名干部(厅级7人、处级810人、科级3383人、科级以下3849人)参加现场接待，累计接待来访群众3764批7792人次，听取群众反映问题3584件；按《信访条例》规定应当受理的信访事项2643件，当场解决或答复1528件，其余信访事项事后办结。有3063名干部(厅级7人、处级140人、科级1082人、科级以下1834人)到基层约访或到信访人家中接访，累计接待信访群众1367批5194人次，听取群众反映问题796件；按《信访条例》规定应当受理的信访事项530件，当场解决或答复323件，其余信访事项事后办结。

(余桂莲　宋鸿云　范淑强)

行政审批

【概　况】 2007年8月14日，南宁市政务服务中心在市行政审批办证大厅的基础上成立。设有办事窗口40个，提供行政审批服务事项410项，其中许可事项296项，非许可事项114项。在进驻的单位中，有24个单位对办事窗口人员授权可当场办结152项，其中许可事项54项，非许可事项98项。共办理行政审批服务事项近73万件，其中即报办的事项66万件；日平均办理3000件；代财政收费4.2亿元。

【审批制度创新】 2007年，市政务服务中心创新并联审批方式，市行政审批管理办公室提出由两个以上部门办理的事项明确牵头部门组织并联审批，并组织54个机关单位编制400多份各类《项目审批流程时限表》。经专题会议研究，市审批办将涉及两个以上部门审批的项目划分为8个类别，以市发展和改革委员会等8个部门为牵头责任部门，组织实施相应项目的并联审批工作；构建重大项目审批会审制度和一般项目审批主办部门负责制度，市审批办组织8个投资在2000万以上的项目报建联合审批工作，从交齐报建材料到全部办完项目审批手续，最长只用25个工作日，比国家《行政许可法》允许的60个工作日时间缩减50%以上。为落户南宁市的东部产业转移项目审批制定相应的措施，推行和实践快捷的集中会议式或现场办公式的并联审批方式，审批时限通过会议纪要来确定和执行；对分工负责牵头落实的项目，实施“一窗受理、告知相关、同步审批、限时办结”的并联审批模式；将政务集中服务和并联审批拓展到全市12个县区、6个开发区，发挥县区、开发区联络员代办的作用，加强代办联络员队伍协调，形成统一代办、协调项目落户审批手续的机制，变项目业主自己跑审批为联络员联系项目代办审批，提高项目审批速度。10月1日起，40个服务窗口在政务服务中心办理的行政审批事项启用行政审批专用章，简化行政审批环节，规范行政审批行为。创新服务评价方式，在进入服务中心的40个单位设立的近140个服务岗位，全面应用“服务评价系统”(也称效能评价系统)，平均每天收到评

3月6日，自治区党委常委、市委书记马飚(中排右一)等市领导就集中开展转变干部作风、加强机关行政效能建设活动到市政务服务中心进行专题调研　　市审批办提供

价信息2500个。（李世尚）

机关事务管理

【概　况】 2007年，市直机关后勤服务中心(市机关事务管理局)主要负责市委、人大、政府、政协办公区和宿舍区的水电、绿化、环境卫生、基建维修、安全保卫、社会综合治理、会场管理和服务工作。完成市政府驻警警卫楼加层工程和南湖公务员住宅小区生态停车场等基建维修工程，对市人大代表活动中心的物业管理进行社会化管理的公开招标，为宿舍区住户办理各种房产证件，提出南湖公务员小区周转房使用、管理办法和规定，保障辖区内各项后勤工作服务及时到位，维护办公区和宿舍区正常工作生活秩序。对市机关车队和市直机关保育院进行有效的业务指导和人事管理。

【维修工程项目实施】 2007年，市机关事务管理局按照营房建设要求组织施工，完成市政府驻警警卫楼约400平方米的加层工程建设，进行竣工验收并交付使用。设计并完成南湖公务员小区占地1500平方米、容纳85个汽车车位的生态停车场建设。完成市政府办公大院的1号办公楼地下室补漏，市政府会议中心天面翻修和维护，公务员小区道路、围墙维修和更换变压器等维修工程。设计并完成市政府大院和南湖公务员住宅小区灯光亮化工程。

【机关后勤服务保障】 2007年，市机关事务管理局加强市四家班子办公区、宿舍区水电设施的维修检查，落实水电巡视检查制度，发现问题及时处理。维修、更换、改造水电设施约900多处次，改造市委办公大院电缆电线线路，全面维护保养市政府办公楼的电梯并完成年检工作，对市政府办公大院的中央空调机组和1号楼分体空调进行夏季开机前的全面保养工作，清洗和保养楼内办公室的空调风机。共种植盆花、阴生植物1.25万多盆，为市四家班子办公区更换、摆放各种花卉30多处次共1万多盆，为市政府会议中心和市人大会堂等召开市级重要会议提供花卉摆设服务。建立长效机制，维护辖区的卫生环境，在办公区和宿舍区开展爱国卫生运动，清理垃圾30多立方米，组织实施灭蟑和灭鼠活动，组织人员疏通下水道51次处。做好会议场所的管理和服务工作，对会议中心的音响设备进行检查维修并增加部分设备，为市四家班子和市直有关单位提供会议服务共400多场次，其中全市性会议40多场次，完成市“两会”及获“联合国人居奖”的庆典仪式等重要会议的服务保障工作。美容美发室提供美容美发服务400多人次。

【辖区综合治理与安全管理】 2007年，市机关事务管理局根据综合治理的属地管理原则和责任制要求，与城区综治办签订《综治目标管理责任书》、《建立平安单位目标管理责任书》、《消防安全目标管理责任书》，与市政府机关大院内各单位也相应签订《综治目标管理责任书》，把任务分解落实到各单位。加强对进出办公区车辆和人员的管理。投入15万元，增加包括新建市政府1号办公楼地下室和南湖公务员住宅小区监控系统在内的一批安全技防的设备设施，加强安全保卫的力度。协同辖区公安部门、武警、信访部门共同妥善处理10多起上访问题，维护机关办公大院的正常办公秩序。增加市委、市政府大院内交通指示牌，在市政府3号门、5号门及公务员小区大门前画斑马线、网格线并设置相应标志牌，完善机动车出入管理制度，更换车辆出入证并在公务员小区进行交通秩序的整治，确保辖区内交通安全。对辖区内的消防设施进行定期检查和维护，确保消防设施的正常使用，发现问题及时处理和解决。5月，对市委、市政府大院各场所到期的灭火器进行检测和更换药剂。6月，举行消防安全培训活动，组织市四家班子大院各单位的义务消防员进行消防知识培训和演练。在辖区内通过张贴安全生产画报发放宣传资料、出版板报等形式，开展“安全生产宣传月”活动，宣传安全生产知识。

【市直机关保育院工作】 2007年，市直机关保育院继续引进黄金早教、思维游戏、情境互动式数学教育等特色课程，开展广西教育学会“十一五”规划课题《发挥网站作用　促进家园共育》和市教科所“十一五”规划课题三个立项《通过礼仪教育培养3~6岁幼儿规则意识》、《在益智游戏中培养中大班幼儿动手操作能力》和《培养幼儿自我调适智能的实验研究》的研究工作。承担中央教科所“十一五”课题幼儿礼仪、品格、素质子课题研究工作，国家级课题《通过礼仪教育培养3~6岁幼儿的规则意识》获准立项，并被授予“中央教科所‘十一五’规划课题示范园”称号。组织教师参加各级各类教育论文评比活动，获得自治区级以上论文奖56人次。开展全院性的自制玩具评比活动，如利用民间的竹制品布置教学环境、创设百米雨布绘画长廊、设计幼儿探险谷和攀岩墙、装饰现代艺术与民族风格融合的教学楼外墙、制作操作性强的幼儿科学探索玩具等，自制教学玩具548种5670件，与自治区内多个幼儿园教师进行交流研讨，广西电视台、南宁电视台、《南宁晚报》等媒体先后对该活动进行报道。年内，通过自治区A级食堂复检、自治区示范幼儿园检评。

【市机关车队工作】 2007年，市机关车队下属各公司采取经济承包责任制，车队通过与各部门签订年度目标任务责任书，明确车队和各部门之间的责权利关系，提高生产经营的积极性。新成立南宁标星汽车销售服务有限公司，增加法国进口标志汽车的销售业务，扩大车队生产规模。成立客户关系部，加强对客户的后续跟踪服务，提高服务水平。合理安排财务资金，压缩不必要或不急需的开支，做好预算开支，确保资金平稳运行。开展安全生产责任落实、安全意识贯彻生产全过程、安全设备配备和安全检查落实“四到位”活动。实现收入比上年增长20%。（李春权　李忠权）

中国人民政治协商会议南宁市委员会

重要会议

【政协第九届南宁市委员会第二次全体会议】 2007年2月5~8日在南宁人民会堂召开。市政协委员436名出席。市政协主席黄家仁主持开幕大会。自治区党委常委、市委书记马飚到会致贺并讲话。自治区政协副主席、市长林国强，市人大常委会主任谢寿堂等出席。会议审议通过政协第九届南宁市委员会常务委员会工作报告、常务委员会关于九届一次会议以来提案工作情况的报告、九届二次会议政治决议。各民主党派市委会、工商联的代表在大会上作专题发言。政协委员列席市第十二届人民代表大会第二次会议，听取并讨论林国强所作的政府工作报告和其他重要报告，就南宁市政治、经济、社会生活等方面的重大问题提出意见建议。黄家仁在闭幕会上讲话。

【政协第九届南宁市委员会常务委员会会议】 2007年共召开5次会议。

第三次会议　1月18日在市政协常委会议室召开。市政协常务委员会组成人员70人出席。市政协主席黄家仁主持。会议审议通过关于召开市政协九届二次会议的决定，市政协九届二次会议议程草案、日程草案，大会秘书长、副秘书长名单草案，第九届市政协委员会常务委员会工作报告草案和关于九届一次会议以来提案工作情况报告草案等。

第四次会议　2月7日在南宁饭店多功能厅召开。市政协常务委员会组成人员71人出席。市政协主席黄家仁主持。会议审议通过第九届市政协委员会第二次会议关于常务委员会工作报告的决议草案、第九届委员会第二次会议关于九届一次会议以来提案工作情况报告的决议草案、第九届委员会第二次会议政治决议草案,提交市政协九届二次会议审议。

第五次会议　3月22~23日在市政协多功能厅召开。市政协常务委员会组成人员,驻南宁城区的市政协委员,各县区政协主席,市政协机关、市各民主党派机关、市工商联机关、各城区政协机关的干部职工共200多人出席。市政协主席黄家仁主持。全国政协委员、自治区政协副主席章崇任,全国人大代表、副市长黄焕升应邀到会传达全国“两会”精神。市政协常务委员会组成人员和列席常务委员会议的人员分组学习讨论全国“两会”精神和中共中央总书记胡锦涛在参加全国人大广西代表团审议时所作的重要指示精神。黄家仁在会上讲话,就市政协如何学习贯彻全国“两会”精神和胡锦涛总书记在参加全国人大广西代表团审议时所作的重要讲话精神提出要求。

第六次会议　7月25~26日在市政协常委会议室召开。市政协常务委员会组成人员61人出席。市政协主席黄家仁主持。会议学习中共中央总书记胡锦涛在中央党校的重要讲话精神。副市长黄焕升到会通报2007年上半年全市经济社会发展情况和下半年主要工作安排。市政协常委及部分委员视察组汇报视察情况并提出意见建议。市政协秘书长侯小兵书面通报第九届市政协常务委员会第五次会议以来的主要工作情况。市委组织部副部长郑进新到会就有关人事事项进行说明。会议同意陈自力因工作变动辞去第九届市政协委员会副主席职务。黄家仁在会上讲话,对学习贯彻胡锦涛同志在中央党校的重要讲话精神,做好市政协下半年的工作和完成全年工作提出要求。

第七次会议　11月19日在市政协常委会议室召开。市政协常务委员会组成人员51人出席。市政协副主席梁峰林主持。市委党校常务副校长张伦书教授应邀到会作学习中共十七大精神辅导报告。市政协秘书长侯小兵书面通报第九届市政协常务委员会第六次会议以来的主要工作情况。市政协主席黄家仁讲话,就如何学习贯彻中共十七大精神,更好地完成市政协全年的各项工作任务提出要求。

【全国十六城市政协工作研讨会第二十二届年会】　2007年11月26~28日在南宁市召开。成都、郑州、昆明、石家庄、太原、长沙、福州、兰州、西宁、呼和浩特、南宁、包头、齐齐哈尔、鄂尔多斯等市政协派代表团共61人出席。市政协主席黄家仁主持会议开幕式并致开幕词。自治区政协副主席卢湖山、市委副书记谢泽宇出席会议开幕式并讲话。自治区党委常委、市委书记马飚,市长陈向群等会见与会代表。会议围绕学习贯彻中共十七大精神,交流各地政协紧密结合实际,充分发挥政协优势,为坚持科学发展、构建和谐社会、促进当地经济社会发展的经验和体会。

【全国少数民族自治区首府市政协工作联系会第十六次会议】　2007年11月26~28日在南宁市召开。呼和浩特、银州、拉萨、南宁等市政协派代表团共15人出席。市政协副主席张国环主持。市政协主席黄家仁致开幕词。自治区政协副主席卢湖山、市委副书记谢泽宇出席会议开幕式并讲话。自治区党委常委、市委书记马飚,市长陈向群等会见与会代表。会议总结交流各市政协学习贯彻中共十七大精神,为促进民族团结、维护社会稳定、繁荣民族经济等方面的经验和体会。

【西南五市政协工作协作会第二十次会议】　2007年11月26~28日在南宁市召开。成都、昆明、贵阳、拉萨、南宁等市政协派代表团共20人出席。市政协副主席唐济武主持。市政协主席黄家仁致开幕词。自治区政协副主席卢湖山、市委副书记谢泽宇出席会议开幕式并讲话。自治区党委常委、市委书记马飚,市长陈向群等会见与会代表。会议总结交流各市政协学习贯彻中共十七大精神,认真履行政治协商、民主监督、参政议政职能,推进政协工作制度化、规范化、程序化建设的经验和体会。

重大活动

【协商监督】　2007年,市政协组织市政协参加单位和政协委员,围绕中心,服务大局,履行政治协商、民主监督、参政议政职能,为推动全市经济社会又好又快发展献计出力。通过召开全体委员会议、常务委员会议,组织常委和委员对全局性工作进行协商讨论,为各民主党派、工商联和各族各界人士参政议政提供便利。组织委员参与《中共南宁市委、南宁市人民政府关于推动机关效能建设的决定》、《南宁市收回国有土地使用办法》、《南宁市城建拆迁管理条例》、《南宁市社会急救管理条例》、《南宁市统计管理条例》、《2007年南宁市普法依法治理工作要点》、《南宁市环境噪声污染防治条例》、《南宁市城市市容环境卫生管理条例》等10多部地方性法规规章草案的协商讨论,提出修改意见建议,为市委、市政府决策提供参考。组织委员参加市政府召开的《政府工作报告》征求意见座谈会、《五象体育中心规划方案》评审会,市规划局召开的南宁市骑楼城部分片区改造项目经济指标研讨会,自治区法制办召开的《广西壮族自治区供电用电办法》立法征求意见会等,提出意见建议。推荐委员担任行政执法、法院执法、检察院、禁毒、卫生监督员;组织委员监督法院强制执行案件和旁听法院审理案件等,进行民主监督。组织委员对自治区法制办公室和市法院、检察院、公安局、司法局、民政局、劳动保障局、建委、人事局、法制办公室等单位开展的作风效能建设活动情况进行民主评议,促进以上单位转变工作作风,提高行政效能。

【海外联谊】　2007年,市政协发挥联系面广的优势,主动与海外商会、企业联系,宣传南宁,为南宁市引进人才、资金和项目牵线搭桥。市政协领导多次带队赴广东、福建等地考察企业,参与招商引资,为承接东部地区产业转移做工作。经市政协牵线,台商厦门翔鹭腾龙集团在隆安县投资15亿元建设年产500万吨的新型干法水泥厂,广东雄塑集团在南宁经济技术开发区投资2亿元建设建材塑料管生产基地。组团出访日本、韩国,拜会部分日本众议院议员,推动南宁市政协和日本议会之间友好交流与合作。在香港、澳门举办港澳委员活动日,拜访港澳工商界社团负责人,宣传南宁的投资环境,吸引更多客商到南宁发展。在“两会一节”期间,组织与会嘉宾到宾阳县考察蚕丝业加工项目,为海外嘉宾进行商务洽谈提供信息咨询服务。共接待港澳台地区和海外朋友近60批250人次。

【调研视察】　2007年,市政协选择经济社会发展中具有综合性、全局性、前瞻性的课题,深入调查研究,开展咨询论证,提出意见建议。先后组织10多个课题调研组,就加快南宁市电网基础设施建设、工业园区建设、工业企业自主创新能力、承接东部产业转移、桑蚕业的发展、优先发展公共交通、加强二手房交易监督、现代中药业发展、招商引资工作、文物保护工作等课题进行调查研究,对社会主义新农村建设、城市内河综合整治、城市建设重点项目、重大工业项目建设、华侨农林场改革、外资投资企业、体育产业发展、农村五保户供

7月10日,市政协副主席颜石廉(前排左二)率部分政协委员到南城百货南棉店视察《食品卫生法》执行情况 梁基欢 摄

养制度、市政府为民办实事项目等方面进行视察,形成《关于南宁电网建设情况的调研报告》、《关于工业园区建设的调研报告》、《关于如何提高南宁市工业企业科技自主创新能力的调研报告》、《关于南宁市承接东部地区台资产业转移的调研报告》、《关于南宁市现代中药产业发展情况的调查报告》、《关于南宁市招商引资执法服务的调研报告》、《南宁市房地产中介服务管理调查报告》、《南宁市工业重点项目建设情况视察报告》等调研和视察报告,分送市委、市政府有关部门作决策参考。

【为民办实事】 2007年,市政协与市依法治市办公室等单位联合组织到宾阳县大桥镇开展送文化、卫生、法律"三下乡"活动,举办法律知识教育图片展览、法律知识竞猜、发放法律知识学习资料、开展法律义务咨询、义务为农民群众写春联等活动。观看和参与竞猜的农民群众3000多人次,参加咨询的50多人次,发放《法律知识一百题问答》500多本、法律基本知识学习资料3500多份,义务为农民群众写春联200多副,向大桥镇政府图书馆赠送法律法规图书200多册。与市粤剧团联合开展送戏下乡到西乡塘区石埠街道,观众1000多人。重阳节前夕,组织医疗保健专家到马山县慰问"五保"(保吃、保穿、保住、保医、保葬)老人,送医赠药。经市政协牵线搭桥,澳门友好人士为上林县塘红乡贫困山区壮族群众捐赠冬衣1070件价值近6万元,新加坡企业家给市明天学校7名考上大学的孤儿学生捐赠助学金共3.5万元。

【文史资料征编】 2007年,市政协立足于南宁的历史和现实,做好文史资料征集出版工作。征集到"知识青年上山下乡"史料稿件60多篇12万多字、照片200多张。编辑出版《抗美援朝》专集,含史料128篇、32.6万字、照片28张,以纪实体裁真实记录中国人民志愿军指战员不畏强敌、抵抗侵略、英勇善战的事迹,是对牺牲在朝鲜战场上474名南宁籍志愿军烈士的永久纪念。

【提案工作】 2007年,市政协九届二次会议到九届三次会议期间,共收到提案381件,立案354件,提案办理答复率100%。其中,市规划局、水利局、法制办联合办理《关于南宁市尽快制定湿地保护法规、编制规划、建设湿地公园的建议》提案,全面开展城市水系综合整治与保护利用规划研究、湿地公园建设规划研究,启动相思湖城市湿地公园等一批示范建设项目。市农业局、工商局、公安局、质量监督局、商务局联合办理《进一步加强食品安全管理工作,确保群众食品安全》提案,结合创建全国蔬菜质量安全先进城市活动,开展蔬菜质量安全检测,建立健全全市蔬菜质量安全检测系统,实施长效管理。市民政局办理《关于进一步做好南宁市城乡居民最低生活保障工作的几点建议》提案,拨出1340多万元农村低保资金到市辖六县六城区,切实做好城市和农村的低保工作。市经委、农业局办理《关于实施100万亩种桑养蚕暨发展茧丝绸加工工程的建议》提案,全市安排600多万元专项经费扶持农民扩大桑叶种植,比上年扩种桑园800公顷,新增3家缫丝生产企业和2个蚕种场,丝产量比上年提高38.69%,工业总产值比上年增长20.8%。 (马恩宁)

纪律检查与行政监察

【概 况】 2007年,南宁市有乡镇以上纪检监察机构481个,纪检监察干部1166人。其中:专职纪检监察干部805人,兼职纪检监察干部361人。市纪委机关与市监察局合署办公。各级纪检监察机关着力构建具有南宁特色的惩治和预防腐败体系,党风廉政建设和反腐败工作保持平稳健康、不断发展的良好态势。

【领导干部廉政建设】 2007年,全市各级党委和纪委严格执行"四大纪律八项要求"和领导干部廉洁从政各项规定,认真落实中央有关厉行节约,反对铺张浪费的相关规定。市纪委、市委组织部、市外事办、市公安局联合发文,进一步加强各单位各部门因公出国(境)管理和纪律教育,防止和纠正以学习考察和招商引资为名义的公款旅游。针对一些领导干部违规驾驶公车肇事的突出问题,市纪委对14名领导干部违反公务用车管理规定情况进行全市内部通报。市委印发贯彻落实《中共中央纪委关于严格禁止利用职务上的便利谋取不正当利益的若干规定》的通知,并在《南宁日报》上全文刊登。各县区、各单位组织党员在规定期限内进行自查自纠。市纪委组织四个督查组到各县区和市直重点部门开展专项督查,有2个单位和8名干部主动上缴违纪金额416万元。组织开展对全市党政机关办公楼等楼堂馆所建设项目的清理工作,联合发改委、建设、规划等有关部门排查出属于检查清理范围的建设项目54个,对存在问题的项目制定整改措施。

【不正之风纠正】 2007年,南宁市纪检监察部门继续做好治理教育乱收费工作。共受理涉及教育收费方面的投诉32件次,查处学校违规收费问题62起,免职2人。进一步纠正医药购销和医疗服务中的不正之风。组织开展市、县区级以下医疗机构及社区卫生服务机构药品集中采购,协议金额约1.5亿元,让利于患者近2000万元。对市直属12家医疗机构开展民主评议行风联评工作,不断完善防止医疗服务中不正之风的长效机制。继续纠正土地征收征用、城镇房屋拆迁、企业违法排污、企业重组改制和破产中损害群众利益,以及拖欠工程款和农民工工资等突出问题。建立市环境保护违法违纪监督工作联席会议制度。解决拖欠工程款累计7.87亿元,清欠率100%,率先在自治区提前完成国务院下达的三年清欠工作目标,解决拖欠农民工工资累计1.5亿元。开展整治违法排污企业、保障群众健康专项行动。先后对饮用水源地、工业集中区、造纸企业开展专项检查,查处环境违法行为8起。对2个国家级、8个市级和26个县区级挂牌督办项目的整治工作进行督办督查。对国有企业下岗职工基本生活保障资金、失业保障金、基本养老保险基金和城市最低生活保障资金管理使用情况开展专项检查，确保专款专用，维护参保人员的利益。继续在南宁电视台、南宁人民广播电台办好“政风行风热线”节目。对节目进行改版，由每周一期改为每周六期，实现电台、电视台、网络、报纸等多种媒体的互动。“政风行风热线”节目共播出 112 期，受理群众咨询、投诉近 700 件。

【农村基层党风廉政建设】 2007 年，南宁市出台《南宁市关于加强农村基层党风廉政建设的工作意见》，建立加强农村基层党风廉政建设工作联席会议制度。新农村指导员进驻行政村进行党风廉政建设指导，推进农村基层党风廉政建设的全面开展。通过开展农民负担专项治理，共减轻农民负担 1173 万元。

【违纪违法案件查处】 2007 年，全市各级纪检监察机关严肃查处个别领导干部贪污受贿、私分国有资产、失职渎职造成国有资产严重流失等案件。共受理信访举报 3003 件，初查 948 件，立案 310 件，其中新立案 248 件，结案 288 件，给予党纪政纪处分 296 人。其中，县处级干部 6 人，乡科级干部 57 人；受到党纪处分的 218 人、政纪处分的 97 人，刑事处理 26 人，挽回经济损失 4057.21 万元。市纪委查处市政管理局原局长张建辉受贿案，追缴违纪违法金额 3100 多万元。武鸣县纪委查处罗波镇罗波社区违规收取大中型水库移民户“活动经费”案，给予党纪政纪处分 7 人。马山县纪委查处部分党员干部在金钗镇加雅村低保工作中以权谋私等问题，给予党纪政纪处分 6 人。

【商业贿赂工作治理】 2007 年，南宁市组织各县区各部门各单位 3127 个，6.36 万人参加自查自纠活动。市、县两级自查自纠银行专户共收到退贿款 44 万元。市治理商业贿赂工作领导小组办公室制定查处商业贿赂案件联席会议制度，建立情况通报、线索移送、案件协查、信息共享等制度，形成查办案件工作的整体合力。2006~2007 年，共查处商业贿赂案件 45 件，涉案金额 620.34 万元，查结案件 28 件，给予党纪政纪处分 20 人，刑事处理 7 人，挽回经济损失 452.85 万元。

【腐败源头治理】 2007 年，南宁市抓住预防腐败的关键领域和重要环节，推进改革和制度创新，不断深化腐败源头治理工作。一是深化干部人事制度改革。实行市委全委会无记名票决县区党政正职拟任人选和推荐人选制度，落实《党政领导干部选拔任用工作条例》、《公务员法》和干部管理各项制度，加强对公开考试录用公务员、机关事业单位录用工作人员、机关事业单位工资制度改革及人事考试考风考纪、职称评定、干部调动、军转安置等工作的监督检查。二是深化行政审批制度改革。贯彻落实《行政许可法》，开展“规范性文件规范年”活动。全市 38 个重点部门 185 个行政审批重点岗位共受理行政审批事项 6.85 万件，办结 6.78 万件，办结率 98.9%，平均日结率 60.6%。开展对市本级行政审批项目的清理工作，保留行政许可项目 10 个、非行政许可审批项目 18 个，调整或取消行政许可项目 10 个，取消非行政许可审批项目 5 个。三是深化财政管理体制改革。继续推进非税收入收缴管理制度改革和“收支两条线”管理改革。开展预防私分国有资产违纪违法行为专项活动，对各部门各单位在工资以外发放奖金、福利等款物情况进行集中清理。加大推进国库集中支付制度改革力度，市本级通过国库集中支付资金 17.69 亿元，比原核定计划数减少支付和结余资金 5.49 亿元。推进国库集中支付制度改革向城区和开发区延伸。四是推进投资体制改革。继续推进政府投资项目代建改革工作，进一步扩大试点范围，将民族影城、信息化大楼、八中新校区、兴宁实验中学、一职校等工程项目列为代建制试点。五是完善建设工程招标投标制度，提升对工程招投标监控管理水平。纠正建设工程招投标中违纪违规行为。六是完善经营性土地使用权出让制度。对经营性土地招拍挂监督共 129 宗。其中：挂牌出让 119 宗，拍卖出让 10 宗。共出让土地面积 271.49 公顷，成交额 2.8 亿元。七是完善政府采购制度。政府采购预算 37.46 亿元，合同金额 24.84 亿元，节约采购资金 12.62 亿元。

【行政效能监察】 2007 年，经市政府批准在市监察局设立效能监察室，市本级和县区一级成立效能投诉中心，建立健全投诉工作网络和机制。建立市行政效能电子监察系统，共有 39 个行政服务单位、410 个审批项目进入电子监察系统，监控终端设在市监察局，并与自治区电子监察系统对接。开展机关效能建设，市政府建立市行政服务中心，公开办事职责、承办事项、办事依据、办事条件、办事程序和办事时限。各县区也按照要求相继建立本级行政服务中心。全市有 120 个单位部门制定机关效能建设实施方案和相关的工作制度。继续开展政风行风建设，认真受理群众投诉，及时发现和纠正问题。自市本级效能投诉中心成立以来至 2007 年，共受理各类效能投诉 696 件，其中来信 353 件，来电 146 件，来访 185 件，电子邮件 12 件，办结 547 件，解决群众实际困难 449 件。同时，全市各级效能投诉中心共受理各类效能投诉 1861 件，其中受理来信 929 件，来电 532 件，接待来访 382 件，电子邮件 18 件，解决群众实际困难 1075 件。加大对作风效能案件的调查处理力度。各级行政效能监察机构调查核实作风效能案件 374 件，查结 288 件，追究责任 199 个单位 209 人。其中，责令检讨限期改正 28 个单位，取消评先资格 1 个单位，被通报批评 144 个单位，警告 26 个单位；免职 12 人，辞退 3 人，调离岗位 9 人，告诫 40 人，通报批评 136 人，警告 6 人，记过 1 人，记大过 2 人。

【行政执法监察与廉政监督】 2007 年，市委、市政府与 68 个城市建设责任单位签订廉政责任状。开展对五象新区基础设施建设、城市内河河道综合整治工程、城市基础设施建设等重点工程建设项目的跟踪监督。开展对服务“两会一节”、城乡清洁工程、社会主义新农村建设等工作的监督检查。参与对市中山路“2·11”火灾事故、马山“7·31”特大交通事故等 9 起重特大责任事故的调查和责任追究。结案 3

5 月 8 日，市行政效能电子监察系统正式开通运行。图为市委副书记谢泽宇（右前排左二），市委常委、纪委书记秦敬德（右前排左三），市委常委、组织部长岑可成（右前排左一）到场检查指导工作 市监察局提供

起,给予党纪政纪处分7人。参与土地违法违规案件查处、统计巡查暨统计工作质量大检查和大中型水库移民后期扶持政策情况、扶贫资金管理使用情况、清收农村信用社不良贷款情况、大石山区大会战等专项检查工作。

【党内监督】 2007年,南宁市各级纪检监察机关对干部提拔任用工作进行全程跟踪监督,及时参与组织部门的干部考核工作,禁止"买官卖官"、"跑官要官"、违规任用提拔干部等行为。各县区各单位按照要求对新提拔任职的领导干部进行任前廉政谈话,普遍实行诫勉谈话、警示谈话和领导干部廉政承诺、个人有关事项报告等制度。市纪委共对1885名个人和528个单位进行廉政审核,个别在廉政方面存在问题的干部被暂缓提拔或延期转正或取消评先(代表)资格;对县区、开发区和市直部分重点部门领导班子民主生活会进行监督和指导。

【反腐倡廉教育】 2007年,南宁市组织全市广大党员干部学习《全面加强新形势下领导干部作风建设》、《党员干部反腐倡廉学习读本》等中纪委、自治区纪委编印的学习资料。建立南宁纪检监察网,拓展反腐倡廉宣传教育领域阵地。组织全市党员干部开展"树新风正气,促廉洁从政"主题教育活动,各级党委(党组)理论中心组组织开展领导干部作风建设专题学习;各级党政主要领导以"加强作风建设、促进廉洁从政"为主题上廉政党课,其中自治区党委常委、市委书记马飚对全市1300多名副处级和乡科领导干部进行集体廉政谈话,市委常委、纪委书记秦敬德等委局班子成员到各县区各单位为基层党员干部上廉政教育课;各级领导班子召开专题民主生活会;树立作风优良的基层领导干部先进典型;组织开展"领导干部廉洁自律十不准"大讨论;举办党员干部的好作风演讲比赛;组织大型历史桂剧《大儒还乡》在南宁市演出;组织观看党员干部作风建设的示范教育片及警示教育片;在南宁监狱建立市党员干部预防职务犯罪警示教育基地,在邓颖超纪念馆建立廉政示范教育基地。在横县召开全市反腐倡廉宣传教育工作暨廉政文化建设"六进"(进机关、进社区、进农村、进学校、进企业、进家庭)经验交流会,组织与会人员参观横县廉政文化建设"六进"示范点。加大反腐倡廉舆论宣传,各级纪检监察机关在市级以上新闻媒体发表有关纪检监察方面的文章200多篇。开展电化教育,共有1000多个单位组织党员干部15万人次观看电教片300多场次。加大培训力度,举办纪检监察业务培训班两期,培训300多人;组织纪检监察干部参加中纪委培训15人次,参加自治区纪委培训80人次。

(市纪委、监察局编写组)

民主党派与工商联

中国国民党革命委员会南宁市委员会

【概　况】 2007年,中国国民党革命委员会南宁市委员会辖青秀区、江南区、兴宁区、西乡塘区总支部4个、基层支部20个;党员305人(新发展14人)。其中:经济界111人,科技教育界80人,医卫界47人,行政机关44人,其他34人;具有高、中级专业技术职务任职资格200人。党员中有民革中央委员1人,民革广西区委会副主委1人;市人大代表5人(常委1人),城区人大代表5人(副主任1人);自治区政协委员2人(常委1人),市政协委员18人(副主席1人、常委2人),城区政协委员17人(副主席1人、常委2人);受聘担任自治区、市、城区及有关单位特邀监察员、执法监督员、行风评议员10人,编印会刊《南宁民革》和内部学习刊物《港澳台参考》各4期。为纪念民革成立60周年,开展"我与民革"征文、"民革——我的精神家园"演讲比赛、出版纪念板报等系列活动,评出先进总支部1个、支部5个、优秀党员30人、优秀联络员3人。

【参政议政】 2007年,民革市委会先后开展专题调研活动4次,撰写《关于发展南宁市慈善事业》、《关于修建平陆运河》、《以创新精神打造以国际民歌艺术节为品牌的首府文化产业》等调研报告,其中平陆运河课题的调研成果被民革自治区委选为自治区政协十届一次会议大会发言材料,得到自治区领导的重视和好评。在南宁市人大、政协"两会"上共提交各类集体和个人议案、提案、建议共21件,大会发言1篇。在市政协九届三次会议上,获九届一次会议集体优秀提案奖1篇,党员、政协委员4人分获九届一次、二次会议委员优秀提案奖。民革市委会各级人大代表、政协委员在中共市委统战部"党派建言信息直通车"中,提交反映社情民意的建议提案、信息66件。其中,中共市委、市政府办公厅《信息报告》刊物采用8条,得到领导批示3条。选送15篇论文参加中共市委统战部组织的统战理论研讨论文评选活动,获优秀论文一、二、三等奖各1篇。

【社会服务】 2007年,民革市委会与上林县塘红乡龙祥村建立新农村建设帮扶关系,向文化室捐赠图书1169册。组织青秀区总支部到青秀区长塘镇洞江村帮扶点,开展医疗卫生,金融咨询和法律咨询服务,向村委会赠送74厘米彩电1台、给五保户村民26人发放慰问金2600元;兴宁区总支部组织辖区支部党员教师以带课下乡的形式,到兴宁区昆仑镇中心学校开展送教下乡活动,为9所小学60多名教师作现场授课示范。选派机关专干1人到兴宁区三塘镇任新农村建设指导员。组织党员参与捐资助学活动,有4名党员捐资6300元及价值2500元的学习用品。春节、重阳节期间,组织专干慰问民革老党员、黄埔军校原国民党老兵,并送上节日慰问品大米、鸡蛋、食用油等及慰问金3000元。市委会机关全体干部为昆仑关战役旧址项目建设捐资3200元。

【招商引资】 2007年,民革市委会接待来访台商近百人次。厦门(台商)翔鹭腾龙集团的两条日产5000吨水泥熟料新

12月30日,民革市委会纪念中国国民党革命委员会成立60周年大会在新华大酒店召开

民革市委会提供

型干法生产线项目已签约落户隆安县，总投资额1.5亿美元。组织相关人员到广东、福建等地，就南宁市承接东部台资产业转移进行考察，参与广西区民革开展的桂台物流课题调研。由党员唐济武、张爽、班桂新等引进的占地面积约18公顷，总投资15亿元的市台湾街一期工程项目已开展各项工作。 （雷协培）

中国民主同盟南宁市委员会

【概　况】 2007年，中国民主同盟南宁市委员会辖兴宁区、江南区、青秀区、西乡塘区、邕宁区总支部5个、支部29个、小组1个；盟员538人（新发展23人）。其中：从事高等教育11人，普通教育343人，科文卫事业101人，其他83人。盟员中有全国人大代表1人，自治区人大代表2人，市人大代表10人，城区人大代表5人（副主任1人）；自治区政协委员4人，市政协委员20人（副主席1人），城区政协委员33人（副主席3人、常委5人）。受聘担任自治区、市、城区及有关单位特邀监察员、执法监督员、行风评议员9人。编印会刊《南宁民盟》3期、《简讯》10期。

【参政议政】 2007年，民盟市委会盟员中各级人大代表、政协委员共提交议案22件，提案45件。在市政协九届二次会议上作题为《关于尽快建立健全老年人社会保障体系的建议》的大会发言，及《关于优化整合开发区资源，推动南宁市经济发展的建议》的书面发言，提交集体提案3件，委员个人提案24件。其中《关于优化整合开发区资源，推动南宁市经济发展的建议》得到自治区主席陆兵的批示。开展“党委出题，党派调研”确定的《农民工子女教育问题》、《关于控制和减少塑料袋使用的建议》、《关于在南宁市建筑中推广应用太阳能和其他可再生能源的建议》3个重点调研课题调研，形成调研报告。民盟市委会报送中共市委统战部社情民意12条，采用5条；报送中共市委“直通车”意见建议5条，领导批示2条；报送市政府建议3条，领导批示1条。选送25篇论文参加中共市委统战部组织的统战理论研讨论文评选活动，获优秀论文二等奖1篇、三等奖6篇。

【社会服务】 2007年，民盟市委会组织江南区总支部联合江南区科协、五一路学校到江南区苏圩镇保城村小学开展捐赠活动，并会同江南区教育局、科协拟订长期扶助计划。发动盟员参与捐资助学活动，共捐资近7万元资助贫困大学生入学。5月，启动“农村教育烛光行动”，13日在邕宁区那楼镇那楼中学举行“农村教育烛光行动实践基地”挂牌仪式。11月18日，组织5名特级、高级教师到那楼中学举行“农村教育烛光行动”启动仪式暨那楼教师培训班典礼。为那楼中学捐赠13份价值2000多元的中学教辅刊物，促成英华学校与那楼中学结成城乡学校帮扶对子。 （覃紫斌）

11月18日，民盟市委会在邕宁区那楼镇那楼中学举行“农村教育烛光行动”启动仪式暨那楼教师培训班开班典礼 民盟市委会提供

中国民主建国会南宁市委员会

【概　况】 2007年，中国民主建国会南宁市委员会辖直属、兴宁区、青秀区、西乡塘区和江南区总支部5个、支部17个；会员398人（新发展7人）。其中：经济界会员208人，其余包括法律、教育、科技医卫、文化艺术等界别190人；具有高、中级专业技术职务任职资格206人。会员中有全国人大代表1人，市人大代表5人，县区人大代表5人；自治区政协委员3人，市政协委员17人（常委4人），县区政协委员25人（常委4人）。受聘担任市政府特邀监察员4人。编印《南宁民建》4期、《南宁民建信息》22期。会员莫欣萌获全国十大当代孟母、中国百名优秀母亲称号。

【参政议政】 2007年，民建市委会参加中共市委、市政府以及市政协召开的座谈会、情况通报会、民主生活会、听证咨询会，对市经济社会发展的重大问题、重要人事安排、廉政建设和党派工作、全市承接东部产业转移、城乡清洁工程、推动与市司法局的联建工作提出协商意见，得到中共市委、市政府有关部门的重视采纳。在市政协九届二次会议上作《关于南宁市社会主义新农村建设的建议》的大会发言，提交集体提案5件、个人提案16件。参加市十二届人大二次会议的5名代表向大会提出议案17件。两件提案分别获市政协九届一次会议、九届二次会议优秀提案奖。完成“党委出题、党派调研”的重点课题《南宁市承接东部产业转移中基于产业链整合的政策转型研究》调研工作。民建课题组《南宁市社会主义新农村建设调查报告》入选2006年中国农业技术经济研究会学术讨论会论文集。选送13篇论文参加中共市委统战部组织的统战理论研讨论文评选活动，获优秀论文二等奖1篇、三等奖3篇。获市政协提案工作理论优秀奖1篇。上报信息40多篇，被中共市委统战部采用31篇；上报社情民意信息15篇，被民建广西区委采用5篇，中共市委采用10篇。

【社会服务】 2007年，民建市委会组织企业家、医生、律师、农业专家会员20多人到青秀区长塘镇天堂村开展文化、科技、卫生“三下乡”支援新农村建设活动，捐赠桌椅、书柜一批和书籍800多册。在民建广西区委成立45周年纪念大会上，机关专干和会员骨干参加“民建思源励志班”捐赠活动，为贫困家庭的学生筹集学习费用2500元。联合会员企业广西嘉和集团捐助兴宁区三塘镇同仁村贤村坡新农村建设活动，捐款240万元帮助该坡实施新农村道路硬化和农田水利、电灌站和饮用水工程建设；发动会员捐赠600多册书籍援助建立村文化活动室。参加上林县政府举办的“能捐就捐，共建新农村爱心书屋”主体活动，发动会员捐书200多册。市委会机关开展送温暖捐款1450元和衣物一批。会员捐资5000元帮助邕宁区那楼镇屯良村修建1条进村公路。发挥企业家会员的优势，率先在广西成立民建房地产支部。 （李　娟）

中国民主促进会南宁市委员会

【概　况】 2007年，中国民主促进会南宁市委员会辖兴宁区、青秀区、西乡塘区、江南区、邕宁区总支部5个、支部42

民进市委会召开2007年重点课题征求意见会　　民进市委会提供

个;会员422人(新发展15人)。其中:教育界300人,科学技术、医药卫生、文化艺术、新闻出版等界别36人,经济界30人,政府、党派机关37人,团体1人,法律界4人,其他14人;具有高、中级专业技术职务任职资格363人。会员中有市人大代表7人,城区人大代表5人(副主任2人、常委2人);自治区政协委员6人,市政协委员20人(常委4人),城区政协委员24人(常委9人);全国优秀教师1人,自治区特级教师4人,自治区、市劳动模范1人,市专业技术拔尖人才1人;获各级各类奖励180人次。受聘担任自治区、市政府效能监察员和其他部门或城区政府效能监察员、特约员17人。编印会刊《南宁民进》4期。组织总支部、支部和会员参加中共市委统战部和市各民主党派联合开展的“双岗”(本职工作岗位、民主党派工作岗位)争优创先活动,被评为先进集体的支部2个、先进个人17名。

【参政议政】 2007年,民进市委会在市人大、政协“两会”上,提交集体提案8件,大会发言材料2篇,代表和委员个人议案、提案及意见33件。其中《关于扎实推进农村清洁工程的建议》被选为大会口头发言,《加快建设“万村千乡”市场工程努力改善我市农村消费环境》被选为大会书面发言,《关于南宁市农村教育负债问题的调查与建议》被选登在中共市委主办的《南宁调研》上。组织开展重点课题《关于加快发展南宁市文化创意产业的调研》,以及市开发区海归人员调研,加快市木薯、甘蔗生物质能源产业发展,青少年校外教育,民办教育,老独居老人问题等专题调研,形成调研报告。组织会员参加统战系统关于北部湾开发的研究,2名会员撰写的调研报告入选中共自治区委统战部在北海举办的自治区统一战线服务泛北部湾合作研讨会暨统战理论研究经验交流会,其中会员徐兵的调研报告被选送到中共中央统战部。选送28篇论文参加中共市委统战部组织的统战理论研讨论文评选活动,获优秀论文一等奖3篇,入选中共市委统战部编印的《民主党派政治交接教育实践与探索》文集9篇,《开展政治交接教育实践活动方法和途径的探讨》一文被《民主》杂志采用。组织会员参加市政协提案工作理论研讨活动,送交论文8篇,获优秀论文奖3篇。收集社情民意上报被中共市委采用11条,主要领导批示1条。

【社会服务】 2007年,民进市委会创新社会服务工作,开展政治交接与社会服务相结合的基地建设。1.将武鸣县两江镇福江村作为民进市委政治交接教育实践活动基地,开展帮扶种桑养蚕项目。与该村示范户签订协议,借鉴“小额信贷”的方式,注入扶贫资金6000元,扶持该村示范户种桑养蚕,成立种桑养蚕协会,组织专家为蚕农讲课,发放种桑养蚕资料3000份,组织养蚕专家、律师、医务工作者到该村开展文化、科技、卫生“三下乡”咨询服务活动。年内,福江村新增桑园面积11公顷,养蚕农户133户,村民人均养蚕增收233元。2.将青秀区刘圩镇禄强村作为民进青秀区总支部政治交接教育实践活动基地。总支部成员多次到刘圩镇禄强村开展定点帮扶活动,为该村12名孤寡老人和12名贫困学生送去慰问金和慰问品,为村民义诊,给学校上示范课,组织该村21名学生到市区及名校参观。3.将五一中路社区作为民进江南区五一支部政治交接教育实践基地。与五一中路社区居委会合作共建,发挥自身教育文化资源优势,推进未成年人思想道德建设及和谐社区建设。民进五一支部与民进良庆区直属支部联合在丽江小区举办一场感恩励志教育报告会,邀请中国感恩励志教育讲师团专家为社区的家长和孩子们做现场报告;在社区“共建之窗”板报栏中出版一期学习中共十七大精神的板报,开创民主党派基层组织与社区中共基层党组织合作共事的新模式。此外,民进市委会选派1名机关干部到上林县塘红乡龙祥村担任社会主义新农村建设驻村指导员,出资解决村委办公楼通电问题,扶助3户养鸡专业户进行科技养鸡致富,发动会员捐款1.4万元购买水泥、协调县扶贫办支持50吨水泥为村屯修建3公里长的水泥路1条;协助解决2名贫困大学新生的学费,给村小学贫困生送慰问品,出资为村委会购买“爱心书屋”的书柜和报刊架;争取2个人畜饮水工程的立项。民进邕宁区总支部与市委会帮助蒲庙镇华康村开展人蚕分离的种桑养蚕示范项目。鼓励会员做好招商引资工作,会员直接参与引进项目12个,引进外资1386万美元、内资10.8亿元。　(刘瀚钟)

中国农工民主党南宁市委员会

【概　况】 2007年,中国农工民主党南宁市委员会辖兴宁区、江南区、青秀区、西乡塘区总支部4个、支部25个;党员428人(新发展20人)。其中:医卫界242人,教育界60人,科技界19人,文化出版界8人,财税界33人,法律界4人,机关28人,国有经济22人,非公经济4人,其他8人;具有高、中级专业技术职务任职资格367人。党员中有自治区人大代表1人,市人大代表5人,城区人大代表2人(常委1人);自治区政协委员4人(常委1人),市政协委员17人(副主席1人、常委2人),城区政协委员14人(副主席2人、常委4人);担任政府部门处级实职2人、科级实职7人;受聘担任自治区、市、城区政府特邀监察员11人。编印会刊《南宁农工》4期、《简讯》4期。

【参政议政】 2007年,农工党市委会在市政协九届二次会议上,作题为《关于加强我市新型农村合作医疗试点工作的建议》的大会发言,提交《关于进一步完善我市医疗保障体系的几点建议》等集体提案4件。市人大、政协“两会”期间,党员中的各级人大代表提交议案15件,各级政协委员提交提案67件。其中获市政协办公厅优秀提案3件。选送10篇论文参加中共市委统战部组织的统战理论研讨论文评选活动,被中共市委统战部、市政协、农工党广西区委会采用信息62条,其中3条被中共市委采用和主要领导批示。市委会被农工党广西区委会评为《广西农工》宣传报道先进单位。

6月20日，农工党市委会组织党员到望州南社区义诊　　　　　农工党市委会提供

【社会服务】 2007年，农工党市委会发挥自身特点和优势，开展为民服务活动。组织医务人员到新兴苑、新竹、唐山、望州南等社区开展义诊义检、献血咨询、中老年卫生保健知识健康讲座、艾滋病的预防及禁毒知识宣传等活动，群众受益1000多人；组织保健专家到市公安局交通警察支队举办两场健康知识讲座，为400多名交警讲授如何进行自我保健、呵护健康以及在执勤过程中如何防范艾滋病等知识；组织医疗队分别到马山县古零镇和青秀区王京村开展送医送药义诊活动，免费向群众发放价值2000多元的常用药品，群众受益500多人；与农工党广西区委会到隆安县南圩镇开展第十九届国际科学与和平周文化、科技、卫生“三下乡”活动，以医疗义诊、文艺演出和农业科技讨论的形式服务于当地群众，受益群众近千人。市委会被农工党广西区委会评为社会服务工作先进市委会。

（杜永康）

中国致公党南宁市委员会

【概　况】 2007年，致公党南宁市委会辖兴宁区、江南区、青秀区、西乡塘区总支部4个，直属支部3个；党员306人（新发展12人）。其中：侨海关系212人；具有中级以上专业技术职务任职资格245人。党员中有自治区人大代表1人，市人大代表8人（常委1人），县区人大代表10人（副主任1人、常委4人）；自治区政协委员3人（常委2人），市政协委员20人（常委2人），县区政协委员29人（副主席2人、常委7人）；在政府、民主党派、人民团体担任副处以上实职12人，科级以上实职28人；受聘担任市级特邀监察员6人。编印会刊《南宁致公》4期。

【参政议政】 2007年，致公党市委会注重调查研究，做好《开展民间外交，促进区域间交流与合作》重点调研课题工作，并形成调研报告。市人大、政协“两会”期间，向市政协九届二次全会提交集体提案16件，其中，《关于尽快修复邕宁电报局旧址》的提案得到政府有关部门的采纳，并获市政协优秀集体提案奖。选送论文参加中共市委统战部组织的统战理论研讨论文评选活动，获优秀论文三等奖1篇；获市政协提案工作理论优秀论文奖2篇。市委会各级政协委员建言献策，反映社情民意，提交委员提案63件；通过“直通车”上报中共市委、市政府信息5条。共向各级部门提交反映各类情况的信息78条，其中，中共市委、市政府办公厅《信息报告》采纳2条，领导批示1条。致公党市委会获市政协颁发的信息工作先进集体称号。

【社会服务】 2007年，致公党市委会重视发挥与“侨”、“海”联系密切的特色，开展多种形式的服务、联谊活动，为经济建设贡献力量。分别在山水美地俱乐部及花花大世界公园开展致公党青年党员与柬埔寨、缅甸青年干部研修班学员联欢活动；组织召开华侨农林场基础设施建设问题研讨会，形成信息向中共市委、市政府反映；请农业专家到华侨农林场指导柑果病虫害防治；邀请归侨骨干参加市委会组织的庆国庆茶话会；慰问市特困归侨侨眷等。鼓励参与社会公益事业。青秀区总支部到青秀区刘圩镇麓阳村开展帮扶活动，赠送优质八桂香谷种2000公斤，少儿读物300多册；西乡塘区总支部到坛洛镇开展文化、科技、卫生“三下乡”活动；兴宁区总支部在“八一”前夕到边防武警南宁支队开展慰问活动，为官兵放映电影；党员向隆安浪湾华侨农场学校捐赠价值1万多元的体育器材。　　　　（董俊荣）

九三学社南宁市委员会

【概　况】 2007年，九三学社南宁市委员会辖基层委员会1个、支社7个；社员234人（新发展8人）。其中：高等教育7人，科学研究50人，医药卫生57人，工程技术61人，农林4人，财政经济4人，普通教育9人，法律2人，政府机关17人，党派机关6人，其他17人；具有高、中级专业技术职务任职资格227人。社员中有全国人大代表1人，自治区人大代表2人，市人大代表6人（副主任1人），城区人大代表5人（副主任1人、常委1人）；自治区政协委员5人，市政协委员14人（常委4人），城区政协委员17人（副主席1人、常委5人）。受聘担任自治区政府立法咨询员3人，市政府特邀监察员、执法监督员、行风评议员8人，市检察院监督员1人。社市委被评为九三学社广西区委先进单位，西乡塘基层委员会被评为九三学社广西区委优秀基层组织，被评为社广

8月24日，致公党市委会组织党员参加中（国）柬（埔寨）缅（甸）青年联谊活动

致公党市委会提供

西区委优秀社员54人。

【参政议政】 2007年，九三学社市委主要领导两次参与中共市委、市政府组织的情况通报会，提出意见和建议13条。社市委各级人大代表、政协委员围绕“十一五”规划的实施、把南宁建设成区域性国际城市、建设社会主义新农村、构建和谐社会等工作，广泛收集社情民意；针对交通环境、环境生态保护、科技兴农、医卫人员保护等具体问题，撰写议案、建议、提案提交各级“两会”。提交议案、建议、提案55件。社市委《加强基层农业科技队伍建设的建议》的集体提案，收到市农业局以及11个县区政府的回复，市农业局组队到基层开展3次调研，召开专题研讨会2次。社员、全国人大代表陆鸣林在十届全国人大五次会议提出的修改相关土地法等3件议案受到大会重视，新闻媒体就此进行专访。开展“党委出题，党派调研”的重点课题调研，形成《抓好水利试点创新，推进新农村水利事业发展的调研报告》，并作为大会发言材料提交市政协九届三次会议。选送6篇论文参加中共市委统战部组织的统战理论研讨论文评选活动，获一等奖1篇、二等奖1篇、三等奖4篇。社员撰写理论文章参加中共市委宣传部开展的学习望州南理论研讨会征文评比，获二等奖1篇，并刊登在《南宁日报》；获市政协提案理论研讨征文评比二等奖1篇。向中共市委统战部、中共市委、九三学社广西区委、九三学社中央等报送信息127条，其中，被九三学社中央采用3条，中共市委采用24条，领导批示5条。

【社会服务】 2007年，九三学社市委会开展帮助农村建设村卫生室、村文化室，普及科学知识、扶贫助教、送医送药义诊等办实事活动12次，投入社会服务资金5.8万元。筹资3万元捐赠上林县明亮镇三黎村，援建村级卫生室。组织农业科技人员分别到青秀区南阳镇施厚村、武鸣县甘圩镇唐力村开展科技种植咨询和生猪养殖讲座3次，向农民群众赠送超级稻种植、龙眼荔枝栽培技术、病虫害防治和农药使用、如何辨别真假肥料等宣传资料，传授作物种植、家禽生猪养殖等技术。利用农村冬季闲置土地，到邕宁区蒲庙华康村那皮屯试种3.3公顷机耕良种土豆，进行改变传统种植技术增加收入的试验示范。先后到武鸣县府城镇、甘圩镇唐力村，青秀区南阳镇施厚村开展送医送药下乡活动，捐赠价值1600多元的药品，受益农民群众600多人。社市委和社员向西乡塘区双定镇中心小学、武鸣县太平镇新联小学分别捐赠木地板124平方米价值1.2万元、水泥20吨价值6000元，向青秀区施厚村小学赠送价值4000元的彩电、DVD教学设备、科普音像影碟。继续资助6名宾阳、马山县的贫困农村儿童求学，“六一”节向马山县民族小学赠送课辅书、字典、书包文具用品一批。促成西乡塘区双定镇务读坡人畜饮水工程建成使用，双定镇集中供水列入国债人饮项目。牵线搭桥向西乡塘区双定镇农村文化室捐赠办公桌32张、椅子27张、文件柜10个、电脑桌6张以及沙发、茶几等办公设备，社员向上林县、武鸣县农村文化室捐赠书刊1820册，科技种养光碟4盒。市委会机关干部落实信访接待办理责任，完成信访接待31次，向困难群众捐款830元。 （庞建辉）

南宁市工商业联合会

【概　况】 2007年，南宁市工商业联合会（亦称南宁市总商会）分别成立玉林、吴川、北流、平南、钦州等异地商会。发展会员480名（企业会员60名，团体会员5名，个人会员415名）。共有县区商会12个，乡镇商会110个，行业商会9个，异地商会15个，其他商会3个；会员1.21万名（企业1926名，团体87名，个人9507名，原工商业老会员597名）。会员中有自治区人大代表4人、市人大代表36人、县区人大代表32人；自治区政协委员9人、市政协委员51人、县区政协委员342人。被评为市优秀中国特色社会主义事业建设者52人。

【南宁商会百年庆典】 2007年12月28～29日，“首届南宁—东盟城市商会经济合作与发展论坛暨南宁商会百年庆典”在南宁国际会展中心举行。由市政府、自治区工商业联合会、新华社广西分社主办，市工商业联合会承办。全国工商联党组副书记、副主席宋北杉，自治区政协副主席章崇任，江苏省政协副主席、省工商联主席李仁，自治区工商联会长磨长英，新华社广西分社社长杜新，越南国家商会副主席段维姜，泰国总商会秘书长沛禄，柬埔寨、印度尼西亚、老挝、马来西亚、菲律宾、新加坡、泰国、越南等国商会代表，港澳台商界知名人士，泰国、越南、柬埔寨等国驻邕领事官员，自治区有关部门和兄弟省市商会负责人，以及陈向群、谢寿堂、黄家仁等南宁市四家班子领导，市工商联会长黎四龙及全市工商企业代表900多人出席，市长陈向群主持。开幕式后举行主题为“新平台、新通道、新机遇”的论坛演讲。主论坛上，南宁市市长陈向群，越南国家商会副主席段维姜，中国商务部国际司司长、自治区政府副秘书长俞建华，马来西亚国会上议院原主席、马中集团有限公司执行主席、马来西亚丹斯里拿督曾永森，中国香港中华总商会副会长胡经昌，新加坡中华总商会名誉会长、新加坡保费融资有限公司董事长郑民川，广东省工商联主席、广东恒兴集团有限公司董事长陈丹等嘉宾分别发表演讲，就商会合作对中国—东盟自由贸易区建设的促进和推动作用，各商会所在地之间如何加强区域合作、项目合作，促进共同发展等内容，进行探讨和交流。此外还设两个分论坛，主题分别是构建南宁—东盟城市商会合作新平台、开拓南宁—东盟城市商会合作新通道。市工商联会长黎四龙与14名来自国内外商会的代表及专家学者发表演讲。论坛最后形成《南宁共识》：南宁—东盟城市商会合作平台建设将依托中国—东盟博览会平台，遵循共同获益、务实渐进、开放透明的原则，积极推进各国城市商会相互之间的交流合作，在条件成熟的时候，积极筹建“南宁—东盟城市商会联合会”，秘书处设在南宁，为中国及东盟国家城市商会合作搭建新的平台，积极推动“南宁—东盟城市

11月15日，九三学社市委会为上林县明亮镇三黎村捐建的卫生室揭牌

九三学社市委会提供

12月28日，首届南宁—东盟城市商会经济合作与发展论坛暨南宁商会百年庆典开幕式在南宁国际会展中心举行　　市工商联提供

商会联合会”的筹备工作，组建“南宁—东盟城市商会联合会”筹备处，并邀请东盟10国城市商会负责人参与。活动期间举行南宁市投资环境推介会及项目签约仪式，签约项目9个，签约额约11.3亿元。市工商联在南宁电视台、南宁电台、《南宁日报》开辟《南宁商会百年庆典》系列专题报道；对22名优秀中国特色社会主义事业建设者进行电视、电台采访和播放；出版《南宁商会百年》纪念画册。

【参政议政】 2007年，市工商联会员中的各级人大代表、政协委员共提交议案124件、提案243件。参与市政府工作报告草案的讨论。在市政协九届二次会议上，市工商联作题为《充分发挥农村经济能人在社会主义新农村建设中的作用》的大会发言，得到市社会主义新农村建设试点工作领导小组办公室的答复。组织18名担任自治区、市人大代表和政协委员的会员召开参政议政工作会议，对参政议政委员会成员作调整。9月，开展对南宁市商会经济发展情况的调研，走访全市大部分异地商会，组织召开直属异地商会、行业商会调研座谈会，收集关于南宁市商会经济发展资料并形成调研报告，提出加快南宁市商会经济发展的意见和建议。组织广西华劲集团股份有限公司参加全国工商联关于上规模民营企业情况的调查，组织广西皇氏乳业集团有限公司等3家企业参加全国工商联关于民营企业参与社会主义新农村建设的问卷调查，协助新华社、人民日报社对南宁市商会经济情况进行调查。

【招商引资】 2007年9月，市工商联3次参加市委、市政府组织的赴东莞、佛山、深圳、厦门，以及广州的承接东部产业转移招商会，并联系当地商会及民营企业参加南宁市的投资环境推介会。10月，赴广州参加第102届中国进出口商品交易会开幕式暨广州市工商联成立55周年庆典，走访中山市工商联、顺德区工商联、顺德区家具商会。11月，市工商联邀请上海、广州的5名客商参加第四届中国—东盟博览会，为本会会员办理613张专业观众证及嘉宾证，组织会员参加11场东盟国家的推介会。12月，市工商联百年庆典举行南宁市投资环境推介会，有90多个国内外商会的650多名客商参加（境外24个商会107名、市外40多个商会274名），当场签约项目9个，引资11.3亿元。年内，南宁市总商会驻美国纽约联络处成立。市工商联各商会及会员企业“百企入桂”招商引资项目62个，引进资金138.8亿元，到位资金53.02亿元，亿元以上项目18个。其中：异地商会引进39个，引进资金98.73亿元，到位资金48.16亿元；会机关引进内资实际到位5000万元。

【服务会员】 2007年，市工商联为会员提供维权服务，维护会员的合法权益。为南宁正培五金机电有限公司、南宁永明珠宝有限责任公司等会员企业提供维权服务11次。组织会员企业参加经贸活动。先后组织会员企业参加在郑州举办的第四届全国部分城市友好商会联谊会、第二届中国中部投资贸易博览会，在长沙举办的第四届泛珠三角区域省会城市工商联和港澳商会合作交流会，参加在杭州举行的第三届浙商大会，协助广西浙江商会推荐南宁市参评浙商最佳投资城市获成功；组织100多家会员企业的负责人参加越南北方各省与中国广西建设“两廊一圈”经济合作论坛，组织50多家企业参加桂港投融资高峰论坛。组织30多家会员企业参加由长江商学院院长项兵及周春生教授主讲的中国企业全球化战略和中小企业融资与风险管理论坛；举办激励员工、礼仪和企业管理者等培训班3期，培训非公企业管理者和企业员工600人。做好为非公企业专业技术人员881人首次定级、职称评审材料审核工作。

【光彩事业】

扶贫助学　2007年，市工商联组织会员企业参与南宁广电中心举办的“爱心改变命运”主题活动，共捐资15.37万元帮助贫困生完成学业。福州商会及西乡塘区工商联的企业家参加“春之雨露”爱心奉献活动启动仪式暨“爱心小分队”进社区活动中，现场为西乡塘区50户特困户、特困生捐赠慰问金6.7万元。将自治区工商联下拨市工商联会员捐赠的104万元助学款投入“百万资金寻找贫困学生”的活动，资助贫困大学新生271人。福州商会会员广西盛天集团向广西协力扶助基金会捐资1000万元，作为扶助广西贫困学生的专项基金。为扶贫助学捐资10万元以上的企业有广西泰富黄金矿业开发有限公司、南宁永凯实业集团有限责任公司、广西鑫辉通讯电子有限公司、南宁新世纪大酒店。共有300多个企业及个人捐资1397.43万元，其中助学捐资1318.16万元，受益学生1000多人，用于其他公益事业79.27万元。

支教服务　市工商联发动成都商会为支教点隆安县屏山乡群力小学捐资6280元，采购22吨水泥，硬化学校860平方米的地面，帮助学校通过国家“两基”（基本普及九年义务教育、基本扫除青壮年文盲）验收。

新农村建设点帮扶工作　市工商联向扶贫点上林县木山乡白境村派驻1名新农村建设指导员，“七一”前夕为该村困难党员户和五保户送去慰问金1800元，资助该村1名贫困大学新生5000元学费；发动北流商会向白境村捐赠10万元，支援基础设施建设。各商会开展新农村建设活动，会员企业广西嘉和集团资助240万元为三塘镇同仁村贤村坡建设一批集体事业项目，包括道路硬化工程、农田水利主干渠改造、拦水坝、电灌站工程、机动车桥梁工程以及村民饮水工程等。兴宁区工商联与自治区党委统战部共同开展“企村手牵手、共建新农村”——非公企业帮扶新农村建设结对活动，40多家非公企业与城区40个行政村签订共建协议，结成共建对子。企业已为农村投入道路、水利、人饮等基础设施建设200多万元，租用农村土地100多公顷发展企业，培训镇(街道)、村委(社区)及屯(坡)农村干部2次共400多人次。有6家企业在贫困地区投资6个项目，资金2.56亿元，实际到位资金1.26亿元，培训农民609人，安排就业415人，受益63个村1.4万人。

就业和再就业工作　5月25~31日，市工商联联合市劳动和社会保障局、总工会开展“2007年南宁市民营企业招聘周”活动，由市工商联发动参加的企业有68家，提供的岗位2552个，达成意向1460人。11月20日，组织23家企业提供200多个优质岗位，到武警南宁市支队招聘退伍老兵，帮助部队做好安置工作。（陈建昭）

华侨与台湾事务

华侨事务

【概　况】2007年，南宁市继续做好华侨农林场改革工作，经自治区政府批准，隆安县政府在浪湾华侨农场设立隆安华侨管理区；邕宁区委、区政府将五合华侨林场纳入城区东部工业集中区的范畴；出台《南宁市华侨农林场住房制度改革实施方案》，完成归侨危旧房改造442户；安排330万元市财政资金专项用于华侨农林场基础设施建设；制定《南宁市华侨农林场土地确权发证工作实施方案》，全面开展华侨农林场的土地确权登记发证工作；清理华侨农林场的金融债务，财政周转金债务已处置完毕；完成华侨农林场办社会职能分离工作；举办各类专业培训并妥善解决华侨农林场养老保险欠费问题；调整和优化华侨农场产业结构，加快农场经济发展；组织开展让爱心走进南宁——西班牙北京同乡会捐资助学活动；派员参加第四届世界华侨华人社团联谊大会、第七届华侨华人创业发展洽谈会等系列活动，发挥侨的优势，开展引资、引智工作；开展“侨法进社区、侨法进侨场、侨法进侨乡”主题活动；落实侨务信访工作，开展“送温暖、献爱心”活动，推进“侨心工程”建设，维护侨界和谐稳定发展。市侨办被评为全国侨务信访先进集体。

【华侨农林场建设】2007年，南宁市加大对华侨农场改革和发展的指导、协调和服务。1. 扶侨安居工程。2006年，市委、市政府把解决华侨农林场归侨危房问题列入市政府为民办实事项目，从当年起每年安排100万元，用3年时间解决华侨农林场归侨危房改造问题。2007年，市政府制订出台《南宁市华侨农林场住房制度改革实施方案》，推进全市华侨农林场2157户危旧房改造工作，完成危房改造442户。隆安华侨管理区规划建设1000多套住房的华侨新城已奠基，南宁华侨投资区职工综合活动中心、兴侨小区935套经济适用房项目建设及邕宁五合华侨林场五合华侨新村260套住房项目建设已开工建设。2.基础设施建设。安排330万元市财政资金专项用于华侨农林场公路、人饮等基础设施建设，项目建成后，直接受益人口5506人。3.土地确权登记工作。制定《南宁市华侨农林场土地确权发证工作实施方案》，已登记发证340宗，土地登记面积9603公顷（林权面积5002.6公顷）。4.场办社会职能分离工作。在已完成3个华侨农林场分离社会职能的基础上，武鸣华侨农林场完成9所中心学校、1所医院、1个公安派出所的场办社会职能的剥离工作。5.调整和优化农场产业结构。南宁华侨投资区在农业产业结构调整中，增加香蕉种植631.07公顷，增收3000多万元；建设870个瓜菜大棚，实现产值260多万元；农业种植面积6.54公顷，实现产值2.6亿元。

【为侨服务】2007年，市侨务部门围绕侨众关心的热点难点问题，开展为侨服务活动。以武鸣华侨农场为试点，开展“侨法进社区、侨法进侨场、侨法进侨乡”主题活动，青秀区新竹社区获国务院侨办批准为全国侨务系统“五五”普法首批社区“侨法宣传角”。为侨资企业排忧解难，由侨务部门引进的美国中美商贸促进会在南宁市总投资2亿元兴建的“加气混凝土切块”和“秸秆轻质墙体”项目选址遇到困难，经市侨办等有关部门协调，该项目已列入自治区推进的重大项目。开展侨务信访工作，接待来电（信）、来访共165人次，办复率100%；为78名大中专生出具“三侨生”(归侨青年、归侨子女、华侨子女)证明，为考上大学的10名归侨子女发放入学金2000元，初审归侨侨眷身份203人，办理回国定居10人。开展“送温暖、献爱心”活动，春节期间，各级侨务部门共走访和慰问归侨侨眷969人(户)，发放慰问金21.1万元。隆安县浪湾华侨管理区筹措资金41.24万元，为1390名职工办理医疗保险。推进“侨心工程”建设，由海外华人客商捐资援建的邕宁区百济乡屯林侨心小学教学楼、上林县巷贤镇黄库小学教学楼已落成。与西班牙北京同乡会在马山县周鹿镇三星小学共同组织开展“让爱心走进南宁——西班牙北京同乡会捐资助学活动”，资助周鹿镇三星小学等4所小学的100名特困生完成小学学业。

【引智引资】2007年，全市各级侨务部门充分发挥侨的优势，多渠道开展引资、引智工作。配合市委、市政府以及相关部门“走出去”开展招商招展活动，宣传中国—东盟博览会和南宁的投资创业环境。发挥国务院侨办在南宁市建立重点联系单位的优势，注重“引进来”，邀请有实力的华资企业和国内外重要客商、侨商、海外人才来邕。第四届中国—东盟博览会期间，借助自治区政府和国务院侨办在南宁市共同主办的2007海外华商相聚中国—东盟博览会暨广西商机介绍会的机会，南宁市在南宁华侨投资区举办南宁市投资环境暨南宁—东盟经济开

7月13日，市侨务办公室与西班牙北京同乡会在南宁饭店举行“让爱心走进南宁”捐资助学活动签约仪式
市侨办供稿

发区商机介绍会，来自30多个国家和地区的200多名海外华商与会。年内，南宁华侨投资区共引进项目42个，引进合同内资28.46亿元，实际到位内资14.92亿元，新批合同外资7474万美元，实际利用外资2831万美元，其中引进台湾麦斯集团鞋业及关联项目投资10.56亿元。邕宁区政府在五合华侨林场引进的广西华劲集体股份有限公司竹浆一体化项目开工建设，被列入自治区推进的重大项目，一期总投资12亿元，年产9.8万吨竹浆、12万吨高档文化用纸。浪湾华侨农场引进项目25个，合同引进金额13.13亿元。

【海外联谊】 2007年，市侨务部门在巩固与老社团、老侨领、老朋友友谊的基础上，加强与新华侨华人社团以及有实力的华侨华人政界、工商界人士和科技专业人员的联系，逐步形成以东盟国家为重点，逐步拓展欧美国家的海外联络网。邀请中美科技交流团、中美商贸促进会、美国亚省福建同乡联谊会、上海侨商会、江苏侨资企业家经贸考察团等海外社团负责人、重要侨领和新移民政界、工商界代表来邕参观考察和洽谈；邀请珠三角、长三角等地区侨务部门领导等来邕参观考察。配合市政府做好第四届中国南宁国际龙舟邀请赛、第二届南宁国际半程马拉松比赛暨25届南宁解放日长跑活动等国际赛事的组织工作。市侨务部门先后随政府代表团访问柬埔寨金边市和西哈努克市，进行联谊交友、宣传博览会、宣传南宁等活动。还组团参加第四届世界华侨华人社团联谊大会、第七届华侨华人创业发展洽谈会、香港福建体育会庆祝回归十周年暨第十五届理监事就职典礼活动，增进海内外文化体育、乡情交流。 （何 俊）

台湾事务

【概 况】 2007年，中国国民党中常委、立法委员以及一些大企业集团陆续到南宁市考察观光，邕台经贸来往与合作频繁。中共南宁市委台湾工作办公室、市政府台湾事务办公室接待来邕考察交流与合作的台湾团组45个543人次，接待考察观光的零散台商365人次；新落户台商投资企业9家，投资总额4.6亿美元，实际投资2.5亿美元；做好台资企业的服务工作，协调解决台商生产经营、经济纠纷、工作生活等方面的问题11个；为台胞台属协调处理各种来信来访反映的问题6个；邀请和接待参加桂台交流会的台商110人，签订邕台经贸合作项目3个，总投资额32亿美元。

【台商经贸考察接待】 2007年，邕台经贸合作交流不断。1月，台湾商人陈由豪率经贸考察团一行5人考察南宁市的城建规划以及良庆区、江南区等，市长林国强会见并宴请考察团。2月，台湾中国和平统一促进会会长许荣昌一行3人参观考察西乡塘区坛络镇的香蕉种植园、亚热带水果良种繁育基地和良庆区那马镇红龙果生产基地、无公害蔬菜生产基地建设情况。4月，以中国国民党中常委洪玉钦为团长的南台湾工商企业亿载联谊会参访团一行29人到南宁考察，先后考察南宁高新技术产业开发区、经济技术开发区和青秀山风景区、伊岭岩风景区及市政建设情况，自治区党委常委、市委书记马飚会见并宴请考察团一行。5月，台湾鸿海集团总裁郭台铭一行8人来南宁考察，自治区党委常委、市委书记马飚、市长林国强会见郭台铭一行。6月，越南台湾商会联合总会北部地区分会会长赖灿贤率台商团30人到南宁考察。8月，中国国民党副主席章仁香、亲民党荣誉副主席钟荣吉以及全国台资企业联合会会长张汉文等先后来南宁，参加第三届桂台经贸合作交流会暨第二届两岸产业共同市场论坛；市四大班子领导分别会见台湾贵宾，并向他们介绍南宁投资环境。11月，中国国民党中常委、中国台商发展促进会理事长、台湾"立法委员"蒋孝严一行考察南宁市，自治区党委常委、市委书记马飚在国际会展中心会见台湾客人。

【对台招商引资】 2007年，南宁市借助第四届中国—东盟博览会和第三届桂台经贸合作交流会的平台，组织开展对台招商引资工作。4月，市台办组织在邕台商参加在百色市平果县举行的桂台(平果)经贸合作交流会。自治区内外台商和知名商人100多人参加推介会和恳谈会，签订合作项目12个，协议金额31亿元。5月，组织在邕投资台商13人参加崇左—东南亚台商合作与发展商讨会，签订台资合资合作项目5个，协议金额6378万美元。9月，全球第一大电子制造商、世界500强台资企业富士康科技集团在南宁注册南宁精密电子有限公司，计划在南宁投资30亿美元于铝材深加工、电子信息、环保节能、新型材料等产业。台商投资企业翔鹭腾龙集团投资1.6亿美元的腾龙水泥两条日产5000吨新型干法水泥项目落户隆安县。11月，台湾国泰富邦公司与南宁市威宁公司合作建成广西首个大型农副产品加工物流园区——南宁金桥农产品批发市场。项目占地98.27公顷，建筑面积76万平方米。包括批发交易市场、集中屠宰中心、净肉加工中心、净菜加工中心、物流配送中心、信息网络系统、检验检测系统、冷库、停车场等，总投资12.29亿元，年交易额100亿元。全年新增台商投资企业9家，合同投资总额32.4亿美元。

【台商合法权益维护】 2007年，南宁市做好台商投资企业和台商的服务工作，切实维护台商的合法权益。组织下基层和台资企业72次，走访台商85人以上；组织各种台商座谈会4次，参会台商120人次。为台商和企业解决实际生产经营和各种经济纠纷以及工作生活问题11件。

【邕台文化交流】 2007年，邕台文化交流交往增多。1月，中国国民党中常委洪玉钦带领的台湾"立法院"欢喜高尔夫球队一行19人到南宁进行球艺、经贸合作交流。4月，台湾原"法务部长"廖正豪带领台湾民族文化交流团一行40人到南宁进行民族文化交流。7月，以台湾花莲县丰滨乡乡长张进德为团长的文化交流团一行到宾阳县进行考察交流。8月，台湾台北市教育参访交流团一行69人到南宁考察交流，重点考察市滨湖路小学、第三中学，与学校领导和教师进行教育工作交流。南宁市赴台考察交流人员15人次。

【对台宣传】 2007年，南宁市按照中央台办统一口径做好对台宣传和开展涉台教育工作。2月，举行市台胞台商迎春茶话会，台商、台胞和台属120人参加，主要宣传贯彻落实中共中央总书记胡锦涛发展两岸关系的四点意见。3月，组织召开全市对台工作会议，主要宣传贯彻中央对台工作会议精神，总结上半年工作，部署下阶段南宁市对台工作。4月，台湾东森电视新闻S台"中国大体验"节目资深制作人兼节目主持人廖庆学一行3人到南宁市采访报道，先后采访和报道扬美古镇，昆仑关战役旧址，宾阳县鞭炮产业和炮龙文化，上林县"状元村"、"不孤村"及南宁市中山路风味小吃和市容市貌。在第三届桂台经贸合作交流会期间，中央驻桂和自治区、市内主流媒体就邕台经贸合作交流等主题分别进行采访报道。台湾广播公司、《中国时报》、中国电视公司、东森电视公司、中国广播媒体北部湾(广西)经济区采风团对南宁市进行各个层面采访报道。年内，市台办在两岸主流媒体发稿85篇，上报各种信息40篇；国务院台办《台湾工作通讯》采用1篇；自治区台办采用11篇；市委、市政府内刊采用17篇。 （张居松）

责任编辑 周 红

群众团体

南宁市总工会

【概 况】 2007年，南宁市有基层工会7109个，会员69.8万人，各级工会专职干部912人，合格职工之家基层工会145个。南宁市总工会贯彻“组织起来，切实维权”的工作方针，以发展和谐劳动关系为主线，以建立党政主导、工会运作的维权格局为途径，以解决职工群众最关心、最直接、最现实的利益问题为重点，以开展创建劳动关系和谐企业活动为载体，有效推进职工素质工程、送温暖帮扶工程、职工社会化维权机制和工会组织建设。

【工会组织建设】 2007年，市总工会不断创新工会组织建设和会员发展工作方法，分别以行业性质、地域分布、行业协会、农民工输出地、社区、外资企业为组建单位的“六种建会模式”，重点突出农民工入会，全面推进“工会进村”工程，推进外资和私营企业工会组建工作。新建基层工会组织771个，新发展会员近8万人，其中新组建外(港澳台)商投资企业工会24个。肯德基、麦当劳等一批知名外资企业依法组建工会。全面加强县级工会标准化和企业工会规范化建设，县区总工会主席全部实现由同级副职领导干部担任。武鸣、横县、宾阳、上林、马山、隆安6个县和邕宁区顺利通过自治区总工会县级工会标准化建设达标考核验收。根据“促进企业发展、维护职工权益”的原则，制定《南宁市总工会贯彻〈企业工会工作条例〉的实施意见》，不断推进企业工会工作的规范化、制度化、法制化建设。

【职工素质工程】 2007年，市总工会围绕“科技兴市战略和节能减排”主题，与多部门联合主办2007年职工职业技能大赛，共有799个单位的4.02万名职工参加16个工种的预赛和决赛，评选出导游之星10人、护理技术能手10人和教学能手24人。同时对17名获2006年度南宁市技术能手者授予南宁市五一劳动奖章。组织开展2007年十大技术能手评选表彰活动，在技能水平高超和操作经验丰富的一线职工中，评选出在技术改造、传帮带和成果转化等方面作出突出贡献的技术能手10人。会同科技部门等开展“创造、创新、和谐”职工科技创新竞赛活动，评选出南宁市职工优秀科技成果一等奖1项、二等奖3项、三等奖6项。全年参加各种劳动竞赛和群众性经济技术创新活动的单位1659个，职工23万人；开展技术革新1421项、技术发明507项，申请专利273项。

【农民工培训活动】 2007年，南宁市建立完善以市总工会职工学校、农民工业余学校为中心，辐射带动各县区职工学校、农民工培训基地和各行业、企业工会培训基地的三级培训网络。会同市劳动保障局、建委、农业局和教育局等部门联合制定印发《关于进一步加强农民工业余学校、流动夜校和培训基地建设工作的意见》。共建成农民工夜校14所、培训基地47个，举办各类技能培训班1593期，培训农民工12万多人次。市总工会农民工业余学校培训农民工业务骨干2271人次。

【劳动模范管理】 2007年，市总工会进一步做好劳动模范推荐、评选和管理工作，组织召开2006年度南宁市先代会，评选表彰市劳动模范30人、先进单位130个、先进集体499个，先进生产(工作)者2000人。组织开展“振兴南宁·经济效益杯”劳动竞赛活动，表彰金杯奖单位25个、银杯奖单位20个、铜杯奖单位20个。组织评选南宁市五一劳动奖章获得者17人。推动提高各级劳动模范的荣誉津贴标准，全国劳模从每月105元提高到500元，自治区级劳模从每月85元提高到200元，市级劳模从每月65元提高到150元。

【社会化维权机制建设】 2007年，南宁市坚持主动、依法、科学维权，推动以市委、市政府为主导的职工社会化维权机制建设，市总工会与市政府召开联席会议通过《南宁市加强职工社会化维权工作实施意见》，着眼于劳动关系的建立、运行、监督、调处等环节，着力建立健全源头参与和职工诉求表达、劳动关系协调、职工民主管理、矛盾调处、职工权益保障、职工素质提升等六项机制，着重整合41个市委、市政府有关职能部门、群团组织的维权职能，构筑职工社会化维权平台和工作网络，为维权工作提供制度机制保障。6月，由市委、市政府印发到各级政府和部门实施。11月，市委办公厅、市政府办公厅印发《南宁市加强职工社会化维权工作实施方案》。建立维权联席会议制度和联络员制度，明确各责任部门、单位的职责，形成党委领导、政府重视、部门负责、工会牵头的社会化维权工作机制。市总工会整合工会困难职工帮扶中心、法律援助工作站、就业服务中心工作职能，在自治区工会系统率先建成470平方米的市维权帮扶工作中心服务大厅，聘请26名律师志愿者和法律工作者，并协调市劳动和社会保障局、民政局、司法局等部门定期向服务大厅派出工作人员为职工服务，形成“一站式”帮扶工作平台，全年共接待并协调处理信访993件，涉及职工5898人。宾阳县总工会在开展村级工会农民工文化维权工作中，推行每个会员持有一本会员证、读懂一本维权手册、获取一本职业技能培训证、牢记一个维权热线电话号码、每年参加一次回乡汇报会和对农民工留守家庭实行一对一文化帮扶的“六个一”服务，深受农民工好评。不断加强农民文化维权工作，拓展“农民工图书流动站”服务范围，送到工地的图书增加到1.7万册，电子读书卡2000多张。组织开展“真心关爱、真情关怀、共创和谐”为主题的职工广场文化活动149场次，观众13万人次。

【劳动关系和谐企业创建】 2007年，市总工会创建劳动关系和谐企业，全面推进劳动合同制度实施三年(2006~2008)行动计划，指导和帮助职工自觉与用人单位签订劳动合同，全市劳动合同签订率90%。全面推行平等协商和集体合同制度，重点加强乡镇(街道)区域性、行业性平等协商和集体合同工作,国有、集体及其控股企业集体合同建制率95%,其他企业85%,工资集体协议签订率40%;已建立工会的企业女职工权益保护专项集体合同签订率60%。全面加强职工民主管理工作,国有、集体及其控股企业和公有制事业单位建立职工代表大会(职工大会)和厂务公开制度建制率均100%;百人以上非公有制企业建立职工代表大会(职工大会)制度和厂务公开民主管理制度建制率分别为61.03%和80%;公司制企业职工董事、职工监事制度得到进一步落实。联合市劳动和社会保障局评选表彰第一批劳动关系和谐企业18家。

2007年评选的2006年度振兴南宁"创新·经济效益杯"劳动竞赛金杯奖单位

南宁糖业股份有限公司　中国石化南宁石油分公司　广西电信有限公司南宁市分公司　广西电网公司南宁供电局　广西移动通信有限公司南宁分公司　南宁化工股份有限公司　南宁建宁水务集团有限责任公司　广西南宁凤凰纸业有限公司　广西农垦糖业集团金光制糖有限公司　建工集团第二建筑工程有限责任公司　市房产业开发总公司　建工集团第一建筑工程有限责任公司　市建筑安装工程有限责任公司　中房集团南宁房地产开发公司　广西南宁梦之岛百货有限公司　广西凤凰银业有限责任公司　广西田园生化股份有限公司　广西大都混凝土有限公司　广西皇氏甲天下乳业股份有限公司　广西横县新凯糖业有限责任公司　南宁现代运输有限责任公司　市邕宁电业公司　南宁八菱科技股份有限公司　广西农垦糖业集团良圻制糖有限公司　南宁锦虹棉纺织有限责任公司

【"送温暖"活动】 2007年元旦、春节期间,各级工会组织共筹措资金781.06万元,慰问困难企业432家,困难职工1.31万户,职工和下岗失业人员及离退休人员3.68万人、农民工2476人;走访慰问劳模223人,发放慰问金90万元。贯彻落实市委、市政府"能帮就帮,决不能让一个学生因贫困而失学"的要求,通过组织开展结对子帮扶、联系提供勤工俭学岗位、捐赠书籍和学习用具、联系减免学杂费、帮助申请助学贷款等形式开展助学活动,共组织筹措"金秋助学"资金45.6万元,资助困难职工、农民工子女上学231人。

【职工医疗互助保障】 2007年,市总工会做好组织职工参加医疗互助保障工作,参保职工8.35万人,参保数10.13万份,完成自治区总工会下达的任务。分别给基层工会干部、困难农民工赠送重大疾病互助保险700份和1300份;帮助311名患病职工办理给付手续,共发放给付款345万元。

【就业再就业服务】 2007年,市总工会协助政府推进就业再就业服务工作,以国有改制企业和非公有制企业为重点领域,以困难职工、下岗失业人员、农民工为主要对象,多渠道地开展就业和再就业工作,促进解决职工"零就业家庭"就业问题。继续促进创建"充分就业社区"活动,为建设"充分就业城市"做好服务工作。共培训下岗失业人员2700人,职业介绍8485人次,实现再就业4569人,为849名下岗失业人员提供就业岗位。

（蒋建坤）

共青团南宁市委员会

【概　况】 2007年,南宁市有基层团委512个,团总支819个,团支部7952个;专职团干471人,团员25.5万人。共青团南宁市委员会围绕全市党政工作大局和青年需求,以创新年、全民创业年活动为契机,以服务社会主义和谐社会建设为目标,以促进青年发展为主题,积极引导青年参与经济、政治、文化、社会建设实践,努力促进青年发展。开展"五四红旗团委"创建活动,至年末,共有全国五四红旗团委3个、五四红旗团总支(支部)5个、团建先进县区2个;广西五四红旗团委标兵8个、五四红旗团委37个、五四红旗团支部标兵3个、五四红旗团支部29个、团建先进县(市、区)4个;市五四红旗团委287个、五四红旗团委团总支(支部)87个。团市委被评为全国保护母亲河先进集体、"我与祖国共奋进"主题教育活动优秀组织单位。

【未成年人思想道德建设】 2007年,团市委以推进"四个一"(一面旗帜、一个支部、一支队伍、一个工作服务站)、18岁成人仪式教育、"迈入青春门、走好成人路"等主题教育活动,教育引导未成年人增强爱国热情,树立远大志向;开展科技、文化、卫生"三下乡"及科教、文体、法律、卫生"四进社区"等活动,发动城市中小学与农村中小学结对帮扶;在中小学中开展"构建网络文化、打造和谐校园"主题活动,利用南宁青年网、未成年人网络家园等,建立青少年沟通联系平台,向青少年传播健康文明的网络信息。以邓小平理论、"三个代表"重要思想、科学发展观和构建社会主义和谐社会战略思想为核心内容,引导青少年深刻领会理论创新成果中包含的新思路、新观点、新论断;以建团85周年、纪念五四运动88周年、国庆节等重大活动为契机,举办演讲比赛、报告会、征文比赛、学习会、座谈会活动近100场次。邀请党政领导、专家学者、杰出青年进校园举办形势报告会、座谈会,引导广大大中专学生进一步坚定对马克思主义的信仰、对社会主义的信念、对党和政府的信任。

【青春建功新农村"兴旺行动"】 2007年,南宁市各级团组织开展早春行动、送温暖、结对帮扶、乡村青年文化节、新型青年农民培训等活动,共创建农村青年中心59个,举办培训班30期,培训青年农民3000人;抓好结对共青示范村建设,发动市青联委员、青企协会员、青年文明号、优秀"青少年维权岗"集体向华康村捐赠建设资金和物品,共筹集资金2.27万元和价值5万多元的物资,建成华康村医疗服务站、篮球场、青年活动室、共青路、排污渠等基础设施,联系国家电网公司资助40万元建设华康村希望小学。

【青年创业就业行动】 2007年,团市委实施南宁市青年创业就业行动。与广西南宁热点房地产投资顾问有限公司共同开展百万创富精英大赛,通过南宁电视

2007年评选的2006年度南宁市经济技术创新竞赛优胜项目

新建6万吨/年聚氯乙烯项目(南宁化工股份有限公司)　改扩建10万吨/年烧碱项目(南宁化工股份有限公司)　冰醋酸2万吨/年技改扩建(南宁化工集团有限公司)　直径3.45×52米锌浸出渣回转窑(南宁广发重工有限公司)　蔗渣浆为主要原料抄造生活用纸的高浓打浆技术应用研究(南宁糖业股份有限公司)　生物酶技术在蔗渣制浆造纸厂的应用(南宁糖业股份有限公司)　提高煮炼收回率(南宁糖业股份有限公司)　日处理160吨黑液固形物系统(南宁糖业股份有限公司蒲庙造纸厂)　RICHCEL(丽赛)纤维混纺纱研究开发(南宁锦虹棉纺织有限责任公司)　高档纺织品生产线技改项目(南宁锦虹棉纺织有限责任公司)　气垫第5层循环风量可控制的技术改造(广西南宁凤凰纸业有限公司)　新技术及技术节约措施推广应用(广西建工集团第二建筑工程有限责任公司)　水果型薄膜包衣预混剂(南宁维威制药有限公司)　丁基胶塞26口替代28口(南宁百会药业集团有限公司)　2.5%联苯菊酯微乳剂产业化(广西田园生化股份有限公司)　液体葡萄糖化学异构制甘露醇关键技术攻关及产业化应用研究(南宁化学制药有限责任公司)　酶解生产水解蛋白口服液(广西广明药业有限公司)　86.5米液化气烧隧道窑改造(黎塘工业瓷厂)

台《搞掂一百万》栏目向社会推出，与社会上有影响力的营销事件来推动青年创业。依靠南宁青年职业技能培训中心、4所青年就业和再就业技能培训学校、15个青年创业实践基地，为广大青年提供就业、培训信息；联合市劳动部门开展南宁青年创业就业行动——共青团帮助青年创业专场招聘会。实施青工技能振兴计划，推进职工职业技能大赛，对16个工种的技能进行鉴定。承办自治区“百企入桂”——承接东部产业转移青年企业家广西（南宁）行活动。合同引进内资9600万元，到位3069万元。

【保护母亲河行动】 2007年，团市委发动1.5万名团员青年开展“营建环城高速青年林、打造绿城人文大通道”、种植中外青年友谊林活动，共种植树木2万多株，并举行地球日环保行动，开展邕江保洁行动。

【绿城青年文化行动】 2007年，团市委依托市青少年活动中心、青年文化站、青年之家、文化广场及《南宁青年》、宣传橱窗、板报、内部广播站等青年文化阵地，实施绿城青年文化活动品牌计划，组织1万多名团员青年开展纪念中国共产主义青年团85周年青年文化活动；在《南宁青年》发布青少年阅读优秀图书榜、读书信息及读书心得，引导青少年多读书，读好书；开展以“青年文明号、绿城展风采”为主题的青春绿城——第二届南宁市“青年文明号文化节”系列活动，全市30多个行业(系统)的各级青年文明号集体和500多名选手参加相关活动。开展“三人篮球”比赛、征文、摄影比赛、羽毛球比赛、气排球比赛和形象礼仪大赛等活动;加强农村青年文化建设，承办广西2007年乡村青年文化节活动，教育、引导和凝聚农村青年，动员和激发青年的劳动热情和学习热情，各县区组织共开展10多场形式多样、内容丰富的文化节活动，参与活动2000多人次。

【青年志愿者行动】 2007年，团市委召开志愿者协会会员大会，讨论通过《南宁市青年志愿者协会章程》，选举产生青年志愿者协会理事、会长，进一步完善志愿服务机构；密切与各县区、市直机关青年志愿者分会和“爱在绿城”、“南方都市网”等社会志愿服务团体的联系，促进协会的有效运转。发挥青年志愿者在服务大型活动中的生力军作用，先后组织首府青年志愿者1万多人次，服务“两会一节”。与广西大学等高校联合组织青年志愿者50多人到马山、隆安两县开展大石山区基础设施大会战建设。推进“大学生志愿服务西部计划”实施。年末，市青年志愿者协会共有团体会员30个。

【青年文明号创建活动】 2007年，团市委健全创建青年文明号组委会的工作机制，通过以举办培训班、竞赛等活动为载体，指导各级青年文明号集体开展创建活动，提高青年文明号集体及参赛集体负责人的综合素质。动员组织青年，在党政机关、企事业单位，结合各系统各行业的特点开展青年文明号创建活动。全市共有青年文明号750多家，其中国家级28家、自治区级128家和市级600多家。

【扶贫济困活动】

希望工程圆梦行动 2007年，团市委通过组织观看电影《希望》、在媒体广泛宣传和举办各类募捐活动，发动各级共青团组织、青联委员、企业家为希望工程捐款，共募集捐款305.47万元，资助贫困大学新生984人。

“爱心超市” 团市委继续加大“爱心超市”的建设力度，全市共有“爱心超市”275家。联合南国早报社举办“向爱心超市捐献物资——情暖千万家”活动，向社会募集价值近10万元的物资。

困难青少年帮扶活动 团市委组织“爱心助成长”志愿服务队开展志愿服务，为社区特困家庭子女、进城务工人员子女、孤残儿童、流浪儿童等重点青少年送去价值5.5万元的物资；组织进城务工人员子女开展“感受发展、体验变迁”南宁游活动。

【“为了明天工程示范城市”创建活动】 2007年，团市委继续创建“为了明天工程示范城市”，与中国法制新闻网共同举办一系列青少年法制宣传活动，宣传《未成年人保护法》；深化优秀青少年维权岗创建活动，逐步形成市、县区、乡镇(街道)三级维权服务网络，开展青少年维权岗联合执法进社区、进农村、进校园，及时为青少年提供服务；探索青少年事务社会工作者试行工作，组建社工队伍，对全市青少年违法犯罪的人数、比例、特点等基本情况进行分析和了解，把握青少年违法犯罪的变化规律和趋势，准确摸清青少年违法犯罪的底数；推进12355青少年服务台建设，通过招募各类专业志愿者、招聘专职工作人员、开通网站，进一步完善服务体系，向广大青少年提供学习教育、就业创业、恋爱婚姻、身心健康、困难救助、犯罪预防等方面的咨询、投诉和实际帮助，组织开展12355进广场、进高墙、进社区、进农村等活动13次，举办青少年维权论坛2期，开展“线下有效干预和个案实际帮助”86例，跟踪调解和心理干预27例，为青少年提供有效的实际帮助。

【青年人才开发计划】 2007年，团市委参与全国道德模范评选活动，推选市共青团员谢芳秋参评并获全国道德模范(见义勇为)称号。推荐滕峰、谭璇2名青年参评并获中国青年五四奖章；获自治区团委表彰22人次，其中获广西青年五四奖章2人、优秀团干部8人、优秀共青团员12人。举办第六届南宁十大杰出青年评选活动、十佳青年文明号、青年文明号长、青年岗位能手、团干之星、团员之星、第八届南宁市“十杰百优”中学生评选表彰活动，为广大青少年成长成才创造有利环境。（陈佳璐）

南宁市妇女联合会

【概　况】 2007年，南宁市妇女联合会辖县区妇联12个，开发区妇联(妇委会)4个，街道妇联21个，乡镇妇联102个，社区妇联329个，村妇代会1378个，市、县区直属机关妇委会286个，非公有制经济组织妇委会50个，妇女联谊会、协会127个，工会女职工委员会5299个；有市、县区、乡镇专职妇联干部176人。年内，市妇联带领各级妇联组织和广大妇女群众创新开展双学双比、巾帼建功、五好文明家庭创建、双合格教育、强本固基工程等主体活动。加强机关效能建设，提高服务意识和能力，不断完善组织网络建设，推动妇女参政议政，引导城乡妇女自主就业、增收致富、岗位成才，维护妇女儿童合法权益，在构建开放南宁和谐南宁与建设社会主义新农村中建功立业。共处理来电来访1448件次、来信19件次、网上咨询26件次，结案率98%。市妇联获全国妇联系统先进妇联组织、全国妇联和广西妇女报刊宣传推广工作先进单位、自治区家庭助廉教育工作先进单位、自治区“美德在农家”活动先进妇联组织、广西支教先进单位、自治区“工行杯”第三届妇女运动会体育道德风尚奖和优秀组织奖等称号。

【妇女参政】 2007年，市四家班子中都配备女领导干部，全市12个县区党政班子中共有女领导干部24人，其中正职女领导2人。在全市1371个村民委员会中，配备妇代会主任1362人（定工干部327人、半定工干部1035人），有677名妇代会主任进入村“两委”(村委会、支委会)，占总数的49.7%，村妇代会主任由村“两委”主要领导兼任的有23人；在全市328个社区中，配备妇联主席325人，有191名社区妇联主席进入“两委”，占总数的59.3%，社区“两委”主要领导兼任妇女主任的有93人。

【妇女干部培训】 2007年1月15~20日，

市妇联在市委党校举办全市基层妇联干部培训班，内容涉及男女平等基本国策、建设国际性大都市、妇联组织如何在构建和谐社会和社会主义新农村中发挥作用、妇女健康维权知识和妇联业务工作，参加培训50人。11月6~16日，与市委组织部联合在市委党校举办全市正科级女干部培训班，内容涉及党的十七大精神、科学发展观、创新理论、妇女理论、女性领导的素质与作风等，参加培训45人。

【“三八”维权周活动】 2007年，市妇联在“三八”国际劳动妇女节期间，以“维护妇女合法权益、促进构建和谐社会”为主题，举办“三八”妇女维权周活动，在大型广场设点，重点向进城务工妇女、特困妇女、环卫工人宣传法律维权和卫生知识；与市劳动保障局到广西女子监狱举办女性创业就业报告会，向1000多名服刑人员宣传党和政府的相关就业政策，鼓励她们树立正确的人生观和价值观；到县区和大明山管委会开展妇女健康知识大讲堂巡回讲座共13场，5000多名农村妇女和女性农民工、城镇居民、机关干部职工及在校女学生现场听课，近万人观看艾滋病防治宣传画；3月1~8日，与《南宁晚报》开通维权热线电话，每天推出一个热门话题，有案例和处理结果，并由市妇联的法律顾问进行点评，共接到热线电话200多个，96%以上问题得到当场解决。

【妇女儿童维权岗】 2007年6月1日，市妇联指导西乡塘区法院成立广西首个妇女儿童维权岗，加强妇联与法院的联系，建立信息交流制度、重大案件通报制度、合力宣传制度及经常性调查研究制度，共同推动妇女儿童维权工作。至年末，维权岗共接受来电咨询72人次，接待来访1863人次，开通绿色通道给予司法救助13件，减免诉讼费用5.7万元。

【“关爱女孩·春蕾计划”公益大行动】 2007年5~8月，市妇联与市人口计生委开展“关爱女孩·春蕾计划”公益大行动，主要项目有：评选南宁市“十大阳光女孩”，开展贫困女孩特别是高三年级优秀贫困女学生的调查行动，发行南宁市首套“关爱女孩·春蕾计划”公益明信片，举办义演义卖义拍等系列“接力助春蕾”活动，设立“春蕾计划”爱心基金站。5月10日全面启动“评选十大阳光女孩”活动，组织86名中小学在校女生报名参选，经网上投票和活动组委会评审，10名女生当选“2007南宁十大阳光女孩”，10月20日举行颁奖典礼；6月6日，与市人口计生委、市邮政局首次面向社会公开发行“关爱女孩·春蕾计划”公益明信片，为贫困女大学生读书募捐，共发行2.35万套，募集助学资金21万元；6月在全市各主要邮政营业网点、邮政储蓄所、郭慧美业各店面、网通金沙营业厅和飞雨狼自行车俱乐部，设立首批62个“春蕾计划”爱心募捐箱，随时接受各界群众的小额捐款，募集资助金36.9万元，资助女大学生新生106人、贫困女小学生400人、贫困女初中生40人、贫困女高中生50人入学。

【参加妇女运动会】 2007年3月14~16日，市妇联组织市代表队参加在南宁举行的自治区第三届妇女运动会，参赛项目包括乒乓球、羽毛球、气排球、太极拳、健身健美操等，获奖牌18枚(金牌7枚、银牌3枚、铜牌2枚)，同时获体育道德风尚奖和优秀组织奖。4月20~24日，南宁市太极拳、健身健美操两个项目代表广西队参加第三届全国亿万妇女健身大赛，获金牌4枚、银牌5枚、铜牌2枚、体育道德风尚个人奖2个。

【蒙牛杯社区健身活动】 2007年6月2日，市妇联在南湖公园举行蒙牛杯城市之间全国100城市全民健身展示活动启动仪式，设有“奶人”投手、厨房大战、风升球起、超级蹦蹦蹦、夹脚自行车等多项趣味体育游戏项目。6月2~17日，在青秀区南湖社区、兴宁区望仙坡社区、西乡塘区南棉社区、兴宁区中华社区、江南区江南西路社区、江南区五一西路社区6个社区举行12场比赛，选出10名优胜者参加全国区域复赛和全国决赛。有10万人参与。

【流动儿童保护项目】 2007年，市妇联争取英国救助儿童会投入18.36万元资金，开展流动儿童保护项目。拨出专项经费3万元，到6个城区的学校、社区开展流动儿童基线调研，举办儿童安全流动问题座谈会2次，了解流动儿童的健康、教育和安全问题。举办全市流动儿童生存状况及权利维护研讨会，为流动儿童保护工作建言献策。6月1日，在专门接收流动儿童就读的市扶壮学校成立市流动花朵活动中心，开展“关爱流动儿童，构建和谐家园”亲子活动。年内到中心参加活动的流动儿童3530人、志愿者557人。

【不让毒品进我家活动】 2007年6月26日，市妇联在朝阳广场举办禁毒宣传活动，组织志愿者设立咨询服务台，悬挂禁毒宣传画，接待群众咨询25人次，发放宣传资料1000多份。与市禁毒办、江南区妇联组成10多人的帮教志愿者小组，到市第二戒毒所开展帮教活动，为戒毒人员讲解有关吸毒与艾滋病的相关知识，并赠送价值1000多元的文体用品。6月下旬，到新农村建设联系点村——鸡村，为村民放映禁毒影片《黑白记忆》，观众500多人，并发放宣传资料400多份。6月25日，在马山县中学举行禁毒知识讲座，增强学生防毒、拒毒意识。

【参与新农村建设】 2007年，全市各级妇联共选派48名专职干部担任新农村建设指导员，按照“立足实际、尊重民意、因地制宜的原则，到352个村屯了解、帮助群众解决困难141个；组织举办实用科技培训班93期，培训妇女5018人；指导村委制定完善新农村建设规划36个；协调发动群众筹集资金247.6万元，硬化村屯道路99条135.3公里，修护水利设施2.80万米，修建文体活动设施26个，受益群众4.14万人；指导村党(总)支部发展新党员78人(女党员21人)。

【“巾帼建功”创建活动】

“巾帼示范村”创建　2007年，市妇联制定下发《关于开展“巾帼示范村”创建活动的实施方案》，要求巾帼示范村要有主导产业、致富队伍、和谐文明家风村风、整洁的村容村貌、村“两委”女干部、妇女组织、活动阵地、文艺宣传队。指导各县区在12个村开展创建南宁市“巾帼示范村”试点工作，并确定武鸣县双桥镇下渌村为自治区试点村。开展“百岗联百村，创建巾帼示范村”的活动，在每个试点村建立1所妇女科技培训学校，共建有妇女科技示范基地13个，树立妇女科技示范户81户，成立以妇女为主的农村经济合作组织9个、妇女文艺宣传队10个，为群众演出50场次。

岗村共建活动　市妇联发动巾帼文明岗母亲与进城务工母亲、农村母亲、特困母亲结对子，开展“百岗联百村，创建巾帼示范村”活动，帮助农村妇女树立自尊、自信、自立、自强的精神，推进岗村共建，促进城乡妇女共谋经济发展、共促社会和谐、共享改革成果，共创美好生活。有73个文明岗4185名岗员参加岗村共建活动，1500户城市家庭与农村特困家庭结成对子，举办女性健康知识讲座77次，赠送家庭小药箱2732个，捐物3233件，办实事294件。

“巾帼建功”表彰　3月6日，市妇联在广西人民会堂召开南宁市各界妇女纪念“三八”国际劳动妇女节97周年大会暨“巾帼建功”表彰大会，共表彰“巾帼文明岗”130个、先进集体35个；巾帼建功标兵30人、先进工作者80人。

十佳巾帼创业明星评选　市妇联与市劳动保障局联合组织开展南宁市“十佳巾帼创业明星”评选活动，成立组委会和评委会，自下而上，层层评选推荐，有

10人被评为“十佳巾帼创业明星”称号。

【女农民技术技能培训】 2007年，市妇联贯彻市委、市政府关于百万农民就业培训工作有关文件精神，指导基层妇联在农村妇女培训学校举办实用技术培训班274期，培训妇女3.1万人，有90%以上的妇女掌握1~2门实用技术。邀请自治区桑蚕专家到横县云表镇旺庄村举办种桑养蚕实用技术培训班，培训妇女120人；举办女农民工技能培训班28期，培训女农民工2018人；举办实用技术培训班138期，培训妇女9764人；根据劳动力市场的用工需求和女农民工就业愿望，举办家政、烹饪、裁剪、电脑等技能培训班168期，培训妇女2191人，输出女劳动力2689人。

【小额信贷扶贫】 2007年，全市妇联系统共发放农村妇女小额信贷扶贫资金152.4万元，资金入户率100%。项目覆盖5个乡镇、7个行政村，295户农户获贷，1265人受益。同时回收上年放贷到期的资金135.35万元，资金到期还款率98.5%。为上林县妇联争取到“水·妇女·健康与发展——星巴克项目”、“大地之爱·母亲水窖”项目资金共26万元，解决147户646名农村妇女及542头牲畜饮水难的问题。

【“蚕娘兴业”活动】 2007年，市妇联印发《关于开展“蚕娘兴业”活动实施意见的通知》，各级妇联邀请种桑养蚕专家到村屯举办种桑养蚕实用技术培训班118期，培训妇女1.22万人；成立养蚕协会17个，会员6346人；有17.16万名妇女参加“蚕娘兴业”活动，种桑2.73万公顷，养蚕145.49万张，养蚕收入超万元的4.11万户。9月21日，与市农业局在横县云表镇旺庄村举行全市“蚕娘兴业”活动现场经验交流会，各县区妇联、农业局分管领导、部分乡镇妇联主席、村妇代会主任、种桑养蚕女能手、专业户代表220人参加，会上表彰种桑养蚕先进女能手20人。

【下岗失业妇女就业培训】 2007年，全市妇联系统共举办下岗失业妇女就业再就业技能培训班102期，培训妇女6673人。其中，市妇联发放“玫琳凯”创业资金15万元，解决城镇妇女就业38人；指导7个市级妇女创业培训基地，举办下岗失业妇女就业再就业技能培训班14期，培训妇女564人，通过培训实现就业451人。

【南宁女企业家协会成立】 2007年6月29日，市妇联召开南宁女企业家协会第一次会员大会，选举产生南宁女企业家协会理事、常务理事、会长、副会长。8月17日，举行南宁女企业家协会揭牌仪式，有会员130人。 （沈进东）

南宁市文学艺术界联合会

【概　况】 2007年，南宁市文学艺术界联合会辖《红豆》杂志社、南宁文学院2个事业单位和作家、戏剧家、音乐家、舞蹈家、美术家、书法家、摄影家、电视艺术家及民间文艺家9个协会，会员1701人(新发展75人)。其中，全国和自治区各专业协会会员分别为58人和421人。年内，市文联开展各种文艺创作活动，举办各种笔会、研讨会，提高创作水平；组织文艺家深入生活采风，激发创作灵感；开展各种赛事，力荐新人新作；选送、推荐优秀作品参加全国性的戏剧、舞蹈、电视、美术、书法大赛，获全国大奖(全国立项奖、中宣部“五个一工程奖”及文化部奖项)9项、全国奖21项、自治区奖48项。出版文学专著13部。

【精品创作】 2007年，市文联围绕发展“五个文化”(和谐文化、民族文化、生态文化、商贸文化和创新文化)这一重点，提出创作“六个一”(一首歌、一幅画、一幅书法、一出小戏或小品、一出少儿舞蹈、一个民族民间艺术剧目)文艺精品，冲刺全国、自治区文艺大赛奖项，并组织系列创作活动，取得较好成绩。由南宁市词作家陆坚创作(作词)的歌曲《感恩》，获全国第十届精神文明建设“五个一工程”奖，为南宁市本土音乐家首次获得中宣部“五个一工程”奖。在中国舞协主办的第四届“小荷风采”全国少儿舞蹈展演比赛中，由杨国荫等编导的舞蹈《祖国的歌》、《织梦》，获全国第四届“小荷风采”“小荷之星”(金奖)；由刘慧编导的《劳动狂想曲》和由黄庆新、刘慧编导的《东盟你好》，获全国第四届“小荷风采”“小荷新秀”(银奖)；杨国荫、麦秋华、林华、周妍获全国“小荷园丁”奖。市音乐家协会组织会员创作城乡清洁工程赞歌《让大地永远美丽》歌曲，并与大壮音乐工作室联合录制，由南宁电视台制作成音乐电视，获广西音乐电视一等奖。组织参加中国戏剧奖·小戏小品大赛，其中邕剧小戏《歪打正着》获金奖和“观众最喜爱的节目奖”；同时推荐的作品全部获2007广西(赛区)小戏小品奖，其中一等奖2部、二等奖4部、三等奖2部；市剧协获广西文联优秀组织奖。大型话剧《苍天有泪》在参加中国话剧诞辰100周年暨第五届全国话剧优秀剧目展演中获文化部二等奖。市书法家协会会员吴进文、黄大业、黎健的书法作品入展“首届中国西部书法篆刻作品展”。市电视艺术家协会在选送参与广西“五个一”文艺作品和广西广播电视优秀文艺作品评比中，有12部作品获广西广播电视优秀文艺作品奖，其中一等奖2部、二等奖6部、三等奖4部。由南宁电视台侯长明等拍摄的纪录片《温飘贝哲》，在“2007中国纪录片国际选片会”上，被评为“十大纪录片”。南宁电视台纪录片工作室摄制的《远去的硝烟》，获“2007·中国文献纪录片二十年(1986~2006)提名作品”。12月4日上午，市文联举行文艺精品表彰会，奖励市舞蹈家协会1万元、市邕剧团5000元，这是市文联成立以来首次对获奖单位进行表彰。

【文学创作】 2007年，市作家协会举办“南宁，我美丽的家园”征文活动。活动历时近一年，先后收到参赛作品近1000篇。在征文基础上，精选部分文章编辑《印象南宁》一书，由广西民族出版社出版发行。组织创作的长篇报告文学《我持彩练当空舞》，由广西民族出版社出版发行。2006年12月至2007年5月，与广西作家协会共同举办第二届广西高校文学大赛，收到稿件5000多篇，评出金奖10名、银奖20名、铜奖30名、优秀奖50名。市作家协会与市四中联办第五届南宁市中学生耕耘文学奖，收到稿件4000多份，评出金奖10名、银奖20名、铜奖30名、优秀奖100名。

【音乐创作】 2007年，市音乐家协会创作录制出版全国首张“建设社会主义新农村”主题歌曲专辑。组织会员创作唱响北部湾、讴歌城乡清洁工程和歌颂转变干部作风、加强机关行政效能建设的歌曲，音乐电视作品《走向大海》、歌曲《为民造福》在广西、南宁电视台和南宁电台等播出。举办“新时代、新歌曲”创作活动，多次组织研讨会、创作笔会、座谈会和改稿会，创作歌曲19首。

【漫画创作】 2007年，由市文联与《南宁日报》举办。主题为配合城乡清洁工程的宣传。组织会员共创作漫画26幅。其中12幅连续在《南宁日报》上配诗刊登。

【摄影赛事】 2007年，市摄影家协会与有关企业举办各种摄影赛事，开展摄影家协会活动，提高会员创作水平。

2007“梦之岛花园杯”摄影大赛　广西南宁梦之岛(集团)等主办，市摄影家协会等协办。参赛作品1400幅，参赛选手220人，来自南宁、梧州、贵港、柳州等地，比赛活动共有50场次，参加创作人员1500人次。7月22日举行颁奖典礼，评出一等奖 1 名、二等奖 3 名、三等奖 5 名，以及最佳原创奖、最佳构图奖、最佳创意奖等 5 个单项奖。

首届南宁"水务杯"摄影比赛 市摄影家协会与南宁建宁水务集团有限责任公司等联合举办。主题为反映南宁水务业建设与发展，表现水与市民生活息息相关等内容。从 3 月 20 日至 10 月 12 日，为期 6 个多月。主办方安排采风活动 6 次，组织摄影家到各水厂进行创作，先后有 1000 人次参加，共收到作品 2420 多幅，评出特等奖 1 名、一等奖 3 名、优秀奖 50 名。

2007 南宁"我摄影我快乐"摄影大赛 市文联、南宁日报社联合主办，市摄影家协会承办。主题为"摄影大家乐、讴歌新生活"，号召市民通过相机反映在建设和谐社会进程中工作、学习、生活的方方面面，再现绿城南宁美丽崭新的风貌。参赛作品 500 多幅，评出一等奖 2 名、二等奖 4 名、三等奖 8 名。

【舞蹈师资培训研修班】 2007 年 4 月 26~28 日，市舞蹈家协会举办 2007 年全市舞蹈师资培训研修班，通过讲授、示范、练习等形式，使 20 多名学员很快掌握编舞技巧，学会一批民族舞蹈素材，提高创作水平。

【作品展览】

2007 南宁市"绿色旋律"摄影美术展 市文联与市林业局共同主办。主题为宣传"关爱绿色家园"、"保护森林资源、关注人居环境、共建和谐社会"理念，展现南宁林业发展成果。共收到美术作品 91 幅、摄影作品近 400 幅，评选出美术作品 50 幅、摄影作品 100 幅，于 10 月 29 日"两会一节"期间在南宁人民会堂正厅展出。

"平等、参与、共享"南宁市残疾人书画展 12 月 3~8 日，市残联与市文联联合举办。在市图书馆，展出残疾人书画作品近百幅，展示残疾人的书画技艺及自主、自强、自信的意志。

【文艺作品研讨会】 2007 年，市文联召开多次文艺作品研讨会。自治区作协和市作协联合主办黄平作品讨论会，在上林县举行，就黄平创作出版的诗集《阳光穿透栅栏》进行研讨；2 月 25 日至 3 月 11 日在跨世纪书画艺术馆举办周榕林书法精品展，3 月 9 日举办周榕林书法研讨会，与会代表 20 多人；11 月 6~7 日，市文联在大明山举行南宁市青年作家大明山座谈会，历届签约作家代表、青年作家 50 多人出席，围绕着当今文学创作面临的机遇和挑战展开讨论；12 月，市文联召开由市书协秘书长吕维诚、市美协副主席黄高编著的《百花诗书白描画谱》、《百鸟诗书白描画谱》两本书首发式暨研讨会，邀请广西、南宁市知名书画家 30 多人对两书进行点评。

【文化下基层与采风活动】

文化下乡、下社区活动 2007 年春节前夕，市文联组织书法家分别到人民公园、广西军区干休所、兴宁区三塘镇、宾阳县大桥镇和隆安县等地，为市民、军属、农民义务写春联，开展文化下乡活动，共书写春联 2000 多幅；组织小品小戏到邕宁区中和乡开展走进新农村文艺演出活动，并向乡政府赠送音乐歌碟以及《红豆》杂志。2 月和 5 月，组织南宁市"千人书画比赛"部分获奖作品在上林县、横县、宾阳县等地举行巡回展出。3 月和 5 月，将创作录制出版的"建设社会主义新农村" 主题歌曲专辑，送到宾阳县、隆安县和社会主义新农村示范点，共送出专辑近 500 套。

采风活动 市文联组织文艺家开展采风活动，共组织文艺家到自治区外采风 2 次、各协会会员到自治区内采风 9 次。组织文艺家到革命老区井岗山、南昌、山西、云南等地进行采风，重温党的历史进程和感受祖国建设欣欣向荣的风貌；组织会员参加武鸣 "三月三"歌圩、上林县"万寿节"和横县农历四月十四"伏波庙节"活动并进行采风；组织会员到宾阳县、隆安县、三江口等地进行"建设社会主义新农村"采风活动，创作出一批讴歌主旋律的作品；市民协组织会员多次到武鸣县太平镇葛阳村壮族文化名人刘定逌故居进行考察、调研、挖掘，收集历史文化名人第一手资料；到良庆区大塘镇写书村举行联合采风创作活动。8 月，市文联多次组织考察采风团一行 10 人，到良庆区、兴宁区、武鸣县以及新农村建设试点乡镇、村屯进行考察、采风，拟推出一批讴歌新农村建设变化的报告文学和反映新农村新面貌的电视专题片。

【《红豆》】 2007 年，《红豆》杂志社出刊 24 期，有 70 多篇(首)小说、诗歌、散文被《小说月报》《小说选刊》《诗选刊》《小小说选刊》等转载。与广西作家协会、市作家协会共同举办第二届广西高校文学大赛；与《南宁日报》、市作家协会、南宁文学院共同举办"南宁，我美丽的家园"征文活动。2006 年 9 月 1 日至 2007 年 5 月 31 日举办《红豆》首届全国精短散文创作大赛，收到各地来稿近 200 篇，入选征文 44 篇，均在《红豆》发表。年内，《红豆》杂志社获第六届广西优秀社会科学期刊及第一届广西优秀装帧设计期刊称号。 (郑嘉琳)

南宁市归国华侨联合会

【概　况】 2007 年，南宁市有归国华侨、侨眷约 12 万人，其中新老归侨约 2 万人；在海外的华侨华人 9 万多人，分布于世界 35 个国家和地区；武鸣县、邕宁区、中国—东盟经济园区设有县区级侨联组织，还有华侨农林场基层侨联组织 3 个，企业基层侨联组织 2 个，联谊(校友)会等团体会员 13 个。南宁市归国华侨联合会按照《中国侨联章程》的规定，履行思想教育、为经济建设服务、参政议政、法律宣传和教育、海外联谊、爱国主义教育和精神文明建设、自身建设等工作职能。出席 "两会" 的侨界人大代表和政协委员，共提出提案(议案)15 件，内容涉及华侨农林场改革等。结合中国侨联提出的"聚侨心、构建和谐侨联"活动，组织侨联机关开展 "加强班子建设，构建和谐侨联"主题实践活动，修改制定《南宁市侨联内部管理制度汇编》，提高机关业务水平和服务能力。

【为经济建设服务】 2007 年，市侨联充分发挥自身优势，做好招商引资的牵线搭桥工作，参与各种重要的招商引资活动，调动和发挥侨联海外顾问的作用，邀请有意向在南宁投资或者办企业的客商前来考察，并做好参观考察项目的活动安排，提供优质服务。通过参加市委、市政府举办的一系列招商引资活动，引进建筑类企业——广西伍鸿建筑集团公司第五分公司，协助欧洲温州华人华侨联合会副会长、长江置业总裁陈建宏在南宁设立花旗置业(广西)有限公司。完成招商引资任务，实际到位资金 6018 万元。此外，帮助南宁飞日润滑油公司联系到新加坡考察石油制品市场；为市科协联系赴新加坡国立科技馆进行交流；为南宁多家制药和食品企业提供以及翻译到新加坡进行伊斯兰合法食品认证的信息以及市场分析资料；帮助海外华侨华人以及国内的客商在国内、国外拓展业务，为广西民族大学、市民委和教育局等 10 多个单位和部门提供有关海外资源和信息；帮助市鼎华公司、新豪智公司、品冠米粉有限公司等企业了解东南亚国家相关市场情况以及在境外上市的程序等。

【海内外联谊】

来访接待 2007 年，市侨联共接待来自美国、加拿大、澳大利亚、日本、马来西亚、新加坡、泰国、越南等国家的华侨、华人和港澳地区的同胞共 16 批 242 人

次。其中,多次接待著名华侨领袖陈嘉庚长孙、新加坡儿童基金会理事长、新加坡华德私人有限公司董事长陈立人及其邀请来的新加坡旭龄及穆律师楼的新加坡著名律师等知名人士;接待马来西亚广西同乡会组织的青少年回乡体验团一行40人;接待香港印尼邦加侨友会侨友组成的赴广西考察、观光团一行20人。4月和11月,按照全国侨联、自治区侨联要求,完成全国侨联顾问、全国政协常委、港澳台侨委副主任何添发和全国侨联副主席李祖沛到市侨联作创新调研考察的工作任务。

联谊活动　市侨联组团参加各种世界性的侨社团组织的以血缘、地缘、业缘为纽带的会议或联谊活动,广结侨缘,广交朋友。4月,组团参加在澳门举行的第十二届缅华泼水节;8月,随自治区侨联到欧洲走访华侨华人社团;11月,随南宁市代表团赴香港参加世界广西同乡联谊会第十三届代表大会;协助自治区侨联承办2007年泛珠三角省区(社团)协作年会和举办自治区侨联成立50周年庆典活动;与重庆市垫江侨联结为"友好侨联"。

【为侨服务】 2007年,市侨联积极牵线搭桥,援建"侨心"小学。协助自治区侨联及捐助者落实马山县周鹿镇里龙小学"侨心综合楼"项目、协助筹建邕宁区蒲庙镇张村小学"侨心综合楼"项目;跟踪落实加拿大越南华裔联谊总会李宝昌一行考察有关捐助武鸣县百合华侨小学项目及项目等工作;春节期间,开展"献爱心、送温暖"活动,送去慰问金额13.71万元。共接待归侨、侨眷和海外侨胞来访30多人次,处理来信13封,处理率和满意率均98%以上。

【第八次南宁市归侨侨眷代表大会】 2007年9月13日在市政府会议中心召开。市四家领导班子、自治区侨联主要领导出席会议,自治区党委常委、市委书记马飚和自治区侨联主席李汉金在会上讲话,全市各条战线的190名归侨侨眷代表参加会议。大会总结市侨联第七届委员会的工作,确定今后5年工作目标和任务,选举产生新一届市侨联领导班子,谭漓当选为市侨联第八届委员会主席,选出副主席7人、委员41人、常委13人;聘请市侨联海内外顾问;表彰2000~2006年市侨联系统先进集体和个人。

(李　杰)

9月13日,第八次南宁市归侨侨眷代表大会在市政府会议中心召开　市侨联提供

南宁市科学技术协会

【概　况】 2007年,南宁市科学技术协会下辖市科技咨询服务中心,有县区科协12个,市级学会、协会41个,企业科协13个,科普教育基地17个;会员2万人,联系科技人员20万人。市科协所属团体,发挥党和政府联系广大科技工作者的桥梁纽带作用和科普工作主要社会力量的作用,努力建设科技工作者之家。依托《科普法》,实施《全民科学素质行动计划纲要》,坚持创新与建设和谐社会大科普的工作方向,以机关作风效能建设与"创新年"活动推进全市科普活动的开展,逐步实现科协工作大联合、大协作的氛围。经考核验收,青秀区、横县于1月被命名为广西科普示范县区,12月被命名为全国科普示范县区。市第二中学教师徐华获第九届广西青年科技奖。市动物园、青少年活动中心、环境宣传教育中心被命名为市第五批科普教育基地。

【科技培训活动】 2007年,全市各级科协组织举办实用技术培训1944期,培训农村党员、干部、群众31.44万人次,培育农村科技示范户17.55万户。印发科技宣传、培训书籍、资料100多万份,制作、播发光盘1500张。实施"绿色证书工程",培训学员2万多人。派出科技专家、科技人员5.42万人次,推广农业新技术、新品种100多项,工业新技术、新产品90多项。分别在5月和10月举办2007年南宁市科技辅导员培训班,邀请清华大学教授及自治区创新大赛评委授课,全市300多所学校600多人参加培训。

【技术推广】 2007年,市科协与农学会共同组织实施《测土配方施肥项目》任务18万公顷、中心示范面积0.93万公顷,免费技术服务和指导25万户,在水稻、玉米、甘蔗3种主要作物中实施。市科协支持作物协会推广水稻免耕技术、玉米免耕栽培技术和稻田马铃薯免耕栽培技术,设立市级超级稻千亩示范片和新品种示范点,推广辐香优98等10多个品种。共资助学会学术活动和资助学会参与经济技术项目建设15个。

【"讲理想、比贡献"活动】 2007年,南宁市发动企业科技人员开展以技术改造、技术开发为主要内容的"讲理想、比贡献"活动。有40家企业、2万多科技人员参与活动,7家企业获优秀项目组织单位奖,评出优秀项目7个。南宁五菱桂花车辆有限公司科协根据国内外用户的不同需求,设计开发世纪龙系列小型多功能拖拉机等8个新型产品;对出口越南系列农用车型进行多项改进,完成自卸和平板车的技术设计,满足客户要求;在农机系列产品方面,完成1QL110型起垄机等8个产品在结构、用材方面的改进。南宁重机厂科协开发新产品有ϕ4.3×62米回转窑等项目近20个,其中部分产品实现产值2000多万元。

【科普活动】

城乡清洁工程科普活动　2007年2月在江南区金沙湾社区、青秀区二塘屯里社区举行。自治区科协、市科协主办,南方科技报社承办。内容有科普文艺演出、有奖知识竞答。活动现场向居民免费发放科普书籍500多本,接待咨询群众1000多人;展出科普图片30多块,摆放可操作的科普展具5件,为群众写春联50多幅,向群众传递健康信息,宣传健康文化。

科学·节约年度主题科普活动　5月12日,在友爱广场举行启动仪式。市科协、市建委、市经委、南宁建宁水务集团有限公司联合举办。活动贯穿全年。向市民发放《科学·节约科普知识手册》8万册;组织专家学者走进社区开讲座50期次;向社区赠送科普挂图一批;开展有奖知识竞答,200名群众获奖。被评为主题科普活动先进集体41个、先进个人164人。

全国科普日暨十月科普大行动　9月16日,在朝阳广场举行启动仪式,共有36个市直单位参加启动仪式,18个单位的50名专家、工作人员向群众提供免

9月16日，全国科普日活动暨十月科普大行动启动仪式在朝阳广场举行　　吴　军　摄

费咨询，发放科普宣传资料5000多份，参加现场展示活动70多人，展出图文并茂的科普展板20多块，参与群众500多人。在"十月科普大行动"中，被评为先进集体36个、先进个人173人、优秀科普教育基地5个、优秀科普示范社区8个、优秀农村科普示范基地7个。

【科普惠农兴村计划实施】 2007年，市科协组织实施科普惠农兴村计划。南宁市投入经费18万元，开展规范13个科普示范社区、17个农技协服务大院建设，新建农技协服务大院3个。推荐3个农技协、3个基地和3名带头人参加全国和自治区"科普惠农兴村计划"评选中，获全国奖3项、自治区奖5项。其中，宾阳县黎塘莲藕协会、横县茉莉花高产优质示范基地被评为全国科普惠农兴村先进单位，各获奖金20万元；武鸣县宁武镇唐村农民潘培斌被评为全国科普惠农兴村带头人，获奖金5万元。江南区奶业协会、武鸣县桂科养猪技术协会和良庆区那马镇昌盛无公害蔬菜示范基地被评为广西科普惠农兴村先进单位，各获奖金8万元；宾阳县黎塘镇潘山村韦卫华和青秀区刘圩镇梁春乐被评为广西科普惠农兴村带头人，各获奖金2万元。年末，市科协、财政局共同表彰优秀农村专业技术协会4个、农村科普先进个人5人、协会工作先进集体13个及先进个人120人。

【学术交流】 2007年，全市各学会共开展学术交流活动300多场次。市医学会39个专业学组开展学术活动179场次，参加学术活动1万多人次。质量管理协会注册登记QC小组586个，参加人数2880人，取得活动成果450个，成果率76.8%，获得可计算经济效益约3590.57万元，申报QC成果67个。推荐获自治区优秀QC小组56个、先进QC小组11个。

南宁市企业自主创新论坛　8月17日，由市科协、经委联合举办。来自南宁地域内的自治区高校及自治区、市科研院所的专家学者、知名企业的管理者、有关单位及市级学会（协会）、企业科协的科技工作者等共100多人参加论坛。征集论文48篇，8名专家在论坛上作主题发言、答辩。

【青少年科学工作室建设】 2007年，中国科协资助5万元和江南区政府配套3万元，在江南区五一西路社区居委会建成南宁市首家社区青少年科学工作室之后，市科协在兴宁区望州南、江南区金沙湾和五一西、青秀区大板二、西乡塘区文华园5个社区及市第十三中学、人民路东段小学、江西镇安平小学、秀田小学、衡阳路小学、金陵镇居联小学、民主路小学、红星小学、大沙田开发区小学、四十一中10所学校投入5万元建设青少年科学工作室。建立一支由20多名在职教师、科技工作者组成的科教志愿者师资队伍，为工作室提供服务。工作室对社区及周边学校青少年免费开放，以多种方式把青少年吸引到科学实践中，在教师、科技工作者或科技志愿者指导下，动手、动脑进行小发明、小制作活动，为社区青少年提供更多参与科技、探索科技的机会，促进青少年科技人才的成长。

【青少年科技创新竞赛】 2007年，市科协组织南宁市作品参加各种竞赛活动。在广西青少年科技创新大赛中，南宁市选送的52个作品（含科技实践活动、科幻画）和2名优秀科技教师、6个优秀组织参赛全部获奖，其中获一等奖18个、二等奖24个、三等奖10个、优秀组织奖6个。在第二十二届全国青少年科技创新大赛中，南宁市参赛的13个作品全部获奖，其中获十佳科技活动1个，一等奖2个，二、三等奖各5个，专项奖和优秀组织奖各1个。市科协获全国青少年科技创新大赛优秀组织奖。在广西青少年机器人竞赛中，南宁市派出74支参赛队，71个队的项目获奖，其中一等奖22个、二等奖26个、三等奖23个。在第七届全国青少年机器人竞赛中，南宁市选送的14个参赛队获金牌3枚、银牌4枚、铜牌7枚。市滨湖路小学、第十四中学还获得参加2008年在美国举办的FVC国际青少年机器人竞赛资格。　（莫秋碧）

南宁市社会科学界联合会

【概　况】 2007年，南宁市社会科学界联合会下辖学会10个、研究会10个、协会4个，会员71.51万人。完成课题或专题研究987项，在各级刊物上发表论文395篇（国家级87篇、省部级132篇、地市级176篇），开展各类研讨会152次、学术交流活动157次，召开各种形式的座谈会、报告会、讲座以及培训班1934次期，参加人数28.13万人。编印《学会动态》6期。市社科联被评为全国大中城市先进社科联。

【理论研讨与学术交流活动】 2007年上半年，市社科联组织召开南宁市社科界学习胡锦涛同志讲话精神座谈会，与会专家学者围绕胡锦涛总书记讲话精神，结合干部作风和行政效能建设、经济社会发展，提出意见和建议，会后将专家发言稿整理在《南宁日报》上刊登。10月28~30日，召开全国省（区）、市社科联中国—东盟博览会观摩会暨泛北部湾经济发展研讨会，全国18个城市社科联共118名专家学者参会。11月23日，组织召开全市社科界学习党的十七大精神座谈会，到会的20多名专家学者代表均提交学习体会文章，会后市社科联选出11篇文章呈报市委宣传部，并由市委宣传部批转《南宁日报》刊登。年内，市社科联和各学会举办了一系列的学术交流活动。如社科联组织举办"当前广西经济发展形势"学术报告会；与自治区社科联、广西领导科学研究会、崇左市委党校、广西大学管理学院联合举办"在改革开放中要有过人的领导智慧"学术报告会；组织参加全国大中城市社科联工作会议、中南地区社科联联席会、西部省区社科联协作会等会议；市财政学会举办财政问题学术讲座；市房地产研究会协助市房产管理局承办"中国房地产西部论坛"；市党建学会协助市委党校召开"第八届环北部湾地区党校工作协作会暨理论研讨会"等。

【社科知识宣传普及】

社会科学普及基地建立　2007年4月2日，自治区社科联与市社科联签署《关于共建“南宁市社会科学普及基地”协议书》,共同建设南宁市社会科学普及基地。全年举办大型广场社会科学知识普及活动2次,参加活动人数共2.1万人次。5月12日,制作32块宣传板报参加自治区科普活动，邀请城乡清洁工程方面资深专家到现场进行科普咨询。10月13日，在朝阳广场开展大型广场科普活动,全市所有学会均参与活动。共展出板报50多块,有100多名专家接受现场咨询,发放宣传资料3万多份,市民参与3万多人。12月27日,市社科联组织社会科学交流研究会、健康学会、监察学会、工商学会等8个学会会员代表20多人,到隆安县桥建镇路兹村山泽屯开展“2007年社会科学普及进村大行动”科普活动,送去科普书籍2万多本。

科普读物编辑　上半年，市社科联汇编《社会主义新农村建设法律政策摘要及问答》一书,分发给农民群众1万册。

【学会管理】 2007年，市社科联指导所属学会召开各种研讨会和开展学术研究,做好协调和服务。组织召开社科界迎春团拜会1次、社科联常委会5次、学会秘书长工作会议8次。筹备成立市壮学学会、市社会科学交流研究会、市青少年健康服务学会；配合民政部做好社团的清理和年检换证工作，督促所属学会及时进行年审。评出先进学会8个、先进会员27人。

【社科成果评奖】 2007年,市社科联做好南宁市第九次社会科学优秀成果评奖活动。参评成果要求为公开发表或通过评审鉴定,时限为2005~2006年,收到申报社科成果118项，经初评推荐、专家评审和评选委员会综合评审,评出优秀成果一等奖、二等奖、三等奖、优秀奖48项。其中,论文类一等奖空缺,二等奖1项,三等奖17项,优秀奖17项;研究报告类一等奖空缺,二等奖3项,三等奖4项,优秀奖4项;著作类一、二等奖空缺,三等奖1项,优秀奖1项。

（莫善宁）

10月13日,自治区社会科学普及十月大行动首府活动开幕式暨朝阳广场科普活动举行

莫善宁　摄

中国国际贸易促进委员会南宁市支会

【概　况】 2007年,中国国际贸易促进委员会南宁市支会有会员135家。市贸促会围绕市委、市政府的工作部署,抓住推进中国—东盟自由贸易区和环北部湾经济区区域合作的有利时机,主动为企业搭建经贸交流平台,促进南宁市国际贸易、利用外资、企业国际化经营和经济技术合作。协助有关部门,举办合作洽谈会5场；主办博览会2场;接待来自法国、加拿大、西班牙、巴拉圭、新加坡、泰国、马来西亚、菲律宾、越南、印度尼西亚、柬埔寨等国家和香港、台湾地区来访的经贸代表团15批次,以及青岛、日照、福州、石家庄等城市经贸代表团4批。

【合作与交流】

走进东盟企业家座谈会　2007年2月9日在南宁明园饭店召开。由市贸促会主办。市政协副主席唐济武、越南驻南宁总领事馆总领事陈维海、中国检验有限公司驻越南代表处首席代表农尚积等领导和嘉宾,南宁市及各城区、开发区有关部门的领导,南宁地方商(协)会代表、越南企业代表、中国在越南投资企业代表及有关新闻媒体记者共200多人参加,为引导企业“走出去,请进来”搭建一个面对面的交流平台，推进南宁企业与越南企业的交流与合作。

越南—广西经济合作论坛　6月8日在广西沃顿国际大酒店多功能厅举行。市贸促会应越南驻南宁总领事馆要求,组织来自交通、能源、基础设施、采矿、旅游、贸易、农、林行业的企业家代表130人参加。并与来自越南的60多名企业家展开交流与合作洽谈。

商会工作座谈会　7月18日在桃源饭店召开。市贸促会组织驻邕台商投资协会和成都、福州、泉州、温州、潮人、玉林等商会代表参加，与会代表就如何在引导会员企业实施“走出去,请进来”进行交流。

中国广西—越南广宁省经济开发合作研讨会　8月29日在南宁国际会展中心召开。市贸促会应越南驻南宁总领事馆的要求,组织100多家企业代表参加。与会代表共同探讨在“两廊一圈”和“一轴两翼”的框架下,发展经贸交流与合作的途径与思路。

越南—广西农业合作交流会　9月20日在南宁桂景大酒店4楼多功能厅召开。市贸促会应越南驻南宁总领事馆的要求,组织12家企业20多名代表参加,越南农业部、河内农业发展中心、河内市贸易厅、越南驻南宁总领事馆官员及其13家企业代表出席。

经贸考察　市贸促会加强对外联系与交流，为各商界服务提供更多的商机和合作机会。2月1~7日,应泰国商业部的邀请，市贸促会组成的代表团到泰国曼谷、清迈两市进行考察访问,会见泰国政府有关部门和商会机构的负责人、考察市场，并就有关经贸合作事项举行洽谈。5月18~22日,应菲律宾贸易与工业部邀请，市贸促会组织食品企业代表团出访菲律宾，参加在马尼拉主办的菲律宾国际食品展览会，代表团先后拜访菲律宾贸易与工业部和菲华商联总会,与20多家菲律宾生产和销售食品企业进行交流和洽谈,并展示南宁市的部分食品。

【第三届东南亚(广西)国际水产畜牧交易博览会】 2007年3月16~18日在自治区展览馆举行。由市贸促会与自治区水产畜牧业协会联合主办。为广西面向东南亚地区举办的一次行业综合性、国际性的交易博览会。吸引越南、新加坡、马来西亚、泰国等9个东南亚国家,以及北京、上海、山东、河南、河北、四川、广东、广西、香港、台湾等地150多家企业及有关单位参展，展位210多个。展示各种新技术、新产品达千个品牌，参观洽谈1万多人次，来自国外的专业参观人数达500多人，其中东南亚国家占80%。签订项目合作协议及意向协议共90多项，总金额5亿元，其中实际贸易额1.5多亿元。

【2007东南亚(广西)国际铝工业及铝制品博览会】 2007年3月20~22日在南宁国际会展中心举办。由市贸促会主办。来自山东、黑龙江、辽宁、河南、河北、北京、上海、南京、浙江、江苏、广西等11个省市国内知名企业及日本、德国、马来西亚、新加坡等国家和香港、澳门、台湾地区共80多家企业前来参展，展位130个。展出范围涉及氧化铝、铝带铝箔、铝锻件、铝线、熔铸设备、挤压设备、冷热轧设备、压延设备、门窗幕墙设备、铝锭生产工艺、铝型材生产工艺、新技术推广等。参观洽谈2万多人次，签订项目合作协议及意向协议共35项，金额1.8亿元。

【对外接待】 2007年，市贸促会先后接待南宁市荣誉市民、新加坡凯泊里特公司总经理蔡友铭先生一行，越南西贡商信银行副董事长黄桂霞率领的金融考察团一行，西班牙生态殡仪用品公司董事长哈维尔·米盖尔一行，法国第94省(马恩河谷省)由省长克里斯蒂安·法维艾率领的经贸代表团一行，香港付货人委员会考察团一行，巴拉圭中国商会副会长邱鲍杰一行，香港台北贸易中心董事总经理刘锡威一行，印度尼西亚印中中小型企业商会主席章生耀一行，越南海防市体委主席阮长寿一行，加拿大商务考察团一行，越南西贡商信银行首席代表裴秀玉一行等15批次经贸代表团到南宁进行考察访问。

【服务"两会一节"】 2007年"两会一节"期间，市贸促会做好各项接待工作。除派人参加美食节、"两会一节"经贸活动部的工作外，分别参加南宁市投资洽谈会暨项目签约仪式，县区经贸洽谈会、良庆区招商推介会，境外友好城市经贸合作洽谈会；接待泰国驻广州总领事馆商务处领事李惠兰，越南海防政府代表团，越南贸易促进和旅游股份公司董事长邓玉悦，新加坡博里特公司董事长蔡友铭，柬埔寨华商会李约翰，中国贸促总会原会长俞晓松、福州市贸促会会长孙健一行、山东日照市贸促会会长王子春一行，及青岛市贸促会马玉梅、昆明会展行业协会秘书长王礼锌组织来参会的代表团。印度尼西亚印中中小型企业商会主席章生耀组织印度尼西亚55人采购商代表团参加博览会，市贸促会按其要求，安排其在南宁举办专场洽谈会，并组织南南铝业、南宁糖业、南宁广发重工等大型企业及从事印刷包装、医药、建材、食品、矿业、汽车配件等南宁市的中小企业代表，还有南宁成都、福州、吴川、玉林、潮人等商会派出的企业家代表共90多人参加洽谈会，期间安排代表团参观南宁华邦制衣有限公司、南宁绿都食品厂等企业。

【服务企业】 2007年7月上旬和9月下旬，市贸促会领导组织有关人员先后到高新区、青秀区、西乡塘区、宾阳县、横县进行工作调研，撰写关于经贸的调研文章，先后为企业举办国际贸易知识专题讲座3期，发放各种经贸信息资料3000多份，征求工作方面的信函500多份，为企业翻译各种信件100多份。 (彭国光)

南宁市残疾人联合会

【概　况】 2007年，南宁市残疾人有48.58万人。其中：肢体残疾11.86万人，视力残疾7.58万人，听力残疾12.21万人，语言残疾5635人，智力残疾2.69万人，精神残疾2.53万人，多重残疾11.14万人。全市建立乡镇(街道)残疾组织122个，社区、村级残疾人协会894个。南宁市残疾人联合会在残联系统开展"情系残疾人，温暖进万家"和"一帮一"结对帮扶等一系列主题实践活动，帮助残疾人解决就业、生产、生活、培训、住房、扶贫、康复等方面的实际困难。资助农村贫困残疾人进行危房改造1230户，组织残疾人参加职业技能培训2233人，帮助城乡残疾人实现就业1606人，扶持残疾人家庭发展生产1158户，资助贫困精神病人常规服药1639人，资助贫困白内障患者手术复明1328人，走访慰问残疾人家庭4000户以上。六城区及武鸣县已全面解决农村贫困残疾人危房问题。市残疾人活动中心经市人民政府批准立项。基本解决适龄残疾儿童少年上学经费困难的问题。青秀区、江南区被命名为全国残疾人社区康复示范区。

【第十七次"全国助残日"活动】 2007年，市残联围绕5月20日第十七次全国助残日，组织开展一系列主题活动。5月19日，中国残联副理事长、自治区残联理事长李小凤到马山县检查残疾人状况监测工作，并慰问残疾人贫困户。20日，市残联和西乡塘区党委、政府联合在友爱广场举行大型残疾人文艺演出和残疾人就业、康复、法律咨询、生活保障咨询活动；兴宁区残联组织开展残疾人交友会和慰问活动；青秀区残联联合台商协会为273名残疾人赠送价值2万多元的轮椅、助行器、腋杖等康复器材，组织多家医院的医生深入社区为残疾人进行义诊等服务；武鸣县举行实施世界卫生组织"关爱听力健康"项目助听器发放仪式，为县特教学校的27名听障儿童发放价值28万元的助听器；横县组织乡村圩场开展助残宣传20场，举办助残义学募捐文艺晚会，收到捐助款1.54万元。

【农村贫困残疾人危房改造】 2007年，市政府继续将"完成1000户农村贫困残疾人危房改造"列入为民办实事项目。共完成危房改造1230户，投入资金总额2175.03万元，其中自治区、市、县区三级财政投入补助资金722.7万元，群众自筹1420.53万元，社会捐助31.8万元；建筑总面积70962平方米，受益人口3500多人。其中六城区及武鸣县全面解决农村贫困残疾人危房问题。

【残疾人就业培训】 2007年，市残联以贯彻《残疾人就业条例》为契机，通过分散就业、集中就业、个体就业和劳务输出4个就业渠道，共安置1606名残疾人就业。其中：分散就业871人，集中就业451人，个体就业215人，劳务输出69人。被自治区残联列为自治区开展有偿扶持残疾人个体就业工作试点城市之一。通过整合社会各种培训资源，共对2233名残

"两会一节"期间，市贸促会举行印尼—南宁经贸合作洽谈会　　市贸促会提供

疾人进行职业技能培训。其中:常规培训670人,盲人按摩培训95人,农村种养技能培训1468人。投入培训经费27.1万元。在培训中以实施《长江高科技助残就业项目》为切入点,开展以信息科技服务领域为主体的职业培训。残疾人就业保障金在地税、财政部门的配合下,共征收2983万元(市本级和六城区征收2467万元)。南宁市还被列入全国高科技助残就业执行城市之一,计划2007~2011年5年内对800名残疾人进行IT、动漫、机械制图等高科技技术培训。当年,首期共52人的低端培训班已开班。

【残疾人康复】 2007年,市残联在全市各县区推开创建全国、自治区残疾人社区康复示范县区活动。青秀区、江南区通过自治区和国家检查组验收,被命名为全国残疾人社区康复示范区。兴宁区和西乡塘区全面开展创建全国示范区活动。全市完成白内障复明手术1328人2236例,手术术后脱盲率99.5%,其中给予经济困难患者费用补助1512例。共培训聋儿96人、聋儿家长145人;聋儿验配助听器106台,低视力配镜53名;完成普及型假肢装配208例、矫形器装配43例;供应2960件用品用具;训练肢残人155人、智残儿童(含孤独症)212人。资助贫困精神病人门诊常规服药1639人,补助经费32.78万元。为999名残疾人免费提供轮椅。

【残疾人教育】 2007年,南宁市特殊教育学校有9所,其中市属2所、县区7所。在市区10所学校开设特教班11个,有特级教职工278人,特教学校规模进一步扩大,教学质量逐步提高。随着国家"两免一补"(对义务教育阶段家庭经济困难学生免费提供教科书、免杂费和补助寄宿生生活费)政策的落实,以及扶残助学工作的深入,基本解决适龄残疾儿童少年上学难的问题,全市有2015名适龄儿童在各类学校接受义务教育,在特教学校(特教师)就读的盲、聋哑和智障学生1037人,残疾儿童入学率86.5%。残疾考生高考和招录工作也步入规范化轨道,考入大中专学校的残疾人考生31名。通过开展"彩票公益助学金"和"爱心助学"资助工作,资助人数828人,考入大中专的残疾人学生每人均得到1500~2000元的困难资助。

【残疾人文体活动】 2007年,南宁市选送11名残疾人运动员参加5月9~21日在云南省举行的第七届全国残疾人运动会,共获金牌1枚、银牌2枚、铜牌2枚:归玉娜获女子F42级跳高第一名(破世界纪录)、跳远第二名;阮文健获站立五级BMSTU5羽毛球男子双打第二名;林志军获乒乓球TT8级男子单打第三名;李丕凯获F42级田径项目第三名。有7名残疾人运动员和1名教练员获自治区政府记功表彰,其中运动员归玉娜被评为自治区劳动模范,市体育中学教练黄红灵被评为自治区先进工作者,运动员阮文健记一等功1次,刘维维、李丕凯、林志军各记二等功1次,陆思、方宏川各记三等功1次。选送8名残疾人运动员参加2007年第十一届夏季特殊奥林匹克运动会,获金牌2枚、银牌2枚、铜牌2枚。7月20日组织150名智力残疾人参加在市新阳路小学举行的首府南宁2007年"全国特奥日"融合运动会。组队参加第三届自治区盲、聋、培智学校学生艺术汇演,其中《一缕阳光》、《醉拳》、《月光奏鸣曲》获一等奖,获二等奖3个、三等奖2个,南宁市获优秀组织奖。《一缕阳光》(舞蹈)、《醉拳》(声乐)、《月光奏鸣曲》(钢琴曲)3个节目被列入自治区参加全国文艺汇演节目,均获全国优秀奖。

【残疾人扶贫帮困】 2007年,南宁市继续投入资金60万元,在11个县区建立扶贫种养基地12个。其中马山县养兔基地开办培训班16期,培训农村贫困残疾人160名,扶持贫困残疾人养殖263户。全市共扶持农村贫困残疾人发展种植、养殖业1158户。城乡残疾人低保工作进一步落实,有3000个城乡残疾人及家庭成员约5万人享受低保,保障问题基本解决。在春节和"助残日"期间,共慰问残疾人贫困家庭4980户,发放慰问金及慰问品100多万元。

7月20日,首府南宁2007年"全国特奥日"融合运动会在市新阳路小学举行　市残联提供

【残疾人维权】 2007年,市残联编印《残疾人维权知识手册》3万份,征订《残疾人维权案例》,通过加强残疾人维权知识的宣传,与市、县区残疾人法律援助工作机构共同努力,畅通了残疾人法律援助渠道。全市法律援助部门共为残疾人提供法律援助78件,提供法律咨询服务485件次。市残联接待残疾人来访67人次,接收来信7件次,信访处结率100%,没有残疾人被虐待、遗弃、侮辱的案件投诉。

【盲人按摩行业管理】 2007年,市残联在坚持开办盲人保健按摩初、中级班的基础上,又分别开办盲人按摩业主经营培训班、盲人保健按摩高级班、小病种按摩治疗提高班,培训盲人105人。加强行业规范化管理,全市40个盲人按摩机构全部实现统一招牌,统一标识,统一服务公约。　(袁建萍)

南宁市红十字会

【概　况】 2007年,南宁市红十字会有基层红十字会组织315个(新建54个),会员5.05万人,志愿工作者1120人。共接收自治区红十字会下拨11批次价值85.5万元救灾物资,向各县区红十字会发放45批次价值83.2万元救灾物资。采取多种形式向社会募集救助资金,协助自治区红十字会筹集"救心行动"专项捐款捐物共200多万元,配合自治区红十字会开展"救心行动",免费或部分免费手术治疗市贫困先天性心脏病患儿12人。继续开展"红十字博爱送万家"活动,筹资8万元购买慰问品,并用总会下拨7.5万元救济物资慰问贫困家庭620户。继续开展扶贫助学,帮助市一中6名高中特困生顺利考上大学、协助捐资企业帮助隆安县民族中学10名初中贫困生继续就读,与天英利达广告公司在航洋国际城开展义卖,募得1500元捐助贫困母亲5人。市东葛路小学被中国红十字总会授予全国红十字会模范学校称号。

【人道救助】 2007年,市红十字会接收自治区红十字会下拨11批价值85.50万元救灾物资,同期向各县区红十字会发放45批价值83.19万元救灾物资,并按照各县区贫困程度和开展红十字会工作情况制定物资分配方案,重点资助特困县马山县、隆安县和已经理顺红十字会组织关系的青秀、西乡塘、良庆、江南等城区。各县区红十字会也以各种方式开展人道主义救助工作，青秀区红十字会加强红十字大病救助资金管理，对因病致贫家庭进行二次救助，发放救助款1.72万元；西乡塘区红十字会为两名白血病学生发动募捐筹集1.02万元医疗费用，帮助贫困家庭渡过难关。市红十字会资助1.2万元、西乡塘区红十字会资助3000万元，于7月为因外伤至颅骨粉碎性骨折并颅脑损伤的黄宝强安排在市第三人民医院接受手术治疗。11月1日，市红十字会向社会发出《南宁市红十字会呼吁为白血病学生王鼎募捐》的呼吁书，半个月后，共收到捐款6万余元，及时将捐款转到医院，使王鼎能按时进行骨髓移植手术。

【社会募捐】 2007年，市红十字会采取多种形式向社会募集救助资金，将新农村建设与纪念“5·8”世界红十字日活动结合起来开展社会募捐。4月，与市农业局、扶贫办联合向社会发出以“关爱农民、共建和谐”为主题的募捐倡议书，市红十字会及各城区红十字会共收到社会各界捐款约6万元。5月，协助自治区红十字会在朝阳广场、民族广场举办大型广场义演募捐，为自治区贫困先天性心脏病患儿筹募手术费用，共收到社会各界爱心人士捐助款物200多万元。10月23日晚，由中国红十字基金会、自治区红十字会联合主办，梧州中恒集团赞助的“博爱中国·走进广西”大型公益晚会在市体育馆举办，收到各界爱心捐款和捐物合计342万元。市红十字会设在医院、宾馆、饭店、商场的40多个常设募捐箱也收到募捐款2.92万元。

【红十字博爱送万家】 2007年，市红十字会继续开展“红十字博爱送万家”活动，用于送温暖活动的物资一部分是中国红十字会总会下拨的300箱价值7.5万元的含有衣物、大米等生活用品的家庭箱，一部分是自筹资金8万元购买的慰问品。1月24日，协助自治区红十字会在青秀区刘圩镇举行“红十字博爱送万家”广西启动仪式，仪式后分派12支送温暖小分队，对受灾地区、新农合试点县、各区县重灾户和困难群众开展送温暖活动，慰问贫困家庭620户。各县区红十字会也积极筹措资金和物资扩大慰问范围，青秀区红十字会自筹1.75万元，西乡塘区红十字会自筹2.5万元，兴宁区红十字会自筹3000元，与市红十字会同期开展慰问活动。

【救心行动】 2007年，市红十字会结合纪念5月8日“世界红十字日”，开展为贫困先天性心脏病儿童募集手术费用活动。西乡塘区贫困患儿马宁梅成为广西红十字会“救心行动”首例受益者，于5月15日上午成功进行心脏修补术，康复良好。至10月末，自治区红十字会已安排南宁市12名贫困先天性心脏病患儿接受免费或部分免费手术治疗。

【卫生救护培训】

机动车司乘人员卫生救护培训 2007年，市红十字会配合自治区红十字会救护培训中心开展机动车司乘人员卫生救护培训工作。与市交警支队、卫生局、交通局、安全生产监督管理局联合组成南宁市救护培训领导小组，与市公安局、卫生局、交通局、安监局联合印发《南宁市关于深入开展救护培训工作的实施方案》，以公路运输管理部门为突破口，以驾驶员为对象开展培训工作，至年末共培训驾驶员1920人。

卫生救护员与群众性救护培训 市红十字会应部分企业要求，上门举办现场卫生救护培训班6期，培训各类现场卫生救护员160人。以各种方式指导和协助县区红十字会开展社区群众性救护培训工作。其中，青秀区红十字会与城区组织部、人事劳动和社会保障局联合对辖区507名公务员和后勤服务中心工勤人员分8批进行现场救护新概念、心肺复苏、创伤救护、常见急症、紧急避险等救护知识和急救技能的实际操作训练；组织各镇、街道办事处、开发区、社区红十字会80名兼职干部学习红十字基本运动知识、红十字会相关法律法规、基层组织建设流程及工作技巧；“七一”前夕，联合青秀区党委组织500多名党员志愿者走进春晖花园工地开展“工地党旗飘、关爱进工棚”主题实践活动，向农民工宣传预防艾滋病知识，辅导农民工学习现场心肺复苏操作和止血、包扎、骨折临时固定及伤员搬运等外伤急救技能，并向农民工赠送一批感冒等常用药品和卫生急救科普书籍。隆安县红十字会联合县交警大队、交通局运管所于10月18~19日举办首期卫生救护培训班，30多名来自全县各地的交通民警及广西运德、超大两家公司的机动车驾驶员参加培训。良庆区红十字会于6月组织红十字会第一届理事会的成员及各镇、街道办事处28名有关人员进行红十字运动基本知识培训，9月联合辖区卫生局在大塘中心卫生院分别举办两期救护知识培训班，城区卫生系统的医护人员和机动车辆司乘人员等共110人参加培训。此外，市红十字会选派机关及各县区干部50人到中国红十字会总会和自治区红十字会救护培训中心接受救护师资培训，获《中国红十字会总会救护培训资格证》。

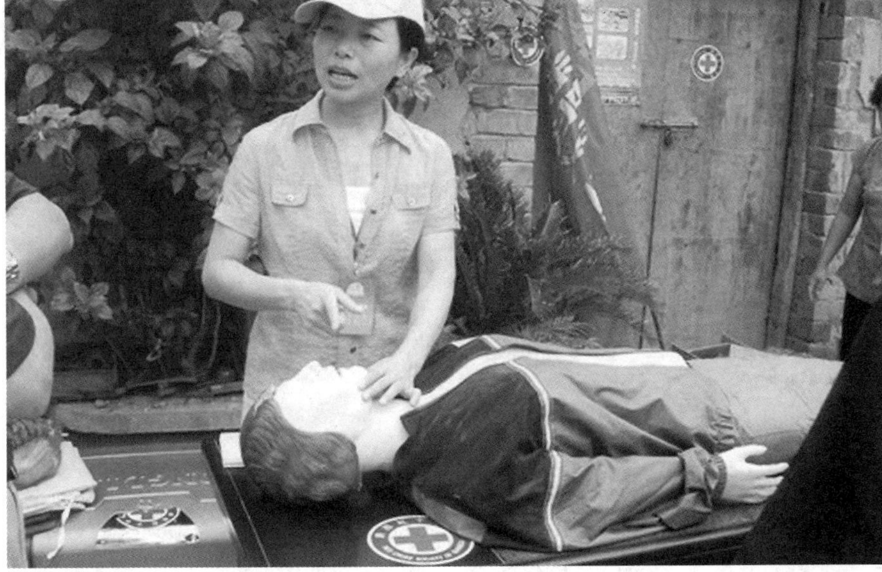

市红十字会开办卫生救护员与群众性救护培训班 市红十字会提供

【纪念世界急救日宣传活动】 2007年，市红十字会在9月8日第八个“世界急救日”里，开展“急救：健康安全一视同仁”主题宣传纪念活动，部署并指导各县区开展相关宣传培训。其中青秀区红十字会从9月6日开始开展“世界急救日”纪念宣传周活动，全辖区企事业单位、学校，社区等宣传橱窗、板报、墙报都张贴急救知识宣传版面，向群众分发传单，各镇、街道、开发区设置急救咨询服务点、举办急救主题游园、讲座及培训班等，在居民中普及卫生救护、紧急避险和意外灾害逃生等知识；并向社会广泛招募急救志愿者。

【造血干细胞捐献】 2007年5月16日

上午,中华骨髓库广西分库2007年第一次造血干细胞集中采样工作正式启动,有120名志愿者到市朝阳捐血屋,南棉、江南、南湖、王府井献血点(献血车)进行采样。6月24日,广西大学红十字会和校团委、青年志愿者协会和广西大学造血干细胞服务队共同在学校广场举办"关爱生命捐献造血干细胞"为主题的图片视频展活动,以知识展板、展架、图片、海报和视频等形式,在校园内进行造血干细胞知识宣传和志愿者招募。至12月底,市红十字会共动员3614人参加造血干细胞采样。据中华骨髓库广西分库的统计,当年南宁市的造血干细胞捐献者中有12人的血样与患者的血样初配成功。

【新型农村合作医疗参与】 2007年是红十字会参与新型农村合作医疗试点工作的第二年。继上年武鸣县成为第一批中国红十字会参与新型农村合作医疗工作试点县后,2月8日,由京华时报无偿援建的武鸣县马头镇小陆京华博爱卫生站建成投入使用。经市红十字会争取,隆安县成为第二批试点县,由上汽通用五菱公司无偿援建南圩镇爱华村博爱卫生站;6月20日,"红十字天使计划——上汽通用五菱博爱行动"援建项目,全国首家五菱博爱卫生站——爱华村"上汽通用五菱博爱卫生站"正式落成,上汽通用五菱公司向隆安县红十字会捐赠一辆用于医疗服务的五菱微型车和一批常用药品、医疗器械等,总价值13万元。挂牌仪式结束后,由隆安县红十字会与柳州工人医院派来的红十字志愿者为当地村民进行免费看病送药活动。至年末,爱华村博爱卫生站共免费接诊贫困村民400多人次。同时,隆安县红十字会为筹集医疗救助资金,开展以"救助贫疾农民、共建和谐隆安"为主题的募捐活动,收到爱心捐款5335.2元。

【国际援助项目】 2007年,市红十字会争取到两个国际援助项目,即澳大利亚援助的第二期社区备灾项目,投资20万元,建设点设在隆安县南圩镇爱华村及马山县金钗镇龙印村;中英艾滋病策略支持项目,投资5万元,项目点设在市区。年内,两个项目工作全部启动。 (陈 菁)

南宁市关心下一代工作委员会

【概 况】 2007年,南宁市关心下一代工作组织有3282个,成员1.77万人,志愿服务团成员3.01万人,其中"五老"成员(老干部、老战士、老专家、老劳模、老教师)1.12万人。市关心下一代工作委员会突出重点,着力加强未成年人思想道德建设,深入开展社会主义荣辱观教育,集中力量搞调研,总结和扩大先进典型经验,解决"留守儿童"实际问题。

【未成年人思想道德建设】 2007年,市各级关工委成员、"五老" 宣传员、报告员、辅导员、咨询员等,以"八荣八耻"作为社会主义核心价值观,对青少年教育。市关工委与市委宣传部、文明办、教育局、公安局、司法局、文体局、团市委、科技局、妇联等单位开展爱国主义、八荣八耻、革命传统、法制教育、安全教育、青少年维权、科技教育活动,实施"春蕾计划"。共开展思想道德教育9205场,参加人数390.27万人次,其中八荣八耻教育2350场,142.15万人次;法制教育2559场,114.52万人次;科技教育4386场,124.32万人。

6月20日,隆安县爱华村博爱卫生站举行落成暨揭牌仪式 市红十字会提供

【全国预防青少年违法犯罪示范城市创建】 2007年,南宁市充分发挥各级各团体的协调作用,有计划分步骤地组织开展形式多样的预防青少年违法犯罪的工作和活动,青少年成长环境得到明显净化。市委、市政府将预防青少年违法犯罪工作纳入南宁市社会治安综合治理考核内容,建立和健全综合督导和考评工作制度,建立预防工作平台,建成家长学校4196个、法律学校100个、青春自护学校8个、青年中心63个、爱心超市278家。流浪未成年救助保护中心共救助流浪未成年人483人次。多次组织12355青少年服务台顾问到未成年人犯管教所、社区及工厂对未成年犯和闲散青少年开展亲情活动,为他们提供就学辅导、就业培训、法律援助、心理疏导和生活救助综合性的服务。11月,南宁市成为全国12355青少年服务台建设工作试点城市。

【留守儿童与青少年情况调研】 2007年,市关工委加大对留守儿童及青少年情况调研力度,到隆安县布泉乡、宾阳县露圩镇、武鸣县马头镇及甘圩镇唐历村调查,到青秀区、兴宁区望州南社区了解留守儿童的管理工作。分别听取乡镇、学校、村、社区关工委的情况汇报,总结他们关爱留守儿童的经验和做法,提出意见和措施。在武鸣县甘圩镇唐历村调研时,发现村党支部、村委、村关工委领导重视青少年教育,根据本村外出打工人员多、留守学生过半的特点,及时成立关爱小组,动员村老党员、老村干、老教师23名"五老"参加,落实责任措施,村校合力分工包干、责任到人,使留守学生各方面有了进步。马山县关工委配合学校,摸清全县11个乡镇151个村共有留守儿童1.3万人,占在校生21.20%情况后,提出七条建议上报县委、县政府;还到里当乡、古寨乡、永州镇总结典型经验,召开全县留守学生教育和管理研讨会进行交流,努力构建学校、家庭、社会三位一体的"留守学生"教育网络。

【家庭教育】 2007年,南宁市各级关工委重视家庭教育,提高家长教育子女的水平。年初,市关工委发出《关于举办"家庭教育成功之道"公益讲座的通知》,聘请广州英豪家庭教育研究所、国家教育部关工委家庭教育中心、市家庭教育的专家和老师,开办家庭教育新观念、当代子女教育的特殊问题及对策、构建和谐家庭与感恩教材、关注孩子的生存智慧等讲座。并直接联系安排"家庭教育成功之道"公益讲座58场,听众5.09万人。 (陈谟志)

责任编辑 余朝霞

法　　制

地方立法

2007年，南宁市人民代表大会常务委员会共审议地方性法规8部。其中：《南宁市出租汽车客运管理条例》、《南宁市清真食品管理条例》经自治区人大常委会审议批准并颁布实施；《南宁市饮用水水源保护管理条例》、《南宁市环境噪声污染防治条例》报自治区人大常委会待批准；《南宁市农村集体资产管理规定》、《南宁市社会急救医疗管理条例》、《南宁市城市房屋拆迁管理条例》等进入自治区人大常委会二审或初审；《南宁市大型社会活动安全管理条例》因国家出台相关行政法规而终止立法。先后对《南宁市会展管理条例》、《南宁市公共客运管理条例》、《南宁市水资源管理条例》(修订)、《南宁市非税收入管理条例》、《南宁市农贸市场管理条例》、《南宁市应急联动规定》、《南宁市水土保持条例》、《南宁市农产品质量安全管理条例》8个立法项目进行调研。完成全国和自治区人大常委会交办的《中华人民共和国动物防疫法》、《劳动争议调解仲裁法》、《就业促进法》、《劳动合同法》、《企业所得税法》、《循环经济法》、《水污染防治法》7部法律草案以及《广西壮族自治区个体工商户条例》、《旅游条例》、《非税收入条例》、《私营企业条例》、《实施〈代表法〉办法》的征求意见和立法调研任务。

（韦杉娜）

政府法制

【政府立法】 2007年，市法制办公室审查完成《南宁市重大活动安全管理条例》、《南宁市环境噪声污染防治条例(修订)》、《南宁市城市市容环境卫生管理条例》、《南宁市社会急救医疗管理条例》、《南宁市严格限制养犬规定（修订)》5部地方性法规报市政府常务会议审议；组织审查完成《南宁市烟花爆竹经营燃放管理规定》、《南宁市企业国有资产监督管理办法》、《南宁市实施行政许可若干规定》、《南宁市人口和计划生育管理若干规定》、《南宁市建设工程造价管理办法》、《南宁市城市建设档案管理办法》、《南宁市城市照明管理规定》、《南宁市物业管理办法》、《南宁市企业国有资产监督管理暂行办法》、《南宁市企业信用信息征集和发布管理办法》10部政府规章报市政府审议并通过。在立法过程中，实行公众参与“开门立法”。进一步实行立法的专家论证制度和听证制度，共召开立法专家论证会18次，立法听证会1次；深入基层，开展“城乡容貌与环境卫生”立法工作调研4次；广泛借助新闻媒体，继续开展公开向社会征求2008年立法计划工作，并将《南宁市物业管理办法》等社会公众高度关注的草案，全文刊登在报纸上征求意见。发布《南宁市烟花爆竹经营燃放管理规定》，决定从2007年春节期间开始，解除烟花爆竹禁令，实行有限制的燃放政策。此外，根据国务院的统一部署，4月起，牵头组织对市政府颁布实施的政府规章65件进行全面清理，至10月清理工作基本完成。12月29日，市政府常务会议讨论通过了《南宁市人民政府关于废止部分政府规章的决定》，决定废止《南宁市南湖管理暂行规定》等政府规章15件。此外，组织编辑《南宁市地方性法规、规章和规范性文件汇编(2006年)》；组织开展2005~2006年度南宁市地方性法规和政府规章的翻译工作，共翻译文本45件约50万字。

【规范性文件审查备案】 2002年，市法制办牵头建立完善制定规范性文件的事前合法性审查和事后备案制度。6月，市政府印发《关于加强规范性文件制定和备案工作的意见》，对南宁市规范性文件的制定和备案工作作出具体规定。共审查规范性文件180件。加强规范性文件备案工作，按照规定向自治区政府报送市政府规范性文件备案，并审查各县区政府及市直各部门备案的规范性文件200多件，纠正2件。

【行政法制监督】 2007年，南宁市加强行政执法队伍建设，组织开展对行政执法活动的监督检查工作，不断提高行政执法水平。4月，市法制办组织全市各级各部门800多名行政执法人员进行培训；组织500多名执法人员参加自治区行政执法人员资格考试，考试合格率99%。根据《南宁市全面推进依法行政实施纲要五年规划》中“依法行政工作要实行年度考核”的要求，率先在自治区内开展依法行政考评。5月起，牵头组织市全面推进依法行政工作领导小组成员单位组成考核组，采取实地抽查及书面查阅资料相结合的方式，对全市各县区政府、各开发区管委会、市直各有关部门共72个单位进行考评，并评选出先进单位15个、先进集体20个和先进个人40人。履行信访复核复查委员会成员职责，颁发《南宁市信访事项复查复核暂行办法》，规范南宁市信访事项的复查复核工作，共组织审查复核信访复查复核案件50起。组织和参与全市统计执法和内河违章建设执法检查活动，重点对各县区计划生育行政执法责任制工作和行政执法案卷进行评查，规范计划生育行政执法行为；在行政执法责任制评议考核中，结合行政效能建设工作，将落实规范性文件制定工作和行政执法责任制5项任务表格作为考评重点，促进机关的依法行政工作。

【涉法事务】 2007年，市法制办积极参与处理市委、市政府交办的法律事务，在市政府召开的28次常务会议审议的172项议题中，办领导班子成员参加22次，审议议题125项。组织参与市委、市政府或市直部门领导主持召开的各类问题协调会130多次，为市委、市政府交办的法律事务出具书面法律意见100多份。

【仲裁指导】 2007年，南宁市加强对仲裁员和仲裁工作人员的管理和监督，指导仲裁机构大力拓展仲裁业务。南宁仲裁委员会共组织受理各类仲裁案件396起，标的总额1.6亿多元。同时，通过成功办理岭南家园、荣和新城系列案，提升仲裁工作在全市经济发展中的影响力。

【“行政复议加强年”活动】 2007年，市法制办按照自治区政府确定的“行政复议加强年”要求组织开展一系列活动：代市政府制定并印发活动的具体方案，成立活动领导小组。组织开展《中华人民共和国行政复议法》和《行政复议法实施条例》的学习培训和宣传，8月17~18日，邀请国务院法制办公室行政复议司副司长方军到南宁市讲授《行政复议法实施条例》及行政复议工作实务。9月8日，牵头在朝阳广场举行“行政复议加强年宣传周”启动仪式，并在《南宁日报》开辟行政复议法律知识专题，派员参加南宁电台“政风行风热线”节目，为听众解答行政复议相关问题。同时，贯彻行政复议法及实施条例，办理好行政复议案件，共接待申请行政复议的群众1968人，收到行政复议申请196件，受理160件，不予受理或其他处理36件。审结当年受理案件132件，审结上年结转的案件36件，另有31件案件依法办理中止手续。在审结的案件中，决定维持原具体行政行为的143件，占审结总数85%；被申请人自行撤销或者变更执行原具体行政行为，申请人自愿撤回申请的20件，占审结总数12%；经复议机关审查后予以撤销的5件，占审结总数3%。在办理行政复议案件的过程中，公开听证审理行政复议案件7起，并拓展行政复议庭审方式，选择一批有代表性的行政复议案件到县区进行现场公开审理，如4月到上林县召开行政复议听证会，有效地化解双方当事人的矛盾。全年共调解成功案件20件。进一步加强与法院的沟通与交流，11月30日，主持召开全市行政执法部门与人民法院的联席会议，共同探讨行政执法中普遍存在的疑难问题。接到市政府需要出庭应诉的行政诉讼案件15件，根据“谁办理，谁应诉”的原则，协助具体办理的行政机关做好出庭应诉、答辩等准备工作。

【南宁政府法制网建立】 2007年，市法制办对原政务信息网二级网站进行全面改版升级，建立“南宁政府法制网”，注册新域名www.nnfzb.gov.cn，重点组织开发南宁市法规规章查询系统、行政立法草案意见征集系统、执法人员信息查询系统。网站版面从单一的文字信息变成图片与文字信息相结合，新增加动态图片新闻、执法人员信息查询、新颁布法规规章、网上复议预申请、公告栏等栏目，同时各栏目下设的子栏目更加细化，方便市民了解市政府法制工作的最新动态和推进依法行政、建设法治政府的进程，查询南宁市法规、规章和规范性文件，对行政立法草案提出自己的意见和建议。

【县区法制机构建设】 2007年，南宁市进一步健全县区政府法制工作机构，壮大法制机构工作队伍，改善法制机构工作环境。7月末，按照年初自治区编委下发的《关于市县政府法制工作机构编制问题的通知》，市政府明确各县区法制工作机构均按正科级设置，人员编制在4人以上；各县法制工作机构独立为政府组成部门，城区法制工作机构统一与政府办合署办公。年末，大部分县区下文明确机构级别和人员编制等问题，其中，宾阳县、横县、上林县法制机构人员编制6人；武鸣县、隆安县、马山县法制机构人员编制5人；除江南区外，其他5个城区都明确法制机构人员编制4人。同时，各县区将具有法律工作经历、熟悉法律业务的干部选配到法制队伍，为法制办调剂办公用房，增添办公用车、电脑、传真机、摄像机、沙发等硬件设施。

（黄　玲）

政法工作

【概　况】 2007年，南宁市政法工作以建设平安南宁为目标，以促进公正执法为重点，以化解社会矛盾为主线，以加强基层基础工作为突破口，创新工作机制，加强治安防控体系，开展社会主义法治理念教育，确保“大事不出，中事不出，小事少出”的工作目标，营造和谐稳定的社会环境和公正高效的法治环境。共排查各类民间矛盾纠纷10334件，调解成功9749件，调解成功率96.2%。

【平安南宁建设】 2007年，为实现三年平安建设预定的工作目标，南宁市按照“属地管理”和“谁主管谁负责”的原则，市、县区、开发区、乡镇、街道、村、居委会四级，层层责任分解，落实领导干部的“一岗双责”。市委、市政府分别与县区、开发区签订责任书，明确县区、开发区党政负责人为社会治安综合治理和平安建设的第一责任人，各部门领导为直接责任人。各级党委、政府把社会治安综合治理和平安建设工作纳入社会主义精神文明、物质文明、政治文明建设并与之同部署、同检查、同考评、同奖惩，作为政绩考核的一项重要内容，并与晋升晋级挂钩。年初，市委、市政府与市综治委50个成员单位签订平安建设责任书，明确各职能部门抓平安建设的职责分工，并把平安建设工作任务细化，分解落实到各部门。在社区、村、屯明确党员平安建设的责任，实行党员包联系户，负责一家一户的和谐平安，充分发挥共产党员在平安建设中的模范带头作用。开展“平安家庭”创建活动，家家户户签订承诺书，承诺家庭成员不出现违法乱纪现象。在活动中坚持典型引路，指导和带动整个面上的工作。在市一级抓好32个乡镇、街道平安建设基层基础上台阶示范点的同时，每个县区抓一个乡镇、一个村屯、一个学校、一个企业、一个机关、一个单位的平安建设示范点。5~6月，先后推出宾阳县、青秀区的群众工作部，西乡塘区安吉街道办事处的群众工作站开展矛盾纠纷大调处，兴宁公安分局指挥中心、青秀区南湖派出所和水榭花都小区、宾阳县商贸城、江南区二桥南社区警务室以公安

2008年2月19日，在平安建设先进集体、先进个人表彰暨全区政法工作会议上，自治区党委书记郭声琨（左一）、自治区政府主席马飚（左二）给南宁市颁奖。图为市委常委、政法委书记、市公安局局长赵波代表南宁市领奖　蒋　勤　摄

机关指挥中心为龙头的“网格化”治安巡逻防控体系建设、公安机关“三基”(抓基层、打基础、苦练基本功)工程建设、实施社区和农村警务战略的示范点，以及武鸣县人民调解、法律援助规范化建设和监所建设示范点，总结推广了一批好的经验。此外，把综治和平安建设经费按当地人口人均0.1元的要求纳入财政预算。全市各级对综治工作和平安建设活动的经费投入2.4亿元(市级1.31亿元、县区和开发区1.09亿元);基础设施建设投入6921万元，基层政法装备方面投入2487万元，动员社会力量投入530万元。11月下旬，各县区平安建设办公室对申报的平安村、平安社区进行考评，并对照市里印发的新标准严格审核，给予命名。12月上旬，市委组织工作组对12个县区、5个开发区的24个乡镇、13个街道办、17个社区、13个单位和2个农场进行抽查，对申报的平安乡镇、街道进行考评验收。全市达到平安村(社区)的有1735个，占总数99.8%;达到平安乡镇、街道的有125个(包括城区所属开发区)，占总数99.2%;达到平安开发区的有6个。2008年2月19日，在自治区党委、政府召开的平安建设先进集体、先进个人表彰暨全区政法工作会议上，南宁市获2005~2007年度建设平安广西活动先进市和平安市称号;青秀区和宾阳县获2005~2007年度建设平安广西活动先进县区和平安县区称号。

【社会治安防控体系建设】 2007年，南宁市完善以公安指挥中心为龙头的“网格化”治安防控体系建设，进一步整合市区警力资源，将特警支队、巡警支队现有警力资源进行整合，把366名警力分别派驻5个城区分局，优化警力配置，充实基层力量;加大对治安巡逻装备的投入，市、县区和开发区共投入600多万元，增添敞开式治安巡逻车100多辆;实施社区和村屯警务战略，以公安派出所为依托，在全市社区和行政村设立警务区615个，配备民警894名，通过公安干警进社区进农村，把“网格化”巡逻防范体系延伸到郊外农村;完善电子视频监控网络系统建设，12个县区完成治安监控系统的主体建设，在上年原有84个监控点的基础上，新增监控点245个，实现连续30天24小时不间断的治安监控图像存储，并实现交通监控和会展中心、荔园山庄、机场、重要宾馆等重要场所图像的共享接入，实时监控的视频监控点数量达1000个以上;在市区进一步整合民兵预备役人员、专业治安巡防队、社区治安“五色队伍”等各种力量，扩大治安巡逻覆盖面，形成了主要街面控制、重点场所维护、小街小巷执勤、社区单位联防的群防群治网络。特别是在“两会一节”期间，市区共投入警力21.2万人次、专业巡防力量2.5万人次，发动2.2万人，开展对市区131条“两抢”(抢劫、抢夺)等案件多发街道、100多个重点场所和社区、单位的治安大巡防活动，实行定人员、定职责、定任务、定地段、定时间的“五定”责任制，实现社会稳定和安全保卫的目标。至年末，全市335个社区共有义务巡逻队626支近1万人。

在农村进一步加强乡镇“控制点支撑、多控制点辐射”的治安防范措施，乡镇成立治安联防队，由当地公安派出所干警负责指导开展治安巡逻，维护集贸市场的治安秩序，重大节日和重点时段加强夜间巡逻防范。村屯建立义务或有偿的治安联防队，由民兵组织开展治安联防，维护群众的生产生活秩序。村民小组建立“十户联防”，开展“联心、联防、联帮、联保”活动。至年末，全市共有农村治安联防队2000多支近1万人。

【严打整治】 2007年，南宁市各级党委、政府和政法部门坚持“打防结合、预防为主，专群结合、依靠群众”的方针，认真分析治安形势，紧紧抓住影响本地区、本辖区社会治安稳定和社会丑恶现象及群众反映强烈的治安突出问题，坚持集中打击与经常性打击相结合，专门机关工作与群众路线相结合，增强打击的针对性和实效性。公安机关、审判机关、检察机关把严厉打击严重刑事犯罪(简称“严打”)方针和宽严相济贯穿到侦查、批捕、起诉、审判、执行等各个工作环节，始终保持对刑事犯罪的高压态势。

严厉打击违法犯罪活动 一是严厉打击“法轮功”等邪教组织的违法犯罪活动。共发生“法轮功”等邪教组织非法活动258起，立案61起，破案136起，摧毁“法轮功”窝点9个，抓获“法轮功”违法犯罪人员36人(刑事拘留15人、逮捕10人、劳教3人)，收缴“法轮功”光盘、非法资料和作案工具一批。二是重拳打击刑事犯罪。共立刑事案件2.31万起，破案9927起;开展侦破命案专项行动，加大破大案要案的力度，共发生涉命案件153起，破获144起，现案破案率94.12%，比上年提高3.4个百分点。检察机关共受理批捕案件3682件5858人，审结3674件5852人，批准逮捕3359件5241人;受理审查起诉3550件5480人，审结3351件5065人，起诉3255件4915人。市中级法院受理各类一审、二审和再审案件2.38万件，审结2.35万件，结案率98.88%，其中受理一审、二审刑事案件3518件，审结3512件。一审判处5年以上有期徒刑直至死刑769人，占16.72%;二审维持原判266件，占82.61%;改判或发回重审37件，占11.49%;12个基层法院共受理刑事案件3047件，审结3045件，判处被告人4038人。三是及时打击涉毒违法犯罪。结合“6·26”国际禁毒日，开展打击零星贩毒“撒天网”行动和收戒劳教吸毒人员“猎鼠”行动，共查破毒品违法犯罪案件3408起(重特大案件115起、一般贩毒案件300起、毒品治安案件2993起)，缴获各种毒品21.02千克(海洛因8.17千克、新型毒品12.85千克);抓获毒品违法犯罪嫌疑人3647人，摧毁毒品犯罪团伙15个，抓获团伙成员56人。四是严厉打击经济领域犯罪。共立经济犯罪案件272起，破案159起，抓获犯罪嫌疑人295人，追缴涉案款物折价1.93亿元，挽回经济损失2.09亿元。

开展专项治理 一是开展打击“两抢一盗”(抢劫、抢夺、盗窃)专项行动。公安机关组建打击“两抢”专业行动队，上半年共出动警力5.06万人次、车辆2.81万台次，设立检查点3114个，盘查车辆9.46万台，盘查人员12.12万人，查扣可疑车辆4515台，查获被盗车108台、涉嫌“飞抢”车辆33台，抓获嫌疑人222人。多警种联合打击“两抢”专项行动的开展，遏制了市区“两抢”案件的高发势头。共立抢劫案1890起，立抢夺案1904起。

二是开展治理自行车被盗问题的专项行动。共受理治安案件2767起，查处396起;刑事立案1399起，破案666起;处理违法人员687人(逮捕125人、刑事拘留231人、行政拘留125人、劳动教养27人);查获盗窃团伙32个;捣毁自行车废旧收购点7个、非法交易市场16个;收缴自行车1995辆(电动自行车848辆)。

三是开展对流动人口与出租屋的清理整顿活动。

四是深入开展禁赌活动。共摧毁赌博窝点313个，打掉赌博团伙56个，抓获涉赌人员8521人，收缴赌博电子游戏机734台、赌博电子游戏机主板1427块、其他赌具一大批。

五是加强校园及周边治安整治。落实《公安机关维护学校及周边治安秩序八条措施》，严厉打击盗窃、敲诈、抢劫师生财物、侵害人身权利的各类违法犯罪活动和校园及周边地区存在的流氓团伙、黑恶势力;依法取缔和清理整顿校园周边非法经营的网吧、电子游戏厅、录像厅、歌舞厅、音像书刊点和违章建筑、无证经营的饮食摊点;加强学校周边道路的管理，设置安全标志，完善校园治安防范和内保制度，并加强对中小学生的法制宣传和安全防范教育。共在校园周边设立治安岗亭、报警点474

个,设置交通标志和交通安全措施 9681 处,设置人行横道信号灯 378 个,设置临时停车泊位 1114 个;向学校和幼儿园派驻保安人员 5758 人,在复杂路段和上学、放学时派出维护交通秩序人员 4.5 万人次;开展消防检查 7275 次,检查校园周边流动外来人口 83 人次;破获校园及周边刑事案件 87 起,查处校园及周边治安案件 71 起。

六是集中开展道路交通环境整治活动。共扣留机动车 5106 辆、非法营运人力三轮车 1613 辆、"残的"831 辆、非法改拼装三轮车 2662 辆,有效打击了非法营运分子,进一步规范道路行车秩序。全市共发生道路交通事故 1704 起,死亡 501 人,受伤 2346 人,直接经济损失 435.69 万元,分别比上年下降 24.13%、6%、20.74%、9.59%。

七是统一开展打击盗窃破坏电力电信广播电视设施犯罪专项行动。共受理治安案件 12 起,查处 12 起;刑事立案 725 起,破案 425 起,处理违法人员 70 人(逮捕 27 人、刑事拘留 34 人、行政拘留 8 人),查获盗窃团伙 1 个。

八是开展铁路及周边治安专项整治活动。组织开展清理铁路沿线废旧金属收购站点专项行动,共清查铁路沿线废旧金属收购站点 65 个,整改 16 个,取缔 13 个。受理治安案件 5 起,查处 5 起;刑事立案 21 起,破案 18 起,处理违法人员 18 人。同时排查出铁路沿线、路地矛盾纠纷问题 16 件,并针对排查出来的问题进行综合治理。

九是挂牌整治突出治安问题。8 月,针对群众反映强烈的盗窃、赌博、卖淫嫖娼等 40 处社会治安混乱地区和场所,实行挂牌督办,限期改变面貌。至 12 月上旬,40 处社会治安混乱地区和场所的整治达到预期效果。

此外,还深入开展整治治安问题突出的网吧及公共娱乐服务场所"收枪治暴"、整治消防安全隐患等专项行动。共受理治安案件 2.7 万起,查处 1.04 万起,查处违法犯罪人员 2.09 万人。

【流动人口与出租屋管理】 2007 年,南宁市登记在册流动人口 79.63 万人(流入 41.98 万人、流出 37.64 万人)。市综治委、市流动人口领导小组落实市委、市政府《关于加强流动人口及出租屋管理的决定》精神,形成"以房管人"的新型工作格局。全市共开展联合执法和集中宣传活动 631 次,发放宣传资料 37.82 万份,挂宣传横幅 1788 条。出动各种清查力量 3.49 万人次,其中出动警力 1.48 万人次、其他工作人员 2.01 万人次。清查出租屋 2.79 万户 11.9 万间及各类场所 2502 个,其中社区(村)506 个。检查集贸市场 275 个、中小型旅社 511 个、废旧品收购站 414 个、娱乐场所 249 个、工地 273 个、城乡结合部流动人口聚居点 274 处。为流动人口提供劳务用工介绍 5.27 万人,进行普法教育 22.86 万人次,查处违法用工案件 385 起,为务工人员追讨工资 2029.5 万元。为流浪乞讨人员开展救助告知引导 1951 人次,送救助站 1327 人次,送福利院 60 人次。出租屋征税入库存税款 4554.68 万元。办理暂住证 30.62 万人,办证率 91%,登记率 96%。登记在册出租屋 4.88 万户 18.73 万间,登记率 90%。签订综合管理责任书 4.32 万份,签订率 94%。查验流动人口婚育证 35.31 万人,查验率 95%。

完成对全市各级流动人口管理办公室机构性质的调整。8 月 30 日,市、县区流动人口办公室全部由事业单位转为参照公务员管理的事业单位,符合过渡条件的工作人员全部过渡为按公务员进行管理,专职工作人员定编 60 人,到位 57 人。完善新型"一站式"流动人口及出租屋管理工作平台,形成市、县区流动人口办公室、街道(乡镇)流动人口及出租屋管理服务中心、村(居)流动人口及出租屋管理服务站的"三级管理,四级网络"。按照"五有五落实"(有中心、有牌子、有公章、有电脑、有电话;中心领导落实、专职工作人员落实、办公地点落实、经费落实、工作制度落实)的总体要求,全市完善和新建流动人口及出租屋管理服务中心 37 个,流动人口及出租屋管理服务站 352 个,履行政府有关职能部门委托的流动人口及出租屋管理方面的登记备案、办证、代征有关房屋租赁税费等职责,采集、统计本区域流动人口及出租屋管理信息,为流动人口及房屋租赁双方提供综合服务,承担本区域内流动人口和房屋租赁信息的采集、登记、办证、数据录入等事务性工作;强化协管员队伍建设。按照统一职责、统一管理、统一招聘、统一培训、统一持证上岗的原则,共招聘流动人口协管员 692 人,兼职协管员 1385 人,新增 492 人。此外,将流动人口和出租屋管理工作经费纳入年度财政预算,保障工作经费及时、足额到位。年内市县区流动人口与出租屋管理系统工作经费投入 1175 万元(市、县区流动人口办工作经费 163 万元、管理服务中心工作经费 608 万元、流动人口及出租屋服务管理工作专项经费 140 万元、流动人口及出租屋综合管理工作经费 264 万元),保障了流动人口及出租屋综合管理工作的顺利开展。

【矛盾纠纷排查】 2007 年,南宁市各级党委、政府及各部门坚持"属地管理"和"谁主管谁负责"的原则,积极开展矛盾纠纷的大排查、大调处、大化解统一行动,把矛盾纠纷解决在基层,消除在萌芽状态。坚持县区、开发区每月排查一次矛盾纠纷,乡镇(街道)每半个月排查一次,村屯(社区)、单位每周排查一次,敏感时期和重大节日每天排查一次的工作制度。同时,实行"拉网式"滚动排查,并加强动态分析和前瞻性研究,对可能引发重大群体性事件的苗头,做到早预防、早发现、早报告、早调处,确保"两会一节",全国、自治区人大政协"两会"和党的十七大召开期间"大事不出,中事不出,小事少出"。建立健全矛盾纠纷"大调处"工作机制。在各县区逐步建立对矛盾纠纷实行统一受理、集中梳理、归口管理、限期办理,"一站式"管理、"一条龙"联动联调的群众工作部和乡镇(街道)群众工作站,把大调处工作向基层延伸,打造党委总揽全局,各部门齐抓共管,社会各方整体联动,人民群众广泛参与的大调处工作格局。共排查各类民间矛盾纠纷 1.03 万件,调解成功 9749 件,成功率 96.2%;防止民间纠纷引起自杀 26 件 32 人,防止民间纠纷转化为刑事案件 136 件 2369 人,防止群体上访 350 件 3560 人。对排查出的企业改制、拖欠工程款及民工工资、农村山林、水利、土地"三大纠纷"、征地拆迁补偿和安置、"出嫁女"、"三方面人员"等重点矛盾纠纷 109 件,组织专项工作组开展基层"大化解"工作。开展"公开大接访"活动,进一步拓宽社情民意的诉求表达渠道,4 月 13 日、6 月 28 日、9 月 21 日、12 月 21 日分别开展全市"公开大接访暨与民沟通日"活动,各县区、开发区和市直等 235 个部门的 14 名厅级干部、950 名处级干部、4465 名科级干部、5683 名科级以下干部参加接访活动,共接待群众 5131 批 1.3 万人次,听取群众反映信访问题 4380 件,按《信访条例》规定受理信访事项 3173 件,当场解决或答复 1851 件。其中,有 7 名厅级干部、140 名处级干部、1082 名科级干部、1834 名科级以下干部到基层单位及信访人家中下访,接待信访群众 1307 批 5194 人次,了解群众反映问题 796 件,受理信访事项 530 件,当场解决或答复信访问题 323 件。共发生群体性事件 244 起,比上年下降 48.73%;涉及 14611 人,比上年下降 28.88%。 (江 雯)

审 判

【概 况】 2007 年,南宁市中级人民法院辖基层法院 12 个、人民法庭 17 个。全市法院系统共有在编干警1114人，其中具有审判职称的740人(市中院在编213人，具有审判职称的164人)。市两级法院共受理一审、二审、再审及赔偿案件2.38万件，比上年上升20.19%，审结2.35万件，一审案件审限内结案率100%;受理执行案件9372件，比上年上升22.06%，执结8980件，执结率95.82%;办理减刑案件4889件、假释案件48件。市中院立案庭、刑一庭分别被最高人民法院授予全国法院涉诉信访工作先进集体、全国法院刑事审判工作先进集体称号。

【刑事审判】 2007年，市两级法院贯彻“宽严相济”的刑事司法政策，共受理刑事案件3518件5506人，审结3512件5494人。其中：一审受理3195件4868人，结案3190件4599人;二审受理323件638人，结案322件637人。审结严重危害国家安全犯罪、破坏市场经济秩序犯罪以及杀人、强奸、抢劫等危害人民群众生命财产安全的多发性犯罪活动案件459件778人，判处5年以上有期徒刑275人，重刑率34.89%。高度重视大案、要案的审理，依法审结买买提明·如孜贩卖毒品罪等一批重大案件。加强刑事司法领域的人权保障，对情节轻微、主观恶性不大的犯罪分子实行宽缓的刑事政策。共依法从轻、减轻或免除处罚罪犯49名；准许检察机关撤回起诉、自诉人自动撤诉案件26件;宣告被告人无罪1件；为85名符合条件的被告人指定辩护律师，保障其依法享有诉讼权利。

【民商事审判】 2007年，市两级法院根据社会转型时期民事案件的特点，贯彻和谐司法理念，运用司法手段关注民生、保障民生、改善民生。共受理民事案件1.95万件，审结1.93万件，标的金额40.1亿元。其中：一审受理1.77万件，结案1.74万件;二审受理1852件，结案1834件。其中，审理婚姻家庭纠纷案件3330件、金融纠纷案件2193件、劳动争议案件509件、房地产纠纷案件1235件，占民事案件41.69%；加强对国有企业破产改制、农村土地承包及征地补偿等敏感案件和群体性纠纷的调处化解工作，调处群体性纠纷185件；强化涉外案件的审理，审结知识产权一审民事案件52件，涉及标的金额841.13万元；遵循平等、中立原则，审结各类涉外、涉港澳台案件35件。共调解民事案件8143件，调解率42.27%，其中市中院调解365件，调解率15.95%。

【行政审判与国家赔偿】 2007年，市两级法院共受理行政案件493件，审结490件。一审受理362件，审结360件；判决维持行政机关处理决定、驳回原告诉讼请求的145件，撤销、变更、确认行政行为违法或无效的44件，原告撤诉78件，其他方式结案93件。二审受理131件，审结130件。审查非诉行政案件4022件，立案执行3886件。受理国家赔偿案件8件，审结8件。审理国家赔偿确认案件13件，确认13件。行政审判坚持引入协调机制，协调解决行政案件67件，协调成功率比上年增长15.81个百分点。召开全市法院行政非诉案件审查、执行工作经验交流会，明确操作规定，促使非诉行政执行案件规范有序地开展。

【案件执行】 2007年，市两级法院以最大限度实现债权人的合法权益为目标，探索解决“执行难”的新方法。围绕全市中心工作，先后开展清收农村信用社不良贷款、非诉行政执行案件等专项执行活动。共实际执结涉及农村信用社不良贷款案件277件，占清收案件80.85%，涉案金额7837万元;执结非诉行政执行案件3317件，执行到位金额7469.16万元。市中院协助政府有关部门，依法收回蟠龙片区涉及历史遗留问题的土地140多公顷。根据石门森林公园的申请，依法强制非法占用土地的被执行人移交土地使用权60.7公顷。完善执行权制约机制，实行财产调查和控制、财产处置、执行裁决“三权分立”，实行执行的立案、财产调查、执行程序、财产执行和分配“五公开”。运用财产申报、曝光赖账人名单、限制或禁止融资、出境、置业、高消费等执行威慑手段，促使691名被执行人履行义务。共受理执行案件9372件，执结(含中止执行)8980件，执行标的金额27.61亿元。

【审判监督】 2007年，市两级法院坚持“宽进严出、依法纠错”的原则，认真处理申诉和申请再审案件，依法支持当事人的合理诉求。共接待群众来访1.39万人次，来信1819件，立案审查申诉案件388件，进入听证程序334件，受理再审案件237件，审结221件。其中，判决维持原判的占53.85%，改判和重审的占36.71%，调解或撤诉的占9.05%，其他处理占10.41%。

【审判管理】 2007年，市两级法院结合“转变干部作风，加强机关效能建设”活动和“创新年”活动，重点抓好集中整改和建章立制，落实首问负责制、限时办结制和责任追究制等规章制度22项。积极开展案件评查和质量分析，共评查各类案件1.12万件。举行全市法院裁判文书质量评比活动，共点评裁判文书392份，评选优秀裁判文书40篇。设立差错文书曝光台，对存在严重差错的裁判文书予以通报和批评。开展纠正监外执行罪犯托管漏管专项活动，共清查监外执行罪犯1524名，未发现漏管现象。

(谢林伶)

检　察

【概　况】 2007年，南宁市人民检察院辖12个县区检察院和茅桥地区人民检察院1个派出机关。市两级检察院在编干部722人，其中检察员429人(检察长14名)，助理检察员51人。市检察院在编干警145人，其中检察员78人，助理检察员21人。4月23日市检察院临时机构检务督察领导小组和检务督察室成立;9月市检察院法警支队成立;12月19日市检察官协会成立。全市检察机关建立办公限时办结制，实行不批准逮捕说理制与快速办案、办案预警、办案情况集体综合分析等机制，制定检察工作措施23条，提升检察能力和执法效能。贯彻“宽严相济”刑事政策，共立案侦查贪污贿赂犯罪164人，侦查终结152人，起诉120人，法院审结并作有罪判决103人;立案侦查渎职侵权犯罪32人，侦查终结26人，起诉21人，法院审结并作有罪判决9人;通过查办职务犯罪案件为国家挽回经济损失4303.76万元。受理提请批准逮捕5858人，批准或决定逮捕5234人，不批捕612人，建议侦查机关(部门)撤案14人。受理审查起诉5480人，提起公诉4915人，决定不起诉150人，建议公安机关撤案219人，法院作出有罪判决4969人。受理刑事立案监督案件并要求公安机关说明不立案理由149件，公安机关直接立案145件234人，通知公安机关立案3件4人;追加逮捕243人，追诉漏犯116人;提出刑事抗诉10件，提请刑事抗诉2件。检察交付罪犯执行刑罚1668人，纠正减刑、假释、暂予监外执行不当27人。受理民事行政申诉案件580件，立案审查256件，以当事人息诉服判方式结案83件，向法院提出抗诉45件;提请民事抗诉167件，被采纳83件;建议提请民事抗诉89件；法院再审审结民事抗诉案件17件，改判9件，调解处理3件，维持原判5件。被上级检察机关和地方党政机关评为先进集体89个、先进个人321名；立集体二等功2个、三等功4个;立个人二等功4名、三等功11名。青秀区检察院被评为全国先进基层检察院，并获第二届全国十佳基层检察院提名奖;市检察院黄康宁被评为全国检察机关计划财务装备工作先进个人;良庆区检察院副检察长黄素卿被评为全国巾帼建功标兵;兴宁区检察院谭璇获中国青年五四奖章。

【刑事检察】 2007年,市两级检察院受理刑事立案监督149件,要求公安机关说明不立案理由148件,公安机关直接立案145件234人,通知公安机关立案3件4人,公安机关接到通知后立案3件4人。经立案监督程序的案件批准逮捕148人,提起公诉154人(含上年积存86人)。法院判刑161人(含上年积存98人),其中:判处10年以上有期徒刑5人,判处3~10年有期徒刑30人,判处3年以下有期徒刑85人,判处管制、拘役、单处附加刑、免刑41人。向侦查机关发出检察建议书2份,发出纠正违法通知书142份,追加逮捕243人,追诉漏犯116人。通过二审程序提出抗诉10件,通过审判监督程序提请抗诉2件,支持抗诉7件。

【监所检察】 2007年,市两级检察院通过羁押期限预警提示、提前告知和纠正超期羁押催办督办,对易发多发超期羁押的环节实施重点监督。监督市检察院当年办理的295件612人的办案期限,无超期羁押;监督市中级法院纠正超期羁押2件7人。检察交付罪犯执行刑罚1668人,审查执行机关提请减刑、假释、暂予监外执行5577件,审查减刑、假释裁定书和暂予监外执行决定6758件,监督纠正减刑、假释、暂予监外执行不当27人。开展监外执行半年定期专项检察,检察监外执行罪犯1089人,发现和督促纠正脱管失控52人、漏管16人,发现又犯罪1人并监督收监。核查2004年7月至2007年6月被裁决监外执行罪犯755人,发现脱管84人,纠正46人;发现漏管41人,纠正23人。审查2005年1月至2007年6月监狱、看守所、法院办理的保外就医225件。检察监管场所安全防范1500次,发现事故隐患90起,提出纠正建议82条,消除事故隐患90起。12个二级规范化派驻检察室全部通过上级检察机关检查验收。

【控告申诉检察】 2007年,市两级检察院通过开展4次“公开大接访暨与民沟通日”活动、2次下访巡访专项活动和集中处理涉检信访专项活动、举报宣传周活动,增进检察机关与社会的沟通。并创新检察机关信访工作机制,首次采用经济补偿方式解决一件因检察人员执法过错造成经济损失、又不属于刑事赔偿范围而上访10年的案件;马山县检察院建立上级交办案件“先回访后结案”等制度,被自治区检察院推广;兴宁区、良庆区检察院聘请检察信息员收集职务犯罪信息。全市共受理来信来访来电2623件,受理举报线索1048件(属检察机关管辖726件),控告423件,申诉1152件(刑事申诉183件、民事申诉328件、其他申诉641件);举报中心初查275件,移送立案97件。检察长接待来访447件819人,批办236件,办结175件。受理刑事申诉88件,直接审查结案11件,立案复查56件,通过其他途径妥善处理21件;复查结案50件,其中维持原决定48件、改变原决定1件、提出抗诉1件;立案复查未审结6件。未立案审查而通过其他途径处理21件。办理刑事赔偿案件10件(含请求赔偿复议2件),办结8件,决定赔偿6件;办理各级领导机关和领导交办案217件,办结132件;妥善处理集体访40批283人次。

【民事行政检察】 2007年,市两级检察院把房屋拆迁纠纷、商品房买卖合同纠纷和劳动争议纠纷等群体性申诉作为办案重点,公正实现群众的民生诉求。集中复查2003~2006年抗诉后法院再审维持原判的民事行政案件55件,提出了改进工作的对策。市检察院主管检察长受邀首次列席市中级法院审判委员会3件民事行政抗诉案的讨论。共受理各类民事行政申诉案件580件,立案审查256件,向法院提出抗诉45件;提请抗诉167件,被采纳83件;建议提请抗诉89件。出庭支持抗诉68件。法院再审审结抗诉案件17件,改判9件,调解处理3件,维持原判5件。对于确有错误但又不适合抗诉的案件,向法院提出再审检察建议45件,法院采纳4件。对于法院判决并无不当的民事行政申诉案件,以当事人息诉服判的方式结案83件。

【贪污贿赂案件查办】 2007年,市两级检察院深入案件多发行业和领域挖掘案源,集中力量深查窝案串案,共立案侦查窝案串案41件78人。加强与反渎职侦查部门的联系,从渎职案件中发现和查办贪污贿赂犯罪2件4人。突出查办商业贿赂、城镇建设领域贿赂中的大案要案及群众反映强烈发生在基层的案件,实行快速办案机制,缩短内部审查期限,提高办案效率;推进侦查一体化工作机制建设,市检察院通过侦查指挥中心调剂案件线索和办案力量,向下一级检察院交办80件,指定管辖34件,从中立案侦查21件32人;从下一级检察机关抽调侦查骨干组成专案组,侦破文化管理领域的商业贿赂案6起。共受理贪污贿赂等职务犯罪案件线索343件,初查265件,立案侦查101件164人。其中:贪污37件79人,贿赂33件42人,挪用公款23件24人,私分国有资产8件19人。立案侦查大案(贪污贿赂案值5万元以上,挪用公款和私分国有资产案值10万元以上)62件,要案12人;立案侦查的贿赂案件中,属商业贿赂33件42人,城镇建设领域贿赂10件11人,土地、电力、交通等领域34件40人。侦查终结95件152人,移送起诉86件141人(含上年积存11件15人),移送不起诉7件7人(含上年积存3件3人),撤销案件6件8人(含上年积存2件4人);提起公诉67件120人,法院审结并作有罪判决103人。通过办案为国家挽回经济损失4274.4万元。

【渎职侵权案件查处】 2007年,市两级检察院集中开展反渎职侵权宣传月活动,上街设宣传点47个,发表电视讲话3次、广播讲话9次、文章48篇,到国家机关宣传24次,制作宣传牌184块。市检察院两次到职务犯罪预防基地讲授惩治和防范渎职犯罪的法制课、播放警示片,800名国家工作人员接受教育;在南宁电视台公共频道播放渎职侵权犯罪警示片《职责与犯罪》共36集。共受理渎职侵权犯罪案件线索73件,初查55件,立案侦查渎职侵权案件32件32人(属重特大案件8件8人)。其中:滥用职权15件15人,玩忽职守9件9人,徇私枉法7件7人,国家工作人员非法拘禁1件1人。以突出查办危害司法公正、破坏土地资源和环境的渎职犯罪案件为重点,立案侦查群众反映强烈的破坏土地资源犯罪14件14人。侦查终结26件26人,移送起诉24件24人,移送不起诉2件2人;起诉21件21人(含上年积存3件3人),不起诉8件8人(含上年积存7件7人);法院审结并作有罪判决9件9人。通过办案为国家挽回直接经济损失29.36万元。

【审查起诉】 2007年,市两级检察院深化普通程序简化审理操作,开展量刑建议改革,推广运用多媒体示证系统,首次建立和推行轻微刑事案件快速办理机制,应用电脑网络系统建立网上备案通道,加强对拟撤回起诉、判决与起诉不一致等案件备案审查和监管。与公安侦查部门建立检警联席会议协调办案工作的机制,推动办案衔接和侦查活动监督。实行公诉动态月报制度,加强公诉信息交流和工作管理;组织南宁市检察机关第二届公诉论辩赛,促进公诉队伍素质持续提高。贯彻“宽严相济”刑事政策,突出打击重点的同时对未成年人犯罪、初犯、偶犯、过失犯和主观恶性小、社会危害不大的犯罪,利用促成和解、不起诉、从轻量刑建议、庭审感化等方式实施教育和司法挽救,减少社会对立面,促进社会和谐稳定。共受理审查起诉3550件5480人,审结3351件5065人,提起公诉3255件4915人,决定不起诉150人,建议公安机关撤案141件219人。法院审结并作出有罪判决(含一审、二审)4969人。

【审查逮捕】 2007年,市两级检察院保持对严重刑事犯罪的高压态势,批准逮捕涉嫌杀人、绑架、抢劫、故意伤害、强奸等严重暴力犯罪1489人,涉嫌盗窃、抢夺等多发性犯罪1809人,涉嫌毒品犯罪423人,涉嫌赌博犯罪41人。结合整顿和规范市场经济秩序活动,从严从重打击走私、偷税、诈骗、侵犯知识产权、制售假冒伪劣产品等破坏市场经济秩序犯罪,市检察院在法定期限内办结由公安部督办的广西永乾公司非法经营案;批准逮捕诈骗案101件156人,合同诈骗案15件17人,非法经营23件63人。不批捕316件612人,其中犯罪情节显著轻微、危害不大,认为不构成犯罪的66件144人,事实不清、证据不足的124件212人,无逮捕必要的126件256人。首度实行不批准逮捕说理制,案件办结后制作《不捕案件理由说明书》发给侦查机关,并对部分不批准逮捕的轻微刑事案件实行公开审理,推进执法明理与公正。建立批准逮捕后不起诉、撤案等案件办案质量定期分析制,交叉检查2006年度不批捕、逮捕后撤案、逮捕后不诉等案件质量,并举办案件质量分析培训班。结合机关效能建设,落实快速办案机制,快速办理轻微刑事案件。共受理审查批捕案件3682件5858人,批准或决定逮捕3356件5234人,不批捕316件612人,建议侦查机关(部门)撤案10件14人。

【职务犯罪预防】 2007年,市两级检察院落实"围绕法律监督职能、围绕职务和围绕犯罪"的工作思路,把惩治和预防职务犯罪有机地结合起来。一是开展个案预防,用身边案教育身边人。对检察机关侦查终结的107件职务犯罪案件中的79件实施个案预防;向各级党委、政府及相关部门提出职务犯罪预防的检察建议147件,被采纳133件,其中被同级党委、政府采纳上升为同级党委、政府决策46件。二是建立警示教育基地。3月在南宁监狱建立南宁市预防职务犯罪警示教育基地,分12批次组织南宁市规划、建设、市政、金融等行业公职人员及青秀、良庆、江南区的领导干部3000多名到基地开展警示教育活动;组织开展预防警示教育活动40次。三是开展重点领域专项预防和系统预防。市检察院主持召开由市工商局等11个单位组成的预防网络联席会议,加强预防职务犯罪工作联系,增强制度、教育、监督功能的源头预防;会后,市烟草专卖局加入预防网络体系。共开展系统预防13项,在重点工程建设项目开展专项预防16项。市检察院推动建设、医疗卫生等管理单位首次把行贿犯罪档案查询证明作为重大工程项目招标投标的准入条件,受理建设领域2件5人的行贿犯罪记录查询,并出具查询证明。四是开展预防职务犯罪宣传教育和咨询。市检察机关上职务犯罪预防教育课97次,受教育的党员群众2万人次;开展预防宣传咨询活动130次,发现贪污渎职案件线索4件,立案3件。

【检察技术】 2007年,市两级检察院继续开展检察业务、队伍和信息化"三位一体"机制建设试点,市检察院新增电脑25台、服务器1台,配备计算机专业技术人员9名,建成市检察院信息数据异地灾难备份系统、电话举报自动受理系统和电子触摸屏系统,改版升级信息发布系统;县区检察院新增电脑54台、服务器4台,配备计算机专业技术人员。搭建网络办公办案应用平台,开展网上办公办案试点,其中网上审批签发文件,市检察院83份、邕宁区检察院83份、宾阳县检察院36份、马山县检察院46份;网上办案实时收录或补充收录,市检察院111件、兴宁区检察院447件、江南区检察院340件、宾阳县检察院501件、马山县检察院155件。受理并办结文证检验60件,法医鉴定92件,司法会计鉴定12件,提供专业技术协助477件。为3次全国性会议、22次全自治区性会议、1次全市性会议提供视频技术服务。对贪污渎职重大案件审讯全程监控录像,并制作视听证据资料40件。

【人民监督员制度试点】 2007年,除良庆区检察院的人民监督员尚未到期不需换任外,市检察院和11个县区检察院换任人民监督员74人,其中第一届留任20人。市检察院在全市率先采用由市人大常委会确认的方式选任第二届人民监督员,改变第一届人民监督员以本人同意、所在单位和组织部门确认的选任方式。当年市检察机关办理的职务犯罪案件,犯罪嫌疑人不服逮捕、拟不起诉、拟撤案的"三类案件"全部进入人民监督员的监督程序,共接受人民监督员监督"三类案件"50件,其中犯罪嫌疑人不服逮捕决定2件,拟不起诉44件,拟撤销4件;监督终结44件,人民监督员经过评议和表决,同意检察机关承办部门拟定意见40件,不同意4件;经检察长或检察委员会决定采纳人民监督员意见2件,不采纳2件。3月,良庆区检察院人民监督员监督了南宁市首例属于"应当立案而不立案或者不应当立案而立案,超期羁押,违法搜查扣押冻结,应当给予刑事赔偿而不依法予以确认或者不执行刑事赔偿决定,检察人员在办案中有徇私舞弊、贪赃枉法、刑讯逼供、暴力取证"等五种情形之一的案件。年内,市检察院收到下一级检察院报批职务犯罪拟不起诉案件35件46人,其中拟作相对不起诉处理20人,拟作存疑不起诉处理23人,拟作绝对不起诉处理3人;审结批复32件43人,同意下级检察院拟不起诉意见40人,同意作不起诉处理、但改变下级检察院拟不起诉类型1人,同意作不起诉处理、但改变下级检察院拟不起诉罪名1人,不同意下级检察院拟不起诉意见、认为应由部门撤案1人;审查并同意下

3月22日,南宁市预防职务犯罪警示教育基地在南宁监狱建立,并举行预防职务犯罪警示教育现场会 市检察院提供

一级检察院撤销职务犯罪案5件;对职务犯罪嫌疑人不服逮捕而决定逮捕的案件,接收下一级检察院备案审查1件,报送上一级检察院备案审查1件。

【青秀区检察院被评为全国先进基层检察院】 2003~2006年,青秀区人民检察院积极开展争创业绩一流的先进基层检察院活动,通过深化检察改革,创新完善体制机制,深化规范执法行动,推进检察业务、队伍和信息化"三位一体"机制建设,增强检察工作效能。共立案查处贪污贿赂、渎职侵权案件72件73人,均为大案要案,为国家挽回经济损失1077.3万元。批捕犯罪嫌疑人198名,提起公诉1286件1780人,法院均作有罪判决。追加漏捕72人,追加漏诉24人;办理刑事立案监督案件50件;监督重大工程开标30项,为工程建设项目节约资金1500万元。2003年,被评为自治区先进基层检察院,记二等功一次;自治区人民满意政法单位,记二等功一次。2004年,被评为全国检察机关文明接待室。2005年,被评为全国先进检察院。2006年,被评为全国模范检察院,首批全国基层检察院规范化建设示范院。2007年2月,被评为全国先进基层检察院。 (蒙 旗)

公 安

【概 况】 2007年,南宁市公安局辖兴宁、青秀、西乡塘、江南、邕宁、良庆、南湖、高新、青秀山风景区、森林、华侨投资11个分局和武鸣、横县、宾阳、上林、马山、隆安6个县局共189个派出所,在编民警7206人。各级公安机关以牢固树立执法为民思想为核心,以化解社会矛盾为主线,以深入推进"三基"工程建设为载体,为构建"开放南宁"、"和谐南宁"创造良好的政治和治安环境。共有5个单位、16名个人立集体、个人二等功,41个单位(集体)和130名个人立集体、个人三等功,2137名民警获个人嘉奖;1个单位被评为全国优秀公安局,2个单位被评为自治区优秀公安局,4个单位被评为全国优秀基层单位,7名民警被评为自治区优秀民警。

【110报警服务台】 2007年,市公安局110报警服务台共受理群众求助电话159.99万起。其中:110电话151.50万起,119电话3993起,120电话2.89万起,122电话5.2万起。形成有效事件14.85万起。其中:刑事案件2.74万起,占18.43%;治安案件3.12万起,占21.01%;涉稳(定)案件1054起,占0.71%;其他案件8.88万起,占59.85%。受理群众求助和为群众排忧解难1.32万次。

【刑事案件侦查】 2007年,市公安局全力以赴侦查破案,严厉打击各类刑事犯罪活动。共立刑事案件2.31万起,破案9927起,逮捕5009人,刑事拘留5999人,分别比上年下降1.16%,上升7.95%、0.14%和4.69%。

"侦破命案"专项斗争 共立命案155起,破获148起,破案率比上年上升5.41%。破获"2006·10·27"、"2007·2·17"系列强奸杀人案,"3·12"羽毛球馆抢劫杀人案,"6·7"持枪杀人抛尸案,"11·27"南北高速公路故意杀人案等一批社会影响恶劣、侦破难度系数高的重大命案。实现了公安部提出的立案数下降、网上命案逃犯数下降、命案破案率上升"两降一升"的工作目标。

"打黑除恶"专项斗争 3月,市公安局下发《关于进一步深入开展打黑除恶专项斗争有通知》,继续开展"打黑除恶"专项斗争行动,对黑势力做到"打早打小,露头就打",打掉上林县韦忠诚涉嫌黑社会性质犯罪组织,侦破"6·7"特大绑架杀人案,"9·28"恶性袭警案。

"两抢一盗"专项斗争 刑侦支队破获抢劫案61起,破获抢夺案248起,破获盗窃机动车案109起、盗窃自行车案62起、入室盗窃案34起、其他盗窃案59起;抓获抢劫嫌疑人39人、抢夺嫌疑人63人、盗窃机动车嫌疑人44人、入室盗窃嫌疑人6人;打掉抢夺团伙6个共17人、盗窃机动车团伙3个共11人;缴获汽车30辆、摩托车38辆及赃款300万元。4~5月,破获自治区公安厅督办的滕球兴盗窃汽车集团案和黄忠宁抢夺团伙及刘付福飞车抢夺团伙案。全市"两抢"案件比上年下降20.95%。

【经济犯罪侦查】 2007年,市公安局共受理经济犯罪案件371起,立案310起,涉案金额23.16亿元,破案190起;抓获犯罪嫌疑人338人,刑事拘留299人,取保候审113人,逮捕179人,移送起诉161人;追缴涉案款1.88亿元、涉案物品折价493.45万元,挽回经济损失2.09亿元。打击取缔了影响全国的"8·03"广西永乾公司、新疆"达氏家族"、福建人"7·11"非法传销组织,破获2006年广西广屋房产置换有限公司特大合同诈骗案和广西好一生制药有限公司擅自发行股票案。

【经济文化保卫】 2007年,市公安局为确保"两会一节"和党的十七大召开期间的社会稳定,共组织召开各种会议19次。元旦期间,组织开展安全大检查4次,出动民警260人次,检查包括宾馆饭店内的单位510个次、重点要害部位1930处,发现隐患332个处,帮助整改305处,下发《安全隐患整改通知书》14份。确保单位内部政治秩序和治安大局稳定。

【治安管理】 2007年,市公安局推进治安管理工作的正规化和规范化建设,全面清理治安管理部门职责,采取"一级监督、两级管理"的工作方式,实行治安管理属地化,简化行政审批程序。同时加大对治安管理部门防控建设,完善典当行、娱乐场所、旅馆业、民用爆炸物品、枪支、剧毒危险物品等项目的电子视频、闭路电视监控、信息管理系统的建设和管理。共发现受理治安案件2.66万起,查处1.01万起。组织开展全市性的专项行动22次、治安检查248次,检查行业425家次;收缴雷管486枚、导火索400米、各类枪支183支、弹药552发、管制刀具13把、废旧炮弹1023枚、烟花116件、摔炮200公斤;审批(并参与勤务保安工作)1000人以上大型活动217次,出动警力715人次,警车187台次,制订活动方案165份;组织全市娱乐场所大检查5次,检查娱乐场所273家次,下发整改通知书84份。

【巡逻防范】 2007年,市公安局建立以指挥中心为龙头、以巡特警为主力、以分局为基础、以交警为补充、以保安力量为辅助、以警务督察为保障的全市"网格化"治安巡逻防控机制,同时创新警务机制,全面推广错时工作制、弹性工作制、主副班制,将警力最大限度地摆上社会面。全市建立监控点275个,实现每平方公里1个;设立以街面治安防控点为支撑的巡区94个,落实电瓶巡逻车154台,增设治安岗亭100多个。巡警支队投入"网格化"巡防警力2.93万人次,路面巡警盘查可疑人员3.56万人次,抓获犯罪嫌疑人1601人。

【禁毒斗争】 2007年,市公安局以禁毒人民战争为主线,组织"撒天网"、"猎鼠"、"飓风"行动,打击外流贩毒和新型毒品犯罪,整治公共娱乐场所,开展年终社会治安整理等专项行动,加强禁毒宣传教育工作,强化易制毒化学品和麻醉精神药品管理。共查破毒品违法犯罪案件3377起,查处毒品治安案件2962起,缴获各种毒品2.1万克,抓获毒品违法犯罪嫌疑人3566人,逮捕406人,劳教戒毒1014人,强制戒毒2980人。先后在石埠高速公路收费站设卡查获"1·14"高纯度毒品海洛因698.7克案,江南"3·28"现行贩毒337.42克海洛因案和"5·7"人身藏毒等大案要案。

【出入境管理】 2007年，市公安局贯彻落实便民服务新举措，建立健全接待、受理、审批和内部管理一系列工作制度，继续推行警务公开和“阳光作业”，设立警务公开栏，并通过接待大厅的电子滚动屏幕和触摸屏向群众公开办证程序、有关法规、审批结果、收费标准和监督电话。共接待来访群众12万多人次，受理出国(境)申请8.86万人次，批准出国(境)申请8.85万人次（出国2.53万人次，赴港澳6.26万人次，赴台695人次)。办理外国人居留许可1746本、入出境证66本、签证签发3222人、台胞证件608份，出具报失证明31份。

【户政管理】 2007年，市公安局按政策审批办理准迁手续1.09万人。其中:购房入户6374人，投资纳税入户280人，受聘人员入户10人，弃婴入户150人，成建制入户268人，工作调动3152人，随军家属入户354人，公务员录用49人，人才引进2人，毕业分配或改派入户154人，招工120人，其他35人。加强身份证管理，开展换发二代证工作，制发身份证199.44万张，办临时身份证2.01万张。开展对暂住人口的登记工作，有暂住人口32.41万人，实发暂住证12.83万人。出动警力6586人次，清查出租屋6607户、建筑工地226处、公共场所440处、复杂区域150处，抓获违法犯罪嫌疑人563人，破获刑事案件16起、治安案件61起，刑事拘留23人，劳动教养5人，行政拘留28人，教育释放285人，警告222人。

【交通安全管理】 2007年，市公安局围绕创建“平安县区”、“降事故、保安全、保畅通”的目标，做好交通安全管理工作。达标的县区有9个，其中横县被评为全国先进“平安畅通县区”。开展交通安全整治，重点整治马路市场、车辆乱放、闯红灯。查处机动车乱停乱放行为7.18万起，取缔非法设置停车泊位892个，新设路内临时停车泊位2943个。查处各类交通违章行为34.2万次，扣留机动车7.4万辆、驾驶证5016本，行政拘留56人，同时开展交通安全教育和各种宣传活动1400场次，发放宣传资料120万份，印制宣传横幅标语1.68万条，到企事业、学校、农村上交通安全课1850次，受教育群众200多万人次。严格机动车辆管理驾驶人的考试工作，共办理机动车入户注册登记1.08万辆，办理机动车年度检验61.43万辆。全市机动车保有量99.27万辆（汽车22.45万辆、摩托车76.6万辆)，有驾驶人员99.7万人。在自治区内率先推广使用“交通事故综合管理系统”，进一步实现事故处理快速化、自动化、电子化和规范化；建成并正式启用交警队信息平台，提高基层所、队执法能力和服务水平；新增启用PDA移动调度指挥系统，提高应对紧急情况能力；完成全市中小学及幼儿园周边道路交通安全设施完善工程，共划道路交通标线5.24万平方米，设置交通标志850套。全市共发生交通事故案1659起，死亡485人，受伤2322人，直接经济损失428.32万元。

【消防管理】 2007年，市公安局消防支队以作风建设为重点，推进部队正规化建设进程，提高执勤备战和灭火救援能力，完成以防为中心的各项工作任务。灭火救援1605次，出动消防车2798辆次、消防官兵1.55万人次，抢救被困人员578人，疏散人员735人，保护抢救财产价值1.4亿元。组织检查化工、油库、液化气（天然气）库、宾馆等重点企业1936个，对电信、党政机关、学校、商业中心等单位进行检查1.71万次，发现火灾隐患2.09万处，整改2.06万处，发《限期整改通知书》1073份、《重大火灾隐患限期整改通知书》5份。对于存在火灾隐患和违法行为、限期不按期整改的，坚决依法处罚，处罚单位307个，处罚个人308人，行政拘留49人，刑事拘留1人。开展“11·9”消防宣传周活动，为280多个单位进行防火安全宣传教育，受教育群众40多万人次。全市共发生火灾243起(重特大火灾2起)，死伤11人，直接经济损失258.68万元。

重特大火灾事故 2007年2月11日3时30分，中山路222、224、226号居民住宅发生火灾。火灾造成3人死亡、2人受伤，烧损民房3间及家电、家具和生活用品一批，过火面积245.5平方米，直接财产损失11.54万元。火灾原因为中山路226-1号金城江风味小吃铺面内东北角(距北墙0~1.6米、距小吃店门口0~0.7米)自行拉接的电源排插接触不良打火，引燃周围可燃物。6月3日晚约10时50分，中山路靠近南国街一段的一间临街铺面突然起火，接连殃及临近的7间铺面，烧损房屋8间，现场无人员伤亡。

【基层警务建设】 2007年，市公安局制定《关于全面实施社区和农村警务战略的工作方案》，实行警务公开，落实《警长负责制》、《社区驻村民警责任制》及《社区和农村警务工作考评办法》。全市188个公安派出所完成警务区划分、社区和农村民警的定位工作，共划分警务区615个，警务区民警916人（社区民警558人，驻村民警358人)。在市区建立各类群防群治组织2086个，成员1.61万人。开展以“警民相约警务室”为主题的“咨询服务日”、“警务室开放日”活动，共设宣传、咨询服务点300处，向群众提供咨询服务累计达10万多人次。召开座谈会

2007年南宁市特大交通事故情况表

时 间	地 点	原 因	伤 亡
1月23日	马山境内县道X488线上林往马山方向89公里处	车辆转弯时失控自侧翻	死亡4人，伤46人
2月 8日	国道324线隆安县南圩镇连安村路段	轿车追尾碰撞到前方重型特结构货车车尾	死亡4人，伤1人
2月15日	国道210线武鸣至双桥一级路段农行别墅路段	不按规定会车	死亡3人
4月10日	隆安县境内国道324线1769公里处	重型半挂牵引车牵引重型罐式半挂车与大型卧铺车追尾	死亡3人，伤10人
7月10日	良庆国道325线由北海往南宁方向792公里处	不按规定车道行驶	死亡3人，伤2人
7月31日	马山县古寨乡至里当公路方向2公里处	车辆转弯下坡时坠下道路右侧32米深山崖	死亡4人，伤4人
8月 5日	国道210线武鸣往南宁方向2980公里处	两车对向行驶发生碰撞	死亡3人
8月28日	国道210线马山往武鸣方向2966公里处	不按规定车道行驶	死亡3人，伤4人
11月27日	马山境内国道210线2889公里木棉道班交叉路口	不按规定会车	死亡5人，伤4人
11月29日	上(林)马(山)二级路52公里处	未取得驾驶证驾驶机动车追尾三车相撞	死亡5人，伤47人
12月7日	北大江滨路口	不按规定会车三车相撞后一小客车又与停靠车相撞起火	死亡3人，伤1人
12月14日	上林县道488线上林至马山二级公路64公里处	不按规定会车	死亡3人，伤8人

9月24日,"八桂·2007"反恐演习暨公安武警苦练基本功汇报演练举行

市公安局提供

215次,邀请各界群众代表6500人。警区民警访贫问寒送温暖650次,做好事1500件。

【反恐怖演习】 2007年9月24日,由自治区公安厅主办、市公安局协办的"八桂·2007"反恐演习暨公安武警苦练基本功汇报演练在南宁市举行,参加演习的有广西武警总队反恐大队、卫生、环保车队,市公安局多功能反恐车队、消防支队车队、交通警察摩托车队、巡逻警察支队车队、女警方队、防暴警察方队。内容有神枪手表演、处置群体性事件演习,处置拦路抢劫交通工具、劫持人质恐怖事件演练、劫持危险化学品运输工具恐怖事件演习、处置入室劫持人质恐怖事件演练。参加演习的民警1400多人,出动机动车辆115台。

【典型案件侦破】

广西科康股份有限公司擅自发行股票案 广西科康水蛭素股份有限责任公司法人代表周维海与南宁市手握手投资管理有限公司法人代表黄东雄密谋策划,签订《改制、融资策划书》,制定"股票"发行计划,在未经证监部门批准的情况下,在民族大道泰安大厦20层设立办公室,许以低风险投资、高额回报的承诺,以每股1~3元不等的价格,面向社会销售"广西科康股份有限公司原始股"。自2004年5月至2007年4月,售出"广西科康股份有限公司原始股"735.69万股,筹集资金996.07万元,诱骗股民506人。2007年8月17日,市青秀公安分局经侦大队破获此案,周维海因涉嫌擅自发行股票罪被移交起诉,犯罪嫌疑人黄东雄在逃。

广西永乾生物科技有限公司非法传销案 2006~2007年,以犯罪嫌疑人李国生、许武焕为首的广西永乾生物科技有限公司传销犯罪团伙在除南宁和港、澳、台等地之外的全国各省、市、自治区发展成立代理商行近3000多家,会员7万多人,涉案金额超过19亿元。2007年8月3日,市公安局侦破此案。共抓获拘留主要犯罪嫌疑人18人,逮捕犯罪嫌疑人14人,取保候审3人;查封扣押该公司设在江苏常州、上海市两地的服务器、大量财务账册和涉案车辆、电脑等物品及涉案款一批。

(黎 柱 李泽泰 李 金 杨 梅)

司法行政

【概 况】 2007年,南宁市司法局辖12个县区司法局、123个乡镇(街道)司法所。各级司法行政机关加强机关作风效能建设,践行社会主义法治理念,组织实施全市"五五"普法规划,提高市民法律素质和社会法治化管理水平;推进基层司法所和人民调解组织规范化建设,司法所和人民调解组织依法调解民间纠纷1.01万件,调解成功9749件;规范和发展公证、律师和基层法律服务事业,律师办理法律事务4072件,公证处办理公证1.82万件,基层法律工作者代理诉讼及非诉讼法律事务1598件;健全法律援助网络,扩大法律援助范围,办理法律援助案件916件,接待来访咨询4401件,12348法律服务咨询热线解答法律咨询4513件;组织实施2007年度国家司法考试,报名应试2386人,考试合格取得法律职业资格证381人。全市有注册司法鉴定机构3家、鉴定人42人。司法行政系统有2人立二等功;7个单位、14人立集体、个人三等功;28个单位、44人获自治区级表彰;40个单位、93人获市级表彰。

【普法宣传教育】 2007年,南宁市各级司法行政机关和依法治理办公室组织全市普法对象开展普法学习,重点学习《中华人民共和国物权法》、《中华人民共和国农产品质量安全法》、《中华人民共和国义务教育法》等10部法律法规。处级以上领导干部和机关、企事业单位科级以下干部职工及社区、村委会干部共23万人参加了年度普法学习和统一考试,参学率、参考率、考试合格率达到自治区的统一要求。重点加强领导干部、公务员、企业经营管理人员、青少年、农民及进城务工人员的学法活动。通过党委理论学习中心组学法、法制讲座、党校培训、"双休日工程"等机制,将公务员法律学习纳入全市公务员年度培训计划,落实领导干部和公务员学法用法工作;通过举办法律培训和加强对企业学法用法工作的检查指导,促进企业规范化管理和依法经营;把青少年法制教育与未成人思想道德教育结合起来,将有关法律法规列入学校德育教育范围,做到法制教育计划、教材、课时、师资"四落实",全市中心完全小学以上中小学全部配备法制副校长,定期在学校为青少年宣讲法律知识,探索预防青少年违法犯罪工作方法;结合农民党员大培训及百万农民工就业前培训工作,开展对农村村民委员会和村党支部委员、农民党员、农民工、城市流动人口的法制宣传教育,增强遵纪守法意识和依法维权观念。南宁市及各县区共举办处级、科级领导干部法制讲座112期,培训1.47万人次;普法辅导员(宣传员)培训班231期,培训2.03万人次;法制副校长培训班41期,培训1113人次;企业经营管理人员法制培训班59期,培训3773人次;村干部法律知识培训班682期,培训3.33万人次;居委会干部法律知识培训班275期,培训8031人次。

【"法律六进"活动】 2007年,根据中宣部、司法部、全国普法办《关于开展"法律六进"活动的通知》部署,南宁市组织开展法律"六进"(进机关、进乡村、进社区、进学校、进企业、进单位)活动,行政执法机关加强公职人员学法用法制度建设,提高机关依法管理和服务社会的水平;开展送法下乡,促进社会主义新农村建设;推进和谐平安社区建设;提高青少年学生法律素质,预防青少年违法犯罪;推进企业规范管理、诚信经营;提高各单位依法管理水平。结合人民群众最关心和最直接、最现实的利益问题,先后开展"解矛盾保春耕"主题法制、城市建设拆迁法律法规、城乡清洁工程、劳动就业及劳动保障相关法律法规、禁毒、反邪教、妇女和未成年人权益保障、"两会一节"社会稳定法制、安全生产、食品药品安全生产、道路交通安全、应急联动知识宣传以及"税法宣传月"、"3·15"教育消费者权益日、全国助残日、"12·4"全国法制宣传日等主题宣传活动,引导群众依法维权和参与社会管理,营造良好的法治氛围。全市共举办广场宣传、送法下乡、送法进社区等主题活动1624次,组织法制文艺演出281场,编印、发放普法学习辅导、法律知识读本、法制宣传挂图等宣传资料147万份,编印出版法制宣传专栏、依法治市简讯各12期7.2万份,出版法制板(墙)报1851期,张挂标语、横额等2430多条,接待群众咨询62.34万人次。

【民主法治村(社区)创建活动】 2007年,南宁市继续开展民主法治村(社区)创建活动,制定下发《关于深化创建"民主法治示范村"工作的意见》,全市100%的行政村开展民主法治示范村创建工作,推行村务公开,实行民主管理、村民自治,建设村法制学校,充实法律图书角,涌现出一批高标准示范村,武鸣县双桥镇下渌村、城厢镇大皇后村、青秀区伶俐镇独岭村先后被命名为全国民主法治示范村,兴宁区同仁村等29个村被命名为自治区民主法治示范村。组织开展"关爱促和谐——和谐建设在社区"活动,逐步完善社区依法治理"五个一",即每个社区建立一个法制宣传橱窗、一个法律图书角、一支专兼职人员相结合的法制宣传教育队伍、一套居民学法制度、每季度一次义务法制宣传活动。

【公证事务】 2007年,南宁市有市桂南公证处、市德芳公证处、市弘真公证处、武鸣县公证处、宾阳县公证处、横县公证处、马山县公证处、上林县公证处、隆安县公证处9个;公证员33人。共办理各类公证事项1.82万件。其中:国内民事事项公证5926件,国内经济事项公证2011件,涉港澳台公证864件,涉外公证9418件。公证收入383.17万元。

【律师事务】 2007年,南宁市有注册律师事务所53个,执业律师563人(新设律师事务所3个,新增执业律师95人)。担任公民和组织常年法律顾问230家,办理各类法律事务4072件。其中:刑事辩护及代理762件,民事诉讼代理2165件,经济诉讼代理491件,行政诉讼代理161件,非诉讼法律事务代理493件。

【基层法律服务】 2007年,南宁市有注册基层法律服务所73个,法律服务工作者385人。担任法律顾问397家,代理诉讼1087件、非诉讼法律事务511件,调解纠纷813件,法律咨询1.52万人次,为单位和当事人避免或挽回经济损失2762万元。9月6日,根据《广西壮族自治区人民政府办公厅关于印发行业协会和中介组织与行政职能部门脱钩工作方案的通知》,市司法局组织召开南宁市基层法律服务工作者协会第二次代表大会,通过协会第一届理事会工作报告、会费收支情况报告及协会章程等,选举产生新一届理事会及常务理事会,理事和常务理事全部由市各法律服务所从业人员担任,市司法局与协会完全脱钩。办公地址设在市海宁法律服务所,标志着南宁市基层法律服务工作者协会真正成为"自主办会、自主管理、自我发展"的社会组织。

【法律援助】 2007年,南宁市法律援助网络进一步健全,除市和各县区法律援助中心以外,在123个乡镇(街道)、2个开发区、1499个村(社区)、73个社团组建法律援助工作站(联络点)1697个。市和县区法律援助中心接待来访咨询4401件;办理法律援助案件910件,其中:民事案件380件,刑事案件530件。12348法律服务咨询热线接听并解答群众法律咨询4513件。

【法律服务工作者主题实践活动】 2007年,市司法局按照司法部和自治区司法厅的统一部署,组织法律服务工作者开展"法律服务和法律援助工作为构建社会主义和谐社会服务"主题实践活动,到社区、乡村开展法律咨询服务。公证处为孤寡老人、残疾人,以及办理批量公证的企业职工提供上门办证服务,为城建征地拆迁工作办理证据保全;律师参与市重点工程征地纠纷调处,轮流到市政府信访接待室参与涉法信访接待工作,共接访60人次,处置、解答涉法信访事项91件;基层法律工作者担任县区政府法律顾问,在招商引资、经贸洽谈以及征地拆迁等政府行政决策和行政行为实施过程中当好法律参谋助手,做好对群众的宣传、解释工作;法律援助机构为农民工合法维权提供方便快捷的法律援助,简化申请程序,降低援助标准,有效避免社会矛盾激化。

【人民调解】 2007年,南宁市依据《广西壮族自治区人民调解委员会规范化建设标准》,以县区为单位组织实施人民调解规范化建设工作。共建立人民调解委员会2070个,其中:乡镇、街道全部建立人民调解委员会,规范化建设面100%;村、社区、企事业、行业性、区域性人民调解委员会规范化建设面70%。市县乡村四级排查网络坚持经常排查与集中排查、全面排查与重点排查相结合,对排查出的矛盾纠纷立档建册,采取措施限时调处;矛盾纠纷调处化解工作实行责任制和属地管理原则,对特别突出的矛盾纠纷,通过完善政策、个案救助、公开听证、教育引导等办法进行化解。全市人民调解组织共排查和受理民间矛盾纠纷1.01万件,调解面100%,成功率96.2%;制止群体性械斗213件;防止民间纠纷转化为刑事案件136件;防止群体上访350件3560人,确保不出现因民间纠纷调处不及时或不当引发群体性事件和刑事案件。

【安置帮教】 2007年,南宁市各乡镇(街道)司法所和村(社区)扎实开展刑释解教人员衔接和安置帮教工作,按照底子明、不漏管、不脱管的工作要求,做到有台账、有帮教对象和措施、有回访记录,实行一人一档管理,切实掌握刑释解教人员动态,同时广泛动员社会力量参与安置帮教,做好就业安置和生活保障工作。市司法局根据自治区司法厅的要求,组织开展全市刑释解教人员调查摸底专项活动。全市登记刑释解教人员1.49万人,其中刑满释放人员1.16万人,解除劳教人员3384人。已衔接人员1.27万人,其中本地就业9293人,外出打工3410人。有跟踪帮教1437人,无跟踪帮教1973人。未衔接人员2239人,其中:见档不见人1124人,虚假信息1115人。刑释解教人员获得帮教且安置1.06万人,帮教未安置741人,未帮教人员1378人;刑释解教人员重新违法犯罪159人。新接收刑释解教人员2375人,全部及时登记归档,帮教率100%;安置率91.2%;重新违法犯罪率0.3%。

【基层司法所工作加强年活动】 2007年,市司法局根据自治区政府和司法厅的统一部署,开展基层司法所工作加强年活动和大石山区五县基础设施建设大会战,抓好上年为民办实事项目41个司法所建设工程收尾工作,加快推进基层司法所国债建设项目的实施。第一批70个项目完工67个;第二批18个项目动工15个,完工6个。在大石山区五县基础设施建设工作中,完成马山县、隆安县共21个司法所办公用房建设项目任务。继续加强基层司法所规范化建设,广泛开展创建队伍建设好、职能发挥好、管理规范好、硬件设施好、群众评价好的"五好"司法所活动。12月4~7日,自治区司法厅组织开展规范化司法所检查评定活动,南宁市被评为"五好"司法所12个、一级司法所12个。 (王琦汕)

责任编辑 梁笑飞

军　　事

南宁警备区

【概　况】 2007年，南宁警备区部队和民兵预备役部队贯彻落实科学发展观，坚持根本、加紧备战、从严治军、狠抓落实，完成年度各项任务。警备区被评为全国国防教育先进单位、全国民兵军事训练先进单位、全军应急信访先进单位、广西军区安全工作先进单位；邕宁区人民武装部被广州军区评为党风廉政建设先进单位，宾阳县人民武装部被广西军区评为全面建设先进团级单位。9人立三等功，兴宁区人民武装部部长邓又根、邕宁区人民武装部部长江新贵分别被广西军区评为优秀团级单位主官。

【思想政治建设】 2007年，警备区完成6个专题理论学习。9月，兴宁、江南、青秀3个城区人民武装部接受广西军区检查考核，取得好成绩。加强党委班子建设，对2个相对薄弱的团级党委班子进行重点帮建。强化干部的管理监督，调整使用营以下干部65名，安排干部交流锻炼12名，选送干部到院校学习深造9名，推动干部队伍素质的提高。"四反"(反渗透、反心战、反策反、反窃密)工作常抓不懈，会同国家安全部门对部队周边情况进行调查，掌握南宁市的隐蔽敌社情；加强对信息载体、秘密文件资料的规范化管理；对要害部位人员进行一次全面的政治审查，对7名不适合在机关和要害部位工作的人员进行调整。政治工作实战准备初见成效，广大官兵和民兵预备役人员准备打仗的意识明显增强。10月，协调市委组织部对12个人民武装部党委第一书记履行党管武装职责情况进行考评，强化各级领导干部的国防意识。扎实抓好全民国防教育，自治区党委常委、市委书记马飚被广州军区评为"国防之星"。

【战备训练】 2007年，警备区投入200多万元，新建国防动员指挥信息系统，丰富作战指挥手段，提高战时作战指挥效率。组织指导各县区对各种动员力量进行调整和充实，作战力量体系进一步健全。通过会议视频系统、办班培训、以会代训等方法，组织团以上首长机关、专武干部进行作战要素、指挥自动化系统和基本业务知识的学习训练。6月，组织南宁防空群首长机关带部分实兵拉动演练，提高指挥员和首长机关的组织指挥能力和民兵分队的应急作战能力。成建制组织民兵预备役人员开展针对性和实用性训练，共完成训练任务5400人，合格率100%。8月，通过自治区、广州军区的国防动员委员会对南宁市国防动员能力的检查评估。

【部队管理】 2007年，警备区深入开展"条令月"活动，先后4次组织作风纪律教育整顿。利用电视电话会议系统，警备区机关与人武部每天实施同步交班，办公秩序逐步正规。隐患排查和倾向性问题整治成效明显。先后3次召开安全形势分析会，组织4次大的隐患排查，对弹药仓库、保密室、民兵训练基地和出租门面等重点敏感部位，进行不间断的清理排查。先后2次与地方公安、信访等相关部门召开协调联席会议，成功遏制和化解5起群体性上访事件的发生。5月，根据两级军区的统一部署，高标准完成以科学预防和正确处置重大军警民纠纷为主要内容的广州军区安全稳定工作会议现场，得到两级军区首长和会议代表的高度评价。

【民兵预备役工作】 2007年，警备区根据民兵预备役部队所担负的任务，以及军区《国防后备力量建设"十一五"规划》和警备区作战方案实际需求，按照先上级后本级和"精选人员、配强骨干、专业对口"的原则，在民兵整组中对各种动员力量进行调整和充实，并逐人明确任务，使作战力量体系进一步健全。完成退伍军人及军事与专业对口技术人员服预备役登记统计；协调指导市国防动员委员会各专业办公室开展国防动员潜力调查；抓好应急作战动员所需的通用装备、物资器材的储备和预征；落实专业保障队伍的组训工作，基本达到"六定"(定单位、定任务、定力量、定装备物资、定组织指挥、定保障措施)要求。掌握全市各类动员潜力现状。

【城市警备纠察】 2007年，警备区抓好警备分队教育管理，对从事警备工作3年以上的1名参谋、2名连队干部和4名士兵骨干进行岗位调整或调离。加大检查纠察力度，共检查纠正违章违纪外出军人216人次，查处假冒军车112台次，收缴假冒、过期军车号牌124副，处理涉军纠纷、事故5起，查获假冒军人10起，维护了军队形象和军人的合法权益。"两会一节"期间，组织警备纠察分队到现场执勤，维持秩序。

【拥政爱民】 2007年，警备区围绕南宁市努力实现全国双拥模范城"四连冠"的目标要求，组织出动民兵1万多人次，配合公安部门维护社会治安，协助破案27次，协助抓获犯罪嫌疑人12人。"两会一节"期间，派出民兵1600人，连续5天在市区的重要路段和重点目标附近进行24小时不间断的设卡、巡逻、执勤。12个县区人武部组织民兵参加抗洪抢险、森林防火等急难险重活动35次，动用民兵5万多人次，扑灭森林火灾30多处，排除各种险情12次。先后派出官兵375人次，完成56所中小学学生军训任务。开展形式多样的双拥共建活动，组织团以上领导干部与驻地贫困失学儿童建立"一对一"扶贫助学活动，为贫困灾区群众捐款捐物折合人民币7万余元。横县人武部、警备连等5个单位被自治区和南宁市评为双拥共建先进单位。

【综合保障】 2007年，警备区制订完善《警备区经费管理规定》、《工程建设经费管理规定》等管理制度。对6名离任团级单位主官和团级单位年度经费进行责任审计和预决算审计。加强工程项目审计，审减工程经费50多万元。11月，两级军区分别对警备区经费管理使用情况进行检查，在广西军区组织的经费预算会审中获得第三名。组织3期后勤人员培训，提高后勤队伍业务素质。基础设施建设有新的提升。上林县人武部共投入资金400多万元，完成民兵武器仓库搬迁工程。宾阳县、马山县和六城区人武部协调资金加大基层人武部的正规化建设，修建和整理国防教育室、资料室和情况研究室。金牛桥干休所引入社会资金，筹建干休所服务保障中心。完成警备区弹药仓库用电线路的维修改造，制作民兵应急营装备器材架，维修整治仓库沙水池、消防间。对各县民兵武器装备进行巡回检修，较好地保持了武器装备的完好率。严格落实武器装备出入库领导审批、双人双锁、定期清点等制度，确保武器装备安全无事故。

南宁警备区领导人

司令员	曾友信	大校
政治委员	翟宗华	大校
副司令员	江 湛	大校
参谋长	潘水兴	大校
政治部主任	汪正荣（2006年2月~2007年5月）	大校
	刘社鹏（2007年5月~	大校
后勤部部长	龚余云	大校

（欧思慧）

中国人民武装警察部队南宁市支队

【概 况】 2007年，中国人民武装警察部队南宁市支队党委按照科学发展观要求和上级党委部署，抓科学发展、安全发展、和谐发展、创新发展。紧紧围绕“强班子、抓基层、谋发展、保稳定”总体工作思路，贯彻总部、总队两级党委扩大会议精神，着眼有效履行职责使命，抓经常性基础性工作落实，确保了年度工作有序推进，平稳发展。

【思想政治建设】 2007年，支队把科学发展观纳入党委中心组、官兵理论学习。在学习上，坚持全面学、系统学与重点学，个人学、经常学与集中学相结合，党委（支部）议学、个人述学、群众评学，形成了一套富有特色的学习路子。《解放军理论学习》第8期刊登支队党委学习贯彻科学发展观的做法，《人民武警报》10月30日头版头条报道了支队官兵联系实际学习中共十七大精神的新闻。运用科学发展观搞好分类指导，针对县中队和直属中队存在的“五难”（距离机关远、同频共振难，编制体制小、活动组织难，工作头绪多、末端落实难，接触社会广、思想管控难，临时任务重、万无一失难）实际，专题研究办法和对策。围绕如何按照基本制度强班子、建队伍、抓教育、保中心、促稳定等问题进行专题调研，并在武鸣县中队召开现场会，探索县中队和直属中队等小散远直单位“支部自建、官兵自律、工作自转、矛盾自解、安全自保”的办法和途径。把爱学习、作风正、肯钻研、素质好的5名优秀副营职干部、23名优秀连职干部先后选配到基层大、中队主官岗位。

【执勤训练】 2007年，支队先后完成所属中队和执勤点的勤务值班室的改造改建；协调争取地方政府投入经费160余万元，完成武鸣、隆安县中队等执勤隐患整治。拓展三级网的助勤功能，提高官兵信息化执勤水平。支队207名干部全部通过计算机一级考试。针对不同勤务种类，先后组织专题研究3次，举办基层干部骨干集训班2期，研究和规范专勤专训、专哨专训、专勤专教等内容，借助三级网功能进行专勤专训、专哨专训、专勤专教实况交流2次，提高基层干部组勤组训能力。警卫勤务分队正确处置群众上访事件146起5200余人次，警卫目标实现绝对安全；守卫、看守勤务分队和执行押（卸）钞等临时勤务实现万无一失。支队出动执勤兵力9573人次，完成“两会一节”安全保卫任务。

【从严治警】 2007年，支队先后组织编发《安全发展教育读本》、安全发展教育提纲，以事故案例为警示教育官兵。利用局域网和《按纲建队指南》开辟《安全发展论坛》，广泛开展“安全发展大家谈”活动。教育引导干部士官主动上交保管机动车驾驶证68本，战士主动上交保管手机192部。7月中旬，相对集中10天时间，在支队开展安全教育整顿与隐患排查活动，统一制定《干部（士兵）安全隐患排查表》，逐人逐项自查自纠，细查细纠，严查严纠，消除安全隐患96项（处）。制定下发《安全隐患报告监督奖惩措施》，在机关和基层各单位设立安全发展同心箱，严格实行岗位责任制、各级干部问责制和领导负责制，明确安全工作责任，确保部队安全稳定。

【后勤保障】 2007年，支队筹措资金200万元，为基层和官兵解决5个直供分队计算机网络学习室、投影仪等建设经费38万元；解决2~3个中队执勤信息化升级30万元；解决2个中队修建综合训练场经费15万元；解决部分中队政治环境布置经费6万元；统一制作干部战士“三本”（理论学习笔记本、新的体会本、业务学习笔记本），购买和编写各级干部学习资料8万元；解决部分中队营房整治经费10万元、2~3个直供中队营具更新经费30万元、机动分队巡逻车及反恐装备55万元；设立特困救助基金5万元；补助部分官兵就医费用3万元。先后争取目标单位经费868.37万元，支队筹措经费567.63万元，完成所属中队勤务值班室搬迁、兵器室改造以及计算机网络学习室等建设；更新17个中队的营具，所有中队实现厨房灶具不锈钢化、营具配套制式化。

为官兵送温暖，向每名官兵和已婚干部家属发放密切内部关系联系卡，有困难可以直接向支队领导和业务部门汇报反映。春节、中秋节等节日，支队领导逐一登门，把特困补助、慰问金、慰问品送到家中。先后给12名家庭受灾的特困官兵、65名有严重疾病的干部战士救济和医疗补助。成立干部子女入学入托协调小组，设立专项赞助经费，将适龄子女分别送到条件相对较好的幼儿园和中小学就读，解决各级干部后顾之忧。

武警南宁市支队领导人

支队长	曾祥武（副师）	大校
第一政治委员（市公安局局长兼）	赵 波	三级警监
政治委员	龙文成（副师）	大校
副支队长	孙高如（正团）	上校
	杨 新（正团）	上校
副支队长兼参谋长	钟作平（正团）	上校
副政治委员兼政治部主任	周湘波（正团）（2007年7月兼）	上校
副政治委员	彭汉荣（正团）（2007年7月转业）	上校
	覃佩泉（正团）	上校
政治部主任	罗 勋（正团）（2007年7月离任）	上校
后勤部部长	李松林（副团）	中校

（宋柳生）

人民防空

【概 况】 2007年，南宁市人民防空办公室以“长期准备、重点建设、平战结合”工作方针为指导，开展人防工程建设和维护工作;以落实制度和设备维护为重点开展通信警报建设;以提高工事使用率、增加平战效益为重点开展平战结合工作;普及人防法规、人防知识,开展人防教育和人防宣传工作;完善县区人防工作体系。被国家人防办评为全国人防机关"准军事化"建设先进单位、"十五"期间全国人民防空工程建设先进单位、全国人防系统宣传报道先进单位;被自治区人防办评为"十五"期间自治区人民防空工程建设先进单位、2007年度人防工作目标管理一等奖。

【人防工程建设与维护】 2007年,市人防办共受理、办结民用建筑结建人防项目审批743个;批建结建人防工程135个,面积69.5万平方米。1月,新华街二期人防工程建成(2004年4月8日开工建设),西接新华街一期人防工程,东连民主路繁华商业干道,贯穿整条新华街,并与南宁百货大楼、万达商业广场、步行街、新旧和平商场、裕丰商场等毗邻而处,形成市区规模较大的人防工程网络。在人防工程建设过程中,推广和应用人防工程信息管理系统,对各种工程建立档案,各种报表均应用计算机来完成,做到数字准确、内容完整、按时上报。对人防工程内部的防护设施、各种设备的运行使用情况进行检查维修,坚持月、季、半年分别检查,每逢天气突变和重大节假日加强检查的制度。对容易遭到洪水侵袭威胁的人防地下工事采取加固措施;对部分工事漏水、裂缝进行封堵、维修;对过期的消防器材及时更换;对一些可能发生事故隐患的因素及时检查、整改,确保全市人防工事的安全使用。

【通信警报建设】

通信值勤 2007年,市人防办坚持每天24小时的战备值班制度,未出现误班误事的情况;实现与军队有线联网,保证市政府和军事部门能快速、有效地组织人民防空。实现全自治区自适应无线数传电台联网,无线电台坚持每天2次同自治区人防办和各地级市人防办电台联系,确保无线通信的正常运转。

专业训练 市人防办按照"人防通信训练大纲"和自治区人防办下达的训练指标,组织专业学习和训练。先后组织通信技术干部训练128小时,通信技工及其他专业人员训练212小时;采取集中上课与自学相结合的训练方法,以值勤带训练,先基础科目训练、后综合课题训练,提高应急处理情况的能力。

防空警报建设 6~8月,市人防办组织有关技术人员对原有的警报器进行全面的检查保养和测试,使全市防空警报处于良好的技术状态,统控率和音响覆盖率均100%,确保8月30日举行的全市第八个防空警报试鸣日演习成功。

设备维护管理 市人防办重点抓好人防通信备用设备和库存设备的定期检查测试登记、有线和无线通信设备的维护管理,坚持每周一、三、五对各种有线电话和无线电台进行日常维护;定期对配电间发电机进行检查维护;由机关人员、工程管理人员组成的维护维修检查组,对全市公用人防工程的通风、给排水、照明等进行检修、保养,保证了人防工程平时使用、战时管用。

【人防指挥建设】

人防指挥所建设 2007年,市人防办编制《人防指挥所管理职责制度规定汇编》、《指挥自动化操作手册》,规范指挥所的管理。2月,市人防指挥所完成通信与指挥自动化建设,在"8·30"警报试鸣和南宁警备区民兵防空高炮演习等重大军事活动中发挥了很好的作用。

人口疏散基地建设 3月,市人防办会同南宁警备区在横县校椅镇、龙省村、石井新村结合对口单位江南区开展疏散基地规范化建设试点工作。6月22日,组织各县区武装部、人防办和有关单位70多人在横县召开南宁市战时人口疏散基地规范化建设工作现场会,并到横县校椅镇、龙省村、石井新村参观。4个中心城区的7个街道办事处、27个社区与5个战时人口疏散接收县6个乡镇、37个村委会开展战时人口疏散基地建设结对子活动。

重要经济目标管理 市人防办成立重要经济目标普查工作领导小组,拟订《南宁市防空袭重要经济目标总体防护方案》,同时给各县区人防办下达开展重要经济目标普查的通知,各县区对本辖区内的重要经济目标进行全面普查。部分单位完成本单位的重要目标防护方案,为战时对重点目标的防护和消除空袭后果提供可靠依据。

人防专业队伍训练 9月,市人防办与市国防动员委员会综合办公室联合下发《关于群众防空组织专业队年度在岗训练的通知》,并召开专业队领导和骨干会议,12月初完成在岗训练任务。开展在岗训练的有抢险抢修、医疗救护、防化防疫、通信、交通运输等5个专业队,参训2390人。

【执法监察】 2007年,市人防办依据《人民防空行政执法规定》和《自治区人民防空行政执法办法》,不断健全执法制度和落实执法责任制,规范执法行为。执法人员克服检查范围广、点多、线长的困难,到各工地、工事,依法行政,未发生错案投诉现象。组织对2005~2007年报建的结建人防工程项目进行跟踪检查,追缴应建未建的人防易地建设费700多万元。

【三防教育】

人防知识教育进学校 2007年,市人防办与教育部门联合下发《南宁市初级中学2007年人民防空知识教育工作要点》,扩大中学人民防空知识教育面,开设人民防空知识教育课程的中学从上年的73所增加到105所(市区67所、各县38所),每年接受教育的学生2.6万多人。下发教学课本和资料2.6万多本、教学音像资料36套、《中国人民防空》杂志1800多本。5月11日,在市天桃实验学校中学部召开2005~2006年度初级中学人民防空知识教育工作总结表彰会和师资培训班,有122人参加。表彰2005~2006年度人民防空知识教育工作先进单位23个和优秀教师45人。

人防知识教育进社区 5月,市人防办拟制下发《开展2007年人民防空知识教育进社区活动试点工作方案》,各县区共完成21个社区和单位的人民防空知识教育进社区活动试点工作。采取多种形式对社区居民群众和干部进行宣传教育,集中干部群众上课16场次、制作宣传板报56版、播放教育资料片42场次,开展知识竞赛2场,召开座谈会6场次,发放人民防空知识手册1.22万多册,接受教育6.34万人次。

人防知识教育进党校 11月15日,市人防办邀请国防大学战役部教授黄祖海到市委党校给正在培训的县处级、正科级领导干部学员和全市人防系统干部职工作《国家安全形势专题报告》。

【第8个防空警报试鸣日演习】 2007年8月30日是南宁市第8个防空警报试鸣日。上午10时30~45分,南宁市在城区统一鸣响防空警报,青秀区、兴宁区、江南区、西乡塘区和横县、隆安县结合警报试鸣,组织机关干部、学生和社区居民2000多人进行疏散隐蔽演练。自治区党委常委、市委书记、市防空警报试鸣演练指挥长马飚,广西军区副司令员李绍庄少将,武警广西总队赖建安少将,空军某部司令员刘春明大校,自治区政法委副书记李先明,市长、市防空警报试鸣演练指挥长陈向群等自治区、市领导及有关部委办局负责人参加警报试鸣演练。(邓 谦)

责任编辑 黄善秋

开发区·新区

综　述

【概　况】 2007年,南宁市有南宁高新技术产业开发区、南宁经济技术开发区2个国家级开发区,南宁华侨投资区(中国—东盟经济园区)、广西良庆经济开发区、南宁六景工业园区、南宁江南工业园区、南宁仙葫经济开发区5个自治区级开发区。全市开发区共有企业4810家(工业企业888家、产值超亿元以上工业企业74家),建立以铝深加工、电子及IT产业、汽配及机电、消费品工业、食品加工、服装、家具七大产业为重点的门类比较齐全并有一定规模的现代工业体系,初步形成以发展工业为主,多层次、宽领域的园区发展新格局。成为南宁市对外开放的先导区、窗口、平台和产业集聚、招商引资的主要基地。完成工业总产值421.29亿元,占全市工业总产值51.8%(规模以上工业总产值244.17亿元,占全市规模以上工业总产值34.89%);工业增加值126.15亿元;技工贸总收入406.38亿元;财政收入15.78亿元;实际引进内资101.61亿元,直接利用外资1.11亿美元;累计固定资产投资125.25亿元,基础设施建设投资11.21亿元。其中,高新区、经开区和南宁华侨区共有规模以上工业企业552家,完成规模以上工业总产值173.87亿元,占全市规模以上工业总产值24.85%;签订工业合同项目134个,合同总投资161.94亿元,比上年增长135%。

开发区面临的主要问题:1.土地指标和发展空间不足。受国家整体紧缩土地供应政策的影响,全市各开发区普遍缺乏土地利用总体规划预留新增建设用地指标。随着驻区企业增多,逐渐形成产业集聚效应,引来更多的项目入驻,一些原规划面积过小的开发区现有土地存量已不能满足新上项目对土地的需求,发展空间受限。2.基础设施建设资金筹措难,各开发区每年投入基础设施建设的资金及增长幅度,基本上都要高于相应财政年度的财政收入及增长幅度。财政投入不足部分,各开发区主要依靠土地抵押贷款来解决,导致了较高的财政负债率。同时,在新一轮加快园区发展过程中,还要进一步拓展园区发展空间,扩大基础设施建设规模,加大基础设施建设投资力度,建设资金筹措压力大。

【标准厂房建设】 2007年,南宁市出台《南宁市人民政府关于鼓励建设和使用工业标准厂房的意见》,规定标准厂房的建筑面积、建筑容积率、绿地控制率、配套设施用地面积等控制性指标;鼓励建设二层或多层标准厂房,鼓励加层加高建设标准厂房,对利用非行政划拨的存量土地单层厂房翻建多层标准厂房的,不另行收取土地出让金。同时,市财政还将从2007年起对当年竣工的工业标准厂房按建筑竣工面积给予投资者一次性建筑补助。各开发区贯彻国家、自治区和市委、市政府关于集约节约用地的有关文件精神,不断加大资金投入,积极建设标准厂房。高新区、经开区建成标准厂房28万平方米,完成实际投资额5.42亿元;在建标准厂房46.5万平方米,计划投资总额5.07亿元。

【政策扶持】 2007年,南宁市出台《南宁市人民政府关于鼓励建设和使用工业标准厂房的意见》,对工业标准厂房的建设标准予以明确规定,并制定对应的财政补助措施以鼓励多层和加层建设标准厂房。出台《南宁市人民政府关于县区工业产业定位的意见》和2008年初出台《南宁市人民政府关于开发区产业定位的意见》,对全市12个县区工业区,以及7个开发区和市相思湖新区的重点产业定位进行明确划分,并提出一系列促进开发区按产业定位发展的保障措施。研究起草《南宁市推进工业园区又好又快发展工作意见》和《中共南宁市委　南宁市人民政府关于推进承接产业转移工作的实施意见》,对全市工业园区承接产业转移、构建投融资平台、拓展园区发展空间等问题提出指导意见,并通过制定一系列优惠政策、设立产业发展基金,对承接东部产业转移项目进行支持。

(市开发区办)

南宁高新技术产业开发区

【概　况】 2007年,南宁高新技术产业开发区规划面积26.4平方公里。高新区管委会是市政府派出机构,行使市一级部分管理权限。驻区企业4175家(外资企业183家、高新技术企业163家),其

10月26日,南宁高新区举行标准厂房竣工仪式　　高新区提供

中新入区企业865家,从业3万多人。有美国、德国、日本、加拿大等国家和香港、澳门的客商入园投资创业。初步形成6个产业基地:以培力药业、桂西制药、博科药业、康华制药以及广西生物技术与亚热带生物资源利用成果产业化基地(国家"863"计划成果产业化基地)等为主的生物工程及制药产业基地;以南宁软件园为核心,汇集亚奥数码、德意数码、平方软件、超创科技等80多家软件企业为主的软件开发基地;以中电科技、金业电子、大象信息等为主的信息产品制造基地;以广西电控、银科电力、恒顺科技、西能科技等为主的电力设备生产基地;以八菱科技、桂格精工、柳川华邦等为主的汽车配件产业基地;以广西现代农业示范基地、田园生化、皇氏乳业等为龙头企业的农业产业化基地。实现技工贸总收入406.42亿元;工业总产值270.41亿元,科技工业园规模工业总产值103.5亿元;出口总额1.5亿美元;财政收入7.63亿元。

【投资环境建设】 2007年,高新区开展城乡清洁工程、行政效能建设、创新年和企业服务月活动,改善投资软环境,实行首问负责制、限时办结制和责任追究制,完善项目跟踪服务和联系企业制度,服务质量和服务水平进一步提高;推进行政管理制度改革,强化服务职能,简化、优化办事程序,持续改进投资审批"一个窗口对外"、"一条龙服务",政务环境进一步优化,行政效率进一步提高。全社会固定资产投资34.20亿元,其中工业技术改造投资10.17亿元。新建、续建道路总长11.6千米,中国—东盟企业总部基地一期、二期竣工并投入使用;新建、续建正鑫科技园等民营科技孵化园,科技孵化园总面积30多万平方米。

【产业发展】 2007年,高新区新增孵化企业60家,毕业13家,新增孵化项目68个。培育了广西南翔环保有限公司、南宁北恒电器科技有限公司、广西金盘电气有限公司、市腾科轻工机械制造有限责任公司、市盈彩印刷科技有限责任公司、南宁辰康生物科技有限公司、市一锋生物科技有限公司、南宁健星生物科技有限公司8家年产值500万元以上的规模企业。越南文印刷体OCR识别引擎研发、基于MESH技术的高速无线网络系统的研制与开发、多结构组件化嵌入式内存数据库系统软件产品开发、电动抽屉式自助存款机、模拟人力传感器的研制、折流板生物反应器与膜接触萃取耦合制备甘露醇新工艺、有机磷农药高效降解酶的研究与开发、用亚临界水提取新技术从杧果叶中生产杧果苷工艺研究、生物转化法以肉桂醛制备天然苯甲醛的工艺研究、耐高温beta-淀粉酶的技术研究和产品开发、木薯淀粉一步生物转化法制高含量异麦芽低聚糖、干式酶法生产环状糊精、南宁生物工程公共技术服务平台13个项目获2007年国家科技部中小企业创新基金立项,获资金无偿资助595万元,立项项目数和资助金额均创历史新高,项目涵盖软件、光机电一体化、生物医药等领域。组织企业申报各级、各类科技计划项目,共获立项65个(立项金额1418万元)。其中:国家级18个(625万元),省级21个(420万元),市级26个(373万元)。新增规模口企业18家,规模口企业总数106家,占全市12.47%;新增玉柴专汽、百洋集团、澳宁电缆3家年产值亿元以上企业,年产值亿元以上企业共27家,占全市18%。竣工投产项目实现产值11.6亿元,占新增规模工业总产值36.3%;新增孵化培育规模口企业实现产值9.24亿元,占同期新增规模产值28.9%。形成了一批行业龙头企业:在生物工程及制药行业,有桂西制药、博科药业、培力药业、田园生化、易多收、皇氏乳业等企业;在电子信息产品制造行业,有亚奥数码、迪美科技、大象信息等企业;在机电一体化行业,有南宁燎旺车灯有限公司、南宁八菱科技股份公司、广西电气电控集团等企业。其中生物工程制药及食品加工、汽车配件及机电产品制造、电子信息产品制造三大主导产业,累计实现产值74.8亿元,占规模工业总产值72.3%。24家行业重点企业实现产值60.53亿元。

11月15日,南宁市科技企业孵化基地项目工程奠基开工典礼在高新区举行

市科技局提供

【招商引资】 2007年,高新区招商引资从重数量向重质量方向转变,进一步突出重点发展高科技产业、创新型产业、现代服务业和扶持强优企业的政策优势,招商引资活力持续增强。新引进企业455家,累计入区企业3385家。合同引进内资43.6亿元,实际到位内资28.34亿元;实际利用外资2850万美元,直接利用外资1705万美元。招商引资各项指标完成情况位居全市第一。

【项目建设】 2007年,高新区工业园开工工业项目25个,总投资27.82亿元;在建项目63个,总投资56.95亿元;竣工项目有广西南翔环保有限公司、广西义诚投资有限公司、广西电控电气集团有限公司、南宁华克设备有限公司、南宁火炬新产品开发有限责任公司、广西科铭电力工程有限公司、广西西能科技有限责任公司、中国—东盟企业总部基地二期8个,总投资5.15亿元,投产后可形成产值23.94亿元。 (李绍华)

【丰达电机有限公司落户】 2007年12月6日,丰达电机(南宁)有限公司正式落户高新区中国—东盟企业总部基地。为丰达电机(香港)有限公司子公司。一期投资750万美元,在中国—东盟企业总部基地租用一栋5层共1.43万平方米的标准厂房,生产扬声器、麦克风、音响、耳机、功放器等产品,并全部销往日本和美国。年内,一期工程按照生产要求进行改造、装修。预计一期工程投产后,年产值将达10亿元以上。并将提供1万多个就业机会,带动上下游260多家供应商到南宁发展。二期工程占地2公顷,投资建设专用生产基地。

【高活力α-乙酰乳酸脱羧酶研制与应用】 2007年,由广西科学院研究员黄日波博士主持,以南宁新技术创业者中心孵化科技企业——南宁邦尔克生物技术有限责任公司、南宁中诺生物工程有限责任公司为主,由广西大学、福建省燕京惠泉啤酒股份有限公司、哈尔滨啤酒有限公司、新疆乌苏啤酒有限责任公司等单位共同承担的"高活力α-乙酰乳酸脱羧酶的研制与应用”科技成果，获2007年国家科技进步奖二等奖。该项目1997年被列入国家“863”计划项目；1998年实施产业化；1999年获国家经贸委“国家级新产品”证书；2000年被列入国家火炬计划项目；2001年作为中南六省区惟一优秀产业化成果参加国家“863”计划十五周年成就展；2005年，起草制定ALDC（α-乙酰乳酸脱羧酶）国家标准，其技术水平达到国际先进水平，拥有自主知识产权，获国家技术发明专利；2006年获南宁市及广西科技进步一等奖。这一成果打破了丹麦诺维信公司在国际上的独家垄断局面，使国内啤酒企业摆脱了对进口产品的依赖，使啤酒厂家可以减少大量设备投资，降低生产成本，推动了国内啤酒工业高速发展。1997~2007年该项目使国内啤酒企业直接受益超过10亿元，间接受益累计超过20亿元。年内，该项目形成年产60吨规模，累计实现产值7296万元，纳税786万元。（梁一家）

南宁经济技术开发区

【概　况】 2007年，南宁经济技术开发区总规划面积110平方公里，人口3.73万。经开区管委会是市政府派出机构，行使市一级部分管理权限。3月成立环境监察大队、在建项目推进办公室；6月成立社会治安综合治理办公室；7月成立经开区消防中队；8月，城市管理综合执法大队、规划建设管理监察大队由派驻机构改为内设机构。11月成立环境保护分局。12月，“数字城管”建成并投入使用。驻区企业621家（外资企业40家、高新技术企业4家），其中新入区企业282家，从业2.24万人；有法国、荷兰、日本、韩国、马来西亚、新加坡等国家及香港、台湾的客商入园投资创业。完成技工贸总收入88.8亿元；地区生产总值26.47亿元；规模以上工业总产值49亿元；全社会固定资产投资24.69亿元；出口总额3934万美元；财政收入3.77亿元。

【投资环境建设】 2007年，经开区围绕优化环境、促进发展的主题，开展加强机关行政效能建设活动，重新审核审批程序和时限，减少环节。同时，效能监察介入行政审批过程；实行服务时限承诺制、一次性办结制和责任追究制，推行错时服务、延时服务；在广西各开发区中率先建立在建项目推进办公室，按归口管理的原则对开发区签订协议的项目进行协调和动态推进，强化项目跟踪服务，建立在建项目管理责任体系。通过组织40家入区企业以问卷调查的形式对经开区管委会服务工作进行满意度测评，企业总体满意率97.5%。加强节能减排工作，建设绿色生态工业园区。严格执行项目入区评估办法，严把项目入区关，杜绝高污染高耗能的项目进入园区，驻区企业工业增加值综合能耗比上年下降22%。推进广西第一个园区集中供热项目——金凯益浩热能年产70万吨饱和水蒸气集中生产供气项目的建设；在辖区企业中推进燃煤锅炉改造，以燃烧木糠替代燃煤。全年投入基础设施建设资金3.09亿元(含征地拆迁费用)。完成园区变电站、自来水加压站、消防站等项目建设；开工建设友谊路改造工程；建成标准厂房5万平方米，在建16万平方米，并在金凯工业园南区规划继续建设标准厂房10万平方米；储备土地266.67公顷，其中完成基础设施配套建设133.33公顷。11月28日开工建设友谊路改造工程，友谊路部分路段由国道改造为市政道路，改造起点为白沙大道南建路口，终点止于外环高速路，改造路段全长4435米。

【招商引资】 2007年，经开区把承接东部产业转移作为招商引资重点，采取中介人招商、委托招商、以商招商、小分队招商等方式开展招商活动。为鼓励社会团体、中介机构和各界人士积极参与开发区招商引资工作，8月8日，管委会对引进“蒙牛”冰淇淋生产项目的中介人奖励20万元。同时，为满足承接东部产业转移工作需要和集约利用土地资源，以招商的方式，引进市见隆置业投资有限公司，投资5500万元在银凯工业园建设标准厂房10万平方米，年内建成标准厂房5万平方米。全年共引进项目113个，投资总额30.28亿元。实际到位内资17.07亿元，实际到位外资4865万美元。泓洲电子、雄塑管材等一批东部产业转移项目落户园区。其中南宁泓洲电子有限公司为台商独资企业，由台湾泓洲实业有限公司投资创办，于2007年4月与经开区签订项目投资合同，由广东东莞市搬迁至经开区，租用标准厂房面积1.6万平方米，8月部分生产线投产，项目投资1000万美元。项目全部达产后使用员工800人，年产值4亿元。

【项目建设】 2007年，经开区开工建设工业项目18个，总投资11.78亿元，其中总投资超过5000万元的6个；竣工投产13个，总投资3.15亿元，其中总投资超过1000万元的10个；新增规模以上工业企业10家，新增产值超亿元工业企业9家。

南宁哈利玛化工有限公司 广西最大松香深加工企业。由日本播磨化成株式会社和日本兵库县贸易株式会社共同投资兴建。2006年3月开工建设，一期投资1500万美元，占地2.33公顷，2007年3月26日正式投产。年产6000吨改性松香树脂，可实现年产值1亿元以上，年销售收入1亿元，90%的产品出口日本、美国、韩国和马来西亚等国家。

农乐粮油食品加工基地 广西最大的粮油食品深加工项目。由广西农乐米业有限公司投资建设。占地6.67公顷，总投资1.5亿元，建设年加工优质稻谷12万吨大米车间、年产1万吨粮油食品车间、保健品车间、配套建设5万吨原粮仓库和科研办公大楼等，固定资产投资5000多万元。2005年4月开工建设，2007年8月28日建成投产。项目全部达产后，年产值5亿元以上。（韦永胜）

2007年南宁经济技术开发区竣工投产千万元以上项目情况表

项目名称	所属企业	总投资（万元）	竣工时间（月）
高端数据通信网络电缆生产线技改	耐克森(南宁)电缆有限公司	2366	2
年产6000吨松香改性树脂	南宁哈利玛化工有限公司	6123	3
香臣日化洗涤用品生产	南宁香臣日化有限公司	1150	3
年产40万平方米砂浆及混凝土生产	广西大都混凝土有限公司	3500	4
年产1000吨食用色素、食品添加剂生产线	市方宝贸易有限公司	1200	4
通讯系统研发及生产设备基地建设	广西凯威通讯安装工程有限公司	3100	5
年产60万平方米混凝土生产	华润混凝土(广西)有限公司	3000	6
年产25万平方米混凝土生产	广西金洪混凝土有限公司	3000	6
千年胶粘剂、精细化学品及琥珀生产	南宁千年工艺有限公司	2000	10
见隆工业园建设	市见隆置业投资有限公司	5500	10

南宁华侨投资区
中国—东盟经济园区

【概　况】 南宁华侨投资区（中国—东盟经济园区）规划面积180平方公里，人口3.5万，其中印度尼西亚、越南等东盟国家归侨侨眷7000多人。园区以功能分区，按产业布局，总体发展目标定位为“建三大园区(即综合工业园区、现代农业示范区和观光旅游度假区)，创特色三城(即工业城、卫星城、华侨城)”。综合工业园区规划面积80平方公里；现代农业示范区规划面积30平方公里；观光旅游度假区规划面积20平方公里。重点鼓励发展机械电子制造、轻纺、家具、农副产品加工等产业。2005年12月，在全国651家省级以上各类开发区审核整顿中第一批通过国家发改委审核并更名为南宁—东盟经济开发区，但由于机构、人员编制未作变更，2007年仍沿用原名称。2007年，驻区企业178家(外资企业23家、高新技术企业2家)，其中新入区企业42家；有加拿大、美国、英国、丹麦、澳大利亚、泰国、印度尼西亚等国家和港澳台地区以及北京、上海、广东、江西等国内外企业入园投资创业。工农业总产值24.78亿元，其中工业总产值22.18亿元。规模以上工业企业45家（新增15家)，工业总产值21.24亿元，其中年产值亿元以上企业7家。全社会固定资产投资15.35亿元。出口总额1633万美元。财政收入9326万元。城镇居民可支配收入11635元。

【投资环境建设】 2007年，南宁华侨区充分利用融资资金加大基础设施投入力度，共投入基础设施建设资金7亿元，平整土地70公顷，铺设给排水管3.8万米，架设供电线路1.55万米，修建道路5150米。综合产业园区道路、水、电等管网基本完善，覆盖园区25平方公里的土地面积。相继建成6路南延长线等一批新建、续建道路和部分排水干渠工程。启动武华一级路绿化、武侨大道、人民路、工业路等街景改造工程和25条道路交通标志标线设置工程；投资700万元实施归侨危房改造、道路交通、饮水工程项目、排涝工程项目等12类共17个为民办实事项目；建成安置房72套共5825平方米，建成周转房73套共4825平方米，开工建设职工活动中心和一期300套经济适用房项目、中心法庭，推进侨苑公寓、兴侨小区、20公顷住宅小区等房地产项目，园区城镇化规模不断扩大，综合服务功能日趋完善。深入开展项目年活动，完善项目建设领导联系制度，对进园的70个重点项目实行“一个项目，一个责任领导，一个责任部门”的跟踪责任制，围绕项目前期准备、开工、建设、投产等环节做实做细工作；建立项目推进长效机制，形成了项目入园评审制度、项目推进协调会制度、现场办公制度等长效机制；建立政务服务中心，进一步完善“一条龙、一站式”投资服务体系，简化办事程序，部分审批事项由原办理时间7天缩短到1~2天；建立健全客商投资投诉机制，由专人负责投资投诉工作，出台《中国—东盟经济园区投资投诉案件限时办结制度》，确保受理案件均能在规定时限得到妥善协调、解决，全年投资投诉案件为零。

【招商引资】 2007年，南宁华侨区创新招商机制，以招大项目为目标，引名、优、强项目为重点，着力抓好从单纯追求数量向追求质量和投资总量转变；创新产业定位，打造产业转移新平台。在巩固生物制药、高级纸制品等优势产业的基础上，进一步调整产业定位，确定机械电子制造、家具、轻纺、食品和农副产品加工4个产业作为承接东部产业转移的重点发展方向。共引进项目42个，合同引进内资27.86亿元，实际到位内资14.82亿元；新批外资企业12家，新批合同外资5475万美元，实际利用外资2831万美元，直接利用外资978万美元。成功引进广东珠江啤酒有限公司、天津扫地王专用汽车有限公司、深圳市汇业科技有限公司、台湾麦斯集团、香港新联盟实业有限公司等一批知名企业落户园区。

【投融资】 2007年，南宁华侨区为突破基础设施建设资金瓶颈，在充分利用自治区、南宁市扶持资金的同时，通过市场化运作，吸引、带动社会资金投入；同时加大土地储备、最大限度盘活国有企业闲置资产及土地资源，园区首批19宗共64.12万平方米的工业用地成功挂牌出让，开创全市工业用地挂牌出让的先河，为园区规范项目供地奠定了良好基础；多方筹集建设资金，共筹措到位资金6.83亿元，国家开发银行贷款资金(总额3.63亿元)到位2.3亿元。

【项目建设】 2007年，南宁华侨区竣工投产企业（项目)17个，投资总额9.98亿元。其中工业14个，形成产值3.78亿元。在建项目41个，投资总额40.36亿元。同时，建立鼓励、支持企业自主创新的服务保障机制。从当年开始，园区财政拿出不低于年财政支出预算的3%~5%设立科技三项经费，建立企业技术创新资金，用于扶持辖区内工业企业技术创新活动。各企业投入技改资金7.8亿元。在实施第三轮创新计划期间，广明药业公司和维科特公司被自治区科技厅认定为高新技术企业，实现园区高新技术企业“零”的突破。

【农业发展】 2007年，南宁华侨区按照“职工有主业、农场有基地、园区有产业、对外创品牌”的工作思路，不断创新农业发展模式，尤其是加大扶持力度，在争取上级农业专项扶持资金的同时，对经营现代农业大棚的农业职工每建设一个大棚给予补助1500元，属归(难)侨的在此基础上增加10%。使农业示范基地进一步扩大，在上年建成70个大棚的基础上继续扩大蔬菜、瓜果大棚基地的规模，大棚总数达870个。单体不锈钢大棚每棚年纯利从试验初期的1000元提高到5000元，最高7000元，促进农业职工的增收。同时，按照“公司+基地+农户”发展模式，加快推进大热门农业开发公司、森景园食品有限公司、南宁乔老爷食品有限公司、南宁绿山食品有限公司等一批农业及农产品加工企业和广西农科院农业科研实验基地、广西蚕业推广总站桑蚕养殖基地、实验猴繁育项目等一批农业项目和农副产品加工项目的建设和发展。全年实现农业总产值2.6亿元，比上年增长22.83%。 （王佳林）

广西良庆经济开发区

【概　况】 2007年3月，根据《中华人民共和国国家发展和改革委员会公告》、《广西壮族自治区人民政府关于同意设立广西良庆经济开发区、广西北海高新技术产业园区、广西百色工业园区和广西贵港江南工业园区的批复》和《南宁市机构编制委员会关于原邕宁沿海经济走廊开发区和原大沙田经济开发区整合更名为广西良庆经济开发区有关机构编制问题的批复》文件精神，广西良庆经济开发区成立。为具有独立综合管理权限的自治区级开发区。位于良庆区，是“南北钦防”经济开放带和南宁五象新区及南宁市南部工业区的重要组成部分，南(宁)北(海)高速公路、南(宁)北(海)二级公路贯穿园区南北，南宁市外环高速公路、黎南铁路复线横穿园区东西，南宁玉洞火车站和南宁国际综合保税物流园坐落园区。总面积265.4公顷，人口9万。此外，委托管理的区域范围有国际综合保税物流园、太安龙象工业集中区、原大沙田经济开发区和原沿海经济走廊开发区规模以上工业企业等。良庆开发区管委会是良庆区政府派出机构，行使城区一级的管理权限。开发区功能定位以工业开发为主，同时发展商贸物流、总部经济等，重点建设南宁国际综合保税物流园、太安龙象工业集中区、IT产业物流园、生物制药园和有色金属加工园。驻区企业179家(规模以上企业66家、外资企业29家)，从业1.5万人，形成了房地产、建材、制药、机械、轻工、食品、饲料、有色金属、现代物流、特色休闲娱乐等特色产业群，建成广西最大的私营企业工业园。技工贸总收入52.77亿元；地区生产总值29.41亿元；工业总产值52.14亿元，规模以上工业总产值47.26亿元；全社会固定资产投资23.27亿元；出口总额2527万美元；财政收入2.16亿元。

【投资环境建设】 2007年，良庆开发区投入基础设施建设资金150万元，由南宁供电局、大沙田22万伏及工业园11万伏变电站双回路和邕宁电业公司两座3.5万伏变电站供电网络供电；建成那马、大沙田两个10万吨/日规模的水厂；内设邮政、移动、电信、银行等机构，开通程控电话和移动电话差转台；开通21路等10多条公共汽车线路；商业、金融、通讯、学校、医院、娱乐饮食等服务体系完善。玉洞大道、银海大道开工建设；南宁区域性国际保税物流园项目立项；新规划的太安龙象工业集中区(原南洲工业园)约9平方公里范围正在前期规划。完成项目用地测量内分120.67公顷，签订征地协议书18.23公顷，支付征地款9.61公顷；完成物流园区一期征地66.7公顷。总投资2000万元的龟背桥、银海、鑫象农贸综合市场完成项目建设，新增就业岗位800多个。以开展“为投资企业服务”活动为契机，主要做好引进项目及新开工和竣工项目的各种服务工作，协助解决项目建设中的各种困难和问题，跟踪服务做好14个在谈项目的洽谈及服务工作。执行首问责任制、服务承诺制、责任追究制三项制度，建立重大事项决策、行政效能投诉等制度，全面加强行政效能监察力度。实行领导联系企业制度和员工负责企业制度，共解决企业、项目建设中的困难和问题50个，调解企业间因废气、废水、噪音引起纠纷20起，解决企业反映周边治安环境、路灯、环境卫生问题60个；协调解决私人建房纠纷28起，为群众提供各类咨询800多次。

【招商引资】 2007年，良庆开发区通过组团招商、委托招商、以商招商等各种形式，通过各种渠道引入有实力的大企业，同时帮助企业招商，促进企业做大做强，重点对建材、机械、医药、轻工、饲料、有色金属深加工、现代物流、特色休闲娱乐等行业进行宣传招商，做强做大私营企业工业园区。共引进项目5个，投资总额3.86亿元；实际到位内资11亿元；实际利用外资（广西全口径)539.26万美元；全口径以外的到位外资509.75万美元。有23个项目落户园区，协议投资总额86.09亿元。 （黄　雄）

南宁六景工业园区

【概　况】 2007年，南宁六景工业园区总面积7平方公里，人口2745人。园区定位为以工业为主，物流业、仓储业和商业为辅的综合型工业园区。驻区企业31家(外资企业1家)，从业2239人；地区生产总值3.78亿元；规模以上工业总产值7.9亿元；全社会固定资产投资6.22亿元；出口总额209.8万美元；财政收入1208万元。

【投资环境建设】 2007年，六景工业园区投入基础设施建设资金6919万元，其中平整土地约41.33公顷；道路路基填压1860米；新铺设供水管道3600米；基本完成约56.67公顷“三通一平”(路通、水通、电通和场地平整）项目储备用地项目；110千伏输变电工程竣工并正式投入使用。结合机关效能建设、城乡清洁工程等活动，进一步优化园区投资环境。成立园区办证服务大厅，理顺项目投资服务流程；对重点项目，坚持定期例会制度，加强跟踪落实力度；定期到企业进行安全生产教育和检查，构建园区社会治安联防体系。

【招商引资】 2007年，六景工业园区建立全方位招商模式，紧抓重点项目招商，同时转变政府职能，主动上门为企业服务。新引进项目17个，合同投资额72.37亿元。其中投资超亿元的项目有南宁九禾测土配肥有限责任公司复合肥生产，珠海紫英生物科技有限公司干酵母生产，广西凯威铁塔有限公司通信电力铁件生产及浸，广西永凯糖业有限责任公司高档文化用纸、漂白蔗渣浆、高档家具及精制糖生产，南宁劲达兴纸业有限公司年产9.8万吨浆纸、年产20万吨高级文化纸，广西金龙钛业股份有限公司金红石钛白粉后包膜生产，广西景典钢结构有限公司景典钢结构生产等11个。实际到位内资6.5亿元。

【项目建设】 2007年，六景工业园区抓好入园项目建设，实行“一个项目、一个服务方案、一个协调小组、一抓到底”的项目服务责任制，为项目从洽谈签约到竣工投产提供全程贴身服务，推进项目建设进度，新开工项目12个，实际到位资金6.5亿元；竣工投产项目11个。累计投产企业26家。 （莫思祝）

南宁江南工业园区

【概　况】 南宁江南工业园区规划面积23.9平方公里。由石柱岭2路—白沙大道—南站路—南站北侧路—江南大道—沙井大道—富达路—亭洪路—石柱岭2路围合而成。重点发展电子工业及铝板带箔产业，同时积极发展仓储物流、区域性专业市场等现代服务业。江南工业园区管理委员会为全额拨款的事业单位，代表江南区政府对江南工业园区实行统一开发、管理和服务，主要履行实施园区总体规划、编制详细规划、经济和社会发展规划，招商引资、项目服务、土地开发、基础设施建设职能和财务统计等内部管理职能。驻区企业51家（外资企业1家)，从业3863人；技工贸总收入18.32亿元；工业总产值13.52亿元，规模以上工业总产值12.78亿元；全社会固定资产投资4.56亿元；出口总额256万美元；实现税收4578万元。

【投资环境建设】 2007年，江南工业园区投入基础设施建设资金4678万元。开工亭洪路延长线(沙井大道—壮锦大道)项目1个。富乐西路、行政路竣工通车。完成园区一期控制性详细规划，并进行分区规划调整。园区内的三津水厂为南宁市最大的自来水厂，日供水100万吨，为园区项目提供充足的用水。完成沙井工业园一期水系改造及征地，施工、监理招标等工作。建有110千伏的变电站，园区道路预埋供电电缆、通信光缆及排污管道。管委会负责项目推进落实过程中的各项事务，落实项目的政策扶持和服务工作。同时，江南区政府开展优化投资软环境的一系列活动，对行政许可收费进行全面清理，行政许可审批提速；实行首问责任制、服务承诺制等，建立投资投诉网络，为投资者及时、便捷解决各种问题。

【招商引资】 2007年，江南工业园区积极承接东部产业转移，引进南宁—东盟国际工业原料产品物流城等项目4个，总投资75.95亿元；竣工1个，形成产值1080万元；合同引进内资75亿元，实际到位内资2.05亿元。累计签订投资项目46个，总投资约176.8亿元。建成汽车物流园项目，入驻品牌汽车4S店8家。

（许候境）

南宁仙葫经济开发区

【概　况】 2007年，南宁仙葫经济开发区远期规划总面积18平方公里，符合国务院批准的土地利用总体规划和城市总体规划，面积11.31平方公里，人口3.6万。仙葫开发区管委会是青秀区政府的派出机构，行使城区一级政府的综合经济管理权和部分行政管理权。开发区定位为以食品精加工、印刷为主的工业制造为龙头,带动商业、职业教育等第三产业共同发展,重点发展印刷、轻工制造等工业、房地产、职业教育以及特色餐饮商贸企业。驻区企业87家(三资企业1家、高新技术企业1家),从业2.41万人。技工贸总收入4.46亿元;工业总产值4.76亿元,其中规模以上工业总产值2.05亿元;全社会固定资产投资17.93亿元;出口总额1241万元;财政收入1.12亿元。

【投资环境建设】 2007年,仙葫开发区投入基础设施建设资金171万元。在建项目10个,竣工项目有滨江别墅B区地块防护、上洲一队农民回建房地块排水、五合沿江绿化广场、滨江别墅区道路截水沟4个工程。确保开发区的供水、供电,完成上洲农民安置房的配水、配电工程,架设电力电线1600米,铺设水管管道1300米;对一区市场的乱接线路及陈旧水管进行整改;开展楼宇亮化工程,共完成楼宇亮化31栋。开展城乡清洁工程,进一步优化园区环境,共出动3800人次、车辆1750台次,累计清扫道路面积200万平方米,清理建筑垃圾4.65万吨、生活垃圾4.2万吨,铲除杂草9.8万平方米;依法拆除违章户外广告、不规范的门店招牌230个共2300平方米,清除各类非法小广告2000多条;检查在建大小工地2000多个,下发整改通知书6000份,拆除违章建筑4.8万平方米,平整场地面积约15.08万平方米,增划停放线近1.1万多米;纠正摊点乱摆(含跨门槛经营)行为1200多起,制止垃圾乱扔行为400多起,纠正车辆乱停放行为750多起,清理临街私人建房材料占道乱堆放380起;进一步完善开发区的绿地结构,共种植各类乔木8816棵。

【招商引资】 2007年,仙葫开发区突出以商招商、以服务制胜的招商理念,实现以工业项目招商为重点的引资思路。将以诚招商作为招商引资的主要策略,扩大对落户的重点公司、企业的服务力度,全力为客商和企业解决生产经营中遇到的困难和问题,以优质的投资环境吸引客商再次在仙葫投资新项目。成功引进龙胤·凤凰城、通业·世代飞扬、棕榈印象等投资金额较大的项目。同时以第四届中国—东盟博览会为契机,通过辖区企业家邀请国内外知名企业家到开发区参观考察,并借助电视、网站、报刊、宣传册等途径全方位推介开发区。累计引进项目217个,合同投资总额191.1亿元,实际完成投资额96.2亿元。新引进项目4个,项目合同投资额8.06亿元,项目到位资金4.1亿元。

【新农村建设】 2007年,仙葫开发区做好社会主义新农村建设工作,共完成建设项目39个,累计完成投资604.92万元(群众自筹资金112.58万元),辖区86%的群众受益。第一、第二批水利建设计划项目有16个,计划总投资195.71万元(群众集资68.03万元)。累计完成投资195.73万元,主要有4座山塘的维修加固、3座电灌站的技改、3处农村饮水安全及6个渠道防渗等工程。新建道路9条(四级通行政村道路2条、通屯道路7条),总长19.05公里,计划总投资386.64万元,累计完成投资395.19万元(群众集资44.55万元)。投入5万元兴建的五合、那舅两个农村社区文化活动场所如期竣工,两处综合文化活动室各占地100平方米,此外五合社区篮球场占地570平方米,场地全部实现硬化并配置有标准篮球架。继续深入调整农业结构,抓好春耕农业生产工作,完成农业总产值2863万元。 (蔡光燊)

南宁市相思湖新区

【概 况】 2007年,南宁市相思湖新区总面积127平方公里,其中管辖面积69平方公里。市相思湖新区管委会为市政府派出机构,行使市一级部分管理权限。推进基础设施建设、征地拆迁与土地储备、筹融资、招商引资、重点项目建设、党的建设六项工作,打造现代职教基地、现代商住区和生态休闲区,重点发展高职教产业、现代物流业,配套发展房地产业与休闲旅游业。驻区企业19家;全社会固定资产投资5.6亿元;财政收入3377万元;筹融资5.93亿元。

【投资环境建设】 2007年,市相思湖新区凤凰路南段、凤凰路、梧桐路南段、罗文大道南段、鹏飞路、树人路、新村大道、石埠路、可利大道9条道路和可利江综合整治工程、西明江左支流河道整治工程等项目列入当年南宁市第一批城建计划,道路总长14.96公里,河道整治1.6公里,项目总投资17.4亿元。辖区在建工程项目建筑面积67.3万平方米。完成鹏飞路投资1463万元;树人路北段投资600万元;西明江左支流河道整治工程投资721万元;凤凰路南段工程、罗文大道南段、梧桐路南段招、投标工作;可利江环境综合整治工程开工建设。协调水、电、燃气、通讯等管线工程的入区工作,确保管线工程入区与项目建设同步。完成大学西路延长线10千伏高压线路90%;经济适用住房项目通信线缆、长途光缆及高压线路迁移;相思湖东路供水管敷设;凤凰路南段地下长途光缆迁移。在软环境建设方面,加强制度建设,建立健全首问负责制、限时办结制、责任追究制三项制度,创新工作机制,按照特事特办、急事急办的原则,开设审批办证绿色通道。对重大项目实行跟踪督办制、预约办理制、上门服务制、协助办理制等,改串联审批为并联审批,改前置性审批为事后审批,提高办事效率。重点项目广西民族大学西校区项目进入审批"绿色通道"后,审批提速近一个月时间;进一步理顺行政审批制度,对各种行政审批事项进行清理,行政许可和非行政许可实施主体及项目进驻率均为100%,清理审批、服务项目68项(办理行政许可39项、非行政许可29项),压缩了办理时限。办理建设用地规划许可,由原来的14个工作日减少为6个工作日;精减审批环节,在办理《建筑工程施工许可证》过程中,减免原来需要呈报的申请报告和缴纳散装水泥专项资金凭证等材料,提高了办事效率。

【招商引资】 2007年,市相思湖新区围绕打造高职教基地、现代商住区和生态休闲区的目标,筛选相思湖公园、相思湖图书配送中心出等重点项目13个,有选择地进行招商。上年引进总投资5亿元的广西财经学院入区建设,总用地42.2公顷,总建筑面积20万平方米。为辖区广西工商职业技术学院新校区等牵线搭桥,共引进建校资金4亿多元。出台招商引资奖励办法,切实提高项目的落地率、履约率、开工竣工率和资金到位率。上年招商大兑现广西民族大学新校区(二期)和广西工商职业技术学院新校区两个项目到位资金各完成1.33亿元和2200万元。全年合同引进内资完成12.24亿元,实际到位内资4.4亿元;新批合同外资1000万美元,实际利用外资全口径、全口径外分别完成220万美元、350万美元。

【土地运作】 2007年,市相思湖新区在土地报批方面,提前做好项目用地报批准备工作,向自治区争取农用地转用指标,加快推进可利江环境综合整治工程等急需建设用地项目的用地报批工作,土地报批面积145.8公顷。征地拆迁方面,坚持先安置后拆迁,采取聘请企业公司包干、城区街道办协作等新的征地方式,以西明村为突破口,结合城中村改造、社会主义新农村建设和治理"五乱"工作,妥善安排好农民从事第三产业用地,征地190公顷,房屋拆迁15.6万平方米。土地储备方面,及时完善全年土地储备计划中经营性用地项目的规划、立项等相关手续;对完成土地征用手续的项目，及时办理土地登记手续；加快进行实物储备，不断充实土地储备库，实际储备土地68.6公顷。

【可利江环境综合整治工程】 2007年6月15日开工建设。为列入自治区层面统筹推进项目、亚洲发展银行贷款项目南宁市城市环境改善项目子项目、市城市内河综合整治的重点工程之一。总投资8.45亿元，主要是亚行贷款，部分配套资金由相思湖新区自筹。计划建设工期2年，建设内容包括河道整治工程、生态恢复工程、污水管网工程和景观绿化工程。河道整治工程及生态恢复工程全长4.22公里，占地149.03公顷，治理后水域面积由原来0.48平方公里扩大至1.29平方公里；污水管网工程，全长59.6公里。完成征地106.73公顷，占应征土地71.6%；房屋拆迁6.8万平方米，占应拆面积88.31%。4个标段全面开工，累计投资完成2.16亿元。

【城西消防站工程】 2007年8月31日开工建设。位于凤凰路西侧。为2007年市重点建设项目和市政府为民办实事项目之一。总用地面积5343平方米，总建筑面积3449平方米，总投资400多万元。建设内容包括综合楼、住宅楼各1栋以及室外训练场等配套工程。12月4日完成主体工程封顶，转入内部装修。

（雷 蕾）

南宁青秀山风景名胜旅游区

【概 况】 2007年，南宁青秀山风景名胜旅游区面积38.54平方公里。由核心保护区、旅游功能配套区和行政管理区3个部分组成。其中，核心保护区和旅游功能配套区19.4平方公里（陆域面积16.1平方公里、水域面积3.3平方公里）。青秀山管委会围绕市委、市政府关于开展创新年和转变干部作风加强机关行政效能活动的决定精神来开展各项工作，物质文明、政治文明和精神文明建设取得新突破。完成财政收入1.45亿元；新增固定资产投资5.74亿元。同时，加快实施推进青秀山生态保护工程，进一步扩大核心保护区的面积。完成青秀山北面174.87公顷的征地拆迁工作，新种植树木13万株，新增公共绿地面积174.87公顷。11月，按照《中共南宁市委办公厅 南宁市人民政府办公厅关于调整南宁市青秀山风景名胜旅游区管理职能有关问题的通知》精神，管委会将原社会管理的职能移交青秀区政府，集中精力进一步加强对青秀山风景区的建设、保护、管理、绿化和旅游项目开发工作的组织、领导。

【景区建设】 2007年，青秀山管委会及青秀山风景名胜旅游开发有限责任公司以提升、改造景区的景点和景观为重点，加大投入，逐步提升核心景区环境。

路网建设 投资272万元，完成景区道路1600米混凝土道路建设、5060米沥青混凝土路面改造和270米滑坡段边坡加固工程。

绿化建设 完成景区1、2、3号门至广西学生军抗日烈士纪念碑绿化改造，种植乔灌木1.24万株、地被植物及其他小苗1.93万株，铺种草皮4.07万平方米。改造1号门—壮锦广场沿路的17个花坛，并种植大型造型榕21株；拓宽2号门道路北侧，并种植大王椰、柳叶榕、富贵榕等5949株；3号门沿线种植行道树257株，种植大木棉、大榕树、苹婆、垂叶榕、高山榕等909株，并种植小规格垂叶榕700株作为绿篱。打造苏铁园至雨林大观道路及沿线精品雨林景观，改造道路1400米，种植乔灌木4285株，荫生地被植物及其他阳性植物小苗约39.06万株。改造雨林大观入口广场，铺装改造面积1520平方米，绿化改造面积300平方米，新种植大规格榕树7株。改造升级苏铁园，完成南入口400平方米铺装和景观置石；完成苏铁王景观置石、科普牌安装和坐凳布置工作；完成230米养护道铺装和950平方米游步道改造工作，增加种植苏铁904株，榕树、苹婆等特大树16株；铺种草皮5000平方米。

状元泉文化园景点 完成地形整理、苗木种植、景观水池约950平方米，驳岸及景观置石400吨；完成绿化植树5323株、地被1.06万株，铺种草皮1.39万平方米，建设约1500平方米的生态停车场并改善周边道路，为游客提供一个新的游览观光点。

青秀山生态综合停车场一期工程 位于青秀山风景区大门对面。占地3.3万平方米。2006年6月开工建设，2007年8月10日竣工并投入使用。项目计划投资8000万元，年内完成投资3541万元，累计完成投资6300万元。

青秀山休闲娱乐中心项目 位于青山园艺场瓦窑村。占地面积90.87公顷，计划总投资8.17亿元，分两期实施。一期计划投资4亿元，占地面积43.67公顷，建设东南亚美食广场及美食街区等，其中美食广场于2006年4月8日开工建设，2007年5月1日建成开业；美食街区共17栋楼完成主体封顶15栋楼，完成装饰工程85%、道路排水和园林绿化95%；二期计划投资4.17亿元，占地面积47.2公顷，建设高档美食区、酒店、酒吧街、购物街等。年内完成投资约5656万元，前期工作基本完成。二期57.2公顷征地完成预公告和农转用申报，以及项目一期范围内约15.33公顷用地的清杂灭荒工作，完成项目主干道路路基挖运土方量约4万方，回填碾压土方量约3.8万方，原土碾压面积约2.8万平方米，修整路床面积约2.5万平方米，安装路沿石3200米。完成项目一期主干道路两侧长约1620米路基贯通及沿江100米景观带的地形平整及绿化工作，共种植乔木300株，完成沿江景观游览道约1800米的路基建设。

【景区管理】

社会事业 2007年，青秀山管委会加强园艺场基层组织建设，成立建设社会主义新农村工作队，落实6名大学生到园艺场担任场长助理；推进青山、三岸园艺场行政班子的换届选举工作；为社区增加2名专职的党务工作者和6名社

游人如织的南宁青秀山风景名胜旅游区大草坪 周家志 摄

区书记助理;成立党员义工队伍,通过开展活动增进党群关系;通过社区开展党内互助金捐赠、为困难群众募捐等活动,其中为青山园艺场下埌村特困家庭患尿毒症的13岁儿童方耀莹募捐到社会各界捐助共5.86万元,使其能成功换肾。抓好优质教育,投入120多万元扎实做好国家“两基”(基本普及九年义务教育和基本扫除青壮年文盲)验收评估工作,管理区教育“两基”顺利通过国检。完成计划生育工作各项指标,建立人口和计划生育工作新机制,计划生育率97%,二孩计生率81%,无恶性案件和乱收费事件发生。城市低保和医疗救助工作进一步巩固,共发放春荒救济口粮7380斤、城市医疗救助金1.3万余元,办理低保救济1377户次,救济3186人次,累计发放城市居民最低生活保障金29.31万元,依法注销低保对象35户82人。协调解决因拖欠工资引起的纠纷共17起,涉及人数664人,追讨农民工工资622.39万元。加大文化和新闻检查力度,共查缴“六合彩”资料约1万份、侵权盗版非法书刊210册、报纸154份、卡带18盘、光碟56张。开展重大动物疫病防治和除“四害”工作,完成禽流感免疫19.68万羽,家畜口蹄疫免疫0.8万头,免疫密度分别为98.5、98%。

城市建设管理　青秀山管委会深入开展城乡清洁工程,加大对辖区东盟商务区、埌东客运站、青山菜市等重点区域的整治工作力度;创新保洁工作机制,在南宁市首次将辖区“城中村”及城乡结合部卫生保洁工作对外承包,通过对外公开招投标的方式,由具有法人资格的清洁公司负责辖区青山、凤岭、三岸3个园艺场各队居民的生活垃圾清理、清运、保洁以及承担非市政道路两侧绿化带以外的卫生死角清理等工作;推进数字化城管系统建设,完善一批市政配套设施,6月26日开工建设凤岭消防站,占地0.63公顷,计划投资813.33万元,建设综合楼、食堂、训练塔、配电用房、警卫用房、停车场等。年内完成投资520万元,消防站主楼封顶,装修工程和配套设施工程基本完成;建设青秀路环卫用房592平方米,新购置垃圾清运车10辆,新增设一批制式果皮箱;建设青秀路临时农贸市场和青环路下埌、瓦窑村等临时菜市场。依法查处违法建筑,共拆除违法建筑面积28.55万平方米。为民办实事项目顺利推进,新建、改造农贸市场各1个:新建东盟商务区“邻里中心”项目,办结国有土地划拨决定书、建设用地批准书,并确定投资方;改造青山菜市,共改造市场面积2700平方米,铺面31间,摊位283个。新建民族青秀路口临时停车场,占地8158.56平方米,建筑面积392平方米,总投资额40万元,于9月末建成并交付使用;恢复东风农贸市场地面停车场,占地1200多平方米。新建青秀路大自然花园、青环路恒大苹果园垃圾中转站2个。完善社区卫生服务站,投入2万元完善秀山社区卫生服务站各项服务设备。完成小街小巷改造任务,投资60万元对青山路北一里进行道路修复,并于8月初完成修复并投入使用。

核心景区工作　青秀山管委会贯彻落实《南宁市青秀山风景名胜区管理条例》,严格保护核心景区。同时,青秀山旅游公司推行现代企业制度,进一步规范景区的日常管理。共完成经营收入1643万元,入园游客93万人次。完成固定资产投资444万元。接待政府各种考察团83批次。顺利通过4A级风景区复查。

【招商引资】 2007年,青秀山管委会为客商提供优质高效的服务,营造良好的投资环境。合同引进内资6.02亿元,实际到位内资6.65亿元;新批合同外资1000万美元,实际利用外资356万美元,直接利用外资356万美元;全口径以外的到位外资580万美元。引进保利龙腾上园·越南园、缅甸联络基地·玉品城等项目。

【新春庙会】 2007年2月18~24日在青秀山风景区举行,策划组织“迎金猪、走大运、玩Q软、逛庙会、赏花展”为主题的新春系列活动。在大门区、大草坪、桃花岛等处制作并布置幸福路、健康路、金猪闹春、合家欢乐等13组园林小品。购置灯笼、中国结、辣椒串等喜庆挂饰1427个;喷绘并布置喜庆彩画230平方米,制作卡通猪、金元宝等86个;布置桃树435株,摆放一串红、大丽菊、三色堇、石竹等盆花3.15万盆。期间入园游客15.53万人次,其中大年初一入园游客5.91万人次。

【Q软乐园】 2007年2月10日至4月1日在中国—东盟友谊园开放。由青秀山风景旅游开发公司与南宁电视台共同主办。为大型充气儿童游乐园,分为惊险类、竞技类、休闲类,共有大白鲨、大恐龙、大老虎、城堡建筑等大型气垫游艺玩具24套,最佳适龄层为3~15岁儿童。期间,入园游客31.74万人。

【青秀山桃花艺术节】 2007年2月18日至4月1日在青秀山风景区大草坪、桃花岛举行。桃花岛位于凤翼岭西面,占地面积约13.33公顷,种植毛桃、绯桃、香味桃、菊花桃、人面桃、日月桃、粉玉、五宝垂枝、三义碧桃、紫叶桃等共6000多株。活动内容有南宁市首届桃花意境才艺秀暨青秀山桃花形象代言人选拔大赛、桃花许愿祈福、栽植“许愿桃树”,以及三八妇女节当天举办的单身人士速配相亲、桃仙阁“听琴音、赏美景”古装古典音乐秀等活动。期间,入园游客8.04万人次。

【金汇如意坊开业】 2007年8月10日上午,青秀山风景区旅游配套项目——金汇如意坊正式开业。位于青秀山风景区西大门。由青秀山管委会和市金汇展市场管理有限公司联合建设。总投资约8000万元。占地6.67公顷,总建筑面积3.2万平方米。2006年8月开工建设。采用岭南风格设计,为古典式两层阁楼的“如意”形架空步行街与九层景观城阁。设停车位约500个、商铺500多间,经营花鸟鱼艺、古玩字画、奇石珠宝、盆景根雕、旅游产品、家居饰品、民族工艺品、特色餐饮等。

【青秀山与冠岳山建立姐妹山关系】 根据2007年南宁市对外交流计划,在2007年南宁国际民歌艺术节期间,青秀山与韩国果川市冠岳山建立姐妹山关系。10月29日,市人大副主任卢丽芬、副市长董仕军、市政协副主席袁曼虹、果川市副市长洪承构率领的韩国果川市代表团及市有关单位、青秀山管委会约500人在青秀山风景区环山秀坪及龙象塔先后举行了“牵手南宁果川,喜迎北京奥运”健康徒步走活动和种植友谊树活动,从青秀山环山秀坪出发,徒步到龙象塔,共同栽种象征两市友好交往的友谊树。

【青秀山生态保护工程】 2007年3月开工建设。计划总投资4.24亿元,其中利用亚洲开发银行贷款1.18亿元、国内筹集配套资金3.06亿元。项目总用地面积185.46公顷,建设内容主要为新征凤岭、东风园艺场用地及保护区原有马尾松、大叶栎等老化林的改造,分两期实施,其中:一期工程用地55.33公顷,完成投资5522.51万元(自筹资金3718万元),完成征地拆迁工作,启动55.33公顷的新造林、40公顷的林相改造及其配套的巡护道路、提水灌溉工程等;二期工程用地130.13公顷,完成项目初步设计、地质勘探、施工图设计、工程招标等前期工作,完成119.53公顷集体土地的征用工作。同时结合党政军义务植树及南宁市种植170万株树木工程,共种植苗木4.96万株,其中种植榕树、木棉等特大树木559株、其他大规格树木3011株、中规格1.78万株、小规格2.81万株,铺种草皮4420平方米。(张晓媛)

责任编辑　梁笑飞

城市建设与管理

城市重点工程建设

【概　况】 2007年，南宁市城市建设计划投资189.94亿元，共安排建设项目213个。其中：第一批计划安排161.08亿元，项目143个；第二批计划安排28.86亿元，项目70个。项目涵盖五象新区、服务博览会及凤岭新区、城市路网、桥梁、防洪设施、农民回建房、水环境及内涝整治、南宁特色骑楼建设、廉租房和经济适用住房、风景旅游和园林绿化、市政公用配套设施、轨道交通工程等12个方面，列入为民办实事项目7个。至12月，已开工建设的项目142个（建成使用37个），占应开工项目66.7%，完成投资109.53亿元（清欠偿还34.43亿元），占年度计划投资57.7%，比上年增加14.15亿元，首次突破百亿元大关。

【葫芦鼎大桥】 西接白沙大道，东接竹溪大道。是广西境内最大的悬臂现浇箱梁桥，230米的跨径在全国同类大跨度桥梁中位居第四。主线长1930米，桥梁长1127.8米，其中跨邕江主桥长480米；双向6车道，设计车速每小时80公里。2004年9月8日开工建设，2007年6月15日建成通车。总投资约15.86亿元。

【青竹立交桥】 位于市快速环道的竹溪南路与青山路交叉口。西接葫芦鼎大桥，东到民族大道，向南可经南宁大桥（在建）直通五象新区。由快速环道跨线桥和青山路跨线桥两部分组成。其中快速环道跨线桥长1090米，双向6车道，宽26米；青山路跨线桥长1914米，双向4~6车道，宽19~26米，单向匝道宽8~10米。道路总面积8.75万平方米，桥梁总面积约5.24万平方米，绿化景观面积5.61万平方米。2007年1月7日开工建设，10月19日基本完工并实现通车。总投资2.6亿元。

【南宁大桥】 位于南宁市东南面。北起青山路，主桥跨越邕江，南接邕江南岸蟠龙新城。属非对称肋拱桥，为大跨径斜吊拱曲线桥梁。工程由跨越邕江主桥、南北两岸引桥、引道及附属工程组成，路线设计总长1314.77米，桥梁总长734.50米，引道总长580.27米，设置双向6车道，桥面及路基宽度均为35米。设计行车速度每小时50公里，按城市主干道一级设计，设计通行能力每小时6000辆。由国研信息科技有限公司投资、建设，项目建成后移交市城市建设投资发展总公司经营管理。概算总投资5.52亿元。2005年2月开工建设，计划于2008年11月30日前投入使用。

【银海大道拓宽工程】 起于龟背桥，迄至平乐大道路口段。拓宽的银海大道将与五象大道，待建的玉洞大道、平乐大道等一起构成未来五象新区“三纵四横”道路骨架网。银海大道两侧各有绿化带、辅助车道和人行道。全长12.8公里，路幅宽55~60米，快车道为双向6车道，路面为沥青混凝土路面，按交通流量计算，能满足未来20年交通需求。在龟背桥至玉洞大道路段留出6米宽的中间绿化带，为未来的轻轨线预留了空间。计划总投资7.6亿多元。工程分两期进行建设：一期为龟背桥—玉洞高速路口，2007年8月开工建设；二期为高速公路—平乐大道路口，2008年1月开工建设。整个工程将于2008年11月30日前竣工。项目业主为市高新技术投资公司和良庆区政府。

【五象大道】 位于南宁市南部。东西走向，是连接良庆区和邕宁区的一条城市主干道，西起大沙田的银海路口，东止邕宁区八尺江桥，沿线建设桥梁4座，道路等级为城市道路主干道一级，全长18.55公里，设计行车速度为每小时60公里，路幅宽68米，两侧人行道各宽5米，辅道各宽7.5米，两侧分隔带各宽3米，主车道各宽15.5米，中间绿化带宽6米。2006年4月开工建设，2007年10月全线建成通车。总投资17亿元。

【南梧大道扩建三期工程】 西接高速快环二塘收费站入口匝道，东至三塘下丹桥，全长9.66公里，概算投资5.4亿元。道路等级为城市主干道一级，路幅宽60米，快车道为双向6车道，路面结构为水泥混凝土路面，道路走向基本为东西向。建设内容包括：道路、排水、桥涵、绿化、交通、照明等。2006年5月开工建设，2007年12月竣工。累计完成投资4.2亿元。

【广西体育中心主体育场】 位于五象大道南面。总用地76.53公顷，项目建设包括可容纳6万名观众的体育场、1万名观众的体育馆、3000座的游泳跳水馆、3000座的网球中心、新闻中心以及其他配套

五象大道鸟瞰　　周家志　摄

设施等，规划总建筑面积20多万平方米。集体育比赛、文艺演出、集会展览、健身娱乐等多功能为一体的体育建筑综合体。一期工程主体体育场作为迎接自治区成立50周年大庆项目，建筑面积约12.36万平方米，计划投资约8亿元。建设内容有田径场、足球场、看台、配套管理办公室、会议室、运动员室、教练室、裁判室、贵宾休息室、新闻报道室、健身房、商店、餐厅、沐浴房、卫生间等。设计引入绿城南宁"绿叶"及绣球"花瓣"概念，结合使用功能需求，把东西两片"罩棚"设计成南北上下翘动，展现出强烈的"飘动"和运动感，像两片绿叶在风生水起北部湾的发展中尽情飘舞，体现体育建筑的力度、动感和尺度，同时又表现出南方建筑的轻巧和飘逸。2007年5月开工建设，年末，完成场地平整工程挖填土方约50万立方米，完成投资1.1亿元。计划于2008年11月30日前建成使用。

（兰慧君）

建筑管理

【概 况】 2007年，南宁市建筑管理部门加强质量安全监督和科学施工管理，进一步规范和整顿建筑市场，加强招投标监管力度，促进建筑业有序发展。全市城建计划完成投资109.53亿元，其中固定资产投资完成70.63亿元；建筑业增加值完成88.2亿元，比上年增长12.6%。建筑施工企业（资质企业）完成施工产值239.95亿元，比上年增长17.95%。完成施工面积3606.05万平方米，增长26.15%；房屋竣工面积858.20万平方米，增长15.64%。办理工程安全报监登记367件，建筑面积749万平方米，投资额84亿元；办理起重机械设备报装备案登记1257台，使用备案登记1219台，拆卸备案登记401台；对302项主体施工达二层、310项主体施工到封顶的项目进行安全生产、文明施工达标验收，办理安全监督竣工备案工程105个；建筑专项安全检查18起，检查工地2850个次，共签发限期整改通知书510份，停工整改通知书72份，处理检查审批夜间（中午）连续施工项目1575个；受理安全生产、文明施工方面的群众来信来访、电话及有关部门转来的投诉105起，投诉处理率和群众满意率分别为100%和95%。

【建筑市场整顿规范】

建筑市场监督检察 2007年，由市建委牵头，联合市监察局、建管处、建设建筑监察支队、建筑业联合会、监理协会、检测协会、混凝土协会等开展建筑市场大检查。主要检查各责任主体的市场行为、质量安全行为、农民工工资问题、建筑材料、建筑节能等，共出动人员3000多人次，检查房屋建筑项目362个、市政项目59个，检测机构42家和预拌混凝土生产企业12家，下发各类整改通知书126份，对各县区和开发区的8个工程项目下发执法建议书。此次检查将外来企业专项监督检查也纳入检查内容，使常规质量安全监督检查更细化、全面。同时，转变监督方式，将以往阶段性、定期、集中拉网式的单一部门检查改为横跨全年度、不定期、随机抽检式的联合监督执法，提高了工作成效。

规范行业管理 加强建筑市场准入管理，坚持资质动态联审制度，全年受理建筑业、监理业企业资质申报154家，报送自治区建设厅审批97家（施工总承包、专业承包企业66家，劳务分包企业25家，监理企业6家）。对在资质申请中存在弄虚作假以骗取资质行为的10家企业给予通报批评，一年内不受理其资质申请处理；对未按规定解决农民工工资纠纷，恶意追讨，违反社会治安的施工企业和包工头，提出明确界定意见，不符合市场准入的企业清除出南宁市建筑市场；未按规定开展"五乱"整治工作和未及时办理资质备案变更登记等违法、违规行为的51家企业给予通报批评，进行重新登记备案等处理。完成对原建筑业企业信息管理系统升级工作，录入企业2800多个、行业记录100多条，及时向社会公布企业和个人的诚信情况，并将企业诚信记录与建设项目、项目的企业负责人连接，将诚信档案管理从企业延伸到从业个人，通过与建设工程管理系统、原材料检测系统、工地现场远程监控系统等连接，逐步建立"数字工地"，完善行业评价体系。

【"工地乱象"治理】 2007年，市建筑行业重点治理建筑"工地乱象"问题。在全市2800多个工地的日常监督和验收工作中执行"一票否决制"；在建筑工地施工现场的安全设施、生活设施、现场管理等方面推行封闭施工、确保安全、清洁运输、环境影响最小化、减少对市民生活和出行的影响5个新标准，对违反新标准的予以停工整改并立案取证查处。为确保治理成效和长效管理，市建管部门实行"数字工地"远程监控，对政府重点工程项目、10层以上高层建筑、单体建筑面积达1000平方米以上的建筑工程，以及创建安全文明工地的工程项目逐步实行远程监控。全年通过远程监控发现不良施工行为的工地而进行现场检查2907个次，共签发限期整改通知书452份，责令停工改正通知书5份，并对其中性质较严重的12个项目进行立案查处，涉及施工单位8家。对安全生产、文明施工保证体系不健全，不按规定开展"五乱"治理工作的17家建筑企业在全市通报批评。这些企业需在企业法定代表人亲自到市建委对有关情况进行说明、接受诫勉谈话、重新办理资质登记备案后，方可重新在南宁市参加工程项目投标及承接新的工程施工业务。

【农民工用工管理】 2007年，市建设部门从提高农民工职业与技能素质、维护农民工的权益出发，逐步规范建设领域农民工用工行为，取得明显成效。一是组织相关部门完成《农民工问题调研报告》，根据全市农民工的实际情况开展对农民工管理完善用工制度以及技能培训、职业教育和现场管理措施，促使农民工管理工作走向规范化。二是建立建设领域二级劳务市场，规范建设行业劳务管理。三是完善清欠工作联动机制。市建设行政主管部门出台《关于切实做好重大节假日期间建设领域工程款和农民工工资支付的通知》、《关于加强建设领域清欠工作的通告》等监管文件，有效地维护农民工权益。共接待农民工来访4212人次，受理农民工电话投诉4240个，现场协调纠纷143个，召开清欠协调会132次，案件处理率100%，基本解决了财富国际广场、五象广场北广场、崇左驻邕办事处住宅楼、竹溪立交桥、永凯现代城等205个重点项目的工程款和农民工工资拖欠纠纷问题，涉及金额13.2亿元，其中涉及纠纷的农民工工资5000万元。对因拖欠农民工工资造成恶劣社会影响的9家施工企业，在全市予以通报批评，并在6个月内不许参加南宁市的工程招标投标活动，其不良行为被计入诚信档案。四是在全市建设行业推行农民工工资保障金制度。施工企业按企业资质统一交存保障金，并依据企业守法经营的评价情况调整交存额度，以建立清欠长效机制，解决拖欠农民工工资的处罚问题，减少施工企业的拖欠行为和加大清欠的力度。五是继续开展农民工职业技能培训。通过开办夜校、开展技能比武、知识竞赛等方式，对农民工进行政治、文化、职业道德、建设法规、文明施工、操作技术等培训，经考试后取得合格证方能上岗，共开办夜校培训班69期，参加培训4.2万人次。组织知识竞赛6场，参加竞赛选手132人；在企业中组织技能比武28场，有86名选手参加。

【工程招投标管理】 2007年，市城市建设行政主管部门制定公平合理的投标入围办法和评标办法标准，推行统一的工程量清单招标，制定完善清单计价实施细则，做好典型工程案例分析；开展工程招标代理、造价咨询质量检查和收费情况检查，建立工程造价咨询单位、工程招标代理单位、注册造价师、招标文件编审人员、造价编审人员的信用档案体系。强化对咨询市场的动态管理，加强日常的建筑市场抽查和教育管理，组织成果交流，加大对不规范行为的处罚力度；规定无文明施工措施的施工企业不得中标。全年处理招投标弄虚作假、串标、陪标行为的投诉案 9 件，处理率 100%。建设工程进场交易比上年有较大幅度的提高，共监督办理单项交易 637 个，建筑面积 1299.21 万平方米，造价 133.21 亿元。其中：公开招标 279 个，建筑面积 340.64 万平方米，工程造价 46.80 亿元，占 35.13%；邀请招标 74 个，建筑面积 200.39 万平方米，工程造价 18.22 亿元，占 13.68%；直接发包 284 个，建筑面积 758.18 万平方米，工程造价 68.19 亿元，占 51.19%。

【工程造价管理】 2007 年，市建设工程造价管理站成立造价管理科研小组，与广西大学、广西广播电视大学合作，开展工程造价信息发布联运控制系统、工程造价全过程管理课题研究，并完成了工作方案，初步调研、课题研究框架。利用网络发布工程造价信息，对工程造价影响较大及价格变动幅度较大的材料价格，增加信息发布频率，发布周期从 2 个月缩短为 1 个月。做好概预算人员资格证书管理和上级委托的工程造价咨询单位资质审查预审。全年办理概预算人员资格证书变更 105 人次，办理工程造价咨询单位资质预审 6 家；完成大学路候车亭、良庆区小街改造及边坡支护工程、吴圩农民回建房等工程的造价审核任务，工程总造价 1047 万元；完成 10+1 商业大道路面装修工程，竹溪至民族大道立交桥工程，世界银行贷款项目广西城市环境项目南宁子项目，国家开发银行广西分行办公楼工程，江南污水处理厂平整、基础处理工程，秀灵村四组综合楼工程，民族大道三岸片雨水渠一期工程等项目的造价纠纷调解工作。

【建设立法与执法】 2007 年，市建委加强立法与执法力度，制订的《南宁市建设工程造价管理办法》已由市政府颁布实施。重新修订《南宁市建设委员会行政处罚工作规程(试行)》，完善行政处罚案件处理的查处分离、分级审批、处罚联动、执法联动、案卷登记、三级把关 6 项制度，做到整合力量、集中执法、简化环节、压缩时间、查案办案全面提速。全年立案调查建设违法违规案件 60 个，审核行政处罚案件 59 个，发出行政处罚告知 76 个，作出行政处罚决定 281 个，其中当场处罚案件 216 个，上缴罚没款 175 万元。

（陈　琳）

城镇建设

【城镇基础设施建设】 2007 年，南宁市城市建设行政主管部门根据市委、市政府关于加快城镇化进程和建设社会主义新农村的要求，着重指导加快县城和重点基础设施建设，完成编制《加快发展特色城镇(2007 创新年)实施方案》，完成一批村镇基础设施配套建设，共投入建设资金 21.84 亿元。其中：道路桥梁及公共交通建设完成投资 16.21 亿元，项目主要有：武鸣县标营新区、城东新区的路网建设和农坛路、香山大道、明秀路中段等道路的景观亮化工程；隆安县白云街路面维修、凤凰路街道铺设和县城城北出口立交桥建设等；各县排水及污水处理设施建设完成投资 2.34 亿元，项目有主要有：武鸣县、横县、隆安县污水处理厂建设前期工作，隆安县民安路、天华路排水排污管网建设；市容环境卫生建设完成投资 1127 万元，项目主要有：各县区主干道果皮箱、压缩垃圾车等环卫设施购置，武鸣县红岭垃圾中转站，隆安县城北垃圾中转站、合旗垃圾处理厂等；各县区园林绿化建设及实施对道路路树、绿化带的养护完成投资 3609 万元；武鸣县燃气开发前期准备工作完成投资 200 万元；各县区防洪设施建设完成投资 703 万元；其他建设完成投资 2.73 亿元。

【村庄整治与城中村改造】 2007 年，市建委制订《南宁市社会主义新农村村容整治工作指导意见》，对村容整治明确责任、内容、要求。选定示范村 6 个、试点村 24 个，投入整治资金 120 万元，于 6~8 月，组织人员对各示范(试点)村容整治工作实施指导，11 月会同市规划管理局、国土资源局对村容整治工作进行督查，至年末基本完成村容整治工作。结合开展城乡清洁工程，制定《南宁市城中村改造整治实施方案》，在各城区配合下，对城中村进行治理，卫生死角和乱搭乱盖的现象均得到有效的整治，市区 30 多个城中村环境明显改观。

（陈　琳）

城市规划

【概　况】 2007 年，南宁市规划管理局围绕城市规划建设的中心，抓住中国—东盟自由贸易区的建立、北部湾及泛珠三角区域经济合作区格局的形成等发展机遇，组织开展城市规划编制、审批以及批后管理工作。完成 14 个重点城市规划项目的编制和 12 个专项规划；启动编制五象新区核心区第一个五年(2007~2011 年)建设计划；组织完成五象新区 13 个建设项目规划方案的编制或评审工作。配合全市相关部门完成 8 个规划编制工作。完成东盟商务区与领馆区规划调整以及园区建设协调、12 个为民办实事项目、城乡清洁工程规划协调、10 个项目用地规划定点及协调、73 个续建和新建市政工程项目规划协调等工作。

【城市总体规划编制】 2007 年 3 月，市政府继续委托清华大学规划设计院开展南宁市新一轮城市总体规划修编工作。5 月 26 日，《南宁市城市总体规划(2006~2020)》成果评审会在市规划局召开，得到原则通过；8 月 28 日，设计单位完成修改稿；9 月 24~29 日，向社会公示并开展征询意见活动。通过电视、报纸的广泛宣传，现场发放宣传材料、接受咨询等方式，广泛征求市民对城市总体规划的意见和建议，在 7 天的公示时间里，共接待参观市民 9000 多人次，发放宣传资料 4000 多份，组织集体讲解 8 场，收集各种意见和建议 1000 多条。11 月 14 日，市政府常务会审查原则通过了总规修编方案；12 月 15 日，市四家班子领导听取了方案汇报；12 月 29 日，由市政府提请市人大常委会审议。该总体规划把南宁市城市性质定为：广西壮族自治区首府，西南地区交通枢纽，中国—东盟自由贸易区的区域性国际城市。规划期限内市域总人口 2010 年控制在 690 万~710 万，2020 年控制在 780 万~800 万；中心城人口 2010 年控制在 210 万，2020 年控制在 300 万左右。规划期为 2007~2020 年，其中近期到 2010 年，远景为 2020 年以后。2010 年，中心城建设用地控制在 216 平方公里，人均建设用地 103.0 平方米；2020 年，中心城建设用地控制在 318 平方公里，人均建设用地约 106 平方米。城市的主导发展方向为以邕江为轴线，西建东扩，完善江北，提升江南，重点向南。

【近期建设规划】 2006 年 1 月，市城市规划设计院编制《南宁市近期建设规划》，在 10 月 10 日自治区建设厅召开的近期规划厅际联席审查会上原则通过。2007 年 1 月 4 日经自治区首府规划建设委员会审议通过，3 月 21 日自治区政府正式批复。该规划明确南宁市近期规划建成区范围总面积约 216 平方公里。规划到 2010 年，城市人口规模约为 210 万，幅值 205 万~215 万；中心城区人均城市建设用地指标仍控制在 1999 年国务院批准的总体规划确定的 103 平方米左右，城市建设用地规模控制在216平方公里左右。中心城区近期发展方向为以邕江为轴线，两翼拓展，形成向南、东、西三个方向拓展的空间格局，重点实施城市向南发展的战略，重点启动建设五象新区。总体布局为“一轴两带多中心”，“一轴”为沿江城市发展轴，“两带”为西部北部生态保护带、南部生态保护带；沿江串珠式的“多中心”城市空间体系，即中心片区的老中心和紧邻的邕江南岸中心共同构成主中心，两副中心为五象副中心和相思湖副中心，多核为各片区内承担不同功能的各种中心。

【五象新区规划】

五象新区概念性总体规划 2006年2月，南宁市举行五象新区概念规划国际征集，德国SBA公司 & 上海市城市规划设计研究院、广东省城乡规划设计研究院 & 美国威尔考特建筑规划事务所、新加坡邦城规划顾问有限公司、美国XWHO设计公司参与了此次概念规划征集的设计工作。经项目评审，广东省城乡规划设计研究院 & 美国威尔考特建筑规划事务所、新加坡邦城规划顾问有限公司的方案入围获得优胜，新加坡邦城规划顾问有限公司受市规划局委托对四家单位的方案进行整合，并编制五象新区分区规划。2007年1月4日，《南宁市五象新区概念性总体规划》在自治区首府规划建设管理委员会第四次会议审议通过。概念性总体规划发展规模设定为175平方公里，规划人口150万。规划范围北起邕江，南至那马组团，西自水塘江，西南到银海大道附近，东南至八尺江东侧并包括整个邕宁老城，整个规划范围呈“V”形，行政区划由良庆和邕宁两个区的部分土地组成。根据概念规划，五象新区功能定位为中国—东盟自由贸易区的区域性物流基地、商贸基地、加工制造业基地和信息交流中心；南宁市新的行政、文体、商业商务中心；具有秀丽岭南风光、浓郁民族风情、鲜明时代特征的现代化宜居新城。

五象新区分区规划 2006年，市规划局委托新加坡邦城规划顾问公司和市城市规划设计院编制完成，2007年3月5日市政府批复实施。规划期限为2006~2020年，范围西起水塘江东侧、东至邕宁老县城、北起邕江、南至环城高速附近，总面积88平方公里，人口约100万。88平方公里的核心区布局为“一个分区、三个功能区、六个片区、三十八个邻里”的空间布局结构，并形成相应的一个城市级中心、两个功能区中心、四个片区中心和三十八个邻里中心。规划路网形成四纵三横的主道路骨架。形成行政商务、工业、研发、商贸物流、居住五种用地功能。

五象新区核心区控制性详细规划 2006年，市规划局委托新加坡邦城规划顾问公司和市城市规划设计院编制完成，2007年10月10日获市政府批复实施。五象新区核心区指由邕江、五象大道、平乐大道(南宁大桥延长线)、湘桂铁路复线、环城高速东段围合的区域，规划面积18平方公里，人口控制在28万左右。五象新区核心区是南宁建设区域性国际化新城，实现“东建西扩”的第一步战略区，是今后南宁向南发展的重点地区，是将来新的市级中心所在地，是一个综合性的新城区。市民中心是核心区的核心。整个核心区北边界沿邕江南岸展开，沿邕江南岸控制一条50~200米的生态控制带，成为核心区最重要的绿化景观走廊。规划结构是“一心、一带、六区”，“一心”指规划的南宁市市级市民中心；“一带”指沿邕江生态控制带；“六区”指文娱区、市民中心区、商业商务区、体育区、居住区、休闲区。

【中国—东盟国际物流基地分区规划编制】 2007年4月，市规划局委托新加坡邦城规划顾问公司和市规划设计院编制完成。规划期限为2007~2020年，规划范围北至湘桂铁路复线，西南至银海大道，东至平乐大道的三角形区域，总用地面积约18.61平方公里。规划结构为“一心、三大板块、两主两副四条发展轴”，“一心”即一个绿心，规划利用现状山体改造建设形成环境优美的公园；“三大板块”指物流板块（保税物流园区和国际物流园区）、工业板块(出口加工区)、服务板块(铁公联运区、商贸物流区、商务园区、居住区和公园)，功能分区包括保税物流园区、出口产业园区、铁公联运区、商贸物流区、国际物流园区、商务园区、居住区、公园；“两主轴”即沿银海大道和平乐大道形成的两条主要发展轴，两副轴即沿横向的两条一级主干路形成的次要发展轴。

【东盟各国联络部(办事处)基地园区规划调整方案】 2007年6月，市规划局委托广西华蓝设计(集团)公司进行规划调整，8月31日获市政府批复。东盟各国联络部(办事处)基地园区位于东盟商务核心区东侧，用地规模约为60万平方米。规划调整遵循“保持各园区用地基本不变；保持各国联络处位置不变；降低住宅高度，减少住宅面积，增加商业、办公、展览面积；建筑风貌在个性中体现和谐”等基本原则。规划调整以“一心、五街、十二园”(“一心”指商业核心：通过新增横贯东西的规划道路，形成以东盟文化广场为中心的商业核心区域，通过四大主题建筑和贯穿中心园区的连续商业内街，共同营造具有东南亚特色和符合南宁气候特点的消费环境；“五街”指五条步行街：通过开放各园区的边界，打破围墙的束缚，自然形成以商业核心区为中心，向5个方向延伸而成的步行街区，各国的建筑特色与文化特色在这里得以充分的展示；“十二园”指12个建筑博览园：每个园区都承载着各国丰富多彩的文化底蕴，通过建筑与园林环境的完美结合，为市民与游客展现出原汁原味的异国风貌)为基本构架，打破原有规划各园区间相对独立、封闭的布局形式，通过协调各园区的竖向设计，结合地形变化营造出错落有致的情趣空间。

【南宁领事馆区·体育休闲公园区概念规划编制】 2007年4月，市规划局面向全国公开征集了北京东方筑中建设规划设计有限公司、北京五合国际建筑设计咨询有限公司、华南理工大学建筑设计研究院、广西城乡规划设计院4家设计单位开展此项规划编制工作。5月，概念规划方案经专家评审会评选，北京五合国际建筑设计咨询有限公司和华南理工大学建筑设计研究院的方案为南宁领事馆区规划方案的优选方案，北京五合国际建筑设计咨询有限公司和广西城乡规划设计院的方案作为南宁体育休闲公园区概念规划的优选方案。8月30日，华南理工大学建筑设计研究院再提交3个领馆的建筑单体方案。10月10日，东盟商务区南宁领馆区建筑单体设计方案评审会在华南理工大学建筑设计研究院提交的5个通用现代风格的领馆建筑立面方案中推荐3个领馆单体设计方案作为优选方案，由项目业主在此基础上委托开展下一阶段的设计工作。南宁领馆区·体育休闲公园区位于东盟国际商务区南部，相邻北面为规划的国际商务核心区和东盟各国联络部(办事处)基地，南靠青秀山风景名胜旅游区。总用地规模约110公顷。其定位为南宁市东部片区配套设施齐全、环境一流的高档绿色体育休闲公园。

【柳沙分区规划调整编制】 2005年10月，市规划局委托市城市规划设计院进行编制，于2008年2月获市政府批复。规划性质由“柳沙分区将成为以旅游度假为主，休闲居住为辅的相对独立、功能齐全、环境优美的地区”的定位调整为“以居住生活、文化教育为主，休闲度假为辅的相对独立、功能齐全、环境优美的综合性地区”。规划人口规模由5.6万调整为7.45万。原规划的“一带、一心、两轴、两大功能区”功能结构调整形成“一带、一心、一轴、两大功能区”的布局形态，“一带”仍然为沿江的滨江景观带，延续江北“堤路园”的建设形式，形成集交通、景观、观光等为一体的休闲带;“一心”为柳沙路南段两侧的分区商业服务中心;“一轴”为30米宽的英华路,其是贯穿规划区东西向的交通主轴;“两大功能区”分别是休闲活动区和综合居住区,其中休闲活动区是指东面的文体活动区和西面的生态度假休闲区,综合居住区是指分布在中部和北部的以居住为主,教育科研为辅的居住区。

【龙岗片区控制性详细规划】 2007年6月,市规划局委托市城市规划设计院编制,2008年2月获市政府批复。规划范围为东、北至邕江沿线,南至五象大道,西至外环高速公路带围合区域,面积18.26平方公里,人口23万。规划定位为集行政办公、综合居住、文化娱乐、特色休闲为一体的城市综合新区。规划采用“一带、一园、两心、两轴、四区”的用地布局结构,“一带”指沿江滨水景观带;“一园”指规划主题公园;“两心”指“一主一副”的片区中心;“两轴”指龙岗大道和五象大道交通轴;“四区”指4个居住片区,分别位于湘桂铁路南北两侧和龙岗大道东西两侧。

【项目审批】 2007年,市规划局共召开业务审查会89次,组织各种方案评审会466次。办理建设工程审批业务7088件,办理新开工面积993.6万平方米;共核发建设用地规划许可证292份,审批建设用地约3704.89公顷(其中新增建设用地2141.81公顷,存量用地1563.08公顷),核发储备蓝线图62份,合计2975.35公顷。建设用地、建设工程申报办结率100%;完成市重点工程体育中心、艺术博物馆、柳州铁路局搬迁、青秀山东南亚美食城、广西民族博物馆、南宁孔庙、香港街旧城改造、五象大道景观工程、越秀立交桥、青竹立交桥等项目的用地规划定点及协调工作;完成葫芦鼎大桥、凌铁大桥、南宁大桥、北大桥、桃源大桥、仙葫大桥6座跨江桥梁以及五象大道、云景路、平乐大道、玉洞大道、五象大道景观工程、银海大道延长线拓宽工程、八尺江桥、凤岭北路、清川立交桥、青环立交桥扩建等73个续建和新建市政工程项目的规划协调工作;完成心圩江、可利江环境综合整治、朝阳溪三期工程、七一总渠改造、竹排冲环境综合整治工程等水环境的规划服务和协调工作。各城区规划分局审定项目总评196件,核发《建设用地规划许可证》1740份、《建设工程规划许可证》2504份。

城镇规划

【概　况】 2007年,南宁市共完成江南区吴圩镇、横县县城、横县峦城镇、隆安县那桐镇总体规划,并已经获市政府批准实施;上林县城、西乡塘区金陵镇、良庆区大塘镇、横县六景镇、武鸣县城、隆安县城总体规划已原则通过评审,并上报自治区、市政府待批;兴宁区五塘镇、昆仑镇,横县南乡镇,隆安县雁江镇、南圩镇,上林县乔贤镇、巷贤镇、西燕镇、白圩镇,武鸣县双桥镇、锣圩镇、府城镇、宁武镇,良庆区南晓镇等22个镇已完成总体规划纲要编制工作。1410个新农村建设试点规划编制工作已完成并通过验收;开展《南宁市村镇规划建设管理规定》立法项目的起草工作。

【横县县城总体规划】 2007年4月3日,市政府批复同意实施《横县县城总体规划(2005~2020)》(由横县政府委托广西城乡规划设计院编修)。预测近期至2010年县城人口规模将达到15万,县城城市建设用地规模将达到14.15平方公里;远期至2020年县城人口规模将达到30万,县城建设用地规模将达到30.11平方公里。在完善城区的东南面和西面的基础上,主要向北、东北方向发展;谢圩工业区往西发展,并最终与县城连为一体。在空间结构上规划县城以滨江景观带和茉莉花带为轴线,结合各功能用地布局,形成“一城五区”[一城指县城,为横县的中心城市;五区分别是中心区(老城)、城北区、谢圩区、那阳区和江南区]的布局结构。

【横县峦城镇总体规划】 2006年11月30日,经自治区政府委托建设厅组织厅际联席审查会评审通过;2007年10月19日,自治区政府批复同意实施《横县峦城镇总体规划(2005~2020)》(由横县峦城镇政府委托市城市规划设计院编修)。预测至2020年镇区人口规模将达到3.2万,建设用地规模将达到3.45平方公里。在产业发展战略上要依托县域经济的发展,结合自身资源优势,做大做强特色产业;以商促工,以商促农,大力发展第三产业;依托新平公路经济带,发展特色农业和农副产品加工业;发挥旅游资源优势,培育发展旅游业。

【江南区吴圩镇总体规划】 2006年2月23日,经市政府委托市规划局组织专家和自治区、市有关单位评审通过;2007年1月22日,市政府批复同意实施《江南区吴圩镇总体规划(2005~2020)》(江南区建设局委托广东省城乡规划设计院编修)。预测近期至2010年镇区人口规模将达到5万,建设用地规模将达到6.53平方公里;远期至2020年镇区人口规模将达到10万,建设用地规模将达到12.03平方公里。本次规划镇区建设用地以依托老镇区,主要向南和向西,适当向东发展作为主要发展方向。在总体布局上大致形成“一轴一带,两心多区”(一轴指城市发展轴,依托交通骨架,在原镇区基础上向南拓展形成城市发展轴;一带指自然滨河生态绿带,依托那楞河及其支流两侧绿化形成自然滨河生态绿带;两心指新城主中心和旧城次中心;多区指居住片区、工业片区、仓储物流片区、商贸展示片区和火车站综合片区)的空间结构,创造广西南宁的门户形象。

(雷泽识　颜朝芳)

勘　　测

【概　况】 2007年,南宁市勘测院投入105万元,添置微型车7辆、电脑34台、数码相机15台、GPS卫星定位仪2台及一批办公设备。完成工程项目2031个,完成收入2800万元。勘测成果优良品率87%以上,勘测资料归档率100%,勘测产品数字化成图率100%。市勘测院通过中国质量认证中心(CQC)广西评审中心的验证审核、自治区建设厅勘测甲级资质的年审。年内,市勘测院完成的《测量电子手簿数据管理的实现技术及应用》项目,获得南宁市科技进步三等奖;《南宁市五象新区部分地区1:1000地形图测量》测量项目,《南宁市五象广场》、《广西区公安厅高层住宅1号楼》勘察项目均获得广西优秀工程勘察项目南宁市一等奖;《崇左市1:500地形图测量》测量项目,《南宁市百色大厦》勘察项目均获得广西优秀工程勘察项目南宁市二等奖。

【城市测量】 2007年,市勘测院完成测量工作2249项。重要工程有:南宁市C级控制网测量、基于POS的三塘和那马70平方公里航测成图项目;良庆区旧城区现状排水管网调查测量;银海大道地形图修测和管线探测;平乐大道地形图测量及断面测量。其他测绘有:2006年度南宁市地下管线探测成果的数据监理工作,共计监理各类管线数据1440.8公里;承接并完成江南区33.49平方公里数据城管项目的地理信息部件调查,调查城市部件6.03万个,地址部件3296个;完成全市650个新农村地形图的测绘工作,涉及6个城区、折合面积402平方公里。

【基础测绘】 2007年,市勘测院完成的基础测绘项目有:大比例尺地形图测量742平方公里。其中:结合建制镇成图163平方公里,结合新农村成图370平方公里,结合其他项目109平方公里。市区780平方公里地形图缩编工作。其中:1:2000地形图158平方公里,1:5000地形图625平方公里。高速环内52座二等水准标石的选点和埋设工作。由147点组成的南宁市C级控制网埋石、观测和平差计算工作,覆盖面积7000平方公里,以此为基础,投资140万元,进行南宁市似大地水准面精化、21条道路带状地形图的修测工作,修测面积21平方公里,成果已交付市规划局信息中心使用。

【市区航拍】 2007年,市勘测院投资400万元,完成市区范围6000平方公里航拍工作。利用2006年度航空摄影成果,先后完成1:1000比例尺成图144.9平方公里。其中:吴圩镇22.1平方公里,长塘镇11.84平方公里,扬美镇7.2平方公里,五塘镇5.5平方公里,大塘镇8.5平方公里,南阳镇8.8平方公里,刘圩镇11.9平方公里,南晓镇10.8平方公里,三塘镇20平方公里,那陈镇10.5平方公里,伶俐镇19平方公里,四塘镇5.8平方公里,其他配合新农村试点项目2.96平方公里。

【影像图与地面模型制作】 2007年,市勘测院完成覆盖青秀区大部分地区及邕宁区局部地区约600平方公里区域的1:1000正射影像图和600平方公里数字地面模型的制作工作。

【平面控制网布设】 2007年,市勘测院通过4个月的外业工作,完成C级GPS首级平面控制网的标石埋设和观测工作,共埋设标石130块,观测基线1294条,整个C级网控制区域面积7000平方公里,基本覆盖了南宁市6个城区。项目成果已提交给市规划局信息中心。

【全球导航卫星连续运行参考站网络系统建设】 2007年7月20日,由市勘测院主持,瑞士徕卡公司协助提供全面技术,建设南宁市全球导航卫生连续运行参考站网络系统(NNCORS),在南宁市6个城区约7000平方公里的范围内设立南宁、七塘、金陵、那陈和那楼5个GNSS连续运行参考站。该系统为高精度、高时空分辨率、高效率、高覆盖率的全球导航卫星系统综合信息服务网。9月30日投入试运行,各项指标符合或优于技术设计及国家规范。同年10月26日通过由市科技局组织的专家鉴定。

【工程地质勘察】 2007年,市勘测院完成工程勘察63项,工程地质进尺2.87万米,折合标准米约8.11万米。承接较大的工程有:青秀山东南亚美食城,五象新区核心区3号路,市升禾、绿城世界,青秀山生态保护工场附属工程道路,凤岭冲沟改造一期景观绿化工程,葫芦鼎大桥,白沙大桥,竹溪大道与堤园路衔接道路工程,香樟林小区,富宁路立交桥A匝道挡土墙,平多大道C标。 (龙利军)

国土资源管理

【概　况】 2007年,南宁市国土资源局增设土地出让金征收科;市土地储备中心、市土地交易中心由正科级提升为副处级;取消青秀山风景区国土资源分局。完成上报中心城市用地700.6公顷,获国土资源部批复用地550公顷;完成市辖12个县区76个批次和单独选址项目上报面积1709.24公顷。公开出让宗地58宗,面积238.13公顷,成交金额63.48亿元。完成征(拨)地994.45公顷,拆迁面积14.38万平方米。出让采矿权214宗,收取采矿权金额553.25万元;出让矿山68宗,收取采矿权金额289.98万元,征收入库矿产资源补偿费189.52万元。立案查处土地违法违规195宗,结案164宗,收缴罚没款394.48万元。

【建设用地审批】 2007年,根据自治区及南宁市的用地计划,市国土资源局上报建设用地77个批次(项目),面积2409.85公顷。其中:市区用地44个批次,面积1950.91公顷;六县用地33个批次(项目),面积458.94公顷。自治区安排南宁市61个批次,使用农用地转用计划指标1313.36公顷,耕地指标769.68公顷,使用自治区专项指标追加863.36公顷。完成审查建设用地77个批次,单独选址项目面积2409.85公顷(农用地1723.72公顷)。其中:市本级38个批次和6个单独选址项目,面积1950.91公顷(农用地1324.99公顷);六县31个批次和2个单独选址项目,面积458.94公顷(农用地398.73公顷)。完成新增建设用地指标上报64个批次和单独选址项目,面积1909.16公顷(农用地1362.22公顷)。其中:市本级39个批次和单独选址项目,面积1634.70公顷(农用地1120.96公顷);六县25个批次和单独选址项目,面积274.46公顷(农用地241.26公顷)。批复42个批次和单独选址项目,面积1322.39公顷(农用地993.31公顷)。其中:市本级21个批次和单独选址项目,面积1062.20公顷(农用地760.93公顷);六县21个批次和单独选址项目,面积260.19公顷(农用地232.38公顷)。办理国有建设用地供地手续651宗,面积1076.11公顷。其中:划拨土地279宗,面积538.09公顷;协议出让290宗,面积276.08公顷,合同成交价16.74亿元;拍卖出让31宗,面积36.92公顷,成交价21.38亿元;挂牌出让44宗,面积201.11公顷,成交价42.09亿元;租赁7宗,面积23.90公顷,租金1808.41万元。

【地价评估】 2007年,市国土资源局受理地价评估业务529宗,完成评估审查467宗(涉及土地面积1190.83公顷)。其中:协议出让评估226宗(449.94公顷),调整土地使用条件补偿地价评估96宗(305.79公顷),招拍挂底价评估72宗(383.67公顷),储备收购价格评估3宗(12.53公顷),审核企业改制土地价格评估70宗(涉及土地面积34.20公顷)。

【征地拆迁】 2007年,市征地办公室参与城区征地拆迁工作。重点抓好自治区政府办公新址、自治区党校新址、自治区直属单位储备地块、五象大道、五象新区核心区、广西体育中心、凤岭区片储备用地(含柳铁办公住宅用地)、南宁大桥、南梧大道、机场扩建、南宁国际综合物流园(一期)、青环路扩建等自治区级、市级重点工程项目和昌泰清华园、富宁新兴苑、东沟岭经济适用房,竹排冲综合整治工程,心圩江、可利江环境综合整治工程等为民办实事项目的征地拆迁工作,确保及时用地。共接受并向城区征地办公室送达141个项目征地委托材料,填报172个项目征(拨)地调查表和征收土地方案,审核118个项目的征地拆迁补偿协议书,召开征地拆迁听证会7次。指导城区征地办开展批后实施工作、完成用地手续,拟定征(拨)地补偿安置方案“两公告”(南宁市征收土地方案公告、征地补偿安置方案公告)69份。总计完成征(拨)地面积约994.45公顷,拆迁面积14.38万平方米。

【耕地保护与开发整理】 2007年,市国土资源局组织完成制定《南宁市江南区基本农田示范区建设工作计划》,修订完善《南宁市基本农田保护制度》,拟订耕地保护目标考核及问责办法,结合社会主义新农村建设,推进自治区级土地整理新农村项目建设。完成大石山区马山县、隆安县21个土地整理项目及国土所建设申报工作,其中有20个项目已获自治区国土资源厅批准纳入广西大石山区土地整理项目库。共完成土地开发整理补充耕地指标1231.49公顷。其中:土地开发新增耕地已确认并变更面积209.81公顷,已验收待确认面积158.05公顷,土地整理新增耕地已验收面积687.03公顷,已竣工待验收面积176.60公顷。

【地籍管理】 2007年,南宁市按照国务院、自治区文件精神,成立第二次土地调查领导小组，在市国土资源局下设办公室。市区土地利用更新调查成果通过国土资源部验收。建立市区土地利用现状计算机数据库，实现城乡地籍一体化管理，发挥国土资源管理基础性作用。市辖六城区应发集体土地所有权证4880本，已发证4579本，完成发证93%；六县应发证4552本，已发证650本，占发证数14%。完成日常土地登记14981宗，其中变更登记8685宗，抵押登记1441宗，房改房、商品房土地登记4498宗。

【土地执法监察】 2007年，市国土资源局开展土地执法百日行动、卫片执法检查行动、国有土地使用权专项清理以及查处农村土地突出问题等专项工作。组织巡查2118次，出动执法人员8084人次，发现违法行为1621宗，现场制止1535宗。各级国土资源监察部门立案查处国土资源违法案件193宗，结案164件，收缴罚没款394.48万元，移送纪检监察部门10人，移交司法机关追究刑事责任13人。配合城区政府拆除违法占地、违法建设155万平方米，组织打击非法采矿点506个，出动人员5412人次，封填煤窑515井次，查扣勾机等非法采矿设备186件。整顿清理非法无证砖厂61家，其中依法强制拆除6家，实施关停55家。

【测绘管理】 2007年，市国土资源局根据自治区测绘局的有关文件精神，简化基础测绘成果申请领用保密条件的审核程序，对申请单位的保密条件只到现场审查一次，出具的证明函年内有效。共受理、审核领用基础测绘成果申请98件。其中：符合保密条件要求，同意办理的96件；不符合保密条件要求，不同意领取基础测绘成果的2件。

【国土信息化建设管理】 2007年，市国土资源局完成市国土资源综合电子政务系统建设开发，该系统已在地籍、分局、土地利用、规划等科室应用。软硬件基础建设、自治区、市、县三级网络互联建设、空间数据库建设取得了初步成果，在国土资源部福州现场会上获得好评。完成数据处理业务（含出图）1.23万宗，完成县区土地利用总体规划数据库，基本农田保护数据库整合面积2.34万平方公里。完成2001年、2004年、2005年航片的54坐标系、80坐标系定位工作。

【征地测量】 2007年，市国土资源局完成五象新区核心区18平方公里的地形补测，五象核心区范围内房屋权属调查、房屋四面拍摄、房屋基本信息建库工作。完成全市13条内河5平方公里的地形补测、权属调查、土地利用现状调查、工作报告、数据、报表及图件资料，并提交内河指挥部。完成"数据城管"项目西乡塘区的城市部件、外业调查工作，8万多个外业部件、测量成果已入数据库。完成市重点工程柳州铁路局搬迁和凤岭储备用地、蟠龙小区储备用地、内河整治心圩江和可利江、江南区铝业用地、青秀山生态二期用地、金牛桥小区、兴宁钢材市场、五象新区体育馆用地等征地测量，面积约1333.33公顷。

【矿产资源管理】 2007年，市国土资源局代市政府草拟《南宁市矿产资源开发矿区整合实施方案》和《南宁市2007年整顿和规范矿产资源开发秩序工作方案》，经市政府批准下发各县区政府执行。根据南宁市实际，确定以煤、锰、铅锌、铜、滑石等为重点整合矿种，确定上林县木山、乔贤煤矿区，明亮铅锌矿区、锰矿区，马鞍山滑石矿区；马山县百龙滩煤矿区，乔利、林圩、周鹿锰矿区，古零唐甲滑石矿区；隆安县白马煤矿区；武鸣县两江铜矿区，大明山钨矿区，板苏锰矿区；六县六城区石灰石矿区13个为矿产资源开发整合矿区。编制上报的上林、马山、隆安煤炭资源开发整合方案已获得自治区批复；武鸣、上林、马山锰矿矿区开发整合工作正在进行，其中武鸣板苏锰矿矿区整合工作于10月底完成。全年严厉打击各种违法采矿353个次，查扣非法采矿设备273台件，关闭破坏环境、污染严重、存在重大安全隐患的小、差、乱小矿山89家。共出让矿山214宗，收取采矿权价款553.25万元，其中市本级已完成75宗采矿权登记发证工作，出让矿山68宗，收取采矿权价款289.98万元。完成矿产资源补偿费征收入库472万元。配合安全监察等部门开展矿山安全生产大检查，实施百日安全无事故活动。组织开展重大节日和"两会一节"期间的安全生产大检查工作，被市安全委员会评为2007年安全生产优秀单位。

【地质灾害防治】 2007年，市国土资源局对已确定的地质灾害118个隐患点建立以市、城区、乡、镇政府，街道办负责人，监测人为一体的群测群防体系。对每个地质灾害点发放防灾工作明白卡和避险工作明白卡，并从地质灾害防治经费预算中安排群测群防体系活动经费，给每名监测人员每月补助100元。完善汛期预警、预报机制，市国土资源局与市气象局、南宁水文水资源局等主管机构加强合作，委托广西南宁地质环境监测站承担具体业务，联合开展地质灾害气象预报预警工作，将预报预警结果及时报告市政府，各县国土资源局、各分局通知危险区防灾负责人、监测人和群众，做好防灾准备工作，同时通过媒体向社会发布地质灾害预警预报。成立汛期地质灾害巡查小组，定期对地质灾害隐患点、危险区进行巡查和排查，以便及时采取应急措施。报请市政府与各县区（开发区）及有关责任单位签订《汛期地质灾害防治责任书》，拟订并报请市政府下发2007年南宁市汛期地质灾害防治、地质灾害防治和突发性地质灾害应急预案等工作方案。

【土地权属纠纷调处】 2007年，市国土资源局完成调解土地权属争议案件26宗，以协议方式协商解决5宗，将调解处理意见上报市政府或有关部门19宗，积压案已结束调查2宗。以协议方式协商解决安吉街道皂角村与原市阶砖厂的土地争议案件，该案件起于1986年，涉及争议土地面积4.34公顷，经过开展调解工作，双方于8月6日达成调解协议，这宗历时20多年的案件得到圆满解决；配合市政法委、市调处办、江南区、西乡塘区政府成功制止江南区江西镇那律村与西乡塘区石埠街道老口村因土地争议引起的群体性事件，和平解决了土地纠纷问题。市国土资源局测绘与纠纷调处科被自治区政府评为"三大纠纷加强年专项工作"先进集体。

【土地信访】 2007年，市国土资源局做好群众来信来访工作，接待处理群众来信来访464件，接待来访人员390人次，办理级机关及信访部门转办的涉及土地纠纷的办文33件。开展公开大接访活动4次，接待并处理群众来访事项58件次。召开征地信访工作专题协调会25次，接待处理有关征地补偿问题、咨询群众来信63件，来访群众560人次，群体上访19批次，均严格依法处理，给予答复。

【土地行政复议】 2007年，市国土资源局完成7件行政复议案件材料收集和组织答复工作，其中代理市政府复议6件；完成行政诉讼案件一审及二审应诉22件，其中代理市政府应诉17件；办理因土地出让金纠纷引起的民事诉讼案1件。主持涉及行政处罚、撤销土地证、征地补偿和规划修编听证会15件次。

（谭世明）

房产管理

【产权产籍与市场交易管理】 2007年，市房产局按照《物权法》等法律法规的要求，严把审核关，确保权属登记工作准确、合法，同时优化各项办证流程，缩短审批时限。发放《房屋所有权证》5.46万本,核发商品房预售许可证211本,预售总面积544.07万平方米;核发商品房现售备案证明132份,现售总面积383.59万平方米;新建商品房成交套数6.47万套,成交面积650.08万平方米;完成抵押登记8.70万宗,房产交易资料9384份;开展房产档案扫描工作,将文本档案转变为电子档案保存。继续开展房地产交易秩序专项整治工作,指导房地产中介行业管理协会举办房地产中介从业人员继续教育培训班4期,累计培训学员近800人;举办"月月新楼"房展,发布最新楼盘信息,引导群众理性购房;开展存量房交易结算资金账户管理试点工作,防止不良中介侵害购房群众的合法权益;对房地产经纪、咨询、评估等中介机构的从业资格进行初审、备案、年检。

【直管公房经营管理】 2007年,市房产局稳步推进直管公房经营管理,规范租金及违约金收取行为,依法开展租金收缴工作,建立直管公房租金缴费大厅,查处租赁违规违约行为,全面追缴旧欠租金。成功对193个门牌直管公房非住宅实行竞租,收缴租金3249.47万元,比上年增收474.28万元;依法出售公有住房109套,建筑面积5471平方米,收缴售房款480多万元。

【房屋安全管理】 2007年,市房产局按照市政府办公厅《关于加强房屋安全管理有关问题的批复》精神,深入开展房屋安全知识宣传活动,扩大房屋安全监管范围。加强对新建房屋白蚁预防工程的施工和回访监督检查,白蚁防治工作取得新进展。共承接新建房屋白蚁预防工程项目254个,施工面积710万平方米;完成房屋安全鉴定建筑891栋,面积30万平方米,约为上年鉴定面积的3倍;投入公房维修经费544万元,完成房屋维修项目3769个;加大危旧直管公房腾空改造力度,通过货币安置、异地安置、回迁等形式,对21个门牌共102户住宅、8户非住宅危旧直管公房进行腾空改造。

【物业管理】 2007年,市房产局进一步完善物业管理配套法规政策,10月1日起,施行《南宁市物业管理办法》,并与物价部门联合制定《南宁市普通住宅小区物业管理服务等级标准》(试行)、《南宁市普通住宅小区物业服务收费政府指导价基准价和浮动幅度》等管理文件。加强前期物业管理招投标管理,扩大物业管理覆盖面,完善物业管理市场竞争机制,共完成57个物业项目前期物业管理招标、中标备案,激活物业管理市场。对30多个小区成立业主大会、选举首届(或换届选举)业主委员会进行指导监督,规范业主大会、业主委员会的物业管理活动。加强物业管理行业组织的自律,顺利完成全市物业管理行业协会与行政部门的脱钩工作。有15个住宅小区(大厦)被评为市城市物业管理优秀小区(大厦);6个住宅小区(大厦)被评为自治区城市物业管理优秀住宅小区(大厦)。

【住房保障】 2007年,市委、市政府按照国务院下发的《关于解决城市低收入家庭住房困难的若干意见》精神,成立了以市长为组长的市解决城市低收入家庭住房困难工作领导小组,在市房产局设办公室,负责实施全市住房保障日常工作。期间,市房产局编制市解决城市低收入家庭住房困难年度计划和"十一五"规划,划定城市低收入家庭收入标准和住房困难标准;通过实物配租、租金核减、货币补贴等形式开展住房保障。累计受理廉租房申请1559户,通过审核实施保障1467户,对符合条件并申请的住房困难家庭全部实现应保尽保目标。抓好廉租住房项目建设工作,开工建设惠民安居·金桥苑廉租住房小区,可提供廉租住房600套。扩大廉租住房制度覆盖范围,指导市辖各县建立廉租住房制度。

【信息化建设】 2007年,市房产局不断升级业务审批软件,加快南宁物业管理门户网站和廉租住房管理信息系统的建设。开发住房状况调查管理信息系统,完成住房状况调查有关数据的录入分析报告。局信息管理服务中心负责开展房产信息月份分析报告、季度分析报告及城房指数编制工作,为自治区和市领导决策提供准确数据。2007年5月18日起,开展商品房买卖合同网上备案工作,完成备案4.9万份,备案面积490万平方米。

【行政执法与监察】 2007年,市房产局实行行政执法联席会议制度,定期对执法难题进行研究解决,并规定对行政处罚5万元以上(含5万元)的案件由行政执法联席会议审定,规范了行政执法行为。建立行政应诉、行政复议、行政听证、行政处罚等执法工作流程。加大监察处罚力度,对市区179个在售的房地产项目和55家从业房地产中介机构进行全面检查,调查处理各类案件69件,其中依法责令整改55件,立案8件,处罚6件,处罚金额11.3万元。 (韦照鲜)

房地产开发

【房地产开发投资】 2007年,南宁市房地产开发投资187.46亿元,比上年增长34.79%,增长幅度提高2.48个百分点。其中,住宅投资123.82亿元,增长30.57%(经济适用房投资5.91亿元,下降26.56%;办公楼投资4.96亿元,下降5.44%;商业营业用房投资14.57亿元,下降25.65%)。土地购置面积350.47万平方米,增长38.95%;成交价款56.24亿元,增长164.92%。房屋施工面积3606.05万平方米,增长26.15%;其中住宅施工面积2285.32万平方米,增长33.39%。房屋竣工面积858.20万平方米,增长15.64%;其中住宅竣工面积506.75万平方米,增长28.55%。商品房施工面积2116.34万平方米,增长20.81%;其中住宅施工面积1622.91万平方米,增长22.75%(经济适用房115.26万平方米,下降12.2%)。商品房竣工面积419.77万平方米,增长15.56%;其中住宅竣工面积344.41万平方米,增长15.96%(经济适用房42.89万平方米,增长43.93%)。商品房实际销售面积628.84万平方米,增长37.9%(住宅销售面积585.47万平方米,增长39.47%);销售额214.06亿元,增长63.4%(住宅销售额191.65亿元,增长71.88%)。商品期房平均销售价格为每平方米3428元,增长19.28%(住宅每平方米3312元,增长

南宁市新建成的住宅区 周家志 摄

24.09%)。房地产开发企业中,投资额超过2亿元的企业有20家:广西嘉和置业集团有限公司6.78亿元,广西荣和有限责任公司5.48亿元,广西保利远辰房地产有限责任公司5.21亿元,民发实业集团(广西)房地产开发有限公司5.08亿元,南宁市龙光房地产开发有限公司4.7亿元,广西勤建置业有限公司4.61亿元,广西华实房地产开发有限公司3.97亿元,广西利海房地产开发有限公司3.74亿元,广西隆源房地产开发有限公司3.51亿元,广西恒大企业集团有限公司3.31亿元,广西旺达房地产开发投资有限公司3.26亿元,南宁昌泰置业投资有限公司2.72亿元,广西龙门居房地产开发有限责任公司2.5亿元,南宁春晖房地产开发有限责任公司2.47亿元,广西中茵房地产开发有限公司2.36亿元,南宁盛东房地产开发有限公司2.33亿元,南宁市国立房产业开发公司2.26亿元,中房集团南宁房地产开发公司2.13亿元,南宁市柳和岛房地产开发有限责任公司2.04亿元,南宁市地产业开发总公司2亿元。 (杨华伟)

【土地市场交易】 2007年,市国土资源局组织实施招拍挂公开出让土地21期,出让土地58宗,面积238.13公顷,成交金额63.47亿元。其中挂牌公开出让16期,出让土地37宗,面积201.11公顷,成交额42.09亿元;拍卖公开出让5期,面积37.02公顷,成交额21.38亿元。办理土地交易鉴证1宗,面积3.19公顷,鉴证交易金额2250万元。 (谭世明)

【旧区改造开发】

概 况 2007年,南宁市继续推进旧区改造,组织旧改项目招商出让和加快招商引资重点项目实施。市建设委员会、市国土资源局以捆绑形式,通过挂牌出让东沟岭四组团、台湾街一期、雅里下坡、中山路特色商业街、中烟技改扩建用地5个旧改项目,总用地面积31.47公顷,涉及房屋拆迁面积20.11万平方米,投资总额23.98亿元。

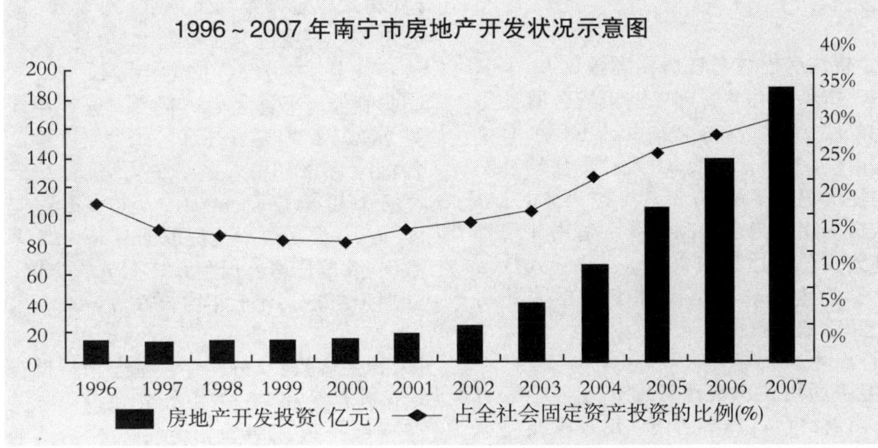

2007年南宁市部分片区楼盘情况表

所属片区	楼盘名称	项目地址	参考价格(元/平方米)
青秀区	英伦18	民族大道凤岭段北面	均价:5200
	南宁联盟新城	青秀路东面	均价:5500
	半岛康城	英华路51号	起步价:4188
	万昌上海滩公馆	七星路一巷30号	起步价:5530
	马来西亚城	民族大道中马路中国—东盟国际商务区 B 区	均价:6100
江南区	中都澳海蓝湾	石柱岭路3号	均价:4300
	龙光普罗旺斯	白沙大道	均价:3500
	天筑丽城	星光大道68号	均价:4200
	中茵丽景星城	星光大道	均价:4600
	绿城印象	壮锦大道23号	均价:3200
西乡塘区	汉军唐山华都	唐山路24-4号	均价:4300
	隆源国际花园	广西大学西门对面	均价:4900
	大天下	唐山路6号	均价:4388
	邕江时代广场	北大南路1号	均价:4500
兴宁区	国贸城市出品	民族大道41号	均价:7000
	皇龙新城	南梧路2号	均价:3988
	橘子郡	厢竹大道北侧	均价:3950
良庆区	江南新天地	金沙大道259号	均价:2860
	半山雅居	银海大道中段	均价:3300
	金地花园	银海大道中段	均价:2780
邕宁区	绿都温泉度假山庄	那马高速公路出口旁	均价:3580

重点旧改项目 2004年以来,南宁市公开招商出让的旧改项目有:东沟岭一组团、上海路围合片区、白沙片区、澳门街、香港街、广西机电公司片区、广西林工商公司片区、原市委党校片区、东沟岭四组团、台湾街(一期)、雅里下坡、中山路特色商业街、北湖路东二里片区、纬武路片区。至2007年末,这批招商出让旧改项目分别完成部分改造工程:东沟岭一组团项目已有6栋共12万平方米楼房完成竣工验收,达到交付使用条件,其余3栋共5万平方米进行基础施工;上海路围合片区项目进入主体施工阶段,并进行楼盘全面预售;白沙片区项目,在项目范围内的麻纺厂和船厂的厂区用地已搬迁完毕并全部移交开发商,船厂宿舍区房改房住户进入动迁阶段;澳门街项目完成全部拆迁工作,并进行主体负二层底板施工;香港街项目进行用地规划调整和初步规划方案设计等,一期工程地块的住户开始动迁;广西机电公司片区项目一期工程完成拆迁,主体已封顶施工,二期工程完成拆迁评估并进入动迁阶段;广西林工商公司项目已完成拆迁量50%,拆迁签约22户;原市委党校片区项目在确定拆迁评估机构后,进行项目评估;东沟岭四组团项目总拆迁户176户,完成拆迁签约122户,并开始陆续动迁;台湾街(一期)项目在完成拆迁评估后,拆迁人与被拆迁户完成拆迁补偿协议签订工作;雅里下坡项目,已进入全面的拆迁阶段;中山路特色商业街项目确定项目业主,并签订了项目投资协议书;北湖路东二里片区项目完成办理拆迁许可手续;纬武路片区项目中B、C、D区的拆迁工作基本完成后,B区一、二号楼完成地上3层施工,C区完成地上17层施工,D区一号楼完成地上11层施工,二号楼正进行桩基施工。

骑楼改造 市旧区改造部门对市区街道骑楼进行改造前的调查,编制《南宁市骑楼城修建性详细规划》、《南宁市骑楼城改造建设实施方案》、《南宁市骑楼城第一批旧改项目计划》,并经市政府批复。骑楼城改造项目采取多方招商推介、竞买的办法。中山路特色商业街骑楼项目挂牌出让的土地出让金净收益起挂价为每亩2万元,最终竞买成交价每亩773万元,创下了旧改项目土地出让金净收益成交的历史新高。开展骑楼城片区专项规划设计工作,进行片区电网的迁移改造、勘察规划设计工作的前期调查和交通规划专项设计,至年末,完成部分骑楼改造工程的前期准备工作。

房屋拆迁管理 南宁市贯彻执行国务院办公厅《关于控制城镇房屋拆迁规

模、严格拆迁管理的通知》精神,加强拆迁管理,规范拆迁行为。市房屋拆迁管理部门共组织拆迁许可前听证会6次,主持和指导选取拆迁估价机构现场会22次,审核发放各种拆迁证明194份;举行裁决申请受理前听证会3次,涉及54户;审核受理拆迁纠纷裁决申请107件,涉及项目9个,作出行政裁决32件;召开行政强拆前听证会6次,涉及项目5批4个,被拆迁户8户,行政强拆户数0户;办理房屋拆迁行政诉讼案23件,答复房屋拆迁行政复议2件,对需要作出裁决的案件,严格遵循行政裁决规定办理,对疑难案件协调相关部门依法稳妥处理,使裁决工作有序进行。共受理审批拆迁项目22个,拆迁许可证许可拆迁面积22.37万平方米,涉及被拆迁住户2338户、单位124个。共完成城市房屋拆迁51万平方米,搬迁住户3538户、单位144个。 (陈 琳)

【经济适用住房建设】 2007年,市委、市政府把开工建设100万平方米、竣工80万平方米经济适用住房作为为民办实事之一。新确定经济适用住房项目用地54.4万平方米,加上2006年已落实的81.53万平方米(已进入招投标选择开发业主程序)共135.93万平方米。实际开工建设101.27万平方米(经济适用住房86.28万平方米,全额集资建房14.99万平方米),完成年计划101.27%;竣工84.43万平方米(经济适用住房65.44万平方米,全额集资建房18.99万平方米),完成年计划105.54%;完成固定资产投资12.67亿元(经济适用住房9.90亿元,全额集资建房2.77亿元),完成年计划140.78%。主要分布在南宁机场路东面,北湖安居北面、安吉新城等。通过经济适用住房项目招投标确定中房集团南宁房地产开发公司为南宁机场路东面经济适用住房项目开发业主,广西鑫利华房地产开发有限公司为北湖安居北面经济适用住房项目开发业主,通过经济适用住房项目竞争谈判确定了市地产业开发总公司为安吉新城经济适用住房项目开发业主。 (市房改办)

住房制度改革

【房改政策】 2007年,南宁市贯彻执行《国务院关于解决城市低收入家庭住房困难的若干意见》文件精神,下发《南宁市2007年经济适用住房建设管理实施方案》、《南宁市人民政府关于进一步加强和规范全额集资建房管理的通知》、《关于全额集资建设超标面积收取差价款问题的通知》、《南宁市华侨农林场住房制度改革实施方案》、《关于南宁市2005~2007年度经济适用住房指导价格中征地和拆迁补偿费的公告》等文件,完善深化住房制度改革的相关政策。

【住房补贴与住房资金管理】 2007年,南宁市继续实施住房分配货币化政策,市住房制度改革委员会办公室与市财政局联合下发《关于做好全额拨款单位住房补贴工作的通知》,启动全额拨款预算单位的住房补贴工作。审核发放住房补贴单位61个3717人,应一次性发放住房(工龄)补贴金额2874万元,实际一次性发放金额1254.9万元。其中:企业单位24个2661人,应一次性发放住房(工龄)补贴金额2090万元,实际一次性发放金额725万元;行政事业单位(含全额、差额、自收自支)37个1056人,应一次性发放住房(工龄)补贴784万元,实际一次性发放530万元。共归集其他住房资金2.26亿元,审核回拨其他住房资金2.07亿元。

【公有住房出售与住房档案查询】 2007年,市房改办共受理申请出售公有住房的单位210个、405套;办结出售公有住房单位83个、187套。办理领取住房补贴的住房档案单位76个共1.17万人,并录入数据库。为申请购买经济适用住房查询购买公房档案约7000人,并录入数据库;为查询住房情况并出具相关证明2000多人。

【经济适用住房出售管理】 2007年,南宁市严格执行经济适用住房审核及公示制度,审核小组采取层层把关,对每月经济适用住房准购资格进行审核,并在每月20日把住户准购名单在《南宁日报》、南宁时空网进行公示,接受社会监督。同时严肃查处虚假冒报行为。全市共受理经济适用住房销售资料审核7336套,其中已通过资格审核获得公示的有8657户(含上年结转审核数),当年领取准购证已办理购房手续的购房户有3802户,待安排购房有1.51万户。审批全额集资建房单位17个,申报1344套;受理22个单位办理竣工后计算个人房款业务共831套;办理全额集资建房竣工后计算个人房款手续共41个单位、1728套。 (市房改办)

住房公积金管理

【概 况】 2007年,南宁住房公积金管理中心贯彻落实国务院《住房公积金管理条例》,制定《南宁住房公积金管理办法》、《南宁住房公积金执法工作规程》,开展《住房公积金管理条例》宣传检查,严格按照“管委会决策、中心运作、银行专户、财政监督”的原则进行管理运作。完成公积金监管网络系统建设。根据建设部和自治区公积金监管办建立公积金监管系统的要求,3月通过与自治区公积金监管办的数据收发测试,把全市公积金管理纳入全国公积金监管系统的监管。接收柳州铁路住房公积金管理机构。做好住房公积金缴存登记年审工作,缴存比例的单位有较大幅度增加,年审率82.03%,核定应缴金额7.69亿元,比上年增加27.31%。全市共有4069个单位建立住房公积金制度,参加缴存29.3万人,住房公积金覆盖率80.96%,累计归集住房公积金48.32亿元。共向1.81万户职工家庭发放贷款,发放总量超过18.89亿元。累计回拨住房公积金总额18.77亿元,累计提取城市廉租住房补充资金2050万元。住房公积金实现增值收益4280.46万元。

【住房公积金归集与支取】 2007年,南宁市新增归集住房公积金11.70亿元,完成年任务117.04%,比上年增长13.6%。归集其他住房资金2.36亿元,完成年任务257.04%。新建立住房公积金制度单位121个,新增开展人数1.26万人,住房公积金制度覆盖面94.04%,全市覆盖率80.96%。住房公积金提取业务共3.25万人次,支取住房公积金6.35亿元,完成年计划167.03%,比上年增长61.77%。

【公积金贷款】 2007年,南宁市根据自治区住房公积金监管办转发建设部《关于调整个人住房公积金贷款利率的通知》精神,做好相应的利率调整工作。从9月起住房公积金个人住房贷款利率5年以下4.77%,5年以上5.22%。全市发放住房公积金个人贷款5.91亿元,比上年增长40.15%。其中市本级发放3.61亿元,完成年任务171.9%;六县六城区管理部发放2.30亿元,完成年任务191.52%。贷款回收情况良好,贷款逾期率0.41‰。

【住房公积金月缴存设定】 2007年,南宁市设定住房公积金月缴存额上、下限。下发《关于设定南宁市2007年度住房公积金月缴存额上、下限的通知》,设定2007年职工和未建立补充住房公积金制度单位住房公积金月缴存额上限各为1020元;已建立补充住房公积金制度单位住房公积金月缴存额上限为1360元;单位和职工住房公积金月缴存额下限各为23元。防止出现因住房公积金缴存问题引起不同行业、部门、单位之间职工收入分配差距扩大,减少分配不公的矛盾,同时也保障低收入职工的住房公积金合法权益。

【住房公积金扩面工作】 2007年，南宁住房公积金管理中心与市人大城建委员会、市总工会联合开展《住房公积金管理条例》宣传检查，对南宁高新技术产业开发区、南宁经济技术开发区等26家500万以上规模的单位未建立住房公积金制度的企业进行宣传检查，了解企业经营、用工、对住房公积金制度的认识等基本情况，多角度宣传住房公积金政策。

【执法检查】 2007年，南宁住房公积金管理中心同市人大、财政局等部门联合对市本级及县区政府、人大及相关部门共43个单位进行执法检查并对2006年检查情况进行复查。解决住房公积金缴存管理过程中存在的问题。对15个未建立和欠缴住房公积金的单位发出《限期办理决定书》等执法文书。

（南宁住房公积金管理中心）

城市防洪

【概　况】 2007年，南宁市共基本建成防洪堤46.74公里。其中：50年一遇堤防40.07公里（江北堤21.31公里，江南堤18.76公里）；20年一遇堤防（白沙堤）6.67公里。建成排涝泵站16座（江北11座，江南5座），总装机2.3万千瓦/79台，总排涝流量233.32立方米每秒；建成附属设施有防洪闸19座，交通闸29座，穿堤管49条，护岸19.37公里。

【河道管理】 2007年，南宁市在“世界水日、中国水周”期间，开展水法律、法规宣传活动，发放宣传资料1500份，播放水法律法规专题录像片3部，解答群众咨询150人次，参与群众2000多人次。全年进行河道堤防巡查552人次，发放违章通知书30份，制止违章行为26起，拆除河道管理范畴内违章建筑物500多平方米，除拆邕江河岸砂场15座，开展水行政执法12次，纠正和处理违章采砂行为38起。完成临河建设项目预审27个，跟踪督查临河在建工程15个。

【工程建设】

江南堤路园项目三津村—南站南侧路段工程　至2007年，累计完成投资3.47亿元。其中：前期费7034.14万元，征地拆迁费1.77亿元，管线迁移675万元，建安投资9300万元。当年完成投资1.24亿元。完成农村集体土地征用签约66.03公顷，农村集体土地上房屋拆迁签约418宗，拆除房屋面积6.81万平方米；管线迁移10.07万米；挖方84.3万立方米；填方153万立方米；修建道路排水管渠1.91万米、水稳层4780米。

江南堤路园中兴大桥—三津村段工程　完成富德村道、仁义村道修复，路基、路面、景观15个标段的移交，路基、路面和堤防工程的结算报核。路基排水与路面工程获得自治区优质工程奖；工程档案通过自治区档案局组织的专项验收，评定为合格；堤防工程通过自治区水利厅组织的竣工验收，整个项目评为优良工程。

面上防洪工程　主要有竹排冲旧泵站改扩建工程等共93个，累计完成投资4622万元。

富德村回建安置项目　累计完成投资880万元，占总投资88%；完成征地拆迁2.45公顷。

【设施维护与保养】 2007年，市邕江防洪大堤修建管理处完成排涝泵站、防洪闸等机电设备检测、维修、上油保养228台次；泵站16座、防洪闸19座、排水闸7座、交通闸29座、穿堤管拍门41个等金属设备设施除锈、油漆共4287平方米；检测电力变压器14台、高低压配电柜237面次和安装3座泵站内河临时人工观测水位尺；堤防设施和泵站变形观测242个点；堤防、泵站内割草150万平方米。（市邕江大堤管理处）

【内河综合整治】 2007年初，南宁市全面启动以治理脏乱差为主要内容的城市内河综合整治工程。市委、市政府组成9个工作组对城市内河现状进行全面调查摸底，编制完成分阶段实施综合治理内河控制性规划和制定工作方案，并将工作任务分解、落实到各相关城区、开发区。

内河控规　完成竹排冲、朝阳溪、二坑溪、心圩江、可利江、西明江、石灵河、石埠河、马巢河、凤凰江、亭子冲、水塘江、八尺江13条内河综合整治工程的部分前期工作。其中：心圩江征地104.67公顷，河道监理标已开标，河道2、3号标段已进场施工，完成土方77.5万立方米，1号标段已完成前期工作，于6月开工建设，完成投资2.55亿元；可利江征地任务完成72%，拆迁任务完成86%，工程河道整治4个标段招投标等前期工作全部完成，地上附着物清理完成80%，完成投资2.13亿元。

河段脏乱差整治　出动4万多人次、各类机械710多台次，对竹排冲上游、心圩江支流、亭子冲等13条内河段进行清理，共清理垃圾（含拆违后清理）3.5万多吨，面积118万平方米，投入资金787万元。

内河防汛清淤清障　按照防汛防内涝的要求，对竹排冲上游、心圩江支流、亭子冲等13条河段开展应急防汛清淤清障疏浚工作，共清淤瓶颈点28处，累计清淤约20万立方米，投资420万元。制定《南宁市内河防洪抢险工作预案》，加强内河防汛值班，对竹排冲综合整治项目施工的8处围堰进行拆除，排除安全隐患，确保内河安全度汛。市内河整治指挥部按照内河拆违工作的要求，以各城区、开发区为主，组织各有关部门对13条内河沿岸乱搭乱盖违章行为进行拆除。出动1.4万人次、机械900多台次，投入资金320万元，共拆除违章点（段）77个，拆除面积54万平方米。

河岸绿化　对13条内河沿岸的46个点进行植树绿化，种植各类树木7.9万株，面积36.6万平方米，共投入植树资金688万元。

【一冲两江桥梁建设】 2007年，竹排冲、心圩江、可利江内河桥梁工程全面开工建设，其中锦春桥已建成通车；怡宾桥纵梁施工已完成，进入了梁面铺装；医科大桥已完成全部桩基，开始了承台施工；花园桥桩基完成80%，承台完成50%。项目整体完成投资8.16亿元，使竹排冲的防洪能力达到50年一遇标准。（陈　琳）

污水处理

【概　况】 2007年，南宁市重点抓好污水处理设施项目建设。广西绿城水务股份有限公司完成凤岭排水冲沟改造一期工程的景观绿化，二期工程征地、招投标工作；完成朝阳溪三期工程设计方案确认，二坑溪综合整治工程方案及设计报批并进入初步设计阶段；完成七一总渠改造工程；江南污水处理厂一期工程、埌东污水处理厂二期工程相继建成投产，市区污水处理能力达到每日44万立方

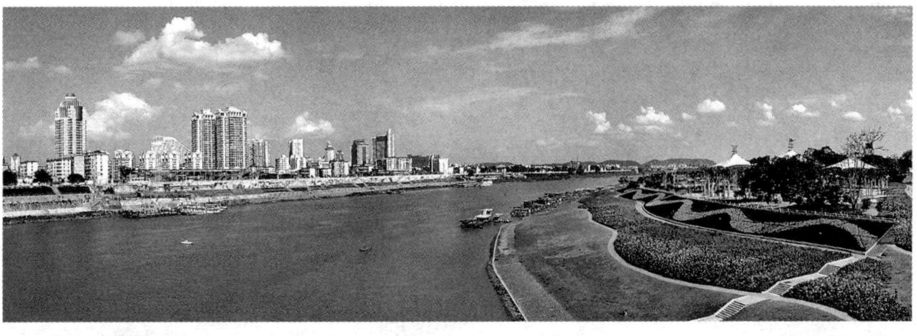

邕江河岸绿化　　周家志　摄

米,污水处理率80%以上,进入全国污水处理先进城市行列。续建江北片污水管网工程、江南片污水管网工程、秀厢路污水管工程。全年完成污水处理设施建设投资1.26亿元。共处理污水5737万立方米(埌东污水处理厂处理污水3667万立方米,江南污水处理厂处理污水2070万立方米)。主要水质检验指标五日生化需氧量(BOD_5)、化学需氧量(COD)、固体悬浮物(SS)均符合国家污水处理排放标准。其中:BOD_5去除合格率100%,COD去除合格率100%,SS去除合格率99.46%,粪大肠杆菌杀灭合格率100%。（谢　德）

【七一总渠改造工程建设】 七一总渠起于东葛路与古城路交叉路口,止于竹排冲,全长3.17公里。为彻底改变七一总渠不适应排水和污染环境的现状,市委、市政府把改造工程作为为民办实事项目之一。工程分两个阶段实施,第一阶段从2007年3月7日至6月30日对渠道按设计断面进行改造建设,完成渠顶盖板;第二阶段从2007年7月1日至9月30日,对全线进行景观亮化和美化。改造前,从园湖南路葛塘巷往葛村路一段和星夜蜜酒店前一段为明沟,其他渠道均为暗沟。改造后,渠道全部扩宽到7米,渠道深从上游到下游为2.2~5米不等,渠道底和渠道壁均使用混凝土筑成,过水能力提高到每秒94.43立方米,满足20年一遇暴雨强度市政设计标准和50年一遇暴雨防洪标准。全线实行封盖式改造,封盖渠道面则由7.9米长的混凝土板块横跨渠道两边,可当路面使用。其沿线风景区宽15米,包括休闲广场、运动健康场地、园林观赏园、儿童游乐中心、街头表演广场等,园林绿化绿地率60%。工程于当年9月30日完工。投入改造资金1.8亿元。（陈　琳）

【污水厂工程建设】

江南污水处理厂一期工程　江南污水处理厂位于白沙大道与亭江路交汇处南侧采泥塘。占地41.54公顷,规划建设总规模为日处理污水96万立方米,分四期建设。主要处理由江南污水干线收集输送的西乡塘、相思湖、朝阳溪二坑溪、江南、沙井污水流域的污水,经二级生化处理后在水塘江附近排入邕江。一期工程于2005年4月动工建设,2007年9月正式投产,设计规模日处理污水24万立方米,概算总投资6.27亿元。主要负责接纳处理由大坑口污水泵站输送来的朝阳溪、二坑溪污水及江南片区污水。采用倒置A^2/O工艺,引进国外先进的自动化控制系统,对污水进行生化二级处理,出水水质达到国家《城镇污水处理厂污染物排放标准》(GB18918—2002)的一级B标准。配套完备的除臭系统。年末完成处理污水2070万立方米。

埌东污水处理厂二期工程　埌东污水处理厂位于长湖路与滨湖路交汇处的北侧,占地6.34公顷。规划建设规模为日处理污水10万立方米,概算总投资1.75亿元。主要处理埌东片区、南湖片区及七一总渠一带及南湖竹排冲流域的污水,服务范围包括65平方公里30公里长的主干管道。2005年10月动工建设,2007年12月正式投产。采用微孔曝气氧化沟工艺,引进国外先进的自动化控制系统,主要工序采用国外的先进设备,对污水进行生化二级处理,出水水质达到国家《城镇污水处理厂污染物排放标准》(GB18918—2002)的一级B标准。全年处理污水3667.07万立方米。

【污水管网工程建设】

江北片污水管网工程　利用日本国际协力银行贷款项目南宁市水环境综合整治工程子项目之一。位于邕江以北城区(江北片),管线总长度116.7公里,概算总投资2.67亿元,2005年开工建设,主要建设西乡塘、朝阳溪二坑溪、南湖竹排冲流域的污水干管。至2007年末,西乡塘流域污水管建设工程累计完成污水管1.90万米,占该流域管道总长52%,其中科园大道污水管、相思湖西路(大学路至江北大道)、大学路、清川大道(江北大道至大学路)、秀厢路外侧、科德路、秀厢路(鲁班路至友爱路)、秀厢路(科德路至大学路)污水管工程基本完成;朝阳溪二坑流域污水管建设工程累计完成污水管1.10万米,占该流域管道总长53%,其中明秀西路(秀灵路至北大路)、秀安路,明秀西路(北大路至新阳路)、北湖路北段(快环以北约1000米)、明秀东路(邕武路至园湖北路延长线)、二坑一线(新阳明秀路口至新阳路)、北大路污水管工程基本完成,中尧南路至北际路污水管正在施工。年度完成投资3033万元。

秀厢路污水管工程　利用世界银行贷款项目南宁市朝阳溪环境综合整治工程项目之一。主要是收集秀厢路(朝阳溪至友爱路)地区的生活污水,通过已建的污水管网送入江南污水处理厂进行处理。工程设计施工污水管3132.5米(含支线),顶管2460米,开槽972米,检查井73座。2006年3月动工建设,2007年完工。完成投资111万元,累计完成投资454万元。

江南片污水管网工程　利用世界银行贷款项目南宁市朝阳溪环境综合整治工程项目之一。2005年开工建设,2007年续建。主要建设项目有:南站大道、白沙大道、五一路等污水管工程。2007年,南站大道污水管工程完成投资76万元,累计完成投资1290万元;白沙大道污水管工程完成顶管9153米,占总工程量92%,完成投资571万元,累计完成投资1888万元;五一路污水管工程完成顶管9432米,占总工程量95%,完成投资1030万元,累计完成投资3380万元。（谢　德）

公用事业

【概　况】 2007年,南宁市水厂综合生产能力(含自备水源)每日152.07万吨,年末供水管道总长度2433公里,全年供水总量3.33亿吨,其中居民家庭用水量1.61亿吨;生活用水人口237.42万人。排水管道总长度976公里,完成污水处理量5737万立方米,比计划增长8.55%;实现营业收入3.61亿元,比计划增长1.86%;实现利润总额1.02亿元,比计划增长36.19%;实现净利润8709万元,净资产收益率20.62%。自来水管网水质综合合格率99.96%,压力合格率100%,均优于国家标准。污水处理后出水指标符合国家排放标准。水务基础设施建设和技术改造完成2.4亿元,其中供水项目1.05亿元,污水处理项目1.35亿元。完成市区供水主干管道敷设4.44万米,完成一户一表改造3.24万户和新装用户8628个工程。全市液化石油气供气总量9.55万吨,其中家庭用量9.44万吨;家庭用液化石油气人口207.4万人。管道燃气销售1474.48万立方米,瓶装液化气销售4050吨,实现经营考核利润44.68万元。发展居民用户6.81万户,其中开通居民用户1.73万户,比上年增长61.03%。完成市政燃气干支管工程50.09公里,投资2093.31万元。

【城市供水】

工程建设　2007年,南宁建宁水务集团有限责任公司实施“开拓新的供水市场”供水营销新模式,使城区边缘的北湖园艺场和广西交通职业技术学院等转由市水务集团供水,带动周边一些村镇用户主动上门申请报装,结束一些供水企业在该地段垄断的局面。成立水建百色分公司,组织施工百色市旧城区给水管网改造工程(二标段),工程预算总造价771.39万元。完成三津水厂一期工程管道敷设,东盟商务区供水工程管道敷设和临时加压站建设,中国—东盟经济园区给水工程1.7万米的管道敷设与通水,南站西供水加压站建设以及凌铁水厂虹吸滤池改造工程,中尧水厂双阀滤池配水系统改造工程,陈村水厂漏氯吸收装置维修工程和凌铁水厂、西郊水厂、三津水厂的配电系统改造工程等。

供水服务　南宁建宁水务集团有限责任公司实行主动上门代收水费制,增加节假日收费时间,方便用户缴费;实行勘察、设计、施工"三优先"政策，为重点工程和重点用户开通绿色通道；改版多年沿用的《用水报装申请表》，简化填报手续，加快用户用水报装速度；强化"96332"供水服务热线服务，提高管网修漏效率。完善供水管网地理信息(GIS)系统，全市供水管网的管理向网络化和无纸化迈进，管网运行效率进一步提高；"三遥"(遥测、遥控、遥信)供水调度系统覆盖范围进一步扩展，实现与邕宁水厂、虎邱供水加压站的调度联网，增强供水调度的协调性和科学性；营业收费系统实现与银行网上批量收费，解决了收费终端速度慢的问题，缩短了用户缴费时间；创建企业网站，逐步实现用户网上业务咨询、水务查询、用水报装、投诉处理、报漏等服务功能。

【城市节水】 2007年，南宁市以合理用水为基点，以节约用水为核心，做好水计划的编制和核实下达工作。对所有月用水量在1000立方米以上的用水户纳入计划管理范围。计划用水管理户2385个，计划供水量1.93亿立方米。其中：工业企业207户，计划供水量3659万立方米；计划户2178户，计划供水量1.57亿立方米。市区非居民生活用水计划率96.6%，符合国家对城市实行计划用水的要求。开展创建节水型城市、节水型企业(单位)活动。市节约用水办公室组织开展内容丰富、形式多样的节水宣传周活动，5月14日在朝阳广场举办"万人签名倡节水"宣传周启动仪式；采取网上发帖子报名的方式组织广西新闻网红豆社区南宁论坛的网民参观供水发展史，学习供水节水知识；组织全市各媒体对节水周系列活动进行采访、报道；开展节水宣传进社区活动，推广节水型设备和器具；举办节水科普知识专题讲座。召开全市创建节水型城市10周年工作总结暨表彰大会，市可口可乐饮料有限公司、广西锦华大酒店、南宁化工股份有限公司、南宁百会药业集团、广西博科药业有限公司、广西送变电建设公司、广西民族印刷厂、广西高级人民法院、广西教育学院、市江南宾馆、南宁海关、南湖公园12个单位被评为节水型企业（单位)，新兴苑、文华园、金城苑、光明苑、南湖碧园5个小区被评为节水型社区(生活小区)，58人被评为节水先进个人。8月28~30日，南宁市组织参加全国创建节水型城市10周年成就展，收集南宁市创建节水型城市、节水型企业(单位)先进经验材料和照片参展；市部分计划用水单位赴京参观展览。

【燃气业】

概　况　2007年，南宁市燃气管理部门全年实现主营业务收入1.14亿元，比上年增长16.73%；销售管道燃气1474.48万立方米，比上年增长21%；销售瓶装液化气4050吨，实现经营考核利润44.68万元。发展居民用户6.81万户。其中：开发新改扩用户5.99万户，现房用户8222户。发展工商用户181家。

燃气设施建设　南宁市总投资7899.17万元，完成燃气基建总投资计划71.02%。市政干支管建设完成干支管工程50.09公里，为年度计划100.18%。在气源厂厂站建设方面，完成锅炉清洗、空压机房排烟囱接地，烃泵技改，储罐区北面道路硬化，更换锅炉房补水箱和储罐液相管连接螺栓等工程；管网建设完成青竹立交、七一总渠、桃源大桥技改，小区埋地钢管防腐检测等工程。共完成技改投资57.99万元，完成投资计划52.24%。

天然气转换　从3月10日开始，全市管道燃气用户实施天然气转换工作，停止使用液化石油气。根据《南宁市天然气转换工程总体方案》，制定片区转换方案，完成18个片区的天然气转换工作，共计转换居民用户4.8万户、公建用户354户、工业用户1户。

燃气管理　燃气管理部门认真组织开展行业安全生产大检查和燃气市场清理整顿工作，进一步规范经营行为。对无证燃气供应网点进行执法检查29次，出动执法人员345人次，检查涉嫌违法经营点295家次，其中对违法经营点进行现场执法36家，暂扣钢瓶322个；组织对全市储配站、管道燃气小区、供应网点的拉网式安全大检查7次，检查储配站119个次，燃气管道小区70个次，给27个单位下发整改通知书，整改率95%。完成18家燃气企业、359个供应网点、10个燃气管道小区和6个内供点年审换证工作。完成17家燃气储配站、燃气供应网点信息材料的整理、建档和归档工作。

（陈　琳）

市政市容管理

【城乡清洁工程】

概　况　2007年，南宁市继续实施城乡清洁工程，由市市政管理局具体负责组织、协调、督办各单位、各县区全面实施。先后制定相关工作方案、计划共16个，先后63次组织各城区、各单位等不同层次召开动员会传达市委、市政府精神，并组织市建委、市政局、规划局、国土局等相关职能部门到各城区(开发区)做好综合整治的指导协调工作。加强督促检查和竞赛考核评比，举行6次城乡清洁工程市容市貌"流动红(黄)旗"竞赛评比活动。市城乡建设办公室、数字化城管指挥中心共督办各类问题6.63万个。其中：市城乡办督办2.14万个(含自治区城乡清洁办督办的625个)，已整改完成；通过数字城管指挥系统督办问题4.49万个，共处置完成3.59万个，完成率79.8%。市长公开热线电话的市政坐席、市城乡办监督举报电话、城管服务台共接电话投诉2172起，处理1989起，处理率91.6%；处理群众投诉信件62封，接待群众来访50次；收文488份，发文536份，发简报56期；完成自治区建设厅城乡清洁工程督察办公室转来的25份《群众投诉信》、《群众投诉转办函》的反馈工作；组织人员对各县区(开发区)、各相关单位城乡清洁工作进行检查、指导435次，验收到期督办问题2.35万个。

占道行为清理整治　市政管理部门坚持堵疏结合原则，加强日常管理和集中整治，整治"摊点乱摆"行为；从规范车辆静态停放管理入手，整治"车辆乱停"现象；继续抓好主次干道占道亭的清理整治，共督办占道亭218个，已经整改51个；对经拍卖的便民服务亭，已经停止经营的实施拆除，拆除10个。共查处各类违章行为187.86万起。

非法小广告清理整治　公共设施非法小广告清理工作，通过招投标的形式，确定由市安子家政公司负责。临街管属单位设施非法小广告清理工作继续推广市场化运作；定期和不定期地发动群众开展全民性的非法小广告清理整治行动，形成齐抓共管的良好氛围。全年共清理非法小广告130多万条。

人行道车辆静态停放管理　严格审批车辆保管点，杜绝严重影响市容市貌、市民出行的车辆保管点的设置审批。继续推进人行道车辆静态停放市场化运作，在主干道人行道车辆静态停放实施画线管理的基础上，将部分有偿停车点交由市威宁资产管理有限公司进行总承包，按照统一证件、统一服装、统一管理、统一收费、统一培训的"五个统一"原则实施管理。市政局联合威宁公司市场服务中心共同推进此项工作，通过加强宣传、加强日常巡逻、加强执法等手段说服、督促门店业主、市民配合管理，保管点成熟一个、发展一个、巩固一个，滚动实施，逐步走向全面规范，将管理工作真正落到实处。

施工工地管理治理　按照"教育宣传到位、预防措施到位、监督管理到位"的原则，综合执法支队到各施工工地，加强与相关单位和业主的联系与沟通，督促业主和建设单位对各施工工地车辆进出路口做好各项保洁措施和工地围墙围挡、美化工作。对保洁措施不到位，运输车辆管理不到位，造成撒漏道路污染的施工单位,在责令其消除影响的同时,给予严管重罚。

【数字化城市管理系统建设】 2007年,南宁市数字化城市综合管理与指挥系统创建了监督和指挥两个轴心,将城市管理职能和监督职能分开,分别组建市城市管理监督中心、市城市管理指挥中心。和二级指挥中心。青秀、兴宁、江南、西乡塘区完成地理信息数据普查32万多个部件,安装29个电子视频监控点,铺设网络线路280公里,接入城市管理职能单位37个。采用万米单元网格管理法和城市部分身份证法的管理方法,运用计算机网络技术、现代光纤通信、GPS全球定位、GIS地理信息、RS遥感影像、电子视频监控等技术和手段,以及利用数据库信息来发现问题、分析问题、解决问题,将先进的技术和发挥人的积极性有效结合起来,实现管理技术的创新。管理内容涉及城市管理诸多领域,在建设部有关数字城管标准的基础上调整并增加若干部件和事件;结合南宁市的特点,按照建设部要求开发监管数据无线采集(城管通PDA)、监督中心受理、协同工作、地理编码、监督指挥、综合评价、应用维护、基础数据资源管理、数据交换的9个应用软件以及GPS位置定位信息及数据系统。6月2日数字化城市管理系统一期完成建设投入试运行,9月23日正式启动。数字城管共上报案件9.28万件,立案6.59万起。其中:部件案件1.07万起,事件案件5.53万起。共处置完成案件5.59万起,结案率79.8%。正在研发的子系统有:城市管理案件执法、城市户外广告管理、行政审批信息共享、"门前三包"与商业门店管理、城市路灯杆编码定位、私搭乱建建筑识别认定等。

【亮化工程】 2007年,全市计划进行楼宇亮化建设792栋,实际进行760栋,完工712栋;在建15栋。实际完成投资约1.1亿元。对南湖沿岸、汇歌桥及机场高速公路沿线8座跨线桥进行亮化建设。配合开展盛世和韵魅力南宁2007南湖灯展活动,完成供电建设及保障工作。完成会展中心节点扇形面楼宇亮化、南湖周边和民族大道沿线21栋重要楼宇的亮化方案设计工作。协助各城区(开发区)完成楼宇亮化建设376栋。新建、增亮改造建设五象广场、滨湖广场及自治区农业银行等14栋楼宇。

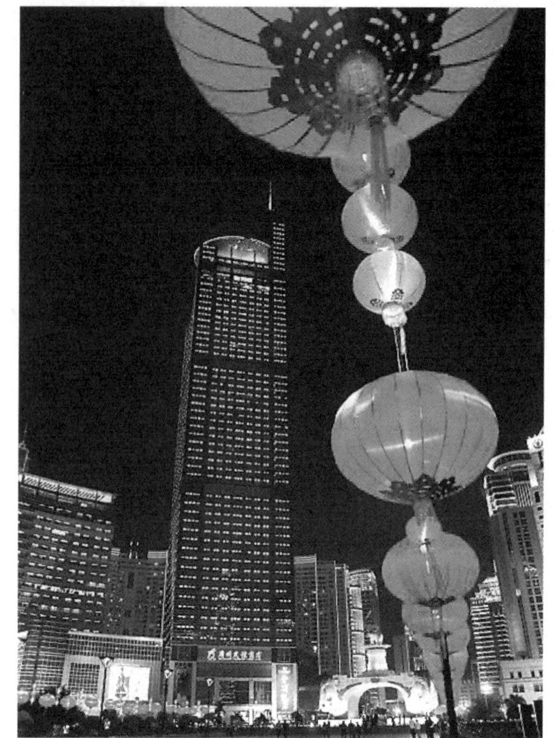
南宁市区楼宇亮化　　吴希玉　摄

【为民办实事项目实施】 2007年,市市政局具体负责牵头组织、指导、协调内涝整治、小街小巷改造、完善城区垃圾中转站设施和县级垃圾无害化处理场建设3项南宁市为民办实事项目。其中:内涝整治项目24个(市政局系统具体负责6个,指导、协调18个)已全部完工,计划投资1937万元;指导、协调各城区开展小街小巷改造共36条,实际完成40条,计划投资2000万元;完善城区垃圾中转站设施和建设县级垃圾无害化处理场建设项目,计划投资3136万元。

【城市内涝防治】 2007年,市市政局负责市区防内涝抢险总指挥部办公室的日常工作。先后制定《南宁市市区内涝应急抢险工作预案》及相关的工作方案与制度。参照《南宁市城市防洪应急预案》采用防涝、治涝的预警机制,健全市区防内涝抢险指挥部组织机构,并督促各城区、开发区相应成立了分指挥部,落实防内涝机械和物资。建立联席会议制度、24小时值班制度等,加强信息的互联互通;从5月开始,总指挥部、各成员单位安排专人进行24小时值班,确保快速反应,及时抢险。加强对全市排水管渠的日常清淤维护工作,完成市区排水管渠清淤2万立方米,并对阻碍行洪的内河节点进行排查,及时拆除行洪障碍物,完成内河清淤20万立方米。七一总渠沿线、二坑溪流域和江南肉禽蛋市场等易涝点的内涝问题已经得到改善和解决,汛期市区没有发生重大涝情。

9月23日,南宁市数字化城市管理系统正式投入运行　　周家志　摄

【市政重点工程建设】 2007年,市市政局负责的市政重点工程项目建设有25个,其中开工13个,完工12个,分别为人民公园白龙潭排水管改造、教育路及星湖路口改造、人民路至朝阳路交叉路口改造、整治示范街及双拥路维修、南宁邕江大桥桥台通道加固、高填方护栏、护坡改造、青环路路灯安装、青山路延长线与滨江路连接线(II段)匝道拓宽、滨江路栏杆喷涂、新民立交桥伸缩缝维修、园湖路(星湖路至民主路)扩建、城南场(旧场)封场等工程,累计完成投资约239万元。

【第六届"南珠杯"竞赛】 2007年,市市政局印发《南宁市人民政府关于调整南宁市参加自治区南珠杯竞赛组织机构成员的通知》,确定市各成员单位第六届

“南珠杯”竞赛联络员名单，编制竞赛检查评奖年度工作安排表，完成竞赛工作总方案的制定并报政府印发，组织召开专业组会议，分解竞赛工作任务。9月19日组织召开市属六县参加广西“南珠杯”竞赛宾阳现场会，指导、协调、检查参赛县竞赛工作准备情况，先后8次到县、乡南珠办检查工作。组织市“南珠杯”成员单位开展自查评分。10月15~22日组织专家进行届末检查评分。向自治区“南珠办”申报南宁市、县、乡镇“南珠杯”竞赛奖项。经自治区验收，南宁市、武鸣县、宾阳县、上林县、隆安县、马山县、宾阳县黎塘镇分获特等奖；横县、西乡塘区金陵镇获优秀奖。

【城市照明管理】 2007年，南宁市颁布《南宁市城市照明管理条例》，继续完善和加强主要道路亮化景观灯维护管理和防盗管理市场化运作，开展路灯节能降耗、城市照明专项规划和夜景灯光专项规划编制工作。年内新装路灯3.4万盏，新立路灯立杆1.86万杆；路灯维修1.29万盏，路灯亮灯率99.2%，路灯设施完好率90%。

【环境卫生管理】 2007年，南宁市环境卫生管理处加强建筑垃圾处置管理，多次组织召开建筑垃圾处置管理工作专题会，组织市环卫处对内河建筑垃圾乱倒的场地和柳沙半岛内及凤岭一带的建设工地、11条全长约300多公里的内河、45个城区建筑垃圾弃土点进行普查，会同市建委等相关部门开展建筑垃圾专项整治活动，印制宣传资料5000份，组织市环卫处出动车辆72台次、360人次。共核准发放建设单位建筑垃圾处置许可证(排放)907张，671个单位办理建筑垃圾处置许可证副证(排放)6221张，建筑垃圾处置许可(运输)证830张，建筑垃圾处置许可证（消纳)68张；实收处置费1353万元，调剂处置建筑垃圾量356万吨。开展果皮箱“买一送一”工作，由政府出资217万元采购8800个果皮箱下发到各城区；将中宣部、中央文明办赠送南宁市1800个果皮箱及135辆三轮车下发到各县区。环卫车辆“买一送一”总投资2000万元。其中：市财政、县区财政各1000万元。进行环境卫生保洁工作机制改革，完善道路清扫保洁承包责任制，并逐步探索道路清扫保洁市场化运作方式；研究市场准入和城市生活垃圾处理、清运的社会化运作机制。全年清理垃圾49.16万吨，征收生活垃圾处理费4118万元。年内，南宁市申请亚洲发展银行资金，通过国际招标购置环卫车辆50台，10月12日，采购到位，交付各城区投入使用。

【违章户外广告整治】 2007年，市市政局按照《南宁市户外广告设置管理条例》、《南宁市户外广告设置标准》的要求和市委、市政府的工作部署，通过与城市管理综合执法支队和各城区城管大队配合，对未经审批登记擅自设置，过期、老化、存在安全隐患，影响道路安全和市容市貌的户外广告进行清理整顿。执法队伍共出动执法车辆209台次，执法人员467人次，强制拆除违章户外广告324块，拆除面积约1.62万平方米，清理违章设置指路牌、指示牌352块，规范整改不符合标准的招牌283块，共查处违章设置广告案件473起，处罚款13.18万元。

【市政公用基础设施管理】 2007年，市市政管理部门积极探索市政设施维护管理的新办法、新思路，逐步将管理层和作业层剥离，实现“管干”分离，将作业层推向社会，实现市场化运作、社会化管理。进一步研究路灯电缆防盗处理措施及市政设施市场化运作模式，缓解市政设施被盗被损和维护管理力量不足的问题。加大对在建项目的市政设施监察工作，落实各业主规范设置公示牌，发现施工单位不按规范施工，存在安全隐患等问题的，及时向业主指出或发出整改通知，要求立即整改。对已竣工验收未移交的市政工程，一经检查发现问题的，立即电话或书面通知工程项目业主进行整改；加强对工地周边道路的巡查力度，发现问题及时进行维修。全年维修道路14.97万平方米、人行道7.74万平方米、下水道2688井次(疏通14.47万米)；清掏沙井7.11万井次；维修路灯1.29万盏次，路灯亮灯率99.2%；市政设施完好率88%。

【桥梁管理】 2007年，市大桥管理处加大桥梁维修养护及安全管理工作力度，多次组织市政工程管理处有关人员召开桥梁安全工作会，完善桥梁维修养护工作制度及相关资料，对存在安全隐患的桥梁进行专项维修及整治。根据建设部、自治区建设厅和市政府文件要求，指导市政工程管理处开展桥梁安全检测工作。对所管理的97座桥梁进行初步排查，及时开展整改，确保桥梁使用安全。大桥收费管理坚持“一车一杆，唱收唱付”制度，加大对大吨小标车辆的检查，加强对收费边道把关和管理，防止车辆冲卡逃费发生；开展“文明收费、微笑服务”活动，玉洞、友谊收费站被市文明委列为免检单位。

【城市广场维护管理】 2007年，市城市广场管理处维修广场各种灯具8652盏杆、水管293次，修补脱落的地面大理石1800平方米，清洗喷泉39次；接管火车站站前广场地下停车场工作，对消防系统、排水系统和公厕无法投入正常使用等问题进行了全面的整改和检修，并重新划车位线，设置指示牌，制定相关的停车场管理规定，进一步规范管理；完成广场节日(活动)的换花、景点布置和绿化日常养护管护工作，确保花木生长良好及鲜花常开；配合市委、市政府及各部委办局举办公益活动126场次，接待国内外参观团181个。

【行政审批管理】 2007年4月21日，市市政局正式使用市行政效能电子监察系统市政局监控平台反馈受理审批事项，并对各种行政审批事项进行再次清理和提速，减少行政审批事项。共受理审批事项4085件，按时办结率100%。

（覃革新）

责任编辑　黄善秋

6月12日，中央文明委给南宁市赠送环卫设备　　吴希玉　摄

环境保护·园林绿化

环 境 保 护

【概　况】 2007年，南宁市各级环保机构有47个，其中市级17个，新增11个；成立南宁经济技术开发区、南宁高新技术产业开发区、青秀山风景名胜旅游区、南宁华侨投资区、市相思湖新区5个环保分局和环境监察大队，作为市环保局的派出机构，全面理顺各开发区环境监管体制。市各级环保机构有人员370人。全市进一步落实环境保护目标责任制，贯彻执行环保总局"十一五"时期主要污染物减排任务。市政府与各县区、开发区、委办局共31个单位签订环保目标责任书。开展大气环境、水环境、声和振动环境质量监测，生活、生产污染物排放监测和环境污染事故应急监测等，共完成约5.6万个环境监测数据。各级环保部门执行环境行政处罚案306件，行政处罚听证33起，行政复议案1件，无行政诉讼案发生。市区环境空气二氧化硫年均浓度从上年的每立方米0.060毫克下降到每立方米0.059毫克，市区空气质量优良率96.44%；12月枯水期，全市境内的左江、右江、邕江、郁江、红水河300多公里江段全部达到国家三类水质标准，水环境质量有所改善。市清川小学被评为2007年度国家级绿色学校；澳洲丽园、欧景庭园被评为国家级绿色环保小区；西乡塘区环保局和黄丽萍、钟电佳分别被评为国家级绿色创建先进组织单位、先进个人；武鸣县、马山县、隆安县、上林县被命名为第五批国家生态示范区；被命名为市第四批绿色学校29所，第二批绿色环保医院5家；获自治区第四批绿色环保社区(小区)16个、市第四批绿色环保社区(小区)29个。

【大气环境质量】 2007年，南宁市区空气质量继续保持国家环境空气质量二级标准，整体环境空气质量与上年基本持平。API(空气污染指数)值在19~117范围，年均值58。空气质量达到优良以上天数352天，比上年减少1天；轻微(轻度)污染天数13天，比上年增加1天；轻微(轻度)污染天气主要分布在秋冬季节。市区环境空气质量季节特征明显，夏季环境空气质量相对较好，秋、冬季相对较差。市区环境空气中二氧化硫、二氧化氮、可吸入颗粒物年平均浓度分别为每立方米0.059、0.048、0.064毫克，均优于国家二级(一般居住区空气质量)标准要求，其中二氧化氮仍保持国家一级标准。空气中主要污染物二氧化硫、可吸入颗粒物浓度比上年分别下降1.67%和3.03%。由于市区机动车数量大幅增加，二氧化氮浓度比上年上升37.14%，市区首要污染物为可吸入颗粒物。市区整体环境空气质量比上年有所下降。武鸣、横县、宾阳、上林、马山、隆安县城环境空气质量良好，二氧化硫、二氧化氮年均值优于环境空气质量一级标准，可吸入颗粒物达到国家二级标准。市区降水酸雨频率36.8%，比上年减少11.6%，降水平均pH值5.21，比上年有较大上升，降水酸化程度减轻。武鸣和隆安县城未出现酸雨。横县、宾阳、上林县城酸雨频率分别为28.1%、49.3%和35.2%。监测到酸雨的横县、宾阳、上林三县酸雨频率均比上年上升。其中上林县上年未发现酸雨，2007年酸雨频率35.2%；宾阳县上升47.7%，横县上升9.80%。武鸣、横县、宾阳、上林四县降水酸化污染程度比上年有所加重。

【水环境质量】

主要江河水质　2007年，南宁市境内主要江河水质整体良好，达到国家标准二至四类水质。其中左江上中、右江支流叮当河、邕江老口断面水质达到国家地表水二类水质标准，右江雁江、邕江水塘江、郁江南岸断面水质达到国家地表水三类水质标准，邕江蒲庙断面、郁江六景断面为国家地表水四类水质。除郁江的六景断面水质不满足水功能区目标要求外，其余7个断面水质达到南宁市水功能区目标要求，达标率87.5%。自治区级以上考核的水质断面水功能区水质达标率100%。国家对南宁城市环境综合整治定量考核的水功能区水质达标率100%。上、下游地交界的3个断面中，左江由崇左市入境的上中断面、郁江从南宁市出境至贵港市的南岸断面、右江百色市入境的雁江断面均达到边界水质交接要求。溶解氧是影响江河水质的主要指标。南宁市地面水2个国家控制断面按国家考核功能区达标率100%。

邕江支流水质　市区马巢河、可利江、凤凰江、心圩江、二坑、朝阳溪、亭子冲、竹排冲、水塘江、八尺江和蓉茉江11条主要城市内河中，除八尺江水质由轻度污染转为良好外，其余内河仍属重度污染。影响内河水质的主要污染指标为氨氮、总磷、五日生化需氧量等。

主要湖泊水质　南湖、相思湖综合营养状态指数分别为63.33、75.96，分别属中度富营养状态和重度富营养状态。氮、磷仍然是两湖泊的主要污染指标。下半年，南湖实施邕江补水后，水质得到改善。大王滩水库和仙葫水库综合营养状态指数分别为40.70、38.41，均属于中营

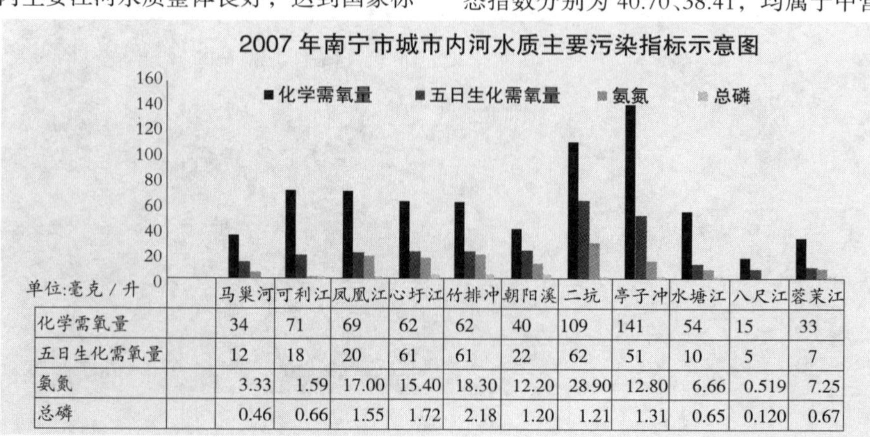

	马巢河	可利江	凤凰江	心圩江	竹排冲	朝阳溪	二坑	亭子冲	水塘江	八尺江	蓉茉江
化学需氧量	34	71	69	62	62	40	109	141	54	15	33
五日生化需氧量	12	18	20	61	61	22	62	51	10	5	7
氨氮	3.33	1.59	17.00	15.40	18.30	12.20	28.90	12.80	6.66	0.519	7.25
总磷	0.46	0.66	1.55	1.72	2.18	1.20	1.21	1.31	0.65	0.120	0.67

邕江饮用水源保护区水厂取水点　　李好那　摄

养状态,水体未受到污染。

地下水水质　市地下水水质良好级占 40%,分布面积约 17.5 平方千米;较差级占 60%,分布面积约 132.5 平方千米。水质良好级比上年上升 10%。主要是铁、锰、氨氮等项目超标影响地下水水质。

饮用水源水质　1 月,增加监测邕宁区清水泉地下水水源地。市区 6 个自来水厂分别以邕江的三津、陈村、西郊、中尧、河南为取水水源地,邕宁区蒲庙镇以清水泉为水源地。邕江饮用水源地水质总体良好,与上年相比,邕江饮用水源地水质状况未发生变化,但按"十一五"时期考核体系评价达标率仅 22.9%,不考虑粪大肠菌群指标,达标率 76.36%。位于邕江上游的三津和陈村水源地水质相对好,西郊、中尧、河南水源地水质相对差。粪大肠菌群仍是影响南宁市饮用水源地水质的主要污染指标。邕宁区清水泉地下水水源地水质按照"十一五"时期考核体系评价达标率仅 9.19%,主要受粪大肠菌群污染。横县、上林和隆安县分别以郁江、上林县北仓河、东春河、隆安那降水库为县城饮用水源取水点;宾阳和马山县以地下水为县城饮用水源取水点,水质均属优良。武鸣县灵水取水点水质基本良好。

【声环境质量】 2007 年,南宁市区域环境噪声平均值 55 分贝,比上年上升 0.7 分贝,噪声质量等级为较好;道路交通噪声平均值 69.8 分贝,低于国家 0.2 分贝,监测路段超标率 44.6%,比上年下降 6.9%,噪声质量等级为较好,与上年持平。市区声环境质量达到国家考核指标要求。社会生活噪声和交通噪声占声源构成 90.5%,是市区噪声污染的主要来源。武鸣、横县、宾阳、上林、隆安等县县城区域环境噪声在 51.6~57 分贝之间,达到小于 60 分贝的国家考核要求;县城道路交通噪声在 66.0~68.6 分贝之间,达到小于 70 分贝的国家考核要求。马山县本年度未开展区域环境噪声和交通噪声监测。

2007 年南宁市区声环境噪声声源构成图

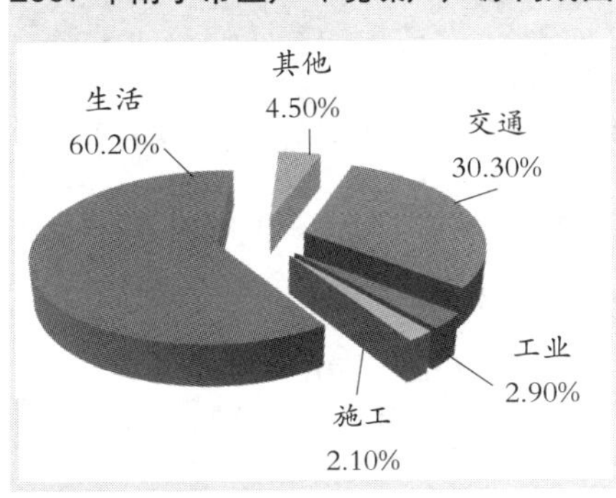

【生态环境保护】 2007 年,南宁市有自然保护区 5 个(国家级 1 个、省级 3 个、市级 1 个),面积 8.33 万公顷,覆盖率 6.82%;风景名胜区 15 个,面积 2.88 万公顷;森林公园 5 个,面积 3427 公顷;全市森林面积 88.67 万公顷,森林覆盖率 41.37%。建成区绿化覆盖面积 8252 公顷,绿化覆盖率 37.81%,按城区人口计,人均公园绿地面积 12.47 平方米。

【污染物排放】

废水污染物排放　2007 年,南宁市废水排放总量 3.63 亿吨。其中:工业废水排放量 1.43 亿吨,生活污水排放量 2.2 亿吨,所占比重分别为 39.4%、60.6%。废水中氨氮排放量 0.68 万吨。其中:工业废水中排放 0.19 万吨,生活污水中排放 0.49 万吨,所占比重分别为 27.4%、72.6%。废水中化学需氧量(COD)排放量 13.78 万吨。其中:工业废水中排放 7.31 万吨,生活污水中排放 6.47 万吨,所占比重分别为 53.1%、49.9%。化学需氧量排放量的 80%来源于农副产品加工业和造纸及纸制品业。

废气污染物排放　全市工业废气排放总量 1198.72 亿标立方米。废气中二氧化硫排放量 6.6 万吨。其中:工业排放 6.08 万吨,生活排放 0.52 万吨,所占比重分别为 92.12%、7.88%。废气中烟尘排放量 3.73 万吨。其中:工业排放 3.67 万吨,生活来源排放 0.06 万吨,所占比重分别为 98.39%、1.61%。废气中工业粉尘排放量为 1.25 万吨。工业污染物中,二氧化硫排放量 65%来源于非金属矿物制造业、造纸及纸制品业、电力生产业。烟尘排放量 60%和工业粉尘排放量 95%来源于非金属矿物制造业。

工业固体废物排放　全市工业固体废弃物产生量 324.97 万吨,综合利用量 262.08 万吨,处置量 50.08 万吨,贮存量 12.51 万吨,排放量 0.33 万吨,全市工业固体废物综合利用率 80.65%。全市工业固体废物排放量的 80%来源于农副食品加工业。

【城市生活垃圾处理】 2007 年,南宁市市区清运生活垃圾 49.16 万吨,比上年增长 19.58%,生活垃圾无害化处理率 100%。共处置、消纳建筑垃圾 356 万吨,比上年增长 29.9%。

【医疗废弃物集中处置】 2007 年,全市收运 843 家(点)医疗机构的医疗垃圾,比上年增长 49%,覆盖市所辖六县。共收运医疗废弃物 5570.97 吨,比上年增长 25%,医疗垃圾无害化集中处置率 100%。

【核与辐射安全监督管理】 2007 年,南宁市放射源及射线装置应用单位有 207 个,密封放射源在用 440 枚,闲置 174 枚;非密封放射源在用 66 枚,闲置 1 枚;X 射线装置在用 297 个,闲置 22 个;加速器在用 5 个。收贮闲置密封放射源 37 枚,核技术应用单位开展环境影响评价 13 个,办理辐射安全许可证 17 个。受理和调处辐射污染投诉案件 7 件。国家重点项目——广西城市放射性废物库异地搬迁改造项目,确定项目选址在江南区苏圩镇苏保村,项目完成环境影响评价和审批。开展射线装置(设备)申报登记和电磁辐射设备(设施)申报登记工作。开展核与辐射安全监管能力建设前期调研工作,完成《南宁市核与辐射安全监管能力建设方案》。

【环境污染事故】 2007 年,南宁市发生环境污染事故 13 起,直接经济损失 13.3 万元。按《国家突发环境污染事故应急预案》程度分级,均属一般事故。按环境污染与破坏类型分类,水污染事故 9 起,大气污染事故 3 起,化学危险品污染事故 1 起。共造成农作物受害面积 20.66 公顷、鱼塘受害面积 660 平方米。污染事故赔偿 23.5 万元。

【主要污染物减排】 2007 年,南宁市政府先后印发《南宁市节能减排百日行动实施方案》、《南宁市淀粉生产企业环境综合整治工作方案》、《南宁市造纸企业污染整治工作实施方案》、《关于开展市区燃煤锅炉环境综合整治、推广应用水煤浆的通知》,以工程减排、整治淘汰落后产能为重点,强力推进主要污染物减排,形成由政府负总责,各部门协调配合、各司其职、共同推进减排的联动工作机制。共整治关闭小冶炼厂 1 家,关停小造纸厂119家、砖厂53家，关闭、关停小淀粉厂20家，淘汰小水泥生产线6条。针对水污染物化学需氧量排放强度大、列入国家直接监控工业企业多的实际情况，采取积极措施，强力推进主要污染物减排工作。共投入减排治理资金16.28亿元，实施工业污染源治理、城市生活污水处理设施建设。日处理24万吨生活污水的江南污水处理厂一期工程、日处理10万吨生活污水的埌东污水处理厂二期工程先后投入运行；完成南宁糖业股份有限公司制糖造纸厂水塘江污水处理站改造、南化股份公司130吨循环硫化床锅炉等27个工业污染治理减排工程，单位生产总值能耗下降和主要污染物排放量削减均达到预期目标，按"十一五"期间减排进度完成年度减排任务。全市削减化学需氧量1.65万吨、二氧化硫8900吨，超额完成自治区下达的化学需氧量减排1.16万吨、二氧化硫减排0.76万吨的减排任务，全市污染控制能力得到进一步加强。继续推进工业企业循环经济模式和清洁生产工作的开展。在广西率先开展市级环境友好企业创建活动，完成首批由国有、外资、私营企业构成的环境友好型企业评选工作，经市政府审定批准，广西皇氏生物工程乳业有限公司、广西农垦糖业集团良圻制糖有限公司、大赛璐(南宁)食品添加剂有限公司、广西凤凰银业有限责任公司4家企业被命名为"南宁市市级环境友好企业"，成为走新型工业化道路和发展循环经济的典型。按照《广西重点行业及流域企业清洁生产工作实施方案》要求，认真组织开展清洁生产审核工作。南糖股份有限责任公司香山糖厂、南糖股份有限责任公司伶俐糖厂、广西农垦糖业集团良圻制糖有限公司、南宁青岛啤酒有限公司4家企业通过自治区级审核验收。为解决市区发展都市型工业燃煤污染和寻找二氧化硫减排新途径，市政府颁布《南宁市推广应用水煤浆技术的实施意见》，决定从2007年起至2010年，集中更换在用的市区高速环道内工业企业和快速环道内非工业生产4吨/小时以下的燃煤锅炉。从已实施企业的效果看，每燃用水煤浆100万吨，可减排二氧化硫1.1万吨。9月23日，中央电视台焦点访谈《节能减排造福你我》节目介绍了南宁市推广水煤浆减排二氧化硫的经验。

【城市环境综合整治】 2007年，市环保局继续开展邕江饮用水源保护区的执法整治活动，取缔在邕江河道淘金、非法采砂及其他水生态破坏行为；加大对不文明施工特别是施工噪音扰民和粉尘污染的综合整治力度。全面开展城市内河综合整治工作，拆除内河两岸违章建(构)筑物54万平方米；累计清淤量约20万立方米；对竹排冲、朝阳溪、二坑、心圩江、可利江、西明江、石埠河、石灵河、水塘江等内河以及七一总渠的脏乱差进行清理，共清理废弃物3.5万多吨、面积118万多平方米；完成利用亚洲发展银行贷款心圩江、可利江综合整治项目的签约并开工建设，朝阳溪环境综合治理三期工程设计方案，4公里竹排冲市中心段的综合整治工程，改善了城市内河沿岸及周边的生态环境。加强园林绿化建设，完成170万株树木种植工程，绿城特色更加凸显。市区空气质量优良率96.44%；国家考核水环境功能区水质达标率100%。

【建设项目环境管理】 2007年，南宁市开展规划环评试点工作。完成列为国家规划环评试点的《南宁市城市轨道交通规划》环境影响报告书并报国家环保总局审查。完成《南宁市工业布局规划(2002~2030年)》、《南宁市"十一五"工业发展规划》和《南宁市预拌混凝土发展规划(2007~2010年)》等3个专项规划以及7个县区工业集中区的规划环境影响评价审查，实现环境与发展综合决策。环保部门创新环保服务机制，开设环保审批绿色通道，进一步简化建设项目审批程序，做好承接东部产业转移环境保护服务工作。对1524个申报项目进行建设项目环境影响审批，环评执行率100%；1445个项目建成并通过环保"三同时"(建设项目中防治污染的设施，必须与主体工程同时设计、同时施工、同时投产使用)验收。通过2007年环保专项行动，清理整治2003~2006年间未进行环保验收的建设项目。共核查项目216个，经清理、整治、督促验收，四年来，工业项目环保验收率已从25.7%上升到95%以上。开展7个项目的行政许可听证，否决对居民影响大又无法通过工程措施解决的项目1个。

【环保专项行动】 2007年，南宁市全面开展整治违法排污企业保障群众健康环保专项行动。5月，市政府印发《南宁市整治违法排污企业保障群众健康环保专项行动实施方案》，将集中整治造纸、制糖、化工、酒精、淀粉等重污染行业超标排污内容作为环保专项行动的重点内容，先后5次集中力量在全市范围内开展查处企业环境违法行为的行动。共出动执法人员8811人次，检查企业3350家次，查处违法企业154家。完成37个市级挂牌督办项目整改落实工作。（李好那）

【农产品安全评价与监控】 2007年8~12月，为贯彻落实全国产品质量和食品安全专项整治工作电视电话会议精神，市环保局按照市产品质量和食品安全工作领导小组的统一部署，围绕专项整治目标任务，在全市范围内开展农产品地环境、农业投入品和农产品质量安全评价和监控工作，共出动人员800多人次、车辆600多台次，限期关闭搬迁禁养区内的畜禽养殖场18家。重点加强农产品生产环节环保整治，强化从源头控制环境污染。推动无公害农产品生产发展，强化种植过程监管，加强对农药、化肥、农膜等农业投入品的监管。指导农民科学施用化肥、农药，推广测土配方施肥，推行秸秆还田，鼓励使用农家肥和新型有机肥。对规模化养殖基地的废水、废渣、恶臭等排放进行严格监管，确保排放达到国家和南宁市规定的相关标准。完善土壤环境质量标准体系，建立土壤环境质量监测和评价制度，开展污染土壤综合治理点。（梁一家）

【排污申报登记】 2007年，全市企业申报登记水污染物排放302家、大气污染物排放359家、固废污染物排放91家、建筑噪声污染物排放325家。各级环保主管部门核准颁发排污许可证1337份。共征收排污费4168.67万元。

【环境监测与科研】 2007年，南宁市各级环保监测站完成地表水、饮用水源、污染源普查；土壤、底泥样品监测；应急监测和环境空气质量监测等常规及污染源监测数据5.6万个，完成日报、月报、快报等报告15种，共826期。市政府印发新修订的《南宁市市区环境空气质量功能区划》和《南宁市城市区域环境噪声标准适用区域划分》。市环保部门完成《南宁市区饮用水源地环境保护规划》、《南宁市产业发展与环境容量相关分析》、《重金属污染土壤的生态治理与示范》,《南宁市工业园区环境容量及产业定位》等课题及专项研究。

【环境宣传教育】 2007年，市环保局围绕节能减排目标开展宣传，营造良好的节能减排舆论氛围，推动节能减排工作深入开展。南宁市及驻邕媒体加大对生态保护和节能减排的宣传力度，南宁电视台、南宁电台开展"节能减排"专题宣传活动；《南宁日报》、《南宁晚报》开辟"生态南宁、环境优化企业"专版，各家新闻媒体对邕江饮用水源保护、噪声整治、环保专项整治、环保世纪行、第一次全国污染源普查等进行跟踪采访报道。6月5日，市政府联合自治区环保局举行以"污染减排与生态南宁"为主题的纪念世界环境日暨南宁市首届环境友好型企业、环保科技展示大型宣传活动，表彰4家首批获得市级环境友好型企业，百家企业向全市发出《节能降耗减排，建设生态南宁倡议书》。开展环保科普下基层宣传活动，广场宣传9次，展出板报100多块，发送宣传资料5.5万多份，10万市民参与活动；各环保社团开

五象大道园林绿化　　　　市园林局提供

展环保宣传活动8场次,散发各种宣传资料1万多份。市环保局网站继续扩大信息量和服务面,更新环境信息量6000多条,网站点击率41万人次,比上年增长80%;访问量16万人次,比上年增长43%。

【环境信访与建议提案办理】 2007年,南宁市各级环保部门共受理各级人大建议、政协提案39件,全部如期办理完毕;受理群众来信来访116件(次),查处率、结案率均100%。环保12369热线共受理电话投诉7767个,其中限时办结283个,限时办结率100%。　　(李好那)

园林绿化

【概　况】 2007年,南宁市园林系统完成预算外收入5573.3万元。园林绿化基本建设、更新改造及维护投入4926.7万元,收费公园游人量598.8万人次,生产苗木202.79万株(袋),生产盆花483.96万盆。动物园保持正常展出动物180种2476头(只),繁殖动物25种306头(只),引进动物92种1184头(只),成功捕捉10头海豚并饲养成活。南宁市建成区绿化覆盖面积8252公顷,建成区园林绿地面积7039公顷,公园绿地总面积1989.79公顷,建成区绿化覆盖率37.81%,建成区绿地率32.77%,人均公园绿地面积9.33平方米。

【"中国绿城"创建活动】

建设生态南宁年内种植170万株树木工程　2007年,南宁市共投入资金1.4亿元,完成乔木种植173.98万株,占总任务102.34%。其中:大、中、小规格树木种植分别完成11.38万株、32.53万株、130.06万株,占总任务的113.05%、109.45%、100.33%。

城市园林彩化工程　市园林局按照"花开成片"的目标,通过在城市主要道路、边坡、公园、公共绿地上设定不同的景观主题,主要对机场高速路、民族大道延长线、快速环道、会展中心周边道路等主要道路实施彩化,共完成种植开花乔木1.3万株、开花灌木35万株,形成"山花烂漫"、"花团锦簇"、"四季鲜花"的彩化效果。

五象大道园林绿化工程　西起星光大道延长线银海大道交叉口,东至邕宁蒲庙的八尺江桥头,全长17.20公里。共种植大叶樟、小叶榄仁、小叶榕、黄金榕、花叶假莲翘等乔、灌木4282株,黄金榕、福建茶、红车等片植地被类3.31公顷,完成投资2640万元。

城市内河绿化种植工程　市园林局在市区范围内八尺江、水塘江、二坑溪、朝阳溪、心圩江等11条内河共种植乔木7.8万株,其中大规格乔木0.4万株、中规格3万株、小规格4.4万株,完成投资883万元。

200万盆花卉生产布置　"两会一节"期间,市园林局在精品线路、国际会展中心、民族广场等市区主干道、重要节点布置鲜花280万盆。品种有矮牵牛、百日草、波斯菊、凤仙、孔雀草、鼠尾草、穗冠、万寿菊、一串红、海棠等,配合布置有绣球、铜鼓、雕塑、花钵等造型小品。

【公园建设】 2007年,南宁市主要突出公园园容景观改造建设和配套设施建设,总投资2310.7万元(财政投资1139.1万元、引资389万元、自筹782.6万元)。公园园容景观环境得到改善,服务功能不断增强。

南湖公园　预算外投入园林建设101.1万元,完成环湖雨林景观工程子项目环湖亲水游览步道建设;种植乔木1000株、灌木400株;恢复旧儿童乐园绿化;配合市政府、市园林局完成"盛世和韵　魅力南宁"2007南湖灯展活动;整治园容卫生环境,完善园内标牌、设施,新增指示牌23块、果皮箱76个,维修公厕71处、新建公厕1座。

人民公园　预算外投入园林建设80万元,完成快速环道边坡彩化工程;自筹资金完成后山花圃生产场地0.33公顷的扩建工程;改造2座公厕全自动冲厕设施;完成红牛保龄球馆小花园改造停车场工程,增加车位17个;修复损坏垃圾箱、石凳、标牌等一批园林设施。

金花茶公园　改造西门水边地块1450平方米,移植大小山茶41株、金花茶76株,立景石131块,种植地被植物150平方米;种植阴生植物13个品种1600平方米、乔木49株、灌木200平方米,铺种草皮1900平方米,改变园内黄土露天现象。完成沐石溪水生植物配植工作,扩大睡莲栽种区域,增加水葱、香浦、珍珠兰等水生植物8个品种170株;投资21.72万元完成一批公园设施改造,改建公厕1座,维修变压器1台,新增健身器材一批。

动物园　繁殖动物25种306头(只),其中东北虎4只、袋鼠2只、白头叶猴1只、黑头叶猴2只、白颊长臂猿6只。引进动物92种1184头(只),主要有长颈鹿、白虎、大象、企鹅、节尾狐猴、加洲海狮、白头叶猴、黑叶猴等。做好海豚捕捉及驯养工作,有6只海豚能表演各种节目。完成兽医大楼、海豚暂养池、逗乐园、热带鱼馆建设,熊猫馆、企鹅馆、长颈鹿馆的改建,长颈鹿馆、袋鼠馆、大象馆、企鹅馆、海豚暂养池及新办公大楼周边的景观改造。种植大王椰20株、阴生植物1000平方米,铺种草皮7000多平方米,改变园内黄土露天现象。

石门森林公园　通过法院强制执行方式收回公园的经营管理权。投入110万元用于园林改造、建设,完成绿地整治面积4公顷多,清除杂草面积5公顷多,修剪定形树木面积4公顷多,修缮停车场水泥地面200多平方米,铺设电缆3500米,安装水管6000米,设置警示牌20块、警示隔离设施5个、湖边防护链400米,改造公厕2座,完成北大门花坛改造。种植乔木3886株,铺种草皮1500平方米,改变园内黄土露天现象。

狮山公园　种植乔木1.68万株、灌木2.79万株;完成公园核心景区景观改造提高工作,完成1、2号塘改造,修建驳岸、荷缘亭、五曲桥及游船码头等,平整地形7.42万公顷,改造湖岸线1299.45米,砌片石驳岸716.45米,建成竹林小广场400多平方米,绿化改造7.42万公顷,种植荷花品种120个、睡莲品种10个、水生植物品种25个,完善照明、休息石凳、果皮箱和公厕等配套设施;开展义务植树,营建"警民共建林",种植乔木1340株;完成公园围墙二期建设和配电增容改造工作,翻新果皮箱、园椅、坐凳,新增指示牌125个。

滨江公园　投入资金82.5万元进行园容园貌改造。改造混凝土铺装1388平方米,广场砖4850平方米,修建办公区围墙70米,增设宣传橱窗2个,翻新六角亭1座,新种乔木55株、灌木72株、地被植物1140平方米,铺种草皮1350平方米;完成"百林百景"工程江滨休闲公园内原海事局绿化种植任务,共种植乔木350株、灌木500株(丛)。

新秀公园　预算外投入园林建设13万元,种植凤凰木、富贵榕、小花紫薇、朱槿等1000株;完成北门综合楼建设;补充完善园内标识牌5块,清理危树、杂树80多株;治理开关厂、南机围墙、临时宿舍、生活区及东门厕所到南机围墙一带卫生和绿化环境,对葵湖小鱼塘进行景观改造,共填土3000多立方米,平整场地1万多平方米,铺种草坪色块1.5公顷。

【街道绿化建设】 2007年,南宁市共完成凤翔路、五象大道、青山路、白云路等20条道路绿化建设工程,新增道路绿化面积50.16公顷、绿化覆盖面积100.32公顷,其中凤翔路工程0.98公顷,五象大道景观工程20.48公顷,青山路与滨江路匝道改造工程0.56公顷,白云路工程0.71公顷,百花岭路、二中东校区东、西侧路工程0.74公顷,云景路工程1.32公顷,南站南侧路工程4.51公顷,枫林路工程0.14公顷,青环路扩建工程2.99公顷,大使公馆旁道路0.12公顷,园湖北路工程0.32公顷,秀灵路北段工程2号标2.14公顷,邕宁区辖区道路0.69公顷,方园路等4条小街小巷绿化0.2公顷,柳沙路后侧绿地0.7公顷,英华路青山路口景观林0.33公顷,仙葫大道溶江绿化1.5公顷,相思路辖区道路绿化0.02公顷,葫芦鼎大桥地面绿化完善工程6.46公顷,南梧大道三期绿化工程4.92公顷,壮锦大道绿化工程0.65公顷。

【街道绿化养护】 2007年,南宁市道路绿化总长度344公里,道路绿化覆盖面积678.89公顷,绿化管养分为一级管养、二级管养、三级管养3种等级。市绿化工程管理处结合实施城乡清洁工程,加强对城市道路绿化养护管理工作,共补种乔木及孤植灌木1.49万株、灌木及草本3.99公顷,铺种草皮3.6公顷;完成街道绿化淋水7546.42台班,施肥113.36吨,修剪乔木2.44万株、孤植灌木10.73万株、片植灌木221.9公顷、草本地被376.04公顷、草皮172.67公顷,对678株存在安全隐患的乔木进行砍伐截顶处理。完成邕武路两侧绿化预留地、竹溪大道彩化工程和五一路延长线绿化工程,共种植乔木3523株、孤植灌木6.1万株、片植灌木及地被10.42公顷;完成对亭洪路、民生路、衡阳西路延长线、中国—东盟商务区、南梧大道、仙葫大道与民族大道延长线连接线等10项绿化工程;进行绿化管养的移交接管工作,共接管行道树乔木5.62万株、孤植灌木13.74万株、片植灌木及地被面积16.92公顷,铺种草皮5.06公顷,成活率均在85%以上。

【苗圃建设】 2007年,南宁市苗圃总面积263.57公顷,市园林系统内有210.43公顷(河北苗圃30.16公顷、金花茶公园苗圃6.67公顷、人民公园苗圃10.67公顷、南湖公园苗圃2.80公顷、绿化处苗圃6.13公顷、滨江公园五塘苗圃4公顷、南宁花花大世界园林产业示范园生产绿地150公顷),系统外有53.14公顷(林业中心苗圃1.33公顷、烈士陵园苗圃2.67公顷、其他49.14公顷)。河北苗圃突出中高档花卉和苗木生产,主要以城市花卉及园林苗木的引种培育、生产种植、销售经营为主。完成容器苗生产乔木4491株、灌木12.46万袋、灌木造型0.68万株;花卉生产200.6万盆,引进和生产红掌、凤梨、蝴蝶兰、蟹爪兰、丽格海棠、大岩桐、郁金香、香水百合等中高档花卉8.5万株苗。培育优质草花穴盘苗120万多株,年产高品质中高档观花观叶植物红掌、凤梨和一品红等15个品种近10万株。建成用于中高档花卉生产的2万多平方米现代智能大棚温室,完成配套道路基建约8000平方米,改造完成6公顷多露地花卉生产场地。

【植树月活动】 2007年3月1日上午9点,自治区、南宁市党政军领导和即将赴京出席全国人大、政协"两会"的部分广西代表、委员、驻邕解放军和武警官兵、自治区直、市直机关干部3000多人来到青秀山风景名胜旅游区新增生态保护工程项目植树点,参加自治区党政军义务植树活动暨南宁市年内种植170万株树木工程启动仪式,拉开首府2007年植树月的序幕。活动当天共种植胸径5~8厘米、高3米的扁桃、木菠萝树5600多株,种植面积16.68公顷。期间,首府绿化委员会办公室对各县区全民义务植树活动开展、完成情况进行检查指导。各县区通过营造义务植树基地、营建纪念林等多种形式广泛开展义务植树活动。3月10日,在朝阳广场组织开展首府2007年"植树月"绿化宣传活动,向市民宣传绿化知识。各城区、开发区组织辖区单位制作绿化宣传板报92版,在朝阳广场进行展出,起到良好的宣传效果。全市参加义务植树活动291.82万人次,完成义务植树面积3843公顷,植树963.8万株,其中生态造林建设81.2万株。新建义务植树基地39个,面积559.7公顷。收取义务植树以钱代劳费34.2万元,义务植树尽责率89.3%。

【古树名木保护】 2007年,南宁市城区、开发区共有古树名木206株。古树名木保存(不含建成区部分)4887株。其中:武鸣县527株,宾阳县486株,横县240株,上林县491株,马山县324株,隆安县100株,邕宁区586株,西乡塘区568株,良庆区452株,兴宁区142株,青秀区294株,江南区638株,南宁华侨投资区39株。4月,首府绿委办下发《关于抓紧做好古树名木保护抢救治理复壮工作的通知》到各县区、开发区和各古树名木养护责任单位。组织人员到各城区、开发区检查古树名木生长保护状况,发现部分古树长势严重衰弱,其主要原因有:古树的立地条件严重恶化,古树的树池狭小、地面硬化;古树周边(树冠投影范围内)违章建筑物及人为活动直接严重影响古树生长;日常管理不到位,加剧了古树生长进一步衰弱;白蚁危害严重,古树根部、树干、枝条多处出现腐朽空洞现象。市园林局、首府绿委办制定相应的救治措施,要求各城区、开发区督促管护责任单位按照《城市古树名木保护管理办法》,组织实施古树治理保护工作,确保人民群众生命财产安全和古树的正常生长。10月上旬,拨付20万元给各城区、开发区作为实施保护治理的86株古树名木的经费补贴,保障古树名木保护治理复壮工作的开展。 (黄品文)

南宁街头古树 市园林局提供

责任编辑 梁 坤

国有资产监管与运营

国有资产监督管理

【概　况】 2007年，南宁市国有资产监督管理委员会大力推进国有经济的战略调整，加快国有企业改革发展步伐，强化国有资产监管，加强和改进企业党的建设，全市国有企业保持较好的发展势头。市政府授权市国资委监管的国有及国有控股企业和事业单位有86家，其中市国资委直接监管的企业33家，其余53家分别由市国资委授权壮宁公司、振宁公司、农工商集团公司、物资集团公司、沛宁公司、威宁公司、创宁公司经营管理。市国资委监管企业实现销售收入129.43亿元，利润总额5.89亿元；完成国有资产收益13.1亿元，实现国有资产保值增值率103%以上；实现工业总产值97.66亿元。

【国企监事会工作】 2007年，市国资委开展企业监事会换届调整工作，健全企业内审机构，以规范监事会工作为龙头，实现对企业有效监督。重点推行企业法定代表人任期经济责任审计制，完成邕江宾馆、房产业开发总公司、地产业开发总公司、房地产开发公司等监管企业的审计，累计审计资产总额62.3亿元，提出审计建议59条，规范企业及其法定代表人的经济行为。建立运行监测体系，推进厂务公开，通过多种方式加强对企业重大事项和重大资金运用的监督，从根本上确保国有资产保值增值。

【产权管理】 2007年，市国资委围绕企业改制和国有产权转让的关键环节，制定和完善关于产权转让管理、产权纠纷调处、国有产权界定和资产审计及评估等规定，强化进场挂牌交易，确保企业改制和国有产权转让全过程得到监督。建立投资与规划审核制度，帮助企业对重大投资项目把好关，对国有企业的土地合作开发项目、用国有收益投入项目和房地产项目进行重点监控。为了加强房地产开发领域的国有资产管理，在国有企业中开展清理、整顿企业存量土地及房地产开发项目的专项调查工作，对70家企业上报的31宗存量土地及27个在建项目实施监控，及时纠正了违规行为。

【国企改革】 2007年，市国资委按照“引、退、调、集、接”方针实施国有资本结构调整，重点抓好南宁糖业股份有限公司、南宁化工集团有限公司、广发重工集团等一批优强企业，保证70%以上的国有资产收益投入到这批企业，发挥其对全市产业发展的引领作用。鼓励、支持国际资本和民营经济参与国企改革重组，推进南化30万吨烧碱项目引资合作、广发重工战略合作的招商引资等。抓好项目建设策划、储备工作，做到竣工一批、在建一批、策划一批、储备一批，使竣工项目及时达产。重点推进一批大项目的建设，其中20亿元项目1个，亿元以上项目10个。振宁西南薄板钢管、凤凰纸业节能技改等项目已完成，金浪浆业项目、金桥农产品加工中心、20万千瓦灯泡贯流机组、锦虹公司的搬迁改造等项目顺利进行。实施名牌战略，支持和鼓励企业创知名品牌和驰名商标，南糖股份公司的“云鸥”牌和“明阳”牌白砂糖被评为2007年中国名牌产品。对南宁市国企改制现有文件进行修改完善。市政府出台《关于调整国有企业改革职工经济补偿金标准的通知》，为经济社会快速发展和构建和谐社会提供保障。制定30多家困难企业歇业晒壳、职工分流安置的脱困方案，固化企业内部债务、清理不良国资、保障职工权益、促进社会稳定。

【国资统计评价】 2007年，市国资委根据国务院国资委《关于做好2006年度地方国有资产统计工作的通知》要求，对557户国有及国有控股企业2006年度的国有资产进行统计。全市国有及国有控股企业资产总额549亿元（比上年增长4.77%），负债总额334亿元，企业净资产211亿元，国有资产保值增值率100.38%（比上年增长1.2百分点）；主营业收入131亿元，比上年增长16.96%；利润总额4.3亿元，比上年增长104.76%。市国资委监管企业2006年度监管企业的资产总额508亿元（比上年增长6.93%），负债总额311

10月1日，南宁广发重工集团有限公司举行技改项目奠基开工典礼　　市国资委提供

亿元,净资产194亿元,国有资产保值增值率100.75%(比上年增长1.38个百分点);主营收入110.4亿元,比上年增长20.39%;利润总额3.8亿元,比上年增长111%。全面实行企业年度经营业绩考核责任制,与监管企业签订年度业绩责任书,对企业负责人实施经营业绩考核,并与薪酬制度改革结合。根据《南宁市企业负责人经营业绩考核暂行办法》的要求,对2006年签订经营目标责任书的22户直管企业指标完成情况进行考核,并根据考核结果评定企业负责人当年经营业绩水平。22户企业利润总额目标3.5亿元,实际完成4.6亿元;销售收入目标102亿元,实际收入113亿元;工业总产值目标70.5亿元,实际完成75亿。按照《南宁市企业经营者年薪制暂行办法》的规定,对21户企业下达企业负责人的薪酬兑现方案,批复薪酬365.96万元。加强对企业收入工资总额的调控和管理,进一步规范企业收入分配机制。6月,针对监管企业领导班子和职工工资发放情况,开展专项检查。完善企业负责人经营业绩考核制度和薪酬管理制度,建立中长期企业负责人激励和约束机制。加强对企业领导人员职务消费的监控,防止国有资产流失。开展企业已核销呆坏账的管理和追索工作,改进企业财务月报工作,加强对企业财务状况的分析。

【企业上市工作】 2007年,市国资委充分利用资本市场做强企业、做大产业,提高南糖、南化股份公司等上市公司的资产质量和再融资能力。6月,南化股份公司成功实现定向增发5000万股,募集资金2.85亿元。10月,南糖股份公司完成定向增发2700万股,募集资金2.9亿元。办理南百股份公司国有产权转让手续,全力支持其重组发展。抓紧培育指导企业上市,同济医药集团在美国上市;绿城水务股份公司上市工作进行中;南铝股份、皇氏乳业、华劲集团等企业上市工作扎实推进;抓紧培育公交公司等20家企业,扩大企业上市后备资源。

(黄孝林　陈志刚　黄道琪)

南宁振宁资产经营有限责任公司

【概　况】 2007年,南宁振宁资产经营有限责任公司拥有子公司5家,分别为南宁振宁工业投资管理有限责任公司、南宁振宁开发有限责任公司、南宁振宁物业管理有限责任公司和南宁振宁商贸投资有限责任公司、南宁锦虹棉纺织有限责任公司;授权企业11家,分别为南宁凤凰纸业有限公司、南宁康乐食品股份公司、南宁地区印刷厂、市四海糖业有限责任公司、市自行车总厂、市工业供销总公司、南宁地区乡镇企业供销公司、市新阳造纸厂、市工业基本建设公司、市矿务砖厂和市开关设备厂;托管企业或单位5家,分别为市城区集体工业联社、市钢窗厂、市邕江汽车修理厂、市中华印刷装订厂、市毛织厂。总资产15.77亿元,负债总额12.09亿元,净资产3.68亿元,资产负债率76.65%;从业3818人。主要经营国有资产投资参股、产权经营、房地产开发、物业管理、租赁业务、国内贸易和咨询服务等。完成工业总产值15.39亿元,利税总额3438万元(利润944万元),销售收入15.5亿元,工业增加值4.18亿元;净资产收益率0.50%;技改投入2.32亿元;万元规模以上工业增加值能耗吨标煤比上年下降4.5%。

【国企改革】 2007年,振宁公司稳步推进企业的改革改制。完成工建公司的歇业关闭工作,支付费用641.53万元。其中安置在职职工150名,发放经济补偿金226.5万元,支付职工内债47.05万元、历年欠缴社保金19.03万元;支付离退休人员10年医保金336.59万元;167名离退休职工已完成移交社区管理手续,支付社区管理费5.64万元;按照市国资委的要求对南地印刷厂内债进行审核,完成企业《改制方案》和《职工安置方案》;推进开关设备厂改制工作,方案已通过职工大会、"大联审"和市政府专题会。

【工业投资】 2007年,振宁公司抓紧南宁锦虹棉纺织有限公司搬迁改造项目,已完成用地规划设计论证,20公顷土地征地拆迁补偿,工地三通一平、三大主厂房的施工图已送审,申报局部规划调整自治区国土厅已批准,项目场外排水管道工程施工也基本完成。同时,公司适时调整品种结构,调整营销策略,主动出击抢占市场,比上年大幅增长,其中,实现利润702万元,增长39%;工业总产值5.1亿元,增长20.2%;销售收入5.06亿元,增长20.92%;完成技改2739万元。振宁·西南薄板钢管项目扩建工程轧钢项目已完成全部8500平方米厂房配套设施及设备基础施工,完成工业产值4亿元,销售收入4亿元,技改投入4000万元,实现利润246万元。

【房地产开发】 2007年,振宁公司围绕"实现全年收入1.6亿,现代鲁班项目年底开工"的目标,推进房地产发展,现代鲁班项目于12月28日举行开工仪式。推进振宁·白龙铭居、振宁·阳光康城等楼盘建设。振宁翠峰、振宁商厦商铺、车库销售实现资金回笼141.98万元,振宁·白龙铭居销售实现资金回笼3965.6万元,振宁·阳光康城住宅销售实现资金回笼1.19亿元。

(黄正斌)

南宁壮宁资产经营有限责任公司

【概　况】 2007年,南宁壮宁资产经营有限责任公司拥有下属企业31家。其中:控股企业10家,分别为南宁壮宁工贸园有限责任公司、南宁同达盛混凝土有限公司、南宁同达盛新型建材有限公司、南宁康诺生化制药有限责任公司、南宁南机动力有限公司、南宁七彩虹印刷机械有限责任公司、南宁天就置业有限责任公司、南宁壮宁物业发展有限责任公司、广西金牛股份有限公司、市水泥厂;参股企业4家,分别为南宁五菱桂花车辆有限

壮宁公司参股企业——南宁五菱桂花车辆有限公司手扶拖拉机生产流水线

五菱桂花公司提供

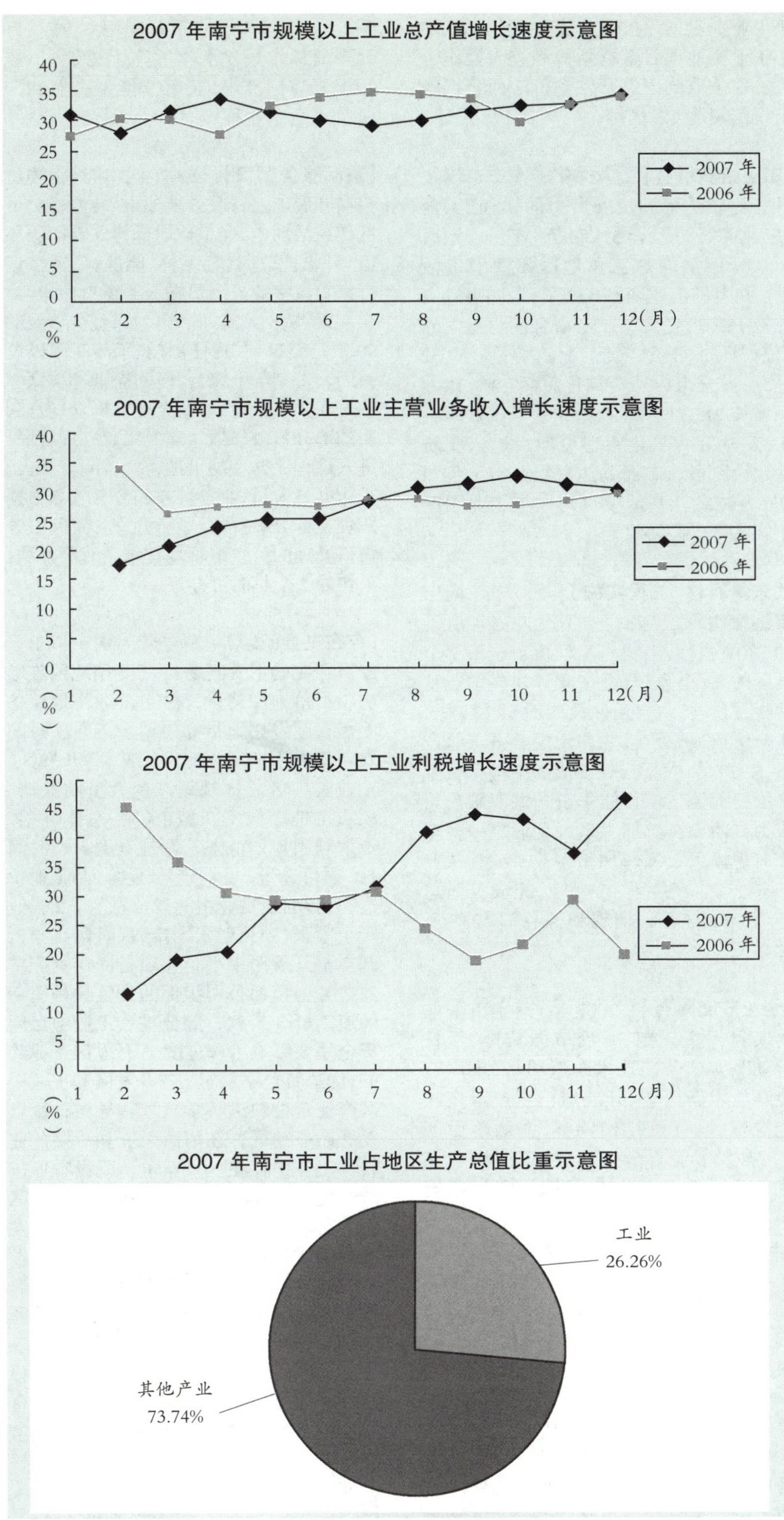

【工业主要经济指标】 2007年，南宁市完成工业总产值（当年价）830.21亿元，实现工业增加值279.15亿元，比上年增长24.1%；工业增加值占地区生产总值26.26%，比上年提高0.83个百分点。完成规模以上总产值669.07亿元，比上年增长35.03%；工业增加值225亿元，比上年增长27.5%。轻重工业产值比例为49.37%:50.63%。主营业务收入574.9亿元，比上年增长30.17%。实现利税总额84.42亿元，比上年增长71.26%（利润39.86亿元，增长134.68%）。工业经济效益综合指数233.96%，比上年提高44.52个百分点；总资产贡献率16.82%，比上年提高4.47个百分点；资本保值增值率133.57%，比上年提高20.14个百分点；资产负债率63.6%，比上年下降3.04个百分点；流动资产周转率2.91%，比上年提高0.12个百分点；成本费用利润率8.25%，比上年提高3.68个百分点；劳动生产率16.41万元/人，比上年增加4.08万元/人；产品销售率93.92%，比上年下降1.67个百分点。

【工业区建设】 2007年，南宁高新技术产业开发区、南宁经济技术开发区、南宁华侨投资区、广西良庆经济开发区、南宁六景工业园区、南宁江南工业园区、南宁仙葫经济开发区7个园区成为自治区级A类园区。南宁市自筹及引资7.7亿元、获自治区补助2200万元，用于园区基础设施建设。高新区、南宁华侨区、六景工业园区共完成基础设施投资7.8亿元。做好工业用地储备资金准备工作，协调国家开发银行贷款2.17亿元用于园区工业用地储备。加强工业建设用地管理，制订《关于鼓励建设和使用工业标准厂房的意见》，同时配套出台《工业标准厂房补助资金管理办法》，高新区、华侨区、经开区建成工业标准厂房45万平方米，在建标准厂房30万平方米。

【企业结构调整与重点产业规划研究】 2007年，南宁市经济委员会继续推进中心城区工业企业结构调整和搬迁改造工作，完成市制镜厂、兴宁区纸盒厂、南宁雨衣厂、市皮革化工厂、兴宁区包装厂、兴宁区锅炉维修厂、市电石厂、市皮鞋厂、市皮革厂、市皮件厂10家中心城区工业企业结构调整和搬迁改造。完成南宁南箱彩印包装有限公司、南宁邦克电力设备有限责任公司、市钢窗厂、市劲源电机有限公司、市储备粮管理有限责任公司高棠粮库大米厂搬迁改造项目的前期工作，正式下文批复上述5家企业实施搬迁改造。开展产业发展规划及重大专题研究，组织力量对农产品加工、机械装备制造、造纸、茧丝绸、铝加工、电子信息、电镀、文化用品和消费品共8个重点产业的发展进行规划研究；开展北湖工业集中区、伊岭工业集中区、太安龙象工业集中区、江南工业园区沙井工业园、六景工业园区及隆安县工业发展等和重点工业集中区规划的编制工作；开展工业土地储备、承接东部产业转移等政策专题研究。

【工业技术改造投资】 2007年，南宁市累计完成技改投资103.52亿元，比上年增长 28.16%。按企业登记注册类型分:内资企业完成投资 86.99 亿元,占比重 84.03%;港、澳、台独资及合资企业完成投资 4.24 亿元,占比重 4.09%;外商独资及合资企业完成投资 11.3 亿元,占比重 10.92%;个体经营企业完成投资 0.99 亿元,占比重 0.96%。全市制造业完成技改投资 80.32 亿元,占全部技改投资 77.59%。制造业中完成技改投资比较大的行业主要有:非金属矿物制品业,投资 14.43 亿元,占比重 13.94%;农副产品加工业,投资 10.68 亿元,占比重 10.32%;造纸及纸制品业,投资 8.05 亿元,占比重 7.77%;医药制造业,投资 6.22 亿元,占比重 6.01%;化学原料及化学制品制造业,投资 5.92 亿元,占比重 5.72%;有色金属冶炼及延压制品业,投资 3.92 亿元,占比重 3.79%。6 个行业共完成技改投资 49.24 亿元,占比重 47.56%。

【技术创新与新产品开发】 2007 年,南宁市完成技术开发项目 258 个(通过技术鉴定或合同验收 29 个),完成投资 6.18 亿元,比上年增长 20.5%。广西纵览线缆有限责任公司"500 千伏铝合金导线"等 29 个项目列入 2007 年广西技术创新项目计划;广西天凯钒业投资有限公司"利用广西石煤生产钒系列复合化学活性基催化剂技术开发及产业化"等 42 个项目列入市经济委员会编制下达的技术创新项目计划,项目计划总投资 2.27 亿元;"南化股份企业信息化建设 ERP 项目"等 18 个项目列入市经委编制下达的企业信息化项目计划,计划总投资 4011 万元。共有 26 个项目通过市级以上新产品新技术鉴定或科学技术成果鉴定。"高活力 α-乙酰乳酸脱羧酶的研制与应用"项目获 2007 年国家科技进步奖二等奖;获 2007 年广西科技进步奖工业科技项目 15 个,其中:二等奖 5 个,三等奖 10 个;获 2006 年度广西新产品优秀成果奖项目 6 个,其中:一、二、三等奖各 2 个;获市科学技术进步奖工业科技项目 19 个,其中:一等奖 3 个,二等奖 9 个,三等奖 7 个。

【中小企业扶持】 2007 年,南宁市大力实施中小企业成长计划,在规模以下工业企业中筛选 200 家发展潜力大、成长性好、创新能力强、具有较强带动作用的重点企业,在资金、技术、人才、项目、信息等方面加大扶持力度,促进企业加快发展和多元化发展。建立中小工业企业创新发展工作新机制,组织制定实施 2007 年全市新增工业企业 300 户工作方案,新增工业企业 334 家。推进中小工业企业投融资担保,市南方担保公司为中小工业企业累计担保总额 1.56 亿元。中小工业企业项目融资新机制进入操作阶段,并争取到国家开发银行广西分行融资授信额度 4.3 亿元。

【工业招商引资】 2007 年,南宁市围绕具有比较优势和发展潜力的铝加工、食品、化工、造纸、建材、制药等产业,先后两次开展面向珠三角地区招商引资活动。共引进工业项目 332 个,合同引进内外资 185.09 亿元,占全市合同引进内外资总额 32.68%;实际到位内外资 87.32 亿元,占全市内外资到位总额 30%,比上年增长 21.57%。其中,南宁六景工业园区年产 40 万吨氧化铝建设项目进入实质性建设阶段;广西劲达兴纸业有限公司 100 万吨纸业基地项目与六景工业园区正式签署入园协议。

【"东桑西移"工程实施】 2007 年,南宁市继续组织实施商务部于 2006 年启动的"东桑西移"工程。工程覆盖全市 7 个县区的 23 个乡镇,全市累计建成蚕茧基地 3 万公顷,占自治区桑园面积 22.27%;生产鲜茧 6.5 万吨,占自治区桑蚕茧总产量 31.67%。横县云表镇成为中国桑蚕生产第一大镇,横县桂华茧丝绸有限公司成为广西桑蚕丝加工最大企业之一。全市有规模以上缫丝加工企业 14 家,从业 3507 人,生产缫丝 2754 吨;完成工业总产值 6.63 亿元,实现利税总额 1237 万元。

【企业节能降耗】 2007 年,南宁市采取落实目标责任制、开展节能减排"百日行动"、实施节能技术改造项目、推广节能新技术新工艺、开展清洁生产审核和能源审计、促进结构调整、淘汰落后产能、加大节能资金投入、推广应用水煤浆、开展再生资源体系建设等措施,规模以上企业万元工业增加值综合能耗 1.54 吨标准煤,比上年降低 5.13%,完成自治区要求全年降低 4.36%的目标任务。45 家重点耗能企业万元产值综合能耗 1.5 吨标准煤,节能率 10.1%,节能量 24.51 万吨标准煤,完成全年节能 10.52 万吨标准煤的目标任务。南宁糖业股份有限公司香山糖厂、伶俐糖厂,广西农垦糖业集团良圻制糖有限公司,南宁青岛啤酒有限公司 4 家企业通过自治区清洁生产审核。关闭横县、隆安县、宾阳县等主要污染物排放不达标且年产 1 万吨以下、属"十一五"期间应淘汰的落后造纸企业 104 家。南宁化工股份有限公司配备冷却水循环利用装置 37 套,冷却水总能力达每小时 2.92 万立方米,用水量由平均每小时 2400 立方米下降到 1100 立方米,水重复利用率 97%,万元产值耗水量比上年下降 11.2%,节能 2.91 万吨标准煤,获市节能型企业和广西节水型企业称号。

【首问服务窗口】 2007 年,市经济委员会在开展加强行政效能建设,转变机关干部作风活动中,在单位内部建立首问服务窗口,由技改科、轻工科、能源科、经济运行科等科室业务人员在服务窗口值班,为企业提供"一站式"服务。对市经委涉及的 20 项行政事项、责任部门、承诺时限以及首问负责制等上墙公开。对企业和群众办理时间要求紧急、涉及企业和群众切身利益的部分行政事项,建立紧急办理程序;进入该程序办理的事项,由首问责任人、具体办事人员、业务科长和分管领导根据职责实行分级授权,紧急办理。首问服务窗口办理的行政事项均按承诺时限办结,最快的 2 个小时可办好。

【存在主要问题】 2007 年,南宁市工业经济存在的主要问题:1.工业用地困难影响项目落地和建设,全市工业用地储备不足,建设用地指标中用于工业项目的农转建设用地指标比例较低,各开发区、工业集中区总体规划涉及大量农保地,项目用地多数不在城市(镇)总体规划、土地利用规划范围,调规难度大、时间长,项目选址、规划定点困难,工业地价过高,影响项目业主的投资意愿。2.企业资金紧张,项目融资困难,现有国有银行基本不开展对中小企业项目固定资产贷款业务,担保公司担保的贷款只是短期的流动资金贷款,部分重点工业项目因资金短缺影响工程进度。3.开发区产业趋同,优势特色不明显。各开发区和工业园区产业定位缺乏科学规划和导向,重点发展产业趋同,在招商引资和承接产业转移工作中存在盲目竞争,既没有形成产业优势,又浪费了土地资源。4.开发区现行财政体制缺乏激励作用,原有开发区封闭式管理有关政策已到期,各开发区管理体制和财政体制发生了变化,影响了开发区招商引资和建设的积极性和主动性,导致年内入区工业项目锐减。5.招商项目落实推进不快,承接产业转移招商引资存在"两多一少"的问题,即企业投资考察多,在谈项目多,真正签约落实的项目少,因缺乏吸引东部产业转移的鼓励政策和土地资源紧张所致。

(市经委编写组)

化学工业

【概　况】 2007 年,南宁市规模以上化学工业企业有 103 家。按新工业行业分类有4大类,12中类,24小类。其中:化学产品制造24家,塑料制品34家,橡胶制品3家,石油化工生产3家,合成材料生产1家,农药生产8家,肥料生产17家,基础化学原料制造13家。产品涉及烧碱、盐酸、液氯、聚氯乙烯树脂、碳铵、化学及生物农药、氮肥、复合肥、磷肥、橡胶、燃料油、润滑油、林化产品、橡胶制品、塑料制品等。主要产品产量:烧碱24.08万吨,盐酸10.48万吨,塑料制品9.99万吨,硫酸3.93万吨,聚氯乙烯树脂11.97万吨,冰醋酸1.14万吨,化学农药3934吨,化肥8.12万吨,合成氨12.08万吨,松香8.71万吨。年主要产品产能:隔膜烧碱10万吨,离子膜烧碱16万吨,液氯8万吨,盐酸14万吨(普通工业盐酸8万吨、无色工业盐酸6万吨),硫酸5万吨,聚氯乙烯树脂16万吨,敌百虫8000吨,氯乙酸6000吨,氯代异氰尿酸类产品1.5万吨,磷酸6万吨,冰醋酸2万吨,聚合氯化铝3万吨,润滑油1.6万吨等。完成工业总产值(现价)73.58亿元,比上年增长28.19%;主营业务收入57.73亿元,比上年增长19.08%;实现利税总额4.02亿元,比上年增长26.42%(利润2.42亿元,增长39.88%)。从业1.36万人。

【技术改造】 2007年,南宁市规模以上化学工业企业完成技术改造项目75个,其中建成投产41个;总投资23.65亿元,当年投资12.1亿元,累计完成投资9.48亿元,比上年增长48.82%。重大的技改项目有:南宁化工股份有限公司的隔膜烧碱技术改造,节能、环保、安全综合技术改造;南宁化工集团有限公司聚合氯化铝年产3万吨扩建;南宁中南油化工有限公司的年产1.5万吨氯化石蜡技术改造等。南宁化工股份有限公司为加快节能技术改造项目的建设和实施,还完成动力厂变频改造、冷冻系统技术改造、冰醋酸尾气吸收系统、聚合氯化铝反应尾气吸收系统、湿式除尘器及盐酸合成炉冷却水等节能技术改造。

【技术创新与产品开发】 2007年,南宁市化学工业企业主要技术创新项目有:南宁化工集团有限公司研究开发过滤PVC常压酸溶两步法反应生产技术;广西易多收生物科技有限公司研究确定新产品配方及筛选催化剂,建立完善的分析检测方法,建设年产300吨90%二溴磷原药和1000吨50%二溴磷乳油的生产线;南宁化工股份有限公司企业信息化建设ERP、企业技改PM2管理系统(二期)、采用全自动大型聚合釜新技术生产聚氯乙烯;南宁化工集团有限公司氢氧化铝和铝酸钙常压酸溶两步法生产过滤PACV;隆安县丰登化工有限责任公司合成氨蒸汽自给节能新技术应用。新产品开发项目有:南宁化工股份有限公司研究以乙酸和镁原料(氧化镁、碳酸镁、氢氧化镁、水镁石)生产乙酸镁的合理工艺技术,重点解决镁原料合理选择、降低生产成本、乙酸镁干燥、清洁生产等问题,开发乙酸镁新产品;广西田园生化股份有限公司新型环保农药2.5%联苯菊酯微乳剂研制开发;广西明阳生化科技股份有限公司以木薯淀粉为原料,采用多重化学变性相结合的方法,提高淀粉糊液的抗老化性、低温流变性、黏结强度、保水性等性能指标,研制生产高浓涂布用多元变性淀粉。 (朱政军)

铝加工业

【概 况】 2007年,南宁市规模以上铝加工企业有15家(不含铝箔印刷企业)。其中:电解铝生产1家,铝板带箔生产1家,铝型材生产2家,电线电缆生产6家,工业铝制品加工1家,日用精铝制品1家,其他3家。铝型材年生产能力9.3万吨,其中铝板带箔生产能力3.5万吨、建筑型材3.5万吨,工业电子铝型材1.2万吨。主要产品有铝型材、电线电缆、日用铝制品、包装4大类,其中"南南"牌被评为国内铝材行业十大畅销品牌,"南南"商标被评为广西著名商标;"银杉"牌电线电缆是国家重点电力工程输电导线定点产品。全年生产电解铝8336吨、铝型材6.25万吨(比上年增长25.76%)。完成工业总产值(现价)28亿元,比上年增长50.94%;主营业务收入22.9亿元,比上年增长41.88%;实现利税总额1.17亿元,比上年增长67.14%(利润0.59亿元,增长126.92%)。年均从业3786人。总产值超亿元企业有8家,亏损企业4家(比上年减少1家),亏损面26.67%。广西南南铝箔有限责任公司铝材表面处理总产量首次突破2万吨大关,达到2.38万吨,其中:氧化型材为1.27万吨,喷涂型材1.11万吨;实现工业总产值8亿元,继续保持全市铝加工行业的领先地位。4月30日,上林县南南实业有限责任公司在上林县象山工业区综合利用贫煤脱硫发电及电解铝异地环保节能技术改造项目建成投产。

【技术改造】 2007年,南宁市铝加工企业技术改造项目有13个,其中新开项目4个,续建项目9个,已投产项目2个;总投资40.82亿元,其中当年计划投资8.38亿元,当年累计完成投资2.31亿元。重点的技改项目有6个,列入市百项工业项目1个。主要项目有:上林县南南实业有限责任公司在上林县象山工业区综合利用贫煤脱硫发电及电解铝异地环保节能技术改造(已建成投产);广西丹普科技有限责任公司投资2358万元的铝合金电力金具生产基础(已建成投产);广西南南铝箔有限责任公司投资14.99亿元的年产30万吨高精度铝板带;广西纵览线缆有限责任公司投资8000万元的迁移扩建技改;广西黑猫铝加工有限责任公司投资5600万元的铝天花板、铝制品深加工技改;市荣飞达石油化工有限责任公司投资4580万元的美基铝业等。

【技术创新与产品开发】 2007年,广西南南铝箔有限责任公司首次承担国家级的科技项目——国家科技支撑计划的"电脑用铝合金高倍数盒装散热器产品研究与开发"项目,12月27日获国家科技部批准。铝加工业列入自治区、市技术创新项目有:广西纵览线缆有限责任公司的500千伏铝合金导线、6/6~26/35千伏铜、铝芯交联聚乙烯绝缘电力电缆及500千伏超高压钢芯铝铰线(LGJ)等3个项目;广西南南铝箔有限责任公司的5052铝合金百叶窗料、3003铝合金餐具箔材、铝工件表面处理控制技术及新产品开发、钨冶炼工艺研制、高纯超细钨酸开发、铝合金门窗工程设计和管理集成系统软件开发及电脑CPU6029型铝合金高倍数盒装散热器产品的研究与开发等;南南铝业股份有限公司天棚系统铝

2007年南宁市化学工业实现利税前10位企业情况表

企业名称	工业总产值(万元)	主营业务收入(万元)	利税总额(万元)	从业人员(人)
广西易多收生物科技有限公司	35221	19122	5167	250
广西田园生化股份有限公司	43556	32135	3694	436
南宁化工集团有限公司	17503	16184	1940	1115
南宁化工股份有限公司	145586	14727	1555	2611
佛山塑料集团股份有限公司南宁经纬分公司	22592	19549	1009	689
广西巨星科技有限公司	57430	2822	948	168
广西新晶科技有限公司	20450	12190	947	272
南宁利通树脂有限公司	14061	9166	850	45
广西武鸣金峰化工建材有限公司	11501	10120	840	320
广西壮族自治区化工研究院	17126	14465	735	220

2007年南宁市铝加工工业实现利税前10位企业情况表

企业名称	工业总产值(现价、万元)	主营业务收入(万元)	利税总额(万元)	从业人员(人)
南南铝业股份有限公司	80522	75698	8031	1329
广西南南铝箔有限责任公司	62832	63013	907	317
广西纵览线缆有限责任公司	18769	16966	777	100
上林县南南实业有限责任公司	22257	22257	680	312
南宁国凯铝材有限责任公司	10283	9493	270	198
南宁银杉电线电缆有限责任公司	12965	11189	153	411
广西阳工电线电缆有限公司	20066	4475	144	75
市新城福利五金总厂	4969	4834	58	71
市家友电线电缆厂	10897	3064	57	32
南宁电力线览有限责任公司	4775	301	−18	112

合金固定座产品项目；广西丹普铝合金科技有限公司和华中科技大学共同研究用轻质高强铝合金熔铸技术开发铝合金汽车零配件。广西南南铝箔有限责任公司开发出10个以上柴油机铝合金零配件，实现1个以上型号规格品种铝合金零配件产品的规模生产，形成年产压铸件500吨，重力浇铸件300吨的生产能力；开发生产的铝合金百叶片、航空航天用铝合金箔材、电缆箔、空调箔高精度幕墙装饰板等箔材新产品，实现产值5.9亿元，比上年增长77.5%，占当年公司总产值73.37%。（朱政军）

建材工业

【概　况】2007年，南宁市规模以上建材工业主要有9类共119家生产企业。其中：非金属矿采选7家，木材人造板加工38家，水泥生产31家，水泥制品9家，商品混凝土生产14家，建筑陶瓷生产8家，防水隔热保温材料生产3家，玻璃生产5家，耐火材料生产4家。产品涉及水泥及水泥制品、浮法玻璃、镀膜玻璃、玻璃纤维、砖、砂、石材、粘土矿、排水管、水泥压力管、水泥电杆、水泥枕轨、商品混凝土、建筑陶瓷、高温耐火材料、木材人造板等。主要产品产量：水泥684.3万吨，商品混凝土598万立方米，平板玻璃530.3万重量箱，人造板72.3万立方米。规模以上建材工业企业工业总产值61.53亿元，比上年增长33.86%。其中，非金属矿采选业1.42亿元，木材人造板加工业14.62亿元，水泥17.22亿元，水泥制品5.09亿元，商品混凝土12.69亿元，建筑陶瓷3.38亿元，防水隔热保温材料3055万元，玻璃4.16亿元，耐火材料2.45亿元。规模以上建材工业企业实现利税5.91亿元，比上年增长97.73%。产值在亿元以上的企业19家，亿元以下5000万元以上的企业15家，5000万元以下2000万元以上的企业33家，2000万元以下的企业52家。亏损企业27家，比上年减少5家，亏损面22.7%。从业2.17万人。南宁市根据国务院批准的水泥工业产业发展政策以及《国家发展和改革委办公厅关于淘汰落后水泥生产能力有关工作的通知》、自治区发展改革委和自治区经委《关于做好淘汰落后水泥生产能力有关工作的紧急通知》文件精神，制定《南宁市淘汰落后水泥生产能力的工作方案》，12月，列入南宁市淘汰落后水泥生产能力工作计划关停的第一家水泥生产企业——南化丰塔水泥公司的一条生产能力为15万吨的湿法窑关闭停产。

【技术改造】2007年，南宁市建材工业投资项目有204个，计划固定资产投资36.6亿元，当年计划完成投资19.96亿元，实际完成19.14亿元。列入市百项工业项目大会战项目有12个，计划总投资14.96亿元，实际完成投资8.79亿元。主要项目有：华润水泥（南宁）有限公司的4000吨每日水泥熟料新型干法水泥生产线技改（12月26日点火）；南宁鸿基水泥制品有限公司的河南分厂搬迁扩建（12月开始试生产）；南宁狮座建材有限公司的电石渣综合利用每日1200吨旋窑水泥生产工段技术改造工程（计划总投资1.2亿元，当年累计完成投资1200万元，12月完成并投入生产）。已投产项目有：华润水泥（南宁）有限公司的每日4000吨泥熟料新型干法生产线（一线），每日新增生产能力4000吨，年新增产值5亿元；武鸣县鑫源陶瓷有限公司的陶瓷生产，年新增生产能力300平方米、产值1.6亿元；广西金汇通混凝土有限公司的混凝土生产线扩建，年新增生产能力40万立方米、产值8000万元；南宁嘉大混凝土有限公司的混凝土搅拌站，年新增生产能力60万立方米、产值1.54亿元；华润混凝土（南宁）有限公司的年产60万立方米混凝土，年新增生产能力60万立方米、产值8120万元；广西华润红水河水泥有限公司的低温余热发电工程，年新增生产能力9兆瓦、产值1亿元。

【技术创新与产品开发】2007年，广西华润红水河水泥股份有限公司投入55万元（财政补助10万元），实施WebFactory中控操作实时监控系统项目开发，该项目一套含有多种数据接口的网络生产监控系统，使生产线的中控窑操作系统和厂内ERP系统实现数据互通，满足生产数据采集分析、远程故障诊断、异地监控等业务的需要。广西丰林木业集团股份有限公司（原广西丰林林业开发有限公司）的双助剂制环保E1级中密度纤维板项目通过市经委验收鉴定。南宁鸿基水泥制品有限责任公司的预应力钢筒混凝土管（PCCP）新产品开发项目获自治区新产品优秀成果二等奖。（陈祖筹）

【散装水泥生产与应用】2007年，南宁市有21家水泥企业生产供应散装水泥，产量145.21万吨，占全市水泥生产总量46.07%。共有预拌混凝土生产企业10家，生产预拌混凝土423万立方米，散装水泥使用率46%。征收散装水泥专项资金1016万元。年内，南宁市重新修改并颁布《关于禁止在城区现场搅拌混凝土的通告》，扩大了禁止现场搅拌的范围；投入专项资金77万元，用于扶持企业进行散装水泥配套设施的更新改造。（袁宇彬）

2007年南宁市建材工业实现利税前10位企业情况表

企业名称	工业总产值(万元)	主营业务收入(万元)	利税总额(万元)	从业人员(人)
广西丰林林业开发有限公司	24364	20853	7071	304
广西华润红水河水泥有限公司	42940	53646	4876	954
广西大都混凝土有限公司	23853	18912	3847	424
广西南宁嘉泰水泥制品有限公司	20941	16783	3757	280
南宁浮法玻璃有限责任公司	37946	38949	3526	1103
华润混凝土(南宁)有限公司	15364	14785	3370	242
广西东林木业有限公司	9005	8629	3045	120
广西高峰人造板有限公司	19928	18794	2574	240
广西华宏水泥股份有限公司	19899	19900	2167	826
广西宾阳成跃铁路轨枕有限公司	10129	7699	1807	205

制糖工业

【概　况】 2006~2007年榨季(178天),南宁市17家糖厂入厂原料蔗936.9万吨,比2005~2006年榨季增加262.04万吨;平均工业单产每公顷66.3吨,比上榨季每公顷增加9.6吨。在连续3个榨季面积、产量急速滑坡的情况下,本榨季全市甘蔗种植面积12.17万公顷,原料蔗产量860.93万吨。13个种蔗县区(含南宁华侨投资区)入厂原料蔗总产均比上榨季增产,其中增幅较大的有马山县5.74万吨,增长128.7%;兴宁区10.24万吨,增长90.62%;上林县19.57万吨,增长74.92%;宾阳县44.77万吨,增长62.13%;武鸣县41.96万吨,增长61.24%。各制糖公司入厂原料蔗产量均比上榨季增加,其中南宁糖业股份有限公司123.62万吨,增长43.05%;广西宾阳永凯糖业有限责任公司38.36万吨,增长71.27%;上林南华糖业有限责任公司19.58万吨,增长74.96%;横县新凯糖业有限责任公司18.29万吨,增长74.84%。实际榨蔗量935.89万吨,生产混合糖121.18万吨(白砂糖112.82万吨、赤砂糖8.36万吨),比上榨季增加34.61万吨。平均总收回率86.58%,比上榨季低0.44个百分点。平均甘蔗蔗糖分14.78%,比上榨季提高0.18个百分点。吨糖耗蔗7.72吨,比上榨季减少0.11吨。混合产糖率12.95%,比上个榨季提高0.08个百分点,白砂糖平均含税成本每吨3327.06元,比上榨季下降11.55%,主要原因是原料蔗价格降低(每吨蔗价格下降15元左右)。制糖企业完成工业总产值39.30亿元,比上榨季增长10.24%;销售产值35.40亿元,比上榨季增长30.87%;工业增加值11.61亿元,比上榨季下降6.07%;利税总额8.69亿元,与上榨季持平(利润5.72亿元,增加0.1亿元)。销售糖料蔗总收入25.73亿元,比上榨季增长31.63%,蔗款兑现率接近100%。南宁糖业股份有限公司所属的伶俐糖厂、明阳糖厂生产的"云鸥"牌和"明阳"牌白砂糖双双被国家质检总局评为中国名牌产品,成为同行业中惟一获双名牌的企业。广西农垦糖业集团良圻制糖有限公司被评为2007年度广西优秀企业。4月,明阳糖厂、伶俐糖厂通过最新的ISO 10012:2003测量管理体系认证。

【技术改造】 2007年,南宁市制糖工业企业投入技改资金22.23亿元,重点对节能降耗、污染减排、综合利用、信息自动化、原料基地建设方面等61个项目进行技改。主要项目有:南宁糖业股份有限公司投资4500万元的节能降耗治污综合技改,南宁糖业股份有限公司糖纸厂投资2735万元的年产3万吨生活用纸后加工,广西农垦糖业集团良圻制糖有限公司投资1239万元的环保、节能示范工程,横县冠桂糖业有限公司投资2522万元的锅炉及各工段水循环设备技改,上林南华糖业有限责任公司投资2000万元的废水、废气处理;横县新凯糖业有限公司投资7000万元的扩建至日榨5000吨能力,广西华盛集团廖平糖业有限责任公司投资5800万元的日榨5000吨技改等。

【糖料蔗收购价格】 2006~2007年榨季,南宁市糖料蔗收购价格继续采取蔗糖价格挂钩联动、二次结算的管理方式。糖料蔗普通品种(桂糖11号、16号、17号,桂引选5号,新台糖10号、23号等)收购首付价每吨260元(不含税费)与制糖企业一级白砂糖平均含税销售价格每吨3900元实行挂钩联动。食糖销售价格超过每吨3900元时,在糖料蔗收购首付价的基础上,蔗糖挂钩联动价格按6%的联动系数进行二次结算。糖料蔗品种实行优质加价、劣质减价。在普通品种糖料蔗收购首付价的基础上,优良品种糖料蔗每吨加价15元,劣质、淘汰品种糖料蔗每吨减价20~110元。全市核定制糖企业亚法一级白砂糖平均销售价格为每吨3841.67元,确定2006~2007年榨季普通品种糖料蔗最终收购价格为每吨260元,不再进行二次结算。　(曾小妮)

2006~2007年榨季南宁市制糖工业实现利税前10位企业情况表

企业名称	日榨能力(吨/日)	产糖量(万吨)	工业总产值(万元)	利税总额(万元)	从业人员(人)
南宁糖业股份有限公司	28000	54.90	255171	37625	6753
广西宾阳永凯糖业有限责任公司	10000	11.65	36737	12132	1491
上林南华糖业有限责任公司	4000	6.03	20145	6861	629
广西农垦糖业集团金光制糖有限公司	8000	9.24	35922	6779	829
广西冠桂糖业有限公司	9500	13.92	54408	5997	1432
隆安南华糖业有限责任公司	7700	7.84	24868	5574	1197
广西华盛集团廖平糖业有限责任公司	3500	6.18	22263	5051	497
横县新凯糖业有限责任公司	2500	5.54	18265	3393	614
广西农垦糖业集团良圻制糖有限公司	3000	4.67	19620	3274	730
马山南华糖业有限责任公司	1500	1.20	3789	278	213

造纸工业

【概　况】 2007年,南宁市规模以上造纸及纸制品企业有45家(不含南宁糖业股份有限公司)。按行业分:纸浆制造3家,造纸32家,纸制品制造10家;按控股情况分:国有5家,集体4家,股份合作33家,股份制1家,外商和港澳台商投资2家。主要产品有漂白化学木浆、漂白蔗渣浆、新闻纸、书写纸、胶印纸、有光纸、生活用纸、瓦楞原纸、包装纸、卫生用品等。共生产纸浆28.47万吨、机制纸及纸板40.42万吨。完成工业总产值34.99亿元,比上年增长22.16%;主营业务收入24.38亿元,比上年增长23.38%;工业增加值10.72亿元,比上年增长18.27%;实现利税总额2.24亿元,比上年增长756.90%(利润1.57亿元,增长247.33%)。平均从业7843人。年产100万吨林纸浆项目落户南宁六景工业园区,项目总投资54.3亿元。

【技术改造】 2007年,南宁市制浆造纸产业完成工业与技改投资11.26亿元,占全市技改投资10.88%。列入市百项工业项目大会战项目有:恒安(广西)纸业有限公司年产3.4万吨高档生活用纸;南宁凤凰纸业有限公司漂白硫酸盐木浆生产线环保技术改造工程和浆板机技术改造、年产1万吨生活用纸;南宁洁伶卫生用品有限公司高级生活用纸、纸尿裤、卫生巾护垫生产基地;南宁天然纸业有限公司年新增1万吨高级生活用纸技术改造;横县冠桂糖业有限公司新增年产6.8万吨漂白蔗渣浆技术改造工程和年产5万吨纸;南宁君盈纸业有限公司瓦楞纸车间扩建;横县六景北墨纸厂文化用纸;广西宾阳永凯糖业有限责任公司9.5万吨漂白蔗渣浆;南宁东方纸业有限公司年产6万吨高级文化用纸技术改造;广西华劲集团股份有限公司南宁纸业分公司年产9.8万吨竹浆;南宁金浪浆业有限公司年产5万吨蔗渣机械浆等。其中,投产项目有:广西南宁凤凰纸业有限公司漂白硫酸盐木浆生产线环保技术改造工程,总投资1.16亿元,新增产值2.3亿元、利润1000万元、税金1500万元;年产1万吨高级生活用纸,总投资5000万元,新增产值8771万元、利润803万元、税金2242万元。

【技术创新与产品开发】 2007年,南宁糖业股份有限公司蒲庙造纸厂蔗渣制浆中段废水预处理工程+蔗渣洗涤喷淋废水厌氧处理工程、南宁侨虹新材料有限

2007年南宁市造纸工业实现利税前10位企业情况表

企业名称	工业总产值(万元)	主营业务收入(万元)	利税总额(万元)	从业人员(人)
南宁糖业股份有限公司	258447	254297	37114	6753
广西南宁凤凰纸业有限公司	52210	46828	11087	1022
广西华劲集团股份有限公司南宁纸业分公司	21761	21926	4422	864
马山县百龙滩仁和纸品厂	8025	6691	1269	120
广西南蒲纸业有限公司	17020	14361	901	537
恒安(宾阳)卫生用品有限公司	3504	2531	869	120
南宁美时纸业有限责任公司	25810	25785	735	254
南宁美恒安兴纸业有限公司	7454	7279	508	206
广西正能纸业有限公司	8522	8513	423	216
广西侨旺纸模制品有限责任公司	1966	1916	326	270

责任公司高精度无尘纸生产在线金属微粒探测清除系统开发2个项目被列入南宁市2007年技术创新项目计划;广西华劲集团股份有限公司管理信息化建设、南宁侨虹新材料有限责任公司无尘纸生产车间中央空调节能系统技术改造、广西侨旺纸模制品有限责任公司侨旺电子商务与信息化管理系统3个项目被列入市2007年企业信息化项目计划。南宁糖业股份有限公司生产的“美时”牌静电复印纸、书写纸,“八鲤”牌漂白蔗渣浆被评为2007年广西名牌产品。广西丰林木业集团股份有限公司生产的双助剂制环保E1级中密度纤维板获2007年度自治区新产品优秀成果三等奖。

【造纸行业环境污染专项整治】 2007年,南宁市围绕国家“十一五”推行的十大重点节能工程,开展节能减排,对淀粉、造纸、酒精等污染严重生产行业进行综合整治,关停并拆除横县六景北墨造纸厂、横县六景石洲造纸厂2条制浆生产线;对没有碱回收装置的南宁君盈纸业有限公司制浆生产线实行限产并限期建设碱回收装置;关停马山县和发造纸厂、马山县百龙滩仁和纸品厂2条制浆生产线,并拆除主要设备。至年末,全市共关停产能1万吨以下、以废纸为生产原料的造纸生产企业104家。

(唐亚亚)

食品工业

【概　况】 2007年,南宁市规模以上食品工业企业有199家。按行业划分:农副食品加工业137家,食品制造业37家,饮料制造23家,烟草制品2家。主要产品有机制糖、卷烟、碳酸饮料、啤酒、罐头、乳制品等。全年生产机制糖132.37万吨,卷烟20.1亿支,淀粉14.07万吨,乳制品4.52万吨,啤酒8.90万千升。完成工业总产值(现价)214.91亿元,比上年增长31.6%;主营业务收入197.48亿元,比上年增长30.33%;实现利税总额39.19亿元,比上年增长23.74%(利润13.84亿元,增长31.31%)。盈利企业177家,亏损22家。从业3.83万人。广西明阳生化科技股份有限公司、广西横县兴辉食品有限公司、南宁糖业股份有限公司、广西宾阳永凯糖业有限责任公司、广西春江食品有限公司、市储备粮管理有限责任公司、广西皇氏甲天下乳业股份有限公司等企业被评为自治区第一批农产品加工重点龙头企业。广西明阳生化科技股份有限公司、广西农垦糖业集团良圻制糖有限公司、广西皇氏甲天下乳业股份有限公司3家企业被评为2007年度广西优秀企业。广西中烟工业公司生产的卷烟品牌——“真龙”牌被国家工商行政管理总局认定为中国驰名商标,“真龙”牌、“甲天下”牌卷烟被评为广西名牌产品。

【技术改造】 2007年,南宁市食品工业企业技改项目有119个,完成投资9.81亿元,其中投入3000万元以上的26个,列入市重点技改的21个(当年开工11个,续建10个)。完成技改投产的主要项目有:广西明阳生化科技股份有限公司年产10万吨木薯变性淀粉高新技术产业示范项目,总投资1.22亿元,完成投资5832万元;广西红豪淀粉开发有限公司投入1400多万元对上年动工的年产3万吨原淀粉、2万吨变性淀粉生产项目续建,新增产值4812万元、利税173.3万元;广西百洋食品有限公司新增罗非鱼生产线2条、对虾生产线2条,年加工原料鱼虾能力3.5万吨,年加工出品产品1.2万吨以上。列入市百项工业项目有8个,主要有广西滕本科工贸有限公司的膳食纤维、水果高分离原汁生产及广西伊灵烟叶复烤有限责任公司的年产60万担烟叶打叶复烤生产线等。广西春江食品有限公司投入3600万元建成一条日产5吨春江鸭肉熟食生产线,成功研制开发盐水系列和香辣系列春江鸭肉产品,填补广西肉鸭熟食深加工工业化标准化生产的空白。

【技术创新】 2007年,南宁市食品工业列入自治区技术创新项目计划有广西明阳生化科技股份有限公司的高浓涂布专用多无变性淀粉的研制生产和应用,广西卷烟总厂应用环保型真空镀铝卡纸替代复合镀铝卡纸的新产品和增香保润技术在卷烟产品中的应用研究。列入市2007年技术创新项目计划有广西皇氏甲天下乳业股份有限公司的新鲜酸奶酪新产品开发,研制成功的爱克林绿色环保益生菌酸奶产品,年产益生菌酸奶1500吨,销售收入2000万元,实现利税总额237万元。广西百洋食品有限公司被自治区科技厅认定为高新技术企业,其产品冷冻罗非鱼片和冷冻斑叉尾回鱼片被评为自治区高新技术产品,产品出口创汇1600万美元,创汇总额居自治区内水产品加工行业第一位。

【农副食品加工】 2007年,南宁市规模以上农副食品加工企业有137家,其中产值亿元以上的企业36家,从业2.66万人。完成工业总产值135.49亿元,主营业务收入129.48亿元,实现利税总额12.84亿元(利润6.94亿元)。南宁糖业股份有限公司明阳糖厂、伶俐糖厂的“明阳”牌白砂糖和“云鸥”牌白砂糖通过复评又继

2007年南宁市食品工业实现利税前10位企业情况表

企业名称	工业总产值(万元)	主营业务收入(万元)	利税总额(万元)	从业人员(人)
广西中烟工业公司南宁卷烟分厂	357197	370729	234788	920
南宁糖业股份有限公司	258447	254297	37114	6753
横县冠桂糖业有限公司	55027	42119	8602	1432
广西宾阳永凯糖业有限责任公司	61433	35042	7437	1491
广西农垦糖业集团金光制糖有限公司	28559	29412	6599	829
南宁正大畜牧有限公司	70710	46555	6016	300
广西壮族自治区廖平农场糖厂	20943	19794	5404	497
广西双胞胎饲料有限公司	38685	38680	4883	68
上林南华糖业有限责任公司	23936	23936	4821	629
广西皇氏生物工程乳业有限公司	34984	23420	4552	1311

续获得中国名牌称号；南宁糖业股份有限公司的“古府”牌白砂糖、“大明山”牌白砂糖和广西宾阳永凯糖业有限责任公司的“翠蕊”牌白砂糖获国家免检产品称号；市储备粮管理有限责任公司的“桂井”牌食用植物油(花生油)获广西名牌产品称号。广西春江食品有限公司的“春江”牌鸭肉熟食加工被评为广西著名商标。 (黄春霞)

机械工业

【概 况】 2007年,南宁市规模以上机械工业主要有11大类共162家企业。其中:黑色金属采矿5家,有色金属采矿7家,黑色金属冶炼及压延加工11家,有色金属冶炼及压延加工12家,金属制品21家,通用设备制造17家,专用设备制造21家,交通运输设备制造24家,电气机械及器材制造26家,通信设备计算机及其他电子设备制造14家,仪器仪表及文化办公用机械制造4家。从业2.1万人。产品涉及金属(黑色金属和有色金属)采矿和压延业的相关产品(炼钢、炼铁、铝冶炼、钢材、铝材等)、金属制品、手扶拖拉机、低速载货车、柴油机、矿山机械、水泥设备、甘蔗压榨成套设备、水轮发电机组、导线、立体仓库、搅拌机、印刷机、减速机、压缩式垃圾专用运输车、压缩式垃圾中转站、垃圾处理设备、电动机、各种仪器仪表设备、汽车零部件等。主要产品产量:钢材39.5万吨,采矿设备7258吨,发电设备63.1万千瓦,内燃机14.7万千瓦,改装汽车545辆,小型拖拉机9.89万台,电力线缆6.29万千米。完成工业总产值133.3亿元,比上年增长51.06%。其中,黑色金属采矿业1.79亿元,黑色金属冶炼及压延加工业16.44亿元,有色金属采矿业2.07亿元,有色金属冶炼及压延加工业26.47亿元,金属制品业9.8亿元,通用设备制造业8.25亿元,专用设备制造业19.59亿元,交通运输设备制造业15.94亿元,电气机械及器材制造业22.51亿元,通信设备计算机及其他电子设备制造业8.69亿元,仪器仪表及文化、办公用机械制造业1.76亿元。主营业务收入102.1亿元,比上年增长39.76亿元;实现利税总额6.34亿元,比上年增长64.86%(利润3.69亿元,增长97.35%)。产值在亿元以上的企业34家,亿元以下5000万元以上的企业38家,2000万~5000万元的企业38家,2000万元以下的企业52家。亏损企业26家,比上年减少6家,亏损面16.1%。

【技术改造】 2007年,南宁市机械工业技改投资项目有57个,当年计划完成投资10亿元,实际完成7.26亿元。列入市百项工业项目大会战项目有15个,计划总投资16.9亿元,当年实际完成投资2.42亿元。主要项目有:南宁八菱科技股份有限公司年产100万套散热器技改,计划总投资1.47亿元,当年实际完成投资3092万元;广西玉柴专用汽车有限公司年产3000套汽车上装设备,计划总投资1.2亿元,当年完成投资3933万元,12月开始进行试生产;南宁燎旺车灯有限责任公司年产100万套车灯搬迁改造,总投资1.16亿元,当年完成投资2663万元。其中完成投资建设的项目有:南宁七彩虹印刷机械有限责任公司的七彩虹印刷机械生产基地,总投资6416万元,年新增生产能力755色组,年新增产值1亿元、利润1000万元、税金500万元。

【技术创新】 2007年,南宁市机械工业技改列入自治区技术创新项目16个,总投资4981万元。主要项目有:广西纵览线缆有限责任公司的6/6~26/35千伏铜、铝芯交联聚乙烯绝缘电力电缆;南宁广发重工集团有限公司的Φ4×90米湿法双传动烧成回转窑。通过鉴定或验收的技术创新项目13个,获自治区优秀新产品成果奖3个,其中南宁八菱科技股份有限公司的微型车双波浪带及硬钎焊式系列散热器和中吨位车双波浪带及硬钎焊式系列散热器分别获自治区优秀新产品成果一等奖和自治区科技成果二等奖;广西纵览线缆有限责任公司的额定电压0.6/1千伏交联聚乙烯绝缘室内外安装线项目获自治区优秀新产品成果三等奖。实施信息化项目7个,投入经费1410万元(财政补助90万元)。主要项目有:南宁广发重工集团有限公司南宁发电设备总厂实施的水轮机智能化选型软件开发与应用;南宁燎旺车灯有限责任公司实施的燎旺车灯PDM(一期)。 (陈祖筹)

2007年南宁市机械工业实现利税前10位企业情况表

企业名称	工业总产值(万元)	主营业务收入(万元)	利税总额(万元)	从业人员(人)
南南铝业股份有限公司	80522	75698	8031	1329
市江海电子科技有限公司	9731	5404	4018	70
广西凤凰银业有限责任公司	6682	6878	3720	168
南宁八菱科技股份有限公司	36482	20241	3190	170
广西盛誉糖机制造有限责任公司	11627	11297	1709	219
广西华锑化工有限公司	37199	34271	1671	78
南宁广发重工集团有限公司	61293	40482	1605	2430
南宁八菱汽车配件有限公司	26263	16347	1364	170
广西日星金属化工有限公司	37020	32369	1350	55
南宁中达丰田汽车服务有限公司	2944	2842	1113	107

通信设备与计算机及其他电子设备制造业

【概 况】 2007年,南宁市规模以上通信设备、计算机及其他电子设备制造企业共有15家。年均从业1104人。完成工业总产值(现价)9.16亿元,比上年增长15.50%;主营业务收入4.41亿元,比上年下降10.51%;实现利税总额7044.2万元,比上年增长231.09%(利润4238.4万元,比上年增长289.24%)。工业总产值超亿元的企业2家,超5000万元的企业4家,亏损企业3家,亏损面20%。

【技术改造与技术创新】 2007年,南宁市电子信息产业实施技改项目有19个,完成技改投资2.02亿元,占全市技改投资1.95%。其中南宁壮宁工业园的联通CDMA移动通信工程完成投资8000万元,广西凯德科技发展有限公司ARO触摸屏及膜生产完成投资1848万元。广西申能达智能技术有限公司的一体化冷热联供机组开发列入市2007年技术创新项目计划,获补助资金10万元;太阳能热泵高效智能控制系统项目通过市科技局和市经委组织的技术鉴定。市江海电子科技有限公司的全自动数码相机MP5信息化工程生产线项目列入市2007年企业信息化项目计划,获补助资金15万元。广西桂能软件有限公司的基于激光雷达的架空送电线路三维优化选线平台——ONEPLD项目获自治区科技成果二等奖。南宁微控技术有限公司、广西申能达智能技术有限公司技术中心通过市级认定。南宁微控技术有限公司、广西申能达智能技术有限公司、南宁亚奥数码有限公司被认定为市

2007年南宁市通信设备与计算机及其他电子设备制造工业实现利税前10位企业情况表

企业名称	工业总产值（万元）	主营业务收入（万元）	利税总额（万元）	从业人员（人）
市江海电子科技有限公司	9731	5404	4018	70
南宁亚奥数码有限公司	25275	10859	955	72
南宁世纪宏宇电子科技有限公司	6702	3267	596	37
南宁捷赛数码科技有限责任公司	5716	2421	439	25
市鼎光电子有限责任公司	4164	2610	330	65
广西申能达智能技术有限公司	7506	4692	255	100
南宁怡铭海科技有限公司	4721	2496	176	31
广西金业电子科技有限公司	12104	3189	124	129
广西大象信息科技有限公司	4374	2182	58	102
广西超想电子有限公司	2516	1557	47	26

工程技术研究中心。（马祥琼）

生物与制药工业

【概　况】 2007年，南宁市列入统计口径的生物与制药生产企业62家。从业9312人。完成工业总产值(现价)32.12亿元,比上年增长37.79%;销售收入22.47亿元,比上年增长24.97%;实现利税总额2.93亿元，比上年增长72.61%(利润9765万元,增长125.83%)。生产中成药2.13万吨,化学原料药4616吨。在国家加强对医疗体制改革,医药市场的整顿,对部分实施药品降价政策的宏观背景下，全市生物与制药企业在生产上注重质量控制和管理，在产品销售上通过与大型医疗流通企业的战略合作，扩大符合社区和农村医疗市场的医药产品分销,提升新药在临床药方面的销售,巩固和扩大产品销售市场。工业总产值超亿元的企业11家,产品销售收入超亿元的企业2家，广西桂西制药有限公司升级为自治区级技术中心，广西万寿堂药业有限公司、广西南宁化学制药有限责任公司通过市技术中心认定。

【技术改造】 2007年，南宁市生物与制药工业完成技改投资4.91亿元，比上年增长47.02%。主要项目有:广西万德药业股份有限公司利用剑麻皂素生产甾体激素类药品，南宁林全胶囊有限公司药用空心胶囊，广西永舜生物工程有限公司兽用生物用品GMP厂房及配套设施建设，广西同济医药集团有限公司创新基地,南宁生源中药饮片有限公司GMP异地改造等。

【技术创新与产品开发】 2007年，市一锋生物科技有限公司进行桃金娘活性成分的提取,技术国内领先;市科康生物科技有限责任公司进行菲牛蛭养殖规范化研究与示范,技术国际领先;南宁中诺生物工程有限责任公司与广东海洋大学、广西大学联合进行海藻糖在罗非鱼深加工上的应用研究,水平国内先进;广西博科药业有限公司研制的氯雷他定胶囊获国药准字新药证书；市尊龙生物科技信息有限公司对速愈烧伤喷剂进行研究;广西南宁化学制药有限责任公司对液体葡萄糖化学异构制甘露醇关键技术攻关及产业化应用研究。市维威制药有限公司开发胃肠宁胶囊产品，广西广明药业有限公司开发对金莲花口服液，广西南宁德致药业有限公司研制野木瓜胶囊，广西博科药业有限公司研制的氯雷他定胶囊获国家化学药品4类新药。

（彭远利）

2007年南宁市生物与制药工业实现利税前10位企业情况表

企业名称	工业总产值（万元）	主营业务收入（万元）	利税总额（万元）	从业人员（人）
广西广明药业有限公司	16180	13214	3275	191
广西圣保堂药业有限公司	10663	10157	2787	103
广西桂西制药有限公司	18501	9958	2264	205
广西康华药业有限责任公司	12914	8035	1405	973
广西南宁百会药业集团有限公司	12166	9795	1347	1017
广西金海堂药业有限责任公司	9078	6700	1135	176
广西博科药业有限公司	19340	8892	866	331
广西桃源药业有限公司	5801	4327	717	80
恒拓集团广西圣康制药有限公司	12735	7395	647	65
市维威制药有限公司	10031	9500	525	616

纺织工业

【概　况】 2007年，南宁市规模以上纺织工业企业有28家。其中:国有5家,集体2家,股份合作18家,股份制1家,外商和港澳台商投资各1家;棉纺织加工3家,麻纺织1家,缫丝加工14家,绳、索、缆制造2家,纺织服装制造8家。完成工业总产值14.05亿元，比上年增长13.89%;主营业务收入12.95亿元,比上年增长16.17%；工业增加值4.32亿元,比上年增长23.71%;实现利税总额5632万元，比上年增长3.23%(利润1195万元,下降36.09%)。平均从业8666人。其中：棉纺织加工业完成工业总产值5.34亿元,主营业务收入5.17亿元,实现利税总额3064万元;从业2587人。缫丝加工业完成工业总产值6.63亿元，主营业务收入5.75亿元，实现利税总额1237万元;从业3507人。纺织服装制造业完成工业总产值1.67亿元，主营业务收入1.64亿元,实现利税总额898万元;从业2239人。全市桑园面积3万公顷,产蚕茧6.5万吨,形成横县、宾阳县、上林县等自治区级重点桑蚕生产基地，茧丝生产能力3860吨。

【技术改造】 2007年,南宁市纺织行业技术改造列入市百项工业项目大会战项目有：广西立盛茧丝有限公司年产250吨白厂丝及50万米坯绸技改工程,宾阳县古辣丝绸纺织厂生产线技改扩建,广西上林县斯尔顿丝绸有限公司上林绢纺厂丝绸加工技改,南宁锦虹棉纺织有限责任公司生产基地易地搬迁技改,深圳聚源通科技开发有限公司纳米家纺产品研发基地,广西百大丝绸有限公司年产1000吨桑蚕丝。其中投产的项目有：广西百大丝绸有限公司年产1000吨桑蚕丝一期工程，总投资6800万元,新增产值1.5亿元、利润1680万元、税金1293万元;广西立盛茧丝有限公司年产250吨白厂丝及50万米坯绸技改工程,总投资3356万元,新增产值8000万元、利润800万元、税金400万元。

【技术创新与产品开发】 2007年，南宁锦虹棉纺织有限责任公司实施的磁性紧密纺纱线技术研究和产品开发项目列入市2007年技术创新项目计划;精品粘胶赛络纺纱线新产品开发、莱裕隆纱线新产品开发分别通过市技术创新项目检测鉴定,技术广西领先;企业信息化ERP二期工程通过南宁市技术创新

2007 年南宁市纺织工业实现利税前 10 位企业情况表

企业名称	工业总产值（万元）	主营业务收入（万元）	利税总额（万元）	从业人员（人）
南宁锦虹棉纺织有限责任公司	51014	50000	2961	2329
横县桂华茧丝绸有限责任公司	13421	11760	1009	750
广西华盛集团达信制衣有限责任公司	2204	1916	582	36
上林海润丝业有限公司	10369	8983	374	260
广西上林县斯尔顿丝绸有限公司	8908	8762	310	260
广西鹏达制衣有限公司	2122	2115	254	245
南宁中垦剑麻纺织有限公司	2189	2029	250	160
宾阳县茧丝工贸有限责任公司	4742	4337	141	350
市秉承纤维有限公司	1139	1139	132	93
市武鸣誉天织造有限责任公司	2385	1737	104	258

项目鉴定，技术国内领先；实施的 Rich-cel（丽赛）纤维混纺纱项目获 2006 年度自治区新产品优秀成果奖三等奖；生产的“锦虹纺织”牌阳离子改性涤纶与粘混纺纱线系列产品被评为 2007 年广西名牌产品，精品粘胶赛络纺纱线、莱裕隆纱线产品分别获 2007 年度自治区新产品优秀成果三等奖。横县桂华茧丝绸有限责任公司生产的 5A 级茧丝通过国家商检局鉴定，填补广西不能生产高品质茧丝的空白。

【彩色蚕试养成功】 2007 年，市科技局和市农业局共同实施南宁市桑蚕业关键技术研究与产业化示范推广科技专题项目，组织课题承担单位横县桂华茧丝绸有限责任公司和市特多惠农业科技开发有限责任公司分别从自治区蚕业技术指导总站和浙江省引进“彩色 1 号”茧金黄色、“彩色 2 号”茧淡绿色两个彩色蚕新品种，分别在横县云表镇旧兰村试养彩色蚕 1000 多公斤、在良庆区大塘镇生产基地试养彩色蚕 2800 多公斤。9 月，第一批 100 多公斤纯天然金黄色和淡绿色的彩色蚕生丝由横县桂华茧丝绸有限责任公司成功生产。彩色蚕新品种平均每张蚕产茧 35~40 公斤，每公斤售价 52 元，比普通茧价格高 30 多元。 （唐亚亚）

包装印刷工业

【概　况】 2007 年，南宁市规模以上包装印刷企业有 79 家。其中：包装 51 家，印刷业和记录媒介复制 28 家；国有 12 家，集体 5 家，股份合作 61 家，股份制 1 家。年均从业 8219 人。完成工业总产值 32.9 亿元，比上年增长 42.03%；主营业务收入 23.02 亿元，比上年增长 36.14%；实现利税总额 1.05 亿元，比上年增长 22.81%（利润 5145 万元，增长 82.91%）。其中：包装企业完成工业总产值 22.30 亿元，比上年增长 31.06%；主营业务收入 15.82 亿元，比上年增长 29.84%；实现利税总额 6713 万元，比上年增长 19.92%（利润 3274 万元，增长 70.25%）；平均从业 5630 人。印刷业和记录媒介复制工业企业完成工业总产值 10.6 亿元，比上年增长 72.37%；主营业务收入 7.21 亿元，比上年增长 52.35%；工业增加值 3.65 亿元，比上年增长 62.99%；实现利税总额 3795 万元，比上年增长 28.28%（利润 1871 万元，增长 110.27%）；平均从业 2589 人。

【技术改造】 2007 年，南宁市印刷业和记录媒介复制业技术改造列入市百项工业项目大会战重点项目有：广西人民印务有限公司广西出版产业园，南宁七彩虹印刷机械有限责任公司印刷机械厂搬迁改造，广西秋潮集团有限公司塑料包装袋生产基地搬迁技改，广西金地彩印包装有限公司年产 1500 万平方米彩印包装，广西日报社印务中心，广西金恒丰贸易有限责任公司出口包装箱、广西八达彩印包装公司印刷包装等。其中投产的项目有：广西金地彩印包装有限公司彩印包装，总投资 6500 万元，新增产值 8250 万元、利润 400 万元、税金 539 万元；南宁七彩虹印刷机械有限责任公司印刷机械生产基地，总投资 6416 万元，新增产值 1 亿元、利润 1000 万元、税金 500 万元。 （唐亚亚）

2007 年南宁市包装印刷工业实现利税前 10 位企业情况表

企业名称	工业总产值（万元）	主营业务收入（万元）	利税总额（万元）	从业人员（人）
佛山塑料集团股份有限公司南宁经纬分公司	22592	19549	1009	689
珠海中富南宁公司	14490	9231	787	90
广西飞翔特种印务有限责任公司	7031	4226	769	116
广西南宁桂盐科技有限责任公司	26027	10865	705	83
广西国华塑业有限公司	10200	8314	690	282
广西迪美科技发展有限公司	24759	13659	577	93
南宁九彩科技制版有限公司	5634	3096	543	69
广西南宁彩帝印刷有限公司	4627	3954	442	45
广西壮族自治区民族印刷厂	7815	7800	392	647
市恩典塑业有限责任公司	8573	7633	280	160

卷 烟 工 业

【概　况】 2007 年，广西中烟工业公司内设 18 个部室、中心，下辖广西甲天下纸品包装有限责任公司、广西甲天下化纤有限责任公司两家全资子公司和广西真龙彩印包装有限公司、广西甲天下水松纸有限公司两家控股子公司。在岗员工 2683 人（聘用 669 人）。资产总额 62.90 亿元，其中固定资产 24.32 亿元（净值），流动资产 30.24 亿元，资产负债率 38.81%。实现工业总产值 74.75 亿元，比上年增长 22.8%；销售收入 75.66 亿元，比上年增长 21.72%；利税总额 48.31 亿元，比上年增长 39.57%（利润 11.94 亿元，增长 161%）。公司入选 2006 年度中国企业信息化 500 强、2006 年度中国制造业 500 强企业，获 2007 年度中国企业营销创新奖，被评为 2007 年全国质量管理小组活动优秀企业、全国实施卓越绩效模式先进企业。

【生产经营】 2007 年，广西中烟工业公司产销同比协调增长，共生产卷烟 603.75 亿支（120.75 万箱）。其中：一类烟 3.09 亿支（6187 箱），二类烟 0.33 亿支（652 箱），三类烟 152.57 亿支（30.51 万箱），四类烟 243.7 亿支（48.74 万箱），五类烟 204.06 亿支(40.81 万箱)。销售卷烟 603.11 亿支（120.62 万箱）。“真龙”系列卷烟共生产 114.66 亿支（22.93 万箱），销售 115.43 亿支（23.09 万箱）。其中，一类真龙卷烟比上年增加 1799.5 箱，三、四类真龙卷烟比上年增加 9.6 万箱。硬盒真龙（娇子）年销量突破 19.23 万箱。“甲天下”系列卷烟共生产 284.52 亿支（56.9 万箱），销售 282.98 亿支（56.6 万箱）。烟叶、盘纸、嘴棒三大物耗中，单箱消耗烟叶 36 公斤，比上年降低 0.3 公斤;盘纸3148米,比上年减少36米;嘴棒8424支,比上年增加7支。卷烟品牌有"真龙"、"甲天下"两个系列。其中,"真龙"系列品牌(规格)有真龙(盛世)、真龙(金韵)、真龙(神韵)、真龙(海韵)、真龙(鸿韵)、真龙(天韵)、真龙(祥云)、真龙(珍品)、真龙(天翔)、真龙(软娇子)、真龙(娇子);"甲天下"系列品牌(规格)有甲天下(珍品)、甲天下(富)、甲天下(特制)、甲天下(精品)、甲天下(醇和)、甲天下(醇和新)、甲天下(软)。公司积极参与市场的竞争,拓展全国市场,"真龙"品牌市场覆盖31个省(自治区、直辖市)、217个地市级烟草公司,基本实现由区域性品牌向全国性品牌的跨越。

【产品开发】 2007年,广西中烟工业公司实施做强做大"真龙"的品牌发展战略,研发高端新产品"真龙(盛世)",以及高香气、低危害、低焦油产品"真龙(天韵)"(焦油量每支6毫克)、"真龙(天翔)"(焦油量每支8毫克)改造准产上市。"真龙"系列卷烟入选亚洲品牌500强,被评为广西名牌产品,获亚洲十大最具创新品牌奖;"真龙"商标被国家工商行政管理总局评为中国驰名商标。

【烟叶基地建设】 2007年,广西中烟工业公司根据各烟叶基地的土壤、气候情况以及历年基地烟叶存在的质量问题,与烟叶基地共同制订优质烟叶基地生产技术、培训及优质烟叶基地示范技术等实施方案。加强产、学、研联合,会同高等院校科研机构以及地方烟草公司三方,联合开展烤烟水肥耦合技术、优质烟叶营养平衡理论等技术研究。印制《烟农服务手册》发放到烟农手中,采用图文并茂的方式,深入浅出对关键技术要领进行解读和推广,确保所有烟农最大限度的得到技术指导和支持。在云南、贵州、广西、湖南、湖北、四川6个省、自治区建立27个烟叶基地县,合同种植面积1.76万公顷,烟叶调拨量61万担,占全年烟叶调拨计划69.31%,比上年提高5.63个百分点;投资1655万元在自治区外烟叶基地建设烟叶收购站7个,其中已投入使用的有湖南邵阳塘渡口、湖北恩施和贵州遵义3个收购站。以固定资产为纽带的紧密型烟叶基地模式已基本形成,为品牌发展提供了稳固的原料供应。

【技术改造】 2007年,广西中烟工业公司完成技术改造投资2.1亿元。项目规划针对制约企业发展的瓶颈问题,重点提升公司卷烟生产制造能力和烟叶醇化仓储能力,为解决烟叶仓储能力严重不足的问题,陆续在南宁、柳州等地开展烟叶仓储项目建设,建成库区总建筑面积7.56万平方米,仓储库容72万担。公司"十一五"期间技改项目总体规划通过国家烟草专卖局专家组论证,南宁卷烟分厂"十一五"完善提高项目、柳州卷烟分厂"十一五"技改项目、公司研发中心项目、武鸣红岭烟叶醇化库B区项目等获国家烟草专卖局批复同意实施,其中南宁、柳州两分厂综合周转车间项目已经完工并投入试运行;柳州卷烟分厂"十一五"技改项目正式开工,公司研发中心项目正在进行主体钢构吊装。

【技术创新】 2007年,广西中烟工业公司以市场为导向,以减害降焦技术研究为主线,以高香气质、低焦油量、低危害性为研发核心,突出以博士后科研工作站为平台,通过中草药烟用添加剂、生物薄片、微生物制剂、高科技卷烟盘纸、功能型滤嘴棒等新技术、新材料的研究应用,研制开发出每支7毫克真龙(盛世)、每支6毫克真龙(天韵)、每支8毫克真龙(天翔)3个高香气、低焦油、低危害产品。针对南北方卷烟吸食差异,开发浓香型真龙(软娇子)、真龙(祥云),产品得到目标市场消费者的好评。加强小叶组配方打叶和配方模块技术研究,开展烟草薄片应用研究,强化调香技术研究,保障"真龙"系列卷烟品质风格稳定。通过配方技术调整,降低产品成本,仅甲天下(醇和新)和甲天下(醇和)两个规格产品,合计降低成本3300多万元。实施"项目带动战略"、"知识产权战略",搭建以项目课题制为载体的科研立体管理体系,注重科技项目在实施过程中的知识产权管理,所取得的科技成果及时以专利知识产权的形式加以保护。"拉式香烟盒"等6个项目获国家实用新型专利授权,其中"烫印工艺中镭射烫印膜的送膜方法"为发明专利;"一种增香保润天然烟用添加剂"等31个专利申请获得受理或初审合格,其中发明专利23个;开展技术创新项目189个,联合科研项目24个,其中"选择性减害技术研究及产品应用"项目中标2007年度烟草行业重点科技攻关项目,被列入2007年自治区科技计划重点项目5个,获2007年广西科技进步三等奖2个。 (周丽霞)

供 电 业

【概 况】 南宁供电局是南方电网公司直辖、广西电网公司所属特大型供电企业。2007年,设有专业管理所(队、中心)8个,管辖网区内县级供电企业9个,共有客户33.01万户,客户容量1305.55万千伏安。拥有固定资产原值50.18亿元、净值34.23亿元。有220千伏变电站7座(无人值守变电站1座),主变14台,变电容量198万千伏安;110千伏变电站32座(无人值守变电站15座),主变57台,变电容量221万千伏安。网内有500千伏线路3条287.17公里,220千伏线路20条983.91公里,110千伏线路45条713.09公里。10千伏配电线路2383.4公里(地下电缆686.29公里),配电变压器容量34.94万千伏安。实现220千伏环网及110千伏手拉手城市电网结构。新增用电客户3.39万户,客户受电容量100.43万千伏安;累计总用电客户32.39万户,客户受电总容量1297.95万千伏安。全网最高负荷232.03万千瓦,城市供电可靠率RS1(含限电)为99.88%,比上年提高0.02个百分点,RS3(剔除限电)为99.89%,比上年提高0.01个百分点;综合电压合格率99.51%,比上年提高0.33个百分点%;线损率4.24%,比上年下降0.09个百分点。完成供电量145.46亿千瓦时,比上年增长21.85%;售电量139.29亿千瓦时,比上年增长21.96%;销售收入53.4亿元(不含税),比上年增长24.89%;主营业务收入53.50亿元,比上年增长24.19%;售电每兆瓦时平均单价448.55元,比上年提高10.53元。实现利税总额3.78亿元,比上年增长31.03%。安全生产实现3个安全百日无事故记录,跨年度安全生产941天。南宁供电局被评为全国企业文化建设工作先进单位、全国电力行业质量管理小组活动优秀企业、广西五一劳动奖状、南方电网公司首批文明单位、南网公司迎峰度夏先进集体、广西电网公司先进单位。

【电网规划与建设】 2007年,南宁供电局配合广西电网公司与南宁市政府签订城市电网发展政企合作协议——《南宁市"十一五"电网发展战略合作框架协议》,推动南宁市政府颁布实施《南宁电网建设绿色通道实施办法》,成为继深圳之后全国第二个颁布实施"电网建设绿色通道实施办法"的城市。与市规划局、国土局、城市规划设计院等单位合作完成《南宁市"十一五"电网发展规划》和《五象新区电网规划》,将54个输变电项目的站址、走廊纳入城市总体规划,并经政府审批预留控制;组织开展《南宁网区110千伏输变电工程典型性设计》、《城市配电网典型性设计》、《南宁市供配电设施建设标准》的研究和编制工作。完成14个主电网工程的可行性研究和芦圩、青山、马山、定忠、科园、友谊、衡阳、柳沙、五象、杨丁、荣和、九曲湾12个变电站的征地工作。主电网工程开工建设21个(220千伏的芦圩、青山、马山、定忠、科园等变电站和安城变电站改造及石西、雷村变电站扩建,110千伏的友谊、旱塘变电站升压和里建、明阳、玉洞、大化、武鸣、都安、柳沙、衡阳、三塘、杨丁、五象等变电站扩建),竣工投运13个(500千伏邕州输变电工程、110千伏旱塘变电站升压工程和隆安、大化、沙井、里建、马山、武鸣、玉洞、明阳、都安、六景等变电站扩建及沙明线T接玉洞变电站线路);完成电网建设投资8.7亿元，其中主电网7.4亿元、配网8500万元、县城网4850万元。新增线路长度150.42公里,变电容量141.6万千伏安。配电网工程完成35个。完成石西、北湖等9个变电站安健环设施的标准化建设。完成210个双(多)电源用户的设备命名、标示和7000多根电杆、305台开闭所的命名及标示，消灭了无命名令克、刀闸现象。

【供电保障】 2007年，南宁供电局坚持每月召开生产计划会议制度,实现生产计划制定、审核批准、执行反馈、总结提高的闭环管理,减少用户停电的次数;建立周负荷分析制度,及时掌握网内负荷波动情况。做好第二届“泛北部湾经济合作论坛”、“两会一节”、“盛世和韵，魅力南宁”大型南湖灯展等重要活动保供电工作,获广西电网公司“两会一节”保供电特别奖。以服务地方经济为重点,跟踪政府的招商引资项目进展情况，重点跟踪华润水泥(南宁)有限公司、广西百色银海铝业有限责任公司、上林县南南实业有限公司等22个重点项目工程以及承接东部产业转移项目建设,全力保障电力供应。开展人大、政协两会以及节日期间重要场所、重要用户的安全可靠供电专项检查和春季、迎峰度夏、防洪防汛专项检查,发现设备一般缺陷41项、重大缺陷8项(均为变电类),全部完成整改。迎峰度夏期间,制定了包含14个子预案的紧急错避峰预案,通过与市经委密切沟通,确保方案有效实施，没有发生拉闸限电。全网最高负荷232.03万千瓦,比上年增长26.53%,最高负荷创新高22次。

【用电管理】 2007年，南宁供电局启动计量中心实验室认可工作，向中国合格评定国家认可委员会提交实验室认可申请材料;完成40个用户客户端电能计量装置防窃电改造；对远郊170多户大用电客户的计量装置及宾阳、坛洛、四塘等7个变电站电能计量装置和3000多个存在安全隐患、损坏和锈蚀严重的电能表箱进行更换改造。安装电力设备远程监测系统,在专变用户中安装50套终端设备进行试点观察；继续实施小区抄表系统和远程抄表系统建设，完成小区集中抄表系统建设146个，可进行集抄的用户5.57万户。

【电费电价管理】 2007年，南宁供电局修订完善《南宁供电局2007年电费回收风险抵押金奖励考核办法》，将责任、风险与奖励挂钩；坚持每月的电费回收分析例会制度，针对具体客户制定每月的具体电费回收措施，提前做好电费风险防范,并解决了南昆铁路、平果铝跨月缴费的历史问题,实现电费回收可控在控。共完成销售收入53.4亿元(不含税),售电每兆瓦时平均单价448.55元，比上年提高10.53元。年末欠费余额6113.53万元,比年度考核目标低206.47万元;陈欠电费回收率26.03%。

【营销稽查】 2007年，南宁供电局制订《南宁供电局关于客户原因引起停电处理管理办法》、《南宁供电局营销稽查工作管理规定》,加强营销稽查,建立营销业务全过程监控体系。共查处违约用电113起，补收电费56.37万元、违约金93.14万元；查处窃电38起，补收电费53.63万元、违约金156.66万元。处理计量装置烧坏、计量装置故障等770起,补收电费473.5万元。稽查累计补收电费(包括补收历年)583.7万元,收取违约使用电费250万元，补收电费及违约金833.5万元。

【安全生产】 2007年，南宁供电局进一步规范安全监督体系管理,建立“互相提醒、互相监督、共担责任”的责任传递保障机制,制定《南宁供电局生产管理人员加强现场安全管理的到位规定》、《违章积分管理规定》(试行)、《生产区域临时用工人员准入手续和相关管理的补充规定》、《工程建设反违章管理暂行规定》等管理制度，修编完善局安全风险抵押金目标考核办法，增加安全生产过程管理控制要素,引入违章积分管理考核内容,确保安全责任传递到位。加大现场安全监督检查力度，抓好工作现场的监督和控制,安监人员到现场1.05万人次,发现和处理违章53次。抓好防止高空坠落和人身触电事故的措施落实，自主设计钢铰线式防坠装置并投入40万元在830基杆塔进行安装;投资60万元,购置全身式安全带157副及配套的辅助用品，完善输电、配电、变电检修人员及班组新型防高空坠落用品的配置。制定《南宁供电局工程建设反违章管理暂行规定》,推行改扩建安全控制，在220千伏雷村变试点安装施工进度安全视频监控系统，提高对工程安全的控制能力。组织开展供电企业安全性评价活动,发现问题149个,其中列入整改计划88个,完成整改40个。开展安全生产隐患排查治理专项行动，查出问题167处，完成整改165处,其余2处需通过政府部门协调解决。年内没有发生广西电网公司安全生产控制目标的考核事故；发生A类一般设备事故11起,比上年上升57.1%;发生设备一类障碍7起,比上年上升40%。实现3个百日安全长周期,跨年度安全天数941天,创历史最好记录。

【科技进步】 2007年，南宁供电局组织开展“节能减排,科学发展”节能周活动,开展节能走进社区、节能带进农家宣传活动55次。组织客户开展节能工作,以南宁锦虹棉纺织有限责任公司节能改造方案为节能示范课题，组织技术力量对客户的用电设计方案和生产特点进行分析,从用电电压等级、无功治理、非晶合金变压器推广、电动机调频调速技术、照明系统、空调系统和设备选型等7个方面提出节能方案并进行经济技术比较，为其量身定做节能改造方案，估算用电单耗可由每吨3119千瓦时减少到每吨2495千瓦时，成为南方电网公司节能降耗的典范。推广蓄冷空调、蓄热锅炉应用技术，提高电能在终端能源的市场占有率，全市共有43家客户使用电蓄能设备,转移高峰负荷3.6万千瓦,累计减少低谷弃水电量超过6000万千瓦时。

（葛松光）

【供电服务】 2007年,南宁供电局推出电网建设、迎峰度夏、优质服务年、安全生产月、转变干部作风加强机关效能建设、“宣贯南网方略，构建和谐南供”、“缩短停电时间，提高供电质量”等活动，全面兑现了广西电网公司10项服务承诺，严格执行《供电服务监管办法》，在南宁市窗口服务行业创城达标竞赛中以100分的满分名列32个行业58个测评单位榜首。加强与主流新闻媒体联系沟通,根据电力供电形势及执行的错避峰方案及时在各主要媒体进行公布。创新和丰富服务内容,新增营业厅、夜间服务,调整抄表时间、抄表方式等,有效缓解客户缴费难问题,将用电报装的部分环节的“串行”工作改为“并行”,缩短了客户报装等待时间。6月4日在南国街营业厅向客户推出夜间服务，主要受理居民客户的用电报装、电费、用电咨询与查询等业务。城市供电可靠率99.88%,比上年提高0.02个百分点;用户平均停电时间由上年的10.8小时减少到8.45小时,计划检修工作按时复电率由上年的66%提高到88%。开展“绿色行动”节能工作,加大节约用电宣传,向大客户和重要客户推广节能新技术、新产品、新方案,引导电力合理消费,向负载率偏低的799户企业发放《关于做好无功功率补偿的通知》,实现100%的告知;为大客户和重要客户提出节能措施建议。（孙贵寿）

二轻集体工业

【概　况】 2007年,南宁市二轻集体工业联社管辖的企业有市手表厂、南宁汽车配件总厂、市制鞋厂、二轻劳动服务公司;成员企业有27个,其中改制后转入属地城区管理的原二轻集体企业21个,市属县级联社6个。纳入联社管理的企业只有市手表厂生产经营正常,该厂把握住全国钟表市场销售旺盛的势头,组织力量研发出NN8801机芯新产品并投入生产;投入资金88万元,购置新设备,改造修复滚齿机、磨轮修磨机、自动送料器的料鼓和机械手等闲置设备,恢复“瑞士30型”滚齿机的运行,提高了效益。全年完成工业总产值(当年价)2393.1万元,产品销售收入2051.8万元,实现利润246.1万元;职工年人均收入比上年增长17.5%。

【企业改革改制】 2007年,市二轻联社把工作重点放在为3个特困企业和成员单位的改革改制继续做好协调和服务。继续做好指导市手表厂的公司制改制工作,根据该厂为市自行车总厂担保贷款的连带偿还责任等具体情况进行指导和协调,完成资产评估、审计,进入了制定改制方案阶段;市制鞋厂由广西同济医药集团公司以承担债务式兼并的运作方案已获职工大会通过;南宁汽配总厂提出了由广西中美天元投融资担保集团有限公司兼并的意向性意见。为成员企业——市健宝日用化工有限责任公司牵线搭桥,促成广西中美天元投资集团与市健宝日用化工有限责任公司进行关于“市健宝日用化工有限责任公司如何引入外部资金和股权转让,恢复生产,加大投入促进企业发展”的商谈;指导和帮助市制鞋厂被广西同济医药集团公司以承担债务式兼并的运作;指导成员单位市被服厂进行改制,已完成企业资产评估、审计,进入了制定改制方案阶段;为市服装机械厂和被服厂、工艺美术厂等减免银行(资产经营公司)的债务问题进行协调和提供具体帮助,其中市服装机械厂获减免债务40多万元;协调解决市钢木家具厂等成员单位改制后工商登记中遇到的实质性问题;依据市民族服装厂职工大会的决议,批复同意“关于南宁市民族服装厂被广西东盛建设投资有限公司以承担债务式兼并的意向意见”,并与有关部门协调解决该厂退休人员缴纳10年医保费用问题。（李晓琳）

饲料工业

【概　况】 2007年,南宁市饲料加工企业有159家。其中:国有4家,集体15家,私营124家,其他16家。主要分布在江南区、良庆区、西乡塘区,有职工近7000人。年生产能力超过350万吨,实际产量221万吨,比上年增长23.5%。其中:配合饲料196.89万吨,占89.09%;浓缩饲料19.58万吨,占8.86%;添加剂预混合饲料3.85万吨,占1.74%。工业总产值60.11亿元,比上年增长29.8%。主要品种有猪、鸡、鸭、牛、羊、兔、鱼等一般畜、禽、水产系列饲料及甲鱼、牛蛙、鹌鹑、对虾、鳗鱼、宠物等特种饲料共100多种。饲料产品质量合格率95%以上,比上年提高3个百分点。产品销往自治区内和周边省份,部分产品销往韩国和东南亚市场。

【饲料安全监管】 2007年,南宁市饲料行业管理部门根据自治区2007年饲料质量安全监测结果的通报,组织开展产品质量专项整治,共抽检饲料1500多批次,质量合格率95%以上,查处案件35件,罚款10万元,销毁原料、不合格成品60多吨。5月1日起,在全市全面推行《饲料生产企业审查办法》,对饲料生产企业进行现场审核,为22家企业核发和换发《饲料生产企业审查合格证》。（张　超）

民政工业

【概　况】 2007年,南宁市民政工业企业有32家,职工1306人(残疾职工511人)。民政工业企业在激烈的市场竞争中,加强内部管理,开展技术改造和创新,开发新的产品,发挥福利企业自身优势,努力开拓市场,完成工业总产值3.24亿元,工业增加值1.21亿元,销售收入3.24亿元,实现利税总额1613.76万元。

【技术改造与产品开发】 2007年,市世通水泥制品有限责任公司投入资金70万元完成顶推管模具技术改造;南宁亚宇塑料管有限责任公司投资30万元完成双边波纹机项目技术创新。市五龙车桥有限责任公司投入28万元进行技术改造,年节约工业用煤80吨;投入200万元完成“北京130农用车变速箱”新产品开发,年新增产值2000万元。（庞昌林）

2007年南宁市饲料工业实现销售收入前10位企业情况表

企业名称	主要产品	产量(吨)	工业总产值(万元)	销售收入(万元)	从业人员(人)
南宁漓源粮油饲料有限公司	配合、浓缩饲料	217508	49319	49549	102
南宁正大畜牧有限公司	配合、浓缩饲料	140066	70710	47724	350
广西鸿牌饲料有限公司	配合、浓缩饲料	164870	40805	40810	121
广西双胞胎饲料有限公司	配合、浓缩饲料	149700	38653	38598	67
广西南宁康佳龙饲料有限公司	配合、浓缩饲料	101254	23295	23201	146
广西南宁百洋饲料集团有限公司	配合饲料	56226	21080	22340	140
南宁市华港农牧发展有限公司	配合、浓缩饲料	103213	20550	20249	204
南宁金美农饲料有限责任公司	配合、浓缩饲料	77982	17425	17373	78
广西辽大饲料集团有限公司	配合、浓缩饲料	66176	17191	16560	380
广西彼得汉预混饲料有限公司	预混料	9436	6207	6463	138

注:饲料工业免征增值税,不统计利税总额和利润

2007年南宁市主要民政工业企业情况表

企业名称	主要产品	工业总产值(万元)	销售收入(万元)	退税(万元)	从业人员(人)
市家友电线电缆厂	电线电缆	3810	3810	219	38
市五龙车桥有限责任公司	农用车桥	3758	3700	93	38
广西云峰门窗幕墙有限责任公司	塑料、金属门窗幕墙	2832	2800	75	35
市福青印务有限责任公司	出版物印刷和包装、装潢印刷	1329	1329	97	60
市金道海锰业有限责任公司	锰矿深加工	1273	1270	100	54

责任编辑　孙贵寿

南宁市总工会

2007年，南宁市总工会进一步加强县级工会标准化建设和实施工会进村工程，健全职工社会化维权机制，提高职工队伍整体素质，着力打造创新、活力、务实、和谐工会，在为维护职工合法权益、促进企业经济发展和保障南宁社会稳定和谐“三服务”工作中取得新成绩。全年新建基层工会组织771个，发展工会会员79951人，并在自治区率先推行向社会聘用工会协理员制度。同时广泛开展“工人先锋号”创建活动，主办2007年职工职业技能大赛。评选表彰首批“和谐劳动关系企业”，建立党政主导的职工社会化维权机制，建成市级职工维权帮扶工作中心服务大厅。举办各类职工技能培训班1393期，培训职工、农民工8万多人次，评选表彰市劳动模范30人。

2007年4月29日，自治区党委常委、市委书记马飚接见2006年度南宁市劳动模范

2007年6月28日，自治区政协副主席、总工会主席徐文彦（右二）、市委副书记谢泽宇（左一）等自治区、市领导参加南宁市困难职工帮扶中心和职工维权中心服务大厅揭牌仪式

2007年1月12日，市政协副主席、总工会主席李秋明（右二）看望和慰问职工

市部分企业和劳动模范签订承诺书向农民工赠阅《工人日报》

2007年7月17日，南宁市“工会进村工程”在宾阳县召开现场会

南宁市邕宁

南宁市邕宁电业公司是一家以供电为主兼营电力工程设计安装、变配电设备检修的国有企业，是广西电网公司全资子公司。主要担负邕宁区、良庆区、江南区、青秀区、兴宁区5个城区18个乡镇和大沙田、沿海、仙葫3个经济开发区供用电管理任务。

近年来，公司通过组织实施一、二期农网建设改造、城网改造等，使辖区内电网布局完善、结构合理，覆盖率100%，供电可靠率99.7%，为南宁市区域经济社会发展提供强有力支持；投资建成19个供电营业厅，开通“95598”供电服务热线，服务设施及功能完善，营造良好的用电环境。2007年供售电双双突破6亿千瓦时。先后获自治区文明单位、广西电网公司双文明单位、南方电网公司基础管理达标企业等荣誉称号。

经理黄秀权（中）到基层检查指导工作

上级电网公司领导到公司检查指导工作

开展“万家灯火连真情”客户联谊会

农网改造后的配电台区

新建的无人值守35千伏变电站

开展优质服务活动启动仪式

举办“宣贯南网方略，构建和谐电网”培训班

新建服务设施齐全的供电营业厅

公司办公大楼

北京2008年奥运会合作伙伴
Partner of the Beijing 2008 Olympic Games

中国移动通信集团广西有限

无声的信息快递——企信通

为企业建立属于自己的智能化信息平台

会议提前，如何在一分钟之内让300名员工收到通知？

新品上市，如何在一分钟之内让500个合作商家收到宣传

主要功能：短信群发、用户管理、日程提醒

中国移动通信以创新科技和专业服务为基础，在深入了解集团客户需求的基础上不断创新，研发了大量的集团移动信息化产品，如集群网、集团短信、企信通、移动代理服务器、移动OA、移动CRM、集团彩铃、集团E网等，为社会各行各业提供专业的行业信息化解决方案。同时，更以"助力广西社会信息化发展，服务政府信息化工程，履行公司信息社会栋梁责任"为指导，逐步推进实施多项信息化工程。中国移动以不断创新的产品类型、量身订制的解决方案，提供最适合的解决之道，满足集团客户增强工作效能、掌控通信成本和提升客户满意的各种需求，提升客户竞争优势与经济价值。为政府、企事业单位提供端到端集团信息化综合解决方案，提高办公效率，节约企业成本，使信息随时随地流动，助力构建和谐社会、信息社会作出应有的贡献，为打造世界一流通信企业、信息化专家形象，为数字广西的建设添砖加瓦。

公司南宁分公司

南宁花花大世界园林产业示范园

市园林局局长　邓国付

南宁花花大世界园林有限公司是南宁市园林管理局下属单位。始建于2003年，是一个集农业观光、苗木花卉生产销售、动物养殖、展览展示、科普认知、休闲会务为一体，体现园林绿化产业与农业产业结构调整、与经济动物养殖、与旅游观光产业相结合的大型园林产业示范园区。位于武鸣县双桥镇，距市区16公里，都南高速公路和南武二级公路擦肩而过，交通便利。占地450.87公顷。属典型的喀斯特熔岩地貌，园区内拇指山、胜利山清秀挺拔，地下水灵气泉涌，榕树森林气势磅礴，宝巾花园以精巧著称，地景园以奇特见长，棕榈林轴线尽显南国风貌，动物欢乐谷堪称中华一绝。整个园区山水相依，天人共荣。

园区一期建设已投资近1.7亿元，基本完成基础设施建设，建成4.5万平方米花卉生产基地、253.33公顷苗圃、1.2万平方米阴生植物大棚、提供各种特色佳肴的花花餐厅、素质拓展运动竞技场以及苏铁园、棕榈园、宝巾花园、地景园、果果乐园等10多个主题园区和一批动物馆舍，引进美国山瑞、鳄鱼、巴西龟、黑熊、斑马、梅花鹿、鸵鸟、骆驼、德保矮马等动物种群。集现代农业科技、花卉苗木、动物养殖与休闲观光于一体，具有较高的观赏性、参与性、科普性和趣味性。

①

公司下设综合部、财务部、工程部、生产经营部、旅游服务部等5个职能部门，共有管理人员及专业技术人员80人，其中园林高级工程师2人、工程师5人、水电工程师2人、会计师2人、经济师2人、助理工程师9人、养护与施工技术人员23人、高级绿化工5人、中级绿化工8人、初级绿化工60人。已取得国家颁发的《城市园林绿化贰级企业资质证书》，注册资本1000万元。拥有园林、草坪、花卉养护专用设备，如高空修剪机、挖掘机、装载机、洒水车、割草机及各种工程绘图仪、计算机等。至2007年，已完成高速公路、城市道路、广场绿地、小区庭院等绿化工程建设投资5000万元，各项工程项目的规划设计、施工建设质量与速度、养护管理水平都得到了建设单位及社会的认可，取得了良好的社会效益。

②

南宁花花大世界园林有限公司

① 公司建设的民族大道绿化带工程
② 花花大世界门区
③ 苗木生产区
④ 宝巾园
⑤ 果果乐园葵花
⑥ 胜利山
⑦ 花花超市

花花大世界

广西地矿建设

广西地矿建设工程有限公司（原广西地矿建设工程发展中心）是集工程施工和投资开发为一体的国有企业。2007年起，公司把房屋建筑和房地产开发作为主营业务，房建工程累计建筑面积50多万平方米。同年1月，开发钦州市广场丽园第二期住宅小区，建筑面积3.2万平方米。目前，相继开发多个房地产项目，房地产业呈现强劲发展势头。建立一套完善的“三标一体”（质量管理体系、环境管理体系、职业健康安全管理体系）管理体系。施工的梧州市国瑞新苑Ⅰ、Ⅱ期项目工地获自治区建筑施工安全文明工地。先后获自治区建筑业先进施工企业、工程建设安全生产先进单位、企业文化建设先进单位和文明公司单位称号。

工程有限公司

公司承建的项目：

① 钦州市广场丽园工程
② 苍梧县工商行政管理局办公综合楼工程
③ 梧州市福星花园工程
④ 梧州市食品药品监督管理局业务用房
⑤ 钦州市广西第三地质队地矿试验楼
⑥ 梧州市工业园区东晖纺织基地厂房
⑦ 梧州市招生考试服务中心综合楼工程
⑧ 梧州市新兴三路30~32号商品房工程
⑨ 梧州市丰业城中花园11号楼工程

2007年，南宁警备区在新形势新挑战面前，坚持以“三个代表”重要思想为指导，着眼履行新世纪新阶段部队历史使命，认真学习贯彻中共十七大精神，大力加强部队思想政治建设，坚持党对武装工作的领导，积极探索地方经济建设与国防后备力量建设协调发展新路子，呈现出经济工作与武装工作融为一体共同发展的良好局面。党委成员坚持以军事斗争准备为牵引，大力抓好国防教育和战斗精神准备，从难从严施训，部队和民兵遂行作战任务能力明显提高；着眼部队担负的任务，做好城市警备工作，积极维护部队威武之师、文明之师的良好形象；坚持在深化改革和规范管理上下功夫，不断提高后勤和装备保障能力。在抓好部队建设的同时，积极组织部队官兵和民兵预备役人员投身南宁市经济建设，圆满完成“两会一节”等重大活动保障任务；部队官兵先后出资10万多元与驻地400多名贫困学生结成帮扶对子，涌现出一大批双拥集体和先进个人，先后有20多项工作受到总政治部、两级军区和自治区表彰。

① 2007年5月，自治区党委常委、市委书记马飚（右二）向出席广州军区安全稳定工作现场会的首长介绍南宁警备区信息化警备执勤系统
② 警备区党委成员
③ 丰富多彩的文艺活动
④ 开展信息化演练
⑤ 按照新颁发的《民兵训练大纲》抓好军事训练
⑥ 警备纠察人员文明执勤
⑦ 准备遂行作战任务
⑧ 协调南宁市组织举办随军家属专场就业招聘会

中国人民武装警察

2007年11月21日，自治区党委书记刘奇葆接见支队退伍老战士

2007年11月21日，自治区党委副书记郭声琨接见支队退伍老战士

2007年，中国人民武装警察部队南宁市支队在市委、市政府和武警广西总队党委的正确领导下，坚持以“迎接十七大、保卫十七大、贯彻十七大”为主线，深入贯彻落实科学发展观，牢固确立安全发展理念，围绕武警党委“强班子、抓基层、谋发展、保稳定”总体工作思路，狠抓经常性基础性工作落实，忠实履行职责使命，党委、支部班子和干部队伍建设不断加强，部队思想政治建设扎实有效，基层建设成效明显，中心任务完成圆满，保障能力明显提升。

年内，警卫勤务分队正确处置群众上访事件148起5200多人次，警卫目标实现绝对安全；守卫、看守以及押运、押解等勤务实现万无一失。圆满完成“八桂·2007”反恐怖演习及党和国家领导人来桂视察、外国政要来桂访问、“两会一节”警卫执勤等重大临时勤务，树立武警官兵良好形象。被武警部队表彰为连续5年预防事故案件工作先进单位和保密工作先进单位，被总队表彰为2007年度车辆管理先进单位。司令部、政治部、后勤部被总队表彰为机关建设先进部。一中队党支部被武警党委表彰为先进基层党支部，同时被总队表彰为基层建设标兵中队并立集体二等功；五、七、十一、十三、武鸣、横县中队被总队表彰为基层建设先进中队。

2007年10月10日，自治区党委常委、市委书记马飚接见支队反恐汇报表演官兵

2007年11月2日，武警部队政委喻林祥上将（中）、政治部副主任郑顺民少将（右四）在武警广西总队总队长赖建安少将（右三）、政委张洪运大校（左三）、武装市支队支队长曾祥武大校（左二）、政委龙文成大校（右一）陪同下到支队十三中队视察

部队南宁市支队

2007年5月18日，自治区党委常委、政法委书记彭祖意（右四），自治区政府副主席吴恒（右六），自治区政协副主席章崇任（右三），自治区主席助理、公安厅厅长梁胜利（右五），市委常委、政法委书记、公安局局长赵波（左二）出席武鸣县中队执勤隐患整治现场会

2007年10月31日，市长陈向群（左）在支队长曾祥武（右）的陪同下看望“两会一节”执勤官兵

新型巡逻车辆正式投入使用

警卫南宁国际民歌艺术节现场安全

应急快速出动演练

南  

局长　唐波文

2007年8月16日，自治区党委常委、市委书记马飚（前左）视察农村工作

2007年3月27日，农业部副部长危朝安（左二）在横县视察

2007年8月12日，副市长温守荣（中）在良庆区检查农业生产情况

2007年8月，市长陈向群（右一）视察农村工作

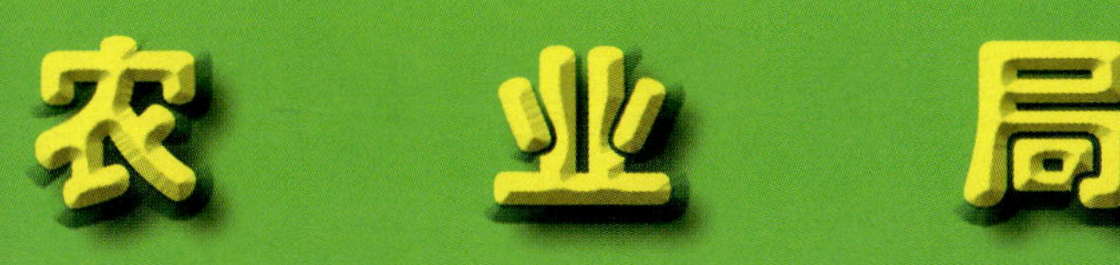

2007年，南宁市农业局干部职工克服倒春寒、春旱及“两迁”虫害的影响，“三农”（农业、农村、农民）工作健康有序发展。实现农林牧渔业总产值255.48亿元，完成第一产业增加值150亿元，农民人均纯收入3453元。

2007年6月，自治区农业厅厅长张明沛（左）在南宁市检查蔬菜生产情况

粮食增产幅度较大。在广西率先实施的大面积推广超级稻3.33万公顷（实际完成3.87万公顷）项目取得初步成功。全市粮食生产呈现“一减两增”态势。“一减”即面积减少，粮食种植面积41.75万公顷，比上年减少0.19万公顷。“两增”即水稻单产和粮食总产增加，水稻单产302.6公斤，比上年增加13.5公斤；粮食总产189.5万吨，比上年增产7.59万吨，增长4.17%。产量创2000年以来新高。仅超级稻一项，粮食增产4万多吨。全市粮食增产新增产值1.29亿元。

蔬菜等产品生产及质量安全取得新的突破。蔬菜种植面积15.27万公顷，产量307.83万吨，分别比上年增长0.9%和5.61%；产值28.02亿元，增长5.9%，新增产值1.49亿元（扣除成本0.5亿元）。同时，加强蔬菜产品质量安全管理，采取“五个一”（一个领导机构、一套安全管理体系、一个质量安全检测网络、一支蔬菜质量安全管理队伍和一批生产基地）建立农产品质量安全监管机制，在10月25～26日全国产品质量和食品安全专项整治山东维坊现场会上作为全国惟一的地厅级城市作了典型发言。

桑蚕产业优势突显，面积产量创历史最好水平。桑园面积3.2万公顷，超计划任务0.2万公顷，比上年增加0.85万公顷，增长36%；收鲜茧6.5万吨，比上年增产1.52吨，增长30.5%；产值11.5亿元，与上年基本持平（2007年价格比上年每吨低0.71万元）。新建宾阳丰汇、南宁百大两个蚕种场，年产蚕种80万张。

糖蔗产量突破1000万吨大关。甘蔗种植面积15.42万公顷，比上年增加1.33万公顷，增长9%。其中糖蔗料面积14.89万公顷，增加1.39万公顷，完成计划面积111.7%；产量突破1000万吨，增加90万吨，增长10%。糖蔗总产值27.5亿元，新增产值2.5亿元。

加强水果生产流通工作，促进水果业发展。水果面积8.17万公顷，其中新植果树0.16万公顷；产量88.95万吨，增长9.43%；总产值14亿元，新增产值0.98亿元。特别是5月下旬和6月初，在水果销售旺季，先后组织召开中国—东盟自由贸易区建立对广西热带水果发展的影响座谈会和龙眼、荔枝、西瓜等产销分析会，与武鸣县政府共同举办南宁武鸣农家乐龙眼节，形成2007年全市主要水果产销分析材料，并在红土地信息网上发布，促进水果流通。

拓宽农村富余劳动力转移渠道，确保市委、市政府为民办实事项目任务的完成。农业部门通过集中培训、技术咨询、电化教学、现场授课等，共培训农村劳动力30.97万人，完成任务154.85%；通过培训农村劳动力新增转移8.34万人，占转移任务104.2%。开展百万农村党员大培训活动，培训农村党员及科技推广示范户和种养大户17.54万人，其中党员4.01万人。

2007年，南宁市创新粮食增长方式，启动超级稻产业化项目。7月16日，在青秀区表彰种田大户，实施粮食订单生产

2007年6月20日，中国工程院院士向仲怀（右二）在横县视察桑园种植情况

广 西 中 烟

广西中烟工业公司成立于2003年12月28日，下辖南宁、柳州卷烟厂和广西甲天下辅料有限责任公司。2004年9月24日，将南宁、柳州卷烟厂联合重组成广西卷烟总厂，与广西中烟工业公司实行“一套机构，两块牌子”的一体化运作。2006年10月13日，与广西卷烟总厂合并，保留广西中烟工业公司名称。为中国烟草总公司全资子公司，下设18个部室，其中南宁、柳州制造部对外分别称广西中烟工业公司南宁卷烟分厂和柳州卷烟分厂，投资建立广西甲天下纸品包装有限责任公司、广西甲天下化纤有限责任公司两家全资子公司和广西真龙彩印包装有限公司、广西甲天下水松纸有限公司两家控股子公司，建设有行业级技术中心和博士后科研工作站。公司通过了ISO 9001（质量）、ISO 14001（环境）、OHSAS 18001（职业健康与安全）管理体系认证。

公司总资产60亿元，净资产30多亿元，在岗员工2000余人。主要生产“真龙”和“甲天下”两个品牌系列产品，均属于国家烟草专卖局重点扶持的行业百牌号名录以及广西著名商标（广西名牌产品）。其中，“真龙”品牌先后获得中国驰名商标、广西著名商标（广西名牌产品）、全国质量信得过食品、全国卷烟质量抽检综合得分第一、中国名牌烟标设计金奖、世界包装设计最高奖——世界之星金奖、行业十大最具潜力品牌、行业十大最具影响力品牌、全国十大最具知名度创新产品等荣誉。公司曾先后获全国五一劳动奖状、卓越绩效模式先进企业、企

自治区党委书记郭声琨（中排左三）、自治区政府副主席杨道喜（中排左四）到广西中烟工业公司现场办公

国家烟草专卖局局长姜成康(左一)、副局长李克明（右一）视察公司技术中心

国家烟草专卖局副局长李克明（左三）、自治区政府副主席杨道喜（左二）、自治区工商局局长刘军（左一）、广西中烟工业公司总经理罗毅（左四）共同触摸真龙荣获中国驰名商标庆祝圆球

工业公司

业文化建设优秀单位、企业500强、制造企业500强、工业550强、纳税100强、国有企业党建工作先进单位、烟草系统先进集体、青年学习型组织及自治区五一劳动奖状、强优工业企业、质量效益型先进单位、文明单位、优秀质量管理单位、精神文化建设先进单位、企业文化建设先进单位等称号。

"十一五"时期，公司坚持全面落实科学发展观和"国家利益至上、消费者利益至上"的行业共同价值观，坚持以发展为主题，以创新为动力，围绕市场做品牌，围绕品牌做企业，推进品牌、管理、人才、文化"四大工程"，实施"做强做大真龙"品牌发展战略，力争到"十一五"期末，实现"157515"奋斗目标，即实现销售收入150亿元、税利75亿元、利润15亿元。2007年，公司完成卷烟产量110万箱，销售收入62亿元，税利总额35.6亿元。

公司出资2000万元建立"真龙教育基金"，用于奖励品学兼优的在校大学生

企业文化理念

企业价值观： 消费者利益为本 国家利益至上

企业精神： 真龙腾飞 志甲天下

企业质量理念： 卓越品质铸真龙 顾客满意甲天下

企业人才理念： 尚贤聚能 人尽其才 有为有位

企业服务理念： 用心服务，时刻满足顾客需求
至信至诚，不断超越顾客期望

企业经营理念： 零缺陷 零浪费 高技术 大品牌

企业工作作风： 雷厉风行 求实创新

地址：北湖南路28号　　服务热线：8008792099

南宁市新闻出版（版权）局

南宁市新闻出版（版权）局成立于1997年10月，承担全市新闻出版、著作权行政管理职能和“扫黄打非”工作小组的日常工作，依法行使新闻出版和著作权业务的审批（审核）权、检查监督权、行政处罚权和业务指导。内设办公室、出版物发行管理科、印刷出版管理科、版权法规管理科和“扫黄打非”工作小组办公室，局机关人员编制21人。

2007年，市新闻出版（版权）局全面加强效能建设，开拓创新，进一步加强对印刷出版、图书发行、版权和“扫黄打非”的工作力度，促进全市出版物市场的有效监管和出版业的健康发展。全年共出动稽查人员800多人次，检查印刷企业共380余家、图书及电子出版物店(摊)550多家，收缴各类非法图书1万余册、非法报纸3万多份、非法电子出版物2890张、“六合彩”非法资料近3万份，调查处理涉嫌非法出版物发行案件、违规印刷案件和侵犯著作权案件23件，有效维护首府出版物市场正常秩序。全市印刷工业总产值达17.6亿元，出版物发行码洋17.87亿，首批20家企业使用软件正版化工作开局良好。

① 2006年11月，自治区党委常委、市委书记马飚（左一）在局长唐本开（左二）陪同下视察五象书城

② 2007年2月，市委常委、宣传部部长、副市长肖莺子（左一）视察市出版物市场

③ 局领导班子

④ 稽查人员对出版物市场进行检查

⑤ 2007年7月，对新闻出版执法人员进行培训

南宁市地震局

2007年，南宁市地震局以南宁市区为重点，逐步实现有重点的全面防御。加大对重要工程、特殊工程、生命线工程和可能产生严重次生灾害工程、地震动参数分界线两侧8公里区域内新建工程、新建占地范围大和跨不同地质单元的经济开发项目及大型工矿企业的地震安全设防管理工作力度；加强城市避难场所建设，拓展城市防震减灾空间；结合社会主义新农村建设，由示范点带动，在农村开展地震安全民居工程建设，逐步改变农村民居不设防状况，全面提高防御能力；加强科技创新能力建设，重视和加强地震科技基础研究和应用研究，加强地震科技的原始创新和集成创新，为防震减灾提供持续、先进的技术支撑；推进地震监测预报、震灾预防、紧急救援三大工作体系建设；加强防震减灾宣传教育，全面提升全体市民的防震减灾素质，形成全社会共同抗御地震灾害的局面。被中国地震局授予2006年度全国市（地）防震减灾工作综合评比三等奖。

党组书记、局长　蒋维松

2007年2月，自治区地震局副局长劳王枢（右一）、自治区地震局政策调研室主任张均洲（左一）、自治区地震局机关党委专职副书记李广仁（左二）到市地震局指导检查工作

2007年2月，南宁市防震减灾工作会议召开

2007年5月，中央电视台记者到市地震局采访南宁市防震减灾工作

2007年7月，举办青少年地震科技夏令营，加强青少年防震减灾宣传教育

南宁市邮政局

2007年，市邮政局推进专业化经营改革，着力转变业务发展方式，调整业务结构，降低发展成本，提高运行效率，邮务类、速递物流类、金融类三大板块业务齐头并进，邮政业务总收入完成2.83亿元，比上年增长20.64%，完成计划任务113%。获2007年度广西优秀企业称号。

① 领导班子
② 邮件处理中心
③ 直复营销中心
④ 运输车队

南宁市商务局

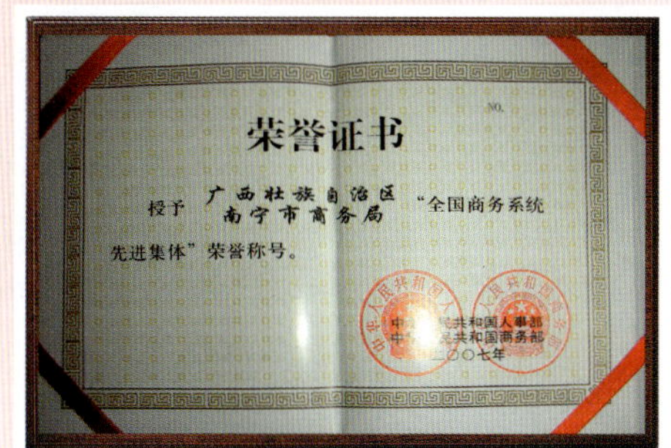

2007年，市商务局被人事部、商务部授予"全国商务系统先进集体"称号

2007年，南宁市商务局积极开展"创新年"、"效能建设年"活动，加快建设区域性商贸基地、物流基地和区域性国际城市的步伐，调动一切积极因素，举全市之力，全面推进商务各项工作，以发展大商贸，建设大市场，搞活大流通为平台，以提高商贸经济运行质量和服务效能为目标，抓落实促发展，加快培育完善的城乡市场体系，初步建立起统一、开放、竞争、有序的市场经济体系和多种经济成分共同发展的商贸流通格局，促使商贸流通规模再创新高，努力形成立足广西、辐射西南、面向东盟的现代化区域性商贸中心。获人事部、商务部授予的"全国商务系统先进集体"称号。

内贸流通再创新高。全年实现社会消费品零售总额515.62亿元，增长18.4%，比计划指标增长4.4个百分点，完成目标任务的118.39%，占自治区总量的四分之一强。绝对额首次超过昆明，跃居西部12个城市第三位。

对外贸易快速发展。全年外贸进出口总额12.86亿美元，比上年增长38.6%，外贸进出口增速创历史新高；其中市属企业进出口总额9.41亿美元，比上年增长68.98%，进出口总量排在自治区14个市的第二位。

固定资产投资稳步增长。全年商贸系统固定资产投资达到62.45亿元。

对经济和社会发展贡献增强。商贸业为主的第三产业财源开发进展顺利，第三产业收入约占南宁市财政总收入60%左右，第三产业收入的增长速度基本与广州、长沙、昆明和成都同步。全年安排劳动就业超过2.5万个岗位，至年末商贸业从业人员近60万人。

2007年4月6日，自治区党委常委、自治区政府常务副主席李金早（中）视察南宁市"万村千乡市场工程"实施情况

"万村千乡市场工程"工作全力推进。全年新建和改造的500个农家店的任务全部完成。至年末，全市共有农家店1141个，基本实现每个村委会都有农家店，农村商贸网点基本形成。

物流业快速发展已成为南宁市经济发展中的一大亮点。年内中国—东盟物流园区、安吉物流园区、江南沙井物流园区、玉洞物流园区、金桥物流园区5个物流园区基础设施建设加快，项目落地建设加快。

成功举办第十七届中国厨师节暨2007南宁·东南亚国际旅游美食节。第十七届厨师节创造了历届厨师节规模最大、档次最高、参加和参观人数最多的纪录，充分呈现出国际性、广泛性、群众性、专业性、文化性，扩大了南宁市"美食天堂"的影响力，提高了联合国人居环境奖城市的知名度。

全市商务工作呈现以下主要特点：

一是加强对社会消费品的监控协调制度，社会消费品零售总额稳步增长。二是城乡商贸网点建设有效推进，中小超市进社区进乡镇的目标已全面实现。三是以建设大市场、发展大贸易、搞活大流通为主线，积极培育现代物流市场，建立社会化的区域物流服务体系。四是抓好为民办实事的农贸市场建设，完成28个农贸市场建设和改造工作。五是以整顿和规范市场经济秩序为主题，抓好家畜屠宰管理工作，确保肉类食品安全。六是完善和构建商贸法律体系，依法经商兴商的工作有效推进。七是切实抓好安全生产工作，实现安全生产无事故。八是外贸进出口管理体制创新，总量增速加快，质量明显提高，创历史新高。九是"创新年"和"效能建设年"的各项工作取得新的进展，各项指标都完成较好，被商务部评为商务系统先进集体。

局长唐志喜（右四）检查整村推进情况

局长唐志喜（右一）主持第十七届厨师节新闻发布会

市商务局向武平村新农村建设捐款仪式

2007年，南宁市有国家扶贫开发工作重点县2个、自治区扶贫开发工作重点县1个、自治区确定的贫困村317个。自2001年实施新阶段扶贫开发工作以来，市委、市政府坚持以重点县、贫困村和异地安置移民村屯为主攻区域，以农村贫困群众为主要对象，以改善农村贫困地区生产生活条件和生态环境、增加农民收入、提高农民整体素质为主要目标，以村级扶贫规划为基础，采取整村推进工作方式，突出抓好基础设施建设、产业开发、扶贫培训工作，全面落实各项扶贫开发工作措施，有效促进贫困地区经济社会较好较快发展。

农村贫困人口逐年下降。2001～2007年，全市农村贫困人口年均下降2.5万人。2007年，全市317个贫困村农民人均纯收入突破2000元，比2000年增加1倍多。

基础设施建设不断加强。2001～2007年，全市共投入由市扶贫办牵头组织实施的扶贫项目市级以上财政资金3.43亿元（中央和自治区财政扶贫资金2.09亿元、市级财政资金1.34亿元），建成村屯道路1689条4897公里、独立桥80座2203延米、人饮工程912处、农家沼气池3.25万座。2007年，贫困村村委四级路通达率由2002年的30%上升到90%，20户以上贫困村自然屯村级路通达率由32%上升到80%，贫困村群众饮水保障率由36%上升到80%。

扶贫产业开发效果明显。2001～2007年，在全市317个贫困村投入中央和自治区财政扶贫资金3040万元，实施产业开发扶贫项目86个（种植业54个、养殖业32个）。产业开发扶贫项目的实施和发展，对贫困村生产发展起着积极的推动作用。如上林县实施和推广大叶蚕桑种植4667公顷，成为该县贫困村的支柱产业；邕宁区那楼镇那文村发展优良糖蔗种植和多种经营，2007～2008年榨季糖蔗产量增加到2.5万吨，2007年村民人均纯收入突破3000元。

扶贫培训持续深入。2001～2007年，全市共投入扶贫培训专项资金600多万元，采取基地培训、异地培训、农家课堂等方式举办各种种养实用技术培训班1000多期，培训贫困村劳动力16.5万人次。

定点帮扶贫困村工作向前推进。2003～2007年，共有110个市直单位开展定点扶贫工作，投入资金6000多万元，资助贫困村修桥补路、建设人畜饮水工程、修缮公共事业设施、发展产业和开展扶贫济困等活动。

① 2007年10月13日，自治区政府主席陆兵（左三），自治区党委常委、市委书记马飚（左五），自治区政协副主席林国强（左四）到马山县检查大石山区基础设施建设大会战项目建设工作

② 2007年6月13日，市扶贫办主任林暄辉（左二）、副主任顾安家（左四）到横县检查扶贫项目

③ 2007年9月3日，市扶贫办主任林暄辉（中）到上林县指导产业项目牛蛙养殖

④ 2007年12月4日，市人大常委会副主任赖贵寿（前右一）率市人大代表视察扶贫工作

⑤ 市扶贫龙头企业——桂华绸丝厂生产车间

宾阳县规划建设局

2007年，宾阳县规划建设局深入贯彻党的十六大、十七大精神，努力实践“三个代表”重要思想，树立科学发展观，积极开创城建工作的新局面。宾阳县获自治区第六届市容“南珠杯”竞赛县城A类特等奖；宾阳县规划建设局获南宁市参加广西第六届“南珠杯”竞赛先进集体和宾阳县三个文明建设目标管理一等奖、质量兴县先进单位、招商引资优秀服务奖。

抓好班子建设，提高凝聚力、战斗力。班子成员认真落实“三项制度”，转变作风，加强机关行政效能建设，形成班子之间团结协作，互相尊重，分工负责，责任到人的工作格局。

抓好队伍建设，打造一支作风过硬的干部队伍。组织干部职工200人次参加自治区、市举办的各类培训班，选送一批技术骨干到上级建设部门、高等院校学习深造，选拔10名青年干部担任中层领导。加强党风廉政建设，杜绝不廉洁和行业不正之风，提高办事效率。

抓好城镇基础设施建设，完善城镇功能。重点抓好城镇建设“213”工程，即抓好芦圩、黎塘两个全国重点镇城镇建设；突出抓好10项重点工程项目建设；用3年时间实现以上城镇建设工作目标。组织技术力量做好项目规划、设计、施工工作。全年财政投资4500多万元，完成昆仑路等11项街道路网改造工程、县城中和路等6项亮化工程、县城交通信号灯和道路护拦工程；硬化道路4500米，修建排水沟1.27万米，植树6500株，安装路灯442杆2300盏。

局长 蒙福强

抓好市容“南珠杯”竞赛活动，深入开展城乡清洁工程。强化县城和黎塘镇市政基础设施建设和市容市貌及环境管理，对“五乱”行为进行整治，依法拆除马路市场4处，新建便民市场3处。筹资500万元购买洒水车、吸粪车等设施；新建垃圾中转站1座。

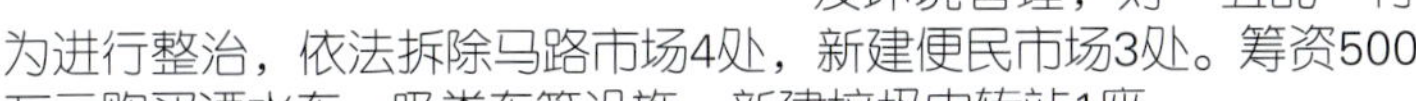

抓好招商引资，促进县域经济发展。引进宾阳县弱电综合管道工程、明珠雅苑工程、宾阳国贸大厦、宾阳花园、信昌隆出租车5个项目，合同引进资金3亿多元。

局　　长：蒙福强　　书　记：黄杰军

副 局 长：张仕晗　陆宁　吴典合　陆之宁

纪检组长：黎洪飞

电　　话：0771-8252176

局长蒙福强介绍城镇建设“213”工程建设情况

文化广场之夜

《城乡规划法》宣传活动

文化广场全景

南宁市气象局

天气雷达站

气象电子显示屏

南宁市气象局是受自治区气象局、市政府双重领导的公益性事业单位，集业务、科研、管理于一体，承担全市气象监测、预报服务和雷电监测等业务工作，履行《中华人民共和国气象法》赋予的社会行政管理职能。辖武鸣、横县、宾阳、上林、马山、隆安六县及邕宁区7个气象局。内设办公室、人事教育科、业务科、行政执法办公室，下辖市气象台、地面观测站、高空探测站、城区观测站、生态与农业气象观测站、信息与技术保障中心及受南宁市政府委托代管市人工影响天气办公室。多年来，在市政府和气象主管部门的领导和支持下，现代化建设逐渐增强，人员素质不断提高，气象业务日益发展，管理职能日趋完善，服务领域日渐扩展，为首府的经济建设和社会进步发挥积极作用。2006、2007年连续两年获自治区气象局"重大气象服务先进集体"称号。

气象自动站

南宁市体育局

近年来尤其是2007年，南宁市体育事业在市委、市政府的领导和市体育局的管理组织下，取得优异的成绩。群众体育蓬勃开展。初步建立全民健身的各级体育组织、健身网络。每年组织开展的群体活动600多项次，直接参与300多万人次。冬泳邕江、龙舟比赛、三人篮球赛、解放日长跑成为四大传统体育赛事。竞技体育成绩斐然。以"短、小、灵、水"项目见长。有业余体校9所，开设有举重、田径、游泳、体操、武术、羽毛球等22个项目，先后为国家培养吴数德、李孔政、陈铁、梁建坤、韦晴光、谢超杰、吴文凯、秦艺源、黄楠雁、周蜜、张瑕、吴艳艳、黄春妮等一批世界冠军。"十五"期间，南宁市组队参加自治区、全国、国际各类比赛和市籍运动员参加全国、国际性各类大赛，共获得金牌1347.4枚、银牌1113.5枚、铜牌916.67枚。体育产业效益明显，尤其是体育彩票销售成效显著，年均电脑体育彩票销售额达7000多万元，公益金收入400多万元，销售量占自治区销量35%以上；从事体育经营活动的单位150多家，体育产业产值3亿多元。体育场馆建设逐步完善，有体育场地7924个，标准场地总面积为767.34万平方米（人均1.152平方米），全民健身广场3个和全民健身点322个，健身路径55条，基本覆盖全市各县区。自2004年在南宁市举办中国—东盟博览会以来，南宁市面向东盟和世界的体育交流更趋密切。2007年先后承办2007年全国龙舟月启动仪式暨第四届中国南宁国际龙舟邀请赛、第三届中国南宁—东南亚国际围棋邀请赛和第二届中国南宁—东盟国际桥牌邀请赛、中国拳王争霸赛暨中日拳王对抗赛——南宁之战等国际大型体育赛事。市体育局先后被评为全国群众体育先进单位、全民健身周活动优秀组织奖、体育场地普查先进单位、普及健身气功先进单位。

法人代表：井穗军
地　　址：桃源路62号
邮政编码：530021
电　　话：0771-2191301

2007年4月8日，举行"全民健身与奥运同行"驻邕自治区直机关、南宁市在职领导干部健身走活动

南宁住房公积金管理中心

党组书记、主任　杨国球

南宁住房公积金管理中心，是按照国务院和自治区人民政府对住房公积金管理机构调整和要求，在原广西首府南宁住房资金管理中心的基础上组建的，为直属市人民政府不以盈利为目的独立的相当于正处级的事业单位，负责南宁辖区内住房公积金归集、支取、使用和核算等管理工作并代管其他住房资金。至2007年底，累计归集住房公积金48.3亿元;累计回拨住房公积金18.8亿元，发放住房公积金贷款18.9亿元。累计归集其他住房资金35.5亿元，回拨其他住房资金29.7亿元，有力地支持了房改单位的住房建设，提高了广大干部职工购建住房的能力。曾先后2次获自治区房改系统先进单位、8次获南宁市先进单位称号；连续2年在自治区住房公积金系统管理工作和业务指标考核中被评为优秀管理中心。

中心召开年度总结表彰大会

中心干部职工踊跃向灾区捐款

南宁市计划供水节约用水办公室

2007年5月14日，南宁市2007年“全国城市节水宣传周”活动在朝阳广场举行

自1997年以来，南宁市计划供水节约用水办公室带领全市各计划用水单位全面落实科学发展观，围绕创建节水型城市、建设资源节约型、环境友好型社会这一中心目标，实施《南宁市创建节水型城市目标实施方案》，完善节水法规，加强节水宣传教育、开展创建节水型企业（单位）活动，强化计划用水管理，推广节水新技术、新工艺和节水器具，提高工业用水重复利用率，节水成绩显著。至2007年，城市累计节约用水2.61亿立方米，工业用水重复利用率由1997年的58.91%上升到76.81%，万元产值取水量由1997年的116.2立方米下降到2006年的58.82立方米，有效地保护和利用了水资源。2004年、2006年南宁市先后被评为自治区级节水型城市、中国人居奖（水环境治理优秀范例城市）；2007年，市计划供水节约用水办公室获国家建设部授予的“城市节水突出贡献奖”单位和集体。

广西南宁水利电力设计院

2007年9月，尼日利亚代表团到该院参观考察

2007年10月，该院与越南电站勘测设计项目签约

广西南宁水利电力设计院成立于1964年5月，是国有勘察设计单位。现有职工158人，其中高级工程师51人，工程师70人（含一、二级注册建筑师5人，一、二级注册结构师5人，注册造价师9人）。持有水利（水库枢纽、城市防洪、灌溉排涝）甲级资质证书以及电力（水力发电）、水利（河道整治）、农林（土地规划）、水土保持、建筑、水利水电工程总承包、咨询、监理乙级资质证书。2002年通过ISO9001质量管理体系认证。可承担大中型水利电力工程、中型工业与民用建筑、交通、市政工程的勘测设计和工程项目建议书、可研、招投标等咨询工作。建院以来，先后完成60多座大、中、小型水利水电工程，100多项民用建筑工程，10多项市政、交通工程的勘察设计，20多项工程监理；获自治区科技进步奖及优秀设计奖28个。设计的广西左江水利枢纽工程（装机72亿瓦），其中溢流闸坝工程获全国第十届优秀工程设计项目铜质奖；泄水建筑物体型优化研究成果获自治区人民政府科技进步二等奖；地质勘探、草土围堰和浮式活动拦污排、微机监控设计分别获自治区水利厅优秀设计一、二等奖。那岸电站混合型大头坝（坝高56米）设计获全国科学大会重大科技成果奖。

设计院技术力量雄厚，拥有先进的勘察、测绘和设计手段，专业配备齐全。以“用户至上、质量第一”为宗旨，坚持“以质量求生存，以服务谋发展，向管理要效益”的质量方针，以创新的技术、优良的质量、优质的服务为国内外客户服务。

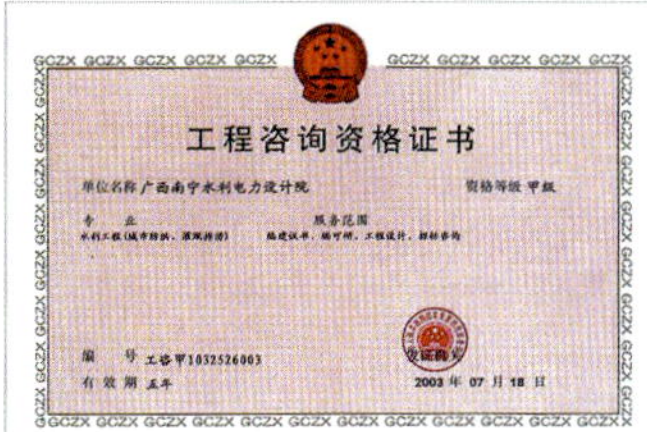

工程咨询资格证书

单位名称 广西南宁水利电力设计院 资格等级 甲级

专业 服务范围

编号 工咨甲1032526003

有效期 五年

2003 年 07 月 18 日

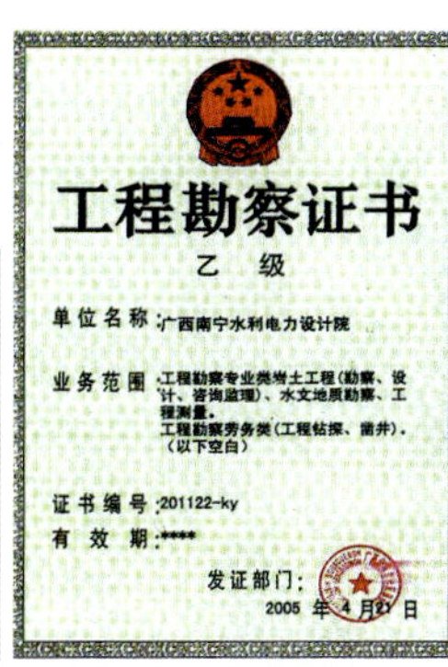

工程勘察证书

乙 级

单位名称：广西南宁水利电力设计院

业务范围：工程勘察专业类岩土工程（勘察、设计、咨询监理）、水文地质勘察、工程测量。
工程勘察劳务类（工程钻探、凿井）。
（以下空白）

证书编号：201122-ky

有效期：****

发证部门：

2005 年 4 月21 日

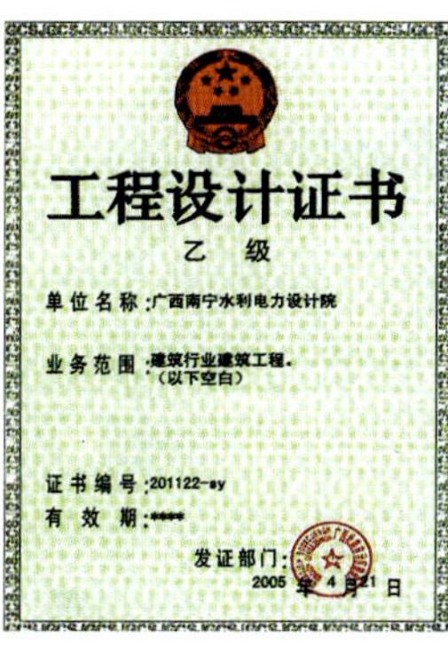

工程设计证书

乙 级

单位名称：广西南宁水利电力设计院

业务范围：建筑行业建筑工程。
（以下空白）

证书编号：201122-sy

有效期：****

发证部门：

2005 年 4 月21 日

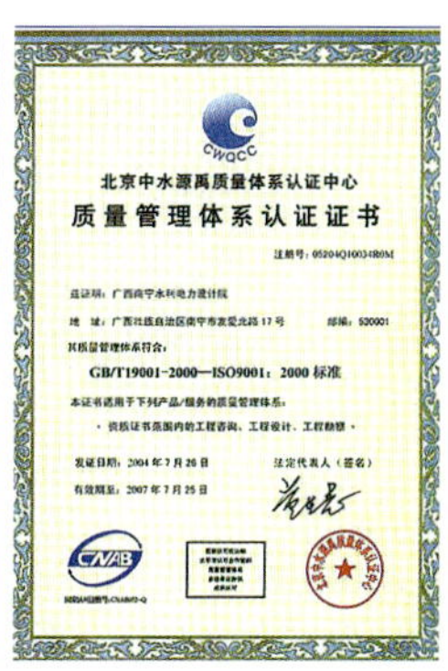

北京中水源禹质量体系认证中心

质量管理体系认证证书

其质量管理体系符合：

GB/T19001-2000—ISO9001：2000 标准

法定代表人（签名）

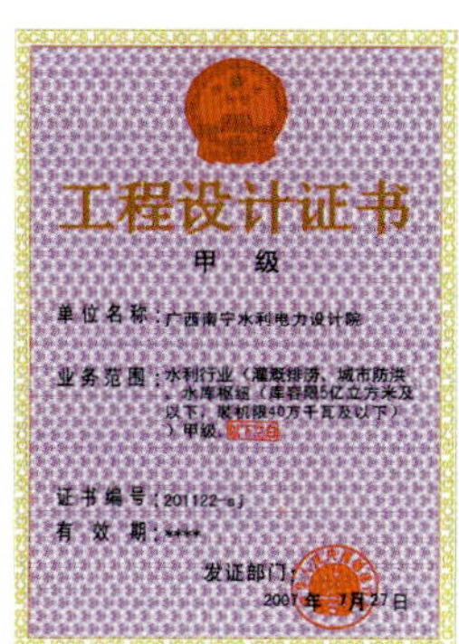

工程设计证书

甲 级

单位名称：广西南宁水利电力设计院

业务范围：水利行业（灌溉排涝、城市防洪、水库枢纽（库容隔5亿立方米及以下，装机限40万千瓦及以下））甲级。

证书编号：201122-sj

有效期：****

发证部门：

2007 年 7月27 日

所获的各类证书

该院设计的广西左江水利枢纽

该院设计的广西左江山秀水电站

该院设计的广西隆安金鸡滩水利枢纽

南宁昆仑关战役遗址保护管理委员会

2007年3月6日，原中共中央政治局委员、中央军委副主席、国务委员兼国防部长迟浩田上将（左三）在昆仑关管委会主任方建诠（右一）陪同下视察景区

昆仑关战役旧址是国家级文物保护单位。旧址内的陆军第五军昆仑关战役阵亡将士墓园有南牌坊、北牌坊、阵亡将士纪念塔、烈士公墓、抗战碑亭等建筑，在各个建筑上，保留着蒋中正（介石）、李宗仁、白崇禧、李济深、杜聿明、徐永昌、于右任、顾祝同、张发奎、余汉谋、何应钦、陈诚、林蔚、张治中、黄旭初等15名国民党军政要人的题词和题联。2005年，市委、市政府决定对昆仑关战役旧址进行保护，并对其进行旅游开发，将其建设成为进行爱国主义教育、增强海峡两岸联系、促进地方经济发展的绿城标志性历史和人文类品牌景观，打造成为全国乃至亚洲具有影响力的战争遗址类国际和平主题景区、国家级爱国主义教育基地和国家级风景旅游区。6月，成立南宁昆仑关战役遗址保护管理委员会（南宁昆仑关旅游风景区管理委员会），是市政府直属的正处级事业单位，以“在保护中开发，在开发中保护”为原则，对旧址进行保护性开发利用。以《中华人民共和国文物保护法》和国家其他各项法律、法规、规章及政策为依据，依法履行市委、市政府赋予的文物遗址保护开发工作职责，实施统一领导，统一规划，统一管理。

根据总体规划，在昆仑关战役旧址保护和建设控制用地范围12.75公顷的基础上，划定昆仑关风景区规划用地范围69.8公顷，风景区外围保护控制范围15.9平方公里。景区总体规划已通过市委、市政府的审定，其中博物馆建设等8个项目已通过市发展改革委员会正式立项。

陆军第五军昆仑关战役阵亡将士墓园南牌坊

北京华联综合超市股份有限公司南宁分公司

北京华联广西地区公司成立于1998年12月，隶属于北京华联集团。广西地区公司先后开设南宁江南店、民族宫店和大学路店及梧州新兴店，经营面积4万多平方米，经营品项2万多种，年销售额超过7亿元。2008年，北京华联在广西发展进入新的发展阶段，即将新增南宁及玉林门店各1家，贵港门店2家，柳州、钦州、桂林等诚意项目也纷纷前来洽谈，并将成为在广西发展的重点城市。

公司始终坚持“一切以顾客为中心”的经营理念，并以“货真价实、规模经营、优质服务、方便购物”的经营特点及“新鲜购物、尽享低价”的经营宗旨，努力为广大消费者提供物美价廉的商品和优质服务，受到广西消费者的支持和厚爱。连年获广西价格诚信单位、完成南宁市社会消费品零售总额先进企业和市爱国卫生先进单位、服务业依法纳税百佳企业、先进企业、先进集体等称号。

国务院总理温家宝（前左二）视察广西华联

自治区、市领导多次视察广西华联

营业员提供标准化服务

营业员热情为顾客服务

营造温馨购物环境

购物人流

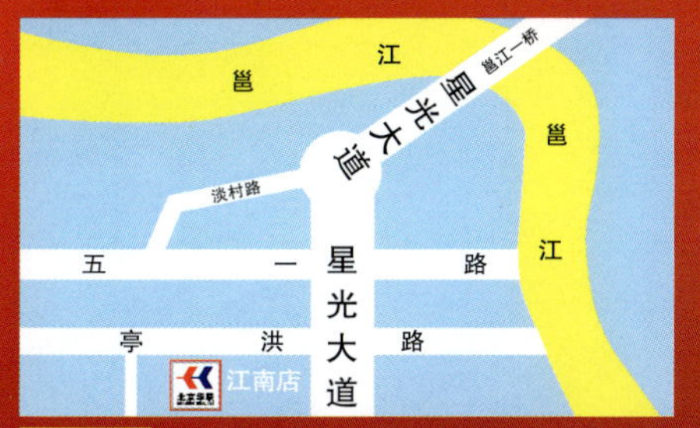

南宁江南店

地址：亭洪路45号

电话：0771-4814042

南宁民族宫店

地址：民族大道中段49号

电话：0771-2833561

南宁大学路店

地址：明秀路122号

电话：0771-3832278

中国农业银行 AGRICULTURAL BANK OF CHINA 广西分行营业部

中国农业银行广西分行营业部是农行广西分行的二级经营管理机构，自1998年重新组建以来，经过10年的艰苦创业，已发展成资金实力雄厚、经营品种丰富、服务功能齐全、网络优势突出的现代商业银行。业务领域由最初的农村信贷、结算业务，发展成为品种齐全，本外币结合，能够办理国际、国内通行的各类金融业务。主要有：人民币业务，吸收公众存款；发放短期、中期和长期贷款；办理国内外结算；办理票据贴现；发行金融债券；代理发行、代理兑付、承销、销售政府债券；提供信用证服务及担保；代理收付款项及代理保险业务等；外汇业务，外汇存款；外汇贷款，外汇汇款，外币兑换，国际结算，结汇、售汇，总行授权的外汇担保，外汇票据的承兑和贴现，外汇信用卡的发行，代理国外信用卡的付款，总行授权的代客外汇买卖，资信调查、咨询、见证业务等。

金融产品日益丰富，有金融产品233种。其中：人民币贷款类75种，人民币存款类32种，外汇类35种，中间业务类91种。为适应社会发展和客户的需要，相继推出金穗借记卡、金穗信用卡、通汇宝、银证通、银保通、债市通、西联汇款、边贸结算、“金钥匙”消费信贷、票据贴现等品牌产品，以及个人综合授信和个人信用评级、个人理财、个人黄金买卖、可循环使用信用、公开统一授信、活期存款账户透支、应收账款融资、代理销售开放式基金、记账式国债柜台交易等新业务。至2007年底，农行广西分行营业部下辖14个支行，本外币各项存款余额314亿元，各项贷款余额294.58亿元，实现利润10.02亿元，业务经营综合考评在广西农行各二级分行名列第一。

农行广西分行营业部以“明礼诚信、奋勇争先、高效廉洁、文明办行”为宗旨，树立“以市场为导向，以客户为中心，以效益为目标”的商业银行经营理念，坚持本外币一体化经营策略，大力拓宽融资渠道，积极打造合作平台，不断提升服务品质，与南宁市7000多法人客户和230多万自然人客户建立良好的合作伙伴关系。同时，不断创新服务手段，提升服务功能，构建全行网络运行体系，遍布南宁城乡的150多个营业网点实现电脑化、数字化、网络化、信息化；适时推出金融超市、自助银行、95599电话银行、网上银行、企业银行等新型金融服务和特色服务；建立一支强有力的客户服务队伍，为社会各界提供快捷便利、优质高效的金融服务。

2007年8月20日，农行广西分行营业部在横县举办“以农行智慧，助县域腾飞”为主题的“面向三农，服务县域”行动计划暨南宁县域经济发展现场工作会

农行广西分行营业部大力支持南宁市重点工业企业发展壮大

2007年10月，农行广西分行营业部组织南宁城区各支行65名大堂经理进行服务技能、客户引导及服务礼仪培训

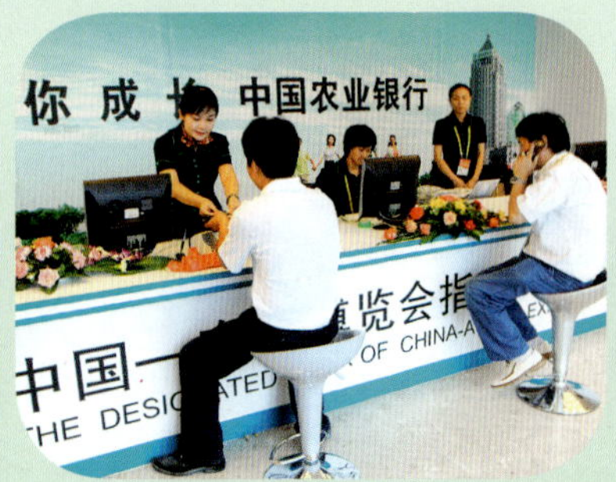

2007年10月28日，在第四届中国—东盟博览会上，农行广西分行营业部在展区设点，为中外宾客提供优质金融服务

2007年6月，农行广西分行营业部首批装修改造的精品网点

南宁建宁水务集团有限责任公司

Nanning Jianning Water Group Co., Ltd.

南宁建宁水务集团有限责任公司成立于2004年8月，是由市政府将市自来水公司、市排水有限责任公司、市埌东污水处理厂直接划拨组建而成的国有独资有限责任公司。2007年，公司进一步加大体制、机制改革力度，加快污水处理设施建设步伐，实现企业又好又快发展。公司先后获全国模范劳动关系和谐企业、厂务公开民主管理先进单位和广西企业100强、南宁市先进单位等荣誉。

年内，公司以“创新年”为契机，不断优化资源配置，调整产业结构。公司自来水技工学校与广西建设职业技术学院合作办学，成为企业新的经济增长点；下属控股子公司市水建工程有限公司设立水建公司百色分公司，并与自来水安装服务公司进行合并，经营收入突破1.1亿元。加快相关产业引资重组的步伐，对控股子公司广西南宁化学制药有限公司进行招商引资，实行资产重组。在抓好企业改革创新的同时，为促进节能减排，进一步改善南宁市的水环境和人居环境，公司核心控股子公司广西绿城水务股份有限公司把加强节能减排作为全年工作的重点，着力加快城市污水处理设施建设步伐。9月1日，建成广西规模最大、首座拥有除臭系统的环保型污水处理厂——江南污水处理厂一期工程（日处理污水24万立方米）。12月25日，建成埌东污水处理厂二期工程（日处理污水10万立方米），使南宁市的日处理污水能力提高到44万立方米，污水处理率80%以上，迈入了全国污水处理先进城市的行列。

2007年9月26日，自治区党委书记刘奇葆（中），自治区党委常委、市委书记马飚（左）视察江南污水处理厂一期工程

2007年12月25日，市长陈向群（右八）等领导为埌东污水处理厂二期工程竣工投产剪彩

南宁市凉元帅工贸有限公司生产的凉元帅饮用水系列产品

2007年9月1日，江南污水处理厂一期工程竣工投产仪式

江南污水处理厂一期工程

宾阳县地方税务局

宾阳县地方税务局机关设职能股室6个，下辖税务分局7个、稽查局1个，有税务人员186人，承担着全县16个乡镇8524户纳税人的税收征管任务。

多年来，宾阳县地方税务局贯彻聚财为国、执法为民的工作宗旨和“带好队、收好税”的要求，以争先创优和精神文明创建为主阵地，不断提升税务干部队伍战斗力，初步形成“以党群组织为龙头、以队伍建设为基础、以税收业务为载体、以行风建设为重点”的文明建设工作架构，税收工作成绩显著。税收收入由1995年的2718万元递增到2007年的1.32亿元，年均递增14.68%。先后获全国税务系统先进集体、税务系统信息化建设先进单位、青年文明号、巾帼文明岗和自治区支持乡镇企业发展先进单位等5项国家与省部级荣誉；自治区文明单位和文明庭院、地税系统集体二等功等19项次自治区地厅级荣誉；连续8年获自治区地税系统税收宣传月先进单位称号；先后获南宁市先进单位、“十佳诚信税务局”、“创建全国文明城市”活动先进集体、社会治安综合治理模范单位、先进基层党组织等32项次市级荣誉；连续4年获南宁市地方税务局先进单位、宾阳县“十佳人民满意机关”等121项次县处级荣誉；获县处级以上集体比赛奖项47项次、个人比赛奖项22项次。至2007年，8个基层分局全部获各级文明单位称号，其中自治区级文明单位1个、市级文明单位6个、县级文明单位1个。

局领导班子：局长朱敬军（中），副局长卢树忠（右二）、蒋一清（右一）、陈玉善（左二），纪检组长刘启祯（左一）

2005年9月举行县地方税务局获全国税务系统先进集体揭匾仪式

2002年12月举行芦圩分局获全国青年文明号挂牌仪式

2007年11月举行芦圩分局获全国巾帼文明岗授匾仪式

南宁市第一中学

南宁市第一中学是自治区示范性普通高中，创办于1918年，位于人民路西段。占地5公顷。学校在科学发展观的正确引领下，植根优良办学传统，融合现代教育思想，确立“一切以育人为本、培养素质全面的现代人”的办学理念，围绕“培养人格健全、身体强壮，具有终身学习能力和良好人生态度的优秀高中生”的育人目标，构建以科技教育为主体，以足球、艺术教育为辅翼的“一主两翼”办学特色，倾力打造高质量、显特色、讲规范的大众化优质教育。2007年被评为首批市中小学常规管理示范优秀学校、自治区卫生优秀学校；在“南宁市中小学校长建设年”评估中获“优秀”等级。

校长时毓桂（右）、书记兰克（左）与考上清华大学学生吴艺英（左二）、邓俊荃（右二）合影

学校坚持德育为先，全员育人。开展以“感动·感恩·修身·和谐”为主题的感恩教育系列活动，开创未成年人思想道德建设新局面；积极探索城乡弱势群体子女的有效教育，体现教育公平、生生和谐的“宏志教育”被推荐为南宁市创建全国文明城市的典型。学校被评为广西中小学德育工作先进集体，连续3年被评为全国中小学思想道德建设先进单位。坚持科研引领，内涵发展的办学思路。以教师专业发展与校本培训、教育教学管理与评价策略、教学改革实践与校本课程建设三大研究为重点，以构建学习型教师队伍为抓手，以改革课堂教学为主渠道，为大众化优质教育品牌的打造和学校可持续发展奠定坚实基础，被评为市基础教育科研工作先进单位。坚持以办学特色求活力，拓展学生发展空间。主特色科技教育硕果累累，近两年参加全国青少年科技创新大赛获一等奖2个、二等奖2个、三等奖6个；科技教师王冈被评为全国十佳科技教师，学校被评为中国科协青少年科技创新人才培养项目优秀实验学校。坚持“持续改进”的管理理念，实施远景管理，和谐发展。办学质量稳步攀升，高考连续5年实现“低进高出”、“高进优出”升学目标，多次获南宁市高中毕业班工作成绩优秀奖，2007届高考取得历史性突破，学生吴艺英、邓俊荃被清华大学录取。

2007年8月，学生邓俊荃获全国青少年科技创新大赛一等奖。图为教师王冈（左一）与邓俊荃（右）在颁奖典礼上留影

在感恩教育活动现场，同学们踊跃登上讲台，表述对父母、师长的感激之情

学生公寓

综合楼

南宁市第五中学

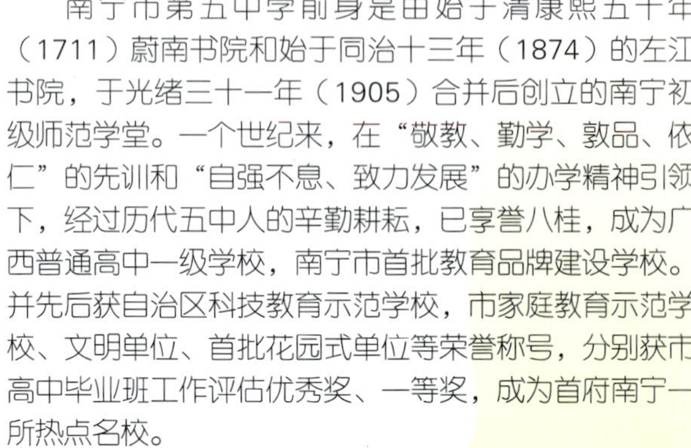

南宁市第五中学前身是由始于清康熙五十年（1711）蔚南书院和始于同治十三年（1874）的左江书院，于光绪三十一年（1905）合并后创立的南宁初级师范学堂。一个世纪来，在“敬教、勤学、敦品、依仁”的先训和“自强不息、致力发展”的办学精神引领下，经过历代五中人的辛勤耕耘，已享誉八桂，成为广西普通高中一级学校，南宁市首批教育品牌建设学校。并先后获自治区科技教育示范学校，市家庭教育示范学校、文明单位、首批花园式单位等荣誉称号，分别获市高中毕业班工作评估优秀奖、一等奖，成为首府南宁一所热点名校。

进入新世纪，南宁五中更加充满时代的朝气和青春的活力。“修德、励志、笃学、尚美”的校训，充分体现五中人的教育理想和价值取向。学校坚持“个性化、特色化”的发展战略，更加彰显了学校的办学特色,提升了学校的社会竞争力和美誉度。学校坚信“每个学生都有才智、每个学生都需要发展、每个学生都享有体验成功获得发展的权利”，校长的职责和教师的任务就是要尽己所能，为每一位学生创设体验成功的机会和展示个性的舞台，用心去创造适合学生的教育，为学生的终生发展奠基。南宁五中所推崇的“尚美教育”，正是实现这一育人理念的有效载体。实施《南宁五中“十一五”发展规划》，将学校建成自治区级示范立项特色学校。

① 市教育局局长夏建军（中）视察学校时与校长杨捷（左一）、书记杨庆才（右一）合影
② 教学骨干、学科带头人合影
③ 开展青少年志愿者活动
④ 2007读书节启动仪式
⑤ 2006年11月，齐白石画派传人齐慧娟到学校讲学

南宁市第十四中学

学校领导班子在研究工作

南宁市第十四中学创建于1964年12月9日，拥有初中部建政校区、初中部埌东校区和高中部校区一校三址；2007年有教学班81个，学生4600多人，教职工323人，是南宁市规模最大的完全中学。

学校倡导“理性办学，文化立校”的办学思想，形成了“自强不息，争创一流；厚德载物，和谐共进”的十四中人精神，造就了一支师德高尚、业务精湛的教师队伍。现有特级教师5人、高级教师92人；被评为全国教育系统劳动模范的2人，全国优秀教师的4人、自治区优秀班主任及优秀教师的4人、南宁市学科带头人的10人、南宁市教学骨干的86人。

近年来，学校以创建自治区示范高中和广西初中名校为契机，狠抓课程改革背景下的学校管理和教育教学质量，积极稳妥地开展教育教学改革。学校高中部1996～2001年连续6年获市高考一等奖，2002～2007年连续6年获高考质量优秀奖，2002年获尖子生培养奖。学校初中部教育教学质量长期在南宁市独占鳌头，学科竞赛成绩在全市各校中名列前茅。先后被评为广西示范性普通高中、首批素质教育水平一级甲等学校、中小学德育工作先进集体、中小学教育科研工作先进单位、现代教育技术实验学校、绿色学校以及南宁市首批一级学校、首批创建教育品牌学校、先进单位和中学教育科研工作先进单位。

2007年7月，组团赴日友好交流

考生包揽南宁市中考前四名

2007年，举办初中课型研究活动

2007年学校田径运动会入场式

南宁市第二十一中学

校长　黄　涛

书记　项　毅

南宁市第二十一中学地处星光大道，创建于1965年，是市教育局直属全日制普通高中，自治区普通高中一级学校。占地3.54公顷，教学设施齐全、设备完善。2007年，有教学班44个（初中班24个，高中班20个），在校学生2198人，教职工149人（高级教师23人，中学一级教师71人；其中自治区优秀教师1人，园丁工程A类人才2人，B类人才3人）。学校坚持以人为本，科学管理，全面发展，和谐共进的办学理念，全面实施素质教育，办学水平稳步提高，初步形成管理实、服务优、质量高、校风正、教风严、学风浓、环境美、特色显的局面。多次获南宁市先进单位、科研先进单位、综合治理模范单位、花园式学校、第一批中小学常规管理示范学校、基础教育课程改革实验先进学校等称号。是江南区文明单位、花园式单位，自治区爱国卫生先进单位、体育卫生工作优秀学校。

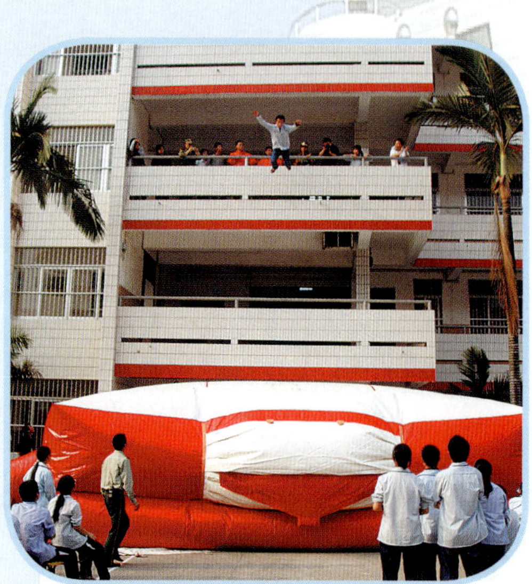
组织学生进行消防安全演练

校舞蹈队演出的《康巴姑娘》

校园中心

南宁市第二十六中学

校领导规划学校“十一五”发展远景

学校大门

南宁市第二十六中学创建于1985年。地处民族大道中段，为广西普通高中一级学校。2007年，有教学班42个，师生2500余人。

学校办学设备齐全，教师师德高尚，教艺精湛；学生勤奋刻苦、成绩优异。多年来，学校坚持以人为本，以德治校，以研兴校，全面推进素质教育。5年来，学校获中国/联合国教科文组织预防艾滋病教育项目示范学校、国家教育部重点课题中华民族传统美德示范学校，自治区文明单位、中小学校园文化建设先进单位、中小学德育工作先进集体、基础教育课程改革工作先进集体和南宁市民族团结进步先进集体、绿色学校等各级各类奖项150多项。中考成绩稳居南宁市前列，高考工作连续5年获市教育局颁发的卓越奖、优秀奖；学校啦啦队连续4年获全国锦标赛冠军，并在2006年、2007年代表中国参加世界啦啦队锦标赛，分别获最佳表演奖和小组赛第五名。目前，学校五象新区校址已经立项建设，为学校今后的发展拓宽了空间，提供了新的机遇。

2007年12月，校啦啦队参加全国锦标赛获总冠军

先进的塑胶跑道

明亮宽敞的教师办公室

设备齐全的实验室

联网的电子阅览室

与泰国孔敬市学生艺术团联欢

南宁市第二十八中学

南宁市第二十八中学是市教育局直属国办高完中，自治区普通高级中学一级学校。2007年，有36个教学班，其中高中22个班，初中14个班，在校学生1800多人。有教职工142人，其中高级教师35人，一级教师79人，一级和高级教师占教师总数的94.2%，自治区、市21世纪园丁工程培养对象9人、市学科带头人及市教学骨干共41人，研究生学历8人。2000年以来教师获市级以上先进个人奖90多人次，获市级以上优质课奖50多人次。

学校地处北湖路中段，占地4.67公顷。拥有宽阔优美的校园环境，各种功能室及其设备按一类标准配备；包括拥有南宁市中小学一流的400米环型跑道标准田径运动场，可容纳600多名学生住宿的学生公寓；内设两个高标准的篮球场和画室、形体室、琴房等10多间功能室及大型舞台的文体馆；独立五层楼的多用途图书馆实现电脑化管理，校园网络建设为学校的教育教学发挥重要作用，是一所设施齐全、装备先进且具有鲜明特色的现代化学校。

学校坚持以“厚德树人　善待人生”为办学理念，以“建设一所校有特色、教有特点、学有特长，校风正、校园美、设施全、质量高、特色强的师生向往，家长放心的现代化品牌学校”为办学目标，以“教育就是服务，为国家和社会发展服务，为每一位学生的素质提高、和谐发展和可持续发展服务，让社会满意、让家长放心、让学生成功”为办学宗旨，着力打造“一促四”的办学特色，即坚持以“激励·成功”为教育方法，促进学校现代化信息技术、读书活动、体育、艺术的四个鲜明亮点的建设，激励学生特长发展，全面发展，和谐发展。2005～2007年，学生参加各级各类比赛获全国金牌、自治区前八名、市级前三名共计252人次。一批优秀毕业生分别被北京师范大学、中国传媒大学、中国音乐学院、沈阳音乐学院、浙江理工大学等重点名牌大学录取。学校累计获南宁市高中毕业班教学成绩评价一等奖，市先进单位、文明单位、基础教育课程改革先进单位，自治区贯彻体育卫生工作两个条例优秀学校，全国青少年文明礼仪普及教育示范基地等集体荣誉近百项。

① 学校领导班子
② 广西高雅艺术首场演出进校园
③ 学校画室
④ 学校400米跑道标准运动场

新落成的学生公寓楼和文体馆

南宁市第三十一中学

南宁市第三十一中学创建于2000年，是“九五”期间市政府重点投资兴办的一所现代化中学。位于秀厢大道东段15号，占地2.2公顷。校园环境优美，布局合理。学校设20个教学班，在校学生1100人，教职员工73人。教师学历全部达到本科以上，其中中高级教师占70.6%，有自治区园丁工程B类人才、C类导师，市学科带头人、兼职教研员、教学骨干，西乡塘区C类人才和兼职教研员等共21人。学校以德育为首，以培养学生良好的行为习惯和学习习惯为重点，以“质量立校、特色强校、科研兴校、依法治校”为治校理念，走“办规范加特色的学校、育合格加特长的学生”的发展道路。让每个学生都拥有成功的机会，让每个家庭都拥有回报的欢乐。建校8年来，通过强化过程管理和细节的积累，追求人性与制度的融合等改革，取得显著的办学成果，师生在学科竞赛中获市级以上奖励2000多人次；学校先后被授予自治区德育工作先进单位、广西21世纪园丁工程研修基地、南宁市先进单位等称号。2007年中考成绩取得历史性突破，获西乡塘区教学成果一等奖，各科成绩均排在全市前列。

学校领导班子（前排从左到右为：管教学副校长邓金萍，副书记兼副校长陈群生，校长李翔，管德育副校长兼工会主席谷宜阳）

南宁市31中2007年中考总结暨08届中考备考工作会

学校2007年中考总结暨2008届中考备考工作会

学校运动会开幕式

南宁市第三十一中学
THE NO.31 MIDDLE SCHOOL OF NANNING

学校大门

南宁市第三十三中学

南宁市第三十三中学创建于 1979 年，原名上尧二中；1990年和2001年，先后更名为市郊区高中和市第三十三中学。

2007年，学校有教学班41个，学生2256人，教职工156人（专任教师116人）。教师中有特级老师1人、自治区A类人才培养对象6人、研究生学历的26人。设施齐全，设备先进，校园环境优美，办学条件优越。校园占地5.45公顷，绿化面积1.54公顷，图书17.6万册，教学用建筑面积2.43万平方米。

领导班子

学校坚持为学生的终身发展奠基的教育理念，以促进学生全面发展为宗旨，打造城乡兼容、优势互补、朴实求真、携手共进的特色品牌，形成尊师、乐学、勤奋、善思的学风和朴实、友爱、进取、创新的校风；不断创新管理模式，提升文化品位，走内涵发展之路。大力推进教育教学改革，实现师生自主、和谐、全面发展。2001年被评为自治区文明单位，被批准为广西首批示范性高中立项建设学校； 2002年获市“最佳花园式单位”称号；2003年获市教育局高考成绩卓越奖；2004年被确定为自治区一级学校，进入市品牌创建学校的行列；2004、2005、2007年获市高中毕业班成绩优秀奖； 2006年被批准为自治区示范性普通高中；2007年被评为市常规管理示范学校和优秀卫生学校。

花园式校园

图书馆

文艺演出

餐厅

宾阳中学

党委书记　陈绍高（高级教师、自治区德育工作标兵、县优秀教师、县先进教育工作者）

校长　葛文荣（特级教师、自治区劳动模范、自治区五一奖章获得者）

宾阳中学创建于1909年，前身是清末思恩府中学堂。是自治区重点高中、自治区示范性普通高中。校园占地16.2公顷。有高中班62个，学生3800多人；教职工280多人，其中课任教师191人（特级教师3人、高级教师65人、一级教师84人）。

教师积极参加科研兴教活动，勇于承担教育科研课题，取得了显著成绩。近年来，学校有多个科研课题通过国家级结题验收，有300多篇教学论文在省级以上刊物发表，有5人获国家或自治区优秀教师、劳动模范等称号，有200多人次获国家或自治区级学科知识竞赛指导奖。全面实施素质教育，坚持全面提高与培育英才相统一。每年都有20名左右的学生加入中国共产党。高考取得骄人的成绩。1983年以来，共有70多名优秀学生被清华大学、北京大学和香港中文大学录取，培养出吕华杰、杨扬等多名广西高考“状元”。2005年第一批重点大学上线人数352人，本科上线人数1452人；2006年第一批重点大学上线人数373人，本科上线人数1675人，考生蓝坤荣获南宁市理科“状元”；2007年第一批重点大学上线人数395人，本科上线人数1863人。近10年来本科上线人数持续排在广西前列。

坚持“以新求进，以实求真，和谐发展”的办学理念，“为人民大众创造优质的高中教育”的办学宗旨，传承“笃学、精思、远志、博识”的百年学堂精神，打造“教育自主化，教学现代化，管理层级化”的办学特色，立志实现市委、市政府制定的把宾阳中学建成“立足大南宁，服务全广西，面向东南亚”的全国一流名校的办学目标。

校园环境优美，古典建筑幽雅别致，现代楼群新颖气派，园林广场风景迷人。教学楼、科学馆、图书馆、宿舍楼、运动场等设施齐全，充分展现出优良的办学条件。在县委、县政府的大力支持下，2007年完成新校区征地任务，校园面积扩大4公顷，已开工建设。

教学科研活动

齐白石画派传人齐慧娟到校传授画技

每间教室都装备多媒体设备

校图书馆

宾阳县高级中学

宾阳县高级中学创建于1980年。学校占地10.94公顷。有教学班53个，学生3200多人，专职教师179人（高级教师35人、中级101人）。学校坚持“以人为本，和谐发展”的办学理念。扩大校园面积，在学校西面征地2.47公顷，拟建学生标准运动场、食堂、图书馆和学生公寓楼，为全面实施学校“十一五”发展规划奠定了良好的基础。加强学校常规管理，教师队伍素质不断提高。2007年有18篇教学论文在省级以上刊物发表；5名教师被评为县级优秀教师，校长蒙贵来被评为南宁市劳动模范；7人次获国家或自治区级学科知识竞赛指导奖。全面推进素质教育，教学质量迈上新台阶。2007年高考取得了显著成绩：62人考上一本线，407人考上二本线，857人考上三本线，升学率居自治区同类学校前列。教育教学成绩显著，2007年学校获得“陶行知教育思想实验学校”、宾阳县“红旗党总支部”和宾阳县“十佳人民满意学校”等称号。

校长蒙贵来(右一)陪同自治区教育厅领导检查学校工作

校园周边环境卫生治理

校园一角

学生在阅览室学习

宾阳县开智中学

学校党总支书记、校长　黄海波

宾阳县开智中学创建于1943年春，坐落在交通便利的桂东南工业重镇——黎塘，是宾阳县七所县办高完中之一，属自治区普通高中一级学校。学校占地237亩，宽阔的校园绿树成荫，环境幽雅，具有深厚的文化底蕴，是读书治学的好地方。

开智中学是一所具有光荣革命传统的学校，是由爱国将领梁瀚嵩将军、卢炎山将军，地下党骨干周可传（留日教师，周恩来、李克农主持的桂林八路军办事处特派员）、梁炎昌（留日教师，后曾任广西民族大学外语系主任）、林克武（中央特派员，后曾任自治区人大常委会副主任）、梁寂溪（中央特派员，后曾任南宁市人大常委会主任）等革命志士共同创办的。几十年来，学校秉承传统，抓住机遇，创新发展，办学规模不断扩大。现有教学班45个，在校学生3600多人。教职工196人，其中专任教师142人，具有研究生学历2人，本科学历122人，中学高级教师20人，中学一级教师86人，具有中高级职称的教师占教师总数的75%。经过多年的培养，已打造了一支教学水平高、带班经验丰富在宾阳乃至南宁市都小有名气的优秀教师队伍，其中获得自治区优秀教师、班主任等荣誉称号的有5人，获地市级优秀教师、班主任、教学骨干、学科带头人等荣誉称号的有42人。现任学校领导班子年富力强、求真务实、开拓创新，雄厚的师资力量确保了学校教学质量稳步提高。

经过多年的建设，开智中学各种教育教学设备设施日臻完善。教室均装备了多媒体设备，各类功能室均达到国家一类完中配备标准。学校图书室藏书达8万册，学生阅览室面积达700多平方米，可同时容纳600名学生阅览；男女生宿舍实行庭院式管理，学生大食堂宽敞、明亮、气势恢宏；有集400米标准环形跑道和标准足球场于一体的田径运动场，其他体育活动设施完备。先进的办学条件，为师生营造一个良好的育人环境。

一代代的开智人始终恪守“团结、务实、开智、创新”的校训，坚持“教书育人、管理育人、服务育人、环境育人”的教育理念，围绕“四个坚持和四个全面”的办学思想，以人为本，严格管理，学校德智体等各方面教育工作得到了全面的发展，教育教学成果累累。学生文艺队已连续两届获南宁市中小学生艺术节文艺汇演二等奖，连续三届获宾阳县中小学田径运动会（高中组）团体总分第一名。多年来，学校高考升学率，均居原南宁地区普通中学组第一、第二名，其中95届毕业生武保华同学以广西文科第三名的优异成绩被复旦大学录取。加入南宁市后高考成绩再上新台阶，2006年高考考上本科人数达269人，其中9人考上重点线；2007年考上本科人数达357人，其中15人考上重点线；2008年考上本科人数达395人，其中19人考上重点线，一大批优秀毕业生分别被国防科技大学、中南财经政法大学、中央民族大学等著名重点大学录取，其中2006届毕业生杨英同学高考文科综合成绩居广西第十九名，2007届毕业生陈晓敏同学高考文科数学成绩并列广西第五名，自2004年以来开智中学连续四年荣获“南宁市高中毕业班工作成绩优秀奖”，是南宁市唯一连续四年获此殊荣的中学。学校先后被上级授予现代教育技术实验基地、自治区体育传统项目学校等称号，优异的成绩彰显了学校的办学实力。

今日的开智中学正抓住机遇，与时俱进，开拓创新，向自治区示范性高中的办学目标迈进，明天的开智中学将更加辉煌。

自治区教育厅原厅长余益中（前排中）视察学校

学校党总支书记、校长：黄海波
副校长：黄文峰　柒展明　柴春杰

宽阔优美的校园

古色古香的办公室

南宁管道燃气有限责任公司

南宁管道燃气有限责任公司是南宁市政府授权投资、建设，以经营城市管道燃气为主、相关产业配套发展的专业性燃气公司。自2000年管道燃气项目开始投产运营以来，公司一直把安全稳定供气、安全使用列在工作的首位，并逐步建立健全了一套完整的安全保障体系，组建了一支24小时快速反应抢险专业队伍，配备先进的抢修设施，创造连续8年安全稳定不间断供气的纪录。公司着眼长期持续发展，坚持保本微利经营，企业效益服从社会效益的经营原则，在创造品牌服务的同时注重打造自身的品牌形象。同时，以客户服务中心为窗口，遵循“用户第一，服务至上”的理念，实行用户咨询、投诉、报装和抢修一站式服务，使“品牌服务”贯穿于企业售前、售中、售后的全过程。

客户服务中心

业务咨询热线：0771-3311111

安吉气源厂空压车间

消防演习

安吉气源厂一角

南宁市建筑管理处

市建管处主任冯仕文（右一）陪同市建委主任高新（左二）检查青竹立交桥重点工程

全体干部职工集中学习党的十七大精神

建筑业职工夜校培训现场

在市委、市政府和市建委的正确领导下，多年来，南宁市建筑管理处领导班子团结带领全体干部职工，解放思想、求实创新，对南宁市的建设工程质量、安全生产文明施工现场及工程检测实行全面高效的管理服务，并积极开展建筑业职业技能培训，为南宁市城市建设作出了重大贡献，多次被评为南宁市先进单位和城市建设突出贡献单位。

受市建委委托，市建管处在南宁市城市建设发展中承担着重要使命。至2007年底，所监督的工程共1.64多万个，总建筑面积6776万平方米。在历年监督的工程中，南宁明园新都酒店等9个工程获质量最高荣誉奖——“鲁班奖”，5个工程获全国市政工程“金杯示范奖”，1个工程获建设部优质样板工程奖，157个工程获广西区优质工程奖，市建管处质监站3次获“全国先进（优秀）建设工程质量监督站”称号。2006年，在广西率先推行建筑工地施工现场远程监控系统，打造数字化管理平台，安全生产、文明施工管理工作扎实推进，安监（建管）站多次获“全国建筑安全生产先进集体”称号；开办多项职业培训近200期，共培训工程管理人员与一线建筑工人达7.85万人次，有效提高了建筑领域工人队伍的综合素质。此外，市建管处还拥有一个技术力量雄厚、检测设备先进的检测机构，具备20个大类91个项目的试验检测能力，检测水平居自治区前列。

市建设系统第二届“城建杯”安全生产知识竞赛现场

检测中心压力机室

南宁市环境卫生管理处

2007年，南宁市环境卫生管理处围绕深入实施城乡清洁工程的工作目标，整体推进，重点突破，转变作风，行必责实，较好地完成各项工作任务，被评为南宁市先进单位。

一、重点工程建设项目进展顺利。城南扩建主体工程钢板路面正式投入使用；渗沥液处理站投入运行；完成亚洲发展银行贷款项目——南宁市城市生活垃圾综合处理工程（转运系统）50辆环卫车的国际招标采购并交付使用，12座小型生活垃圾转运站设备进入国际招标采购程序；引进外资3000多万元，实施城南垃圾场填埋气体综合利用和清洁发展机制（CDM）项目，其中气体焚烧火炬系统安装调试完备。完成城南填埋场（旧场）封场工程。

南宁市申请亚洲发展银行资金，通过国际招标购置环卫车辆50辆。图为2007年10月12日，副市长钱学明（右一）出席亚行车辆交接仪式

二、城乡清洁工程工作取得新进展。建立与六县六区领导联系负责制，加强对环卫设施和卫生死角的检查，并将检查指导范围扩展到各城区乡镇，共派出1701人，督查整改1828处，促进城乡清洁工程的巩固、提高、延伸、拓展。

三、生活垃圾处理费征收进一步提高。征收生活垃圾处理费首次突破4000万元大关，促进生活垃圾处理工作的开展。

四、垃圾处理场（厂）运行管理进一步规范。共处理生活垃圾49万多吨，日均处理生活垃圾1422吨，市区生活垃圾处理率100%。

五、医疗废弃物集中处理工作进一步提升。共处理医疗废弃物5560吨，比上年提升25%，市区医疗废弃物集中无害化处理率100%。

2007年10月12日，50辆环卫车辆经国际招标采购到位，并交付各城区投入使用

六、市区首次开展建筑渣土专项大整治活动，建筑渣土管理逐步走上法规化管理轨道。

七、环卫科研成果取得显著成绩。共发表学术论文15篇，其中黄步成的《创新环境卫生管理新机制》获全国经济建设与社会发展优秀论文一等奖，并编入《和谐社会·小康中国》；5篇获市企业创新论坛论文三等奖，2篇分别被评为市自然科学优秀论文二、三等奖。

2007年12月，市环境卫生检查组在拟建的宾阳县生活垃圾处理场作现场指导

2007年12月竣工的城南填埋场封场工程

南宁市城市照明管理处

2007年，南宁市城市照明管理处共完成路灯维修任务12875盏次、景观亮化灯4473盏次，平均亮灯率99.2%；继续深入开展城乡清洁工程；配合市城市管理局完成南湖灯展、全市楼宇亮化及增亮工作；继续抓好路灯节能工作；加强行政效能建设活动；党建工作和党风廉政建设各项任务完成较好，职工思想相对稳定，工作积极性提高，出色完成青竹立交桥等临时紧急任务和“两会一节”城市照明保障任务。

在青竹立交桥亮化工作紧急任务中，从10月24日晚至10月26日，配合市城市管理局协调各施工单位安装工作，紧急动员全处干部职工全部投入青竹立交桥大会战中，维修所12台高空作业车全部出动支援施工单位的安装工作，同时协调调动可以利用的一切现有灯具、电线材料，全力以赴完成青竹立交桥亮化任务，保证了“两会一节”前迎宾的任务。在“两会一节”期间的路灯、景观灯楼宇亮化灯保障工作中，从10月25日至11月2日，每晚都派出14个路灯维修班组及3个亮化维修班组对民歌广场及民族大道、青山路主干道、朝阳路、星光大道、壮锦大道等主要干道分片进行路灯巡查工作，安排科室人员组成7个巡查小组配合维修所和亮化科加强对各主次干道的路灯巡查，一旦发现黑灯现象立即维修，并督促检查及时维修设施的情况，全市节日期间亮灯率100%。获2007年度南宁市城市管理局先进基层党组织和先进单位称号。

市城市照明管理处行政效能建设活动动员大会

2007年4月17日，召开机关效能建设动员大会

青竹立交桥试灯效果

五象大道灯饰

工作人员给新民路灯具美容

南宁医药有限责任公司

公司大楼

南宁医药有限责任公司位于解放路，是一家药品批发、零售兼营企业。营业场所2万多平方米，设有采购部、销售部、市外销售部、配送中心、医药物资分公司等业务部门及南宁朝阳大药房连锁有限责任公司、广西万宝堂药业有限公司、南宁伟健医疗器械有限公司3家控股子公司，年销售额近4亿元，销售、利润、利税等经济指标连续10多年居广西医药商业前列。

公司坚持“质量第一”的方针，诚信服务，规范经营，不断增强整体实力及抗风险能力，保持经营稳步增长，为医疗单位和广大人民群众提供优质药品，连续10多年被评为自治区重合同守信用企业。先后获全国医药市场治理整顿工作先进集体、全国医药系统第三届先进集体、自治区级先进企业、广西经济效益五十强企业、南宁市销售十强企业、南宁市明星企业等称号，多次获振兴南宁经济效益金、银、铜杯奖；2002年成为广西首家通过国家《药品经营质量管理规范》（GSP）认证企业；2003年，南宁朝阳大药房连锁有限责任公司通过广西GSP认证。

董事长：张丽铭　　**总经理：李政春**

地　址：解放路75号　　**邮政编码：530012**

电　话：0771-2612655　　**传　真：0771-2823866**

网　址：www.nnyygs.com

业务大厅

医药大厦商场

配送中心

宾阳县疾病预防控制中心

自治区计量局领导检查疾控中心检验仪器设备

疾控中心主任李汝新(左三)陪同市卫生局副局长杨晓钊(右一)检查县免疫规划工作

2007年，宾阳县疾病预防控制中心正式运转，计划免疫工作有序开展。加强和指导整改工作，全县2004~2006年度的出生儿童上卡率分别为14.32‰，14.22‰和14.11‰，比整改前分别上升12.58%、15.42%和18.63%，儿童上卡率均达到评估方案的要求。继续巩固与完善儿童计划免疫信息网络管理系统，发挥计免网络系统在免疫规划工作管理上的作用。开展常规免疫工作，至8月31日，全县2007年出生儿童上卡7201人，免疫规划疫苗报告接种率：卡介苗97.34%、糖丸94.03%、百白破94.07%、麻疹疫苗89.41%、乙肝疫苗首针及时接种率93.8%、乙肝疫苗三针接种率92.86%。加强预防接种安全工作和疫苗管理检查工作，开展群体疫苗预防接种。“五一”期间，对全县范围内满8个月以上至15周岁以下人群进行麻腮风三联疫苗及麻风二联疫苗的预接种，全县共接种三联疫苗1.14万人、二联疫苗5.11万人。全县19个卫生院、保健所有16个“四室”建设达到新标准要求。

传染病防控工作卓有成效。坚持传染病发病与疫情报告制度，及时掌握传染病发病与疫情情况；加强对重点传染病疫情监测，根据季节或定期对全县各医疗卫生单位进行流脑、乙脑、狂犬病、霍乱等重点传染病防控工作检查指导，确保重点传染病各项防控措施落实到位；及时对传染病疫情和突发事件进行调查和处理；开展基层预防传染病健康教育，普及传染病防治知识。开展全球基金艾滋病项目工作。宾阳县是国家第四批美沙酮社区药物维持治疗点之一，自2006年9月15日正式启动至2007年9月30日，累计入住治疗279人，月平均服药达94人。建立全县医感染者的发现和报告、医疗救治阳性者的管理和转介网络。

疾控中心主任李汝新(右一)到乡镇宣传结核病、艾滋病等防治工作

领导班子在研究工作

深圳航空有限责任公司南宁分公司

深圳航空有限责任公司董事长赵祥（左二）、南宁分公司总经理轩余恩（左三）与员工在第四届中国—东盟博览会上合影

2007年10月12日，深圳航空“南宁号”专机接送广西出席党的十七大代表

深圳航空有限责任公司南宁分公司是深圳航空公司成立的第一家分公司，也是第一家在广西首府南宁设立基地的航空公司。2002年9月17日开航以来，以创建“南宁人自己的航空公司”为己任，开通南宁首个综合服务热线“96777”，成立“96777”订票中心（2007年升级为“95080”全国统一订票热线），并设立发展、高新、佳运、国贸、星湖、斯壮和机场7个售票处，为社会提供优质、快捷、方便的服务。2007年，深航在南宁共投入7架飞机运力，投入资金30多亿元；执行南宁直飞北京、上海、广州、深圳、杭州、成都、西安、沈阳、南京、青岛、重庆、梧州等多条国内航线及南宁经深圳至马来西亚吉隆坡和越南胡志明的代码共享国际航班，每天起降近30个班次。通过深圳中转枢纽还可以方便快捷地中转至全国近50个主要城市。

公司从2004年起至2007年连续作为四届中国—东盟博览会指定航空运营商，每年中国—东盟博览会期间，深航都开通直达东盟各国的国际包机航班，并多次圆满完成重要领导的航班保障任务。2007年11月3日起陆续开通南宁至新加坡、吉隆坡、雅加达、马尼拉等东盟国家主要城市的定期直飞航班，填补了南宁直飞东盟各国定期航班的空白。2008年12月起，将开通南宁往返韩国首尔、清州的定期直达航班。

公司将继续秉承“任何时候，自然体贴”的服务理念，推出地面和机上特色服务，展现“南宁人自己的航空公司”的魅力。

免费机票赠送高考状元

2007年11月3日起，深航南宁—新加坡、吉隆坡、雅加达、马尼拉东盟国际航线陆续开通。图为开航新闻发布会上深航空姐表演《相亲相爱一家人》手语操

广西超大运输集团有限责任公司

在壮乡广西、绿城南宁这块锦织的热土上，有一颗新星绚丽夺目，其强劲的发展势头和现代化的经营模式，激荡着无穷的活力、散发着迷人的魅力。这就是广西超大运输集团有限责任公司。

“超大快客誉八桂，超大货运驰神州”。数年如一日，从喧闹的都市到宁静的海湾，从遥远的山乡到国门的边关，一辆辆车，一条条道，一片片真情，一座座心桥，无不谱写着“超大人”待人以诚、崇尚服务的美德。国家道路运输客、货一级企业；“中国服务业企业500强；中国交通企业100强；中国道路运输100强；中国物流民营企业100强；广西企业50强……”一项项来之不易的殊荣，如同一道道灿烂的光环，记录了“超大人”不断创新的步伐，照耀着“超大人”开拓前进的方向。

作为一家以客货运输为主，集物流、汽车销售、驾驶培训、维修、宾馆、旅游、公交、出租车等拓展业务于一体的大型综合运输企业，半个多世纪以来，一步一个脚印，从小到大、从弱到强。这其中，凝聚了几代“超大人”艰辛创业的心血。广西超大运输集团从50多年前一个小小的板车社起步，逐步发展到90年代上千辆客货车运输并举的经营规模。2000年10月，南宁市第二运输总公司与中转联运公司合并重组，至此，公司跃上一个广阔发展的新纪元，成功地朝着集约化、规模化方向大踏步前进，并走出了一条具有超大特色的发展之路，其竞争实力明显加强，经济效益年年攀升。公司从合并重组时的5000万元资产飙升到如今的15个亿。营运收入、利润、劳动生产率每年分别以35%、20%、30%的速度递增。从2000年起，企业年均为国家上交税费超两亿元，先后为社会提供就业岗位近2万个。

① 董事长　范治勋

② 2006年，交通部副部长冯正霖（右）在董事长范治勋（左）陪同下到江南客运站检查春运安全工作

③ 公司拥有高档、豪华客车“欧洲之星”

④ 超大物流公司

⑤ 国家一级客运站——安吉客运站

南宁糖业股份有限公司

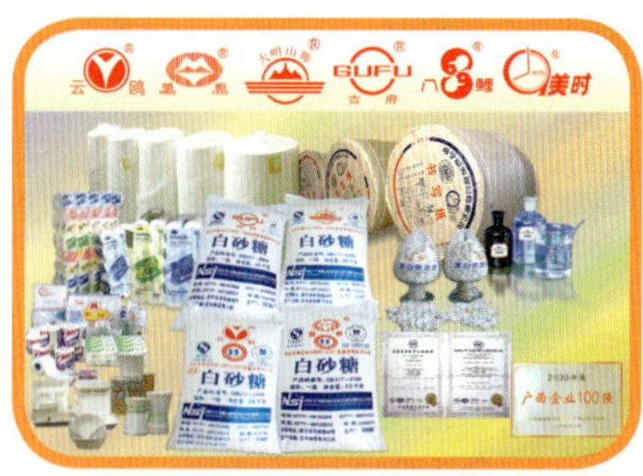
公司部分产品

南宁糖业股份有限公司（简称南宁糖业　股票代码：000911）是以制糖造纸生产为主业、多元化经营的大型企业，于1999年5月改制上市，是全国制糖行业最大的上市公司。拥有6家直属厂和9个控股子公司，总资产近30亿元，生产能力为日榨甘蔗3万吨，年生产机制糖60万吨、机制纸15万吨（含控股子公司）、蔗渣浆10万吨、食用酒精3万吨。形成甘蔗—制糖—废糖蜜制酒精—酒精废液制复合肥（或酒精废液浓缩燃烧—钾灰制复合肥）和甘蔗—制糖—蔗渣—制浆—造纸的循环经济生产模式。食糖产量约占广西食糖产量10%，占全国5%。

公司主导产品白砂糖、文化用纸、蔗渣纸浆、食用酒精、生活用纸制品在市场上享有较高的声誉。“云鸥”、“明阳”牌白砂糖获“中国名牌产品”称号，“云鸥”、“明阳”、“古府”、“大明山”牌白砂糖获“国家免检产品”称号；“美时”牌书写纸、静电复印纸和“八鲤”牌蔗渣浆、食用酒精获“广西名牌产品”称号。公司糖、纸、酒精产品连续3年被自治区、南宁市消费者协会推荐为消费者信得过产品。

白砂糖煮炼车间

董事长：熊可模　　总经理：蒙广全
地址：亭洪路48号
邮政编码：530031
办公室电话：0771—4911323　　传真：0771—4912771
经营部电话：0771—4915366　4920133　4911863　4920166
网址：www.nnsugar.com
电子邮箱:nntygs@public.nn.gx.cn　nnty@nnsugar.com

蒲庙造纸厂一瞥

南宁浮法玻璃有限责任公司

公司大门

南宁浮法玻璃有限责任公司是1984年建成投产的大型二档企业。拥有两条浮法生产线，可年生产浮法玻璃450万重量箱。产品透明度高，质量稳定，多次获全国浮玻行业抽检、行业评比产品质量一等奖，其中一条浮法玻璃生产线可生产优质在线镀膜玻璃。公司从美国AIRCO镀膜技术公司引进世界先进的镀膜玻璃生产线及工艺技术，可生产最大规格为2134×3300毫米的各类镀膜玻璃产品，具有豪华、舒适、节能的特点。从意大利引进具有国际先进水平的玻璃切割、磨边、钻孔和雕花等玻璃深加工设备，能加工3~19毫米厚度的各种规格、形状产品。2000年公司通过ISO9002质量管理体系认证，先后被评为重合同、守信用企业和特级信用优等企业。

500吨级浮法玻璃生产线

广西华盛集团廖平糖业有限责任公司

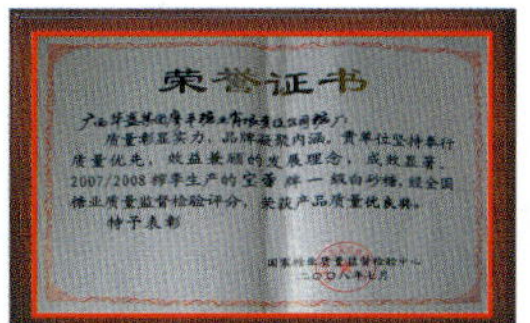

荣誉匾牌

公司糖厂一角

糖厂办公大楼

广西华盛集团廖平糖业有限责任公司（原广西壮族自治区廖平农场）是广西华盛集团最大的子公司。成立于2006年8月，注册资金1682万元。位于南宁市宾阳县与来宾市兴宾区交界处，距黎塘火车站24公里，南宁市130公里，来宾市80公里。占地64平方公里，有耕地面积2000多公顷，其中甘蔗面积820多公顷。拥有固定资产（现值）1.23亿元（糖厂7939万元、养殖场498万元），是集蔗糖生产、生猪养殖、劳务加工业为主体的综合性国有企业。2007年，加工料蔗53.81万吨，比上年增加23.86万吨；生产机制糖6.73万吨，比上年增加3.12万吨；生猪出栏1.52万头。完成工农业总产值2.58亿元，比上年增加7960万元，完成计划128.93%。

制糖是公司的主业。日榨料蔗5000吨以上，年生产机制糖6万吨以上。蔗区面积6000多公顷，年产原料蔗60多万吨。公司主要产品“宝蕾”牌白砂糖曾获1996年全国新技术产品交易会奖金，2000年、2002年产品质量优良奖，2002年全国信得过食品证书及国家重点保护产品，2006年全国产品质量优秀奖及国家质量监督合格红榜产品，2006/2007和2007/2008榨季所生产的“宝蕾”牌白砂糖经国家糖业质量监督检验中心检验荣获产品质量优良奖。公司在1996~2000年连续五年被评为重合同守信用企业、2003~2006年被评为“诚信单位”。2007年6月，实施日榨5000吨技改工程项目，总投资近9000万元（含外汇18.4万美元），投资3000多万元完成制炼车间的技术改造，同时启动动力车间的技改工作，当年生产能力由日榨3200吨提高到3800吨；2008年投资近6000万元，完成动力车间和压榨车间技术改造，2008/2009榨季将实现日榨5000吨生产能力的扩能技改目标。为加强节能减排工作，公司在近年投入了近600万元加大节能工作力度。与此同时，并投入700多万元实施末端废水处理工程，为达到国家规定的糖业生产一级排放的标准奠定基础。

生猪养殖是公司的传统产业。2005年2月，公司生产的“绿昌”牌瘦肉型商品猪获国家无公害农产品认证，被自治区水产畜牧局指定为无公害生猪养殖基地，被自治区兽医防检站指定为无公害生猪生产技术研究项目场，年出栏生猪近2万头，产品主要销往广西、广东、海南等地。

经过多年的努力，公司得到了较大的发展，企业通过ISO9001：2000质量管理体系认证，1995年被评为“广西的脊梁”五十强“优秀国有企业”；2005年实现净利润1465万元，被中国兴华企业协会评为“优秀企业”；2006年实现净利润1587万元，被评为全国农林水利系统“模范职工之家”，并获国家糖业质量监督检验中心授予“产品优秀奖”、国家食糖产品质量监督检验中心授予“食糖实验检验能力验证”、中国中轻产品质量保障中心“国家质量监督合格红榜产品”。同年，还被广西设备管理协会授予“广西设备管理优秀单位”称号，成为南宁市104家产值亿元企业之一。

总 经 理： 覃世富
副总经理： 黎长木　钟世科　农愿民　苏登楷
地　　址： 宾阳县洋桥镇艾村
邮政编码： 530413
电　　话： 0771-5980203
传　　真： 0771-5981199

“绿昌”牌瘦肉型商品猪

公司糖厂生产的“宝蕾”牌白砂糖

华润混凝土（南宁）有限公司

南宁华润混凝土公司成立于2004年1月，是香港上市公司——华润水泥控股有限公司投资的外商独资企业，在南宁市有华润混凝土（广西）有限公司、华润混凝土（南宁）有限公司、南宁华润西乡塘混凝土有限公司3家混凝土公司，分别位于江南区、兴宁区、西乡塘区，产品辐射半径合理，可覆盖南宁市整个建筑市场。

公司建有6条生产线（2条4.5方、3条3.0方、1条2.0方），总设计年产能力达200万立方米。混凝土搅拌机全部采用全自动电脑控制系统的意大利SICOMA双卧轴强制式搅拌机，性能稳定可靠。拥有利勃海尔混凝土搅拌运输车70辆，中联重科和三一重工37M混凝土输送泵车7台、混凝土输送泵11台和车载输送泵3台，全部车辆配备车载电台，保证供应及时准确。主要产品有C10–C60各等级普通混凝土、抗渗混凝土、抗腐蚀混凝土、微膨胀混凝土、预应力混凝土、补偿收缩混凝土、低水化热大体积混凝土、高抛免振自密混凝土、纤维（包括钢纤维和有机纤维）混凝土、超缓凝混凝土、高强耐腐蚀混凝土等特种混凝土。可根据客户要求开发研究各种强度等级、各种用途的砂浆。优质商品混凝土已应用于五象广场、汇东国际、发展大厦等重点工程。

公司重视客户服务，建有完善的客户投诉处理机制，以及回访制度，为客户提供优质的综合服务。公司将秉承华润集团“与您携手，改变生活”的理念，为南宁市建筑业提供优质混凝土及相关产品。

公司开业典礼

搅拌楼和搅拌车

南宁同达盛混凝土有限公司

董事长　陆廼振

南宁同达盛混凝土有限公司是按现代企业制度组建的现代化预拌混凝土国有企业。现有员工250多人，其中各类专业技术人员38人。拥有现代化混凝土生产线3条，生产设备选用先进的意大利西蒙技术制造的JS2000强制式双卧轴搅拌主机，搅拌全程采用2HZS200微机系统全程管理控制，并配备先进的泵送、运输、检测设施，年产各种标号普通混凝土和特种混凝土60万立方米，为广西最大的混凝土搅拌站之一。公司以“高效管理、争创一流企业，持续改进、确保客户满意”为经营宗旨。以优质的服务和优质的产品，为南宁国际会展中心、南宁万达商业广场、自治区党校、广西科技大厦、托州大桥、永和大桥、蓝山上城商住楼等建设工程提供优质商品混凝土。“宝剑锋从磨砺出，梅花香自苦寒来”。公司“高性能混凝土产业化技术开发及工程应用”项目获广西科学进步二等奖，并先后获广西建筑业先进单位，南宁市先进单位、安全生产先进单位、“创新经济效益杯”铜杯奖和江南区十大纳税企业等称号。

地　　址：友谊路21-2号
邮政编码：530031
销售电话：0771-4811698

公司混凝土搅拌生产线外景

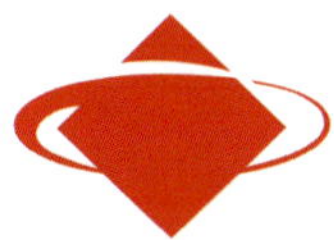

中国大地财产保险股份有限公司广西分公司

中国大地财产保险股份有限公司成立于2003年10月，总部设在上海，由国务院直属保险企业——中国再保险（集团）公司发起成立，为全国性财产保险公司。秉承“诚信为先，稳健经营，价值至上，服务社会”的经营理念，业务快速发展，经营管理规范，积极服务社会。2007年，保费收入突破100亿元，在全国财险公司中排名第5位；致力于理赔服务创新，打造大地车险品牌，推出车险全国通赔、车险赔案在线查询系统两大服务举措，有效解决理赔难问题。

中国大地保险广西分公司成立于2005年4月，至2007年末已在广西除百色以外的地市设立中心支公司或支公司，并设立40多个县级机构，服务网点遍布广西主要城市和交通枢纽。成为第三届、第四届中国—东盟博览会和南宁国际民歌艺术节的保险合作伙伴。

地　　址：民族大道100号西江大厦B座10楼

邮政编码：530028

电　　话：0771-5550062

传　　真：0771-5522761

①2007年4月，公司启动车险通赔服务

②2007年10月11日，自治区党委常委、自治区政府常务副主席李金早（左）向公司总经理舒文跃授予“指定财产保险承保商”牌匾

③2007年10月11日，南宁国际民歌艺术节组委会与总经理舒文跃（左）签署合作协议，为南宁国际民歌艺术节提供保额20亿元的保险

④2007年10月28～31日，公司参加第四届中国—东盟博览会

南宁百货大楼股份有限公司

中华老字号牌匾

南宁百货大楼股份有限公司位于南宁市商业中心区，地理位置得天独厚。创建于1956年2月，1992年12月改制为国有控股的股份制公司。1996年6月，南宁百货大楼股份有限公司股票“南宁百货”在上海证交所上市发行，成为广西商业企业第一家上市公司。经营场地包括公司本部百货大楼、五象购物中心、贵港中环商业广场和桂平、邕宁超市分店；下辖7个商场、9个控股子公司，经营面积10万多平方米，经营品种12万多种。在职员工1200多人。为目前广西规模最大的商业零售企业，以经营百货为主，总资产9.78亿元，净资产1.6亿元。2007年销售总额12.80亿元。

公司连续17年稳居广西同行业销售收入第一，上缴利税第一，取得了良好的经济效益和社会效益。曾多次受到国家商务部、自治区、南宁市等各级政府和部门的嘉奖表彰；先后获全国五一劳动奖状、百家最大零售企业、优质服务企业、用户满意企业、重合同守信用企业、百城万店无假货示范单位和中华老字号等称号，并连续15年获市创新、经济效益金杯奖和明星企业称号。

公司以“秉承传统，突破创新”的开拓精神，以变应变，采取发展超市连锁经营和百货加盟连锁的策略，在南宁市周边县市开设连锁和加盟分店。同时，由公司投资兴建的五象广场和购物中心2005年秋季开业，是南宁市“136”工程的重点项目之一，集购物、餐饮、休闲、娱乐、生态环保为一体，将引领埌东新商圈的跨越式发展。

地　　址：朝阳路39—45号
邮政编码：530012
电　　话：0771—2098888　　0771—2833406
传　　真：0771—2810261

2007年11月，南宁百货第四届购物文化节开幕式暨荣获中华老字号庆祝仪式

2007年8月5日，董事长陈民群（右一）、总经理黄永干（左一）出席辉煌50成就50晚会

五象广场夜景

农林·水利

农业综述

【概　况】 2007年，南宁市农业人口497.56万人，其中农村劳动力310.84万人。与上年相比，农作物播种面积89.03万公顷，增长2.01%；粮食产量189.94万吨，增长4.41%。肉类总产量52.86万吨，增长3.98%。糖蔗产量1181.05万吨；增长13.45%；蔬菜产量305.99万吨，增长4.98%。园林水果产量89.22万吨，禽蛋1.81万吨，牛奶3.91万吨，水产品20.45万吨，生猪432.16万头，家禽1.1亿羽。农林牧渔业总产值255.43亿元，增长7.70%。农业增加值150亿元，增长11.37%；林业产值7.36亿元，增长10.93%，牧业产值87.10亿元，增长6.94%；渔业产值14.64亿元，增长9.61%。第一产业增加值150亿元，农民人均纯收入3462元，净增420元。全市各类农民合作经济组织205个（比上年增加36个），入社（会）农户6.8万户，带动农户35.4万户，分别占农户总数6%和30%。农业产业化经营组织带动农户40万户，超过三分之一的农户参与农业产业化经营，农民产业化收入人均380元，比上年增长15%。南宁市被农业部评为全国粮食生产先进市。（杜　勇）

【产业化项目建设】 2007年，南宁市农业产业化项目77个，总投资2010万元。其中，桑蚕产业化项目16个，投资445万元，主要扶持横县、宾阳县、上林县、邕宁区等桑蚕优势产区建设蚕种场、推广小蚕共育、方格蔟，茧丝加工龙头企业产业化基地建设等；粮食产业化项目4个，投资150万元，主要扶持粮食加工龙头企业实行订单保价收购超级稻贷款贴息；果蔬及其他农产品加工产业化项目15个，投资370万元，主要扶持发展优势特色农产品（马铃薯、甜玉米、茉莉花、金银花、板栗等）加工龙头企业和农民专业合作经济组织建设标准化生产基地；罗非鱼产业化项目5个，投资215万元，主要扶持建设罗非鱼标准化养殖基地，为罗非鱼加工厂提供优质稳定的原料保障；畜禽养殖及加工产业化项目37个，投资805万元，主要扶持生猪养殖场扩大养猪规模、牛品改产业化项目和畜禽屠宰加工生产线的建设。市农业产业化28个产业化项目，市财政投入923万元，带动银行贷款2.12亿元，企业和农民专业合作组织自筹资金2.26亿元。拉动新建、续建项目52个，新增固定资产投资1.34亿元，项目直接带动企业上缴各项税收5711万元，比上年增加1579万元。（林　辉）

【产业结构调整】 2007年，南宁市加快产业结构调整，全面优化品种布局。重点抓好横县、宾阳县、上林县和邕宁区优质茧基地建设，大力发展武鸣县、隆安县和西乡塘区木薯生物能源生产，继续推进西南面的龙眼、菠萝和东南面的荔枝产区建设，突出抓好西北和东北面的柑橘、早熟桃等新产区建设。抓好桑蚕项目，推动桑蚕产业发展，实施《桑蚕产业化基地建设》农业产业化项目、《南宁市桑蚕业发展关键技术研究与产业化示范推广》重大科技项目和自治区农业厅的《小蚕共育及桑枝生产食用菌》项目，共投入项目资金660万元。宾阳丰汇蚕种场正式投产，南宁百大蚕种场完成基建工作，正在申报生产经营许可证。横县、邕宁蚕种场扩建制种房1100平方米，新增小蚕共育室40个，改建小蚕共育室42个。在水果、蔬菜、水稻、玉米等农作物上推广应用地膜覆盖、塑料大棚、果实套袋等“三避”（避寒、避晒、避雨）等栽培技术9.33万公顷，其中水果推广应用“三避”技术2.67万多公顷，每公顷水果增值4500~9000元，推广技术直接增值1.6亿元以上。重点建设良庆区那马镇共和村蔬菜“三避”技术推广示范片48公顷，辐射推广面积166.67公顷。（兰张红）

【优势产业工程建设】 2007年，南宁农业通过合理规划、科学布局、挖掘特色、突出优势，加大优势产业的开发力度，初步形成具有南亚热带特色和区域优势的农业产业，形成粮食、蔗糖、水果、蔬菜、食用菌、畜牧、桑蚕、木薯、水产、商品林十大特色优势产业，占全市农业总产值96%以上。其中，农乐米业建成5万吨的超级稻储粮仓储设施，订单推广种植6666.67公顷超级稻，“农乐”系列优质米被评为广西名牌产品，继续作为中国—东盟博览会指定产品。富丰集团的春江肉鸭屠宰加工项目增加投入400多万元，建设熟食生产线，增加香鸭、盐水鸭、香辣鸭等品种，全年屠宰加工肉鸭668万羽，各类肉制品畅销自治区内和湖南、福建等省。百洋集团公司加工出口越冬罗非鱼6370多吨、冻鱼片产品2900多吨，创汇800多万美元。牛奶、食用菌、优势水产品、桑蚕、商品林等5个产业分别获自治区奖励。（林　辉）

【一村一品特色农业】 2007年，南宁市“一村一品”专业村（乡镇）农民人均纯收入水平比全市县区农民人均纯收入水平高出20%以上；专业村有60%以上农户从事主导产业或产品经营活动，收入占全村农林牧渔业总产值70%，专业乡镇50%以上的农户从事主导产业或产品经营活动，产值占全乡镇农村经济总收入60%以上。对照农业部“一村一品”的调查标准，全市符合“一村一品”条件的专业乡镇有横县云表镇（种桑养蚕专业镇）1个；专业村31个。其中：甘蔗专业村7个，分别为：武鸣县府城大同村，邕宁区百济乡华灵村、新平村、新江镇那了村，隆安县丁当镇定坤村、丁当村6个糖蔗专业村和上林县澄泰乡漫桥村果蔗专业村1个。桑蚕专业村7个，分别为：横县云表镇旺庄村，宾阳县大桥镇新通村，上林县西燕镇大龙洞村、巷贤镇六联村，马山县金钗镇独秀村、乐江村和龙塘村等桑蚕专业村。瓜菜综合专业村8个，分别为：宾阳县黎塘镇三李村的莲藕，邕宁区蒲庙镇张村西甜瓜、孟连村葱蒜、新江镇屯亮村韭菜，兴宁区五塘镇五塘社区苦瓜等蔬菜，江南区苏圩镇那海村西瓜与辣椒、江西镇同宁村的紫糯玉米，良庆区南晓镇团东村黑皮冬瓜。水果专业村4个，分别为：良庆区那马镇那僚村菠萝、武鸣县双桥镇下渌村龙眼、西乡塘区金陵镇金陵村和坛洛镇丰平村的香

宾阳县莲藕专业村村民在收获莲藕　　杜　勇　摄

蕉专业村。养殖专业村3个,分别为:青秀区南阳镇施厚村生猪专业村,宾阳县芦圩镇北街鱼苗专业村,上林县白圩镇覃排社区养鱼(罗非鱼、鮰鱼)专业村。传统工艺专业村2个,分别为:宾阳县新桥镇大罗村五金电工专业村,思陇镇太守村竹编专业村。　(梁玉珍)

【劳动力职业技能培训】 2007年,南宁市政府继续将培训20万农村劳动力新增转移8万人列入20件为民办实事项目,围绕农业结构调整、产业化经营、优势产业集群培育和企业用工需求热门,通过集中培训、技术咨询、电化教学、现场授课等各类培训班,实施农村劳动力转移就业培训工程,市财政安排300万元作为农村劳动力转移实用技术培训专项资金,各县区也在财政十分困难的情况下多方筹措资金,共培训农村劳动力30.97万人,转移农村劳动力8.34万人,促进农村富余劳动力有序转移,成为农民增收亮点。同时利用中央财政补贴资金,在横县、宾阳、马山、武鸣、江南、西乡塘、邕宁等7个县区组织项目实施,通过自主式、订单式和项目培训形式开展引导性培训、阳光工程示范性培训,对有转移就业意愿的农村劳动力开展制造、电子电器、焊工、计算机应用、驾驶与维修、加工、建筑装饰、餐饮旅游服务、社区服务、家政保健服务、商业营销等用工量大的行业职业技能和技术操作规程的培训。共培训学员9045人,转移农村劳动力7754人。　(黄永贵)

【农产品质量安全】 2007年,南宁市完善"一个领导机构、一套安全管理体系、一个质量安全检测网络、一支蔬菜质量安全管理队伍、一批生产基地"的"五个一"蔬菜质量安全长效监管机制,组织实施"放心菜"工程,开展蔬菜产品"从农田到餐桌"全程质量安全监控工作,共检测蔬菜135万批次,合格率99%以上,销毁超标蔬菜16万公斤。10月26日,南宁市蔬菜质量安全追溯信息系统在广西华联江南店正式开通。　(周冠群)

【新农村建设试点工作】 2007年,南宁市继续实施社会主义新农村建设试点工作。武鸣县、邕宁区是2006年经自治区党委、自治区政府批准实施社会主义新农村建设试点,至2007年末,累计完成投资12.03亿元,基本完成既定的任务。

农村基础设施得到改善　完成农村道路建设投资6.35亿元,建成2287条4825公里等级水泥路,其中通行政村道路275条1409公里,通50户以上自然屯道路2012条3416公里(达90%以上),实现了村村通水泥路,试点县区受益群众90%以上。农村水利及公共设施建设完成投资5.29亿元,建成农村饮水安全工程349个,解决34万多人安全饮用水问题;完成每秒流速1立方米以上灌溉渠道节水改造工程132个691公里,民办公助小型水利项目1031个67公里,万亩以上电灌站技改工程6个3930千瓦,小(一)型水库除险加固20个,改善农田灌溉面积6万公顷,恢复灌溉面积1.65万公顷,新增灌溉面积0.24万公顷。

农业优势产业及产业化经营得到发展　各试点县区基本形成了水稻、甘蔗、水果、蔬菜、木薯、桑蚕、速丰林、畜牧、水产等优势产业,每个行政村都有1~2个优势特色主导产业。产业化企业和农民合作经济组织直接带动农户以及收购、加工农产品达70%以上。预计当年农民人均农业产值6528元,比上年增长14.8%;武鸣县9765元,增长25%。

农民生活水平得到提高　预计当年试点县区农民人均纯收入3858元,比上年增长11.8%,比全市多405元。同时,初步建立农村社会保障制度和农村卫生保障制度,试点县区农村"五保户"供养率100%,特困户、灾民救助资金按时足额发放率达100%,军烈属和重点优扶对象和各项政策全部落实,农村社会养老保险和最低生活保障覆盖率100%,新型农村合作医疗参合率80%以上。

农村文明和谐得到协调推进　至年末,共投资6300多万元,实施教育文体项目579个;投资2500多万元完善31个乡镇卫生院,建村甲级卫生所、计生服务室188个,补助困难农户家庭卫生厕所约2.44万户;投资2055万元实施电话入屯1944个,宽带进村111个,实现屯屯通电话;在173个村屯建立地面卫星接收点,完成207个50户以上自然屯通广播电视的建设,有效解决了5.6万农民群众收听收看广播电视难的问题。

村容村貌得到整治　通过村屯规划、生态能源建设和屯内硬化、屯内绿化等项目的实现以及深入实施"城乡清洁工程",开展"清洁卫生进农家"活动,试点县区农村村容村貌得到了明显改善。

农村管理民主得到加强　通过组织群众参与新农村建设事务,基层组织和干部群众"村事村管"、"民事民办"的意识不断增强。　(韦启彬)

【种子管理体制改革】 南宁市是广西最大的种子集散地,每年种子交易量占全自治区60%~70%左右。2007年,市委、市政府成立以农业部门为主导、相关部门参与的种子管理体制改革工作组织机构,坚持"精简、统一、效能"的方针,平稳、有序地推进改革。至12月,种子管理体制改革基本结束,改革取得阶段性成果:一是实现了政企分开,把种子生产经营职能、种子生产经营机构在人、财、物等方面彻底剥离农业主管部门。二是完善种子管理体系,市一级和6个县已组建由财政全额拨款的种子管理站,承担种子管理职能;6个城区不设种子管理站,种子管理职能由各城区农业局承担。三是强化市场监管,各级种子管理站通过对种子管理人员的教育培训,结合转变作风活动的开展,提高管理队伍的服务意识、业务水平和依法行政能力。　(杜　勇)

粮油作物

【粮食生产】 2007年,南宁市粮食生产呈现“一减两增”态势。“一减”即面积减少,粮食种植面积41.71万公顷,比上年减0.56%。“两增”即水稻单产和粮食总产增加:水稻单产352.6公斤,比上年增加63.5公斤;粮食总产量189.94万吨,比上年增产7.59万吨。完成推广种植面积3.87万公顷,平均每公顷单产8748公斤,比照一般杂交稻每公顷增产1392公斤。其中,早造超级稻平均每公顷产9327公斤,比一般杂交水稻每公顷增产稻谷1842公斤;晚造超级稻平均每公顷产8314公斤,比一般杂交水稻每公顷增产稻谷1087.5公斤。超级稻最高单产由兴宁区五塘镇农民王锦佳创下每公顷1.27万公斤水稻单产最高记录。

【稻谷生产】 2007年,南宁市水稻播种面积27.36万公顷,比上年下降0.36%;平均每公顷产5283公斤,比上年增产208.05公斤;水稻总产量144.53万吨,比上年增加7.59万吨。

【玉米生产】 2007年,南宁市玉米播种面积9.71万公顷,比上年增加0.16万公顷;平均每公顷产3814.5公斤,比上年增产199.05公斤;玉米总产量37.06万吨,比上年增长7.29%。其中马山县、横县玉米种植采用免耕栽培技术达到85%以上。

【豆类生产】 2007年,南宁市豆类作物播种面积2.96万公顷,比上年下降0.62%;平均每公顷产1498.5公斤,比上年增产69公斤;总产量4.43万吨,比上年增长4.2%。

【薯类生产】 2007年,南宁市薯类作物播种面积4.12万公顷,平均每公顷产1.42万吨,总产量58.6万吨。冬种马铃薯已经成为利用冬闲田发展生产、增加收入的途径之一,全市冬种马铃薯面积约2万公顷,其中在武鸣县、宾阳县、横县等形成了较大规模的产业。

【油料生产】 2007年,南宁市油类作物播种面积3.99万公顷,比上年下降0.79%;平均每公顷产2395.5公斤,比上年增产117公斤;总产量9.49万吨,比上年增长5.1%。油料作物以花生为主,花生播种面积3.9万公顷,占油料作物播种面积96%,比上年减少0.03万吨,下降0.76%;产量9.35万吨,比上年增加0.39万吨,增长4.34%。主要品种有桂花17号、桂花23号等。 (张文飞　曾建国)

经济作物

【桑蚕生产】 2007年,南宁市桑园面积3.04万公顷,比上年增长24.8%;养蚕169.3万张,增长38%;桑蚕茧产量5.65万吨,增长13.5%。桑园面积、产茧量均居自治区第二位。每公斤鲜茧平均售价16.9元,比上年下降31.7%,蚕农养蚕收入11.05亿元。横县、上林县、邕宁区3个蚕种场共生产一代杂交种51.61万张,增长36.9%。桑蚕产业逐步形成区域化布局、产业化经营的格局。横县、宾阳县、上林县和邕宁区是南宁市重点桑蚕业产区。桑园面积在万亩以上的乡镇有14个,横县云表镇是全国鲜茧产量第一大镇。全市共有蚕茧收烘点169个、缫丝企业14家,生产规模3.4万绪,桑蚕丝产量2458吨,工业产值6.37亿元,比上年增长17.4%;丝产品等级普遍达4A级,部分达5A级。

【蔗糖生产】 2007年,南宁市糖料蔗种植面积15.83万公顷,比上年增加1.96万公顷;产量1181.05万吨,比上年增加223.34万吨。有制糖糖厂19家,日压榨糖能力7.29万吨,其中糖蔗总产值27.5亿元,新增产值2.5亿元。有5家糖厂生产糖蜜酒精,产量3万吨。 (兰张红)

【木薯生产】 2007年,南宁市木薯种植面积5.67万公顷,总产量63.27万吨(干片)。当家品种为华南205,占总面积90%以上,其次为南植199、8693、891、9057、GR911、华南124等品种。其中武鸣县2.3万公顷,隆安县0.8万公顷,西乡塘区0.5万公顷。全市30%以上的木薯采用地膜覆盖、间套种等栽培技术。共有木薯淀粉生产企业40多家,年产木薯淀粉54.27万吨(变性淀粉3万多吨),比上年增31.01%。可生产酒精企业6家,年产酒精5万吨。其中武鸣县木薯淀粉加工企业33家,年加工淀粉20万吨。明阳生化科技股份公司年产各种变性淀粉8万吨,酒精3万吨,主要产品有“潭峰”、“明阳”牌淀粉及酒精。南宁市木薯淀粉和酒精深加工产品主要有变性淀粉、柠檬酸、味精、山梨醇、冰醋酸、山梨酸等200多个工业产品,主要应用于造纸、纺织、食品、医药、建材、饲料、石油等行业。产品销往全国各地,部分出口国外。

【蔬菜生产】 2007年,南宁市继续实施“菜篮子”工程,蔬菜播种面积15.14万公顷,总产量305.99万吨(比上年增加16.34万吨),产值31亿元。其中秋冬菜种植面积10万公顷,食用菌1300万平方米。市财政共投入400万元,在良庆区那马镇等地建设无公害蔬菜生产示范基地266.67公顷,新认定无公害蔬菜生产基地面积2666.67公顷,新认证无公害蔬菜产品8个,累计认定无公害蔬菜产地面积1.8万公顷,累计认证无公害蔬菜产品39个;在横县、宾阳县、青秀区建设蘑菇“二次发酵”平棚栽培、无粪无棚蘑菇栽培、周年开发栽培食用菌等高产优质高效示范基地。 (周冠群)

【水果生产】 2007年,南宁市水果种植总面积8.93万公顷,投产面积7.52万公顷,总产量89.22万吨,产值14.63亿元。全面推进标准化生产进程,加快无公害生产基地建设和特色水果产业的发展,主要实施的项目有武鸣县0.8万公顷龙眼、西乡塘区1万公顷香蕉的无公害水果基地县区,以及武鸣县3333.33公顷柑橘、良庆区2000公顷菠萝和邕宁区万亩火龙果等无公害生产基地。先后创建广西名牌产品“灵水牌”龙眼,广西优质产品“官山”牌龙眼,“渌水江”、“金坛王”、

南宁市优质香蕉生产基地　　欧桂兰　摄

“洛洛香”牌香蕉,“淝阳”牌红江橙等。

【香蕉生产】 2007年,南宁市香蕉种植面积1.57万公顷,投产面积1.45万公顷,产量36.73万吨,产值5.42亿元。与全市水果各指标比,种植面积占17.58%,产量占41.58%,产值占37.05%;与自治区水果各指标比,种植面积占26.58%,产量占26.77%,产值占28.43%。形成了以西乡塘区、隆安县、武鸣县为中心的香蕉产业带。

【茉莉花生产】 2007年,南宁市种植茉莉花面积6666.67公顷以上,产量8万吨,产值3.29亿元。其中,横县的茉莉花产量7.6万吨,占全国70%以上。

(粟继军)

水 产 业

【概 况】 2007年,南宁市水产养殖面积3.51万公顷,比上年增长1%,总产量20.45万吨,比上年增长9.35%。其中淡水养殖18.87万吨,增长9.52%;内陆捕捞产量1.57万吨,增长6.8%。渔业总产值14.64亿元,增长12.6%。

【罗非鱼产业化开发】 2007年,南宁市水产品加工取得突破性进展,共向养殖户兑付罗非鱼出口扶持补贴307万元;南宁百洋罗非鱼加工厂共签订罗非鱼、叉尾鱼等水产品收购订单113份,订单带动农户3000多户,加工出口罗非鱼1.4万吨,占全市罗非鱼产量33%,创汇1600万美元,产品销售收入达1.1亿元,工业总产值近1.2亿元,实现利税450万美元,成为自治区最大的水产品出口企业、全市最大的农产品出口创汇企业和第二大出口创汇企业。

【水产品质量安全管理】 2007年,南宁市共检查无公害养殖基地和出口水产品养殖基地105个,抽检水产品批发市场300批次、水产品392个,检测指标1176个,合格率98.8%。

【庭院渔业】 2007年,南宁市结合自治区的规划,大力发展庭院渔业,按照“一村一品、一村一特”的原则,打造一批以西乡塘区刚德村黄沙鳖养殖和上林县青蛙养殖为首的特色产品养殖村。其中刚德村全村有黄沙鳖养殖户180户,养殖面积14公顷,养鳖7000多只,每年产鳖苗15万只,年产值800万元,仅黄沙鳖养殖可增加农民纯收入300元以上。

【水产养殖标准化建设】 2007年,南宁市通过无公害产地认定的基地面积400公顷,占总数33%,是前3年认定面积的49%。获得出口登记备案证的养殖基地有10家。核发养殖证524本,其中滩涂水库发证率67.5%,网箱养殖发证率89%。发放水产苗种生产许可证353本,发证率100%。

(黄剑锋)

畜 牧 业

【概 况】 2007年,南宁市畜牧业生产规模进一步扩大,养殖小区和龙头企业稳步发展,畜牧业在农业生产的比重进一步提高。与上年相比,牛出栏17.6万头,增长8.8%,羊出栏24.27万头,增长11.48%;家禽出栏11.01万羽,增长14.19%。禽蛋产量1.81万吨,增长13.64%;奶牛存栏1.02万头,增长3.90%,牛奶产量3.91吨,增长16.99%;蚕茧产量5.65万吨,增长13.19%;生猪存栏量与出栏量受生产成本上涨影响,出栏432.16万头,下降1.29%;肉类总产量52.86万吨,增长3.98%,其中猪牛羊肉产量34.65万吨,减少0.71%;禽肉产量17.98万吨,增长14.31%;畜牧业产值87.10亿元,增长6.94%。畜牧业占农林牧渔业的比重,比上年提高1.06个百分点。

养殖业产业化取得新发展 以南宁广东温氏有限公司、南宁漓源粮油饲料公司、广西凤翔公司、南宁正大畜牧有限公司和广西富丰集团公司为龙头代表的家禽养殖业,带动发展“公司+农户”模式养殖小区350个,养禽出栏量8000多万羽,占全市家禽养殖出栏总量70%以上。广西富丰集团公司建成投产年加工5000万羽肉鸭加工厂,当年加工肉鸭650万羽。

健康养殖发展扩大 禽流感、猪蓝耳病等重大动物疫病得到有效控制,全年无重大动物疫病发生,无公害标准化生产技术进一步推广应用。全市通过自治区无公害基地认证的养殖企业(基地)118家、无公害产品认定养殖企业50家(新增无公害基地9个);标准化生产覆盖率进一步扩大,无公害生猪、家禽、分别占出栏总量20%、50%;养殖产品质量安全水平进一步提高,生产基地(养殖场)产品(生猪瘦肉精)检测平均合格率99%。

养殖业增长方式向标准化、规模化转变 农村传统家庭分散养殖占养殖总量比重下降到30%以下,标准化、规模化养殖家禽出栏比上年增长30%,生猪、肉牛、黑山羊出栏分别增长3%、5%和10%。

奶牛业形成自治区优势产业 以广西皇氏乳业为首的10多家奶制品加工企业,带动全市奶牛养殖1万多头,其中优质花白奶牛存栏9000多头,鲜奶产量3.9万吨,比上年增长17%,占自治区总产量的50%以上。奶牛业获自治区政府发展优势产业一等奖。

【大牲畜养殖】 2007年,南宁市继续实施畜牧良种工程,加快牛品种改良步伐,引进优良奶牛,共完成牛改杂交改良6.84万头,生产杂交牛3.21万头,大牲畜出栏17.73万头,存栏74.18万头,比上年下降1.15%(从事农事劳役的50.57万头,减少2.63万头)。牛出栏17.62万头,比上年增长8.81%,存栏72.59万头,比上年下降1.24%。其中:黄牛出栏5.36万头,增加1102头,存栏21.65万头,增长2.87%;奶牛存栏1.02万头,增长3.90%;水牛出栏12.21万头,增加1.68万头,存栏49.59万头,下降3.64%;奶水牛存栏1142头,下降33.60%。母黄牛存栏7.94万头,减少1359头;母奶牛存栏7007头,增加96头;母水牛19.89万头,减少1.02万头。出生仔黄牛3.23万头,减少4766头,仔奶牛1639头,增加36头,仔水牛7.6万头,减少1836头。武鸣县、宾阳县、马山县、横县肉牛养殖量最大;市直、江南区、兴宁区、西乡塘区奶牛养殖量最大,主要品种是荷斯坦黑白花奶牛;市直和武鸣县集中养殖水奶牛,主要品种是乌拉公牛和本地母牛杂交的良种母牛。马出栏1129匹,减少262匹;存栏15104匹,减少291匹。母马存栏4302头,出生仔马1592头,武鸣县养殖量最大。

【生猪养殖】 2007年,南宁市生猪养殖实施标准化养殖技术。农村散养养殖户逐步实行“退村进区(养殖小区),集中养殖”,规模养殖场(规模养殖户)加强以排污处理为主的基础设施建设,推进健康养殖发展,重点发展标准化规模养殖。生猪出栏432.16万头,比上年下降1.29%,出栏率比上年增长149.31%;存栏278.65万头,下降4.79%(母猪存栏34.1万头,增长5.25%)。主要养殖品种为加(拿大)系、丹(麦)系、美(国)系杂交良种及桂科系列,主要有大约克、约克、长白、大白、杜洛克、长大等,武鸣县、横县养殖量最大。年内,实施扶持生猪发展政策。一是对能繁母猪补贴政策。按照国家出台的对能繁母猪每头50元的补贴政策,全市发放能繁母猪32.64万头,发放补贴1632.09万元,其中中央财政补贴979.25万元,自治区级财政补贴532.5万元,地方财政补贴120.34万元。全市落实能繁母猪补贴后,生猪养殖企业(户)养猪积极性提高,母猪存栏增加。二是开展生猪标准化项目建设。全市共组织65家规模养殖小区(场)申报国家生猪标准化养殖建设项目,总投资3141万元,其中中央财政资金1070万元。三是落实国家奖励生猪大县政策。年内,国家对400个生猪调出大县给予奖励,武鸣县是自治区11个获得国家生猪调出大县之一,给予奖励资金714万元,用于扶持规模化生猪养殖场户猪舍改造、良种引进和粪污处理和生猪养殖大户购买种公猪、母猪、仔猪和饲料的贷款贴息。对实施生猪标准化养殖年出栏300头以上规模养猪场户安排使用专项奖励资金给予扶持。

【山羊养殖】 2007年,南宁市山羊养殖走发展圈养和引进优良品种规模养殖模式,加强山区植被环境保护,促进山羊养殖可持续发展。山羊出栏24.27万只,比上年增长11.48%;存栏25.68万只,比上年增长14.98%;母羊存栏5.78万头。主要养殖品种是马山黑山羊,马山县、武鸣县、隆安县养殖量最大。年内,南宁市列入自治区农区规模舍饲圈养山羊示范重点市,市财政安排100万元农业产业化扶持资金,按照建设"养殖小区"和"公司+农户"发展模式,实施山羊圈养和引进优良品种规模养殖示范项目,在武鸣县和隆安县各建立400户、马山县建立100户新增山羊圈养示范户,自治区补助每户新增基础母羊20只补贴2000元,3个县分获补助金额80万元、80万元和30万元,项目通过开发利用秸秆饲料资源和种植优质牧草,发展山羊规模圈养舍饲,新增能繁母羊1.8万多只,引进种公羊1000多只,新建设羊舍5.4万平方米,示范户种植优质牧草166.67公顷,利用秸秆1.5万吨,建设青贮氨化池9000立方米;发展山羊圈养规模养殖户900户,新增存栏2.7万头。项目的实施,大量农作物秸秆得到开发利用,生态环境得到有效保护,促进了农区畜牧业的发展,全市黑山羊年出栏26万头。

【家禽养殖】 2007年,南宁市推进家禽养殖小区建设和"公司+农户"规模化(集中)养殖,家禽出栏1.11亿羽,比上年增长15.37%;存栏4241.75万羽,比上年增长14.44%。其中:鸡出栏7579.91万羽,增加1128.27万羽;存栏3142.26万羽,增长15.44%。鸭出栏3451.82万羽,增加349.35万羽;存栏1069.13万羽,增长7.83%。鹅出栏87.76万羽,增加3.90万羽;存栏30.36万羽,下降9.43%。鸡主要养殖品种为三黄鸡、土鸡,武鸣县、横县、良庆区、邕宁区养殖量最大;西乡塘区、江南区、武鸣县、隆安县、横县、宾阳县蛋鸡养殖量最大。鸭主要养殖品种是北京白鸭、樱桃谷鸭、土鸭,宾阳县、武鸣县、横县、西乡塘区、良庆区、邕宁区、江南区养殖量最大。鹅主要养殖品种是朗德鹅、狮头鹅、灰鹅,宾阳县、江南区养殖量最大。

【其他动物养殖】 2007年,南宁市兔出栏21.41万只,比上年增长0.77%;存栏13.02万只,武鸣县、马山县养殖量最大。养蜜蜂2.15万箱,比上年增长5.54%;蜂蜜产量489吨,比上年增长47.62%。主要品种是中华蜜蜂,良庆区养蜂量最大。

【禽蛋生产】 2007年,南宁市蛋鸡存栏402.64万羽,其中专用型蛋鸡11.02万羽,兼用型鸡(农村散养肉蛋兼用鸡)391.62万羽,禽蛋产量1.82万吨,比上年增长13.72%(鸡蛋8522吨、鸭蛋9533吨、鹅蛋97吨)。规模化养殖的专用型蛋鸡发展较快,年更新淘汰6.20万羽,超过年饲养总量的50%。

【畜禽良种体系建设】 2007年,南宁市各级畜牧继续抓好畜禽品种改良工作。设有牛品改人工授精点279个(配建"两室一棚"的12个、"两室"的20个),有水浴锅的25个,配备消毒柜的24个、显微镜的38个。根据自治区要求推动畜牧品种改良工作,在武鸣县组织实施生猪良种繁育体系建设项目工作,财政给予补贴120万元用于6万头能繁母猪使用良种猪精液进行人工授精配种。在武鸣县实施奶牛良种补贴项目,全县13个镇建立牛人工授精配种站(点)50个,培训配备技术人员65人。全市共完成牛改杂交改良6.84万头,其中人工授精6.69万头,本交1490头;生产杂交牛3.21万头,综合受胎率52.69%。母猪引进6.69万头,杂交配种26.92万窝次,占90%以上(人工杂交配种20.98万窝次,占77.9%)。山羊杂交配种7.31万窝次,产羔羊11.58万只,其中1500户圈养殖户全部实行杂交配种。

【畜牧产业化经营】 2007年,南宁市继续提升畜牧业综合生产能力和专业化、组织化、规模化程度,鼓励农户参与产业化经营,发展养殖小区和加工产业化项目,组织实施畜禽养殖及加工产业化项目37个,市财政扶持资金805万元,主要扶持发展生猪标准化养殖及扩大养殖规模、牛品改产业化项目和畜禽屠宰加工生产线的建设,带动畜牧业产业化总投资1.5亿元。建设生猪养殖小区18个,改造和扩建规模种猪场7个、规模生猪养殖场5个,增加出栏肉猪24.7万头、存栏母猪3万头、出栏仔猪20.8万头。建设规模养牛小区(规模场)6个,增加养殖肉牛0.4万头,奶牛0.15万头,出栏肉牛0.1万头。建设隆安县、武鸣县、马山县山羊圈养及优良品种规模养殖示范项目,发展山羊圈养规模养殖户900户,新增山羊存栏2.7万头。扶持广西富丰集团、广西凤翔集团等畜牧龙头企业扩大畜禽屠宰加工、冷鲜肉品深加工项目建设。富丰集团春江肉鸭屠宰加工厂增加投入400多万元,建设熟食生产线,增加香鸭、盐水鸭、香辣鸭等品种,全年屠宰加工肉鸭668万羽。畜牧产业化经营推动生产增长,畜牧业产值87.10亿元,比上年增长6.94%。牲畜规模化养殖占养殖规模75%以上,家禽(肉鸭)产业由养殖环节延伸到加工环节。

【动物防疫】

畜禽免疫 2007年,南宁市强化畜禽免疫工作。共发放猪W苗752.53万毫升,完成猪W免疫455.62万头,免疫密度98.86%,挂标率97.17%;发放牛W疫苗280万毫升,完成牛W免疫98.52万头,免疫密度98.25%;完成羊W免疫20.95万头,免疫密度95.2%;发放猪瘟疫苗492.5万头份、猪三联苗98.55万头份、猪瘟脾淋苗115.6万头份、猪蓝耳病疫苗375万头份,完成猪瘟免疫556.03万头,免疫密度98.48%;发放狂犬病苗47.98万头份,完成家犬狂犬病免疫40.95万头,免疫密度96.69%;发放禽流感油乳苗4039.4万毫升、禽流感—鸡新城疫重组苗156万羽份,完成禽流感免疫9861.11万羽,免疫密度98.78%;发放NDII干苗161.9万羽份、NDI干苗480万羽份,完成鸡新城疫免疫7593.06万羽,免疫密度98.6%。共发放猪耳标190.37万付、动物免疫档案1.87万本、犬耳标8.05万付、家犬免疫证1900本。发放动物产地检疫合格证3530本,县境内动物产品检疫合格证7070本,出县境动物检疫合格证1230本、动物及动物产品运载工具消毒证1430本,禽D病免疫证5100本。发放各类消毒药品8.5吨。

动物疫病监控 南宁市按照《中华人民共和国动物防疫法》和国务院《中华人民共和国重大动物疫情应急条例》,开展重大动物疫病监测。奶牛布鲁氏菌病监测4654头,检出阳性6头;结核病监测3880头,检出阳性3头。牲畜口蹄疫免疫血清学监测1200头份,猪瘟免疫监测320头份,猪布病监测700头份。家畜W抗体监测1700例,合格率70.6%;禽流感抗体监测3100例,合格率82.1%;鸡新城疫抗体监测1400例,合格率68.1%;猪瘟抗体监测900例,合格率76.5%。猪旋毛虫检测63万头份,猪链球菌病扁桃体送检380份,疯牛病/痒病脑组织送检20份。

畜禽产品检疫　为确保市民吃上“放心肉”，南宁市加强对上市畜牧产品检疫情况。共检疫（市区内）上市生猪67.72万头、牛4.08万头，无害化处理病、死猪203头。检疫上市活牛15.13万头，无害化销毁病牛5头，处理死因不明的牛12头。检疫上市家禽3601万羽。其中：鸭1695多万羽，鸡1906多万羽，检出并无害化处理病死禽2.563万羽。消毒市场面积40万平方米。产地和铁路、公路运输检疫生猪643头，禽类33.73万羽，犬328只，冻品23.36吨，外皮3034张，其他动物2023只。

【养殖产品安全管理】

养殖产品质量安全专项整治　2007年，南宁市根据《广西水产畜牧产品质量安全专项整治行动方案》要求，对辖区内饲料、兽药生产与经营企业，畜禽规模养殖企业（养殖场）、经营市场开展专项检查，共检查水产规模养殖企业（养殖场）124家、畜禽规模养殖企业（养殖场）929家、饲料生产企业135家、饲料经营企业（店）501家、兽（渔）药生产企业16家、兽（渔）药经营企业（店）513家、无公害产品获证单位95家、产品批发市场（屠宰场）30家，同时对养殖投入品、产品开展专项整治检测，共抽检饲料产品432批，三聚氰胺（蛋白精）检测合格422批，合格率97.6%；抽检生猪尿样8741份，检测“瘦肉精”、莱克多巴胺等违禁药物残留，合格率99.9%；抽检畜禽产品138批，检测氯霉素、青霉素类、甲硝咪唑/二甲硝咪唑等兽药残留情况，合格率100%；抽检屠宰场猪肉60批，检测磺胺类残留情况，合格率98.3%。

养殖业标准化生产　推广应用无公害标准化生产技术，组织、引导养殖生产者积极申报无公害养殖产地认定和产品认证，全市有通过自治区无公害基地认证的养殖企业（基地）118家，通过国家无公害产品认定的养殖企业50家，无公害生猪、家禽、水产品分别占全市畜禽出栏和水产品总量20%、50%和25%。

养殖业药物残留监测　组织对全市20多个屠宰厂、重点养殖场、90个乡镇的常规抽检及春节、“五一”、国庆、中秋等节假日专项抽检。共检测盐酸克伦特罗（生猪瘦肉精残留）6201批次，检出可疑15批次，占0.24%；检测莱克多巴胺3071批次，检出可疑39批次，占1.27%；检测二甲硝/甲硝咪唑117批次，均未检出药物残留物；抽检磺胺类570批次（猪肉），均未检出药物残留物。对禁用药物超标的产品，按规定进行处理和产品生产地（养殖场）追踪索源，杜绝养殖生产中使用违禁药物的违法行为，保障群众的肉食安全。年内，由国家农业部组织的检测共4批次，抽检猪尿样117批次、猪肝35批次、猪肉15批次，检验项目分别为盐酸克仑特罗及莱克多巴胺、甲硝/二甲硝咪唑，检验结果全为阴性。

【兽医体制改革】

市级兽医机构改革　2007年，根据《国务院关于推进兽医管理体制改革的若干意见》、《广西壮族自治区人民政府关于推进兽医管理体制改革的实施意见》、自治区机构编制委员会《关于南宁市人民政府设立渔牧兽医局有关问题的批复》、《关于南宁市兽医体制改革机构编制问题的通知》、《南宁市人民政府办公厅关于市和县（区）渔牧兽医局更名的通知》等文件精神，分离原市农业局承担的水产畜牧业、饲料工业的管理职责，设立南宁市水产畜牧兽医局，主管渔业、畜牧业、饲料工业和兽医工作的工作部门，于7月挂牌成立，内设办公室、人事科、市场信息与科技科、渔业生产管理科、渔政管理科、畜牧与饲料科、防疫与检疫科、兽医医政与药政科8个职能科室，局机关行政编制26名，加挂市饲料工业办公室牌子，承办市政府管理饲料工业的职能；加挂市政府重大动物疫病防治指挥部办公室牌子，承办市政府重大动物疫病防治指挥部有关职能；管理二层机构6个。原由市农业局管理的市渔政监督管理站、市种畜场、市马潭种畜场、南宁水产良种场、市畜牧兽医工作站、市水产技术推广站成建制划由市水产畜牧兽医局管理。市水产畜牧兽医局制定《南宁市动物疫病预防控制中心、动物卫生监督所和水产畜牧兽医技术推广站职能配置、内设机构和人员编制方案》，在市畜牧兽医工作站（市兽医检疫站、市兽医卫生监督检验所）基础上，将其兽医行政执法、兽医技术支持的职能分离，分别组建市动物疫病预防控制中心、市动物卫生监督所，同时将该站原来畜牧兽医技术推广的职能并入市水产技术推广站，组建市水产畜牧兽医技术推广站，取消市畜牧兽医工作站。

县区兽医机构改革　县区级水产畜牧兽医机构、职能同时进行改革，六县六区统一设水产畜牧兽医局，均为行政管理机构，核定编制80人。统一设立县区动物疫病预防控制中心、动物卫生监督所和水产畜牧兽医技术推广站作为直属县区水产畜牧兽医局管理的二层机构。

乡镇兽医机构改革　全市乡镇统一设畜牧兽医站，共设乡镇畜牧兽医站108个，基本按一乡镇一站设置，均实行全额拨款的经费管理形式，核定编制662人。同时，全市按每个行政村1名的配额，共配村级动物兽医防疫员1395名，由财政给予工作补贴，自治区、市、县区分别在年度财政预算中编列专项预算给予安排。

【县乡兽医防疫体系建设】　2007年，南宁市有70个县乡级动物防疫基础设施建设项目被列入为自治区50大庆民心工程，其中乡镇渔牧兽医站项目65个，县级动物卫生监督所项目4个，县级动物疫情测报站1个。总投资1281.68万元（国债717.68万元、自治区财政564万元）。（陆国现）

农业综合开发

【概　况】　2007年，南宁市农业综合开发项目投资总额9944万元。其中：中央财政资金2500万元，自治区财政资金1945万元，市县财政资金4220万元，自筹资金1279万元。以土地治理项目为主，共投入7319万元，占总投资73.6%；产业化经营项目投资2625万元，其中国家立项的一般产业化经营项目1个，投资625万元；市级农业产业化财政资金安排2000万元，扶持一批优势特色农业产业项目。

【中央立项项目】

土地治理项目　2007年，南宁市获中央立项的农业综合开发土地治理项目有西乡塘区金陵镇、邕宁区中和乡、武鸣县罗波镇、横县校椅镇、宾阳县芦圩镇、上林县明亮镇和隆安县雁江镇中低产田改造项目共7个，开发面积0.42公顷，投资总额4275万元（均为无偿资金），比上年增长6.1%。其中：中央财政资金2250万元，自治区财政配套资金925万元，市级财政配套资金100万元，县级财政配套资金100万元，自筹资金900万元。项目建成后，7个县区累计新增灌溉面积673.33公顷，改善灌溉面积1466.67公顷，新增节水灌溉面积833.33公顷、除涝面积186.67公顷，改善除涝面积366.67公顷，改良土壤面积2393.33公顷，扩大良种种植面积1680公顷，技术培训农民2.05万人次。新增粮食584万公斤、糖料2082万公斤。新增种植业总产值4481万元，项目区农民收入增加1264万元。

农业产业化经营项目　南宁市争取国家立项的农业产业化经营项目有邕宁区红龙果基地项目1个，投资总额625万元。其中：中央财政资金250万元，自治区资金100万元，县级财政配套25万元，企业自筹资金250万元。主要种植生产优质红龙果和培植优良种苗。项目完成后，年新增优质水果450万公斤，提供红龙果种苗10万株，新增利税186万

2007年南宁市无公害农产品情况表

产品名称	生产单位	年产量（吨）	产品名称	生产单位	年产量（吨）
“绿大洲”青瓜	市绿大洲农业开发有限责任公司	120.00	苦瓜	武鸣县农业技术推广中心	2250.00
“绿大洲”甜椒	市绿大洲农业开发有限责任公司	150.00	芥菜	武鸣县农业技术推广中心	750.00
青瓜	广西八桂农业科技有限公司	100.00	豆角	武鸣县农业技术推广中心	1500.00
番茄	广西八桂农业科技有限公司	100.00	菜心	武鸣县陆斡镇桥东村蔬菜协会	2000 .00
菜心	广西八桂农业科技有限公司	100.00	南瓜	武鸣县陆斡镇桥东村蔬菜协会	3000 .00
“八桂”卷筒青	广西八桂农业科技有限公司	3600.00	菜心	良庆区那马昌盛无公害蔬菜经济协会	126.00
“八桂”芥菜	广西八桂农业科技有限公司	3600.00	豆角	良庆区那马昌盛无公害蔬菜经济协会	3000.00
“八桂”芥蓝	广西八桂农业科技有限公司	3000.00	黄瓜	良庆区那马昌盛无公害蔬菜经济协会	7200.00
菜心	市蔬菜研究所	10.00	苦瓜	良庆区那马昌盛无公害蔬菜经济协会	7200.00
“十万大山”彩椒	广西壮族自治区农垦企业总公司	600.00	辣椒	良庆区那马昌盛无公害蔬菜经济协会	3600.00
“十万大山”黄瓜	广西壮族自治区农垦企业总公司	825.00	节瓜	良庆区那马昌盛无公害蔬菜经济协会	3150.00
苦瓜	广西南宁桂乐农业综合开发有限责任公司	350.00	茄瓜	良庆区那马昌盛无公害蔬菜经济协会	4200.00
丝瓜	广西南宁桂乐农业综合开发有限责任公司	300.00	空心菜	良庆区那马昌盛无公害蔬菜经济协会	100.00
节瓜	广西南宁桂乐农业综合开发有限责任公司	350.00	小白菜	良庆区那马昌盛无公害蔬菜经济协会	900.00
茄子	广西南宁桂乐农业综合开发有限责任公司	150.00	大白菜	良庆区那马昌盛无公害蔬菜经济协会	1875.00
菜心	广西南宁桂乐农业综合开发有限责任公司	1400.00	韭菜	良庆区那马昌盛无公害蔬菜经济协会	150.00
韭菜	广西南宁桂乐农业综合开发有限责任公司	50.00	萝卜	良庆区那马昌盛无公害蔬菜经济协会	7200.00
辣椒	广西南宁桂乐农业综合开发有限责任公司	150.00	玉米	良庆区那马昌盛无公害蔬菜经济协会	6000.00
番茄	广西南宁桂乐农业综合开发有限责任公司	180.00	辣椒	横县经济作物工作站	6000.00
豆角	广西南宁桂乐农业综合开发有限责任公司	100.00	甜玉米	横县经济作物工作站	18000.00
黄瓜	兴宁区三塘镇农业服务中心	2400.00	番茄	横县经济作物工作站	4557.70
豆角	兴宁区三塘镇农业服务中心	3300.00	肉芥菜	横县经济作物工作站	14625.00
毛节瓜	兴宁区三塘镇农业服务中心	2700.00	卷筒青	横县经济作物工作站	13250.00
甜玉米	兴宁区三塘镇农业服务中心	540.00	青瓜	横县经济作物工作站	7274.20
菜心	兴宁区三塘镇农业服务中心	4320.00	大米	上林县大明山优质米协会	7440.00
马铃薯	武鸣县农业技术推广中心	1550.00	香蕉	隆安县农业技术推广站	65657.40
西红柿	武鸣县农业技术推广中心	8000.00	板栗	隆安县农业技术推广站	3318.12

（王冬梅）

元，净利润156万元，年直接受益农户100户，年新增就业人数125人。

【地方立项项目】

自治区立项项目　2007年，南宁市获自治区土地治理项目有武鸣县、宾阳县、上林县和邕宁区甘蔗良种推广项目4个，投资总额920万元（全部是自治区财政无偿资金），按照国家土地治理项目的立项程序进行申报、审批。开发任务是建设农业综合开发甘蔗良种基地4个133.33公顷以上，项目资金主要用于引进甘蔗示范品种和甘蔗良种基地建设。项目建成后，在4个县区扩大良种种植面积920公顷，年新增糖料生产能力6294万公斤、种植业总产值996万元，项目区农民收入增加272万元。

南宁市立项项目　市级土地治理项目有马山县白山镇合作、合群村，良庆区良庆镇新兰村，南宁华侨投资区宁武、民涵农场，兴宁区三塘镇贤村、那洞村，西乡塘区金陵镇三联村5个中低产田改造项目以及良庆区雄牛乳业公司通屯道路建设、良庆区那马镇无公害蔬菜基地建设和江南区苏圩镇那海村水利、道路建设3个项目，投资总额2124万元。其中：市财政投入1410万元，县区财政配套585万元，自筹129万元。开发改造中低产田1200公顷。项目完成后，可以为6县区改造中低产田1233.33公顷，新增灌溉面积433.33公顷，改善灌溉面积333.33公顷，改良土壤413.33公顷，扩大良种面积133.33公顷，技术培训农民8000人次，新增粮食130.5万公斤、蔬菜115万公斤；项目区农民收入增加150万元；建成通屯道路3.5公里、机耕路3公里、三面光渠道2.5公里，平整土地32.4公顷。

农业产业化经营项目　市财政加大对农业产业化项目的投入，每年按一定比例递增。8月底下达第一批项目，投资1155万元；10月中旬下达第二批项目，投资410万元；12月上旬下达第三批项目，投资435万元，累计投资2000万元，比上年增加126万元。扶持的农业产业化经营项目主要有：横县桂华、三联公司和上林县海润、丰乐、斯尔顿公司的种桑养蚕、加工（138万元和140万元）；横县金山、果宝、兴辉公司的果蔬加工（90万元）天津洋裕公司的马铃薯种植（75万元）；百洋集团罗非鱼养殖加工、农乐米业的超级稻仓储设备购置、百大丝绸公司的蚕丝绸加工、富丰集团和汇华公司禽畜养殖项目的贷款贴息（各60万元）。采取“公司+基地+农户”模式，立足本地资源和比较优势，重点培植发展优质谷、糖料蔗、果蔬、桑蚕、木薯、商品林、花卉、畜禽、牛奶、罗非鱼等农业优势产业。

【项目验收】　2007年7月，受自治区农业综合开发办公室委托市农业综合开发办公室组织水利、农业、林业、监理等部门，对南宁市2006年度7个国家立项的土地治理项目、4个自治区良种推广项目、3个市级土地治理项目以及一批市级农业产业化项目进行检查验收。检查分内业和外业两个组，检查文档归集整理、财务核算、资金管理和立项申请、招投标、监理、施工质量、计划完成情况、工程运行管护等各个方面。检查结果：各级农业综合开发项目实施情况较好，各项建设任务和主要技术经济指标基本完成，资金管理和使用较为规范，工程质量和管护达到有关要求。但工程施工和项目实施进度缓慢、不按时竣工结算的比较普遍，尾欠工程较多。

【项目管理】　2007年，市农发办相继出台《南宁市农业综合开发业务审批限时办结制度》、《南宁市农业综合开发一次性告知内容》、《农业综合开发项目、资金报批办理指南》、《市农发办公开承诺》等，全面推行农业综合开发土地治理项目法人责任制、招投标制、工程监理制、资金和项目公示制。市、县区农发机构作为农业综合开发项目的法人，负责项目的全面管理。对土地治理项目的主要单项工程的勘察设计、施工、监理、主要设备和材料的采购，实行公开招标。将项目财政资金和企业自筹、农村集体、农民自筹资金使用情况以及项目建设主要内容进行公示，接受社会和群众监督。市农发办与产业化联席会议办公室共同起草修订并行文下发《南宁市扶持农业产业化龙头企业项目资金管理的暂行办法》，农业产业化项目资金管理走向制度化、规范化，确保农民既得利益。年内，首次实行通过农业产业化联席会议审议、市政府审定的方式安排农业产业化项目和资金，实施单位与市农业产业化办公室签订责任状，项目实施完成并通过验收后，按程序实行财政报账与资金结算。明确工程管护主体，办理移交手续。

土地治理项目向非国家项目县区倾斜　市财政加大对非国家农业综合开发项目县区土地治理项目的投入。市级立项土地治理项目实际支出1410万元，支持马山县、良庆区、兴宁区、江南区、南宁华侨投资区和西乡塘区的8个项目。实施土地治理项目的中低产田改造、科技推广、产业结构调整等措施以后，各县区的农业基础设施基本上达到和谐均衡发展。

重点扶持优势特色产业项目　市财政安排2000万元支持农业产业化项目，采取重点扶持、兼顾面上的办法，每年打造2~3个领先自治区的农业产业。主要以罗非鱼、桑蚕、甜玉米、超级稻的种植加工4个优势特色产业作为扶持重点，带动和影响一批农民增收致富。扶持罗非鱼养殖及加工215万元，当年养殖水面4000公顷、产量4.3万吨、产值3.01亿元，加工产量1.8万吨、产值1600万美元；扶持桑蚕种植及加工445万元，当年种植桑树面积3.03万公顷、鲜茧产量5.7万吨、产值11.02亿元；扶持甜玉米种植及加工40万元，当年种植面积1.13万公顷、产量27.2万吨、产值3.8亿元；扶持超级稻种植及加工120万元，当年种植面积3.87万公顷、产量33.89万吨、产值6.44亿元，加工产量6.78万吨、产值1.07亿元。

【资金管理】　2007年，市县区农发办设立农业综合开发资金财政专户。无偿资金实行县级财政报账制。按照2007年制订的市农业综合开发业务限时办结制度规定，自收到国家和自治区项目的财政资金之日起，10个工作日内拨给项目实施的县区财政农发专户，市级项目的财政资金自批复之起5个工作日内拨出。有偿资金借款手续按区、市、县(农发办)逐级办理，市对自治区、县对市财政承借承还。县级农发办借给用款单位时，借款单位必须提供相应的财产作为担保，签订借款合同，并保证专款专用，按期还本付息。重点抓有偿资金到逾期回收工作，把任务分解落实到县区、人员，清理回收2007年底以前到期、逾期的有偿资金本金和占用费，共清理回收到逾期有偿资金671.25万元，比上年增长90.4%。

(黄士壮)

农业科技

【农民培训工程】　2007年，南宁市实施“科教兴农”战略，累计开展科技培训39.34万人。其中，“绿色证书”培训工程培训2.63万人，农民实用技术培训36.71万多人次。

百万农村党员大培训活动　全市共派出专家、农技人员5.12万人次组成各种服务队、辅导团入村屯开展培训活动，共举办实用技术培训1722期，发放书籍3.39万册、实用技术资料明白纸27.03万份、光盘1400张；培训农民党员及科技推广示范户和种植养殖大户共17.54万人；赠送农药、种子、农膜等生产资料价值54.97元。

万名农技人员春节培训进万家活动　利用农业技术人员、教师、应届毕业的大学生春节返乡期间，宣传普及中央1号文件、党的惠民政策及有关法律法规知识，把急需的农业生产技术和转移就业技能传授给农民，帮助农民谋划新农村建设。参与农技员共1.2万人，培训农民3.72万人。赠送技术资料6.6万份、生产资料实物9400份，帮助解决生产、生活实际困难799件。

科技“三下乡”活动　共培训农民1200人，接受技术咨询8200万人次，发放各种宣传资料1.25万多份，赠送技术资料和书籍320多册。

新型农民培训工程　按照“围绕主导产业、培训专业农民、进村办班指导、发展一村一品”的总体思路，在武鸣县40个村、横县35个村和邕宁区35个村开展新型农民培训工程。　(黄永贵)

【农业科技与推广】

超级稻示范推广　2007年，南宁市实施超级稻推广3.33万公顷计划，实际完成3.87万公顷。推广的品种主要有辐香优98、准两优527、准两优1202、中浙优1号、Y两优1号、天丰优998、天丰99、两优培九等。分别在武鸣县双桥镇、良庆区那陈镇、上林县大丰镇、横县横州镇等地开展6项超级稻不同密度试验研究。在青秀区南阳镇建立超级稻推广示范片，落实示范片的超级稻品种种植示范、免耕抛秧栽培技术，水稻编织布育秧技术、无公害标准化生产技术等工作。

水稻免耕抛秧栽培技术　全市完成水稻免耕技术推广面积8.79万公顷。玉米免耕栽培完成推广面积2.69万公顷，主要分布在横县、马山县、武鸣县和隆安县等地。

玉米科技推广　全市推广瑞恒269、源泉9号、隆玉2号、晋单48号、绿城133等玉米新品种及配套栽培技术4100公顷。玉米示范样板片建设主要在马山县合作镇羊山村、隆安县城厢镇旺忠村，面积共306.67公顷。

马铃薯科技推广　2006年冬至2007年春，全市冬种马铃薯2.45万公顷，其中马铃薯免耕栽培完成稻田马铃薯免耕栽培技术推广6400公顷。推广品种主要有中薯1号、紫花K3、东农303、

南宁市超级稻抛秧示范　杜　勇　摄

2007年南宁市绿色食品情况表

产品名称	产品类别	注册商标	生产企业
茶叶	精制茶	石乳牌	广西石乳茶业有限公司
茉莉花茶	精制茶	石乳牌	广西石乳茶业有限公司
红心橙	鲜果类	金光牌	广西金光实业总公司
椪柑	鲜果类	金光牌	广西金光实业总公司
白砂糖	机制糖	涌泉牌	广西农垦糖业集团良圻制糖有限公司
白砂糖	机制糖	柳兴牌	广西农垦糖业集团柳兴制糖有限公司
白砂糖	机制糖	蜜蜂牌	广西横县新凯糖业有限责任公司
白砂糖	机制糖	昌菱牌	广西农垦糖业集团昌菱制糖有限公司
番木瓜	鲜果类	金光牌	广西农垦国有金光农场
香蕉	鲜果类	金光牌	广西农垦国有金光农场
网纹甜瓜	鲜果类	金光牌	广西农垦国有金光农场
油茶籽油	食用植物油及制品	莫老爷牌	广西莫老爷食品有限公司
白砂糖	机制糖	黔江牌	广西农垦糖业集团黔江制糖有限公司
南方黑芝麻糊	其他农林加工产品	南方牌	广西南方食品股份有限公司
南方低糖黑芝麻糊	其他农林加工产品	南方牌	广西南方食品股份有限公司
南方无糖黑芝麻糊	其他农林加工产品	南方牌	广西南方食品股份有限公司
南方早餐黑芝麻糊	其他农林加工产品	南方牌	广西南方食品股份有限公司
白砂糖	机制糖	三冠牌	广西农垦糖业集团金光制糖有限公司
油茶籽	油料作物产品	莫老爷牌	广西莫老爷食品有限公司
西津优质米	大米	西津牌	横县陶圩精米厂

（王冬梅）

中薯213、大西洋、合作88、早大白等。（杜　勇）

桑蚕科技推广　全市建立桑树新品种种苗繁育基地3个，面积50公顷，引进特优二号、桂桑优12号和桂桑优62号3个优良品种；建立桑树新品种示范基地9个，面积366.67公顷，大面积推广桑树高效育苗技术、桑树埋条成园技术；建立小蚕共育示范点、省力化养蚕示范点、方格蔟示范点各22个，全市小蚕共育率63.5%，方格蔟使用率28.4%，分别比上年增长41%和10.5%。马山县金钗镇东屏村蓝莉芬创建的金宜小蚕共育基地，年共育商品小蚕2万张，产值200万元。分别在邕宁区、青秀区、横县成立桑蚕专家大院各1个、桑蚕专家大院各1个；编制发布蚕茧收烘技术标准，5A高品位生丝研制开发成功。邀请日本蚕学专家山本俊雄先生到横县讲学。9月，市农业部门与市妇联联合在横县云表镇开展"蚕娘兴业"活动。举办种桑养蚕技术培训班307期，培训农民和农村技术骨干3.69万人次。（兰张红）

果科技推广　全市引进试验、示范，推广台农17号菠萝、沙糖橘、台湾甜脆桃、南方葡萄、水果型木瓜、火龙果、草莓等果类，不断满足市场需求，提高果农收入；特有的晚熟龙眼良庆1号通过广西果树优良单株决选，申请省级品种审定。推进"优果工程"，建设武鸣县、西乡塘区、良庆区和邕宁区无公害水果生产基地，推进水果标准化生产进程。示范推广以"三避"技术为主的先进适用新技术，提高无公害标准化安全果品生产水平。以套袋为主的"三避"技术推广面积2.67多万公顷，涉及香蕉、荔枝、台湾大青枣、枇杷、杧果、葡萄、番石榴等10多种果类，防止病虫、农药和强光直接危害、接触、烧伤果实，提高了果品内在品质和外观商品性状，每公顷水果增值4500~9000元，推广技术直接增值1.6亿元以上。建立香蕉采后商品化处理生产线11条，通过示范推广应用，带动香蕉主产区西乡塘区、武鸣县的蕉农对香蕉进行采后商品化处理，保证无伤采收和清洗、消毒防护处理，果品能完好地到达销售目的地。杧果、柑橘、火龙果、台湾大青枣等水果的采后商品化处理力度也明显加大，果农对水果采后商品化处理意识逐步提高。此外，推广桂圆干、荔枝干高效节能加工技术，扩大龙眼、荔枝等水果加工能力，增加果品附加值，提高果品市场竞争力。（粟继军　兰张红）

蔬菜科技引进与推广　全市引进适应性强，抗病，生长整齐、品质好、产量高的蔬菜新品种13个。主要有：台湾甜瓜、橙露和蜜橙、日本水果小青瓜、"一品茄"、台湾香菜、胶股兰野菜；荷兰彩椒、圣比利大果型番茄。引进和繁制蔬菜良种6500公斤。繁种基地面积8.67公顷，主要品种有毛节瓜、豆角、苦瓜、丝瓜、油菜心、迟花菜心、番茄等，推广良种面积1533.33公顷。（林之桂）

扶贫开发

【概　况】2007年，南宁市扶贫开发工作围绕贫困村农民脱贫致富与建设和谐文明新村目标，以国家扶贫开发工作重点县和贫困村为重点扶持区域，采取整村推进方式，重点抓贫困地区基础设施建设、产业开发和劳动力技能培训工作。共投入各项扶贫资金6.4亿元，其中扶贫贴息贷款发放额9845万元、中央财政扶贫资金4954.69万元、以工代赈扶贫资金1123万元、自治区市县（城区）财政安排资金1.1亿元、利用外资（实际投资）3600万元、部门（含自治区部门）和社会帮扶等资金3.35亿多元。用于种植业2943.71万元、养殖业1283.33万元、加工业3600万元、基础设施4.58亿元、其他6162.57万元。扶贫项目扶持农户13.8万多户，受益人口59.24万人，吸纳劳动力12.24万人，得到贴息到户贷款农户11735户。财政扶贫资金共投入贫困村1.5亿多元，其中投入实施整村推进工作的贫困村1.22亿元。全年解决温饱人口1.32万多人。正册登记贫困人口下降至27.8万多人。其中：未解决温饱人口（年人均纯收入668元以下者）5.65万人，低收入贫困人口（年人均纯收入668~924元之间者）22.15万人。返贫人口1.51万人。全市317个贫困村，年末总人口82.56万多人（绝对贫困人口4.31万人，低收入贫困人口15.58万人），其中劳动力47.24万人、丧失劳动能力3.36万人；耕地面积4.78万公顷（有效灌溉面积1.45万公顷），其中基本农田2.26万公顷（高产稳产农田1.17万公顷）；桑园、茶园、林果园面积7646.6公顷（当年新增面积1845.61公顷）；粮食作物播种面积4.77万公顷、粮食总产2.64亿公斤，经济作物播种面积1.87万公顷；外出务工1.5万人、总收入

8.35 亿元;大牲畜存栏 1.77 万头,羊存栏 7.93 万只,猪存栏 34.45 万头,家禽存栏 260.93 万羽;新、改、扩建道路 398 条 995.82 公里,其中四级标准及以上路 92 条 394.95 公里;新建沼气池 7707 座;新增引水工程 169 处,新建水柜 61 个,解决饮水困难人数 7.42 万人、牲畜 5.68 万头;参加劳动力转移就业培训 1.31 万人,参加农业实用技术培训 3.45 万人;农民年均纯收入 2177.55 元,比上年增长 14.87%;298 个村委通四级砂石路(含水泥路、柏油路),通达率 94.01%;2251 个 20 户以上的自然屯通村级路,通达率 82.24%(全市 317 个贫困村共有 20 户以上的自然屯 2737 个);未解决饮水困难 12.84 万人、占贫困村人口总数 15.55%,未通电的有 24 个自然屯(20 户以上,下同),未通邮的有 70 个自然屯,未通电话的有 1 个村委和 287 个自然屯,未通广播电视的有 6 个村委和 341 个自然屯,无卫生室的 26 个村委、计划生育室的 17 个村委;居住简易住房 1.02 万户,无房户 313 户;校舍有危房的村小学校 105 个;缺粮户 1.54 万户。

【基础设施建设大会战】 2007 年,南宁市继续实施自治区下达给隆安县、马山县大石山区基础设施建设大会战项目 15 大类 9414 个项目,计划总投资 6.08 亿元。南宁市将这项工作列入 2007 年市政府为民办实事项目之一,成立隆安、马山两县大石山区基础设施建设大会战指挥部,下设办公室、项目协调组、资金协调组。隆安县和马山县也分别成立相应的机构。至年末,开工项目 9412 个,占项目计划 99.98%,竣工项目 9356 个,竣工率 99.38%,累计完成投资 5.35 亿元、占总投资 88.04%。其中扶贫部门负责实施的村屯道路项目建设全面竣工,完成总投资 5589 万元。修建道路 289 条 680.43 公里(含桥 1 座 30 延米),完成计划任务 100%。受益 123 个村、848 个屯、2.1 万户、9.92 万人。

【贫困地区基础设施建设项目】

村屯道路项目 2007 年上半年,南宁市继续实施自治区分 3 批下达的 2006 年度贫困地区村屯道路项目(跨年度项目),项目总投资 3043.84 万元(自治区财政扶贫资金 1991.2 万元、县区配套 380 万元、群众自筹 672.64 万元)。至年末,修建道路 255 条 604.5 公里、独立桥 20 座 479 延米,完成计划任务 100%。受益群众 8162 户 3.09 万人。

为民办实事项目 自治区分两批下达 2007 年南宁市贫困地区道路建设计划:修建村屯道路 151 条 366.2 公里、独立桥 16 座 322 延米,计划总投资 2374.3 万元(自治区财政 1403.4 万元、县区配套 445.6 万元、群众自筹 525.3 万元)。项目受益群众 2.65 万户 11.19 万多人。至年末,累计完成投资 1325.45 万元,占计划总投资 55.82%;竣工道路 88 条 205 公里,竣工桥 8 座 82 延米。实施自治区、市政府 2007 年度为民办实事项目 3 个。其中:贫困村沼气池建设 2800 座,总投资 512.2 万元(自治区财政 280 万元、县区配套 47.8 万元、农民自筹 184.4 万元),受益群众 2800 户 1.27 万人;人畜饮水建设工程 86 处,总投资 643.3 万元(自治区财政 438.6 万元、县区配套 73.9 万元,群众自筹 130.8 万元),受益群众 8984 户 3.92 万人;特困农户茅草房改造 6 户,总投资 3.6 万元,受益人口 18 人。

市财政资金扶持项目 南宁市非新农村建设连片试点工作县区整村推进贫困村市财政资金扶持项目(跨年度实施项目),要求于 2008 年 6 月末前完成。项目计划:在横县、宾阳县、上林县和西乡塘区,修建村屯道路 45 条 79.14 公里、独立桥 2 座 30 延米、人饮工程 23 处,总投资 1054.21 万元(市财政 627.84 万元、县区配套和群众自筹 426.37 万元),受益群众 6794 户 2.95 万人。至年末,累计完成投资 257.5 万元,占总投资 24.43%,竣工道路 12 条 22 公里。

通屯水泥路项目 2007 年度南宁市非新农村建设连片试点工作县区新农村建设示范村通屯水泥路项目(跨年度实施项目),要求 2008 年 6 月末前完成。项目计划:在横县、宾阳县、上林县和西乡塘区修建通屯水泥路 18 条 21.64 公里,总投资 327.62 万元(市政府 129.82 万元、县区财政 160.65 万元、群众自筹 37.15 万元),受益群众 1551 户 7672 人。至年末,累计完成投资 120.16 万元、占总投资 92.56%,竣工通路 4 条 4 公里。

【贫困村重点产业开发项目】 2007 年 9 月,自治区下达南宁市当年度贫困村重点产业开发项目 25 个(种植项目 18 个、养殖项目 7 个),总投资 2398.4 万元(中央和自治区财政 966 万元、项目自筹 1432.4 万元)。采用良种良法种植竹子 125 公顷、蚕桑 547.53 公顷、剑麻 429.13 公顷、速生桉 486.67 公顷、甘蔗 253.33 公顷、木薯 80 公顷、香蕉 64.67 公顷、超级稻 166.67 公顷、甜玉米 26.67 公顷、马铃薯 20 公顷。饲养肉鸡 7.8 万羽、肉猪 4920 头,养殖杜东母猪 1250 头。项目覆盖 186 个贫困村、2.42 万户农户。要求 2008 年 6 月底前完成。至年末,全面完成建设任务的项目 9 个,完成投资额 976 万元,完成种植蚕桑 326.87 公顷、速生桉 120 公顷、香蕉 64.67 公顷、木薯 80 公顷、超级稻 166.67 公顷、马铃薯 20 公顷,饲养肉猪 3200 头;在建项目 3 个;未开工项目 13 个。

【扶贫贴息贷款】

扶贫贴息到户贷款项目 2007 年,南宁市在马山县、隆安县、上林县、武鸣县、邕宁区、良庆区、西乡塘区实施扶贫贴息到户贷款项目,争取到贷款规模 6100 万元(自治区安排 5600 万元,市本级安排 500 万元),贷款期限 1 周年,年贴息率 5%。共有 1.17 万户农户获贷。

扶贫龙头企业贴息贷款项目 南宁市共有 5 家扶贫龙头企业获得扶贫贴息贷款,贷款总额 3745 万元,贷款期限 1 年,年贴息率 5%。获贷最多的企业为 1165 万元,获贷最少的企业为 480 万元。每家获贷企业分别实施 1 个项目,扶持和带动贫困村农民发展本企业生产所需原料作物产品生产。

【扶贫培训】

农民农业实用技术扶贫培训 2007 年,南宁市扶贫部门利用自治区安排财政扶贫培训经费 88 万元,采用农家课堂培训、异地培训、现场培训等方式,聘请授课教员 486 人次,在 76 个乡镇、317 个贫困村举办各类农业实用技术培训班 234 期,培训农民 2.99 万人。

贫困劳动力转移就业职业技能培训 组织本市贫困劳动力 1250 人到市第一职业高中、马山县职业中学和上林县职业高中参加转移就业职业技能培训。其中 1150 人参加为期 1 个月的免费培训,推荐就业率 98%;100 人参加两年期的学历职高班培训。共投入财政扶贫培训经费 81.25 万元。

【定点帮扶贫困村】 2007 年 6 月前,南宁市共有 110 个市直属单位(企业)继续定点帮扶自 2003 年以来所挂钩帮扶的贫困村。6 月以后,调整由 97 个市直单位(企业)定点帮扶 91 个实施第二批整村推进扶贫开发工作的贫困村,帮扶期限两年。共有 2142 名干部(其中处级以上干部 444 名)到帮扶村开展工作,投入帮扶资金 1122.4 万元(单位投入 347.1 万元、引进项目资金 775.3 万元),资助修建村屯道路 136 条 283.1 公里、人饮工程和水利设施 138 处,改造中低产田 156.2 公顷,扶持农户养殖牲畜家禽 14.88 万头(只、羽),发展种植经济作物 1390.2 公顷,修缮学校 52 所、村委办公用房 60 个,资助贫困生 875 名、特困户和五保户 1175 户,扶持农业科技示范户 343 户,开展农业技术培训 89 期、培训农民 1.01 万人。

【异地安置移民扶贫】 2007 年,南宁市共有23个异地安置移民点，其中有22个点已移交当地管理，移民身份已转为当地农民居民身份。市扶贫工作部门实施异地安置移民点、移民村屯基础设施和主导产业开发工作，得到自治区各项扶持资金99.37万元。其中，投入4.9万元修建村屯道路10条25.6公里、人畜饮水和水利工程7处；投入9700元扶持移民实施产业开发项目5个；投入13.5万元开展农业实用技术培训。同时协调解决一些移民的住房用地和生产用地等问题。

【整村推进贫困村扶贫开发】 2007年6月，自治区检查验收组对南宁市首批135家贫困村(武鸣县8个、横县13个、宾阳县9个、上林县23个、隆安县32个、马山县38个、兴宁区1个、青秀区1个、西乡塘区4个、邕宁区4个、良庆区2个）整村推进扶贫开发工作进行检查验收，随机抽查验收隆安县、上林县、横县3个县共9个实施首批整村推进工作的贫困村，达优秀档次8个(优秀率88.89%)、良好档次1个（良好率11.11%)。

年内，南宁市正式启动和实施第二批91个贫困村(武鸣县5个、横县8个、宾阳县6个、上林县15个、隆安县23个、马山县26个)整村推进扶贫开发工作，实施期限两年(2007年1月至2008年12月)。共投入各类扶贫资金1.32亿元（受益农民5.01万户22.21万人),其中用于种植业1264.11万元（受益1.73万户7.14万人)、养殖业49.92万元(受益5857户2.51万人)、基础设施建设1.06亿元、其他436.81万元。新建道路361条811.12公里（四级路62条229.15公里)、引水工程142处、水柜60座、沼气池6154座,新增经济林650.87公顷,新增桑园、茶园、果园653.48公顷，当年解决温饱人口8213人、饮水困难人口6.16万人,农民参加转移就业职业技能培训7804人、农业实用技术培训2.98万人,农民年人均纯收入2282.32元。 （陆仁健）

农业机械化

【概　况】 2007年,南宁市有市、县区农业机械化管理局(中心)13个,人员130人。下属市农机安全监理所、农业机械化技术学校、农业机械化技术推广服务站、农业机耕队、市农机化服务公司、丰腾农机供应公司、南宁奔腾农机有限责任公司,职工191人。全市有农机机构50个(事业单位44个、企业6个)，职工580人,教师70人。

全市有各类拖拉机10.47万台，比上年增长3.29%。其中：大中型拖拉机2822台，增长17.24%;新增水稻联合收割机286台，增长86.67%;新增水稻插秧机123台，增长17.57%;农机总动力314.08万千瓦，增长5.78%。推广秸秆粉碎还田机械2800多台，新增甘蔗耕整地、砍收机械107台。与上年相比，完成农机作业总值22.66亿元，增长14.52%;机耕面积22.64万公顷，增长6.86%，机耕水平61.07%；机犁耙作业面积42.67万公顷，增长0.04%;水稻机收面积4.36万公顷，增长102.4%;完成外出水稻跨区机收作业0.57万公顷，跨区机收作业收入510万元；水稻机插秧面积633.33公顷，增长8倍；甘蔗机械深耕深松推广面积4.53万公顷，超额完成0.8万公顷；主要农业生产耕种收综合机械化水平26%，提高4个百分点。其中，水稻机耕水平72.5%，机收水平15.86%，分别提高4.5和7.86个百分点，综合机械化水平33.6%。完成各类农机技术培训1.36万人，完成拖拉机年检2.86万台。

【农机服务】 2007年，南宁市共组织710个农机大户、1381个机耕服务队，完成70%的农机作业生产任务。并组织在春耕、“双抢”、秋冬种等重要农时季节进行抢种、抢收、跨区作业等农机作业，全年共组织26.7万台次拖拉机投入农业生产，实际下田作业拖拉机18万台次；投入水稻联合收割机965台(引进外地收割机402台到南宁市跨区作业)，机械收割4.36万公顷;投入插秧机85台，机械化插秧推广示范面积460公顷；投入排灌机械7.35万台次，抗旱浇灌面积12.69万公顷次。农机系统干部、技术人员下乡服务4万人次，修理机具13.12万台套；组织4.93万台套动力机械投入抗灾救灾，完成抗旱抽水浇灌面积16.89万公顷次，推运土石方0.24万立方米，抢运救灾物资20吨。全市有农机维修网点775个(股份制3个)。审定修理网点一级1个、二级4个、三级497个、专业修理点158个。共有职工1615人(科技人员189人、修理工1368人),其中持证上岗783人。修理各类拖拉机8.78万台、农用汽车1.17万辆、电动机2.09万台、内燃机2.75万台、其他农机具8.73万台。总收入2043.41万元。

【国家购机补贴政策落实】 2007年，南宁市有武鸣县、横县、宾阳县、上林县、马山县、隆安县、江南区、西乡塘区、邕宁区、良庆区列入中央购机补贴项目。首批享受中央购机补贴专项资金540万元、自治区补贴资金122万元、财政补贴资金150万元。兴宁区、青秀区经自治区农机局批准，利用自治区补贴资金和市财政补贴资金安排购机补贴任务。至7月初，全市完成首批购机补贴工作任务。9~10月，两次向自治区申请调剂追加，最终确定南宁市2007年购机补贴资金控制规模为：中央补贴资金1017万元，自治区补贴资金219.04万元。至11月15日，全面超额完成购机补贴任务。全市补贴农民和农场职工购买水稻联合收割机286台、水稻插秧机123台、大中型拖拉机203台、手扶拖拉机1065台、旋耕机20台、甘蔗中耕培土47台、甘蔗剥叶机13台、甘蔗割铺机3台。购机总补贴1760台，比上年增加1560台。中央补贴资金和自治区级补贴资金1248.53万元，比上年增加804万元；市级补贴资金115.43万元，县级补贴资金31.19万元(武鸣县4.57万元、横县14.95万元、宾阳县2.5万元、上林县5.07万元、马山县4.1万元)。直接拉动农民投入购机资金4089.13万元。补贴机具品种最全的是上林县，共11种补贴机型；补贴资金最多的是武鸣县，各级补贴资金289.41万元；

4月9日，邕宁区举办2007年农机购置补贴发放仪式　　市农机中心提供

县级配套补贴资金最多的是横县，为14.95万元；补贴台数最多的是隆安县，共355台。

重点农业机械产品补贴仍以水稻联合收割机、水稻插秧机为主，并兼顾甘蔗生产所需的大中型拖拉机、甘蔗割铺机、剥叶机、中耕机等适用农机产品。9月初，开始在4个山区丘陵县实施手拖补贴，11月1日，延伸到其他县区，共补贴1000多台手拖。当年享受国家购机补贴的农机具，年均可创农机作业值4000万元以上，纯收入1000万元。

【农机科技推广应用】

2007年，市农机部门根据农机在农业生产环节中的特点，重点推广水稻机械化育插秧技术、水稻收获、甘蔗深耕深松、甘蔗微喷节水抗旱技术、蔗叶、木薯秆粉碎还田机械化技术。

农业节本增效机械化技术推广应用　完成节本增效技术推广面积16.13万公顷，其中：化肥深施14.13万公顷，节水技术2万公顷，超额完成1.47万公顷。

水稻生产机械化推广　全市水稻收获机械有644台，其中新增123台，机收面积4.36万公顷，比上年增长102.4%；插秧机械130台，新增123台；机插面积633.33公顷，每公顷增产600公斤。

木薯生产机械化示范推广　全市建立6个木薯秆粉碎还田技术示范基地，在武鸣县木薯产业最大的乡镇太平镇实施木薯生产机械化技术整镇推进示范，示范面积666.67公顷，其中中心示范区面积66.67公顷，辐射面积0.67万公顷。经过试验对比，秸秆粉碎还田种植的木薯比非还田种植的木薯每公顷均增产7500公斤，全镇推广应用木薯秆粉碎还田机械2100台，比项目实施前新增900台，增幅42.9%，平均6.2户18.5人2.27公顷地拥有1台木薯秆粉碎机。推广应用面积0.23万公顷，为农机户新增作业收入70万元。全市拥有木薯秆粉碎还田机3000台，实际完成木薯秆粉碎还田0.25万公顷。

马铃薯生产机械化试验示范项目　武鸣县太平文溪村建立马铃薯生产机械化技术示范基地13.33公顷，其中中心示范区面积2公顷。引进、示范、推广马铃薯生产机耕、起畦、播种、中耕、收获等环节的机械化作业技术，实现零的突破。

甘蔗生产机械化技术推广　继续在横县和武鸣县分别实施农业部下达的甘蔗生产机械化技术示范项目，基地面积分别为14.33公顷、15.33公顷，各县区也分别建立甘蔗生产机械化技术推广应用示范点，全年全市建立中央、自治区、市级甘蔗生产机械化作业示范点12个，县乡示范点90个。在基地(点)内进行蔗地深耕深松、中耕施肥培土、节水微喷、蔗叶粉碎还田等机械化技术示范，召开甘蔗生产机械化现场演示会28次，现场演示大中型拖拉机、蔗叶粉碎机、甘蔗中耕培土机、施肥机、甘蔗割铺机、甘蔗剥叶机、甘蔗装载机等新机具，大力推广甘蔗新型适用的机械。召开甘蔗微喷节水灌溉现场会5次，观摩农民1000多人次。在武鸣县宁武镇、华侨农场等实施31公顷甘蔗微喷示范推广试验田。共推广蔗地机械深耕深松面积4.53万公顷，增产102万吨，增收2.28亿元。在甘蔗种植期间，市县农机部门召开现场演示会23次、印发放宣传资料3.5万份，在新闻媒体进行宣传报道15篇(次)，组织技术人员350人次入村屯、田间地头和圩镇向农民发放宣传资料，提供技术咨询服务。各地根据具体情况，成立宣传示范队，开展流动性的小型现场演示活动100期，培训农民4万人次。南宁市农机部门与制糖企业联合，组织农机作业服务组织开展蔗地深耕深松、旋耕、开行等机械化订单作业，全市组织大中型机耕作业服务队25个，参加的大中型拖拉机510台，武鸣县2006~2007年榨季与糖办签订甘蔗机械深耕深松作业协议，组织了6个机耕作业服务队217台大中型拖拉机参加的农机作业服务队，其中，直属服务队48台，5台为1个作业小组(配套2台带犁3台带旋耕机的组合)，完成甘蔗机械深耕深松作业面积0.49万公顷，同时，开展有偿服务。仅此项机耕作业服务当年就为武鸣县服务队的机手增加收入500多万元。

南宁市县区甘蔗机械装载作业现场　　市农机中心提供

【社会主义新农村建设】

试点县区农机技术推广　按照南宁市新农村建设试点县区主要农机化综合水平达到45%的目标，市农机管理部门在武鸣县、江南区、兴宁区、青秀区、邕宁区、良庆区等试点县区开展水稻、甘蔗、木薯等主要农业生产关键生产环节的新机具新技术推广示范活动；在国家落实购机补贴政策和农机科推项目经费上给予重点扶持，签订完成任务指标的责任状，组织市级农机技术骨干20人参与指导做好新机具新技术推广示范基地建设。共新购水稻收割机78台、水稻插秧机91台、甘蔗中耕培土机21台、甘蔗割铺机1台、甘蔗割剥叶机1台、大型拖拉机77台、木薯秆粉碎还田机130台、甘蔗微喷设备100台套。试点县区主要农业生产综合机械化水平45%。

【农机科技进村入户】　2007年，南宁市各级农机部门组织开展科技下乡活动，到乡村展示木薯秆粉碎，水稻插秧和收割，甘蔗节水微喷、深耕深松、砍收、剥叶、装载新机具新技术，共举办现场演示会120次，协助自治区举办小型水稻联合收割机测试现场演示会1次，农民观摩2.8万人次，发放宣传资料2.5万份。重点帮扶示范户283户。

【安全生产】　2007年，南宁市建立市、县、乡三级农机安全委员会，建立健全农机安全生产会议制度和督察制度，形成“政府主导、农机主抓、部门支持、社会参与”的农机安全社会化管理新格局。层层分解控制指标，逐级签订责任状，进一步筑牢农机安全宣传教育、拖拉机及驾驶人检审、安全生产监控“三大防线”。开展农机安全隐患排查和专项整治，共出动监理人员检查1.63万人次、车辆4780台次，检查各类拖拉机1.52万台次，纠正违法行为2235起。开展创建“农机安全村”活动。创建平安农机示范县区2个、示范乡镇17个、示范村123个、示范户1000户。完成拖拉机年检2.86万台,新拖拉机入户3652台,检验拖拉机3.22万台;新考试核发拖拉机驾驶证2577本、联合收割机驾驶证120本。全市辖区内发生重大农机事故1起,死亡1人,轻伤1人,直接经济损失6000元。

【农机产品质量监管】 2007年9月,市农机管理部门对全市所有的农机生产、销售企业进行全面的调查登记。共检查登记农机生产企业59家,销售企业(铺面)402家,做到一户一卡。全市共审核换发580个农机维修网点《农机维修技术等级证》,开展13次农机产品生产、供应市场检查,出动执法车辆102台次、农机执法人员350多人次,查处纠正涉嫌违法生产、经营伪劣农机产品957台件,货值449.03万元,规范农机维修行业经营秩序。

【农机教育培训】 2007年,市农机管理部门,重点抓好联合收割机手、插秧机手,秸秆粉碎还田作业机手等新机具、新技术培训工作。完成各类农机技术培训1.36万人,其中培训拖拉机驾驶员3444人、木薯秆粉碎农民技术员2500多人。在市农机学校举办插秧机手培训班2期、收割机手培训班7期,共培训插秧机手110人、收割机手650人,过考试核发驾驶执照210本、操作证110本。受自治区农机局委托,为自治区各市培训联合收割机教练员32人。开展农村劳动力转移培训1988人,其中武鸣县农机学校承担农民培训"阳光工程"项目培训1000人,成为农村综合实用技术教育和农村富余劳动力转移培训基地。开展农机执法和企业管理人员培训。9月6日,举办宣传贯彻《广西壮族自治区农业机械产品管理办法》培训班,邀请自治区法制办的法律专家到场授课。重点培训行政执法基本知识、步骤程序及执行过程中注意事项;执法文书的填写;罚没程序等相关法律知识,有86名农机干部参加培训。12月7日,举办全市第一期农机生产、销售企业法律法规培训班,有30家农机生产企业负责人、质检员和40家经营企业业主共110人参加培训。 (陆凤婵)

农工商企业

【概　况】 2007年,南宁农工商集团公司下辖国有企业10家,受市国资委委托,对其行使国有资产出资人的权利和义务;受市政府委托代管集体性质的园艺场3家。有国有职工3000多人,土地4000公顷,资产总额12亿元。集团总部设立红星、东风、罗文、北湖4个管理区和项目开发部、物业管理部2个专业部门,经营业务涉及农、林、牧、渔业种植养殖,农业旅游观光,商业批发零售,房屋、土地使用权、设备租赁,机耕推土。主要产品有各种名优水果、肉猪、牛奶、鲜鱼、乳制品、饮料食品、纸品、中西成药、建筑材料、汽车零配件;经销、营销、批零国内外商品、房屋建筑、机械施工及承接公路、桥梁、城市道路的专业施工服务等。完成工农业总产值3.87亿元,比上年增长11.44%。其中:工业总产值1.21亿元,增长17.03%;农业总产值2.66亿元,增长9.06%;商品批发零售总额2.84亿元,增长5.33%;固定资产投资2.32亿元,增长5.33%;利税总额5500万元,增长180.23%。

【企业改革改制】 2007年,集团公司采取措施全力推进集团公司改革改制步伐,继续做大做强企业集团。3月,吸收合并罗文实业公司、北湖实业公司工作。全面疏理集团系统改制工作,落实集团公司2007年改革改制计划,按计划稳步推进实施企业改革改制工作,因企制宜,分批推进,年末,柳沙贸工农公司、基业公司、华摩公司3家企业完善歇业手续,对宝丰达公司将采取转让国有股方式进行改制;金谷隆公司改制工作稳步推进;有7家企业进入资产评估和办证阶段。

【国有资产管理】 2007年,集团公司贯彻落实市国资委对监管企业的管理规定,与下属各企业单位签订《企业经济目标(2007~2009年)承包责任书》,明确集团总部6个管理区(部)的目标责任。在原有制度的基础上,制定《企业领导职务消费若干管理意见》、《公司监事会工作细则》、《公司法律顾问工作制度》,完善《公司物资采购制度》、《总部内部分配办法》和《公司总部职工代表大会实施细则(试行)》,修订《总部劳动管理制度》和《总部实施职工带薪年休假办法》,确保国有资产有效运营。坚持实行企业税务代理办法及法律顾问制度。聘请税务顾问及法律顾问,为集团公司项目管理理顺出资和收益问题,审核各种合作合同及梳理债权债务关系,确保企业经营行为的合法有序。抓好企业效能监察工作,确立效能监察项目10个,实现国有资产保值增值。

【工业产业】 2007年,集团公司落实南宁市发展工业的战略部署,壮大集团工业经济。制定《北湖工业集中区发展方案》,成立发展工业工作领导小组及办公室,增设工业发展部。一是根据城市规划和工业发展趋势,做好占地266.67公顷的北湖工业集中区建设的筹备工作。出资1000万元注册广西北湖工业投资有限责任公司,以公司化运作推进北湖工业集中区建设。二是主动与西乡塘区政府沟通协调,商定成立北湖工业集中区管理委员会及办事机构,促进工业集中区的开发建设。三是组织到北京、重庆及周边地区工业园区参观考察,借鉴成功做法和经验,积极招商引资。四是引进工业项目。锦虹公司入驻工业集中区,对计划入驻后的南化集团稀土、肉联厂冷藏仓库、安吉屠宰加工厂和南宁广发重工集团公司搬迁改造等项目进行可行性评估、考察论证及筛选工作,确保入驻企业符合入园条件。

【农业经营】 2007年,集团公司调整农业产业产品结构,引进新品种,培育苗木基地,发展畜牧业,对禽畜业加强疫病防治,改造低产鱼塘,发展种养结合的模式,实现农业稳定发展,农业生产职工收入稳定。主要举措有4项:1.调整农业产品结构,发展名特优品种。路东、红星苗木基地由原来单一园林苗木逐步向经济林苗木转移,共出圃各类苗木1500万株。路东积极引进叉尾鮰、鲈鱼、桂花鱼,红星也引进肉鸽、蛇、龟等养殖新品种。同时,引导职工群众转变观念,发展种养结合的模式,红星管区采取"公司+基地+农户"的模式发展养殖业。2.改善农业生产基础条件,多渠道筹措资金逐步对农业生产设施、道路、电线路进行完善和对养猪设施技术改造。3.严抓动物疫病的防治工作,对规模养殖和散户养殖进行100%免疫,确保畜禽养殖业快速发展。4.帮助指导集体场发展,帮助罗文坡、群益和三屋园艺场发展经济,提高村民收入,创建生态文明新农村。三屋集体场村民参加合作医疗,解决村民就医看病问题。 (黄励勤)

林　　业

【概　况】 2007年,南宁市林业局内设办公室、林政资源管理科、营林科、森林利用科4个科室,森林公安分局1个(含森林警察一、二大队)和议事协调机构2个(市森林防火指挥部办公室和市人民政府山林权属纠纷调解处理办公室),下辖市林业技术推广站、林业中心苗圃、造林管理站、林政稽查大队、农村能源(生态文明村建设)工作站、森林病虫害防治站、林业局种苗站、林业科学研究所、丁当林场等直属事业单位9个;共有员工298人。全市林业用地面积95.77万公顷,有林地面积80.1万公顷。其中:自治

2007年南宁市国有林场基本情况表

名　称	地　址	建场年月	从业人数(人)	土地面积(公顷)	其中:林地面积(公顷)	活立木蓄积量(万立方米)	主要产品	总产值(万元)	总收入(万元)
朝燕林场	武鸣县双桥镇	1957.12	333	5533.00	5308.00	22.00	松、杉、桉、松香、松节油	12680	125130
南州林场	良庆区大塘镇	1957.12	355	10176.00	7539.00	27.00	松香、木材、红砖	2268	2226
永州林场	马山县永州镇	1957.12	151	8043.00	3394.00	12.00	木材	506	392
镇龙林场	横县镇龙乡	1957.12	258	6074.00	4791.00	12.99	木材、松脂、八角	327	287
礼智林场	隆安县屏山乡	1958	113	6154.00	4713.00	37.00	松脂、木材、八角	230	85
石塘林场	横县石塘镇	1965.8	190	1788.20	1085.00	4.00	桉木、龙眼、荔枝	361	265
黎塘林场	宾阳县黎塘镇	1966.8	99	1832.00	466.00	1.80	木材、甘蔗	220	193
丁当林场	隆安县丁当镇	1980.12	93	696.80	321.00	1.02	柑、橙、木材	212	1280

(梁月芳)

区级以上生态公益林面积26.8万公顷，商品林面积52.7万公顷；森林覆盖率41.34%,森林蓄积量2250万立方米。有商品木材生产102.74万立方米。实现林业总产值47亿元。被国家林业局评为2006年“绿盾行动”先进集体；被自治区林业局评为“绿盾二号行动”优秀组织单位。　(蓝庆环)

【植树造林】 2007年,南宁市营林生产结合退耕还林工程和速丰林建设进行，以营造速生丰产林为主,树种主要以桉树为主,其他树种有竹、松、杉和相思。共完成植树造林合格面积1.79万公顷(不含自治区直林场场内发生数),占自治区下达任务127%。按造林地类分:荒山荒地1.25万公顷，迹地更新5300公顷,低产林改造105公顷。退耕还林工程共完成人工造林4273公顷(配套荒山4049公顷、退耕地224公顷)。按林种划分：用材林1.79万公顷，占全年任务99.94%,其中速生丰产用材林1.76万公顷,占用材林98.28%;经济林6公顷;特种用途林4公顷。按树种划分：桉树1.75万公顷，占总面积97.83%；竹211公顷,占总面积1.18%;松98公顷,占总面积0.55%；杉40公顷，占总面积0.22%;相思30公顷,占总面积0.17%;其他树种4公顷,占总面积0.02%。按造林所有制划分:非公有制经济造林1.69万公顷,占全年造林94.21%;公有制经济造林1036公顷，占全年造林5.79%。另外，新封山育林2667公顷，新育苗73.3公顷,中幼林抚育面积2.19万公顷(不含自治区直林场场内发生数)。

(梁月芳)

【国有林场】 2007年,南宁市有朝燕、南州、永州、黎塘、礼智、石塘、镇龙、丁当8个国有林场。共有职工1592人,经营管理面积4.03万公顷,有林地面积2.76万公顷,活力木总蓄积量117.81万立方米。完成荒山造林215公顷，迹地更新895公顷,低产林改造55公顷,中幼龄抚育面积2107公顷。年产松脂633吨、木材5.29万立方米、松香1.53万吨。实现产业总产值1.68亿元,总收入12.99亿元。

【林地管理】 2007年，国家林业局和自治区林业局共审批审核南宁市工程建设征占用林地49宗，征占用林地面积206.35公顷(含补办)。其中长期用地44宗，征占用林地面积204.89公顷(含补办);临时用地1宗,占用林地面积0.55公顷，直接为林业生产服务设施工程4宗,占用林地面积0.91公顷。查处违法使用林地工程项目10个。　(林志武)

【森林治安管理】 2007年，南宁市共发生各类森林案件564起,查破544起,其中,刑事案件立案87起,查破72起,抓获犯罪嫌疑人115人(刑事拘留114人、转捕75人,取保候审18人,直接起诉6人);受理治安案件15起,查处率100%,抓获违法人员15人,行政拘留15人;受理林业行政案件462起，查处率99.3%,抓获违法人员496人(警告6人、处罚补种树木3人、罚款217人、其他处罚270人)，罚款金额36万元。收缴林木树木1025立方米、木材1266.04立方米、幼树114株和300吨、成品胶合板7833张、野生动物15483只和166.2公斤及制品131件,挽回经济损失159.36万元。

(黄增干)

【野生动物保护】 2007年，南宁市辖区内获核发换发野生动物驯养繁殖许可证企业36家,主要驯养繁殖虎纹蛙、梅花鹿、食蟹猴、野猪、蓝孔雀、环颈雉等;获经营利用野生动物许可证企业50家。全市有人工驯养繁殖虎纹蛙53.3万只、食蟹猴2.37万只、野猪285头、梅花鹿235头、蓝孔雀1500只。　(林志武)

【森林防火】 2007年,南宁市各级政府、林业主管部门和森林防火部门,坚持“预防为主、积极消灭”的方针,及时调整充实各级森林防火指挥部领导成员，明确森林防火目标管理责任制;采取多形式、多渠道宣传森林防火法律、法规和政策，出动宣传车692台次，印发各种森林防火宣传资料52.49万份,出宣传板报230期，悬挂横额和张贴标语18.97万条,举办培训班28期；强化林区野外火源管理,严格野外生产用火审批制度,对重点林区、墓区、景区及公路沿线林区加强巡逻监控,危险地段和时段严防死守;加强基础设施设备和队伍建设。共投入森林防火经费957.95万元，新营造生物防火林带70公里、新开林区机耕道300公里、新增风力灭火机280台、无线对讲机234部、各种消防车辆21台和防火阻燃服1000套;组建重点林区村、屯半专业森林消防队24队。全市共发生林火43起(火警18起、一般火灾25起)。过火面积713.74公顷,其中受害森林面积101.8

2007年南宁市国家级保护动物名录

国家一级:黑叶猴　金钱豹　苏门羚　蟒蛇　梅花鹿(主要是人工养殖)

国家二级:虎纹蛙　大鲵　原鸡　林麝　黑熊　风头鹃隼　雀雕　猛隼　小鸦鹃　草鸮　雕鸮　大壁虎　山瑞鳖　猕猴　小灵猫　大灵猫　穿山甲

2007年南宁市国家级保护植物名录

国家一级:钟萼木　石山苏铁　云南苏铁

国家二级:格木　桫椤　水蕨　金毛狗　福建柏　白豆杉　香樟　花榈木　红椿　紫荆木　锯叶竹节树　马蹄参　木瓜红　蚬木　金丝李　苏木　顶果木　青檀　火麻树　地枫皮　海南风吹楠　海南大风子　海南椴　任豆　榉树　半枫荷

国家级危树种:龙州锥

服1000套；组织重点林区村、屯半专业森林消防队24队。全市共发生林火43起(火警18起、一般火灾25起)。过火面积713.74公顷，其中受害森林面积101.8公顷，森林受害率控制在0.141‰。查清火灾原因42起，处理37起。市森林防火指挥部办公室被评为2004~2006年度全国森林防火先进集体。　　（覃　标）

【森林病虫害防治】　2007年，南宁市共有森防检疫站8个，检疫人员有35人(专职21名、兼职14名)；有测报站点8个，基层测报人员281人(专职59人、兼职222人)。全市林业有害生物发生总面积6848.27公顷，其中以松毛虫、桉袋蛾、八角尺蠖为主的虫害实际发生总面积6289.33公顷，以桉树青枯病为主的病害实际发生总面积558.93公顷。林业有害生物造成成灾面积221.93公顷。其中马尾松毛虫成灾131.33公顷，主要分布在隆安、宾阳、马山县；桉袋蛾成灾6.67公顷，主要分布在西乡塘、良庆区；桉树青枯病成灾面积70.6公顷，主要分布在武鸣县、马山县。共投入林业有害生物防治经费79.01万元，实施防治作业面积1.29万公顷，实际防治面积6280.93公顷，预防面积6339.33公顷。5月和9月，开展松材线虫病和松墨天牛监测普查，共调查监测松林面积68.85万公顷次，调查发现各种原因导致枯死的松木4344株，经抽样对其中282株819个样本进行检验，均未发现有松材线虫。共实施木材调运检疫112.4万立方米，复检木材9522立方米；种苗调运检疫67.45万株，实施种苗产地检疫724.33公顷，复检苗木53万株。在产地调查中，发现检疫性林业有害生物红棕象甲疫情零星发生，分布在市区、武鸣县和隆安县。7月，在市快速环道和安吉大道沿线新发现检疫性林业有害生物刺桐姬小蜂，严重危害植株150株，疫情发现后，及时进行除害处理。

（雷秀峰）

【林业产业】　2007年，南宁市林业经营(加工)企业有2375家。其中：市区1486家，武鸣县128家，马山县70家，上林县121家，宾阳县227家，横县252家，隆安县91家。按经营(加工)类型划分，木材经营(加工)企业1829家，家具加工经营企业521家，其他林业企业25家。全市林业第二产业生产总产值30.19亿元，第三产业产值3.75亿元。工业总产值上亿元企业有4家，分别为：南宁凤凰纸业有限公司生产纸浆7.86亿吨，产值5.22亿元，销售收入4.68亿元，上缴税金3212.32万元，利润8270.94万元，从业1065人；广西丰林林业开发有限公司，生产中密度纤维板15.56万立方米，产值2.44亿元，销售收入2.1亿元，上缴税金2097.15万元，利润5194.86万元，从业304人，列为广西第一批林业龙头企业；广西高峰人造板有限公司生产中密度纤维板15.11万立方米，产值1.99亿元，销售收入1.88万元，上缴税金3162.06万元，利润1182.91万元，从业248人；广西华劲纸业集团南宁纸业分公司竹浆造纸4.7万吨，产值2亿元，销售收入2.19亿元，上缴税金2397万元，利润3844万元，从业1000人。新批准设立5万立方米以上的中密度纤维板企业有广西乐林林业开发有限公司、广西横县丽冠人造板有限公司。市林业产业行业协会会员有1543家。

【森林旅游营运】　2007年，南宁市开展森林旅游业务的有南宁石门森林公园、广西大明山国家级自然保护区、广西隆安龙虎山自治区级自然保护区、广西九龙瀑布群森林公园；共有职工287人，经营收入609.17万元(门票收入519.17万元，食宿收入7.2万元，其他收入82.8万元)，投入资金1029.05万元（国家投入834.08万元、自筹资金投入194.97万元)进行旅游基础设施建设，旅游接待人数23.3万人次。其中：石门森林公园有职工39人，累计经营收入46.5万元（门票收入28.7万元、其他收入17.8万元)，旅游接待9.5万人次；九龙瀑布群森林公园有职工20人，经营收入57.7万元(门票收入47.5万元、食宿收入7.2万元、其他收入3万元)；旅游接待2万人次；大明山自然保护区管理局有职工171人(导游人员6人)，门票收入94.97万元，旅游接待3.8万人次；隆安龙虎山自然保护区有职工57人，经营收入410万元(门票348万元)，旅游接待人数8万人次。　　（李青兰）

【生态文明村建设】　2007年，南宁市继续抓好生态文明村和沼气池建设，共投资1828.79万元，建成生态文明村30个，受益农户2496户；累计建成生态文明村650个。投资3788.68万元，完成沼气池1.72万座，累计建成沼气池44.24万座，受益农户44.24万户，适宜建池农户入户率62.3%。武鸣县、横县2个县共4000户获准实施中央国债沼气建设项目，其中中央投入国债资金400万元。

（张海琳）

水　　利

【概　况】　2007年，南宁市水利局下辖事业单位15个和企业5家，共有在岗职工715人，其中企业共有员工102人。共完成水利固定资产投资7.76亿元（直接任务完成投资2.12亿元，协调任务完成投资5.64亿元)，比上年增加6520万元。完成水利经济产值1.4亿元，比上年增长29.2%。通过实施社会主义新农村试点建设、大石山区基础设施建设大会战及面上农田水利基础设施建设、水库库区和移民安置区基础设施建设，累计解决64.14万农村人口饮水不安全问题，改善灌溉面积2.11万公顷，恢复灌溉面积1.02万公顷，增加灌溉面积0.18万公顷；完成种植经济林30公顷，水保林20公顷，封禁治理553公顷，完成水土流失治理面积23平方公里。累计完成招商引资2亿元，实际到位资金3000万元。

【新农村　水利工程建设】

概　况　2007年，南宁市社会主义新农村建设试点水利工程分两年(2006~2007)实施，共五类1538个，计划总投资4.54亿元，至年末，累计动工1538个，完工1533个，完成投资4.54亿元，累计解决34.03万饮水不安全人口，修建每秒流速1立方米以上灌溉渠道节水改造工程688.62公里，民办公助小型水利工程完工1030个，万亩以上电灌站技改工程完工4个，小(一)型水库除险加固工程完工20个；累计改善灌溉面积2.11万公顷，恢复灌溉面积1.02万公顷，增加灌溉面积0.18万公顷。

马山县、隆安县大石山区基础设施建设大会战水利建设工程　计划总投资6644万元，解决30.5万饮水不安全人口，改善8700人口饮水困难问题，分两年(2007~2008年)实施。至年末，累计动工169个，完工152个，完成投资5970万元，解决26.4万人口饮水不安全问题。

自治区120万农村人口饮水安全解困工程　计划建设226个，计划总投资1.21亿元，解决27.47万农村饮水不安全人口问题。至年末，累计解决27.66万农村人口饮水不安全问题。全市2007~2008年度冬春水利建设计划投资3.53亿元，计划建设工程项目1150个。累计完成投资3.19亿元，到位资金29105万元。共出动机械台班14.36万个，完成土石方量开挖172.50万立方米，砌筑浆砌石10.22万立方米，混凝土9.38万立方米。完成水库除险加固2座，面上小型农田水利设施166处，渠道清淤452.1公里，机电泵维修57台共1719千瓦；修复水毁工程9处、农村人饮工程554处，解决65.19万农村人口饮水困难问题；改造大型灌区节水1处，新修建防渗渠道449公里；完成21处农村小型水利体制改革。改善灌溉面积3.14万公顷，恢复灌溉面积1900公顷，增加灌溉面积2400公顷。

【抗洪救灾】　2007年，南宁市共出现20

次影响较大的灾害性天气过程，包括16次强降水天气过程和8次强对流天气过程(4次强降水过程同时出现了冰雹大风等强对流天气)。3月22日，隆安县古信电站出现险情，紧急疏散撤离下游群众近2600人。4月17日，南宁市遭受强对流天气过程的大风影响，武鸣县、宾阳县、隆安县、马山县、江南区、西乡塘区、邕宁区不同程度受灾，农作物大面积倒伏，局部地方房屋顶瓦片被掀，房屋、围墙倒塌，路树折断，并由此造成人员伤亡，共造成4666.67公顷农作物受灾，直接经济损失1761.45万元；毁坏房屋78间，直接经济损失22.6万元；11人受伤，4人死亡。6月8~9日、6月12~13日，受强降雨影响，全市18个乡镇受灾，受灾人口9.31万人，房屋倒塌70间，农作物受灾面积5350公顷，成灾2947公顷，绝收面积240公顷，减产粮食780吨；毁坏路基0.035公里；损坏小型水库2座、护岸5处，冲毁塘坝1座，损坏灌溉设施29处，共造成直接经济损失540万元(农林牧渔业直接经济损失170万元)。另外，全年汛期南宁市还遭受了若干次短时强对流天气影响，由于监测预报及时，防范措施得力，均未造成大的损失。在抗洪救灾过程中，全市认真落实各项抗洪减灾措施，精心组织，大大减轻了洪涝灾害损失。减免受灾人口15.37万人，减淹农作物面积2.17万公顷，减少直接经济损失1.45亿元。

【抗旱救灾】 2007年，南宁市持续降雨量偏少，水库蓄水不足，春耕生产用水矛盾突出。1月1日至4月20日，平均降雨量172毫米，比历年同期少37.5%。导致横县、上林县、西乡塘区部分地区发生旱情，12座水库干涸，14眼机电井出水不足；24.25千公顷作物受旱，其中轻旱20.32千公顷，重旱2.99千公顷，干枯0.947千公顷，水田缺水6.38千公顷，旱地缺墒1.48千公顷；累计有5.66万人和6.13万头大牲畜饮水困难。5月，平均降雨量193毫米，比历年同期少7.2%，横县、武鸣县、上林县、江南区、良庆区、西乡塘区、邕宁区部分地区发生旱情，123座水库干涸，144眼机电井出水不足；96.129千公顷作物受旱，其中轻旱67.12千公顷，重旱26.99千公顷，干枯2.01千公顷，水田缺水21.10千公顷，旱地缺墒9.2千公顷；累计有16.99万人和12.68万头大牲畜饮水困难。6~8月末，平均降雨量529毫米，比历年同期少20.9%，横县、上林县、隆安县、武鸣县、宾阳县、兴宁区、西乡塘区和良庆区部分地区发生旱情，42座水库干涸，90眼机电井出水不足；104.96千公顷作物受旱，其中轻旱76.21千公顷，重旱26.47千公顷，干枯2.27千公顷，水田缺水31.87千公顷，旱地缺墒9.11千公顷；累计有17.54万人和8.47万头大牲畜饮水困难，是全市受旱最严重的月份。9月1日至11月末，平均降雨量209毫米，比历年同期少22.3%。横县、武鸣县、隆安县、西乡塘区、上林县、宾阳县和马山县部分地区发生旱情，85座水库干涸、58眼机井出水不足；42.88千公顷农作物受旱，其中轻旱33.97千公顷，重旱8.86千公顷，干枯0.05千公顷；因旱造成13.256万人和7.33万头大牲畜饮水困难。

在抗旱救灾过程中，市委、市政府多次召开会议，从有关涉农部门抽调干部组成督查组；市水利局也组成指导组，到旱区指导抗旱工作。各县区、乡镇组织干部群众投入抗旱斗争。各地的抗旱服务队全面出动开展抗旱保收工作。1~5月，累计投入抗旱人数51.89万人、抗旱机电井671眼、泵站731处、机动抗旱设备2.99万台套(总装机容量12.62万千瓦)、机动运水车辆7708辆；投入抗旱资金1321.62万元(地方财政拨款21万元、群众自筹1300.62万元)；抗旱用电700.94万度，用油1268.84吨；抗旱浇灌面积47.53千公顷；临时解决10.4万人和10.2万头大牲畜饮水困难问题。6~8月，累计投入抗旱人数55.02万人、抗旱机电井1590眼、泵站840处、机动抗旱设备4.56万台套(总装机容量13.2万千瓦)，出动机动运水车辆2701辆次；投入抗旱资金445.37万元，抗旱用电317.96万度，抗旱用油520多吨；抗旱浇灌面积37.88千公顷；临时解决10.43万人和12.78万头大牲畜饮水困难问题。9~11月，累计投入抗旱人数16.47万人、抗旱机电井243眼、泵站259处、机动抗旱设备9187台套(总装机容量4.05万千瓦)、机动水车1077辆；投入抗旱经费266万元，抗旱用电300多万度，用油390吨；抗旱浇灌面积74.94千公顷；临时解决16.43万人和14.89万头大牲畜饮水困难问题。

【库区移民】

库区移民安置与移民遗留问题处理项目 2007年，市水利局完成移民安置项目投资832.17万元，受益移民1.11万人；完成移民遗留问题处理项目投资2048万元，受益移民10.37万人。其中实施完成百龙滩水电站马山县库区移民后期扶持工作投资88.4万元，受益移民5159人。实施完成库区百龙滩镇大球村百龙滩电厂至中屯道路长3.74公里、乔利乡三乐村塘莳至说乐泥结石村级路长12公里、百龙滩镇大球村下屯屯道硬化0.31公里、库区白山镇兴华村甘香至临江公路1.22公里、乔利乡兴科村临江至巴卜村级路2.06公里、兴科村古荣至六可机耕路1.76公里、三乐村百掌屯电路硬化0.67公里。实施完成乔利乡兴科村临江电灌站百龙滩镇大球村六常水库2个水利项目建设，完成百龙滩镇大球村中屯文化活动室和桃源小学校园、乔利乡兴科村临江小学校舍和三乐村百弄小学教学楼、白山镇兴华村甘香小学校舍建设。实施玉米良种改良项目，发放良种玉米折合金额3.9万元。

中央直属水库——西津库区移民遗留问题处理年度项目 完成投资2048万元，受益移民10.37万人。实施完成并通过竣工验收项目423个，其中人畜饮水项目85个，完成库区建设基金280万元，受益移民2万人。实施完成并通过竣工验收农田水利项目145个，完成库区建设基金700万元，受益移民3.6万人。实施完成并通过竣工验收交通项目42个，完成库区建设基金195万元，受益移民2.9万人。实施生产开发种植业项目167个，完成库区建设基金477万元，种甘蔗524.27公顷，种桑163.2公顷，种蘑菇1.21万平方米，种竹18.47公顷，种甜玉米41.07公顷，受益移民8000人。实施生产开发养殖业项目48个，完成库区建设基金291万元，养猪3150头、鸡8.5万只，受益移民4500人。实施科技推广项目36个，完成库区建设基金105万元，举办科技培训班71期，培训移民6220人，办示范点50个。

乐滩水电站库区移民安置 完成投资573.77万元，受益移民4842人。其中全面完成库区移民外迁点34户建成1层以上砖混房屋，累计拨付建房经费159万元；组织实施移民迁建点有线电视网线施工，完成投资3.54万元。完成4个复改建项目：金钗镇独秀村百兰——那塘机耕路桥投资111.61万元；金钗镇乐江村九一耕作区机耕路桥投资33.43万元；金钗镇乐江村九一耕作区机耕路桥投资126.17万元；金钗镇乐江村九一机耕路投资46.66万元。完成3处人饮工程项目改建：金钗镇东屏村东屏人饮投资13.31万元；独秀村那独(东村)人饮投资19.67万元；乐江村那鸡人饮投资15.27万元。完成金钗镇乐江村古梨电灌站、八址电灌站复建，完成投资45.11万元。

移民外迁安置 组织完成宾阳县岩滩水电站库区东兰县移民外迁至黎塘园艺场年度安置工作任务，完成投资170万元，受益移民1058人。其中组织移民砍运甘蔗1.5万吨，按时发放400多万元甘蔗款；发放生产周转金30万元；与当地党委、政府一起组成相关工作，维护移民合法权益。并组织实施有线电视安装工程、供水支管改造工程、供电线路改造工程等工作，经过招投标，完成投资170

多万元。

【水利工程项目建设】

江南堤路园工程（三津村—南站南侧路段,含沙江段防护工程）工程　全长7.3公里。2007年度,市水利局计划总投资1.1亿元。至年末，完成投资1.24亿元，累计完成投资3.47亿元；完成挖方84.3万立方米、填方153万立方米、道路排水管渠1.91万米、水稳层4780米。完成道路、桥梁、排水、行道树、交通设施及沙江段防护工程、排涝泵站主体建设。

江南堤路园（中兴大桥—三津村）工程　市水利局完善施工的收尾和工程验收工作。完成富德村道、仁义村道市水利局修复,路基、路面、景观15个标段的移交,路基、路面和堤防工程的结算报核。其中,路面所有标段、堤防所有标段、路基8个标段和景观1段标的结算已经审定;路基排水与路面工程,获自治区优质工程奖;12月18~19日,工程通过自治区水利厅组织的竣工验收,评为优良工程。

防洪体系完善项目　计划总投资4800万元，建设防洪设施设备完善及维修,内、外江水位监控、河道管理、防汛经费、竹排冲旧泵站扩建等93个项目。实际完成投资4622万元,完成防洪设施维修、防洪设施汛期维护保养及防洪设备、防汛远程调度管理系统采购。其中竹排冲旧排涝泵站改造扩建主体工程完成至86.00米高程,挖土方2.3万立方米,浆砌石609立方米,混凝土6570立方米。

平西村安置楼和富德村回建安置项目　先后完成平西村安置楼132套房的分配工作、房屋管理权的移交和房产证的办理工作，组织开展房产置换有关工作；富德村回建项目施工用地边线放线和地面线的测量，办理项目环境影响评估手续和项目申报质量监督手续，项目施工合同和监理委托合同的签订，基本完成"三通一平"工作。至年末,累计完成投资880万元、征地拆迁2.45公顷及近三分之二的表面附着物清理工作。

城市内河综合整治工程　市水利局配合城市内河综合整治工作指挥部实施内河清淤工程、内河脏乱整治、水环境整治、内河水系规划编制等工作。其中内河清淤工程,实际完成投资400万元,组织完成28个瓶颈点的清淤工程,改善市区主要内河的畅通。内河脏乱整治,年度计划总投资2000万元,实施城市内河违章建筑拆除、栏河筑养家禽清理、垃圾弃土清理。实际完成投资1795万元。拆除内河两岸违章建(构)筑物77处(段),面积54万平方米。

【水土保持】　2007年6~8月，市水利局在全市范围内开展建设项目水土保持督察工作，组织对南宁青秀山风景名胜旅游区、南宁高新技术产业开发区、南宁经济技术开发区、五象新区、凤岭新区等集中开发建设区进行执法检查548次,检查各类开发建设项目477个，发放违规整改通知书120多份，并对广西恒大企业集团公司、南宁柳和岛房地产公司和民发实业集团房地产公司等项目业主不办理水保手续擅自开工建设和乱弃土乱弃渣的违法行为进行查处，促使开发建设项目业主投入12.59亿元用于水保设施建设。完成水土保持方案审查审批102个,促进水土保持制度的落实。完成水土流失面上治理面积20公里,种植经济林30公顷、水保林20公顷,封禁治理553公顷。完成规费征收400万元。

【水政水资源管理】　2007年，市水利局坚持"依法治水、依法管水"原则,加强城市饮用水水源保护,保障城市供水安全,加强重大水污染事件紧急报告与应对处理工作，组织编制突发性水污染事故供用水应急预案,加强水污染防控工作。根据《南宁市邕江河段水体污染防治条例》和《南宁市水环境功能区划》确定的水功能区划,加强对排污口监测管理。严格执行取水许可制度,对新建、改建、扩建的取水项目，按照相关规定开展建设项目水资源论证报告,做到科学取水,合理用水。配合市邕江环境整顿领导小组,开展饮用水源保护区内的砂场清障工作。配合自治区水利厅开展取水许可监督管理执法检查,依法核定下达取水计划,完善取水计量管理，督促华润水泥公司取水项目、嘉和城地热水开发等开展水资源论证工作。先后对邕宁区城区供水扩建工程的水资源论证报告书进行批复,发放取水许可证；组织专家对嘉和城地热水项目和隆安县丁当、古信水电站工程水资源论证报告书进行评审；协助水利部珠委办理凤凰纸业的取水许可证换发和办理丰源电力工业原水公司取水许可证的换发工作,重新核定取水量。对全市1000多家取水户的取水进行审核和管理,征收水资源费600万元。通过《南宁日报》发布饮用水源地水质月报12期，按自治区水利厅的要求按月上报突发性水污染事件月报,执行零月报制度。全市各项取水符合有关水功能要求，确保水资源的合理开发利用和有效保护。利用3月22日第十五届"世界水日"、3月22~28日第二十届"中国水周"之机，开展水法规系列宣传活动,购置水周宣传画、法规选编、标语等宣传资料分发到各县区。继续开展河道采砂整治和砂场搬迁工作,实行24小时值班巡逻,巡查552人次,制止违章行为15起,处理违章倒土行为5起,发放违章通知书19份,拆除河道管理范围内违章建筑物480平方米，纠正和处理违章采砂行为34起,基本保持市区防洪大堤内无重大违法采砂事件发生。开展打击右江边界河段非法采砂、左江扬美河道非法采砂活动,查处峙村河、天雹和金沙湖3个水库上游非法筑坝案件，积极开展内河整治中违章建筑物的拆除工作等水事违法案件,查处违章建筑59起、违章施工2起、乱倒垃圾18起、乱倒渣土19起;警告93人次;对违法违规人员劝阻、教育94人次。

（卢明发）

南宁市建成投入使用的农村人饮工程水塔　　张源耀　摄

责任编辑　沈述莲

交通运输业

铁路运输

【概　况】 2007年，南宁市境内国有铁路为湘桂线和吉村—维罗（含南环）、南昆线扬美—雁江，线路总长（含复线）406.154公里，营业里程298.945公里。铁路职能机构设有运输单位8个，非运输单位10个；车站27个（湘桂线19个、南昆线8个），南宁站为特等站，南宁南、黎塘站为二等站，芦村站为三等站，和吉村、稔竹等23个站为四等站。铁路经济吸引区范围为市区和市辖的宾阳县、横县、隆安县。南宁、黎塘、隆安3个站发送旅客723.3万人，比上年增运129.9万人；南宁南、南宁、黎塘、屯里、长岗岭、隆安等9个站发送货物572.5万吨，比上年增运145.1万吨；到达货物291.8万吨；完成客、货运输收入10.86亿元，比上年增收1.82亿元，增长22%。安全生产无事故天数分别为：南宁站5681天，南宁供电段2412天，南宁车辆段1583天，南宁客运段1461天，南宁电务段1458天，南宁机务段1417天，南宁车务段1123天，南宁工务段534天。南宁站被评为2006年度全国铁路文明车站，南宁客运段T5/6次、K21/22次、39/40次、2571/2572次、537/538（原1379/1380）次被评为2006年度全国铁路红旗列车。

【柳州铁路局更名南宁铁路局】 根据《南宁市人民政府关于请求将柳州铁路局总部搬迁到南宁的报告》以及铁道部与自治区政府《关于加快推进广西铁路建设的会议纪要》、《广西壮族自治区人民政府关于请求尽快批准将柳州铁路局机关搬迁至南宁的函》的要求，铁道部同意将柳州铁路局机关搬迁至南宁，自2007年11月16日起，柳州铁路局更名为南宁铁路局，25日前基本完成局机关的搬迁工作任务，26日上午，在南宁铁路局机关一号院举行南宁铁路局揭牌仪式。

【运输生产】 2007年，南宁铁路主要运输生产单位有车务、机务、工务、电务、车辆、供电6个系统，各系统按照“增吨、压点、加密、提速”工作思路，推进和谐企业建设，弘扬“自我加压、自强不息”精神，推动企业又好又快发展。

客货发送　南宁站客货营销贯彻落实“争取新开车，用好现有车，扩大旅游流，增加直通流”和“抓运能配置，促装车组织，力保协议运量，做大拼车拼箱”的工作思路，拼抢运输市场，做大运输总量，悉心打造“两万工程”（日均发送旅客2万人次），取得明显效果。全年发送旅客662.9万人，比上年增运129万人，首次突破600万大关；发送货物166.7万吨，比上年增运16.3万吨；运输收入7.49亿元，比上年增收1.26亿元。南宁车务段发送旅客287.3万人、货物757.7万吨，装车12.8万辆，运输收入6.53亿元，保价收入902.3万元，静载重59.1吨，到达货物1382.9万吨，卸车22.8万辆，日均办理车数1.3万辆。

机车牵引　南宁机务段配属机车146台（电力机车121台、内燃机车25台）。完成机车牵引总重434.5亿吨公里，比上年增长20.6%；机车总走行2950.6万公里，比上年增长43.7%。货运机车平均牵引总重3177吨，技术速度每小时49.9公里，日每台车速度500公里，日每台产量120吨公里。完成电力机车SS7轻大修16台、SS3中修4台，电力机车小修160台、电力机车层次修340台，内燃机车小修58台、辅修58台。

工电维修　南宁工务段完成正线、站线、到发线维修保养555.67公里，维修道岔561组、桥梁51座，涵渠保养522座；铝热焊焊接钢轨接头1192头，正线道岔无缝化39组，更换贝尔辙岔心50个、正线失效混凝土枕和69型轨枕7596根、站线木枕4718根，整组道岔更换混凝土岔枕29组，完成状态修130公里，补充道碴1.9万立方米。线桥维修计划兑现率、线路保养质量评定合格率、桥梁保养质量评定合格率、隧道保养质量评定合格率均为100%。南宁电务段维修“天窗”（施工不行车、行车不施工）计划3.2万次，兑现率87.1%；施工“天窗”计划426次，兑现率98.8%；完成74个站（区间、道口）的中修任务；电务设备大修、中修、维修兑现率100%，信号设备综合质量合格率99.8%。

客货车检修　南宁车辆段配属客车1372辆。其中：集中空调客车896辆，单节空调客车71辆，普通客车405辆。开行图定客车30.5对66组，比上年增加5

11月26日上午，南宁铁路局揭牌仪式举行。图为自治区党委书记刘奇葆（前左二）、自治区政府主席陆兵（前左三）、铁道部政治部副主任佟立军（前左一）、南宁铁路局局长邵力平（前左四）共同为南宁铁路局揭牌　　陈孚平　摄

对5组，其中空调客车22.5对53组，增加4对5组。全年按计划完成配属客车修561辆、发电车中修13辆，计划交车兑现率98.2%，一次交验率99%；完成客车辅修1546辆、库检修21.4万多辆、客列检修86万多辆，客车走行39.8万千辆公里（其中空调客车走行32.6万千辆公里），比上年分别增长12.4%、11.4%、3%、0.5%（11%）；编组开行临客、旅游专列406列6530辆次，扩编加挂客车1.2万辆次，整修、鉴定客车5082辆次。南宁铁路的货车检修工作任务，由柳州车辆段南宁运用车间承担。辅修货车6854辆，临修货车6570辆；列检所检修货车6.9万列312.1万辆。

水电供应　南宁供电段完成牵引受电量4.26亿千瓦时，供电量4.09亿千瓦时；功率因素92%；完成电力受电量1.28亿千瓦时、供电量1.14亿千瓦时；力率98.9%、负荷率49.7%；变压器利用率21.2%；电损10.5%；供水量2087.4万吨，供水损失率24.5%，净水合格率100%，消毒水合格率100%；扬水耗电3.9千瓦时/千吨米；大修、更新改造工程竣工61项，完成投资4080万元。

【铁路信息化建设】 2007年，铁路局信息技术所完成铁路运输、安全、管理等50多个信息化建设项目的运行维护、研制开发、实施和推广应用；完成调度客票的货运营销、确报、车号、三合一、大客户、集装箱追踪、客车编组系统、基础数据系统、限界管理、视频会议、财务、劳资、党员管理等23个应用系统的日常维护、系统升级、设备更新等运行维护任务，保障全局调度、客票、铁路运输管理信息系统（TMIS系统）、红外轴温探测，办公自动化等诸多运输生产信息和网络安全稳定运行；完成危险货物运输及救援管理、客运春运统计上报系统、沿海18点货运发送吨系统、铁道部超重超限系统、全局安全监察网、三网合一系统、货车清算、分界口车流统计、计划台运输数据统计、列车正晚点统计等20多个信息系统开发、培训、推广任务。在全局计算机网络建设方面，信息技术所完成南宁新机房网络、电源、空调、防雷、装修等基础环境建设，完成铁路局4个新办公大院网络设计、施工和维护等网络基础建设任务；完成14栋大楼之间2200个信息点的网络综合布线；完成核心网络迁移和TMIS通道迁移，实现“万无一失、无缝衔接”目标。

【南宁机务段客车长交路值乘】 2007年4月18日，全国铁路第6次大面积提速，实行新列车运行图后，南宁机务段担当南宁—衡阳、南宁—湛江（茂名）间共15对旅客列车及南昆线南宁—威舍间8对旅客列车的牵引任务，一次值乘运行最长达800公里。该段通过强化客车乘务员的业务技术培训，把安全生产的重点放在客车长交路单司机值乘上，完善行车安全措施，实现长交路客车单司机值乘安全平稳过渡。

【广西旅客持卡式票任选车乘坐】 2007年7月10日起，铁路局将城际列车乘车卡使用范围，由原来只限于南宁—柳州间的4趟城际列车，扩大到南宁—柳州、南宁—百色、南宁—贵港、柳州—桂林、柳州—贵港（玉林）间所有由本路局担当客运乘务任务的各次旅客列车。

【动车组城际列车开行】 2007年8月18日起，铁道部调配的18辆25DT型动车组两组车底，在南宁—桂林、南宁—柳州间投入运营。南宁—桂林开行N722/721次“神州”号动车组列车1对，南宁—柳州开行N726/725次城际列车1对。动车组运行平稳、舒适宜人。

【中越国境铁路第31次会议】 2007年12月19~20日在南宁召开。双方本着坦诚、友好、合作、互利的原则，从两国铁路的合作与发展大局出发交流工作经验，协商解决问题，完善联运规章。中国铁路代表团团长、南宁铁路局局长部力平与越南铁路代表团团长、越南铁路局局长武春洪共同签署《中越国境铁路协定书》。（桑开焕）

道路交通

【概　况】 2007年，南宁市公路总里程9956公里，比上年增加942公里。其中：等级公路里程7638公里，增加1414公里（高速公路里程524公里，增加58公里，一级公路里程36公里，增加14公里，二级公路里程788公里，增加12公里）；等外公路里程2318公里，减少472公里。南宁市交通局公路管理部门负责管养公路3695.27公里，其中：县道1058.92公里（一般县道683.08公里、重保线路375.84公里），乡道2636.35公里。全市有营运班线客车4024辆，客运班线787条；出租汽车3359辆；公共汽车2375辆、公交线路132条；营运载货汽车4.52万辆。共完成公路客运量9546万人、客运周转量103.94亿人公里；货运量7160万吨、货运周转量62.36亿吨公里，分别比上年增长8%、6.5%、17.94%和20%。征收交通规费1.43亿元，代征农用车、三轮摩托车交通规费546.64万元。

【公路养护】 2007年，市交通局公路管理部门管养公路总里程3695.27公里。其中：县道1058.92公里（一般县道683.08公里、重保线路375.84公里），乡道2636.35公里。共完成公路中修38条，修补路面66.6万平方米；完成公路绿化道路214公里、水沟标准化338.74公里、路肩标准化391.67公里；抢修桥梁27座、公路40条；创建文明样板路3条、文明公路所2个、管养体制改革示范点1个。重保线路好路率85%，一般县道好路率66%，乡道好路率10%，实现管辖乡道晴雨通车率100%，消灭了特差路。

【交通规费征收】 2007年，市交通局通过新闻媒体宣传和采用发信息、发资料、挂横幅等手段，营造良好的征费环境，促

南宁市区安全有序的道路运输　　周家志　摄

进车主自觉缴费。同时,切实转变工作作风,采取延长工作时间、中午不休息、主动上门服务、委托银行代收等措施,不断完善和创新征费服务方式,为车主提供优质便捷的服务,做到"依法行政、文明执法、应免不征、应征不漏"。统缴期间征收交通规费1.17亿元。全年共征收交通规费1.43亿元,代征农用车、后三轮摩托车交通规费546.64万元。

【路政管理】 2007年,市交通局路政部门加大对《公路法》、《路政管理规定》、《广西实施〈公路法〉办法》的宣传力度,不断提高群众爱路、护路意识,严厉查处超限超载运输,维护公路路产路权。共出动检查人员324人次,办理涉路项目186个,收取路政赔(补)偿及罚款44.22万元,其中:查处赔偿案件4起,收取路产赔偿费2700元;办理路政许可项目11个,收取路产补偿费2.79万元;查处超限超载运输车辆168辆次,罚款40.95万元;其他罚款3起,罚款2100元。

【交通基础设施建设】 2007年,为确保完成年度交通项目建设任务,市交通局分别成立各专项工作领导小组,实行领导干部挂点联系制度,协调解决存在的问题和困难。组织各县区做好项目前期准备工作,争取中央和自治区专项资金投入。在自治区交通厅下达2007年项目计划后,经市政府同意,市交通局会同市财政局对"十一五"时期农村公路建设项目给予资金补助3728.5万元,尽量减轻县区财政承担的资金压力,推进农村公路建设步伐。完成新改建农村公路1240.3公里(不含通屯路)和农村公路渡改桥4座、渡口改码头7处。

社会主义新农村道路建设项目 自治区党委、自治区政府决定于2006~2007年在武鸣县和原邕宁县辖区连片开展社会主义新农村试点工作,计划修路项目2287个4846公里。至2007年末,完工率100%,完成投资8.65亿元,占计划投资107%。建成2287条4846公里等级水泥路,其中通行政村道路275条1410公里,通50户以上自然屯2010条3436公里。实现了村村通水泥路,50户以上自然屯通水泥路90%以上。

大石山区基础设施建设大会战农村公路建设项目 按照自治区党委、自治区政府的部署。隆安、马山两县实施大石山区基础设施建设大会战公路建设项目共36个287公里,总投资7059万元。其中通乡油路项目8个101公里,通非贫困村公路项目28个186公里。至年末,完工项目31个215公里,累计完成投资7893.23万元,占计划总投资111.89%。

隆安县大石山区基础设施建设大会战公路建设 周家志 摄

【春运与黄金周旅客运输】 2007年,市交通局按照"安全、优质、有序"的总体要求,加强春运和"五一"、国庆黄金周旅客运输工作的领导,做到早安排、早落实,部署运输企业自检自查企业安全运输措施,查隐患堵漏洞,确保安全运输。春运期间,南宁市道路运输日均投入客车3757辆,累计发车32.53万班次,完成客运量641万人次,客运周转量7.2亿人公里,分别比上年春运增长约4%、2%、8.9%和3%。发放进出广东省春运加班和包车牌1362张,自治区内春运加班和包车牌1728张。"五一"黄金周期间,完成客运量125.16万人次,比上年增加4万人次;发车6.12万班次,比上年增加2435班次。国庆黄金周期间,完成客运量126.99万人次,比上年增长5.1%;发车5.8万班次,比上年增加853班次。

【道路运输专项整治】 2007年,为进一步促进南宁市道路运输市场持续健康发展,市运政管理部门坚持流动与固定、监督与服务、管理与稽查相结合的管理模式,专门开展6个专项的运输市场集中整治活动。

公路客运交通安全专项整治 注销50辆安全技术性能差的客车的营运资格,对29辆已经达到使用年限的车辆,函告所属企业将车辆及时进行报废、注销或者更新,收回24名存在重大违章或交通违法记分满12分的驾驶人员的从业资格证。

机动车维修市场专项整治 重点对望州路、园湖路、虎邱等路段未经许可从事机动车维修经营活动的业户进行整治。共出动人员764人次、出动车辆223台次,查处未经许可非法从事机动车维修业户34家,下发交通违法行为通知书6份,实行说服教育3家,暂扣维修工具248件。

非法营运专项整治 共检查道路运输车辆7万多辆次,查处非法营运"三车"(人力三轮车、残疾车、二轮摩托车)4182辆。其中:人力三轮车(含机动三轮车)2224辆,残疾车(含正三轮摩托车、电动三轮车)661辆,二轮摩托车1297辆;查处违法营运客车880辆、货车3909辆、面包车1525辆、出租汽车236辆。

出租车拒载专项整治 加强对驾驶员的教育,制定相应的监督惩罚措施。通过合同来规范进场营运出租汽车的经营行为,划定专用通道按顺序发车,消除出租汽车拒载的现象。行业主管部门与出租汽车经营企业派专人到现场进行监督。对出租汽车驾驶员因拒载被投诉的,责令带车停业学习3天并在全行业中通报。同时通过出租车协会协调形成行业自律,对被投诉拒载达2次的,出租汽车企业将与其解除承包经营合同,其他出租车企业不再聘用开出租车。

道路货运行业安全生产专项整治 制定《2007年南宁市道路货物运输行业安全生产专项整治实施方案》,对企业进行督查,帮助企业查找、分析和解决问题,指导企业做好整改。同时编印《南宁市道路货运企业安全生产管理指导手册》分发到各道路货运企业,提高其管理人员业务素质,促进企业安全管理工作。

年内，南宁市货运行业共发生货车事故33起，死亡75人，受伤73人。其中：死亡2人以下24起，死亡31人；死亡3人至9人8起，死亡30人；死亡10人以上1起，死亡14人。

外挂车辆专项整治　根据自治区运管局的部署，制定车辆外挂工作实施方案，在各运输企业和经营者中进行宣传教育，做好引导工作；加强市场监管，对拒不纠正违法行为的外挂车辆实行从重处罚；配合征管部门做好外挂车的调查取证工作，及时提供相关信息。

【机动车驾驶员培训】　2007年，市交通运政管理部门重新认定驾驶员培训机构的资质，市区有一级驾培机构1家、二级驾培机构13家、三级驾培机构22家。规范驾培机构经营行为，确保培训质量，抽查驾培机构36个、学员档案664份、学员《培训记录》540份，全年签章5.3万人，签章率88.9%。查处挂靠车培训、无教练证培训和异地培训等非法培训行为及非法培训车辆33辆。培养高素质驾驶员、教练员队伍，组织参加自治区运管局教练员培训班3期323人次，培训合格取得教练员证185人。

【道路运输GPS监控中心】　2007年7月，南宁市道路运输GPS监控中心正式投入运行。为市出租汽车协会牵头，9个出租汽车公司与广西综讯公司共同搭建的一个高科技平台。主要功能：根据车辆位置信息就近实时即派车辆、自动记录车辆的运行轨迹、语音通话以及在电子地图上实时显示车辆的位置和运行状态、将交通路况、天气预报信息发送到车载GPS终端设备，为司机的出行提供有效指南，以缓解城市交通拥挤的压力。还具有全天候、高精度、自动化的特点及通信调度、遇劫、防盗报警和定位跟踪等多项功能。至年末，全市有1620辆出租汽车安装GPS卫星定位系统。

【运政投诉】　2007年，南宁市运政投诉中心接到有关道路运输方面的群众投诉583起，其中立案受理457起，结案率99.8%；营运客车投诉率比上年下降50%，出租汽车投诉率比上年下降30%；为乘客挽回经济损失7.28万元，接到乘客电话表扬83人次，收到乘客送来感谢信9封。在投诉中心增设运政法规咨询岗，为群众来访、车主申辩提供咨询平台，共处理申诉案件132件，接待来访及咨询群众900多人。

【城乡清洁工程实施】　2007年，市交通局继续实施城乡清洁工程，全面治理“五乱”工作，为市民营造“洁、齐、美”的交通出行环境。一是开展宣传工作，共发放宣传资料2000多份，悬挂横幅250多条，张贴标语2500多条，通过新闻媒体报道交通行业治理“五乱”事件30多起。二是各客运站乱搭、乱盖、乱张贴、乱设摊点、拉客、贩票等经营服务秩序混乱的现象进行治理。共组织清理客运站场内乱搭建30多处、乱张贴400多处、乱设摊点40多个。三是对全市公交停靠站的站牌、站架、候车亭进行清洁和维护。共检查公交站点近2万个次，组织整改公交站牌、站杆达2200多处次，组织清理存在乱涂乱画和乱贴小广告的公交候车亭和站牌1.3万多个次，组织候车亭广告商在候车亭制作并发布城乡清洁工程公益广告46幅。四是开展车容车貌和服务设施专项检查活动，共组织安排人员2万多人次，检查公交车2.06万辆次、出租汽车6500多辆次、营运客车2600多辆次，查处不合格的公交车1926辆次、出租汽车126辆次、营运客车320辆次。五是做好示范街公交站牌改造工作。共更换站牌面182.98平方米，完成站台上站牌、站杆及候车亭地面整治改造47处，更换牌面532块，亭内站牌立装26个次，整合站杆100根。并投资近30万元制作灯箱式站牌41座，单杆式站牌8个，椭圆形的站名牌60个，分别安装在4条示范街和民族大道上。六是重点对埌东客运站交通秩序进行整治。

【首届公共交通周及无车日活动】　2007年，市交通局响应建设部在每年9月16~22日开展“中国城市公共交通周及无车日活动”的倡议，通过新闻媒体宣传和报道全市开展首届公共交通周及无车日活动的情况，共出动人员3000多人次（含自治区市新闻媒体人员），有2家电视台的6个频道、2家电台和7家报纸对活动进行报道和跟踪采访；发放宣传资料10万多份，悬挂横幅188条，张贴标语2500多条；共有1200名市民接受调查。并组织各出租车企业、公交车企业在各自的运营服务和办公场所及运输车辆上分别悬挂宣传横幅、张贴宣传标语，在公交车辆电子显示屏滚动播放宣传公共交通周及无车日活动内容的标语，形成浓厚的活动氛围。活动周期间，共组织安排7个主题鲜明内容丰富的活动。一是组织交通行业开展宣传启动仪式；二是组织开行新公交线路；三是提供导乘、免费乘车等一系列便民公交服务；四是开展环保宣传和展示环保成果；五是引导大众选择公交出行；六是向公交职工送温暖；七是以环保、畅通交通环境迎接南宁市首个“无车日”。

【公交服务日】　2007年9月18日，市公交总公司、市白马公交公司、市城运鑫客运公司、邕宁公交公司、市中巴公司、广西超大公交公司联合在朝阳广场举办“公交服务日”活动。各公交公司的领导和志愿者向市民宣传公交文明窗口建设的重要性，宣传乘坐公交车要主动投币、刷卡，主动给老弱病残孕者让座，有次序上下车。免费向市民发放《市内公交线路手册》2000册，活动现场还设有公交IC卡充值点，方便群众快速充值。民族路口、五象广场、埌东汽车站、安吉汽车站、北大客运中心、邕江桥南、友爱路口等市内其他公交主要站点同时也开展这一活动。

【行政执法】　2007年，《南宁市出租汽车客运管理条例》于10月1日起施行，为规范出租汽车行业的管理，维护出租汽车客运市场秩序，保护有关各方当事人的合法权益，促进出租汽车客运行业的健康发展提供了良好的法律保障。市交通局开展行政复议加强年活动，对局里2003年以来的行政复议案件进行排查，进一步修改完善行政执法责任制度，健全完善首问责任制、按时办结制、错案追究制等一系列规章制度；组织开展全市交通执法部门执法文书评查活动。年内共做出行政处罚1.07万件、行政许可6073件，行政许可按时办结率100%。没有发生行政复议案件。发生行政诉讼案件3起，经法院判决，维持原处罚决定1起，原告撤诉1起，驳回原告起诉1起。

【安全生产监管】　2007年，市交通局坚持“安全第一、预防为主、综合治理”的工作方针，加大安全生产投入，推进“科技兴安”战略，开展安全生产检查和行业安全专项整治，促进行业安全生产管理，实现交通行业安全生产总体形势平稳。被评为南宁市安全生产目标管理考核优秀单位和南宁市2004~2007年度百日安全无事故”活动先进单位。全市公路管养、工程施工没有发生伤亡事故。道路运输发生各类行车死亡事故98起，死亡153人，伤129人，行车百万车公里责任事故率、责任死亡率、责任受伤率和经济损失率四项指标分别为0.03次、0.02人、0.03人和0.455万元，比上年分别下降57.1%、66.7%、88.9%和42.4%。公交行业发生重大责任事故2起，死亡2人，比上年下降89%；发生立案责任事故91起，比上年上升3.4%；立案责任事故间隔里程为 193.87 万公里/次(控制指标为≥70 万公里/次)。水路运输发生死亡事故 1 起，死亡 1 人，比上年持平。

【南宁至越南下龙湾跨国班线开通】 2007 年 12 月 5 日，广西运德汽车运输集团公司开通了南宁—友谊关—越南下龙湾公路客运班线。其中南宁至越南下龙湾，全长 460 公里，经凭祥友谊关口岸通行；中国境内高速公路 200 公里，越南境内一级公路 260 公里；全程行驶约 8 小时；经越南谅山、海防、北江、海际、广宁等省到达下龙，沿途可领略越南风光和下龙湾海景。

【运游结合】 2007 年 11 月 11 日，在南宁召开的交通部运输协会旅游协作网年会上，广西运德汽车运输集团推出“以客运促旅游，以旅游促客运”的运游模式。其有四大特点：一是增加多项亮化服务指南，实现客运旅游化；二是利用空置车辆和空置座位与旅游线结合，并通过并班、时间差、票价打折优惠办法，提高车辆实载率；三是采用车票+酒店+景点来满足自助旅游和商务人员的出行要求；四是寻找优势多种的运游结合切入点，打造运游双赢。如依托中国—东盟自由贸易区和博览会、北部湾旅游圈、桂北旅游圈，开辟南宁—越南下龙湾、海防、谅山、河内等跨国班线，推出沿着胡志明主席足迹等特色旅游活动，吸引中外游客。广西运德汽车运输集团自 2005 年起就推出这一作法，在越南投资中国—东盟第一家客运企业——山德公司，并相继开通南宁至河内、南宁至海防、北海至河内等客运班线，针对跨国运输企业特点，推行客运旅游化服务、双语服务、为旅客提供通关组织、关口交接、代定宾馆客房及机票、提供翻译和出行指南服务。2005 年 4 月 26 日，南宁—越南下龙湾班线正式开通。8 月 29 日，广西运德汽车运输集团和越南广宁省旅游公司金莲旅行社签订在未来两年，在越南投资组织 200 辆车以上的旅游车队，做大做强运游产业经济。这一作法得到与会代表推崇，有贵州、河南、广东等省大型运输企业表示与运德集团合作、接驳跨国客班线的意愿。

水路交通

【概　况】 2007 年，南宁市有水运企业 37 家，水路运输服务企业 12 家。其中：经营南宁到港澳航线的 6 家；经营内河跨省运输的 31 家；经营沿海跨省运输的 1 家；经营危险品运输的 2 家。共拥有营运船舶 1447 艘、35.96 万载重吨、7282 客位。其中：经营港澳航线 35 艘、3.29 万载重吨；经营内河运输的 1171 艘、30.77 万载重吨；经营沿海跨省运输的 14 艘、1.9 万载重吨。1000 吨级以上的船舶有 20 艘。南宁港口由南宁港区、邕宁港区、横县港区(含六景)、隆安港区 4 大港区组成，南宁港口码头有 38 个作业区、98 个泊位，码头长度 4152 米，最大靠泊能力 1000 吨，最大起吊能力 35 吨，吞吐能力 480 万吨。全年完成水路客运量 105.9 万人、客运周转量 1665 万人公里；水路货运量 1491.1 万吨、货运周转量 23.66 亿吨公里；港口货物吞吐量 207.7 万吨。

【水运行业监管】 2007 年，市交通局航务管理部门先后开展渡口渡船安全专项整治、特种设备安全风险隐患和应急资源排查、港口经营资质专项整治、防汛船舶应急保障演练、防船舶碰撞防泄漏等专项活动，进一步提高汛期应急组织指挥系统和应急队伍反应能力和战斗力，提高港航企业对水上交通事故的预防能力，有效预防船舶碰撞和泄漏事故的发生。开展水运企业核查工作，共核查国内、港澳航线水路运输企业 37 家、水路运输服务企业 11 家、省际营运船舶 627 艘、省内营运船舶 619 艘、港澳航线水路营运船舶 34 艘，及时掌握辖区水运企业的规模、管理水平、船舶运力等情况，规范水运企业的经营行为，确保水运行业安全有序发展。共召开安全例会 4 次、安全专题会议 2 次，落实港航企业签订责任状 22 家，开展安全大检查 10 次，出动检查人员 570 人次，检查港航企业 20 家 216 次、运输船舶 1063 艘次，签发整改通知书 5 份，完成整改 4 处。水运行业发生水运事故 1 起，死亡 1 人。 (王训起)

民用航空

【概　况】 2007 年，南宁吴圩国际机场跑道长 2700 米，宽 45 米。停机坪 12.42 万平方米，可同时停放 14 架大型客机。候机楼 2.59 万平方米，登机桥 5 座，可容纳年旅客吞吐量 250 万人次，高峰小时 1000 人次。停车场 1.05 万平方米，可同时停放 400 辆接送旅客的汽车。11 月，民航总局批复南宁机场飞行区等级为 4E，可满足 B747 同类及其以下机型。年内，南宁机场开展安全生产专项整治，重点抓好飞行区、机坪秩序、行车安全、危险品运输、鸟害防治等管理和安全一、二、三类专项整治项目落实。补充和制定雷雨季节安全飞行保障预案、机场战时保障方案、机场处置劫机事件应急预案和防洪救灾工作方案等。7 月，与市应急联动中心签订《应急救援协议》，提高了应急救援处置能力。共保障本场运输航班起降 3.15 万架次，比上年增长 18.34%；机场平均放行正常率 98%；完成旅客吞吐量 291.7 万人次，比上年增长 30%；完成货邮吞吐量 3.43 万吨，比上年增长 21.29%。

【新航线开通】 2007 年，南宁机场新增或恢复南宁至合肥、文山、西宁、温州、宁波、哈尔滨、太原等地及桂林、梧州航线共 19 条，共与国内 21 个城市通航。同时，恢复或新增南宁至越南胡志明市、泰国曼谷市、柬埔寨金边市、新加坡、马来西亚吉隆坡市、菲律宾马尼拉市、印度尼西亚雅加达市和韩国首尔市、清州市等 9 条飞往东盟国家和韩国的国际航线。

【服务保障】 2007 年，南宁机场客票销售中心开通南宁地区 114 号码百事通订票业务，在方便旅客订购机票的同时，增加了销售额。实行机场工作人员首问责任制，完善服务监督投诉渠道，加强服务质量的监督管理。优化服务流程，支线出港乘机手续截止办理时间缩短至 20 分钟，旅客可凭行李条直接于飞机下提取行李。重新规划、调整候机楼布局和服务流程，设置和完善候机楼内的各类标志和旅客信息发布平台。“两会一节”期间，共保障重要旅客航班 242 架次、专机 9 架次、包机 36 架次。接待、迎送重要客人及客商 2416 人次，办理免检礼遇手续 64 人次。

【机场基本建设】 2007 年，随着生产运输的快速发展，南宁机场公司加快机场基本建设步伐，投入资金 1200 多万元用于改善安全保障设施设备，包括购买 X 光机检查仪 7 台、安全门探测仪 2 台，更换候机楼监控系统，维修飞行区围界，更新鸟害防治设施以及购进一批消防设备。同时增购旅客车、办公电脑等设施设备。机场飞行区扩建前期准备工作取得实质性进展，完成了扩建项目中环境评审、可行性研究报告评审、征地工作及有关项目的报批。南宁顺旅航空商务服务有限公司(原为易登机公司)获自治区总工会授予的“广西工人先锋号”先进集体称号；南宁机场公司被评为民航中南管理局 2006 年度“安康杯”竞赛先进单位。

(郑春艳)

责任编辑　沈述莲

信　息　业

信息化建设

【概　况】 2007年，南宁市信息化工作办公室加快信息化发展，以信息化推进经济结构调整和经济增长方式转变，出台《关于加快南宁市信息化发展的意见》，加强对全市信息化的领导、决策、支持和协调；信息化投资力度逐年加大，审核论证信息化项目40多个，投资9000多万元。完善信息基础设施，加快城市信息网络建设，市属政府部门、县区电子政务网络覆盖率100%，初步实现政府信息传输和办公网络化；推动政府公共管理与服务水平不断提升，政务服务中心和电子监察系统一期建成应用，实现全市38个部门185个行政岗位行政办事效能监管电子化；政府门户网站服务能力大幅提升，网上办事服务事项1618项，进入全国先进行列，位居自治区首位。城市信息服务水平提升，一批社区智能服务终端建成应用，数字化城管系统一期建成应用，城市管理案件办结率90%。农村信息化建设成效显著，农村电话入户率22%，农村移动电话用户300多万户。信息产业和信息服务业加快发展，信息传输、计算机服务和软件业总产值34亿，占地区生产总值4.45%。在全市机关发放、安装正版红旗操作系统、微软操作系统、金山WPS、微软OFFICE等操作系统和办公软件共6840套，基本实现政府部门软件正版化。信息化人才队伍不断壮大，培训1500多人次。信息基础设施建设进一步完善，全市市话交换机总容量236.51万门；固定电话用户（含小灵通）167.96万户；移动电话用户273.18万户；互联网用户39.35万户；广播人口覆盖率86.82%，电视人口覆盖率94.19%；市属有线电视用户48.43万户，数字电视用户42.37万户。10月26日，南宁市信息化大楼奠基开工。

【信息产业】 2007年，南宁市有信息技术企业300多家，从业6000多人，具有大学本科学历80%以上（具有硕士以上学位和高级专业技术职务任职资格480多人）。研究方向覆盖微电子技术、信息网络、计算机应用、J2EE（Java2平台企业版）技术应用、中间件技术开发、超媒体、虚拟现实应用、软件工程、通信等领域。IT企业70%以上建立研发部门，软件企业60%以上拥有自主知识产权的软件产品。通过认证的软件企业53家、软件产品100多个。信息传输、计算机服务和软件业总产值34亿元，占地区生产总值4.45%。9月，全球第一大电子制造商富士康科技集团与南宁市正式签订协议，注册成立南宁富宁精密电子有限公司，并投资30亿美元，在南宁建设南宁南南铝材加工区、南宁富士康铝材精密深加工区、南宁富士康电子园区、南宁富士康环保节能科技屋制造区、南宁富士康赛博数码广场、南宁富士康环保节能样板（示范）小区6个园区，发展铝材深加工、电子信息、环保节能、新型材料等产业。预计今后5年全市信息产业年产值500亿元。3月，在广西沃顿国际大酒店组织召开《南宁市电子信息产业基地产业发展规划》专家评审会。来自国家信息产业部、中国电子学会和自治区发改委、信息产业局、科技厅及市财政局、科技局等单位领导及南宁市IT行业的企业代表近百人参加会议。会议通过基地规划，制定南宁市电子信息产业中长期发展目标、思路和重点，为推进信息产业基地申报工作奠定基础。

【信息交流中心建设】 2007年，南宁市重点研究信息交流中心建设中关于整合资源、技术标准、交换机制、东盟国家参与等关键问题，初步提出南宁市建设中国—东盟区域性信息交流中心的目标、定位、功能、建设内容、重点工程、实施步骤、投资预算，以及相关的政策保障与措施建议等；制定信息交流中心建设总体框架，主要包括信息交流基础设施、数据中心、信息交换平台、应用体系、保障体系五大建设体系；组织编制完成《中国—东盟区域性信息交流中心建设课题研究报告》、《中国—东盟区域性信息交流中心发展战略报告》、《中国—东盟区域性信息交流中心建设规划》、《中国—东盟区域性信息交流中心重点工程建设项目计划表》、南宁市电子政务总体框架和建设方案、电子商务专项规划、物流信息平台可行性研究、信用系统建设方案、企业基础信息共享建设方案和信息产业及信息产业基地规划等配套子规划；推进信息交流中心配套子规划编制工作。

【经济与社会领域信息化建设】

电子政务三期工程　2007年，南宁市完成信息化项目管理系统、环境保护及监测系统工程、南宁应急联动与警备区系统互联工程、报警电话手机用户五字段传输工程、招商引资网站及管理系统、基本建设项目管理系统、中小企业信息服务平台、财政国库集中支付系统完善、粮食应急供应指挥信息系统等项目建设，累计推进和完成相关业务管理系统项目20多个，完成投资3200多万元。

电子政务网络建设　电子政务外网平台新接入单位150多个，政府部门政务网络覆盖率100%，实现全市范围政府部门和县区的网络互联与业务协同办公。电子政务内网平台一期建成，接入部门、单位122个，实现与国际互联网物理隔离，形成全市统一的非涉密内部办公业务资源网，为政府内部网络办公提供支撑服务。同时建成内网公文流转与办公自动化系统，实现政府公文流转、公文管理、日程管理、行政事务管理、个人事务管理、公共信息管理、个人信箱、短信平台8项功能，各县区政府、开发区、市属各委、办、局99个单位接入系统，统一使用该系统开展电子公文交换，提高了全市公文信息传输的安全保障能力。加快推进市政府常务会议系统，实现政府常务会议文件电子化阅读、存档和共享。完成国家统一的网上信访系统的软件部署和联网，提高政府信访信件的接收和处理工作效率。

政务网站建设　南宁政务信息网（www.nanning.gov.cn）以便民为出发点，重点打造网上服务中心栏目，共整合办事及服务信息1618项，打破以往以政府为中心、按部门职能划分的服务模式，采取以用户为中心、按办事项目划分的服务模式。用户可通过网上咨询、网上投诉、网上信访等子栏目实现网上办理、咨询相关事项，其中网上信访系统处理完成和公开信访件553条，群众满意率87.16%；网上政风行风专栏，实现80多个职能部门和公共服务行业单位通过网站平台接听解答受理群众咨询和投诉。落实《南宁市政府门户网站信息公开及内容保障实施方案》，完善政府网站管理维护体系，各县区、部门网站更新信息9.98万条，比上年增长52%。《2007年中国政府网站绩效评估报告》显示，南宁市政府门户网站在全国地市级政府网站排名第49位，比上年上升23位，居自治区14个地级市首位。

电子监察系统　建成政务服务中心电子视频监控系统及50个视频监控点，实现对政务服务中心办事人员在岗办事工作情况的有效监督。一期工程于4月开始建设，5月建成投入试运行，实现自治区、市、县区三级电子监察网络互联，实现对全市38个部门185个行政岗位政务服务工作事项办理情况的实时、全程、自动监控和信息化管理，对机关行政行为进行有效监督、综合考核和评价。共受理各类办事申请5.01万件，办结4.92万件，办结率98.2%。

数据资源中心　3月开始建设，6月建成一期工程，建立企业基础信息数据库和信息交换平台，实现对工商、国税、地税及质监部门的法人、工商登记、纳税情况等基础数据的共享与比对，首次实现全市企业基础信息的交换与共享、对企业的动态监管，优化办事流程，提高相关部门的公共服务水平，促进政府相关信息资源积累、整合、共享，为国家避免税收流失。至年末，工商、国税、地税及质监4个部门共导入全市3.65万家企业基础信息，数据量40多万条，比对后数据量近10万条，发现已办理营业执照但未按规定办理税务登记的企业信息1053项。

电子政务应用　全市机关外网办公自动化系统接入县区政府和市属部委办局、单位120个，注册用户数4850个，完成电子公文的传输和处理3.7万件，形成全市统一的网上协同办公环境；电子政务数据共享与交换平台实现跨部门业务应用系统的数据传输、共享，完成交换和传输数据1.6万条；LED（中文电子显示屏）政务信息发布系统完成有效短信发布77.68万条，为市民提供政务、气象、农产品市场行情等信息。打防控电子视频监控系统一期建成，在全市公共场所、重点路段、商业单位、车站、银行、娱乐场所等重点位置部署电子摄像头1000多个，实现实时监控，提高城市社会治安防范水平。全市人口数据实现网络传输、存储，推动人口和计划生育工作信息化。人事资源中心与管理系统正式在37个部门应用，录入人事资源数据3000多条。电子文件中心与管理系统完成电子档案、文件传输和存档1000多个，完成原业务系统文件电子化处理1万多条，初步实现文件归档、收集、传送、查询等网络化、无纸化。劳动和社会保障就业援助呼叫系统建设启动，加快市、城区、街道、社区四级就业服务网络建设，运用“12333”专线号码，实现为就业困难人员提供就业和再就业援助的实时信息服务。“金土”工程一期建成，实现与全国地籍、测绘、土地规划等业务系统互联。城市规划审批与动态规划图文一体化系统建设加快，为实现受理、审批、存档的网络化和电子化提供基础平台，提高全市规划审批服务和规划监察水平。住房状况调查管理信息系统、房地产权属交易管理业务系统建成应用，实现48万套住房状况信息、4.9万套房地产销售合同的信息化管理，提高全市房地产信息和城房指数分析质量。

电子政务CA分中心　建立全市党政机关统一的人员和权限管理体系，实现对政府各委办局的数字证书颁发、管理和认证工作，为电子政务应用的关键业务部门和业务人员提供身份认证机制，实现政府OA（办公自动化）系统用户管理与用户认证、公文交换、单点登录，电子印章、远程移动办公的安全可信，满足关键业务数据的机密性、完整性和抗抵赖性等安全需求。结合数字证书的应用，实现网上统一的认证和授权，为全市电子政务各类应用系统提供安全可靠的身份认证服务，提高网络安全保障能力。至年末，通过CA（证书授权）系统共签发数字证书717张，并应用到政协委员身份CA认证。

政协提案管理系统　实现政协提案的网上交办和办复，为市民提供提案线索开辟网络渠道。在政协南宁市九届一次、二次会议中采用CA认证机制为政协委员提供身份认证，实现网上提交提案，保障委员提交提案的方便性和安全性。其中，九届一次会议共提交个人提案308条、集体提案38条，确定立案332条，网上提交提案占60%以上；九届二次会议共提交个人提案314条、集体提案53条，确定立案343条，网上提交提案占80%以上。至年末，委员共通过该系统提交提案772件。

环境保护与监测系统　以南宁市环境管理、环境监测部门业务为主，以业务工作所包括的空间数据和环境数据（基础地形图、监测信息、重点污染源企业、分析评价结果、政策法规等）为信息资源，将全市环境保护各管理部门、监测单位及重点污染源企业连接起来，实现南宁市环境信息的共享和交换，及时监测环境质量状况，有效监控各个污染源的环境处理设施；实现环境信息资源管理、更新的自动化和规范化，环境业务管理工作的流程化以及环境经济发展决策的计算机辅助决策支持。

社会管理与公共服务信息化　市运政综合信息业务管理、客运站场与监测站监控、机动车船安全监控等系统基本建成并投入使用，实现对全市各客运中心和1100多辆危险品运输车、1000多辆出租车、30多辆客运大巴的交通运输情况的实时监控和指挥调度，在调拨运力抢险抗灾、确保旅客出行等方面发挥重要作用。完善科技创新公共信息服务平台建设，以万方大型数据库为信息资源核心，提供各类信息1996万条。文化资源共享工程数字图书馆为公众下载借阅及在线浏览各类图书共7000多次，利用导航检索各类图书5.5万次。推进教育城域网一期工程建设，为全市教育系统和中小学提供统一的学校教育资源服务。食品卫生安全监控信息系统在“两会一节”期间，为全市宾馆酒店完成市场和宾馆蔬菜检测数据2.89万条。推进社区政务服务中心建设，一批社区智能服务终端建成应用，方便了城市居民的生活。

“两会一节”信息化建设　建立健全“两会一节”通信信息服务体系，解决通信信息服务的宽带网络接入和信息网络安全保障等问题。运用南宁市“两会一节”综合信息与管理、食品安全监控等系统，对各部门的实施方案、应急预案、接待工作、项目签约等方面工作的统一管理，对接待宾馆食品安全的监管，提供信息和预警服务。完成民歌广场直播线路铺设和通信基站架设，顺利完成大会的通信保障和信息服务工作任务。通过信息化系统整合机场航班、气象、卫生防疫、宾馆、宾客接待等信息资源，共发布、处理和存储各类信息7.95万条，完成组织、管理和调动等各种计划1542个。

【数字化城管系统投入运行】　2007年3月，南宁市成立数字化城市管理建设工作领导小组和工作指挥部，按照“资源整合、信息共享，统一监督、两级指挥，重心下移、四级联动，综合执法、全面覆盖”数字化“大城管”的总体目标要求，开始建设数字化城市综合管理与指挥系统。至6月，完成数字化城管系统一期建设任务，建成数字化城市综合管理与指挥系统专网平台及数字化城市管理监督中心、市级指挥中心和青秀、兴宁、江南、西乡塘区4个二级指挥中心，完成青秀、兴宁、江南、西乡塘区建城区150平方公里范围的数字化城管地理信息数据普查和数据库建设，建立部件3202.81万个，划分单元网格2481个万米。具备城市管理案件信息的采集、受理、立案、派遣、处置、反馈、核查、结案、评价等功能，实现城市管理监督和指挥工作数字化。于9月23日正式运行。通过系统及时发现、上报、派遣和处置城市管理案件6.82万件，部分二级指挥中心城市管理案件办结率90%。

【企业信息化建设】 2006~2007年，南宁市共投资1.28亿元（科技经费435万元），重点支持广西德意数码公司、南宁超创信息公司、南宁平方软件公司、南宁海蓝图文高科公司等企业实施科技项目35个，开发的智能信息过滤软件系统、基于GIS(图像互换格式)和移动定位技术的高速公路客服、救援与物流平台、全自动水文缆道测流智能控制系统等产品和技术，实现新增产值5.77亿元，利税8981万元。同时，加快企业电子商务发展，构建现代金融信息服务网络体系，初步实现网上订购、网络支付、物流配送、认证服务等。利用信息技术改造商贸、旅游、流通等服务业，南宁百货、梦之岛百货、万达商业广场等大中型商贸企业建立了物资购销存管理信息系统，南博网、南宁时空网、房地产信息网、众品网、城市猎人电子地图网等建设和应用，为市民提供中国与东盟贸易、房产资讯、餐饮服务、城市地理信息等网上服务，其中南宁房地产信息网日均访问量5万人次。基本形成政府在线、社情民意、公共服务等一批专业门户，行政许可事项网上办理实现80%以上。

【县区信息化建设】 2007年，南宁市固定电话、移动电话、广播电视网络在城区、县城和行政村覆盖率接近100%；大部分行政村具备宽带通信网络接入能力；新增农村电话用户12多万户，农村电话入户率22%，移动电话农村用户300多万户。电子政务网络进一步完善，青秀、兴宁、西乡塘、江南等区均建成数字化城市管理系统二级指挥中心，与市级系统实现信息互通、资源共享，推动城区城乡清洁工程开展。青秀区完成城区机关OA分中心建设，建成城区、乡镇、街道办事处三级政务服务网络，加快政务信息化应用，提高城区政务管理和服务水平；武鸣县建成县级机关OA分中心，提高县城政府工作效能。全市共有104个乡镇建立乡镇门户网站，340个行政村建立可提供互联网应用的“三农”（农业、农村、农民）信息服务站，基本形成农村信息网络服务格局。广泛应用蔬菜安全检测系统、农业信息网，为农村提供农业、科技、农产品市场行情等实时的信息服务，开通12582助农、12316“三农”、3688农业短信、96118富农、12582农业短信、农信通等农村电话和信息服务热线，其中农信通用户有10多万户。此外，各县区推进辖区企业信息化工作，横县做好国家级农村信息化综合信息服务试点建设，在乡镇、企业建立农村信息化综合信息服务站232个，建成中国茉莉花电子商务中心，收录行业各类商品3000多类，会员企业1000多家；武鸣县做好国家县域经济信息化试点建设，建成县级“三农”科技服务中心1个、农业科技110服务站6个、农业科技信息服务站8个、重点示范村4个和示范户299个。

（冼就毅）

【南宁软件园】 位于南宁高新技术产业开发区工业园内，成立于2001年1月9日。2004年8月被自治区党委、自治区政府认定为广西软件研发人才小高地，2005年被科技部认定为国家火炬计划软件产业基地。规划用地面积29万平方米，规划建筑面积11.1万平方米，实际用地面积29万平方米，建筑面积8.9万平方米。分展示区、软件产业研发区、居住区3个部分，按绿坪园林化模式进行设计，计划建成软件研究开发、测评、出口、通讯与信息、培训等中心及软件企业孵化场地与相应配套的运动、休闲、娱乐、旅游景观设施。2007年，开展软件公共技术平台二期—软件测试共享平台建设，并获国家科技部火炬计划立项资助。11月，与国际标准化组织软件工程分技术委员会共同签署《国际标准验证、推广工作的框架性合作协议》，标志广西软件平台体系正式纳入国际软件标准化建设体系。至年末，园区在孵软件企业有广西德意数码股份有限公司、南宁亚奥数码有限公司、市平方软件新技术有限责任公司、南宁银河南方软件有限公司等320家，经认定的软件企业57家，占全自治区60%；新认定软件产品23个，占全自治区65%。从业5900多人(具有高级专业技术职务任职资格250人)，其中博士41人。主要产业定位在软件出口外包、动漫产业链、城市应急联动产业联盟等，产品主要包括系统集成、电子商务、现代通信技术、软件中间构件、CAI课件、ERP、CRM、IDC、GIS等。全年营业收入18.42亿元，工业总产值9.36亿元，利税总额1.6亿元。

通信业

【概　况】 2007年，南宁市有广西电信有限公司南宁市分公司、中国移动通信集团广西有限公司南宁分公司、中国联通有限公司南宁分公司、中国网通集团公司南宁市分公司、中国铁通集团有限公司南宁分公司5家电信运营商，电信业务总量81.95亿元，比上年增长25.68%。市话交换机总容量236.51万门；固定电话用户（含小灵通)167.96万户，其中城市固定电话用户123.65万户，乡村固定电话用户44.3万户；移动电话用户262.18万户；电话普及率60.14部/百人。互联网用户39.35万户，全市国际互联网用户普及率41.41%。（梁一家）

【广西电信有限公司南宁市分公司】

概　况　2007年，广西电信有限公司南宁市分公司辖青秀、兴宁、西乡塘、江南、邕宁良庆5个城区分公司及武鸣、上林、宾阳、马山、横县、隆安6个县分公司；有员工2053人。公司从业务、服务、网络、组织、人力资源六个方面进行转型，提高市场运营能力和企业运作效率。加快铜缆换光缆与宽带接入网建设，城市商务光纤到达率100%，行政村光缆到达率68.4%，宽带网络覆盖全部乡镇。业务收入11.35亿元，比上年增长4.18%，其中主营业务收入比上年增长5.24%。非话音收入占主营收入36%，比上年增长10个百分点。固定电话用户121.37万户，宽带用户31.35万户。1月1日，“蓝色天空”信息工程正式启动。

农村信息化建设　结合市政府新农村建设试点工作，以“百乡千村万户上宽带”为核心开展社会主义新农村信息化建设。投资2106万元，在新农村建设试点范围内开展线路、管道、交换机设备等基础设施的铺设工作，电话网络覆盖率

“蓝色天空”信息工程

2007～2010年，广西电信南宁市分公司专项投入资金3亿元，建设遍布全市的宽带网络和各类高水平的信息平台。主要实现以下目标：1.宽带骨干网覆盖率市区100%，县城80%；2.城市电话普及率90%，农村电话入户普及率50%；3.宽带入户率市民80%、农民20%；4.建设完善的各类信息化应用平台，大力推进信息技术在经济社会各领域的广泛应用。通过政务信息化，完善电子政务网和政府门户网站建设，全面提升政府部门的管理效率；通过企业、行业、农村农业的信息化，提高信息资源的商品化和产业化程度，提升经济运行效率，促进城乡一体化；通过家庭、公共服务、社会管理的信息化，满足社区居民的各类生活需求，提高生活质量。

100%;50户以上的屯实现通电话。新增农村电话用户约12万户。建成信息村356个,规模1万线,电话入户率70%以上,宽带入户率10%以上;部分信息村还建设村网站,通过互联网宣传本村特色农产品。与自治区农业厅合作建成开通全国首家12316“三农”服务热线,农民和涉农企业可通过电话、电视、电脑等载体随时咨询农业种养知识,了解农产品市场和供求信息,并向在线专家咨询农业生产、经营、政策、服务等问题。

“我的e家” 2006年12月末,面向家庭客户正式推出“我的e家”业务。提供有e6(固定电话+小灵通)和e8(固定电话+宽带业务)两种。客户可享受固定电话免月租、长途IP优惠、家庭无线上网和亲情号码优惠通话等服务。2007年1月1日南宁市第一个“我的e家”用户产生,全年在全市中高端家庭客户渗透率31%。

客户服务 坚持“用户至上,用心服务”的服务宗旨,提升客户服务水平。完善客户服务体系,建立重要客户和VIP客户的服务体系,提供分等级的销售、关怀、支撑保障服务;重点提升10000号客户服务水平,10000号测评保持在同城同行第一名。5月17日,南宁电信宽带体验中心开业,推进“蓝色天空”信息化工程的开展。推出市话详单查询服务,2004年底开始对全系统不具备话费查询条件的设备进行全面改造;2007年9月18日完成系统改造和服务模块开发工作,30日向用户推出市话详单查询服务。提供客户预约服务,10月31日起,为客户提供固定电话安装、宽带新装及迁移业务等预约服务。开展“诚信经营,放心消费年”活动,利用多种形式对员工开展诚信经营教育,确保服务质量提升。在自治区通信管理局组织的测评中,客户满意度93.3%。在“两会一节”期间,设立通信保障指挥调度中心,为各方宾客提供多项综合信息服务,保障通信网络安全、平稳、高效运行。 (农荣生 庞跃声)

“两会一节”期间,广西电信南宁市分公司设立通信保障指挥调度中心

庞跃声 摄

【中国移动通信集团广西有限公司南宁分公司】

概 况 2007年1月18日,中国移动通信集团广西有限公司南宁分公司为优化区域组织架构设置,撤销青秀、江南、兴宁、西乡塘、良庆5个区域分公司,成立西区、南区、东区3个区域分公司。共辖崇左、东区、南区、西区、邕宁、武鸣、横县、宾阳、上林、马山、隆安、天等、大新、龙州、凭祥、宁明、扶绥17个分公司;有员工2437人。在网用户250多万户,网络覆盖率99%;主营收入20多亿元,净利润增长29%;缴纳流转税7000多万元。

业务经营 拥有全球通、神州行、动感地带等品牌,服务网号139、138、137、136、135、134、159、158、150。拥有机场金钻贵宾服务厅、健康之家、影迷社区、美丽社区、健康社区、商务社区等全球通VIP俱乐部社区,涵盖交通、医疗、餐饮、酒店、娱乐、购物、休闲、美容保健等行业和领域;有自营服务厅289个,社会代办渠道1807个。提供基础话音、彩信、彩铃、银信通、企信通、来电提醒、信息点播、GPRS(宽频移动数据)手机上网、GPRS行业应用、无线局域网接入多项梦网业务。新推出飞信、手机证券、彩信手机报、移动博客等业务及本地“接听免费”系列资费。

客户服务 启动“诚信服务满意100”主题活动,提出“八项服务承诺”,即:全面启用新版入网协议;全面实施“收费误差,双倍返还”;先提醒,后停机;清晰透明提供收费信息;全面实施业务定制客户确认;48小时首次回复客户投诉;业务办理“免填单”和“一台清”,全面实现电子化自助服务;专线受理不良信息举报。同时,通过现场宣传、召开客户座谈会、启用服务评价系统、评选“满意100服务金点子”、表彰服务明星等对服务承诺及质量进行监督的活动,切实提升服务质量。各分公司完成新版入网协议的更新及启用;实现通过网站、营业厅自助服务终端等方式向客户提供最近5个月(不含当月)的话费清单查询服务,及向客户提供免费的移动信息业务月使用费的短信提醒服务。4月开设“10086999”不良信息举报专线,年内受理客户举报的不良信息5万余条。回复客户投诉100%,首次回复(包括暂时未能形成处理方案的投诉)时限不超过48小时。公司获中国移动通信集团公司授予的“诚信服务满意100”金点子服务改进奖和广西分公司授予的“诚信服务满意100”十佳金点子奖。

信息化工程 推进信息化8项工程,一是移动电子政务工程,实现政府“办公无址化”;二是信息化培训工程,催生“人才资源”;三是通信文化产业工程,促进文化广西建设;四是企业信息化工程,发展“内源型经济”;五是应急通信工程,促进平安广西建设;六是农村信息化工程,开展“信息扶贫”;七是爱心移动工程,带动“弱势走强”,促进和谐广西建设;八是绿色信息通道工程,促进生态广西建设。同时,建立烟信通、短信报税、甜蜜通、警务通、数字城市管理监控管理指挥中心、医疗保健、邕城“菜篮子”工程等信息化产品,其中:“邕城菜篮子”工程,为市民及城乡居民提供全市各农贸市场的水果、蔬菜、家禽类各种价格信息及相关供应信息及养殖技术等;数字城市管理监控管理指挥中心的应用,使城管工作人员使用城管通监管城市秩序;教师使用校信通和家长形成及时地互动交流;税务工作人员利用税务通查询纳税人信息;糖厂可以通过甜蜜通平台向蔗农发送砍蔗计划单,在武鸣香山糖厂、南宁农垦金光糖厂等企业应用。

(黄 英)

【中国联通有限公司南宁分公司】

概 况 2007年,中国联通有限公司南宁分公司辖南宁和崇左14个县分公司;有员工747人。业务范围包括南宁、崇左两个区域,主要经营130、131、132、156GSM移动电话,133CDMA移动电话,17910、17911IP电话,193长途电话,165互联网,发展世界风、如意通、新势力、新时空四大业务品牌,以及联通无限等业务。网络通信覆盖面不断增大。其中:GSM网络覆盖率市区98.65%、县乡91.3%;CDMA网络覆盖率市区96.87%,县乡90.7%。拥有市、县自营厅62家。完成主营收入4.5亿元,网上用户100万。6月1日,公司迁址金浦路广西联通通信综合大楼。

业务经营 根据市场需求,对产品资

费进行梳理与优化，确立如意通、新势力、新时空、世界风四大业务品牌，有针对性地在不同阶段、不同目标群，推出符合目标用户群体需求的资费，主推不同的业务品牌，共发展用户50多万户；增值业务通过短信增收、掌中宽带转型、炫铃新入网渗透率提升等措施，业务收入比上年增长27.7%；数据业务收入比上年增长28%。

客户服务　围绕“提升客户满意度和忠诚度、提高客服代表服务水平、降低客户离网率和投诉率”的目标，实施各项服务整改措施，通过以客户感知为出发点，强化对窗口人员营业限时办结的监控和考核，优化内部服务流程，改善产品设计和业务管理质量，完善服务效果。共处理投诉工单2万多件，投诉回复率和及时率100%、投诉问题解决率80%以上，用户对投诉处理的满意度100%。

（曾建强）

邮　政　业

【概　况】 2007年，南宁市邮政局辖邮政支局所205个，其中邮政全功能服务所192个、电子化邮所176个。设邮政储蓄点147个、集邮门市部96个、信筒信箱682个。有邮路99条，单程总长度3.22万公里（其中一级干线邮路19条2.34万公里，二级干线邮路12条4892公里）；邮运汽车286辆；固定资产原价4.99亿元，邮政生产用房面积10.4万平方米。实现邮政业务收入2.83亿元；业务总量2.82亿元；全员劳动生产率人均8.52万元。邮政服务质量用户评价综合满意度为93.87分。

【邮政储蓄】 2007年，南宁发挥网络及服务优势，围绕城乡居民基础金融需求，加快产品和业务创新，加大网点改造，改善服务环境，邮储余额57.64亿元，在南宁金融机构中居第五名；共有储蓄网点147个，服务258.2万客户，成为南宁城乡居民资金结算的主渠道之一；通过协议存款、银团贷款等资金运作方式和小额质押贷款等业务支持地方经济建设。投资500多万元装修、改造邮储网点26个，共有自动取款机（ATM）83台、电子收款机（POS）184台。

【函　件】 2007年，市邮政局完成函件封发处理总邮件29.05万袋，业务量2080万件（国内2071.16万件，国际8.84万件）；揽收邮资封片卡209.58万枚，其中开发“喜鹊登枝”邮资封作为招生函信封13.3万枚。结合市妇联举办的“关爱女孩·春蕾计划”公益大行动，以募捐邮资明信片的形式为切入点合作开发11.75万枚，募集公益基金21万元。建立健全大客户企业相关的个性化数据库，完成名址上线1400万条，建立行业营销精品数据库12个。

【集　邮】 2007年，南宁邮政组建自治区邮政函件局和自治区集邮品开发中心，推进邮政市场的整体开发和企业效益。主要定向开发邮册2250册、邮折1.6万本、邮资封5000枚、个性化邮票1.8万版、形象宣传3400册。开发《中国大唐龙滩水电工程发电仪式邮票珍藏册》、《广西区邮政储蓄分行成立邮票珍藏册》、《中国—东盟港口发展与合作论坛秘书处纪念封》、《广西区旅游局宣传册》、《南宁市人民政府人居奖个性化邮票》、《太平洋人寿保险公司广西分公司纪念封》、《信诚人寿保险有限责任公司广西分公司个性化邮票》等邮品。

【邮政速递物流】 2007年，南宁邮政全面推进专业化经营改革，对企业和专业内部资源进行整合剥离，组建自治区邮政速递局，构建一个集研发、营销和售后的统一平台。完成特快专递邮件122万件（国际2.56万件、国内119.52万件）。农资配送业务致力于建立配送灵活、销售顺畅、反应快速、自成体系的邮政农资分销渠道，业务收入230.8万元。

【邮政信息网】 2007年，市邮政局建成营业系统与网运系统两网互通工程，实现营业系统和网运系统信息共享，中心局给据邮件网络分拣；改造办公网网络，趋向结构合理、柘扑清晰、病毒及网络风暴防御能力增强；建成函件直复营销中心多媒体展示系统及直复营销中心业务查询系统，提升业务开发的信息化水平。

【邮政实物传递网】 2007年，市邮政局调整邮区内普通邮件分拣封发关系，在二级中心局间建立固定直封关系，与本邮区各投递局建立直封关系，取消各市、县、支局（所）间普通邮件直封关系。开通南宁至武昌（1562/1561次）、南宁至柳州火车邮路，临时开通南宁至广州火车邮路（2572/2571次），缓解南宁邮区邮件出口的紧张情况；完善跨省快速邮运网，组开南宁至湛江一级干线快速汽车邮路，为市邮政融入南宁区域性国际综合交通枢纽，构建环北部湾经济区域快速集散网物流交换平台，推动全自治区EMS“次晨达”业务的发展提供网络支撑。在内部作业处理上，实现邮件运输集装容器化、邮件处理“三状”（信函状、扁平状、包状）化、信息识别条码化、邮件处理管理信息化。采取“包刷合一”、“普挂合一”及特快、国际邮件交叉作业、报纸与期刊合并封发等形式，完善内部作业组织，实现管理的集约化和扁平化，全面提高网络运行效益。

（黄　辉）

无线电管理

【概　况】 2007年，南宁市各类无线电设备共有410万部，其中专用网80个，专用通信设备3.7万台，公众移动基站2675个，公众移动用户409万户，小灵通基站2987个，大灵通基站299个。南宁市无线电管理处完成台站核查、行政执法、日常监测、干扰排查和规费征收等各项任务。无线电日常监测时间共2700小时。10月在全市范围内开展对讲机专项执法行动，重点清查位于埌东主干道沿线的会议场所、住宅小区、酒店、建筑工地、娱乐场所等，对30家单位发出限期整改通知书，对其中9家单位采取扣留对讲机的强制措施，共扣留对讲机12部。规费征收总数占全自治区无线电管理系统收费任务的六分之一多，征收率99.2%。进一步完善基础设施建设，7月建成B级站固定无线电监测站并投入使用。获2007年度自治区无线电管理工作先进单位称号。

【无线电监测】 2007年是全国无线电频谱监测统计报告制度执行的第一年，根据国家《无线电频谱监测统计报告暂行规定》要求，市无线电监测站严格执行每月至少150小时监测时间的任务。共对调频广播、航空无线电通信导航、集群、常规对讲和移动通信等频段进行电磁环境监测220次，累计监测时间2700小时；判明可疑信号6个，查处非法设置无线电台2起。共为联通南宁分公司、南宁火车站、南宁供电局、南宁空管中心等单位查排干扰，查排率100%，并责令9家单位进行整改。为保障“两会一节”期间的无线电通信保障，启动应急预案，人员24小时处于待命状态，不间断对南宁国际会展中心、民歌广场、广西人民会堂和荔园宾馆等重要场所和全市制高点进行实地监测，帮助解决公安系统的通信干扰，及时缓解现场指挥与调度的安全畅通问题。完成全市无线电台站数据清理登记工作，6月对六县协管员和移动南宁分公司等15家重点单位进行台站数据申报系统操作使用的业务培训，7月完成自查工作，9月对各设台单位发射设备进行核验，对未经批准擅自高台、使用频率的单位进行整改。

（覃　巍）

责任编辑　梁笑飞

商业贸易

综　　述

【概　况】 2007年，南宁市商务局加强对社会消费品的监控协调，社会消费品零售总额稳步增长，实现社会消费品零售总额515.62亿元。推进城乡商贸网点建设，实现中小超市进社区进乡镇的目标。全市共有商业网点16.5万个，营业面积610万多平方米，从业近60万人。完成农贸市场建设和改造28个。市商务局被评为全国商务系统先进集体。

【社会消费品零售】 2007年，南宁市实现社会消费品零售总额515.62亿元，比上年增长18.4%，增幅高于全国平均水平1.6个百分点，占自治区社会消费品零售总额四分之一强。在西部11个省会城市中居第四位。商品流通市场运行有以下特点：

1.餐饮业成为领涨行业。市政府举办的月月美食节、第十七届中国厨师节暨2007南宁·东南亚国际旅游美食节等一系列节庆活动，带动全市餐饮业的发展，实现餐饮业零售额57.76亿元，比上年增长20.08%。

2.节假日消费拉动效应明显。各流通企业住抓春节、“五一”、国庆黄金周时机，开展丰富多彩的促销活动，营造浓郁的节日氛围，吸引了消费者，使节日市场繁荣活跃，购销两旺。3个黄金周期间，南宁百货大楼、沃尔玛、北京华联、深南城百货、梦之岛、利客隆超市等重点监测的流通企业累计销售额4.65亿元，比上年同期增长24.65%。

3.城乡消费品市场同步发展，增速加快。城市集聚和辐射功能增强，加上实施“万村千乡”市场工程（在农村逐步推行连锁经营，用现代流通方式改造农村商业网点，构建以城区店为龙头、乡镇店为骨干、村级店为基础的农村流通网络，满足农民生产生活需求，改善农村消费环境，促进农业产业化发展。从2005~2007年，用三年时间，使标准化农家店覆盖全国50%的行政村和70%的乡镇；到2010年，覆盖65%以上的行政村和85%以上的乡镇），使农村商品流通网络进一步完善，为消费总量扩张提供空间，城乡消费品市场同步协调发展。城市实现社会消费品零售额423.45亿元，比上年增长18.6%；县及县以下农村实现社会消费品零售额92.17亿元，比上年增长17.44%。

4.热点商品旺销，消费结构继续改善。随着城乡居民收入的不断增长，居民的消费方式逐步从生存型向享受型、发展型转变，代表消费结构升级的汽车类、金银珠宝类、家装类及文化办公用品类商品快速发展，限额以上批零贸易企业统计的金银珠宝类、汽车类、文化办公用品类、穿着类等商品销售分别比上年增长40.05%、16.75%、24.62%、28.38%。

5.批发零售贸易业增长加快，重点流通企业销售持续稳定增长。批发零售企业经营规模日益壮大，经营渠道畅通，显示出在流通领域的主导地位和市场潜力。批发零售贸易业实现商品零售额456.41亿元，比上年增长18.03%，占消费品零售总额88.52%。11家重点流通企业实现商品销售额53.66亿元，比上年增长21.95%。

6. 非公有制经济零售额保持快速增长，市场份额继续扩大。非公有经济实现社会消费品零售额498.81亿元，比上年增长19.58%，增幅高于社会消费品零售总额1.18个百分点，占市场份额96.74%，比上年提高0.96个百分点，对全市社会消费品零售总额的贡献率101.97%，拉动社会消费品零售额增长18.76个百分点。

7.消费价格结构性上涨，食品类涨幅居首。受国内外能源、生产资料及自然灾害、疫情等多重因素作用，居民消费价格偏快，总指数104.4%，其中食品类价格指数111.4%，比上年上涨11.1%，涨幅居八大类居民消费价格总指数的首位，拉动居民消费价格总水平上涨3.8个百分点。在食品类价格上涨中，猪肉平均价格上涨48.1%、活鸡平均价格上涨31.3%、活鸭平均价格上涨25.6%、蛋类价格上涨25.6%、油脂价格上涨21.9%、水产品价格上涨4.2%、蔬菜平均价格上涨3.5%。受此影响，食品类人均消费性支出增速为16.9%，居八大类人均消费品支出前列。

【市场运行监控】 2007年，市商务局以开拓城乡市场、扩大居民消费、促进经济协调发展为主线，全面推进市场运行监控工作。1.落实城乡市场信息服务体系监测样本企业，扩大市场监测范围，共落实生活必需品国家监测样本企业19家，重要生产资料国家监测样本企业3家，重点流通企业国家监测样本企业51家（安装信息泵企业3家），应急管理数据库系统监测样本企业5家。为应对自然灾害，有效预防重大疫情、疫病、突发事件和不可预见的灾害发生，建立重要商品供应商联系制度，加强全市应急物资的组织和调运能力。2.依托商务部城乡市场信息服务体系平台，通过对全市生活必需品市场、重要生产资料市场、重点流通企业和应急商品企业等的日常监测，掌握市场运行和商品供求等情况，撰写分析报告报送市政府领导及有关部门。5月24日起，针对猪肉市场价格上涨、供应紧张

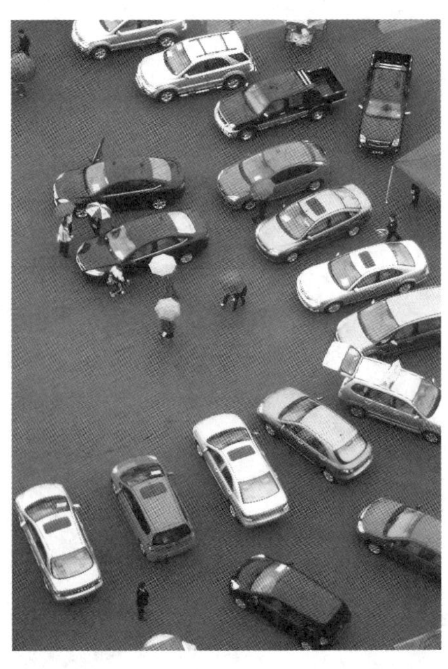

南宁市汽车展销会鸟瞰　周家志　摄

的情况，对生猪市场供应和生活必需品市场供应等实行每日监控，并及时向市政府领导及有关部门通报情况，制定和完善相关应急预案和应急商品储备制度，有效增强政府调控能力。3.做好春节、“五一”、国庆等重大节日期间市场运行监控，及时掌握市场动态，组织节日市场供应，确保节日市场供应稳定、商品价格运行平稳。4.通过商务部开通的南宁商务天气预报网站，及时向公众发布经济运行、市场商品供求等情况，扩大城乡市场信息服务体系影响力，提高商务主管部门的公共服务能力。

【“双百”市场工程】 2006年，商务部为构建农产品现代流通体系，解决农产品卖难和农民增收、农村发展的问题，促进社会主义新农村建设，启动“双百”市场工程，重点改造100家大型农产品批发市场，着力培育100家大型农产品流通企业。南宁市从2006年开始实施，至2007年共申报项目5个。其中：2006年申报2个，获中央财政补贴资金410万元；2007年申报3个，已验收完成并将相关资料上报自治区商务厅。

【“万村千乡”市场工程】 2007年，南宁市继续采取政策扶持、资金补助、企业为主、改建结合的方法，组织实施“万村千乡”市场工程。共新建和改造农家店500家。其中：日用消费品农家店355家，农资农家店145家。申请财政补助460万元。其中：中央财政补助300万元，自治区财政补助60万元，市本级财政补助100万元。

【酒类市场管理】 2007年，南宁市依据商务部《酒类流通管理办法》和《广西壮族自治区酒类管理条例》，继续推行酒类备案制度和随附单制度，依法核发酒类经营许可证，按经营业态分类编号，做好随附单的发放、领取、登记、保管、核销等各环节的工作，杜绝随附单转让、买卖、租赁、涂改等非法行为的产生；开展酒类市场专项整治和元旦、春节、“五一”、中秋、国庆、“两会一节”等期间酒类市场大检查，进一步规范酒类流通秩序。市区共开展酒类执法检查61次，出动执法人员553人次，查处无证经营户146户；办理酒类批发许可证184个，酒类零售许可证560个（零售经营商477个、餐饮经营商71个、娱乐场所经营商12个）。

马山县实施“万村千乡”市场工程所建的农家店　　市商务局提供

2007年南宁市大型商业零售网点

南宁百货大楼（朝阳路） 梦之岛购物中心（古城路） 梦之岛百货（民族大道） 梦之岛水晶城百货（金湖路） 梦之岛金朝阳折扣店（人民东路） 王府井百货（新民路） 南宁五象购物中心（民族大道） 百盛百货（青云街） 巴黎春天百货（民族大道） 新朝阳商业广场（民生路） 民族商场（人民东路） 裕丰商厦（西关路） 搜品廊（西关路） 沃尔玛购物广场朝阳路店（青云街） 沃尔玛购物广场民族大道店（民族大道） 广西华联综合超市民族宫店（民族大道） 广西华联综合超市江南店（亭洪路） 广西华联综合超市碧园店（明秀西路） 深南城百货城北店（友爱南路） 深南城百货永新店（人民西路） 深南城百货新城店（东葛路） 深南城百货良庆店（金沙大道） 人人乐超市五象店（民族大道） 人人乐超市江南店（星光大道） 利客隆超市华西店（华西路） 利客隆超市桃源店（桃源路） 利客隆超市相思湖店（大学路） 利客隆超市友爱路店（友爱北路） 利客隆超市家电专业店（友爱南路） 大热门购物中心（星湖路北一里） 国美电器金朝阳店（人民东路） 国美电器西大店（明秀西路） 国美电器万达店（青云街） 苏宁电器朝阳店（人民中路） 苏宁电器江南店（星光大道） 苏宁电器民族宫店（民族大道） 大中电器新朝阳店（朝阳路） 苏宁电器南棉店（友爱南路） 广西南宁电子科技广场（星湖路） 南宁文化综合市场（新民路） 春城家居广场（安吉大道） 众乐家私城（安吉大道）

【成品油市场经营管理】 2007年，南宁市有成品油批发企业9家，成品油零售企业329家(管理性公司11家)；加油站318座（中石化161座、中石油21座、广西辉煌交通石化公司20座、社会办加油站116座）。成品油销售90.37万吨。其中：柴油58.65万吨，汽油31.72万吨。中石化南宁分公司销售成品油72.01万吨（含崇左市成品油销售），中石油广西南宁分公司销售成品油18.36万吨。新建并通过验收合格的加油站4座，其中获成品油零售经营批准证书3座。

【市场体系建设】 2007年，南宁市商业网点快速发展，市场网络体系初步形成，新增各类市场100多个，累计有各类市场600多个，总营业面积400多万平方米，年交易额超亿元的市场18个（100亿元以上2个、10亿元以上100亿元以下8个）；有批发零售贸易、餐饮业服务网点近16万个，其中六城区各类网点3万多个，人均商业面积0.8平方米。在全市社会消费品零售总额中，连锁经营所占份额约22%，高于全国平均数10个百分点，居自治区首位。新建和改造农贸市场28个，其中新建19个，升级改造9个。全市有农贸市场325个。其中：六县共有农贸市场187个（武鸣县47个、横县50个、宾阳县48个、上林县10个、马山县19个、隆安县13个），市区有农贸市场115个（西乡塘区、高新区和相思湖新区33个，青秀区和青秀山管委会23个，江南区和经开区25个，兴宁区18个，良庆区和邕宁区16个）。初步形成了从城市传统商业中心区向城郊结合区域、社区、县城和乡镇农村扩展，遍布全市城乡的市场网络体系。市场的投资主体为国有资产经营公司或机构、集体资产经营组织、个人，其中属威宁资产经营有限责任公司的农贸市场23个。

（唐志喜　李桂良）

社会服务业

【概　况】 2007年，南宁市社会服务业新增企业、经营户1200户，注册资金2.72亿元。其中：个体经营户838户，从业2884人，注册资金3166.97万元；私营企业348户，投资者901人，雇工3063人，注册资金2.28亿元；内资企业14户，注册资金1215万元。按行业分：从事卫生、社会保障和社会福利业新开业企业、经营户443户,注册资金2035万元。其中:个体经营户428户,从业945人,注册资金1356万元;私营企业12户,投资者31人,雇工122人,注册资金599万元;内资企业3户,注册资金80万元。从事文化、体育和娱乐业新开业的企业、经营户347户,注册资金2914.05万元。其中:个体经营户250户,从业876人,注册资金674.05万元; 私营企业94户,投资者255人,雇工824人,注册资金2040万元; 内资企业3户, 注册资金200万元。从事其他服务业新开业的企业、经营户410户,注册资金2.23亿元。其中:个体经营户160户,从业1063人,注册资金1136.92万元;私营企业242户,投资者615人,雇工2117人,注册资金2.02亿元; 内资企业8户, 注册资金935万元。累计从事社会服务业的各类企业、经营户4008户,注册资金12.42亿元、1.03亿美元。其中:个体经营户2371户,从业4897人,注册资金6760.71万元;私营企业1385户,投资者5213人,雇工1.56万人, 注册资金7.81亿元; 内资企业228户,注册资金3.93亿元;外资企业24户,注册资金1.03亿美元(外方6349万美元)。按行业分:从事卫生、社会保障和社会福利业1151户,注册资金6200万元。其中:个体经营户950户,从业2181人,注册资金3150万元; 私营企业191户,投资者1363人,雇工3526人,注册资金2614万元; 内资企业10户, 注册资金436万元。从事文化、体育和娱乐业1438户,注册资金2.51亿元、2574万美元。其中:个体经营户1064户,从业1800人,注册资金2551.05万元; 私营企业296户,投资者2464人,雇工8507人,注册资金1.19亿元;内资企业68户,注册资金1.06亿元;外资企业10户,注册资金2574万美元(外方1820万美元)。从事其他服务业1419户, 注册资金9.29亿元、7677万美元。其中:个体经营户357户,从业916人, 注册资金1059.71万元;私营企业898户, 投资者1386人, 雇工3564人,注册资金6.36亿元;内资企业150户,注册资金2.82亿元;外资企业14户,注册资金7677万美元(外方4529万美元)。

【旅馆业】 2007年,南宁市旅馆业新增企业、经营户1430户。其中:个体经营户1207户, 从业2322人, 注册资金3398.7万元; 私营企业211户, 投资者912人, 雇工650人, 注册资金491万元;内资企业12户。累计旅馆业各类企业、经营户3861户, 注册资金5.95亿元。其中: 个体经营户3134户, 从业9719人,注册资金1.15亿元;私营企业477户,投资者2407人,雇工3779人,注册资金1.76亿元; 内资企业439户,注册资金4.52亿元。

【居民服务业】 2007年, 南宁市居民服务业新增企业、经营户1569户,注册资金664.61万元。其中:个体经营户1357户, 从业2305人, 注册资金1736.61万元;私营企业198户,投资者534人,雇工1083人,注册资金4259万元;内资企业14户,注册资金649万元。累计居民服务业各类企业、经营户1.05万户,注册资金18.69亿元, 外资注册资金48万美元。其中:个体经营户9162户,从业2.01万人, 注册资金1.43亿元; 私营企业1203户,投资者2577人,雇工7796人,注册资金4.55亿元;内资企业138户,注册资金12.67亿元; 外资居民服务业3户, 注册资金48万美元(外方29万美元)。

【美容美发保健业】 2007年,南宁市美容美发保健业新增企业、经营户794户,注册资金8381万元。其中:个体工商户789户, 从业1551人, 注册资金800.1万元;私营企业5户,投资者4人,雇工31人, 注册资金38万元。累计理发及美容保健服务业企业、经营户4191户,注册资金1.61亿元。其中:个体经营户4140户, 从业7618人, 注册资金3855.1万元; 私营企业51户, 投资者4235人,雇工1.28万人,注册资金1508万元。

【信息传输计算机服务与软件业】 2007年,南宁市信息传输、计算机服务与软件业新增企业、经营户467户, 注册资金1.78亿元,外资投资685万美元。其中:个体经营户125户,从业271人,注册资金129万元(含互联网信息服务1户,注册资金3万元,从业5人);私营企业310户,投资者572人,雇工1782人,注册资金1.75亿元(含互联网信息服务52户,投资者61人,雇工261人,注册资金1409万元); 内资企业29户,注册资金240万元;外资企业3户,注册资金685万美元(外方471万美元)。累计信息传输、计算机服务和软件业企业、经营户3750户,注册资金12.21亿元,外资投资1952万美元。其中:个体经营户419户,从业1254人,注册资金1154.5万元(含互联网信息服务业9户,从业22人,注册资金9.5万元);私营企业2961户, 投资者6938人, 雇工1.46万人,注册资金10.27亿元(含互联网信息服务业475户,投资者1620人,雇工3012人,注册资金8967万元);内资企业357户,注册资金1.82亿元(含电信和其他信息传输服务业222户,注册资金60万元; 计算机服务业116户, 注册资金1.55亿元;软件业19户,注册资金2650万元); 外资企业13户, 注册资金1952万美元,其中外方1275万美元(含电信和其他信息传输服务业1户,注册资金1万美元;计算机服务业5户,注册资金1086万美元;软件业7户,注册资金865万美元)。

【租赁与商务服务业】 2007年,南宁市租赁与商务服务新增企业、经营户1572户,注册资金5.13亿元、3600万美元。其中:个体经营户784户,从业1108人,注册资金3429万元(含咨询与调查354户,从业443人,注册资金269.5万元);私营企业784户,投资者1467人,雇工6258人,注册资金4.78亿元(含咨询与调查288户,投资者566人,雇工2271人, 注册资金1.34亿元); 内资企业3户,注册资金50万元;外资企业2户,注册资金2600万美元(外方出资)。累计租赁和商务服务业企业、经营户5105户,注册资金33.8亿元、1.31亿美元。其中:个体经营户1928户,从业3032人,注册资金1.04亿元(含咨询与调查504户,从业934人,注册资金792.5万元);私营企业2636户,投资者5739人,雇工1.89万人,注册资金15.53亿元(含咨询与调查1038户, 投资者3866人, 雇工1.15万人,注册资金1.39亿元);内资企业515户,注册资金17.22亿元(含租赁业71户,注册资金7940万元;商务服务业444户,注册资金16.43亿元);外资企业26户,注册资金1.31亿美元(含租赁业3户,注册资金224万美元,其中外方187万美元;商务服务业23户,注册资金1.29亿美元, 其中外方5661万美元)。

【广告业】 2007年, 南宁市广告经营单位有1327家,从业8243人,广告经营收入1.42亿元,上缴税金2626万元。其中:广告公司673家,从业5384人,广告经营收入1.1亿元,上缴税金2012万元;兼营广告企业531家,从业2124人,广告经营收入782万元,上缴税金156万元;媒体广告(含报纸杂志)经营单位73家,从业584人, 广告经营收入2332万元,上缴税金443万元; 其他广告业户50家,从业151人,广告营业收入78万元,上缴税金15万元。

【旧货业】 2007年, 南宁市旧货行业经营户有130户,从业390人。主要经营生产用工业品旧货(农机、机电、企业闲置设备、工具、零件),生活用工业品(家用电器等),以及居民日常生活可回收利用的废旧物品等。主要旧货交易市场有位于南梧大道的市废旧物资交易市场、安吉大道旧机动车市场，有经营户33户，主要经营二手汽车及摩托车交易和咨询，从业83人。

【经纪业】 2007年，南宁市规范经纪业的经营行为，实行登记注册和备案制相结合的市场准入，登记备案从事经纪业务企业75家，从业466人；个体工商户8户，从业12人。主要从事二手房屋买卖中介业务。 （李凤玲）

【拍卖业】 2007年，南宁市辖区有合法拍卖企业78家，其中市属30家，自治区属48家。主要经营项目有工商行政管理、海关和司法机关等罚没的物品、抵债物品、抵税物品、无主物品、闲置物品、积压物资、生活资料、艺术品、房地产、无形资产、银行不良资产、土地使用权、生产经营权、股权、市政设施广告经营权等。市属拍卖企业共举办拍卖活动436场，成交总额23.17亿元，其中广西正槌拍卖有限公司14.24亿元，广西东伦拍卖有限责任公司2.44亿元，广西金锤拍卖有限责任公司1.36亿元，广西皓业拍卖有限公司1.23亿元。

【典当业】 2007年，南宁市辖区内共有合法典当企业16家，分别为桂金典当、广泰典当、朝阳典当、杭利典当、利得兴典当、桂银典当、桂泰典当、华盛典当、泰金典当、荣利典当、金利典当、银源典当、银通典当、融资典当、万国典当、红虹典当。资产总额1.07亿元，典当总额9742.14万元；10家盈利，6家亏损。

（唐志喜 李桂良）

餐饮业

【概 况】 2007年，南宁市餐饮业新登记注册企业、经营户2112户，注册资金5364.52万元。其中：个体经营户2069户，从业5161人，注册资金3204.52万元；私营企业35户，投资者59人，雇工275人，注册资金1535万元；内资企业8户，注册资金625万元。累计餐饮业企业、经营户9266户，注册资金4.22亿元，外资注册资金596万美元。其中：个体经营户8836户，从业1.96万人，注册资金1.5亿元；私营企业222户，投资者1999人，雇工7418人，注册资金1.25亿元；内资企业189户，注册资金1.48亿元；外资企业19户，注册资金596万美元(外方500万美元)。全市餐饮业实现零售总额57.76亿元，比上年增长20.08%。 （李凤玲）

【桂菜经营】 南宁市餐饮业经营的桂菜系列主要由桂北菜、桂东菜、桂西菜、沿海地区菜和少数民族风味菜等组成，从而形成桂菜微辣、带甜、有酸、新鲜的特色，风味独特，别具一格。南宁、梧州、玉林等地方风味菜讲究鲜嫩爽滑、用料多样，常以岭南瓜果入菜，如玉林三宝（牛巴、牛腩、牛肉丸）、菠萝焗饭，梧州纸包鸡，南宁腰卷、猪肚鸡，荔浦芋头鸭等；少数民族风味菜多就地取材，讲究实惠，制法独特，具有浓郁的乡土气息，如客家皇蒸鸡、壮乡田螺猪手等；桂北风味（桂林、柳州等地）品味醇厚、色泽浓重，擅长以山珍野味入菜，如桂林黄焖鸡、酿三宝等。桂菜原料采用鱼、鸡、虾、蟹、猪、牛、羊，素料有芋头、马蹄、莲藕、竹笋等，在佐料上采用豆腐乳、辣椒酱、白酒、黄皮酱、柠檬等，烹调方式采用扣、蒸、炖、酿、焖、炒、炸，成为以清甜、鲜香、脆嫩风味特色。成菜讲究粗物细作，形量协调，香气蕴藉，色彩清丽的广西风味菜。代表菜有巴马烤整猪、苗家竹板鱼、侗乡竹笋肉、瑶山泥巴鸡、壮家粉芭肉、毛南烤香猪、京族花衣蜇皮、脆皮扣肉、脆皮狗肉、白切狗肉、纸包鸡等。以明园新都大酒店、西园饭店、荔园饭店、南宁饭店为代表的饭店、酒店经营桂菜。

【传统食品】

老友面（粉） 南宁传统小吃。关于它的来历，民间众说纷纭。据说，在20世纪30年代，有一个食客经常去中山路一间小吃店就餐，久而久之，客主成了朋友。有一次，食客外感风寒卧床不起，店师傅听说后便给食客做了一碗面，放上酸笋、辣椒、豆豉、姜、葱等，食客吃完后大汗淋漓，全身感觉舒畅放松，连打一串喷嚏后风寒全好了，高兴之下给小吃店送去一块上书“老友常来”牌匾。“老友面”从此得名。制作方法：先将精面粉加鸡蛋和面，反复搓揉，用竹杠反复压打，切成细面条，再以爆香的蒜泥、豆豉、酸辣椒、酸笋、碎牛肉、醋、骨头汤等配料与之烹煮而成。其特点是酸、辣、咸、香兼备，有祛风散寒、通窍醒食和兴奋精神的作用。主料用米粉的，称“老友粉”。五六十年代起，一直由南宁第二饮食公司主营老友面（粉），其中以位于中山路的中山饮食店最为著名，老友面又称“中山老友面”，香港《文汇报》、广东《羊城晚报》和《南宁晚报》等媒体曾对其进行专题介绍。该公司制作的老友面曾获1997年杭州烹调大赛“中华名小吃”称号。南宁市制作经营正宗老友面（粉）的饮食店有：大同饮食店、共一饮食店、共东饮食店、杏花村饮食店、建政饮食店、安源饮食店、亭子饮食店等。

米 粉 南宁传统食品。清末民初，粤商来邕兴办餐饮业时从广东引进，时称沙河粉。此前，本地虽有民间蒸制，但质量不及沙河粉。制作方法：选用大米淘净浸透加水磨浆，掺入用开水冲兑的适量熟浆拌匀（或用适量米饭与米一同磨浆），放入金属托盘（米浆以仅铺过盘底），蒸成薄片，折叠切成条，叫做切粉；在舀米浆入托盘后加入碎肉、葱花、香菇末、碎虾米等配料，蒸煮后卷成筒状则叫卷筒粉，在梧州及广东一带叫肠粉；将用布滤干成粉团的米浆煮至五成熟，放在石臼中舂成软硬适度有韧性的稠浆（现代多用机械搅拌），用粉榨器就着沸水锅压榨入锅煮熟成线的叫生榨粉，因从桂林引进，又称桂林米粉。切粉、生榨粉在食用时用沸水烫热加入骨头汤称汤粉，配以肉类的称肉粉，不配肉的称素粉。肉粉又依据不同肉类称为猪肉粉、牛肉粉、鸡肉粉、牛腩粉、鸡杂粉、杂烩粉。用油炒的称炒粉，配以叉烧、卤水相拌的称干捞粉。

干捞粉 南宁传统小吃。兴于清末民初。因其食用时不加入汤水仅以叉烧、卤水凉拌而得名。制作方法：取切粉（见米粉）置于捞篱内放入开水锅中氽一下，装碗后加入叉烧（或牛锅烧）、焯过水的绿豆芽、炸黄豆（或炸花生仁），淋上用10多种配料熬成的酸甜卤水及少许熟花生油拌匀即可食用。其特点是味道鲜美、清滑可口。

炖 粉 两广传统小吃。南宁流行于水上居民和沿江居民间。制作方法：将大米淘净，兑水磨成米浆，分成几盆调入可食用的红、黄色素，用浅陶盆置锅中分层勺入米浆，先蒸一层原色米浆，待第一层蒸熟后，再依次分别加入黄色、红色米浆，反复依次加入各色米浆，每层约0.2厘米厚直至蒸满盆，在面上洒入些碎肉、花生碎、葱花之类，称夹层炖粉糕。如在蒸煮各色米浆至中间层加入绿豆沙再依次加入各色米浆蒸煮，则称夹心绿豆炖粉糕。中间加入芋头碎粒，则称芋头炖粉糕。其特点是色泽美观、软滑可口、老少皆宜。

宾阳酸粉 宾阳传统小吃。制作方法：精选上好的晚稻大米，经24小时浸泡并淘洗，用土制的石磨磨浆。经过7天时间反复的漂浆，漂浆期间要根据气温的不同进行不定时的换水。蒸制时采用大铛木盖浮托蒸法蒸米粉，蒸熟一条折叠一条并抹上一层花生油。配菜有叉烧、炸波肉、炸牛肉巴、炸灌风肠、炸花生或黄豆和腌制的新鲜黄瓜。调味品主要是将陈皮、八角、葱条等十多种香料用纱布包好，加水、盐、蚝油、味精等加温煮制卤水。再用糖、盐、米醋调制糖醋至酸甜适口。切好米粉放在碗内，将切好的叉烧等配料平摊在米粉上，再放些鲜红的生辣椒和蒜茸、香菜，浇上卤水以及糖醋，加些花生油即成。其特点是爽滑可口、酸甜适中、柔嫩香脆。

凉　粉　南宁传统消暑小吃。制作方法：将凉粉果中的白色粉粒加工榨出液体,加热冷却后形成晶莹透明的晶体,将熬过的红糖水加入，捣碎晶体作凉拌吃。其特点是清凉甜爽。

粉　虫　南宁传统小吃。始于清代。制作方法:用黏米洗净浸透、磨成稀稠适宜的米浆，滤成湿粉团置锅内煮至半熟，起锅揉搓至软硬适度有韧性的粉团,然后搓成条状，扯下小段在专用竹箕背搓几下,成虫状,置于蒸笼蒸熟。如搓粉时加入少许可食用色素,如花米红、羌黄等,则做出的粉虫色彩好看又诱食欲。可配以猪肉、牛肉或杂烩做成“炒粉虫”、“粉虫汤”。其特点是形似虫草,食之韧软。

粉　饺　南宁传统小吃。清末民初时已面市。解放前,以“粉角九”的粉饺最出名。制作方法:选用黏米浸透磨成稀稠适度的米浆，滤成湿粉团置沸水中煮至半熟,加入适量薯粉(生粉),将粉团反复搓揉至有韧性,搓成条状擀成薄片饺皮,包入拌食盐、香油、味精、五香粉的碎猪肉、虾米、香菇、马蹄或凉薯末合成的馅心,置托盒蒸熟。食用时配以黄皮酱、海鲜酱、豉熟油及少许葱花、芫荽之类的佐料。其特点是饺皮韧软、爽滑,馅料鲜甜味美。

粉　利　南宁季节性传统食品。始于明末清初。民间以其寓意“吉利”,故在冬至、春节期间最为旺销。制作方法:将浸透的大米加水磨成浆,滤成湿米粉,搓揉成团,放入沸水锅蒸至半熟,置于案板揉搓至有韧性,搓成直径4.5厘米的圆条状,切成段,置笼屉蒸熟。蒸熟的粉利须入水保存,以防干裂。食用时切成片,配以各种肉类制成“炒粉利”、“粉利汤”,亦可打火锅“烫粉利”。其特点是粉韧爽口,味道鲜美。

油炸粽　南宁传统小吃。始于清末民初。尤以亭子雷四婆的油炸粽最出名。制作方法：将糯米淘洗净浸透，捞起沥干,取100~150克糯米,少许绿豆,用粽叶包成长12厘米、宽7厘米、厚5厘米扁形粽子,置锅中煮熟,然后捞起晾干,剥去粽叶，放到烧滚180度的油锅内炸至外皮色泽金黄即可。其特色是外皮酥脆、色泽金黄、内部松软、香脆可口。

蕉叶糍　南宁传统小吃。相传始于宋朝。民间多在中元节制作。制作方法：选用糯米淘净浸透磨浆，用布袋滤干成湿粉团,经搓揉捏成长条状,经热水烫软洗干净并刷上食油的芭蕉叶，把粉团包好,置蒸笼蒸约20分钟即可食用。可制成咸甜两种。做甜味的方法是:将糖煮成浓浆,加入猪油与湿米粉搓匀;咸味的即在湿粉中加入些许盐搓匀，或包入炒干的横县头菜末、碎猪肉、花生之类的咸馅。其特点是蕉叶清香、糍粑软韧、清甜可口。

凉　粽　中国传统夏令小吃。古称角黍,《初学记》引晋周处《风土记》载：“仲夏端午,烹鹜角黍。”“进筒粽,一名角黍,一名粽。”《续齐谐记》载:“屈原五月五日自投汨罗而死，楚人哀之，每逢至日,以竹筒贮米,投水祭之。”说明最迟在晋代,民间已有端午节包角黍之俗。大约在清代传入南宁一带并从角锥体改为圆柱体,从角黍改称凉粽。现仍流传于南宁市各地。制作方法:将糯米浸透，拌入少许枧油,用几张竹叶包成条状,用细线捆扎牢,置沸水锅煮熟。食用时除去竹叶,蘸以糖浆。其特点是粽身晶透,入口脆滑有竹叶清香。

猪肉绿豆粽　南宁传统风味食品。始于唐宋时期。制作方法:将去皮肥猪肉洗净切条,加入佐料腌制半天待用;绿豆磨碎淘洗去皮,选用大糯米淘净沥干,将粽叶若干张摊开,放上适量糯米,在中间开一沟,放入绿豆和一条经腌制猪肉,再加一次绿豆,加一次糯米覆盖好豆、肉,然后包起,中部微突隆,用粽绳扎牢,置沸水锅中煮半天左右即可。其特点是软、沙、香。民间在春节吃用的粽子称大粽,品种多,一般每个重0.25公斤,大的重达几公斤甚至十几公斤,称枕头粽;品种根据所包裹配料的不同,有板栗肉粽、绿豆肉粽、饭豆肉粽、虾米粽、蟹肉粽、腊肠粽、牛肉粽等。

五色糯米饭　壮族传统食品。南宁流传“壮家五色饭”的传说。传说壮族小姑娘小莲与妈妈相依为命。一天,妈妈摔断了腿,不能劳动。小莲给妈妈煮好了饭菜才上山放羊。但小莲去后饭菜被猴子吃掉了。怎样才能防止猴子偷吃饭菜呢?小莲上山采集枫树叶、黄花草、红蓝草等几种植物,捣烂后和白米蒸煮,制成红、黄、蓝、紫、黑五色饭。猴子再来就不敢吃了。壮家人因此爱上了五色饭。每年农历三月初三,每家都蒸五色糯米饭。制作方法:分别将旱米果、香饭花或姜葱、枫叶或枫树皮、红蓝草捣烂加水加热制成大红色、黄色、黑色和紫红色液体,将糯米分别浸泡在各色液体中，待米粒通体染上颜色后滗去余汁,分别入甑蒸煮,出甑后再将各色熟饭放入大铁锅中搅匀,便呈黑、红、黄、紫、白五种色彩。饭色油光鲜亮,互不沾染。其特点是饭质嫩软,气味清香。

黄花饭　南宁壮族食俗。一般在农历二三月，特别是二月初二春社节祭社时制作。制作方法:先将黄花树的黄花置锅中加水煮沸,水变黄水,滤去渣,留水蒸饭,便得黄花饭。此时天气回暖,细菌繁殖,易得病,吃黄花饭,对预防肠胃疾病有一定作用。

豆蓉糯饭　南宁传统食品。民国初年,南宁早市常见卖糯米饭的小摊设在街头,供人们“食过早”(即吃早餐)。制作方法：摊档主将大口陶盆放在箩中,盆内盛满糯米饭，饭旁放着绿豆蓉;不论冬夏,箩底均置一炭炉,盆上放着一钵油炸糯米锅巴,另一钵则放着一块块卤熟的半肥瘦肉或腊肠。出售时档主用双手将糯饭捏好,夹入绿豆蓉、油炸锅巴或猪肉或腊肠在糯饭中间，捏成饼状,沾上香酥芝麻、葱花、生晒豉油,放在一块清洁的荷叶上,顾客即可拿着食用;愿吃“锅巴”者则另夹肉块。其特点是味清淡可口,柔软香甜,油而不腻,可谓色香味俱全。

瓦煲饭　南宁传统食品。传说由广东传入,但已形成南宁特色。制作方法：选优质米入沙煲,采用转炉煮饭,炉的一半有火,一半无火。先用猛火烧沸,然后转到无火焗饭。由于瓦煲较厚受热散热较慢,受热均匀,故煮出来的饭不硬、不烂、不焦,饭香纯正。焗饭时,将配好佐料的肉类菜蔬,铺陈于饭面,饭熟菜熟,味道鲜美。有香菇瘦肉饭、鱿鱼猪肉饭、猪肝饭、排骨饭、腊味饭、虾仁米饭等10余种。其特点是饭热菜香。

卷筒粉　南宁风味小吃。制作方法：用上等的白米经浸泡淘洗磨成浆，将米浆放入托盘摊匀,撒上半肥瘦碎猪肉、上好的大头菜末、花生末、葱等佐料蒸熟,出托时卷成圆筒状。其特点是入口柔韧、香滑、清爽。

八仙粉　南宁风味小吃。制作方法：选用带有韧性的新鲜切粉，煮粉前先在热锅里盛入大半碗猪骨熬成的上汤,汤沸后放入鱼饺、肉片、熟鹌鹑蛋、香菇、黄花菜、鱿鱼、鸡肉丝、瘦猪肉片、鱼片、新鲜嫩蔬菜等各两三件,猛火煮沸片刻,再倒入200克切粉，待锅中汤水再沸后加少许香葱、香油、盐、味精等调味,即可装碗食用。其特点是配料多、营养丰富、合理搭配、粉韧爽口、味道鲜美。

八宝饭　南宁风味小吃。制作方法：选用优质的香糯浸洗后用竹箕滤干水,置蒸笼或饭甑蒸熟,倒在盘里加些猪油、白糖拌匀,然后将少许蜜枣、杏仁、莲子、冬瓜糖、桂圆肉、葡萄干、蜜饯等干果放入碗内摆好,再将一些干果拌入饭中,盛入碗里压实，中间压成窝状，放些豆蓉馅,再用糯饭盖住压平,重新置蒸笼内蒸三四十分钟即可。食用时把碗里的八宝饭扣于碟中，浇上少许用糖和菱粉调制的芡汁。其特点是饭软味甜,食之不腻。

酿苦瓜　南宁特色家常菜。制作方法:选用中粗直的青嫩苦瓜,洗净切成每节2寸长的瓜筒,掏出瓜瓤,将猪肉与花生仁剁成肉泥,与浸透的糯米、盐、猪油、香葱、香料拌匀作馅，填入瓜筒中，置锅中蒸熟即可上碟食用。其特点是既有苦瓜的清香，又有肉馅的鲜美，味道甘甜可口。

炒田螺　两广传统风味小吃。流行于南宁城乡。制作方法：将田螺置清水盘中养数日，常换水，让田螺吐尽泥污，然后洗净外壳的泥苔，用刀敲碎螺尾顶尖，剥去螺盖后入锅，加入少许食油、盐、姜、酒等配料爆炒片刻，以除去腥味，再加些水煮至熟透，最后加入紫苏、假蒌、香葱、蒜苗、酸笋、啤酒及适量油、盐调味拌匀，便可上桌食用。多在夜市小吃档供应，食客享用时用口吸吮，嗞嗞有声，别有情趣，民间谓之吮田螺。其特点是螺肉滑脆，汤味鲜美，诱人食欲，并有滋阴降火的功效。

粥　品　南宁传统食品。南宁人喜欢吃粥，而料粥相传于清末民初从下江（梧州以下）引进。过去，常有商人用小船游弋在河面上兜售用河鲜为主料烹制的粥品，称"艇仔粥"。在市面上则以"谟觞粥"店最出名。制作方法：选用上好大米，明炉微火煮至米烂待用。食用时可根据口味，明火现煮配制成猪肉粥、牛肉粥、鸡肉粥、鱼片粥、猪杂粥、鸡杂粥、皮蛋瘦肉粥、三鲜粥、猪红粥等，上碗时加入姜丝、葱花、胡椒粉即成为美味粥品。其特点是粥品稠滑、味道鲜美。

高峰柠檬鸭　起源于武鸣县一带的一道特色菜，尤以武鸣县高峰境内酒家饭店最优故得名。制作方法：将鸭宰后洗净、去内脏切成块，入锅用猛火炒至六成热，再将切成丝的酸辣椒、酸姜、酸柠檬、醋藠头、酸梅、生姜、蒜泥等佐料入锅同炒，拌匀后改文火焗至八成熟后加入豆瓣酱同炒至熟透，淋上适量香油即可出锅上碟。其特点是味道酸辣适度，肉质鲜嫩入味爽口。

横县鱼生　横县传统食俗。制作方法：将 1.5~2.5 公斤重的活鲩鱼杀死去皮，把鱼两侧面的肉削除出来，用卫生纸包好吸干水分，将鱼肉切成"双飞"薄片，摆在盘里。然后用冷开水将生姜、紫苏、鱼腥草、柠檬叶、大头菜等佐料洗干净，甩干水分后切成细丝。将酱油、花生油、酸醋、胡椒粉等放入小碗搅匀作调料。食用时各取少许青料、姜丝、花生米和酸藠头，连同蘸了调料的鱼片一起吃。其特点是味鲜可口。卫生部门检查发现，鱼生片有生虫，食者易患肝吸虫病，提倡不食鱼生。但横县不少群众食鱼生已成习惯。

酸肉与酸鱼　南宁壮族传统食品。流行于隆安县邕天（南宁至天等）公路南面的都结、同乐、普权、新风、达利、平养、平荣、荣朋等村屯壮族聚居区。制作方法：把猪肉（最好是五花肉）的皮面置锅中煮成金黄色，加入蒸熟的玉米粉（小米粉更好）、精熟盐（每公斤猪肉掺60~70 克比例以不太咸为宜），经反复搓揉，至肉变软后置瓷罐中密封，两个星期后肉即变酸，便可吃用。开罐后，要在三五天内吃完，否则时间长了，酸肉会变质发虫。放装罐时，用小罐为好，也可用小食品袋来装，装量以一餐吃完为宜，用绳子绑好袋口密封。可把若干袋一起放进一个大罐里腌制，吃用时按量取出即可。酸肉有两种吃法：一是切片后即吃，这种吃法能保持原味，稍酸，多吃不腻；二是把黄豆或玉米炒熟和酸肉一起吃，这种吃法香味可口，食欲倍增。用酸肉下酒或佐玉米粥，风味独特。一般家庭逢年过节时宰一头肥猪，把猪肉全部腌酸，作为常备肉食。如有贵客光临，就用酸肉来招待。

羊　酱　马山县东部山区瑶族的一道特色菜肴。制作方法：将羊的一段小肠割下，清洗干净，用麻线或棉线扎紧两头，入锅用羊油煎炸至小肠爆裂，内溶物溢出为止，加水煮 10 分钟，将小肠捞起滴水沥干，切成小块，再放入锅中，后配以适量的羊血、羊肉以及盐、姜、辣椒等佐料制成，其味甘苦。因羊吃百草，小肠内溶物为羊分解草料后尚未吸收的养分，据称有健胃的功效。

羊　红　传说此菜肴为环大明山地区周边各土司的宴席菜。制作方法：用刚宰杀的黑山羊鲜血和炒好的羊杂（俗称"羊下水"），加上香菜、花生等佐料制成，装盘后样子像一盘红"豆腐"。其特点是味鲜美异常。

清水羊肉汤　马山特色菜。制作方法：将拌好佐料的黑山羊羊肉放入开沸的清水锅中煮熟后，蘸料汁即可吃。蘸料配方是羊肉店独特配制的秘方，并以新鲜香椿嫩芽为主料，使蘸料具有山野清香的风味。其特点是肉香浓郁，无膻味。

腊　肉　南宁传统风味食品。制作方法：冬天腊月时人们把买来的猪肉搓适量的盐巴放在盘里腌到二月份，用菜叶清洗除去肉表里油腻盐质，然后串挂起来，风干即成腊肉。人们选择腊月做腊肉是因为天气比较寒冷干燥，猪肉不易变质腐烂。

糯米血肠　壮族传统食品，壮语称为"楞棒"。制作方法：把蒸到半熟的大米或糯米趁热拌上鲜猪血以及各种香料，灌入洗干净的猪肠内封口蒸熟即成。食用时可切成片，用油煎炸，或用甑蒸热。其特点是色泽油亮，味道鲜美。　（孙贵寿）

茶　业

【概　况】　2007 年，南宁市有 10+1 商业大道茶叶批发市场、横县西南茶城 2 个成品茶叶批发零售专业市场，茶叶经营企业（含个体工商户）约 800 家，茶叶销售约 1 万吨，销售额约 2 亿元。主要品种有：自治区内各地的名优绿茶、茉莉花茶、六堡茶和福建铁观音、云南普洱茶、广东单纵茶、台湾乌龙茶、浙江龙井茶等。

【10+1 商业大道茶叶批发市场】　又称广西南宁茶叶批发市场，位于亭洪路 10+1 商业大道项目 C 区，共 11 栋楼的首、二层商铺，建筑面积约 2 万平方米，是自治区内最大的成品茶叶批发零售专业市场。2007 年有茶叶经营户 165 户，其中 90%来自福建、云南、浙江等地。以经营成品茶叶的批零为主，同时经营茶具及与茶相关的工艺品和茶叶包装设备等。市场汇集茶叶六大系列近百个品种，包括中国茶王大红袍、福建安溪铁观音、云南普洱、浙江龙井、台湾红茶、乌龙茶、广西本地花茶、黑茶等茗茶，以及紫砂制品和东南亚锡制品、瓷器、玻璃器皿等茶具及茶床、茶台等木制根雕工艺品。2007 年，茶叶成交量 4800 吨，成交额 1.2 亿元。　（唐志喜　李桂良）

【横县西南茶城】　位于横县县城，占地 3.8 万平方米，营业面积 1.85 万平方米，是国内最大的花茶专业市场。由茉莉花交易市场、原料茶交易市场、成品茶交易市场组成。其中，茉莉花交易市场占地 1.3 万平方米，营业面积 6000 平方米，有摊位 120 个，经营户 152 户，主要用于交易新鲜茉莉花，交易期为每年 4~10 月，平均每天约有 2 万名花农在市场内交易，2007 年成交量 3.27 万吨，成交额 2.65 亿元；原料茶交易市场，占地 1.19 万平方米，营业面积 6000 平方米，有店铺 118 间，经营户 236 户，主要用于交易茶坯和花茶之外的成品茶，以及茶具等相关产品，2007 年成交量 2.83 万吨，成交额 7.91 亿元；成品茶交易市场占地 1.2 万平方米，营业面积 6000 平方米，有店铺 84 间，主要用于交易茉莉花茶，2007 年成交量 160 吨，成交额 0.68 亿元。

【南宁茶业商会】　南宁茶业商会于 2003 年 11 月成立，有会员企业 122 家。2005 年，商会制订和通过《南宁茶业商会行业自律公约》，从 7 个方面规范茶业从业者的经营行为。2007 年有会员企业 160 家。自成立以来，商会以"行业代表、服务、协调、自律"为工作内容，为会员企业服务为宗旨，团结会员、联强扶弱、促进共同致富为目标，弘扬茶文化、展示茶精神、集聚茶优势、拓宽茶领域、加强茶交流、服务茶企业、促进茶经济为要点，努力协调行业与政府、行业与企业、企业与企业之间的关系，形成了有效的行业合作机制,促进全市茶叶行业有序健康发展。先后协助政府举办第四、五届全国茉莉花交易会。年内,开展的主要茶事活动有:广西南宁首届“绿野茶叶”、紫砂壶文化节、市第二届茶文化周暨春茶展示会、南宁茶文化艺术节暨六堡茶产业高峰论坛、南宁茶业商会四周年庆典暨南宁茶业投资恳谈会。

【南宁首届“绿野茶业”紫砂壶文化节】 2007年4月13~15日，在南宁绿野茶城茶艺馆举行。有来自江苏宜兴陶瓷协会、广州茶文化促进会和自治区、南宁市领导及社会各界700多人参加。活动期间举办领导嘉宾题字、名家现场制壶、现场刻字、紫砂壶知识讲座、介绍名家壶及鉴赏等活动。南宁绿野茶业有限责任公司与广西职业技术学院联合举办绿野茶叶班教育签约仪式。

【南宁市第二届茶文化周暨春茶展示会】 2007年4月30日至5月4日,南宁市第二届茶文化周暨春茶展示会在“10+1”商业大道举行。由江南区政府、市商务局和南宁茶业商会等单位共同主办。以亭洪路商业街27栋作为主会场，展场面积1300平方米,设置展位50个。同时,以各茶叶经营店铺作为分会场。有200多家茶商进场参展。活动期间,举行万人免费品茶、大师现场制作茶壶、现场制作茶叶、名茶名画现场拍卖等活动,向观众展示和推荐中国茶王——大红袍、福建安溪铁观音、云南普洱、浙江龙井和本土花茶等共六大系列近百个茶品种，以及来自全国各地的著名紫砂制品及东南亚锡制品、瓷器、玻璃器皿等茶具和茶床、茶台等木制根雕工艺品。

【南宁茶文化艺术节暨六堡茶产业高峰论坛】 2007年5月22~31日在仙葫大道古鼎香生活广场举行。由青秀区委和区政府、梧州市农业局、广西茶叶学会、南宁茶业商会联合主办。来自山东等地的茶商和自治区内外的品茶专家、茶叶学会会员、茶艺爱好者等参加。参与者品尝了艺术节的主打精品茶——六堡茶、普洱茶、铁观音和绿茶,观看了茶艺师现场进行的茶艺表演和书法艺术表演等。期间,举行六堡茶学术研讨会、文化展示及产品鉴赏、知识讲座及茶文化艺术表演、青秀区休闲文化产业发展论坛、我和茶的故事专题征文比赛及茶艺之星和魅力茶馆评选等活动。被评为魅力茶馆的有南宁茶灵庄茶叶公司潮汕茶馆、南宁绿野茶业公司汇春茶艺馆、市乐道茶艺馆、南宁古龙茶叶店、武鸣县阿里山茶馆、广西通天香茶业有限公司、古鼎香茶馆7家;被评为茶艺之星的茶艺员25名。 (孙贵寿)

广西南宁首届“绿野茶业”紫砂壶文化节开幕式　　摘自南宁茶网

肉食品商业

【家畜屠宰加工业】 2007年，南宁市有依法设定的家畜定点屠宰厂(场、点)157个,其中机械化家畜屠宰厂36个、半机械化家畜屠宰场15个;从业1580人。生猪进点屠宰160.67万头，比上年下降7.1%。其中:市区91.88万头,下降4.37%;六县68.79万头,下降10.54%。供应市中心区猪肉的大中型机械化家畜屠宰厂有南宁肉类联合加工屠宰分厂（日宰生猪1000头左右)、市江南肉类联合加工厂(日宰生猪700头左右)，小型家畜屠宰场有市邕宾、三塘、石埠、大沙田、邕宁冷冻厂城关等家畜屠宰场。年内,受生猪生产、生猪疫情和生猪饲料价格上涨等多种因素影响，出现全国性的猪肉供应紧张局面,生猪供应价格不断上涨。市政府对全市猪肉市场供求和价格情况高度重视,组织召开专题会议研究应对猪肉市场供求情况变化的情况，及时采取应对措施，组织屠宰企业与肉品批发供应商组织猪源供应市场，及时化解生猪供应紧张的局面,确保全市生猪供应不断档、不脱销。全市屠宰企业组织供应市场的生猪17.8万头,占生猪进点屠宰量11.1%

【家畜屠宰管理】 2007年,南宁市加强定点屠宰厂、场(点)硬件设施建设,加快推行机械化、半机械化屠宰的步伐,共投入屠宰厂、场(点)建设改造资金355.8万元, 新建机械化屠宰厂2个、半机械化屠宰厂扩建为机械化屠宰厂1个,对部分屠宰厂、场(点)的屠宰设施、环保设施和其他设施进行更新改造。横县校椅镇青桐村投资近40万元建成南宁市第一个村级机械化屠宰厂。依照《自治区商务厅生猪屠宰专项整治方案》，结合生猪屠宰加工企业资质等级评定标准，检查定点屠宰企业生产条件、企业管理和卫生、肉品品质及屠宰厂、场(点)设置情况,共检查定点屠宰场1075个次，对存在问题的屠宰厂、场(点)提出整改意见,限时整改,关闭不符合条件的家畜定点屠宰场（点)2个。完善生猪检疫、肉品检验、销售台账、病害肉无害化处理等制度,强制推行“两证两章”制度,即出厂、场(点)上市的猪肉必须经动检部门检疫和肉品品质检验合格,加盖动物产品检疫合格印章和肉品品质检验合格印章,出具动物产品检疫合格证和畜禽产品检验合格证。全市所有定点屠宰厂、场(点)基本执行了“两证两章”制度。依据《生猪屠宰管理条例》、《广西壮族自治区家畜屠宰管理条例》，严厉打击私宰家畜、制售注水肉、病害肉违法行为，出动执法人员5.23万人次，查处违法案件381起,打击、取缔私宰窝点254个次;没收私宰生猪457头、私宰肉35.5吨,其中销毁病害肉11吨。

【肉食制品加工业】 2007年，南宁市有肉食制品加工生产企业11家,从业1200多人,生产各类肉制品5200吨,产值1.5亿元。主要生产企业和产品有:南宁达尊食品有限责任公司烧腊厂生产的“贺欧”牌系列腊肠、腊味;广西南宁澳宁食品有限公司生产的“澳宁”牌猪、牛肉制品;富丰集团春江食品公司生产的“春江”牌盐水鸭和酱香鸭；市生辉烧卤店生产的烧卤系列制品等。

【猪肉质量安全专项整治】 2007年9~12月,南宁市根据国家、自治区对猪肉质量安全专项整治工作的部署，围绕专项整治工作的目标任务,制订《南宁市猪肉质量安全专项整治工作方案》、《南宁市生猪屠宰专项整治工作方案》,组织开展全市猪肉质量安全专项整治，并根据实际情况组织开展打击生猪私屠滥宰、病死猪交易违法行为和生猪屠宰专项整治“零点行动”等联合执法行动，共出动执法人员 2.92 万人次，检查定点屠宰场 448 个次、各类市场 638 个次、肉类经营摊点 1.45 万户次、餐饮店和集体食堂 8210 家次，查处各类违法案件 64 起，打击、取缔私宰窝点 75 个次，没收私宰肉 23.4 吨，其中销毁病害肉 6.6 吨。

（唐志喜　李桂良）

食盐商业

【概　况】 2007 年，南宁盐业分公司下辖黎塘盐业支公司，在职职工 87 人。主要从事盐品购、销经营活动，负责南宁市 12 个县区的食用碘盐及各类食品加工用盐和小工业用盐的供应和管理。有食盐配送中心 2 个、委托销售点 143 个。共购进盐品 6.05 万吨，销售盐品 5.62 万吨，销售收入 6444.48 万元，利税总额 2015.7 万元。

【多品种盐销售】 2007 年，南宁盐业分公司推行“人人都是促销员”的营销理念，组织员工学习多品种盐知识，制订销售方案目标，通过设立咨询台、张贴宣传画，散发宣传材料等形式，加大多品种盐宣传力度；同时，发挥食盐配送网络优势，采取向各个委销点、大型超市、零售店无偿提供多品种盐展示柜、篮，让多品种盐在大、小超市、零售店上柜销售的办法，实行电话预约，送货上门。共销售钙强化营养盐、有硒强化营养盐、锌强化营养盐、低钠盐、自然盐、足浴盐、沐浴盐等多品种盐 320 吨，超销 120 吨。

【小工业盐销售】 2007 年，南宁盐业分公司完善小工业用盐备案登记制度，发放用盐户登记证 186 本。为了扶持小工业用户持续稳定的使用小工业盐，对小工业用量大的统领公司按照小工业盐保本微利原则，实行薄利多销，保持了小工业盐销售增长。共销售小工业盐 1.52 万吨，比上年增长 60.17%。主要品种是工业原盐、工业精盐。

【盐政管理】 2007 年，南宁盐业分公司为了防范非食用盐冲销食盐市场，一方面对食品加工用盐、工业用盐和畜牧用盐用户进行登记管理，撤销 7 个配送站，将各种用盐直接由配送中心配送到各用盐用户和委托销售点，减少中间环节；另一方面进行销售供应网络管理，对南宁市市区和各县委托销售点考核评估，及时更换个别不符合要求的委托销售点，并对 3185 个食盐零售终端进行普查登记，掌握销售网络情况。强化对盐业市场的管理，构建以盐业公司为主导，公安、法院、工商、卫生、质监、教育等部门参与的盐业市场管理格局，开展“食盐安全访万家”活动，通过对终端销售网点和农家入户调查，实地查看群众的食用盐情况，掌握市场管理的主动权。共出动盐政执法人员 2500 多人次，发放宣传资料 1.68 万多份，走访农户 1500 多户、学校 56 所、餐饮店 1000 多家，检查委托销售点、零售户和用盐大户 4000 余个，查处涉盐违法案件 75 起、私盐窝点 1 个，查获违章私盐 144.6 吨；通过公安机关立案 4 起，向司法机关移送涉案人员 2 人。8 月，针对市区市场上出现大量仿冒 500 克铝塑袋装加碘精制盐的情况，结合自治区盐业公司组织开展的盐业市场专项治理整顿行动，进行市场检查，重点检查城乡结合部、农村地区和区域边缘地区，共检查食盐委托销售点 156 个次、食盐零售店及餐饮店 3185 家次，捣毁制假窝点 1 个。

（韦丽萍）

烟草商业

【概　况】 2007 年，南宁市烟草专卖局（公司）下辖兴宁、江南、青秀、西乡塘、邕宁、良庆 6 个城区烟草专卖局（营销部）和武鸣、横县、宾阳、上林、马山、隆安 6 个县烟草专卖局（营销部）及公司名烟销售部共 13 个分支机构。有员工 1185 人（含退休）。固定资产 6.1 亿元，流动资产 4.49 亿元。卷烟销售 19.08 亿元，比上年增长 26%；实现利税总额 3.85 亿元，比上年增长 60.87%（利润 2.96 亿元，增长 65.93%；税金 8920 万元，增长 46.1%）。市烟草专卖局（公司）被评为全国打假先进集体，自治区烟草系统先进单位；获自治区卷烟打假工作贡献奖、卷烟销售超销奖。

【卷烟售销】 2007 年，市烟草专卖局（公司）按照“农村稳定增加销量，城市适度提升结构”的工作思路，科学组织货源，加强低档卷烟销售，适度提升城市卷烟销售结构，增加适销对路的一、二类烟投放。累计销售卷烟 18.34 万箱，比上年增长 9.5%。其中：销售一类卷烟 8263.4 箱，占销售总量 4.5%；二类卷烟 9530.9 箱，占 5.2%；三类卷烟 3.27 万箱，占 17.8%；四类卷烟 8.10 万箱，占 44.1%；五类卷烟 5.20 万箱，占 28.4%。地产卷烟销售 8.54 万箱，占销售总量 46.5%，其中真龙系列卷烟销售 1.86 万箱，占地产烟销量 21.76%。卷烟单箱销售 1.22 万元，比上年增长 19.2%。

【销售网络建设】 2007 年，市烟草专卖局（公司）抓好卷烟销售网络建设全面提升工作，将网建工作目标分解落实到具体部门和岗位，完成信息系统升级，对原有分销系统、CRM 系统、专卖管理系统进行整合，实现业务系统的单点登陆、信息共享、统一平台。通过改造分拣设备、升级分拣系统软件，完成国家烟草专卖局统一部署的“打码到条”及订单采集系统项目。细化业务流程和作业标准，优化需求预测流程、内部运作流程和业务操作规范，建立和完善 7 大类 56 个业务流程和制度，形成以业务流程为主，其他流程为辅的网建工作流程体系。年末共有零售户 2.41 万户，电话订货率 99.6%，成功率 94.2%；电子结算率 79.7%，成功率 96.3%；卷烟分拣到户率 100%，送货到户率 99.6%，配送到货确认率 100%；总量预测准确率 70%，订单满足率 61%。

【卷烟物流配送】 2007 年，市烟草专卖公司物流管理中心实施物流配送改革，按照不走回头路、不交叉配送的原则，打破各县以行政区域为界，画地为牢的配送模式，改为相邻区域零售户谁最近谁配送的跨区域配送模式；打破城区配送车定客户、定线路的框框，实施弹性配送。根据二级配送线路实际需要，做

南宁烟草物流配送中心车队　　市烟草专卖局提供

好物流配送精选节点工作，整合车辆运力，调整配备车辆标准，实现二级配送线路最优化，单车配送装载率提高30%~50%。在油价上涨、销量增长10%的情况下，卷烟配送油费总额比整合前下降5%，人员费用节约110万元，生产资料费用节约11.23万元。11月，南宁烟草科技园物流中心项目建设进入设备安装调试阶段。

【市场监管】 2007年，市烟草专卖局(公司)以建立和完善内部监管长效体系、市场监督管理机制、专卖队伍组织体系为目标，继续保持打私、打假、打击无证经营行为的高压态势，清理整顿卷烟市场工作，共查处涉烟违法案件5955起，其中案值超1200万元的特大制假大案2起，查获非法卷烟6452件、烟叶1452吨、烟丝39.97吨、大型制假机械5台套，侦破制贩假烟网络2个，端掉制贩假烟窝点53个，向公安机关移送案件38起，涉案38人，罚款510.6万元。其中，"8·03"制假烟案，涉案金额1230万元，网络涉及生产、运输等环节，分布南宁、广州、东莞、汕头、云南等地，共查获YJ14-23型卷接机1台套、印刷机2台套、成品卷烟1541.43件、烟丝2.31吨、滤嘴棒20件（每件2000支）、卷烟水松纸280公斤、盘纸16万米、涉案车辆2辆以及其他制假原辅材料一批，当场抓获涉案嫌疑人12名，其中主犯2人，技术主管2人;"8·10"售假烟案，涉案金额1300万元，网络涉及运输、销售等环节，分布南宁、崇左、梧州、广州、东莞、汕头及福建等地，查获销售窝点17个、假烟799.73件。 （韦春晖）

石油商业

中国石油化工股份有限公司广西南宁石油分公司

【概　况】 中国石油化工股份有限公司广西南宁石油分公司隶属中国石油化工股份有限公司广西石油分公司，承担南宁、崇左两市80%以上的成品油市场供应，经营范围涉及汽油、柴油、煤油、润滑油等。2007年，下辖县级分公司14个，从业1855人。有在用油库4座，总库容8.75万立方米，铁路专用线2100米，加油站215座。资产总额5.06亿元;油库总吞吐量202.19万吨；销售成品油72.01万吨，销售收入43.27亿元;实现利税总额2.16亿元(利润9071万元、税金1.25亿元)。继续推行HSE(安全、环境、健康)管理体系，坚持"严、细、实、恒"四字方针，层层签订安全生产管理目标责任书，安全环保（HSE）责任状签约率100%;组织安全大检查6次，完成隐患整改项目1053个，完成率94.4%。南宁石油分公司被评为2007年度广西企业100强(第19位);东宝加油站2007年继续被认定为全国青年文明号。

【成品油市场供应】 2007年，南宁石油分公司在国际油价高位运行，国内外油价长时间大幅度倒挂，第四季度出现全国性柴油紧缺局面，市场保供压力剧增的情况下，积极向上级公司争取资源配置，全力做好成品油市场稳定供应工作。一是密切关注日销售量，对油库库存实行动态监控，衔接好每周资源，做好重大节日的应急预案，以及各个时点的库存水平、市场销售水平和后续资源水平的平衡，确保公司成品油市场的供需平衡。资源入库共101.69万吨，比上年增长11.76%。二是增强全局意识，全力组织调运，通过公路运输实行跨区提油，弥补市场资源缺口。运输总量61.32万吨，比上年增长8.15%。三是充分发挥有限资源的作用，确保重点站、大站、要站以及重点行业、重点用户的供应，加油站主动配送率100%。四是严格按照国家发改委规定的成品油批发零售价格供应。1月14日和11月1日，成品油批发零售价格进行两次调整。年末，每升油品零售价格（加剂价）:90号汽油4.93元、93号汽油5.28元、97号汽油5.70元、0号柴油5.16元。全年销售成品油72.01万吨，比上年增长7.4%，终端销售比例95.75%。

【加油站建设与油库改造】 2007年，中石化南宁石油分公司加快加油站网点建设和改造，提升品牌形象，新建在建加油站4座，其中竣工开业1座，在建3座;技术改造3座;形象改造19座，其中改造完成12座(开业8座)。推行加油站规范化建设，在辖区范围有标志统一的加油站162座，其中星级加油站38座(五星级站2座、四星级站19座、三星级站17座)，达标创星率91%。根据自治区车用乙醇汽油推广使用工作部署，对屯里油库、黎塘油库、崇左油库进行乙醇汽油项目改造，对屯里油库发油台进行迁建，更新发油系统，提高自动化程度。

【加油IC卡发行】 2007年，中石化南宁石油分公司设有加油IC卡发卡充值网点38个，IC卡加油业务联网站占在营站50%以上。共发行中石化加油IC卡3.14万张，充值金额6.27亿元，持卡消费比例14.64%。 （陈启慧）

粮食流通

【概　况】 2007年，南宁市归口粮食部门管理的独立核算国有粮食企业有109家，员工888人;总资产7.32亿元，总负债6.63亿元。粮食总购进25.81万吨(原粮，下同)，销售26.99万吨，销售收入3.84亿元，粮食库存15.73万吨。非国有粮食经营(含加工)企业有751家，其中纳入日常统计范围145家，粮食总购进100.34万吨，销售99.31万吨，库存3.79万吨。粮食转化企业有1000家(饲料生产321家、养殖用粮9家、工业转化用粮243家、食品及副食品酿造381家、其他46家)，其中纳入日常统计范围的重点粮食转化企业140家(饲料生产40家、养殖用粮5家、酒精生产5家、制酒34家、食品及副食品酿造56家)，粮食总购进266.80万吨，销售267.43万吨，库存10.65万吨。重点粮食企业和非国有粮食企业食油总购进3.46万吨，销售3.24万吨，库存1590.1吨。全市实现粮食购销、供求平衡。宾阳县粮食局被评为全国县市级粮食行政管理部门依法行政示范单位，武鸣县岭南粮油工贸有限责任公司列入国家粮食局、中国农业发展银行第二批重点支持的粮油产业化企业，市储备粮管理公司列入自治区首批农产品加工龙头企业。

【粮食安全保障】 2007年，在粮食市场价格出现较大波动的情况下，市粮食局组织6个工作组到县区、乡镇、企业、村屯、农户开展调查研究，分析粮食供求形势，加强粮食宏观调控，供应灾区、贫困地区、水库移民、救灾救济等政策性用粮及大中专院校的粮食18.76万吨。加强对全市22个粮食市场粮油监测点的粮油价格监测，及时掌握粮油价格变化动态。4月，国家粮食局确定市粮食局、市储备粮管理公司为市场粮油价格直报点，市粮食局每周二通过国家粮食局网站的粮食宏观调控监测预警系统报告一次全市市场粮油价格情况，分析市场粮油价格走势。组织开展"储备粮管理年"活动，投入167.61万元，维修改造仓储设施，科学保粮率97%。开展春季、秋季库存粮油安全大普查，经普查鉴定:全市实现"一符四无"(账实相符、无虫、无霉变、无鼠雀、无事故)粮仓988间，存粮18.03万吨，占鉴定数100%。武鸣县、宾阳县、横县、马山县、上林县、隆安县、邕宁区粮食局和市储备粮管理公司、市金谷隆公司实现"一符四无"粮仓县区、公司。完善粮食供应应急机制，投入25万元完成市粮食应急供应指挥系统平台一期工程。

【粮食企业改革】 2007年，南宁市继续加大国有粮食企业改革力度，制定具体实施办法，建立健全法人治理结构和现代企业制度。12个县区基本完成国有粮食企业优化重组和职工分流安置工作，筹措改革资金累计1.04亿元，解除国有粮食企业职工劳动关系4627人，重新安置职工1394人。国有粮食企业职工已纳入社会养老保险体系，企业分流人员得到妥善安置。改革后，企业加强经营管理，经济效益提高，国有粮食购销企业销售收入3.71亿元，比上年增长15.69%；实现利润824万元，比上年增长109.14%。

【粮食直接补贴政策实施】 2007年，自治区政府继续将武鸣县、横县、宾阳县、上林县和邕宁区列入对种粮农民实行直接补贴与储备粮订单收购挂钩的粮食主产县区，下达南宁市对种粮农民实行直接补贴与储备粮订单收购挂钩的粮食任务11.7万吨（武鸣县2万吨、横县3万吨、宾阳县3万吨、上林县1.9万吨、邕宁区1.8万吨），比上年增加1.6万吨。由承担订单粮食收购的国有粮食购销企业负责与种粮农户直接签订粮食订单收购合同，以村为单位在村委会张榜公布，无异议后交当地财政部门核实，并按照订单粮食入库成本价格向县区农业发展银行申请贷款；粮食部门将自治区确定的粮食质量标准、收购价格、补贴标准一并挂牌公告，接受群众监督。春耕生产期间，14.99万户种粮农民与粮食部门签订订单粮食合同11.7万吨。至年末，粮食部门共收购农民订单粮食11.35万吨，完成自治区下达任务96.99%（武鸣县100%、横县94.93%、宾阳县100%、上林县100%、邕宁区88.89%）。签订粮食订单收购合同的农民领到国家种粮直接补贴款1231.81万元。

【粮食产业化经营】 2007年，南宁市粮食企业参与社会主义新农村建设，发展粮食产业化经营，开展粮油精加工、深加工，实施创品牌战略，提高企业经济效益。粮食部门参与粮食产业化经营种植面积10.17万公顷（“订单”面积2.59万公顷），收购优质稻8.82万吨，加工销售优质米3.54万吨。市储备粮管理公司通过“公司+科研+基地+农户”的订单经营模式，建立绿色食品优质稻基地3333.33公顷、超级稻订单收购产业基地3333.33公顷；实行产、供、销、加的粮食产业化经营链，生产加工“桂井”牌泰优香米、金泰香米、玫瑰香米、雪银黏米等10多个品种优质大米投放市场，实现利润608万元；投资10万元，与广西农科院水稻研究所合作研发和引进金泰银针、桂井一号、桂井丝苗、原香99等优质稻新品种。武鸣县国有粮食购销企业加工生产的“伊岭”牌系列优质米，实现利润143万元；上林县生产的“明山”牌系列优质米，盈利64万元。

【粮食流通监督检查】 2007年，市粮食局组织开展粮食库存专项检查，实地检查库存粮食12.37万吨，经核实，库存粮食实物与保管账相符，企业账与农业发展银行管理台账月报表反映的库存数量相符。开展粮食收购资格核查，全市持有《粮食收购许可证》的粮食经营户203户。开展粮食质量专项整治，按照自治区粮食局《关于认真做好我区2007年原粮卫生状况专项调查的通知》及《关于开展地方储备粮质量抽查工作的通知》要求，抽取原粮样品62份送自治区粮油质量检验检测中心检测，储存的粮食均达到国家质量标准。共开展粮食流通监督执法检查733次，出动执法人员2462人次，检查经营企业1244家，立案调查306起，其中：责令改正189起，警告72起，暂停粮食收购资格1起，罚款19起共2900元，没收非法经营粮食915吨，移交工商等部门处理的案件25起。

（董红兵　陆兆强）

物资流通

【概　况】 2007年，南宁市物资集团总公司下辖市物资产业集团有限责任公司、机电设备股份有限公司、金属材料总公司、化工建材总公司、物资经营总公司、生产资料服务总公司、外商投资企业物资公司和南宁物资贸易中心及南宁地区物资总公司、金属材料总公司、物资经营总公司、物资经济发展总公司、轻化建材总公司、燃料总公司、机电设备总公司、金属回收总公司、生产资料总公司、物资贸易中心、运输贸易总公司等19家独立核算企业。其中：南宁地区机电设备总公司、金属回收总公司、生产资料总公司、物资贸易中心、运输贸易总公司5家企业于1998年3月18日被原南宁地区中级法院宣告破产清算，至今未结案。集团总公司共有在册职工640人（离退休人员202人），总资产2.34亿元，总负债5.51亿元。自2006年起，集团总公司下辖的19家独立核算企业业务经营活动全部停止。

【企业改制】 2007年，集团总公司继续按照《南宁市物资集团总公司整体改革改制初步设想方案》的改革思路，将原市物资系统8家企业（不含市机电设备股份有限公司）和原南宁地区物资系统11家企业整体合并重组为现代企业产权制度的物资股份制公司。一是做好部分债权回购工作。集团总公司领导多次主动与法院、债权人对债权债务的处置进行反复友好协商，取得法院、债权人的支持和谅解，化解了部分历史遗留经济纠纷案件。二是完成“小联审”（企业合并改制资产处置方案）材料上报、联审。3月30日上报集团总公司企业改制“小联审”材料，4月3日市企业改革领导小组办公室、市国有资产监督管理委员会主持召开联合审查市物资系统企业合并改制资产（含土地）处置会议，原则同意市物资系统13家企业资产、19家企业人员合并改制资产（含土地）处置。三是完成“大联审”材料（企业合并改制实施、职工安置方案）上报、联审。5月30日，集团总公司向市企业改革领导小组办公室、市国有资产监督管理委员会上报企业合并改制“大联审”的全部材料。年内，市物资系统企业合并改制工作按规定已走完大部分改制程序。

（冯良川）

供销合作社

【概　况】 2007年，南宁市供销合作联社管辖武鸣、宾阳、横县、马山、上林、隆安6个县和邕宁、良庆2个区供销合作联社，下设市桂果香果品有限公司、冠腾综合贸易公司、冠昌资产经营管理公司、南日房地产开发公司、国欢日用杂品有限公司、鸣欢烟花爆竹有限公司、农业生产资料公司、土产公司、供达贸易有限责任公司、万拓再生资源有限公司、第二日用杂品公司、第二物资回收公司和广西南宁鑫宝建筑工程有限公司13个直属企业，以及19个县属企业、108个基层供销合作社。有职工7032人（离退休人员4617人）。共完成商品总购进16.85亿元，商品总销售18.72亿元，盈亏相抵实现利润253万元。招商引资实际到位资金6157万元。市桂果香果品有限公司被评为全国供销社系统先进集体，武鸣县供销社黄永珠被评为全国供销社系统劳动模范。

【综合改革】 市联社本级调整社有资产管理模式，制定《南宁市供销合作联社社有资产监督管理暂行实施办法》，委托南宁冠昌资产经营管理公司对市联社的社有资产进行统一管理。南宁冠昌资产经营管理公司接管后解决了石柱岭土地项目的600多万元债务问题，促使法院对该地块进行解封，并和市万拓再生资源公司共同盘活沈阳路五号仓库用地。各县区供销社通过招拍挂等方式处置一批社有资产，筹集到改制资金1144万元。武鸣县、宾阳县、横县分别成立社有资产管理公司(中心)，对全县供销社系统社有资产进行统一会计核算。

【购销业务】 2007年，市供销社组织开展经济效益杯、农资供应“四比四赛”(比销售，赛数量多；比贡献，赛效益好；比服务，赛态度好；比管理，赛措施好)和“十佳”企业(基层社)评比等活动，传统的购销业务工作得到进一步加强。以“订单农业”收购蚕茧、马铃薯、辣椒、西红柿、猫豆、青刀豆、甜玉米、木薯干片、茶叶、淮山和蘑菇等农副产品，组织好农资商品供应，保证农业生产用肥、用药、用膜等的需要。共完成商品总购进16.85亿元，其中农副产品购进1.47亿元；商品总销售18.72亿元，其中社会消费品零售8.04亿元，销售化肥37.87万吨、农药350吨、农膜130吨。

【再生资源回收】 2007年，市供销社抓住南宁市被确定为全国再生资源回收利用体系建设试点城市的机遇，推进再生资源回收体系项目建设试点工作，指导市万拓再生资源有限公司在北湖路尾建设、改造再生资源集散市场；按照统一招牌、标识和门面装饰的标准，在青秀区设立、改造回收站(亭)8个。全市累计有回收站(亭、网点)约700个，其中自治区、市供销与物资两个系统占20%。按照每个回收站(亭)配备1~3辆流动三轮车的标准，首期制作统一的服装50件和流动收购三轮车30辆。指导系统内各再生资源经营单位利用所属经营场地、网点开展各类废旧物资的购销，参与报废设备的招投标业务。共收购各类废钢铁、废有色金属等废旧物资4018万元。

【节日市场供应】 2007年，市供销社各单位利用自办或联办的批发市场、商场、超市及村级农家店等经营场所，联系货源，组织各类蔬菜、水果、粮食、家禽等商品投放节日市场，满足城乡广大消费者的需要。共销售商品3.41亿元。其中，五里亭蔬菜批发市场完成各类农副产品交易2.93亿元。

【“新网”工程建设】 2007年，市供销社推进新农村现代流通服务网络工程建设，7月和9月分别在宾阳县和武鸣县组织召开“新网”工程建设现场会，推动供销社系统农村流通网点建设工作的开展，共完成经营网点更新改造402个。其中，配合落实马山、隆安两县自治区大石山区网点建设各10个；完成自治区供销社在武鸣县投资30万元开展为农综合服务信息化建设的试点工作，建成村级信息网络平台(农家店)20个。市供销社获自治区供销社系统“新网”工程建设二等奖；武鸣县供销社获自治区“新网”工程建设一等奖。

【农业产业化经营】 2007年，南宁市供销社系统新成立农民专业合作社4个、协会2个；累计成立专业合作社(协会)67个，入会社员5.3万人。通过专业合作社(协会)发展无粪无棚蘑菇、荷兰15号马铃薯、巴顿西红柿、西洋南瓜、青皮香瓜等项目15个，巩固和创办桑蚕、马铃薯、辣椒、甜玉米、西红柿等商品示范种植基地29个，示范种植面积1000公顷，带动当地农民种植相关经济作物1.67万公顷，带动种植的高效经济作物中的订单实行保价收购，帮助农民实现收入8.4亿元。

【社员股金清退】 2007年，尚欠社员股金的横县、宾阳和隆安3个县供销社共筹集资金500万元兑付给股民，并通过资产抵押等方式争取到社员股金专项贷款2002万元用于2008年春节期间的兑付。至年末，全市供销社系统未兑付的社员股金共2031.94万元，涉及股民14877户。其中：宾阳县470.57万元，涉及股民9810户；横县559.97万元，涉及股民2664户；隆安县1001.40万元，涉及股民2403户。 (李京模)

物　流　业

【概　况】 2007年，南宁市各类市场有600多个，其中专业市场100个、生产资料市场50多个，年交易额超亿元的市场18个(100亿元以上2个，10亿元以上100亿元以下8个)，总建筑营业面积400多万平方米。有物流企业292家。其中：运输型174家，仓储型63家，代理企业50家，其他5家。形成公路、铁路、内河、民航相连的立体交通运输网络，成为北海、钦州、防城港3个沿海城市物流进出口的咽喉，年货运总量5000万吨。

【物流园区建设】 2007年，南宁市继续以建设中国—东盟物流园区为载体，加快推动江南、玉洞、安吉、金桥4大物流园区建设步伐。

江南物流园 位于江南区沙井街道。占地25平方公里。主要建设为集仓储、运输、第三方物流等企业以及各类大型专业批发市场、配送中心等于一体，以仓储加工、运输配送、代理分销、连锁配送为优势业务的组合式物流园区。至2007年，园区注册的物流仓储企业有中国外运广西公司、广西超大物流、云欧物流、广西翔海物流、九三一大型储备基地、广西果菜公司仓库、市粮食局第四仓库、南宁物资集团仓库、南宁蔬菜转运站、南宁康迈有限公司仓库等70多家。南宁东盟国际工业原料产品物流城、广西国际农产品物流中心项目已进行选址定点，同济医药物流、南宁国际商业贸易中心项目已开工建设，广西机电汽车物流园项目已建成投入使用。有大型停车场10多个。

玉洞物流园 位于良庆区南宁沿海经济走廊开发区。项目规划用地18.6平方公里。计划建成集物流核心区，生产加工区、生活配套区的综合性功能区，由连接成片的配送中心群、物流中心群和公铁联运中心三大主服务园区组成，主要担负南宁市及广西外贸物资和大宗工业品跨区域物流服务，同时也是南宁市未来国际集装箱多式联运中心。南宁国际综合物流园项目落户园区，首期建设用地93.2公顷，总投资35亿元，首期投资5亿元。至2007年，入园企业6家，主要有国际物流基地、钢材及医药综合市场、配送、加工、仓储、运输等项目。

安吉物流园 位于西乡塘区。占地2.4平方公里。以南宁重型机械厂为中心向周边拓展。以建设专业化生产资料中心为主，主要服务于生产资料服务需求，兼顾家具、汽车及零配件销售。至2007年，园区有物流中心12个，主要有广西太华医药物流中心、南宁虎邱城北钢材市场、广西汽车市场、吉运物流中心、南宁大商汇商贸物流中心。其中南宁虎邱城北钢材市场年交易额100亿元，居全国钢材现货交易市场年交易量前三名，是商务部生产资料类重点联系市场、南宁市物流行业的龙头企业。

金桥物流园 位于兴宁区东沟岭新区。规划占地1平方公里。主要包括农产品物流中心和综合物流中心两部分，服务于南宁市农资、农产品与建筑材料在南宁周边地区的干线分拨与城市配送。至2007年，入园建设的项目有：南宁金桥农产品批发市场、玉柴南宁国际物流中心、东盟—川桂商贸物流、金源国际汽车城等。 (唐志喜　李桂良)

【南宁物流协会成立】 2007年1月12日，由广西超大运输有限责任公司牵头并担任协会总理事单位的南宁物流协会正式成立，成员涉及医药、食品、建材等行业，包括广西超大运输有限责任公司、中国外运广西公司、广西运德汽车运输集团有限公司、广西冠驹物流股份有限公司等30多家企业。协会的成立旨在为物流行业搭建交流的平台。(孙贵寿)

责任编辑　孙贵寿

对外经济贸易

对外贸易

【概　况】 2007年，南宁市进出口贸易总额12.86亿美元，比上年增长38.6%，进出口顺差7.4亿美元。其中：出口10.13亿美元，增长41.4%；进口2.73亿万美元，增长29.1%。有对外贸易经营资格的企业1388家（新备案登记367家）。按企业类型分，外贸1112家，占80.12%；生产276家，占19.88%。按企业性质分，私营1239家，占89.26%；国有131家，占9.44%；三资18家，占1.30%。有进出口业绩的企业共467家，其中有出口业绩的380家，出口300万美元以上的61家；有进口业绩的166家，进口300万美元以上的16家。

【外贸管理体制创新】 2007年，南宁市商务部门贯彻落实市委、市政府“创新年”要求，把外贸管理体制由过去的市局直管变为市局、县区（含开发区，下同）双管，形成双管齐下、齐抓共管的工作机制。年初，把出口目标任务分解落实到各县区，并列入年终市委、市政府考核指标，各县区商务部门随时掌握本辖区的进出口企业经营情况，及时帮助企业协调生产经营活动中出现的问题，为企业扩大出口创造良好的经营环境。全市15个县区中，有9个县区出口超过1000万美元。其中：青秀区2.5亿美元，南宁高新技术产业开发区1.33亿美元，西乡塘区5662万美元，良庆区4666万美元，江南区4516万美元，南宁经济技术开发区3343万美元，兴宁区1941万美元，宾阳县1072万美元，南宁华侨投资区1109万美元。

【出口贸易】 2007年，南宁市出口贸易10.13亿美元，其中市属企业出口7.23亿美元。出口额较大的商品是木衣架、铝箔、柴油货车、重晶石、松香、尿素、电脑零附件、服装、果蔬罐头食品、制作或保鲜的罗非鱼片、三梨酸（钾）、草藤芒竹编织工艺品、牙刷、电缆、三氯异氰尿酸、铝型材、焦磷酸、硝酸铵、公路牵引车等。商品主要出口市场有东盟、美国、香港、日本、印度、欧盟等国家和地区。

【进口贸易】 2007年，南宁市进口贸易2.73亿美元，其中市属企业进口2.17亿美元。进口额较大的商品是冻鸡爪、挖掘机、盐、造纸机器、摄影感光纸。商品主要进口市场有欧盟、美国、日本、澳大利亚、东盟、德国、芬兰、巴西等国家和地区。

【机电产品进出口】 2007年，南宁市市属机电产品进出口总额2.87亿美元，比上年增长104.14%。其中：机电产品出口2.05亿美元，占市属出口总额28.28%，增长164.44%；机电产品进口8257万美元，增长30.45%；本地生产的机电产品出口7914万美元，占市属机电产品出口额38.69%。主要机电产品出口有柴油货车、电脑零附件、电缆、车辆零附件、铝型材、自卸车、钢铁制品等。主要出口东盟、香港、澳大利亚、欧盟等国家和地区。

2007年南宁市进出口商品国家（地区）总值表

单位：万美元

国家（地区）	进出口额	出口额	进口额	比上年增减%		
				进出口	出口	进口
亚太经济合作组织	62490	48453	14037	81.64	105.83	29.22
亚洲	45651	38613	7038	69.51	86.64	12.52
东南亚国家联盟	22984	21197	1788	111.02	130.61	5.13
欧洲	19234	13569	5665	29.30	22.95	47.57
北美洲	18892	13644	5248	116.15	144.22	66.41
欧洲联盟	16151	10509	5641	25.06	15.33	48.37
拉丁美洲	4119	2615	1504	67.00	91.71	36.43
大洋洲	3591	1679	1912	29.01	31.44	26.95
非洲	2573	2210	363	79.75	69.28	188.44

2007年南宁市主要出口商品企业情况表

单位：万美元

企业名称	出口商品名称	出口额
广西南宁龙耀服装有限公司	服装	5023
广西南南铝箔有限责任公司	铝箔　铝型材	4033
广西南宁博升贸易有限公司	轻型汽车	3302
南南铝业有限公司	铝型材	3030
广西南宁怡凯进出口贸易有限公司	木衣架　铁制品　木制品	2853
广西桂花机械进出口有限责任公司	农用车及其零附件　手扶拖拉机	1586
广西南宁越升机电有限公司	机动客车　自卸车　打桩机	1537
广西瑞强农业生产物资有限公司	尿素	1390
南宁化工股份有限公司	三氯异氰尿酸　聚氯乙烯	1301
广西重凌汽车销售服务有限公司	柴油货车　公路牵引车　货运自卸车	1281
广西南宁百洋食品有限公司	制作或保鲜的罗非鱼片	1279
广西东来兴商贸有限责任公司	蘑菇罐头　荔枝罐头　刀豆罐头	1236
广西南宁国硕贸易有限公司	重晶石	1182
大赛璐（南宁）食品添加剂有限公司	三梨酸（钾）	1066
广西丝绸（集团）有限公司	集成电路　特种用途照相机　铝制结构体	1033
市恒威纺织品有限公司	棉制服装	956
南宁华威制衣有限公司	服装	890
市雄侯道商贸有限公司	服装	861
南宁德固赛美诗药业有限公司	氨基酸　蛋氨酸	828
广西天添贸易有限责任公司	柴油货车　公路牵引车	790

【化工与相关工业产品出口】 2007年，南宁市市属化工产品出口1.28亿美元，比上年增长33.77%，占市属出口额17.63%。主要化工产品出口有松香、尿素、三梨酸(钾)、三氯异氰尿酸、焦磷酸、硝酸铵等。主要出口越南、印度、日本、韩国等国家。

【轻工业与工艺产品出口】 2007年，南宁市市属轻工业品、工艺品出口1.10亿美元，比上年增长27.90%，占市属出口额15.20%。主要轻工业品出口有木衣架、籐草制品、牙刷、皮革制品、卫生巾等。主要出口美国、欧盟、日本等国家和地区。

【纺织与服装产品出口】 2007年，南宁市市属纺织品出口1.41亿美元，比上年增长344.61%，占市属出口额19.46%。主要纺织品出口有针织或钩编衫、棉制服装及制品等。主要出口美国、东盟、欧盟等国家和地区。

【食品与土畜产品出口】 2007年，南宁市市属土产畜产品出口5833万美元，比上年增长35.82%，占市属出口额8.06%。主要食品及土产畜产品出口有果蔬罐头、冷冻食品、活动物等。主要出口美国、欧盟、东盟、香港等国家和地区。

【五金矿与建材产品出口】 2007年，南宁市市属五金矿产品出口2689万美元，比上年下降29.76%，占市属出口额3.72%。主要五金矿产出口有重晶石、水泥、大理石、浮法玻璃、瓷餐具等。主要出口美国、澳门、东盟、欧盟等国家和地区。

【来(进)料加工贸易】 2007年，南宁市市属企业加工贸易进出口总额4360万美元，比上年下降3.32%。其中：进口1393万美元，下降14.45%；出口2967万美元，增长2.96%。主要产品有牙刷、山梨酸、甲硫氨酸、歧化松香、服装、电脑用散热器、劳保手套、茶叶等。

对外经济合作

【概　况】 2007年，南宁市到国外及港澳地区投资办企业、成立分公司和设立办事处的企业有30家，累计境外投资总额4395.55万美元。其中到东盟国家有22家，投资总额4125.41万美元。

【对外投资与国际承包】 2007年，南宁市有9家企业到越南、孟加拉国、日本及澳门投资办厂和成立办事处，投资总额346.27万美元。有南宁梦峰电器有限公司、南宁新锡安塑业有限公司在越南，广西呈辉置业有限公司在澳门，广西海通投资有限公司在孟加拉国，广西盛虎金属制品有限公司在日本成立公司或分公司从事境外加工贸易。有两家对外承包工程企业到挪威、印度签订合同或投标承包工程项目，项目总额2.31亿美元；南宁市境外投资企业主要生产经营畜、禽、水产预混饲料、药品生产、大型广告、塑

南宁市出口商品企业——广西南南铝箔有限责任公司生产车间　　周家志　摄

2007年南宁市与东盟国家(地区)进出口总值表

单位:万美元

国家(地区)	进出口额	出口额	进口额	比上年同期增长减%		
				进出口	出口	进口
东盟	22984	21197	1788	111.02	130.61	5.13
越南	16610	16177	433	136.59	143.87	11.91
印度尼西亚	1651	1256	396	24.85	6.16	183.14
马来西亚	1437	866	571	168.05	185.47	145.32
新加坡	1321	1235	86	331.69	548.45	-25.51
泰国	1214	1110	104	21.22	80.57	-73.12
菲律宾	571	430	141	-9.01	95.35	-65.32
柬埔寨	111	54	57	97.23	113.85	83.79
缅甸	62	62	0	742.01	740.86	
文莱	7	7	0	-45.98	-45.98	
老挝	0	0	0	-100.00	-100.00	

2007年南宁市在境外从事加工贸易活动企业情况表

企业名称	投资项目内容	类型	投资地
南宁梦峰电器有限公司	生产销售摩托车零件	独资	越南北江
南宁新锡安塑业有限公司	聚乙烯、聚丙烯及塑料制品、塑钢门窗的生产销售	独资	越南永福
广西呈辉置业有限公司	物业投资和商品贸易投资	分公司	澳门
广西盛虎金属制品有限公司	机械设备及建筑用金属制品、塑料制品、水泥制品的制造和进口销售	合资	日本冲绳
广西海通投资有限公司	房地产营销及策划、市场开发投资咨询、基础设施投资及施工管理服务研究咨询	独资	孟加拉达卡
南宁康特信息网络工程有限公司	市场开拓、联系客户、信息获得、宣传、市场调研	办事处	越南
广西桂之杰机电设备有限公司	主要负责宣传和推广公司产品；收集市场信息并快速向公司反馈；寻找客户，开拓市场；为客户提供技术服务支持及日常的联络与沟通工作	办事处	越南河内
南宁百川通贸易有限公司	畜牧养殖与水产养殖的技术交流、产品售后服务	办事处	越南河内
广西联恒投资有限公司	提供包括房地产开发，娱乐业投资，国际贸易，物流，国内水陆联运等全方位的信息咨询服务	办事处	越南河内

(唐志喜　李桂良)

料制品、电子产品、摩托车、农用机械、柴油机、茶叶、饲料、运输、五金、编织、蔬菜、水果罐头、喷涂、电刷镀、淀粉加工等行业。 （唐志喜 李桂良）

利用外资

【概 况】 2007年，南宁市累计批准设立外商投资企业1381家，合同外资额38.33亿美元，实际利用外资22.97亿万美元。年内，注册登记的外商投资企业有628家，共吸引来自美国、德国、法国、澳大利亚、日本、韩国、泰国、新加坡、马来西亚、印度尼西亚以及港澳台等30多个国家和地区，包括可口可乐、沃尔玛、麦当劳、肯德基、德国的德固赛、日本富士、泰国正大、香港华润、台湾富士康等知名大企业来南宁投资。投资额排前十位的国家或地区是：香港、英属维尔京群岛、台湾、美国、泰国、新加坡、日本、法国、澳大利亚、澳门。在南宁市投产运营的外商投资企业有427家，当年实现销售收入99.68亿元；纳税总额16.45亿元；进出口总额2.44亿美元（出口1.41亿美元），占全市进出口总额25.93%；从业人员约2万多人，占全市从业人员约10%。新批设立外商投资企业100家，增资企业45家，合同利用外资金额5.76亿美元，比上年增长22.42%；实际利用外资金额（广西全口径）1.85亿美元，增长23.81%，其中直接利用外资金额1.23亿美元，增长23.61%，合同外资金额和直接利用外资金额在自治区均排名第一。

【外资审批】 2007年，南宁市招商促进局贯彻执行国家关于加强外商投资管理的有关政策和法规，规范外资审批管理工作，推进外资审批工作创新与提高。先后制订《外商投资企业审批工作手册》、《外商投资企业审批工作流程》、《机关内部审批工作程序》等制度，对外资企业审批工作的审批权限、工作流程、申请材料清单、注册资本与投资总额比例规定、出资期限管理等做出明确规定，以指导和规范外商投资企业设立、增资、减资及其他变更事项的审批管理工作。落实"首问负责制、限时办结制、责任追究制"三项制度，围绕提高外资审批办事效率，优化外资审批工作流程，市审批权限内的外商投资企业设立和变更审批事项，对外

2007年南宁市引进外商投资情况表

单位： 万美元

类别		企业数	投资总额	注册资本	合同外资额
合计		90	101220.10	68027.60	57630.50
按投资方式	一、按投资方式分				
	合资	37	31485.80	23377.80	16463.70
	合作	6	9918.00	4365.00	3929.00
	外资	46	54692.30	35160.80	35745.80
	股份	1	5124.00	51424.00	1492.00
按行业分	二、按国民经济行业门类分				
	农业	2	8327.00	3440.00	3375.00
	采掘业		256.00	218.00	218.00
	制造业	24	28960.00	14071.00	12213.00
	电力业	2	1275.00	823.00	589.00
	建筑业	3	4747.00	2299.00	2272.00
	交通运输、仓储和邮政业	1	3000.00	1854.00	1127.00
	应用软件服务	3	141.00	115.00	110.00
	批发和零售业	19	6917.50	1709.50	1218.50
	餐饮业	2	342.00	190.00	336.00
	房地产业	17	18549.00	17350.00	13202.00
	租赁商务服务、社会经济咨询、企业管理机构	14	18485.60	15804.60	12811.50
	工程管理服务、技术服务、地质勘察	2	10111.00	10076.50	10081.50
	文化、体育和娱乐业	1	109.00	77.00	77.00
按国别分	三、按投资国别、地区分				
	中国				
	香港	35	52670.50	37383.50	33047.50
	澳门	3	1302.00	526.00	141.00
	台湾	6	1065.00	2367.00	2041.00
	日本	2	1433.00	728.00	556.00
	韩国	1	1293.00	341.00	175.00
	新加坡	5	13285.00	8675.00	5440.00
	马来西亚	1	22.00	17.00	16.00
	英国		21.00	15.00	15.00
	法国	3	2058.00	1345.00	1342.00
	加拿大	5	1168.00	818.00	584.00
	美国	13	7653.00	3568.00	2872.00
	澳大利亚	3	3233.30	1833.30	1178.20
	缅甸	1	167.00	129.00	32.00
	英属维尔京群岛	7	12514.00	8519.50	8551.50
	菲律宾		532.00	532.00	532.00
	泰国				−39.00
	瑞典	1	28.00	20.00	20.00
	荷兰	1	182.00	130.00	117.00
	越南	1	1.30	1.30	1.30
	柬埔寨	1	142.00	99.00	28.00
	萨摩亚	1	2450.00	980.00	980.00

2007年南宁市吸引外资实际投资国别地区情况

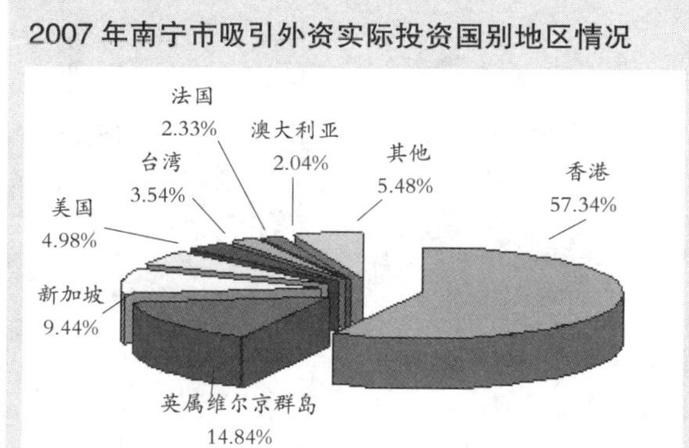

2007年南宁市吸引外资实际投资主要产业情况

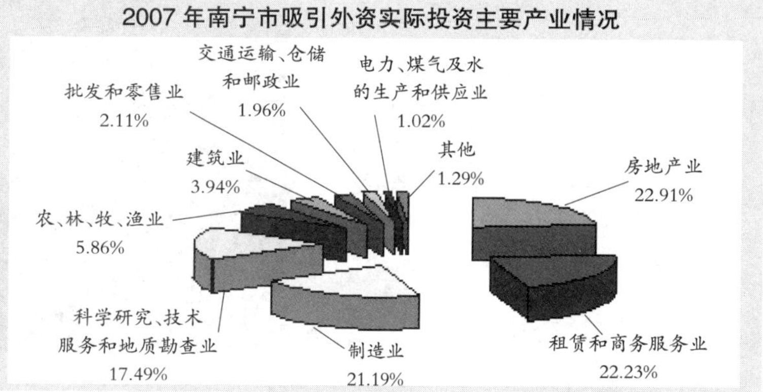

2007年南宁市主要外商投资企业情况表

企业名称	行业	投资总额(万美元)	注册资本(万美元)	外商出资额(万美元)	销售(营业)收入(万元)	纳税总额(万元)	利润总额(万元)	从业人数
南宁青岛啤酒有限公司	制造业	14457	8795	2198	21541	3404	−340	379
广西华润红水河水泥有限公司	制造业	2410	2410	1687	53645	3214	1661	954
广西东方航洋实业集团有限公司	房地产业	2425	1805	776	50000	3200	15000	300
国海富兰克林基金管理有限公司	金融业	2915	2915	1428	33415	2394	15445	72
广西南宁嘉泰水泥制品有限公司	制造业	500	500	500	16783	1580	2749	280
南宁裕丰房地产开发有限公司	房地产业	1471	588	298	10021	1519	2655	22
可口可乐(广西)饮料有限公司	制造业	1300	520	520	41166	1400	2106	830
广西荣和有限责任公司	房地产业	2416	1495	1420	30000	1375	4500	167
南宁柏联百盛商业有限公司	商贸业	362	242	169	33613	1253	1999	232
华润混凝土(南宁)有限公司	制造业	387	258	258	14785	1154	1744	180
广西丰林木业集团股份有限公司	制造业	1812	1812	1656	24364	1069	4123	318
南宁中达丰田汽车销售服务有限公司	制造业	796	398	388	2841	964	1503	107
南宁美时纸业有限责任公司	制造业	2404	2265	566	3393	850	196	246
广西万通房地产有限公司	房地产业	4906	4906	4812	15080	748	6188	230
南宁肯德基有限公司	餐饮服务业	386	270	270	16000	667	1300	1973
广西博科药业有限公司	制造业	2683	1248	1248	3541	549	430	312
南宁金龙实业有限公司	制造业	1052	754	68	8184	544	107	325
南宁白马公共交通有限公司	交通运输业	1449	858	429	18094	543	924	2113
南宁根德成片土地开发有限公司	房地产业	528	375	375	3325	411	−932	12
广西大象信息科技有限公司	制造业	140	100	100	1075	323	910	180
南宁中达桂宝汽车服务有限公司	制造业	600	300	300	9627	296	222	60
广西盛世基业房地产有限公司	房地产业	3103	1241	310		291	−981	42
南宁华润西乡塘混凝土有限公司	制造业	362	256	256	4014	251	800	75
龙昌日用品工业(南宁)有限公司	制造业	1500	600	600	5757	240	−117	598
南宁美恒安兴纸业有限公司	制造业	540	483	145	7279	228	508	206
南宁金钢水泥有限公司	制造业	1000	702	175	3544	214	−287	178
南宁正大畜牧有限公司	制造业	1332	677	677	5819	209	6005	293
广西巨星科技有限公司	制造业	4980	2000	1900	20000	183	800	165
南宁康福交通有限公司	交通运输业	600	400	320	2081	170	542	18
广西斯道拉恩索林业有限公司	农业	25000	10000	10000		160	−10355	484

承诺时限均统一压缩为3个工作日。做好政务公开工作，审批权限内中外合资(合作)、外商独资企业的设立变更的审批，以及国家和自治区审批权限内外商投资企业设立变更的审核转报等事项都在政务服务中心窗口和南宁市招商引资信息网站上对外公布。对涉及中国—东盟商务区、中国—东盟博览会签约项目，桂台、桂澳、桂港经贸合作项目等自治区、市两级的重点外资企业和外资项目，加强跟踪工作，及时掌握项目的进展实施进度。优化重大外资项目审批服务工作。对自治区、市级重点外资企业和重大外资项目，提供快捷、便利和优质服务。

【外企管理】

外企服务 2007年，市招商促进局坚持“服务创优”工作重点，改进和提高外资企业服务工作。通过下企业和发放调查问卷等途径，了解企业在筹建及生产经营中存在的实际困难和问题，有针对性地开展协调和服务企业工作。6~11月，开展南宁市服务外商投资企业系列活动，以“改善投资环境，做大做强在邕外商投资企业”为主题，按照“五个一批”(即走访一批企业、推进一批项目、解决一批投诉、办好一批实事、宣传一批典型)的工作要求，帮助企业解决生产建设中遇到的困难和问题，把服务工作落到实处。加强外资项目跟踪与服务，对华润水泥、金凯利置业、澳特西玛置业等重点外资项目实行逐个进行跟踪督办工作，督促协调外资企业完善验资和外管登记等手续，使外资到位率明显提高。

外企年检 与市工商局、国(地)税局、财政局、经委和南宁海关、广西外管局等部门开展外商投资企业联合年检工作，推进网上年检，为外商投资企业提供便捷快速服务。通过联合年检，收集企业年检资料295套，并对年检数据进行全面深入分析，了解掌握全市外商投资企业的生产经营情况以及存在的普遍性问题。应参加联合年检企业373

市长陈向群(前左一)等市领导到外商投资企业考察 文建宁 摄

家，实际参检企业295家，参检率78.55%；年检合格企业281家，合格率95.9%。其中：合资110家，合作25家，独资146家。参加年检的企业投资总额17.26亿美元，注册资本11.06亿美元。其中中方出资3.12亿美元，外方出资8.4亿美元。当年外方应出资额1.6亿美元，实际出资额1.29亿美元，外资到位率80.39%。参加年检的企业中，筹建47家，投产开业239家，停业9家。企业全年销售收入65.21亿元，比上年增长17.37%，利润总额2.88亿元，增长147.76%，资产总额172.01亿元，其中固定资产68.6亿元，负债总额114.51亿元。外商投资企业经济运行态势良好。做好"先进技术型外资企业、出口型外资企业"的审核、上报工作，初审企业6个并全部通过自治区商务厅终审，帮助外资企业享受国家的有关优惠政策，鼓励外资企业扩大产品出口和技术升级，促进外资企业做大做强。 （黄为谦）

市领导在南宁市服务外企系列活动现场办公会为外企解决困难 文建宁 摄

【外企协会活动】 2007年，南宁市外商投资企业协会为会员企业服务、排忧解难。联络协会成员互通发展经营信息，宣传中国的对外开放政策，为政府当好助手与参谋。在调查研究、传播信息、与企业沟通、协调配合、交流经验、维护外商投资企业的合法权益等方面做了大量的工作，发挥了协会作为外资企业与政府之间的桥梁和纽带作用。

外企调研 围绕为外资企业服务的宗旨，有计划、有选择地到外资企业会员单位走访，听取企业对南宁市外商投资政策、环境的意见和建议，了解企业在生产经营中存在的困难与问题。发挥协会社团组织作用，协调企业与政府各职能部门的联系，通过多种渠道向政府各职能部门反映企业的意见和困难，协助政府部门帮助企业解决一些迫切问题，共走访外企40多家。8月，继续贯彻市委、市政府开展"服务外商投资企业年"活动，深入外企调研，把企业反映的问题，及时向上级反映或协助解决；8月1日协助组织召开服务外企系列活动现场办公会，市领导在现场办公会上为外企解决问题。

企业培训 为帮助提高企业管理人员的素质和业务水平，协会根据形势发展和企业的需求，有针对性举办企业各类人员的培训班等。1月，举办外商投资房地产业税务知识培训班；4月，举办外企高层管理人员学习班，邀请市国税局、广西外汇管理局、市招商局的领导，给外企的财务经理讲授税务和外汇管理的政策法规；6月，与市劳动保障局联合举办外商投资企业劳动管理和社会保障政策法规培训班，11月举办《劳动合同法》培训班，60多名外企管理人员参加培训。

组织外企参与活动 在春节和中秋节前夕，举办外商投资企业迎春茶话会和迎中秋庆国庆茶话会，由市招商局、外企协会、外来企业协会联合举办。市四家班子领导、各部委办局、各县区、开发区招商促进局领导、外商投资企业代表驻邕机构、商会参加座谈。协会向市政府推荐在外商投资企业中具有一定规模，为南宁市经济发展作出较大贡献，同时取得良好经济与社会效益、有良好社会信誉的外商投资者为南宁市荣誉市民，10月经市人民代表大会常务委员审议批准，市政府决定授予何玉堂"南宁市荣誉市民"称号。与市劳动保障局、市招商局联合，分别在5月、10月举办外商投资企业劳动用工专场招聘会，两次共组织120多家企业参加，提供2000多工作岗位，8000多人进场应聘。并与市劳动保障局劳动力市场建立长期合作关系。10月，组织会员企业参加"两会一节"活动，在宣传南宁市投资环境的同时，利用会员在国外的社会关系，促成国外的行业协会和商会组织与协会沟通交流，积极推介招商项目。

市第一人民医院开展送医到外商投资企业活动 文建宁 摄

医疗服务 8月11日，市招商局、市外企协会、市第一人民医院开展送医上门活动，到日资企业泰格金属有限公司为员工义诊；10月，在中达丰田汽车有限公司为员工义诊和开展联谊活动；继续开展外商医疗优诊服务活动，为在南宁市工作的外商130多人办理医疗优诊卡，方便外商就诊。

举办摄影展 12月，市外企协会组织举办"中达丰田杯"《外商投资企业在南宁》摄影展，展示南宁外资企业的风采。通过展览扩大外资企业的影响，这次摄影展得到南宁中达丰田汽车服务有限公司的支持，有60多家外企的摄影爱好者参加比赛，收到参赛作品400多幅，评选出优秀作品58幅。 （文建宁）

责任编辑 余朝霞

南宁与东盟

经济往来

【经贸合作】 2007年,南宁市以新加坡、马来西亚、泰国等国家为重点,以中国—东盟商务区和中国—东盟经济园区为载体,不断扩大东盟国家投资的领域,加快承接东盟投资的平台建设。5月,组织市经贸代表团随自治区经贸代表团出访越南、印度尼西亚、马来西亚、新加坡等东盟四国。期间,市代表团参加自治区举办的各类推介洽谈会和签约活动,开展一系列经贸和友城访问活动,推出一批经贸合作项目。此次出访,共达成签约项目11个,总投资1.01亿美元。其中:投资项目5个,总投资3908万美元;走出去项目5个,总投资6142万美元;贸易项目1个,年交易额4000万美元,项目涉及农业、汽车配件、网络科技、工业园区建设等领域。此外,与越南、印度尼西亚、马来西亚和新加坡的企业家建立在谈项目14个,总投资1.47亿美元。其中:投资项目5个,总投资1.4亿美元;走出去项目9个,总投资685万美元。

在越南期间,市经贸代表团组织项目业主和企业参加在越南河内举行的广西—越南投资合作推介会,市经贸代表团的项目业主与越南方面就一批项目进行洽谈,签署合作项目6个,签约金额3742万美元。其中:走出去项目5个,金额3142万美元;请进来项目1个,金额600万美元。广西南宁瑞格工贸有限公司与越南ABA投资有限公司签订合资建设越南北江省中越工业园,总投资1292万美元,项目涉及农业、汽车配件、网络科技、工业园区建设领域。组织22家企业参加在河内举办的广西商品展销会,展销商品涉及机械、轻工、化工、铝加工等名特优产品,参展企业有南南铝业股份有限公司、南宁五菱桂花车辆有限公司等。考察期间,市政府与越南计划投资部在河内共同举办中国南宁—越南企业家经贸合作座谈会暨招待酒会。座谈会上,南宁市推出重点招商项目158个,涉及工业、基础设施、商贸服务、物流、农业等领域,70多家与会的南宁和越南企业,就投资合作和项目进行洽谈。

在印度尼西亚期间,市经贸代表团参加在雅加达举办的中国广西—印度尼西亚贸易投资洽谈会。会上,南宁市县区、开发区向与会客商推介本辖区的投资环境和重点合作项目。南宁经济技术开发区与印尼瑞普电力系统设备有限公司签订路灯监控设备项目,总投资800万美元;市商务局与印尼EDI集团有限公司签订煤炭贸易购销意向,依托EDI公司和印尼政府在煤炭方面有长期合作的关系,促进南宁能源的发展。考察期间,代表团部分成员前往印尼茂物市开展友城活动;参观考察印尼伊摩拉(IMORA)汽车工业集团。

在马来西亚期间,市经贸代表团和招商小分队参加在吉隆坡举办的中国广西—马来西亚贸易投资洽谈会和项目签约仪式。青秀区政府与马来西亚嘉登集团签订合作建设伶俐污水处理厂项目,总投资1500万美元;中国—东盟经济园区与马来西亚成功集团签订合作建设中国—东盟经济园区垃圾填埋厂项目,总投资700万美元;洽谈120kt/a高精度铝及铝合金板带项目等6个合作项目,总投资1.24亿美元。考察期间,代表团和小分队拜会马来西亚国际贸易工业部政务次长陈仪乔博士;在马来西亚怡保市开展友好城市活动,加强与该市有关方面和企业的联系和友谊,双方政府有关部门和马来西亚霹雳州中华总商会企业家举行座谈会。

在新加坡期间,市经贸代表团参加在新加坡举办的广西—新加坡经贸合作推介会。会上,南宁高新技术产业开发区企业广西科康水蛭素股份有限公司与新加坡天津泰达药业有限公司签订原料委托加工(通络救心囊)合同,合同金额308万美元;与新加坡客商重点洽谈中国—东盟综合物流园等3个项目,总投资1.75亿美元。考察期间,南宁市与中国驻新加坡大使馆经济商务参赞处、新加坡中华总商会和工商联合会共同举办中国南宁—新加坡经贸座谈会暨招待酒会,新加坡150多名工商界人士参加;代表团参观考察新加坡裕廊工业园区和有关企业,并与园区负责人和部分物流企业管理人员就园区建设、运作模式等进行交流。 (黄为谦)

【南宁产品进入东盟市场】

农业机械 南宁五菱桂花车辆有限公司生产的"桂花"牌手扶拖拉机从20世纪80年代初开始进入东南亚市场,以其良好的品质,适宜的价格,很快赢得当地消费者的喜爱,具有很高的知名度和美誉度。至2007年,国际市场桂花产品用户近20万,营销网络遍及越南、马来西亚、孟加拉、泰国、印度、印度尼西亚、缅甸、柬埔寨等国家。当年,对越南出口手扶拖拉机9891台套,出口值375万美元,累计出口超过15万台套,出口值4500万美元;出口汽车1980台,出口值1338.71万美元,比上年增长445.73%,累计出口4008台,出口值2400万美元。对越南以外的东盟国家出口值219.68万美元,比上年增长159.24%,累计出口超过3万台,出口值1040万美元。

纸　品 广西南宁凤凰纸业有限公司从2005年开始与菲律宾的珀罗玛克公司(PUREMARK)建立起业务关系,至2007年,每年出口菲律宾生活纸约300吨,总货款约240万美元,主要品种是卫生纸和餐巾纸,货款100%收回。公司还与越南、缅甸、新加坡、菲律宾等东盟国家的客商商谈,以加大生活用纸的出口销售量。

化工产品 2007年,南宁化工股份有限公司出口东盟地区的三氯异氰尿酸产品总量3679.52万吨,出口创汇436万美元,主要出口印度尼西亚、泰国、越南、新加坡。南宁化工集团有限公司出口东盟地区的聚合氯化铝产品总量7288万吨,出口创汇267万美元,主要出口印度尼亚、马来西亚、泰国、菲律宾、越南。

重工设备 南宁广发重工集团有限公司销往东盟各国产品主要有水电、矿山、制糖、水泥、钢球磨煤机等成套设备和大型单机设备。2007年与东盟国家贸易合同额为1145.4万元。

(黄孝林　陈志刚　黄道琪)

【横县茉莉花出口新加坡】 近年来，横县与自治区内高新技术企业密切合作，根据新加坡等国的贸易要求，推进科技创新，改进冷藏保鲜技术，发展无公害茉莉花生产，改善茉莉花品质。同时，推进信息化建设，打造中国茉莉花茶电子商务平台，通过互联网发布供求信息，2007年8月，与新加坡正丰花卉贸易有限公司签订协议，每天向其出口茉莉鲜花300公斤。

【武鸣马铃薯出口东盟国家】 2006年冬季起，武鸣县供销社引导县蔬菜协会建立基地，引进良种，大力发展优质马铃薯生产。并与广东客商合作签订了指定的马铃薯品种订单生产合同，每公斤鲜薯价格1.3元，比同等规格的常规鲜马铃薯价格高0.1~0.2元。2007年3月，武鸣县罗波镇板欧村马铃薯种植获得丰收，已被广东客商收购荷兰7号马铃薯200多吨，并首次销往马来西亚和泰国等东盟国家，深受消费者的青睐。

【东盟商品迎春展】 2007年1月14日，广西首届艺玲东盟商品迎春展暨国内商品走进越南对接东盟交流会开幕式，以及中国—东盟自由贸易区品牌联盟成立大会在南宁太阳广场东盟百货商场举行。由广西艺玲商务有限公司、广西艺玲东盟商品进出口展示交易有限公司主办，越南新世纪国珍股份公司、美国飞龙国际经贸有限公司、湖南卫视节目公司、广西山东商会、中国新闻社广西分社、中国改革报广西记者站、广西国友开发服务公司、中国—东盟企业总部基地招商中心、广西公共关系协会国际交流《城市品牌》杂志等协办。参加开幕式和会议的嘉宾400多人。商品展展销商品种类为轻工工艺类、矿产化工类、电子电器类、五金建材类、机械设备类、名优新特产品类、保健品、民族工艺品、家居用品类、纺织服装类、食品烟酒类、综合商品类等共300家企业展示商品。活动至2月13日结束。

【2007国内品牌商品走进越南对接东盟交流会】 2007年1月31日在南宁举行。由中国—东盟自由贸易区品牌联盟和中国(广西)名优特新商品展示交流中心筹委会主办，广西艺玲商务有限公司和广西艺玲东盟商品进出口展示有限公司承办。来自北京的采购企业代表，越南、缅甸、美国等国家的企业家，湖南卫视以及广西部分合作企业代表等共60多人参会。此次交流会研究共建中国—东盟自由贸易区品牌联盟的重要性、必要性，探讨国内品牌商品走进越南对接东盟的方法、捷径等，为中国—东盟企业更好地对接和交流提供更周到、更及时的服务。会上，企业家代表、主办方和承办方代表就国内品牌商品如何走进越南对接东盟作了发言，提出了不少建议。如国内企业要学会介绍自己的商品；要按照促进发展、互利共赢的原则与东盟国家协商；要学会与外国商家和消费者进行感情交流，先沟通后做生意；要树立商品形象和信誉；要遵循各国的法律、法规和政策等。

【鄞州—南宁—东盟投资环境推介会】 2007年8月22日在南宁举行。由宁波市鄞州区主办，南宁市经委、贸促会协办。政府官员、商界人士、企业家共130多人参会。推介会的目的，是利用南宁面向东盟的区位优势，抓住泛北部湾经济合作的有利时机，引导和鼓励企业实施产业转移，采取分步推进战略，最终走进东盟开拓国际市场。越南驻南宁总领馆总领事陈维海介绍了东盟国家，重点是越南的经济发展、投资环境、鼓励外来投资的产业政策及优惠关税等。宁波市鄞州区和南宁市的领导及广西社科院东南亚研究所有关人员在推介会上发言。

【新加坡商人考察南宁】 2007年12月11日，新加坡政府直接投资公司(GIC)高级副总裁兼大中华区首席代表刘东一行对南宁进行商务考察，并和南宁市部分企业、部门进行座谈，共商合作计划。在市政府举行的座谈会上，副市长黄焕升向刘东一行介绍了南宁市的投资环境。刘东等与南宁市各经济主管部门、南宁高新技术产业开发区、南宁经济技术开发区以及南宁糖业股份有限公司、广西金红制药有限公司、广西南宁凤凰纸业有限公司的代表进行交流。双方就铝业、糖业、林浆纸、医疗等资源领域的合作项目和发展空间进行探讨。 （张 延）

政治往来

【泰王国驻南宁领事办公室正式对外办公】 2006年4月6日泰王国驻南宁领事办公室成立，2007年1月8日起对外办公。办公室设在五象广场东方曼哈顿大厦，受理中国居民赴泰旅游、非移民和过境签证申请。工作时间为每周周一至五9:00~12:00和14:00~18:00，受理签证申请时间为每周一、三、五9:00~11:30。为南宁与泰国在经贸、文化、旅游等方面的交流提供了便利。

【越南代表团考察南宁】

越南国会主席考察南宁 2007年4月14日下午，越南国会主席阮富仲一行在市长林国强陪同下参观考察南宁国际会展中心。客人们先后参观首届中国—东盟博览会开幕式现场模型、国际会议厅，观看第三届中国—东盟博览会开幕式现场录像，并详细了解会展中心设计规划、各展厅运营情况和中国—东盟博览会举办情况，了解南宁经济社会和城市发展情况。

越南胡志明市市委书记考察南宁 11月24日，越共中央政治局委员、越南胡志明市市委书记黎清海一行到南宁市参观考察。在南宁国际会展中心，参观了中国—东盟博览的中心会议室和各主要展馆；在中国—东盟商务区，参观了建设中的越南商务联络处园区。

【缅甸禁毒官员考察南宁】 2007年6月26日，缅甸中央禁毒委员会、缅甸抗药物依赖联盟和缅甸减低危害项目官员组成的代表团一行19人，到中澳项目南宁市减低危害服务中心（中澳项目针具交换点）参观考察。该中心成立于2004年12月，由中（中国）澳（澳大利亚）亚洲区域艾滋病合作项目南宁办公室具体操作。在参观考察中，缅甸官员学习广西在减低危害工作中的经验和方式，并通过交流，进一步加强缅甸和中国在艾滋病预防和控制方面的交流与合作。

【东盟青年公务员代表团考察南宁】 2007年6月，应全国青年联合会邀请，由东盟十国青年公务员代表和东盟秘书处观察员组成的东盟青年公务员代表团一行88人来华访问，并参加中国—东盟青年公务员交流项目活动。16~17日，代表团到南宁国际会展中心、中国—东盟商务区、南湖广场、市城市应急联动中心等参观，还参加座谈会等交流活动。 （梁志勇）

【中国—越南城市规划管理研讨会】 2007年5月24~25日在南宁举行。由中国、越南建设部共同主办，南宁市和越南胡志明市共同承办，南宁市规划管理局具体操办。来自国家建设部、中国城市规划学会、中国城市规划协会、中国城市科学研究会，广东、贵州、海南、广西等省市建设部门的专家以及越南建设部、胡志明市、海防市、下龙市的代表共150多人参会。与会专家学者共同探讨做好城市规划与管理工作的相关问题，交流中越两国城市规划与管理工作的最新进展情况，分析两国在全球化和快速城镇化背景下加强城市规划与管理方面存在的问题及应采取的相应对策，探讨中国与越南在城市规划和管理领域建立合作机制有关问题。期间，与会代表到南宁国际会展中心参观了“广西十年建设成就展”，越南代表还参观考察了市体育局、南宁高新技术产业开发区、市规划局、中国—东盟商务区、荔园山庄、翡翠园等。会后，市规划局专门编印《中越城市规划研讨会论文集》送给两国建设部领导。（梁一家）

【南宁专家赴越南规划城市景观】 2006年3月24日，南宁市与越南下龙市签署《中国南宁市—越南下龙市友好交流与合作意向书》，派专家帮助下龙市进行城市规划设计是其中合作内容之一。同年12月，为了改善下龙拜寨大桥两岸桥头景观，改造下龙市少年文化宫的园林绿化，下龙市正式邀请南宁市派专家到该市开展规划设计工作。2007年3月29日，南宁市派出规划和园林设计专家7人赴下龙进行考察调研，帮助越方完成此两项工程的规划和设计工作，扩大了南宁市在越南的影响。（张 延）

文化往来

【越柬采风媒体代表团赴越柬考察】 2007年6月23~28日，由南宁新闻媒体、中国国际航空公司和南宁海外旅行社组成的越柬采风媒体代表团对越南、柬埔寨进行考察采访。代表团到越南胡志明市、柬埔寨金边市和暹粒省，对当地的旅游资源、民俗文化、经济情况进行考察采访，了解当地的旅游资源，并对南宁—胡志明—柬埔寨这条新兴旅游线进行探讨。

【泰国文化周】 2007年4月14~20日在广西民族大学举行。由广西民族大学与泰王国驻南宁领事办公室联合主办。14日举行开幕式，自治区政协副主席梁超然、泰王国驻南宁领事办公室主任拉蒂坤·詹素里亚、柬埔寨王国驻南宁领事馆副领事绍·吉瑞斯及广西民族大学和广西相关部门领导与在邕的泰国外教和留学生代表、广西民族大学学习泰语学生共计500多人出席。参加活动者共度泼水节，品尝泰国美食，参与各种游戏娱乐。期间还举办泰国文化以及中泰文化交流合作的图片展、泰国经典影片展播和泰语作文大赛。此次活动，使泰语专业学生提高学习泰语及泰国文化的兴趣，加强广西院校与泰国机构及企业的合作。

【东盟文化周】 2007年12月1~7日在广西民族大学举办。由广西民族大学学生社团东盟语言文化交流俱乐部组织。活动内容涉及东盟10国图片展、东盟知识讲座、特色东盟外语角、东盟电影放映等。其中，东盟10国图片展分10个东盟国家共10块展板、400多张图片，在学校五坡文化广场展出。展出的图片由学校的老师、学生、留学生等提供，东盟俱乐部成员在700多张图片里精选出来做展板。还手抄制作100多张东盟10国相关资料介绍的卡片，反映东盟10国的社会、经济、文化、艺术及其与中国的友好往来概况。12月1日晚播放越南语原声、英文字幕的越南影片《青木瓜》和泰国原声、泰语字幕的泰国影片《泰国大盗》。12月4日晚，举办特色东盟外语角活动，驻邕高校10多个社团及50名服务越南、泰国、老挝留学生参加。期间，举办东盟知识讲座两场，分别邀请中国管理科学院特约研究员、新加坡华懿投资有限公司驻越首席代表、国际商务策划师黄东日教授作题为《中国—东盟的发展现状与前景》的讲座；东盟研究专家、广西民大商学院副院长高歌作《东盟博览会落户南宁的意义》的讲座。此次活动为师生们营造学习了解东盟国家文化知识的良好氛围。

【第二届中国—东盟青年艺术品创作大赛】 2007年5月启动。由中国美术家协会、共青团自治区委、自治区国际博览事务局、自治区文化厅、自治区青年联合会和南宁市政府主办。大赛共收到来自中国、新加坡、马来西亚、印度尼西亚、越南等8个国家的5000多幅作品，其中入围500多件，经评选获奖250件。10月26日至11月5日在自治区博物馆举行大赛暨名家作品展，共展出油画作品300多幅，其中包括大赛的获奖作品及30多幅出自靳尚谊、朱乃正、闻立鹏等名家的作品。展出期间，观众数万人次。

【泰国诗琳通公主摄影艺术展】 2007年9月17日，“两段旅程、同一目标”诗琳通公主摄影图片展在广西民族大学举行。由泰王国驻中国大使馆、泰王国驻南宁领事办公室及广西民族大学共同主办。泰王国驻华大使马纳塔及其夫人、泰国公使团和南宁有关人士出席开幕式。此次摄影展共展出诗琳通公主的101幅摄影作品，反映她在中国各地（包括广西）的所见所感。同时还展出中央电视台节目主持人赵丽塔的75幅反映泰国风情风貌的作品。

【首届中国（广西）·马来西亚国际赏石及书画艺术邀请展】 2007年10月19~21日在自治区博物馆举行。由自治区东方石文化研究交流中心、自治区艺术收藏协会、自治区赏石协会等与马来西亚国际现代书画联盟、马来西亚爱石协会、马来西亚盆景雅石协会等共同举办。展示中国、马来西亚各地赏石精品和书画艺术家书画精品。其中特邀参展的中国和马来西亚赏石艺术精品110件，书画艺术家的书画艺术精品150件，作品体现出两国艺术家在不同文化背景和文化多元化背景下对赏石文化及现代书画艺术的追求，其绘画艺术作品以抽象绘画或现代绘画为主，书法部分既有创新的现代书法，也有历史传统的传统书法。邀请展期间还举办“中国·马来西亚国际赏石及书画艺术交流与合作论坛”，由中马赏石家、艺术家发表演讲；举办中马赏石家藏石精品、书画艺术家书画精品拍卖会等活动。参加人数1万多人次。

【“越南铜器—传统与特色”文物展】 2007年10月29日至2008年1月25日在自治区博物馆举行。由越南国家历史博物馆、自治区博物馆联合主办。展出从越南国家历史博物馆馆藏文化中精心挑选的珍贵铜器115件，有生产工具、兵器、生活用器、祭祀器具及乐器、装饰品等，包括铜犁铧、铜斧、铜钺、铜桶，时间跨度2500年。展出期间，观众上万人次。

【东盟十国媒体代表团考察南宁】 2007年9月25日，前来参加在南宁召开的第三届中国—东盟媒体合作高层研讨会的东盟十国媒体代表团一行31人在南宁参观考察。市长陈向群会见代表团并介绍南宁城市概况。随后，代表团成员先后参观了市规划局、南宁国际会展中心、市城市应急联动中心、南湖广场等；晚上，观看了中秋歌舞表演。

【2007中国—东盟礼仪形象大使选拔大赛】 2007年6月全面启动。由中国—东盟博览会秘书处、中国关心下一代工作委员会健康体育基金会、共青团自治区委共同主办。大赛以弘扬礼仪文化、全面服务第四届中国—东盟博览会和中国—东盟商务与投资峰会为宗旨，以“礼仪、素质、健康、形象”为主题，着力彰显中国—东盟礼仪文化特色，展示各国服饰、经济，突出公益性和国际文化交流的特色。分初赛、半决赛、总决赛3个阶段。经过各分赛场海选，于9月30日在南宁举行总决赛。来自泰国、越南、柬埔寨、老挝、缅甸、菲律宾等东盟国家的12名选手和中国38名选手参加总决赛。总决赛晚会由风生水起、朱槿花开、山水相约、礼仪盛典4个篇章组成。经角逐，湖南的邓可获冠军；菲律宾的陈思思、南宁的陆薇分获亚军；武鸣的梁燕、柬埔寨的TA分获季军。同时，还评出最佳完善身材奖、最具职业魅力奖、最佳亲善友谊奖、最具明星潜质奖、最佳东方神韵奖、最具民族风情奖、最佳

才艺表演奖和最佳上镜奖 10 个单项奖。（黄艳阳）

教育往来

【中越合作办学纪念】 2007 年 1 月 15 日，广西大学举行广西南宁育才学校表彰纪念仪式，越南"育才校友会"会长范道代表越方向 17 名中方教师颁发奖状，感谢他们为越南教育事业作出的巨大贡献。5 月，来南宁参加中越城市规划与管理研讨会的越南原建设部副部长范士廉、阮晋万到育才学校旧址参观。9 月初，南宁市投入 160 多万元，对位于西乡塘区心圩街道和德村九冬坡的越南中央学舍区（广西南宁育才学校）总部旧址主体建筑进行翻修、加固、还原；对广场、墙面进行扩建和美化；对进出学校旧址的道路进行硬化和扩宽。并于同年 10 月末对外开放。（黄艳阳）

南宁市对广西南宁育才学校旧址进行修缮　　赖有光　摄

【2007 泰国教育展暨学术研讨会】 2007 年 6 月 16~17 日在广西人民会堂举行。由泰国教育部高等教育委员会办公室、泰王国驻南宁领事办公室及自治区教育厅主办。泰国国立清迈大学、农业大学、曼谷大学、政法大学、私立易三仓大学、暹罗大学等 30 多所大学参展。展会上，泰方的高校代表和工作人员向中方学生讲解泰国高校的教育体制、师资力量、收费制度等，广西各高校学者、学生及家长前往观展，并有部分学生当场签下留学申请书。期间，由泰国高等教育委员会主办主题为"泰—中学术合作，面向未来的合作伙伴"的学术研讨会，中国部分高校学者、大中学生等参加会议。会议讨论如何加快和提高学术合作项目的方式与途径，以加强泰中两国的学术合作交流。（张　延）

【市一职校与越南学校交流合作】 2007 年 11 月 21 日，市第一职业技术学校领导受越南河内市商贸旅游学校邀请进行考察访问，就双方教师互访、互派专业教师以及互派学生开展多种形式的夏令营活动等签订了交流合作协议。

【南宁外国语学校与越南中学结为姊妹学校】 2007 年，南宁外国语学校与越南河内阿姆斯特丹专属中学结为姊妹学校。越南驻南宁总领馆总领事陈维海、越南河内阿姆斯特丹专属中学校长杜令殿，南宁市副市长周异决、市教育局局长夏建军出席签字仪式。杜令殿、区潜分别代表越中双方学校在合作意向书上签字。合作内容涵盖两校今后在领导互访、师生学习交流、优质教育信息资源共享、合作办学等多方面。（刘淞坚）

【南宁职业技术学院与越南联合办学】 2007 年 9 月 5 日上午，南宁职业技术学院应用外国语学院 2005 级应用越南语专业和涉外旅游专业学生共 116 人，分别到越南河内国家大学、国家外贸大学进行为期 1 年的学习。从 2000 年起，应用外国语学院开始与国外大学开展国际交流合作，7 年来，先后与越南河内国家大学下属外国语大学、国家师范大学、国家外贸大学和泰国佛统皇家大学、那空沙旺皇家大学、皇家技术大学等建立友好合作关系，签署合作办学协议，共派出留学生 2000 多人。学生在这些学校经过 1~2 年的学习，语言应用能力大为提高，在社会就业竞争中显示了一定的优势，各专业就业率均在 95%以上。

【泰国皇家技术大学学生到南宁职业技术学院学习】 2007 年 5 月 13 日，泰国皇家技术大学一行 16 人到南宁职业技术学院进行为期两周的文化交流学习。这是学院首度接收泰国高校学生学习汉语和中国文化。期间，16 名学生与学院应用泰语专业的学生进行"1+1"手拉手结对子交流。学院还给泰国师生提供综合汉语培训，并穿插武术、国画、书法、民族声乐、象棋和麻将等课程培训。并安排泰国师生参观自治区博物馆、文物苑民俗展、南宁三中；游览大新德天瀑布、桂林山水等；观看民族歌舞表演，品尝民族特色小吃、侗族油茶等。（李云华）

广西南宁育才学校

1951 年，越南劳动党和政府迫切要为日益扩大的解放区培养大批干部，并为胜利后重建国家准备大批具有较高科学文化知识的人才。中共中央主席毛泽东应越南国家主席、中央委员会主席胡志明的要求，同意越南在中国广西南宁西郊创办一所革命干部学校。学校于 1951 年 10 月正式成立，越文名"Khu Hoc Xa Trung Uong"（中央学舍区）。为保密起见，对外用中文名称"广西南宁育才学校"。学生是来自越南各地的革命干部和青年，由中方提供顾问和后勤保障，由越方管理和教学。除汉语课程外，其他大部分课程均由越南教师用越语讲授。该校直属越南劳动党中央和越南政府领导，具体工作由越南驻南宁总领事馆负责，中共广西省委对外联络部配合。1951 年秋，近 3000 名越南干部、师生来到南宁。校址选在西郊心圩乡（今西乡塘区心圩街道和德村九冬坡）。中共中央从北京、上海、天津等地选派了几十名有较高思想觉悟和专业水平的人员担任学校顾问并组织汉语教学，并配备 100 多人的警卫连和后勤服务人员。筹建征地时，心圩乡群众主动献出祭祖的宗祠，让出住房和建房用地，协助筹建部队打井、割茅、晒草搭建草棚，并主动贡献家里的粮食，保证了学校的正常开学。后来村民还自动维护治安，保障学校安全。为了改善办学条件，中国政府一再拨款，于 1954 年初在西郊五里亭西 2 公里处（位于今广西大学西校园内）新建一所校区。1958 年秋迁回越南。育才学校在 7 年办学期间，先后为越南培养了近 7000 名教师和干部，不少学生后来成为越南杰出的政治家、外交家、经济学家、科学家、汉学家、诗人、音乐家等，如武宽（曾任越南政府副总理）、陈庭欢（曾任越南党中央政治部委员）、武卯（越南国会对外委员会主任）、范国英（越南国家主席助理）。其中近 2000 名学员成为越南教育战线上的骨干力量，还有不少担负越南党政领导工作，其中 100 名学生后来成为越共中央委员。1958 年 9 月，越南教育部邀请在育才学校工作过的中方人员代表访越；1965 年，胡志明授予部分在育才学校工作表现突出的中方人员"越南国家劳动勋章"；2001 年 11 月，几千名"育才同学会"成员从越南各地重聚河内，庆祝南宁育才学校成立 50 周年。此后，不少佩带着当年育才学校校徽的老学员随旅游团到广西大学参观怀旧。2006 年 9 月 30 日，来自越南各地的 300 多名育才学校的学员在河内百科大学欢聚一堂，庆祝广西南宁育才学校成立 55 周年。会上，越南总理阮晋勇向育才学校中方老教师颁发奖状；越南教育培训部授予 15 名中国教职员工"教育事业纪念章"。

责任编辑　余朝霞

旅 游 业

综 述

【概 况】 2007年,南宁市有旅行社60家(国际社16家、国内社44家)。英、越、日、法、朝鲜、泰等国语种及中文普通话持证导游员2271人。星级饭店80家,客房1.21万间,床位2.15万个。其中:五星级5家,客房1643间,床位2850个;四星级9家,客房2274间,床位3948个;三星级32家,客房4432间,床位7918个;二星级33家,客房3746间,床位6746个;一星级1家,客房160间,床位283个。接待入境旅游者14.11万人次,比上年增长32.49%;国际旅游收入3.17亿元,比上年增长27.77%。接待国内旅游者2058万人次,比上年增长11.81%;国内旅游收入114.22亿元,比上年增长17.09%。旅游总收入117.39亿元,比上年增长17.36%;各项旅游经济指标均创历史最好水平。全市无重大旅游投诉、无重大旅游安全责任事故。旅游经济发展水平居自治区第一位。对南宁市旅游信息网进行升级改造,分设旅游政务网和旅游资讯网两个页面,新增电子旅游地图、虚拟游览等内容。全年网站流量、访问人数4.38万人次,发布信息200多条。

【招商引资】 2007年,南宁市引进上海如家连锁酒店公司投资1500万元,开设两家如家快捷酒店并投入使用。引资2600万元开设景都商务酒店,并在“两会一节”召开前试业成功。完成招商引资合同资金7900万元,到位内资3400万元。完成新批合同外资900万美元,实际利用外资150万美元,直接利用外资100万美元。 (市旅游局)

【2007南宁旅游十大新闻评选】 2008年1月4日起,市旅游局与《南宁日报》、《南宁晚报》合作,通过刊登2007年度南宁旅游新闻事件、读者参与有奖评选方式,举办为期一个月的“2007南宁旅游十大新闻”评选活动。31日,在《南宁日报》和《南宁晚报》、南宁旅游信息网揭晓结果:一、2007年南宁旅游业再创新高;二、2007年南宁接待国内旅游者首次突破2000万人次;三、2007年南宁旅游机关行政效能建设成效显著,推动行业开拓创新再创佳绩;四、2007年南宁开通8条国际航线;五、2007年南宁旅游月月美食节、南宁和谐城乡游系列活动全面推动南宁旅游业又好又快发展;六、深入开发旅游区域合作,南宁携手五市共建北部湾经济区4+2城市旅游联盟,并委托境外旅行商代理南宁旅游营销推广;七、南宁深入推动与东盟、东欧各国主要城市的旅游交流合作;八、深化南宁区域性国际旅游集散中心形象,中越联合推出中越跨国胡志明足迹之旅,15国海外旅行商考察团前来南宁考察旅游线路,南宁国际旅游集散中心成立;九、南宁迎来规模最大的自驾游车队,乡村大世界汽车旅游营地开营;十、深入开展旅游项目建设,《环大明山旅游带总体规划》获准实施,九曲湾温泉度假村被评为中国十大温泉养生基地。 (梁 坤)

旅游资源

【概 况】 南宁市旅游资源分布广、种类齐、数量多,相对集中在市区和各县城附近,具有浓郁的壮族风情和南亚热带风光特色。2007年,南宁市共有旅游景区景点100多个,主要旅游景区景点35个,其中国家4A级景区3个、3A级景区7个,全国农业旅游示范点5个、工业旅游示范点1个,广西农业旅游示范点7个、工业旅游示范点1个。

河流湖泊与水景 有邕江、左江、右江、红水河四大江河,两岸风光秀丽,部分河段具有开发潜力和开发价值。许多短小溪流因山地落差较大,形成瀑布景观,以大明山龙尾瀑布、广西九龙瀑布群较有名。人工水库遍布南宁市,具有丰富的湖泊景观资源,如南湖、凤凰湖、金沙湖、大龙湖、西津湖、龙潭等。其中大龙湖水库是世界十大岩溶水库之一,湖边奇峰突兀,造型各异,14个岛屿点缀湖中,十分秀丽。

流水侵蚀地貌与岩浆侵蚀喀斯特地貌景观 流水作用所形成的侵蚀剥蚀低山丘陵,主要有青秀山、五象岭、昆仑关等,多栽种松树、杉树及绿阔乔木林,形成绿色森林植被景观。喀斯特地貌主要有伊岭岩、金伦洞等溶洞。其中金伦洞是广西喀斯特地貌最长、最大、最深的原始谟山洞,穿越12座山腹,河从岩中过,水自洞中流,游程10公里,洞内石钟乳、石柱、石幔千姿百态。

温 泉 主要有九曲湾温泉度假村、嘉和城温泉谷和那马温泉。九曲湾温泉和嘉和城温泉谷均坐落于兴宁区,距市区12公里左右,交通便捷,泉水水温常年在53℃~69℃之间,来自地下1200~1300米深处的地层,含多种微量元素矿物质,对人体有良好的保健作用。那马温泉位于那马镇,距南宁市区20公里,泉水来自1200米地下的深层地热,温度最高38℃,是一种淡温型医疗矿水。

动植物景观 南宁气候温和,适于动植物繁衍生息。广西药用植物园现存植物3000多种,其物种比李时珍的《本草纲目》记载的中草药多出1000多种;金花茶公园拥有全国乃至世界最大的金花茶基因库,种植着国家一级重点保护植物金花茶。大明山自然保护区有植物2023种,包括国家一级保护的珍稀濒危树种钟萼木;国家保护动物如黑叶猴、飞虎(鼯鼠)、苏门羚、原鸡、大小灵猫等36种。还有隆安龙虎山自然保护区、良凤江国家森林公园、老虎岭森林公园、五象岭森林公园、横县九龙瀑布森林公园。共有森林植物180科600多属3000多种;哺乳动物60多种,爬行及两栖类动物60多种,鸟类150多种。

古遗址与文物 主要有新石器时代的顶蛳山贝丘遗址、豹子头贝丘遗址、灰窖田贝丘遗址,唐智城垌古城垌遗址,明清伏波庙,以及始建于南明的兴陵、清代的新会书院、两湖会馆、粤东会馆、思恩府试院、邕江防洪古堤等。

宗教庙寺建筑与古塔 庙寺主要有青秀山观音禅寺、水月庵;始建于东汉的伏波庙，宋代的应天寺，清代的五圣宫、北帝庙等保存完好或已修复。宗教建筑有天主教堂、基督教堂、清真寺等。古塔有始建于清代的秀峰塔、文江塔、承露塔和明代的龙象塔等。

近现代文物遗址与当代城市建筑 主要有中共广西省“一大”旧址、共青团南宁地委旧址、昆仑关战役旧址、桂南战役阵亡将士纪念亭等，这些文物遗址既有旅游价值，又是爱国主义教育、革命传统教育的基地。南宁国际会展中心、南湖广场水幕电影、埌东新区、广西人民会堂、民族广场、邕江堤路园、民族大道、朝阳路万达商场、地王大厦等充满现代都市气息。其中：南宁国际会展中心已成为南宁市标志性建筑；民族大道全长12公里，栽种各树种5万多株，为广西最长、最宽、最亮丽的园林生态大道。

古代摩崖石刻与古碑石刻 主要有唐代智城碑和六合坚固大宅颂碑石刻、青秀山摩崖石刻、青龙崖石刻、明代灵水石刻、清代起凤山石刻、凿字山石刻、六公祠碑刻、雷婆岭摩崖石刻等，具有较高的文化历史与观赏价值。其中被誉为岭南第一碑的唐代六合坚固大宅颂碑，从侧面反映了当时少数民族地区政治、经济、文化状况以及激烈的阶级斗争，是广西较早用汉文记载少数民族文化生活事件的碑刻，对研究壮族历史、文化具有十分重要的意义。

壮族风情与地方文化习俗 南宁是一个以壮族为主、多民族聚居的首府城市，自治区博物馆素有“壮乡辞典”之誉，壮族的风土人情、生活习俗、服饰装束、文化艺术等均保留着本民族的特色。三月三歌圩、炮龙节、春牛舞、师公戏、抢花炮、打扁担舞、农具节、达努节、邕州老街庙会、蒲庙开圩纪念日、关公磨刀诞、壮族三声部民歌等具有鲜明的地方民族文化特点。此外，南宁的杧果、菠萝蜜、菠萝、荔枝、龙眼、红龙果、西瓜等各色水果、横县茉莉花茶、上林香米、马山黑山羊、隆安板栗以及南宁老友面、绿豆粽、粉虫、粉饺、蒲庙生榨米粉、吴圩牛杂、灵马鲶鱼、高峰柠檬鸭、宾阳酸粉等特产与地方小吃吸引了众多游客。（梁一家）

旅游景区开发建设

【大明山风景旅游区】

概　况 大明山位于武鸣县东北部，横跨武鸣、上林、马山、宾阳4个县，平均海拔1200米，主峰龙头山海拔1760米，为桂中第一峰。2002年7月经国务院批准成为国家级自然保护区。保护区总面积约1.7万公顷，有林面积约1.5万公顷，森林覆盖率93.8%，负氧离子平均每立方厘米含量10万个以上，最高30万个以上，以多样性山地森林生态系统及珍稀濒危特有动植物资源为主要保护对象。动植物资源丰富。有维管束植物209科764属2023种，分别占广西植物区系列科、属、种的73.9%、43%和28%。野生脊椎动物31目90科208属294种。其中：鸟类151种，哺乳类动物60种，爬行类动物42种，两栖类动物19种，鱼类动物22种。294种野生脊椎动物中，有国家一级保护动物黑叶猴、蟒蛇2种，国家二级保护动物34种，国家保护的有益动物196种。大明山2023种植物中，有国家一级保护植物钟萼木1种；国家二级保护植物桫椤、格木、白豆杉、福建柏、观光木、马蹄参、紫荆木等19种；国家三级保护植物9种，特有种88种，只局限于大明山的特有种30多种。以大明山旅游区为中心的环大明山旅游圈的开发建设顺利推进，完成府城至雷江二级公路建设、210国道马山至武鸣段改造、山上山下停车场建设，开通公共交通性质的环大明山景区旅游专线车。据景区规划，大明山景区将于2010年建成为国家4A级旅游区；推进上林大龙湖和三里·洋渡、武鸣壮乡、横县九龙瀑布、马山金伦洞、隆安龙虎山等环大明山带的景区建设。大明山旅游景区主要景点有：龙头山（海拔1760米），橄榄幽谷（深沟峡谷长35公里、深约500米、最宽处1200米），锦绣峡谷，望兵山（海拔1506米），水陈峰（海拔1451米），迎客奇峰，镆鎁神女峰（海拔100米以上），将军峰（海拔200米），夕照石林，层峦叠翠，仙女下凡，仙人台，莲花台，金龟戏水，壮乡田园，龙尾第一、第二、第三瀑布，龙腾半岛，绿色林海，原始森林，大明山不老松，老苞铁杉，灯笼花苑，杜鹃泛艳，高山草甸，红花荷廊，地龙，高山矮林，大板根，杨梅王，南疆冰雪，云雾烟雨，明山佛光，望兵日出，天际怪声，古道，六毛屯，天坪仙圩，何旺堡，黄忠立故宅，那克护林碑等。广西大明山国家级自然保护区管理局现有干部职工168人（含离退休人员77人）。南宁大明山风景旅游区管理委员会与管理局合署办公，内设科室7个、保护站4个和派出所1个及驻南宁办事处，有职工及聘用人员106人，直接从事森林资源保护工作。

旅游基础设施建设 2007年，大明山风景旅游区拥有旅游专用线府雷二级公路，从南宁市区到大明山的车程由原来的2个多小时缩短至1小时；有入口处、灯笼花苑、观雪亭、冰凌雾凇、龙亭、云龙佛光、天坪服务区、养生之旅、爱心草坪、龙母文化园、飞鹰峰等11个停车场，可停放车辆1000多台；设置生态厕所34座；有可容纳5000~6000人活动的天坪广场，内有一个露天大舞台，可供歌舞、风情表演之用，设有各种特色小吃和独具特色的旅游商品出售点，是景区内最大的饮食、游乐、购物场所。建有气象观测站、自来水净化、高压变电等设施，可保障游客的需要；开通程控电话、移动电话。山上有可供游客食宿的大明山专家楼、培训中心、龙腾楼、大明山宾馆、观日山庄等，床位600多个，餐厅可容纳2000多人同时就餐。启动景区大门区入口综合服务区工程建设，包括高28米、宽122米的标志性景观大门、上山公路、前后广场、广场环道、排水明渠、生态停车场等。5月1日，主体工程完工并交付使用。深入挖掘8条游道、100多个景点，策划相关旅游节日。可向游客开放的有览胜之旅、神奇之旅、养生之旅、休闲之旅、仙境之旅等5条线路。重点打造橄榄大峡谷、不老松、飞鹰峰、金龟瀑布等4个主打景点和沿线41个观景亭台和163个景点；组织策划冰凌节、山花节、三月三龙母文化节、森林旅游节、民族健身节、棋王节等6个旅游节日。（夏肖勇）

【昆仑关风景区】

概　况 昆仑关位于兴宁区与宾阳县交界处，距昆仑镇约3公里的暗探山和领兵山的山隘上，距市区56公里、宾阳县城30.5公里，是自治区级爱国主义教育基地。昆仑关景区以昆仑关为中心，由昆仑山、抵宝山、领兵山、之堪山、大象山和草帽山围合而成，面积约70

大明山风景旅游区一景　　周家志　摄

公顷。昆仑关战役旧址文物保护范围:以纪念塔为中心,北、西、南三面至旧邕宾公路外侧,东面以昆仑古道为基线外延50米范围内。包括抵宝山和暗探山,面积约17.75公顷,主要有南牌坊、北牌坊、纪念塔、将士墓、纪念碑亭、古关楼、古驿道、中村正雄墓等文物建筑。旧址内的文物建筑保存良好,是南宁市为数不多的有关抗战题材的大战旧址,具有较高的历史文化价值。2006年6月,昆仑关战役旧址被国务院公布为全国重点文物保护单位。2007年4月,昆仑关景区旅游正式纳入《环大明山旅游带总体规划》,规划将昆仑关景区定位为抗战文化旅游区。年内,南宁昆仑关战役旧址保护管理委员会接待原中央军委副主席兼国防部长迟浩田上将参观考察和台湾东森电视台采访摄制。组织南宁至昆仑关客运专线首发仪式的市民进行昆仑关免费游活动。

昆仑关景区规划 市政府批复的《南宁市昆仑关景区保护与开发规划》,范围西至旧邕宾公路、南至邕宾二级公路及草帽山南山脚、东至原邕宁县及宾阳县界(即现防火路)以东约30米、北至之堪山山脊线以北约30米,总面积约70公顷。景区建设周期至2013年,以昆仑关战役旧址为主体,集战争纪念、爱国主义教育和历史文化艺术观赏为一体。整个布局分为纪念缅怀、南牌坊、关楼、碑林、纪念馆、关帝庙、休闲娱乐、拓展、南入口和北入口等10个功能区。以昆仑关战役旧址保护和建设控制用地范围为核心向外扩延,将周边的清平水库、林场、万盘山瀑布群、陈平江漂流、西云江水库等纳入范围,开发建设交通、饮食、通讯、环保等旅游配套项目,把昆仑关建设成为一个综合性的旅游区域。

昆仑关战役旧址博物馆 昆仑关景区开工的第一个项目工程,是昆仑关战役旧址保护开发建设的核心部分,列入南宁市重点建设工程。2005年12月由市发展改革委批准正式立项,位于昆仑关景区二级公路旁领兵山上。馆区用地面积约1.7公顷,总建筑面积3369平方米,由市财政投入资金2500万元,建设期2年。2007年7月开工建设。主要建筑包括序厅、浴血昆仑厅、缅怀厅、支前厅、休息厅、贵宾室、办公室、会议室及设备附属用房等,新建150平方米的公厕1座,对景区的南门区进行道路整治。开展城乡清洁工程,重点对文物保护范围内的重点区域的"五乱"进行专项整治和改造。完成景区500株树种植任务。

文物史料征集 昆仑关管委会积极征集抗战时期的文物史料,为昆仑关战役旧址博物馆的陈列展示做好前期工作。通过在民间收藏者及抗战将士亲属,征集到100多件抗战文物史料。市民周克让将其父亲收藏的抗战时期中国军队使用的望远镜、公文包、证章、枪弹盒和在昆仑关战役中缴获的日本侵略军军裤、帽子、宪兵袖章、三八式步枪刺刀等20多件抗战时期文物及纪念品捐献给昆仑关战役旧址博物馆。广西军区装备部向昆仑关战役旧址博物馆捐赠8类共计16支轻武器,其中有在抗日战争中使用的38式步枪、驳壳枪、卡宾枪等枪支。经中国人民解放军总装备部下文批示,由广州军区空军装备部向昆仑关战役旧址博物馆捐赠一架退役歼6战斗机。

景区旅游主题活动 元旦,组织开展以纪念昆仑关大捷67周年为主题的群众性文体活动。在景区开展自行车越野比赛暨"巍巍昆仑"军装风采秀展示,有150多名山地自行车爱好者参加比赛,军装爱好者们自行准备参赛军装进行军装展示。6月26~27日(农历五月十三日)为昆仑关重大的传统民间节庆"关公磨刀诞",有近5万人自发来到昆仑关景区,用鲜花、供品、进香、烧鞭炮等方式表达对关公和抗日阵亡将士的祭拜。

景区客运专线开通 4月28日开通南宁至昆仑关景区客运班线,5月1日正式运营。在南宁人民会堂广场举行首发仪式。由市第三运输公司承运,途经朝阳广场、金桥客运站、三塘、四塘、五塘、八塘、九塘、昆仑关。 (徐晓芳)

旅游市场开发

【市场交流合作】 2007年,市旅游局根据4+2城市高峰论坛达成的合作框架,与北海、钦州、防城港、玉林、崇左五市旅游局协商,决定建立北部湾经济区4+2城市旅游联盟,以加强六城市旅游市场开发力度,联手开展宣传促销工作,建立六城市旅游联合发展机制。委托泰国、俄罗斯、加拿大等实力雄厚的境外旅行商代理南宁的旅游促销、线路推广,构建"区域联动、资源共享、优势互补"的联合旅游促销体系,拓宽南宁旅游的营销渠道。推进南宁—新加坡一轴的旅游交流与合作,牵头组织市委宣传部、市文化局、外事办等相关部门自驾汽车赴新加坡、马来西亚、泰国、越南、老挝、柬埔寨6国开展"走近东盟——南宁旅游文化宣传交流活动",行程9500公里,历时21天。与各国当地旅游管理部门、旅游协会、华人商会、主要出境组团社、华人媒体、文化界代表等各界人士开展深入的磋商交流,就共同签署旅游框架合作协议、实现媒体间互换节目(版面)、进行文化艺术演出交流等方面达成初步共识。邀请重点客源地旅行商考察南宁旅游线路,接待了国旅总社考察团、中国康辉旅行社集团考察团、俄罗斯旅行商考察团(共5批)、西班牙CATAI旅游集团、"寻找喀斯特神话自驾游"大型车队、加拿大旅行商及媒体考察团、"胡志明足迹之旅"考察团、国旅总社考察团、2007中国国际旅游交易会海外买家考察团、韩国高尔夫球团等重要旅行商。促进旅行商加大推广南宁旅游线路的力度。

【旅游促销】 2007年,市旅游局对南宁市现有旅游资源进行重新整合包装,开展旅游宣传,设计、推出新的大明山、胡志明足迹之旅等精品旅游线路。邀请中央电视台9频道《广西壮族旅游》摄制组、《东方卫视》摄制组、《旅行家》杂志考察团、《美在广西》摄制组等多家媒体前来实地考察、宣传报道各特色景点和旅游线路,提高南宁旅游的知名度。设计制作一批独特精美、突出体现南宁市旅游特色、反映南宁市旅游品牌形象的新版南宁旅游宣传品,包括中英文精美画册,针对重点客源国印制的中英文、中韩文、中泰文、中越文等多语种旅游手册,新版南宁旅游形象宣传片、旅游纪念品、旅游邮政贺卡、旅游请柬等。

1月27日至2月2日,组织各景区(点)、宾馆饭店、旅行社、航空公司等27家旅游企业向游客和市民推出"庆祝南宁旅游超百亿,回报社会优惠周"一系列优惠活动,以门票折扣、产品折扣为主要内容。同时,开展为期一个月的2006年南宁旅游十大新闻有奖评选活动,并在报纸上进行专版宣传。参加自治区旅游局组织的"走进东盟—旅游大篷车"专项促销及俄罗斯、白俄罗斯、阿塞拜疆3国旅游促销活动。组织市旅游企业参加泰国国际旅游展、越南广宁—下龙旅游节、台湾观光博览会、"邕城文化果川行"、海峡两岸旅游联谊会、2007中国国内旅游交易会、广州国际旅游展销会、2007北方旅游交易会、第六届中日地方交流促进研讨会、2007中国国际旅游交易会、2007广东国际旅游文化节等活动,不断开发新的客源市场。

【主要旅游活动】

南宁和谐城乡游系列旅游活动 2007年2月12日,市旅游局结合国家旅游局提出的"中国和谐城乡游"主题,在江南区雷寨坡社会主义新农村旅游示范点举办"南宁和谐城乡游"启动仪式,整合县区旅游资源,包装农家乐旅游产品,适时推出南宁乡村游旅游景点和线路,推动社会主

义新农村的建设。

南宁旅游月月美食节活动 市旅游局开展以“绿城美食，月月飘香”为主题的2007南宁旅游月月美食节活动。以月为单位，每月举办一个风格各异、特色独具的美食节，有一月烧烤火锅美食节、二月农家乐美食节、三月竹文化美食节、四月歌圩旅游美食节、五月广西地方风味美食节、六月绿色田园美食节、七月荔枝美食节、八月龙眼美食节、九月养生美食节、十月金秋美食节、十一月宾阳美食节及十二月桂菜新概念美食节，进一步弘扬南宁的饮食文化。

黄金周旅游活动 市旅游局组织发动全市各景区景点，精心策划黄金周欢乐和谐旅游系列节庆活动，共有20多个景区景点推出观光、休闲度假、科普、农家乐节庆等活动。

旅游行业管理

【旅游星级饭店复核与评定】 2007年，市旅游局对照《旅游饭店星级的划分与评定》(GB/14308-2003)标准，对星级旅游饭店进行检查复核。市区有星级旅游饭店80家，被摘星4家，受到警告处分1家，通过年审63家。市星评委员会继续推动在建和改造宾馆的星级评定工作，对新建饭店进行动态跟踪，加强指导、培育。共评定星级饭店4家，其中：五星级饭店1家(桂景大酒店)，四星级2家(万锦大酒店、凯宾皇冠酒店)，三星级1家(振宁大酒店)。

【旅行社管理】 2007年1月1日至2月28日，市旅游局根据《旅行社管理条例》及其实施细则以及国家旅游局颁布的《旅行社业务年检办法》要求，对在南宁市辖区内设立的国际、国内旅行社进行年检。全市应参加业务年检的旅行社58家(国内社43家、国际社15家)，实际参加经济指标考核并经审计验证的旅行社57家(国内社43家、国际社14家)。经审核，通过业务年检的旅行社52家(国内社38家、国际社14家)，建议给予行政处罚的旅行社6家，其中建议给予暂缓通过年检、限期改正的4家，建议吊销《旅行社业务经营许可证》的2家。另根据旅行社申请，同意注销《旅行社业务经营许可证》1家。

【安全管理】 2007年，市旅游局按照国家和自治区安全事故管理的有关规定，每月填报《南宁市安全月报表》，及时向安全监管部门反馈行业安全事故情况，在日常管理中，实行零报告制度，发生安全事故及时如实报告事故情况，为安全生产监督管理部门提供决策依据。通过组织旅游企业开展“安全文明示范岗”竞赛、“安全生产月”以及“百日安全无事故”活动，广场宣传活动、简报、讲座、消防演练等形式多样的宣传教育方式，宣传《安全生产法》和国务院《关于进一步加强安全生产工作的决定》，普及安全生产知识，提高广大从业人员消防安全意识和操作技能。借助全国“安全生产月”活动契机，做好南宁市旅游行业“安全生产月”活动的组织落实工作，全市163个旅游企业共悬挂安全生产宣传横幅140条，张贴宣传标语278条，宣传画和挂图260张，制作安全板报110期，发放宣传资料6000份，举办各种安全教育培训班196期，先后组织1万多人次观看VCD教育片，企业参与活动率和从业人员安全生产教育培训率均为100%。开展安全生产大检查，做好春节、“五一”、“十一”黄金周以及日常的各项安全生产大检查以及交通、消防专项整治，对容易发生安全隐患的企业和公共聚集场所进行严格检查，掌握隐患情况，发现安全隐患限期进行整改。共出动检查人员80多人次，检查旅游企业196家次，发现和整改安全隐患23处。

【市场专项治理】 2007年2~4月，市旅游局对南宁市40多家旅行社门市部进行一次全面的检查，先后封停无证经营的门市部3家，取缔非法经营点1个，限期整改不规范经营的门市部10家。4月，与市公安、工商等部门联合开展专项治理行动，重点打击冒用合法旅行社名义揽客的社会闲散人员和设在星级饭店内无证经营、非法开展旅游咨询或组织游客旅游等经营活动的商务中心。共出动执法人员260人次、车辆50台次，检查星级饭店商务中心28个，取缔设立在星级饭店的非法旅游经营点8个，现场抓获涉案嫌疑人5人，查扣非法旅游宣传品3万多份。开展以整治“零负团费”为主要内容的旅游市场整顿规范专项行动。与市公安局、工商局、整顿和规范市场经济秩序领导小组办公室联合制定《南宁市开展以整治“零负团费”为主要内容的旅游市场整顿规范专项行动工作方案》，并下发给旅游企业。

【旅游教育培训】 2007年，南宁市举办导游人员岗前培训班2期，有315人参加；导游人员年审培训班4期，有1135人参加；组织中级导游考试，有37人参加；2007年导游员资格考试，有796人参加。举办广西第三期旅游饭店星级检查员培训班，有174人参加。7~9月，市旅游局举办2007南宁市导游员职业技能比赛，旨在以赛带学，以赛带训，提高导游素质和导游服务质量，共有200多名导游报名参加比赛，经过一个多月角逐，评选出冠、亚、季军和“南宁导游之星”10名。选派南宁导游服务中心员工于科代表南宁参加在贵阳举办的首届中国导游节大赛，获全国十佳“导游之星”最佳微笑奖。

【文明素质教育】 2007年，市旅游局开展全市窗口行业“提升中国公民旅游文明素质行动计划”工作，印发《中国公民国内旅游文明行为公约 中国公民出境旅游文明行为指南》宣传小册子1500册。旅游系统青年文明号集体开展“情系寒门骄子，青春构建和谐”希望工程圆梦行动，全市旅游行业7家文明号单位8个集体共捐款1.4万元。组织旅游企业参加市文明委开展的“感动南宁—文明和谐”十佳人物评选活动。组织旅游从员学习《南宁市诚信教育读本》和《市民必读·文明市民行为规范》，在行业中广泛开展公民道德基本规范、爱国主义、集体主义、社会主义和社会公德、职业道德、家庭美德教育。组织相关人员参加酒店英语、东盟国家小语种及国际礼仪、酒店服务技能等教育培训，提高行业服务水平。 (市旅游局)

【年度荣誉表彰】 2007年，获南宁市“旅游工作先进县区”称号的有：宾阳县政府、马山县政府、上林县政府、隆安县政府、横县政府、武鸣县政府、江南区政府、西乡塘区政府、青秀区政府；获市“十佳旅游星级饭店”称号的有：广西沃顿国际大酒店、南宁饭店、南宁桂景大酒店、广西南宁凤凰宾馆、广西锦华大酒店、南宁圣展酒店、市银河大酒店、广西新华大酒店、南宁军供服务大厦、南宁迎宾饭店；获市“十佳旅行社”称号的有：广西中国国际旅行社、南宁中国青年旅行社、广西南宁中国旅行社有限责任公司、广西中国旅行社、中国国旅(广西)国际旅行社有限公司、广西运德国际旅行社有限公司、广西南宁新越旅行社有限责任公司、广西南宁大地旅行社、南宁德澳旅游贸易有限责任公司；获市“优秀旅游景区”称号的有：市动物园、南宁青岛啤酒有限公司、南宁威宁生态园有限责任公司、南宁青秀山风景名胜旅游开发有限责任公司、广西横县西津旅游开发有限公司、市金花茶公园、广西国悦九曲湾旅游开发有限公司、市扬美古镇旅游风景区、石埠“美丽南方”忠良景区、武鸣县伊岭岩风景区管理处；获市“入境旅游突出贡献奖”称号的有：广西寰海国际旅行社有限公司、广西中国旅行社；获市“发展最快的A级景区”称号的有：广西嘉和酒店商务有限公司、广西横县西津旅游开发有限公司。 (梁 坤)

责任编辑 梁 坤

会 展 业

综 述

【概 况】 2007年，南宁市登记备案的商业性会展41个。除每年定期举办的中国—东盟博览会、中国—东盟商务与投资峰会、南宁国际学生用品交易会外，还举办中国—东盟港口发展与合作论坛、中国—东盟质检部长会议、2007海外华商相聚中国—东盟博览会暨广西商机介绍会、中国—东盟林业合作论坛、中国—东盟社会发展与减贫论坛、中国—东盟电力合作论坛、中国—东盟自由贸易区法律事务论坛、亚欧首脑会议高官会等。

随着首届中国—东盟博览会的成功举办，南宁市的办展能力、服务水平大幅提高，涌现出一批专业化、市场化、高水平的会展组织。南宁国际会议展览有限责任公司拥有南宁国际会展中心等大型办展会所及一批专业办展人才，经营范围包括会议、展览、信息咨询、中介服务等，并承办南宁国际学生用品交易会等展会。南宁大地飞歌文化传播有限责任公司是直属于市政府的国有独资企业，承办南宁国际民歌艺术节等展会。

全市有南宁国际会展中心、南宁民歌广场、广西展览馆、广西科技馆4个可供展览的专业场馆，总面积约18万平方米，为会展业提供了服务平台。全市有星级宾馆80家，其中五星5家、四星9家、三星32家、二星33家、一星1家；共有客房1.21万间，床位2.15万张。南宁办展的软环境建设如行政审批、口岸通关、检验检疫等工作不断改善提高；现代物流业可为各参展商提供快捷、便利的运输服务，共有现代物流企业近80家，有近8000万平方米的仓储业和约1.5万台(套)各类运输设施工具，对全市经济增长贡献率约14%。铁路、水运、航空和公路运输功能发达，铁路有北京—南宁—越南河内的国际列车；水运有从左江至南宁附近的三江口，再沿西江流域往泛珠三角经济区的内河水路运输，有直通广西沿海钦州、北海、防城港3个港口的高速公路，提高海运效率；航空有国家4D级、年旅客吞吐量超过百万人的南宁吴圩国际机场；公路有纵贯广西南北、横跨东西的高速公路主骨架，总里程1000多公里，并以四通八达的二级公路为网络的干支相连、城乡相通的出海、出边、出省区的现代化公路交通网。

【南宁国际会展中心被评为中国十大最佳会展中心】 2008年6月14日在上海举行的2008中国会展行业年会暨第五届“中国会展之星”颁奖盛典上，在经过对国内知名会展企业、会展场馆进行知名度、影响力、优质服务和经营管理等多项综合评比后，中国—东盟博览会被评为年度中国最具影响力展会之一，南宁国际会展中心等10家会展中心获2007~2008年度中国十大最佳会展中心，并入围“首届中国会展品牌榜”。（梁一家）

【南宁国际会展中心场馆】 位于民族大道与竹溪路东南侧、桂海高速公路与南宁城市快速环道的交汇处。是南宁市标志性建筑之一，由德国GMP建筑事务所和广西建筑综合设计研究院联合设计。总投资6.5亿元，占地面积56.67公顷，由主建筑、会展广场、南宁民歌广场、行政综合楼等组成，其中主建筑总建筑面积为15.21万平方米，由会议、展览和大型宴会厅三部分组成。会议部分包括会议中心、多功能厅、办公场所等，有会议厅(室)14个，其中多功能圆形大厅的穹顶造型由12片花瓣组成，宛如南宁市市花——朱槿花，象征着广西的12个民族团结一致；使用面积3000平方米，能容纳1500人。拥有功能齐全的声扩设备、10+1同声传译系统、电视会议系统、公共广播系统、安防系统、计算机网络系统、新闻中心等。展览部分有两层展厅，有展厅15个，展览面积4.8万多平方米（最大展厅8100平方米），可容纳3360个国际标准展位和300多个非标准展位。行政综合楼建筑面积1.58万平方米，由办公场所、多功能展厅、展具加工间、仓储等组成，同时配有可容纳300人的会议厅。主建筑展厅加上可搭建110个展位的多功能厅、可搭建203个展位的行政综合楼多功能展厅和集会广场，展览面积8万多平方米。此外，还拥有占地面积3.56公顷、可停放约1000辆汽车的生态停车场以及占地面积17.07公顷、主会场可容纳3.5万人的南宁民歌广场。2007年，南宁国际会展公司重新制定会展中心营销服务主流程，理顺和细化业务洽谈、场地预订、合同签订、展前协调、现场服务，财务管理、安全保卫、设备保障、投诉处理等一系列工作环节，同时加强现场服务质量监督，提高客户满意度。举办第11届南宁国际学生用品交易会暨'2007南宁国际教育展、第55届中国教学仪器设备展示会、第23届全国医疗

第四届中国—东盟博览会南宁国际会展中心展厅一角 文建宁 摄

器械展览交易会和第三届羊绒羊毛暨品牌服装博览会等展会 150 多场，总展览面积 20 多万平方米。实现服务“两会一节”的“三个零”，即设备运行零故障、安全生产零事故和场馆服务零投诉。

（韦　珍　梁一家）

【广西展览馆】　位于民主路。自治区(省)级展览馆，国有事业单位，隶属于自治区人民政府机关事务管理局。始建于 1957 年 9 月，1958 年 3 月 3 日落成使用。占地 8 万平方米，展厅总面积 2.3 万平方米，可搭建国际标准展位 1200 个。2007 年，承接广西科技活动周、迎春服装会、春节年货会、农业博览会、水产畜牧展、医疗器械展、木工机械展、5·1 房博会、电动车展、医疗器械展、中秋月饼展、国庆家装展、浙江台州服装展、上海冬季服装展等展会 14 个，展览总面积 7.4 万平方米，展位总数 3065 个，观众 62.6 万人次，商品成交总额 9035 万元。

商业展览

【第 12 届广西汽车交易会】　2007 年 4 月 19~22 日在安吉路广西汽车市场举行。由广西物资集团总公司、广西机电设备有限责任公司、广西日报社、西乡塘区政府联合主办。共有来自 50 多家汽车企业的 50 多个品牌 160 多个车型参展，其中展出新车型 11 款，并有两款举行全国同步上市仪式。期间，观众 20.3 万人次，总成交车辆 1087 辆。同时，在会场设置约 3600 平方米的综合服务区，进驻汽车装饰、美容、音响商家及饮食服务商家。

【2007 年广西(南宁)房地产博览会】
2007 年 5 月 1~3 日在广西展览馆举行。由广西日报社主办，《广西日报》、《南国早报》、《当代生活报》、《南国今报》、《健报》、《南国城报》、广西新闻网承办。主要活动有房地产、家装建材及相关行业现场展示，著名地产品牌企业、著名地产代理机构、地产风云人物、百姓满意楼盘、著名家装品牌推荐、购房知识讲座等。共设展位 750 个，展览总面积 8500 平方米；参展房地产开发商 33 家、39 个楼盘。观众 11 万人次，商品成交总额 3500 万元。

【第 11 届南宁国际学生用品交易会暨 2007 年南宁国际教育展】　2007 年 9 月 28~30 日在南宁国际会展中心举行。由自治区教育厅、中国国际贸易促进委员会广西分会、市政府主办，市教育局、南宁国际会议展览有限责任公司、南宁国际学生用品交易展览有限责任公司、北京达利通投资咨询有限公司、广西文具城承办。展览面积 2.6 万平方米，共设国际标准展位 1000 个。设学生用品展、国际教育展和展会配套活动三大主题，展示内容包括文体用品、电子出版物、教学仪器设备、学生服饰、学生保健品、数码通讯产品、动漫作品、国内外院校展示、教育交流等。来自美国、英国、加拿大、澳大利亚、新西兰、瑞典、新加坡、马来西亚、菲律宾等 28 所大学、中学以及加拿大、菲律宾、瑞典、澳大利亚、泰国等国驻华使馆的领事及使馆专员参加展会。其中加拿大使馆教育官员首次参加在中国大陆境内举办的教育展。展会同期还举行绿城书市、2007 第三届广西动漫节、周口店北京猿人文物展、2007 年秋季大型人才交流会、双语儿童跳蚤市场、南宁市青少年轮滑公开赛、百童育读等活动。参展商 1000 多家，观众 10 多万人。

【2007 广西(南宁)健康产业博览会】
2007 年 11 月 24~26 日在广西人民会堂举行。由广西日报社主办，《广西日报》、《南国早报》、《当代生活报》、《南国今报》、《健报》、《南国城报》、广西新闻网承办。主题：和谐社会，健康相伴。共设展位约 100 个，展览总面积 2000 多平方米。设医疗服务、药品、医疗器械，生殖健康产品与服务，家庭健康与家居环保，康体美容化妆品与服务，妇婴健康产品与服务，青少年健康教育与服务，健康食品、保健品 7 个展区。参展企业近 50 家，观众 3 万人次。

【月月有车展活动】　2007 年，市委、市政府推出“月月有车展”活动，分别由自治区机电设备有限责任公司、江南区、西乡塘区、兴宁区、青秀区、南宁经济技术开发区、南宁高新技术产业开发区、武鸣县、横县、宾阳县主办。各主办方根据自身特点举办了各具特色的车展。共举办 13 次，观众累计 75.5 万人次，共签订汽车购销合同 3343 辆。

大型会议

【2007 年泛北部湾经济合作论坛】
2007 年 7 月 26~27 日在南宁荔园山庄举行。由国务院西部办、财政部、交通部、商务部、中国人民银行、国家旅游局、国务院发展研究中心、人民日报社、国家开发银行、亚洲开发银行和自治区政府联合主办，北部湾(广西)经济区规划建设管理委员会办公室、综合开发研究院(中国·深圳)、国家开发银行广西分行及自治区发展和改革委员会、财政厅、交通厅、商务厅、旅游局承办。主题：共建中国—东盟新增长极：新平台、新机遇、新发展。采取主题演讲与专题讨论相结合，分泛北部湾经济合作与中国—东盟自由贸易区建设，泛北部湾合作的机制、路径、产业发展与金融支撑，泛北部湾交通、港口、物流和旅游合作 3 个议题展开研讨，深入探讨泛北部湾合作的方向、内容和重点。与会代表 230 多人(境外 90 多人、境内 140 多人)，广西代表 110 人，中外记者 200 多人。其中 40 多名代表在论坛上发表演讲。与会各方达成要推动泛北部湾经济合作应遵循的八大共识。

2007 年泛北部湾经济合作论坛与会各方达成要推动泛北部湾经济合作应遵循的八大共识

共同获益的共识。合作中始终兼顾各方各国的利益，尊重各国的资源选择，广泛吸引各种合作伙伴参与。

先导领域合作的原则。促进产业升级和产业链的延伸，扩大区域市场和经济发展空间，开发生物制品、新能源，建设泛北部湾旅游大通道，推动区域旅游多边双边的机制尽快建立。

以交通基础设施为重点的共识。加强联系泛北部湾及东盟其他国家的公路通道和口岸建设，加强泛北部湾沿海港口开发和合作，开通航线，形成高效便捷的海上枢纽和网络，促进中国东盟国家共同贸易和服务贸易的发展。

促进贸易投资便利化共识。加强本地区海关检验检疫，交通运输相互认真贸易结算，人员往来等方面的制度创新和项目合作，实行更优惠更便利化的措施，为企业开展投资贸易伙伴创造更加宽松便利的条件。

加强金融合作的共识。共同促进区域内金融平台和融资平台建设，建议成立泛北部湾区域银行联合体，建立银行体项目库，为泛北部湾各国提供有效的金融手段。

逐步建立有效的合作机制，尽快成立泛北部湾经济合作跨国专家小组，由泛北部湾各国、东盟秘书处，亚洲开发银行机构的官员和专家共同组成。要建立政府合作机制，加强政策协调，将泛北部湾经济合作纳入现有的“10+1”合作框架。

发挥广西作为中国与东盟合作前沿和窗口的共识。广西将积极推动合作各方共建北部湾经济区，推动泛北部湾经济区合作，以及与各国中央政府相互间的合作。北部湾经济合作的开放开发正在全面推进通往东盟的国际大通道和综合交通枢纽。

行动更加务实，各方共同努力的共识。与会代表认为在各方的共同努力下，泛北部湾经济合作将成为中国东盟区域合作的新标志，泛北部湾将成为区域内的各方共同繁荣与发展的美好家园。

【中国—东盟中小企业投资发展论坛】 2007年4月18日在广西沃顿国际大酒店举行。由《瞭望》新闻周刊、自治区工商局、新华社广西分社和市委宣传部共同主办。主题:中国—东盟“一轴两翼”战略构想背景下的商机前瞻。围绕中国和东盟的中小企业在大战略背景下开展经贸合作与相互投资的机遇、障碍、困难与对策等一系列问题进行专题研讨,为中小企业实施“走出去”战略提供决策参考。共有40多名国内外经济学专家、知名企业家和广西380多名个体私营企业家参加。

【2007年全国社区卫生服务基层论坛】 2007年6月16~18日在南宁市泽霖宾馆举行。由卫生部全科医学培训中心主办,南宁市卫生局、北京中兴弘毅医学研究中心承办。会议围绕社区卫生服务与全科医学教育政策动态、社区卫生服务示范城区建设、社区卫生服务模式与管理、城乡基层医院在社区卫生服务中的角色与作用以及全科医学临床实践、全科医学教育与管理等进行交流与学术探讨。来自全国社区卫生服务机构的领导和专家共400多人参加会议。期间,与会代表参观了大板二社区卫生服务站、长堽社区、津头社区卫生服务中心。

【第二届两岸产业共同市场论坛】 2007年8月30日至9月1日在南宁举行。由桂台经济科技文化交流协会与综合开发研究院(中国·深圳)、台湾“两岸共同市场基金会”主办,自治区政府台湾事务办公室、广西社会科学院承办。主要活动有开幕式、大会主旨演讲、分论坛专题演讲、两岸企业家电视对话等。主题:两岸产业合作与泛北部湾经济区建设。共设两岸产业合作与多区域合作,两岸物流产业合作与北部湾交通、港口、物流合作,两岸农业合作与桂台农业合作的条件与策略选择,两岸电子、石化产业合作4个分论坛,以桂台特色产业合作为平台,进一步探索桂台经贸合作的方式和途径。来自海峡两岸的企业家、专家学者300多人参会。中国国民党荣誉主席连战、主席吴伯雄、前主席马英九、中央评议委员会主席团主席王金平为论坛发来贺电。

【中国西部城市2007南宁殡葬论坛】 2007年9月18日在南宁举行。由南宁、重庆、成都、贵阳、昆明、西安、兰州、银川、乌鲁木齐9个西部城市共同主办。主题:殡葬·环境。以建设资源节约型、环境友好型社会为研究重点,还就推动殡葬改革、保护生态环境,殡葬执法工作面临的现状、问题及对策等绿色殡葬、和谐殡葬等殡葬改革问题展开探讨。来自中国殡葬协会,自治区、市民政系统等有关领导以及自治区内外的专家学者100多人参会。共收到论文30多篇。

【2007中国房地产西部论坛】 2007年11月6~7日在南宁国际会展中心举行。由成都、重庆、贵阳、呼和浩特、昆明、拉萨、兰州、南宁、乌鲁木齐、西安、西宁、银川12个城市房产管理局共同主办。主题:构建和谐房产。论坛介绍了中西部地区廉租住房、经济适用房管理办法,与会代表分析了2007年房地产行业投资、商品房产供求关系、住房价格变化等情况,探讨住房保障、物权法与房地产登记、人性化拆迁等事关西部房地产和谐发展的重大理论和实践问题,并达成《中国房地产西部论坛(南宁)共识》。12个西部城市房管局负责人参会。

【中国—东盟人才资源开发合作论坛】 2007年11月7~8日在南宁举行。由国家人事部和自治区政府共同主办。主题:人才资源开发与区域经济发展——中国—东盟人力资源开发领域的合作。分区域经济合作与人才资源开发战略、公共人事行政管理与创新、中国—东盟人才资源开发合作等议题展开交流与探讨。期间,还举行中国—东盟人才资源开发与合作广西基地揭牌仪式和人才开发与合作项目签约仪式,并就中国与东盟国家开展高级别合作和建立长期合作机制进行磋商。来自中国与东盟各国人事部门官员、专家学者以及微软公司等知名企业代表60多人参会。

公益展览

【“盛世和韵 魅力南宁”2007南湖灯展】 2007年9月23日至11月5日在南湖公园和滨湖广场举行。由市政府主办,市园林管理局、市政管理局和文化局承办。共制作彩灯43组,分别设置在南湖公园湖面、环湖路和南湖广场两侧,分魅力南宁·绿色家园、奥运之光·万众同心、锦绣中华·和谐盛世、生态南宁·卡通世界、大地流光·欢乐缤纷五大主题,通过光影艺术手法以及声、光、色控制技术,重点突出“盛世和韵”和“魅力南宁”两大元素,辉映出南宁的山、水、人、情,充分展现出绿城南宁的盛世和韵、魅力风光和浓郁的民族风情。灯展免费向市民开放,观众数百万人次。

【首届中国—东盟收藏文化论坛暨广西收藏文化艺术节活动】 2007年11月17日至12月2日在广西博物馆举行。由中国收藏家协会、书画收藏家协会和自治区文化厅、博物馆及广西收藏协会共同主办,南宁市圣天乐文化产业投资有限公司承办。主要活动有艺术节开幕式、中国—东盟收藏文化论坛、中国—东盟书画名家艺术暨中日韩—东盟10+3区域文化书画艺术主题创作展、民间收藏珍品展示交流大会、民间藏品鉴定大会、书画精品爱心助学义卖等。其中中国—东盟书画名家艺术暨中日韩—东盟10+3区域文化书画艺术主题创作展在广西博物馆一楼西厅举行,汇集了娄师白、徐柏涛、陈大章、何镜涵等中国近百名书画名家的200多幅书画艺术精品,包括书法、油画和国画等,分别从人物、花鸟、山水和民风民情等多个角度,艺术地表现中国和东盟国家独特的民族文化风采。还展出了由市圣天乐文化产业投资有限公司特别投资创作的以中日韩—东盟各国的文化风情为表现主题的系列创作的部分作品,由花鸟传情、民风传奇和传世佳句3个部分构成。展会免费向公众开放,其参展作品于11月28日至12月2日面向公众公开义卖,义卖利润所得由组委会捐赠给广西残疾人优秀学子。

(梁一家)

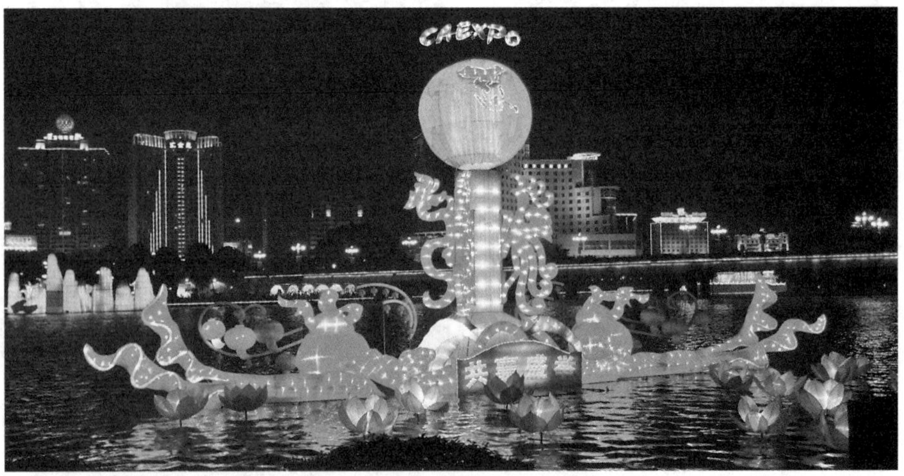

“盛世和韵 魅力南宁”2007南湖灯展　　市园林局提供

责任编辑　梁笑飞

个体私营经济

个体经济

【概 况】 2007年,南宁市个体工商户新发展3.56万户,从业6.92万人,注册资金7.08亿元。主要集中在制造业,交通运输、仓储和邮政业,批发和零售业,居民服务和其他服务业4个行业,共3.42万户,从业6.49万人,注册资金6.3亿元,分别占新开户数95.9%、93.71%、88.91%。至年末,全市个体工商户有16.07万户,从业28.45万人,注册资金27.05亿元。按产业划分:第一产业有234户(比上年增长18.78%),从业630人(比上年增长51.8%),注册资金1835万元(比上年增长29.59%),分别占总数0.14%、0.22%和0.68%;第二产业有9243户(比上年增长6.39%),从业2.02万人(比上年增长2.53%),注册资金3.27亿元(比上年增长8.05%),分别占总数5.84%、6.86%和12.31%;第三产业有15.12万户(比上年增长6.63%),从业26.36万人(比上年增长8.56%),注册资金23.59亿元(比上年增长17.22%),分别占总数94.02%、92.68%和87.39%。按地域分:城镇7.75万户,从业13.69万人,注册资金11.93亿元,分别占总数48.22%、48.14%和44.1%;农村8.32万户,从业14.75万人,注册资金15.12亿元,分别占总数51.77%、51.86%和55.89%。共办理注销个体工商户2.37万户(城镇5817户),依法吊销营业执照1859户(城镇771户);审批临时经营2867户,注册资金5876万元。其中:城镇临时经营907户,注册资金1357万元;个体合伙49户,注册资金595万元。安置下岗失业人员1011人。

年内,全市个体工商户发展的特点:1.农村个体工商户发展迅速。随着新农村建设的深入,为南宁市农村个体经济的发展营造了良好氛围,农村个体工商户发展首次超越城镇,经营户数、从业人员和注册资金分别占全市总数51.77%、51.86%和55.89%。2.个体经济向私营经济转换速度加快。随着个体经营者业务不断扩大和资金积累的增多,大批个体经营者实力增强并转向企业化经营,个体工商户发展仅比上年增加459户。3.创业结构呈现多样化,新兴行业不断涌现。家政服务、信息咨询、租赁服务、信息传输、计算机软件应用服务等行业发展势头强劲。4.产业结构比重尚不协调。从事第一产业的个体工商户比重明显偏小;从事第二产业的个体工商户比重上升;从事第三产业的个体工商户占据主导地位。5.个体工商户经营效益明显增强。完成总产值9.91亿元,比上年增加8178万元,增长8.9%。销售总额或营业收入59.32亿元,比上年增加4.9亿元,增长8.99%。其中:城镇个体工商户完成总产值8.02亿元,增长112.3%;销售总额或营业收入48.05亿元,增长17.5%。年内,南宁市个体劳动者协会办理注销登记。

【个体贸易业】 2007年,南宁市从事贸易经营的个体工商户共有9.93万户、从业17.06万人、注册资金12.84亿元(新开业2.06万户,从业4.21万人,注册资金3.2亿元)。按地域分:城镇个体贸易业户5.05万户,从业7.88万人,注册资金5.82亿元;农村个体贸易业户4.87万户,从业9.18万人,注册资金7.02亿元。按经营方式分:从事商品批发的个体工商户6141户(城镇2571户、农村3570户),从业1.47万人(城镇6664人、农村8072人),注册资金1.99亿元(城镇8308万元、农村1.16亿元);从事商品零售的个体工商户9.31万户(城镇4.79万户、农村4.51万户),从业15.59万人(城镇7.21万人、农村8.38万人),注册资金10.86亿元(城镇4.98亿元、农村5.88亿元)。全市个体贸易销售总额32.54亿元,社会消费品零售额13.73亿元,比上年分别减少11.5%、24.69%。其中:城镇个体商业贸易业销售总额30.3亿元,社会消费品零售额13.23亿元,比上年分别增长5.16%、减少9.58%;农村个体商业贸易业销售总额2.24亿元,社会消费品零售额5011万元,比上年分别减少72.25%、86.08%。

【个体社会服务业】 2007年,南宁市个体社会服务业共有3万户,从业6.63万人,注册资金6.3亿元(新发展7178户、从业1.56万人、注册资金1.59亿元)。按行业划分:居民服务和其他服务业1.33万户,从业2.78万人,注册资金1.83亿元。其中:理发及美容保健服务4140户,从业7612人,注册资金3865.1万元(城镇2108户、从业3848人、注册资金1658.1万元,农村2032户、从业3764人、注册资金2207万元);租赁和商务服务业1928户,从业3032人,注册资金1.04亿元;住宿和餐饮业1.2万户,从业2.93万人,注册资金2.64亿元;文化、体育和娱乐业1064户,从业1800人,注册资金2551.05万元;卫生、社会保障和社会福利业960户,从业2181人,注册资金3158万元;信息传输、计算机服务和软件业419户,从业1254人,注册资金1154.5万元;其他服务业557户,从业916人,注册资金1059.71万元。年内,全市个体社会服务业营业收入5.95亿元(城镇2.21亿元、农村3.74亿元),社会消费品零售额2.59亿元(城镇1.29亿元、农村1.3亿元),分别占全市个体工商户总数10.03%、10.37%,比上年分别下降6.81%和增长1.72%。

私营经济

【概 况】 2007年,南宁市私营企业共有2.22万户,投资者6.37万人,雇工20.7万人,注册资金211.5亿元(新开业5226户、投资者1.12万人、雇工4.05万人、注册资金31.38亿元)。按行业划分:第一产业416户(比上年下降13.6%),

投资者1742人,雇工6728人,注册资金6.82亿元(比上年增长75.32%),分别占总数1.87%、2.73%、3.2%和3.22%;第二产业4349户(比上年增长5.66%),投资者1.13万人,雇工5.81万人,注册资金45.64亿元(比上年减少2.06%),分别占总数19.59%、17.72%、28.06%和21.58%;第三产业1.75万户(比上年增长15.89%),投资者5.05万人,雇工14.22万人,注册资金159.04亿元(比上年增长19.6%),分别占总数78.83%、79.28%、68.7%和75.2%。按地域划分:城镇1.54万户,投资者4.97万人,雇工16.43万人,注册资金181.01亿元,分别占总数67.56%、78.02%、79.37%和85.58%;农村0.68万户,投资者1.4万人,雇工4.27万人,注册资金30.49亿元,分别占总数30.6%、21.97%、20.62%和14.42%。按企业组成形式划分:独资企业2461户,投资者2461人,雇工1.81万人,注册资金5.57亿元,分别占总数11.08%、3.86%、8.74%和2.63%;合伙企业1142户,投资者1142人,雇工1.07万人,注册资金2.46亿元,分别占总数5.14%、1.79%、5.17%和1.16%;有限责任公司1.92万户,投资者(股东)5.92万人,雇工18.13万人,注册资金203.95亿元,分别占总数86.48%、92.93%、87.58%和96.43%。有限责任公司分布情况:第一产业380户,第二产业3453户,第三产业1.53万户。

年内,全市私营企业发展特点:1.有限责任公司继续保持快速发展,合伙企业发展相对缓慢。私营有限责任公司有1.92万户,从业124.05万人,注册资金203.95亿元,分别占总数86.48%、89.07%和96.43%。2.农村私营企业发展加速。农村私营企业户数占总数三分之一,从业人员占总数20%,均创历史新高。3.投资大户增加,并向科技开发生产延伸。注册资金100万~500万元的有462户,比上年增加212户;500万~1000万元的有109户,比上年增加34户;1000万~1亿元的有47户,比上年增加5户。从事科技开发生产、科技咨询服务的有1106户,从业1.21万人,注册资金11.3亿元。4.经营效益好,出口创汇增加。私营企业总产值25.39亿元,销售总额或营业收入39.95亿元,社会消费品零售额21.29亿元,比上年分别增长15.67%、15.66%、15.64%;出口创汇6户,出口创汇1.5亿元,比上年增加0.2亿元。年内,南宁市私营企业协会办理注销登记。 (麻加宁)

责任编辑 梁笑飞

2007年南宁市私营企业生产经营情况表

单位:万元

分类	总产值	销售总额或营业收入	社会消费品零售额	其中					
				城镇业户			农村业户		
				总产值	销售总额或营业收入	社会消费品零售额	总产值	销售总额或营业收入	社会消费品零售额
合计	253927	399545	212965	225995	355595	117581	27932	43950	95384
第一产业	39205	3077	3533	37754	2654	3308	1451	423	225
第二产业	214722		62027	188241		56956	26481		5071
第三产业		396468	147405		352941	57317		43527	90088

2007年南宁市个体私营经济行业分布情况表

行业	个体工商户			私营企业			
	户数(户)	从业人员(人)	注册资本(万元)	户数(户)	投资者人数(人)	雇工人数(人)	注册资本(万元)
合计	160724	284465	270506.00	22266	63726	207021	2115034
农、林、牧、渔业	234	630	1835.00	415	1742	6728	68202
其中:农业	90	217	379.00	217	642	3708	50773
畜牧业	52	139	692.00	51	372	1602	5938
渔业	24	72	206.00	18	116	1429	896
农林牧渔服务业	25	59	160.00	9	16	70	363
采矿业	418	993	4967.00	96	504	2679	7770
其中:煤炭开采和洗选业	1	5	30.00	1	42	20	51
制造业	8785	18930	26852.82	3340	7048	45249	318486
其中:农副食品加工业	1716	2631	3024.00	250	1539	11279	38551
纺织服装、鞋、帽制造业	388	569	263.00	21	35	397	777
印刷业和记录媒介的复制	677	1520	4467.00	138	497	1864	12945
电器机械及器材制造业	24	159	322.00	172	695	3457	14441
电力、燃气及水的生产和供应业	40	103	905.00	237	1389	2160	14623
建筑业	191	311	466.00	676	2346	8033	115286
交通运输、仓储和邮政业	21604	26040	43398.00	337	1542	4735	28155
其中:公路旅客运输	2901	3098	5311.00	20	318	925	1884
道路运输	16706	17002	27325.00	82	616	3091	8690
出租车客运	2	2	1.00	2	3	50	80
信息传输、计算机服务和软件业	419	1254	1154.50	2961	6938	14561	102748
其中:互联网信息服务	9	22	9.50	475	1620	3012	8967
批发和零售业	99216	170614	1128426.65	7489	16125	44607	834924
其中:批发业	6141	14736	19861.00	4539	11765	26058	579115
住宿和餐饮业	11970	29334	26442.24	699	4406	10997	30128
其中:餐饮业	8836	19615	14958.54	222	1999	7218	12506
房地产业	196	573	681.00	739	3920	12081	313706
其中:房地产开发经营	1	2	50.00	235	3329	2373	239975
租赁和商务服务	1928	3032	10380.00	2636	5739	18945	155348
其中:咨询与调查	504	934	792.50	1038	3866	11547	43850
广告业	36	65	50.00	692	658	2515	44644
居民服务和其他服务业	13322	27754	18292.71	1256	6814	20649	47513
其中:理发及美容保健服务	4140	7618	3855.10	51	4235	12847	1508
洗浴服务	20	51	91.00	2	2	6	60
卫生、社会保障和社会福利业	960	2181	3158.00	191	1383	3526	2614
其中:卫生	573	1159	2466.00	29	557	1733	1864
文化、体育和娱乐业	1064	1800	2551.05	296	2464	8507	11945
其中:娱乐业	818	1262	1308.50	224	1723	6052	4580
其他行业	357	916	1059.71	898	1386	3564	63566

财政·税务

财　　政

【概　况】 2007年，南宁市财政局充分发挥财政生财、聚财、用财的职能作用，支持经济发展，强化税收征管，优化支出结构，稳步推进各项财政改革，促进全市经济社会事业全面、协调、可持续发展。完成财政收入150.84亿元，比上年增收30.48亿元，增长25.32%，其中一般预算收入完成70.15亿元。

【财政收入】 2007年，市财政局协调全市各征收部门，通过强化收入责任机制，加强收入进度监督考核，加强税源分析监控，加大税收征管力度，确保财政收入的快速增长。

全市财政收入　完成150.84亿元，完成预算108.98%。其中：上划中央“两税”（增值税、消费税）收入39.09亿元（增值税26.92亿元、消费税12.17亿元），上划中央所得税收入22.93亿元（企业所得税15.03亿元、个人所得税7.9亿元），上划自治区“四税”（增值税、营业税、企业所得税、个人所得税）收入18.67亿元（增值税2.87亿元、营业税11.32亿元、企业所得税2.5亿元、个人所得税1.98亿元）；一般预算收入70.15亿元。

全市财政总收入　完成149.79亿元。其中：一般预算收入70.15亿元，转移性收入62.25亿元（自治区财政税收返还收入20.23亿元、其他各项财政补助收入42.02亿元），上年结余17.27亿元，国债转贷资金上年结余0.12亿元。

市本级财政收入　完成75.1亿元，完成预算128.85%。其中：上划中央“两税”收入20.08亿元；上划中央所得税收入10.48亿元；上划自治区“四税”收入3.49亿元；一般预算收入41.05亿元。

市本级财政总收入　完成70.04亿元。其中：一般预算收入41.05亿元，自治区财政税收返还收入9.12亿元，自治区其他各项财政补助收入6.74亿元，国债转贷资金上年结余0.12亿元，上年结余收入13.01亿元。

全市一般预算收入构成　税收收入54.18亿元，完成预算102.4%。其中：增值税（市分成17%）6.1亿元，完成92.5%；营业税（市分成60%）16.98亿元，完成102.39%；企业所得税（市分成30%）7.51亿元，完成102.53%；个人所得税（市分成25%）3.29亿元，完成127.59%；城市维护建设税5亿元，完成106.25%；房产税2.5亿元，完成78.41%；土地增值税4.2亿元，完成138.46%；契税6.27亿元，完成99.16%；资源税0.2亿元，完成78.33%；印花税0.74亿元，完成107.96%；城镇土地使用税0.71亿元，完成67.55%；车船和牌照使用税0.16亿元，完成73.87%；耕地使用税0.52亿元，完成136.83%。非税收入15.97亿元，完成90.34%。其中：国有资本经营收入2.37亿元，完成68.24%；行政性收费收入7.86亿元，完成115.02%；专项收入2.58亿元，完成98.19%，国有资源有偿使用收入0.72亿元，完成365.1%；其他收入0.27亿元，完成收入48.27%；罚没收入2.17亿元，完成54.47%。

【财政支出】 2007年，市财政局严格执行市人大通过的财政支出预算，集中有限财力，突出体现“四个倾斜”，努力提升“四种能力”。即：向事关强化农业基础地位和促进农民增收、建设社会主义新农村倾斜，向事关社会公平和谐的弱势群体、困难群众解决生产生活困难倾斜，向事关区域均衡协调发展的贫困县区倾斜，向事关经济可持续发展的财源建设倾斜；不断提升财政促进经济发展的能力、公共服务能力、抗风险能力和管理能力。

全市财政总支出　完成126.43亿元。其中：一般预算支出118亿元，完成预算84.76%；转移性支出6.52亿元（财力性转移支付3.96亿元、专项转移支付2.56亿元）。国债转贷资金结余0.12亿元；增设预算周转金0.9亿元；调出资金0.89亿元。收入与支出相抵，当年年终滚存结余23.36亿元（净结余5.57亿元）。

市本级财政总支出　完成52.8亿元。其中：一般预算支出50.43亿元，完成预算78.2%；转移性支出0.46亿元；国债转贷资金结余0.12亿元，增设预算周转金0.9亿元，调出资金0.89亿元。收支相抵，当年滚存结余17.24亿元（净结余3.72亿元）。

全市一般预算支出构成　完成118亿元，完成预算84.76%。主要项目执行情况：一般公共服务支出23.29亿元，完成85.78%；教育支出20.12亿元，完成86.42%；科学技术支出1.7亿元，完成94.44%；文化体育传媒支出2.33亿元，完成74.68%；社会保障和就业支出16.23亿元，完成92.64%；医疗卫生支出6.71亿元，完成87.48%；城乡社区事务支出11.76亿元，完成87.5%。

【财政监督】 2007年，市财政局发挥对财政资金的监督职能，全面贯彻执行《会计法》，开展会计信息质量检查，打击会计造假，严格落实各项国家会计法规制度。优化评审流程，提高工程预决算评审质量和效率，出台《社会中介机构参与财政投资项目评审业务考评管理办法（试行）》，加强规范社会中介机构对财政投资项目的评审行为，共完成各类工程审核3210项，项目审结率80%，比上年提高14个百分点，涉及审核金额57.42亿元。加强对土地契税和耕地占用税的稽查，对原邕宁县辖区内1997年以来的土地契税和耕地“两税”征缴情况进行专项检查，并对近三年来土地契税欠税单位进行重点稽查，共发出限期纳税通知135份，收回税款3500万元。会同市物价局对行政事业性收费进行全面清理整顿，共对40个部门、134个单位的2912个收费项目进行清理。开展政府非税收入检查，推动政府非税收入管理工作向规范化、制度化发展。

【财政改革】 2007年，市财政局继续深化各项财政改革，建立操作规范、运行高效、管理科学、公开透明的财政支出管理体制机制。

深化部门预算改革　根据市本级财力状况，在确保各项基本支出的基础上，统筹安排各项事业发展的经费需要，细化预算编制，强化预算管理。加强制度建设，汇编《南宁市本级部门预算编制指南》，制定出台《市本级项目支出预算管理办法(试行)》，测算并调整制定《2008年市本级基本支出综合预算定额标准》、《市本级常用办公设备采购预算控制定额标准》，完善预算管理制度，提高预算的科学性和透明性，强化预算约束力。研究制定《南宁市本级2007部门预算项目绩效评价工作实施方案》，并对市房产局等18个单位的19个项目预算执行情况开展绩效评价，首次有组织地对部门预算项目实施情况实行追踪问效。

深化国库集中支付改革　创新市本级国库集中支付改革，将市本级差额单位和自收自支单位纳入国库集中支付范围，统一开设零余额账户，加强对差额单位和自收自支单位财政资金的监督管理，提高财政资金使用效益。按照南宁市全面推行财政国库管理制度改革的总体计划，推进县区国库集中支付制度改革，至年末，市辖六县及西乡塘区、邕宁区和江南区全面启动国库集中支付改革。

深化政府采购制度改革　出台《南宁市政府采购评审专家管理实施办法》、《关于2007年度南宁市本级预算单位办公设备实行协议供货采购的通知》，草拟《集中采购机构考核评审暂行办法》，修改完善《关于进一步加强政府投资工程招标投标管理的实施意见》。规范政府采购行为，维护政府采购市场秩序，查处5家供应商在参加政府采购项目活动中提供虚假材料，违反《中华人民共和国政府采购法》有关规定的行为。创新政府采购监督管理方式方法，完善政府采购监管审批手续，简化工作流程，提高政府采购工作效率，完成第二轮政府工程上限价编制单位招标、第二轮自治区与南宁市办公设备协议供货招投标等多项招标采购工作。

完善城区财政管理体制改革　以明确权责范围，保证老城区既得利益、扶持新区创业、加强本级调控能力，壮大财源为原则，对财政体制基础数据进行调研、分析、测算、论证，提出新一轮城区、开发区体制方案报市政府。同时，对城区财政体制运行情况进行监测分析，开展《市人民政府关于进一步规范财经秩序加强税收属地管理的办法（试行）》、《关于贯彻落实南宁市税收属地管理若干规定（试行）的通知》执行情况的检查，及时纠正城区(开发区)企业纳税级次、属地差错，规范财经秩序。

【经济发展拨款】　2007年，市财政局围绕“百项工业项目大会战”、“建设百家亿元工业企业工程”的目标，增加财政支持工业力度，安排工业项目投资贴息和补助8580万元，支持符合国家产业发展方向的企业开展技术改造和设备更新。实施“实力工程”及企业名牌战略，共拨付特定工业项目贴息2181.68万元，重点支持广西中烟工业公司南宁卷烟分厂、广西南宁凤凰纸业有限公司等“千亿工程”重点企业的发展。拨付1000万元增加南方担保公司资本金及中小企业贷款担保风险金，拓宽中小企业融资渠道，支持中小企业更好发展。支持工业园区建设，拨付铝工业园区建设资金6600万元。支持企业自主创新及信息化建设，安排1680万元用于重大产业新产品开发、新装备应用及中小企业信息平台等方面的建设，还从市本级财政中安排并拨付国有企业技术改造资金6000万元。结合南宁建设区域性国际城市目标，将集约、环保、高附加值的都市型工业作为新的重点支持方向，安排1000万元用于支持都市型工业和工业标准厂房试点建设。支持农村经济发展，拨付4497万元重点支持非试点县区的农村水利建设、整村推进扶贫项目、农村沼气建设及市新农村建设示范村项目。安排800万元产业化扶持资金扶持新农村示范村发展生产。安排100万元前期工作经费支持马山县、隆安县大石山区基础设施建设大会战。落实各项支农惠农政策，及时足额拨付能繁母猪补贴、水稻良种补贴及推广种植3.33万公顷(50万亩)超级稻项目资金。支持服务业发展，拨付291.2万元推进“千村万乡”市场工程项目建设。拨付国际航线补贴366万元支持与东盟国家国际航线的开通。安排“旅游发展资金”1000万元，重点用于保护旅游资源、旅游宣传促销、旅游人才培训教育、旅游市场开发和奖励。

【新农村建设试点项目拨款】　2007年，市财政局通过整合财政预算内外资金，落实好社会主义新农村试点项目建设市本级配套资金，累计拨付市本级补助资金3.32亿元，上级补助资金4.28亿元，确保新农村试点项目的顺利推进。针对部分县区短期内配套资金困难问题，超调资金1200万元，增加市财政对困难县区补助资金8500万元，帮助县区缓解配套资金困难。按照《广西壮族自治区推进社会主义新农村建设试点项目资金管理办法》和《南宁市推进社会主义新农村建设试点项目资金管理办法》，抓好新农村建设试点项目资金管理工作，确保资金安全、高效使用。

【社会事业拨款】　2007年，市财政支出进一步向社会保障、义务教育和公共医疗卫生等社会事业倾斜，加大财政对公共产品、公共服务及公益性事业的保障能力，努力构建和谐南宁。

社会保障　做好“两个确保”(确保国有企业下岗职工基本生活，确保企业离退休人员养老金按时足额发放)工作，拨付企业离退休人员基本养老金11.75亿元，失业人员失业保障金0.55亿元，企业离休人员生活补贴费用566万元。支持就业再就业工作，拨付下岗失业人员再就业资金5608万元，并通过对全市再就业培训机构进行公开招标认定，将农村劳动力转移培训纳入财政考核范围。做好城市居民最低生活保障工作，发放低保资金7113.82万元，比上年增长20.67%，共有31.6万户次68.9万人次享受城市居民最低生活保障待遇。全面实施农村低保项目，累计发放农村低保救济金2359.16万元，累计有157.14万人次享受农村低保救济，并提高了农村五保户供养标准，由每人每月30元提高到50元。加快推进新型农村医疗制度改革，至年末，武鸣、横县、宾阳、上林、马山、隆安6个县及邕宁、良庆区已实施新型农村合作医疗制度改革，参合农民322.78万人，参合率78.22%。共筹集到位新农合资金1.64亿元，获得住院治疗补偿17.46万人次，支付补偿资金1.02亿元；获得门诊治疗补偿52.22万人次，支付补偿资金760.65万元；获得体检治疗补偿34.72万人次，支付补偿资金372万元；其他补偿2.74万人次。完善城乡医疗救助制度，安排800万元专项资金用于补助各县区实施城乡医疗救助，取消对农村五保户、城镇三无人员（无法定赡养人和抚养人、无劳动能力、无经济来源)等对象的门诊救助起付线，适当提高门诊、住院治疗救助封顶线，使更多的困难群体得到政府的救助，享受城市医疗救助1902人次，支付救助资金165.85万元；享受农村医疗救助5.57万人次，支付救助资金448.8万元。做好救灾救济工作，筹集资金493.25万元用于支持393户灾民倒房恢复重建；投入财政资金52.22万元，为农村4.35万户“两户两属”(五保户、特困户，军属、烈属)办理住房保险。

教育科技文化事业　帮助县区做好“两基”(基本普及九年义务教育、基本扫除青壮年文盲)迎国检工作，对县区“两基”达标财政投入指标进行集中测算整改，向县区调度资金5714万元，帮

3月27日，市政府召开2007年南宁市筹资工作会议　　市财政局提供

助县区解决两基经费投入不足的问题。落实“两免一补”（免除贫困生教科书费、学杂费，对贫困寄宿生生活补助费）专项资金，向中央、自治区财政争取安排免除学杂费和提高公用经费资金共1.2亿元，安排公用经费补助823.09万元，受益学生13.93万名，并将补助寄宿制贫困生生活费标准提高至每生每年70元。同时，安排445万元用于落实为民办实事中“资助5000名贫困家庭大中小学生就学”项目。加大重点科研项目的投入，安排应用技术研究与开发专项经费3675万元，其中用于市科技企业孵化基地建设1800万元。支持优秀文艺作品的创作，拨付用于大型歌舞《金风送来山水情》及话剧《苍天有泪》的创作演出专项资金135万元；安排用于加快乡镇文化站达标建设的补助资金125万元。

【城建项目资金筹集与管理】 2007年，市财政局根据城建计划所需资金和建设实际情况，制定城建筹资计划，抓住重点筹资渠道和围绕重点工程项目开展筹资工作，并将筹资任务纳入单位目标责任制管理，逐级跟踪考核。推进土地储备制度和土地招拍挂制度，推出东盟商务区等土地公开拍卖，土地经营收益33.08亿元。推进经营城市工作，通过户外广告拍卖、出租车经营权出让、快速环道加油站定点权出让等，落实资金5600万元。加强与金融机构联系沟通，促进国家开发银行152亿元信贷资金项目的确定和贷款评审工作的顺利开展；创新银政合作机制，加强与工商银行的合作，做好搭桥贷款工作，共落实搭桥贷款16.23亿元。争取国际金融组织给予南宁市主权贷款项目更大的支持，政府外债资金到位3559.91万美元。全年筹集城市重点工程项目资金132.33亿元。其中：财政及专项资金10.02亿元，经营城市资金31亿元，国债资金中央补助1.81亿元，自治区补助2.85亿元，城区筹措资金3.84亿元，国外贷款资金2.8亿元，银行贷款资金46.44亿元，业主自筹资金29.25亿元，招商引资4.32亿元。按照城建项目资金管理的相关规定，重点抓好五象新区、内涝整治工程、为民办实事、服务中国—东盟博览会、城乡清洁工程等重点项目建设资金的核拨，保证各城建项目特别是重点项目建设的资金需要，共拨付工程项目资金62.3亿元。合理安排调度资金，按期归还银行到期贷款本息24.8亿元。根据工程进度和资金需求情况做好贷款申请工作，尽量减少银行贷款沉积，提高银行贷款资金使用效率，年末城建项目资金银行贷款存量由上年末的20亿元减至10亿元。　　（关　俊　陈　瑜）

国家税务

【概　况】 2007年，南宁市国家税务局下设稽查局、城东稽查局、城西稽查局、城南稽查局4个直属机构和信息中心、机关服务中心、票证中心3个事业单位；下辖城区国税局6个、县国税局6个、开发区国税局3个。全系统在职人员1612人。负责增值税、消费税、企业所得税、外商投资企业和外国企业所得税、储蓄存款利息所得个人所得税、车辆购置税的征管工作，管辖纳税户9.07万户。其中一般纳税人6204户，小规模纳税人2.54万户，达到起征点的个体户4.74万户，达不到起征点的个体户1.17万户。宾阳县、隆安县、马山县国税局和市国税局稽查局、南宁高新技术产业开发区国税局分别被评为自治区文明单位。纳税金额前10名单位有：广西中烟工业公司（16.51亿元）、中国移动通信集团广西有限公司（7.65亿元）、国海证券有限责任公司（2.58亿元）、广西电网公司（1.92亿元）、南宁糖业股份有限公司（1.82亿元）、广西电网公司南宁供电局（1.69亿元）、广西壮族自治区南宁市烟草公司（1.45亿元）、中国石油化工股份有限公司广西南宁石油分公司（0.71亿元）、南宁化工股份有限公司（0.68亿元）、广西来宾法资发电有限公司（0.59亿元）。

【国税征收】 2007年，市国税局确定“提高收入质量，注重收入结构，完善工作体系”为组织税收收入工作的指导思想，以各单位（部门）“一把手”为总责任人，明确责任和目标，开展税源调查研究，将税收收入分析预测纳入市局目标管理考核及岗责体系考核，建立月度、季度、半年及年度分析制度；探索建立税收收入分析模型，利用综合征管软件基础数据，以税负分析为突破口，对税收弹性系数、宏观税负、工业增值税、商业增值税税负协调性等指标进行分析，查找征管薄弱环节，为纳税评估、税源监控、税务稽查以及领导决策提供重要依据。严格执行税收预测准确率考核制度，每月对各征收单位预测情况进行通

报,鼓励和鞭策基层单位提高税收预测准确率。全系统税收预测准确率99.3%,实现宏观税负为7.48%,比上年提高0.25个百分点,税收弹性系数1.68,均高于自治区国税系统平均水平。落实税收管理员制度,密切关注卷烟、电力、糖等重点行业、重点税源企业生产经营及申报纳税监控,征期过后有针对性地开展对异常申报和零(负)申报企业纳税评估工作,及时堵塞征管漏洞。建立每季度的收入预警、评估制度,每季度对各征收单位税收收入增长情况、税收进度完成情况、重点税源税收增长情况、各县区宏观税负率、工业增值税税负率、商业增值税税负率等情况进行通报。制定重点税源管理办法,建立自治区局、市局、县区局三级重点税源监控制度,将718户年税收收入在50万元以上的企业纳入监控范围,使重点税源企业年实现税收收入占收入总额80%以上。共组织各项税收收入74.25亿元,比上年增加15.51亿元,增长26.41%;组织自治区国税局口径税收收入(不含车辆购置税、中央固定收入,不减除财政专员办退税)68.31亿元,比上年增加13.98亿元,增长25.74%,首次突破60亿元大关;组织市政府口径税收收入(不含个人储蓄利息所得税、中央固定收入,减除财政专员办退税)65.90亿元,比上年增加13.66亿元。

【税收征管】 2007年,市国税局建立税收联动机制,成立税收分析、纳税评估、税源监控、税务稽查"四位一体"领导小组,制定联动机制工作方案及考核管理办法。月均准期申报率99.21%,比上年提高2.13个百分点;月均当月申报率99.71%,比上年提高0.56个百分点;月均税款入库率99.92%,比上年提高0.01个百分点;按户次计算滞纳金加收率97.98%,比上年提高3.69个百分点;按金额计算滞纳金加收率99.5%,比上年提高8.68个百分点;年初欠税476万元,年末,欠税余额450万元,欠税率比上年下降60%。

纳税评估　制定直接层和间接层,市局、县区局、纳税评估员"双层三级"纳税评估管理办法,建立预警管理指标体系,重点对增值税专用发票、收购发票、海关完税凭证的供应异常信息和各行业、各征收单位明细行业的税负预警值进行调查分析。对低于自治区平均税负的批发、零售、木片加工、林化产品以及淀粉制造等行业的77户低税负企业开展增值税纳税评估,发现存在问题16户,补缴税款及滞纳金40万元;对2228户一般纳税人进行纳税评估,评估补税535万元,滞纳金15万元,调减留抵税额265万元,移送稽查92户,涉及税额2216万元。对17户房地产企业和22户税负偏低企业进行企业所得税纳税评估,发现有问题16户,查补企业所得税270万元,调减亏损额156万元,移送稽查5户。

流转税管理　推广应用信息化手段,开发滞留票核查系统,提高滞留票管理监控水平。共核查存根联滞留票3.28万份,核实涉嫌偷税的纳税人25户、存根联滞留票2343份、税额2216万元。推广应用车辆购置税"一条龙"系统,推行公路内河货物运输发票税控系统、废旧物资企业"一机多票"系统、一般纳税人网上报送三大财务报表系统。开展对政策执行情况调查、检查,开展对2006~2007年度享受民族贸易企业增值税优惠政策情况、农产品和废旧物资收购发票存在问题、2006年度南宁市增值税税收优惠政策情况、《燃油税征收管理办法》(试行稿)进行调研。规范对一般纳税人的管理,年审一般纳税人5114户,对433户达到一般纳税人标准的小规模纳税人进行资格认定,对4667户进行增值税、消费税普查,对5360户认定资料进行清理。落实增值税优惠政策,为民政福利、资源综合利用、废旧收购、软件生产等315户企业办理增值税退税7750万元。

所得税管理　按月对企业所得税税源增减变化情况进行分析,对登记台账的重点税源企业,按收入、成本、费用、税金、纳税调整额、应纳税所得额、应纳所得税额的本期和同期数据进行分析对比,使重点税源企业得到有效的监控。重新确定企业所得税的审批权限,简化审批环节,规范审批程序,简化纳税报送的资料,高效服务纳税人。加强对享受所得税优惠政策的企业进行后续跟踪管理工作。对免税到期的1406户企业建立所得税纳税申报监控台账,

2007年南宁市国税收入分项目情况表

单位:万元

项　　目	2007年	2006年	比上年增减%
税收合计(自治区局口径)	683094	543275	25.74
一、国内两税	485382	400907	21.07
1.国内增值税	363678	302608	20.18
(1)工业增值税	234260	196934	18.95
卷烟	36402	31994	13.78
啤酒	1354	1345	0.67
机糖	33154	31848	4.10
纺织	3212	2682	19.76
造纸	9094	7711	17.94
化工	15404	11782	30.74
医药	4520	4064	11.22
建材	21919	17587	24.63
其中:水泥	8528	8401	1.51
有色金属	615	300	105.00
机械	1614	1110	45.41
电力	52561	33483	56.98
其中:发电	26782	15911	68.32
供电	25779	17572	46.70
(2)商业	129418	105674	22.47
2.国内消费税	121704	98299	23.81
卷烟	117813	95073	23.92
啤酒	2051	1598	28.35
二、三小税(自治区局口径)	197712	142368	38.87
1.企业所得税(自治区局口径)	76785	33703	127.83
国有	21757	14975	45.29
集体	31	21	47.62
股份	51773	15273	238.98
2.外商所得税	101536	90827	11.79
其中:广西移动	76514	65438	16.93
3.利息所得税	19391	17838	8.71
三、车辆购置税	55374	40845	35.57
四、海关代征两税	8198	4494	82.42
五、其他收入(行政性收费收入、罚没收入)	921	1189	−22.54

通过跟踪管理,夯实税基,转变过去存在的重审批、轻管理,甚至是以审批代管的观念和工作方法。做好新申报表使用的宣传培训,针对新申报表填写方法、报表间勾稽关系、软件的应用、税务审批事项、税收政策等问题,对税收管理员及纳税人进行业务培训,共举办培训班4期。开展2006年度企业所得税汇算清缴工作,2006年度汇算的就地缴纳企业所得税纳税人1.59万户,准期申报1.58万户,准期申报率99.39%。开展对地方金融性企业财务制度执行情况的检查,强化地方金融性企业财务制度执行情况的监督管理。贯彻落实企业所得税优惠政策,做好退税审核审批工作,办理减免税手续2196户,减免所得税5.76亿元;审核税前扣除金额3.98亿元。3月,开通企业所得税年报的网上申报系统。

出口退税管理 将出口退税额占退税总额70%左右的外贸企业退税业务集中由市进出口税收管理科统一管理,实现出口退税管理"征、退"合一,各城区管理局不再承担日常征管及退税审核工作;将原来的六级审批减少为四级审批,提高退税速度。加强对滞留单证的分析、清理,针对退税单证信息缺失造成的审核滞留问题,增加单证清理次数,使信息齐全的单证能及时审核。加强对海关、外汇管理等外部信息滞后的通报、沟通和补传,减少单证审核的滞留时间,提高出单率。推广退税远程申报系统,引导外贸企业采取远程申报方式。加强退库环节的协调和衔接,增加办理退库次数,加强与国库协商、合作,将每月月底办理一次退库改为月中、月底两次办理退库手续,加快出口企业的资金周转。共办理出口货物退(免)税6.3亿元,比上年增加1.25亿元。

车辆购置税管理 开发电脑填写打印申报表软件,由办税人员根据机动车辆销售统一发票填写打印,使申报表准确率100%。加强与异地征管部门联系,构建车价信息网络,采集各种车辆最低计税价格,保证车购税合理、足额征收。加强与公安及交通管理部门联系,建立车辆纳税和入户车主信息比对制度;与各城区国税局、稽查部门互通各种数据,完善车辆税收"一条龙"管理机制。开展专项汽车销售纳税评估及稽查,杜绝利用车辆型号差异、配置差异、市场价格差异和时间差异来偷逃税收的不法行为。共征收车购税5.54亿元,比上年增长35.57%,车购税首次突破5亿元大关。

【依法治税】 2007年,市国税局以落实执法责任制、税收执法监督为突破口,规范税收执法文件,对1994~2006年下发的税收规范性文件进行清理,共清理出税收规范性文件3042份、现行有效税收规范性文件2331份、全文废止或失效的税收规范性文件553份、部分废止或失效的税收规范性文件104份。完善税收执法管理体系,开展税务行政复议、应诉工作,执行税务案件审理制度,拟定税收执法突发事件处置预案,构建预防和处置各种税收执法突发事件的长效管理机制,对各单位履行职责情况进行考核,协调处理争议问题或事件,保障全系统正常工作秩序;推行和实施税收执法责任制和税收执法过错责任追究制,针对执法检查中发现的问题,向各责任单位制发20份《税收执法检查处理决定书》和《税收执法检查整改跟踪卡》;整顿和规范税收秩序,探索实行扩线稽查法、关联稽查法、解剖式稽查、电算化法等新的稽查方法;建立全市财会人员数据库,利用金税工程稽核系统对财会人员兼职的关联企业进行分析检查,通过开展日常检查和对电力、石化、银行、橡胶、房地产以及建筑安装、农业产品收购等行业进行税收专项检查,共检查纳税户821户,查补入库税款、罚款及滞纳金1.07亿元;移送公安机关的涉税案件30起,涉税金额2926万元;曝光纳税户两户,追缴呆账及陈欠税743万元。

【税收宣传】 2007年,市国税局利用办税服务厅公告栏、电子滚动屏、南宁国税网站、短信平台等及时宣传最新税收政策法规;在自治区、市电台、电视台开设税收宣传专栏,普及税法知识;开设12366服务热线,为纳税人提供涉税业务咨询。在各级新闻媒体共发表税收宣传文章2200多篇。在全国第十六个税收宣传月活动期间,与地税局联合举办税收新闻发布会暨税收宣传月启动仪式,召开纳税人座谈会,开展"办税开放日"活动,举办欢乐家庭税法知识大比拼以及"税收与和谐社会"大型演讲比赛;到涉农企业开展税收政策宣传,邀请纳税人代表开展"互动体验日"活动;印制税收宣传小书签发放给中小学生;组织纳税人参加"税收在我身边"有奖征文活动和《税收征管法》有奖知识竞赛、税收宣传短信大赛。宣传月期间,组织税收文艺巡回演出8场,观众2万多人;印发宣传资料6万多份,出版宣传板报32期,悬挂宣传横额86幅,张贴宣传标语385条;在各级新闻媒体发表税收宣传文章236篇;在电视台播放税收新闻29条,播放公益广告60多次;举办纳税人培训班60期,培训4500多人次;发送税收宣传短信23万条;向纳税人赠送税收政策宣传光盘800多张;开展送税法进学校活动6次,参与者8万多人次;开展送税法进军营活动8次,参与人数1300多人次。

【税收信息化建设】 2007年,市国税局投入信息化建设专项资金409万元,研发包括增值税小规模纳税人税源分析和纳税评估软件、个体定税软件在内的税收监控数据分析平台以及资料管理软件;深化数据管理及应用,构建数据仓库,实现三大应用系统数据直接访问、相关涉税数据直接查询目标;建立微观数据分析指标体系,形成各主要税种、各行业通用的纳税评估指标体系;利用自治区国税局开发的监控程序,加强数据采集管理和数据质量监控,确保市局数据采集指标符合自治区国税局要求;完成计算机安全系统的安装、调试,以及自治区国税局金税工程广域网二期改造项目;制定完善计算机病毒防治措施,增强抗病毒能力,确保信息网络安全。5月,推出纳税人使用手机拨号及短信申报纳税方式。推广各类电子办税系统。推广增值税专用发票网上认证系统,至年末,在网上认证系统开户登记的纳税人有4116户,开户率79%;通过网上认证专用发票的户数2504户,认证的专用发票8.4万份,占全市认证发票数75%;一般纳税人通过网上申报纳税占总户数90%。

【纳税服务】 2007年,市国税局深入开展转变干部作风、加强机关行政效能建设活动,设置行政效能投诉中心,落实专门监督队伍,设置行政效能投诉电话和投诉电子信箱、局长信箱共39个,征求意见电话68部;开展办税公开日活动,邀请企业代表参观办税服务,并直接进入后台了解、体验税收工作;召开行政效能监督员、特邀监督员、行风评议员座谈会,向社会公开特邀监督员名单,主动接受社会监督。向纳税人发放问卷调查表5472份,回收有效意见表4523份、征求原始意见169条。推行"大一窗"服务管理,将位于望园路的市局办税服务厅、市行政审批大厅、自治区政务服务中心国税窗、济南路办税服务厅的"一窗式"服务窗口增加到57个,将原来功能单一的窗口整合为能够办理各项涉税事宜的综合受理窗,使纳税人在一个窗口即可办结所有涉税事项。对34项办税流程进行优化,清理报送资料112项,取消25项。推出短信申报方式,推广增值税专用发票网上认证系统,使申报纳税更方便,更快捷。为了与银行、车管所上班时间同步,方便纳税人办理缴税及车辆入户事宜,车购办从3月20日起,实行朝九晚五上班工作制,推出预约服务、加班服务、上门服务,窗口服务人员轮岗制,增加申报窗口等措施,安装银联POS刷卡机取代现金缴款业务,使原来办理1台纳税车辆需要的平均时间由8分钟减少到2分钟以内。4月,开通税收管理员查询系统,通过网络和短信向纳税人提供查询主管税务机关、主管税务官员、办公电话等服务信息,便于纳税人咨询涉税事项。设立首问岗和税务咨询专门机构,其中咨询部自5月成立至12月,接待纳税人来访1.38万人次。9月,搭建集网站、短信、热线于一体的12366纳税服务平台,至12月,服务热线共接到来电(含咨询、举报、投诉)9202件,日平均接听144件,当场答复率91%。

(卢华君　邓有侃)

地方税务

【概　况】 2007年,南宁市地方税务局下设直属机构4个、城区地税局6个、开发区地税局3个、新区地税局1个、风景区地税局1个、县地税局6个。全系统在职人员1461人。管辖纳税户11.61万户,其中:国有企业2316户,集体企业1852户,有限责任及股份有限公司2.21万户,私营企业和个体工商户8.37万户,涉外企业605户,其他经济实体5503户。宾阳县地税局芦圩税务分局被评为全国巾帼文明岗,宾阳县地税局芦圩税务分局、上林县地税局大丰税务分局被评为自治区文明单位,广西首府地方税务服务中心被评为广西百佳青年文明号,南宁高新技术产业开发区地税局被评为自治区巾帼文明岗;南宁高新技术产业开发区地税局朱丽斯、兴宁区地税局何坚被评为全国税务系统巾帼建功标兵。纳税金额前10名的单位有:龙滩水电开发有限公司、广西中烟工业公司、广西嘉和置业集团有限公司、中房集团南宁房地产开发公司、深圳航空有限责任公司南宁分公司、南宁糖业股份有限公司、市房产业开发总公司、市柳和岛房地产开发有限责任公司、广西壮族自治区电信有限公司南宁市分公司、中国移动通信集团广西有限公司。

【地税征收】 2007年,市地税局坚持"两个一切、四个积极",即集中一切征管力量,采取一切合法手段,积极化解收入过程中的不利因素,千方百计挖掘潜力;积极把握税收工作的主动权,提早提前做好各项税源调查;积极掌握收入趋势,认真分析各项税收指标;以积极的态度正视困难,把组织收入做深做细。一是科学安排好税收计划,及时将任务分解落实到各县区地税局,加强对组织收入工作的领导,明确税收管理员职责,建立目标管理考核,加大与协税单位的沟通与交流,全力完成全年的组织收入任务。二是明确责任,强化税收收入考核,完善奖惩机制,实行组织收入问责制。三是依法征税,做到应收尽收,尽可能地实现组织收入均衡入库。四是强化重点税源管理,完善征管制度,按照科学化、精细化管理要求,向管理要效率,提高征管质量和效率。共组织各项地税收入53.25亿元,比上年增加12.08亿元,增长29.37%,完成自治区地税局下达任务的109.14%,超收4.46亿元。其中:市政府考核收入实现52.87亿元,比上年增收11.99亿元,增长29.34%,完成市政府下达任务的105.82%。地税收入首次突破50亿元大关。

【税收征管】 2007年,市地税局以强化重点税源管理为重点,加强行业税收征收管理,开展纳税评估优秀案例评选,推动纳税评估工作的全面开展。抓住流动税源,开展个人年收入12万元个人所得税纳税申报工作,受理自行纳税申报人数3933人。实行重点税源监控。一是推行"扁平化"管理,建立健全管理监控制度,试行分行业的税源管理,监控重点税源企业数据;二是巩固和扩大监控范围,对年缴纳税款达30万元以上的纳税户全部列入重点税源管理,实行专人负责,管户到人;三是建立完善管理办法,施行量化考核;四是建立企业档案,制定工作实施方案和管理考核办法,明确管理员工作职责;五是加强税源监控数据的综合利用,建立税源管理综合部门和各业务部门的联运机制;六是完善税源监控目标责任制,实行管理责任到人,促进了税收收入增长。全市1135户重点税源企业共实现各项地方收入34.17亿元,比上年增收7.03亿元,拉动地税收入增长17.20个百分点,对地税收入的增长贡献率58.34%。开展纳税评估。5~10月,根据国家税务总局和自治区地税局评选纳税评估优秀案例的工作要求和《南宁市地方税务局纳税评估工作规程(试行)》等文件规定,建立健全纳税评估指标体系,对重点税源

2007年南宁市地税各税种收入情况表

单位:万元

税　种	收　入
营业税	249503
企业所得税	48385
个人所得税	101514
资源税	1770
城建税	40602
房产税	19105
印花税	5391
土地增值税	40480
土地使用税	5876
车船税	892
教育费附加	18710

1995~2007年南宁市地税收入与财政收入对比情况表

单位:亿元

年份	地税收入	财政收入
1995	3.97	9.18
1996	6.13	10.36
1997	7.36	11.68
1998	8.64	13.16
1999	10.24	14.91
2000	11.47	17.34
2001	18.30	24.30
2002	21.82	26.18
2003	28.08	61.06
2004	35.58	74.63
2005	38.67	100.20
2006	40.88	120.16
2007	52.87	150.70

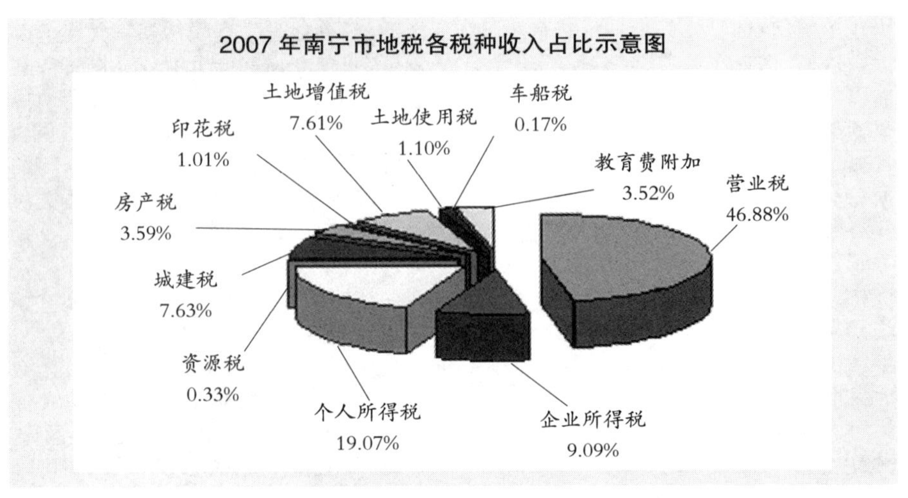

纳税户日常申报的准确性和合理性及时评定。至11月，共完成对157户重点税源企业的纳税评估，评估直接入库税款951.64万元，评估入库滞纳金29.09万元。重点税源纳税户实现税收收入31.83亿元，占当期税收收入65%。推进所得税汇算清缴工作。7月，全面完成2006年企业所得税汇算清缴工作，共汇算清缴查账征收所得税纳税户5026户，其中：盈利企业户数比上年增加22户；亏损企业比上年减少112户；应纳所得税额比上年增加8830.21万元，增长17.82%，亏损额比上年减少6.67亿元，下降40.67%。

【依法治税】 2007年，市地税局贯彻落实自治区地方税务局《关于全面推进依法行政实施纲要的通知》精神，组织开展市地税局的法律、法规、规章和规范性文件清理工作，完善税收规范性文件的制度管理机制，共清理应废止的过时制度88项，制定新管理制度7项。4月开始，从调整稽查体制、优化稽查职能入手，开展征收管理稽查，强化行业重点税源稽查，共检查752户，查补各项税款1.51亿元。

【税收优惠政策落实】 2007年，市地税局严格执行各项税收优惠政策，为285户纳税人办理符合税收优惠政策各种税款减免共1.89亿元（审核确认鼓励类减按15%征收企业所得税纳税户26户，减免税1.40亿元）；审核退库申请403户，退库税费共4150万元。

【税法宣传】 2007年，市地税局在各级新闻媒体发表税收宣传文章180多篇；在电台、电视台播放税收、公益广告110多条次，其中中央电视台报道市地税局12366服务平台建设情况；在政务网站上发表税收宣传文章254篇次、编发《南宁地税信息》93期（采用信息667条）、《税收专报》156期、《作风效能简报》32期，被自治区党委采用信息2条，自治区地税局采用近200条，市委、市政府采用150多条。在全国第十六个税收宣传月活动期间，与市国税局联合举办税收新闻发布会暨税收宣传月启动仪式，召开纳税人座谈会，指派专人对口辅导基层单位开展宣传月活动，通过电视、广播、报刊等新闻媒体表彰先进和曝光典型涉税案例，利用民族特色和地方资源开展“方言师公剧税收宣传巡回演出”，依托办税服务厅开展面向纳税人的政策法规咨询、纳税辅导等税收宣传活动，在各级媒体发表税收宣传文章123篇，印发宣传资料19.4万份，接受税法宣传教育近20万人次。

12366税务服务热线局长接待日现场　　市地税局提供

【税收信息化建设】 2007年，市地税局全面推开财税库行横向联网系统，优化税款入库流程，实现财政、税务、商业银行、国库4个部门的统一联网，税款实时申报入库核销，形成数据共享，税款入库周期从9天缩短到3秒钟，同时实现税款电子缴销。9月1日，武鸣、横县、宾阳、上林、马山、隆安6个县启动财税库行横向联网系统。全局通过财税库系统入库税款3.12亿元。推行财税库行联网系统后，纳税人进行业务申报时间由原来每笔3分多钟缩短到约1分钟，每月税票从高峰期的6.8万份减少到约2万份。全面推进网上申报、电话零申报、邮寄申报等多元化申报方式。6月，市地税局12366纳税服务平台正式启动，与12366纳税服务热线和地税网站、短信平台作为主体的电子税务服务系统正式开通，至年末，共受理各项税服务22万多次，其中接受涉税咨询、举报6.79万多次，热点税收政策查询12.24万多次，回访纳税人3.11万次。完成自治区、市、县区地税局与所属税务分局、税务所4级网络建设53个点，信息化覆盖率93%。ETS多元化电子税务服务体系获市十大创新成果奖。

【纳税服务】 2007年，市地税局优化办税环境，对日常业务量大的青秀区局、兴宁区局和江南区局采取搬迁青秀区局到市局大楼，改建兴宁区局办税厅，新建江南区局的办法解决办税难问题。建立大厅领导值班制，简化大厅现场发票验审手续，实行简并征期，推行电话申报、网上申报、邮寄申报等多元化申报，在大厅开通零申报专窗，对纳税申报采取“先受理后处理”的应急措施。推行延时服务、预约服务、中午值班制度，开设“绿色通道”，大厅设立导税岗。改造业务流程，解决纳税人领取财税库行缴税回单难的问题；修改完善税票打印程序，改变银行“一税一票”的做法为“一票多税”。构建12366服务热线，开通地税网站服务平台，开展税务服务手机短信平台业务；创立“税法聊翻天”QQ聊天群。抓好“三项制度”落实，确定进入市行政审批大厅的人员和首问责任人，在52个基层办税服务厅分别设立首问服务窗口，落实首问责任人；落实限时办结制，下放部分行政审批权限，优化内部岗位职能，明确岗位办事时限，对相关办理时限对社会进行公开承诺，简化办税手续，建立特事特办应急机制，对因特殊原因需要延期的审批事项，在时限届满前告知；落实责任追究制，成立以12366为中心的效能投诉机构，并在首府主流媒体上以承诺书的形式公布举报、投诉电话、地址、邮箱。开发电子政务管理系统，市地税局电子政务系统可实现的主要功能有：电子日志、请销假管理、考勤、局长信箱、公告管理、工作总结、工作任务管理、工作抽查、订餐、能级管理、人员权限管理、信息反馈等16项功能。推行“5S”（整理、整顿、清扫、清洁、素养5个项目，因日语的罗马拼音均以“S”开头而简称“5S”）目标化现场管理，实现办公场所的有效利用和办公物品的零费时查找，平均每办一笔涉税业务节省查找时间30秒，纳税高峰期，每个工作人员每天可多受理申报业务30次。

（李玉露　孙炳清）

责任编辑　孙贵寿

金　融

银　行

【概　况】2007年，南宁市各大商业银行均可提供外币兑换业务，中国银行南宁市邕州支行在市内20家星级酒店、机场、火车站、南宁国际会展中心设立外币代兑点或兑换点。

各项存款　南宁市金融运行总体平稳。年末，全市金融机构人民币各项存款余额1871.51亿元，比年初增加286.22亿元，增幅比上年下降1.24个百分点。人民币企业存款余额685.56亿元，比年初增加112.87亿元，其中新增企业活期、定期存款分别占79.5%、20.5%。企业存款活期化趋势明显，原因是受投资活跃、物价上涨和利率水平偏低的影响。企业存款增长较快的原因是南宁市经济发展势头良好，企业经营状况改善、效益提升，新会计准则的实施对企业存款增加产生正面影响，金融机构贷款派生存款增加。人民币储蓄存款余额714.79亿元，比年初增加33.34亿元，其中活期、定期储蓄存款分别增加44.62亿元和减少11.28亿元，储蓄存款短期化明显。储蓄存款增幅比上年回落9.02个百分点，主要原因是股市行情上升，证券市场的财富效应吸引大量居民入市，股票和基金分流部分储蓄资源；同时受居民消费价格持续攀升的影响，居民通胀预期上升，资金流动性偏好明显增强。财政存款余额比年初增加34.24亿元，增长53.42%。机关团体存款余额比年初增加63.05亿元，增长39.93%。主要原因是南宁市经济快速发展，实体经济利润比上年增幅大，地方税收大幅增加，导致财政性存款明显增加。

各项贷款　全市金融机构贯彻落实国家宏观调控政策，贷款增速有所放缓。年末，各项贷款余额1922.35亿元，比年初增加259.81亿元，增幅比上年下降4.7个百分点。金融机构人民币中长期贷款余额1552.05亿元，比年初增加270.62亿元；新增中长期贷款占全部新增贷款额104.16%，比上年上升18.48个百分点。短期贷款余额353.19亿元，比年初增加3.21亿元，增幅比上年下降11.23个百分点。中长期贷款增幅明显高于短期贷款增幅，主要原因是高位运行的投资规模对银行信贷资金特别是中长期资金的需求刚性增强，同时商业银行压缩盈利空间小且流动性较强的票据融资业务和短期贷款业务，加剧贷款的中长期化趋势。票据融资余额16.72亿元，比年初减少14.02亿元，下降45.61%。新增贷款主要投向基础产业、瓶颈行业、重点项目以及个人消费信贷领域。基本建设贷款比年初增加219.13亿元，增长30.64%，占全部新增贷款额84.34%，明显高于金融机构同期贷款增长率。个人中长期消费贷款比年初增加72.48亿元，比上年增加35.35亿元。

现金收支情况　全市金融机构累计现金收入3505.99亿元、支出3426.16亿元，收支相抵，年累计净回笼现金79.83亿元，比上年多回笼现金15.76亿元。

【中国人民银行南宁中心支行】2007年，中国人民银行在南宁市的分支机构有7个，员工616人。人行南宁中心支行建立广西货币信贷“窗口指导”工作会议制度。推进中小企业融资服务，被自治区政府评为自治区小企业融资服务先进单位。出台《广西再就业小额担保贷款考核奖励试行办法》。加强与地方党政、银行监督、农村信用社等有关部门的协调，确保申请票据兑付材料的高质量，广西首期有48家农村信用社申请票据兑付，46家通过总行的考核。争取总行资金支持，确保广西在全国率先实现城市信用社整体退市。并与广西证监局签署信息共享与合作备忘录，为维护广西金融稳定提供制度保障。建立健全金融稳定风险监测评估体系，对外首次公开发布《广西金融稳定报告》。将突发事件应急预案汇编成册，组织开展多层次的应急演练324次，提高风险防范能力。继续加强银行业反洗钱监管，组织各市中心支行开展农村信用社反洗钱现场检查，协助南宁海关侦破“8·25”特大走私案。全面推进广西农村信用体系建设，在广西建立信用村镇300多个，信用农户25万户。全面开通农民工银行卡特色服务，年末业务量居全国15个开通省市第三位。创建全方位资金流动监测体系，对流入流出广西的资金进行定量分析。在自治区推广支票影像交换、支付管理信息、中央银行会计凭证影像事后监督、联网核查公民身份信息等系统，查询查复率居全国前列。推行县支行财务费用集中报账制。应用各种先进的安防技术，提高人民银行信息安全的保障能力和应

2007年南宁市金融机构人民币信贷收支情况表

单位：亿元

项　目	余　额	项　目	余　额
各项存款	1871.51	商业贷款	44.03
企业存款	685.56	建筑业贷款	12.05
财政存款	98.33	农业贷款	46.15
机关团体存款	220.94	其他短期贷款	115.74
储蓄存款	714.79	中长期贷款	1552.05
活期存款	404.72	基本建设贷款	934.31
定期存款	310.07	技术改造贷款	12.56
农业存款	27.25	其他中长期贷款	605.18
其他存款	115.99	个人中长期消费贷款	262.58
各项贷款	1922.35	现金投放(+)回笼(−)	−51.32
短期贷款	353.19	现金收入	3505.99
工业贷款	132.25	现金支出	3426.16

用层次，信息风险评估工作成绩在总行名列前茅。成立发行基金调拨押运中心，实现就近调拨。全年共收缴假人民币3375万元。全面推进国库电子化建设，在全国第一家建立起覆盖全省、贯穿征缴、扣划、对账、资金划转、信息查询全过程的生产系统。配合政府将国库集中支付改革推进到自治区所有地市和88%的县。

（陈恒丹）

【中国工商银行广西分行营业部】 2007年，中国工商银行广西分行营业部有营业网点118个，员工2500多人。年末，本外币贷款余额374.95亿元，比年初增加60.35亿元；存款余额443.52亿元，比年初增加86.69亿元。中间业务收入突破2亿元。综合绩效在全国工商银行30个一级分行营业部和直属分行中排位第六，是西部省分行营业部的第一位，绩效等级由上年的A--上升为A++，市场竞争力指标排第五位。资产质量保持优良，1999年以来新增贷款不良率连续8年低于总行2%的控制线。工行广西分行营业部满足城市基础设施建设和城市居民改善居住条件的需要，支持交通、能源及特色产业的投入，优化贷款品种结构、存量结构和收益结构，扩大贷款市场份额。全年共发放个人住房贷款7.71亿元，增量在南宁市同业居第一位；发放电力行业贷款21.97亿元，主要支持来宾A厂扩建、桥巩水电站、中电防城港电厂、广电水电站、融江美亚水电站等项目；发放交通行业贷款13.82亿元，重点支持交通厅的坛百、全兴、岑兴高速公路项目；发放用于市政建设项目的搭桥贷款16.23亿元。贷款余额和增量占比均在自治区工行系统、南宁辖区排第一位。全年票据融资量占自治区工行系统76%。个人理财产品销售额占同业总销量60%以上，多只基金销量在全国省会城市位居前十名，证券第三方存管业务市场份额71%。发展网上银行业务，个人网银"缴费站"服务涉及购买火车票、通讯费、学校学杂费、保险费和房租物业费等领域；创新网银服务产品"边贸通"作为工商银行与越南银行业之间的边贸结算工具，支持中越双边贸易的发展。电子银行业务综合考核在总行排第七位，其中：企业网银、个人网银动户率分别排第一、第二位。电子银行业务笔数占全部业务笔数的38%，在全国省会城市中排第六位。

（卢枚君）

【中国农业银行广西分行营业部】 2007年，中国农业银行广西分行营业部辖支行14个，对外营业网点102个，员工2364人。年末，人民币各项存款余额314亿元，各项贷款余额294.58亿元，实现经营利润10.02亿元。新增自助设备352台，增设14个自助银行服务区，其中自动取款机165台；城区所有网点均配备1台以上的自动取款机。延伸和拓展银行卡服务功能，以土地拆迁补偿、代发工资、代付保险、代付甘蔗款、木薯款、土地赔偿款为重点，抓好源头批发，促进储蓄存款稳定增长；通过抓好系统性、集团性、行业大户和优质中小企业客户的优质服务，依托中间业务平台、企业网银、代理结算、代收代付系统等电子产品服务，促进企业贷款归行，并发挥信贷杠杆作用，放大"以贷引存"、"以票引存"效应，推进对公存款发展；利用银行卡多元化的服务功能，发挥农行网点网络优势，以代发工资、代理缴费为切入点，吸引更多的中高端个人客户到农行存款，扩大用卡群体，新增发卡量49.57万张，卡存款余额54.16亿元；新增网上银行注册用户4.37万户，网上交易960多亿元。优化和扩大外汇业务机构网点布局，形成完整的外汇业务网络，利用本币优势支持外币业务发展。贷款重点投向交通、能源、重化工、城市基础建设、文教卫生、本外币一体化运营企业等优势行业、优良客户及经济资本占用较低、科技含量高、发展前景好的优质项目，提高优质贷款占比。重点抓房地产信贷业务营销拓展，强化营销责任制，改进业务操作流程。自营性房地产类贷款比年初增加25.48亿元，比上年增加11.28亿元；房地产开发贷款比年初增加14.51亿元，比上年增加7.23亿元；个人房地产贷款比年初增加10.97亿元，比上年增加4.05亿元。加大对中小企业和县域"三农"（农业、农村、农民）信贷支持力度，加强对农业产业化龙头企业及当地支柱产业支持，发挥在当地经济金融服务中的骨干和支柱作用，全年累放"三农"贷款16.2亿元。建立风险管理长效机制和落实信贷风险经理机制，确保贷款到期能及时收回，到期贷款收回率98.71%。全面开展"抢收、争收、快收、多收"不良贷款的"春雷行动"，通过实行政策倾斜、落实责任制及采取法律清收处置不良资产。依托农行网络、网点，依靠电子银行科技支撑，拓展人民币结算业务、保险代理、国际业务、代理基金销售、代客理财等业务，代理销售基金140只，交易金额17.33亿元。结合大、中、小型不同客户的经营特性和需求特点，组合推介企业网银、现金管理平台、财务顾问三大新产品，为客户提供便捷的综合理财服务。利用农行本外币资金实力和服务优势，做大做强国际结算业务，累计办理国际结算业务量4.3亿美元。

（曾 敬）

【中国银行南宁市邕州支行】 2007年，中国银行南宁市邕州支行辖城区支行16个、直属支行2个，员工600多人。年末，人民币各项贷款余额58.92亿元，各项存款余额70.14亿元。第四届中国—东盟博览会期间，在会展中心设立临时服务点营业6天，为东盟十国及美国、日本、英国及国内各省市客商办理柜台交易业务565笔；完成博览会的各项金融服务工作，全市22个代兑点共为外宾办理人民币兑换业务101万元。作为首府高校助学贷款发放的惟一指定银行，承办广西21所自治区属院校的助学贷款工作。新学年开学期间在各家院校设立业务咨询台、助学贷款绿色通道，并先后在广西财经学院、广西大学、广西民族大学举行2007级新生国家助学贷款首批发放仪式。全年为1.88万名家庭经济困难且符合贷款条件的学生发放国家助学贷款1.12亿元。深化网络化营销体系，拓宽网点功能和营销渠道，延伸市场营销触角，各支行依托区位优势，以服务创新为切入点，实现以产品为中心的推销模式向以人为中心的服务型销售模式转变。

（杨瑞萌）

【中国建设银行股份有限公司广西分行】 2007年，中国建设银行股份有限公司广西分行在南宁市辖直属支行8个、营业部1个、机构网点102个，员工2389人。年末，本外币存款余额412.27亿元，贷款余额314.91亿元；中间业务净收入比上年

6月，农行广西分行营业部开展"捐资助学奉献爱心"活动　　曾 敬 摄

增长98%；不良贷款额和不良贷款率下降。引入六西格玛质量管理工具，建立联动营销利益协调和补偿机制，推进各项创新工作238项；推进会计集中管理改革，完成南宁经费共享中心的组建，实现经费与资本性支出业务的集中核算、支付和处理及凭证式国债一级分行的集中核算；成立广西分行评估中心，逐步实现评估业务的全面集中；南宁城区个贷业务实现集中审批和集中贷后管理。通过信贷政策统一风险偏好，明确信贷准入、退出标准。推进贷款结构调整，贷款投放继续向重点地区、行业、产品和客户倾斜，严格控制对限制性行业的信贷投放，退出低端、劣质客户，压缩一般客户的信贷存量，从严控制高风险贷款投放，提高信贷资产的收益水平。按照收益和风险匹配的原则对贷款项目开展投入产出分析，进一步规范贷款价格的审批，提升贷款定价谈判能力。继续实行财务、减值准备和保全政策联动，完善以风险调整后的收益和贡献度为评价目标的考核机制。加大对银行卡、财务顾问、保险代理等厚利性产品，委托贷款、担保类中间业务等传统产品的营销力度，加强企业财务顾问、企业直接融资(IPO)顾问等投资银行业务和重点集团客户各类代理业务的拓展力度，扩大代理的业务量和份额，增加手续费收入。采取中间业务买单制和责任制相结合的方式，激励直接营销人员；实行累进式约束机制，对未完成中间业务收入任务的行部进行处罚，做到激励有效、约束到位。（杨　茜）

【交通银行股份有限公司南宁分行】 2007年，交通银行股份有限公司南宁分行辖市内中心支行6个、营业网点37个，开设沃德财富中心2个，员工751人。年末，资产总额156亿元；实现利润3.94亿元；人民币各项存款余额140.23亿元，广义储蓄存款增量14.67亿元；对公存款增量16.3亿元；人民币各项贷款余额99.98亿元；中间业务收入6537万元；完成国际结算4.56亿美元。围绕重点行业、项目、客户，制定差异性营销方案，业务发展实力进一步增强。通过存贷款、结算、中间业务一体化综合营销模式，拓展对客户提供公司金融服务的内容和层次；引入沃德财富中心，开发校园卡、集中代收电费等多项特色应用服务产品；举行“沃德财富”杯高尔夫精英邀请赛、“财富万里行”、“中国基金投资管理人风云会”等多场高规格大型活动；与证券公司合作，办理第三方存管业务。针对客户避险、保值的需求，重点营销综合回报较高的远期结售汇、资金理财、贸易融资等产品，特别是通过各类融资产品的组合，推动进出口结算业务的发展，扩大国际结算业务收入和市场份额；通过组织客户沙龙、开展“开户有礼”活动拓展满金宝客户群体；抓住基金产品热销和网银渠道转账、基金费率实行优惠的发展机遇，开展多层面的网银业务宣传工作，网银客户数和业务收入快速增长。（黄莹莹）

【中国光大银行南宁分行】 2007年，中国光大银行南宁分行辖营业网点7个，员工245人。各项资产总额113.88亿元。贷款投放主要集中在交通、电力、钢铁等重点行业，新增贷款19.29亿元。年末，人民币各项存款余额101.98亿元，贷款余额77.59亿元；中间业务收入3095万元；利润2.44亿元，不良贷款率0.49%。发展外汇债务保值、短期融资券等投资银行业务，发展进口押汇、保贴等贸易融资业务，推进出国金融等个人新业务品种，拓展基金业务和承销国债业务，投资银行业务、信贷资产转让手续费收入及代理理财手续费收入增加。南宁分行被评为中国光大银行总行全国先进单位，在全国系统经营考核中排名第一；获自治区政府颁发的“金融机构支持广西经济发展贡献奖”。（牛爱华）

【南宁市商业银行】 2007年，南宁市商业银行辖营业部和支行53个，员工895人。年末，资产总额106.28亿元；人民币各项存款余额100.14亿元，各项贷款余额28.54亿元；实现净利润2230.98万元；不良贷款率4.03%，资本充足率11.5%，核心资本充足率9.31%，贷款损失准备金充足率120%，拨备覆盖率100%，实现监管达标。开发应用支票影像交换系统、联网核查公民身份证信息系统、银行业大额交易和可疑交易报告数据报送接口系统、小额支付系统通存通兑业务、金融统计接口系统等，加强银行内控和风险防范。利用中间业务和“桂花卡”业务优势，增加存款来源；开展优质文明服务工作，促进存款业务发展。控制贷款规模，审慎合理投放贷款，保证收息的增长；转变思路，调整贷款投放重点，优化贷款结构；加强对贷款存量的管理，遏制不良贷款的增长，防止新的不良贷款产生。（范桂桃）

证券·期货·上市公司

【证券经营】 2007年，南宁市有证券公司1家(国海证券有限责任公司)，基金管理公司1家(国海富兰克林基金管理有限公司)，证券营业部19家，期货营业部5家，具有证券、期货相关业务许可证的会计师事务所在广西设立的分所4家，具有证券、期货相关业务许可证的资产评估事务所2家。南宁市证券营业部全年代理上海证券交易所、深圳证券交易所证券交易总额5078.18亿元，占广西证券交易总额52.79%，比上年增加4106.01亿元。其中，A股4209.86亿元，B股20.75亿元，基金72.95亿元，债券1.49亿元，权证773.12亿元。投资者开户数54.04万户，比上年增加21.1万户。证券营业部托管市值290.09亿元，较上年增加214.94亿元。证券经营机构保持良好的发展态势，盈利能力大幅提高，全年实现净利润6.33亿元，占广西证券营业部全年净利润总额44.36%，比上年增加5.42亿元。完成证券公司综合治理工作，国海证券公司步入规范发展轨道，资产质量明显改善，至年末，公司总资产123.8亿元，比上年增长192.53%；实现营业收入22.86亿元，比上年增长333.78%；实现净利润6.7亿元，比上年增长871%。

【期货经营】 2007年，南宁市期货营业部有5家，分别为银建期货经纪有限责任公司南宁营业部、南粤期货经纪有限公司南宁营业部、大连万达期货经纪有限公司南宁营业部、广发期货经纪有限责任公司南宁营业部、长城伟业期货经纪有限公司南宁营业部。全年代理期货交易量388.88万手，累计成交额1602.16

2007年南宁市上市公司情况表

公司名称	总股本(万股)	总资产(万元)	净资产(万元)	营业收入(万元)	净利润(万元)	基本每股收益(元)	净资产收益-加权(%)	总市值(万元)
广西桂冠电力股份有限公司	141573.07	1348135.26	369552.17	336178.13	33443.92	0.239	9.62	1691798.17
广西阳光股份有限公司	53565.24	546477.50	173871.20	129634.70	18332.60	0.390	13.14	807763.76
南宁糖业股份有限公司	28664.00	363711.49	131452.84	313594.25	12983.60	0.490	11.83	465790.00
广西五洲交通股份有限公司	44200.00	188664.19	143328.36	20731.83	9948.23	0.230	6.94	352716.00
南宁化工股份有限公司	23514.81	220498.25	100605.72	182222.01	6826.85	0.328	8.58	303576.25
南宁百货大楼股份有限公司	14467.20	87971.69	20887.63	113546.54	1390.01	0.100	6.88	147420.77
广西南方食品集团股份有限公司	17825.95	70601.74	19836.80	29585.64	397.31	0.032	3.18	152411.91

亿元;投资者开户数 1425 户,手续费收入 1005.55 万元。

【上市公司】 2007 年,注册地在南宁市的上市公司有 7 家,分别为南宁百货大楼股份有限公司、南宁糖业股份有限公司、南宁化工股份有限公司、广西桂冠电力股份有限公司、广西五洲通股份有限公司、广西南方食品集团股份有限公司、广西阳光股份有限公司。总资产 282.61 亿元,总股本 32.38 亿股,年末总市值 392.15 亿元,分别占广西 25 家上市公司总资产、总股本及总市值的 39.72%、36.47%、27.71%。7 家公司均实现盈利,平均每股收益 0.2585 元,实现净利润合计 8.33 亿元。7 家公司全部如期完成股权分置改革,公司治理深层次矛盾和结构性问题逐步得到解决,上市公司质量和规范运作水平提高,发展势头良好。

(证监会广西监管局)

保　　险

【概　况】 2007 年,在南宁市设立自治区级分公司的寿险公司 4 家、财产险公司 2 家,设立市级分公司的寿险公司 1 家。信诚人寿保险有限公司广西分公司成为广西第一家中外合资保险公司,中国出口信用保险公司南宁营业管理部成为广西第一家政策性保险公司。至年末,南宁市共有自治区级保险分公司 20 家,地市级分公司(中心支公司)4 家,支公司及营业部 49 家,营销服务部 207 家;保险代理公司法人机构 10 家、分支机构 8 家,保险经纪公司分公司 8 家,保险公估公司法人机构 2 家,分支机构 2 家。全市各保险公司共实现原保险保费收入 27.05 亿元,比上年增长 26.63%,在广西 14 个地级市排第四名。其中:财产险公司实现原保险保费收入 11.48 亿元,比上年增长 39.86%,在广西 14 个地级市排第

2007 年驻市各人身保险公司保险业务情况表

单位:百万元

保险机构	保费收入						赔付支出		
	人寿保险				意外伤害险	健康险	寿险	意外险	健康险
	普通寿险	分红寿险	投资连接保险	万能保险					
中国人寿保险股份有限公司广西分公司(含集团业务)	194.92	461.46	0.00	15.96	23.20	32.75	294.24	6.90	20.39
中国太平洋人寿保险股份有限公司广西分公司	40.87	23.36	0.00	48.16	8.30	12.85	23.87	3.58	3.84
中国平安人寿保险股份有限公司广西分公司	50.90	151.60	19.90	105.73	16.51	98.46	63.04	3.54	12.68
新华人寿保险股份有限公司南宁分公司	2.42	92.31	0.00	11.60	3.53	9.09	2.76	0.90	1.24
泰康人寿保险股份有限公司广西分公司	1.05	23.24	39.10	33.71	11.70	6.01	2.66	1.01	0.86
平安养老保险股份有限公司广西分公司	0.00	2.80	0.00	0.00	0.00	0.00	0.00	0.00	0.00
太平人寿保险有限公司广西分公司	0.17	1.89	2.47	3.47	0.28	0.54	0.00	0.00	0.01
中国人民人寿保险股份有限公司广西分公司	0.05	0.53	0.00	9.67	0.17	0.23	0.00	0.00	0.00
信诚人寿保险有限公司广西分公司	0.10	1.29	0.88	0.00	0.09	0.36	0.00	0.00	0.00

注:平安养老保险股份有限公司广西分公司成立后,其原归属中国平安人寿保险股份有限公司广西分公司经营的业务仍未分离核算和统计

2007 年驻市各财产保险公司保险业务情况表

单位:百万元

保险机构		中国人民财产保险股份有限公司广西分公司	中国太平洋财产保险股份有限公司广西分公司	中国平安财产保险股份有限公司广西分公司	华安财产保险股份有限公司广西分公司	天安保险股份有限公司广西分公司	大地财产保险股份有限公司广西分公司	安邦财产保险股份有限公司广西分公司	都邦财产保险股份有限公司广西分公司	阳光财产保险股份有限公司广西分公司
保费收入	企业财产保险	61.02	19.49	10.01	18.02	0.43	10.57	0.30	2.06	6.20
	家庭财产保险	3.01	0.45	−0.74	−0.35	−0.11	0.99	0.07	0.01	0.45
	机动车辆保险	384.69	92.76	135.84	73.47	12.88	37.90	20.34	48.89	29.73
	工程保险	11.61	3.46	11.86	0.05	0.00	2.47	0.00	0.37	0.03
	责任保险	15.35	33.20	10.77	1.01	0.27	1.12	0.04	1.03	0.30
	保证保险	2.81	0.97	0.92	0.29	−0.96	0.00	0.58	0.00	0.00
	船舶保险	1.87	0.33	0.32	0.02	0.00	0.14	0.00	0.00	0.00
	货物运输保险	24.75	2.70	2.34	0.90	0.00	2.85	0.05	0.14	0.41
	农业保险	2.17	0.04	0.00	0.00	0.00	0.11	0.00	0.00	0.00
	其他财产保险	0.00	0.32	0.00	0.00	0.00	0.00	0.28	0.00	0.00
	短期健康保险	0.08	0.02	1.63	0.19	0.00	0.05	0.00	0.02	0.00
	意外伤害保险	19.84	7.94	17.75	9.78	0.42	3.76	0.72	2.57	2.19
赔款支出	企业财产保险	21.54	7.25	5.87	2.91	1.06	3.07	0.09	0.19	0.11
	家庭财产保险	0.81	0.00	0.03	0.00	0.02	0.00	0.00	0.00	0.00
	机动车辆保险	207.92	40.92	50.29	31.84	5.14	21.13	5.44	11.60	2.28
	工程保险	7.98	0.62	1.62	0.01	2.81	0.11	0.00	2.16	0.00
	责任保险	2.43	21.57	1.16	0.05	0.08	0.33	0.00	0.22	0.00
	保证保险	−1.72	−0.07	1.79	0.00	0.16	0.00	0.02	0.00	0.00
	船舶保险	0.85	0.13	0.04	0.00	0.00	0.01	0.00	0.00	0.00
	货物运输保险	9.42	0.02	0.23	0.10	0.00	0.45	0.00	0.16	0.10
	农业保险	0.43	0.00	0.00	0.00	0.00	0.00	0.00	0.00	0.00
	其他财产保险	0.00	0.01	0.00	0.00	0.00	0.00	0.00	0.00	0.00
	短期健康保险	0.05	0.00	1.87	0.01	0.00	0.00	0.00	0.01	0.00
	意外伤害保险	10.84	3.28	1.81	2.62	0.10	2.01	0.15	0.39	0.20

二位；寿险公司实现原保险保费收入15.57亿元，比上年增长18.37%，在广西14个地级市排第五位。全年累计支付保险赔款和给付金9.34亿元，比上年增长44.94%。其中：财产险公司支付保险赔款4.92亿元，比上年增长29.16%；寿险公司由于受2002年销售的五年期分红保险满期给付的影响，共赔付4.42亿元，比上年增长67.81%。

【保险监管】 2007年，中国保险监督管理委员会广西保监局对辖区内37家保险公司分支机构、6家专业中介公司、8家兼业代表代理机构进行现场检查，对部分违规机构、高管人员给予警告、罚款、责令停止接受新业务等行政处罚。重点对短期险市场进行专项治理，先后召开短期健康保险和意外伤害保险监管工作座谈会，印发《关于规范短期健康保险和意外伤害保险市场秩序的通知》和《关于规范乘客人身意外伤害保险业务管理的指导意见》。批准平安养老保险股份有限公司广西分公司、太平洋人寿保险有限公司广西分公司、中国人民人寿保险股份有限公司广西分公司、渤海财产保险股份有限公司广西分公司、中国出口信用保险公司南宁营业管理部等5家自治区级保险分公司在南宁开业，批准设立中国人民人寿保险股份有限公司南宁分公司、批准设立广西保运通保险代理有限公司、广西安海保险代理有限公司、广西米昂保险代理有限公司3家保险代理公司，批准设立北京世纪经纪有限公司广西分公司、星安保险经纪有限责任公司广西分公司、华育保险经纪有限公司广西分公司、北京金诚国际保险经纪有限公司南宁分公司等4家保险经纪公司分公司，批准信诚人寿保险有限公司广西分公司在南宁开业。推动实施农村“两属两户”住房统保工作，共为65万多户农房提供保险保障；推进政策性养鸡保险、能繁母猪保险，为30多万头能繁母猪和2000多万羽鸡只提供保险保障。全面实施承运人责任保险制度，实现保费收入8477万元。 （吴传明）

【中国人寿保险股份有限公司南宁分公司】 2007年，中国人寿保险股份有限公司南宁分公司辖南宁市、崇左市分支机构29个，农村营销服务部47个，员工及个人代理人3333人。经营意外、养老、健康、年金、新型寿险等险种。在农村保险及保险理财方面开展创建中国人寿“保险示范村”活动，推出新简身险、美满一生、瑞丰万能、穗穗红等新险种。全面推进精细化管理工作，开展“国寿1+N”贵宾会员客户及附加值服务，完成业务、财务档案上收管理清理，加大续期授权转账的工作力度，依法合规经营；开展依法合规巡回演讲、内控合规、效能监察、治本抓源及反洗钱、商业贿赂专项整治、诚信教育活动；加强公司的品牌建设，完成总公司“中国人寿全球分析师/投资者公司开放日活动”晨会展示；组织高端客户恳谈会暨希望工程捐赠会、“送保险到社区、到学校”客户联谊会、“关爱生命·健康家庭”健康讲座、社会服务监督员座谈会等。实现保费收入8.57亿元，占南宁寿险市场份额50.8%，年金满期给付及短险赔付3.45亿元，公司可持续发展指标比上年增长率指标在全国系统80个大中城市考核中名列前茅。 （杨豫萍）

【中国人民财产保险股份有限公司南宁市分公司】 2007年，中国人民财产保险股份有限公司南宁市分公司辖经营单位21个、营销服务部84个，员工288人。保险服务网络覆盖南宁市和崇左市，实现保费收入4.85亿元，比上年增长11.6%。实施业务以车险为轴以财产船舶货运险和意外健康责任信用保险为两翼的“一轴两翼”发展战略，开展农房保险消灭空白县活动，为南宁市和崇左市85.3万户农户的房屋和财产提供9.3亿多元的保险保障；独家经营能繁母猪保险，为南宁市和崇左市1.91万头能繁母猪提供保险保障；推出新型投资保障型产品“金娃投资型意外伤害保险”，为自治区公安干警和自治区见义勇为者提供意外伤害保险，为广西普通高校招生考试咨询会等重大活动提供财产综合、公众责任、意外伤害、汽车等全方位的保险保障服务；与公安交警联合开展南宁市和崇左市交通安全宣传画册进农村活动；启动首届客户暨金秋十月“纵情山水、真情回馈”保险增值服务活动，为客户提供免费洗车、免费施救、免费检测、防灾提醒、续保提醒、节日温馨祝福等增值活动。简化客户索赔的程序和环节，加快小额赔案处理速度，共处理各类赔案10.72万件，比上年增长63.47%，支付赔款2.39亿元。在强降雨灾害中共受理出险报案482件，支付大灾赔款1017.77万元。（葛东旭）

【中国太平洋人寿保险股份有限公司广西分公司】 2007年，中国太平洋人寿保险股份有限公司广西分公司辖分支机构54个，员工800多人，营销人员4773人。经营险种有人寿、年金、健康、意外伤害等200多个。主要推出小康之家·华彩人生终身寿险（万能型）、小康之家·鸿运年年两全保险（分红型）和小康之家·如意安康两全保险等险种。实现保费收入9.2亿元，占广西寿险市场份额14.6%，居第二位；给付1.08亿元。

（张志坚 陈 志 朱顺福）

【中国太平洋财产保险股份有限公司广西分公司】 2007年，中国太平洋财产保险股份有限公司广西分公司辖经营机构162个，其中在南宁市设有分公司营业部，另在广西设有中心支公司11个，辖县支公司18个和县级营销服务部132个，从业1200多人。开展农村借款人意外险、农村居民用电意外险、林木火灾保险、甘蔗火灾责任险等保险业务，全辖农业保险业务收入291万元，占整体业务比重0.50%。实现保费收入5.84亿元，比上年增长27.20%。其中，车险保费收入4.2亿元，比上年增长28.56%；非车险保费收入1.65亿元，比上年增长23.84%。支出赔款2.36亿元，赔付率40.33%。公司规模及增幅均在广西保险行业排第二位，不良资产风险率为零。 （张宏卫）

【中国平安人寿保险股份有限公司广西分公司】 2007年，中国平安人寿保险股份有限公司广西分公司辖中心支公司4个、营销服务部11个，南宁市辖员工1806人。推出平安金彩人生两全保险（万能型）、富贵人生两全保险（分红险）、智盈人生终身寿险（万能型）和聚富步步高投资连结保险等新险种23个。正式启用ETS系统培训中心管理模板，实现培训中心标准化管理；启动晋升工程，倡导快乐晋升文化，实现组织健康发展；通过P-STAR活动、寻找533万生存保险金主人、“维护客户信息，关爱每位客户”等大型客户温馨关爱活动，践行“客户至上、服务至上”的服务宗旨；举行“价值与明天，钻石与希望”——百万维护之钻石回访天等希望小学爱心援建活动；举办广西寿险理赔法律事务研讨会。实现保费收入4.43亿元，支付赔款和给付保险金7926.18万元。 （江 燕）

【中国平安财产保险股份有限公司广西分公司】 2007年，中国平安财产保险股份有限公司广西分公司辖地市级中心支公司10个、城区支公司2个、营销服务部29个，员工500多人。新增险种14个，经营保险产品70多种。遵循“诚信第一、效率第一、客户至上，服务至上”的服务宗旨，以“全国通赔”服务为导向，为客户提供最快捷、最方便、最贴心的理赔服务。转变管理理念和行为，夯实基础管理，完善各项制度建设，开拓不同渠道、推广各项险种，探索营销制销售模式，使营销和直销并存。实现保费收入3.06亿元，其中：车险2.365亿元，财产险4475.4万元，意外健康险2507.8万元；支付赔款1.024亿元。 （樊丰谋）

责任编辑 周 红

经济管理与监督

计划管理

【概　况】 2007年，南宁市发展和改革委员会组织编制年度全市经济和社会发展计划，提出经济发展主要预期目标、工作目标建议，制定、下达并组织实施城市建设投资、农村建设投资、市本级财政预算内资金基本建设投资、市本级财政预算内资金教育基本建设投资、项目前期工作等专项计划，将具体目标分解给县区和市直有关部门及单位。加强对经济发展的分析、预测，完成并上报《全市经济形势分析报告》、《全市投资情况分析报告》、《全市工业企业景气调查分析报告》。组织编制完成《南宁市全面建设小康社会规划纲要(2007~2015年)》，提出南宁市全面建设小康社会的目标、任务、措施，特别是对提前实现全面建设小康社会目标进行规划。及时分解年度全市全社会固定资产投资任务，确保责任落实到县区和市直有关部门及单位，跟踪了解对口责任单位工作进展情况，根据投资进度和存在问题，提出确保全面完成全年固定资产投资目标任务的工作建议，加强统计督查，确保全市全社会固定资产投资目标完成。完善投资管理与服务，抓好城市建设投资计划以及市本级财政预算内资金基本建设投资、市本级财政预算内资金教育基本建设投资、项目前期工作等专项计划的编制和下达，继续完善一般性投资项目的管理与服务工作。推进城市建设、工业、商贸、农业、社会事业等领域重大建设项目的实施，促进城市建设和产业发展。其中，积极推动城市轨道交通、邕宁梯级水利工程、世界银行贷款南宁市城乡环境综合整治、南宁电厂、广西体育中心等重大建设项目开展规划、立项、设计等前期工作。开展和完善自治区、市级层面统筹推进重大新开工项目的协调与服务工作，推动重大新开工项目年末前全部开工建设。积极组织项目争取国家和自治区资金，有33个项目获国家和自治区资金7.64亿元。策划城乡环境综合整治工程项目申请国外贷款，获世界银行贷款1亿美元。组织申请国家开发银行第一批贷款项目计划，申请国家开发银行贷款123.97亿元。推动区域经济发展，成立南宁市广西北部湾经济区规划建设管理办公室，组织协调南宁市融入北部湾经济区规划编制、重大基础设施和重大产业项目规划建设等工作。完善投资项目核准、备案制度等项目审批和投资管理工作，制定《南宁市政府投资项目管理办法》。牵头制定《南宁市政府投资项目代建单位资格管理办法》，推进政府投资项目代建工作，对七一总渠、三十三中、昆仑关战役旧址博物馆、市科技馆、信息大厦、民族影城6个项目分别实施全过程代建和施工阶段代建管理。提出《南宁市县区工业产业发展定位意见》，从明确和完善县区产业发展定位、加快培育产业集群、加快建设特色产业园区、继续完善基础设施和优化政务环境等方面对县区工业产业定位提出建议。启动“飞地工业”发展研究工作，促使县区、开发区突出发展特色优势工业产业，推进产业创新工作。成立南宁市申报国家生物产业基地工作领导小组，编制《南宁国家生物产业基地总体发展规划》，开展市国家生物产业基地申报工作。提出对城市生活垃圾处理逐步向焚烧方式转变的意见获市政府批准。以项目前期工作机制、投资项目管理和服务、项目建设和产业发展的开放与创新为主要切入点，推动发展和改革工作。完成《南宁市主导产业集群课题研究》、《南宁市融入泛北部湾经济区过程中产业集群发展研究》、《南宁市会展业发展研究》、《关于南宁市发行企业债券基本情况及工作建议》等一批课题上报市政府供决策参考。

【年度计划编制】 2007年，市发展改革委组织编制《2007年全市经济和社会发展计划》，先后经市政府常务会议、市委常委会议审定，由市第十二届人民代表大会第二次会议批准通过，并据此下达2007年南宁市经济与社会发展主要预期目标，同时制定城市基本建设投资、中小学招生、土地利用、社会主义新农村建设试点项目投资、“菜篮子”工程建设项目投资、基本建设项目前期工作、市本级预算内基本建设投资、市本级预算内教育基本建设投资等专项计划，经常派员到基层开展计划的组织实施和协调工作，推动全市经济和社会发展计划的具体实施。南宁市2007年经济和社会发展计划主要预期目标与上年相比：生产总值增长13%。其中，第一产业增加值增长7%；第二产业增加值增长16%(工业增加值增长17%)；第三产业增加值增长13%。财政收入增长15%。全社会固定资产投资增长19%。社会消费品零售总额增长14%。出口增长15%。外商直接投资增长15%。城镇居民人均可支配收入增长7%；农村居民人均纯收入增长6%。居民消费价格总水平上升幅度在3%以内。人口自然增长率控制在10‰以内。城镇新增就业岗位5万个；城镇登记失业率在4.5%以内。至年末，除居民消费价格总水平上升幅度(实际达到4.4%，超过3%的预期目标)外，主要预期目标的其他指标按计划实现。

【经济社会发展分析预测】 2007年，市发展改革委分析、研究经济增长、投资、消费、价格、资金、出口、居民收入等主要经济因素的变化，加强对经济发展的监测、分析、预测工作。每月完成《全市经济形势分析报告》、《县域经济运行分析报告》，每季度撰写《南宁市工业企业景气调查分析报告》、《南宁市服务业形势分析报告》，半年完成《关于南宁市2007年上半年国民经济和社会发展计划执行情况的报告》，不定期完成《全市投资情况分析报告》，上报自治区发展改革委、国家发展改革委，并供市委、市政府参考。针对全市经济社会发展中的重点、热点和难点问题，完成《南宁市2007年建设项目工作情况汇报》、《南宁市实施“社会发展百亿工程”工作方案》、《南宁市积极认真落实政策保证市场供应维护副食品价格稳定的情况汇报》、《我市县区工业产业发展定位意见》、《市发改委促进东部产业转移项目尽快顺利落地的具体措施》、《我市投资项目督查情况汇报》、《我市明年经济社会发展目标和投资项目情况汇报》、《我市今年经济社会发展情况与明年发展思路汇报》、《我市明年全社会固定资产投资资金构成简要分析》、《我市明年全社会固定资产投资项目构成简要分析》、《我市2007年经济社会发展情况与2008年发展目标考虑》等调研报告、汇报材料、工作方案，发挥宏观经济预测、预警方面的作用。

【国家宏观调控政策贯彻】 2007年，市发展改革委贯彻落实国家发展循环经济，促进资源高效利用，推动节能减排，转变经济增长方式的部署，代拟《南宁市人民政府关于加快发展循环经济的实施意见》上报市委、市政府下发执行，组织研究提出并推动实施《南宁市节能减排百日行动实施方案》、《南宁市车用乙醇汽油推广使用总体实施方案》。贯彻落实国家对解决华侨农林场问题的工作要求，代拟《中共南宁市委 南宁市人民政府关于推进南宁市华侨农林场改革和发展的实施意见》上报市委、市政府下发执行。贯彻落实国家促进生猪生产持续健康发展，稳定生猪市场供应的政策，组织开展全市生猪标准化规模养殖场(小区)建设项目申报和具体推动实施工作。

【固定资产投资管理】

推动固定资产投资增长 2007年，市发展改革委从多方面推动全市投资增长。及时分解年度全市全社会固定资产投资工作目标，确保责任落实到县区和市直有关部门及单位；通过向市委、市政府提出加快投资增长的工作建议，起草《南宁市全社会固定资产投资目标督查工作方案》、《推动南宁市项目前期工作的总体工作方案》等文件，推动各县区和市直有关部门及单位做好投资工作。制定《市发改委实现全市固定资产投资目标的工作方案》、《市发改委2007年确保完成投资目标任务督查工作方案》，将责任进行内部分解，由各责任人跟踪了解对口责任单位的工作完成情况，并进行协调服务。根据全市全社会固定资产投资工作的进度和存在问题，每旬编印《南宁市全社会固定资产投资工作简报》。牵头组织市统计局、建委等部门加强对企业统计工作的督查。至年末，共完成全市全社会固定资产投资560.22亿元，比上年增长25.27%。

城市建设投资计划编制下达 年初，与市规划、建设、财政部门共同编制完成《2007年南宁市城市基本建设项目投资计划》，并报市政府批准，3月下达给有关方面及单位执行。联合市重点办定时召开城市建设投资重点项目协调会，参与协调解决项目前期工作和建设过程中存在的问题。对年度城市建设投资计划执行情况进行跟踪分析。坚持每月编制城市建设投资项目进度表，并与市统计局、重点办逐个对接项目情况，掌握项目建设进度及其存在问题，及时向上级和有关部门提供项目建设情况作为分析、决策依据。年内市城市建设投资计划项目290个，其中建设项目213个。年度计划投资160.8亿元，完成投资75.1亿元(不含清欠偿还款和土地储备款)。实际完成投资额与计划投资额相差大，主要原因是项目资金到位不理想、征地拆迁难度大等。9月，按照市委、市政府“早安排、早落实”的部署，牵头与市建设、财政、规划等部门组成市城市建设投资计划编制小组，开始编制《2008年南宁市城市建设投资计划》。11月底，初步编制完成总表及第一批项目。

市本级财政预算内投资计划编制下达 与市财政局编制完成并下达《2007年南宁市本级财政预算内基本建设投资计划》，安排投资项目28个，计划投资额2.3亿元。继续重点支持公安、社会发展等领域的基础设施建设，并确保一批上年完工项目工程收尾和竣工决算顺利完成。

【重大建设项目推进】 2007年，市发展改革委大力推进全市重大建设项目工作，促进城市建设和产业发展。

重大建设项目前期工作 完成南宁市城市轨道交通线网规划，开展1、2号线工程可行性研究及沿线土地控制规划、建设规划环境影响评价、项目投融资等前期工作，项目业主南宁市投资开发公司与设计单位广州市地下铁道设计研究院签订1、2号线设计总体及总包管理合同。邕宁梯级水利工程争取自治区支持，《珠江流域西江水系郁江支流补充规划》通过珠江水利委员会的评审，项目《环评报告》经珠江水利委员会初审，进入编制可行性研究报告的准备阶段和选择项目前期工作单位的阶段。完成南宁电厂可行性研究报告及相关附件的编制，项目设备、监理、施工等招标，以及征地和进场公路施工等准备工作。华劲纸业年产9.8万吨竹浆和12万吨高级文化纸竹浆纸一体化工程，配套建设2万公顷原料竹基地项目完成环评批复、建设用地规划批准等工作。20万千瓦贯流机组生产基地技改项目完成项目备案、环评、规划定点审批、总评图审批、土地预审、方案设计等前期工作。南宁区域性国际物流基地完成概念性规划，开展分区规划评审及建设用地的征收储备工作。

重大建设项目实施 及时跟踪，主动协调，抓紧项目前期工作，加快建设进度。城建方面，推进东盟商务区基础设施、凤岭南路、银海大道延长线、平乐大道、仙葫大桥、南宁大桥、凌铁大桥、桃源大桥、北大桥和竹排冲、心圩江、可利江环境综合整治等新建、续建重点项目的开工和建设。交通方面，重点抓紧南宁市城市轨道交通、柳州铁路局总部搬迁到南宁等项目前期工作，配合南宁—柳州城际铁路、南宁—广州快速铁路等项目开展前期工作。工业方面，突出抓华润水泥生产线、金浪浆业蔗渣浆、恒安纸业高档生活纸等项目的开工建设及南宁电厂、中粮燃料乙醇等项目的前期工作。商贸方面，推动大商汇商贸物流中心、金桥农产品批发市场、金桥国际物流商区等项目的开工建设及南宁国际综合物流园等项目开展前期工作。农村基础设施建设方面，抓新农村建设试点工作，至年末累计完成投资15.1亿元，其中大石山区隆安、马山两县基础设施大会战第一年完成投资5.35亿元。社会事业方面，抓好二中东校区、南宁职业技术学院二期、市第四人民医院传染病业务楼甲类传染病住院楼、市疾病预防控制中心二期、市紧急救援中心、部分乡镇卫生院、大明山旅游风景区、昆仑关战役旧址博物馆、孔庙迁建、李宁水上体育公园等项目的建设和前期工作。

重大新开工项目推进 配合自治区发展改革委确定2007年南宁市列入自治区层面统筹推进新开工重大项目13个，分别为：南宁凤凰纸业有限公司环保技术改进工程、南宁高新技术产业开发区科技企业孵化基地、南宁恒安纸业有限公司高档生活用纸、华劲纸业竹浆纸一体化工程、玉柴南宁国际物流中心、南宁昆仑关景区、南宁市城市环境改善工程、广西体育中心主体育场、南宁锦虹棉纺织有限责任公司易地搬迁建设及技术改造、银海大道延长线拓宽工程（龟背桥—平乐大道）、平乐大道(南宁大桥—银海大道)、玉洞大道(银海大道—八鲤工业园)、武鸣锦龙建材有限公司日产4500吨熟料水泥生产线，计划总投资115.35亿元，其中年度计划投资17.7亿元。至年末全部开工建设，累计完成投资14.94亿元，占年度计划投资84.41%。其中南宁凤凰纸业有限公司环保技术改进工程竣工投入运行，南宁高新技术产业开发区科技企业孵化基地和南宁恒安纸业有限公司高档生活用纸项目部分竣工试产。列入自治区层面统筹推进预备新开工重大项目有青环路、南宁国际综合物流园、广西东盟电子科技工业园、东盟国际工业原料产品物流城4个，计划总投资137.5亿元，其中年度计划投资5000万元。年内南宁市列入自治区重点监管市级层面统筹推进新开工重大项目12个，分别为：凤岭南路、青竹立交桥、七一总渠改

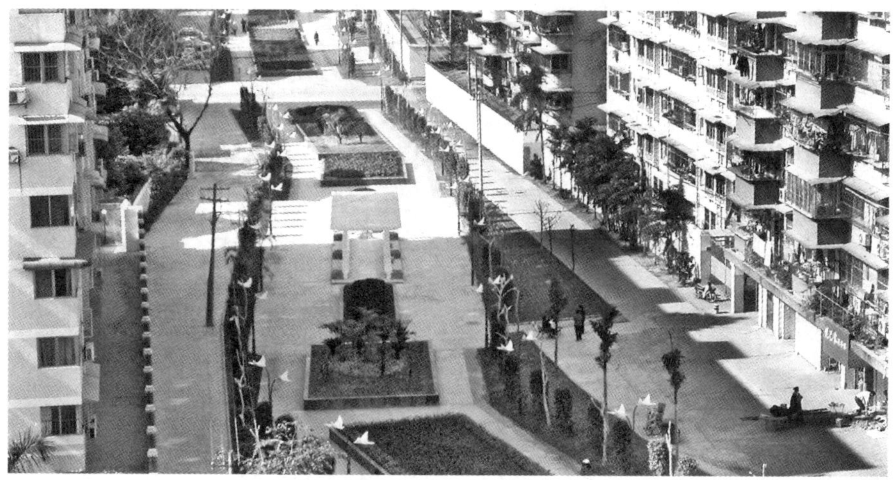

9月30日，七一总渠改造工程竣工，昔日的臭水沟变成了环境优美的休闲去处

周家志　摄

造、百花岭路及二中东校区周边道路、白云路、龙腾路、鲁班南路、龙岗大道(仙葫大桥—八鲤亭)、市科技馆、香榭里舍商业大道、五象新区堤园路、20万千瓦贯流机组生产基地技术改造，计划总投资36.95亿元，其中年度计划投资8.95亿元。至年末，凤岭南路、青竹立交桥、七一总渠改造工程、百花岭路及二中东校区周边道路、白云路、龙腾路、鲁班南路、龙岗大道(仙葫大桥—八鲤亭)、市科技馆9个项目开工建设，累计完成投资7.24亿元，为年度计划投资80.89%。其中青竹立交桥竣工通车，七一总渠改造工程、百花岭路及二中东校区周边道路部分竣工通车。

自治区成立50周年大庆建设项目推进　抓紧推进和配合推进广西体育中心、民族博物馆、科技馆、妇女儿童医院等自治区成立50周年大庆建设项目。其中，由南宁市承建的广西体育中心主体育场完成初步设计并获自治区发展改革委批复，国家和广西的补助资金逐步到位，抗震超限专项审查获自治区建设厅批复，完成部分地质勘察总钻孔及征地、施工图设计等项目前期工作，并开始施工。

项目储备　按照“开工一批、竣工一批、在建一批、储备一批”的建设项目工作思路，根据“十一五”规划和其他专项规划，组织和策划一批重大项目。至年末，为“十一五”后三年(2008~2010年)建设储备重大项目242个，计划总投资1328.99亿元。主要项目包括年产5万吨纳米锌系列产品、南宁东盟国际医药博览城、自治区文化艺术中心等。

【新农村建设】　2007年，市发展改革委主要从计划与项目安排等方面推进南宁市社会主义新农村建设试点工作和大石山区隆安、马山两县基础设施大会战。会同市交通、水利、林业、财政等有关部门编制下达南宁市2007年社会主义新农村建设试点项目投资计划和大石山区隆安、马山两县基础设施大会战项目投资计划。计划下达后，派员不定期深入县区和项目实地，开展项目实施的检查、督促和协调工作。至年末，新农村建设试点项目开工8180个，完工8164个；累计完成投资15.1亿元。大石山区隆安、马山两县基础设施大会战第一年，项目开工9412个，竣工9356个；完成投资5.35亿元，占两年计划总投资88%。

【资金筹措】

国家与自治区资金　2007年，市发展改革委针对国家重点支持与投向组织项目向上级部门申报，争取列入自治区发展改革委上报国家发展改革委的利用中央国债和中央预算内专项资金项目计划。全市有33个项目获得国家和自治区资金7.64亿元。其中：中央国债和中央预算内专项资金4.65亿元，自治区补助资金2.99亿元。

国外资金　组织策划南宁市部分前期工作较成熟的环境保护领域项目打捆成南宁市城乡环境综合整治工程，工程包括内河生态环境整治工程项目和城乡污水处理厂项目两大类共9个子项目，项目总投资约19.33亿元。年初上报国家发展改革委申请利用世界银行贷款。经国务院批准列入利用世界银行贷款2008~2010财年备选项目规划，是当年全国获批的8个项目之一，共获得世界银行贷款1亿美元。

国内银行信贷资金　加强与银行的衔接，组织南宁市申请国家开发银行第一批贷款项目计划，共4个大项目，计划总投资154.96亿元，其中申请国家开发银行贷款123.97亿元。国家开发银行批准五象新区基础设施（计划总投资100.45亿元，申请国家开发银行贷款80.36亿元)、凤岭片区道路(计划总投资14.51亿元，申请国家开发银行贷款11.61亿元)、堤路园完善工程(计划总投资7.89亿元，申请国家开发银行贷款6.31亿元)、环境综合整治项目立项(计划总投资32.11亿元，申请国家开发银行贷款25.69亿元)。建立南宁市政银企金融工作联席会议制度，定期召开联席会议推介项目，加强市政府部门、金融部门、企业单位之间的沟通联系和相互合作，为项目申请贷款打好基础。

【参与广西北部湾经济区开发】　2007年1月，南宁市北部湾(广西)经济区规划建设管理办公室成立。市发展改革委组织协调南宁市融入北部湾经济区规划编制、重大基础设施和重大产业项目规划建设等工作。配合自治区开展争取广西北部湾经济区进入国家战略规划及列入国家综合配套改革试点的工作。推进南宁市列入第一批北部湾重点推进前期工作的项目，配合自治区推动南宁国际物流基地规划建设，向海关总署申请在南宁规划建设保税物流中心(B型)，制定《南宁保税物流中心(B型)建设工作方案》，推动深圳盐田港集团有限公司在南宁国际物流基地投资建设南宁保税物流中心（B型）及相应配套基础设施的工作。开展对接广西沿海三市(北海、钦州、防城港)重大产业项目研究，争取在南宁布局一批为沿海三市重大产业配套的项目及其延伸产业项目，充分利用南宁作为核心城市所拥有的区位、人才、资金、技术和市场优势，发展高附加值产品，进一步增强产业竞争力，更好地打造区域性加工制造基地。参与组织《南宁日报》等市属新闻媒体进行采访报道，重点宣传经济区各市开放开发的新形势和发展远景规划，为进一步推动经济区开放开发营造良好环境。　（杨华伟）

统　　计

【概　况】　2007年，南宁市统计局加强统计队伍建设。全市取得统计从业资格上岗证4875人。成立统计信息化建设领导小组，加强统计信息网络技术的应用与推广，提升内、外网的服务功能；加强统计内外网的升级改造，增加统计资料和统计信息的公布内容，及时加载各类数据和文字资料，满足社会需求；推开企业统计报表联网直报试点工作，改进现行网上直报运行质量，提升全市联网直报的运行效率，加快统计信息自动化建设进程。继续建设“电子政务决策支持与分析系统”，建立起标准统一、功能完备的基层数据存储系统、综合数据查询系统，使综合数据库更加简便、快捷、准确。年内获奖62项。

【统计数据质量管理】 2007年，市统计局定期开展统计基础建设、统计抽样调查、统计法制建设三项统计督查活动,推动各县区统计基层建设的标准化、制度化、规范化开展,确保统计“源头”数据质量;建立健全工业、固定资产投资、贸易、农业等专业统计与综合核算统计数据质量联动审核、评估制度,建立以专业数据评估为基础,以地区生产总值核算评估为龙头的审核、评估、预警、预测体系,加强对基层“源头”数据的审核,确保统计数据质量。严格按照国家规定的地区生产总值数据质量下管一级的规定,重点加强对县区地区生产总值数据质量的审核评估,确保国民经济核算指标的质量。进一步建立健全统计抽样调查工作。完善工业、商业、餐饮业、住宿业、服务业抽样调查样本,使统计抽样调查网络真正延伸至乡镇、街道、社区、村屯、个体经营户;建立市级统计抽样调查监控点,由市统计局直接抽取数据,直接监控。至年末,全市规模以上工业、限额以下餐饮业、服务业的抽样调查网点(含个体户调查点)7509个。开展农产品产量、农副产品价格、规模以下工业企业、限额以下餐饮、住宿企业、服务业、个体经济、私营企业、旅游、人口劳动力、科技、大集团大公司调查等10多项抽样调查和专项调查工作。

【统计咨询服务】 2007年,市统计局根据市党政领导关注的重点、难点问题确定统计服务重点、内容和质量要求,形成目标任务分解到各专业科室,每季度对全市经济运行情况进行预警预测,并形成经济运行分析报告。实施“统计数据提速工程”,做到专业数据月报结束后立即编发相关统计信息,专业月度资料在月后12日前编发，专业科室的季度分析报告在季后15日前编发。共编发统计资料368期。其中:统计分析91期,统计报告46期,统计信息112期,统计动态112期,博览快讯7期。编发《南宁统计年鉴》、《南宁市情手册》、《2006年南宁经济发展回顾》、《南宁经济动态月报》、《南宁工业月报》、《南宁投资快讯》、《统计参阅》等资料共1.25万册。开展统计数据咨询活动，接待各单位、个人查询统计信息资料2557人次,收到各部门要求核实、提供统计信息数据的来函113件,同时每季度召开统计新闻发布会1次,向社会公布南宁市国民经济运行情况,实现了在市统计局内、外网上同步发布。

【统计法制建设】 2007年,市统计局以全面提高依法统计水平为重点,加强统计法制建设力度。一是根据国家、自治区的统一部署,做好南宁市统计“五五”普法的启动工作,把统计普法宣传融会于各项统计工作特别是农业普查工作中,并举办统计法规知识培训3期共91人次。二是通过开展行政复议加强年活动，提高行政复议工作人员的政治素质、业务素质,增强正确运用调解、和解手段办理行政复议案件的能力。三是建立健全规范执法工作的长效管理机制。严格执行《统计行政执法责任制》,强化执法责任,落实执法目标,规范法定程序、适用法律、违法证据等案卷要素。四是严格执行行政处罚裁量制度。继续规范执行行政领导集体讨论、审查案件制度,保证统计行政处罚的“公开、公平、公正”。五是开展统计执法案卷评查,通过对案卷的违法证据是否确凿、执法程序是否合法、适用法律是否正确、法律文书的使用及文字表述是否规范、案卷整理、入卷、归档是否达标等进行评查,提升南宁市统计执法案卷质量。六是进一步加强部门统计调查项目的备案、审批工作力度,按照部门统计调查项目的备案、审批原则开展统计表式及统计指标体系的核实工作,共完成同级部门统计调查项目审批8项,切实保障统计管理相对人的合法权益。七是规范开展统计管理登记及清理换证工作,共办理统计管理登记证150个、统计管理登记证年检2103个,规范统计调查单位名录库的动态维护工作。

【统计规范化检查】 2007年9月11~13日,市统计局配合市人大常委会对《南宁市统计管理条例》在全市贯彻实施情况进行检查，代表市政府向市人大常委会执法检查组作《条例》贯彻实施情况的专题汇报,检查组还分赴武鸣县、隆安县、西乡塘区、良庆区,听取当地政府对《条例》贯彻执行情况的汇报，并到武鸣双桥、隆安南圩、西乡塘坛洛、良庆那马等乡镇,对基层统计工作的现状、困难和问题进行实地调查,全面了解《条例》贯彻实施情况,促进依法统计。9月11~20日,组成6个检查小组，对15个县区(开发区)统计局、300个企事业单位、157户个体工商户、38个乡镇开展统计基层基础工作情况、统计法制建设情况和统计抽样调查开展情况三项大检查，掌握基层统计工作状况，采取汇报检查与现场检查相结合、分专业综合检查与现场抽样相结合的方式,确保检查的工作质量。9~11月，开展全市统计巡查暨统计工作质量大检查，共签发巡查和大检查文件8601份，对481个检查对象进行现场重点检查，立案查处有统计违法行为的单位124个,其中,经济处罚5个,警告90个,责令改正并通报批评9个,有效遏制了统计违法现象。

【农业普查】 2007年1月1日,市统计局开始开展第二次全国农业普查现场登记,全市共抽选2.49万人参加农业普查工作,其中市、县、乡三级指导员1314人,村级普查指导员3365人,村级普查员2.02万人。对全市农业生产经营和服务单位、农村住户、行政村和乡镇进行调查。为配合现场登记,制定农业普查宣传工作方案,组织开展农业普查宣传活动。共印发市政府农业普查通告5万张、简报185期、宣传手册2420册;制作广告牌15幅;张贴宣传画1.04万张、户外标语4.68万条；悬挂普查宣传横幅1695幅;出版板报114版;出动宣传车1015辆次。2月15日,登记户数115.83万户,登记单位1960个,完成了农业普查现场登记工作。之后,及时开展普查数据审核工作,通过自查、互查、议查相结合的审核,基本做到“户户审、村村审、表表核”,把好户籍人口、耕地面积、稻谷播种面积、甘蔗播种面积、蔬菜播种面积、生猪存栏、家禽存栏等重要指标的质量关。4月,开展普查数据处理和数据光电录入工作,按照“统一集中、分级负责、共同完成”的原则,由市农业普查办公室负责组织实施,逐县区进行录入,各县区参与校对、审核、修正、汇总等工作,至7月末共完成普查光电扫描107.48万户204.76万张普查表,共5类10套普查表，其中户表204.15万张、单位表4370张、村表1559张、乡表132张;完成全市1.69万个普查小区全部户表的光电录入工作。8月下旬,全市农普数据通过审核并上报至自治区农业普查办公室。

【市“十佳乡镇”测评】 2007年2月起,市统计局组织开展2006年度全市“十佳乡镇”及乡镇“经济发展进步奖”测评工作。组成3个检查小组,对排名前20名乡镇进行实地考察，进一步核实各乡镇经济指标数据质量及基础资料，提出2006年度全市“十佳乡镇”及乡镇“经济发展进步奖”初选名单。经市委、市政府审议、公示通过后,6月14日,召开南宁市承接产业转移暨2006年度十佳乡镇表彰会议,授予横县六景镇等10个乡镇“2006年度南宁市经济发展十佳乡镇”称号，授予上林县塘红乡等33个乡镇“2006年度南宁市乡镇经济发展进步奖”。 (唐昌松　梁一家)

审　　计

【概　况】 2007年，南宁市审计局计划安排审计项目48个,重点对本级财政和部门预算单位预算执行情况、教育经费的拨付管理和使用情况、城市建设项目工程进行审计。其中:本级和部门预算执行情况审计5个;行业审计18个;领导干部任期经济责任审计8个;运用外资项目审计7个;城市建设项目投资审计6个;效益审计和财务收支审计4个。完成59个。其中:本级和部门预算执行情况审计5个;行业审计18个;领导干部任期经济责任审计19个;运用外资项目审计7个;城市建设项目投资审计6个;效益审计和财务收支审计4个。查出违规金额6286万元,核减工程投资1.3亿元,应上交财政1943.54万元。

【县区审计】 2007年,南宁市13个县区审计机关完成审计项目98个。其中:预算执行审计20个,财政决算审计1个,专项资金审计16个,行政事业审计21个,固定资产投资审计12个,外资运用审计项目11个,经济责任审计14个,企业审计3个。查出违规金额4595万元,管理不规范金额4.36亿元,应上交财政441万元,应归还原渠道资金26万元,核减工程投资金额60万元。审计移送处理事项2件,涉及人员3人,金额162万元。

【本级预算执行审计】 2007年,市审计局继续对市本级预算执行情况和其他财政收支进行审计,完成对市财政局、人口计生委、文化局、园林局、环保局2006年度本级和部门预算执行情况审计工作。从审计情况看,市政府及各部门贯彻中央、自治区确定的各项方针政策,稳步推进各项财政改革和部门预算改革,继续完善国库集中支付制度改革,市本级财政总收入97.11亿元,比年初预算增加27.69亿元;财政总支出83.4亿元,比年初预算增加23.72亿元。收支相抵结余13.71亿元,完成市十二届人大二次会议确定的预算收支目标。

【城市建设工程项目审计】 2007年,市审计局完成可利大道(西段)工程概预算执行情况、江北西堤道路工程概算执行情况和清川大桥竣工、江北西堤堤防扩建工程竣工、西明江堤路园工程竣工、南宁国际会展中心一期配套工程竣工、五象广场地面景观工程竣工等决算项目审计7个,核减工程造价1.3亿元。其中,南宁国际会展中心一期配套工程竣工决算审计项目获广西优秀审计项目评比一等奖和国家审计署2006年度地方表彰审计项目;清川大桥工程核减投资2683.65万元。

【行政事业审计】 2007年,市审计局根据自治区政府办公厅的要求和自治区审计厅工作安排,负责对北海市政府2004~2006年“两基”(基本普及九年义务教育、基本扫除青壮年文盲)教育经费的拨付管理和使用情况进行审计。同时对横县、武鸣、宾阳县及六城区2004~2006年“两基”教育经费和使用情况审计。通过审计,查出北海市政府未按规定随“三税”(增值税、消费税、营业税)征收地方教育附加,以及地税部门征管力度不够,造成2004~2006年北海市漏征“三税”教育费附加1400多万元、“三税”地方教育附加2700多万元;北海市本级财政欠拨教育费附加和地方教育附加2000多万元。查出南宁市部分县区“三个增长”(财政对教育拨款的增长比例要高于财政经常性收入的增长比例、生均教育经费逐步增长、教职工工资和生均公用经费逐步增长)未达到法定要求,教育附加漏征5315.56万元,欠拨2445.96万元。7~9月,组织开展对全市2006年企业职工基本养老保险基金、失业保险基金、城镇职工基本医疗保险基金、工伤保险基金、生育保险基金5项社会保险基金的征缴、管理和使用情况进行审计,审计涉及劳动和社会保障部门、社会保险经办机构及其他相关单位。查出违纪违规金额1931.54万元。其中:挤占挪用基金242.83万元,延压收入474.31万元。

【外资运用审计】 2007年,市审计局接受上级审计机关委托,完成外资运用审计项目7个。其中:世界银行贷款审计项目4个,日本国际协力银行贷款广西高等教育项目3个。审计资金总额8.93亿元,管理不规范金额1442万元。提交中文审计报告7篇和英文报告1篇。确保国外资金专款专用,保障贷款项目顺利实施,促进世行贷款管理水平和使用效益的提高。

【农业与资源环保审计】 2007年6月,市审计局对世界银行贷款隆安县农村供水与环境卫生项目效益情况进行审计,主要审计县农村改水项目办公室及所属水厂、县财政局拨付和使用世行贷款情况等。查出各水厂少提固定资产折旧527万元,未经批准变卖和串换世行项目物资造成损失136万元,纠正乡镇政府用水不缴水费的行为,以及财务核算不规范行为。

【经济责任审计】 2007年,市审计局完成领导干部任期经济责任审计项目19个,审计经济责任人19人,其中:区长1人,部门领导18人。共查出违规金额233.51万元,管理不规范金额3943万元。同时,对社会审计机构承担的经济责任审计项目进行质量跟踪监督,发现某房屋置换有限责任公司有严重的违法违规问题,经审计查出:该公司以个人名义在银行开立9本个人储蓄存折存放公款,金额达3600多万元,原总经理等7人有涉嫌贪污公款行为,按规定移送有关部门处理,并对涉及公款私存的相关人员进行处罚。

【内部审计】 2007年,市审计局完成内部审计项目226个,其中工程及维修项目审计107个,审计总金额1071.38万元,核减金额126.02万元。促进增收节支14420万元,纠正违规行为金额1293.85万元。经审计提出合理化建议114条,被采纳114条。组织人员对全市部分内审机构进行工作调研,对加强内部审计工作提出3点意见和建议:1.重视和加强内部审计工作,尽可能做到机构专设、人员专职;2.加强业务学习,规范内审工作,防范审计风险;3.转变观念,拓宽工作思路,从财务审计向管理和效益审计发展。 (张启杰)

物价管理

【概　况】 2007年,南宁市物价局强化价格服务职能,抓好监管工作,做好价格宏观调控,确保价格总水平平稳运行,居民消费价格总水平比上年同期上升4.4%,低于全国、自治区平均水平;加强涉农价格和收费管理,进一步解决民生价格问题,稳妥推进价格改革,大力整顿规范价格秩序,创造良好的价格环境,共查处价格违法案件123件,违法金额589.9万元。隶属城区管理的小水电上网电价和农村排灌水价改由城区价格主管部门负责审批;公交车票价在保持原票价的前提下延伸公交线路的由公交企业自行执行并上报备案;旅游景点节假日活动临时门票价格不再审批。市价格监测中心、价格认证中心、价格成本调查队分别被评为2007年度全国价格监测工作表彰单位、全国价格鉴证信息直报先进单位、全国农产品成本调查先进集体。

【价格宏观调控】 2007年,南宁市居民消费价格总指数升幅累计平均比全国平均水平低0.4个百分点,比自治区平均水平低1.7个百分点,在自治区各城市中排名最低,在全国36个大中城市排名第16名,超出年初制定的价格总水平调控预期目标1.4个百分点。市场价格运行呈现4个特点:1.价格总水平升幅呈逐月扩大的态势;2.价格呈结构性上升,从列入居民消费价格指数统计的八大类商品和服

2007年南宁市居民消费价格变化情况表

单位:%

月份	1月	2月	3月	4月	5月	6月	7月	8月	9月	10月	11月	12月
环比	100.3	99.6	99.9	100.8	100.0	99.9	102.1	100.9	100.4	100.5	101.5	101.2
同比	102.2	102.0	101.9	102.2	102.8	102.6	105.1	105.7	106.3	106.8	107.8	107.3

2007年南宁市居民消费价格指数表

类　别	与上年比(%)	类　别	与上年比(%)
居民消费价格总指数	104.4	家庭日用杂品	100.1
食品类	111.1	医疗保健和个人用品类	99.8
粮食	106.8	医疗保健	99.0
油脂	121.9	个人用品及服务	101.8
肉禽及其制品	129.3	交通和通信类	98.7
水产品	104.2	交通	101.8
菜	103.5	通信	95.3
烟酒及用品类	100.5	娱乐教育文化用品及服务类	99.2
烟草	98.0	文娱用耐用消费品及服务	93.4
酒	103.8	教育	99.2
衣着类	100.5	居住类	104.7
服装	99.6	建房及装修材料	113.8
衣着材料	100.0	自有住房	105.8
家庭设备用品及维修服务类	102.3	水、电、燃料	102.0
耐用消费品	104.1		

务项目看,与上年同期相比,呈五升三降的格局。其中:食品类、烟酒及用品类、衣着类、家庭设备用品及维修服务类、居住类价格分别上升11.1%、0.5%、0.5%、2.3%、4.7%;医疗保健和个人用品类、交通和通信类、娱乐教育文化用品及服务类分别下降0.2%、1.3%、0.8%;3.翘尾因素和新涨价因素交织叠加,其中,滞后影响约为2.0个百分点,新涨价因素约为2.5个百分点;4.食品类价格成为拉动价格总水平的主要因素,影响价格总水平上升3.79个百分点,占全部涨价因素86%。年内,市物价局围绕稳定价格总水平的目标,加大价格调控力度。加强价格监测、预警预报和形势分析,重点对粮食、副食品、日用工业消费品、化肥、钢材、食糖、煤炭、成品油、药品、房地产等重要商品和服务价格进行监测,共上报监测数据1.9万多条,上报分析材料210篇,上报市委、市政府政务信息被采用40多条;编发《价格形势分析报告》14期。建立健全价格形势分析例会制度、会商制度和周报制度,定期不定期召开热点价格问题分析会,总结分析价格异动情况,研究价格变动走势,提出工作的重点和措施建议。完善价格应急机制,制定《南宁市物价局应对肉禽蛋等主要副食品价格异常波动应急预案》,并于8月1日起实施,为应对价格异常波动提供制度保证,《人民日报》以《南宁市三级预警紧盯副食品价格异动》为题进行报道。正确引导社会心理预期,及时通过新闻媒体发布有关商品的价格和供求信息,市场上没有出现排队抢购、脱销断档、价格大起大落的现象。

【价格管理】

涉农价格管理　2007年,市物价局严格执行粮食最低收购价和对种粮农民实行直接补贴与粮食订单收购挂钩政策。对糖料蔗收购价格继续采取蔗糖价格挂钩联动、二次结算的管理方式,糖料蔗普通品种收购首付价每吨260元与制糖企业食糖(一级白砂糖)平均含税销售价格每吨3900元实行挂钩联动,食糖销售价格超过每吨3900元的部分,在首付价的基础上,蔗糖挂钩联动价格按6%的联动系数进行二次结算。执行广西蚕茧收购价格与收购管理政策,桑蚕鲜茧中准级(干壳量8.6克,上车茧率100%)无税收购中准价格每50公斤980元,允许上下浮动20%,等级差每0.2克为一档,等级差价18元。开展农资价格和涉农收费专项检查,共出动312人次,检查单位372个,重点检查农资、农业用水、农业用电等价格、农村中小学校教育收费、乡镇卫生院医药收费、对农民建房收费等涉农收费。共查出价格违法案件8起,查出违法金额126.53万元,实行经济制裁42.54万元。

医疗服务与药品价格管理　市物价局与市卫生部门联合下发《关于试行单病种限价工作有关问题的通知》,从11月1日起,在市属二级以上12家医疗机构试行39个单病种限价工作。试点医疗机构的单病种实行全市统一最高限价,不同级别医疗机构实行不同的限价标准,进一步规范医疗服务和价格行为,降低医疗费用。核定江南片妇幼保健院大沙田分院医疗服务价格和住院病房床位费收费标准。严格执行国家和自治区有关降低药品价格的政策,涉及的中西药品(含补充规格)品种1000多种。制定县区级以下医疗机构及社区卫生服务机构3455种规格品种药品集中采购成交候选品种最高零售价格;参加市药品招标采购工作,审核中标药品价格。

液化石油气价格管理　全市液化石油气价格变动呈现波动频繁、涨幅较大的特点。特别是11月上旬,液化石油气价格达到每瓶123~125元。市物价局在对液化石油气批发和零售价格实行差率控制的基础上,由以往的提价备案制度改为提价申报制度,液化气经营企业如需提高瓶装气销售价格,必须事先向市价格主管部门申报,经批准同意后方可提高价格;降价销售,则不需进行价格申报。为保持液化气价格的相对稳定,具体调价间隔时间为:以上期液化气购进价格为基价,当液化气购进价格上涨到每吨200~300元时,调价间隔时间不少于15天;当液化气购进价格上涨到每吨300~500元时,调价间隔时间不少于10天;当液化气购进价格上涨超过每吨500元时,调价间隔时间不少于7天。5月18日,受自治区物价局委托,召开市管道天然气价格听证会,邀请人大、政协、相关部门、专家学者、消费者等各届代表26人参加。

房地产市场价格管理　8月1日,市物价局制定实施《南宁市新建商品房销售明码标价暂行规定》,明确规定公共信息要上墙(上栏)公示,同时要求每个小区每套房都要具体明细标示价格、朝向、楼层加价、交款形式折扣及代收费等内容,进一步规范南宁市房地产开发经营企业的价格行为,推进价格诚信体系建设,提高新建商品房交易信息的透明度。根据南宁市经济适用住房建设规划的要求,通过召开审价会,批复"澳华"花园二期工程多层经济适用住房销售价格为每平方米1611元;"凤岭·在水一方"一期工程多层和小高层经济适用住房销售价格分别为每平方米1799元、2099元,二期多层和小高层住宅销售价格为每平方米1835元、2135元;"富宁新兴苑"三期工程小高层和多层经济适用住房销售价格为每平方米2093元、1800元;桃花源小区经济适用住房二期工程多层住宅销售价格为每平方米1715元。会同市房产部门公布南宁市2005~2007年度经济适用住房指导价格中征地和拆迁补偿费标准每平方米177元;制定《南宁市普通住宅小区物业管理服务等级标准》,开展对小区物业管理服务收费按等级划分定标准的试行工作,进一步规范管理和提升物业服务质量。

交通运输价格管理　市物价局严格执行自治区规定的春运期间公路客运旅

客票价政策，做好客运企业备案登记工作。针对1月14日国家调低成品油价格的情况，会同市交通部门在开展调研的基础上提出继续保留出租车燃油附加费的意见报经市政府同意，以减轻出租车经营者的负担。修改南宁市自行车、摩托车停放保管服务收费标准的内容，对"跨时段停放保管可累加收费"改为"跨时段停放保管收费按取车时段的标准收取"，特殊情况由双方在规定的收费标准范围内约定收费。

城市供水价格管理　理顺城区内联网的自来水厂城市供水价格，加强对城市供水价格的成本监审。7月6日和9月7日，分别召开横县、上林县城市供水价格听证会，邀请人大、政协、相关部门、专家学者、消费者等各届代表43人参加。制定"十一五"期间南宁市水价改革方案报市政府。拟定南宁市污水处理费调整方案。

旅游景点价格管理　调整大王滩旅游风景区门票价格，中准价格由每张8元调至11.3元，允许在15%的浮动幅度内自行定价。制定"邓颖超纪念馆"门票价格为每张5元，并实行国家规定的优惠和减免政策。批复大明山旅游风景区内交通客运价格为每人次15元，自驾车进入景区实行一费制；景区大门外车辆停放保管收费标准，摩托车、小型汽车、大型汽车、特大型汽车临时收费标准分别为每辆次0.5元、4元、6元、8元；过夜收费标准分别为1元、9元、13元、18元。

【收费管理】

教育收费管理　从2007年秋季学期起停止向农村义务教育阶段在校学生收取使用财政资金建设的非公寓式学生宿舍费，使用政府财政资金或非财政资金建设的学生宿舍收费标准在《自治区物价局、财政厅、教育厅关于我区农村地区义务教育阶段学校住宿费收费问题的通知》规定的标准基础上下调30%。严格限制和规范代收费，除收取课本费、作业本费两项代收费和寄宿生的住宿费外，严禁再向学生收取任何费用。做好改制学校清理整顿工作，切实规范改制学校、民办学校的收费行为，按照补偿教育成本适当考虑合理回报的原则，严格核定市艺军国际标准舞演艺职业技术学校、市演艺职业技术学校、市海纳商务职业技术学校、市理工职业技术学校、南宁卓立实验学校、市嘉宁华侨中等职业学校、市华佳演艺职业技术学校、南宁外国语学校、南宁机电职业技术学校、市三美学校、市民族艺术学校、市龙翔文化武术学校、南宁信息工程职业技术学校、市现代舞蹈中等职业学校、市商务旅游职业技术学校15所民办学校学历教育杂费、学费、住宿费收费标准。严格规范教育收费审批权限，未经国务院或财政部、发展改革委、自治区政府及其价格、财政主管部门批准，一律不得擅自设立教育收费项目。严格执行自治区物价局有关中小学教材价格的政策，加强对学校收费资金的管理。

收费清理　2007年4~5月，市物价局对全市行政事业性收费和经营性、公益性、中介服务性收费进行全面清理。其中：行政事业性收费清理共涉及部门40个、单位134个、收费项目2912个；经营性、公益性、中介服务性收费清理共涉及部门24个、收费项目99个、收费标准12个。11月29日，经自治区政府批准，自治区财政厅、物价局向社会公布自治区行政事业性收费清理整顿结果，据此市物价局集中对各收费单位的收费许可证进行变更核发159个，明确取消的80个二级以上收费项目一律不予上证，降低收费标准的104个二级以上收费项目按新标准上证，收费标准有幅度的，按下限执行上证。此外，对南宁市生猪饲养、屠宰、销售环节的收费进行清理，取缔非法的"代收代付货款服务费"收费项目，降低动物检疫费收费标准，其中，动物检疫费由每头3元降为2元；动物产品检疫费由每头4元降为3元；新建生猪养殖场的环评费按规定基准价下降20%征收，免收生猪屠宰、运输、销售环节的场地消毒费和整车运输生猪营运货车的车辆通行费。加强对市场设施租赁费的管理，明确规定不得提高市场设施租赁费的收费标准。会同公安部门对涉及居民身份证的各项收费进行清理，停止并纠正收取快证费、加急费、照相费和邮寄费等违规收费行为。

收费许可证清理　市物价局组织开展全市收费许可证的清理工作，除国家机关、事业单位、代行政府职能的社会团

2007年南宁市农村地区义务教育阶段学校
（县城及其以下所在地学校）使用政府财政性资金建设学生宿舍的住宿费收费标准

类　型	人均建筑面积（平方米）	收费标准（元/生·学期）		基本设施设备标准	备　注
		降低前	降低后		
公寓式学生宿舍					1. 收费标准为自治区最高限，具体标准由同级价格主管部门会同财政主管部门制定 2. 住宿费收费标准含水电费用
6人以下（不含6人）一室	6	85	60	配备双层架床或单人床，适量贮柜或隔板，砖混结构，室内设有厕所、洗漱间	
6~8人一室	4~6	65	45	配备双层架床或单人床，适量贮柜或隔板，砖混结构，室内设有厕所、洗漱间	
8人以上（不含8人）一室	3	40	28	配备双层架床或单人床，适量贮柜或隔板，砖混结构，室内设有厕所、洗漱间	

2007年南宁市农村地区义务教育阶段学校
（县城及其以下所在地学校）使用非财政性资金建设学生宿舍的住宿费收费标准

类　型	人均建筑面积（平方米）	收费标准（元/生·学期）		基本设施设备标准	备　注
		降低前	降低后		
公寓式学生宿舍					1. 收费标准为自治区最高限，具体标准由同级价格主管部门会同财政主管部门制定 2. 住宿费收费标准含水电费用
6人以下（不含6人）一室	6	190	133	配备双层架床或单人床，适量贮柜或隔板，砖混结构，室内设有厕所、洗漱间	
6~8人一室	4~6	160	112	配备双层架床或单人床，适量贮柜或隔板，砖混结构，室内设有厕所、洗漱间	
8人以上（不含8人）一室	3	120	84	配备双层架床或单人床，适量贮柜或隔板，砖混结构，室内设有厕所、洗漱间	
非公寓式学生宿舍		50	35	配备双层架床、公共厕所和洗漱间	

体及其他组织收取的行政事业性收费、法院诉讼收费以及法律、法规和自治区以上政府规定办理的收费许可证继续保留外,对其他经营服务性、公益服务性、中介服务性收费一律注销《收费许可证》,共注销正本1100个、副本1343个。

行政事业性收费年审　根据新修订的《广西壮族自治区行政事业性收费年审管理办法》,市物价局会同市财政局、审计局联合开展2006年度行政事业性收费的年审工作,共年审收费单位191个,合格率92%,审验金额20.98亿元,重新核发《收费许可证》25个;开展经营服务性收费、中介服务性收费、公益服务性收费年审,共年审收费单位151个,合格率96%,审验金额10.5亿元。严格执行国家和自治区有关行政事业性收费统计报告制度,为政府提供决策参考。继续开展行政事业单位收费员培训工作,共培训460多人。

【价格秩序整顿】 2007年,市物价局开展涉农收费和农资价格、农村电价、房地产价格、生猪定点屠宰服务收费、房地产价格、教育收费、医疗服务和药品价格、成品油和燃气价格、重要食品价格及相关收费、部分行政部门收费等专项检查;开展元旦、春节、"五一"、中秋、国庆、"两会一节"等节日市场检查。共查处价格违法案件123件,查出多收价款589.9万元,经济制裁129.71万元(退款61.9万元、没收违法所得66.85万元、罚款0.96万元)。共受理价格投诉(咨询)1380件,其中咨询780件,立案调查558件,办结610件,退还消费者5.2万元,罚款5300元。

【价格服务】 2007年,市物价局加强价格信息服务,整合南宁政务信息网二级网站和南宁价格信息网的资源,不断完善和充实南宁价格信息网的栏目和内容,共更新价格信息约1万条。创建规范化价格认证中心,规范价格鉴证行为,提高价格鉴证工作质量,为行政执法和司法机关办理案件涉案物品提供价格鉴证服务,共证估、认证各类案件3100件,鉴定金额2.7亿元。制定《南宁市物价局定价成本监审工作规程》,开展成本监审,共核增(减)成本费用200万元;对全市生猪饲养价格成本进行调查,实行一周一报制度。加强价格法制宣传,确定全年的宣传主题为"明码标价讲诚信、规范收费得民心",并开展各种形式的价格宣传活动,5月8日和9月12日上午,与自治区物价局联合开展"12358"价格举报电话开通6周年宣传咨询活动和"规范价格行为　推进价格诚信"宣传活动;在国际护士节和教师节前夕,给全市各医疗机构、市属大中小学校及单位主要负责人发送贺卡和祝贺短信进行节日慰问的同时提醒规范收费。共发送贺卡200多份、短信150条,新闻报道60多篇,召开现场咨询会2次。　　(王荣姣)

工商行政管理

【概　况】 2007年,南宁市工商行政管理局服务"全民创业",强化食品安全监管,加强机关行政效能建设,推进整顿和规范市场经济秩序。共查处各类经济案件5115起,总案值1887.3万元,罚没总额1210.55万元;受理消费者申诉举报3226起,为消费者挽回经济损失407.13万元。制定《关于做好商品展销会登记权限下放工作的通知》,将商品展销会登记权限下放到城区各分局,由各分局进行登记、发证及监管,市局负责备案工作,共办理商品展销登记证32份,处理展会纠纷3起。

【企业登记管理】 2007年4月,市工商局出台《关于转变作风、创新观念、优化环境、促进发展的若干措施》,推出双休、导向、主动、优先、即时、延时、承诺、定点、网上等9项服务,实行放宽登记注册管理事权、企业个体工商户名称核准条件、经营领域、经营范围、出资形式、登记注册地址有关手续、投资主体、有关登记事项、连锁经营方式、企业年检条件10项职能放宽措施;推行首次免罚行政执法告诫制度,对轻微违法行为免予行政处罚;扶持弱势群体,重点扶持在农村经营的流动性小商小贩、下岗失业人员、城镇退役士兵和高校毕业生,支持就业和再就业;落实定点帮扶联系点制度,开展分类指导和跟踪服务,引导个体私营经济实现由数量增长向质量提高转变。日接待群众量1500人次,颁发营业执照比法定时间缩短60%。做好"两会一节"服务工作,为参展客商提供上门送照服务,办理商品展销会登记,建立食品安全应急处置机制。做好第十八届"中国广告节"的申办工作。与市招商局共同制定联席会议制度,签订合作协议,实行信息互通,共同为引进项目服务。为世界500强企业、东盟10国企业、国内100强企业、招商引资重点企业和东部产业转移项目开设"绿色通道",设立优先服务专办员,提供一站式一对一服务。9月10日,全球第一大电子制造商富士康科技集团在南宁先期投资公司—南宁富宁精密电子有限公司登记注册,市工商局专门成立服务工作组,仅用一天时间就办结营业执照。年内,新登记注册的内资企业1065户(不含个体、私营企业),注册资金16亿元。其中:国有69户,注册资金1.47亿元;集体74户,注册资金213万元;股份合作制219户,注册资金1.92亿元;公司制702户,注册资金12.6亿元;其他33户,注册资金1万元。办理注销登记的企业3635户。其中:国有536户,集体875户,股份合作制13户,公司制2161户,其他1户。累计有内资企业1.15万户(企业法人5532户),注册资金259.22亿元。按行业结构划分:第一产业237户,注册资金7.15亿元;第二产业2269户,注册资金81.66亿元;第三产业8980户,注册资金170.41亿元。按企业划分:国有2019户(法人764户),注册资金40.34亿元;集体2201户(法人987户),注册资金10.73亿元;股份合作制292户(法人52户),注册资金2.86亿元;公司制6941户(法人3721户),注册资金205.19亿元;其他33户(法人8户),注册资金1024万元。新登记注册的外资企业25户,注册资金1.03亿元;累计有外资企业71户,注册资金4.4亿元。

【企业年检监督】 2007年,市工商局通过年检做好企业登记的后续把关工作,加大注册资本监管力度,规范企业经营行为,加强高危行业企业安全生产经营监管,落实整顿规范市场经济秩序的政策措施。通过实行事前、预约、限时、重点、跟踪等服务手段,进一步健全内部服务机制,使年检工作再提速。全市应检企业2.63万户。其中:公司1.52万户,企业法人1215户,个人独资1918户,合伙825户,分支机构和其他经营单位7172户。通过年检的企业2.46万户。其中:公司1.42户,企业法人7820户,个人独资1784户,合伙792户。年检率93.4%,比上年提高0.2个百分点,年检合格率100%。全市企业有注册资本(金)286.13亿元,资产总额1027.52亿元,负债总额370.57亿元。

【个体登记管理】 2007年,市工商局通过创新服务机制在全局登记窗口实行朝九晚五工作制、双休日服务制,贯彻落实首问责任制、限时办结制、责任追究制行政效能"三项制度",方便群众办理个体注册登记,提高办事效率。一是在办证大厅建立首问服务窗口,实行"一个窗口对外、一站式办结、一条龙服务"。二是缩短审批时限,将个体工商户注册登记由15个工作日缩短为5个工作日;个体工商户年度验照、注销、备案登记等事项当天办结。三是简化审批程序,在进一步清理、减少行政审批事项的基础上,对同一部门几级审批的事项下放权限给服务窗口，一律采取合并审批的办法一次性办结，如将名称预先核准、备案登记等权限下放到各工商所服务窗口，面向群众服务即时办结。新发展个体工商户3.56万户，从业6.92万人，注册资金7.08亿元。至年末，共有个体工商户16.07万户，从业28.45万人，注册资金27.05亿元。其中：第一产业234户，从业630人，注册资金1835万元；第二产业9243户，从业2.02万人，注册资金3.27亿元；第三产业15.12万户，从业26.36万人，注册资金23.59亿元。完成生产总值9.91亿元，销售总值或营业收入59.32亿元，社会消费品零售额24.95亿元。其中城镇个体户完成生产总值8.02亿元，销售总值或营业收入48.05亿元，社会消费品零售额18.4亿元。

【惠农工程实施】 2007年，市工商局实施红盾护农、经纪活农、服务助农、权益保农、商标富农5项惠农工程，推进社会主义新农村建设。

严把农资市场准入关 对全市3152家农资经营单位进行登记造册，建立本辖区农资商品档案管理制度，对进入辖区的主要农资商品建立统计档案，要求农资经营单位或个人将所经销的农资品名、生产厂名、产地、生产批准号等一并列表造册交属地工商所，并根据农资经营单位的经营情况进行复查，确保清理整治工作落实到位。共出动执法人员1847人次、车辆397台次，取缔无照经营农资经营户121户、超范围经营33户，下发责令整改通知书146份。

农资商品质量监测 组织执法人员到乡村开展农资市场"六查六看"专项执法巡查(一查农资前置审批许可，看生产是否合法；二查生产企业名称、地址、电话，看经营主体资格是否得到法定认可；三查有效成分和含量，看质量是否达标；四查商品标识标贴，看适用范围是否恶意延伸；五查功效用语，看有无绝对化表示；六查生产日期和有并行期，看是否过期变质)，做好事前防范工作，共抽检肥料10批次、农药10批次，合格率99.5%。

农资经营行为规范 采取分局、县局、工商所联动抓农资流通环节的管理，继续建立和完善流通领域农资商品质量监测公告管理制度、种子留样备查公告管理制度、农资经营户黑名单公示制度、农资经营户诚信责任，要求经营者做到对化肥、种子等农资商品进销有台账，产品流向清楚、责任明确。查处假冒伪劣农资违法违规行为，采取日常巡查与专项整治相结合，在开展种子和肥料商品质量监测工作的同时，严厉打击制售假冒农资商品违法行为。先后对农机及零配件、农药、种子、化肥进行专项整治，重点查处假冒伪劣加拿大钾肥、芬兰星王复合肥及"螺灭杀"农药等农资产品，共出动3100多人次、车辆879台次，检查农资经营户3871户、种子品种69个、肥料品种137个，立案查处农机案件7件，查处非法经营肥料17.5吨，没收查扣不合格肥料2.7吨、违禁农药1360公斤、不合格包装种子60公斤，查扣涉嫌假冒伪劣的"螺灭杀"农药345包。

农资连锁经营 选取良庆分局管辖的广西红日农业有限责任公司开展连锁经营模式试点工作，共建立连锁农资经营店550家。

农村经纪人培育 开展"双培双促"(把农村优秀经纪人培养成为党员，促进农村党员队伍建设；把农村党员骨干培养成为经纪人，促进农村经纪人队伍建设）工作。制定南宁市开展双培双促方案，全局各单位分别召开"双培双促"工作动员会，具体部署相关工作。如武鸣县工商局立足县情、乡情、民情，突出产业特点，发挥工商职能引导与服务作用，开展合同帮农、品牌富农、权益保农、定点帮扶等活动，于10月23日举办第一期农村党员经纪人培训班——武鸣县西红柿专业合作社实用技术培训班，并选派两名农业技术专家授课，共有50多名党员经纪人和武鸣县西红柿专业合作社的种植大户参加培训。

农资打假消费宣传咨询 共悬挂横幅86条，制作宣传栏65版，发放宣传资料8000多份。会同市农业局、质监局等单位开展以3·15为主题的农资打假法律法规知识现场宣传咨询活动，销毁劣质化肥等假冒伪劣农资商品1.22万公斤。

【市场监管】

节日市场整治 2007年，市工商局加大节日食品市场整治力度，防止伪劣商品和有毒有害食品进入市场。元旦、春节、"五一"、国庆期间，共出动3745人次、车辆812台次，检查农贸市场(超市)476户、个体经营户3.96万户，查处无照经营201户，查获"三无"(无生产厂名、无生产厂址、无生产卫生许可证编码)食品1307包，过期变质食品514公斤、饮料330瓶，收缴不合格杆秤27把，确保节日市场的繁荣稳定。

禽流感防控 市工商局根据《自治区工商行政管理局转发国家工商总局关于切实做好市场防控高致病禽流感等重大动物疫病的紧急通知》精神，一是突出市场防控重点，落实巡查制度；二是严格市场准入制度，落实"3311监管模式"(在家禽的销售过程中保证"三证齐全、三账清晰、一牌明示、一卡保障")；三是加强市场防控禽流感宣传力度，督促市场开办方做好卫生消毒工作；四是启动应急预案，实行三级值班制度。共出动1820人次、车辆340台次，检查农贸市场324户、超市86户、禽类制品经营户7821户，取缔无照经营禽类摊点34户，有效地防止重大禽流感疫情的发生。

粮食市场监管 市工商局根据《自治区工商局转发国家工商总局关于认真做好陈化粮购买资格审核工作的紧急通知》和《自治区工商局转发国家工商总局关于部分省市陈化粮监管和节日期间市场监管工作检查情况通报的通知》精神，对申请购买陈化粮的企业严格审查把关。凡要求申购陈化粮的企业必须填写申购表一式三份，并提供相关证件等材料，然后按照属地工商所、分(县)局、市局和自治区局四级审核程序呈报，对不符合申购资格企业不予呈报自治区工商局审批，坚决管住管好粮食和陈化粮市场。共受理申请经营陈化粮的企业8家，核准经营2家。

"两会一节"市场监管 "两会一节"期间，市工商局加强市场监管，对全市市场(各类商业市场、农贸市场等)内及周边市容环境卫生进行治理，共出动2800多人次、车辆620多台次，检查市场256个、经营户1.06万户，纠正占道经营、跨门槛经营356次，乱摆乱卖行为473次，取缔无照经营户25户，查处超范围经营64户；集中开展清理和规范食品等重点产品生产经营主体专项执法检查工作，重点查处无卫生许可证、无营业执照、超范围经营以及经销过期变质、有毒有害等不合格食品的行为，共检查农贸市场286户、超市(商场)86户、食品经营户3041户，查处私宰肉、注水肉210多公斤，督促12户无照经营户限期办理营业执照。同时，强化食品经营主体经济户口管理、信用分类监管制度，建立食品经营质量安全监控体系，确保食品安全；加强对非法门店招牌和户外广告的监管，配合城区政府、市政局共清理违法乱张贴广告2460多份，责令限期整改154户；加强对经营野生动物产品行为的监管，共检查经营畜禽及其制品的经营户1093户，查处违法经营136户、不合格畜禽及其制品2160公斤；发放宣传资料3000多份。"两会一节"期间，未发生因展会引起的纠纷，展销会市场秩序稳定。

猪肉禽蛋市场整治 市工商局严格执行《生猪屠宰管理条例》以及其他法律法规，加强流通领域肉类食品的监管，要求上市鲜肉必须是经检疫合格的产品。同时，对群众反映较多的销售私宰肉、注水肉、病死猪肉等行为进行专项治理15次，共出动2900多人次、车辆520台次，检查各类市场226户、肉类经营摊点

2420户、学校等单位食堂19户，查处私宰肉2174.5公斤、病死肉100公斤。

烟花爆竹管理 春节期间，针对燃放烟花爆竹"由禁改限"的情况，市工商局通知要求各单位加强对辖区烟花爆竹生产经营户及销售者的日常巡查，共检查烟花爆竹经营户1930多户、生产企业8户，对未按规定存放和摆放烟花爆竹的经营户12户发出限期改正通知。加强与安监、公安、质监等部门的合作，开展打击非法生产、销售、运输违法行为，严防事故的发生。

汽车市场专项整治 为贯彻实施《汽车品牌销售管理实施办法》和《二手车流通管理办法》，建立统一、开放、竞争、有序的汽车市场，市工商局双生工商分局在全市开展汽车市场清理整顿行动。向品牌汽车经营企业、二手车交易市场经营者及二手车经营主体告知"两个办法"及国家工商总局、自治区工商局的有关实施意见，共发放《汽车市场管理手册》80本、通知300余份。召开南宁市汽车行业工作会议，邀请品牌汽车销售企业代表、二手车经营企业代表近百人参加会议，通报前期开展汽车市场清理整顿工作情况及下一步监管工作计划；品牌汽车企业、二手车经营企业代表分别在会上发言，并发出规范企业管理、加强行业自律、改善经营环境、实现行业繁荣与发展的倡议。同时，加大执法检查力度，查处各类汽车违法违章经营行为，共出动365人次、车辆123台次，检查汽车交易市场2户、旧机动车交易市场3户及具有汽车、二手车经营项目的企业300多户。立案查处汽车违法违章经营行为8起。其中：涉嫌无照经营汽车2起，涉嫌超出核准的经营范围经营小轿车2起，涉嫌擅自设立分支机构经营汽车4起。

茶叶市场专项整治 市工商局根据工商总局《关于认真开展茶叶市场整顿工作确保广大消费者饮茶安全的通知》和自治区工商局转发工商总局《关于开展茶叶市场整顿工作的通知》精神，通知要求各单位将茶叶市场整顿列入"农村食品市场整顿年"工作，重点检查专业批发市场、农村集贸市场、茶叶经销门店、超市、商店，共出动1200多人次、车辆230多台次，检查农贸市场26户、经销门店83户、超市45户，未发现销售伪劣茶叶行为。12315指挥中心对30组茶叶样品进行质量定向监测，合格率100%。

糖料市场监管 市工商局指导各分局、县局积极配合农业、商务、物价等部门加强对糖料市场的监管工作，严把市场准入关，加强蔗区管理，规范甘蔗收购秩序，实现三个稳定(稳定农民收入与企业效益、稳定甘蔗收购秩序与企业生产、稳定基本糖价与市场)。同时，与有关部门组成联合检查组，对全市糖业企业、糖料收购市场开展联合执法，共出动执法人员310人次、车辆54台次，检查糖业企业3户、专业市场2户，教育纠正手续不全、不规范经营行为6起。

治理"五乱" 市工商局开展治理"五乱"，加强商品交易市场整治，先后出动4.21万人次、车辆5810多台次，检查市场、商场和经营摊点3万多户，发放宣传资料10万多份，清理乱摆乱卖6970多户次、跨门槛经营6551户，取缔无照经营453户，清理、整改各类违规广告1.75万条，发出《违章广告限期改正通知书》839份，协助市场开办方在市场内摆放卫生保洁桶8000多个。全市324个市场环境卫生状况得到改善。

【商标管理】 2007年，市工商局以营造知识产权保护的良好环境和"商标兴农、商标富民"为主线，引导帮助农民和涉农企业申请商标注册，扶持和推荐广西农产品著名商标。共查处各类商标违法案件82件，罚款40.74万元。

保护奥林匹克标志专有权集中整治行动 根据《自治区工商行政管理局关于印发广西工商行政管理机关保护奥林匹克标志专有权行动方案的通知》要求，制定《南宁市工商行政管理局保护奥林匹克标志专有权行动方案》，对工作进行全面部署。共出动1360人次、车辆74台次，检查市场174户、商场(超市、商店)345户、摊点1375户、印刷企业12户、玩具厂1户。查处位于安吉路的一家无照经营的玩具厂生产的奥运福娃标志的塑胶钥匙扣约1万只；责令市协和医院在中华路与园湖路交界处停止发布非法使用奥林匹克标志的户外广告。

保护知识产权专项整治行动 9月，根据《2007年南宁市整顿和规范知识产权市场秩序工作实施意见》要求，市工商局和自治区知识产权局、市知识产权局、市食品药品监管局联合开展知识产权保护执法行动。重点检查建材市场、机电市场、南城百货、医药公司(药店)商标许可使用情况、企业落实商标"关口前移"制度情况，并对经营者进行商标、知识产权法律法规的宣传。同时，根据《自治区工商局关于查处侵犯"梦特娇"注册商标专用权违法行为的通知》要求下发相应通知，共出动56人次、车辆10台次，对兴宁路、南方大厦、和平商场、南城百货、横县、宾阳县、马山县的服装店服装销售进行专项检查。共立案2起，暂扣涉嫌侵犯"梦特娇"注册商标专用权的服装116件。10月，对中华、亭洪摩托车配件市场进行检查，检查发现9户摩托车配件店涉嫌销售侵犯"雅马哈"注册商标专用权，查处涉嫌侵权配件50多个品种，价值约15万元。

"商标富农"活动 市工商局指导横县茉莉花产业管理局建立各项商标管理制度，加强对"横县茉莉花茶"商标及地理标志宣传和使用的具体指导，首次在广西金花茶业有限公司、横县桔扬茶业有限公司、横县南方茶厂推广使用"横县茉莉花茶"商标及地理标志；并指导帮助"横县茉莉花茶"参加工商总局商标局6月26日在北京举行的"世界地理标志大会"产品展示会。树立农产品商标品牌，对农副产品生产形成一定规模的县、地区采取重点帮扶指导，挖掘"公司+农户+商标"的成功经验，组织农民和涉农企业申请商标注册，以商标为纽带，引导企业和农民开发农产品品牌，加强对宾阳县"荷塘月"莲藕、横县"茉莉花茶"、隆安县"叮当"鸡、马山县"黑山羊"、西乡塘区坛洛镇"洛洛香"香蕉、西乡塘区金陵镇三联村"小葱"、武鸣县锣圩镇"淝阳"红橙等农产品商标的培育和指导。至年末，全市共有农产品注册商标90件。

【广告监督管理】 2007年，市工商局把医疗药品、保健食品、化妆品、美容服务、房地产、农资等群众反映强烈的重点商品或服务广告作为整治重点，推进广告监管长效机制的落实和健全。共检查广告6160条次，查处违法广告案件79件，罚没款42万元。其中：药品广告案件15件，食品广告案件5件，保健食品广告案件7件，医疗广告案件11件，房地产广告案件28件，化妆品广告13件。进一步落实违法广告预警制和违法广告公告制度，对南宁电视台、南宁晚报广告中心、南宁日报社、市华美医疗美容门诊、《当代生活报》广告部共发出《停止发布违法广告通知书》23份，停止发布违法广告共75条，责令其书面报告整改情况。发布《广告违法警示公告》4期，其中与市卫生局、食品药品监管局联合在《南宁日报》发出《广告违法警示公告》1期，对广告监测中发现的违法医疗、药品、保健品广告进行公告，提醒公众注意识别。

固定形式印刷品广告专项检查 根据《自治区工商行政管理局转发国家工商总局关于进一步规范固定形式印刷品广告经营发布行为的通知》要求，3~4月对全市25家发布固定形式印刷品广告的广告公司发放《关于开展固定形式印刷品广告自查自纠活动和进一步规范固定形式印刷品广告经营发布行为的通知》，共出动75人次、车辆39台次，查处5家广告公司的不规范行为。

整治违法医疗广告 7月，市工商局下发《关于继续深入开展打击非法行医

整治违法医疗广告专项行动的通知》，重点整治医疗机构、媒体发布违法医疗广告的行为。向《南宁晚报》、南宁电视台发布《违法广告警示通知书》8次；查处违法医疗广告案件9件，查处医疗机构5户，查处《南宁晚报》、南宁电视台发布的违法医疗广告38条次。11月，向市级主要新闻媒体印发《关于禁止发布利用公众人物、专家名义作疗效证明的药品广告的通知》，对违反规定的3户广告公司发出警示通知书。

禁止利用党和国家领导人形象进行商业促销宣传专项检查 7月，市工商局下发《转发国家工商总局关于禁止利用党和国家领导人的形象做商业促销宣传的通知》，共出动295人次、车辆96台次，对电视台等传播媒介发布的广告，113条(块)户外广告，2292户市场、超市(商场)、餐厅、酒店、车站等进行专项检查，立案查处2起违法行为。

户外广告综合治理行动 根据市政府《关于开展户外广告综合治理专项活动的通告》和市城乡清洁工程领导小组办公室《关于印发〈2007年南宁市清理整治“一线一轴”精品线路户外广告工作方案〉的通知》要求，市工商局下发《关于开展广告综合治理，进一步加强广告监管工作的通知》，对不符合区域性国际城市市容市貌要求和含有违背社会良好风尚内容的户外广告进行综合治理，重点对“一线一轴”精品线路及各辖区临街铺面墙体、柱体、橱窗玻璃内外的各类广告进行清理整顿。共出动427人次、车辆81台次，拆除或整改各类违规广告332块(条)，清理乱张贴广告1124张，发出《违章广告限期改正通知书》43份。

【企业动产抵押登记】 2007年，市工商局将抵押物登记权限下放到城区各分局，由各分局进行登记、发证及监管，为企业优化资本配置，盘活闲置资产，增强市场竞争力服务。共为企业办理企业动产抵押物登记162件，登记抵押物价值13.33亿元，实现主债权发放金额6.37亿元。注销抵押登记71件，价值5.9亿元，注销主债权2.28亿元。未发生动产抵押物重复抵押和骗取抵押的事件。

【拍卖市场监管】 2007年，市工商局继续完善拍卖活动备案制度和强化拍卖会现场监管力度，对拍卖委托行为、拍卖公告与展示行为，拍卖实施行为等拍卖活动全过程进行全方位监管。加强对拍卖会前后备案时限的监管，超过时限实行依法处罚。共对488起拍卖活动进行审查备案，备案拍卖标的委托合同1015份，标的金额18.6亿元；派出执法人员现场监督450人次，监管拍卖活动225场次，制止和纠正违规拍卖行为12次，监督拍卖成交金额11.25亿元。

【经济合同监管】 2007年，市工商局协助自治区工商局开展“守合同重信用”活动，向600多户企业宣传合同法律知识，引导企业诚实守信。通过年度检查企业402户，被注销企业201户。派出人员230人次，到企业检查合同1064份，发现存在问题的合同171份，并及时给予纠正。规范企业签约行为，向企业推广二手车交易合同示范文本200多份，共发放各类经济合同示范文本310多本。

【消费维权】 2007年，市工商局12315申诉举报中心建立健全食品安全长效监管体系，在全市范围内推行“七个统一”食品安全监管措施(统一推行“食品等级店”制度，统一制作食品进货台账登记本，统一制作索证索票随附单和档案袋，统一制作食品经营者七项自律制度，统一制作食品监管五项制度，统一规范工商所“两图一书”，统一对食品经营主体进行特别标注)，在建立规范书式档案的同时，对从事农产品、种植养殖、食品生产加工、食品批发零售、餐饮服务等食品经营主体加注区别标识，把注册、年检、信用等级、日常检查监管等情况录入计算机，并在12315指挥中心建立监控平台，不间断地掌控和监督各单位食品安全监管工作的落实情况。围绕“农村食品市场整顿年”和“产品质量和食品安全专项整治”两项中心工作，针对食品季节性、节日性、区域性的消费特点，确立重点时段集中力量查、重点区域分兵把口查、重点品种严防死守查的工作方针，明确“三个重点”，大力开展市场专项整治工作。一是抓好重点区域的整治工作。以农村乡镇和城乡结合部为重点整治区域，加大对分散在城乡结合部和农村村镇的各类食品批发市场、集贸市场、个体商贩、小加工作坊、小食品店、小餐馆的监管力度，严厉打击以“送货下乡”、“厂家直销”等名义销售假冒伪劣食品、坑害农民消费者的违法行为。二是抓好重点时段的整治工作。以元旦、春节、中秋、国庆、“两会一节”等重大节日为重点整治时段，采取“动静结合、公开示管”的方式；一方面加强动态的市场巡查，在节日期间保持高密度的市场巡查，开展餐桌食品快速检测，一方面采取静态的驻场监管，在各主要集贸市场、商场超市和展销集会设立12315执勤岗，确保节日期间人民群众的食品消费安全。三是抓好重点品种的整治工作。以粮肉蔬菜、饮料酒类、奶豆制品等与群众生活密切相关的食品为重点品种，组织开展专项执法检查。将猪肉市场作为首要整治对象，采取突击检查和日常监管、驻场管理和动态巡查、主动监管和群众举报相结合的方式，推行场厂挂钩、协议准入、强制退出等制度，组织“红盾亮剑”等猪肉市场专项整治行动，共查获各类私宰、病害等“问题猪肉”8325公斤。同时，发挥监测直报点作用，围绕月饼、熟肉、干菌、蜜饯、水产品等重点商品，开展流通环节商品质量监测。共开展以“关注食品安全”为主题的现场集中宣传活动6次，发放《食品安全宣传手册》等4.5万多本、宣传资料4.2万多份，出版宣传板报129期。全市集贸市场、批发市场、商场超市入场经营户1.35万户均建立索证索票制度；乡镇、街道、社区食杂店9652户建立进货台账；食品经营户4.14万户证照均齐全有效，彻底解决小食杂店、小摊点的无照经营问题。12月在工商总局和自治区工商局流通环节产品

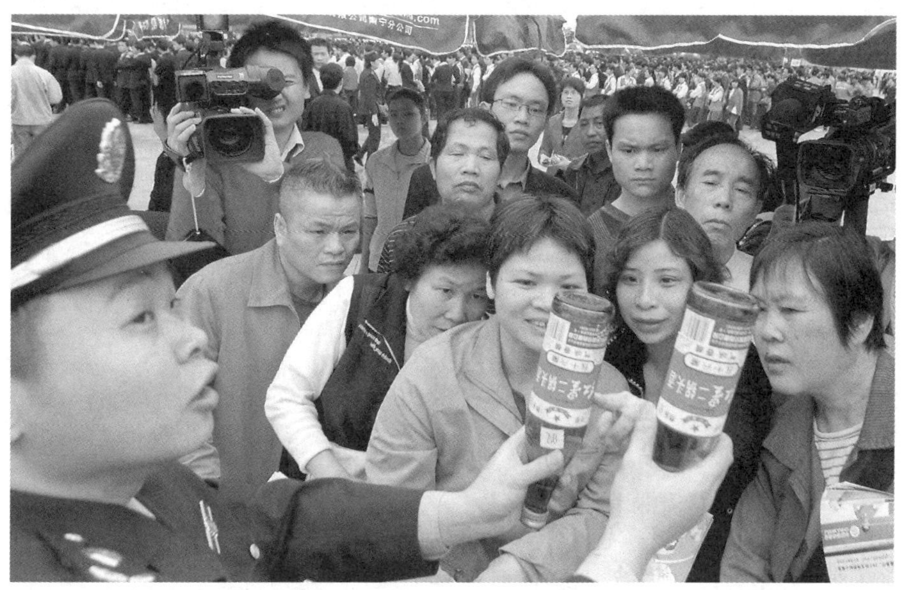

市工商管理人员在消费维权日活动中帮助市民识别伪劣商品　　周家志　摄

质量和食品安全专项整治三项目标(食品经营进货索证索票、食品进货台账登记、无食品无证经营均达100%)检查验收中获满分通过。共查处食品无照经营449户,捣毁制假售假窝点11个,立案查处5万元以上食品案件2起,移送公安机关1起,销毁不合格食品1.88万公斤,查获假冒伪劣食品3.7万公斤,其中农残超标蔬菜1.57万公斤、私宰病害肉8325公斤、假冒伪劣酒类5597瓶、过期变质饮料867公斤,总价值37.5万元。

【12315消费者申诉举报指挥中心】 2007年,市工商局12315消费者申诉举报指挥中心从建章立制、规范流程、加强培训等方面着手,推进消费者申诉举报信息处置数字化工作,履行有诉必接、有问必答、有假必打、有案必查的社会承诺,进一步规范完善12315消费者权益保护工作机制。1.规范统一消保工作的制度承诺和格式文书,印发市工商局《申诉案件应诉通知书》、《消费咨询申诉、举报一次性告知通知书》、《受理消费者申诉案件通知书》、《12315消费者申诉、举报指挥中心、受理室(站)收件回执》、《不予受理消费者申诉案件》、《终止受理消费者申诉案件》、《消费者来访登记表》等格式文书,从根本上加强内部管理实现制度管人,强化工作责任,规范工作程序,提高工作效率。2.抓好队伍能力建设和岗位技能培训,共举办培训班6次,培训执法人员784人次,培训内容包括格式文书制作应用要求、工作流程和时限要求、数据统计和上报要求、食品安全监管制度、流通环节食品质量检测、索证索票和进货台账制度等。3.推进12315平台和网络的升级更新,完成12315申诉举报指挥调度系统从硬件到软件的全面更新升级,12315呼叫平台接线席位由3个增加到5个,并通过计算机网络与市区绝大部分工商所实现对接,基本达到从接入受理、分流转办到处置反馈的全程即时化、无纸化,为消费者提供更便捷的服务。4.开展消费者权益保护宣传工作。结合3·15国际消费者权益日、个体私营经济服务月、放心农资进乡村宣传月、诚信兴商活动月等工作,通过举办现场宣传活动、发放宣传资料、组织专门培训等方式,共组织现场咨询活动26场次,发放宣传资料1.2万份,出版宣传板报125个,并在《南宁晚报》等新闻媒体设立专题栏目,普及法律知识,公布维权途径。5.加强12315维权网络横向体系建设,全市共有城市社区和农村行政村12315维权联络站162个,经营企业12315维权联络站501个,总数达663个,比上年增加167个,形成遍布城乡的12315维权网络横向体系。全年12315机构共接到消费者来电1.2万个,受理消费者申诉1415起,调解成功1389起,为消费者挽回经济损失192.13万元。

【公平交易执法】 2007年,市工商局各级经济检查和职能部门继续开展各项公平交易执法工作,共立案查处违反公平交易案件5115件(一般程序案件2350件、简易处罚案件2765件),案件总值1887.3万元,罚没总额1210.55万元。案件主体分类:国有企业21起,集体企业19起,公司166起,私营企业63起,个体工商户332起,自然人503起,其他4011起。案件违反的法律法规类型:违反《反不正当竞争法》类17起,违反《投机倒把行政处罚法》47起,违反《商标法》105起,违反《消费者权益保护法》26起,违反《产品质量法》153起(主要是假冒伪劣的种子、化肥、农药),违反《广告法》95起,违反企业登记法规183起,违反其他法规4489起。案件涉及的主要商品(物品)类型:有色金属43.41吨,化肥397.35吨,农药8.83吨,种子192公斤,成品油6.42吨,摩托车10辆,汽车配件6034件,钢材5吨,酒6804瓶,饮料8857瓶,食品2.83万公斤,服装8964件,鞋1781件,化妆品509瓶,影碟机22台,录音录像设备209套,电视机26台,摄影机4台,计算机28台,商标标识1.52万套。

(麻加宁)

劳动与社会保障

【概　况】 2007年,南宁市劳动和社会保障局进一步加大就业再就业工作力度,推进社会保障体系建设,促进劳动关系和谐稳定,维护劳动者合法权益。城镇新增就业6.19万人,下岗失业人员实现再就业1.68万人,其中帮助大龄就业困难人员实现再就业3157人,城镇登记失业率3.72%;农村劳动力转移就业新增8.87万人,其中农村劳动力自治区内跨县转移就业5.87万人,农村劳动力向自治区外转移3万人。基本养老、失业、基本医疗、工伤、生育保险参保人数分别为39.52万人、31.8万人、51.21万人、25.17万人、25.05万人。劳动保障监察案件立案756件,结案755件,法定结案率100%。督促用人单位和劳动者签订劳动合同41万人,其中个体工商户签订劳动合同6.5万人;劳动争议仲裁立案处理1880件,结案1785件,法定结案率100%。12.85万名企业(含中央、自治区直属企业)退休人员中有12.63万人实行社会化管理,占总数98.3%。5月,市人力资源市场自行研发的“身份识别和录入系统”正式运行,在全国人力资源市场建设中处于领先地位。市劳动保障局获劳动保障部授予的“全国金保工程建设示范单位”称号;市失业保险事业管理所被劳动保障部授予“全国优质服务窗口”称号。

【就业与再就业】 2007年,南宁市出台《南宁市人民政府办公厅关于进一步做好就业困难人员就业再就业工作的通知》,进一步落实各项再就业优惠政策。通过开展再就业援助活动周、民营企业招聘周等活动,引导、鼓励和支持下岗失业人员实现再就业。安排使用再就业资金7310万元,其中发放大龄就业困难人员公益性岗位补贴2381万元,代缴社会保险补贴4167万元;支付再就业培训补贴266万元、职业介绍补贴59万元;为933名从事个体经营的下岗失业人员免缴行政事业性收费1.17万元,减免各项税金193.46万元;各类企业吸纳下岗失业人员减免税款163.29万元;在各城区新建立信用社区18个,为有创业愿望的下岗失业人员发放小额担保贷款63笔126万元。同时,进一步加强失业调控工作,做好破产、关闭、改制企业职工安置方案审核。组织国有企业失业人员、大中专毕业生等未就业人员开展培训,抓好失业预警,落实帮扶机制,缩短失业周期,减少失业存量。全市城镇登记失业率3.72%。

【村级就业服务工作站建设】 2007年8月初,南宁市为解决劳动用工问题,以上林县为试点,指导12个村委会成立村级劳动保障工作站,选定一批素质较高、熟悉基层情况的村干部兼任劳动保障信息员、联络员;29日,全市统筹城乡就业工作现场会在上林县召开,各县区村级劳动保障工作站的建设纷纷启动。至年末,共在1393个行政村建立村级劳动保障工作站,为组织农村劳动力转移就业提供全方位、零距离就业服务。

【城乡就业统筹】 2007年,南宁市进一步完善统筹城乡的组织体系、职业培训体系、公共就业服务体系及社会保险制度、劳动用工管理制度等建设,开展农村劳动力资源调查,成立返乡创业品牌基地10个,新评估认定农村劳动力转移就业品牌培训基地20个。对30多个涉及农村劳动力转移就业的文件进行汇编,制订出台新政策5个,从政策层面上实现从重城镇向统筹城乡的转换。12月,在全国推进统筹城乡就业试点工作座谈会上,南宁市作典型发言，劳动保障部在《统筹城乡就业试点工作中期评估报告》中肯定了南宁市开展农村劳动力资源调查和组织农民就业培训等做法。

【充分就业社区活动】 2007年，南宁市以创建充分就业城市为目标，继续深入开展创建充分就业社区活动，组织170个社区参加创建活动，其中建立市级充分就业社区102个、自治区级充分就业社区68个。通过开展家政服务、引进家庭手工作坊、开辟社区便民摊点等，帮助大龄就业困难人员实现“家门就业”。共为153户“零就业家庭”解决就业问题,实现动态消除“零就业家庭”。取消反担保，降低小额担保贷款门槛，为有创业愿望的下岗失业人员提供创业资金支持，在各城区新建信用社区18个，发放小额担保贷款63笔126万元。

【职业技能培训与鉴定】 2007年，南宁市通过组织百万农民就业培训、新技师培养带动计划、城镇职工继续教育计划、凤还巢工程等活动，开展劳动预备制、再就业、创业和农村劳动力转移就业技能等培训，提升劳动者职业素质和技能水平。下岗失业人员再就业培训1.27万人，农村劳动力转移职业技能培训4.75万人；组织2192名有创业愿望的下岗失业人员参加SIYB（创办和改善你的企业）创业培训，成功创业1174人，所创办的企业和经济实体吸纳就业3522人；根据企业用工需求，实施对口培训、订单定向培训和校企合作培训，组织南宁技工学校、南宁医药技工学校、市一轻技工学校、市民族技工学校、市财经学校和市二轻技工学校6家技工学校与市内企业签订合作协议，探索“校企合作”的新模式；在高职院校和各类企业开展鉴定工作，推进技师社会化考评工作，通过职业技能鉴定3.43万人，其中技师和高级技师513人。

【技工教育】 2007年，市劳动保障局贯彻国家职业教育政策，整合各类教育培训资源，注重发挥协会作用，不断提高技能培训质量。全市18所技校专业设置主要有会计、电子商务、计算机应用与维修、机械加工与数控技术应用、汽作与焊接技术、模具钳工、药物制剂、制药设备与维修技术、旅游与宾馆服务、服装设计与制作工艺、电工与电器维修等。年内毕业生8191人，推荐就业率98%，招收新生1.5万人。

【“金保工程”建设】 2007年，南宁市投资680万元加大金保工程（利用信息技术，以中央、省、市三级网络为依托，支持劳动和社会保障业务经办、公共服务、基金监管和宏观决策等核心应用，覆盖全国的统一的劳动和社会保障电子政务工程）建设力度，9月3日，“金保工程”在自治区率先上线运行。市劳动保障局借助“金保工程”启动运行提供的数据平台和技术支撑，把涉及养老、医疗、失业、工伤、生育5个保险，时间跨度近20年的7亿多条数据整合在一起，建成社会保险费统一征缴大厅，把分散征缴整合为定点统一征缴。在自治区率先实现以“金保工程”为支持的社会保险统一征缴管理体制，结束了参保人员多头办理社会保险业务的历史，实现参保单位、参保人员的信息和数据“同人、同城、同库”，及对参保人员“记录一生、管理一生、服务一生”。

【基本养老保险】 2007年，南宁市继续以灵活就业人员和非公有制企业作为基本养老保险扩面重点，参保人数39.52万人，收入19.26亿元。加大对自治区《关于完善企业职工基本养老保险制度的决定》的宣传和执行力度，共为符合补缴养老保险的4.1万多人办理补缴手续，为11.36万名企业退休人员及时调增补发养老金，人均调增106元。

【失业保险】 2007年，南宁市以非公有制经济企业及其从业人员作为失业保险扩面征缴的重点，全市参保人数31.81万人；收入1.18亿元，当期征缴1.12亿元；基金支出6829.28万元，其中支付失业保险金5171.67万元，按时足额发放。发挥失业保险制度的社会保障和促进再就业功能，完善失业—培训、职介—就业的联动机制，通过举办失业人员再就业政策指导专场会等形式，培训失业人员8507人，接受再就业政策指导1018人，再就业率39%。通过帮助失业人员树立“先实现就业，后享受保障”的理念，共有1813名失业人员实现再就业后主动申请停领失业保险金，控制当期失业保险基金支出239.36万元。

【基本医疗保险】 2007年，南宁市以非公企业、合资企业职工和灵活就业人员作为城镇职工基本医疗保险的扩面重点，全市参保人数51.21万人，收入5.26亿元；统筹基金开支1.96亿元，个人账户基金开支1.96亿元，医保基金实现收支平衡，略有节余的目标。通过不断规范审批程序，做好医疗保险定点单位的审批、监控和服务，建立医、保、患三方良性互动机制。同时，推进农民工参加基本医疗保险的工作，参保4.38万人。7月，南宁市被劳动保障部确定为79个城镇居民基本医疗保险工作试点城市之一；10月12日，南宁市城镇居民基本医疗保险工作正式启动，拉开南宁市“人人享有医疗保险”建设目标的序幕。

【工伤保险】 2007年，南宁市以建筑等高风险行业和农民工为重点进行工伤保险扩面，参保人员25.17万人，收入2778.4万元。同时，贯彻《工伤保险条例》，提高全社会的工伤保险意识，通过加强稽核，确认参保单位的缴费率，确保工伤保险基金的足额征缴。对工伤事故处理、待遇的核付，做到及时、准确、足额支付。共有444名职工享受工伤保险待遇，拨付工伤保险待遇719.6万元，拨付率100%。

【生育保险】 2007年，南宁市出台《南宁市人民政府办公厅关于印发南宁市职工生育保险办法（试行）的通知》，参保人数25.05万人，收入2222.43万元。严格按照规定的标准和范围审核及支付生育保险待遇，共有3691名职工享受生育保险待遇，拨付生育保险待遇1334.23万元，拨付率100%。

【劳动合同三年行动计划】 2007年，南宁市继续开展劳动合同三年（2006~2008年）行动计划，通过建立签订劳动合同工作目标责任制，推动劳动合同签订工作。全市用人单位和劳动者签订劳动合同41万人，个体工商户和劳动者签订劳动合同6.5万人。同时，开展创建和谐劳动关系工业园区和创建劳动关系和谐单位活动，建立协调劳动关系长效机制，共发动500多家企业参加创建活动。7月，表彰首批“劳动关系和谐单位”18家。

【劳动争议仲裁】 2007年，市劳动争议仲裁部门坚持“合法、公正、及时、处理”的原则，妥善处理各类劳动争议案件，维护劳动争议双方当事人的合法权益。劳动争议仲裁立案处理1880件，结案1785件，法定结案率100%。其中，市本级劳动争议仲裁立案处理1210件，结案1122件，法定结案率100%。

【劳动工资管理】 2007年，市政府公布2007年企业工资指导线，基准线为10.6%，上线（预警线）为17.2%，下线为4%。市劳动保障部门完成城镇劳动力供给情况、995家企业的人工成本情况和793家企业在岗职工工资的调查、数据审核、录入和上报工作，整理公布21项非全日就业人员的工资指导价位。对全市10个门类17个大类行业955家企业的平均人工成本等进行调查整理，审核批复21家企业工资集体协议。

(陈 玲 彭 涛)

质量技术监督

【概　况】 2007年,南宁市质量技术监督局推进质量振兴和名牌战略实施,做好名优培育、安全监察、标准化、计量、食品生产监管、打假扶优、服务"两会一节"等各方面工作。全市新增中国名牌产品2个、国家免检产品5个、广西名牌产品18个;登记加入电子监管网的企业104家,激活上市企业31家。完成企业标准备案667个,标准修改43个,5家企业完成采用国际标准产品标志申报备案并获准使用采标标志。新增横县启动"质量兴县"活动试点工作,8月成立广西(横县)茉莉花(茶)检测中心;8月、12月,上林县质检所、武鸣县质检所分别通过自治区质量技术监督局组织的实验室资质认定现场评审;9月建成广西产品质量监督检验院宾阳检测中心并通过国家实验室认可。市质监局获自治区质量技术监督系统"两强市局"称号,武鸣、宾阳、横县质监局分别获自治区质量技术监督系统"七强县局"称号;宾阳县县委书记施汉飞被评为全国质量工作先进个人。

【质量监管】

名优免检产品培育　2007年,市质监局组织推荐南宁糖业股份有限公司("云鸥"、"明阳"牌白砂糖)、广西华锑化工有限公司("BRIGHTSUN"牌三氧化二锑)申报中国名牌产品、南宁糖业股份有限公司("云鸥"、"明阳"、"古府"、"大明山"牌白砂糖)、广西宾阳永凯糖业有限责任公司("翠蕊"牌白砂糖)申报国家免检产品。其中,南宁糖业股份有限公司生产的"云鸥"、"明阳"牌白砂糖被评为2007年中国名牌产品;南宁糖业股份有限公司生产的"云鸥"、"明阳"、"古府"、"大明山"牌白砂糖,广西宾阳永凯糖业有限责任公司生产的"翠蕊"牌白砂糖被评为2007年度国家免检产品;广西苏氏集团有限责任公司等13家企业生产的18种产品被评为2007年度广西名牌产品。

产品质量电子监管　市质监局组织全市13家2007年度广西名牌产品生产企业、50家复混肥料生产企业加入中国产品质量电子监管网,并完成26家企业的产品赋码激活工作。同时,联系北京华联综合超市股份有限公司民族宫店放置电子监管网查询终端,为广西首家开通查询终端的商场。

工业产品质量监查　市质监局制定2007年度南宁市工业产品质量定期监督检查计划,明确规定市、县局同步抽样,并采用统一格式的抽样单,严格按照定检计划进度和定检企业名单进行抽样送检,定期撰写质量分析报告。为进一步提高南宁市涉及人身健康和安全的12类重点产品定检覆盖率,对辖区重点产品特别是低压电器、电线电缆产品生产企业加强巡访、查遗补漏,将25家新增重点产品生产企业及时上报自治区质监局批准,并开展产品质量监督检查。共进行产品质量定期监督检查1143批次。其中:液化石油气、工业甲醛、铝合金铝材、电动自行车、溶解乙炔、防水卷材、电线电缆等产品的定检批次合格率100%;复混肥料、冷轧带肋钢筋、农药、人造板、水泥等产品的定检批次合格率分别为97.9%、77%、95%、93%、99%。完成对南宁市人造板、农药、危险化学品、验配眼镜产品生产企业生产许可证的组织申报工作,共向自治区生产许可证办公室上报申证、变更、换证材料118份。督促引导未获证但通过整改后具备办证条件的企业申报生产许可证,共有7家人造板无证生产企业提交工业产品生产许可证申请。

打假治劣　市质监局开展食品、农资、建材等执法打假专项行动,结合产品质量和食品安全专项整治行动,严厉打击产品质量、计量、标准化、特种设备等各类违法行为。共立案查处各类违法案件1107起,结案率97.74%。

【食品质量安全监管】 2007年,市质监局共对1338家机制糖、大米、茶叶、食用植物油、饮用水、鲜米粉、乳制品、月饼、饮料、木薯淀粉、冷冻饮品等28大类食品生产加工企业进行抽检,抽取样品1543批次,平均批次合格率85.6%。严格食品质量市场准入,共为企业申请办理食品生产许可证182家,其中新办证140家,期满换证42家;并加强对获证食品企业的证后监管。组织635家食品生产企业就《国务院特别规定》、《生产许可证管理条例》、《食品生产加工企业质量安全监督管理实施细则(试行)》、食品企业年度审查有关事项、食品添加剂管理办法等内容进行统一培训,为食品生产企业做好自查报告年审、食品质量安全管理、食品添加剂管理奠定基础。

【标准化监管】

标准化综合管理　2007年,市质监局鼓励全市主要工业产品生产企业开展采用国际标准及国外先进标准标志产品的备案工作,新增南宁糖业股份有限公司伶俐、香山、明阳、东江糖厂和自治区黎塘工业瓷厂5家企业采用国际标准产品标志申报备案并获准使用采标标志;共完成企业标准备案667个,标准修改43个,代码证年检2.27万个,新办8019个,换证(变更)8256个,废置(注销)141个,迁址4个。继续引导企业开展创建"标准化良好行为企业"活动,督促和指导帮助"标准化良好行为企业"国家级试点企业南南铝业有限公司、自治区级试点企业南宁化工股份有限公司完善企业标准体系,指导并帮助广西农垦金光乳业有限公司和广西农垦永新畜牧集团有限公司良圻原种猪场两家企业通过确认。

项目申报　市质监局开展广西地方标准项目申报、制订工作。1月,由市质监局提出、横县质监局等单位负责起草的广西地方标准《茉莉花茶》通过自治区质监局审定并作为广西推荐性地方标准发布实施。3月,市质监局申报的《南山白毛茶》、《横州大头菜》、《蘑菇棚架生产技术规程》3项广西地方标准制订项目获自治区质监局批准列入"2007年第一批广西地方标准制订项目计划"。9月,由市质监局、市科技局和广西皇氏生物工程乳业有限公司共同提出并起草的广西地方标

2007年南宁市辖区获广西名牌产品名录

产品名称(商标、型号规格)	生产企业
"苏氏"牌全自动上悬式离心机	广西苏氏集团有限责任公司
"BRIGHTSUN"牌三氧化二锑(HB、HC、HA、LB、UF、NM、CAT)	广西华锑化工有限公司
"绿洲"牌氢氧化钠	南宁化工股份有限公司
"绿洲"牌聚氯化铝(液体10%、固体28%)	南宁化工集团有限公司
"锦虹纺织"牌阳离子改性涤纶与粘混纺纱线系列	南宁锦虹棉纺织有限责任公司
"金光"牌网纹甜瓜	广西农垦国有金光农场
"甲天下"牌卷烟	广西中烟工业公司
"真龙"牌卷烟	
"美时"牌书写纸、静电复印纸	南宁糖业股份有限公司
"八鲤"牌漂白蔗渣浆、食用酒精	
"百洋"牌鱼配合饲料、虾配合饲料	南宁百洋饲料集团有限公司
"富丰"牌鸭配合系列饲料	广西富丰集团有限公司
"国凯"牌铝合金门窗	南宁国凯铝材有限责任公司
"桂井"牌食用植物油(花生油)	市储备粮管理有限责任公司
"南南"牌铝合金窗	南南铝业股份有限公司

2007年南宁市发布、实施的广西地方标准情况表

标准名称	标准编号	发布日期	实施日期
茉莉花茶	DB 45/T 384-2007	2007-1-22	2007-2-22
巴氏杀菌水牛乳	DB 45/T 390-2007	2007-9-20	2007-10-1

2007年发布、实施的南宁市企业制订的国家、行业标准情况表

标准名称	标准编号	发布日期	实施日期
食品添加剂 α-乙酰乳酸脱羧酶制剂	GB 20713-2006	2006-06-18	2007-05-1
工业用预糊化淀粉	HG/T 3932-2007	2007-04-13	2007-10-1
工业用氧化淀粉	HG/T 3933-2007	2007-04-13	2007-10-1
海藻糖	QB/T 2848-2007	2007-05-29	2007-12-1

准《巴氏杀菌水牛乳》通过由自治区质监局组织的审定并作为广西推荐性地方标准发布实施。开展“蚕茧烘烤技术广西地方标准的研制和应用”科技项目及广西地方标准制订项目的相关工作，于11月向自治区质监局申请召开标准审定会。

农业标准化 市质监局向市政府报送《关于农业标准化工作开展情况的报告》，提出进一步加强农业标准化工作的措施；组织申报17个具有地域特色、产业优势的第6批国家级农业标准化示范区建设项目，并于5月末完成所有项目任务书电子版的上报；指导和督促宾阳县黎塘莲藕农业标准化示范区项目加快标准试验及实施。加强农业标准化工作，把农业产前、产中、产后全过程纳入规范化轨道，加快农业从粗放经营向集约经营转变。

【计量监管】 2007年，市质监局完成大型衡器安装备案19家，计量器具销售企业备案登记企业12家。计量确认定级复查企业2家，复查考核23家企业计量标准61项，通过ISO 10012测量管理体系认证企业3家，配合自治区质监局考核评审计量认证机构8家。同时，严格核实计量器具检定证书的有效性，共对上报自治区质监局的317家企业2166台计量器具建立计量器具检定档案；对全市8家生产单位和23家大型衡器使用单位、43家定量包装商品生产企业的69批次定量包装商品进行监督抽查。完成国家定量包装商品计量监督抽查工作，共对市辖区27家茶叶、涂料、挂面等5类商品生产企业的63批次商品进行监督抽查。处理计量投诉22起，投诉处理率100%。组织对南宁市重点能耗单位开展《用能单位能源计量器具配备和管理通则》的宣传贯彻工作，并对重点能耗单位进行基本情况普查。开展南宁市水平衡测试工作，有1家企业通过水平衡测试验收。

【特种设备安全监察】 2007年，南宁市有特种设备1.93万台件。其中：锅炉2697台，压力容器6425台，电梯6126台，大型游乐设施174台件，起重机械2636台件，场(厂)内机动车辆1196台。在用压力管道589公里；各类气瓶137万只。市质监局加强日常监管，共发出特种设备安装前告知书2146份，办理特种设备使用登记2635台，现场监察特种设备6312台件，现场处罚96个单位，特种设备数据维护更新7232次，发出安全监察指令书29份，开展宣传活动5次，开展安全大检查17次。与36个电梯维保单位签订《特种设备资质单位安全责任承诺书》。制定下发《南宁市电梯资质单位工作要求》和《关于加强电梯维修保养工作的意见》，通过网络平台与广西特种设备监督检验院实现特种设备检验数据信息即时交换，随时掌握特种设备未检信息。

【产品质量与食品安全专项整治】

概 况 2007年8~12月，南宁市政府在全市范围内开展产品质量和食品安全专项整治行动。成立市产品质量和食品安全工作领导小组，办公室设在市质监局，下设综合组，种植农产品质量安全整治组，农产品地环境、农业投入品和农产品质量安全评价和监控工作组，水产畜禽产品质量安全整治组，生产加工食品及有关消费品质量安全整治组，流通领域食品质量安全整治组，餐饮消费安全整治组，药品质量安全整治组，猪肉质量安全整治组，宣传组。市质监局先后牵头召开全市动员部署会议和6次联席会议，9月5日、11月25日和12月7日，先后3次协调承办自治区产品质量和食品安全专项整治行动启动仪式、自治区食品和有关消费品质量安全专项整治工作现场会及自治区产品质量和食品安全专项整治行动现场会。投入专项整治行动经费1412万元，督查各县区的专项整治工作5次。召开新闻发布会3次，更新上报各类整治信息311条次，编写工作简报29期。制定各项工作规则和制度11项，归纳整理并印刷近100万字的《专项整治资料汇编》80套。协调市政府先后制定并下发《关于进一步加强乡镇一级专项整治工作的通知》、《督查发现问题整改工作方案》、《南宁市酒类生产企业(小作坊)整治工作方案》和《关于进一步加强南宁市产品质量和食品安全专项整治工作的通知》，对巩固成果及建立长效机制提出明确要求。至12月下旬，南宁市全面完成自治区专项整治方案15个100%的工作目标，并以“优秀”等次通过自治区产品质量和食品安全专项整治检查验收组的验收。

生产加工食品及有关消费品质量安全整治 由市质监局牵头组织。共出动执法人员1000多人次、车辆600多台次，检查食品生产企业500多家、12类重点工业产品等生产企业100多家30多批次和仓库、经销商等40多家，立案52起，涉案货值200多万元。全市598家食品生产加工企业取得食品生产许可证、建立质量档案均100%；611家食品小作坊签订质量安全承诺书100%，食品小企业小作坊建立质量档案100%。对572家企业的798个产品建立产品执行标准情况登记表，食品标准清理备案率100%。80家12类重点工业产品生产企业获得生产许可证、建立质量档案均100%。对市区72家米粉小作坊进行全面整治，淘汰关闭58家，正常生产的14家企业均符合标准要求，其中获食品生产许可证占85.7%，获证率排自治区首位。电子监管网推广进展顺利，全市登记加入电子监管网的企业161家，占全自治区入网企业20%。 （唐向荣）

食品药品监督管理

【概 况】 2007年，南宁市药品生产企业有55家。其中：制剂生产44家，中药饮片生产7家，医用氧生产2家，药用辅料生产2家。药品经营企业96家。其中：药品经营法人批发68家，非法人批发28家。药品零售企业1589家。其中：药品零售连锁企业(总部)22家，药品零售连锁门店626家(市区528家、武鸣县32家、横县12家、宾阳县28家、上林县12家、马山县3家、隆安县11家)，药品零售个店941家（市区314家、武鸣县113家、横县181家、宾阳县152家、上林县54家、马山县65家、隆安县62家)。医疗器械生产企业60家。其中：一类医疗器械登记备案9家，二类医疗器械登记备案44家，三类医疗器械登记备案7家。医疗器械经营企业1012家。南宁市食品药品监督管理局被人事部、食品药品监管局评为全国食品药品监督管理系统先进集体。

【食品安全综合监督】 2007年6月起，

南宁市食品安全协调委员会办公室的工作职责由市食品药品监管局承担。市食品药品监管局根据国务院召开的全国加强食品药品整治和监管工作电视电话会议、自治区食品药品监管工作会议等精神,拟定由市政府办公厅印发的《2007年食品安全工作实施方案》和《2007年南宁市食品安全专项整治方案》,将工作目标、工作重点和措施等内容细分到各监管部门,并做好组织协调工作,督促责任目标落实。先后组织召开月饼抽样情况新闻发布会、"两会一节" 食品安全保障工作专题会议等10多次。由市食品安全协调委员会办公室牵头制定的《南宁市清真食品管理条例》于3月23日经南宁市第十二届人民代表大会常务委员会第六次会议通过,9月29日经自治区第十届人民代表大会常务委员会第二十八次会议批准发布。

【食品安全专项整治】 2007年,市食品药品监管局协调各监管部门强化日常监管,加强对种植养殖、食品生产加工、流通和消费全过程监督管理,针对季节性、节日性、区域性消费特点及消费者申诉举报较多和群众生活密切相关的品种,集中开展食品联合或专项执法检查,严厉打击制售假冒伪劣食品违法行为,切实保障公众饮食安全。

食品安全流通环节专项整治 市食品安全协调委员会办公室组织协调工商部门在重点时段和重点品种方面开展食品安全专项整治行动18次,共出动执法人员2.14万人次,检查农贸市场(超市)1530个次、个体经营户5.55万户次,查处无照经营340户;查获"三无"(无生产厂名、无生产厂址、无生产卫生许可证)或过期变质食品2350公斤、酒类6360瓶,私宰肉、注水肉3500公斤;捣毁制假售假窝点3个,查处一般性案件23起,当场处罚案件235起。

消费环节食品卫生安全监督 市食品安全协调委员会办公室组织协调卫生部门在元旦、春节、元宵、清明、"五一"、国庆以及"两会一节"等节日期间,开展五色糯米饭、端午节凉粽、冷饮食品、乳及乳制品、学校食堂、建筑工地食堂、食品卫生许可证和"两会一节"食品安全保障等食品卫生监测和食品市场专项整治。共出动1500多人次,抽检待出厂消毒餐具200份,合格率99%;对市本级直管144所学校的194家食堂实施监督253户次,监督覆盖率100%,向校方提出卫生监督意见书151份,并对存在较大卫生问题的11家食堂进行行政处罚。

打击私屠滥宰专项整治 市食品安全协调委员会办公室组织开展打击私屠滥宰和制售注水肉、病害肉等不法行为专项整治,商务、工商、卫生等部门采取强化日常监管、联合和专项整治相结合的防打机制,加大对顽固私宰窝点以及销售、使用私宰肉、病害肉等违法行为的打击力度。共出动执法人员2.8万人次,检查各类市场486个次、学校单位食堂144家、餐饮店476家、肉类经营户2692户;查处各类违法案件3870起,打击、取缔私宰窝点2435个次,检查定点屠宰场873个次;没收私宰生猪430头、活牛120头,没收销毁私宰肉3.2万公斤,其中病害肉7800公斤。

【食品安全宣传教育】

2007年食品安全宣传周 2007年9月8日在民族广场设立主会场,六县六城区设分会场,全市各乡镇也以不同形式开展食品安全宣传活动。由市人民政府主办、市食品安全协调委员会承办。主题:关注食品安全,共建和谐南宁。在民族广场,共有1000多人参加活动,活动通过大型屏幕公益广告、现场咨询及检测、有奖知识问答、发放宣传资料、板报展示等形式,向市民宣传食品安全知识。全市各活动现场共悬挂食品安全宣传标语、宣传挂图2300多条幅,出版宣传板报17块(期),参加宣传和咨询食品安全知识的群众1万多人次,发放宣传资料1.5万多份。

"三绿工程"食品安全知识下乡活动 2007年,根据商务部、卫生部、工商总局、环保总局及食品药品监管局等11个部门联合实施的,以建立和健全流通领域和畜禽屠宰加工行业食品安全保障体系为目的,以严格市场准入制度为核心,以"提倡绿色消费、培育绿色市场、开辟绿色通道" 为主要内容的系统工程等有关精神,市食品安全协调委员会办公室组织开展"三绿工程"食品安全知识下乡宣传活动。1月,到江南区吴圩镇向农民群众宣传食品安全知识,接受群众咨询1000多人次,发放食品安全宣传资料1.3万多份。3月12~21日,农业、工商等部门结合"3·15"开展宣传周活动,组织工作人员100多人次到农村开展食品安全知识进农村活动,共举办食品安全宣传咨询活动10多场次,发放食品安全宣传资料4.6万多份,挂横幅标语800多条,接受咨询人数6.8万人次。编制《南宁市食品安全工作简报》11期。

【药品专项整治】 2007年,市食品药品监管局把整顿和规范药品市场秩序活动与产品质量和食品安全专项整治、药品质量安全整治行动结合起来,全面开展药品和医疗器械整治工作。

药品生产监管 抓住药品生产源头管理,以开展药品生产工艺和处方核查为重点,对辖区55家药品生产企业全面进行核查,核查面100%;加强对药品生产企业实施GMP(药品生产质量管理规范)跟踪检查,督促企业自觉严格执行《药品生产质量管理规范》。共出动631人次,对取得GMP证书的41家企业实施模拟"飞行检查",下达责令整改通知书33份,立案7起。同时对辖区7家注射剂生产企业全部派驻驻厂监督员,监督员检查企业91次。

药品流通整治 组织开展GSP(药品经营质量管理规范)跟踪检查449家次;在加强日常监管的同时,以专项检查为重点,进一步规范药品市场经营秩序。组织开展疫苗、药品购进合法票据、新开药店药师在岗情况、重点地段和重点经营品种以及重大节日、重大活动期间等专项检查19项。在开展产品质量和食品安全专项整治行动中,组织检查小组20个,对辖区所有药品经营企业进行检查,核查面100%。下达当场行政警告处罚决定书289份、限期责令改正通知书363份。

药品使用监管 加强对医院制剂的管理,重点检查辖区10家取得《医疗机构制剂许可证》的医疗机构所配制的制剂是否有批准文号、是否按规定的工艺处方配制、是否按规定进行调剂使用、是否有外销行为等。共出动48人次,检查医疗机构24个,下达责令整改通知书2份。

医疗器械生产经营监管 建立高风险品种监控体系,将高风险医疗器械品种确定为整治工作重点,制定《南宁市重点监控医疗器械经营企业购销及不良事件监控规定》,推行对高风险医疗器械产品的监控体系,购销情况基本达到实时监控。此外,建立医疗器械安全责任体系,制定《南宁市医疗器械生产、经营企业约见谈话工作制度》,对新开办的植入性高风险医疗器械经营企业、新开办医疗器械生产企业及违法违规企业的法定代表人进行约见谈话并记录在案,签订医疗器械质量安全责任状,将医疗器械质量安全作为最重要的价值取向,并对企业履行责任作出要求。对辖区医疗器械生产经营企业检查率100%。

药品稽查 根据自治区药品稽查工作的重点要求,进一步加大工作力度,查办大案要案。全系统共立案455起,下达处罚通知书319份。其中市局立案260起,下达处罚通知书215份。

【药品进口备案】 2007年,市食品药品监管局在药品进口备案工作中实行"全天候"、"预约服务"工作机制,采用政府网站、政务公开栏等公布办理药品进口备案的条件、程序,并实行网上申报、"阳光审批",减少货物存放仓库时间,降低申请人支付的仓管费用,为申请人节约办事成本。共收到药品进口备案申请9个，按时发出《进口药品通关单》、《进口药品口岸检验通知书》各9份，共进口原料药1.08万公斤，价值200.38万美元，药品进口数量和货值均为上年的1.2倍。

【特殊管理药品】 2007年，市食品药品监管局严格执行特殊管理药品巡查制度，加强对各类企业的巡查，并对辖区内取得《麻醉药品、一类精神药品购用印鉴卡》的自治区级、市属医疗机构的药品购进渠道、储存情况及特殊管理药品、疫苗、人血白蛋白等进行检查。共出动239人次，检查特殊管理药品经营企业20多家、医疗机构53家，下达责令整改书3份，立案1起。9月，建立特殊管理药品监控网络，实现对麻醉药品和一类精神药品及小包装原料药的购进、库存和销售流向等实时监控。

【药品监督抽验】 2007年，市食品药品监管局把靶向抽验确定为"三锁定"(锁定品种、生产单位、批号)，不断提高药品抽验的靶向性、命中率和有效性，降低药品抽验成本，保证群众用药安全有效。共抽样药品397批次，不合格药品101批次。完善药品抽验信息平台建设，提高药品抽验工作的效率，定期向社会公开抽验不合格药品信息。

【药品不良反应监测】 2007年，市食品药品监管局加强与自治区不良反应中心、市卫生局和各医疗机构联系，做好药品不良反应(事件)的监测工作。结合开展"安全用药，关注民生"大型主题宣传月活动，对辖区6个县的医疗机构、社区诊所、乡村卫生所共630多名业务骨干进行不良反应知识培训，提高药品不良反应报告的质量和数量。共收到药品不良反应报告1638份；药品生产和经营企业报告药品不良反应3份。

【违法广告监测】 2007年，市食品药品监管局根据新修订的《药品广告审查办法》和《药品广告审查发布标准》有关规定，认真履行违法药品广告监测的职责。共监测发现违法药品广告313条次、违法保健食品广告325条次，全部上报自治区食品药品监管局并移交同级工商行政部门处理。 (韦永敏)

安全生产监督管理

【概　况】 2007年，南宁市按照"系统谋划，综合整治，群防群治"的工作思路，进一步建立健全安全生产监管网络，严格安全生产责任制，突出"两个主体"(政府是安全生产的监管主体，实行行政首长负责制；企业是安全生产的责任主体，实行法人代表责任制)安全责任落实，强化安全生产监督管理，深化安全生产专项整治，实现全市安全生产形势持续稳定好转。共发生各类安全生产事故2082起，死亡602人，受伤2408人，直接经济损失1265.91万元，比上年分别下降22.08%、11.08%、19.92%和26.32%。各类事故死亡人数占自治区控制指标的93.04%。在自治区对南宁市2007年度安全生产工作情况进行督查和考核中，南宁市安全生产工作获优秀等级。市安全生产监督管理局被安全生产监管局评为全国安全生产监管煤矿安全监察先进单位，市安监系统黄南方等5人获全国安全生产监管煤矿安全监察先进个人称号。

【安监体系建设】 2007年，南宁市进一步充实和加强安全生产监督管理队伍，人员编制从上年的152名增加到198名，其中市安监局编制44人；全市123个乡镇、街道办事处均建立安全生产管理组织机构，共有乡镇专职安全管理人员247人，所辖1727个行政村(社区)均配备专(兼)职安全员，村一级专、兼职安全管理人员1768人。加强安全生产执法监察队伍建设，市安全生产监察支队成立，人员编制20人，实际12人。

【专项整治】 2007年，南宁市开展煤矿、非煤矿山、危险化学品、烟花爆竹、道路交通、人员密集场所消防安全、建筑施工等重点行业、重点领域的安全专项整治。全面推广安全质量标准化活动，在全市矿山、危险化学品生产企业和大中型工业企业全面开展安全质量标准化创建工作，共有15家企业通过自治区安全生产标准化企业认证，其中南宁哈威尔紧固件有限责任公司成为自治区首家通过二级安全质量标准化企业认证的企业。

矿　山　开展煤矿专项整治检查和督查7次，检查小煤矿11个，下达煤矿安全监察执法文书8份，查处安全隐患19处；开展打击非法盗采专项行动5次，对私采矿井采取不留人员、不留采矿设备、不留建筑物"三不留"原则强制关闭，共出动人员5360人次、车辆1271台次，打击非法开采矿点586处次，其中填封煤井554个次，教育遣返非法开采人员2675人次，罚款160余万元，查扣车辆26台、柴油机107台、挖掘机20台、洗矿机19台、其他机械126台(件)。开展非煤矿山专项整治检查和督查18次，检查非煤矿山537个、尾矿库13个，下达责令整改通知书26份，责令2家矿山企业停产停业整顿；对83家非煤矿山企业审查发放了安全生产许可证，组织专家对48家新办非煤矿山进行安全设施"三同时"(生产经营单位新建、改建、扩建工程项目的安全设施，必须与主体工程同时设计、同时施工、同时投入生产和使用)审查，同意新办企业按批准的备案文件开展实施工作。

危险化学品　组织开展危险化学品安全生产许可证"回头看"专项行动，对获证的77家危险化学品生产企业逐一进行检查，对26家有办证承诺整改项的企业隐患整改完成情况进行重点检查，有办证承诺整改项的企业均按期完成隐患整改。加大日常检查力度，指导和督促危化企业强化管理，出动检查人员232人次，检查化工生产经营企业265家，查出隐患21处，下达整改指令11份，检查发现并取缔非法经营点28处；对461个新申请办理危险化学品乙种经营许可证单位和200个到期换证的危险化学品经营单位进行资料和现场审查，发放许可证书661本；为78家加油站等申请办理甲种经营许可证的企业进行资料审查及消除审核，出具审查意见书78份。严格执行自治区有关危险化学品建设项目安全许可的要求，对广西拜科生物科技有限公司、武鸣县苞桥林化厂、广西银泉化工有限责任公司、广西华泽新能源燃气有限公司、南宁泓胤凯化工有限公司、南宁神龙林化产品有限公司、隆安县福隆化工有限责任公司、宾阳县宾州氧气充装站8家企业的新、改、扩危险化学品建设项目进行设立许可安全审查，对广西投资集团维科特生物科技有限公司、南宁化工股份有限公司、南宁中南油化工有限公司、广西拜科生物科技有限公司、市神宇钛业有限公司5家单位进行安全设施设计审查，对南宁双佳田公司、南宁化工股份有限公司、武鸣县苞桥林化厂、市飞日润滑油有限公司、广西光华化工厂、广西拜科生物科技有限公司、广西广明药业有限公司、市英超工贸有限公司、中石化广西南宁石油分公司北环加油站、南宁神龙林化产品有限公司、南宁泓胤凯化工有限公司11家单位12个建设项目的安全设施进行竣工验收。

烟花爆竹　对全市8家(宾阳县6家、横县2家)烟花爆竹生产企业进行定期安全检查，规范企业安全生产行为；做好烟花爆竹经营许可证的审查发放工作，批准17家企业向自治区安监局申报烟花爆竹经营(批发)许可证，审查发放烟花爆竹经营(零售)许可证2695家。组织公安、安监、工商、质监等部门开展联合执法，持续开展打击烟花爆竹"四私"

(私产、私销、私储、私运)专项整治,共出动6000多人次、车辆2300多台次,收缴爆竹生产主要原料氯酸钾2.12万公斤、成品私炮1143万头,查封扣押成品3089箱件、半成品499万头、炮引425万米,取缔私炮生产窝点64个,捣毁非法生产工棚36间,拆除烟花爆竹生产设备15台,查处非法运输烟花爆竹车辆5台,集中整治私炮生产重点村屯18个,行政拘留5人,逮捕4人。

人员密集场所消防　共组织专项治理6次、消防安全大检查5次,检查单位1.05万个,发现隐患7382处,督促整改6886处,发出《责令限期改正通知书》418份、《复查意见书》411份;办理处罚案件384起,依法处罚单位307个,处罚个人308人,责令"三停"(责令停止使用、停止营业、停止施工)285个,罚款236.17万元,行政拘留49人,刑事拘留1人。

道路交通　组织开展"防疲劳驾驶、保春运安全"、"决战五十天,遏制道路交通死亡事故"、整治公路客运交通安全秩序、"决战七十天"道路交通安全集中整治、摩托车道路交通管理专项整治、城镇道路交通秩序综合整治、严管严防营造和谐道路交通环境、四省(区)西南出海通道交通违法集中整治、集中侦破交通肇事逃逸案件等专项整治行动。运用酒精测试仪、雷达测速仪等科技装备,对机动车超速、客车超员、酒后驾驶、无证驾驶、疲劳驾驶等严重交通违法行为进行监控。共查处各类交通违法行为34.2万起,扣留违法机动车7.4万辆、驾驶证5016本,行政拘留56人。继续推进创建平安畅通县区活动,横县被评为全国先进"平安畅通县区"。

农业机械　开展以"重点查处拖拉机违法载人、超速超载、无牌无证等严重违法行为"为内容的农机安全专项整治活动,从严查处无牌拖拉机上路、无证驾驶拖拉机、不参加检审验拖拉机和拖拉机违法载人行为。共出动检查人员1.63万人次,检查各类拖拉机1.52万台次,纠正各类违法行为2235起。

建筑施工　把防止高处坠落、施工倒塌、燃气储配站及供应网点等易造成群死群伤的事故作为专项整治工作重点,开展安全生产许可证专项检查,高处坠落,斜坡、高切坡,消防安全,起重机械,安全生产、文明施工,燃气储配站及供应网点等7项专项整治。共组织检查行动11次,检查施工场地1703处次,下发限期整改通知书81份,下发停工整改通知书7份。

【重大隐患整改】　2007年,南宁市建立自治区、市、县区、乡镇(街道)、村(社区)五级重大安全生产事故隐患监督管理制度,采取单位负责、属地管理、分级督促整治的办法落实重大事故隐患排查和整改工作。其中市级重点监控的重大安全事故隐患12项,整改完成率75%;县区级重点监控的重大安全事故隐患195项,整改完成率97.9%;乡镇(街道)级重点监控的重大安全事故隐患309项,整改完成率98.7%;村(社区)级重点监控的重大安全事故隐患204项,整改完成率98%。

【安全生产宣传教育】　2007年,南宁市开展形式多样的安全生产宣传教育活动。6月,在全市范围内组织开展以"综合整治,保障平安"为主题的安全生产月活动。10日在朝阳广场举办2007年安全生产月活动启动仪式,期间组织开展"网上安全生产知识竞赛"、"生产安全事故案例"评析、征集和研讨活动,青年安全生产示范岗,社区安全生产月宣教服务,安全生产监督管理系列报道等宣传教育活动。共有1200多个单位29.03万人参与,发放宣传资料20.13万份,查出事故隐患3173处,整治安全隐患2913处。开展知识竞赛和专题讲座,宣传贯彻《广西壮族自治区安全生产条例》和《生产安全事故报告和调查处理条例》。共有1360多家生产经营单位参加竞赛,收到知识竞赛答卷11.5万多份;举办专题讲座63次,参加培训人员5488人次。开展安全生产培训工作,共举办各类安全生产培训368期,培训企业主要负责人和安全生产管理人员1.69万人、特种作业人员1.52万人。对从事非煤矿山、危险化学品、烟花爆竹等行业的农民工开展安全生产教育培训。共培训农民工、外来工共1.1万人次,其中企业领导人160人次,安全管理员750人次,特殊工种操作人员5600人次,其他操作人员4490人次。

【煤矿透水事故应急救援演练】　2007年9月28日,在上林南南实业有限责任公司木山那良斜井举行南宁市煤矿透水事故应急救援演练。参加演练的单位45个、人员300人,投入车辆等设备20多台(套)。全市各县区、各部门领导及地采矿山企业负责人共400多人到场观摩。演练中各个单位行动迅速,处置有序,有条不紊,达到体现实战、锻炼队伍、提高水平的目的。

【安全生产大检查与专项行动】　2007年,全市先后组织开展安全生产大检查5次。同时,针对矿山、危险化学品、道路交通、人员密集场所消防安全等高危行业和领域开展多次专项检查,共出动检查人员6845人、车辆3369台次,检查生产经营单位9530多家,排查和整治安全隐患1.14万处。开展重点行业和领域安全生产隐患排查治理专项行动,制定和下发10个有关安全生产隐患排查及其回头看再检查工作的通知和方案,对全市的专项行动作出全面部署,明确重大危险源监控和重大隐患排查治理、企业自查自改、政府及部门督查、各类应急救援队伍参加重点行业和领域生产安全隐患排查治理专项行动、信息定期上报等5项工作制度;各县区、各相关部门也相应制定32个专项行动方案(或指导意见),做到一级抓一级,层层抓落实,在全市范围内开展重点行业和领域安全生产隐患排查治理专项行动,共自查自改企业9578家,占重点行业和领域企业总数99.2%,投入资金807万元,自查出隐患1.25万处,其中重大隐患880处;自改隐患1.25万处,整改率99.8%,其中自改重大隐患877处,整改率99.7%。9月1日至12月9日,在全市开展百日安全无事故活动期间,各类事故死亡人数比上年下降10.44%。

【重大危险源监控】　2007年,南宁市组织开展重大危险源的申报、普查、登记和建档工作,共普查确定重大危险源422处,健全全市危险源档案,将重大危险源、点的有关数据输入城市应急联动中心控制系统并对其进行GPS(全球定位系统)定位。在南宁化工股份有限公司和广西南宁凤凰纸业有限公司试点安装了动态监控装置,实现对重大危险源的全程动态监控。建立重大隐患整改挂牌督办制度,加强对重大安全隐患整改的跟踪督办。年初,确定南宁电信枢纽大楼、无线电监测大厦、广福大厦、华劲纸业有限公司、横县华城酒精厂5个单位为重大火灾隐患单位,并悬挂"重大火灾隐患单位"警示牌,明确整改责任单位、责任人和整改期限,对严重危及群众生命财产安全的重大安全隐患,加快整改进度,落实专人24小时跟踪监控。至年末,5家单位全部完成整改并通过验收(横县华城酒精厂自行停产)。

(何　嘉)

口岸管理

【概　况】　2007年,南宁市口岸设有南宁市口岸办公室、南宁海关、南宁海事局、南宁边防检查站、广西出入境检验检疫局5个单位,管辖南宁吴圩国际机场空港口岸及南宁港水运口岸。其中,市口岸办主要负责口岸的管理协调工作。南宁口岸工作按照把南宁建设成为区域性国际城市、泛北部湾经济合作区核心城市的要求，做好南宁水、陆、空口岸的规划和建设，整合口岸资源、建设和完善各项口岸基础设施，完善和提升口岸功能，提高口岸运行的质量和效率，确保人员和货物快速通关，为国内外旅客和企业提供优质、高效的服务。11月，南宁机场联检楼项目及附属配套设施建设基本完工，项目总投资1032万元，占地0.75公顷，建筑面积3000平方米，是南宁吴圩国际机场的配套工程。新增南宁—新加坡、南宁—吉隆坡、南宁—马尼拉、南宁—雅加达、南宁—曼谷、南宁—胡志明、南宁—金边、南宁—仁川8条国际(地区)航线。至年末，南宁空港口岸共有国际(地区)航线9条，每周共有国际(地区)航班23班。内河水运口岸有陈东港、上尧港、北大港、西江港、邕宁港、横县港、隆安港7个港口，有直达香港、澳门的货运航线。南宁港因北大桥的建设需搬迁，水港新址尚未落实。铁路进出口运输由南宁站和南宁南站承担装卸及编组任务，验关点在南宁南站的沙井外贸仓库专用线。

【口岸通关服务】 2007年，市口岸办组织协调口岸各单位实施快速通关，南宁口岸运行良好，未发生事故，并实现零投诉。广西出入境检验检疫局加大电子检验检疫的推广力度，促进检验检疫监管模式转变，有5家企业建成开通视频监控系统，14家企业实施电子监管系统。

南宁海关按照“通关高效、监管到位、服务优质、形象良好”的总体要求，继续做好物流监控、行李邮递物品监管、加工贸易监管、稽查与企业后续管理等通关监管工作，出台《南宁海关服务中国—东盟博览会的十项长期便利措施》，开发应用中国—东盟博览会展品通关监管系统，建立进境展品从机场、港口、边境口岸到南宁国际会展中心“一条龙”联动式监管，实现“货到即验、即放”；建立和落实首问责任制、限时办结制、责任追究制，提高展品通关效率，主动做好有关部门的联系沟通工作，推动会展监管长效机制建设，为博览会的顺利举行提供坚实的通关保障服务。博览会期间共监管进境展品252票，申报价值共45万美元，监管进出境航班101架次、宾客9370人次。

2007年是公安部统一开展的提高边检服务水平活动年。南宁边防检查站以提高服务水平为中心，对执勤现场进行科学调整，统一规范各类标志，完善引导候检流动岗、出入境信息电子触摸查询服务系统咨询台、候检休息区；推出一系列便民措施，在执勤现场设置饮水机和便民箱、书报架，成立便民服务小组指导旅客填卡片，为旅客提供咨询、帮助；建立完善“礼遇通道”、“应急通道”、“绿色通道”、“专门通道”等精细化服务工作机制；公开“验放一名非港澳旅客不超过45秒、港澳居民不超过15秒”边检服务承诺；确保通关效率，坚持严密管控，进一步提高边检服务工作水平。年检出入境旅客12万多人次，比上年增加39%。12月26日，公安部边防管理局工作组对南宁边防检查站提高边检服务水平各项工作进行了达标验收。

2007年南宁口岸出入境动植物及其产品检验检疫情况表

类别	合计		出境		入境	
	批次	金额(万美元)	批次	金额(万美元)	批次	金额(万美元)
动物及动物产品	1803	3849.05	1780	3708.51	23	140.54
植物及植物产品	5529	10837.91	5529	10837.91	0	0

2007年南宁口岸出入境食品及化妆品检验检疫情况表

合计				出境				入境			
		不合格				不合格				不合格	
批次	金额(万美元)	批次	金额(万美元)	批次	金额(万美元)	批次	金额(万美元)	批次	金额(万美元)	批次	金额(万美元)
2046	5433.96	1	0.34	2029	5370.07	1	0.34	17	63.88	0	0

2007年南宁口岸出入境交通工具检疫情况表

类别	出境	入境			
	检疫数量	检疫数量	检出问题交通工具数量	卫生处理数量	除害处理数量
船舶(艘)	52		21		
中籍	52		21		
外籍					
飞机(架)	668	669	2	330	254
中籍	644	646	2	327	242
外籍	24	23		3	12

【邕宁区银泉码头】 2007年3月3日竣工并投入使用。位于邕宁区东面、邕江邕宁牛湾河段的南岸。是南宁市首座高桩联系结构千吨级码头、南宁市惟一可吊卸件重32吨以下的集装箱和干杂货物的码头。第一期工程于2005年2月开工建设，投资3000万元，可同时靠泊两艘千吨级货船，年货物吞吐能力为60万吨。码头配设2.5万平方米大型堆货场和3000平方米货仓，以及1.5万吨罐库，可同时存放货物15万吨以上，具有集装、卸、储、运于一体的功能。

（梁一家）

【空港口岸】 2007年，市口岸办进一步完善空港口岸配套设施建设，加快南宁机场联检楼项目建设。做好“两会一节”空港口岸验收工作，期间共验放出入境飞机73架次，其中，专机13架次，包机、公务机33架次；查验出入境宾客5810人次，为28个与会代表团390人次提供通关礼遇。全年经南宁空港口岸出入境的旅客11.5万人次，其中出境6.2万人次、入境5.3万人次；出入境飞机1429架次，其中出境705架次、入境724架次。

【河港口岸】 2007年，南宁河港口岸出入境船舶61艘次，其中入境18艘次、出境43艘次。进出口货物30.56万吨，其中出口1.4万吨、进口29.16万吨。进出口集装箱1378个，载货量1万吨。

（梁　勇）

【出入境检验检疫】

概　况　2007年，广西出入境检验检疫局严把出入境检验检疫关，加强疫病疫情监测防控，完善口岸突发公共卫生类事件应急预案体系和应急指挥机制。加强口岸防控工作督促检查，防止境外疫病疫情经口岸传入国内。共检验检疫出入境货物16.7万批次，货物总值94.7亿美元，其中检出不合格货物850批次，货物总值15.3亿美元。检疫出入境交通工具26万辆(艘、架)次，出入境人员452万人次，检疫入境集装箱21.2万个标准箱。从进境植物及植物产品中检出有害生物123种562种次；从出入境人员检疫中检出病例4088例，其中传染病及病毒携带者2100多例，艾滋病毒感染者21例。

服务“两会一节”　广西检验检疫局制定完善服务“两会一节”的长效机制，制定对入境参展物品检疫审批、通关作业等8条便利措施。结合产品质量和食品安全专项整治行动,对参展食品实施分类管理和检验监管,配备快速检测设备,将参展食品中的农残、二氧化硫等检测时间从3~5天缩短到30分钟。期间检验检疫参展食品、饮料、木制品、化妆品等173批30万美元、19大类139种,截获有害生物9种89头。检疫查验入出境航班94班次,出入境人员6600多人次。

产品质量与食品安全专项整治 广西检验检疫局贯彻落实全国质量工作会议精神,切实开展产品质量和食品安全专项整治行动,成立工作组9个、专项督查组4个、专项整治工作组5个、考核验收组6个,围绕重点区域、单位、产品和整治目标,开展进出口食品安全、高风险农产品质量安全、高风险敏感产品质量安全、边贸进出口商品质量安全和口岸食品安全5个方面专项整治。联合海关等部门对非法入境肉类、水果和废物7批近90吨100%销毁。对140家出口水产品、茶叶、蔬菜、蜂蜜备案基地进行100%清查,取消备案资格9家;对200家出口食品卫生注册登记企业进行100%清查,暂停报检7家,取消注册登记48家。9月1日起对出口食品运输包装100%加贴检验检疫标志;对99家企业使用的食品添加剂进行备案,出口食品使用添加剂备案率100%;对35家玩具、危包、打火机的出口质量许可证企业进行100%清查,取消许可2家;对74家小家电、灯具、烟花爆竹出口企业进行清理;对42家口岸食品、饮用水生产经营企业的经营资格、食品原料、调味品的采购和使用情况等进行100%检查,对无证经营的限其停业整改11家;推动全自治区26家口岸食品生产经营企业100%建立原料进货索证制度和实施食品卫生监督量化分级管理。 (谭业军)

海事管理

【概 况】 南宁海事局隶属广西海事局垂直管理,下设邕宁、横县、左江3个海事处,负责南宁、崇左两个地级市行政区域内的水上交通安全监督管理工作。南宁辖区河流隶属珠江水域,有通航河流12条,通航里程1111公里,主要河流有左江、右江、郁江。2007年,辖区内共有有船水库13座,渡口153道,横水渡船170艘,圩渡点30处,圩渡船395艘;旅游航线3条,旅游船29艘1237客位;水运企业32家,其中港澳运输企业5家,纳入航运公司安全管理体系管理的企业2家,船舶43艘;登记在册船舶2309艘,总吨位28.21万吨,净吨位15.35万吨,1.26万客位;在册船员5687人。主要港口有南宁港、邕宁港、横县港,其中南宁港于1987年被批准为国家二类开放港口,有航行于港澳地区的船舶23艘。辖区港口吞吐量1902.26万吨。其中:散装化学危险品18.46万吨,砂石1704.88万吨,其他178.92万吨。年内,南宁海事局围绕“船舶适航、船员适任、安全畅通、有效监管、优质服务”的方针,不断加大水上交通安全监督管理力度,进一步加强海事行政许可工作,有效地维护了辖区水上交通秩序。坚持专项治理和长效管理相结合,继续深化辖区的水上交通安全专项整治;进一步开展渡口渡船专项整治活动,开展防船舶碰撞防泄漏整治工作和加强河道采砂专项整治活动,加大对“三无”(无船名船号、无船籍港、无船舶证书)船舶、低质量船舶、非法载客运输船舶的打击力度;加强对重点水域、船舶的现场监督管理,将辖区水域实行划片管理,实行局处联动,辖区水上交通安全管理逐步形成了“政府统一领导,部门协作配合,社会综合治理,安全形势稳定”的局面。完成南宁“两会一节”和邕江冬泳活动的水上交通安全管制任务。辖区共发生水上交通事故2起,比上年下降33.33%;事故死亡2人,比上年下降33.33%;沉船1艘,比上年下降66.67%;直接经济损失3500元,比上年下降40%。

【通航监管】 2007年,南宁海事局坚持和完善辖区巡航监督检查“一体化”的管理模式,将船舶安全检查、短途船舶进出口签证与现场监督检查同步进行。集中力量对重点水域、重点船舶、重点时段进行安全隐患排查和现场监督管理,继续对渡船超载、无证驾驶和配员不足等问题进行专项检查整顿。推动辖区政府开展对清平水库、六佑水库、大王滩水库等安全隐患较严重的水域开展水上安全联合整治,取缔“三无”船舶违法渡运行为。共完成辖区巡航54次、港区巡航81次,巡察车巡航310次,累计巡航时间2934小时,巡航里程9.06万公里,出动人员3080人次;检查船舶8156艘次,处罚违法船舶396艘次,实施海事行政强制决定书391份,发放安全管理建议书25份、安全隐患整改意见书20份;审批水上水下施工项目许可7项,发布航行通告12次。

【船舶监督管理】

船舶安全检查 2007年,南宁海事局组织安检人员对各类船舶进行安全检查,纠正船舶存在的技术缺陷。共安检船舶1759艘,比上年增加8.1%。查出并督促船舶整改缺陷6990项,单船缺陷率5.5以上,比上年增加0.6个百分点。

船舶登记 南宁海事局在深化诚信船舶登记管理工作的基础上,做好船舶登记及IC卡的制作、发放工作。共实施船舶登记审批1251项次,其中所有权登记381项次,国籍登记323项次,抵押权登记129项次,光船租赁登记16项次,注销登记401项次;发放IC卡1240张,核发最低配员证书473份、各类文书1904本。

船舶进出港鉴证 南宁海事局严把船舶进出港签证关。共办理船舶进出港签证23.57万艘次。其中:进港签证11.79万艘次,货物到达量1496.66万吨;出港签证11.78万艘次,货物发送量405.6万吨。完成定期签证审批23.62万艘次,办理载运危险货物适装许可审批410艘次。

【船舶防污与危险品管理】 2007年,南宁海事局继续强化辖区船舶防污染巡查和港口船舶污染物接收设备检查,重点加强危险、毒害性货物的监督管理,严防剧毒危险品在辖区水域载运;配合市政府推动辖区防污清污队伍的建设工作;加强船舶“垃圾公告牌”和防污文书的发放工作,共发放“垃圾公告牌”188块,防污文书82份,除横渡船外,辖区船舶的“垃圾公告牌”和防污文书持证率100%;进一步强化对船舶载运危险货物的现场监督管理,船舶载运危险品进出港口410艘次,装卸危险品18.46万吨,未发生污染事故。

【船员管理】 2007年,南宁海事局做好《船员条例》的宣传贯彻工作;继续做好新版船员适任证书的换发工作;组织珠江水系船员适任统考3期,参加统考196人次;广西内河船员统考3期,参加统考187人次;内河散装化学品船船员特殊培训考试班3期、防汛冲锋舟驾驶员考试3期;签发、换发船员服务簿686本、新版船员职务适任证书2144本,船员特殊培训合格证409本。 (黄荣丹)

海 关

【概 况】 南宁海关是广西口岸进出关境监督管理机关,业务管辖范围为广西全境,面积23.67万平方公里。辖区地处沿海、沿边、沿江,海岸线1595公里,陆路边境线1020公里,直达港澳内河600公里。关区共监管口岸26个(一类14个、二类8个、边地贸4个)、边民互市贸易点25个。2007年，南宁海关下设11个隶属处级海关和缉私分局、1个负责南宁口岸的现场业务处、1个办事处筹备组，总关机关内设19个局(处、室)，2个事业单位。关区干部职工1718人(关员1208人、缉私警察510人)。边贸进出口总值15.06亿美元，审批减免税款20.44亿元；监管进出口货物4794万吨，货值117.83亿美元。加工贸易合同备案432份，备案金额5.9亿美元。征收税款73.85亿元。立案调查走私行为案件748起，案值4247万元；立案侦办走私犯罪案件36起，案值5.73亿元；抓获走私犯罪嫌疑人160人，上缴罚没收入3345.9万元。

【通关监管】

物流监控 2007年，南宁海关落实“管得住，通得快”的要求，规范监管场所建设，健全监管制度，全面推广选择查验系统，强化陆路边境口岸监管，进一步提高审单质量和效率，整合各类便捷通关措施，推进电子口岸建设，加强口岸执法协作与信息共享，进一步健全广西口岸执法合作协调机制，创造良好的口岸通关环境，提升通关监管效能。共监管进出口货物4794万吨，名列全国海关第12位；进出口总值117.83亿美元，名列全国海关第19位；监管进出境旅客438.4万人次，名列全国海关第6位；进出境运输工具26.6万辆艘次；审核进出口报关单10.99万份，名列全国海关第20位。执勤武警共出动8.2万人次，协助监管进出境运输工具22.9万辆艘次，查验集装箱8.86万箱，协助查获涉嫌走私违规案件411起，案值6058.2万元。

行李邮递物品监管 南宁海关加强行邮职能管理，重新修订《南宁海关邮递物品监管细则》，在关区旅检现场逐步落实“一机两屏”(旅客携带的行李物品在通过海关X光行李物品检查仪时生成的扫描图像也会同步传输到检验检疫的视频接收设备)工作模式，实现海关与检验检疫局双方的资源共享，提高旅检口岸通关效率。加强对行邮业务现场的指导，加大对重点地区、人员、物品进出境的监控力度，严密防范和打击武器、毒品、反动宣传品、非法出版物等违禁品的走私违法活动。共监管邮、快递物品59.68万件，在行邮渠道查获各类违禁物品1902件、音像制品238件(盘)。

加工贸易监管 南宁海关完善保税仓库管理，规范单耗标准，加强中后期核查核销，保税监管质量进一步提高。设立加工贸易通关专用通道，推行派员驻点监管制度，加大知识产权海关保护力度，推广加工贸易联网监管试点，应用保税业务监控分析系统，提高关区加工贸易及保税监管能力。制订实施服务广西承接东部地区加工贸易产业转移12项措施，促进广西加工贸易的发展。加工贸易合同备案432份、金额5.9亿美元，实际进出口总值11.61亿美元。

稽查与企业后续管理 南宁海关以风险分析为先导，加强稽查人力资源配置，建立健全稽查工作机制，广泛开展贸易调查，采取海关稽查和企业自查相结合的方式，根据一般贸易、加工贸易和特定减免税货物的监管实际，通过常规稽查、专项稽查和验证式稽查相结合，实施有效的后续管理。共稽查企业66家，稽查补税入库1299.82万元；发现涉嫌走私违规案件2起，货值2815万元。实行“大客户协调员”制度，增进关企双向互动，帮助企业解决进出口环节遇到的困难和问题。新评定适用A类管理企业14家，全国“红名单”企业1家，调整企业管理类别14家。

【税款征收】 2007年，南宁海关做好税源调查和税收预测，抓好重点税源商品的风险分析、监控预警工作，完善业务形势分析例会制度，加强对税收动态的实时跟踪分析和监控；完善监管通关、审单、加工贸易、统计、风险管理、稽查、企业管理等职能部门的协作配合机制，实行纳税企业分类管理，加大稽查补税、核销补税力度，进一步完善税收定期评估、通报制度；围绕归类、价格、减免税、原产地、税收计征入库等各环节，制定税收任务和质量考核规定，细化和完善税收征管质量考核体系，全面实施税收业务质量管理，税收征管的整体效能进一步提高。一般贸易价格水平一直处于绿色区域。共征收税款73.85亿元，比上年增长43.1%。

【打击走私】 2007年，南宁海关加大“破大案、打团伙、摧网络”力度，推进反走私综合治理，完善反走私长效机制，加大行政和刑事执法力度，走私势头继续得到有效遏制。共查处走私行为案件748起，案值6.14亿元，名列全国海关第5位；抓获走私犯罪嫌疑人160人，上缴罚没收入3345.9万元，名列全国海关第13位。先后查获“1·6”、“3·29”、“10·17”等特大走私汽车、香烟、橡胶大案，案值近5亿元，抓获犯罪嫌疑人120多人；查获走私毒品案件3起，缴获海洛因2803克、“摇头丸”1168克。

【风险管理】 2007年，南宁海关全面推进以建立健全风险管理机制为中心环节的现代海关制度第二步发展战略，结合工作实际贯彻《海关业务改革整合方案》，健全风险管理运行机制，增加风险管理人员、机构，深化风险管理平台和各类分析监控系统应用，做好移植业务风险预警监控系统前期工作，科学设定和维护关区风险参数，以“建立健全重大风险事项决策协调机制”、“构建风险管理绩效评估体系”和“布控系统的改造研究”3个项目为重点，推进风险管理试点项目研究成果的转化。健全风险中心与各单位部门的协调运行机制，在实际监管中广泛应用风险管理手段，风险布控整体力度不断加大。全年通过风险管理平台发布风险信息1283条，下达布控指令6636条，查获各类案件61起，货值1083.3万元，布控有效率8.11%。

(黄伟文)

责任编辑 梁笑飞

2007年南宁海关主要业务情况表

项　目	单　位	业务量	比上年增减%
进出口货运量	万吨	4794.00	15.80
进口	万吨	3638.00	13.70
出口	万吨	1156.00	22.90
进出口总值	亿美元	117.83	48.10
进口	亿美元	70.61	43.60
出口	亿美元	47.22	55.30
监管运输工具	辆艘架	266182.00	18.60
集装箱(标准)总数	箱次	204796.00	43.60
进出境人员	万人次	483.43	10.00
邮、快递总数	万件	59.68	43.20
备案加工贸易合同	份	432.00	13.40
合同备案金额	万美元	59011.90	30.10
查获走私案件	起	784.00	−10.50
走私案件案值	亿元	6.15	192.80
税收入库	亿元	73.85	43.10
关税	亿元	12.38	34.70
进口环节税	亿元	61.46	44.90
上缴罚没收入	万元	3345.9	1.70
审批减免税	亿元	20.44	41.90

教　育

综　述

【概　况】 2007年，南宁市各级各类中小学幼儿园共有2723所，在校生114.91万人。其中：幼儿园719所，在园幼儿14.38万人；小学1567所，教学点1674个，在校生54.70万人；普通初中284所，在校生29.07万人；普通高中88所，在校生11.17万人；中等职业学校55所，在校生5.34万人；特殊教育学校10所，在校生2229人。教职工：幼儿园6458人，小学3.15万人，普通中学2.67万人，中等职业学校4295人。专任教师：幼儿园3810人，小学2.89万人，普通初中1.57万人，普通高中6239人，中等职业学校2478人。师生比例：幼儿园1:37.76，小学1:18.95，普通初中1:18.57，普通高中1:17.92，中等职业学校1:21.55。校园面积和生均校园面积：小学1399.21万平方米和25.57平方米，普通初中698.38万平方米和24.02平方米，普通高中550.71万平方米和49.26平方米，中等职业学校314.44万平方米和58.89平方米。校舍面积和生均校舍面积：小学344.29万平方米和6.29平方米，普通初中215.01万平方米和7.39平方米，普通高中222.72万平方米和19.92平方米，中等职业学校82.53万平方米和15.45平方米。少数民族在校生比例：小学54.71%，普通初中56.46%，普通高中53.42%。义务教育普及程度：小学学龄儿童净入学率99.69%，小学生辍学率0.015%，小学毕业生升学率100%；初中毛入学率111.00%，初中辍学率0.72%，初中毕业生升学率78.3%。

自治区驻南宁市中等职业学校有33所，在校生9.1万人，毕业生1.73万人。全市辖区范围内有高等院校34所，在校生24.94万人，全日制在校生22.96万人。其中普通高等院校28所(本科院校7所，高职高专院校17所，独立学院4所)，在校生21.16万人，毕业生5.44万人；成人高等院校6所，在校生9.14万人。有2所院校获得博士授予权，6所院校获得硕士学位授予权；在校研究生9200人。民办的其他高等教育机构有3所。

全市教育经费总收入32.62亿元，比上年增加6.65亿元。其中：财政拨款收入22.79亿元，比上年增加4.49亿元，征收用于教育的税费3.34亿元（教育费附加2.41亿元，地方教育附加0.93亿元)，比上年增加1.67亿元；企业办学中的企业拨款0.1亿元，比上年增加428万元；校办产业和社会服务用于教育的经费0.01亿元，比上年减少360万元；民办学校中举办者投入0.08亿元，比上年减少0.57亿元；社会捐赠0.29亿元，比上年增加0.13亿元；预算外资金收入5.99亿元，比上年增加0.9万元。教育经费总支出32.35亿元，比上年增加8.29亿元，其中财政拨款支出22.86亿元，比上年增加4.96亿元。总支出中，人员经费支出21.96亿元，公用经费支出9.32亿元，基建支出1.07亿元。全市教育固定资产投资4.66亿元，新建一批校舍并投入使用。市本级财政投资的工程项目如期竣工投入使用的有：市卓立学校北校区、五中教学楼、十中教学实验综合楼、沛鸿民族中学学生公寓和食堂、二十中图书办公综合楼、二十一中学生公寓和食堂、四职校学生公寓、二十八中文艺体育馆、三十三中学生公寓等25个。中央、自治区和南宁市共安排市农村中小学校校舍维修改造建设资金1.03亿元。其中：中央补助4219万元，自治区补助3776万元，市财政安排2300万元。共维修改造建设校舍面积15.83万平方米，改造68所农村中小学校饮用水设施。

【农村初中小学免交学杂费】 2007年，南宁市继续对全市农村义务教育阶段中小学生全部免除学杂费及补助农村义务教育阶段中小学公用经费，共有69.26万名学生受益，占全市义务教育阶段公办学校学生人数88.75%，中央、自治区补助资金共1.2亿元。同时，国家在2007年春季学期对全市13.93万名农村义务教育阶段贫困学生免费提供教科书的基础上，从秋季学期起，对农村义务教育阶段所有学生免费提供国家课程的教科书，全年中央补助经费共3941.16万元。根据《南宁市农村义务教育贫困家庭寄宿制学生生活费补助工作实施方案》的实施步骤，市本级财政按每生每年70元补助全市农村贫困寄宿生生活费。县区根据本级财力安排配套经费。全年本级财政投入462.05万元，补助贫困寄宿生6.34万人次。

【语言文字工作】 2007年，南宁市语言文字工作委员会被评为全国语言文字工作先进集体，裴力被评为全国语言文字工作先进个人，市民主路小学被评为全国语言文字规范化示范校；市教育局被评为自治区语言文字工作先进集体，刘彪、裴力、马源欢等16人被评为自治区语言文字工作先进个人。

市级语言文字规范化示范校评选　2007年，南宁市下发《关于开展第二批南宁市语言文字规范化示范校创建活动的通知》，全市六县七区(含南宁华侨投资区)共有41所中小学申报。经市教育局、市语委办组织检查组对各申报学校进行检查，有36所被确认为第二批南宁市语言文字规范化示范校。

规范公共场所社会用字(中英文)检查　5月，市语委办组织广西大学外语学院教师(含外教)和学生对街道、公共场所、服务行业窗口单位的社会用字进行检查，重点检查广西医科大学附属医院、自治区人民医院、中医学院一附院、市一医院、市二医院等首府三甲医院和大明山风景旅游区，对存在用字不规范的部门，下达整改通知书，督促整改。9月，组织检查组对星光大道、良庆区街道、南宁吴圩机场、南宁火车站的社会用字进行检查，对个别不规范用字及时通报、纠正；与江南区语委办、工商部门联合组织对亭洪路的10+1商业街的社会用字进行检查，并对商业街的各商家进行语言文字法律宣传，对不规范用字用相机拍下记录备案，告知商家限时整改。

普通话水平测试员队伍建设　7月，选送14名合格教师参加省级普通话水平测试员培训测试，经自治区语委办组织考试和审核，13名教师获取省测员资格。10月，选送3名省测员参加自治区普通话培训测试中心组织的国测员推荐选拔考试，1名获得前往北京培训资格，经国家语委普通话培训中心组织汉语拼音测验、普通话水平等级测试和测试能力考核等内容培训和资格考核，获得国家级普通话水平测试员资格。

普通话培训测试　普通话培训测试工作重点向县城农村倾斜。8月上旬，市语委办从横县、邕宁区和良庆区选送20名普通话在三级甲等以下的乡村少数民族老师参加自治区语委在钦州学院举办的2007年少数民族双语教师普通话、民族语言培训班，通过培训均达到合格标准。市语委办、市测试站组织武鸣县、横县、宾阳县、上林县、马山县、邕宁区2100名教师进行普通话水平培训测试，有1750人达到等级标准。组织市四职校、六职校、南宁师范学校在校生610人参加普通话水平测试，有553人达到等级标准。市语委办与市人事局培训中心联合组织对新进机关的公务员，市检察院检察官，市中级法院法官，各民主党派、社会团体人员共780多人进行普通话水平培训与测试，合格率96%以上。

推广普通话周宣传活动　在9月9~15日全国第十届推广普通话周期间，市语委办围绕“构建和谐语言生活，弘扬中华优秀文化”宣传主题，组织各县区、市直机关、各级各类学校开展宣传活动。发放市语委办印制的推普扇子3万把、国家印制的推普海报950份、自治区语委办印制的《广西壮族自治区实施〈中华人民共和国国家通用语言文字法〉办法》宣传小手册3600份、台卡500张等推普宣传资料。通过市属媒体开展流动口号、宣传片、公益广告等宣传。与市交通局联合在埌东、江南、安吉、北大、金桥等汽车客运站和市公交总公司、市白马公交公司等开展宣传活动，发放推普宣传资料1.5万份。

学生普通话比赛活动　组织全国推广普通话形象大使选拔赛南宁赛区比赛，分学前组、少儿A组、少儿B组、少年A组、少年B组、青年组，共有585名大、中、小、幼儿园学生参加，评出一等奖53人、二等奖43人、三等奖63人。组织幼儿园和学前班幼儿参加自治区语委、教育厅举办的广西幼儿讲故事大赛，南宁市作品获金奖4个、银奖12个、铜奖7个。

【教师队伍建设】

师德教育　2007年，市教育局在全市教育系统开展“以学生发展为本　构建和谐的师生关系”为主题的师德建设活动。市第二中学徐华、市第三中学黄河清、宾阳县芦圩完小张红3人获全国模范教师，市教育局夏建军获全国教育系统先进工作者，西乡塘区秀田小学黄献英、市人民路东段小学杜小鹭、市盲聋哑学校李江泳、马山县加方初级中学覃彩莉、市第十四中学方慧、市天桃实验学校中学胡曼如、市第四职业技术学校凌小冰7人获全国优秀教师，市第十四中学方慧、宾阳县芦圩完小张红2人获全国中小学优秀班主任，宾阳县芦圩完小张红获全国教育系统巾帼建功标兵，武鸣县双桥镇中心学校黄升标获全国优秀教育工作者，市滨湖路小学、市第二中学获全国教育系统先进集体称号。评出自治区优秀班主任14人，八桂乡村优秀教师31人，市优秀教师、优秀教育工作者250人，2007年南宁市“我最喜爱的老师”20人。

2007年南宁市获自治区中小学优秀班主任称号教师名单(14人)

黄瑛静(南宁沛鸿民族中学)　黄海鹰(良庆区良庆镇中心学校)　韦盛(横县校椅镇第二初级中学)　邓磊迪(市第二十九中学)　张立(市红星小学)　刘燕华(市育才实验中学)　粟志红(邕宁高级中学)　蒙巍红(马山县马山中学)　黄玉清(江南区沙井小学)　邹春阳(宾阳县开智中学)　郑丽华(市第一中学)　吴丹谊(市第四中学)　梁玉新(武鸣县城东镇第一初级中学)　陆伟晓(市第四职业技术学校)

2007年南宁市“我最喜爱的老师”名单(20人)

覃源(市第二中学)　罗钢华(市第十中学)　沈彦(南宁外国语学校)　辛相艺(市第十四中学)　凌小冰(市第四职业技术学校)　卢艳(市第二十九中学)　黄中(市第四十三中学)　刘燕华(市育才实验中学)　周少夏(市华强路小学)　黄献英(市秀田小学)　卢翠玲(市星湖小学)　钟萍(市荣和实验学校)　黄享升(邕宁区蒲庙镇中小学校)　莫金丽(良庆区大塘镇中小学校)　覃月燕(武鸣县民族中学)　王顺德(宾阳县高级中学)　康德荣(横县中学)　谭元明(上林县中学)　谢巧津(马山县白山镇城北小学)　梁增绿(隆安县民族中学)

教育培训　市教育局与北京大学共同举办教师专业化发展高级研修班，组织全市特级教师、优秀教师100名到北京大学进行为期20天的培训；对南宁市第二期“园丁工程”279名培养对象进行培养培训；继续实施农村中小学教师培训项目，培训教师700人次；举办市级骨干班主任、县区班主任培训班，培训人数分别为303人次、160人次；举办特教专门科目培训班9期，参加培训185人。加强职业教育师资培训工作，把中等职业学校学科带头人培训纳入南宁市专业人才重点培训计划，年内共有500多人次参加市级组织的培训活动。鼓励教师进修研究生课程，攻读硕士学位，提高学历层次，与东北师范大学合作，在南宁举办在职教育硕士——教育信息学方向研究生班，100多名各学科骨干教师参加学习。全年市本级举办各种教师培训班20多期，培训中小学教师约7200人次。

【教学技术装备】　2007年，全市中小学校教育技术装备总值6.19亿元。其中：

5月，自治区党委副书记、自治区政府副主席郭声琨(右一)在武鸣县检查现代远程教育设备使用情况　　市教育局提供

小学2.01亿元、中学4.17亿元。有计算机教室的中小学校分别为288所、350所;有校园网的中小学校分别为106所、50所。当年各级政府教育技术投入9150.87万元(本级政府投入1369.5万元)。当年本级政府投入的资金主要完成的建设项目有:给直属中小学配备计算机网络教室13间(共配备计算机、服务器1121台套及相关网络配件);多媒体教室成套设备10套;网上考试评价系统30套;理化生实验室成套设备13套;38万元的图书;基本完成投资212万元的教育城域网第一期工程建设,已有45所学校接入,并投入试运行。

【捐资助学】 2007年9月,南宁市根据《国务院关于建立健全普通本科高校高等职业学校和中等职业学校家庭经济困难学生资助政策体系的意见》的有关精神,出台了《南宁市资助家庭经济困难大学新生入学实施细则》,成立市学生资助管理办公室,隶属市教育局,为全额预算拨款事业单位,编制5人。主要负责全市信用助学贷款及贷后管理,实施资助家庭经济困难学生就学工作,并受市教育局委托负责指导市教育基金会的业务工作。全年共筹措资助学生上学资金4298.28万元。其中:中央财政拨款2444.82万元,自治区财政拨款219.92万元,市级财政拨款981.49万元,县区财政投入109.02万元,社会各界捐赠543.03万元。共资助各级各类学生3.8万人。其中:大学新生4239人,普通高中生1000人,初中生1500人,小学生1500人,中等职业生2.98万人。资助标准:大学新生市财政补助每人2000元,自治区财政路费补助自治区内高校400元,自治区外高校长江以南500元、长江以北600元;普通高中生每人每年800元;初中生每人每年700元;小学生每人每年400元;中职生每人每年1500元。

【教育收费治理】 2007年,南宁市坚持治理教育乱收费局际联席会议制度,对中小学教育收费工作进行监督、检查和指导。春、秋季,制定中小学收费检查工作方案,11月,配合自治区物价局、教育厅等部门开展教育收费专项检查工作。组织市一级12个联合检查组重点对县区教育局及所辖100多所学校进行规范教育收费工作的检查指导,市教育局和各县区教育局结合"两基"迎国检工作,对所辖的2000多所中小学校的收费情况进行多次的检查和抽查。及时转发上级关于规范教育收费的各项政策、规定等指导性文件,全面推进和落实农村义务教育阶段公办中小学校生全部免收学杂费、寄宿生住宿费下降30%的新政策,凡学校使用政府财政资金建设的非公寓式学生宿舍,停止向学生收取住宿费。规范教辅材料征订和学生购买保险等工作。共查处违规收费5起,清退违规收取费7888.6元,政纪处分2人。

【招生考试】 2007年,全市接纳各类招生考试考生报考近20万人次,发放单科合格证书1.14万张,办理考生毕业手续420人,整理上送考生档案材料7.9万多份,实现"安全、准确、按时、守纪"的管理目标。

普通高考　全市高考报考5.22万人("3+2"形式五年制高职教育分段测试及高等院校面向中职应届毕业生招生考试报考人数4641人。小教大专班报考人数320人),占广西报考人数的六分之一。实际参加高考4.76万人,比上年多4156人。全市共设考区7个、考点49个、考场1594个。其中市区设考点29个、考场719个;武鸣县设考点4个、考场184个;横县设考点3个、考场164个;宾阳县设考点6个、考场266个;马山县设考点3个、考场99个;上林县设考点3个、考场107个;隆安县设考点1个、考场55个。报名外语复试共1.38万人,共设考点5个,其中市区3个,武鸣县、宾阳县各1个。报考小语种的考生(日语2人)的复试由自治区招生考试院统一安排。全市被学校录取2.81万人(本科1.19万人、专科1.62万人)。其中:市区报考2.15万人,录取1.31万人(本科6010人、专科7117人);横县报考4878人,录取2762人(本科927人、专科1835人);武鸣县报考5498人,录取3600人(本科1818人、专科1782人);隆安县报考1621人,录取830人(本科348人、专科482人);马山县报考2927人,录取1553人(本科574人、专科979人);上林县报考3196人,录取1640人(本科605人、专科1035人);宾阳县报考7954人,录取4575人(本科1654人、专科2921人)。全市有6人进入广西理工类前10名,分别出自市三中(第二名、第十名)、市二中(第三名、第七名、第七名、第十名);5人进入广西文史类前10名,分别出自市二中(第二名、第六名、第九名、第十名)、市三中(第四名)。考生中有贫困考生4238人,占全市考生8.1%,其中高考成绩达到高职高专以上分数线4079人,上线比例超过96%。分别为:一本上线503人,占12.3%;二本上线1442人,占35.4%;三本上线1021人,占25.1%;高职高专上线1113人,占27.2%。

成人高考　全市参加成人高考3.01万人(比上年增加5623人),约占广西参考数的三分之一。其中市区2.67万人(4人免试),武鸣县818人,隆安县258人,马山县292人,上林县382人,宾阳县984人,横县713人。共设考区7个、考点46个、考场1020个。其中市区设考点40个、考场897个;武鸣县设考点1个、考场37个;隆安县设考点1个、考场5个;马山县设考点1个、考场5个;上林县设考点1个、考场6个;宾阳县设考点1个、考场39个;横县设考点1个、考场31个。

中　考　全市报名中考7.77万人。其中市区2.85万人,武鸣县8334人,横县1.48万人,宾阳县1.22万人,马山县2470人,上林县6156人,隆安县5281人。共设考区13个、考点151个、考场2671个。其中市直设考点23个、考场501个;西乡塘设考点7个、考场68个;兴宁设考点3个、考场37个;青秀设考点4个、考场48个;邕宁设考点10个、考场166个;良庆设考点7个、考场93个;江南设考点3个、考场72个;武鸣设考点16个、考场286个;横县设考点24个、考场506个;宾阳设考点18个、考场413个;马山设考点6个、考场85个;上林设考点14个、考场213个;隆安设考点16个、考场183个。高中阶段学校共录取新生6.23万人。

高等教育自学考试　全市分别在1月、4月、10月共组织3次高等教育自学考试,报考2.7万多人(新考生3744人),报考科数5.13万科。办理考生毕业审核手续420人,毕业论文答辩申请手续219人,免考手续76人,转考手续139人,报名信息修改手续81人;补办准考证123人;发放单科合格证书近1万张。

【教育科研】 2007年,市教科所修订完善《南宁市教育科学规划课题管理办法》,建立市教育科学"十一五"规划课题管理电子档案。结合"十一五"课题研究进度,组织开展《课题研究的基本方法》等多场培训,培训教师约600人次。组织市教育科学"十一五"规划课题滚动申报工作,共有立项课题156个。成立"小学与初中、初中与高中教学衔接的研究"课题组,课题组研讨11次,语文、数学、英语3个学科举办中小学教学衔接专题研讨活动,有6名教师进行专题发言、6名教师上研讨课,有1500名教师参加。抓好《南宁市课程改革实验区首批毕业生进入高中阶段学习状况追踪调查》和《南宁市课程改革实验区(初中)学科评价改革》的课题研究工作。在市第四中学、园湖路小学组织市级"十五"规划课题优秀成果专项推广活动。组织开展市教育科学"十五"规划课题研究优秀成果评比活动,评出一等奖12个、二等奖25个、三等奖46个。在2007年的广西教育科学研究优秀成果评比活动中,南宁市有14

2007 年移交南宁市管理的国有企事业单位中小学校情况表

名称	固定资产（万元）	教职工	学生数	校园面积（平方米）	接收时间
市柳沙企业有限责任公司江南分校					2007.1
市柳沙企业有限责任公司子弟学校	188	27	426	2100	2007.1
市文华学校	570	35	812	14007	2007.1
市红星实业有限责任公司子弟学校	100	24	348	4060	2007.1
广西银雪面粉有限责任公司南宁厂小学	100	4	255	3443	2007.2
市石埠实业有限责任公司子弟学校（鸿运学校）	32.61	10	181	3385	2007.2
市北湖实业有限责任公司子弟学校（园艺路学校）	10.5	19	621	10000	2007.3
南宁统一资产管理有限责任公司伶俐糖厂职工子弟小学	17.7	6	62	2900	2007.9
市罗文实业有限责任公司职工子弟学校	14	25	393	600	2007.11
广西农垦国有九曲湾农场中小学校	24.89	56	1052	37803	2007.9（已签协议未移交）
广西亚热带作物研究所子弟学校	177.4	23	443	36000	2007.11（已签协议未移交）

个成果获奖，位居广西第一。

【国有企事业办中小学校与幼儿园移交市政府】 2007 年 1~11 月，市政府接收对市柳沙企业有限责任公司子弟学校、市柳沙企业有限责任公司江南分校、市文华学校、市红星实业有限责任公司子弟学校、广西银雪面粉有限责任公司南宁厂小学、市石埠实业有限责任公司子弟学校、市北湖实业有限责任公司子弟学校、南宁统一资产管理有限责任公司伶俐糖厂职工子弟学校、市罗文实业有限责任公司职工子弟学校 9 所企业办中小学校的管理，另有广西农垦国有九曲湾农场中小学、广西亚热带作物研究所子弟学校已签接收协议，但未移交。接收原柳州铁路局在南宁办的 5 所幼儿园，并且确定这 5 所幼儿园为自收自支单位，由西乡塘区政府管理。对所接收的企业办中小学校，分别交由所在地城区政府管理，各级政府通过增加经费投入，不断改善这些学校的办学条件。同时，通过调整学校布局，整合教育资源，优化师资队伍结构等措施，提高学校教育质量和办学效益，促进基础教育均衡发展。

基 础 教 育

【概　况】 2007 年，全市基础教育范围各级各类学校有 2668 所，在校生人数 109.58 万人，专任教师 5.48 万人。其中：小学 1567 所，在校生 54.71 万人，专任教师 2.89 万人；初中 284 所，在校生 29.07 万人，专任教师 1.57 万人；普通高中 88 所，在校生 11.17 万人，专任教师 6239 人；特殊教育学校 10 所，在校生 2229 人，专任教师 211 人；幼儿园 719 所（教育部门和集体办 98 所、民办 579 所、其他部门办 42 所），在园幼儿 14.38 万人，专任教师 3810 人。高中阶段学校计划招生 6.88 万人，实际招生 7.48 万人（普通高中 4.04 万人、中等职业学校 3.44 万人），初中毕业生 9.55 万人，升学率 78.3%（市区 82.9%）；招生 9.62 万人；小学毕业生 9.58 万人，升学率 100%。招生 9.38 万人，比原计划多 1.06 万人，超计划 12.74%。全市小学适龄儿童有 8.88 万人。

年内，市教育局以活动为载体，加强学校德育工作。德育实践活动主题丰富，主要有学雷锋活动、社会主义荣辱观教育活动，关爱环境、环境保护从身边小事做起的专题系列活动，开展以珍爱生命、远离毒品活动，弘扬和培育民族精神教育活动，青少年爱科学实践活动，“读书月”活动等。

抓好和谐校园创建。年初，以校园文化、校园安全、和谐师生关系为主要内容，组织各中小学校广泛开展“和谐校园”创建活动。12 月，推荐市天桃实验学校、市第十四中学、市第二十六中学、市英华学校、良庆区那马镇中心学校、市衡阳路小学、市滨湖路小学、宾阳县芦圩一中、隆安县第一中学、马山县特殊教育学校 10 所学校参加自治区和谐校园示范中小学校评选。

优化教育教学常规管理。2007 年秋季学期对原单机版的中小学学生学籍管理系统进行升级，并纳入原独立使用的初中招生系统、高中招生系统和毕业会考管理系统，实现数据库共享。

加快自治区示范性普通高中建设。6 月末至 7 月初，上林县中学、马山中学和武鸣中学通过自治区示范性普通高中评估验收。至此，全市 18 所自治区示范性普通高中立项建设学校全部通过评估验收，分别为：市第一中学、第二中学、第三中学、第八中学、第十四中学、沛鸿民族中学、第三十三中学、第三十六中学、邕宁高级中学、武鸣县高级中学、武鸣县中学、宾阳县高级中学、宾阳县中学、横县中学、马山县中学、上林县中学、南宁外国语学校、市英华学校。

强化学校安全管理，开展安全教育活动月、校车安全检查、学校安全大检查等安全教育专项活动，督促学校完善安全工作的教育、责任、审批、检查、会议、联系、救治、奖惩、报告九项制度。

【幼儿教育】 2007 年，市教育局加强确认三年期满的 18 所市示范幼儿园工作统一颁发证书和牌匾。3 月，广西医科大学幼儿园、驻桂空军机关幼儿园和南宁振宁物业公司南棉管理处幼儿园通过评估验收被确认为自治区示范幼儿园。全市共有自治区示范幼儿园 15 所，分别为广西直属机关第一幼儿园、广西直属机关第二幼儿园、广西直属机关第三幼儿园、广西军区幼儿园、广西大学第二幼儿园、市第一幼儿园、自治区教育厅幼儿园、自治区党委保育院、广西医科大学幼儿园、自治区卫生厅幼儿园、空军机关幼儿园、市教育系统幼儿园、市第五幼儿园、市市直机关保育院、南宁振宁物业公司南棉管理处幼儿园。12 月，南宁市制订《南宁市示范性乡（镇）中心幼儿园评估标准》（试行）。根据教育部、自治区《关于加强民办学前教育机构管理工作的通知》文件精神，按照“谁审批、谁管理、谁负责”的原则，开展民办学前教育机构的清理整顿工作，重新核发和补办民办幼儿园办学许可证 781 个，吊销民办幼儿园许可证 25 个，取缔不合格民办幼儿园托儿所 141 所。

【小学教学教研活动】 2007 年，市教育局组织各小学校开展教学教研活动。有 9 名教师代表南宁市参加自治区赛课，获基本功大赛一等奖；2 名教师代表广西参加中国教育学会学科专业委员会赛课，获一等奖 1 人、二等奖 1 人。共举办语文、数学、科学、音乐、美术、思想品德等学科教材培训 40 次，培训教师约 7500 人次，先后组织南宁市校本教研展示交流活动两期，有 100 所学校的领导、约 500 名骨干教师参加。组织小学语文、数学、科学、音乐、美术、体育 6 个学科在六县开展基础教育课程改革“聚焦课堂，城乡互动”活动，共上研究课 72 节，参加的小学教师 4800 人次。城区、农村教师同台上课、共同研讨，增强城乡教师的合作交流。在语文、数学、英语 3 个学科中举办中小学教学衔接专题研讨活动，有 1500 名教师参与，中小学教师得到了有效的沟通。举行南宁市基础教育课程改革实验先进学校、优秀教师的评选和表彰活动,获得南宁市基础教育课程改革实验先进学校86所,获得南宁市基础教育课程改革实验优秀教师332人。小学语文课改总结在人民教育出版社《试教通讯》上发表,小学数学课改经验在《小学数学课程改革的探索与实践》资料汇编上刊登。获南宁市优秀教研员10人、优秀教师32人;上送自治区的小学语文教学光盘,有3节课获一等奖、4节课获二等奖。获广西教育学会小学数学教学专业委员会的教研工作先进个人82人。

【素质教育】 2007年,南宁市中小学全面推进素质教育。市教育局继续举办中小学学生艺术节活动,组织学生参加全国中小学艺术展演;举办首届全市中小学残疾学生运动会暨特奥运动会;支持市三中、二十六中啦啦队参加啦啦操比赛,其中二十六中啦啦队获2007年世界啦啦队锦标赛第5名,在中国全明星啦啦队锦标赛暨2008年世界啦啦队锦标赛选拔赛中分别获总冠军和出赛权;举办南宁市第六届中小学生机器人竞赛等。学校以"创建特色学校"为抓手,一批学校初具特色。市一中形成以科技教育为主体,以足球、艺术教育为辅翼的"一主两翼"办学特色。市九中实行课题研究实施科任导师合作育人小班化管理即"科导制"。市二十中通过推广快乐教学方法,进行爱心感恩教育和心理健康教育;开展"扬长教育",培养学生广泛的兴趣和特长。解放路小学弘扬"新会书院"传统,确立"诵读中华经典诗文,打造书香墨香校园"办学目标,在班级建立"诵读经典档案"。虎邱小学以具有虎邱地方特色的"舞狮舞龙"作为校本课程,弘扬中国传统文化,培养合格加特长的人才等。全市学生参加学科竞赛成绩显著,共获国家及自治区各等次奖9570人。评选出南宁市优秀班集体1082个、三好学生5.11万人、优秀学生干部4.49万人、三好学生标兵29人、学雷锋标兵25人、特长学生239人。被评为自治区先进班集体33个、三好学生141人、优秀学生干部69人、优秀学生4人。

【中等学校招生考试改革】 2007年,南宁市在总结前三年中考及高中招生工作经验的基础上,根据自治区教育厅有关文件精神,结合当地具体情况,进一步加大初中毕业升学考试与高中招生制度改革工作的力度。中考学业考试包括书面考试和技能考试,书面考试有语文、数学、英语、物理、化学5个科目闭卷考试与政治和历史科合卷开卷考试;技能考试包括物理、化学实验操作考试和体育考试。学业考试成绩仍用等级的方式呈现,并将学生综合素质评定的结果作为招生的重要依据。市区普通高中继续实行网上报名录取,坚持"综合评价,择优录取"原则,对学生的学业成绩(含笔试、口试及能力考查)和毕业生综合素质进行综合评价,并将结果作为普通高中招生录取工作的依据。继续将市二中和市三中指令性招生计划的30%的名额以及市一中、八中、十四中、沛鸿民族中学、三十三中、三十六中和邕宁高中7所自治区示范性普通高中指令性计划20%的名额定向分配给承担地段生源的初中学校。鼓励学生发展兴趣爱好,允许学校自主推荐和招收有特长的学生。深化中等职业学校招生制度改革。建立应届初中毕业生"一考多分流"的招生工作机制,引导毕业生有序向中等职业学校和普通高中分流;继续实施城乡中等职业学校联合招生合作办学的招生政策;实行中等职业教育招生、送生工作督查制度。

【竞赛活动】 2007年,市教育工会、市教育局组织开展全市教育系统教学技能比赛,参加决赛教师71人,评出一等奖24人、二等奖47人。组织物理、英语、化学、政治高中课堂教学评比活动,参加244人,评出一等奖17人、二等奖26人、三等奖40人。组织历史、地理课件评比活动,参加课件295个,评出一等奖33个、二等奖58个、三等奖105个。各学科指导青年教师参加全国和自治区优质课比赛,中学方面获得国家级一等奖9人、二等奖27人、三等奖60人,自治区一等奖12人、二等奖36人、三等奖82人;小学方面获得全国小学数学课堂教学评比活动二等奖1人,自治区一等奖7人、二等奖1人。各学科教研员指导学生参加学科竞赛,获国家级一等奖378人、二等奖1208人、三等奖1692人;自治区一等奖762人、二等奖2236人、三等奖3285人。化学和数学学科成绩突出,数学学科广西有29人获全国一等奖,其中南宁市有15人;在全国第七届西部数学奥林匹克竞赛中,获金牌1枚、铜牌3枚。7月,组织学校参加首届中国青少年创意大赛暨知识产权宣传教育活动,市星湖路小学获金牌8枚、银牌4枚、铜牌1枚,团体项目"纸箱车大竞速"决赛第三名,团体金奖和创新型学校称号;市安宁路小学获铜奖。8月组织学校参加第二十二届全国青少年科技创新大赛,在科技项目类奖项中,南宁市获二等奖1个、三等奖3个,市滨湖路小学"向海洋进军"科技实践活动项目获科技实践活动一等奖;在科幻画奖项中,获一等奖1个、二等奖4个、三等奖1个,其中邕宁区城关第一小学宁肯创作的《蓄风池》作品获一等奖,市星湖小学"环保节能我参与"获全国"十佳";市十三中教师李俭获优秀科技教师提名奖。11月29日至12月5日,组织学校参加全国小学语文发展与创新教育课题第七届研讨会,市新阳路小学课题研究成果获全国一等奖;教师卢慧敏的现场执教课《浅水洼里的小鱼》获全国一等奖,韦益斌、李丽的评课创新板书设计分别获全国一等奖,吴燕宁的现场教学设计获全国二等奖。

【进城务工人员子女就学】 2007年,南宁市各级教育行政部门积极统筹协调城区内所辖各中小学校,挖掘教育资源解决好农民工子女受教育的问题。春、秋季两学期,初中和小学共安置进城务工就业子女就读共5.52万人次,减免借读费2592.5万元。其中:春季学期为2.68万名农民工子女免借读费1250.8万元,秋季学期为2.84万名农民工子女免借读费1341.7万元。

【中小学生机器人比赛活动】 2007年4月1日,在市十四中埌东校区体育馆举行南宁市第六届中小学生机器人竞赛,参加比赛的有市一中等24所学校75个代表队181名选手。4月15日,市中小学校外教育活动中心组织28所学校71个代表队153名选手参加广西青少年科技创新大赛机器人竞赛,获一等奖21个、二等奖27个、三等奖23个;7月17~21日,组织12所学校14个代表队44名选手到重庆参加第七届中国青少年机器人竞赛,获金牌3枚、银牌4枚、铜牌7枚。7月22~23日,市滨湖路小学学生FVC机器人队代表广西参加在重庆举行的第七届全国青少年机器人竞赛——FVC机器人挑战赛,夺得FVC机器人挑战赛小学组全国冠军,同时获得在该项目上代表中国参加于2008年4月在美国亚特兰大举行的"2008FVC机器人挑战赛世界锦标赛"的资格。12月15~16日,组织学校8所选手19名赴广州市南沙区科技馆参加世界机器人奥林匹克竞赛中国区选拔赛,获金牌4枚、银牌2枚、铜牌4枚,市五一中路学校将代表中国参加2008世界奥林匹克机器人竞赛。

【教育国际交往】 2007年,南宁市组织教育代表团访问东盟一些国家,加强与东盟国家的教育交流活动。1月20日,市教育代表团访问越南河内市商贸旅游学校;2月1日,访问泰国友好姐妹城市——孔敬市。东盟一些国家的友好代表团也前来南宁访问考察。9月28日,越南河内市教育代表团到南宁参加第11届南宁国际学生用品交易会暨2007年

9月29日，越南河内市阿姆斯特丹专属中学与南宁外国语学校结为友好学校签字仪式　市教育局提供

南宁国际教育展览会;29日,越南河内市阿姆斯特丹专属中学与南宁外国语学校结为友好学校。11月2日,市第三中学与美国乔治·美森高中、澳大利亚本迪戈高中结成友好学校。

特殊教育

【概 况】 2007年,南宁市7~15周岁适龄"盲、聋哑、弱智"三类残疾儿童有2179人,已入学1956人,入学率89.8%。其中"盲、聋哑、弱智"三类残疾儿童的入学率分别为83.8%、91.0%、90.3%。有特殊教育学校10所，内附设有11个弱智儿童辅读班,在校生2229人。全市初步形成以特殊教育学校为骨干，以普通学校附设的弱智儿童辅读班为补充，以随班就读为主体的"三位一体"的特殊教育体系，构建了以市区为中心，辐射到各县的特殊教育网络,在自治区率先实现"县县有特殊教育学校"目标。市教育局加大对特殊教育的投入和管理力度，特殊教育学校的办学水平不断提高。市盲聋哑学校通过自治区特殊教育学校标准化评估。市培智学校新校区建筑面积3960平方米的综合大楼基本建成。加强市一级特殊教育师资培训工作,举办培训班9期,首次将孤独症和学校的教务及后勤管理纳入培训内容。

【南宁市首届中小学残疾学生运动会暨特奥运动会】 2007年1月7日在市体育场举行。运动会目标是:"平等·参与·共享";口号是:"勇敢尝试、争取胜利"。全市6县6城区、市盲聋哑学校、市培智学校共15个代表团200多名运动员、教练员参加，设立比赛项目8个。比赛结果：获得团体总分前八名分别为市盲聋哑学校1队、市盲聋哑学校2队、西乡塘区代表队、武鸣县代表队、马山县代表队、兴宁区代表队、江南区代表队、市培智学校。

中等职业教育

【概 况】 2007年,全市中等职业学校有55所,在校生5.34万人。其中:教育部门和集体办12所,其他部门办6所,民办37所。国家级重点中等职业学校5所(一职校、六职校、横县职校、第二卫校、卫生学校)和1所自治区级重点职业学校(三职校),共设置有饭店服务与管理、计算机及应用、生物制药和模具加工技术等60个专业，其中六职校计算机专业被列为国家技能型人才培训示范专业,17个专业列为自治区级示范专业。通过统筹协调招生工作、优化招生政策、加大招生宣传和管理工作力度、建立初中毕业生"一考多分流"工作机制等措施,做到普职招生数比例大体相当。至11月30日，市属中等职业学校共招收新生2.8万人，完成招生计划127.14%。当年毕业生就业率96%以上。开展中等职业学校家庭经济困难学生资助工作。9~12月中等职业学校学生国家助学金发放1727.28万元，受助学生2.98万人。加大中等职业教育资源整合力度，完成市一职校与原邕宁职校、市四职校与市八职校的合并工作。原邕宁职校作为市一职校五象校区,将重点建设数控技术和服务类等专业和相应的实习实训基地;原市八职校作为市四职校坛洛校区,建成种、养实习基地和社会主义新农村人才培养基地。同时,将市职业教育中心与市小学进修学校合并,使之成为为全市职业教育在信息服务、就业指导和教学研究方面提供服务的新职教中心。10月17~19日,市卫生学校通过国家级重点中等职业学校评估,成为南宁市第5所国家级重点中等职业学校。

【贫困生助学政策落实】 2007年，南宁市贯彻落实国家对中等职业教育的助学政策,资助具有中等职业学校全日制正式学籍的在校一、二年级所有农村户籍的学生和县镇非农户口的学生以及城市家庭经济困难学生,资助标准为每生每年1500元。申请资助且符合享受国家助学金的学生有4.07万人。2007学年秋季学期共需3056.05万元，所需经费由中央和自治区按8:2的比例分担。其中:中央财政2444.82万元,自治区财政74.72万元，市级财政536.51万元。市、县教育行政管理部门和中等职业学校成立学生资助工作管理办公室,负责助学金管理和发放。各中等职业学校国家助学金实行学校法人代表负责制。市教育局会同市财政局、市劳动和社会保障局联合下发《南宁市中等职业学校国家助学金发放工作实施方案》，确保中等职业学校资助工作的顺利实施和国家助学金按时足额发放到位。全市中等职业学校学生国家助学金发放工作从9月启动,至12月末,全市共发放国家助学金1727.28万元,受助学生2.98万人。采取统一发放中职学校国家助学金的办法,为受助学生免费办理建设银行储蓄卡,将助学金按月划拨到学生银行储蓄卡内。

【中职学校师生技能比赛】 2007年,市

1月7日,南宁市首届中小学残疾学生运动会暨特奥运动会举行　市教育局提供

教育局在市三职校举行一年一度的全市中等职业学校师生技能比赛。比赛项目有8个，共有15所学校组队参加，参赛教师64人，参赛学生148人。比赛结果：教师获一等奖7人、二等奖15人、三等奖19人；学生获一等奖16人、二等奖29人、三等奖47人。

【市一职校五象校区挂牌】 2007年1月12日下午，南宁市第一中等职业学校五象校区举行揭牌仪式，原邕宁区职业中学作为第一中等职业学校的新校区并入该校。随着南宁市部分行政区域调整，撤销邕宁县，设立邕宁区，城区一级不再设立高中学校，原邕宁县的5所具有高中办学资质的学校已经移交市教育局直接管理。邕宁区高级中学更名为南宁市邕宁高级中学，邕宁区邕宁中学更名为南宁市第四十一中学，邕宁区第二高级中学更名为南宁市第四十二中学，邕宁区第三高级中学更名为南宁市第四十三中学，原核定教职工编制不变；邕宁区职业中学更名为南宁市第一中等职业学校五象校区，撤销其事业单位编制。接管后，市教育局开展校际间的师资、办学检验等方面的交流，同时根据各校的实际情况对学校的教育资源进行改造，充实学校的办学实力。

【市六职校第十届学生专业技能节展示活动】 2007年4月30日，市第六职业技术学校举行第十届学生专业技能节展示活动，参加竞赛的学生1050人。活动设计算机装机、电子线路安装、汽车制冷、珠算人机赛、酒店礼仪、茶艺、新娘捧花插花技艺等项目，各个项目角逐出一、二、三等奖，其中获项目比赛第一名的选手被评为“技能之星”，大赛共评出优秀学生37人。

农村成人教育

2007年，南宁市中等职业学校贯彻落实党中央和国务院关于做好“三农”工作的指示精神，发挥中等职业学校职业教育培训资源的优势，参与农民工教育培训工作。市一职校、横县职校、马山县职校、上林县职校等中等职业学校配合相关部门开展农民转移就业培训。培训项目有：电工、焊工、制冷、机电、电子技术、针织技术、金石加工、酒店服务等项技能、技术和岗前培训，培训农民工1.17万人次，培训转移就业率98%。各县中等职业学校与县相关部门合作开展农业实用人才培训，培训农民3.34万人次。至年末，各县保留农村成人文化技术学校24间(县级成人文化技术学校2间、乡镇成人文化技术学校22间)；专职教师59人。完成劳动力转移培训2.6万人次，农业实用技术培训25.2万人次，文化教育培训1521人次。

民办教育

2007年，全市各级各类民办学校有727所，在校生14.32万人，专任教师6450人。其中：小学48所，在校生4.30万人，专任教师1789人；初中46所，在校生2.09万人，专任教师1021人；高中17所，在校生7584人，专任教师522人；中等职业学校37所，在校生2.31万人，专任教师919人；幼儿园579所，在园幼儿4.87万人，专任教师2199人。非学历民办文化教育培训学校有140所，在校注册学员19.37万人。南宁市按照《中华人民共和国民办教育促进法》及其实施条例加强对民办学校的监督管理。建立民办学校监督管理档案，设立社会、公众对民办学校投诉记录本，及时解决社会公众反映民办学校办学问题；建立民办学校基本情况公示制度，将民办学校年检以及变更事项情况在市教育网站公布，让公众了解民办学校情况，接受社会监督，加强民办学校依法办学自律性；不定期地对民办学校办学和管理情况进行抽检、督查，对存在问题及时提出整改意见，促进学校规范办学行为。12月，开展民办学前教育机构的清理整顿工作，共检查民办幼儿园(含托儿所)932所。核发民办幼儿园办学许可证641份，吊销民办幼儿园许可证25份，补办民办幼儿园许可证140份，取缔不合格民办幼儿园134所；清查不合格托儿所44所，取缔不合格托儿所7所。 (刘淞坚)

高等教育

南宁职业技术学院

【概　况】 2007年，南宁职业技术学院有新、旧两个校区，占地133.33公顷。其中，新校区位于市相思湖新区高教园区，规划占地124.33公顷，可容纳全日制在校生2万人。一期工程完成占地7.67公顷、建筑面积5.20万平方米，已入住学生5943人。在校生约1.57万人。其中全日制在校生约1.01万人；非全日制在校生5563人；到东盟国家留学学生849人。生源来自全国12个省、市、自治区。有教职工654人，其中专任教师376人。具有高级专业技术职务任职资格教师112人，双师型教师266人，硕士学位青年教师133人，行业精英与企业能工巧匠113人。校舍总面积43万平方米，教学行政用房面积32万平方米。设有机电工程学院、艺术工程学院、商学院、外国语学院、旅游学院、信息工程学院、建筑工程学院、公共管理学院、新南洋国际学院、开放教育学院、职业技能培训学院等11个教学部门，开设80多个专业(高职高专专业48个)。建有电工电子与自动化技术、建筑与艺术、计算机应用与软件技术、财经与商务、旅游与服务等6大实训基地（含69个实验实训室)，其中电工电子与自动化技术、计算机应用与软件技术2个实训基地是中央财政支持建设的实训基地。学院教学仪器设备总值7449万元，图书馆藏书74万册(纸质图书43万册、电子图书31万册)。

学院利用职业技能鉴定站和培训基地，开展成人教育、师资培训、联合办学和各类职业培训、技能鉴定等工作。2007年引进社会资金及教学设备价值共70万元开办电脑艺术设计及汽车维修、汽车美容、劳动保障知识培训、电脑维修、手机维修等培训专业，新增开设政府下岗员工培训、月嫂培训、市场营销、职称外语培训、残疾人就业培训、SIYB创业培训，企业员工培训、礼仪培训和各类国家资格证书考证班等。先后与5所本科院校开办5个专升本专业，在校生462人。成人大专学历教育主要开设了28个专业，在广西设立6个函授教学点，在校生1007人。注重网络教学资源的建设、整合与应用，采取措施努力提高师生网上教学水平，为学生提供有效的教学支持服务。当年招收各类网络教育学生1557人，共有在校生3800人。学院组织6门课件参加由教育部教育信息中心举办的全国第七届多媒体课件大赛，其中《居室空间设计》、《服装色彩与服装面料二者的结合与置换设计》、《机械CAD》及《高职高专英语》4门课件获优秀奖，《食品雕刻应用技术》、《计算机应用基础CAI》课件分别获二等奖和三等奖。

南宁职业技术学院成为全国首批、广西惟一进入“国家示范性高等职业建设单位”，并获国家建设资金3500万元，地方财政不少于1:1配套资金。年内，先后被评为广西高校就业工作先进单位，教务科研处被教育部评为全国教育系统先进集体，教师黄春波被教育部评为“第三届高等学校教学名师奖”。

【招生工作】 2007年，学院第一志愿上线生源总数1.1万多人，接近自治区内计划数 400%,继续处于广西高职高专院校前列。文史类一志愿投档线 419 分,超过广西文史类分数线 119 分; 理工类一志愿投档线 393 分, 超过广西理工类分数线 93 分; 美术文类一志愿术科投档线 149 分, 超过广西艺术文类本科分数线 10 分; 美术理类一志愿术科投档线 151 分, 超过广西艺术理类本科分数线 12 分。实际到校新生 4010 人,全日制高职在校生突破 1 万人。超额完成《国家示范性高等职业院校项目建设任务书》规定高职招生 3700~3800 人、全日制高职在校生 9700~9800 人的任务以及自治区教育厅下达给学院 3800 人的原计划,比上年增加 18.5%。

【毕业生就业推荐】 2007 年, 学院毕业生 3322 人,比上年增长 20%。为做好毕业生就业推荐工作,学院收集 1012 个用人单位共 1.02 万个用人岗位的需求信息,同时联系富士康科技集团、广西中国国际旅行社、上海远成集团有限公司等企业到学院举办专场招聘会。至 7 月末, 2007 届毕业生初次就业率 95.7%, 位居广西高校前列。

【实训基地建设】 2007 年 7 月,学院共计 1200 万元的西班牙贷款设备陆续到位,并进行安装调试及设备使用培训工作。初步建成汽车技术车间、数控加工车间、烹饪中心和服装设计等实训室, 完成本年度示范建设项目中约 1700 万元教学设备的采购选型,及 1300 万元设备安装调试。共建成专业实训室(中心) 21 个,其中建筑工程学院的建筑技术实训基地、艺术工程学院动漫实训基地获得“自治区示范实训基地”称号;商学院的财经专业、机电学院的数控技术及汽车维修技术、旅游学院的旅游专业成为自治区建设实训基地。完成国家示范实训基地——计算机应用与软件技术实训基地建设,建成软件研发测试中心及 NET 技术、JAVA 技术、锐捷网络、印刷媒体技术、动漫设计与制作、影视制作等实训室。

【贫困生扶助】 2007 年,学院落实各项贫困学生扶助工作。采取让困难新生先注册、先入住、先上课的办法,共有 488 名新生通过“绿色通道”入学,缓交学费 488 人,申请缓交学费金额 210.22 万元。完成对 2944 名在校生的资助工作,各项资助总额 820.12 万元。其中,发放国家奖、助学金共 766.4 万元;发放家庭经济困难学生伙食补助 33.42 万元、勤工助学酬劳 4.91 万元、寒假路费补助 6.7 万元、临时伙食补助 3.69 万元。此外,中国联通广西分公司出资 15 万元, 分 3 年在学院设立“联通—家庭经济困难优秀学生干部奖”,奖励在学习、生活等社会实践综合能力较强的品学兼优的家庭经济困难学生, 共有 59 名家庭经济困难优秀学生干部受奖励,发放奖金 5 万元。

【置换培训顶岗实习项目启动】 2007 年 4 月 13 日上午, 学院与西乡塘区人事劳动和社会保障局联合举办 “置换培训顶岗实习”项目启动仪式。4 月,根据合作项目安排,派出市场营销专业的 60 名学生到西乡塘区人事和劳动社会保障局顶岗实习。学生在顶岗实习期间将全职挂任社区劳动保障工作站站长助理等职务, 负责实施街道、社区的管理及就业与再就业服务等工作。西乡塘区人事劳动和社会保障局也将挑选 50 个社区的 60 名劳动保障工作者到学院进行机关公文写作、电脑操作、礼仪知识等多项内容的脱产培训。

12 月 1~2 日,南宁职业技术学院举行学生运动会。图为开幕式现场

南宁职业技术学院提供

【工学结合教学模式】 2007 年,学院实行产学合作、工学结合教育模式。旅游学院成立南宁海外旅行社南职院明秀营业部,信息工程学院与北大青鸟公司合作开办“ACCP 国际软件工程师”特色班、与北京亿兆国际软件有限公司合作成立对日软件学院、与思科系统(中国)网络技术公司合作成立南宁职业技术学院思科网络技术学院,商学院与台湾统率资讯集团合作开设定向培训项目。共与 112 家企业进行合作,企业接受学生顶岗实习 5000 多人次。其中与学院签订合作协议的企业 50 家, 合作企业参与教学的专业 18 个, 接收实习学生 2561 人,接收就业学生 511 人。合作企业对本专业基地建设投入的设备价值 10 万元,校企合作开发或建设的课程项目 24 个, 企业派到学院授课的技术员 73 人,学院派到企业锻炼或为企业服务的教师 32 人。

【精品课程建设】 2007 年, 学院组织《导游实务》、《证券投资与分析》、《应用越南语》、《NET WEB 应用开发》、《机械 CAD》、《经贸泰语》6 门课程, 参加国家精品课程的申报,其中《导游实务》(后更名《导游服务与技巧》) 被评为 2007 年国家精品课程。同时,经自治区教育厅评审,《室内装饰构造》、《NET Web 应用程序设计》、《机械 CAD》 被评为 2007 年度自治区级精品课程。累计建成国家精品课程 4 门、自治区级精品课程 9 门。

【科学研究成果】 2007 年,学院有 5 个课题获市局级以上项目立项。其中:中国职业技术教育学会 2007 年度科研规划课题 1 个,广西哲学社会科学规划课题 1 个,新世纪广西高等教育教学改革工程第三批立项资助项目 3 个。《工学结合新模式下公共基础课程体系的构建与实践研究》 等 40 个课题为学院 2007 年度科研规划课题。其中:重点课题 5 个,一般课题 13 个(含自筹经费项目),青年课题 22 个。学院对立项的科研项目给予立项资助。其中:市级以上重要的立项课题资助经费每个 1 万元,院级重点课题经费资助每个 8000 元,一般课题经费资助每个 3000 元,青年课题经费资助每个 1000 元。《高等职业教育改革与探索——南宁职业技术学院教育改革的实践与思考》、《高职院校公共课网上考试策略的研究和实现》, 分别获广西教育科学研究优秀成果奖一、二等奖。 (李云华)

责任编辑 黄善秋

科　　学

科学技术

综　　述

【概　况】 2007年,南宁市以提高自主创新能力为核心,全面启动实施"自主创新"战略,突出"抓专项、建体系、筑平台、强能力、促创新"五大重点,组织实施创新计划项目447个,启动实施重大科技专项12个。重点立项实施市本级科学研究与技术开发计划项目152个,被列入国家、自治区科学研究与技术开发计划项目102个。实施农业科技计划项目72个、工业科技计划项目175个、社会发展科技计划项目77个、软科学研究及其他科技计划项目4个。培育孵化科技型企业121家、创新型企业11家。有高新技术企业183家,高新技术产品330个,高新技术产业产值比上年增长20.17%。组织开发创新产品117个、创新技术104项。引进示范推广农业新品种106个、农业新技术54项。南宁市技术创新研究开发平台建设形成多个创新团队、多个学科创新人才聚集的创新小高地,市生物工程技术中心完成第一阶段建设,建立市天然药物工程技术中心,市制造业信息化工程技术中心已建成覆盖全市、辐射全自治区的制造业信息化中心服务体系与网络服务平台,扶持建设市级以上工程技术研究中心10家(4家被认定为自治区级工程技术研究中心)。南宁市科技创新创业服务平台建设重点推进科技孵化器、生产力促进中心、科技项目评估中心、科技培训中心、成果转化中心等科技服务机构服务功能的提升,启动建设"十一五"重大科技项目——市科技企业孵化基地,初步构建市中小企业创新科技服务体系,建设科技创新示范基地19个、农业科技创新集成示范基地12个、农业专家大院9个(8家被认定为自治区级星火专家大院)。市科技资源信息共享平台建设重点推进南宁科技网、南宁中小企业创新科技服务网、南宁"三农"科技服务网的功能完善和节点延伸,构建起市、县区、乡镇、村(企业)多级科技信息服务网络。专利申请量768件,专利授权量410件,分别比上年增长11.3%和28.93%。科技"一招三引"(招商引资、引技、引智)活动签约项目64个,金额13.7亿元。获自治区级科技成果登记59项,通过市级以上科技成果鉴定45项。获国家科学技术进步奖1项、广西科学技术进步奖17项、市科学技术进步奖37项。登记、鉴定及获奖的159项科技成果,技术水平达到国际领先或先进的11项、国内领先或先进的133项。

【南宁市被评为全国科技先进市】 2007年,南宁市组织参加2005~2006年度全国科技进步考核工作,成立由市政府主要领导担任组长的考核领导小组,制定《南宁市迎接2005~2006年度全国科技进步考核实施方案》,组织专家指导检查,积极迎接考核。12月28日,南宁市及所辖横县、武鸣县、宾阳县、马山县、隆安县、上林县、青秀区、西乡塘区、邕宁区、良庆区、江南区、兴宁区全部通过考核。2008年1月,南宁市被评为2005~2006年度全国科技进步先进市,实现"四连冠"。青秀区、西乡塘区、横县、宾阳县被评为2005~2006年度全国科技进步先进县(区)。

【科技试点示范建设】 2007年,南宁市完成科技创新试点示范县区、科技进步示范和科技工作试点乡镇建设。2005年6月以来,经过两年实施,横县、武鸣县、西乡塘区、邕宁区、良庆区5个县域科技创新试点示范县区及武鸣县罗波镇、横县校椅镇、宾阳县新桥镇、隆安县丁当镇、上林县大丰镇、马山县百龙滩镇、邕宁区那楼镇、青秀区刘圩镇、西乡塘区金陵镇、江南区吴圩镇、良庆区那马镇11个科技进步示范和科技工作试点乡镇均完成计划目标任务,全部通过检查验收。其中:横县、武鸣县、西乡塘区被列为广西县域科技创新试点示范县区,青秀区刘圩镇、西乡塘区金陵镇、良庆区那马镇、上林县大丰镇、隆安县丁当镇被评为广西科技进步先进乡镇,武鸣县、宾阳县黎塘镇、横县云表镇、西乡塘区金陵镇金陵村和江南区延安镇那齐村被列为首批广西新农村建设科技示范县、镇、村(试点),横县云表镇、西乡塘区金陵镇金陵村被列为国家科技部首批新农村建设科技示范镇、村(试点)。

【创新计划实施】 2007年,南宁市按照自治区政府组织实施第三轮(2005~2007年)创新计划的总体部署和要求,制定《南宁市第三轮(2005~2007年)创新计划总结活动工作方案》,加大创新计划组织实施和督促检查力度,实施创新计划项目447个,总投资17.27亿元,项目实施预计年增产值75亿元、利税18.5亿元、创汇3652万美元。其中:工业247个,总投资9.7亿元;农业126个,总投资4.6亿元;社会发展55个,总投资2.05亿元;软科学及其他19个,总投资0.92亿元。2005~2007年,南宁市第三轮创新计划实施创新计划项目1218个,投入财政科技经费4.42亿元,总投资159亿元,项目实施预计年增产值288亿元,创利税60亿元。组织开发工业新产品294个,规模以上工业企业新产品实现产值32亿元,新产品产值率23%以上,高新技术企业工业增加值占全市工业增加值28.4%;建立农业创新示范基地45个、农村区域科技成果转化中心6个及科技示范乡镇20个、科技示范村53个、示范户4200户,集成创新应用先进技术123项,引进选育推广应用万亩千头的农业新品种122个,项目覆盖区农民年人均增收280多元;专利申请量1972件,专利授权量1057件;获自治区科技成果登记167项,通过市级以上科技成果鉴定157项,获国家科学技术进步奖1项、广西科学技术进步奖44项、南宁市科学技术进步奖103项;承担国家"十五"重大科技专项——全国"重要技术标准研究"专项地方试点工作以优异成绩通过国家验收,形成国家标准或国家行业标准7个，发布为广西（南宁）地方标准9个，《木薯变性淀粉分类》国家标准及《工业用预糊化淀粉》、《工业用氧化淀粉》行业标准填补了国内尚无变性淀粉产品国家标准和行业标准空白，横县茉莉花和马山黑山羊被国家认证认可监督管理委员会认定为原产地域保护产品。12月29日，南宁市获广西创新计划（2005~2007年）目标任务完成先进市，取得三连冠；南南铝业股份有限公司的铝合金高倍数盒装散热器产品获广西创新计划重大产品创新奖，南宁新技术创业者中心、市生产力促进中心获广西创新计划科技成果转化促进奖，傅隆政、陈成、马祥琼、唐波文、梁秀卿、黄日波、施来贵、孙步峰、黄鸣安、甘树美获广西创新计划目标任务完成先进个人称号。2008年7月，市政府对先进单位、集体和个人进行表彰，获目标任务完成奖单位22个（一等奖3个、二等奖5个、三等奖5个、完成奖9个）、组织实施先进个人49名，并评出十佳创新企业、十佳专利实施企业、十佳工程技术研究中心、十佳农业科技创新示范基地、十佳农业科技中介服务机构。

【科技创新活动】 2007年，南宁市制定《南宁市"创新年"科技创新工作实施方案》、《南宁市推进自主创新工作总体方案》，启动实施自主创新战略，以产品创新为核心，以"创新、转化、产业化"为主线，突出"抓专项、建体系、筑平台、强能力、促创新"五大重点，确立一个考核、两项计划、三大平台、四个工程"1234"科技工作思路（即积极参加全国科技进步考核，组织实施第三轮创新计划和科学研究与技术开发计划，加快推进科技创新创业服务平台、技术创新研究开发平台及科技资源信息共享平台建设，启动实施新型工业化科技创新工程、新农村建设科技引领工程、和谐南宁建设科技支撑工程及自主创新环境建设工程），组织开展工业科技创新"三个一百"（新增创新产品100个、新增创新技术100项、培育孵化科技型企业100家）工程和农业科技创新"八大行动"（农业新品种创新、农业新技术创新、农业科技示范基地创新、科技特派员创新、龙头企业创新、科技种养大王〈能手〉创新、农业科技服务机构创新、农业特色名牌产品创新），明确"创新年"科技创新的十大目标和三年自主创新的四大目标。出台8个评选办法，组织开展十佳创新产品、十佳创新技术、十佳创新型企业、十佳专利产品、十佳科技服务机构、十佳创新示范基地（平台）、十佳农业新品种和十佳科技特派员评选活动。出台《南宁市"创新年"科技创新暨创新计划工作考核办法》，量化36项考核指标，市政府与22个责任单位签订《2007年南宁市科技进步与创新计划目标责任书》。12月6日，市科学技术局举办建设创新型城市研讨会，组织广西社科院、广西大学等10多个单位的专家学者参与《创新型南宁建设方略研究》阶段性研究成果研讨。

【技术创新研究开发平台建设】 2007年，南宁市重点围绕公共技术研究中心（生物工程技术中心、制造业信息化工程技术中心）与企业工程技术研究中心建设，市技术创新研究开发平台形成多个创新团队、多个学科创新人才聚集的创新小高地。

市生物工程技术中心 完成第一阶段建设，国内先进、自治区领先的发酵、分离、提取、干燥等中试条件实现全面开放，吸收市内8个创新团队、自治区内外61名生物技术人才、15项生物技术成果，培育孵化生物科技型企业18家，开发生物创新产品11个、生物应用技术10项。

市制造业信息化工程技术中心 建成覆盖全市、辐射自治区自主开发的制造业信息化中心服务体系与网络服务平台，实现与自治区制造业信息化公共技术服务平台集成联动，为自治区内30多家企业提供技术咨询和服务，培训信息化高级人才250人，全市80%以上制造业企业应用一个单元以上的信息化技术，26家企业成为自治区制造业信息化示范企业，示范企业新产品试制成本平均降低39.3%，培育制造业信息化中介服务机构5家，服务企业400多家，开发信息化技术研发成果51项，其中具有自主知识产权的信息化软件（产品）6项。

市企业工程技术研究中心 在汽车零部件、生物与制药、铝加工、机电一体化等产业领域，新增企业工程技术研究中心10个：广西博科药业有限公司、培力（南宁）药业有限公司、南宁轻工食品研究所、南宁微控技术有限公司、南宁桂格精工科技有限公司、广西桂能软件有限公司、广西申能达智能技术有限公司、南宁海蓝数据有限公司、南宁亚奥数码有限公司、南宁发电设备总厂。市级企业工程技术研究中心累计24家，开发具有自主知识产权新产品21个，培养自主创新人才180人；4家企业工程技术研究中心被认定为自治区级工程技术研究中心：南宁海蓝数据有限公司工程技术中心为广西数字化工程技术研究中心，广西易多收生物科技有限公司工程技术中

南宁市第三轮创新计划（2005~2007年）目标任务完成奖单位

一等奖：青秀区 宾阳县 市科技局

二等奖：西乡塘区 邕宁区 良庆区 市经委 南宁高新技术产业开发区管理委员会

三等奖：横县 武鸣县 马山县 隆安县 市农业局

完成奖：上林县 江南区 兴宁区 市质监局 市统计局 市国资委 市扶贫办 市科协 中国—东盟经济园区管理委员会

南宁市第三轮创新计划（2005~2007年）"十佳"名单

十佳创新企业：南宁八菱科技股份有限公司 广西皇氏甲天下乳业股份有限公司 广西田园生化股份有限公司 广西桂西制药有限公司 南宁邦尔克生物技术有限责任公司 广西华锑化工有限公司 广西新晶科技有限公司 广西万寿堂药业有限公司 广西南方米粉有限公司 横县桂华茧丝绸有限责任公司

十佳专利实施企业：广西玉柴专用汽车有限公司 南南铝业股份有限公司 广西桂西制药有限公司 广西博科药业有限公司 广西万寿堂药业有限公司 市糖业合金轧辊厂 南宁飞日润滑油有限公司 广西圣保堂药业有限公司 南宁五菱桂花车辆有限公司 市松林玻璃有限责任公司

十佳工程技术研究中心：广西农药剂型技术研究中心 广西生物化工工程技术研究中心 广西润滑油工程技术研究中心 广西中间件工程技术研究中心 广西万寿堂药业工程技术研究中心 广西内燃机高温热交换工程技术研究中心 广西阻燃剂工程技术研究中心 广西申能达智能技术有限公司工程技术研究中心 广西桂能软件有限公司工程技术研究中心 广西博科新药开发工程技术研究中心

十佳农业科技创新示范基地：武鸣县双桥镇下渌村龙眼标准化栽培技术示范基地 横县云表镇桑蚕高效种养核心示范基地 宾阳县黎塘镇万亩无公害蔬菜产业化示范基地 隆安县南圩镇肉牛高效养殖科技创新示范基地 兴宁区五塘镇凌慕垌苦瓜科技创新示范基地 西乡塘区金陵肉鸡新品种繁殖示范基地 广西隆安金穗现代农业科技示范园 良庆区南晓镇荔枝无公害栽培科技创新示范基地 江南区沙井奶牛科技创新示范基地 青秀区伶俐镇特种养殖科技创新示范基地

十佳农业科技中介服务机构：武鸣县双桥镇下渌村龙眼专家大院 横县黑豚养殖协会 广西横县花茶协会 宾阳县黎塘镇汇农萝卜协会 马山县黑山羊专家大院 隆安县丁当镇养鸡协会 江南区奶牛专家大院 兴宁区三塘镇罗非鱼养殖协会 兴宁区五塘镇苦瓜协会 良庆区那马镇昌盛无公害蔬菜经济协会

心为广西生物化工工程技术研究中心，亚奥数码有限公司工程技术中心为广西应急与通信工程技术研究中心，广西机械工业研究院为广西制糖装备工程技术研究中心。南宁市被认定为自治区级工程技术研究中心的累计12家。

广西江南肉鸽物流配送技术中心　位于江南区吴圩镇。11月18日成立。为广西成立的首家肉鸽物流配送技术中心，为自治区肉鸽饲养专业户、专业村、养殖基地提供全面服务和技术交流平台，形成产、供、销一条龙服务。

市天然药物工程技术中心　12月5日投入使用。由市轻工食品研究所和中山大学共同建立，采用与国际同步的高新分离技术——分子蒸馏技术，搭建分子蒸馏分离纯化技术平台，主要为广西中草药与香料的科研、生产分离技术提供先进的装备和技术服务。

【科技创新创业服务平台建设】　2007年，南宁市加强科技创新创业服务平台建设，培育孵化科技型企业121家，孵化毕业企业43家。已建成南宁高新区创业者服务中心、大学创业园、生物产业孵化园、南宁软件园等各类专业孵化器，形成投资多元化、形式多样化、专业性较强、适应各类科技创新创业需求的科技企业孵化集群。

中国—东盟科技企业孵化基地　位于南宁高新技术产业开发区。2005年10月18日启动建设，总投资5亿元，占地13.33公顷，总建筑面积13万平方米，集办公、科研、中试、产业于一体的新型科技企业总部基地。2007年完成一、二期工程建设并投入使用。基地建成后将吸收国内、东盟各国科技型企业及知名企业总部、地区分部、研发机构入驻，形成辐射全国及东盟各国的中心外围效应，形成年产值30多亿元、创利税4.5亿元的高科技孵化基地。

【科技资源信息共享平台建设】　2007年，南宁市建设完善科技信息中心12个、科技信息网点65个，构建起市、县区、乡镇、村(企业)多级科技信息服务网络体系。

科技管理工作信息化建设　建成推进应用科技管理工作信息化平台（包括南宁科技网、科技业务网上办公平台、综合业务管理系统平台3个信息化网站和业务管理系统)，南宁科技网(外网)建成集政务信息、科技信息发布和网上业务办理为一体的科技网站，初步实现科技管理部门网上办公服务，全年更新信息1300多条，点击量超过3万次；科技业务网上办公平台建成科技项目、成果鉴定、科技进步奖、专利资助等业务网上申报平台，网上注册1000多户，申报业务600多项；科技综合业务管理系统平台（内网)建成科技项目从受理、立项、实施跟踪到结题全过程的动态跟踪与管理，以及成果鉴定等相关业务的信息化管理平台。

南宁中小企业创新科技服务网　加大网络重点数据库功能模块建设，新增数据量2400G，总量达到4000G。以万方大型数据库为核心，建立科技信息子系统、商务信息子系统、数字化期刊子系统三大信息服务系统，构建科技文献数据、中国科技成果数据、数字化期刊全文数据、中外标准数据、专利技术数据等10多个数据库，拥有信息量1966万条。建立150多个企业信息档案库和300多个专家人才库，为企业和社会提供多种科技信息服务。确立服务示范企业18家，签约重点服务企业24家，为企业提供信息查询1300多次；开展专家咨询服务163次，达成技术协同攻关项目8个，为900多家企业产品进行网上展示和宣传发布服务，实现经济效益8310万元，创利税2300万元。

南宁“三农”科技服务网　初步构建起“三农”科技服务网络体系，建立5个县区“三农”科技服务网络中心、49个乡镇级“三农”科技信息服务站(其中农业协会科技服务站9个)，完成14个重点示范村和856个示范户“三农”科技信息网络建设，培养网络信息员631名，发布信息2.5万条，举办技术培训115场，培训农民5万多人次，提供技术答疑、咨询、诊断服务1万多次，促进农产品销售5.1亿元，实现农民增收4200万元。

【专利战略实施】　2007年，南宁市专利申请768件。其中：发明237件，实用新型350件，外观设计181件。专利授权410件。其中：发明58件，实用新型258件，外观设计95件。资助或奖励专利245件，资助或奖励金额26.53万元。其中：专利申请资助229件，资助金额24.93万元。重点立项专利应用与研究项目4个，财政科技经费投入45万元。确立4家企业为南宁市第二批专利试点企业，累计市试点企业14家，自治区试点单位12家。在全市开展知识产权进企业、进学校、进社区、进农户“四进”活动，开展大型知识产权保护广场宣传活动5次，举办知识产权培训班4期，市知识产权局被评为2007年度自治区知识产权宣传工作先进单位。出台《2007年南宁市整顿和规范市场经济秩序工作实施方案》，市知识产权局、工商局、食品药品监管局联合开展知识产权行政执法专项行动，对药品、机械等产品进行专项检查，受理办结专利侵权纠纷案件2件。4月21日，自治区科技厅、知识产权局及市科技局、知识产权局和横县政府举行自治区专利工作试点县暨横县知识产权局挂牌仪式，标志南宁市县区知识产权工作正式步入正规化、科学化、法制化发展轨道。

【高新技术产业】　2007年，南宁市实施高新技术产业创新驱动工程，实施生物技术开发及成果转化科技项目18个，重点立项11个，总投资1998万元，项目实施将新增生物工程新产品14个、生物应用新技术12项，预计年增产值1.63亿元、利税4429万元、创汇300万美元；实施电子信息新技术产品开发和机电一体化新技术新产品开发科技项目53个，重点立项19个，总投资9811万元，预计年增产值4.2亿元、利税7163万元、创汇940万美元。高新技术企业183家(高新区内163家，高新区外20家)，其中新认定23家，产值超亿元28家；高新技术产品330个，其中新认定45个。高新技术企业产值149.5亿元；工业增加值47.8亿元。南南铝业股份有限公司“双零箔”用高效能晶粒细化铝-钛-硼丝线材技术研制及新产品开发项目，完成后预计年增产值3840万元、利税605万元；广

自治区企业知识产权工作南宁试点单位及南宁市专利试点企业名录

自治区企业知识产权工作南宁试点单位

第一批：南宁化工股份有限公司　南南铝业股份有限公司　广西玉柴专用汽车厂　南宁燎旺车灯有限责任公司　南宁欧顶电气有限责任公司

第二批：广西桂西制药有限公司　南宁五菱桂花车辆有限公司

第三批：广西博科药业有限公司　广西万寿堂药业有限公司　广西南宁化学制药有限责任公司　广西华锑化工有限公司

南宁市专利试点企业

第一批：南宁化工股份有限公司　南南铝业股份有限公司　广西玉柴专用汽车厂　南宁燎旺车灯有限责任公司　南宁欧顶电气有限责任公司　市化工研究设计院　广西博科药业有限公司　广西创世达电器有限公司　广西恒顺电器有限公司

第二批：广西万寿堂药业有限公司　广西南宁化学制药有限责任公司　广西华锑化工有限公司　市精祥仪表有限责任公司

西桂能软件有限公司利用拥有国际先进三维激光雷达设备和技术，成功开发10多项具有自主知识产权的软件产品，大部分属国内首创或处于国内领先水平，其中获2007年度广西科学技术进步奖二等奖的“基于激光雷达的架空送电线路三维优化选线平台——OnePLD”是国内第一个将激光雷达数据应用到工程领域的软件；八菱科技股份有限公司开发的铜质硬钎焊热交换器制造技术填补了国内技术空白，达到国际领先水平，应用新技术生产内燃机热交换器产品超过70万台套，占国内汽车用热交换器市场率15%以上，实现销售收入1.55亿元。

【科技中介服务体系建设】 2007年，南宁市在市、县区生产力促进中心联动服务体系的基础上，进一步整合市、县区生产力促进中心、企业工程技术研究中心、科技项目评估中心、科技培训中心、制造业信息化服务中心等科技服务机构资源，构建起市中小企业创新科技服务体系，初步实现资源整合共享、服务交众联动、信息辐射应用、工作覆盖贯通的联动体系构架。维威制药有限公司、广通数字技术有限公司、劲源电机有限责任公司、飞日润滑油有限公司、桂西制药有限公司、华锑化工有限公司、申能达智能技术有限公司、博科药业有限公司、桂能软件有限公司、恒拓集团广西圣康制药有限公司等10家企业被自治区科学技术厅认定为第二批“自治区中小企业创新科技服务网”示范企业，占全自治区的六分之一。促成50多家企业与自治区内外高校、科研院所建立长期技术合作关系，达成合作开发科技项目12个；引进科技项目5个，解决技术难题4个；完成创新计划项目48个；论证、策划、包装国家、自治区及市级科技项目45个，完成科技项目创新50个；促成科技合作项目3个，签约金额1.16亿元；引进农业新技术、新品种42项（个），建立农业新品种、新技术种植示范基地886.67公顷（1.33万亩），举办农业实用技术培训90期，培训人员1.78万人次；技术咨询服务3000人次，为农民提供科技信息8000多条，促成农产品成交金额1930万元。

【科技交流与合作】 2007年，南宁市开展科技“一招三引”活动，共组织参展参会企业158家，展出科技创新成果260项，推出重点招商项目524个，签约项目64个，签约金额13.7亿元。4月25日，2007 ESRI （Environmental Systems Research Institute.Inc）中国（北京）有限公司全国巡展南宁站在南宁饭店举行，广西桂能软件有限公司与全球最大的GIS技术提供商ESRI 中国（北京）有限公司结成全球战略合作伙伴，成为ESRI广西惟一全球战略合作伙伴。6月20日，中国工程院院士向仲怀考察横县桑蚕生产情况，并开展技术指导。8月29日，国际亚热带农业研究中心Howeler（雷恩哈得·豪勒）博士率团，尼日利亚木薯种植园主、贸易商及中国中科院生命科学院上海分院、中国热带农业大学有关专家15人组成国际木薯专家代表团考察武鸣县，开展木薯深加工和贸易交流合作。9月3~12日，市绿安农业科技有限责任公司、中诺生物工程公司等6家企业携带8个项目参加2007年越南技术展览交易会，其中绿安农业科技有限责任公司向越南输出甜瓜等农产品大棚栽培技术，总投资625万元（中方80%、越方20%），在越南种植5.33公顷甜瓜。10月27日，越南凉山省科技厅厅长梁登宁率团，越南凉山省科技厅、外事厅与高平省科技厅、河静省水产厅等19人组成考察团，考察市伶俐园艺场野猪养殖基地，就相关合作议题进行交流洽谈。11月27~28日，国际标准化组织软件工程分技术委员会主席Francois Coallier、国家信息产业部电子标准化研究所软件工程与评估中心主任王宝艾等8名国内外软件工程专家组成的专家组考察南宁高新技术产业开发区，共同签署南宁软件园与ISO/IEC JTC1/SC7（SC7）（国际标准化组织软件工程分技术委员会）的Letter of Intent for Academic Cooperation（《国际标准验证、推广工作的框架性合作协议》），标志广西软件平台体系正式与国际接轨，纳入国际软件标准化建设体系。

【市校与校企合作】 2007年6月30日，市政府和广西大学在南宁国际会展中心举行市校与校企科技合作活动启动仪式，南宁市及广西大学领导，市各开发区、有关部门和广西大学有关学院、部门领导、专家、教授等100多人出席。市长陈向群与广西大学校长唐纪良签订产学研科技合作框架协议书；市科学技术局与广西大学科技处签订“共建公共技术创新研发平台及深化工程技术中心建设”合作协议书；市有关企业与广西大学有关学院签订科技项目合作协议12项，涉及计算机、化工化学、农业技术等多个科技领域。协议双方将在加强人才培训、科研与产业化发展、科技成果转化、整合资源构建公共服务平台等方面深化合作。根据协议，合作双方在南宁高新区共建南宁市产学研合作创新基地，共建技术、产品研发工程中心、实验室等创新平台，针对甲方急需解决的科技及技术难题开展产学研攻关；双方建立良好互动

2007年南宁市被自治区科技厅认定的高新技术企业名录

名　　称	高新技术范围
南宁苏格尔科技有限公司	传统产业改造中应用的新工艺、新技术
广西华凯精细化工有限公司	
南宁强国科技有限公司	
广西恒顺电器有限公司	
南宁千年工艺有限公司	
广西映红绿日用化妆品有限公司	
广西滕本科工贸有限公司	现代农业技术
南宁农学佳信息技术有限公司	
广西南宁百洋食品有限公司	
广西乐土生物科技有限公司	
南宁欣欣壮德农牧科技有限公司	
南宁安顺达智能系统有限责任公司	电子与信息技术
广西华诺信息工程有限公司	
广西南宁天虎软件有限公司	
南宁博大高科计算机有限公司	
广西西辰科技有限公司	
市勘测院	
广西施乐农化科技开发有限责任公司	生物工程和新医药技术
市速泊安特生化科技有限公司	
南宁富莱欣生物科技有限公司	
广西南宁智天生物科技有限公司	
南宁创新科技医药技术有限公司	
广西丰林木业集团股份有限公司	新材料应用技术

2007年南宁市被自治区科学技术厅认定的高新技术产品情况表

产品名称	生产企业	高新技术范围
应用于糖厂滤汁澄清的新型快速沉降器	南宁苏格尔科技有限公司	传统产业改造中应用的新工艺、新技术
配电系统电容电流测试系统	广西桂能科技发展有限公司	传统产业改造中应用的新工艺、新技术
聚酯用乙二醇锑	广西华凯精细化工有限公司	传统产业改造中应用的新工艺、新技术
聚酯用三氧化二锑	广西华凯精细化工有限公司	传统产业改造中应用的新工艺、新技术
手持流速测算仪	南宁强国科技有限公司	传统产业改造中应用的新工艺、新技术
水文缆道智能控制台	南宁强国科技有限公司	传统产业改造中应用的新工艺、新技术
新型高效多相整流变压器	广西恒顺电器有限公司	传统产业改造中应用的新工艺、新技术
QNC型树脂工艺品	南宁千年工艺有限公司	传统产业改造中应用的新工艺、新技术
营养补水眼霜	广西映红绿日用化妆品有限公司	传统产业改造中应用的新工艺、新技术
N°度果维能饮料	广西腾本科工贸有限公司	现代农业技术及其产品
“农学家”农业实用技术多媒体资源库系统	南宁农学佳信息技术有限公司	现代农业技术及其产品
中小学远程教育信息资源管理系统	南宁农学佳信息技术有限公司	现代农业技术及其产品
冷冻罗非鱼片、冷冻斑点叉尾鮰鱼片	广西南宁百洋食品有限公司	现代农业技术及其产品
35%蔗高(缓控释)复混肥料	广西乐土生物科技有限公司	现代农业技术及其产品
0.32%苄嘧磺隆·丁草胺颗粒剂(金稻龙2号)	广西乐土生物科技有限公司	现代农业技术及其产品
30%桑蚕康(缓控释)复混肥料	广西乐土生物科技有限公司	现代农业技术及其产品
28%薯龙(缓控释)复混肥料	广西乐土生物科技有限公司	现代农业技术及其产品
有机杀螺肥料	广西乐土生物科技有限公司	现代农业技术及其产品
莲胆消炎片	广西南宁万士达制药有限公司	生物工程和新医药技术及其产品
喉舒宁片	广西南宁万士达制药有限公司	生物工程和新医药技术及其产品
通便灵胶囊	广西南宁万士达制药有限公司	生物工程和新医药技术及其产品
7.5%鱼藤酮乳油	广西施乐农化科技开发有限责任公司	生物工程和新医药技术及其产品
复方牛黄颗粒	广西北斗星动物保健品有限公司	生物工程和新医药技术及其产品
板陈黄注射液	广西北斗星动物保健品有限公司	生物工程和新医药技术及其产品
增效联磺注射液	广西北斗星动物保健品有限公司	生物工程和新医药技术及其产品
复方胆素注射液	广西北斗星动物保健品有限公司	生物工程和新医药技术及其产品
泰乐菌素—磺胺间甲氧嘧啶粉	广西北斗星动物保健品有限公司	生物工程和新医药技术及其产品
甘露醇	市速泊安特生化科技有限公司	生物工程和新医药技术及其产品
钙维软胶囊	南宁富莱欣生物科技有限公司	生物工程和新医药技术及其产品
瑙鑫钙	广西南宁智天生物科技有限公司	生物工程和新医药技术及其产品
蚕蛹a-亚麻酸	南宁创新科技医药技术有限公司	生物工程和新医药技术及其产品
感应智能卡车辆管理系统	南宁安顺达智能系统有限责任公司	电子与信息技术及其产品
华诺造价系统	广西华诺信息工程有限公司	电子与信息技术及其产品
DK-H2000组合式电涌保护器	广西地凯科技有限公司	电子与信息技术及其产品
DK-DSX/m、DS/m安防监控电涌保护器	广西地凯科技有限公司	电子与信息技术及其产品
天虎教育管理信息系统	广西南宁天虎软件有限公司	电子与信息技术及其产品
VDISK威盘	南宁博大高科计算机有限公司	电子与信息技术及其产品
数字化城市综合管理与指挥系统	广西西辰科技有限公司	电子与信息技术及其产品
TOK视频直播会议培训系统	南宁农学佳信息技术有限公司	电子与信息技术及其产品
城市应急联动系统	南宁亚奥数码有限公司	电子与信息技术及其产品
现场校验仪	南宁北恒电气科技有限公司	电子与信息技术及其产品
ES-10系列地线智能管理系统	南宁北恒电气科技有限公司	电子与信息技术及其产品
综合自动化系统	南宁北恒电气科技有限公司	电子与信息技术及其产品
聚合氯化铝	广西宇达水处理设备工程有限公司	环境保护新技术及其产品
上流式多极厌氧反应器	广西博世科环保科技有限公司	环境保护新技术及其产品

的长效合作机制，每年不定期举办校企新技术、新产品成果科技对接活动不少于2次。每年市政府设立不少于100万元额度的南宁市—广西大学市校产学研合作专项资金，纳入当年同级财政支出预算；定期向广西大学提供企业技术项目需求信息和急需解决的技术难题，为广西大学科技人员开展的科技服务和创新活动实行优质服务，对校企联合申报自治区和国家级科技项目给予支持。广西大学将具有较大的发展潜力和良好的市场前景的成果在广西大学科技园孵化，成果孵化每年增长不少于10%，南宁市对在孵项目给予经费支持或补助；广西大学根据甲方企业需求，积极提供人才培训、联合研发、科技咨询、项目策划、产品创新等科技一体化服务。2003~2006年双方共同实施重点科技攻关项目115个。

6月30日，市政府与广西大学签署市校科技合作协议　　市科技局提供

自然科学研究与技术开发

【概　况】　2007年，南宁市共实施国家、自治区及市三级科学研究与技术开发计划项目328个，三级财政科技总投入1.03亿元。启动实施重大科技专项12个，重点立项实施市本级科学研究与技术开发计划项目152个，市财政科技投入3495万元，带动社会科研经费总投资5.6亿元。被列入自治区科学研究与技术开发计划项目72个，自治区财政科技投入1560万元。被列入国家科学研究与技术开发计划项目30个，国家财政科技投入3011万元。实施农业科技计划项目72个，国家、自治区及市三级财政科技投入1968万元，带动社会科研经费总投入3.78亿元；实施星火计划项目50个，引进示范推广农业新品种106个、农业新技术55个，培育开发农业(农产品深加工)新产品43个（其中品牌产品12个），建立规模在千头万亩以上的高效种养技术集成创新示范基地18个、农业专家大院9个(共15家)，其中8家被认定为自治区级星火专家大院。实施工业科技计划项目175个，国家、自治区及市三级财政科技投入4796万元，带动社会科研经费总投入4.8亿元；实施生物技术开发及成果转化科技项目18个、电子信息和机电一体化新技术产品开发科技项目53个、支柱产业产品创新提升科技项目28个，组织开发工业新产品119个、新技术116项，引进先进工业科技成果项目17个，完成重大工业科技成果转化及产业化项目8个，新增在孵科技型企业125家、工程技术研究中心10家。实施社会发展科技计划项目77个，国家、自治区及市三级财政科技投入1200万元，带动社会科研经费总投入1.67亿元；重点立项现代中药产业、生物质产业、医疗卫生、公共安全、环境保护及循环经济等社会发展科技计划项目40个。实施软科学研究及其他科技计划项目4个。

【科学研究与技术开发立项】　2007年，南宁市重点立项实施科技含量高、市场前景好的市本级科学研究与技术开发计划项目152个(含自筹21个)，市财政科技投入3495万元，项目实施预计年增产值37.76亿元、税利8.23亿元、创汇2525万美元。其中：工业56个，投入2542万元，总投入2.47亿元；农业33个，投入593万元，总投资1.59亿元；社会发展56个，投入293万元，总投资1.05万元；软科学及其他7个，投入67万元，总投资4808万元。被列入国家科学研究与技术开发计划项目30个，国家财政科技投入3011万元。其中：国家火炬计划3个，投入142万元；国家科技支撑计划8个，投入631万元；国家重点新产品计划2个，投入635万元；国家中小企业基金14个，投入735万元；科技成果转化与应用2个，投入130万元；科技创新能力建设1个，投入30万元。被列入自治区科学研究与技术开发计划项目72个，自治区财政科技投入1560万元。其中：工业21个，投入742万元；农业29个，投入584万元；社会发展20个，投入199万元，软科学及其他2个，投入35万元。

【星火计划】　2007年，南宁市实施星火计划项目50个，总投资2.45亿元，国家、自治区及市三级财政科技投入1098万元。其中：国家项目1个，投入100万元；自治区项目15个，投入375万元；市本级项目34个，投入623万元。引进示范推广农业新品种106个，其中示范推广超万亩的22个，良种覆盖率91.7%；引进示范推广农业种养新技术55项，新技术覆盖率90.7%。重点培育提升广西春江鸭食品有限公司、南宁南方快点鲜米粉有限公司、横县桂华茧丝绸有限公司等12家农产品深加工科技型企业自主创新能力，组织开发新产品43个，培育品牌产品12个，新产品销售收入5.72亿元。分别在12县区选择1个贫困村进行科技扶贫开发，12个科技扶贫示范村共示范推广农业新品种20个、农业新技术27项，实现年人均纯收入比上年提高270元。在12个县区选择优势特色及新兴产业，建立木薯、桑蚕、甘蔗、奶牛等18个规模在千头万亩以上的高效种养技术集成创新示范基地，成为新品种、新技术示范推广和先进实用技术培训重要场所。实施广西沿海水产星火产业带项目，重点扶持百洋公司创建龙头企业技术创新中心，建立广西水产研究所罗非鱼良种场、南宁远东农牧渔业开发有限公司、市鑫远东农牧渔业开发有限公司、百洋公司金光农场、市水产良种繁育场、武鸣县水产良种繁育场、广西江海渔业开发有限公司、广西水产良种引育种中心、市水产畜牧兽医技术推广站罗非鱼良种场等罗非鱼种苗繁育基地，年产鱼苗3.8亿尾，引进"吉富系列"和"奥尼系列"共8个优良品种进行繁育示范推广；重点支持市水产畜牧兽医技术推广站与市罗非鱼产业协会提升南宁市罗非鱼网，为300多名罗非鱼会员和2.67万养殖户提供技术远程科技服务；全市罗非鱼养殖面积2800公顷，年产罗非鱼4.7万吨、产值5.39亿元、创汇1500万美元。选派17名科技特派员进村入户开展科技惠民行动,下派科技特派员49名,示范推广新品种30多个、新技术10多项，培训农民超过1万人次，服务农户1000多户。推进农业科技服务机构建设，建立横县、宾阳县、上林县、邕宁区桑蚕、武鸣县龙眼、武鸣县木薯、邕宁区淮山、良庆区荔枝、江南区西瓜9个农业专家大院(共15家)，其中8家被认定为自治区级星火专家大院。评出2007年度南宁市科技种养大王5名,分别为马山县的兰芬,江南区的朱其中,西乡塘区的黄雄、马彰然,良庆区的苏忠;科技种养能手15名,分别为武鸣县的覃莲珍,横县的蒙瑞菊、谢大高、韦有任,宾阳县的韦卫华,上林县的李朝龙,隆安县的陆巨辉、李忠源,西乡塘区的邓永志,良庆区的冯胜家,青秀区的陆增语、陆宏喜,邕宁区的李正存，兴宁区的谢惠波、秦秀芳。评出2007年度广西科技种养大王1名,为西乡塘区的黄雄;科技种养能手4名,分别为宾阳县的韦卫华、江南区的朱其中、马山县的兰芬、隆安县的陆巨辉。

【农业科技项目实施】 2007年，南宁市实施农业科技计划项目72个，国家、自治区及市三级财政科技投入1968万元，带动社会科研经费总投入3.78亿元。其中:国家级10个,投入791万元;自治区级29个,投入584万元;市本级33个，投入593万元。项目主要围绕科技富民强县科技示范、县域经济主导产业、特色优势产业技术集成示范推广、新农村建设科技试点示范、农业科技创新示范基地建设与能力提升、新型农村科技服务体系建设与能力提升组织实施，项目实施预计年增产值13.37亿元、利税2.72亿元、创汇3400万美元。

【工业科技项目实施】 2007年，南宁市实施工业科技计划项目175个，国家、自治区及市三级财政科技投入4796万元，带动社会科研经费总投入4.8亿元。其中:国家级19个,投入1512万元;自治区级21个，投入742万元；市本级135个(重点立项56个),投入2542万元。市本级重点立项实施的51个，主要围绕高新技术产业创新提升工程和支柱产业产品创新工程实施,带动社会科研经费总投入2.47亿元，项目实施预计年增产值12.77亿元、利税2.54亿元、创汇2099万美元。

【社会发展科技项目实施】 2007年,南宁市实施社会发展科技计划项目77个，国家、自治区及市三级财政科技投入1200万元，带动社会科研经费总投入1.67亿元。其中:国家级1个,投入708万元;自治区级20个,投入199万元;市本级56个,投入293万元。市本级重点立项实施的40个,主要涉及现代中药产

2007年南宁市获国家科学研究与技术开发计划立项的科技项目情况表

类 别	项 目 名 称	支持经费(万元)	承 担 单 位
国家火炬计划	南宁软件测试技术服务平台建设	50	南宁高新技术产业开发区软件园管理服务中心
	数字城市软件产业集群创新及产业化发展	47	南宁亚奥数码有限公司
	智能电脑家长	45	广西精宇软件有限责任公司
国家科技支撑计划	食蟹猴老化及代谢异常疾病的研究和模型建立	708	南方灵康赛诺生物科技有限公司
	木薯酒精废液厌氧发酵技术与设备研究与示范应用	312	广西必佳微生物工程有限责任公司
	奶水牛杂交改良技术研究与南方优质饲草生产体系的建立	147	广西皇氏甲天下乳业股份有限公司
	高产高效木薯良种繁育及栽培技术研究与示范	70	广西明阳生化股份有限公司
	木薯综合配套节本栽培技术集成研究与示范	40	
	木薯酒精废液厌氧发酵技术与设备研究与示范应用	8	
	糖厂农务管理信息技术服务应用示范	27	市网普计算机软件开发有限责任公司
	糖厂农务管理信息技术服务应用示范	27	广西德意数码股份有限公司
国家重点新产品计划	电脑铝合金高倍数盒装散热器产品研究与开发	635	南南铝业股份有限公司
	桂能智能化CAD协同设计平台		广西桂能软件有限公司
科技成果转化与应用	保鲜米粉的加工新技术中试与示范	80	南方米粉有限责任公司
	加工专业型F1代肉鸭集约化标准化养殖示范	50	广西富丰集团
科技创新能力建设	2007年现代农业产业技术体系建设	30	广西桂宁种猪有限公司
国家中小企业技术创新基金	越南文印刷体OCR识别引擎研发	80	南宁海蓝数据有限公司
	威灵仙化石胶囊	80	广西昌弘制药有限公司
	南宁生物工程公共技术服务平台	80	南宁新技术创业者中心
	多结构组件化嵌入式内存数据库系统软件产品开发	75	南宁维新软件科技有限责任公司
	木薯淀粉一步生物转化法制高含量异麦芽低聚糖	60	广西南宁智天生物科技有限公司
	基于MESH技术的高速无线网络系统的研制与开发	40	南宁英纳网络科技有限责任公司
	电动抽屉式自助存款机	40	广西南宁桂保机械电子设备有限公司
	模拟人力传感器的研制	40	南宁宇立汽车安全技术研发有限公司
	折流板生物反应器与膜接触萃取耦合制备甘露醇新工艺	40	市速泊安特生化科技有限公司
	有机磷农药高效降解酶的研究与开发	40	南宁金肽生物技术有限公司
	用亚临界水提取新技术从芒果叶中生产芒果苷工艺研究	40	市百济生物工程有限公司
	生物转化法以肉桂醛制备天然苯甲醛的工艺研究	40	南宁辰康生物科技有限公司
	耐高温beta-淀粉酶的技术研究和产品开发	40	市拜欧生物工程有限责任公司
	干式酶法生产环状糊精	40	市禄禄丰生物科技有限公司

业、生物质产业、医疗卫生、公共安全、环境保护及循环经济等重点领域，带动社会科研经费总投入1.05亿元，项目实施预计年增产值4.8亿元、利税1.3亿元、创汇426万美元。

【软科学研究项目实施】 2006年，南宁市实施软科学研究及其他科技计划项目4个，自治区及市财政科技投入47万元，带动社会科研经费总投入72万元。其中：列入自治区项目2个，自治区投入35万元；市本级项目2个，市投入12万元。其中"南宁市循环经济支撑体系建设研究"项目，为南宁市2010年实现万元产值能耗降低10%、耗水量降低至全国平均水平以下目标做好战略准备。

【重大科技专项实施】 2007年，南宁市启动实施重大科技专项12个，市财政科技三项经费投入2926万元，总投入3.41亿元。其中：支柱产业产品创新提升工程、生物工程技术开发及成果转化、机电一体化新技术产品开发及产业化、电子信息新技术产品开发及产业化、科技创新创业平台能力建设等工业重大科技专项5个，投入2542万元，总投入2.32亿元，项目实施预计年增产值12.22亿元、利税2.39亿元、创汇2099万美元；桑蚕业发展关键技术研究与产业化示范推广、百万亩超级杂交水稻示范推广、甘蔗新品种引进和高产高效示范基地建设、牛高效集约化健康养殖示范基地建设等农业重大科技专项4个，投入213万元，总投入7340万元，项目实施预计年增产值2.27亿元、利税0.56亿元、创汇730万美元；中药新产品开发与产业化、生物质产业关键技术攻关与产业化示范、市重点国际科技合作项目等社会发展重大科技专项3个，投入171万元，总投入3635万元，项目实施预计年增产值4.8亿元、利税1.3亿元、创汇426万美元。

【桑蚕业关键技术研究与产业化示范推广】 2007年，由市科技局与市农业局联合启动实施。市财政科技投入115万元，市桑蚕产业化专项资金投入400万元，总投入4770万元，整合科技、农业部门及县区、乡镇、企业的行政、技术、资金、人才等各方优势资源，开展专家组进村入户、现场推进、示范基地建设、桑蚕优质高效种养技术培训、交叉检查及评比、网上技术服务热线等六大行动，进行桑蚕业关键技术研究及新品种、新技术大面积示范推广，这是南宁市有史以来立项规模最大、财政科技投入最多，科技部门与农业部门合作力度最大、整合资源最多的一个农业重大科技专项。建立特优2号、桂桑优12号和桂桑优62号等桑树优良新品种种苗繁育基地5个，总面积190.4公顷，出圃桑苗34681万株，推广种植1.57万公顷，对桑蚕主要病害血液型脓病病毒（NPV）分离纯化和NPV抗原进行研究和示范应用。建立桑树高效种植示范基地11个，引进繁殖和示范推广桑树优良新品种12个，全市桑园面积达到3.2万公顷，其中新品种占30%，发蚕种105万张，收购鲜茧3.6万吨，农民养蚕收入6.4亿元。建立桑树速生丰产栽培技术示范基地8个，总面积573.33公顷，重点示范推广杂交桑直播套种成园、桑树埋条成园、桑树高效育苗等先进种养技术。建立蚕种场3个，繁育"两广二号"、"桂蚕一号"、"芙桂朝凤"等桑蚕优良蚕种45万张。在横县、宾阳县、上林县、邕宁区4个重点县区，建立桑蚕高效种养核心示范区4个、中心示范片16个、面上示范点66个，示范、推广高产种养技术占总面积55.5%和60.3%。建立小蚕共育示范点22个，方格蔟营茧示范点22个，小蚕共育示范点22个，示范县区建立542个小蚕共育室，示范区小蚕共育率90%以上，为群众育种9.2万张，全市小蚕共育56.09万张，桑蚕养殖总量155.6万张，占总饲养量36.05%，小蚕共育户实现利润195.53万元。建立桑蚕专家大院4个、桑蚕专业技术协会9个，开通桑蚕科技服务网点15个，下派桑蚕科技特派员10人。

【技术研究与开发投入】 2007年，南宁市获国家财政技术研究与开发投入3011万元，比上年增长83.6%；获自治区财政技术研究与开发投入1560万元，增长0.63%；市本级财政技术研究与开发总投入5769万元，增长18.95%，占全市本级财政支出1.49%；国家、自治区及市三级财政科技经费总投入首次突破1亿元，达到1.03亿元，增长26.39%。重点立项实施科技含量高、市场前景好的市本级科学研究与技术开发计划项目152个，市财政科技投入3495万元，带动社会科研经费总投入5.6亿元。其中：科技攻关与新产品试制86个，财政投入748万元，总投入1.64亿元；科技成果推广与产业化示范27个，财政投入502万元，总投入2.74亿元；科技创新能力与条件建设20个，财政投入2098万元，总投入9335.4万元；科技成果转化与应用17个，财政投入135万元，总投入2734.3万元；软科学研究课题2个，财政科技投入12万元，总投入25万元。

科学技术普及

【概　况】 2007年，南宁市围绕全国"携手建设创新型国家"、广西"创新跨越、建设富裕文化和谐广西"主题，以1月广西（南宁市）科技活动周、5月全国科技活动周、10月科普大行动为载体，启动"八桂先锋行"科技进村入户大行动，开展文化、科技、卫生"三下乡"活动2次，大型科普广场活动58场次，科普进社区活动274场次，科普进农村240场次，科普进校园477场次，科普进企业76场次，科普讲座1440场，直接参与科普活动30万人，间接接受科普教育超过250万人；举办新农村建设农民科技培训3720场次，培训农民及咨询群众100万人次。市科技局与团市委主办、市青少年活动中心承办的第二届南宁市青少年科幻绘画竞赛，市科技局、市新技术开发中心开展的利用互联网开展远程农民科技培训，武鸣县科学技术局开展的乡土人才科技帮扶活动，分别获全国科技活动周广西活动优秀项目奖；市科技局、市青少年活动中心获全国科技活动周广西活动优秀组织奖。南宁可口可乐饮料有限公司、南宁青岛啤酒有限公司、广西皇氏甲天下乳业股份有限公司、市第一中学被命名为第二批南宁市青少年科技教育基地，并被自治区科技厅命名为广西青少年科技教育基地，市动物园、青少年活动中心、环境宣传教育中心被命名为第五批南宁市科普教育基地，全市已建成青少年科技教育基地18个、科普教育基地30多个、科普示范社区40多个、专业技术学会（协会）50多个、科普示范学校60多个、农村专业技术协会500多个，85%以上的社区建有科普橱窗，每个社区配置专兼职科普专干。

【科技培训】 2007年，南宁市围绕培育一镇一业、一村一品特色产业发展，开展农民高效种养技术培训，举办新农村建设农民科技培训386场次，培训农民及咨询群众超过100万人次。围绕"八桂先锋行"科技进村入户大行动，开展科学知识和种养技能培训班282期，培训4.13万人次。围绕制造业信息化建设，举办展电子商务师培训班2期，培训53人；CAXA（领先一步的计算机辅助技术与服务）三维（实体）培训班3期，培训96人；ERP（企业资源管理规划）应用示范交流暨培训活动3次，培训98人；培训信息化高级人才1142人次，培养自主创新人才167人。举办知识产权培训班4期，培训企业及专利试点企业领导、技术开发人员、专利管理人员共910人。

【八桂先锋行科技进村入户大行动】 2007年1月8日，由市政府与自治区党委组织部、自治区科技厅在马山县联合启动。在全市开展农业专家科技、农民党员信息技术培训、"小康之光"科技致富培训、农业先进适用技术示范推广、科技特派员与农村党员结对帮扶、农村科普等六大行动。全市组织32个科技服务小分队进村入户服务143次,专家进村入户服务386人次,解决技术问题790个;举办农民科技培训班282期,培训4.13万人次,其中农民党员8170人次;组织科技下乡83次,服务党员群众4.2万人次;与农民及农民党员结对帮扶370户,开展"结对共进"发展项目120个;开展网上答疑66次,网上咨询5260人次;举办群众性科普活动366场次、科普讲座90场次,服务党员群众1.15万人次;发放种养技术资料30.7万份、农村实用光盘1160张;推广新技术115项、新品种148个。4月6日至5月23日,上林县组织科技、农业、水产畜牧、糖业等部门专家到11个乡镇、11个村、11个屯开展农民科技培训及宣传咨询活动。5月12~25日,邕宁区组织桑蚕、蔬菜、水果、畜禽、甘蔗、淮山等专家开展农民高效种养技术大培训及文化、卫生、法律下乡服务活动。5月18日,武鸣县、宾阳县组织高校院所专家深入田间地头为农民开展牛品改良、山羊圈养、超级稻、红江橙、甘蔗、木薯、无公害蔬菜等高效种养技术咨询、培训及知识竞赛、科技文艺汇演活动。5月20日,横县组织科技、文化、卫生、法律等部门专家深入遍远山区开展科技宣传、咨询、培训活动。5月21~24日,隆安县组织畜牧、水稻、木薯、香蕉专家到4个乡镇开展农民高效种养技术培训活动。5月23日和26日,马山县组织科技、文化、卫生、计划生育、体育、环保、教育、林业等10多个部门开展送科技、图书及文艺下乡活动。5月24~29日,良庆区组织农业专家到5个镇开展超级水稻、测土配方施肥、真假农药识别及荔枝、家禽、蔬菜、西瓜等高效种养技术培训活动。

重要科技活动

【南宁市科技活动周】 2007年1月6~10日,2007年南宁市科技活动周与第十六届广西科技活动周暨广西新技术新产品交流交易会同步举行。南宁市围绕"加强自主创新、建设和谐社会"主题,开展科技表彰大会、三轮创新计划优秀科技成果展、科技创新产品与名特优农副产品展销、人才专题招聘会、科普宣传等系列活动。组织参加广西新技术新产品交流交易会企事业单位147个,参展项目126个、高新技术产品157个,设立铝业建材、化工精细化工、制糖造纸、机电、电子信息、生物制药、环境保护、农业种植新技术、农业养殖新技术、原产地保护、农业龙头企业、科技种养大王产品等专题展,集中展示南宁市三轮创新计划期间取得的科技成果。签约项目21个,金额3.09亿元。南宁市科技人才专题招聘会,入场单位400个,提供岗位1万多个,入场应聘4.3万人,达成招聘意向6890人。组织24个专利项目参加专利集市的展出和专利技术合作转让活动。7日,在五象广场启动南宁市科普广场活动,40多个企事业单位开展"奇思妙想、快乐童创"、"科普传递、从我做起科普游园"、"DIY作品竞拍、义卖为'希望工程'捐款"等系列形式多样、丰富多彩的科普广场活动。8日,召开南宁市科技表彰大会,表彰奖励南宁市科学技术进步奖项目、科普工作先进集体和先进工作者、企业专利申请先进单位、科技种养大王和科技种养能手,为14家南宁市工程技术研究中心企业授牌。组织2000名企业员工和县区农民参观科技成果展览,参与群众15万人次。南宁市获广西科技活动周最佳组织奖。

【参加全国科技活动周】 2007年5月19~25日,全国科技活动周广西活动期间,南宁市开展科技(科普)活动34项,参与群众10万人。19日,全国科技活动周广西活动开幕式暨绿城科普广场活动在朝阳广场举行,开展农村科普丛书首发暨捐赠、科普文艺演出、科技书市、节能环保、防震减灾、产品质量、气象、建筑节能、居家装修、健康专家义诊、安全用电、消防、交通安全、急救、恐龙、海洋动物等科普知识宣传、展示和咨询活动;南宁市中小学生机器人制作及表演赛在南宁市青少年活动中心举行,市十三中、卫国小学、锦华小学、衡阳小学4所学校机器人制作的15个机器人进行表演;卫生健康快车进社区、建设社会主义新农村知识讲座在社区和农村展开。19~22日,开展大手拉小手学校携社区走进科学世界、探索科学奥秘活动,组织科技馆展品、科普专家进校园展出、作报告和师生参观科普教育基地、进社区拍摄科技活动、阅读科普图书、观看科普录像。19~20日,组织武鸣县大皇后村、西乡塘区金陵镇金陵村6名村民参加自治区科普示范村科普知识竞赛活动。19~25日,组织蔬菜专家到横县校椅镇、良庆区那马镇、邕宁区新江镇、江南区吴圩镇4个蔬菜主产区,进行蔬菜新品种新技术展示活动;组织专家到横县陶圩镇六秀村、邕宁区蒲庙镇华康村,对农民进行超级水稻栽培技术培训;组织1万幅科普知识宣传挂图、1000幅(件)中小学生科普绘画、科技小发明、小创造在马山县开展科普宣传一条街活动;开展科技(科普)教育基地公众开放周活动,全市科技(科普)教育基地全面开放,江南区、西乡塘区、青秀区6所学校师生与工业科技教育基地开展主题科普活动。开展乡土人才科技帮扶活动,在武鸣县组织33名乡土人才对口帮扶330户农户发展生产;开展百名科技特派员科技之光、田野之光科技行动,组织100名科技特派员下乡服务、8名科技特派员到武鸣县城厢镇、双桥镇、陆斡镇、太平镇、罗波镇、府城镇、锣圩镇派驻村屯开展农业新品种新技术示范推广和科技培训。22日,开展科普示范社区工作现场会,组织30名偏远贫困山区优秀中小学生参观南宁市科技馆、广西现代农业示范园。23日,举办动手动脑学会创新—家政教育成果现场展示会,参加现场绣制十字绣及作品展示、拍卖、原材料销售的小学生400多名;举办科技创新大赛辅导员培训,参与培育中小学生2000人。24日,组织"三下乡"活动和预防和减轻广西主要气象灾害活动,举办防灾减灾知识竞赛及防灾减灾创新大赛优秀作品展。25日,开展"开启智慧之门、放飞创新梦想——体验科学·健康成长"活动,组织中小学生开展轻松发明我能行创新方案设计、创新模型制作及科普知识竞赛试卷、机器人操作、百花园工艺展示活动。期间,举办第二届南宁市青少年科幻绘画竞赛,分儿童组(7~10岁)、少儿组(11~14岁)、青少组(15岁以上),90多所中小学校青少年儿童4万多人参赛,评选出一等奖45人、二等奖88人、三等奖135人、优秀奖240人,学校优秀组织奖40个、优秀辅导老师奖46人、个人优秀组织奖6人。同时,开展卫生健康知识进社活动、科学·节约科普主题活动和健康生活节能节水环保科普巡展活动等。"八桂先锋行"科技进村入户大行动活动贯穿于整个科技活动周。

【参加北京科博会】 2007年5月24~29日,南宁市科技经贸代表团参加第十届中国北京国际科技产业博览会。参会企业20家、人员90人,围绕"创新与发展"主题,组织参加高新技术成果和产品展示、科技合作项目对接洽谈、科技经贸合作项目签约、专题考察等系列活动。参展项目8个、高新技术产品47个,重点展示POE和EVA阻燃塑料母粒、海藻糖在罗非鱼深加工上的应用研究、基于三维激光雷达的工程全流程一体化解决方案、森泰离子治疗仪等30项具有自主知识产权的科技创新成果,涉及生物制药技术、电子信息及高新材料等高新技术领域。招商推介项目158个,重点策划推介12个,配对洽谈6个,签约22个,签约金额2.11亿元,涉及计算机软件、生物化工、电子产品、科技孵化园建设等。其中，南宁北杰科技有限公司与北京超多维科技有限股份公司达成协议在南宁高新技术开发区建立 SuperD 三维立体显示技术和产品基地，其 SuperD 完全去除摩尔纹的三维立体显示产品处于世界显示科技领域前端，在医学研究、教育科研、展览展示、军工模拟等领域拥有广阔的应用价值。首次把共建自主创新平台作为参会重点，使广西华锑化工有限公司与北京理工大学国家阻燃材料重点实验室签约共建南宁阻燃剂工程技术研究中心、广西田园生化股份有限公司与北京化工大学签约共建南宁农药剂型工程技术研究中心、广西德意数码股份公司与中科院软件所工程技术中心签约共建南宁市中间件工程技术中心。南宁市获第十届中国北京国际科技产业博览会最佳组织奖。

【参加深圳高交会】 2007 年 10 月 12~17 日，南宁市组团参加深圳第九届中国国际高新技术成果交易会。参会企业 21 家、人员 120 人，围绕“宣传投资环境，吸引产业转移”主题，组织参加高新技术成果展示交易、专题招商推介洽谈会、项目配对洽谈、合作项目签约、项目采集及走访驻深企业等系列活动。展出具有自主知识产权的高新技术项目 35 个，招商推介项目 158 个，签约项目 21 个，金额 5.6 亿元和 2600 万美元，涉及生物医药、电子信息、环保建材、化工、现代农业、丝绸深加工等具有资源优势和产业基础的项目。重点策划包装 10 万吨木薯变性淀粉项目、广西绿安现代农业科技示范园、单晶型粒度分布均匀的三氧化二锑的开发等“三合一”项目 12 个，其中市绿安农业科技有限责任公司与越南天云龙责任公司、广西华锑化工有限公司与东莞市金和阻燃材料有限公司达成合作协议，分别签约 1500 万元和 1.3 亿元。组织配对洽谈项目 9 个，成功 8 个。召开南宁高新区中国—东盟科技企业孵化基地推介会和中国—东盟经济园区承接东部产业转移推介会两个专题招商推介会，海内外参会客商 100 多人。组织参加部长论坛 5 人、全球 CEO 论坛 5 人、跨国投融资论坛 5 人。南宁市组织申报的市禾力药业有限公司生产的多廿醇(二十八烷醇)原料为广西参展项目惟一获奖产品。

科学技术成果

【科技成果登记】 2007 年，南宁市获自治区科技成果登记 59 项(工业 32 项、农业 14 项、社会发展 12 项、软科学 1 项)。其中:国家级 1 项，自治区级 11 项，市级 38 项，其他(计划外项目)9 项;技术水平达到国际先进水平的 4 项，国内领先水平的 20 项，国内先进水平的 28 项，自治区内领先水平的 3 项，自治区内先进水平的 1 项，其他 3 项。

【科技成果鉴定】 2007 年，南宁市通过市级以上科技成果鉴定 45 项（计划外项目 6 项）。其中:工业 23 项，农业 12 项，社会发展 10 项;技术水平达国际先进水平的 4 项，国内领先水平的 14 项，国内先进水平的 24 项，自治区内领先水平的 3 项。

【科技成果获奖】 2007 年，南宁市有 55 项科技成果获国家、广西及南宁市科学技术进步奖。其中:国家二等奖 1 项;广西 17 项(二等奖 5 项、三等奖 12 项，工业 13 项、农业 2 项、社会发展 1 项、技术标准 1 项)，技术水平达到国际领先或先进水平的 1 项，国内领先水平的 8 项，国内先进水平的 8 项;南宁市 37 项(一等奖 5 项、二等奖 12 项、三等奖 20 项，工业 18 项，农业 10 项，社会发展 9 项)，技术水平达到国际领先或国际先进水平的 1 项，国内领先或国内先进水平的 31 项，自治区内领先或自治区内先进水平的 3 项，其他 2 项。在可统计经济效益的 27 项获奖科技成果中，2004~2006 年新增产值 16.09 亿元、利润 3.8 亿元、创汇 1934.22 万美元、节支 1.13 亿元。2006 年实现收入超 1000 万元的科技成果 11 项，超亿元的 2 项。

【科技表彰奖励】 2007 年 1 月 6 日，在 2007 年广西科技活动周开幕式暨科技表彰奖励大会上，南宁市被评为 2006 年度广西科学技术进步奖的有一等奖 1 项（高密度培养生产高活力 α-乙酰乳酸脱羧酶)、二等奖 2 项（0.101%苄·丁药肥颗粒剂研制与开发和大规模图文资料数字化系统)、三等奖 10 项(多燃料多级环保内燃机油等)及 2006 年度科技种养能手(横县的何新杨、潘灼焕，隆安县的李忠源，马山县的蓝莉芬，良庆区的梁大鹏、黄务西)获表彰奖励。1 月 8 日，南宁市召开科技表彰大会，表彰奖励 2006 年度市科学技术进步奖项目 36 项、科普工作先进集体 60 个和先进工作者 199 人，2005~2006 年度市企业专利申请先进单位 4 个，2005 年度与 2006 年度科技种养大王 11 人和科技种养能

2007 年南宁市获国家、广西科学技术进步奖的科技成果项目情况表

奖 项	等 级	项 目 名 称	承 担 单 位
国家科学技术进步奖	二等奖	高活力 α－乙酰乳酸脱羧酶的制备与应用	广西大学、南宁邦尔克生物技术有限责任公司、福建省燕京惠泉啤酒股份有限公司、哈尔滨啤酒有限公司、新疆乌苏啤酒有限责任公司、南宁中诺生物工程有限责任公司
广西科学技术进步奖	二等奖	广西电脑农业专家系统研究与应用示范	市平方软件新技术有限责任公司、广西土壤肥料工作站、广西农业技术推广总站等 14 个单位
		基于激光雷达的架空送电线路三维优化选线平台——OnepLD	广西桂能软件有限公司
		2.5%联苯菊酯微乳剂的研制开发	广西田园生化股份有限公司
		冷冻法制备纳米碳酸钙工艺技术	广西武鸣金峰化工建材有限公司
		高性能混凝土产业化技术开发及工程应用	广西建筑材料科学研究设计院
	三等奖	南宁市“国家重要技术标准”研究	市科学技术局、市质量技术监督局
		南宁市 10 万亩无公害蔬菜生产技术示范推广	市蔬菜研究所、市植保植检站
		以甘蔗渣为基质的烤烟漂浮育苗综合技术应用研究	广西中烟工业公司、广西大学
		中吨位车双波浪带及铜硬钎焊式散热器	南宁八菱科技股份有限公司
		酵母抽提酶的研制	南宁庞博生物工程有限公司
		烟草薄片创新新型技术研究	广西中烟工业公司
		基于行为智能监控的绿色网络系统(电脑家长)	广西精宇软件有限责任公司
		基于网络信息集成的“应用协调中间件”开发研究	广西德意数码股份有限公司
		注胶断热高性能铝材料工艺研制及新产品开发	南南铝业股份有限公司
		氟碳喷涂铝材工艺研制及新产品开发	
		博奥工程量清单比价集成系统	市欧特克网络技术有限责任公司
		森泰离子治疗仪	市中新森泰科技有限公司

手26名。2月7日,在南宁召开的自治区高新技术产业发展工作会议上,高新区管委会、市科技局被授予2006年度自治区发展高新技术产业工作突出贡献先进集体。3月27日,在南宁市科技工作会议上,表彰奖励创建2004~2005年度广西科技进步先进乡镇26个和先进个人102人、2006年度市科技进步与创新计划目标管理考核先进单位12个(一等奖3个:宾阳县、良庆区、市科技局,二等奖4个:横县、青秀区、西乡塘区、高新区管委会,三等奖5个:武鸣县、邕宁区和市经委、市农业局、东盟经济开发区管委会)。2008年1月4日,在2008年广西科技活动周开幕式暨科技表彰奖励大会上,南宁市被评为2007年度广西科学技术进步奖的17项科技成果项目(二等奖5项、三等奖12项)、被授予2007年度广西"科技种养大王"(1人)和"科技种养能手"(4人)获表彰奖励。1月7日,南宁市召开科技表彰大会,对获2007年度南宁市科学技术进步奖的37个科技成果项目进行表彰奖励,5个一等奖项目各奖励5万元,12个二等奖项目各奖励3万元,20个三等奖项目各奖励2万元;大会还表彰奖励5名2007年度南宁市"科技种养大王"和15名2007年度南宁市"科技种养能手"。1月8日,在北京召开的国家科学技术奖励大会上,南宁市被评为2007年度国家科学技术进步奖二等奖的"高活力α-乙酰乳酸脱羧酶的研制与应用"科技成果项目获表彰奖励,这是南宁市首次摘取国家科学技术进步奖的科技成果项目。

【科技成果转化与示范推广】 2007年,南宁市重点实施生物技术成果转化11项,总投资1998万元,其中科技三项经费投入106万元,项目实施预计年增产值1.63亿元、利税4429万元、创汇300万美元。重点实施电子信息新技术产品内开发和机电一体化新成果推广19项,总投资9811万元,其中科技三项经费投入238万元,项目实施预计年增产值4.20亿元、利税7163万元、创汇940万美元。实施以CAD和ERP等技术为代表的制造业信息化技术推广应用示范工程,建立制造业信息化示范企业48家,其中成为自治区级示范企业25家,示范企业平均年销售收入增长15.03%、净利润增长47.66%、交税额增长22.14%、库存资金占用率降低47.2%、新产品贡献率增长58.05%,辐射带动158家制造业企业的信息化技术应用。示范推广甘蔗、超级稻、木薯、桑蚕、罗非鱼等农业新品种106个,其中桂桑优新品种示范推广面积1.57万公顷,平均公顷产量超过3.6万公斤(亩产量超过2400公斤),比对照区每公顷增产4650公斤(亩增产310公斤);桂糖21号示范推广866.67公顷,平均公顷产105吨(亩产7吨);Y两优1号超级稻示范推广面积

2007年获南宁市科学技术进步奖的科技成果项目情况表

等级	项目名称	承担单位
一等奖	电脑CPU6029型铝合金高倍数盒装散热器产品的研究与开发	南南铝业股份有限公司
	南宁市制造业信息化技术应用示范	市科学技术局、广西大学制造业信息化研究与开发中心、广西技术市场、市制造业信息化服务中心
	冷冻法制备纳米碳酸钙工艺技术	广西武鸣金峰化工建材有限公司
	南宁市10万亩无公害蔬菜生产技术示范推广	市蔬菜研究所、市植保植检站
	中吨位车双波浪带及硬钎焊式散热器	南宁八菱科技股份有限公司
二等奖	基于激光雷达的架空送电线路三维优化选线平台-OnepLD	广西桂能软件有限公司
	酵母抽提酶的研制	南宁庞博生物工程有限公司
	玉米免耕栽培技术示范与推广	市农业技术推广站
	基于网络信息集成的"应用协调中间件"开发研究	广西德意数码股份有限公司
	2.5%联苯菊酯微乳剂的研制开发	广西田园生化股份有限公司
	深低温停循环在新生儿及婴儿心内直视手术中的应用	市第一人民医院
	博奥工程量清单计价集成系统	市欧特克网络技术有限责任公司、广西建工集团第二建筑有限公司
	室内驯养繁殖白颊长臂猿的研究	市动物园
	氟碳喷涂铝材工艺研制及新产品开发	南南铝业股份有限公司
	氯雷他定胶囊研究与产业化	广西博科药业有限公司
	糖厂混合汁加热过程自动控制系统	南宁捷昌电气有限公司
	基于行为智能监控的绿色网络系统(电脑家长)	广西精宇软件有限责任公司、广西师范学院
三等奖	海洛因成瘾者美沙酮维持治疗的临床研究	市红十字会医院
	法国奥白星肉鸭引进改良与集约化养殖技术示范	广西富丰集团有限公司
	南宁市社会治安综合治理打防控体系电子视频监控网络系统一期	市公安局
	7.5%鱼藤酮乳油	广西施乐农化科技开发有限责任公司
	高档针织用"柔尔丽"混纺纱	南宁锦虹棉纺织有限责任公司
	森泰离子治疗仪	市中新森泰科技有限公司
	以甘蔗渣为基质的烤烟漂浮育苗综合技术应用研究	广西中烟工业公司、广西大学
	新型片剂辅料可压缩糖的研制	广西南宁化学制药有限责任公司
	新斯的明三阴交注射干预剖宫术镇痛泵患者尿潴留的研究	市第一人民医院
	平阳霉素-国产碘油乳剂加明胶海绵颗粒栓塞子宫动脉治疗子宫肌瘤的临床研究	
	卒中单元的建立、实施和效果研究	市第三人民医院
	甘蔗标准化生产技术研究与示范	邕宁区科学技术局、邕宁区农业局
	南方提子类葡萄品种筛选及配套栽培技术研究应用	市水果生产技术指导站、南宁威宁生态园
	赤眼鳟人工繁殖及高产优质养殖技术示范	武鸣县水产技术推广站
	测量电子手簿数据管理的实现技术及应用	市勘测院
	波尔山羊引进改良与圈养综合技术示范	武鸣县锣圩镇农业服务中心、武鸣县科学技术局
	同型半胱氨酸与老年痴呆的相关性研究	市第二人民医院
	不同浓度布比卡因椎旁阻滞用于剖胸术后镇痛的临床研究	
	无公害茉莉花茶园栽培技术示范	横县科学技术局、广西农业科学院植物保护研究所
	MQ203橡胶改性沥青自粘防水卷材的研制	广西青龙化学建材有限公司

200公顷，平均每公顷超过1.05万公斤（亩产超过700公斤），示范推广金优527、培杂泰丰、准两优527等超级稻新品种达到13个，示范推广总面积3.87万公顷，其中早稻1.95万公顷、晚稻1.93万公顷，平均单产每公顷8748公斤，比一般杂交稻每公顷增产1392公斤（亩增产92.8公斤），每公顷增收3255元（亩增收217元），农民共增收1.26亿元；繁育示范推广"吉富系列"和"奥尼系列"等8个罗非鱼优良品种，年产鱼苗3.8亿尾，养殖面积2800公顷，年产罗非鱼4.7万吨、产值5.39亿元，出口创汇1500万美元。示范推广应用甘蔗糖料酒精废水、移动微喷节水技术、桑蚕高效集成技术、木薯节本低耗技术等农业新技术54项，其中南宁南方米粉有限责任公司应用鲜米粉微生物保鲜技术成果进行产业化生产，年产鲜米粉3400万公斤，新增销售收入约5000万元。（李卫伶　伍美新）

气象工作

【概　况】 南宁市气象局是受自治区气象局、市政府双重领导的公益性事业单位，集业务、科研、管理于一体，承担全市气象监测、预报服务和雷电监测的业务工作，履行气象法赋予的社会行政管理职能。2007年，辖武鸣县、横县、宾阳县、上林县、马山县、隆安县气象局及邕宁区气象局；下辖市气象台、地面观测站、高空探测站、城区观测站、生态与农业气象观测站、信息与技术保障中心及人工影响天气办公室。

【气象服务】 2007年，市气象局树立"以人为本，无微不至，无所不在"的服务理念，做好灾害性天气的监测、预测与服务工作，主动为各级党委、政府提供科学的决策依据。提前报准20次影响较大的灾害性天气过程，包括16次强降水天气过程和8次强对流天气过程（4次强降水过程同时出现了冰雹大风等强对流天气），没有出现重大天气过程漏报现象。给市委、市政府、各有关部门提供气象服务信息77期，为市委、市政府各级领导以及市防汛办、市国土资源局等相关决策部门领导提供灾害性天气手机短信服务142次。4月23日，发布第23号气象服务信息，及时通过各种通信手段和媒体向社会分别发布雷雨大风蓝色预警信号和首次冰雹橙色预警信号，提醒相关部门提前做好防范雹灾和雷电、短时雷雨大风灾害。信号发出1个多小时左右，市区分别出现8级大风并伴有雷暴和冰雹天气。为市政府和相关部门抗灾减灾工作赢得时间。

【人工增雨作业】 2007年，市气象局开展人工增雨作业，有效地缓解旱情，增加山塘水库蓄水量，降低森林火险等级，改善生态环境，取得显著的经济效益和社会效益。全市共落实人工影响天气地方专项经费62.4万元，出动火箭增雨防雹设备14套，进点待命103次，成功作业45次，目标区面积5200多平方公里。3月16~19日，受地面冷空气和高空槽共同影响，南宁市出现一次有利的降雨天气过程。市气象局抓住有利时机，组织所属县区连续几天开展火箭人工增雨作业，飞机、火箭立体联合作业。16日20时至19日08时，全市大部出现50~100毫米的降雨，其中雨量达100毫米以上的有4站。12月21~23日，南宁市受冷暖空气共同影响，出现有利于人工增雨的作业时机，各级人影办及时组织实施大规模的冬季火箭人工增雨作业。有效地缓解南宁市持续40多天无雨的严重旱情。

【"两会一节"气象保障服务】 2007年"两会一节"期间，正是大气环流调整阶段，南宁处在冷暖气团交汇影响的复杂天气形势下，加之多项室外活动对天气的特殊要求，气象保障任务非常艰巨。市气象局严密监测天气变化，及时向指挥中心和民歌节组委会提供所需各类气象服务和天气预报材料。共为指挥中心提供专题气象服务材料37份，向组委会提供气象服务材料31份。在中国—东盟博览会开幕式及民歌节闭幕式当天（28日和31日），向市领导、民歌节指挥部领导发送手机气象信息3条，准确预报28日上午、晚上及31日晚上等关键时段的天气。

【气象基础设施建设】 2007年，市气象局加快南宁新一代天气雷达站建设进度，于1月完成雷达天线安装；6月完成机柜安装；10月上旬完成雷达调试；11月进行数字中频改造；12月进行雷达现场验收工作，21日雷达系统进入业务试运行。完成2个县气象局新一代雷达雨量校准站的自动站建设任务，新安装乡镇4要素自动气象站28个，完成中尺度自动气象站建设任务。使市区的自动站密度为5公里左右，乡村的自动站密度为10~15公里左右。自动气象站网能及时地提供全市精细到乡镇一级的雨情，在防灾减灾的气象服务中发挥了非常重要的作用。

【气象科普宣传】 2007年，市气象局参与和组织自治区、市科技活动周、"3·23"世界气象日、全国科技活动周等活动，进行气象科普宣传工作；气象台两次开放活动共接待学生和社会公众1900人左右。组织业务人员参加科技下乡的活动，开展气象科普进农村、进社区、进学校活动。还开展科技兴农、科技兴市气象决策服务工作，向有关部门发布多期农业气象旬（月）报、气象为农专题（专项）服务、周天气综述等各种服务材料，为各级政府及有关部门在指挥农业生产、防灾减灾中起到气象参谋作用。（江　雪）

水文工作

【概　况】 2007年，广西水文水资源南宁分局与南宁水环境监测中心合署办公，管辖龙州、宁明、崇左、那岸、那岸（二）、大新、隆安、南宁、武鸣、扶绥、上林、邹圩、镇龙、露圩、平而、新和、鸭子滩、水口、那堪等水文（位）站19个，雨量站88个，水质监测站14个，泥沙站6个和蒸发站11个。拥有《水文、水资源调查评价乙级证书》、《建设项目水资源论证乙级证书》、《水土保持监测资格乙级证书》以及水质分析化验国家计量认证合格证书。主要承担南宁市、崇左市辖区范围内的江河湖库的水文测验、水文情报预报、水文分析计算、水质监测以及水资源调查评价、建设项目防洪评价以及建设项目水资源论证等工作。较好地完成水文测验、水文情报预报、水质监测、水文资料整编以及水毁工程的修复工作。南宁分局发挥国家防汛指挥系统水情分中心遥测设备的作用，密切监测辖区江河湖库的雨情、水情变化情况，及时（30分钟内）向各级防汛抗旱指挥部门直至国家防总报送水文信息，为防洪减灾起到了尖兵和耳目的作用。从1月1日起，南宁水文系统高程系使用"1985国家高程基准"，从而结束南宁水文系统高程系同时使用珠江基面、56黄海基面、假定基面、测站基面等多种基面易给防汛决策指挥及涉水工程规划设计等使用水文信息和水文资料造成误解和混乱的局面。分局在自治区水文系统年度综合评比中获一等奖。目前存在的主要问题是部分水文站受新建水利工程影响严重，江河的自然流态大为改变，水位~流量关系也随之变化，严重影响水文预报的准确度，增加防洪决策的难度。

【水文情报预报服务】 2007年，南宁分局监测站的水情电报绝大部分通过遥测和电话语音报汛系统进行自动转发，减少值班人员抄报再录入上网的中间环节，从而提高信息传输速度，基本上能在15分钟内传到自治区水文水资源局，其他大、中型水库的报文也基本能在60分钟内传到。18个水文(位)站共拍发水雨情报1.67万份。接收越南于5月18日至9月14日通过互联网向南宁分局拍发谅山、高平两水文站的水情、雨情报228份,为做好左江洪水分析预报提供依据。负责本区域内西津、左江、大王滩、仙湖等8座大型水库(电站)及天雹、龙潭等11座重点中型水库的水、雨情电报的上网转发任务。整个汛期期间,向有关部门发布预报5场次,按照《水文情报预报规范》进行误差评定,全部合格,平均准确率93.0%。

【水质监测调查】 2007年,南宁水环境监测中心完成左、右江以及邕江河段全年水质常规监测及南宁市水源地水质监测和国际河流入境水体水质监测,共布设断面19个。每月末与市水利局联合在《南宁晚报》上发布《南宁市供水水源地水资源质量公报》;每两个月发布一期《水质通报》,供南宁市、崇左市政府和有关部门参阅。完成2006年度水质资料整编任务;继续开展取水许可水质检测工作;根据上级要求配合南宁市、崇左市做好农村饮水安全规划调查工作。2月末至3月初,宁明县明江北江河段发生水污染;4月13日,上思县糖厂排放污水造成明江较大范围严重污染,中心工作人员克服困难进行动态监测,并及时向各级政府和有关部门、新闻媒体发布《水质通报》。

【水文资料整编】 2007年,南宁分局完成2006年度水文资料整编工作,计有水位资料19站年、流量资料15站年、泥沙资料6站年、降雨量资料88站年、水温资料8站年,蒸发量资料11站年,岸温资料6站年,向自治区水文水资源局提交完整的水文资料成果,资料质量为优良等级。完成2006年度水资源公(简)报资料统计、上报工作。完成南宁水文站泥沙分析报告的编写并上报自治区水文水资源局。完成河湖大典相应江、河资料及百科全书有关内容编写工作;开展水文站网评价,继续完成南宁分局站网评价资料的修改补充工作;指导测站从1月1日起正式使用"85基准",做好基面转换工作;修订、上报南宁分局水文巡测基地规划建设情况材料;完成各水文站简介、位置图及有关资料的编写工作。

【水文勘测工技能竞赛】 2007年7月16~18日,南宁分局与市劳动保障局联合举办水文勘测工技能竞赛比赛,参赛选手18人,潘成旭、黄永益两人获南宁市技术能手称号。组织5人参加自治区水文系统勘测工技能竞赛决赛,广西水文水资源南宁分局获团体总分第一,梁积元获第一名,并获广西五一劳动奖章。

(黄召生)

防震减灾

【概 况】 2007年,南宁市地震局拥有地磁波、水位等9种地震前兆观测手段,实现计算机数据化分析与处理。重点加强地震监测预报、震灾预防和紧急救援三大工作体系和科技创新体系建设。加强对市数字遥测地震台网中心、140个地震宏观观测群测群防点监测设施和观测环境维护和保护。获广西地震系统综合评比第一名。

【监测预报】 2007年,市地震局投入60万元新建上林、宾阳地震监测台站;投入70多万元,增建7个地震前兆动物(蛇类)异常观测点,采用"千里眼"技术进行远程、不间断的监测,弥补传统观测方法费时、费工、劳动强度大等不足,填补国内利用现代化通信技术进行动物地震异常现场实时观测的空白。《中国日报》(外文版)、广西电视台等媒体作了专题报道,法国路透社驻北京办事处派出记者专程采访,法国蒙莎丽娜制片公司专程拍摄专题科教片;中央电视台七频道《聚焦三农》、《科技苑》栏目,先后作专题报道;《北京晚报》、北京《大自然博物馆》、福建《海峡都市》等媒体转载《南宁晚报》的文章,在国内外引起了广泛的反响。配合广西地震局"十五"网络项目组完成南宁石埠、大塘、横县3个地震数字强震台设备安装并投入试运行,实现南宁市强震观测零的突破。市地震监测中心各测震子台运行率95%以上;前兆站运行率99%以上。共测到地震377次,其中:南宁市49次,自治区内187次,国内42次,国外99次。

【抗震设防】 2007年,市地震局依法强化重要建设工程地震安全性评价管理和监督。首次开展建设工程地震安全性评价情况专项督查工作,对市内部分抗震设防要求高于《中国地震动参数区划图》标定设防标准的高层建筑、人员集中的公共工程地震安全性评价和抗震设防工作进行现场检查、抽查和复查。共审批抗震设防要求项目401个,经开展地震安全性评价确定抗震设防要求项目39个。进行地震行政处罚试点工作,通过建设项目现场调查、取证,行政处罚各项环节的工作、参加行政复议工作,强化地震部门社会和行业管理职能的落实,促进地震行政许可管理进程。

【应急救援】 2007年,市地震局完善《南宁市地震应急预案》、《南宁市地震应急指挥系统细化方案》,组织和指导县区及相关的部门制定相应的工作方案。逐步形成一套震情监测、地震速报、灾情通报、灾害评估、灾民抢救、生命线工程抢修、交通运输通信保障、救灾物资、卫生防疫、灾民安置、震情新闻报道等地震应急和抗震救灾指挥体系和工作制度,及时应对地震灾害。市防震减灾指挥中心建设项目已列入2007年投资计划。加快自治区防震减灾示范性工程——南湖应急避难场所建设,市财政投入400多万元,年内计划投资150万元。项目设计已通过第二次评审,待市政府审定后实施,预计2008年内将完成各种标志牌的设立及完善各种功能。同时,各县区和大中专院校的地震应急避难场所也已做好规划,并列入经济社会发展总体规划。结合武鸣县仙湖镇仙湖库区移民搬迁,开展农村民居防震保安

12月12日,市地震局在横县组织地震应急演练(扑灭次生灾害源)　　市地震局提供

工程试点工作，并于11月完成，为农村民居抗震设防工作提供指导平台。12月，市地震局与横县地震局在横县联合开展地震应急演练，提高地震应急队伍的实战能力。

【防震减灾宣传】 2007年，市地震局根据“积极、慎重、适度、科学”的防震减灾宣传工作方针，重点开展防震减灾知识进学校、进社区、进乡村活动。在全市6个县13个中小学建立防震减灾科普教育基地。组织青少年地震科技夏令营活动。充分利用《防震减灾法》颁布纪念日、唐山地震纪念日、科技活动周（月）等，组织宣传队伍，到12个县区30多个乡镇（街道）巡回宣传，印发《防震减灾知识读本》5万册，《地震小知识》宣传资料15万份，抗震设防宣传单30万份，制作近2000幅彩照的宣传挂图，举办16场次防震减灾知识讲座，开展防震减灾法律法规知识、地震科普知识、防震避险知识、自救互救知识宣传，增强全民预防和抗御地震灾害意识和技能。

（庞小立）

社会科学

社会科学研究

【概　况】 2007年，南宁市社会科学院继续贯彻《中共南宁市委关于大力繁荣发展哲学社会科学的意见》精神，以服务决策和服务社会为主要目标，围绕市委、市政府中心工作和全市经济社会发展重大问题，积极推进课题研究、科研管理、学术交流、决策咨询、编书办刊、队伍建设等工作。完成12项市社科重点课题研究工作；两项课题被立项为广西哲学社会科学“十一五”规划2006年度研究课题；公开社科理论刊物《创新》成功创办并被评为第六届广西优秀社会科学期刊；4项成果获市第五届“五象工程社科奖”；4项成果获市第九次社科研究优秀成果三等奖；科研人员发表理论文章45篇；3人被评为第五批南宁市新世纪学术和技术带头人第二、三层次培养人才。

【市级社科重点课题立项】 2007年，市社科院建立南宁市2007年社科研究课题库，征集到全市各界提交的课题选题136项，组织专家进行反复研究和论证，选出20项课题报市政府常务会议审定，最后确定12项为南宁市2007年社科重点研究课题，分别为《发展和完善南宁市新型农村合作医疗制度研究》、《南宁市扩大资本市场直接融资对策研究》、《建设南宁区域性国际物流基地对策研究》、《南宁市建立“城乡清洁工程”长效机制研究》、《南宁市培养新型农民对策研究》、《南宁市加强行政效能建设对策研究》、《南宁市经济适用房对策研究》、《南宁市预防和妥善处置群体性事件对策研究》、《南宁市建设区域性国际城市对策研究》、《南宁市降低能源消耗对策研究》、《南宁市建设历史文化名城提升城市文化品位的对策研究》、《南宁市完善体育场馆设施建设研究》。至年底市领导又批示将《南宁市参与泛北部湾经济合作对策研究》和《南宁市参与大湄公河次区域经济合作对策研究》纳入2007年南宁市社科研究重点课题。市社科院及时修订完善《南宁市社会科学院重点课题管理实施细则》等课题管理制度，按照制度对所有课题进行招投标，邀请院外领导和专家参加课题研究，优化课题组人员结构。

【自治区级社科重点课题立项】 2007年4月底，自治区社科规划办公布广西哲学社会科学“十一五”规划2006年度研究课题立项名单，市社科院申报的《行政事业性国有资产运营研究——以南宁市为例》和《降低政府行政成本研究》两项课题获准立项，为近年来市社科院在承担省部级课题上的重大突破。

【课题研究】 2007年，市社科院完成《南宁市农业产业化建设研究》、《南宁市工业集中区建设对策研究》、《南宁市参与建设“南宁—新加坡”经济走廊对策研究》、《构建南宁区域旅游圈对策研究》、《南宁市职业教育发展规划研究》、《完善朝阳商圈功能对策研究》、《南宁市发挥中国—东盟博览会产业带动效应研究》、《南宁市加快开放型经济发展研究》、《南宁市发展总部经济研究》、《南宁市公共管理和预防突发性事件研究》、《南宁市保障经济安全对策研究》等2006年度11个重点课题，全部通过专家组验收结题，并报送市领导和有关部门决策参考。完成2007年度重点课题《南宁市建立“城乡清洁工程”长效机制研究》，通过评审验收。

【获奖成果】 2007年，由市社科院课题组承担或参与完成的《南宁市历史文化遗迹开发研究》、《南宁市未成年人思想道德建设研究》等4项成果获南宁市第五届“五象工程社科奖”，占社科类全部奖项80%。在南宁市第九次社会科学研究优秀成果评奖活动中，市社科院科研人员承担的《南宁市吸引国际国内著名企业落户的对策研究》、《南宁市增强企业自主创新能力对策研究》、《南宁市优化投资软环境政策研究》、《农村城镇化问题探讨》等4项成果获三等奖。

【全国社科院院长联席会承办】 2007年11月末，由广西社科院和市社科院联合承办的2007年中南地区社科院院长联席会议在南宁饭店召开。中国社科院副院长武寅以及中南地区各省、市、自治区的社科院领导和代表共70多人参加会议，市委常委、副市长、宣传部部长肖莺子会见与会领导和代表。会议深入探讨社科界如何学习贯彻十七大精神，进一步创新发展思路，理顺体制机制，加强交流与合作，促进多出成果，多出精品，多出人才，努力开创哲学社会科学事业的新局面，为经济社会实现科学发展发挥更大的作用。

【编书办刊】 2007年，市社科院抓好书刊编纂工作。一是将2006年度社科研究课题结集于《咨询与决策——2006年度南宁市哲学社会科学重点课题研究成果选》一书，于11月公开出版。二是社科理论公开刊物《创新》创刊，为双月刊，全年出版6期，计发150多篇文章130多万字。入选中国学术期刊网（光盘版）和万方数据库。2007年第3期发表的《创新和发展适合中国特色的党风科学理论体系》一文，被中国人民大学复印报刊资料《中国共产党》分册第9期全文转载，另被《中国社会科学院院报》（8月30日）摘编选登，人民网、新华网、光明网、中国社科院网站、北京社科门户网“学者论坛”等纷纷据此转发。《创新》被评为“第六届广西优秀社会科学期刊”。三是继续出版社科内部刊物《南宁社会科学》6期，共计100多篇文章56万字，作为南宁市社科界重要的交流平台。四是编发内部刊物《领导参阅》11期。

【人才培训】 2007年，市社科院通过组织干部职工参加各类培训班、专题报告会、研讨会等途径来提高业务素质。3月12~14日，与广西社科院、广西社科联联合举办第一季度全员培训活动，邀请广西大学党委书记阳国亮教授、江西省社科院副院长汪玉奇教授、广西社科院副院长钟启泉研究员等专家作专题研究报告。5月30日，举办第二季度科研项目培训活动，邀请钟启泉研究员做培训报告。

（覃洁贞）

地方志工作

【概　况】 2007年，南宁市人民政府地方志编纂办公室继续宣传贯彻《地方志工作条例》。抓住《条例》颁布一周年时机，组织召开座谈会，12个县区地方志办公室领导、市志部分承修单位代表和部分退休人员等30多人参加，交流宣传贯彻《条例》的做法和体会；并在《南宁日报》组织专版，发表贯彻《条例》的文章6篇，扩大地方志工作的宣传面和影响力。按照市委、市政府推进全方位创新的要求，改革工作流程，实行任务到人、全程负责、奖惩分明的办法，积极开展多项业务工作，努力提高编纂工作质量，按时、按量、优质、高效地进行各种地情书的编修工作。做好第二部《南宁市志》、《南宁年鉴》(2007卷)编纂工作及《南宁百科全书》资料补充完善工作，抓好《南宁百年图录》(下卷)、《南宁新百年图录》、《南宁开埠百年》等大型图集的编纂工作，其中《南宁开埠百年》于3月由广西人民出版社公开出版发行；编纂出版《昆仑关》、《南宁市简志》，开拓社会读志用志的途径；参与南宁开埠百年纪念活动课题研究工作，配合媒体进行南宁历史文化宣传；完成《南宁古籍文献丛书》南宁府志系列的编纂工作，参与南宁市民族古籍整理工作；完成《广西市县概况·南宁市》近5万字的文字材料、《南宁概览·2007》关于南宁历史沿革的文字材料、自治区地方志办公室组织编纂的《北部湾广西区域简志·南宁市》篇及《中国地方志年鉴·南宁市》、《广西社科年鉴·南宁市》等编写工作。

【《南宁年鉴》获全国特等奖】 2007年，市地方志办公室在编纂《南宁年鉴》(2007年卷)中，坚持开放创新，强化精品意识，优化工作机制，突出地方特色，精心策划设计。在编纂思想上突出实用性和服务性，如增加贴近社会、服务大众的小知识、图表等；在栏目设置上突出地方性和年度性，如在图片专辑中设置“三会一节”举办、五象新区开发、百家亿元企业、城乡清洁工程、纪念南宁开埠一百周年系列活动、南宁市第一批入选全国和自治区非物质文化遗产等专栏，以图片形式直观反映南宁2006年发生的巨大变化，并及时增设南宁市获2007年联合国人居奖专栏，增强了时效性和实用性；在内文编纂中严格讲求文风的统一性和体例的规范性，彰显其资料性工具书的性质，同时加强与各承编单位的联系，并通过网络、报刊多方查找资料线索，进一步丰富充实条目资料；在装帧设计上突出地方特色和民族风格，强调内容和形式的和谐统一。于10月下旬由广西人民出版社公开出版发行。全书共168万字，内设37个类目、84个统计图表、796幅图片，全面系统地记录2006年南宁市政治、经济、教育、科技、文化以及社会各项事业的发展状况，汇集了南宁市社会经济各领域的各类信息。在第四届全国年鉴编校质量检查评比中，《南宁年鉴》(2007年卷)因地方特色鲜明、框架设计合理、编纂和校对质量上乘而获特等奖。

【《南宁市志》编修】 2007年，为顺利开展第二部《南宁市志》编修工作，市地方志办公室通过制订各阶段性的工作规程和工作方案，及时有效指导承编单位的修志工作；建立地方志编修工作督查制度，对未能按时按质完成修志工作的承编单位进行督查指导，加强相互间联系，帮助各承编单位解决修志工作中遇到的问题和困难。同时抓好第二部《南宁市志》送审稿的编纂工作，在编辑过程中落实编辑负责制，明确工作分工和工作进度要求。至年末，收到第二部《南宁市志》专(分)志送审稿81部，为任务的91%；编辑修改60部，为送审稿的74%。同时，为保证《南宁市志》编修质量，年初举办地方志书与综合年鉴研讨会，全市参与编修市志和年鉴的80多名编写人员参加；并组织人员到10多个市志承编单位及武鸣县、横县、宾阳县、良庆区、邕宁区进行业务培训。加强对基层修志工作的督查指导，组织领导和编辑人员分批到有工作要求、近期调整领导班子的县志办、修志工作进度慢等20多个单位进行督查和指导。配合自治区地方志办公室对兴宁区、上林县、宾阳县、横县进行督查工作。另外，完成《新城区志》、《江南区志》的复审工作；对《南宁市第四人民医院志》编写进行具体指导。 (梁笑飞)

【《昆仑关》画册出版发行】 2007年11月，市地方志办公室历时两年多编纂的《昆仑关》画册由广西人民出版社出版发行。画册以图片为主、文字为辅，用漫记的形式梳理昆仑关的历史。分昆仑关简介、昆仑关战役、昆仑关遗存三部分内容。其中，简介由地理位置、关隘建设、主要战事组成；战役由背景、经过组成；遗存由匾额、碑记、诗刻、抗日纪念牌坊额联碑文、题词、战役遗物、历代诗文选组成。有图片120多幅、文字21万多。为了全面还原昆仑关历史，市地方志办公室在全国各地多方收集图片和文字资料，严谨甄别筛选，精心策划设计，使画册图文和谐，简洁大气。为第一本集中反映昆仑关全貌的历史性画册。较好地落实了自治区党委、自治区政府和市委、市政府对昆仑关进行旧址保护和旅游开发的决策，是市地方志办公室将读志用志社会化、旅游化的创新成果。

【《南宁市简志》出版发行】 2007年12月，市地方志办公室编纂的《南宁市简志》由广西人民出版社出版发行。为了贯彻落实国务院《地方志工作条例》中关于积极开拓社会用志途径的要求，更好地服务于南宁建设区域性国际城市的目标，服务于北部湾经济区建设和国家战略，市地方志办公室在编纂地方志书的基础上，择重辑要，浓缩精华，用三个月时间编纂了这本简志。简志分前言、图照、概述、条目、大事年表、附录、后记七部分；有图照34张，文字12万多；分设条目70个，子目101个；上限一般适当追溯事物前端，下限止于2006年，个别适当下延。简志的出版发行，是将地方志阅读普及化、使用社会化的新尝试，是建设文化南宁的一项基础性工作。 (林 撰)

党史资料征集与研究

【概 况】 2007年，中共南宁市委党史研究室编纂出版《南宁市大事记》2006年卷；完成《中国共产党南宁历史》第一卷(民主革命时期)书稿的编写，重点对纲目、体例作出调整，同时对资料进行补充、核实；完成《南宁市大事记》(2007年卷)书稿编纂工作，整理出80名南宁市党史人物传资料；取得《抗战时期南宁市人口伤亡和财产损失》课题调研阶段性成果，自2006年6月开展此项工作以来，2007年通过对所掌握的资料进行分析、筛选，确定61个重点调查个案，初步完成调查取证、资料整理、人员伤亡及财产损失的统计、影像资料的剪辑制作、抗战大事记和评估报告的撰写。6月8日召开南宁市党史工作会议，县区分管党史工作的领导、党史研究室主任、先进个人代表50多人参会，表彰2002~2006年南宁市党史工作先进集体2个、先进工作者13名，总结2002~2006年全市党史工作，部署下一时期的工作。开展党史宣传和学术研究，撰写论文1篇，在各级报刊上发表文章13篇。

【辖区党史资料征集与研究】 2007年，上林县编纂出版《广西的改革开放·上林县卷》(120万字)、隆安县编纂出版《隆安县大事记》(1949~2005年，51万字)，马山县编纂出版《马山资料汇编》(158万字)；马山县正在整理编纂《马山党史人物传》、《那马风云》；上林县整理编纂《上林党史资料汇编》(20万字)、完成上林《人物传》(20万字)初稿。在党史资政育人工作上，横县党史研究室倡导和参与县委、县政府重建《中共广西省工委横县会议纪念馆》工作，承担具体布展工作；隆安县党史研究室配合中央电视台《开国大将——张云逸》摄制组在县里拍摄外景，提升隆安县革命老区的形象。 (蒋运华)

责任编辑 余朝霞

文　化

综　述

【概　况】 2007年，南宁市有专业艺术表演团体9个（市属2个、县区级7个），其中市艺术剧院和市粤剧团共演出321场（完成政府指令性演出87场）。有公共图书馆14个（市属馆2个、县区馆12个），总藏书量193万册；专业公共图书馆总面积22.65万平方米。市级群众艺术馆1个，县区文化馆（文化广播电视站）12个，市级乡镇文化站102个，村文化室及图书室962个。文物保护单位136个（国家级文物保护单位3个、省级文物保护单位12个、市县级文物保护单位121个）。文化经营单位2089个（电影放映单位47个、网吧889个、歌舞娱乐场所204个、音像经营出租单位768个、电子游戏室171个、在册民间剧团10个）。国家综合档案馆13个，专业档案馆1个；馆藏总量37.75万卷，声像档案852盘，照片档案4.71万张，光盘107张，资料6.86万册。 （孙剑伟）

【文化遗产保护】 2007年，南宁市进一步实施历史文化工程，开展第三次文物普查工作，公布一批文物保护单位；举行"纪念南宁开埠100周年"活动和"洋关码头百年纪念"大型雕塑揭幕仪式；完成一批重点文物的维修工作；利用市级文物保护单位——广西高等法院办公楼旧址建成邓颖超纪念馆，由全国政协原主席李瑞环题写馆名，成为南宁市爱国主义教育基地和廉政教育基地；修缮越南中央学舍区（广西南宁育才学校）总部旧址，并进行陈列布展，为全市首个专题博物馆；指导广西电信公司修缮邕宁电报局；完成《顶蛳山遗址总体保护规划（初稿）》的编制工作。建立市一级非物质文化遗产保护体系，市政府向社会公布了第一批南宁市非物质文化遗产名录26个。由市群众艺术馆组织一台南宁市非物质文化遗产专场晚会，展示南宁市民族民间民俗的特色传统文化。建立邕宁区新江镇团阳小学壮族嘹啰山歌传承培训基地，成为广西首个非物质文化遗产的传承基地。6~8月，市群众艺术馆按照《南宁市人民政府关于加强我市非物质文化遗产保护工作的意见》要求，组织普查人员到邕宁区、上林县、马山县、横县开展幡胜会、祭土地、过火炼、上刀山、嘹啰山歌、多声部平话山歌等项目的调查，编写《南宁市非物质文化遗产普查工作参考范本》。开展各级非物质文化遗产名录的申报工作。1.建立市级非物质文化遗产名录体系。组织并指导各县区申报市首批非物质文化遗产名录；对老友粉、香火球等项目进行挖掘、申报。2.组织申报第二批国家级、自治区级非物质文化遗产名录工作。其中国家级3个、自治区级12个；整理、挖掘《邕剧》申报国家级名录的工作，参加炮龙节、壮族三声部民歌等国家级名录的具体指导工作。加强对非物质文化遗产保护的宣传力度，分别协助市文化局、自治区文化厅在朝阳广场举办"中国文化遗产日"系列宣传活动；组织普查成员到金湾小区、秀灵社区、崇左市驻南宁管理处、新竹社区、大专院校等以展板巡展形式开展宣传活动，共印发宣传资料2000份，观众10万人次。 （姚　彧）

【文化产业】

概　况　2007年，南宁市一批以创造文化价值为核心的文化创意企业、以交易文化商品为平台的大型文化市场已经成为新的业态，并形成产业规模。年内开业的金汇如意坊、东艺中心、广西文具城等，成为新兴文化行业的带头企业。市文化局牵头召开全市动漫产业发展座谈会，将合力打造南宁市动漫产业的"五朵金花"，即生产动漫产品、发展动漫网站、

2007年第一批南宁市级非物质文化遗产名表（26个）

编号	项目名称	申报县区或单位	编号	项目名称	申报县区或单位
1	壮族歌圩	市文化局	14	游彩架	宾阳县文体局
2	邕剧	市邕剧团	15	丝弦戏	宾阳县文体局
3	壮族三声部民歌	马山县文体局	16	会鼓	马山县文体局
4	宾阳炮龙节	宾阳县文体局	17	校椅临江壮歌剧	横县文体局
5	壮族伏波庙会	横县文体局	18	百合葛麻村十六炮会	横县文体局
6	壮族民间故事"百鸟衣"	横县文体局	19	那马龙狮	良庆区文体局
7	广西八音	邕宁区文体局	20	陈东村古傩戏《大酬雷》	西乡塘区文体局
8	壮族抢花炮	邕宁区文体局	21	"三月三"歌圩	武鸣县文体局
9	渡河公	上林县文体局	22	壮族五色香糯米饭	武鸣县文体局
10	香火龙舞	良庆区文体局	23	四六联民歌	上林县文体局
11	壮族嘹啰山歌	邕宁区文体局	24	松柏多声部山歌	兴宁区文体局
12	老友粉	市群众艺术馆	25	疍家水上婚礼	江南区文体局
13	香火球	市群众艺术馆、良庆区文体局	26	春牛舞	江南区文体局

（姚　彧）

开发动漫主题活动、培养动漫人才、建设动漫乐园。（孙剑伟）

邕江湾美术馆 位于仙葫经济开发区仙葫大道邕江湾别墅园园区内。2006年筹建,2007年12月26日举行开馆典礼。是广西首个美术博物馆,由广西中大股份有限公司投资兴建。占地0.67公顷,建筑面积6732平方米。展厅和展示区共4000平方米,有百人坐席的现代化多功能厅,以及影视放送等电子设备和综合服务设施,具备展览、陈列、收藏、研究、教育、交流、服务功用。当日起向公众开放《纪念毛泽东诞辰114周年〈毛泽东诗词〉广西名家书法展》、《中国美术界名家作品年展》两个主题书画展,画展时间为一个月。参展的书法家13人,作品28幅;中国画家100多人,作品120幅。并举办"书画艺术与人文地产"主题论坛。《中国美术界名家作品年展》被列为南宁国际民歌艺术节年度例展。2008年1月被市文化局授予"2007最具影响力"文化产业单位。（潘雨茜）

【文化交流】 2007年2月,市艺术剧院赴新加坡进行商业演出并参加华族农历新年妆艺游行;5月,民族歌舞"魅力广西"随自治区党委书记刘奇葆率领的广西代表团赴越南、马来西亚访问演出;9月下旬,随副市长赵宏声率领的代表团赴市友好城市——韩国果川市开展"南宁文化果川行"活动;9月下旬至10月上旬,受香港联艺机构有限公司的邀请,派出演出小分队参加2007年香港各界庆国庆巡演活动及贺中秋佳节活动;10月下旬南宁国际民歌艺术节期间,韩国果川市"跳大绳"艺术团前来参加绿城歌台的演出,此外,果川市情报科学图书馆与市图书馆共同举行友好城市图书馆签约仪式。（孙剑伟）

群众文化

【概　况】 2007年,南宁市有市级群众艺术馆1个,县文化馆6个、城区文化广播电视站6个;乡镇文化站102个,村文化室及图书室962个。市群众艺术馆占地1.04万平方米,馆舍建筑面积6100平方米,办公用房530平方米;有文化活动室17个,面积4710平方米,平均面积277平方米;多功能厅1个,面积1200平方米。在职职工49人。年内,指导基层文化辅导基地9个、未成年人文化活动基地6个,辅导并建立馆办业余文艺团队4个;组织业余团队到农村、厂矿、部队、机关、社区等基层演出120场次;举办钢琴、电子琴、书法、美术、声乐等各门类艺术培训班150期,参训2000多人。（姚　彧）

【民间文艺】 2007年,市民间文艺家协会组织民间文艺工作者多次深入武鸣县葛阳村、青秀区刘圩镇等地对壮族历史文化名人刘定逌遗迹进行考察,市文联副主席刘润科完成了1万多字的《武鸣、葛阳、刘定逌》考察报告,充实了南宁市文化名人档案库;关注本土节庆文化,组织民间文艺工作者到武鸣"歌圩"、横县"伏波庙节"、邕宁"球丝歌会"进行实地考察,苏贤庆、梁肇佐、唐济相、何崇光等创作的关于民间民俗文化研究成果共30篇计10万字刊登在自治区、市报刊上。在非物质遗产保护方面,首家山歌传唱培训基地——邕宁团阳村嘹啰山歌培训基地挂牌成立;进行民间故事收集,创作并精选作品代表南宁参加中国民间文艺山花奖、中国首届民间故事节等赛事,取得了良好的社会反响。由市民协主席郑天雄创作的五幕壮族风情歌舞剧《百越千歌》被列为市文联扶持项目,市民协组织自治区、市专家学者对其进行研讨、提升,已完成第三稿修改;壮族歌舞《丰收四季乐》获2007南宁市五象工程文艺奖。蒙水生创作的歌曲《农民靠党富》获全国中学生合唱大赛一等奖。黄天恒创作的壮族民歌《江岩爬很邑》(译意:太阳爬上山)获星星火炬全国青少年艺术英才活动广西赛区金奖、全国决赛铜奖。李超然被评为2007广西十大歌王。

【南宁首届文化庙会】 2007年2月20日(农历大年初三)在位于江南堤路园白沙大桥下的"邕州老街"开幕。为期5天。内容丰富多彩,形式多样,展示南宁市的民俗文化。包括"大巡游、行大运"、"舞雄狮、迎新春"、"观奇石、品人生"、"小舞台、老戏剧"、"烟花会、大家乐"五大春节文化主题活动。市民欣赏到舞龙、舞狮、马山会鼓、宾阳飘色、民俗文化大巡游、狮王争霸赛、疍家婚礼、黄梅戏、花鼓戏、粤剧、京剧、师公戏等民间绝技和文艺表演,喜欢奇石的市民还可以到奇石拍卖会上"淘宝"。

【邕宁区蒲庙开圩276年纪念】 邕宁区蒲庙建圩于清雍正九年(1731)。2007年4月28日(农历三月十二)是蒲庙镇开圩276年纪念日。当天凌晨开始,蒲庙镇居民和周边的上千名群众陆续汇集到五圣宫,参加和观看丰富多彩的民间活动。群众吃斋粥、参加转塔、看大戏,镇上一片欢腾。早上天刚蒙蒙亮,在五圣宫前便有人煮好六大锅斋粥,免费供过往群众,许多人把粥装回家给小孩和老人吃,让他们也沾上福气,这就是所谓的"粥福"(与白话"祝福"谐音)。也是为了纪念开圩创始人——阿婆乐善好施的精神。"转塔"活动是开圩活动必不可少的环节。当天,五圣宫门前聚集了1000多人观看有壮民族特色的"转塔"。宝塔有20层、6米高,周围放纸扎白马和花篮,前方还摆放着祭圩用的鸡和猪。上午10时,身着艳丽古装的老太太扮成"皇帝"、"朝臣","女宫"扛起宝塔,和一群吹吹打打的乐师在蒲庙老街游走了大概400米,途中不断有群众加入游走。游走结束后进入祭塔环节,"女宫"们爬上高凳逐层向塔内撒祭祀品,祈求吉祥如意、五谷丰登。接着,乐师吹着笛子"嘀嘀嗒嗒"地走进人群,两头"狮子"也在宝塔前翩翩起舞。"转塔"开始了,最里层是"皇帝"、"朝臣"、"女宫",里层外面围着一圈又一圈的群众,有五六层包围着,群众还向宝塔撒去五谷杂粮,祈求来年丰收。到中午1时,众人就把宝塔和纸扎的制品扛到江边进行最后的环节——"烧塔"。从28日零时开始,就有群众赶到蒲庙五圣宫烧香祈福,并唱起当地的"土山歌"和革命老歌,大家轮番演唱直到天亮。晚上,还

2月20日,南宁首届文化庙会在邕州老街开幕　　威宁公司提供

在镇剧场上演大戏，为开圩活动助兴。

（黄　加）

【主要文艺活动】

广场文化主题年启动仪式　2007年1月1日，“2007南宁市广场文化主题年活动启动仪式暨《迎新年》粤剧粤曲文艺演出”在朝阳广场举行。由市委、市政府主办，市委宣传部、市文化局承办，市群众艺术馆、粤剧团协办。活动以“科学发展、共创和谐”为主题。演出节目14个，观众约1万人。

庆元宵大型广场舞会　3月4日在民族广场举行。由市委宣传部、市文化局主办，市群众艺术馆等承办。活动形式有交谊舞、化妆舞等，参与群众约1万人次。

“华联杯”青春艺术大赛　3月27日至4月29日在南宁市举行。由市群众艺术馆、广西华联超市联合举办。以“青春华联、精彩未来”为主题。有声乐、舞蹈、形象展示3个项目，近80个企、事业单位，大、中专学校等青年1000人参加。参演节目720个，103名选手（组合）进入决赛。广西水利技术学院和广西理工职业技术学院获舞蹈比赛一等奖；敖程勇、徐玲琳获声乐比赛一等奖；李潇潇获形象展示比赛冠军；获二等奖7人、三等奖11人、优秀奖36个单位（选手）。观众约5万人次。

少年儿童艺术节　4月28日至6月10日在市群众艺术馆群星剧场举行。由市群众艺术馆主办。设舞蹈、卡拉OK、器乐、电子琴、模特、相声、故事、美术等比赛项目。来自全市各中学、小学、幼儿园的学生近千人参加。王曼·尼达尼合唱团获卡拉OK比赛一等奖，薛淇元获故事、相声比赛一等奖，杨业翔获器乐比赛一等奖，市童心幼儿园、友爱小学获舞蹈比赛一等奖。6月10日，在市群艺馆群星剧场举行颁奖晚会。

农民工艺术节　5月1~22日在南宁市举办。由市文化局、建委、总工会主办，市群众艺术馆、图书馆、少儿图书馆、博物馆、民族影业文化娱乐有限公司承办。参加演出的人员主要为农民工。活动期间，市群众艺术馆在五环星光、龙光普罗旺斯、金沙广场、阳光新城为工地的农民工举行了4场免费演出。22日晚在自治区体育馆举行艺术节总汇演，约5000多农民工观看。

家庭才艺展演活动　7月28日和29日在利客隆超市秀灵店、广源店分四场进行展演。由市群众艺术馆、利客隆超市联合主办。以展现家庭文化素养、家庭和谐为主题。表演形式包括演唱、舞蹈、器乐、曲艺、模特、魔术、插花、武术、书法等。共有80个家庭参加展演，雷修德、雷鸣父女的葫芦丝伴舞《美丽的金孔雀》，梁康业、钟丽珍夫妇的对唱《咱们的老百姓》，韦彬雨、李晓彤、黄琪表姐妹的表演唱《超级明星》，彭红丽、宋扬母女的对唱《同一首歌》、潘大荣家庭的民族服饰展《高原家人》、李淑琴、黄延秋母女的舞蹈《听妈妈讲过去的故事》，梁柱、梁晓静父女的对唱《大地飞歌》，徐嘉蔚家庭的民族服饰表演《壮族风情》8户家庭获最佳才艺家庭奖。

南宁国际民歌艺术节绿城歌台演出活动　　骆文刚　摄

绿城歌台演出活动　南宁国际民歌艺术节期间，市群众艺术馆在朝阳广场，青秀区如意坊，以及12个县区搭建了17个歌台，由当地的业余文艺爱好者、专业团体以及来自美国、法国、意大利、南非、保加利亚、奥地利、韩国、柬埔寨等21个国家的文艺团体共演出19场，观众约37万人次。

“华联杯”社区文化艺术节　11月27日至12月9日在广西华联江南店举行。由市群众艺术馆、广西华联超市共同举办。设演唱组、舞蹈组、家庭才艺组3个项目比赛。79个社区、1900多人参加，参演节目600个。经过11场初赛，有92个节目（选手）进入决赛。其中，贾剑龙演唱的《燃烧》和韦誉演唱的《红旗飘飘》获歌手组比赛一等奖，杨韵弘表演的舞蹈《激情拉丁》和兴宁区文化馆表演的舞蹈《尖尖瑶》获舞蹈组比赛一等奖，刘金平家庭表演的《吉祥三宝》获才艺组比赛金奖。20个家庭在才艺比赛中分别获“精彩之家”、“欢乐之家”奖。此外，大赛主办方为残疾人专门设立“特别关爱奖”由残疾少年黄卓鹏获得。观众约5万人。

“东艺杯”夕阳秀艺术大赛　2007年12月13~22日在市东艺中心广场举行。由市群众艺术馆、市建业房地产开发有限责任公司主办，南宁经济技术开发区社会事业局协办。以“关爱老年、共建和谐”为活动的主题。共进行歌唱大赛（独唱、重唱、合唱）、舞蹈大赛（独舞、双人舞、群舞等）模特大赛（个赛）3个文艺形式的比赛。比赛选手为市机关、厂矿、社区等40~70多岁的中老年文艺爱好者，约有来自80个社区的近2000人参加，参演节目420个。经过8场初赛、3场决赛，青春舞蹈队表演的《南珠情》、枫叶红艺术团表演的《摆呀摆》获舞蹈组比赛一等奖；梁柱演唱的《中华情》和朱晓岗演唱的《把一切献给党》获歌唱组比赛一等奖；马丽妮获模特组比赛一等奖。

（姚　彧）

专业艺术

【概　况】　2007年，全市有专业艺术表演团体9个（市属2个、县区级7个）。市属有市艺术剧院和市粤剧团。市艺术剧院在编人数187人；内设办公室、策划部、人事部、培训部、市场部、舞美工程部，下设歌舞一团、歌舞二团、话剧团、青秀民族艺术学校、南宁民族艺术学校；共演出255场，其中商业性演出114场，指令性演出46场，公益性演出95场。市粤剧团在职人员63人；8月12日，市邕剧团恢复成立并举行挂牌仪式，与市粤剧团合为两块牌子、一套人员；剧团设行政科、人秘科、业务科、演员队、乐队、舞美队；共演出66场次，其中商业性演出25场，公益性演出41场；演出收入约33万元，观众13万人次。

【交流演出】

市艺术剧院　2007年，完成指令性文艺晚会有：1月1日，在民族广场参加《纪念南宁开埠100周年文艺晚会》演出；3月，大型歌舞《金风送来山水情》在

"新春活动月"活动中,作为活动的主打晚会,连续演出12场;4月中旬,大型话剧《苍天有泪》(以市工商局干部黄振磊先进事迹为背景创作)在市人民会堂连续演出10余场,并赴北京参加2007年第五届全国优秀话剧展演暨话剧100周年庆典演出,获文化部颁发的演出二等奖;4月30日,在市人民会堂为农民工演出综合晚会《献给农民工的歌》;6月26日,在广西人民会堂与韩国艺术家联合演出歌舞晚会《广西—韩国忠清北道友情之夜》;10月19日,在市人民会堂参加2007南宁·东南亚国际旅游美食节演出歌舞《醉美南宁》。年内还先后赴新加坡、越南、马来西亚、韩国、土耳其等国家和香港地区进行文化交流演出183场,"三下乡"演出5场,慰问部队演出5场,为农民工演出2场。观众约47万人次,票房收入190多万元。

市粤剧团　1月,举办"粤剧演出黄金周",来自北海、钦州、百色等地的专业剧团汇聚南宁,连演5场,场场爆满。9月16~20日,赴广州举行"2007广州南宁粤剧文化交流演出周",演出5场南派传统粤剧。12月,广东省文化厅、文联、繁荣粤剧基金会联合举办广东粤剧大汇演,南宁市粤剧团为组委会惟一特邀的省外团体,演出南派传统粤剧《西河会妻》,获特邀演出奖。粤剧团演员杨淋、梁涛、苏海英分别赴土耳其及韩国进行文化交流演出,黄俊成作为广西代表参加"中国100名青年代表团"赴韩国进行文化交流。小戏《歪打正着》在第二届中国戏剧奖·小戏小品奖暨第二届全国小戏小品大赛中获中国戏剧奖·小戏小品奖金奖和观众最喜爱的剧目奖。

(李云林　陈晓钰)

【文学艺术主要成果】

文　学　2007年,市文联文学协会会员出版的文学作品有:诗集《君子之交》(梁生灵,中国国际文艺出版社出版)、《阳光穿过栅栏》(黄平,中国文联出版社出版)、《慢了零点一秒的春天》(黄土路,青海人民出版社出版)、《烟波浩森》(劳廉先,中国文联出版社出版);长篇传记《红军总政委周恩来》(潘星海,湖北人民出版社出版);长篇纪实文学《我持彩练当空舞》(林万里、常海军、黎国璞等编著,广西民族出版社出版);散文集《烟雨江南》(李明媚,大众文艺出版社出版)、《仙境大明山》(张冰辉,广西民族出版社出版)、《珍藏年华》(潘茜,中国文联出版社出版)、《梦影》(陈雅灵,大众文艺出版社出版)、《印象南宁》(林万里、常海军等编著,广西民族出版社出版)、《真水无香》(张冬梅、莫小兵等编著,广西民族出版社出版);童话集《冠军的奥秘》(宁元士,民主与建设出版社出版)。

(郑嘉琳)

戏剧与曲艺　获奖的戏剧、曲艺作品主要有:邕剧小戏《歪打正着》(作者:刘天文、方宁、洪琪,表演者:梁素梅、黄俊成、杜忠灵等)参加第二届中国戏剧奖·小戏小品奖暨第二届全国小戏小品大赛获中国戏剧奖·小戏小品奖(金奖)和观众最喜爱的剧目奖,第五届中国戏剧文学奖小型剧本一等奖,广西小戏小品剧本二等奖;邕剧小品《枣树搬家》、大型神话邕剧《龙象塔奇缘》获市政府颁发的第五届五象工程文艺奖;大型粤剧《紫金锤》(颜全艺、黄肇郎、崔志光、邓炳光、冯杏元、邱一中),歌舞剧《欢歌飞扬》(郑天雄)分别获第五届中国戏剧文学奖银奖、铜奖;小邕剧《开泰新声》(纪宝庆、陈安宥、方宁),小戏曲《明珠相亲》(刘丕展),小品《新队长》(卢大任)、《和风拂面的晚上》(郑天雄)、《说干就干》(蒋斌)分别获第五届中国戏剧文学奖小型剧本二等奖、三等奖、一等奖、二等奖、三等奖;小品《爱情私语》(高树晓)获第五届中国戏剧文学奖小型剧本三等奖、广西小戏小品剧本一等奖、入选第二届中国戏剧奖·小品小戏奖剧目复赛等,《市长专车》(梁天晖)获第五届中国戏剧文学奖小型剧本三等奖、广西小戏小品剧本二等奖,《老爸出墙》(卢大任)、《抢救》(郑天雄)、《江边轶事》(李凯)、《爱心》(梁天晖)分别获2007广西小戏小品剧本二等奖、二等奖、二等奖、三等奖,《盼》(郑天雄)获2007全国职工艺术节三等奖;古装小粤剧《包粽》获广西戏剧家协会主办的广西小戏小品大赛一等奖;小邕剧《歪打正着老佛爷》获中国戏剧文学学会颁发的小型剧本一等奖,广西小戏小品大赛二等奖;大型话剧《苍天有泪》(梦冰、胡宗琪)参加中国话剧诞辰100周年暨第五届全国话剧优秀剧目展演获二等奖;话剧《都市打工妹》(刘丕展)、《领导要来》(卢大任)分别获第七届广西戏剧文学奖三等奖和入围奖;在第三届广西戏曲"红梅奖"中青年演员大赛中黄俊成、包卓金、宁靖获优秀演员一等奖,姚艳获二等奖;市粤剧团获广西文学艺术界联合会、广西戏剧家协会联合颁发的"第十一届中国曹禺戏剧奖·小品小戏奖"广西选拔赛优秀组织奖。

音　乐　歌曲《感恩》(陆坚词、印青曲)获2007年中宣部第十届"五个一工程"优秀作品奖、团中央第九届"五个一工程"优秀文化作品奖,《牵挂》(汤松波词、莫军生曲)获团中央第九届"五个一工程"优秀文化作品奖,《让大地永远美丽》(陆坚词、莫军生曲、程露影演唱)获2006年广西电视优秀作品一等奖,《爱在家乡》(陆坚词、莫军生曲、谢斌演唱)获2006年广西广播新歌作品一等奖,《红水河》、《山歌与天琴》(李凯词、唐济湘曲、绿城合唱团演唱)获第五届全国"华夏之声"夕阳风采艺术大赛金奖,《绿衣天使尼呀罗》(孔庆智词、单稚琛曲)获第八届北极星群英杯全国词曲创作笔会评比歌曲创作铜奖,《山水相依》(罗晓航词、单稚琛曲)获2007"歌坛在行动"全国词曲创作比赛优秀奖,《爱心相牵》(李柄学词、玉振航曲)获"歌海"风采杯全国歌曲比赛二等奖,《我把自已交给祖国》、《爱心相牵》(张宝星词、玉振航曲)获"歌海"风采杯全国歌曲比赛三等奖,《国航,吉祥之鹰》(黄灿词、姜春阳曲)获中国国际航空公司司歌征集二等奖,《奥林匹克颂歌》(林敬铭词曲、原生态演唱)获中国—东盟民族文化艺术走进西部艺坛新星广西区选拔赛中年组声乐类二等奖、全国艺坛新秀总选拔赛银奖;歌手危瑛获第六届中国音乐金钟奖声乐(民族)比赛半决赛入围奖,李宝龙获第四届中国大学生校园歌手大赛专业组第一名,周国森获第八届"奥运之春·中国民族民间歌曲演创高端选萃"中国民歌十佳演唱家金奖,廖鸿飞获2007广西民族声乐创作演唱比赛一等奖、CCTV全国青年歌手电视大奖赛广西赛区三等奖,韦汶伽、黄莹、李才盛分别获CCTV全国青年歌手电视大奖赛广西赛区南宁优秀歌手邀请赛优秀奖,袁泉、陈春燕、潘傲峰分别获CCTV全国青年电视歌手大奖赛广西赛区二等奖、三等奖、优秀奖,韦丽萍获2007广西民族歌曲创作演唱大赛三等奖;韦丽萍音乐专辑《山歌情》由广西文化音像出版社出版;李翘杰竹笛演奏《春到湘江》获第三届"德艺双馨"中国文艺展示活动广西赛区总决赛金奖、全国总决赛银奖。

舞　蹈　苗族儿童舞《织梦》(杨国荫、麦秋圆、周妍编导)、儿童舞《祖国的歌》(杨国荫、麦秋圆、林华编导)分别获中国舞协主办的第四届"小荷风采"全国少儿舞蹈展演"小荷之星"金奖;儿童舞《劳动狂想曲》(杨国荫、刘慧编导)获中国舞协主办的第四届"小荷风采"全国少儿舞蹈展演"小荷新秀"银奖,《东盟,你好》(黄庆新、刘慧编导)获中国舞协主办的第四届"小荷风采"全国少儿舞蹈比赛银奖、首届广西幼儿歌曲及舞蹈类比赛银奖;儿童舞《好儿郎》、独舞《花木兰》(石恩改编)分别获全国妇女儿童工作部主办的第四届全国儿童少年舞蹈大赛金奖、银奖,石恩获指导老师金奖、银奖;舞蹈《山娃仔》(覃福邦编导)获第六届中国舞蹈荷花奖比赛编导银奖,《歌催月圆》(覃祉幸、覃福邦编导)获第六届中国舞蹈荷花奖民族民间舞展演编导十佳荣誉称号、全国大学生公益舞蹈比赛一等奖、全国第二届中小学艺术展演一等奖,《天琴世代有传人》(覃祉幸、覃福邦编导)获全国第二届中小学艺术展演一等奖,《舞动的兰衣壮》(秦克烈编导)获全国华夏之声夕阳风采比赛金奖,《壮族敬酒歌》(黄庆新编导)获首届广西幼儿歌曲及舞蹈类比赛金奖;双人舞《藤缠树》(韦强、李佳林参演)获首届中国延吉少数民族民间舞蹈节优秀表演奖;群舞《三姑六婆》(秦克烈编导)获全国华夏之声夕阳风采比赛金奖;杨国荫、麦秋圆、林华、周妍获“小荷园丁”称号。

(郑嘉琳 李云林 陈晓钰)

电视广播 纪录片《温飘贝哲》(侯长明等拍摄)在“2007 中国纪录片国际选片会”上被评为“十大纪录片”,《远去的硝烟》获 2007 中国文献纪录片二十年(1986~2006)提名作品;音乐专题《硝烟散尽,再听绿茵战歌》(宋向华)获 2006 年度广西广播电视奖优秀文艺作品一等奖;音乐电视《让大地永远美丽》(施娟、唐美红等人)获 2006 年度广西广播电视奖优秀文艺作品一等奖。

美 术 油画《神秘大地之一》和《神秘大地之二》、《故乡的田》和《故乡的月亮》(曾邕生)分别入选漓江画派法国展、漓江画派马来西亚展,《老人与小孩》(蒙志刚)获广西八桂群星奖优等奖;水彩画《玫瑰雨》、《回声》(刘承钢)分别入选新时代、新广西、新画派——漓江画派进京展、中国美术界名家作品展,《外婆》、《人像写生》、《胜局已定》、《遐想》(曾辉祥)分别入选广西—香港水彩画联展、漓江画派新农村写生展和获广西国防教育书画展二等奖、广西职工美术书法展银奖;国画《绿城春早》(黄浦)入选全国第五届黎昌中国画青年展;曾辉祥、李统就、何元钊 3 人的作品入选全国职工美术书法展,曾辉祥、黄高、宋忠阳、曾柏良、耿国华等 5 人作品入选广西职工美术书法展;宣传画《请严格遵守保密法》、《遵守保密法》(陈运生),《增强保密法律意识维护国家安全和利益》(耿国华)分别获自治区保密委组织的保密宣传画作品展一等奖、二等奖、三等奖。

书 法 楷书作品《赵松雪兰亭十三跋》、《赵孟頫兰亭跋》(吴进文)分别入选中国书法家协会举办的首届中国西部书法篆刻作品展,中国文联主办的全国职工美术书法作品展;黎健的书法作品入围中国文联主办、中国书法家协会承办当代篆刻艺术大展,入选中国书法家协会举办的首届中国西部书法篆刻作品展,入展中国书法家协会艺术指导、山西文联主办的纪念傅山诞辰 400 周年书法艺术大展,获广西书法家协会主办的广西第三届广西中青年书法篆刻展三等奖;黄大业的行草作品入选中国书法家协会举办的首届中国西部书法篆刻作品展;行书作品《云卷千峰集》(黄冠忠)获中国书画家协会主办的第二届盛世中华全国书法美术作品大赛二等奖;作品《茉莉咏》(吕维诚)入选中国文联、中国书法家协会、中央电视台联合举办的全国职工艺术节书画展览,曾戈的书法作品入选中国书法家协会主办的首届全国老年书法作品展;梁启机的书法作品获中国书法家协会、国家审计署共同主办的全国审计系统美术、书法、摄影展三等奖,广西审计厅美术、书法、摄影比赛书法一等奖;韦辉明的书法作品获湖南书法家协会主办的“翰墨情深·纪念我国开放改革总设计师邓小平逝世十周年”全国书画大赛金奖;吴进文、吕维诚、黄耀登、滕民初、农宇、黄大业、唐少平、刘小燕、梁启机、韦潇、黄清瑞、吴红霞、罗小红等人书法作品入选广西书法家协会主办的广西第三届“广西中青年书法篆刻展”;邱少青的书法作品获中国教育学会书法教育专业委员会主办的第四届新世纪教师三笔字书法作品大赛毛笔字作品三等奖、钢笔字作品二等奖;《欧阳询“九成宫”楷书临习技法》、《王羲之“圣教序”行书临习技法》、《王铎“自书诗卷”行书临习技法》、《八大行书名帖技法讲析》、《八大草书名贴技法讲析》(吕维诚著)由广西美术出版社出版;《百花诗书白描画谱》、《百鸟诗书白描画谱》(吕维诚、黄高合著)由广西美术出版社出版;《隶书·千字文》、《行书·千字文》(卢定山著)由广西美术出版社出版;《来水轩艺丛》(黎健著)由华夏文艺出版社出版。

摄 影 《打陀螺》(林夏)入选 2007 全国摄影艺术展览;《乘风破浪》、《鱼米香》(马卓林),《海的童话》(组照、黎克平),《绿城处处换新颜》(组照、周家志),《北部湾印象》(组照、朱为柱),《绿岛明珠》(组照、夏文宁),《金伦洞》(组照、蓝建强)分别获广西摄协主办的“广西风生水起北部湾‘国税杯’”摄影艺术大赛一等奖、三等奖、二等奖、三等奖、三等奖、三等奖、三等奖;《五皇岭风骚》(张秀清)、《今日埌东》(组照、卢伊琳)分别获广西摄协主办的“广西北部湾经济区开放开发”全国摄影大赛佳作奖;《热闹的碧园商业广场》(朱丁甲)、《风格》(磨秀森)、《高耸入云》(林夏)分别获广西摄协主办的“感受碧园 2007‘品质生活杯’”摄影大赛一等奖、三等奖、三等奖;《精心装饰 建设华府》(组照、李辉)、《四楼样板房》(组照、陆文龙)分别获广西摄协主办的瀚林华府精工品鉴之旅摄影大赛二等奖。

民间文艺 歌曲《农民靠党富》(蒙水生)获 2007 年全国中学生合唱大赛一等奖;壮族民歌《江岩爬很邑》(黄天恒)获星星火炬全国青少年艺术英才活动广西赛区金奖、全国决赛铜奖。

(郑嘉琳)

电影放映

【南宁天恒电影有限责任公司】 2007 年,辖南宁星美影院经营有限责任公司、南宁天美广告有限责任公司、南宁恒缘房地产开发有限责任公司 3 家子公司,职工共 169 人。有星湖影城、中华电影院、江南电影院 3 个直属影院。公司加强和改善影院的服务配套建设,对中华电影院售票房和影院候影厅进行装修;在中华和江南影院分别安装条形和大幅电子显示屏,在星湖影城安装 6 台彩电组合电视墙板。投入资金引进南宁光大银行自动柜员机进入所属 3 家影院;与南宁美誉在线广告公司合作引进移动联播多媒体自动查询机,方便观众消费、查询和了解相关信息及最新影讯。公司所属影院不断加大对影片的宣传策划力度,与商家共同开展各种促销活动 30 多次、有奖活动 10 多次,放映影片 329 部 1.32 万场,观众 25.02 万人次,收入 513.66 万元。 (潘玉清)

【南宁民族影业文化娱乐有限责任公司】 2007 年,有职工 89 人。公司着重抓好新民族影城项目开工建设前期的各项准备工作,主要完成项目国有土地划拨工作,领取项目《国有土地使用权证》;在全国范围内开展项目单体设计方案的公开招投标和专家评标、开标工作,并将专家评分最高的两个方案呈报市政府审批;按照市政府的有关会议精神,配合市发改委、财政局和采购中心等有关职能部门开展项目代建单位的公开招投标工作,确定项目代建单位,签订项目代建合同书。根据市文化局的部署,开展电影“三下乡”放映活动,共组织放映队伍下乡放映电影 50 多部、40 多场次,放映地点遍及 5 个乡镇、30 多个村屯,观众 1 万多人。 (宁照群)

【万达影院】 位于青云街 18 号,南宁万达商业广场 B 座 3 楼,隶属南宁万达商业广场。2004 年 6 月 18 日建成试业,7 月 17 日正式营业。按五星级电影院标准设置 DTS、SR/D 双制式数码立体声电影厅 6 个,其中数字电影兼容影厅 2 个。设普通观众座席 1349 个,残疾人观众座席 12 个。2007 年票房收入 1683 万元。 (潘雨茜)

图书事业

【概　况】 2007年,全市有县级以上公共图书馆16个,其中市区10个;县级以上公共图书馆图书总藏量4011千册件(图书藏量3026千册),其中市区3325千册件(图书藏量2508千册);全市图书出版印数1.61亿册,其中市区1.61亿册。有图书发行单位903个。市图书馆和市少年儿童图书馆先后建成图书流通站66个,流通图书近7万册。市少儿馆打造"七彩儿童"系列读书活动,参与的未成年人和家长5万多人;市图书馆开设"绿城讲坛"50场,听众1.1万人次。　(孙剑伟)

【南宁市图书馆】

概　况　2007年,市图书馆设办公室、采编部、外借部、阅览部、技术部、信息部、读者活动部、业务辅导部和物业管理部9个部门,在编人员66人。馆内设市民阅读中心、文学教育借阅室、自然科学借阅室、社会科学借阅室、综合借阅室、特色藏书阅览室、参考文献阅览室、工具书阅览室、电子阅览室、残疾人阅览室、过报过刊阅览室、典藏书库、专家研究室等服务窗口13个,阅览座位1192个,有第一和第二自修室、读者活动室、多功能厅等读者活动场所4处。年度分编入藏文献4.50万种6.73万册。其中:纸质图书6754种1.86万册;电子图书3.60万种3.60万册;视听文献1152种9989册件;报刊合订本1064种2664册。在市行政事业单位资产清查专项审计工作中,对馆藏文献进行全面清点,剔除部分内容陈旧、不宜流通及破损丢失的图书;视听文献以录入数据为依据进行统计并重新核准。至年末,馆藏总量54.4万册件。全年接待借阅读者97.03万人次。其中:书刊阅览读者67.63万人次,上网阅览读者9.30万人次,自修室读者6.36万人次,书刊外借13.74万人次。外借文献28.57万册件。新办借书证3363本,有效证累计2.66万本。

绿城讲坛　包括教育科技系列、文化艺术系列、卫生与健康系列、备战高考系列公益讲座。主要有:广西大学教授文天谷的"易经对当今构建和谐社会所起到的重要作用",广西法律专家孙小迎的"国际安全发展中心的妇女、儿童问题",市二中教师张俊秋的"高考作文指导",市三中教师韦屏山的"过程合理、结果合理——高考观念策略与做法",广西医科大学博士梁季鸿的"男性生理保健与艾滋病传播及预防知识",广西大学教授潘介春的"沙糖橘、芭蕉种植"等。在市图书馆多功能厅、永凯现代城建筑工地、武鸣县杨李村等乡村共举办53场,听众近1.1万人。

专题展览　包括三江侗族农民画展,大型科普"昆虫世界"标本展,邕江文化艺术展,青少年科技创新大赛作品展览,残疾人书画展,王猛画展等专题展览53次,观众近53万人次。

第二届南宁读书月活动　5月启动,以"阅读、创新、进步"为主题,以"崇尚知识、开放创新、热爱读书、提升品位"为目的。从7月开始,在馆内设立"图书漂流"点,为市民提供集捐书、读书、交友、育德于一体的德育教育平台;至12月末,"漂出" 图书2000多册,"漂入"500多册。市、县区公共图书馆共同开展此项活动。

未成年人思想道德建设　为未成年人举办系列活动,主要有茂森家庭素质教育讲座、茂森家庭教育漫画展,通过讲座和漫画揭示素质教育的种种误区。承办市动漫系列活动,在6~10月活动期间,举办动漫培训班2期,16所学校50多人参加;免费播放10部动漫片,约有300多人观看;举办2007年个人原创科普FLASH作品竞赛,共收到作品19件,并在南宁文化信息网上展示。承办市青少年科技创新大赛作品评比、展览;在寒暑假期间,为青少年读者选播全国文化信息资源共享工程优秀精彩剧目;开展南宁未成年人"网络家园"阅读活动及"认知图书馆、利用图书馆"等活动。

对外文化交流　与韩国果川市情报科学图书馆结为友好馆,双方同意就互赠文献资料、长期互设对方的图书文献展示区、共同合作举办图书馆业务交流会,并进行工作访问、学术交流等方面达成友好协议。签约仪式于10月28日在市图书馆多功能厅举行,签约仪式后,举办韩国果川市情报科学图书馆馆长吴世寅学术报告会。

知识工程　分别在马山县图书馆、马山县加方乡加春村、武鸣双桥镇以及双桥镇的杨李村建立图书流通站,把公共文化服务带到乡镇。为各流通站(点)交换图书1.21万册。　(市图书馆)

【南宁市少年儿童图书馆】

概　况　2007年,市少年儿童图书馆有在职职工24人,设外借处、中学阅览室、小学阅览室、教学参考室、低幼活动室、电子阅览室等多个服务窗口和多功能活动室、自学阅览室等读者活动场所,阅览座位660个。新办读者借书证2022本,有效借书证累计7614本。接待到馆借阅读者50.85万人次,借阅书刊33.7万册次;开展馆外流通点送书上门服务56次,送书5.37万册次。分编入藏各种载体文献7700种2.77万册件。其中:图书6820种1.82万册,报刊342种1282册,音像资料538种4820件。馆藏累计总量25.5万册件。

读者活动与服务　组织阅读指导、读者培训等各种主题的读者活动、图书馆活动日64次,参加活动的读者5.28万人次。主要活动有:配合全国范围内开展的"共建和谐"青少年读书活动而制定的"同享知识、快乐成长"图书馆活动日,首届南宁市"七彩童年——我阅读我快乐"小学生、幼儿讲故事比赛,第二届"多彩夏天"读者系列活动,包括"传统阅读VS电子阅读"读书报告会、"我的读书生活"读者报告会、"我最喜欢的一本书" 书评征文、"我快乐我成长" 小读者迎新联欢会等。与广西庭艺外语学校组织的"儿童双语跳蚤市场"、与广西金太阳教育培训学校举办的"童心看南宁"户外写作活动、与南宁书羽艺术学校共同开展的"百名儿童百米长卷现场挥彩" 等。举办英语、作文、书画、舞蹈等多种内容兴趣班,接待少儿读者9780人次。在全国图书馆宣传服务周和"文化下乡"活动中,组织工作人员分别赴伶俐、南阳、石埠等乡镇开展送书阅览、宣传服务活动;在邕宁区那楼镇那良小学和金秀瑶族自治县建立两个图书流通站。馆外38个流通站接待读者24.27万人次。

图书馆信息化建设　实现"借阅一卡通"服务,与横县少儿分馆1万册藏书共享数据资源;开设电子资源免费阅读区,为读者提供26万册电子图书和清华同方5个专题库的电子期刊资源;对馆内网站进行两次整改,增添服务未成年人的栏目内容和介绍南宁发展的栏目,在网上图书馆开通电子图书和电子期刊服务,新版网站点击率累计72万次。(李舒琳)

【图书发行】 2007年,南宁市图书发行单位有903个。其中:出版物批发单位93个,零售书店561个,书报亭249个。从业人员有4897人。其中:新华书店系统859人,民营发行单位4038人。全市出版物发行企业销售额17.87亿元,其中市本级出版物发行企业销售额4.19亿元(新华书店系统销售码洋2.2亿元,民营发行单位销售额1.99亿元),比上年增长8.3%。全市供应出版物品种25万多种。

(市新闻出版局)

【南宁市新华书店有限责任公司】 2007年,公司有职工230人,总资产3亿元。主营图书业年销售额1.3亿元,比上年增长13%;实现利税总额比上年增长30.63%,超额完成各项经济指标。成为一个集书业、商贸流通业、酒店餐饮业、休闲娱乐业等多业态发展的文化企业。年内,公司举办多场报告会,先后邀请著名健康专家杨尔滨博士、著名教育专家蔡笑晚、经济学家陈火金等名家免费为市民传授医学保健、健康教育、融资理财等专业知识；组织图书馆交流及看样订货会、“好书伴我成长暑期读书活动”、“绿城书市”、“南宁读书月”、“全国青少年读书活动”等系列营销活动，邀请青春派偶像作家郭敬明、中央电视台《家有妙招》的两位主持人黄薇、张悦等名人举办签名售书等一系列图书活动。获人事部、新闻出版总署授予全国新华书店系统先进集体，广西新闻出版局授予广西新华书店系统四星级书店称号。

南宁书城新华大厦 经营各类中外图书15万多种、音像制品5万多种，销售收入5800多万元，人均劳动生产率55万元，各项经济指标居广西各大零售书店之首，跻身全国50大书城前列，被评为2007年中国超级书城、广西新华书店系统四星级书店。

南宁书城五象大厦 经营各类中外图书12万多种、音像制品5万多种，销售收入2100多万元，人均劳动生产率38万元。2007年被评为广西新华书店系统四星级书店。（谭继来）

文化市场与演出经营

【概 况】 2007年，市文化市场稽查支队成立市网络文化市场监控中心，开发《南宁市文化市场经营单位管理信息系统》、《短信群发系统》、《12318文化市场举报电话呼叫系统》、《网络文化市场监控系统》等管理体系，联成完整的管理信息平台，实现举报、查处、评价、监督、服务等方面的数字化管理。出动检查人员4453人次，检查经营单位3516个次，受理举报661件，立案调查354件；收缴非法音像制品40.92万盒张，电脑及附件261件，违禁电子游戏机239台主板1396块，罚款99.58万元。市演出公司承办和举办演出活动16次。

【文化市场稽查】

音像市场整治 2007年，市文化市场稽查支队根据文化部、自治区文化厅部署，组织开展打击盗版音像制品的“反盗版天天行动”和反盗版“夏季战役”，加强对民族商场、文化综合市场、电子科技广场、银兴商场、七星路、新竹路、新华路等区域内的音像制品经营单位进行检查。出动检查人员1496人次，检查音像制品单位807个次，取缔非法摊点25个。其中，5月28日至6月12日开展以查缴《死亡笔记》等政治、恐怖类非法音像制品为主要专项行动，共查缴《死亡笔记》10盒、非法音像制品1.78万盒张；10月5~30日开展反盗版天天行动共收缴非法音像制品6万盒张。

娱乐市场整治 出动检查人员1388人次，检查娱乐场所1475个次，取缔无证经营场所75个。其中，11月联合青秀区文体局依法对“新夜吧”、“来吧123”两个娱乐场所超时经营扰民行为进行查处，按照《娱乐场所管理条例》有关规定，进行责令停业整顿1个月的行政处罚。

网吧整治 根据文化部等14部门联合颁发的《关于加强网络游戏和网吧管理的通知》文件精神，针对网络游戏和网吧管理工作存在问题制定工作措施：建立和完善行政执法岗位责任制和行政执法查处追究制度；建立网吧违规行为警示公示制度，对2004年10月以来有两次违规记录的网吧，采取挂黄牌公开预警的办法；制定网吧违法处罚统一量化标准；加强市场巡查，加大网吧检查频率；针对网吧寒暑假期违规接纳未成年人开展专项整治。共出动检查人员1569人次，检查网吧1234个次，对违规的42个网吧实施悬挂黄牌警告制度。

（刘 青）

【演出经营】 2007年，市演出公司承办和举办演出活动16次。其中：1月承办市委、市政府主办的元宵之夜大型广场舞会活动；2月承办邓颖超纪念馆开馆仪式音响、礼仪等工作，空军42师“拥军迎春联欢晚会”的舞美灯光音响工作；3月举办“南宁百年开埠洋关码头纪念碑”揭幕典礼，承担部分市总工会慰问农民工文艺晚会工作；4月承办市总工会组织的“劳动者之歌”大型文艺晚会；5月承担“2007南宁国际龙舟邀请赛”的部分项目工作以及第七届南宁市城市运动会开闭幕式工作；6月完成菲律宾乐队在南宁演出、香港演员“刘德华个人演唱会”的申报工作，广西质量月南丹大型文艺晚会舞美灯光音响工作，承办市委宣传部“社区情、和谐颂”文艺晚会舞美、灯光、音响工作；10月完成南宁国际民歌艺术节开幕式晚会、民族广场歌台以及20个国家艺术团专场电视直播晚会的有关搭建、制作、接待后勤、演出工作，承担西乡塘区爱心小分队队旗、队标、队歌揭晓晚会，平乐县第十一届广西科技大集开幕式活动及开幕式文艺演出工作；11~12月完成市文化局下达的公益性电影下农村157场和电影商业性放映进社区150场的放映任务。全年演出收入21万元。（邵发建）

文物博物

【概 况】 2007年，全市文物管理机构有10个（市级3个、县级6个、区级1个），市属文物管理机构有市文化局文物科、市博物馆和市孔庙管理所。市文化局文物科主要负责文物执法、保护工作的协调，文物维修、文物保护单位及文物点的管理等；市博物馆主要负责考古发掘，文物调查、征集、展示、研究、宣传、教育；市孔庙管理所主要负责对孔庙进行迁建及迁建后的日常文物保护管理。

【文物调查】 2007年，市博物馆先后对市内地面古建筑的保存情况及部分文保单位的保护情况进行调查。对心圩九冬坡的越南中央学舍区（广西南宁育才学校）总部旧址、建政路延长线的班氏宗祠、安吉大道的潘氏宗祠历史情况和建筑情况进行实地的调查和访问；对文保单位市郊三岸遗址和那北咀遗址、安吉永宁村铜鼓陂水利等进行保护情况的调查，并形成调查报告和保护意见上报。对仙葫开发区五合大学城内的广西中医学院新址进行地面文物的实地勘查；对市客车厂旧城改造项目、龙腾片区旧城改造项目、西关路旧改片区、百货大楼改造片区、中山路旧城改造区域等的地面文物情况进行实地调查，并形成调查报告上报市文化局。开展第三次全国文物普查工作，成立普查队伍，负责6个城区的文物普查、指导、检查工作；组织专业人员先后参加广西第三次文物普查干部培训班、文物普查培训班及文物普查工作培训班，培训普查队伍，确保全市文物普查第一阶段的工作顺利完成。开展广西孔庙专项普查工作，采取复查和新发现相结合的方式进行，普查范围遍及自治区89个市县。

【文物维修】 2007年，市文化局文物科组织维修部分市级文物保护单位。指导广西电信南宁市分公司完成市重点城建项目——邕宁电报局旧址文物维修工程；组织完成越南中央学舍区总部旧址的文物维修工程；与江南区政府联合组织对广西省土改工作团第二团团部旧址进行维修保护工作，委托广西考古研究所编制完成了维修方案。

第九批南宁市重点文物保护单位情况表

文物名称	文物类别	年(时)代	位 置
越南中央学舍区（广西南宁育才学校）总部旧址	近、现代重要史迹	1951年	西乡塘区心圩街道和德村九冬坡
广西省土改工作团第二团团部旧址	近、现代重要史迹	1951年	江南区江西镇锦江村麻子畲坡
南宁古城墙	古建筑	明清时期	邕江一桥北端

【文物保护性开发利用】 2007年，南宁市文物保护性开发利用的文物保护单位共有5处：一是自治区级文物保护单位新会书院固定陈列“牌匾和南宁老照片展”；二是市级文物保护单位粤东会馆固定陈列“南宁老农家展”；三是市级文物保护单位广西高等法院办公楼旧址固定陈列“邓颖超纪念馆”；四是市级文物保护单位越南中央学舍区总部旧址固定陈列“广西南宁育才学校纪念展”；五是利用市级文物保护单位黄旭初旧居建成怀古休闲娱乐场所旭园。9月下旬，市文化局文物科组织市博物馆专业技术人员先后对南宁古城墙、宗圣源祠、邕宁区北觥村古民居、广西省土改工作团第二团团部旧址(江南区江西镇麻子畲)、扬美古镇、广西大学育才学校旧址、西乡塘区心圩街道和德村九冬坡越南中央学舍区总部旧址、广西大学大礼堂、曾氏民居、北府庙、基督教堂、民族路105号民居、五属会馆等10多个文物点进行实地调查、勘测，形成申报文物保护单位的材料送给专家论证，经过专家论证上报市政府后，市政府于10月公布了其中的越南中央学舍区总部旧址、广西省土改工作团第二团团部旧址、南宁古城墙三处为第九批南宁市重点文物保护单位。这些重点文物保护单位，将由市文化局会同规划局等有关部门，按照相关的规定，划出保护范围和建设控制地带，并作出标志说明，建立科学的纪录档案，依法进行保护和管理。

【文物征集与捐赠】 2007年，市博物馆先后赴马山、横县、宾阳、大化、龙州、百色、河池等地重点进行民俗文物的调查、征集工作，征集到石碾、旧式挂钟、碾蔗机、榨油机配件、清代马鞍、壮锦等民俗文物50多件。为丰富邓颖超纪念馆馆藏，赴北京、天津、广西、南宁、桂林、柳州、百色档案馆调查、征集有关邓颖超史料、照片，征集到珍贵史料6份、文物3件、照片14张；在中央文献研究室、周恩来邓颖超纪念馆复制文物104件；征集到自治区内、外书画名家讴歌和怀念邓颖超的书画作品24幅。此外，征集东盟10国峰会晚会演出各国领导人的签名册共11册；《支那事变》画报(日文版)1册；中国—东盟青年艺术品创作大赛组委会捐赠的第二届“中国—东盟青年艺术品创作大赛(油画年)”油画作品共30幅；赵炜捐献邓颖超使用过的笔筒1个、台历架1个和毛泽东、邓颖超题字史料1份；周尔均将军捐献邓颖超在共产国际会议上为周恩来在会议上所作政治报告的记录珍贵史料5份；高振普将军捐赠邓颖超生前穿过的毛衣1件。市孔庙管理所共征集牌匾26块、清代石缸2个、一批古书及民国时期毕业证书若干，及砚台、铜镜、印版、银饰品等共计264件。

【文物宣传活动】 2007年2月中旬，市博物馆组织专业人员参加“文化下乡”活动，先后到西乡塘区石埠镇、青秀区伶俐镇、南阳镇开展宣传活动，通过挂宣传横幅、张贴民俗文物图片，分发《文物保护法》宣传册等形式，宣传文物法律法规、文化遗产的保护、文物知识等，同时对当地的古民居、民间习俗和民俗文物进行调查和登记。5月18日，开展“5·18国际博物馆日”宣传活动。在邓颖超纪念馆门前小广场举办《南宁市文化遗产图片展》，展出宣传展板27块，悬挂宣传横幅1条；开展“文物知识有奖竞猜”活动，送出竞猜奖品100多份，分发文物法、保护文化遗产宣传资料2000多份，近千名市民参加了活动。5月21~25日，组织专业人员参加市农民工艺术节宣传活动，先后赴盛世龙腾、盛天茗城、八桂绿城、青湖中心、快环武警在建宿舍区5个工地进行文物知识宣传，举办“文物知识有奖竞猜”活动，送出奖品300多份，分发文物保护法、保护文化遗产等宣传材料1000多份。5月18日至6月9日期间，开展“中国文化遗产日”系列宣传活动，免费向市民开放新会书院和粤东会馆陈列馆，宣传南宁市文化遗产的保护工作，接待观众1200多人；与《南宁晚报》联合举办“我身边的文化遗产”征文有奖活动，市民踊跃为南宁市文化遗产保护工作献言献策，征集到稿件一批，评出一等奖1名、二等奖2名、三等奖3名。

【邓颖超纪念馆】 原名邓颖超纪念展。位于朝阳路3号原广西高等法院办公楼旧址。2007年2月4日邓颖超诞辰103周年纪念日举行开展仪式。展厅面积1000平方米，复原邓颖超出生地的4个场景，由7个部分组成。展出邓颖超各个历史时期的珍贵照片200多张；邓颖超亲笔手迹、信件和生前穿过的衣服等珍贵文物30多件；书画家赠给邓颖超的字画作品20多幅，以及李瑞环、邹家华、何鲁丽、杨汝岱、钱正英、孙孚凌等领导人的题词。4~9月，邓颖超纪念展闭展进行二期工程建设，完成监控系统的安装、文物陈列展柜的制作、陈展照片的更换并重新制作、邓颖超在中南海西花厅的办公室场景复原、书画展厅的建设等工作。9月30日复展并更名为邓颖超纪念馆(全国政协原主席李瑞环题写馆名)。展厅面积1200平方米，分为8个单元10个部分，展出珍贵照片近200张、文物40多件、书画作品50多幅。12月，市委、市政府命名邓颖超纪念馆为南宁廉政示范教育基地。全年接待观众2万多人(省、部级领导27人)。

【广西南宁育才学校纪念展】 位于西乡塘区心圩街道和德村九冬坡的越南中央学舍区(广西南宁育才学校)总部旧址。2007年10月末向社会开放。展厅面积约300平方米，展出反映当时广西南宁育才学校校园生活、校舍建设、师生友谊的照片共90张。曾在该校工作或学习过的越南原副主席武卯和越南驻北京大使馆原大使裴鸿福以及部分原南宁育才学校的越南学生参观展览。 (蒲晓东)

【孔庙迁建工程】 2007年5月18日孔庙迁建工程正式开工，至年末相继完成大成门、大成殿、崇圣祠、名伦堂、泮池及厢房的基础工程工作，占总工程量35%。完成0.57公顷补征用地工作。

(梅晓光)

档　　案

【概　况】 2007年，市档案局(馆)业务下辖12个县区，共有国家综合档案馆13个、专业档案馆1个，其中自治区一级馆1个、二级馆6个、三级馆5个。拥有全宗数1202个，馆藏总量37.75万卷、声像档案852盘、照片档案4.71万张，光盘107张、资料6.86万册、全文扫描档案112万页、机检案卷级目录17.23万条、机检文件级目录390.91万条。市档案工作以服务为主题，加强基础业务建设，促进全市档案工作发展。8月，《南宁市档案事业发展“十一五”规划》经南宁市十二届人民政府第二十一次常务会议审议通过，并由市政府正式颁布实施。9月5日和11月29日，上林县档案馆、横县档案馆分别被命名爱国主义教育基地。上林县档案局、青秀区档案局分别获自治区人事厅、档案局记集体二等功。市档案局办公室副主任潘胜中、兴宁区档案局局长赵巍巍分别获自治区人事厅、档案局记个人二等功。

【档案事业发展综合评估】 2007年，南宁市根据自治区党委办公厅、自治区政府办公厅《关于印发〈广西壮族自治区档案事业发展综合评估实施方案〉的通知》精神，于4~12月开展首次档案事业发展综合评估工作。市、县区分别成立由党政领导、党委和政府两家办公厅(室)，人大财经委及档案、发改委、财政局等相关部门负责人组成的档案事业发展综合评估委员会，制定各级档案事业发展综合评估工作计划，采取有效措施，投入专项经费134万元，抓好各项工作落实。9月12~14日，评估小组对县区档案的组织领导、条件保障、监督指导、保管利用和科技与创新5个方面进行全面检查评估，结果表明：县区档案馆达到良好以上等级，其中优秀等级有武鸣县、上林县、兴宁区、青秀区；良好等级有隆安县、马山县、宾阳县、横县、江南区、西乡塘区，邕宁区、良庆区。12月3~4日，自治区档案事业发展综合评估委员会对南宁市进行实地考核验收，重点检查市档案局（馆），抽查武鸣县档案局（馆）和市政府办公厅综合档案室，评定南宁市档案事业发展综合评分为95分，达到优秀等级。市档案局（馆）和武鸣县档案局（馆）被评为自治区档案事业发展综合评估先进单位。

【档案接收与利用】 2007年，南宁市各级档案部门注重档案信息资源的建设，加大对各门类档案尤其是特色档案的征收集。其中兴宁区于5月17日发布《关于广泛征集档案资料的通告》，首次向市民公开征集反映其城区历史及各项事业发展的各种特色档案资料。全市共接收各类档案3.81万卷、光盘31张、音像档案66盘、照片档案7164张。其中市县区档案馆接收文书档案2.72万卷，征集档案305卷和87件；城建档案馆接收城市建设档案1.06万卷。首批南宁市名人档案接收进馆303卷，有南宁市著名作家王云高、画家邓二龙等5位文化界名人的文字资料185件、书画作品39幅、专著16册、刊物27册和录像带2盒、光盘3张、照片78张、荣誉证书36件。全年接待查档人员1.42万人次，提供档案2.09万卷次和2.09万件次。其中市档案馆接待查档人员3108人次，提供档案3988卷次，县区档案馆接待查档人员1.05万人次，提供档案1.64万卷次和2.09万件次。为公务员登记核查、确认公务员身份、工资定级、退休人员办理社会保险、公民购买经济适用房、出国公证、土地纠纷、工作查考等提供凭证材料。

【档案信息化建设】 2007年，市档案馆继续开展档案全文扫描工作，对市委、发展改革委、劳动保障局、人事局、经委、建委等重要全宗和与民生关系密切的全宗档案进行全文扫描，完成45多万页。市、县区档案馆共录入案卷级目录9.93万条、文件级目录71万多条。其中：市档案馆录入案卷级目录4.21万条、文件级目录12.63万条；各县区档案馆共录入案卷级目录5.72万条、文件级目录58.4万条。城建档案馆录入案卷级目录7.3万条。

【机关档案】 2007年，南宁市继续推行机关档案年度立卷检查，检查市直机关2006年度各类文件的归档整理质量、文件级目录著录和各机关单位的组织沿革、大事记、全宗介绍等材料的编写、全宗卷建立等情况。共检查市直机关单位107个，完成年度文件归档和档案材料编研任务的单位103个（优秀单位28个、合格单位62个、基本合格单位13个、不合格单位4个）。按照国家档案局新颁布的《机关文件材料归档范围和文书档案保管期限规定》，指导107个机关单位制定归档范围和保管期限表，其中106个单位完成归档范围和保管期限表的制定并报市档案局审批和备案；根据自治区档案局《关于开展机关档案室等级复查的通知》，于8月13日至12月18日对2003年前获得定级的45个市直机关单位综合档案室进行等级复查，确认42个单位档案室原获得的等级标准，对3个复查不合格单位的档案室提出了限期整改要求。全市所辖341个县直机关和305个城区直属机关完成2006年度各类文件的归档任务；30个机关、事业单位完成档案室定升级工作。

【企事业档案】 2007年，市档案局在全市企事业单位开展年度文件归档检查工作。11月13~20日，对南宁百货大楼股份有限公司、南宁威宁资产经营有限责任公司、市职业介绍服务中心等10家企事业单位2006年度的文件材料归档整理工作进行检查并通报。对辖区内的广西远辰投资集团有限公司、广西华劲集团股份有限公司等民营企业进行档案规范化管理指导和培训，引导民营企业进行档案规范化管理。南宁市中心血站档案室晋升为科技事业单位档案管理国家二级档案室。

【城建档案】 2007年9月1日，南宁市开始施行《南宁市城市建设档案管理办法》。市档案局与市发改委联合转发国家档案局、国家发改委印发的《重大建设项目档案验收办法》。同时，市档案局印发《关于进一步做好重大建设项目档案工作的通知》，对项目档案管理机构、业务指导、登记、收集整理、移交、安全保管、验收等进行了规定，督促项目建设单位在项目各阶段填报档案管理登记表，报送自治区和市级档案部门，确保重点建设项目档案管理登记工作的连续性，促进项目主管部门档案工作的落实。完成县以上重点建设项目档案验收9个。其中：市级2个，上林县1个，青秀区5个，江南区1个。

【农业与农村档案】 2007年，南宁市继续开展创建乡镇机关合格档案室和先进等级活动，102个乡镇机关档案室年度归档率100%、合格率100%、先进等级率95%。按照《南宁市村委会文件归档整理办法》，对2006年以前的各类文件材料进行归档、整理，1394个行政村建档率100%、合格率95%。开展创建行政村示范档案室工作，建立行政村示范档案室25个。按照《南宁市各县、区农业科技档案归档整理办法》的要求，继续对农科单位档案工作进行规范化、科学化管理，农科单位建档率100%，合格率96%。在开展社会主义新农村建设建档工作的基础上，推荐武鸣县双桥镇机关综合档案室和双桥镇下渌村村委会档案室为自治区档案局农业和农村档案工作联系点。

【社区档案】 2007年，南宁市把档案工作纳入社区发展建设计划和工作目标管理范围、创建文明社区考核范围和社区信息化建设总体规划，继续开展社区档案管理优秀单位评选活动。328个社区建档率100%、合格率100%、优秀率90%，其中兴宁区、青秀区和武鸣县的所有社区档案管理工作均达到优秀等级标准。

【档案业务培训与宣传】 2007年，南宁市、县区档案部门继续为各系统各部门各单位培训档案工作骨干。共举办各类档案业务培训班35期，培训人员1372人次。其中市档案局举办培训班3期，培训336人次；各县区举办培训班32期，培训1036人次。年内，市档案局通过多种途径开展档案宣传工作，扩大档案工作影响，增强社会档案意识。8月18日，与自治区档案局、崇左市档案局在朝阳广场联合举办档案法规宣传、咨询活动，现场对《档案法》和新修订的《条例》进行宣讲，向过往群众发放公开征集档案资料、查阅档案规定等宣传材料近3000份。市、县区档案局还分别组织辖区人员参加全国“剑南春杯”档案与法制知识竞赛，市档案局办公室主任林晓娜获全国“剑南春杯”档案与法制知识竞赛先进个人。12月初，市档案局在市委南一楼陈列室举办“绿城名人光照绿城”档案展，分历史人物、政界名人、行业精英、文化名人、体坛名将、丰碑人物6个板块宣传南宁市各界知名人士，长期向社会开放；县区档案馆举办档案展览8个。全市档案展览共接待参观人员1700多人次。各级征订《中国档案报》234份，《中国档案》杂志223份；编印《档案工作简报》6期；市县区档案部门组织文章发表在《中国档案报》20篇、《中国档案》5篇、《广西档案》15篇、《广西档案工作信息》40多条、《南宁信息》7条、其他媒体99篇。

（胡春华 邓淑华）

责任编辑 黄善秋

新闻出版

报　　纸

【概　况】 2007年，南宁市有市办报纸3家，驻市各类报纸23家。南宁日报社辖有《南宁日报》、《南宁晚报》和南宁日报社印刷厂。《南宁日报》周七刊，对开12版，彩色印刷，平均期发行量8.5万份，总发行量2920万份；《南宁晚报》周七刊，四开40版，彩色印刷，平均期发行量13万份，总发行量4465万份。有职工344人（新闻专业人员242人，具有专业技术职务任职资格的207人，其中高级15人、中级46人、初级146人）。南宁日报社所属的报纸坚持政治家办报原则，把握正确的舆论导向，围绕市委、市政府的中心工作开展新闻宣传，发挥“当好党的喉舌，反映人民心声”的作用。进一步改革分配制度，激发职工积极性，经济总收入比上年增长9.7%，广告收入突破4000万元；举办多种活动，增加发行量；抓好业务培训，提高业务素质。南宁日报社获2006年自治区第五届市容环境综合整治“南珠杯”竞赛先进单位称号。有2篇消息、1幅摄影作品获南宁市第五届“五象工程奖”新闻银奖；2篇消息、1篇通讯获南宁市第五届“五象工程新闻奖”。获2006年度广西新闻奖（含副刊作品奖）一等奖3篇、二等奖8篇、三等奖11篇。获首届南宁新闻奖特别奖1个、一等奖4篇（幅）、二等奖8篇、三等奖12篇。报社所属的印刷厂经过多次技术改造和更新设备，印刷能力、印刷质量和经济效益在全市（含驻市）印刷行业中排在前列。

【南宁日报社重要宣传与专题报道】 2007年，南宁日报社所属的《南宁日报》和《南宁晚报》把握正确的舆论导向，围绕市委、市政府的中心工作，组织与策划了一批重要的宣传报道与专题报道。

中共第十七次全国代表大会报道 中共第十七次全国代表大会于10月15~21日在北京举行。《南宁日报》和《南宁晚报》用大量的版面和篇幅对大会进行系列报道。两报除正常刊发新华社的通稿，报道开、闭幕式的盛况和大会的组织工作，以及全文刊登中共中央总书记胡锦涛所作的《十七大报告》、修改后的《中国共产党章程》等文件之外，还结合南宁市的实际情况，开辟“学习贯彻十七大精神”、“百姓心系十七大”、“十七大特稿”、“十七大现场报道”等专栏，以及“中共第十七次代表大会”专版，重点报道首府各界群众、各级领导干部学习贯彻十七大精神的情况，为首府掀起学习贯彻十七大精神营造舆论氛围。至年末，两报分别在头版、二版以及其他版面，以学习贯彻十七大精神为主线，大量报道南宁市各基层单位，广大干部群众对学习贯彻十七大精神的态度、体会以及相应的实际行动等，将全市学习贯彻十七大精神的热潮作了充分的展示。两报共刊登有关十七大方面的消息、通讯、评论及图片1300多篇（幅），编发新闻专版24个、理论专版4个。

开展“创新年”活动专栏报道 市委、市政府决定：2007年为南宁市的“创新年”。《南宁日报》从1月10日起至9月30日止，在一版开辟“开展‘创新年’活动，建设创新型城市”和“全民创新故事”等专栏。在做好南宁市各县区、各单位各阶段开展创新活动的动态报道的基础上，推出市林业局、劳动保障局、招商局等创新典型单位10余个和创新典型人物近20人的报道。《南宁晚报》每周推出2个“创新南宁接力赛”专题报道，共有40多个单位和人物成为创新接力赛的“选手”。两报通过专栏报道和专题报道，将南宁市“创新年”当中涌现出来的新经验、新做法、新思路、新人物进行生动形象的聚焦，收到了良好的宣传效果。两报共发表有关“创新年”活动的宣传报道873篇（幅）。

学习望州南社区专题报道 根据市委、市政府的统一部署，《南宁日报》和《南宁晚报》对望州南社区这一全市基层工作的先进模范典型及其形成的“能帮就帮”共建和谐社区的精神进行了充分的报道。7月4~9日，日报在头版头条和主要位置刊发长篇通讯《能帮就帮，帮助别人就是快乐自己——望州南社区和谐真谛系列报道之一》及《有样学样，跟着党员干部干》、《社区爱我、我爱社区》等6篇系列报道，并配发6篇社论，把“能帮就帮”归纳为“望州南精神之本”；“党员带头干”归纳为“望州南精神之源”；“社区爱我、我爱社区”归纳为“望州南精神之基”；“一家好不如百家好”归纳为“望州南精神之魂”；“想到做到，争先创新”归纳为“望州南精神之韵”；“自强不息，乐观向上”归纳为“望州南精神之宝”。接着，两报又在头版开辟“学习望州南精神”、“望州南群英谱”、“和谐望州南”等专栏，重点介绍望州南的先进典型人物，以及全市人民踊跃学习望州南精神、搞好本职工作的情况。报道持续到9月下旬，先后共发表各类通讯、消息、照片等约980篇（幅）。

切实转变干部作风和加强机关效能建设专题报道 为推动机关行政效能建设，《南宁日报》和《南宁晚报》从3月15日至8月末，在一版开辟“切实转变干部作风，加强机关行政效能建设”专栏。两报记者深入各级各部门各单位，了解加强机关效能建设，转变学风、工作作风、生活作风等方面取得的新成效，以及“和谐建设在基层”活动的新进展、新做法、新经验，推出了一批动态宣传和系列典型报道。共刊发各类通讯、消息、新闻图片等362篇（幅）。

实施城乡清洁工程和营造和谐人居环境专题报道 为配合全市开展的城乡清洁工程，《南宁日报》在一版和二版全年开设《实施“城乡清洁工程”，营造和谐人居环境》专栏。通过大量的报道，一方面，把市委、市政府开展城乡清洁工程的决心和实施计划传递给广大读者；另一方面，又把在广大基层、广大民众中涌现出来的热心搞好城乡清洁工程的先进典型向全社会广为宣传。为了更好地树立典型榜样力量，日报还于9月28日至10月2日，在《“城乡清洁工程”一周年典型报道》专栏中，重点宣传为城乡清洁工程作出突出贡献的先进典型——西乡塘区环卫站。《南宁晚报》采用开设专版的方式，对南宁市全民动员、全民参与、全民行动、全民监督治理

“五乱”的情况进行集中报道。两报共发表有关城乡清洁工程的新闻报道和新闻照片3032篇(幅)。

南宁市人民政府获2007年“联合国人居奖”重点报道 2007年,南宁市人民政府获“联合国人居奖”。《南宁日报》、《南宁晚报》对此进行了重点报道。9月18日,日报在一版以大半个版面刊发了南宁市荣获“联合国人居奖”,并已确定组团赴墨西哥参加颁奖典礼的消息;20日,头版以4万多字的篇幅,刊发南宁市争创联合国人居奖的纪实文章。10月6日、8日,在一版头条位置刊发南宁市在墨西哥捧得“联合国人居奖”奖牌,以及载誉而归的盛况,报眼刊登了自治区党委和自治区政府发来的贺信,并全文刊登自治区党委常委、市委书记马飚在庆典大会上的讲话,配发社论《最高荣誉,崭新起点》。二版除了刊登国内、外一些知名人士的感言外,还刊发了长篇通讯《绿城不会忘记》,重点回顾南宁市取得“联合国人居奖”的历程。在三版至七版共5个整版,分别以“幸福历程”、“幸福指数”、“欢乐市民”、“沸腾南宁”、“绿城巨变”为题,图文并茂地反映南宁市在居住方面所发生的巨大变化,以及南宁市民获悉南宁市获得这一殊荣后的喜悦心情等。晚报对此也作出了相应的报道。两报先后共发稿298篇(幅)。

推进北部湾经济建设报道 2007年,为了贯彻落实中共中央总书记胡锦涛关于广西沿海发展应形成新的一极的指示精神,以及自治区党委、政府关于加快广西北部湾经济开发区开放开发的重大决策部署,《南宁日报》、《南宁晚报》加大了对北部湾经济建设的报道。日报在一版开辟“情涌北部湾”专栏,重点报道南宁主动融入北部湾区域经济合作,实施全方位创新和全方位开放,做好服务北部湾经济区建设工作的动态性新闻和典型做法。晚报开设“北部湾新闻版”,创办“北部湾特刊”,以联盟方式,联手北海、钦州、防城港、玉林、崇左5家地方报纸,共同做好、做大北部湾开发的新闻报道。此外,两报还派出采访组,随南宁新闻代表团出访北海、钦州、防城港、崇左、玉林五市,将在这些地方采访到的先进经验、新做法等在“情涌北部湾”专栏上刊发。两报共刊发有关北部湾经济建设的报道784篇(幅)。

纪念南宁开埠100周年重点报道 1907年1月1日,清政府订立《南宁开埠章程》,宣布南宁开埠,至2007年1月1日已有100周年。为此,南宁市启动“纪念南宁开埠100周年”系列活动,《南宁日报》、《南宁晚服》对此进行了重点报道。1月2日,日报在头版头条刊发南宁市举行仪式启动“纪念南宁开埠100周年”系列活动消息,并刊发了由市委宣传部、市委政研室、市地方志办公室、市社科院联合署名的纪念文章《推进全方位创新 建设创新型城市》。文章通过“南宁开埠百年的回顾”、“南宁开埠百年的启示”、“推进全方位创新、建设创新型城市,加快南宁发展”三大部分,全面阐述了南宁开埠的由来,对现实的启示,以及对未来的影响等。之后,用2个整版开设“南宁开埠百年纪念”论坛,发表《开埠通商对南宁城市发展的影响》、《继承开埠百年传统,全面深入对接东盟》、《回顾百年历史,继承开放创新思想》等理论性文章。晚报于1月1日开辟“开埠百年特刊”,以“演义”形式,推出了“百年商埠之历史演义”、“百年商埠之老店演义”等14个专版,分别从历史、地理、老街、老店、市场、饮食、货运、人文等14个方面,对南宁开埠100年以来发生的变化进行了系统的回顾,并配发一组有关南宁开埠的老照片。两报共刊发文章、新闻照片等278篇(幅)。

构建和谐社会的先进典型报道 为了配合宣传中共十六届六中全会和中共南宁市第十次代表大会关于构建和谐社会的精神,《南宁日报》于3月5日头版头条推出构建和谐社会的坚强卫士、市公安局刑事科学技术研究所副所长杨家荣的先进典型系列报道,用长篇通讯的形式,介绍杨家荣的先进事迹,并配发评论员文章。之后,陆续刊发了杨家荣的日记、工作手记和入党志愿书摘录,全市群众及各基层单位踊跃向杨家荣学习和由此带来的新气象,全市政法系统干警座谈学习杨家荣先进事迹体会摘登等报道。《南宁晚报》从3月5日推出“‘杨提刑’背后的故事”专栏,以讲故事的形式,向读者介绍杨家荣在痕检工作中屡破奇案的事迹。两报共刊发报道26篇(幅)。为了把构建和谐社会的报道引向深入,日报又在一版开辟“和谐建设在基层”专栏,重点宣传万寿堂药业有限公司、唐山路社区冯辛华、黄美玲夫妇,江南区雷寨坡等一大批构建和谐社会的先进单位和先进个人,并配发《把“和谐建设在基层”活动不断引向深入》等短评。日报利用专栏宣传的典型单位12个、先进个人5个(对),配发短评3篇。

“南宁辉煌2006”重点报道 为了激励全市人民在新的一年里取得新的成绩,《南宁晚报》从1月25日起推出“南宁辉煌2006”重点报道,主要总结与回顾南宁市在2006年里各方面所发生的巨大变化。全部报道由“和谐南宁”、“力量南宁”、“创新南宁”、“巨变南宁”、“开放南宁”、“感动南宁”六大部分组成,每天刊登一部分,至1月31日结束。每部分有8个整版,既有记者采写的文章,又有普通老百姓发自内心的心声,全部由事实和数字说话。每一个版面都图文并茂,图片的内容多数是普通的老百姓以及南宁市的新建筑、新景点等。在“巨变南宁”部分,刊登北大桥、凌铁大桥、葫芦鼎大桥、南宁大桥、凤岭立交桥、仙葫大桥、桃源大桥等7座已建或在建大桥的图文资料,给读者带来很大的视觉冲击力。这一重点报道共48个整版,刊发文章248篇、图片144幅。

【南宁日报社主题社会活动】 2007年,《南宁日报》和《南宁晚报》组织了一系列社会活动,提高报纸在市民中的影响力,加深市民与报社的感情。

党报进农村 服务千万家系列活动 2月14日,《南宁日报》在武鸣县锣圩镇启动“党报进农村,服务千万家”系列活动,中心内容是送政策、送信息、送技术、送文化下乡,使农民感知新鲜事,感受新变化,感觉新生活。系列活动一直持续到5月上旬。期间,南宁日报社先后到全市12个县区的广大农村,开展不同主题的活动,3月在横县举办《南宁日报》杯6县篮球赛,4月举办百场电影进农村等。此项活动有10多万农民朋友参与,活动的情况都及时在日报进行报道。

2007“利群阳光”助学行动活动 由《南宁晚报》、搜狐教育频道和浙江中烟公司联合推出的2007“利群阳光”助学行动于6月上旬开始,至8月27日结束。共捐助贫困学子40人、每人获赠助学资金5000元。为了增加活动的透明度,晚报将资助的条件在报上予以公布,并采用个人报名、学校推荐、入选者名单在晚报进行公示的方式层层把关,使助学资金真正使用到贫困学生身上。同时,还将一部分受资助者的生活照、学子档案、家庭状况、个人对读书的迫切愿望等情况以访问形式见报,增加读者对受资助者的了解。 (符显略 苏贤庆)

【南宁广播电视报】 南宁电视台主管主办,周刊,公开发行。2006年末,市广播电视局经研究决定,并报市委宣传部和自治区出版局批准,《南宁广播电视报》于2007年1月1日起休刊。2007年3月,经与广西动力策划投资公司(民营广告公司)洽谈协商,达成协议:在报纸所有权、坚持正确舆论导向和出版终审权不变的前提下,由该公司全面代理报纸的出版、发行和广告业务。市广电局委派有关人员负责报社工作,把握报纸的正确舆论导向,把握好终审关。经上级批准,《南宁广播电视报》于2007年4月复刊并同时改版。2007年10月,对报纸进行第二次改版,调整了内容、形式。改版后报纸全部采用铜版纸彩色印刷,共92个

2007年驻南宁市主要报纸情况表

名称	类别	刊期	创刊时间	主办(管)部门	地址	期发行量(万份)
广西日报	党政机关报类	周七	1949.12.3	广西日报社主办,自治区党委主管	民主路21号	16.00
南国早报	城市新闻类	周七	1995.10.19	广西日报社主办、主管	民主路21号	28.00
当代生活报	城市新闻类	周七	1997.12.25	广西日报社主办、主管	民主路21号	8.00
南国今报	城市新闻类	周七	2002.2.18	广西日报社主办、主管	民主路21号	10.34
广西政协报	政协人大类	周三	1990.7.20	自治区政协主办、主管	桃源路3号	2.01
华声晨报	城市新闻类	周七	1956.3	广西海外交流协会、中国新闻社广西分社主办,广西海外交流协会主管	桃源路4号	2.00
广西民族报	其他类(汉文)	周四	1992.8	自治区民族语言委员会主办、主管	桂春路16号	0.50
广西民族报	其他类(壮文)	周一	1957.7	自治区民族语言委员会主办、主管	桂春路16号	0.20
广西电力报	工业类	周一	1987.9	广西电力报社主办,广西电网公司主管	民主路6号	3.00
新绿报	农业类	周一	1982.2.26	广西农垦集团有限公司主办、主管	七星路135号	0.70
南方科技报	科技类	周三	1958.9	自治区科协主办、主管	古城路31号	1220.10
法治快报	法制公安类	周七	2000.7.1	广西日报社主办、主管	东葛路20-1号	6.00
民族医药报	医药卫生类	周一	1989.1.5	广西民族医药研究所主办、主管	明秀东路234号	4.60
广西大学报	高等学校校报类	周一	1982.11.5	中共广西大学委员会宣传部主办,中共广西大学委员会主管	大学路广西大学内	1.20
广西民族大学报	高等学校校报类	月	1953.7	中共广西民族大学委员会宣传部主办,中共广西民族大学委员会主管	大学路80号	0.30
广西师范学院报	高等学校校报类	半月	1978.12.25	中共广西师范学院委员会宣传部主办,中共广西师范学院委员会主管	明秀东路175号	0.30
广西财经学院报	高等学校校报类	月	1994.4	中共广西财经学院委员会宣传部主办,中共广西财经学院委员会主管	明秀西路100号	0.30
广西教育学院报	高等学校校报类	月	1986.12.31	中共广西教育学院委员会宣传部主办,中共广西教育委员会主管	建政路37号	0.20
广西广播电视报	广西电视类	周	1997.12.27	广西人民广播电台、广西电视台主办、主管	七星路123号	8.20
广西工人报	工人类	周三	1958.3.1	自治区总工会主办、主管	古城路4号	2.00
广西少年报	少年儿童类	周一	1994.2.28	少先队自治区工委主办、主管	古城路4号	6.50
广西老年报	老年类	周二	1988	自治区老龄委主办、主管	星湖路35号	2.50
小博士报	少年儿童类	周三	1984.12	自治区科协主办、主管	古城路31号	15.00

版。4~12月共出版38期,平均期发行量5000份。　　（侯双穗）

【驻市报纸】 2007年，南宁市有各类驻市报纸23家。其中,有《广西日报》等综合类报纸8家;《广西电力报》等行业专业类报纸10家;《广西广播电视报》生活服务类报纸1家;《广西工人报》等读者对象类报纸4家。（符显略　苏贤庆）

广播电视

【概　况】 2007年,南宁市(含驻市)有省级广播电台1座,地级广播电台1座;省级电视台1座,地级电视台1座;县级广播电视台6座;市属有线电视用户(含邕宁区)47.82万户。市广播电视系统共有员工237人（市属512人、县属225人）;市、县共有卫星广播电视接收站4.28万个。年内,市属广播电视系统围绕市委、市政府的中心工作,服务大局,把握正确舆论导向,坚持“三贴近”(贴近生活、贴近实际、贴近群众)原则,为南宁市改革开放和现代化建设营造了良好的舆论氛围，完成了上级交付的各项宣传报道任务。市广播电视局被国家人事部、国家广播电影电视总局授予“全国广播电影电视系统先进集体”称号,南宁市广播电视局被自治区广播电视局评为“2007年度工作目标管理一等奖”。南宁人民广播电台录制的广播剧《红帆船》获广西第十届精神文明建设“五个一工程”(2003~2007)入选作品奖。南宁电台播出部副主任黄健春、南宁电视台影视娱乐频道总监施娟被自治区广电系统记个人二等功。南宁电台被中央电台采用稿件7篇。南宁电视台被中央电视台采用稿件105条,被广西电视台采用稿件149条,在全国城市电视台新闻交换播出247条。南宁电台通过全国卫星音乐广播协作网,在20多家省、市电台同步直播《大地飞歌》晚会,覆盖人口1亿多。南宁电视台《两会一节大看台》节目在新华网广西频道、南宁电视台网站进行同步直播,并开辟网友聊天室，主持人与网友实现在线互动,开创媒体传播的新途径。通过与覆盖北美地区的中国黄河电视台国际台合作,向美国、加拿大等北美国家积极宣传南宁。2006年末,南宁电视台与越南国家数字技术电视台建立友好合作关系,于2007年春节成功举办跨国连线直播晚会《春天的旋律》,覆盖南宁市和越南40多个省60%的人口，实现了转播范围最大化。受到越南国家领导人和越南民众的广泛赞誉，当晚的收视率超过越南中央电视台同时播出的春节晚会；中国国务院办公厅专门为此刊发政务信息。年内,制作播出的广播、电视节目获国际奖项2个,国家级奖项28个,省级奖项60个,市级奖项43个。南宁电视台摄制的纪录片《温飘贝哲》,在2007年9月的“2007中国纪录片国际选片会”上被评为“中国十大纪录片”。累计完成4.28万套卫星地面接收设施的转星调整任务。全年电台安全播出2173小时,电视安全播出4962小时,数字电视安全播出56.3万小时,模拟电视安全播出34.53万小时。广西首台数字卫星新闻采集车投入使用，实现在南宁任何地点的电视直播。广播多功能直播车10月1日投入使用，集播音制作、现场扩音、信号传输、调频覆盖于一体，是广西第一台真正意义上的广播专用直播车。南宁电视台数字硬盘自动播出系统全面启用，标志着南宁电视台开始有数字化播出。市属广播电视系统全年创收7592万元，比上年增长12.15%。存在的主要问题：创收渠道单一，没有形成多元化产业经营，抗击创收过程中的负面因素影响能力较弱；宣传报道与经营创收结合尚不够紧密，时而有脱节现象；南宁电台、南宁电视台的信号未能覆盖全市面积。（黄勇章）

【中越首次连线直播春节电视晚会】2007年2月16日晚（中国农历年的年二十九，越南农历年的除夕），由中国南宁电视台和越南数字技术电视台跨国连线直播的春节晚会《春天的旋律》获得圆满成功，首创中国城市电视台跨国电视连线直播的先例。晚会采取双方各设晚会现场，双方负责内容围绕一个主题交错进行。节目信号在中方是通过南宁电视台新闻综合频道、南宁人民广播电台新闻综合频率播出，在越方则通过越南数字技术电视台电视频道播出。由于越南数字技术电视台是国家级电视台，节目通过有线网络覆盖越南40个省（占越南全国收视覆盖总份额的三分之二），可收视观众占越南全国8200万人口的60%。另外，晚会还在www.nntv.cn（南宁电视台网站）和www.vtc.vn（越南数字技术多媒体网站）同步视频道直播，实现了传播范围和影响力的最大化。晚会在南宁观众和越南观众中引起热烈反响，在南宁地区的收视率6.72%。晚会还引起了两国高层的关注。越南总理阮晋勇在晚会举办前即表示期待看到这台晚会，并宴请晚会的越方主创人员。中国国务院办公厅要求将晚会有关详情上报国务院。晚会呈现以下特点：一是双向互动、多点连线。晚会通过卫星双向互传信号的方式，在中国南宁电视台8号演播厅和越南数字技术电视台4号演播厅及越方第二现场河内中心广场、第三现场河内还剑湖玉山四个地点交替进行，两台互切信号同步直播。在各现场参与直播的观众，南宁有600多人，越南河内有2500多人。二是双语沟通，突破语言障碍。双方调用的翻译（含双语主持人）有12人。三是内涵丰富，感情真挚。晚会由丰富多彩的介绍中越传统、现状与两国年俗，表现源远流长的中越友谊，展望友好合作的美好未来三大内容构成。在第二板块中，晚会设置了南宁市育才学校师生屏幕见面的互动环节，请《广西日报》的老摄影家赵黄岗追忆当年为胡志明主席拍照片的往事，表现了越南与中国源远流长的友好关系。晚会还创作了音乐短剧《美丽的邂逅》，以两名中越青年动人而美丽的邂逅故事，寓意两国青年一代对传统友谊的珍视和爱护。越南方面的节目也丰富多彩，很好地表现了越南的文化传统与时代风尚。四是充分运用电视语言，凸现南宁形象。晚会调动多元电视表现手段，通过舞美造型、插播电视短片、节目的背景视频及直接歌唱南宁的节目设置等，将南宁的城市形象自然融入晚会当中，较好地展示了南宁作为泛北部湾中心城市的迷人魅力。（王　戈）

2月16日晚，南宁电视台和越南数字技术电视台连线直播的春节晚会——《春天的旋律》现场　王　戈　摄

【南宁电台广播直播车启用】2007年10月1日，广西首台多功能广播直播车在南宁人民广播电台正式启用。该车集现场直播、录音、传输、扩音和调频发射等功能于一体，设备以广播级专业数字设备为主，可容纳3~4名主持人播出节目，播音信号可通过宽带、数字电话、光纤、调频发射等多种方式传输回南宁电台进行播出，还配备有3台功放机用于现场扩音，并配备有300瓦广播调频发射机和电动升降发射天线。该车投入使用后，南宁人民广播电台可以对突发性新闻事件、节庆活动等进行现场直播，并可实现多家电台联播或同步直播。（唐　燊）

【南宁电视台数字卫星新闻采集车启用】2007年9月5日，广西首台数字电视卫星新闻采集车在南宁电视台投入使用。由南宁电视台有关工程技术人员历经一年多的研究设计调试安装而成。设有两迅道摄录像系统，蓝光盘便携式编辑系统，配置1.5米口径的波段卫星发射天线，400瓦行波管高功效发射系统；可灵活、快捷地完成新闻节目采集、制作，通过卫星转发，将节目传输回基地播出。设备由原车动力提供5千瓦供电，也可由市电供电，同时配备3千瓦不间断供电系统。接到突发新闻任务，经短时卫星通道申请，采集车开到现场后即可以投入采集制作、向星发射，通过基地的卫星接收系统，实现电视新闻的采、传、播。该车投入使用后，可配合南宁电视台原有的6迅道数字电视转播车或4讯道箱载数字转播系统实现互联，用卫星传输方式单独作为转播车参与节目制作。从此，南宁电视台可以实现对突发性新闻事件、节庆活动等的现场直播，多家电视台共同联播，同步直播、单向连线直播式双向直播。（杨新录）

【南宁人民广播电台】2007年，南宁电台和市广播电视局为局台合一体制。内设总编室、新闻综合广播、交通音乐广播、乡村生活广播、经济信息部、播出部、节目录制部、交通信息部、群工部、中播发射台10个部门，有员工86人（具有高、中级技术职务任职资格的38人）。年内，南宁电台的新闻综合广播频率、交通音乐广播频率、乡村生活广播频率执行新的节目表播出。设有《南广新闻网》、《南广新闻》、《天气预报》、《供求热线》、《政风行风热线》、《小说连播》、《八桂新农村》、《邕城房地产》、《1014今晚报》、《音乐书斋》、《交通实况》、《让我们荡起双桨》、《车迷世界》、《交通传真》、《交广早班车》、《广播奥运会》、《家有仙妻》、《风行东盟动听榜》、《财路双通》、《的哥的姐笑起来》、《车无界》、《交通欢乐颂》、《中国歌曲排行榜》、《彩铃乐翻天》、《十点音乐派对》、《一路欢歌》、《大城小事》、《交广资讯通》、《粤语金曲》、《大小姐听歌喂》、《可乐生活》、《乡村大视野》、《生活百事通》、《时光倒流》、《碟碟不休》、《勇叹调》、《打工仔打工妹》等92个栏目。3套节目坚持“本土化、专业化、对象化”的方针，服务首府发展，突出地方特色，实行分频传播，紧密贴近听众、贴近

生活、贴近实际,服务社会,服务大众。在宣传工作方面,突出宣传党的十七大精神、邓小平理论、“三个代表”重要思想和深入贯彻落实科学发展观,配合市委、市政府的中心工作,开展创新年、行政效能建设、建设和谐南宁、城乡清洁工程、两会一节、建设社会主义新农村等宣传报道。“两会一节”期间,精心组织策划宣传报道方案,开设多个专栏报道活动盛况。集播音制作、现场扩音、信号传输、调频覆盖于一体的广播专用直播车正式启用。共播出新闻稿8.7万多篇,其中《西部十省农村开学免杂费,我市70多万农民孩子受益》等15篇广播作品获广西新闻奖、广西广播电视奖。在节目质量方面,通过国家统计局广西调查总队四个季度的广播听众收听调查,3套节目在南宁地区市场收听占有率47.8%,继续排在自治区各电台的前列。 (唐 燊)

【南宁电视台】 2007年,南宁电视台与市广播电视局为局台合一体制。设置新闻综合频道、都市生活频道、影视娱乐频道、公共频道和节目部、广告部、总编室等部门。市数字电视整体平移后节目同时以数字和模拟信号方式传输,无线覆盖市所辖六县六城区,新增用户人口50万人。开办4套电视节目,全年播出节目2.63万小时。新闻综合频道播出节目主要有《南宁新闻》、《新闻夜班》、《新闻快览》、《关注》、《有话日日倾》、《故事》、《周末看台》、《警方传真》、《钻石剧场》;都市生活频道有《都是生活》、《我上电视》、《牌王PK大赛》、《经典电影回顾》等;影视娱乐频道有《串串乐动画城》、《动漫开MIC》、《光影特攻》、《老友剧场》、《天天好剧场》等;公共频道有《街知巷闻》、《公共资讯快报》、《移动社会故事》、《热片再看剧场》;广告部有《开心大赢家》、《车行绿城》、《家住绿城》、《天天理财》。共发新闻稿近2万条,选送中央电视台采用稿件105条(新闻联播22条)、广西电视台采用稿件149条、全国城市电视台新闻交换播出247条。采用市辖6县区通讯员稿件1317条。购买引进电视剧1708集;购买国产电视剧1126集、栏目节目2279集。各类节目共获得89个奖项。其中,国际性奖2个;全国性作品奖20个;自治区级奖45个,市级奖20个。4个频道的晚间收视市场份额,比上年增长17.06%,其中新闻综合频道、都市生活频道晚间收视市场份额比上年分别增长18.17%和61.64%。经营创收任务完成6202万元(含技术中心),比上年增长16.2%。新闻宣传方面,紧扣中心工作形成规模,把学习贯彻党的十七大精神、“两会一节”、城乡清洁工程、望州南精神、南宁市获“联合国人居奖”等主旋律新闻宣传做深、做新、做活,在有效地服务大局的同时进一步提升了南宁电视台的新闻影响力。对外宣传方面,通过黄河电视台在北美洲等国播出纪录片17部60集时长720分钟,扩大了南宁电视台在海外的影响。2条关于外宣工作的信息分别被国务院办公厅和国家广电总局采用。经营创收方面,加强采编与创收的联动,非广告部门的经营创收比上年同期增加58.6%。机制创新方面,进行了公共频道放开经营、都市生活频道合作运营方案的研究、论证和制订工作。

(王 戈)

【南宁广播电视技术中心】 2007年,南宁广播电视技术中心和市广播电视局为局台(中心)合一体制。内设技术综合部、技术制作部、播出部、发射台等4个部门。有员工86人(具有高、中级技术职务任职资格的15人)。年内,南宁广播电视技术中心以“精良制作、安全播出”为目标,在技术保障、服务、管理、进步和节目包装、制作及经营创收等方面,取得显著成绩。获广西广播电影电视局电视节目技术质量奖一等奖4个,国家广电总局电视节目技术质量奖(金帆奖)二等奖1个、三等奖2个,被自治区人事厅、广播电视局记集体二等功。加大基础设施建设,完成了市辖6县建站点、拉光纤和竖铁塔等效功率模拟覆盖的各项工程,项目一期工程于8月投入使用。完成30批次的1300万元的数字化改造项目。随着100平方米演播室、200平方米多功能会议室、800平方米演播厅、2迅道数字卫星新闻采集车、全数字6+2迅道转播车、数字微波移动采访车等数字广播电视制作设备的相继启用,全面提高南宁广播电视节目制作以及安全播出能力。引进数字硬盘自助播出系统,8月29日全面启用,实现了南宁电视台自主办频道全部数字化,副频道数字化率80%,彻底杜绝了由录像机、录像带引进劣播、漏播事故,该系统为以后南宁电视台建设编播一体化网络提供了保证。先后完成2007

10月1~3日,南宁电视台在良凤江国家森林公园举办金秋欢乐节暨南宁电视台欢乐聚会 王 戈 摄

7月22日晚,南宁电视台转播“其乐融融望州南”大型社区文艺晚会 王 戈 摄

2007年南宁市广播电视系统获奖情况表

获奖项目	节目名称	获奖单位	获奖等级	获奖人员(部门)
国家广电总局广播节目技术质量奖(金鹿奖)	《民乐小组奏——长信恨》	南宁电台	录音技术质量音乐类三等奖	李锐强　黄健春
全国城市电视台新闻奖	《走四方》	南宁电视台	电视文艺优秀作品纪录片类二等奖	徐海彬　陈　毅　陆双凤
	《天使的微笑》	南宁电视台	全国第九届电视外宣彩桥节目《中国都市》二等节目	杨　昭　陈　毅
	《无人看守的菜摊》	南宁电视台	全国城市电视台2006年度电视新闻短消息类二等奖	罗永攀　谢　杨
	《针尖上的关怀》	南宁电视台	全国城市电视台2006年度电视新闻评论类三等奖	刘曦元　石伟俊　汪　志
全国与自治区有关奖项	宣传报道先进集体	南宁电视台	全国科技活动周广西活动宣传报道先进集体三等奖	新闻综合频道
	十佳少年维权岗提名	南宁电视台	广西十佳青少年维权岗提名奖	新闻综合频道
	优秀青少年维权岗	南宁电视台	共青团中央、中央综治办、国家广电总局优秀青少年维权岗	新闻综合频道
	十佳青少年维权岗提名奖	南宁电视台	共青团广西区委员会、自治区广播电视局十佳青少年维权岗	新闻综合频道
广西电视节目技术质量奖	《南宁新闻》	南宁广电技术中心	录音技术质量奖(新闻类)一等奖	朱华伟　蒋鹏程 陈晓华　余　蓓
	《春天的旋律——中越迎春晚会》	南宁广电技术中心	录制技术质量奖(综合类)一等奖	沈宏四　吴开扬 王平和　蒋鹏程 朱华伟　吴晓晴 樊　琴　莫　毅
	《从我做起 创建文明社区》	南宁广电技术中心	视频图形制作技术质量奖(短片类)一等奖	吴玉泉　吴开扬 蒋鹏程　莫　毅
广西县级播出机构电视剧播出秩序先进单位		武鸣县广电局 横县广电局 宾阳县广电局 上林县广电局 马山县广电局		
广西广播电视新闻奖	短消息《西部十省农村开学免杂费,我市70多万农民孩子受益》	南宁人民广播电台	广西新闻奖一等奖、广西广播电视奖一等奖	李蔚华
	长消息《南宁市即将消除"零就业家庭"》	南宁人民广播电台	广西新闻奖一等奖、广西广播电视奖一等奖	林智军
	短消息《南宁市今天举行城乡清洁工程百万市民大行动》	南宁人民广播电台	广西新闻奖二等奖、广西广播电视奖二等奖	苏宝文
	现场直播《政风行风热线走进社区特别节目》	南宁人民广播电台	广西新闻奖二等奖、广西广播电视奖二等奖	覃　萍　梁　军　莫文冰
	对象性节目《小小竹篮编出大大世界》	南宁人民广播电台	广西新闻奖二等奖、广西广播电视奖二等奖	黄秋萍　邓言钒
	音乐专题《硝烟散尽,再听绿茵战歌》	南宁人民广播电台	广西广播电视奖一等奖	宋向华
	文学节目《阅读〈说话的魅力〉》	南宁人民广播电台	广西广播电视奖二等奖	梁　军
	《真人露相》平民奥斯卡欢乐盛典晚会	南宁电视台	电视文艺优秀作品综艺类二等奖	粟　战　覃　忠　班　宁 武颖娜　栾环宇
	《岭南奇山 人间仙境》	南宁电视台	电视文艺优秀作品文学类二等奖	粟　战　刘琪琨 骆阳能　马镜心
	《旗手》	南宁电视台	电视文艺优秀作品纪录片类三等奖	杨　昭
	《玫瑰绽放的年代》	南宁电视台	电视文艺优秀作品广告类二等奖	罗春子　张　婷 姚　卫　杨艺军
	《花山梦想》	南宁电视台	电视文艺优秀作品音乐类二等奖	施　娟　唐美红　陈　睿 曾　斌　黎莎娜　王　刚 李　军
	《让大地永远美丽》	南宁电视台	电视文艺优秀作品音乐类一等奖	施　娟　唐美红　陈　睿 曾　斌　黎莎娜　王　刚 李　军
	《大幕拉开之前》	南宁电视台	电视文艺优秀作品纪录片类三等奖	农　丹　陈　敏
	《关注》	南宁电视台	广播电视优秀作品新闻类十佳优秀栏目二等奖	南宁新闻频道
	《新闻夜班》	南宁电视台	广播电视优秀作品新闻类十佳优秀栏目二等奖	南宁新闻频道
	《泛滥的录取通知书》	南宁电视台	广播电视优秀作品新闻专题类三等奖	谢玉凤　杨建彬

续表

获奖项目	节目名称	获奖单位	获奖等级	获奖人员(部门)
广西广播电视新闻奖	《针尖上的关怀》	南宁电视台	广播电视优秀作品奖新闻评论类三等奖	刘曦元　石伟俊　汪　志
	《村官打擂台 竞建新农村》	南宁电视台	广播电视优秀作品奖新闻类短消息三等奖	李文静　李　川
	《总理的牵挂》	南宁电视台	广播电视优秀作品奖新闻类长消息二等奖	罗永攀　谢　杨
	《雷婆岭石刻群》	南宁电视台	广播电视优秀作品奖社教类专题片二等奖	腾　庆　朱铁军　郑　浩
	《知识经济时代广播电视媒体人力资源管理创新思考》	南宁电视台	广播电视优秀作品奖论文类二等奖	刘锦钢
	《社会主义荣辱观广播电视媒体如何统一的道德取向》	南宁电视台	广播电视优秀作品奖论文类二等奖	刘锦钢
	《千年行过》	南宁电视台	广播电视优秀作品奖社教类长记录片二等奖	农　丹　陈　毅
	《和谐发展背景下新闻生态局部思考》	南宁电视台	广播电视优秀作品奖论文类三等奖	何光明　刘锦钢
	《桥》	南宁电视台	广播电视优秀作品奖社教类系列片二等奖	杨　昭　陈　敏
	《200辆的士元宵深夜围剿抢劫的歹徒》	南宁电视台	广播电视优秀作品奖新闻类长消息一等奖	陈　戈　谢　杨
	《白马公交屡屡出事》	南宁电视台	广播电视优秀作品奖新闻类连续系列报道一等奖	戴珊珊　李永思　欧阳坚
	《心动学堂》	南宁电视台	广播电视优秀作品奖新闻类少儿节目优秀奖	都市频道　我上电视栏目
	《南宁周刊》	南宁电视台	广播电视优秀作品奖播音主持类播音优秀奖	党　军
	《为人民服务》	南宁电视台	广播电视优秀作品奖播音主持类主持优秀奖	武颖娜
	《试论电视民生新闻的人文关怀》	南宁电视台	广播电视优秀作品奖论文类三等奖	唐彩虹
	《小栏目何以成大气候　南宁台故事栏目分析》	南宁电视台	广播电视优秀作品奖论文类三等奖	梁海月
	《当前我国城市电视台生态审视》	南宁电视台	广播电视优秀作品奖电视理论类二等奖	刘锦钢
	《从蓝海战略看电视意见竞争》	南宁电视台	广播电视优秀作品奖电视理论类二等奖	覃露莹

越南数字技术电视台、南宁电视台合作的迎春晚会——《春天的旋律》，南宁市荣获“联合国人居奖”和《大地飞歌——2007南宁国际民歌艺术节开幕式晚会》、《振宁之夜——外国艺术家演唱会》、《2007世界先生总决赛》、《第二届南宁国际半程马拉松比赛》等218场大型电视节目的直播和录制。独立完成经营收入250万元。（黄勇章）

【驻市广播电视机构】

广西人民广播电台　2007年，开办卫星广播、经济广播、教育生活广播、交通广播、文艺广播、对外广播(用越南语对越南和粤语对东南亚华人华侨广播)等6套节目。其中，卫星传输4套节目(卫星广播、经济广播、文艺广播、交通广播)；对国内播出的5套节目互联网转播。公共广播节目时间36102小时。其中，新闻资讯类节目2845小时45分钟；专题服务类节目10482小时30分钟；综艺益智类节目6213小时；广播剧类节目4105小时30分钟；广告类节目1881小时45分钟；其他类节目10573小时30分钟。转播中央人民广播电台节目时间738小时，购买交换时间3880小时。播出广播剧120部703集。

广西电视台　2007年，开办卫视频道、综艺频道、都市频道、体育频道、影视频道、资讯频道、公共频道等7个频道节目。公共电视节目播出时间49679小时30分钟。其中，新闻资讯类节目7396小时50分钟；专题服务类节目5108小时15分钟；综艺益智类节目3491小时30分钟；影视剧类节目18656小时40分钟；广告类节目8719小时；其他类节目6307小时15分钟。转播中央电视台节目183小时，购买交换节目时间37516小时10分钟。播出电视剧596部16173集，动画片24部2826集。

中央人民广播电台广西记者站　2007年，随着传播方式的多渠道和多样化，为适应新形势、新变化的需要，配置新型采访设备。在第四届中国—东盟博览会、玉林第四届中小企业商机博览会等重大事件的宣传上，始终发挥着中央主流媒体的重要作用。同时，还注重利用网络资源更好地发挥记者站的宣传优势。（谢向东）

新闻出版(版权)管理

【概　况】 2007年，南宁市图书、电子出版物经营单位有1026家。其中，图书二级批发市场1家（广西图书批销市场)；图书、音像、电子出版物零售专业市场3家(南宁市文化综合市场、广西民族商场和广西电子科技广场)；出版物批发单位93家，零售书店561家，书报亭249家；电子出版物经营单位119家。印刷复制企业1102家。其中，印刷企业426家(出版物印刷87家，包装装潢印刷138家，其他印刷品印刷193家，排版、制版、装订专项许可证8家)；“三印”(复印、打印、影印)单位676家。全市累计印刷资产总值9.8亿元。当年印刷复制工业产值16.7亿元（约占全市GDP的2%)，比上年增长20.9%。其中，出版物印刷产值7.4亿元、包装装潢印刷产值8.2亿元、其他印刷品印刷产值1.1亿元，分别占全市印刷复制业总产值44.29%、48.93%和6.76%。年内，市新闻出版(版权)局加强新闻出版(版权)执法队伍建设，加大法律法规宣传培训力度和市场监管力度，开展了一系列“扫黄打非”专项行动，整顿规范出版物市场和印刷业秩序，新闻出版(版权)社会管理成效显著。市新闻出版局赖克强被评为全国“扫黄打非”办案有功个人。市“扫黄打非”工作小组办公室、市新闻出版局被评为2007年广西“扫黄打非”办案有功集体。

【版权管理】

首批企业软件正版化工作　2007年，南宁市软件正版化的工作重点是推进首批20家企业使用正版软件。首批企业共有台式机2362台，笔记本电脑110台，服务器110点。至5月末，首批企业全部完成清理盗版软件使用正版软件工作，超额完成自治区下达任务。其中，广西华宏水泥公司、南宁五菱桂花公司、壮

3月15日，南宁市推进首批企业使用正版软件工作布置会　　钟琦惠　摄

宁公司、广西南南铝箔公司分别购买和安装208套、336套、41套、20套正版软件。振宁公司、南化集团、南化股份、南糖、建宁水务、广发重工集团等企业也都完成了清理盗版软件使用正版软件工作。

打击网络侵权盗版专项行动　8月始，市新闻出版(版权)局在全市开展打击网络侵权盗版专项行动。共对850家网吧的经营情况进行调查摸底。协同县区和有关部门召开12次共1000多人参加的网站、网吧业主动员培训大会，并利用政风行风热线对专项行动进行了宣传。期间，办理了国家版权局转办的2个网络侵权案件，在调查核实的基础上，关闭有关涉嫌侵权网站，先后对权利人举报的18家有侵权行为的网站、网吧进行调查取证和调解。

【出版物市场监管】　2007年，市新闻出版(版权)管理部门对出版物市场监管实行集中整治与建立制度长效监管相结合、条条监管与块块监管相结合、职能部门监管与发动群众监管相结合的办法，每周开展市场例行检查4次，与各县区新闻出版管理部门签订年度目标管理责任书。市、县区共出动稽查人员1.53万人次，检查印刷企业2000多家次，图书、电子出版物店(摊)6800家次，收缴非法的图书5万多册、报纸6万多份、电子出版物5000多张和“六合彩”非法资料7.6万册(份)，有效地维护首府出版物市场正常秩序。

加强基层指导与培训　市新闻出版(版权)局经常到县区部门和出版物集中市场、出版物发行企业及印刷企业，进行指导和帮助，及时了解掌握基层管理工作与行业、产业发展情况，强化市、县区两级管理合力，确保纵向管理网络发挥更大效果。7月，举办1期新闻出版、版权法律法规培训班，对全市新闻出版管理系统80名工作人员进行出版物市场管理、印刷业管理和版权管理行政执法业务培训。

印刷专项检查行动　9月，为进一步规范全市印刷复制市场秩序，强化制度管理，严厉打击非法印刷复制窝点、查处违规经营的企业，市新闻出版局分派3个执法检查小组会同6个城区新闻出版管理办公室，对印刷复制企业开展专项检查。查处非法盗印和擅自加印行为，检查印刷企业执行有关制度情况，查看印刷企业的印制委托书、内部资料性出版物准印证、承印记录簿、施工单、工商部门的批准文件等手续是否齐全。共检查印刷企业300多家，未发现有明显违法违规现象，行业自律情况良好。

出版物发行企业年度核验　市新闻出版管理部门对出版物发行企业进行年度核验。全市参加2006年年检的出版物经营单位共有1041家。其中，新华系统出版物批发单位18家，非新华系统出版物批发单位75家；新华系统出版物零售单位24家，非新华系统出版物零售单位924家。经初审，新华系统出版物批发单位和非新华系统出版物批发单位全部合格并上报自治区新闻出版局参加年检。出版物零售经营单位948家，其中904家参加了由县区(开放区)新闻出版管理办公室负责的年检。经审核，通过年检的出版物零售经营单位881家，缓检8家，吊(注)销15家，因其他原因未参加年检的出版物零售经营单位44家。

报刊亭经营报刊品种统一配供管理　为了建立南宁市报刊亭经营管理的长效机制，杜绝一些格调不高的书报刊甚至非法出版物在报刊亭销售，12月3日起，全市报刊亭所经营的报刊品种实行统一配供管理。各报刊亭经营的报纸和期刊品种，统一由广西邮政书报刊发行局和南宁日报社配供。负责统一配供的单位，在配供前必须将配供的品种目录报送市新闻出版局审核备案，非审核备案品种不得配供。报刊亭如有需销售配供品种以外的其他报刊，可与广西邮政书报刊发行局零售业务部和南宁日报社协商，并报送市新闻出版局同意后增加相应配供品种。

春秋季中小学进校书刊检查　市新闻出版（版权）局加强对进校书刊的管

市委常委、宣传部部长，副市长肖莺子(左一)到出版物市场检查指导工作　　黄小蔄　摄

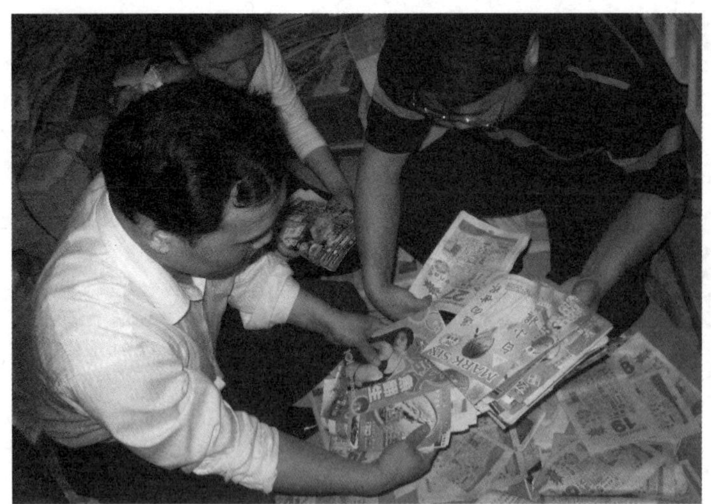

南宁市各级“扫黄打非”机构严厉打击地下“六合彩” 黄小荀 摄

理,整顿和规范出版物发行市场秩序,开展了南宁市2007年春季、秋季中小学进校书刊检查活动。一是检查辖区内各中小学校“课前到书,人手一册”的情况是否得到了贯彻落实;二是检查辖区内各中小学校是否按照自治区教育厅公布的《中小学教学用书目录》征订教材,教材和教辅材料的品种、数量、来源及采购方式是否符合规定,学校是否存在发行盗版图书和强制学生购书的行为;三是检查辖区内各中小学校的出版物发行工作是否切实实行了行政许可制度,是否存在无证经营出版物的行为;四是严厉查处并打击发行非法教材和非法教辅材料的行为。检查情况表明,各中小学校都统一向新华书店订购正版课本教材,进校书刊整体情况良好。

加强出版物专业市场监管 市新闻出版(版权)局进一步加强出版物专业市场监管工作。一是聘请市场专职管理员对市场进行管理和监督。二是采用日常检查和专项检查相结合的办法对市场进行监管,特别是逢节假日,都安排稽查队员到各个市场进行检查。三是发动群众积极举报,形成社会监管力量。全年共接到各类举报151个。其中,网吧、音像制品侵权举报93个;非法出版物举报54个;印刷厂举报4个。全部及时查处和反馈。达到立案23个,作出行政处罚23个(电子出版物7个、图书出版10个、印刷出版6个),罚款共13万多元。四是加强对业主的培训,提高业主守法经营自觉性。市新闻出版(版权)局分别于6月和9月组织南宁市出版物发行业主开展出版物发行法律法规培训,参加培训的业主100多人。

【“扫黄打非”工作】 2007年,南宁市各级“扫黄打非”工作小组办公室按照上级部署和要求,开展“扫黄打非”的春、夏、秋季战役。结合实际,及时组织开展以打击非法出版活动为重点的专项行动,严厉打击非法出版活动、淫秽色情、侵权盗版等违法犯罪行为,抓紧《死亡笔记》等恐怖类非法出版物的查缴,加强对“六合彩”非法资料的打击。共查缴各类非法出版物58.3万多件。其中,非法的图书13万多册、音像制品21万多张、报纸8.7万多份、电子出版物2.8万多张和“六合彩”非法资料11万多份。调查处理涉嫌非法出版物发行、违规印刷、侵犯著作权等各类案件103件。

开展“扫黄打非”春、夏、秋季战役 1~10月,市“扫黄打非”办组织、协调开展2007年南宁市打击非法出版物和非法出版活动春季、夏季和秋季战役,严密封堵和查缴非法出版物,严厉打击非法出版活动、淫秽色情、侵权盗版等违法犯罪行为。各级“扫黄打非”部门共出动检查人员近万人次,检查出版物市场1524个次、出版物销售店(摊)5748家次、印刷复制企业1324家次。收缴非法的图书7.96万册、报纸6.36万份、音像制品13.07万张、电子出版物7581张和淫秽色情出版物3003册(张),盗版教材教辅读物1200册。10月以来,组织公安、工商、市政、邮政、新闻出版、版权、文化等“扫黄打非”成员单位组成综合执法组,进行“扫黄打非”天天稽查行动,强化对出版物市场的监管。

查缴《死亡笔记》等恐怖类非法出版物 按照上级部署,市“扫黄打非”办组织、协调各县区、各部门开展查缴《死亡笔记》等恐怖类印刷品专项活动。期间,全市各级“扫黄打非”工作领导机构,协调新闻出版、公安、工商、文化、教育、南宁日报社等多部门联动,连续对印刷复制企业和出版物市场进行高密度巡查,对重点部位进行监控,采取逐片推进的方式开展地毯式检查。共出动执法检查人员4530人次、车辆890台次;检查报刊亭920家次、书店1500家次、出租书店980家次、出租音像制品店870家次、地摊游商1060个次、电子出版物店380家次、印刷企业720家次;查缴《死亡笔记》68套(册),《死亡笔记》音像制品69张,其他涉嫌恐怖类非法出版物290册。协调教育部门将专项行动与加强学校德育工作相结合,向学生宣讲《死亡笔记》等印刷品的危害性,教育学生自觉抵制此类印刷品。全市中小学生中未发现因受《死亡笔记》等印刷品而引发恐怖、暴力事件。

严厉打击“六合彩”非法资料 针对部分城区个别生活区和菜市出现贩卖“六合彩”非法资料屡禁不止的现象,市“扫黄打非”会同有关县区和部门研究建立监管长效机制,变面上打击为抓源头治理,在一定程度上遏制了“六合彩”非法资料漫延的势头。西乡塘等城区通过设立巡逻岗、邀请社区监督员参与监管等办法,建立了长效监管机制。此外,重点抓运输环节的打击,坚决堵截外地流入渠道。6月和8月,会同相关城区在埌东客运站、北大客运中心成功查截从福建、广东方向发车的非法携带运输“六合彩”非法资料的客运快班2次,查获“六合彩”等非法资料1.5万多份。组织文化、公安、工商、市政等成员部门,多次连夜对古城民主路口人行道、朝阳路一带以及安宁下市场周边利用正规报刊夹杂兜售“六合彩”非法资料、非法报纸等的交易点进行了突击检查,收缴《六合特点》、《特码解霸》等“六合彩”非法资料一批。11月,根据群众举报,在兴宁区三塘镇端掉两个贩卖“六合彩”非法资料窝点,收缴“六合彩”非法资料5280册(份)。

【南方印刷创新奖励基金】 由南宁市印刷行业协会组织和管理的南方印刷创新奖励基金于5月1日正式设立。由广西南方印刷物资有限公司每年捐资3万元注入基金会,奖励基金专用于奖励印刷领域的技术发明、技术应用创新、设备改造创新、企业管理创新等,每项奖励额度为500~5000元。凡是市印刷行业协会的会员单位或会员单位的员工工作创新,符合奖励条件的均可申报奖励。该项工作列为南宁市创新年活动成果之一。

【全国印刷设备器材展示会】 于2007年4月底在南宁市印刷工业园展示中心举行。展会面积2000多平方米,参展商家50多家,成交额400多万元。展品有印刷设备、包装设备、印后加工设备、丝印设备、制版设备、纸箱设备、造纸设备及器材油墨等,以及各种新技术、新设备、新材料、新工艺。期间,举办UV上光油新材料应用技术培训班,并组织印刷企业赴越南开展投资洽谈活动。

(黄小荀)

责任编辑 李志楠

卫　　生

综　　述

【概　况】 2007年，南宁市辖区卫生机构有2112家（含自治区直属及驻邕卫生机构，下同;不含村卫生室）。其中:医院82家，乡镇卫生院119家，疾病预防控制机构10家，卫生监督所14家，妇幼保健机构9家，专科疾病防治院（所）1家，社区卫生服务站中心（站）74家，门诊部（诊所、卫生所、医务室）1785家，其他卫生机构18家。市属卫生机构2080家（不含村卫生室）。其中:医院68家，乡镇卫生院119家，疾病预防控制机构8家，卫生监督所13家，妇幼保健机构8家，专科疾病防治院（所、站）1家，社区卫生服务中心（站）74家，门诊部（诊所、卫生所、医务室）1785家，其他卫生机构4家。与上年比较，社区卫生服务中心(站)和个体诊所有较大增加，乡镇卫生院随着农村基层行政组织调整继续减少。

辖区内医疗机构床位总数2.06万张，其中医院、卫生院1.93万张，其他1400张。市辖区平均每千人口医院和卫生院有床位2.82张。市属医疗机构床位总数1.23万张。其中:医院床位7964张，卫生院3334张，其他1000张。市属平均每千人口医院和卫生院有床位1.65张。

辖区内卫生人员总数3.62万人，卫生技术人员2.96万人。其中:执业(助理)医师1.19万人，注册护士1.06万人，其他卫生技术人员7098人。平均每千人口有卫生技术人员4.33人，执业(助理)医师1.74人。市属卫生人员总数2.41万人，卫生技术人员2.01万人。其中:执业(助理)医师8397人，注册护士6986人，其他卫生技术人员4704人。平均每千人口卫生技术人员2.94人，执业(助理)医师1.23人，注册护士1.02人。

【基本项目建设】 2007年，市属医疗卫生机构新建、改扩建、装修等基建项目共有61个。其中:面上工程55个，完工48个，计划建设面积2.05万平方米，总投资2066万元（财政896万元、自筹1170万元），完成投资1539.43万元（财政580.84万元、自筹958.59万元）;重大项目6个，完工1个，建设面积12.59万平方米，总投资4.58亿元（财政1.96亿元、自筹2.62亿元），累计完成投资2.75亿元（财政1.29亿元、自筹1.46亿元）。

【医疗服务】 2007年，全市各医疗机构诊疗人次与入院人数增加，居民卫生服务利用提高。辖区内，医疗机构诊疗人数1741万人次（医院1151.6万人次），医疗机构住院人数58.4万人（医院36.2万人）;医院病床使用率81.77%，出院者平均住院12.7日；卫生部门综合医院医生人均日担负诊疗7.5人次，医生人均日担负住院2.04床日；卫生部门综合医院门诊病人人均医疗费151.94元，住院病人人均住院费5946.37元。市属卫生部门综合医院门诊病人人均医疗费75.2元，住院病人人均住院费用3860.6元。

医政管理

【医院管理年活动】 2007年，南宁市卫生行政部门继续开展“以病人为中心，以提高医疗服务质量为主题”的医院管理年活动。3月末至4月初，市卫生局按照自治区卫生厅《关于开展“医院管理年”活动(第二周期)考评验收工作的通知》要求，组织专家组对全市第二周期医院管理年活动进行评审验收。除3家三级医院及武鸣县人民医院由自治区卫生厅组织评审外，其余25家二级综合医院及中医（中西结合）医院由市卫生局组织专家评审考评验收工作。验收结果:辖区内29家二级以上医疗机构评审合格28家，较第一周期提高20.6%。5月，市卫生局组织召开全市医院管理年活动第二周期工作总结会，对成绩突出的上林县人民医院等6家单位给予表彰，对存在的问题提出具体的整改要求，对评审达不到要求的医疗机构给予全市通报批评。同时，实施第三周期医院管理年活动。明确把县区乡镇卫生院（一级医院）纳入全市第三周期医院管理年活动一并检查验收，制订印发活动实施方案和一级医院评价办法和评价标准。按照活动工作要求，对全市12家二级以上的医疗机构进行督导，各县区卫生局行政部门对本辖区医疗机构进行督导。经过前两个周期医院管理年活动，医疗机构的多项医疗服务指标有较明显改观。治愈好转率、出入院诊断符合率分别达97.1%和98.96%;药品占总收入的比例下降，为38.03%。患者医疗费用方面，门急诊人均医疗费用25.4元，住院者日均医疗费用314.5元，出院者人均医疗费用3704元。住院病人满意度99.3%，门诊病人满意度98.1%，职工对医院的满意度98.8%。

【执业资格管理】

医疗机构管理 2007年，全市共审批发放130家医疗机构执业许可证，到期校验医疗机构483家。其中:校验的39家医院中有30家医院以总分800分以上通过执业校验；首次校验不合格的6家医院，经过3~6个月整改后通过了执业校验；整改后仍未通过的3家医疗机构，被依法注销执业许可证。

医师执业管理 市卫生局完成国家医师执业考试南宁考点考务工作，以及国家执业医师资格考试南宁考点3740名考生实践技能考试、2327名考生综合笔试的考务任务。对两年考试不合格者要求到指定医疗机构培训6个月并考核合格才能报名参加医师资格考试。制定《南宁市实施医师定期考核管理办法工作评论方案》，成立领导小组和专家组，对床位在100张以上的医疗机构及医师人数达50人以上的卫生单位，委托单位自行组织考核，市级专家组现场监督指导;对床位不足100张的医疗机构及医师人数不足50人的卫生单位，委托市第一医院、市第二医院和市疾病预防控制中心承担。12月，全面开展医师定期考核工作。规范人员执业行为的管理，及时为从业人员办理医师执业注册和执业变更手续。市卫生局派出人员指导各县区卫生局办理医师执业注册、变更登记和护士

首次注册、再次注册手续。共办理医师执业注册386人次，各类变更1080人次。其中:自治区内变更433人次,自治区外变入227人次,自治区内变出420人次。

【麻醉药品管理】 2007年，南宁市继续集中审批辖区医疗机构使用麻醉药品的单位资质，规范医疗机构采购麻醉药品行为，严把医疗机构采购麻醉药品的准入关。累计核发医疗机构《麻醉药品、精神药品购用印鉴卡》149家、药物依赖治疗“美沙酮”专用卡10家。对各医疗机构购用的麻醉药品和第一类精神药品的种类、数量、规格等都做到备案存档。

【医德医风建设】 2007年，南宁市卫生系统贯彻执行卫生部《医务人员医德规范》,严禁医务人员在医疗服务活动中接受患者及其亲友的“红包”、物品和宴请,严厉打击各种形式的回扣、开单提成等违规行为。同时,建立、完善病人投诉处理机制,公布投诉电话,及时受理病人投诉。全面推行医院院务公开制度,按照自治区卫生厅要求，每半年对全市二级以上医疗机构的医疗服务信息公示一次。出台《南宁市卫生局关于建立健全防控医药购销领域商业贿赂长效机制的工作方案》和《南宁市卫生系统构建和谐医患关系工作方案》。公开承诺在全市二级以上(含二级)医疗机构开设“惠民”病房床位数不少于编制床位5%，对符合条件的三类人员（持有民政部门颁发的有效期内的最低生活保障金领取证、农村特困救助证、五保户证等有效证件者,持有上述特困证对象其未满18岁的子女，残疾贫困者)实行医疗费用减免。共设立“惠民”病床418张,收治病人718人,医疗救助640人次,减免医疗费用42.33万元。

【医院管理干部建设】 2007年,市卫生局通过以会代训或专门举办业务培训班等形式,对全市二级以上医疗机构业务副院长、医务科长、护理部主任及医疗业务骨干等人进行业务能力培训。累计召开医政会议及培训班16次,先后举办医疗机构临床实验室建设培训班、处方管理办法实施细则培训班、麻醉药品临床使用与规范化管理培训班、护理新知识与新进展培训班,累计培训医护人员950人。

【护理工作管理】 2007年，南宁市实施《广西壮族自治区护理事业发展纲要》和贯彻落实《广西壮族自治区护理质量管理规范》，成立广西护理质量控制中心南宁分中心，完善全市护理管理组织机构,制订《南宁市护理质量控制分中心工作职责》和《护理质量控制考核标准》。举办护理专科知识及技术水平专科培训班2期，组织护理部主任参加卫生部干部培训中心举办的全国护理医疗纠纷防范及护理人文科学培训班学习。强化护理人员“三基三严”(即基础理论、基本知识、基本技能,严格、严肃、严谨)训练;组织全市21家医疗机构63名护理人员参加2007年南宁市职工护士技能大赛活动，有6家医院获团体奖,10名护士获个人名次奖。

【医疗纠纷处理与医疗事故鉴定】 2007年，市医疗事故技术鉴定办公室接待群众来访、来电、来信等医疗投诉200多人次,对信访事项按《信访条例》规定给予办理,书面答复信访人。对医疗事故技术鉴定申请材料进行审核，做好调查核实工作。医疗事故技术鉴定接案共55件,鉴定44例,中止4例,终结5例,未结案6例。其中鉴定为一级甲等医疗事故、医方承担轻微责任的1例,鉴定为三级丙等医疗事故、医方承担次要责任的1例,事故率4.5%,比上年降低2.2个百分点。

【药品集中招标采购】 2007年,南宁市继续推行广西首府医疗机构药品和低值医疗器械集中采购属地化管理工作。6月,在广西率先开展县区级以下医疗机构及社区卫生服务机构药品集中采购试点工作,参加集中采购单位为县区级以下乡镇卫生院、村卫生所和具有独立法人资格的社区卫生服务中心共1720家,药品生产企业693家,投标品种有6833个。经评审,中标成交品种3495个,涉及生产企业693家。平均降价幅度21.9%,覆盖采购目录84.8%以上。全年,首府48家医疗机构药品集中采购金额10.98亿元，占医院药品总采购金额92%以上,让利于患者约5000万元;低值医疗器械招标采购金额3329万元,让利于患者约200万元。

疾病预防控制

【法定报告传染病】

概　况　根据国家疾病报告管理信息系统统计,2007年1月1日零时至12月31日24时，南宁市共报告法定传染病23种3.49万例,死亡126例,发病率、死亡率、病死率分别为538.12/10万、1.94/10万、0.36%，与上年比较分别为上升0.07%、下降4.23%、下降4.32%。其中:乙类传染病16种2.48万例，死亡126例,发病率、死亡率、病死率分别为382.19/10万、1.94/10万、0.51%，与上年比较分别为上升2.58%、下降2.73%、下降5.18%。丙类传染病7种1.01万例,无死亡(上年死亡2例),发病率155.93/10万,与上年比下降5.59%。无甲类传染病发生。

乙类传染病　发病病种增加的有流脑、布病2个,减少出血热1个。发病率上升的病种有:疟疾(85.27%),乙型脑炎(48.24%)，艾滋病（40.04%)，梅毒(17.31%),肺结核(6.86%),病毒性肝炎(5.80%),淋病(2.54%);发病率下降的病种有:麻疹(55.41%),钩体病(42.78%),猩红热(35.47%),痢疾(28.61%),伤寒+副伤寒（18.63%)，新生儿破伤风(6.94%),狂犬病(1.18%)。发病数在前5位的病种为肺结核、肝炎、梅毒、淋病、痢疾,占乙类传染病报告发病总数98.14%;死亡数在前5位的病种为肺结核、狂犬病、艾滋病、肝炎、痢疾,占乙类传染病报告死亡总数96.83%，其中艾滋病死亡数增加较多。

丙类传染病　报告发病数在前3位的病种为其他感染性腹泻、流行性腮腺炎、急性出血性结膜炎,发病数占丙类传染病报告发病总数的91.88%,无死亡。

【突发事件处理】 2007年，南宁市疾病预防控制机构疫情接报人员实行24小时值班制度，严格执行突发公共卫生事件报告制度,按程序、时间及时报告,及时组织专业人员赶赴事故现场调查处理。累计接报、处理各类突发卫生事件及传染病疫情75起,共计发病1433人,死亡3例，现场调查处理率100%，原因查明率100%。75起突发事件及传染病疫情中,传染病疫情占49起,以呼吸道传染病为主,占42.86%,其中发病地点以学校为主,占94%,发病人数共计1174人;食物中毒21起,主要为散发,发病人数共计228人;其他急性中毒5起,其中一氧化碳中毒3起,硫化氢中毒1起,磷化铝中毒1起,发病人数共计31人,死亡3人。

【疫情检查】 2007年，市卫生部门对驻市医疗机构进行疫情及防病工作检查3次,检查各级医疗机构98家次。抽检各医院内、儿、急诊及传染病科的门诊日志，门诊总挂号63.79万人，门诊日志登记53.43万人,登记率83.76%;抽查各医院病例48.66万份，应报法定传染病14种3343例,已报告3271例,漏报率0.82%。

【结核病防治】 2007年，南宁市继续实施市委、市政府结核病免费治疗为民办实事项目。举办结核病预防控制专项培训18期,培训1087人次。共为生活困难的城乡肺结核病患者提供免费治疗2147例,治愈率91.2%(1430/1568)。累计为传染性肺结核病人免费照胸片3429人次，查肝功能9538人次,血常规9520人次,注射6475人次,免费住院102人,住院天数1263天,发放护肝药品2.32万瓶。市区非结防机构网络实际报告2412例，转诊率98.42%，主动到位1263例，转诊到位率

52.36%。对未到结防机构就诊的1141例病人进行追踪，追踪率99.3%，追踪到位率66.23%，总体到位率83.91%，达到第四轮全球基金项目要求。

【艾滋病防治】 2007年，全市艾滋病知识宣传和行为干预工作覆盖29个工地(社区)共1万多人，发放资料2.1万份、安全套8000个。举办艾滋病培训班12期，培训821人次。开展高危人群艾滋病高危行为干预工作，中澳减低毒品危害及全球基金针具交换项目新增服务对象217人，累计服务1123人。全球基金妇女健康中心项目累计进行外展服务95次，进入场所636家次，覆盖目标人群2545人次，培训人数1078人。全球基金南宁市西乡塘区艾滋病项目完成自愿咨询检测6060人，完成体检1069人，抗病毒治疗点累计完成859人。男男性行为者健康促进项目直接干预覆盖人数5620人。建立感染者活动中心，为214名艾滋病感染者建立健康档案。全市各类人群共做艾滋病抗体检测55.05万人次，检出HIV抗体阳性1.55万人次，检出率2.82%。

【狂犬病防治】 2007年，市政府组织有关部门进一步加强狂犬病防控工作，明确对狂犬病防控工作有失职行为的县区政府实行问责制。开展为期1个月的狂犬病防控“三强”(强制灭犬、强制免疫、强化宣传)活动，狂犬病发病率居高不下的趋势得到一定程度的控制。市疾控中心共派出84人次对发生疫情的县区进行调查处理，市政府组织狂犬病防控工作督导检查2次。全市狂犬病发病34例，发病率0.50/10万，与上年同期持平；对报告的狂犬病病例个案调查率100%。

【疾病监测】

霍乱监测 2007年，市卫生部门共采集样品3413份(腹泻病人2003份、重点人群576份、水体327份、食品492份、外环境15份)，其中有3份标本检出霍乱弧菌(均为非产毒株)。

麻风病监测 市区报告现症病人5例，患病率0.24/10万(≤1/10万)，其中新发病人2例，发病率0.09/10万(≤0.5/10万)。

疟疾监测 对未外出居民发热病人血检1.01万人(份)，未检出疟原虫阳性者。完成流动人口血检1043人次，检出疟原虫阳性12例，均为输入性病例，无继发二代病例。

鼠疫监测 共捕鼠525只，解剖取鼠血505份，指示动物(猫、狗)56份，取血样做鼠疫F1抗体检测，结果阴性。

流感监测 共在哨点医院采集咽拭子标本594份，分离出63份阳性标本。其中41份标本分离出H3N2型流感病毒，22份标本分离出B型流感病毒。

慢性病及死因监测 共报告慢性病1.57万例，发病率616.72/10万，死亡5642人；慢性病卡共收到有效卡1.43万张，迟报率6.74%，漏项247张，完整率98.5%。死因监测前五位为心脑血管疾病(1960人)、恶性肿瘤(1790人)、呼吸系统疾病(704人)、意外伤害(637人)、死因不明(467人)。

【免疫实施】 2007年，全市以乡镇为单位常规计划免疫运转6次以上，适龄儿童上卡共8.06万人，出生上卡率13.9‰。“五苗”监测接种率：卡介苗99.43%，脊髓灰质炎糖丸99.43%，百白破疫苗100%，麻疹疫苗99.14%，乙肝全程接种99.4%、疫苗首针24小时及时接种90.7%。急性弛缓性瘫痪(AFP)防控：全市共报告AFP病例38例，报告发病率1.9/10万，未发生脊灰野毒株引起的脊髓灰质炎病例，达到卫生部≥1/10万的要求，在1月组织开展第2轮次的脊髓灰质炎糖丸强化免疫活动，服苗率94.94%。其他可免疫性疾病发病情况：麻疹发病73例，发病率1.1/10万，控制在卫生部要求的3/10万以内；新生儿破伤风发病29例，发病率0.35‰，控制在卫生部要求的1‰以内；无百日咳、白喉病例发生。

【卫生监测】

食品卫生监测 2007年，市卫生监测部门对市区797家饮食和食品经营单位开展食品卫生监测，监测食品和餐具共2.02万份。其中：食品1172份，合格率78.16%；餐具1.90万份，合格率61.59%。

碘盐监测 对市盐业公司盐库监测盐样198份，合格率100%；对9个乡镇进行居民用户食用盐的抽样监测288份，碘盐合格率99.31%，达到国家消除碘缺乏病控制标准。开展碘缺乏病控制中期评估工作，共完成全市552份尿碘监测，检测结果均达到国家消除碘缺乏病控制标准。

环境卫生监测 监测旅店358家，抽取样品3746份，合格率92.3%；监测客房空气205家，样品350份，合格率90.0%；每月的市政供水监测，共采二次供水和末梢水样品320份，合格率99.4%。

医院感染监测 监测市直医院11家、驻市医院5家，采样254份，合格率96.9%；监测市区卫生院20家，采样208份，合格率94.7%；监测市内社会和个体医疗诊所84家，采样400份，合格率76.5%。监测36家医院污水排放，监测覆盖率100%；采样108份，合格率94.4%。

劳动卫生与放射卫生监测 职业危害因素监测23家，监测点412个，合格率81.6%；放射卫生监测26家，监测247个点，合格率98.0%。放射工作人员个人剂量监测498人。

虫媒监测 市区共设监测点35个，每月进行蚊、蝇、蟑螂和鼠类的密度监测。平均密度为：鼠0.59%，蝇1.52只/笼，蟑螂0.08只/盒/夜，蚊9.86只/人工小时。

学生体质监测 与教育部门合作完成43所学校新学年中小学生体质监测2.29万人；完成高考体检学生1.88万人。

预防性健康体检与培训 市卫生管理部门对各类人员进行体检6.52万人次。其中，服务行业从业人员预防性健康体检5.28万人；职业健康体检3106人次；其他行业体检9294人次。举办从业人员卫生知识培训183期，培训从业人员2.75万人，上门培训8558人。办理健康证4.82万张，培训证3.79万张。

农村卫生

【新型农村合作医疗】 2007年，南宁市新型农村合作医疗(简称“新农合”)从试点阶段转入全面推进阶段。自治区政府将宾阳、上林、马山和隆安4个县纳入新农合全面推进的范围，全市共有六县两城区开展新农合，覆盖农村人口400多万。市委、市政府将继续推进新农合建设列为2007年为民办实事项目。通过成立领导小组、落实经办机构、制定基金技术补偿方案和管理办法、广泛开展宣传发动、严格基金财务管理、加强定点医疗机构管理、建立新农合信息管理系统等措施，推动全市新农合工作的稳步开展。主管部门市卫生局，组织督查组深入各试点县区进行检查，指导各试点县区制定科学、合理的技术补偿方案，协调落实经办机构人员编制及工作经费。至年末，全市参合农民322.78万人，参合率78.22%。其中武鸣县、横县、邕宁区、良庆区4个老试点县区参合率82.06%，宾阳县、上林县、马山县、隆安县4个新试点县参合率74.56%，达到自治区政府和市委、市政府为民办实事项目提出目标要求。新农合各项管理工作运转正常。全市应筹集基金1.61亿元，已筹集1.64亿元(含部分中央补足2006年补助基金)。基金支出1.21亿元，占应筹集基金总额74.89%。受益农民107万多人，其中住院17.46万人次，门诊52.22万人次，体检34.72万人次，其他补偿2.74万人次。住院补偿总额1.02亿元，人次均获得住院补偿582元，比上年提高135元。补偿比例为34.9%，比上年上升5.53个百分点。核定县区合管中心事业编制47人，已入编37人；乡镇经办机构事业编制330人，已入编264人。并落实经办机构办公场所、办公设备和工作经费。在武鸣县、横县、邕宁区和良庆区开展新农合信息管理系统试点建设,已完成市级信息系统管理中心建设和各县中心机房安装调试,以及各乡镇经办机构的硬件设施配置和网络架设,试行医院信息系统与新农合管理系统的对接,系统运转基本正常,功能模块进一步完善。南宁高新技术产业开发区、南宁经济技术开发区在没有中央、自治区和市级经费补助的情况下,自行筹措资金开展新农合试点工作,参合农民2.79万人,参合率85.85%。

【农村卫生基础设施建设】

乡镇卫生院国债项目建设　自治区2006年下达给武鸣县13个镇卫生院项目建设规划投资535万元(国债资金430万元、自治区配套105万元),建设面积1.43万平方米。至2007年7月,项目建设全部竣工,实际完成投资736万元,建设面积1.48万平方米。2007年下达给原邕宁县所辖18个乡镇卫生院项目建设规划投资826万元(国债资金660万元、自治区配套资金166万元),建设面积1.94万平方米。项目全部开工建设,累计完成投资1080万元。

乡镇卫生院基础设施建设　2007年,自治区下达给马山县11个、隆安县5个大石山区乡镇卫生院基础设施建设项目,建设面积1.66万平方米,计划投资563万元。隆安县5个项目已完工,累计完成投资312.63万元;马山县完工2个项目,总体工程进度87.36%,累计完成投资575.5万元。

村卫生所与计生服务室建设　建设期为2006~2007年,建设新农村村卫生所和计生服务室188所,每所建设面积80平方米,计划总投资705万元(自治区投入352.5万元、市财政和县区财政各配套176.25万元),至2007年12月31日全部完工,累计完成投资792万元。

【农村卫生对口支援】 第三周期对口支援工作自2005年5月启动以来,市卫生局按照自治区卫生厅的统一部署组织实施,2007年7月通过自治区验收。全市共派出市县两级23家医疗卫生机构1678人次对口支援2家县级医院和25家乡镇卫生院。帮助卫生院制定规章制度748项,免费接收受援乡镇卫生院72名卫生技术人员到支援单位进修学习,为受援卫生院举办各类培训班、讲座471期,共培训卫生技术人员7277人次,推广适宜新技术91项,组织医疗队下村2417人次,专家诊治病人13.76万人次,专家示范手术406例,投入30多万元用于受援卫生院业务用房建设和美化绿化环境,赠送救护车、B超、X光、超声雾化器、冰箱、空调机、显微镜等一批设备,总价值约80万元。在支援单位扶持下,上林县乔贤、澄泰、塘红和隆安县南圩4家卫生院通过爱婴卫生院的评审,武鸣县仙湖镇、隆安县古潭乡、上林县澄泰乡和马山县古零镇4家卫生院通过自治区示范卫生院评审。

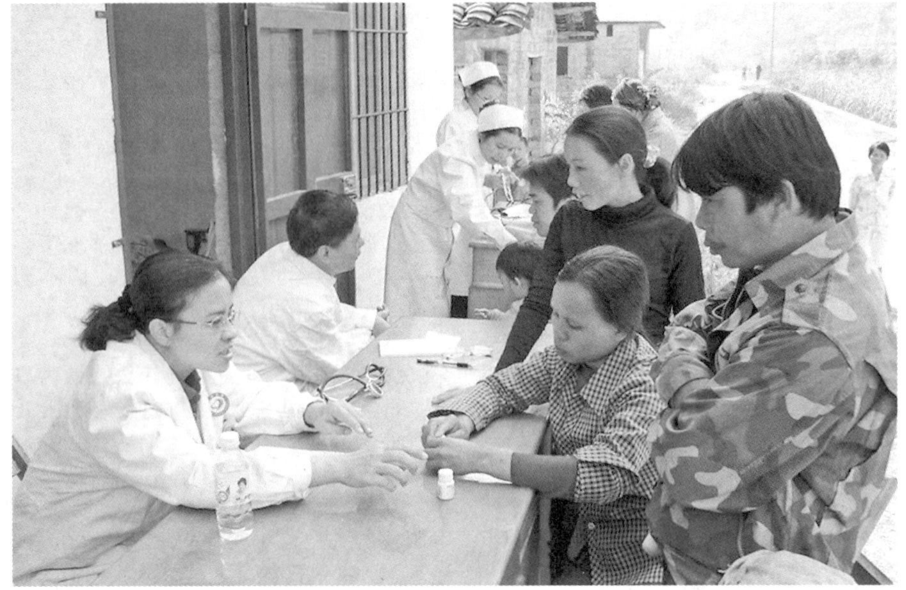

医务人员到农村开展义诊活动　　市卫生局提供

【农村卫生机构人员培训】 2007年,市第一医院和市第二医院被确定为南宁市乡镇卫生院人才培训基地,承担全市乡镇卫生院人才培训工作。9月至2008年2月6日,分3期开展乡镇卫生院内科医师、检验医师、放射医师三类人员培训,每期培训2个月,共培训344人。根据项目实施细则,乡村医生合理用药培训工作由各县区卫生局组织实施,全市共培训乡村医生1567人。

妇幼保健

【概　况】 2007年,南宁市妇幼保健工作围绕"控制孕产妇死亡"的工作目标,以实施国家降消项目和贫困高危孕产妇救助工程的为民办实事项目为主线,采取孕产期全程跟踪和高危妊娠分级管理措施,加强对基层的检查指导;加强高危孕产妇筛查及转诊,提高危重孕产妇的抢救成功率,降低孕产妇、婴幼儿死亡率,基本消除新生儿破伤风;落实出生人口性别比失衡的综合治理措施,控制出生人口性别比升高的势头。全市分娩产妇共9.45万人,居住人口分娩产妇9.19万人,保健建卡率及产前检查率96%,产后访视率87%,系统管理率78%,住院分娩率98.94%。孕产妇零死亡的县区(开发区)有宾阳县、邕宁区、江南区、兴宁区、南宁经济技术开发区、南宁高新技术产业开发区。市卫生局举办乡级以上各类妇幼保健培训班10期,参训人员1380人。市卫生局被自治区卫生厅评为广西妇幼保健工作先进集体。

【贫困危重孕产妇救助项目】 2007年,南宁市各县区落实《南宁市为民办实事项目——贫困高危孕产妇救助工程实施方案》,进一步完善孕产跟踪和高危妊娠产分级管理。共筛查高危孕产妇2.39万人,占产妇26.3%;对高危孕产妇实行重点监控,高危孕产妇住院分娩率99.83%。加强对危重孕产妇抢救的市、县、乡三级绿色通道的联动,抢救危重孕产妇1398人,死亡14人,抢救成功率99%,死亡率由上年的25.2/10万降至当年的15.2/10万。有72名孕产妇获得贫困免费救治,市财政拨出救治金额70万元。

【儿童保健】 2007年,全市有7岁以下儿童50.69万人,5岁以下儿童36.99万人,3岁以下儿童22.95万人。在市县妇幼保健机构经常性监督指导下,各托幼机构强化内部日常保健管理,市妇幼每季度指导幼儿园进行营养管理及膳食评价,进一步规范托幼机构卫生保健管理。全市

2006~2007年南宁市儿童保健管理指标对比情况表

单位:%

项　目	2006年	2007年
7岁以下儿童保健覆盖率	63.48	67.13
3岁以下儿童保健系统管理率	60.11	66.58
新生儿访视率	81.02	83.00
5岁以下儿童中重度营养不良患病率	5.84	5.24

集体儿童体检率87.17%(城市94%、农村79.65%);入园儿童体检率81.30%(城市94%、农村79.65%)。儿童保健覆盖率、全市儿童保健系统管理率、新生儿访视率较上年同期上升,5岁以下儿童中重度营养不良患病率有所下降。

血液采供

【概 况】 2007年,全市参加无偿献血8.87万人次,比上年增加15.02%;献血量15.2万单位,比上年增加17.11%。临床医疗用血继续保持100%来自无偿献血(城市占90.46%,农村占9.54%)。街头献血率91.14%,比上年增长0.87%;重复献血率55.44%,一次献400毫升率63.05%。为全市二级以上30家医疗单位提供各种血液29.37万单位,增长21.61%。其中:全血870单位,下降52.51%;各种成分29.29万单位,增长22.18%;成分输血率99.70%。对8.85万个血液标本进行检测,合格率96.35%,不合格率3.65%。

【无偿献血宣传】 2007年,市卫生部门组织志愿者深入30多个社区开展无偿献血宣传,共发放各种宣传资料6万多份,《献血法》、《南宁献血条例》等约1500多份,宣传画报1000多张。派出专业技术人员到120多个单位、30多所学校开展无偿献血知识讲座,发放宣传资料6万多份,重点回访75个献血单位。组织各社会团体、高校、单位等10批次到血站进行参观和培训,接受献血知识教育。在自治区、市各主要报纸发表无偿献血宣传文章485篇次,各类网站上发表无偿献血宣传文章205篇次;在电视台、电台播报无偿献血新闻稿件577篇次(中央电视台3次);在南宁电视台、电台免费播放无偿献血公益广告2880次。到6个县20多个乡镇开展巡回宣传85天次,向农村居民发放各类无偿献血科普宣传资料11万份,解答释疑1.5万人次;在18个乡镇开展18次献血招募活动;先后在马山县古零中学、市第二卫生学校开展无偿献血专题科普知识讲座2次,接受宣传的青少年学生2000多人次;结合县区政府开展公益活动和民间节日活动开展献血宣传。

【献血活动】 2007年2月,市卫生部门策划开展"捐血拯救生命,爱心改变命运"2007春节大型捐血迎新春活动和"情人节"捐血活动,为春节期间正常供血提供保障。3月,与康福出租车公司开展学雷锋——献血后免费乘车活动、妇女节市民献血活动以及西乡塘区小学老师捐血献爱心活动。4月,与广西民族大学开展"关爱健康,真惜生命,健康校园行"大型无偿献血系列宣传月活动;举行"南棉捐血屋"启用仪式宣传活动。5月,开展南宁市获全国无偿献血先进城市宣传活动。6月14日,策划6·14世界献血者日庆祝活动暨南宁朝阳捐血屋扩建竣工启用仪式,共展出献血宣传展板28块,有15家市属医疗单位参加活动并组织献血。9月15日至10月6日,开展迎中秋、庆国庆捐血活动。

【机采血小板采集】 2007年,南宁市继续加大街头机采血小板采集的宣传力度,排除各种困难,做好机采献血招募工作,共完成机采血小板采集5469人次。并逐步推行临床输注手工血小板工作,手工血小板制备占14%,有效地利用和节约血液资源,满足临床血小板输注需求。

【捐血屋建设】 2007年,南宁市投资190多万元,在南棉街振宁大厦买下拥有全产权的商铺作为全市第二座温馨捐血屋,面积112.36平方米,4月上旬正式开张启用。同时,将2006年已启用的朝阳捐血屋扩建至300平方米左右。

【南宁输血医学研究所成立】 2006年12月成立。为专门从事输血医学科学研究和应用服务的现代化医疗卫生科研机构。隶属于南宁中心血站。位于市科园大道南宁中心血站内。建筑面积3600多平方米。有专职研究人员15人,其他医技人员12人。仪器设备总投资800多万元,配置有ABI3130基因测序仪、Luminex流式点阵仪、ABI GeneAmp9700 PCR仪、BD FACSCalibur流式细胞仪、Sysmex2000i五分类血细胞分析仪、Thermo HERAcell150 C02培养箱、Baker SG603生物安全柜、Pall CascadaBIO超纯水制造系统、C.B.S CRYOSYSTEMS 4001液氮冻存系统等国际先进的实验仪器设备,拥有完善的血清学技术体系和现代分子生物学技术平台。设血型参比实验室、组织配型和免疫遗传实验室、分子分型实验室、细胞工程实验室、血小板免疫学实验室、流式细胞实验室等专业实验室。定位于研究应用型输血医学科研和医疗服务机构,以科研、教育和业务为一体,以安全有效的输血治疗、造血干细胞和器官移植配型、分子免疫血液学、分子免疫遗传学、法医物证鉴定和人类学等领域的高新科技的研究和利用为主攻方向。2007年5月,经自治区司法厅批准,该所成立南宁市阳光法医物证司法鉴定所,向社会提供科学严谨的亲子鉴定、个体识别等服务;8月,应国际输血协会(ISBT)和国际血小板工作组(ISBT PIatelet working Party)的正式邀请和委托,经卫生部批准,正式承办"第十四届国际输血协会血小板免疫学研讨会"项目。

社区卫生服务

【概 况】 2007年,南宁市社区卫生服务在体现政府主导、完善功能、注重实效、提高技能上下功夫,注重机构的内涵建设,加强人员培训,落实监督检查措施,积极配合劳动部门启动城镇居民基本医疗保险试点工作,实现了社区卫生服务投资主体和服务主体的多元化,为社区卫生服务市场营造了良好的竞争氛围,符合"低成本、广覆盖、高效益、方便群众"的基本原则。全市建立社区卫生服务机构74家(中心24家、站50家)。其中:国有医院办56家(中心22家、站34家),占76%;企事业卫生机构改制为社区卫生服务站9家,占12%;社会团体或个人力量办9家(中心2家、站7家),占12%。社区卫生服务机构从业卫生人员1183人,服务面覆盖率71%。

年内,社区卫生服务机构为居民建立健康档案15.02万人,其中60岁以上老年人4.31万人;开设家庭病床1842张;开展高血压、糖尿病防控适宜技术项目,居民体检14.83万人,其中高血压患者2.51万人,规范随访管理高血压患者1.76万人,管理率70%;糖尿病患者8536人,规范

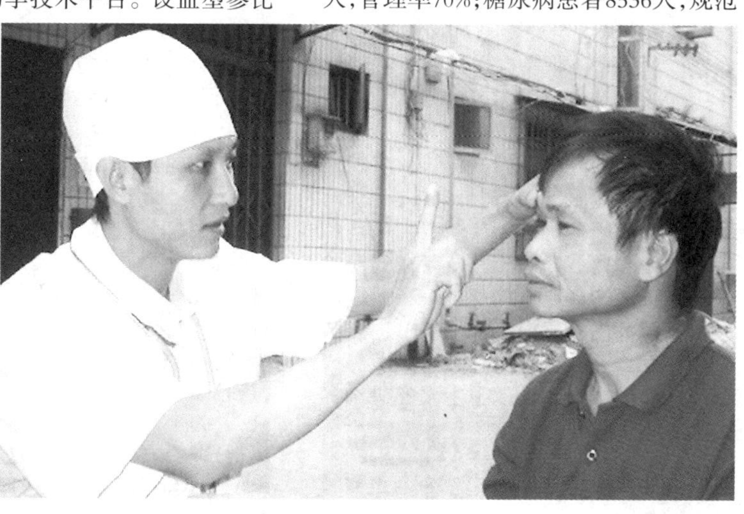

医务人员为社区群众作眼部检查　　市卫生局提供

随访管理6177人,管理率72%;开展康复训练1.5万人,其中精神病康复347人,肢体康复训练1.08万人,其他康复训练2522人。组织社区卫生专业技术人员考察学习、培训5次,参训520多人。

【青秀区被定为全国中医特色社区卫生服务示范区】 2007年,青秀区经自治区卫生厅推荐并确定为创建全国中医特色社区卫生服务示范区后,组织制定《青秀区创建全国中医药社区卫生服务示范区的工作方案》,成立创建示范区工作领导小组、技术指导小组,印发《南宁市青秀区社区卫生服务常见病诊疗常规(试行本)》、《南宁市青秀区社区卫生服务双向转诊标准(试行本)》、《南宁市青秀区社区卫生服务中医治疗技术操作规范(试行本)》等医疗文件,规范社区卫生服务机构的中医医疗行为。举办中医药适宜技术在社区的应用培训班。11月28日至12月1日通过全国社区卫生服务中医药服务示范区专家的复核验收,被确定为全国中医特色社区卫生服务示范区。

【社区卫生服务机构管理】 2007年,南宁市按照卫生部和国家中医药管理局《城市社区卫生服务管理办法》和卫生部《城市社区卫生服务中心、站基本标准》等有关文件精神,结合南宁市实际,规定机构设定必须经社区街道办事处、社区居委会同意,城区卫生局初审后报市级审核,市卫生局组织妇社科、医政科、市卫生监督所及城区卫生局有关人员,对申请社区卫生服务机构的执业地点、房屋面积、室内布局、基本设备、人员资格进行全面审核,达到标准要求方可批准设立。按照属地管理的原则,对社区卫生服务机构实行市、城区二级管理,强化城区政府对社区卫生服务的监督管理,实行不定时的监控、检查和督导。统一社区卫生服务机构的标识和门庭装修,编印《南宁市社区居民对城市社区卫生服务满意度测评表》,把辖区居民满意不满意作为考核社区卫生服务机构和工作人员业绩的重要指标。8月初,市卫生局组织卫生行政管理人员、妇幼保健、疾病控制、社区卫生服务专家共40多人对全市的社区卫生服务机构的公共卫生项目进行全面的考评,考评分数及存在的问题反馈到各机构,通过检查进一步促进社区卫生服务内涵建设。并把年终检查结果作为发放公共卫生服务补助经费的依据。从8月27日起,社区卫生服务机构实行药品集中采购。

【城镇居民基本医疗保险试点工作】 2007年,国务院确定南宁市为城镇居民基本医疗保险试点城市之一。为配合做好试点工作,市卫生局会同市劳动和社会保障局制定《南宁市城镇居民基本医疗保险暂行办法》、《南宁市城镇居民基本医疗保险首诊制度》、《南宁市城镇居民基本医疗保险双向转诊制度》和《南宁市城镇居民基本医疗保险异地就医管理试行办法》等文件,在青秀区的大板二社区和中山社区启动城镇居民医疗保险试点,确定第一批居民首诊的社区卫生服务机构,行使城镇居民医疗保险的“守门人”职能,引导参保人员充分利用社区卫生服务资源进行健康管理,以逐步实现小病在社区、大病进医院的目标。

【卫生服务专项经费】 2007年8月,市财政局、发展改革委、卫生局联合制定《南宁市城市社区卫生服务补助政策实施办法(试行)》,明确2007年市、城区两级财政对辖区常住居民每人每年各按2.5元的社区公共卫生服务经费给予补助,今后随财政收入增长而增长。年内,市级财政落实社区公共卫生服务补助经费300万元,市卫生局按服务人口下拨各城区经费共236万元,用于机构能力建设(培训、考查、督查)21万元,社区卫生服务基本耗材10万元,社区机构门头标识27万元。各城区卫生局按要求配套经费,下拨各社区卫生服务机构。12月,自治区拨付社区公共卫生服务补助经费1078万元,由市财政划拨各城区财政局。

卫生监督

【概况】 2007年,市卫生部门开展以餐饮消费安全专项整治、打击非法行医专项行动、打击非法采供血专项整治等内容为重点的一系列卫生监督执法工作,加大卫生行政监督执法力度,深化卫生监督体制改革,完成“两会一节”等重大节庆活动的卫生监督保障工作任务。市辖12个县区均成立卫生监督所。市卫生监督所以及武鸣县、宾阳县、上林县、江南区、青秀区、西乡塘区、邕宁区、良庆区卫生监督所获批参照公务员管理。人员配置优化。各级卫生监督机构按照综合执法要求,实行医疗机构监督、公共卫生监督、传染病防治监督等综合执法。3月,市卫生局被卫生部授予全国卫生监督先进集体称号。

【规范卫生行政许可】 2007年,市卫生部门按照规范行政许可工作的要求,实施许可事项在市政府行政审批办证大厅窗口集中办理,出台《南宁市卫生局卫生行政许可限时办结制度》和《南宁市卫生局机关办理事项流程时限表》,承诺办结时限,印发《南宁市卫生局关于调整本级行政处罚审批权限明确行政处罚案件办结时限的通知》,放宽市卫生监督所行政审批权限5项。将所有审批事项办结时限平均缩短三分之一,审批事项一次性办结率50%以上。共办理各类卫生行政许可5804件,按时办结率100%。新发食品卫生许可证1612户,办理许可延续2508户;新办公共场所卫生许可证332户,办理许可延续357户;新发医疗机构执业许可证104家,静脉用药登记69户;年审校验医疗机构186家,静脉用药登记133家;发放生活饮用水卫生许可证3户、建设项目预防性卫生审查认可书14户、《公共食饮具集中清洗消毒机构备案凭证》8户、《公共用品集中清洗消毒机构备案凭证》16户、《医师执业证书》462份。

【非法行医与非法采供血专项打击行动】 南宁市自2004年起开展打击非法行医与非法采供血专项行动。至2007年,共出动执法人员1.96万人次、车辆8871台次,检查医疗机构、计生技术服务机构、采供血机构7078家次,取缔非法行医706家次,查处各类违法案件360起,罚款118.8万元,没收违法所得3.9万元、药品器械878箱件,吊销《医疗机构执业许可证》2家,暂停医疗机构执业106家、人员执业129人,移送司法机关追究刑事责任2起4人,判刑2人。医疗机构将医疗场所以出租、承包、合作等方式交由非本单位人员从事诊疗活动现象基本消除,无违法采供血现象。医疗机构无违法行医现象占97.6%,不发布违法医疗广告占97.5%,执业医师按照执业证书核定内容执业占91.8%。

2007年4月,南宁市按照卫生部的部署,制定《2007年南宁市非法采供血专项整治工作实施方案》,确定整治重点和部门责任,将检查整治内容和事项落实到各县区、各部门,分自查自纠、检查整改、总结验收三个阶段组织实施。强化采血和临床用血安全管理,杜绝非法采供血行为。强化采供血机构、医疗机构采供血规范化建设和卫生技术人员资质审查,全面建立血源管理及原料血浆采集规范要求和人员体检,血液采集、检验、储存、发放、运输,医疗废物收集处理及传染病报告等制度,减少不合理用血行为,确保临床用血安全。检查中心血站、单采血浆站和临床用血医疗机构135户次,发出《卫生监督意见书》提出整改要求55户次(血站1次、单采血浆站11户次、临床用血医疗机构43户次)。6月27日至7月17日,市卫生局对中心血站、单采血浆站进行突击检查,未发现非法组织他人卖血的“血头”、“血霸”等采供血行为。

【餐饮消费安全专项整治】　2007年8月，南宁市为贯彻落实全国产品质量和食品安全专项整治工作电视电话会议精神，组织开展全市餐饮消费安全专项整治工作。共出动执法人员1.08万人次，检查指导餐饮单位1.56万户次，整治重点区域129个，查处违法案件297起，罚没款35.7万元，取缔无卫生许可证餐饮单位184户，吊销卫生许可证9户。对全市1.07万个食堂和餐饮单位开展非法使用原料监督检查，检查覆盖率100%，未发现使用病死或者死因不明的禽畜及其制品以及使用有毒有害物质加工食品的违法行为；8209个食堂和县城以上城市的餐饮单位100%建立原料进货索证制度，食堂和餐饮单位使用的猪肉100%来自生猪定点屠宰厂、场(点)。推进全市餐饮单位实施量化分级管理工作。对8107个食堂和县城以上城市餐饮单位实施量化分级管理，覆盖率98.76%，其中市本级管辖的1816家餐饮单位100%实施量化分级管理。全市获得食品卫生监督量化管理A级单位38户，B级单位70户，7999个食堂和县城以上餐饮单位通过C级单位评审，量化分级管理实施率98.76%。市、县区两级卫生行政部门和卫生监督机构共落实专项经费144万元，其中市本级落实经费80万元。通过专项整治，创建出竹溪大道、茶花园路等餐饮卫生示范街。

【食品卫生监督】

常规监督　2007年，全市应监督食品生产经营单位4.08万户。其中：食品生产加工业2494户，占6.1%；食品销售业2.49万户，占61%；饮食服务业1.29万户，占31.7%；其他食品行业492户，占1.2%。实际监督食品生产经营单位7.14万户次，合格率94.6%。检查食品从业人员10.14万人，持证率97.9%。其中：生产加工业1.64万人，持证率97.3%；批发零售业3.59万人，持证率98.6%；饮食服务业4.84万人，持证率97.6%；其他行业698人，持证率100%。全市审查食品卫生设计单位92个。其中：新建项目76个，改建项目10个，扩建项目6个。审查通过92个。竣工验收单位44个，验收通过39个。

抽检监测　对22类食品共抽检监测4899件，合格4274件。其中：对食品生产加工业抽检监测3468件，合格率87.3%；对食品销售业和餐饮服务业抽检监测1431件，合格1246件，合格率87.1%。食品用产品及餐具消毒卫生监测，共抽检监测件数2.98万件，合格率83.9%。

行政处罚　依法执行食品卫生行政处罚1198件。其中：食品生产加工业101件，占8.4%；食品销售业645件，占53.8%；餐饮业和集体用餐配送单位448件，占37.5%；其他行业4件，占0.3%。在各种处罚中，警告、责令改正788户次；责令公告收回已出售的不合格食品11次，收回并销毁食品2.17万公斤；责令停止生产经营6户次，执行罚款1017件，罚款金额84.09万元；取缔非法经营活动91起。

【职业卫生监督】　2007年，全市被监督单位有449户，全部建立职业健康监护档案43户，部分建立职业健康监护档案65户；职工总人数8.21万人，职业病危害因素接触总人数2.36万人。应进行职业健康检查人数2.34万人，实检人数7810人，受检率33.4%。检出职业禁忌或健康损害1例。接受职业卫生培训单位139户。有应急预案的单位175户，应急装备完备88户，应急装备不完备236户。执行职业卫生处罚13起，其中执行罚款4起，罚款金额5.78万元。

【公共场所卫生监督监测】　2007年，全市应监督公共场所有6973个，监督1.14万个次，合格率95.4%。监测样品1.06万份，合格率93.8%。从业人员3.53万人，持有健康证3.44万人。新发、变更、延续、注销卫生许可证合计5699份。量化分级管理等级评定合计814个（A级14个、B级0个、C级800个）。执行公共场所处罚182件，占被监督单位总户数2.6%；其中执行罚款141件，罚款金额8.18万元。

【生活饮用水卫生监督监测】　2007年，全市供水单位有196户。其中：集中式供水169户，二次供水27户。持有效卫生许可证196份，有检验室40户。日供水能力322万吨，供水人口468万。从业人员1080人，持证率92.2%。新发、变更、延续、注销卫生许可证134份。卫生监督611户次，合格率87.4%。监测样品714份，合格率65.4%。执行卫生处罚13件，占被监督企业总户数6.6%。其中：集中式供水9件，二次供水4件。责令改正4起，罚款9起，罚款金额1.06万元。

【化妆品卫生监督】　2007年，全市化妆品生产经营单位有1238户（生产单位21户、经营单位1217户），从业人员2014人（生产单位149人、经营单位1865人）。对生产、经营化妆品的单位进行监督440家次。调查从业人员136人，持证率80.2%。对化妆品经营立案处罚1起。

【放射卫生监督监测】　2007年，全市放射单位有252户（医用辐射单位218户、非医用辐射单位34户），放射工作人员653人，持有效放射工作人员证124人，有效放射诊疗许可证177份。新发、变更、延续、注销放射诊疗许可证共165份。全部建立个人健康档案197户，部分建立个人健康档案66户。职业健康检查中，应检617人，实检421人，检出职业禁忌或健康损害人数1人。全部建立个人剂量监测档案130户，部分建立个人剂量监测档案53户。个人剂量监测中，应监测646人，实监测415人，超标人数为零。对医用辐射单位放射卫生处罚4起，警告、责令限期改正4起，执行罚款3起，罚款金额1.7万元。

【医疗机构监督】　2007年，南宁市对医疗卫生单位、人员违章处罚214起。其中：医疗机构190起，非医疗机构5起，卫生技术人员1起，非卫生技术人员14起，其他4起。举行听证18起。警告644起，执行罚款125起，罚款金额31.57万元。没收违法所得11起，没收金额4.73万元；没收药品器械80起，责令停止执业37起，责令限期补办校验手续2起，吊销执业许可证2起，责令暂停执业活动5起，取缔42起。

【学校卫生监督】　2007年，全市实际监督学校1392所。开设健康教育课的学校1161所，有突发公共卫生事件应急预案的学校1054所。学生总数109.75万人，体检率61.3%；学校开展学生常见病防治663所，部分开展184所；对学校卫生处罚2起，罚款金额4000元。在南宁市星级所辖的118所各类学校推行食品量化分级管理，通过A级量化评审的18所、B级量化分级评审的13所。大中专院校及中小学的食堂卫生安全整体水平明显提高。

医学科研

【概　况】　2007年，南宁市医疗卫生单位上报科研课题立项申请42个，其中获广西医疗卫生自筹经费立项24个、自治区继续医学教育立项17个、南宁市科学研究与技术开发计划立项33个。通过鉴定11个，获国内先进水平9个、国内领先水平2个。申报南宁市科技进步奖11个，获2006年度广西医药卫生适宜技术推广奖三等奖3个，南宁市科学技术进步奖二等奖2个、三等奖4个。完成市科技局立项的“Rh血型表型数据库的建立及临床输血中的应用”科研课题献血者Rh分型约3万多人，并将所获数据录入计算机。《广西献血人群中SEN病毒的感染及其基因分布的研究》课题已完成相关检测方法的建立和应用，以及相关实验。发表专业论文11篇(在省级以上医学杂志9篇)。新设立疾病预防控制科研项目有南宁市同性恋人群性病/艾滋病高危行为干预模式的研究、南宁市外来建筑民工艾滋病高危行为干预模式的研究、降低毒品危害干预措施效果评估及因素研究、南宁市控烟项目4个;在研课题有南宁市公共场所螨类分布及防制研究、从业人员戊肝感染及血清抗体对抗原特异区段分布的研究、城市食品安全关键技术综合应用示范、世界银行贷款卫生九项目艾滋病/性病预防与控制子、南宁市西乡塘区全球基金第四轮艾滋病、广西南宁市流动人口艾滋病预防教育和服务、南宁市西乡塘区艾滋病预防社区关怀、中澳艾滋病亚洲区域合作、中美南宁市男男性行为者艾滋病/性病预防、中美艾滋病防治合作和广西南宁市娱乐场所预防性病艾滋病宣传教育与干预服务等11个项目。

9月27日,第二届南宁国际心脏病外科学术研讨会在邕江宾馆召开　　市卫生局提供

【第二届南宁国际心脏病外科学术研讨会】 2007年9月27日在邕江宾馆召开。由市第一人民医院主办和承办。来自德国(柏林)心脏中心副院长翁渝国教授,德国夏里特医院心脏外科和中国天津胸科医院心脏外科主任刘建实教授,广西心胸外科学会主任委员、广西医科大学心胸外科主任何巍教授,以及上海、南京、兰州、广西等地心脏外科的专家参加研讨会。翁渝国、何巍、刘建实先后作《冠心病的外科治疗优势》、《浅低温体外循环心脏不停跳心内直视手术的临床研究》、《先心病的治疗决策》报告与讲座,并与参会者一起共同探讨相关核心问题。

【艾滋病参比实验室建设】 2007年,市疾病预防控制中心作为广西首家市级疾控中心参加中国疾控中心艾滋病参比实验室能力验证(PT)活动,共计12项72项次,单项PT多次平均得分100分,合并项多次平均得分100分。与广西疾病预防控制中心HIV(艾滋病病毒)确认实验室进行了23次132份标本比对,3次霍乱菌和沙门氏菌检测比对试验,结果全部相符。

(梁晓杨)

爱国卫生运动

【概　况】 2007年,南宁市爱国卫生工作以开展巩固自治区卫生城市工作成果、迎接自治区卫生城市复审、创建国家卫生城市和城乡清洁工程为重点,以服务"两会一节"为主要目标,在春节前,爱国卫生月、夏、秋、冬季及第三届中国—东盟博览会前开展以整治市容市貌、预防肠道传染病和鼠传疾病、九亿农民健康促进行动、农村卫生厕所建设、城乡除"四害"(鼠、蝇、蚊、蟑螂)、城乡清洁工程为主要内容的群众性爱国卫生运动活动。全市参加爱国卫生活动人数107.32多万人次,印发各种宣传资料98万多份,清除垃圾935万吨,清理卫生死角706处,清除积水6203处,平整洼地6.09万平方米,疏通沟渠4.53万多米。农村改厕项目完工和在建4200座。10月,通过自治区爱卫会组织复审考核组对南宁市在1995年、1999年先后获得的"自治区卫生城市"称号的复审,继续获"自治区卫生城市"称号。全年创建市级爱国卫生先进单位50个、卫生村10个,自治区级爱国卫生先进单位15个、卫生村2个。累计共958个。

【爱国卫生活动与城乡清洁工程】 2007年,市爱国卫生运动委员会办公室组织开展一系列城乡清洁工程群众性爱国卫生活动。2006年12月25日至2007年3月25日,组织开展"从我做起、从现在做起、从小事做起"为主题冬春季爱国卫生活动。2月13日,开展以"干干净净迎春节"为主题的爱国卫生清洁日。4月,开展以"净化环境,防制四害"为主题的第十九个爱国卫生月及4月7日的世界卫生日活动,市政府印发《南宁市城乡清洁工程除"四害"工作实施方案》,25日召开全市除"四害"工作动员大会。建立除"四害"督查和督导两个机制:由市清洁办下发督办函形式的督查机制,具有限时整改,必要时实行问责的作用;由各级爱卫办对各行各业进行技术督导机制,具有检查、督促、技术指导的作用。在全市卫生医疗单位推选一批具有公共卫生工作经验、责任心强的专业技术人员组建成南宁市除"四害"工作专家库,为单位、企业、居民提供技术指导。同时,市爱卫办协同工商局、各县区举办培训班,掌握正确、科学、有效的方法。5月,组织全市开展以灭蚊及清除蚊虫孳生地为主的群众性爱国卫生灭蚊突击月活动,并决定8月15日、9月15日、10月15日为全市统一集中除四害消杀时间,每次分别连续消杀5天。全市有5264个单位开展了活动,投放灭鼠毒谷65.10吨,其他药物2.16吨,清除了卫生死角和"四害"孳生源,病媒生物得到有效控制,符合自治区爱卫会的达标要求。11月,市爱卫办组织PCO(有害生物防治)从业人员初级培训班,共培训相关人员72人。同时出动防制人员15人、工作车4辆、机械设备10台,喷洒治理绿地2000平方米、化粪池10个、排水沟100米、景观池和积水共3处。全年参加城乡清洁工程、爱国卫生活动的领导干部4173人次,市民群众218.54万人次,清扫道路地面22.32万平方米,清除卫生死角1412处,生活垃圾2161吨,治理违法广告5.63万条,铲除杂草2.81万平方米,清理四害孳生地364处,发放宣传资料26.73万份,悬挂横额739条,出版宣传墙报2383期,接受群众咨询1.29万人次,为群众义诊3752人次。

【农村改厕工作考核验收】 2007年3月13日起,市爱卫办先后组织对青秀区、兴宁区、江南区、西乡塘区、邕宁区、良庆区、武鸣县、横县执行2006年农村改厕项目的评估,现场共抽检村委会34个、自然村屯78个、农户357个,为迎接自治区的考核验收做好准备。4月15日,自治区爱卫会组织自治区部分委员会单位和14个市的爱卫会领导、技术骨干70多人,分成14个小组,采取听汇报、查阅资料、现场考核验收方式,对南宁市10个项目县区中的青秀区、邕宁区、西乡塘区、武鸣县、横县、马山县、隆安县7个县区的2个街道、47个乡镇、51个村屯的2006年广西农村改厕工作项目进行考核,7个县区均通过验收;11月,兴宁区通过考核验收。年内,南宁市获2007年广西公共卫生专项资金农村改厕项目经费115万元,共建造农村卫生户厕4610座。其中:武鸣县1000座,横县1000座,宾阳县2200座,上林县200座,隆安县200座。同年12月,横县、宾阳县、上林县、隆安县通过自治区爱卫会农村改厕考核验收组的验收。武鸣县的农村改厕项目因项目进度缓慢,自治区爱卫会至今尚未组织验收。

(邓其军　李　华　王海秋　颜　宇　贾德善　覃　丹)

责任编辑　黄善秋

体　育

竞技体育

【概　况】 2007年是城运会年和区运会年。南宁市竞技体育工作继续以实施《奥运争光计划》为目标，根据自治区竞技体育“短、小、灵、水”的发展思路，积极构建市县级业余训练网络，以优势项目为突破口，积极参加全国城市运动会和自治区运动会，努力提高竞技体育运动水平。组团参加第六届全国城市运动会，成绩排名居74个代表团的第57位；参加自治区第十一届运动会，金牌总数和团体总分在各参赛代表团中名列第一，运动水平居自治区前列。

【参加自治区第十一届运动会】 自治区第十一届运动会于2007年9月1~15日、11月5~28日分两个阶段在玉林市举行。成年组由各行业系统组团参加，青少年组由各地级市组团参加。青少年组共设田径、举重、篮球、足球(男)、羽毛球、乒乓球、摔跤、柔道(女)、拳击(男)、跆拳道、武术套路、武术散打(男)、蹼泳、跳水、帆板、体操、技巧、艺术体操、蹦床、网球、射箭、射击、手球、水球等25个大项。南宁市派出由564人组成的代表团参加除帆板、篮球之外的23个大项的比赛。获金牌126枚、银牌121枚、铜牌109枚，团体总分6152分，金牌总数和团体总分在各参赛代表团中名列第一，所获金牌数占运动会总金牌数22%，领先第二名37枚金牌、1368分团体总分，优势明显。共有3人6次打破6项自治区青年纪录，6人1队10次打破9项自治区少年纪录，涌现出一批拔尖的体育后备人才。南宁市代表团还被组委会评为体育道德风尚先进代表团，有10个代表队和43名运动员获体育道德风尚奖先进集体和先进个人。

【参加全国第六届城市运动会】 2007年10月25日至11月3日，第六届全国城市运动会在武汉举行。共有包括香港、澳门特别行政区在内的74个代表团参加。南宁市组成80人的代表团参加了举重、摔跤、田径、乒乓球、体操、蹦床、游泳、跳水、射箭、射击等10个项目的比赛。经过10天角逐，南宁市代表团共获银牌1枚、铜牌2枚，成绩排名居74个代表团的第57位，并获体育道德风尚奖。

【青少年业余训练工作】 2007年，南宁市加强业余训练管理，继续实施县(市)区少年业余训练“苗子工程”。训练工作坚持“选好苗子、严格管理、加强训练、打好基础”的指导思想，建立训练网点档案，将训练点进行县、城区属地划分，促进县、城区文体局对训练点的跟踪管理；向6个县和市级业余体校统一发放100名教练员工作教案笔记本，加强全市教练员的教学计划管理；组织教练员开展教学科研，参加自治区教练员理论考试等形式更新训练知识，为训练的科学化服务。同时，积极配合自治区体育局到市辖6个县、市级2所体校进行2003~2006年度重点布局项目周期检查，对新周期业余训练点进行实地考察，了解情况，解决体育竞技发展中遇到的各种困难和问题。

群众体育

【概　况】 2007年，南宁市群众体育工作以“全民健身与奥运同行”为主题，围绕构建和谐南宁、打造区域性国际城市为总体目标，开展一系列群众体育活动，让更多的市民感受到南宁经济社会发展带来的成果，感受到参与体育活动的快乐。共举办各级各类群众体育运动会、单项比赛和健身活动650项次，参与人数350万人次，占全市总人口52%。

【群众体育比赛活动】

冬泳邕江活动 2007年1月1日，由市政府主办的冬泳邕江活动拉开了2007年南宁市群众性体育活动的序幕。来自南宁市和百色、柳州、来宾、崇左等城市的冬泳爱好者共1615人参加，当天活动吸引数万市民和游客在邕江两岸观看。参加冬泳活动者年龄最大的88岁，最小的4岁。

老年人文体大赛 2月1~8日，由《南宁晚报》、市老年体协、南宁美食嘉年华组委会联合主办的“2007年中国·南宁美食嘉年华——迎新春‘南宁晚报杯’老年人文体大赛”在南宁国际会展中心举行。活动设腰鼓、42式太极拳、太极柔力球、民族舞蹈、功夫扇等5个项目的比赛，共有73个单位1070名老年人参加。经过5天的角逐，每项比赛选出获前三名的选手参加8日上午的汇报演出，并获得由赞助商家提供的奖品和奖金。活动借美食节的影响力，吸引观众近10万人。

驻邕副厅级以上在职领导干部健身走活动 4月8日，以“全民健身与奥运同行”为主题，由自治区体育局主办、市体育局承办的“2007驻邕自治区、南宁市副厅级以上在职领导干部健身走活动”在南湖广场举行。自治区领导沈北海、刘新文以及自治区各厅局、南宁市四家班子400名副厅级以上领导干部参加活动。

全民健身月活动 6月2日，在民族广场举行全民健身月启动仪式暨2007年安利纽崔莱健康跑活动，以及全国百城市健身气功系列展示活动南宁站活动。奥运冠军王军霞、台湾歌手巫启贤和近1万市民参加。期间，南宁市举办2007中国南宁国际龙舟邀请赛、南宁市“迎奥运”倒计时一周年“全民健身与奥运同行”主题活动、2007年“中国体育彩票杯”南宁市三人篮球比赛等赛事活动超过100项次，逾21万人次参加，推动了全民健身活动的深入开展。

“迎奥运”倒计时一周年“全民健身与奥运同行”主题活动 8月8日，由市政府主办、市体育局承办的南宁市“迎奥运”倒计时一周年“全民健身与奥运同

行”主题活动在民族广场举行。活动以体育展示为主,由1308名离、退休老人组成的方阵,为市民表演了24式太极拳、太极剑、珍珠球、拂尘、太极刀和功夫扇等项目。自治区、南宁市的有关领导及市全民健身指导委员会部分委员参加活动。

三人篮球比赛　8月18~19日,由市体育局主办、市体育管理培训中心承办的2007年“中国体育彩票杯”市三人篮球比赛在民族广场举行。共有97支队伍、384人参赛。钟福记牛杂队、千斤组合队、武鸣雄基队获公开男子组前三名;广西大学队、幸运之星队、多啦A梦队获公开女子组前三名;上林2队、横县体校队、武鸣小牛队获青少年男子A组前三名;上林体校2队、伊岭清香队、武鸣梅兰队获青少年女子A组前三名;矮子队、宾阳队、上林体校2队获青少年男子B组前三名;武鸣真秀队、武鸣芳芳队、宾阳队获青少年女子B组前三名。

中国拳王争霸赛暨中日拳王对抗赛——南宁之战　8月25日,由国家体育总局拳击跆拳道运动管理中心、中国拳击协会主办,广西湖南商会承办,南宁市体育局协办的2008年中国拳王争霸赛暨中日拳王对抗赛——南宁之战在广西体育馆举行。国家体育总局、自治区、南宁市及广西湖南商会的有关领导赛前接见了中日双方运动员,并参加了开赛仪式和颁奖仪式。共有3000多名观众观看了来自中国国家队和广西队的4名选手与日本队的4名选手进行的4场中日拳王对抗赛,中方4名选手获四战全胜的战绩。中央电视台、南宁电视台和驻邕各新闻媒体进行了报道。

【职工体育】　2007年,南宁市机关、团体、企业、事业等单位的职工,利用参加运动会、专项比赛等多种形式积极开展体育活动。3月14~16日,南宁市妇女体育代表团51人,参加广西第三届妇女运动会乒乓球、羽毛球、气排球、太极拳和健身健美操5个项目的比赛,共获金牌7枚、银牌3枚、铜牌2枚,金牌总数列全自治区第一。6月23~27日,南宁市政法系统第二届运动会在市体育场举行,12个县区政法委系统938人参加了比赛。9月19~23日,南宁市工人体育代表团赴柳州市参加“柳钢杯”广西职工健身运动会,获得男子篮球冠军、乒乓球混合团体第二名、羽毛球混合团体第二名、健美操团体第三名。9月21~22日,市纪检监察系统第四届运动会在市体育场举办,253名运动员参加了气排球、乒乓球、羽毛球比赛。11月22~25日,市直机关干部职工气排球比赛在市体育馆举行,共有67个单位、121支队伍、1800多名运动员参赛,活跃了市直机关的文化生活。

【学校体育】　2007年,南宁市学校体育工作继续积极贯彻落实《学校体育工作条例》、《关于保证中小学生体育课时的通知》和《保证中小学生每天体育活动时间的意见》,市体育局积极配合市教育局,到各学校检查体育工作,指导学校上好体育课、课间操,因地制宜地开展各项体育活动。举办市中学生田径比赛、中学生篮球比赛、中小学生乒乓球比赛等一系列赛事,推动了学校体育工作的深入开展,全市中小学校达标率96%以上。市三中和市二十六中两支啦啦队赴美国参加于4月19~26日在奥兰多市举行的2007年世界啦啦队锦标赛,与来自27个国家和地区、260支队伍共计5000余名运动员同场竞技。市三中啦啦队17名运动员参加舞蹈组比赛获第十六名;市二十六中啦啦队20名运动员参加技巧组比赛获第五名,为2007年中国派出参加此次比赛的9支队伍中取得的最好成绩,同时也是参赛的亚洲国家中取得的最好成绩。

【老年人体育】　2007年,南宁市各级老年体协组织有812个,晨(晚)练点305个。市老年人体育协会以“全民健身与奥运同行”为主题,共举办比赛活动6项,直接参赛4520人次,观众10多万人次;举办培训班4期,培训人员279人次;参加全国、自治区、市各种培训的人员有19人次。举办市老年人迎春秧歌比赛、市老年人第三届“重阳节”门球赛、中国·南宁美食嘉年——迎新春“南宁晚报杯”老年人文体大赛、2007年市老年人中国象棋比赛、2007年市老年人气排球比赛、2007年市老年人太极拳(剑)比赛;派员参加全国部分友好城市老年人体育协会协作会议、2007年西南老年体育协作会;派队参加全国十城市第二十二届老年人网球比赛,自治区老年人气排球、无极健身球保健操、太极柔力球、门球、乒乓球等比赛。通过开展“全民健身与奥运同行”主题活动,调动了更多的老年人参与健身、关注奥运的积极性,推动了南宁市群众体育活动的深入开展。

【农村体育】　2007年,南宁市进一步加强农村体育工作。一是做好群众活动场地设施建设。市体育局配合自治区关于新农村建设和大石山区大会战工作,完成全市社会主义新农村建设试点的140个村级篮球场建设任务以及隆安、马山县大石山区基础设施建设大会战的33个村级篮球场建设任务,推动新农村建设工作的开展。二是做好“体育三下乡”活动。分别于5月11日和7月19日组织人员前往武鸣县双桥镇平伏村和上林县西燕镇云灵村,与当地村民举行篮球比赛,并赠送一批体育器材,活动得到当地村民的欢迎和支持。三是通过各种渠道引导农民群众自觉参加体育健身活动。做好组队选拔工作,参加广西首届城乡万人气排球大赛;协助自治区体育局,完成自治区万村农民篮球赛的参赛和组织工作;派出由隆安县组成的南宁市龙舟队赴越南参加4月29日在广宁省下龙湾市举行的2007年下龙湾旅游节国际龙舟邀请赛,参加男子3000米、女子2000米的环绕赛,获男子第四名、女子第三名,并获体育道德风尚奖。同时,各县区结合本地实际,利用春节、“三八”、“五一”、国庆等节庆和双休日时间,积极开展了一系列群众体育赛事活动。其中,规模较大的有武鸣“三月三”民族体育竞技展演活动及武术散打擂台赛、“南宁日报杯”县区篮球赛、宾阳县炮龙节活动、横县迎奥运全民健身周活动暨县直单位庆国庆文体活动、上林县庆“五一”气排球比赛、马山县“文化旅游美食节”系列民族体育展示、隆安县纪念建党86周年气排球比赛、兴宁区首届非公有制经济人士运动会、江南区“移动杯”气排球赛、青秀区农民迎春篮球赛、西乡塘区端午节划龙舟比赛、邕宁区“抢花炮”活动、良庆区全民健身周启动仪式等。

【民族体育】　2007年,市体育局会同市民委完成自治区少数民族传统体育项目射弩、高脚竞速、板鞋竞速、陀螺、龙舟5个项目选拔赛的组队参赛工作。承担参加在广州举行的第八届全国少数民族体育运动会珍珠球、高脚竞速和毽球队的组队集训和参赛工作,获珍珠球女子第五名,高脚竞速男子2×200米接力第七名、混合4×100米接力第八名。

【社团体育】　2007年,南宁市有足球、篮球、羽毛球、乒乓球、健身、信鸽、老年人武术学会、门球协会、汽车运动俱乐部、体育彩票公益金青少年体育俱乐部等24个单项体育协会和体育俱乐部。各协会利用节假日先后开展了足球、篮球、网球、羽毛球、健身、桥牌、门球、信鸽放飞活动等30多项赛事。还举办篮球、气排球、轮滑、救生员、社会体育指导员等项目培训班10期。审批二级运动员98人,二级裁判员367人;注册国家级和一级裁判员194人,二级裁判员423人,三级裁判员111人;选派了153名裁判员、教练员参加全国、自治区裁判员和教练员培训,并鼓励一些有条件的裁判员自费报名参加培训,为体育业务的开展打下了良好的基础。

体 育 产 业

【概 况】 2007年,南宁市体育产业有体育场馆、设施8134个;各类服务经营单位300多家,营业收入近8750万元;体育彩票销售总额达9015万元(含六县),公益金收入465万元,累计缴纳个人偶然所得税551万元。市体育局继续加大对体育服务业经营单位的管理和指导力度,建立公开、透明、管理规范的市场服务机制;进一步落实体育服务业经营管理的法律、法规、保障市场的有序运作,促进市场的健康、规范、有序发展。

【体育彩票业】 2007年,市体育彩票管理中心继续紧紧抓住"排列三"玩法的龙头作用,通过开展各类宣传、营销、培训工作,推动排列玩法继续保持市场主体销量。同时,通过自治区中心、各分中心、网点、彩民层层落实的方式,积极做好营销、保障、服务工作,使体彩市场发展态势和彩民群体稳中有升,体彩销售业绩喜人。电脑体育彩票销售总额9015万元(含六县),公益金收入465万元,总销量比上年增长18%,占自治区销量40%,累计缴纳个人偶然所得税551万元,超额完成全年的销售任务。

【本体产业】 2007年,市体育场、南宁手球训练基地等局属体育经营实体积极探索多种经营渠道,开辟新的经营项目,努力提高服务水平,增收节支。接待竞技体育训练比赛、群众体育锻炼等70余万人次,场馆和宾馆收入近500万元,创历史新高。

【社会体育产业】 2007年,南宁市体育服务业共有各类经营单位约300家。其中健身娱乐业数量最多,有近250家;年销售收入约8750万元;从业人数2700多人;经营项目主要有羽毛球、乒乓球、保龄球、气排球、棋牌、游泳、体操(包括各类健身、健美操)、高尔夫球和网球等。

体育赛事承办

【南宁国际龙舟邀请赛】 2007年6月18~20日,由国家体育总局社会体育指导中心、中国龙舟协会、自治区体育局、南宁市政府主办,自治区社会体育运动发展中心和南宁市体育局承办的"全民健身与奥运同行"2007年全国龙舟月启动仪式暨第四届中国南宁国际龙舟邀请赛在南湖公园举行。比赛设公开组、普通组、混合组和女子组标准龙舟及小龙舟800米、500米直道竞速等12个竞赛项目,共有来自澳大利亚、越南、菲律宾、老挝和贵州、广州、柳州及南宁市共57支龙舟代表队1240名运动员参赛。有10多万市民沿岸观看比赛。国家体育总局、自治区和南宁市及组委会的有关领导出席了启动仪式晚会和开赛仪式。经过两天的激烈角逐,菲律宾、老挝分别获得公开组小龙舟和标准龙舟总成绩冠亚军,南宁市西乡塘区下楞1队获女子组标准龙舟总成绩第一名,南宁市隆安县金穗队获混合组标准龙舟和普通组小龙舟总成绩第一名,南宁征途招聘龙舟队获普通组标准龙舟第一名。

【中国南宁—东南亚国际围棋邀请赛】 2007年9月20~23日,由中国国家体育总局棋牌运动管理中心、广西壮族自治区体育局、南宁市政府主办,南宁市体育局、南宁市体育总会、广西围棋协会、广西桥牌协会承办的第三届中国南宁—东南亚国际围棋邀请赛及第二届中国—东盟南宁国际桥牌邀请赛在南宁举行。两赛共有来自18个国家和地区等代表队的148名运动员参赛。围棋邀请赛设团体赛和个人赛2个竞赛项目。有文莱、柬埔寨、印度尼西亚、马来西亚、菲律宾、新加坡、泰国、越南、美国、日本、日本东京、韩国、朝鲜、蒙古、香港、澳门、台北、高雄、广西华蓝、南宁市等代表队参赛。桥牌邀请赛设公开队式赛、公开双人赛2个竞赛项目。有菲律宾、新加坡、泰国、香港、香港平安、中国铁道部、中国水利部、中国建设部、中国金融体协、深圳市、广西、广西发改委、龙滩水电有限公司、南宁市、柳州市等代表队参赛。经过4天的激烈角逐,朝鲜代表队及南宁市代表队分别获围棋邀请赛团体赛冠军、亚军;南宁市代表队崔寿福险获围棋邀请赛个人赛冠军。桥牌公开队式赛冠、亚军分别由中国建设部、中国金融体协获得;桥牌公开双人赛南北方向冠军为中国香港平安代表队的吴中华、林亚夫;东西方向冠军为龙滩水电代表队谢营邦、贺星球。

【南宁国际半程马拉松比赛暨南宁解放日长跑活动】 2007年12月2日,第二届南宁国际半程马拉松比赛暨25届南宁解放日长跑活动在民族大道举行。设有男女半程马拉松(21.0975公里)、男女10公里比赛、男女5公里和3公里健康跑及老年人慢步走等项目。共有9327人报名参赛。其中,参加半程马拉松比赛的运动员162人;10公里比赛运动员225人;5公里和3公里健康跑运动员3086人;老年人慢步走运动员5800人。比赛起终点都设在民族广场,途经民族大道、东葛路、长湖路、竹溪大道、双拥路等。有数万市民沿途为运动员加油助威。国家体育总局、自治区、南宁市及组委会有关领导出席开赛仪式和颁奖仪式。经过激烈的角逐,获得各项比赛冠军的是:5公里男子组王育坤(贵州);5公里女子组阮碧湛(越南);10公里男子组郭子海(沈阳体校);10公里女子组Nguyen Dang Thanh Thuy(越南);半程马拉松男子组王磊(河北省唐山市);半程马拉松女子组Nyuyen Thi Dong(越南)。

对外体育交流

【概 况】 2007年,市体育局先后派出举重、体操、健身气功等项目教练赴越南和日本执教;派出跆拳道队、龙舟队赴越南河内、下龙湾参加国际比赛;派队参加中国—东盟汽车拉力赛;派出教练员赴美国参加啦啦操教练员培训;派出两支啦啦队参加2007年世界啦啦队锦标赛。接待东盟国家来邕训练的田径、乒乓球、体操、蹼泳等队伍60人次;接待越南田径联合会代表团、越南建设部考察团到市体育局参观考察;举办一系列国际赛事,促进了南宁市对外体育文化交流。

【组队出访参赛】 2007年,南宁市多次组队出访参加国际体育赛事,进一步加强对外体育交流。4月,组织市三中和市二十六中两支啦啦队赴美国奥兰多市参加2007年世界啦啦队锦标赛,分别获舞蹈组比赛第十六名、技巧组比赛第五名;派员参加中国—东盟汽车拉力赛;由市体育职业中学组成跆拳道队,赴越南河内参加第十三届越南国际跆拳道邀请赛,获男子48公斤级第三名、56公斤级第四名,女子44公斤级第三名、46公斤级第二名;受自治区委托,南宁市组成龙舟队,赴越南下龙湾,参加2007年下龙湾旅游节国际龙舟邀请赛,获女子2000米第三名。

【来访与业务交流】 2007年4月22日上午,越南田径联合会代表团一行22人到南宁市参观访问。代表团参观了体育设施,观摩了市体育职业中学田径队的训练,并与市体育局领导进行了座淡。5月27日,越南建设部副部长陈玉政率团到市体育局参观考察。考察团与市体育官员进行了友好的交谈,并前往各训练场馆看望了在南宁训练的越南河内体操队和田径队的队员及教练。年内,共接待东盟国家来邕训练的田径、乒乓球、体操、蹼泳等队伍60人次。市体育局先后派出举重、体操、健身气功等项目教练4人次分赴越南和日本执教;委派2名教练赴美国参加啦啦操教练员培训。

(市体育局编写组)

责任编辑 李志楠

①第二届南宁国际半程马拉松比赛暨第25届南宁解放日长跑活动

②2007年元旦邕江冬泳活动

③中国南宁—东南亚国围棋邀请赛比赛现场

④老年人健身活动

⑤南宁国际龙舟邀请赛参赛龙舟

周家志 梁 凯 摄

社会生活

城市应急联动服务

【概　况】 2007年,南宁市城市应急联动中心累计接听报警求助电话174万多个,月平均接听14.4万多个;共处理各类有效事件39万多件。接待前来参观的广东、北京、成都等近90个省市代表团共4400人次。4月,承担的电子信息产业发展基金项目通过国家信息产业部验收;12月,牵头的国家"十五"科技攻关项目——城市公共安全综合试点课题通过国家科技部、国家安全生产监督管理局组织的验收。

【市政府公共服务呼叫中心】 2007年,市政府公共服务呼叫中心共受理来电(含留言)2.53万个,其中:行政效能投诉449个,市政热线3766个,司法热线1213个,环保热线10243个,物价热线2749个,旅游热线311个,人事热线3033个,青少年服务热线353个;有效来电(含留言)2.21万个。

【应急预案体系建设】 2007年,南宁市制定实施专项应急预案23个、部门应急预案81个;完成县区级应急预案19个,形成基层应急预案6000多个。共组织"八桂·2007"反恐演习、煤矿透水事故应急救援演练、首府南宁2007年道路交通事故紧急医疗救援演练等应急演练近2000次。

【城市公共安全管理系统】 2007年,市应急联动中心完成南宁应急联动与警备区系统互联工程、应急联动系统视频图像接入工程、GPS系统完善和应用推广、应急卫星通信车改造、六怀山与侧钻岭基站上山道路修缮、呼叫中心后台监督管理系统、应急通信设备更新及维护工程等7个项目。实现全市警力GPS定位和可视调度功能的资源共享,接处警大厅处警席全部配备GPS系统终端。处警车辆GPS定位可在联动中心指挥大厅大屏幕上显示。

【应急知识宣传】 2007年5月起,市应急联动中心开展为期1个月的市应急联动系统正式运行五周年宣传月活动,通过《经济日报》、《广西日报》、《南宁日报》、《南国早报》、《当代生活报》等报刊发表应急联动系统专题宣传稿件30篇,南宁电视台《南宁新闻》、《新闻夜班》、《关注》等栏目播出应急联动系统专题节目共17期;南宁电台《行风政风》栏目实事播出节目1期,群众拨打直播热线电话近30个,南宁时空网设立的应急联动系统网页点击率达3万多次。5月26日,举办应急联动系统开放日活动,组织部分市民到中心参观,并与市依法治市办公室、司法局、教育局共同开展"应急知识进校园"系列活动。 (黄呈华)

婚姻·家庭

【婚姻登记】 2007年,南宁市有婚姻登记处15个、涉外婚姻登记处1个,有持证上岗登记员68人。办理国内结婚登记68845对137894人;离婚登记6668对13336人;补办婚姻登记1839对3678人;补领2241对4482人。登记合格率100%。11月1日,南宁市涉外婚姻登记处正式挂牌成立,办理市辖区内的中国公民与外国人、国内居民与华侨、出国人员、港澳台居民的婚姻登记工作,至12月底办理涉外结婚登记102对,离婚登记8对,补领3对。 (丁振辉)

【儿童收养登记管理】 2007年,南宁开展《中华人民共和国收养法》宣传活动,印发宣传材料5000多份。市社会福利院开展家庭寄养工作,选择符合条件的开展家庭寄养,有200名孤残儿童进入寄养家庭。举办2期收养登记员培训班,办理涉香港、澳门地区收养登记6例,国内正常收养登记284例。 (黄　伟)

【廉政文化进家庭活动】 2007年,市妇联在妇女和家庭中开展廉政文化进家庭"五个一"活动,向妇女和家庭发放一份开展社会主义荣辱观宣传教育的倡议书;发放一本家庭助廉教育读本;组织一支"清风和谐颂"歌咏队;举办一次家庭助廉教育知识竞赛和家庭助廉读书征文比赛。活动中共发放倡议书30万份,教材2.07万册,2万多名干部参加。10月13日,与市纪委联合举办以"廉政文化进家庭、知荣明辱促和谐"为主题的家庭助廉教育电视知识竞赛,县区、高新区选送的24户家庭代表参加复赛、决赛,近千名党员、干部前来现场观摩。

【"十百千户"特色家庭创建】 2007年,市妇联开展"和睦促和谐、和谐建设在家庭"活动,把各类特色家庭评选活动整合

南宁市城市公共安全管理系统大屏幕　　市公安局提供

为“十百千户”(百户“五好文明家庭”、百户“学习型家庭”、百户“廉洁家庭”、百户“绿色家庭”、百户“美德之家”、百户“平安家庭”、百户“禁毒好家庭”、百户“双合格家庭”、百户“清洁家庭”和百户“致富家庭”)先进家庭创建活动,并纳入南宁市“十一五”精神文明建设规划、“创新年”重点项目、“和谐建设在基层”七大系列活动和南宁市创建全国文明城市目标考核体系。参与活动家庭86万户,占总户数52%。12月27日在五象广场举办“共创和谐家庭,共建和谐南宁——‘十百千户’先进家庭表彰大会暨迎新晚会”上,10类百户共1000户先进家庭受到表彰。

【清洁卫生进家庭活动】 2007年,市妇联以“姐妹牵手、城乡联动、清洁家园、共建和谐”为主题,开展卫生知识进家庭、清洁行动进家庭、文明新风进家庭、环保节约进家庭等清洁卫生进家庭系列活动,参与家庭15万户,其中3000户城市家庭志愿者与农村家庭结成清洁卫生对子,给农村家庭赠送扫把、提桶、垃圾筒等3000件、对联3000幅。共发放清洁家园倡议书16.87万份,组织家庭签订清洁卫生承诺书1.97万份,发放宣传资料26.55万份,举办宣传活动67场次,参加24.15万人;成立妈妈义务保洁队、妇女志愿队、妇女卫生监督队、义务劝导队等104支,共有2861人参与。

【家庭系列活动】

“亲情互动、和谐税收”家庭飞行棋大赛 2007年4月21日,市妇联与市地税局联合,把知识印在飞行棋棋盘上,通过组织家庭比赛,以寓教于乐的方式,让家庭成员了解税法,学到知识,加强家庭成员的团队精神和协作精神。1500多户家庭参与。

“我爱绿城、绿色出行”活动 9月22日(世界无车日),市妇联与市交通局、青秀区党委和政府联合举办“我爱绿城、绿色出行”活动启动仪式,组织“千人绕湖健身走”和“百名自行车爱好者巡游南宁”活动,向市民和家庭发放绿色出行倡议书,号召市民和家庭积极参与绿色出行活动,尽量不开汽车,选择步行、自行车和公交车出行,减少环境污染。1500名市民和家庭志愿者及500名自行车爱好者现场参与。

家庭读书活动 市妇联与市委宣传部、市文明办联合在全市妇女和家庭中开展2007“书香绿城”主题读书活动,引导家庭成员爱读书、善读书、读好书,努力创建学习型家庭,有60万户家庭参与活动。12月14日在青秀大厦礼堂举行“人人读好书、家家促和谐”家庭读书朗诵比赛,各县区选送的13户家庭代表参加全市比赛,获一等奖2户、二等奖4户、三等奖7户。

“预防艾滋病、健康进家庭”活动 12月26日,市妇儿工委、市妇联在宾阳县举行“预防艾滋病、健康进家庭”知识手册发放活动启动仪式,与全市12个县区妇儿工委、妇联签订《南宁市发放〈预防艾滋病、健康进家庭〉知识手册责任书》,要求县区妇儿工委、妇联负责发放《手册》,保证管辖家庭每户一册;组织培训《手册》宣传骨干、宣传员队伍,开展多种形式的活动,宣传员进村入户宣传防艾知识,使防艾知识家喻户晓;建立活动档案;组织检查、考核、评估、总结、表彰工作;保证培训经费和工作经费到位,专款专用。共发放知识手册190.25万册。

【首届家庭厨艺大赛】 2007年7月28~29日,市妇联、《南宁晚报》、广西烹饪餐饮协会在“邕城人家”南宁菜馆联合举办南宁市首届家庭厨艺大赛,有86户家庭参加。陈丽珠家庭制作的“邕城春卷”获一等奖,叶静、覃丽莉家庭制作的“酿水豆腐”、“假萎鱼饼”获二等奖,杨佩霞、谢园园、周鹏制作的“比翅双飞”、“邕城老友酸汤鱼”、“老友虎皮扣”获三等奖。

【家庭教育巡回报告会】 2007年,市妇联把“双合格”(争做合格家长,培养合格人才)活动与未成年人社会主义荣辱观教育、小公民道德建设等活动结合起来,以“亲子互动创和谐家庭”为主题,在全市举办家庭教育巡回报告会37场,有3.6万名家长、学生参加。4月13~15日,与市教育局、青秀区联合举办4场以“亲子互动创和谐家庭”为主题的家庭教育报告会,特邀全国社区教育委员会主席、国际社区教育协会(ICEA)亚洲理事、北京师范大学厉以贤教授,台湾财团法人阳升教育基金会董事兼执行长、台湾社区教育学会常务理事兼执行长、亲子全脑培训讲师詹明娟为市社区教育工作者、学校教师、家长进行社区教育和亲子教育专题讲座,有2400人参加。 (沈进东)

人口与计划生育

【概 况】 2007年,南宁市加强人口和计划生育基层基础工作,新建和改扩建县、乡镇中心和普通一类计生服务所22个,完成新农村试点工作188个村计生服务室建设任务,恢复乡镇计生办公室,新增行政编制257人。进一步完善落实人口和计划生育工作目标责任制。年初,市委、市政府主要领导与各县区党政“一把手”以及38个相关职能部门主要领导签订《人口和计划生育目标管理责任状》;各级党委、政府和相关部门层层签订人口计生目标管理责任书,把工作责任、任务层层分解。年末,通过自治区考核验收达标。全市政策生育率80.08%,长效避孕率65.81%,出生人口性别比120,总和生育率2.1以下。全市12个县区获目标管理责任制(党政线)考评一等奖;32个部门获目标管理责任制(部门线)考评一等奖;6个部门获目标管理责任制(部门线)考评二等奖;12个县区人口与计划生育领导小组办公室获目标管理责任制(计生线)考评一等奖。南宁市获自治区人口计生目标管理(党政线)先进单位奖,市人口计生委获自治区人口计生目标管理(计生线)先进单位称号。

【计生政策学习宣传】 2007年,南宁市学习贯彻中共中央国务院《关于全面加强人口和计划生育工作统筹解决人口问题的决定》,1~3月,举办领导干部、全市人口计生系统和市、县区和乡镇(街道办)干部培训班3期,共有4600多人参加学习。举办《决定》宣传服务月启动仪式等广场宣传活动26场;在住宅小区等人群较集中的地方设置计生宣传牌1100块,在主要交通路口电子显示屏播放标语1500多条次;在《中国人口报》、《广西日报》、《南宁日报》等国家、自治区和市直新闻媒体刊登计生稿件250多篇,营造人口计生工作的良好氛围。

【人口计生依法行政】 2007年,市政府出台《南宁市人口和计划生育管理若干规定》,为人口计生工作提供法律保障。各级人口计生部门坚持依法行政、文明执法,严格执行“七个不准”的规定和群众工作纪律,组织开展不稳定因素的排查化解和带案下访督查,及时处理各类来信来访400多件,全部处理答复,杜绝计划生育乱收费、乱罚款、乱收押金现象。各级人口计生部门以宣传教育为主,动员群众自觉缴纳社会抚养费,共征收社会抚养费2.82亿元。

【出生人口性别比偏高问题综合治理】 2007年,市人口计生、卫生、药监、公安、工商等部门联合开展打击“两非”(非法鉴定胎儿性别和非医学需要的选择性终止妊娠行为)专项活动23次,出动车辆97台次、人员220人次,对354家医疗保健机构、计划生育技术服务机构、药店、个体医疗诊所进行检查,对存在问题的相关服务机构进行查处。出生人口性别比120。

【流动人口计生管理和服务】 2007年,南宁市开展创建自治区和市级流动人口计划生育管理服务示范县区工作,进一

1月5日，市人口计生委在上林县开展“计生下乡”活动　　市人口计生委提供

步推行“家庭式管理、亲情化服务、市民化待遇”管理新模式，全面落实流动人口计划生育免费基本项目技术服务。加强区域协作，与自治区内钦州、玉林、贵港、百色、河池、崇左6个市签订《流动人口计划生育“双向”管理和服务区域协作协议》，落实好流出地与流入地计划生育“双向”管理和考核评估机制。加强流动人口信息交流工作，向国家流动人口信息交换平台提交信息18条，反馈信息3.5万条，信息反馈率97.76%，强化流动人口计划生育管理与服务。

【人口与计生服务】 2007年，南宁市以人为本，不断改善人口与计生服务。免费为农村5000对夫妇进行地中海贫血筛查；实施人口计生科技服务“三大工程”（避孕节育优质服务工程、出生缺陷干预工程和生殖道感染干预工程），降低病残儿的出生率；组织开展了男性健康大检查的社会公益活动；为农村绝经期妇女免费取环；常年组织“三下乡”服务小分队和计生流动服务车，为育龄群众提供生殖健康检查和免费发放避孕药具、常见妇科病义诊等送政策、送科技、送健康、送爱心巡回服务活动，受益群众125万人次。 （林建人）

城市居民生活

【概　况】 2007年，南宁市城市居民人均可支配收入12955元，比上年增加2050元，增长18.8%，扣除物价上涨因素，实际增长13.8%；人均消费性支出9459元，比上年增加1299元，增长15.9%。居民消费价格指数为104.4%，其中食品消费价格上涨11.1%。

【收入构成】 2007年，南宁市城市居民家庭人均总收入14301元。其中：工资性收入10554元，占73.8%；经营净收入491元，占3.4%；财产性收入（包括利息、红利、股息、保险收益、出租房屋、其他投资收入等）236元，占1.7%；转移性收入（包括离退休金、社会救济、赔偿收入、保险收入、赡养收入、捐赠收入等）3019元，占21.1%。

【实际支出及消费结构】 2007年，南宁市城市居民家庭人均总支出12986元。其中：消费性支出9459元，占72.8%；经营性支出1元、财产性支出40元，占0.3%；转移性支出（包括交纳的个人收入税、捐赠支出、购买彩票、赡养支出、非储蓄性保险等）940元，占7.2%；社会保障支出（包括个人交纳的养老基金、住房公积金、医疗保险、失业基金）1195元，占9.2%；购房与建房支出1351元，占10.4%。在消费性支出中，用于服务性消费2570元，占27.2%。

食品类　年人均消费支出3741元，占消费支出（恩格尔系数）39.5%。其中：粮食、食用油脂508元，肉禽蛋水产品1456元（包括猪肉532元、牛肉100元、羊肉15元、其他肉及制品99元、鸡251元、鸭85元、其他禽及制品84元、鲜蛋64元、蛋制品2元、鱼137元、虾34元、其他水产品及制品53元），蔬菜350元，调味品41元，糖烟酒饮料196元，干鲜瓜果255元，糕点、奶及奶制品222元，其他食品118元，饮食服务596元。年平均每人主要食品消费量为大米、面粉53.1公斤，食用植物油9.3公斤，猪肉28.9公斤，牛肉4.5公斤，鸡12.4公斤，鸭6公斤，鲜蛋7.6公斤，鱼13公斤，鲜菜125.5公斤，鲜果43.6公斤，鲜瓜12.1公斤，鲜乳品22.7公斤。

衣着类　年人均消费支出689元，占消费支出7.3%。其中：服装514元，衣着材料7元，鞋类147元，其他衣着用品15元，衣着加工服务费6元。

家庭设备用品及服务类　年人均消费支出599元，占消费支出6.3%。其中：家庭设备耐用消费品278元，室内装饰品3元，床上用品59元，家庭日用杂品211元，家庭服务48元。

医疗保健类　年人均消费支出617元，占消费支出6.5%。其中：医疗器具和保健器具12元，药品费374元，滋补保健品36元，医疗费189元，其他医疗保健6元。

交通与通讯类　年人均消费支出1253元，占消费支出13.2%。其中：交通790元，通讯463元。

教育文化娱乐服务类　年人均消费支出1354元，占消费支出14.3%。其中：文化娱乐耐用消费品301元，文化娱乐服务439元，教育614元。

居住类　年人均消费支出863元，占消费支出9.1%。其中：住房（包括租赁房租、住房装潢、维修用建筑材料等）172元，水电燃料及其他635元，居住服务费56元。

其他商品和服务类　年人均消费支出342元，占消费支出3.6%。其中：其他商品184元，服务159元。

【主要耐用消费品购买量及年末拥有量】 2007年，南宁市城市居民平均每百户购买洗衣机7台、电冰箱6台、空调器4台、淋浴热水器7台、消毒碗柜1台、助力车4辆、家用汽车0.5辆、普通电话机22台、移动电话30部、彩色电视机3台、家用电脑3台、照相机1架。年末，平均每百户拥有摩托车52.5辆、助力车13.5辆、家用汽车7辆、洗衣机94.5台、电冰箱92.5台、彩色电视机144台、家用电脑71.5台、组合音响30台、摄像机6架、照相机50.5架、钢琴1架、其他中高档乐器4件、健身器材4套、微波炉66.5台、空调器121.5台、淋浴热水器100台、消毒碗柜59.5台、普通电话机78台、移动电话171.5部、接入有线电视网络的电视机103台、接入互联网计算机52台。

【居　住】 2007年，南宁市城市居民人均拥有住房建筑面积25.2平方米。其中：单元式配套住宅占97.5%，住房有装修的占68.5%，拥有全产权自有房占85.5%，住房内有浴室厕所的占98%，使用管道煤气和液化气的居民户分别占6%和89%。

【不同阶层收入消费及差异状况】

不同阶层收入差异　2007年，南宁市城市居民中，占总体10%的最高收入户人均可支配收入3.71万元；占总体10%的高收入户人均可支配收入2.33万元；占总体20%的较高收入户人均可支配收入1.6万元；占总体20%的中间收入户人均可支配收入9738元；占总体20%的较低收入户人均可支配收入6906元；占总体10%的低收入户人均可支配收入5123元；占总体10%的最低收入户人均可支配收入3422元。最高收入户与最低收入户人均可支配收入之比接近11:1。不同收入阶层呈现出高收入高增长，低收入低增长的态势，高低收入差距进一步扩大。

不同阶层消费差异　南宁市城市居民中，占总体10%的最高收入户人均消费支出1.94万元；占总体10%的高收入户人均消费支出1.51万元；占总体20%的较高收入户人均消费支出1.26万元；占总体20%的中间收入户人均消费支出7827元；占总体20%的较低收入户人均消费支出6377元；占总体10%的低收入户人均消费支出5614元；占总体10%的最低收入户人均消费支出3312元。最高收入户与最低收入户人均消费支出之比接近6:1。其中，最高收入户人均食品消费支出5325元，占消费支出27.5%；最低收入户人均食品消费支出2030元，占消费支出61.3%。（覃宏珍）

【南宁工资水平居自治区第二位】 根据自治区统计局《2007年广西城镇单位职工工资水平分析》显示，2007年，在自治区14个市的在岗职工工资水平中，南宁在岗职工年平均工资为24602元，次于柳州(26819元)，位居第二。按单位性质来看，机关单位中，南宁的工资水平最高，为36746元，钦州最低，为17094元；事业单位中，南宁最高，为27556元，钦州最低，为17094元。（余朝霞）

时尚习俗

【择　偶】

网络征婚　随着互联网的普及，现代生活已进入网络时代。通过网络各种聊天工具如QQ、MSN、发Email等寻找另一半，成为很多人乐于接受且行之有效的征婚、交友新模式。网上因而专门开设许多征婚交友俱乐部，为寻找爱情的男女提供方便快捷的服务。只要将自己理想爱人的条件输入电脑，就可获得对方的详细资料，进而再进一步的联系加深了解。在较大的网站还设有“同城约会”，如网易、南宁时空网等，也使人们能了解与自己同地的其他人的情况。在南宁，就有很多人通过网络找到了自己的另一半，有的甚至通过国际性的交友征婚网站，在异国他乡找到知己。有些通过网络相知相爱的年轻人，在结婚时，也会选择网络来举办婚礼。

父母相亲活动　南宁市许多青年男女因工作忙、生活圈子小或其他一些原因，暂时找不到对象。因此，希望子女幸福的父母采取绝迹多年的“相亲”活动，替代过于忙碌、消极应对婚姻的子女去相亲。为促成众多父母的心愿，《南宁晚报》(家庭周刊)、南宁时空网相亲频道于2007年5月20日下午在热浪VV酒吧主办一场520南宁首届父母相亲会，给众多单身子女的父母在相亲会上为其子女寻找“意中人”提供平台。父母们在活动现场领取相应表格，为子女填写相关资料和相片，并将资料公布在公告区，有的制作相关资料牌，通过公告区上的资料寻找合适自己子女对象的资料，并记其序号，由现场工作人员协调找到该资料的父母，双方父母进行交流。有的把资料刊登在时空网相亲频道上进行网络征婚，或刊登在《南宁晚报》(家庭周刊)上进行征婚展示。当天，有上百对父母来到现场参加相亲会。12月2日，《南宁晚报》(家庭周刊)、南宁时空网在金花茶公园举办第二届父母相亲会，共有300多名父母到场为子女选对象。

大型交友会　为帮助都市单身男女扩大交友范围，2007年，南宁晚报和时空网联合举办多次大型户外交友活动，南宁市各职业男女青年人踊跃参加，扩大了交往，加深了沟通和了解。8月18日，《南宁晚报》、时空网举办“爱情大考验”户外拓展体验式交友活动，43名22~36岁的青年男女参加。8月19日，广西大学社区单身俱乐部在东校园举办中青老年人相亲会，142人参加，年龄为35~50岁，最大的为80岁。8月25日，《南宁晚报》、时空网、南宁电台、名典咖啡语茶共同举办“大城小爱单身派对”交友活动，80多名都市白领参加。12月23日，兴宁区妇联、工会、团委与《南宁晚报》、时空网在广西药用植物园联合举办兴宁区首届鹊桥会活动，共有500多人报名参加。

【婚　俗】 与传统的婚俗相比，现代南宁人的婚礼呈现出多样化、个性化的趋势。主要分为3种方式：第一种是自筹方式，即由新人自主安排举办婚礼的方式，如旅游、户外、舞会等。第二类是半委托方式。即由新人决定举办婚礼的地点及规模后，委托婚庆公司提供婚礼主持、设备等服务。第三类是全委托方式，即请婚庆公司全权操办婚礼。婚庆公司应新人的要求来设计特色的婚宴，有热闹喜庆的轿子婚宴，有到郊外山清水秀的度假村举办的绿色婚宴，有在欧式庭院进行的室外自助餐婚宴。并将婚礼的全过程拍摄下来，刻录成光盘，作永久纪念。

五星式婚宴　有些新人选择在五星级饭店筹办婚宴，豪华体面。由饭店全方位包办，包括提供司仪、婚宴策划、免费蜜月套房等，并有多项优惠，喜宴的菜色和服务均一流水准，令宾主尽欢。

舞会式晚宴　有些新人选择办一场舞会，和宾客一起为婚礼狂欢，洋化、优雅、随兴。晚宴的方式大都采用自助式。酒足饭饱后，随着音乐轻歌曼舞、尽情欢乐。

下午茶式喜宴　有些新人选择西式的下午茶式婚宴。在户外的草坪上，备上一些精致的糕点、水果、饮料，使双方的亲友相互认识和聊天，气氛轻松、自由。有的还设计一些小游戏或畅谈新人的趣闻逸事，然后由新人切蛋糕、丢鲜花、把香槟倒入香槟塔，把宴会气氛推向高潮。

餐厅式喜宴　为大众化方式，费用

5月20日，南宁首届父母相亲会举行。图为报名现场　覃希云提供

较低廉。新人一般选择经济比较实惠的餐厅宴请亲朋好友。这类餐厅酒楼都开设有为新人提供婚庆服务的项目。

自办式喜酒　即采取在家庭办酒席的方式。一般在农村多见。新人自请厨师到场承办酒席，利用家里的饭厅及房前屋后的公共场地大摆宴席。花较少的费用，让客人吃上丰盛的菜。具有典型的乡土味，由于邀请的宾客大都是邻居和亲朋好友，主宾可以不拘礼节，场面亲切热闹。

自娱自乐式婚礼　有些新人喜欢用优美的歌声、轻盈的舞姿为婚礼增辉添色，既朴实又华贵，既简单又热闹。主要采取对歌、拉歌、打擂台(一般卡拉OK机都具备打分功能)等形式。选定一家场地面积较大的歌舞餐厅，摆放一些供休息的小型桌椅，备上适量的果盘、冷盘、饮料、香槟、啤酒等。朋友们手挽手、肩并肩簇拥着新郎、新娘共同引吭高歌，来庆祝婚礼。

集体式婚礼　有些新人选择参加由机构团体举办的集体婚礼。一般有来自各地的几十对、甚至上百对新人，欢聚一堂。是最经济、最可取的婚式。集体婚礼安排周到，隆重典雅，抛弃俗套，文明健康，气氛欢乐，让新人觉得光彩又不穷酸，参加者觉得热烈又不庸俗，达到家属满意、新人高兴、来宾尽兴的效果。2007年10月11日，中建五局在青竹立交桥工地为6对新人举行集体婚礼。12月1日第20个世界艾滋病日，南宁市在民族广场举行主题为“遏制艾滋，履行承诺，红丝带在行动”的“世界艾滋病日红丝带周活动”启动仪式上举办集体婚礼，有19对新人参加，并在万人签名板上签下宣言：抵御艾滋，从我做起，消除歧视，同抗艾滋，共享生命。12月29日，曾参与南湖清淤工作的广西水电设计院5对新人在南湖举行水上集体婚礼。

旅行式结婚　有些新人选择蜜月旅行结婚，经济条件富裕的新人还选择出国旅行，游览名胜古迹、名山大川，既开阔眼界，又留下美好回忆。

自然式婚礼　有些新人选择郊外林地、公园或田园举行婚礼。把婚礼与郊(户)外游玩结合起来，将大自然的美和生活的美融为一体，优美宜人的环境与喜庆热烈的婚礼完美结合在一起，使来宾心情更加愉悦和轻松。有的新人还在郊外或公园举办烧烤婚礼。2007年3月，南宁市有一对新人把婚礼安排在蔬菜种植大棚里举行。大棚挂满各式各样的瓜果蔬菜，并点缀五彩气球、粉红花束，放飞99只花蝴蝶，使婚礼的气氛浪漫有趣。

古典式婚礼　有些新人选择古典式婚礼，体验时空倒流的韵味。2007年1月，南宁市一对新人在扬美古镇举办古装婚礼。新娘穿着旗袍，披上红盖头，在“娘家”等待出嫁，时辰到时，被“媒婆”牵着手走进轿子，新娘坐在花轿里，被轿夫在大街小巷地抬着走，前往新郎的“家”。婚礼十分古朴喜庆。10月，南宁的一对新人举行古装婚礼。新郎骑着大马引领着迎亲队伍抬着花轿将新娘接回家中。

车辆迎亲式　有些新郎还喜欢驾驶摩托车、电动车或乘坐公共汽车或由车友会组织车队前往新娘家迎亲。有的新人都是摩托车爱好者，喜用摩托车迎亲；在电动车公司工作的新人则租用公司的电动车迎亲；有的新人利用车友会组织同一品牌的几十辆车一起出动前往迎亲；有的新人租用公共汽车作为迎亲领头车前往，婚礼热闹非凡。2007年9月27日，南宁摩托车俱乐部一对新人举办摩托车迎娶，新郎带领一支由30辆摩托车组成的迎嫁车队前往迎娶新娘。

特殊婚礼　2007年6月2日，南宁市方舟至爱特教学校教师黄政芳与妻子玉玲芳在校园里举办了一场婚礼，用音乐剧的形式，让孤独症患儿了解什么是结婚典礼，也让社会了解并接纳孤独症患儿，给予他们更多的关爱。9月，南宁的一对新人吴泽豪、方香在浦北县龙门镇麻风病村举行一场婚礼。他俩曾多次到麻风村参加爱心活动。此举表达了他俩对麻风病患者的爱心和对世俗偏见的挑战。　　　　　　　　（余朝霞）

【过　年】

逆向探亲　家长从老家来到子女工作的城市，和子女一起过年。为新兴的过年形式，对传统回父母家过年方式的补充。

分居式过年　中国人过春节，最看重的就是团圆。对于独生子女家庭来说，团圆很难。如夫妇都到一方父母家过年，另一方父母就要单独过年。于是，有些夫妇就在春节期间分开几天，各自回家过年，让双方父母都能过上个团圆年。

休闲过年　很多人都花钱买轻松、健康过大年的理念。春节期间，除了传统的走亲访友、旅游购物外，很多人选择运动健身、美容泡吧等休闲活动。春节期间，南宁市不少羽毛球馆依然有许多人跟朋友或家人在打球，用健康的生活方式迎接新的一年。

理财红包　按照传统习俗，过年时要给小孩子红包。现在一些人则是给小辈们送上几张少儿理财卡。还有家长为已经上小学的孩子选择免征个人所得税、收益相对较高的教育储蓄作为“压岁钱”。

自驾车出游　随着人们生活水平的提高，春节长假外出选择自驾车的游人越来越多，自驾车游成为2006年以来春节旅游的新亮点。随着经济的发展、人们观念的变化和私家车增多，自驾车游客数量将保持增长的势头。

短信拜年　随着生活节奏的加快、移动通讯设备的普及，短信交流已经成为人们沟通的重要方式。春节期间，短信拜年成为时尚。

在外吃年饭　春节在酒楼饭店吃年饭已是一种时尚。初一到初七，或三五成群的朋友，或一家老少，在酒楼饭店订席吃团圆饭，既省事又温馨。过年照常营业的酒楼饭馆几乎是家家满座，一般都需要顾客预定。

【健　身】

概　况　2007年，南宁市参与体育活动的人口占全市总人口约45%，南宁人每周参加3次以上的体育活动。学校体育严格做好两课一操的实施工作，积极开展课外体育活动；职工体育由各级工会牵头，开展经常性气排球、篮球、羽毛球、乒乓球及趣味竞赛等活动；老年人则由老年体协组织拳、剑、舞、棋等各种竞赛；还有群众自发组织的自行车协会、冬泳协会、轮滑协会、信鸽协会、登山协会等，群众体育正形成自愿、多样、潮流化的全民健身模式。早晨，公园成为民众健身的重要场所，全市晨(晚)练点305个，其中人民公园定期办月卡晨练的就有8000人，人们或舞着扇子功，或打着太极拳要着太极剑，或踢着健身球。傍晚，在民族广场、朝阳广场、南湖广场、金花茶公园等处，许多市民自带音响设备，自由组合，跳着民族舞和交谊舞。一些年轻人喜欢玩街舞、滑板、自行车特技和赛车，或租场地踢5人制足球。群众性游泳活动甚为活跃，夏季以自发为主；冬季在邕江开展冬泳已成为南宁市传统体育活动之一。健身路径也在南宁悄然兴起，市区各个广场、公园、住宅小区的健身路径处设有单杠、双杠、仰卧起坐台、梅花桩、平衡木、天梯、扭腰器、太空漫步机等健身器材供市民使用。在健身路径样板工程所在地的新秀公园，有3块面积约100平方米的大理石地上陈列着各式室外训练器材，每种器械旁都标着功能、训练方法和评分标准。至年末，全市社会办体育项目50多个，经营户250多个，营业收入约8750万元；从业2700余人。健身娱乐业的经营项目主要有羽毛球、棋牌、乒乓球、游泳、体操(包括各类健身、健美操)、高尔夫球和网球等。8月8日，南宁市“迎奥运”倒计时一周年“全民健身与奥运同行”主题活动在民族广场举行，活动以体育展示为主，由1308名离退休老同志组成的方阵为市民表演24式太极拳、太极剑、珍珠球、拂尘、太极刀和功夫扇等项目。

游　泳　由于南宁地处亚热带，常年气温偏高，群众性游泳活动甚为活跃，每年到游泳场馆游泳的群众均超过20万人次。游泳活动以自发为主，游泳场馆是活动的主要场所，邕江两岸也是群众游泳的去处。2007年,全市共有游泳馆(池)30多个。冬泳邕江已成为南宁市传统体育项目之一。1958年1月,毛泽东主席冒着严寒在邕江畅泳,激发了广大南宁市民的冬泳热情,冬泳运动也受到越来越多人的青睐。2007年1月1日,由市政府主办的冬泳邕江活动拉开了全年全市群众性体育活动的序幕,来自南宁市和百色、柳州、来宾、崇左等地的冬泳爱好者共1615人参加活动;参加冬泳活动者年龄最大的88岁,最小的4岁。邕江的冬泳点由原来的仅邕江大桥两个点增加到包括西园、淡村、邕江二桥等5个冬泳点。

长　跑　早晨和傍晚,在公园、广场有很多开展跑步运动的群众。每年12月4日举行的南宁解放日长跑已经形成群众体育品牌。南宁市群众性长跑运动兴起于20世纪30年代,1933年广西省立第一中学率先举行环城赛跑,是南宁最早出现的长跑比赛。2007年6月2日,全民健身月启动仪式暨2007年安利纽崔莱健康跑活动举行,前奥运冠军王军霞、台湾歌手巫启贤和近1万名市民进行全长约6公里的健康跑。并在五象广场“运动嘉年华”活动现场设置以健康为主题的健康咨询、健康测试、健康教育展示。

羽毛球　为南宁市民喜爱的体育项目之一。从20世纪80年代的露天水泥场地到如今的室内木板球馆,从三五成群茶余饭后的路边玩耍到有组织的大批业余爱好者,羽毛球运动在南宁市开展得越来越活跃。尤其是场馆向大众开放以后,南宁掀起了羽毛球热,群众性比赛不断,参与者一般都在三五百人左右,多时近千人。1999年,南宁市对外开放的羽毛球馆仅有5个;2007年,有羽毛球场地998个,羽毛球馆30多个。蓝天、飞羽、天空等由羽毛球爱好者自发组织的俱乐部10多个。城区120万常住人口中大约有10万人经常参与羽毛球运动。每年广西业余羽毛球赛均定期在南宁市举行。

健美塑身　塑身美体在南宁成为一种时尚。20世纪80年代,南宁的大众健身行业在全国处于比较滞后的状态;80年代末90年代初才零星出现一两家健身馆;1998年后,设备齐全、项目繁多的健身俱乐部和与住宅小区配套的健身馆兴起。2007年,全市有五象健身馆、超越健身馆等综合型健身馆10多家,有众多国家舞蹈协会会员、广西资深的头牌教练担任健美操和形体训练的教练;客流量在全国名列前茅;装修、设备等硬件处于中上水平。许多市民开始到健身馆锻炼形体、练健美操和瑜伽等。8月28日,南宁首家专业化国际健身俱乐部——贝特尼斯国际健身会所在南宁环球时代大厦开业。

马　术　包括速度赛、盛装舞步、障碍赛和双驾马车。马术运动高雅刺激,西方称其为第一贵族运动。马术运动在南宁始于21世纪初,大部分马场都没有正规的跑马场和驯马师,大部分骑马者也只是把骑马作为一种休闲旅游方式。至2007年,南宁市有跑马场8家。马场经营逐渐规范化、多样化,除赛马外,还设有餐馆、烧烤场、休闲屋、拓展区等为顾客提供各种娱乐活动和便利饮食服务的场所。

【着　装】 穿着类商品中,南宁市一直引领广西服装时尚潮流。2007年,全市城镇住户人均年衣着支出689元,占城镇住户人均年消费性支出总数的7.3%,服装类居民消费价格比上年下降0.4%,服装鞋帽纺织品类商品零售额比上年增长28.38%。南宁人在着装上爱追求潮流时尚,流行休闲装时,便买休闲装;流行西服套装时,又转去买西服套装,大部分人不爱定做衣服,喜欢买来就穿,所以南宁制衣店不多。近几年来,许多国内外的品牌服饰纷纷进驻南宁,品牌店较为集中的是南宁百货大楼、梦之岛购物中心、万达购物广场、百盛购物中心、广州友谊南宁店、巴黎春天、七星路等,许多外地人也来此购物。

休闲装　南宁人衣着较随意。夏天,男子多选择穿短裤短袖衣,但在约朋会友、赴宴请客等正式场合,都会穿得很正规。中青年男子的夏装以圆领和反领T恤为主,文静的男子则比较喜欢衬衫,外加薄料西裤或棉质休闲裤,脚踏皮鞋或休闲鞋。冬天外穿一件夹克、短身风衣,内加件毛背心。现时男士比较流行一种式样笔挺、宽腰、西服袖、夹克领的便装。女孩衣着比较时尚前卫,夏天喜欢穿背心、T恤、紧身衫、低腰裤、吊带裙等,或下着淡黄色帆布裤,上穿净色低领纶衫,外加一件方格短袖红衬衫,斜挎一大布包,极富青春气息;冬天着紧身的牛仔短裤,脚蹬高统皮靴,白色贴身棉背心,皱皮褐色大背包休闲地搭在背后,无拘无束;或黑色平跟小皮鞋,下着短裙,上穿粗线条的浅蓝牛仔衫,略带点孩童稚气的暖纶帽,包含了清纯、狂野、可爱三种完全不同的风格。近几年来,许多青少年的服饰深受港台剧或日韩剧的影响,经常追逐剧中当红明星的穿着。

职业装　南宁的白领阶层及在大的机关企事业单位任职的人,工作时穿着多为正统的职业装。男子为长或短袖衬衣、扎领带,冬季外加西服套装。女子着暗间深灰色的中领套装,宽袖设计的纯白亚麻衬衫,但不作翻领,不扣顶钮,显得更为成熟和内敛,整个人散发浓浓的职业女性味道。而在许多窗口服务行业,如饭店、酒楼、购物中心、超市、通信、美容美发等行业,则着各具特色的职业装束。

运动装　青春多彩、宽松舒适的感觉和健身运动的需要,使南宁各个层次的人群普遍接受运动装。而青少年群体,更是运动装的主要消费群体,并有追逐耐克、阿迪达斯、彪马、李宁等品牌的要求。近年来,随着体育事业的发展和南宁市有组织的群众业余赛事不断增多,对运动装的需求不断增加。　（梁一家）

【饮食习惯】

无鸡不成宴　南宁人的节日食品和宴客菜肴首选白斩鸡（又称白切鸡),有“无鸡不成宴”之说。做法是将肥嫩的本地项鸡（未下过蛋的母鸡）或本地阉鸡（线鸡)宰杀,掏出内脏后,沥干,在腹腔内抹适量盐及少许切成片的沙姜,放入已烧开的锅内浸泡（水量以浸过整鸡为宜),待水再沸腾后熄火,20分钟后将鸡捞起,待凉后切块上碟,蘸上用沙姜、香葱、香菜、酱油、香油等调制的配料佐食,皮爽肉滑,味道鲜美。

饭前一啖(口)汤　南宁人素来喜欢饮汤,无论是丰盛的宴席或是家庭便饭,汤一般不可缺少,习惯先饮汤后进食,有“食饭先饮汤,胜过开药方”之说。汤依四季变化而不同,冬天为滋补抗寒,一般饮用带温补的汤,并多在汤中配少许姜片或补品;夏季为清暑解热,则放些海带、绿豆或清补凉(一般由沙参、淮山、杞子、玉竹、红枣、桂圆肉等组成)等寒凉性食物。有的汤略呈糊状,俗称“羹”。20世纪90年代后,酒家、茶楼推出随时向顾客提供各式汤水的服务项目,有的还设电话预约煲汤。

早餐一碗粉　清末民初,粤商来邕兴办餐饮业时从广东引进,时称沙河粉。此前,本地虽有民间蒸制,但质量不及沙河粉。人们选用大米淘净浸透加水磨浆,掺入用开水冲兑的适量熟浆拌匀（或用适量米饭与米一同磨浆),放入金属托盘(米浆仅铺过盘底),蒸成薄片,折叠切成条,叫做切粉;配上叉烧等配料,淋上调制好的糖醋叫酸粉;在舀米浆入托盘后加入碎肉、葱花、香菇末、碎虾米等配料,蒸煮后卷成筒状则叫卷筒粉（梧州及广东一带叫肠粉);将用布滤干成粉团的米浆煮至五成熟,放在石臼中舂成软硬适度有韧性的稠浆（现代多用机械搅拌),用粉榨工具压榨入沸水锅成线煮熟的叫生榨粉,因从桂林引进,又称桂林米粉。切粉、生榨粉在食用时用沸水烫热加入骨头汤称汤粉,配以肉类的称肉粉,不配肉的称素粉。肉粉又依据不同肉类称为猪肉粉、牛肉粉、鸡肉粉、牛腩粉、鸡杂粉、杂烩粉。用油炒的称炒粉,配以叉烧、卤水相拌的称干捞粉。米粉成为南宁人常用的一种食品,特别是习惯于早餐吃一碗粉。

热毒饮凉茶　南宁气候比较湿热,每逢季节变换或偶食煎炸食物,人们比较容易上火（即热气），而凉茶清热祛湿，平时喝些凉茶也能起到防病的作用。南宁的凉茶多用中草药配制而成，成分有金银花、野菊花、雷公根、茵陈、木棉花、地胆头、槐花、桑叶、夏枯草、水翁花、板蓝根、半边莲、淡竹叶、山芝麻、两面针等。不同的药材配方煲出不同的功效和味道。品种主要有王老吉、生地、雷公根、菊花茶、罗汉果、茅根竹蔗水等。其中生冲雷公根是南宁的特色凉茶，做法是将黑墨草、雷公根、一点红、车前草这几味药用人工臼溶，再用凉开水勾兑，尽可能保持原汁原叶。南宁的凉茶文化历史悠久，最初是一些中草药铺里的药师在店里摆个小凉茶摊，根据药理搭配出不同功效的凉茶，后来发展为一辆小推车、几个凉茶煲的流动摊。永宁街万昌堂的老牌凉茶、南环路的南环凉茶是老南宁人熟悉的老牌凉茶铺。此外，一些家庭主妇也常常去中药铺买回凉茶的原料或到市场买些如雷公根、茅根、一点红之类的新鲜中草药回家自己煲凉茶。20 世纪 80 年代以后，南宁的凉茶店遍布市区，郑记本草堂等连锁凉茶店也开进了大街小巷，加上各种凉茶冲剂及软包装凉茶的问世，给喜欢饮凉茶的南宁人带来很多方便。

闲时一杯茶　饮茶在南宁不仅是一种生活习惯，也是一种文化传统。南宁人喜爱饮茶，也习惯以茶待客。有的在闲暇时间，自己或是约上几位亲朋好友，泡上一壶清茶慢慢品尝和聊天，有的习惯在餐后喝上一杯茶，藉以清理口腔与肠胃。南宁人喜欢饮早茶。茶多为清茶和红茶。20 世纪 80 年代以后，南宁茶市得到发展，人们也开始习惯去茶楼饮早茶，并由饮早茶进而发展为饮下午茶、夜茶。茶有花茶、普洱、铁观音、乌龙、龙井、香片等等，茶点有马蹄糕、糯米鸡、肠粉、冬菇滑鸡、烧鸭、烧鹅、凤爪、叉烧包、小笼包、水晶包、饺子、排骨、肚片和粥、粉等几十种。人们上茶楼饮早茶、夜茶，或是叙说友情，或是合家共聚，或是洽谈生意。90 年代中后期，南宁开始出现充满闲情逸致、文化内涵丰富的茶艺馆，喝茶、品茗已经成为时尚。

行人难过酸嘢(品)摊　酸嘢，即腌(泡)酸食品。南宁人有吃酸嘢的嗜好，故有“行人难过酸嘢摊”之说。选用本地所产木瓜、萝卜、黄瓜、莲藕、椰菜、芥菜、菠萝、杧果、凉薯、刀豆等时令果蔬，配以酸醋、辣椒、白糖等腌制而成。吃起来酸、甜、香、辣，味味俱到，脆爽可口，生津开胃。家庭可制作，街头有摆卖。

（孙贵寿　佘朝霞）

吃夜市　许多南宁市民喜欢夜晚到开设在一些路边的饮食摊(店)吃消夜。其中中山路夜市是南宁传统的美食一条街，云集南宁各老字号餐馆、饮食店，汇聚了南宁人爱吃的老友粉(面)、八珍粉(面)、粉饺、鸭红(血)、酸品、甜品和烧烤等食品。每晚九点以后，美食街上灯火通明，人声鼎沸，热闹非凡，成为南宁市一道独特的风景线。许多外地游客也前来品尝南宁特色食品。曾在中央电视台展播。

吃烧烤　南宁人对烧烤情有独钟。入夜，五一路、中山路、建政路一些烧烤摊时常人满为患，到了周末更是热闹异常。随处可见市民一边吃着韩国的铁板烧、巴西的烤肉、新疆的烤羊肉、右江的烤鱼、北海的炭烧生蚝、柳州的爆炒红椒螺蛳、烤茄子、烤韭菜，一边喝着凉茶、啤酒。这些特色风味让南宁人尽享着来自不同国度不同城市的文化氛围。

南宁烧烤摊　周家志　摄

【休闲娱乐】

品　茗　20 世纪 90 年代中后期，随着人们生活水平的提高，充满闲情逸致、文化内涵丰富的茶艺馆开始出现。1998 年，南宁市第一家茶艺馆在新竹路开业，主要有普洱、乌龙、铁观音、龙井茶等，消费较高，仍很受欢迎。至 2007 年，茶艺馆发展到 500 多家，其环境、品质也发生了较大变化，装饰、音乐更突出文化品位，茶艺更精更专业，价格步向大众化。此外，随着茶叶类型的多样化，茶艺馆也越来越细化，出现了以专营某种茶为主的茶艺馆。以前，茶庄的顾客以中老年人居多；如今，越来越多年轻人的休闲娱乐方式也选择了喝茶。喝茶、品茗已经成为时尚，在装点清雅的环境里，听着音乐，闻着茶香，或叙家常，或侃趣事，或谈生意。葛村路、鲤湾路、新竹路、碧湖路成为茶楼、茶庄密集地。

饮咖啡　喝咖啡是如今许多南宁人生活必不可少的休闲方式之一。同茶道相比，咖啡文化逐渐受到重视。咖啡店主要集中在东葛路一带，有千寻咖啡、上岛咖啡等。分布在市区的咖啡馆或具欧陆情怀，或富英式韵味，大都环境优美、摆设得体、席位舒适。南宁的小咖啡店往往很注重专业的咖啡研磨和蒸煮，调制出较有特色的咖啡。规模大的咖啡店更像茶餐厅，兼卖中西式套餐。

泡酒吧　南宁的酒吧出现于 20 世纪 90 年代中后期。最早出现时，人们只是在里面喝酒聊天和跳 disco（迪斯科），地方较窄，座位拥挤，舞池很小，装修随意，却很受人欢迎。21 世纪初，酒吧文化成为一种急速发展的亚文化现象，开始受到社会的关注，并吸引不同年龄、不同阶层的人去尝试和参与。南宁酒吧也飞速发展，酒吧经营出现多元化，主要有校园酒吧、音乐酒吧和商业酒吧三种。多分布在民族大道、桃源路一带，如好时娱乐城、乐巢酒吧、66 酒吧等。

唱 KTV　由最早的卡拉 OK 演变而来。南宁的卡拉 OK 始于 20 世纪 80 年代末 90 年代初，兴于 90 年代中后期。如今唱 KTV 是最为时尚的休闲活动之一，成为现代人在紧张都市生活中放松体验的一种选择。KTV 娱乐有专门经营 KTV 的卡拉 OK 厅，有设 KTV 包厢的酒吧、咖啡厅，一些西餐厅、宾馆、酒楼也增设了 KTV 设备。每家 KTV 都有一定的优惠时段或优惠制度。主要分布在桃源路、东葛路、金湖广场一带。消费方式主要分两种，一种是按小时收包厢费，酒水另算；另一种是套餐消费制，消费达到最低消费额即免包厢费。大多数 KTV 娱乐场所均采用进口音响设备及卡拉 OK 电脑点播系统(VOD)，操作简便。近年来，量贩式 KTV 迅速走红，其最大特点是内设食品超市，供应的饮料和自助餐价格低廉，包间费依每日时段、节假日的不同浮动，从几十元到几百元不等。如佰迪乐 KTV、大歌星 KTV 等。

泡温泉　20 世纪后期，南宁市周边距市区二三十公里的地方相继发现了 3 处地热(温泉)。温度和矿化度均达到国家医疗热矿水标准。21 世纪初，泡温泉的假日休闲方式已经悄然在南宁市民中升温。温泉这种不分季节的休闲、不分地域的健康、不分时空的文化已经成为生活的时尚元素。由于路程不远，花费不高，设施也较完善，对一些没有选择远足旅行但又想放松身心的都市人很有吸引力。2007 年，南宁市提供泡温泉服务的有位于三塘镇的嘉和城温泉谷和九曲湾温泉度假村及位于那马镇的绿都温泉度假酒店3处。

【旅 游】 随着人们物质生活水平的提高和信息化时代的到来,“走马观花”式的观光游时代,已不知不觉开始走向休闲游时代。同时,旅游形式从程式化的团队包价向个性化旅游方向发展,旅游内容则从单纯观光向传统观光、休闲度假和商务会展等多样化转变。有自助旅游、随团旅游和预约旅游3种方式。随团旅游,游览行程由旅行社安排,一般较为科学合理,选择景点以最具有代表性部分或精华部分为基础,适当增减次要景点,基本上能满足大多数游客的要求。优点是省钱省心,是目前外出旅游的首选方式。自助旅游是一种时尚的旅游方式,一群“驴友”完全自主选择和安排旅游活动,且没有全程导游陪同,主要以休闲、度假、娱乐、健身、求知、探险和满足个人特殊爱好等消遣性目的为主。其中自驾车旅游是比较流行的出游方式。自驾车旅游多为亲朋好友结伴同行的休闲型家庭旅游,目的地主要是居住城市周边的景区(点)。双休日和公休假日是自驾车短途旅行的出游高峰。预约旅游,将个人的假期、旅游目的地提前做好安排,提早向旅行社报名,从而享受到提前预订的优惠价格。因其具有较强的计划性,未能被广泛接受,目前主要在国外旅游线路中推介。

【美容美发】 从20世纪80年代起,南宁的美容美发业逐步兴起。2007年,有美容美发保健服务业户4191户,从业2.05万人。美容美发店一般规模较小,多数是个体户经营。大部分美发店均提供修剪发、洗发、吹烫发、染发、焗油、电离子美发及简单的头部保健按摩等服务。美容院则主要开展皮肤护理及保养、化妆美容、香熏美容护理、足疗保健按摩等专项服务,并按使用的设备、技艺、用料的品牌,划分消费档次和收费标准,满足各层次消费者的需求。传统美容院多以女士美容为主,随着生活质量的提高和社交活动的增多,部分男士也加入美容的行列。为了适应男士的消费需求,一些女子美容院特设男宾部。2004年12月,位于星湖路的悠兰男士理容院开业,为南宁市首家专业男士特色保健美容院。随着人们对美发要求的增加,近两年来,还出现了一批以治愈白发、脱发为主的护发店,一般以连锁店的方式经营,如“黑童”、“章光101”、“全草堂”等。

(梁一家)

【网上购物】 随着互联网的普及,现代生活已进入网络时代,人们的购物方式也有了很大的改变,除了传统的购物方式,网上购物也逐渐深入人们的生活当中。国内知名的购物网如淘宝、易趣、阿里巴巴等成为人们休闲购物的新去处。同时,在网上开店出售各类商品,也成为一种时尚。南宁时空网商城是南宁较具规模的网购平台,已有注册商家近2万个,会员5万多人。网购的人群中,男性以电脑数码类为主,多为同城交易;女性以化妆品、服装等为主,交易范围除同城交易外,还有国内、国际交易,方便快捷。

【过洋节】 南宁的年轻人流行过情人节、愚人节、母亲节、父亲节、万圣节、圣诞节等。随着对外开放的扩大,年轻人不再局限于过中国的传统节日。每当各种“洋节”来临,都会不同程度地带动消费。

情人节　每年的2月14日为情人节。过此节的主要是年轻人。节前1周左右,南宁的商家开始营造节日氛围,街上到处都摆放着玫瑰、巧克力,供情人之间赠送。当晚,年轻的情侣们会到餐馆欢聚。西餐馆生意特别火爆,必须提前预订。一些青年或中老年夫妇也过此节,互相给配偶买节日礼物,在家中或外出共享二人世界,体验年轻人的浪漫。

愚人节　每年的4月1日为愚人节。过此节的主要是学生和年轻人。在这天,人们通过手机和QQ等网络交流手段,发送一些古灵精怪的短信,互相开着善意的玩笑。也有的会送一些整人的小礼物给朋友。

母亲节和父亲节　每年5月的第二个星期天为母亲节。6月的第三个星期天为父亲节。近年来,由于媒体的宣传,越来越多的人开始重视这两个节日。在节日里,人们会为自己的父母送去节日的祝福和礼物,感谢父母的养育之恩。并成为人们家庭团圆聚会的日子。

万圣节　每年的10月31日为万圣节。过此节的主要是年轻人。当晚,他们聚集在酒吧、夜总会,头戴鬼怪的面具,在阴暗的灯光下做出吓人的举动,然后兴奋的喊叫,彻夜狂欢。

圣诞节　每年的12月25日是圣诞节。是许多南宁人特别是年轻人都喜欢的节日。南宁人将圣诞节进行了改良,圣诞节只剩下了一个名称而已——没有宗教色彩却增添了许多喜庆成分。在南宁,在离圣诞节还有1个月左右的时间,无论在兴宁商业步行街,还是各大商场,商家都装饰着圣诞树,播放圣诞歌曲,还有圣诞装饰贴图、彩旗飘带等,到处洋溢着节日的气氛。圣诞礼品卖得非常火,如圣诞树、圣诞装饰品、圣诞帽等。消费对象主要是学生的圣诞卡片也很畅销,其势头甚至超过新年贺卡。很多酒店从节日一周前就开始预售圣诞大餐,知名的四、五星级酒店自助餐票价格从280到980元甚至1688元不等,顾客多是年轻情侣和带小孩的年轻家庭。尽管票价高昂,但订餐票仍早早被抢购一空。

南洋节　随着中国—东盟博览会年年在南宁举办,南宁与东盟各国的交往日益加深,在南宁工作和学习的东盟人士越来越多,在南宁开办的东盟风情餐馆、酒店也日益增多。他们会邀上一些朋友、同事,参照家乡的习俗欢度本土节日。

(黄艳阳)

青秀山风景名胜旅游区的桃花节游人如织　　周家志　摄

民政事业

【概 况】 2007年,市民政局完成“为1000户农村特困户危房改造”项目。全面实施农村低保;修订完善城乡医疗救助办法。实施市地名公共服务工程,建成开通“南宁地名网”。开展建设和谐社区示范单位创建活动,树立望州南社区先进典型。实施“微笑列车”和“贫困家庭残疾儿童救助行动”。共命名市区新路16条。其中:大道1条,路2条,里5条,巷7

条。南宁市被评为“全国双拥模范城”，实现四连冠的目标。（申广富）

【南宁市被评为“全国双拥模范城”】2007年，南宁市开展群众性双拥创建、双拥进社区和军（警）民双拥共建活动，保障安置468名未就业随军家属，发放生活补贴45.56万元；举办随军家属专场招聘会3次，安排140名随军家属上岗就业；县区安置随军家属就业200余名。市本级、青秀区、江南区、兴宁区、西乡塘区、良庆区、邕宁区、武鸣县、横县、宾阳县实现自治区双拥模范城（县区）的创建目标；被评为自治区级爱国拥军模范单位14个、拥政爱民模范单位11个、军（警）民共建精神文明先进单位13对，爱国拥军模范个人22人、拥政爱民模范个人13人。南宁市第四次被评为“全国双拥模范城”。（雷兰英）

2007年南宁市区道路名命名情况表

城区	标准地名	起止	长(米)	宽(米)
兴宁区	昆仑大道	西起邕宾立交桥，东至三塘镇下丹桥	10500	60
兴宁区	九曲湾路	南起昆仑大道，北至那况坡路口	1500	12
兴宁区	九曲湾东路	西起九曲湾场部，东至罐头厂	320	8
西乡塘区	秀东路	南起衡阳东路，北至明秀东路	400	30
江南区	平阳西一里	东起友谊路，西至平阳小学	150	5
江南区	平阳西二里	东起友谊路，西至本里路尾	200	4
江南区	友谊路西二里	东起友谊路，西至南宁世纪外语学校良凤江分校	100	6
江南区	友谊路西三里	东起友谊路，西至南宁汽车配件厂宿舍	100	8
江南区	友谊路西四里	东起友谊路，西至友谊新村	200	8
兴宁区	民主路北三里一巷	东起民主路北三里，西至官塘巷	60	8
兴宁区	民主路北三里二巷	西起民主路北三里，东至民主路北四里	300	12
青秀区	东悦巷	位于广西工商局西侧，南起金浦路，北至祥宾路	350	6
青秀区	东和巷	位于广西建设大厦北侧，西起金湖北路，东至生活小区	350	6
青秀区	金源巷	位于金源大厦北侧，西起裕宾路，东至金湖北路	300	6
青秀区	金义巷	位于市工商局北侧，西起裕宾路，东至金湖北路	300	6
青秀区	石丰巷	位于博石丰楼旁，东起长湖路，西至广园路	350	7

（胡小民）

【救灾救济】2007年，南宁市不同程度地遭受干旱、风雹、洪涝等自然灾害。受灾人口100.48万人次，因灾转移安置1895人，死亡20人；农作物受灾面积13.04万公顷，绝收1.27万公顷；因灾倒塌房屋1222间，其中倒塌居民住房497户1122间，损坏房屋1780间；直接经济损失1.42亿元，其中农业直接经济损失1.13亿元。灾情发生后，南宁市各级党委、政府及时组织开展抗灾救灾工作，各级民政部门第一时间赶赴灾区指导和协助当地做好紧急转移安置灾民、查灾核灾和灾民生活救助工作。南宁市向受灾县区下拨自治区级自然灾害生活补助费60万元。市、县区两级共落实到位财政预算救灾资金778万元，其中市本级落实到位300万元。

春荒、冬令救助　春荒期间，南宁市共给4.14万户8.66万人发放春荒救济口粮227.76万公斤，给3115户1万多人发放救济衣被8890件套；2007年冬春期间（至2008年2月15日），共发放大米127.06万公斤、棉被2.32万床、棉衣1.93万套、冬衣6万套、鞋子8013双，救助灾民14.43万人。

农村特困户危房改造及灾民倒房重建　市政府把“为1000户农村特困户危房改造”列入2007年为民办20件实事之一，至10月30日全部完成，共投入建设资金893.97万元。组织开展灾后恢复重建工作，共帮助灾民恢复重建住房393户997间，投入重建资金497.25万元，解决倒房户过冬住房问题。

农村“两属两户”农房统一保险　根据自治区民政厅统一部署，为全市农村的军烈属、牺牲军人家属、病故军人家属、在乡伤残军人、老复员军人、带病回乡军人及分散供养的农村五保户、农村特困户等4.35万户“两属两户”的房屋进行统一保险，市、县二级政府共投入保险经费26.11万元。农村“两属两户”因灾受损房屋报案（户）数66户，办结理赔（户）数59户，理赔金到位13.16万元。提高农户抗灾抗风险的能力。

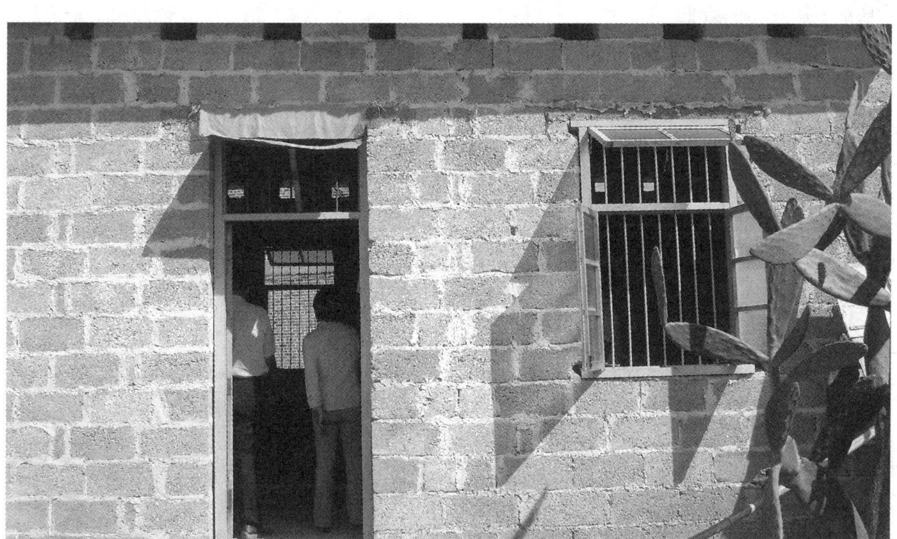

南宁市政府拨款改造1000户农村特困户危房。图为改造后的房屋　　市民政局提供

【慈善工作】2007年，南宁市开展“送温暖、献爱心”社会捐助活动。共收到社会各界捐款129.64万元、衣物15.12万件，其中市本级接收捐款45.07万元、衣物6.83多万件。捐助活动所得用于解决全市受灾倒房户恢复重建的资金困难，为困难群众和灾民募集过冬棉衣被。

【南宁市慈善总会】2007年11月16日成立，位于金洲路38号。由热心慈善事业的社会各界人士、企事业单位、慈善组织和社会团体志愿参加的全市非营利公益性社会团体，依法登记注册，具有法人资格。其宗旨是发扬人道主义精神，弘扬中华民族扶贫济困、敬老助残的传统美德，帮助社会上不幸的个人和困难群体，开展多种形式的社会救助工作，促进社会和谐、公平与进步。名誉会长：刘南生、温守荣、唐济武、张发良、林依基；顾问：白先经、覃国耀、阳山、唐佩珠；会长：徐邦兴；秘书长：杨文山。内设办公室、财务部、项目与捐赠部（电话：5505901；捐赠账户：上海浦东发展银行南宁分行营业部；账号：63010155260000787；捐赠联系电话：5505901）。至年末，开展“慈善送温暖、福彩献真情”慰问救助活动，慰问五保村12个、五保户60户、困难户120户。（梁玉军）

【城市低保】2007年，南宁市开展城市低保“规范管理、文明服务”活动，严格规范“个人申请、入户调查、两榜公示”工作程序。共有31.63万户次68.9万人次享受城市低保，发放保障金7113.82万元，月人均补差103元。根据物价上涨情况发放肉蛋类食品和临时燃料价格补贴。7月，为市区城市低保对象发放肉蛋类食品临时价格补贴每人10元;8~12月调整为每人每月20元;10月至燃料价格恢复至正常水平止，给全市城市低保对象发放临时燃料价格补贴每人每月10元;12月调整为每人每月20元。

【农村低保】 2007年,市政府把“完善农村特困群众最低生活保障制度做到应保尽保”列入为民办实事项目之一。全市农村低保对象17.26万人(占全市农业人口3.6%),均实现应保尽保。享受农村低保对象157.14万人次,发放低保金2359.16万元,月人均补差15元。

【城乡居民医疗救助】 2007年，南宁市修改市城乡医疗救助办法，通过取消起付线、救助病种，提高救助比例，改事后救助为事前救助，增加城市医疗门诊救助。全市享受城市医疗救助3348人次共221.25万元;农村医疗救助12.52万人次共705.18万元。 (李群峰)

【社区建设】 2007年，南宁市开展建设和谐社区示范单位创建活动，开展卫生、科技、教育、法律进社区，丰富社区活动内容。12月，召开全市社区居委会主任经验交流会，望州南社区、华强社区主任覃子娟等先进社区和优秀社区工作者作典型发言，介绍开展和谐社区活动的经验，推动全市和谐社区活动深入开展。落实提高社区组织专职工作人员工作岗位补贴标准，每人每月增加300元。

【村民自治】 2007年，市民政局组织起草并下发《南宁市民政局关于推进新农村建设试点管理民主工作具体实施指导意见》，列为南宁市《关于印发新农村建设试点生产发展和生活宽裕、乡风文明、村容整洁、管理民主工作具体实施意见的通知》的主要内容之一。启动农村社区建设试点72个，10月在武鸣县召开南宁市农村社区建设工作试点培训班，各县区开展农村社区建设工作试点的乡镇、村委会及试点的自然村(屯、坡)的领导共167人参加培训；试点社区选出组织机构，成立农村社区72个。(丁振辉)

【社会福利基础设施建设】 2007年，南宁市继续加强城市社会福利基础设施建设，投入资金80万元，建设马山县、隆安县社会福利院，建成后将新增床位80张；投入50万元对部分县区社会福利院设施进行改造；南宁残疾儿童康复中心医技楼建设项目竣工交付使用。宾阳县、邕宁区老年活动中心建成开业。市社会福利院老人公寓项目主体完工。

【贫困家庭疾病救助】

贫困家庭残疾儿童救助行动 2007年7月18日，南宁市按照《关于印发〈广西“贫困家庭残疾儿童救助行动”实施方案〉和〈广西壮族自治区民政厅实施“贫困家庭残疾儿童救助行动”项目管理暂行规定〉的通知》要求，推进“贫困家庭残疾儿童救助行动”工作，参加筛选残疾贫儿童对象共有1500多人，经筛选具有手术适应症残疾儿童300多人，其中先天性心脏病症残疾儿童75人，共安排入院手术矫治康复295人。

明天计划 南宁市实施“残疾孤儿手术康复明天计划”，县区民政部门和福利机构按照规程，组织23名残疾儿童入院进行手术治疗并全部康复出院。

白内障患者复明救助工程 南宁市实施“白内障患者复明救助工程”。根据自治区民政厅的部署，对贫困家庭白内障患者进行调查，掌握手术对象的情况，实施白内障患者复明救助手术治疗102人。

【殡葬管理】 2007年，南宁市开展殡葬改革宣传活动，以发放宣传资料、出动宣传车、设点宣传等形式，广泛宣传殡葬法规和殡葬改革，共印发宣传资料13万多份，做到“法规进社区、宣传进家庭”，“法规进乡村、宣传进农户”。以推广“绿色殡葬”为主题，以“法规政策进村(社区)、宣传入户”为目标，通过4月“殡葬改革宣传月”活动时机，开展殡葬法规和移风易俗的宣传，印发、张贴资料1.4万份，流动宣传800人次。清明节期间，为方便群众进行扫墓活动，增加工作时间、服务窗口和服务人员；设立指示标志和引导员；增设临时警务和医疗救护。9月17日，“中国西部城市殡葬论坛”在南宁举办，中国殡葬协会、自治区民政厅、南宁市民政局的领导以及自治区内外专家学者、同行代表、来宾100余人参加；论坛以“殡葬环境”为主题，以建设资源节约型、环境友好型社会为研究重点，积极探索殡葬与环境、环境与发展的相互关系，保护生态环境，实现人与自然的和谐。全年火化遗体8283具，比上年增加703具。

【流浪人员救助】 2007年，南宁市加大对城市生活无着的流浪乞讨人员和流浪未成年人救助力度，在南宁火车站出站口醒目位置设立救助引导牌。市民政局、公安局、卫生局、市政局贯彻落实《关于重大节庆活动期间加强城市流浪乞讨人员救助管理的通告》，适当放宽救助条件，使需要救助的人得到及时救助。共救助流浪乞讨人员5602人、流浪未成年人778人。 (黄 伟)

【退役士兵安置】 2007年，南宁市共接收退役士兵1716人(退伍义务兵1646人、转业士官70人)，其中：应在城镇安置的退役士兵559人，回农村安置的退伍义务兵1157人。安置城镇退役士兵559人，其中自谋职业城镇退役士兵452人，发放一次性安置补偿金947.5万元，发放城镇退役士兵待分配期间低保生活补助147.6万元。组织310名城镇退役士兵免费进行电脑、美容美发、基础电工、汽车维修等项目的技能培训，提高就业技能。

【军休人员服务管理】 2007年，南宁军队离退休干部服务管理中心筹建基本就绪。新接收军休干部18人；为478名离退休干部办理增资费3.2万元；为260名无军籍职工调整工资，补发工资52万元。 (陆 霆)

【民间组织】 2007年，南宁市成立登记民间组织232个，其中社会团体92个，民办非企业单位140个。至年末，全市注册登记的民间组织共1749个，其中社会团体920个，民办非企业单位829个；应脱钩的83个行业协会已全部与行政职能部门脱钩；新发展农村经济协会73个，累计有436个，会员8.82万人，带动3.34万农户致富。 (何 文)

【老龄工作】

概 况 2007年末，南宁市60岁以上老年人口83.16万(百岁老人404人)，占全市总人口12.17%。市老龄工作委员会办公室共接待老年人来信来访274人次，处理政协委员提案2项；办理、年审《高龄老人优待证》1.97万本。

基层组织建设 市老龄办深入县区指导老年人协会工作，重点抓好青秀区新竹社区、街道办和兴宁区望州南社区两个地方的老年人协会建设，投入经费，打造南宁市基层老龄工作示范点。鼓励6县6区继续积极开展创建全国老龄工作先进县区活动，投入几万元支持农村老年人协会组织建设，在每个县区抓好1~2个农村老年人协会示范点做好机构建设工作，发挥老年人协会在社会主义新农村建设中的作用。

慰问百岁和特困老人 春节前夕，市老龄办陪同副市长董仕军、市政协副主席陈自力慰问居住在西乡塘区、兴宁区的4名百岁老人，并对市区内130名百岁老人发放春节慰问品和慰问金；5月10日，对隆安县7户贫困的高龄老人进行走访慰问，了解他们的生活处境和需

求，并送去慰问品、慰问金。

全市老年人文艺汇演 10月12日在隆安县举行。来自6县6区及华侨投资区的13个代表队400多名老年演员参加汇演比赛，评选出一等奖3个、二等奖4个、三等奖6个，其中江南区、西乡塘区及邕宁区获得一等奖。自治区老龄委、市老龄委成员单位领导、隆安县四家班子领导和近千名观众观看表演。

老年文体活动 春节前夕，市老龄办组织"绿城之声"老年艺术团开展及参与迎新春文艺演出活动，参与演出8场；5月下旬，组织市老年艺术团二分团到广东省佛山市与该市老年艺术团开展联欢活动，佛山电视台等媒体进行报道。6月18~23日，市老龄办组织市老年艺术团一行70多人赴大连市参加由文化部中国少数民族文化艺术基金会举办的全国"第五届华夏中老年艺术大赛"。南宁市参赛的合唱《洞米竹情韵》、《山歌与天琴》，舞蹈《三姑六婆》、《舞动的蓝衣壮》3个节目均获金奖。与南宁电视台举办"快乐老人"选拔活动；与市委宣传部、绿色世纪等主办2007绿色世纪健康之星选拔赛；端午节前夕与南宁人民广播电台联合举办"花甲重开、古稀双庆"南宁首届"百叟宴"活动，100多名80岁以上的老年人齐聚一堂。

新春送春联活动 春节前夕，市老龄办组织老年书画家分别到西乡塘区金陵镇、青秀区新竹社区、江南区西园社区、兴宁区五塘镇开展为群众义写春联活动，义写和赠送春联近1000幅。

首届尊老敬老书画大赛 重阳节前夕，由市老龄办举办。共征集到书画作品525幅，作者中年龄最小的8岁，最长的93岁。经专家评委评审，选出100幅获奖作品，其中一等奖8个、二等奖16个、三等奖24个、优秀作品52个，并给获奖者颁发证书和奖金。10月9日在广西图书馆举行作品展。（甘丹妮）

民族事务

【概　况】 2007年，南宁市加强民族法制建设。3月27日，《南宁市清真食品管理条例》经市人大常委会审议通过并提请自治区人大常委会审批；9月29日，经自治区十届人大常委会第二十八次会议表决通过，10月20日起施行，为广西首部关于清真食品管理的地方性法规。制定《南宁市涉及民族群体性事件应急预案》；以项目形式设立市本级少数民族发展资金。实施隆安县、马山县大石山区会战民委系统项目，完成两县村屯人畜饮水建设项目20个。南宁市民族事务委员会全面贯彻落实党的民族政策，开展民族法制宣传教育，着力解决少数民族地区群众的特殊性问题，不断推进少数民族和民族地区经济社会全面进步。全市有2个单位和7人分别获广西民族语文工作记集体二等功和记个人二等功表彰，为862名公民实施民族成分恢复（变更），翻译壮汉两种文字牌匾、公章、路牌、科室牌160多个。市辖县民族事务局由县政府直属事业单位调整为县人民政府工作部门，城区民族事务局由在城区党委统战部挂牌调整为独立设置的城区人民政府工作部门；县区设立少数民族语言文字工作局，与县区民族事务局合署办公。

【首府民族法制宣传周】 2007年9月第一周，南宁市在全市范围开展首府第一个民族法制宣传周活动，各县区采用广播电视、文艺演出、知识竞答、咨询解答、资料发放、专题讲座、专题报告会、座谈会、墙报板报、标语横额、大型公益电子广告牌滚动字幕等形式，广泛进行民族理论政策法规宣传，共印发宣传资料5万份，组织填写民族法制知识竞赛试题10万份。

【少数民族发展资金与民族工作经费使用】 2007年，市民委落实利用2007年国家、自治区和市本级少数民族发展资金、民族工作经费项目88个，投资547.83万元。其中市本级投资项目28个，自治区投资项目49个，国家投资项目11个。项目覆盖64个村屯、5所学校、1个公园和市县区民族工作部门，项目内容包括村屯水、电、路、桥等基础设施建设，原生态民族文化村建设，传统民族体育项目基地建设，民族节庆活动，民族法制宣传，民族团结教育，实用技术与少数民族干部培训，民族工作部门能力建设等。其中市本级少数民族发展资金安排213.8万元，覆盖9个县区23个村屯、3所学校和2个民族团结进步教育项目。项目分为少数民族贫困村屯基础设施建设和少数民族社会发展两大类，解决2156户9528人的行路难和饮水难问题，直接受益2.5万人。

【民族特需商品定点生产与民族贸易政策落实】 2007年，市民委对"十五"时期全市21家民族特需商品定点生产企业进行分析筛选，并从46家推荐企业中选择符合申报条件的12家企业作为新增企业，提出"十一五"时期全市24家民族特需商品定点生产企业名录的申报意见，经自治区民委和自治区财政厅、中国人民银行南宁中心支行审核，12月通过国家民委审批。5家民族特需商品定点生产企业获流动资金贷款贴息174.93万元；1家企业获生产扶持资金补助30万元；3家企业获中央、自治区和市级财政技改贷款贴息212万元，其中市财政技改贴息29.5万元。上林、马山、隆安3个民族贸易县民族贸易企业享受增值税免征政策，获增值税免征229万元。

【壮语言文字工作】 2007年，市民委开展纪念国务院颁布《壮文方案》50周年活动。评选推荐广西民族语文工作表彰先进集体和个人，全市获记广西民族语文工作集体二等功单位2个、二等功个人7人。实施全市壮族语言状况调查，完成壮语言文字使用情况入户调查问卷回收、资料录入3.5万份。11月，开展壮语言文字使用执法检查活动，检查单位名称牌匾2646个，其中按规定使用壮汉两种文字书写单位名称的牌匾1854个，占68.57%。免费提供壮文翻译服务，翻译单位公章、牌匾、科室牌、路牌壮文160多个。

【少数民族古籍抢救搜集整理】 2007年4月，市政府印发《南宁市少数民族古籍抢救搜集整理工作方案》并召开会议进行部署。经过动员、宣传、培训和普查，初步掌握分布在全市的壮族民歌、师公剧、骆垌舞（龙母点兵）等讲唱类民族古籍，共搜集古籍138本，并对8个县区的壮族民歌资料进行集中收录整理。

【群众性民族文化活动联系点和民族传统体育项目示范基地】 2007年，市民委建立武鸣县两江镇龙母屯龙母文化、锣圩镇玉泉村骆垌舞、马山县古零镇安善村"三声部"民歌、上林县西燕镇东敢村师公文化、宾阳县芦圩镇临浦村骆越文化、西乡塘区陈东村傩文化、邕宁区新江镇团阳村嘹罗山歌、中和乡孙头坡抢花炮、横县校椅镇临江村壮歌剧等9个民族民间传统文化特色浓厚的群众性原生态文化活动联系点；在沛鸿民族中学、邕宁民族中学、武鸣民族中学分别新建立射弩、高脚马、高杆绣球等3个少数民族传统体育运动项目示范基地，共扶持经费78万元。

【民族教育】

民族教育补助 2007年，市民委落实特困少数民族优秀学生入学资助政策，有73名大学生、73名高中生获年度广西特困少数民族入学专项经费补助29.2万元。

寄宿制民族班工作 南宁市9个学校开设有自治区级寄宿制民族班，在校生1950人；5所学校开设市级寄宿制民族班，在校生1170人。8~11月，市民委、教育局、财政局联合对全市13所中小学寄宿制民族班在执行招生政策、落实补助经费、实施办学效果等进行检查和调

研，针对存在的历年补助经费拖欠、补助标准过低及规模布局不够合理等问题，按照事权范围分别向自治区民委和市政府提出建议。

【少数民族干部培养】 2007年，市民委举办少数民族干部民族经济政策法规研讨班，各县区和市直机关民族、文体、旅游、宣传等部门副科级以上少数民族干部47人参加研讨学习。研讨班采取专家专题讲座和带课题考察调研相结合的形式，举办《少数民族和民族地区经济发展形势分析》、《国家支持和推进民族地区经济社会发展的政策和措施》、《在新农村建设中传承和发展民族建筑文化特色》和《城市民族工作的地位和作用》等专题讲座，赴柳州市、桂林市等地进行民族贸易和民族特需用品生产政策的落实、苗族地区扶贫开发示范、侗族地区民族特色建筑及村寨保护、瑶族地区新农村建设以及少数民族文化、民俗旅游资源产业开发等内容的实地考察调研。组织少数民族干部代表60人分别到武鸣县、上林县观摩壮族“三月三”歌节；实施市、县区、民族乡领导班子少数民族领导配备情况调查统计，建立经组织部门确认的全市少数民族后备干部数据库。

【组队参加全国少数民族运动会】 2007年11月，南宁市女子珍珠球、男子和女子高脚竞速、男子和女子毽球5个项目代表广西参加在广州举办的全国第八届少数民族传统体育运动会，获珍珠球女子团体第五名、高脚竞速男子2×200米接力第七名、高脚竞速男女混合4×100米接力第八名。 （黄　露　冯志鹏）

宗教事务

【概　况】 2007年，南宁市人民政府宗教事务局贯彻党的宗教工作基本方针，落实《宗教事务条例》，建立市局宗教工作干部对口联系制度，明确宗教干部联系、指导对口县区和市级爱国宗教团体的工作，确定工作目标任务和相应职责，量化指标，责任到人；建立宗教工作月报制度，各县区工作情况按月报市宗教局上报市政府，市宗教局对各县区的工作进行指导和督促检查，及时掌握全市宗教工作动态，发现和解决问题；建立市宗教界人士情况通报制度，加强政府宗教工作部门和各宗教团体、宗教界人士的联系和沟通，畅通宗教界人士的知情渠道，保障宗教团体、宗教界人士的合法权益。依法加强对宗教事务的管理，解决宗教领域突出问题，维护全市宗教领域的团结稳定和谐。加强对宗教工作干部和宗教界人士的学习培训，共举办宗教工作干部培训班、学习会、以会代训等共22次，培训宗教工作干部、统战委员1000多人次。组织宗教界人士开展《宗教事务条例》知识竞答活动，举办宗教人士“中外五百年历史的创新轨迹及宏观思考”历史教育讲座、南宁市宗教界人士“和谐社会、和谐南宁、和谐宗教”演讲比赛活动。选送40多名宗教界人士到广西社会主义学院和市社会主义学院学习；支持各宗教团体分别举办4次《宗教事务条例》及配套文件学习班，提高宗教人士的责任意识、法律意识和守法意识。市宗教局对已经取得“五好”荣誉的宗教活动场所17处，对照民主管理好、遵纪守法好、正常活动好、服务社会好、环境安全好的“五好”标准进行复查。经检查，基本保持五好标准。

【帮助宗教团体解决实际问题】 2007年，市宗教局妥善解决佛教信徒免费（优惠）出入青秀山风景区门票问题。依据国家有关文件精神，结合南宁市佛教界的实际情况，积极协调有关部门落实对佛教信徒门票优惠问题，最终圆满解决佛教信徒免费（优惠）出入青秀山风景区的门票问题。市佛教协会制定《南宁市佛教信徒办理青秀山风景区出入证的办法》和办理《南宁市佛教信徒青秀山风景区出入证的认证办法》。协调解决市天主教主教府建设资金缺口问题，天主教主教府获得40万元的财政专项资金。继续支持、帮助青秀山观音禅寺扩建工作，至年末已完成扩建工作三分之二。

【基督教私设聚会点治理】 2007年，市宗教局在对基督教活动情况进行调查研究的基础上，依照有关规定和要求，分别采取不同的处置措施。对符合条件聚会点依法进行登记，由教堂进行管理，逐步建立各项规章制度，纳入宗教管理的范畴；对那些不符合登记条件的聚会点，做好当地信徒的思想工作，撤销私设聚会点。通过治理，有1处聚会点由原来的临时登记批准为正式登记的活动点，有4处聚会点同意以堂带点的形式，由教堂进行管理，为信教群众开展宗教活动提供良好的环境，以维护宗教活动的正常秩序。

【支持宗教团体开展公益慈善事业】 2007年，市宗教局注重整合宗教界的资源，调动各宗教团体的积极性，为南宁市社会主义新农村建设作贡献。通过牵线搭桥，市爱国宗教团体分别为横县平马镇卫生院和上林县塘红乡古春村捐赠善款共10万多元，用于乡镇卫生院购买医疗设备和村级道路硬化。春节前夕，市佛教协会、市观音禅寺和市基督教中山堂分别开展献爱心、送温暖活动，为青秀区街道的孤寡老人、孤儿、生活困难的残疾人、低保户、特困户等共80多户（人）送上慈善金、食用油和大米共价值人民币4万多元，对其中18户特困户每月再资助200元。各县区宗教活动场所也开展扶贫济困活动，慰问五保户、贫困户等社会弱势群体。马山县宗教活动场所为贫困家庭、五保户和贫困村修路铺桥、捐资助学等捐款捐物共折合24万元；横县基督教堂点捐资4000多元资助贫困生上学；上林县宗教界为孤寡老人、贫困女童、伤残病人等捐款捐物折合3500多元；邕宁区蒲庙基督教堂为孤寡老人、白血病患者捐钱捐物共5000多元。全年各宗教活动场所为公益慈善事业共捐资金35万元，捐物价值近10万元。 （余志鹏）

春节前夕，市佛教协会、市观音禅寺开展献爱心送温暖活动　　市宗教局提供

责任编辑　余朝霞

区　　县

兴　宁　区

【概　况】 兴宁区位于南宁市区东北部。东起民族大道与青秀区交界;东北连宾阳县;南临邕江与江南区相望;西接解放路、华强路及铁路沿线与西乡塘区毗邻;北至广西林科院、广西高峰林场与武鸣县接壤。土地面积751平方公里。辖区内有南宁火车站、金桥汽车客运站等交通枢纽站点,朝阳路、中华路、友爱路南段、人民路、民主路、望州路、厢竹大道、昆仑大道等128条20米以上的主要道路纵横交错,形成贯穿南北东西的交通路网。主要旅游景区景点有昆仑关战役旧址、广西药用植物园、九曲湾温泉、嘉和城温泉谷、人民公园、狮山公园、乡村大世界休闲娱乐中心等。主要矿产资源有煤、金、花岗岩、黏土、矿泉水、石英、地热等。盛产蔬菜,主要地方特产有甜竹笋、香葱头。有三塘工业集中区、东沟岭改造开发区。2007年,辖3个镇、2个街道、37个行政村、36个社区、348个自然村。年末总人口29.23万(农业人口12.82万),其中壮族人口约16万,占总人口49.23%。人口自然增长率9.79‰。耕地1.02万公顷(水田7500公顷);有林面积2.33万公顷,森林覆盖率41.7%。地区生产总值52.28亿元;全部财政收入11.17亿元(地方财政一般预算收入2.55亿元),一般预算支出3.78亿元;城镇居民人均可支配收入1.37万元,农民人均纯收入3972元。兴宁区、朝阳街道、望州南社区分别被评为全国和谐邻里建设示范城区、街道、社区;望州南社区主任黄伟玲获全国好邻居标兵称号;东沟岭棚户区改造项目获2006年联合国迪拜国际改善居住环境良好范例奖;昆仑镇、五塘镇、三塘镇获2007年度南宁市乡镇经济发展进步奖。

【经济发展概况】

农　业　2007年,兴宁区实现农林牧渔业总产值6.51亿元。其中:农业3.27亿元,林业2872万元,牧业2.34亿元,渔业5796万元,农林牧渔服务业823万元。第一产业增加值3.9亿元。粮食作物种植面积1.11万公顷、总产量4.97万吨。其中,水稻9300公顷、4.42万吨;玉米1289公顷、5500吨。经济作物种植面积4500公顷。其中:甘蔗2700公顷、产量18.77万吨;木薯825公顷、产量7500吨;果园面积2125公顷,水果产量6902吨;蔬菜7000公顷、产量13.49万吨。肉类产量1.58万吨,水产品产量8056吨。完成人工造林面积837公顷。水利建设投入30.1万元,完成农村人饮工程2处。按照"一村一品"的要求,编制37个行政村农业产业发展规划和128个村(屯)新村规划;通过"公司+基地+农户"和"企业+农户"等形式,成立三塘镇山地鸡养殖协会、三塘镇无公害罗非鱼养殖协会、五塘镇苦瓜协会、瓜菜流通协会等农民专业合作经济组织8个,实现农业增效、农民增收;在五塘镇坛白坡等4个村(坡)进行土地流转试点,通过加快农村产业化经营,带动3650户农民致富。

工　业　兴宁区工业企业有326家,实现工业总产值29.71亿元。其中规模以上工业企业55家,工业总产值17.16亿元,利税总额2.49亿元(利润1.28亿元);第二产业增加值14.15亿元(工业增加值11.03亿元)。实现工业投资4.21亿元,技术改造投资4.46亿元。投入1.15亿元实施三塘工业集中区后期开发和基础设施建设,入区主干道松柏路一期和兴工路一期建成通车,完成入区供水、电管网铺设;入区项目有嘉捷特种汽车及零部件生产、兴典混凝土生产和金恒丰出口包装箱生产3个项目(列入南宁市"百项工业项目大会战"项目),其中嘉捷特种汽车及零部件生产项目一期项目用地6.67公顷,总投资2亿元,主体厂房土建工程建设全面展开;兴典混凝土生产项目用地3公顷,总投资3300万元,完成年产40万立方米混凝土搅拌生产设备安装,第一条生产线于10月26日建成试投产;金恒丰出口包装箱生产项目用地2.93公顷,总投资5000万元,已完成项目用地平整。

商贸流通业　兴宁区有国有企业325家,集体企业186家,股份合作企业36家,有限责任公司1440家,联营企业8家,私营企业1100家,其他企业222家;个体工商户3.27万户(新增3236户)。实现商品销售总额194.33亿元,其中社会消费品零售总额99.7亿元。第三产业增加值34.24亿元。以朝阳路为轴线的3平方公里范围内汇集上千家商场、商店、宾馆,是南宁市集购物、休闲、饮食为一体的核心商业区。配合市政府推进商贸活市百亿工程,推进朝阳商贸中心区改造升级,引进外来企业和资金进行城市建设,先后有南宁万达商业广场、新朝阳商业广场、金朝阳、太阳广场、金之岛广场等商业地产建成并开业

位于兴宁区的嘉和城温泉谷　　周家志　摄

营运。上海路围合区、澳门街旧城改造项目、西南商都项目全面启动,金之岛城市广场、海奇置地等7个新的商贸活市百亿工程顺利实施,沃尔玛、百盛、麦当劳、肯德基、国美、苏宁、梦之岛等知名商业企业已落户兴宁区。引进的金桥农产品批发市场一期工程已开工建设,东盟—川桂国际物流园、玉柴南宁国际物流中心、金桥小区A地块项目已进入征地阶段。九曲湾温泉度假区、嘉和城温泉谷旅游项目成为南宁市旅游热点,接待游客84万多人次。

招商引资　兴宁区完善招商引资工作网络,建立招商引资工作信息传递、引进服务、后期管理网络系统,组织参加重大经贸招商活动,共引进企业(项目)65个(内资企业项目61个、外资企业项目4个),合同引进资金36.2亿元,实际到位内资13.61亿元,实际利用外资2176万美元。三塘工业集中区引进企业(项目)2个,总投资2.7亿元,完成建设投资6500万元。

城乡建设　兴宁区辖区内总投资5.4亿元、全长9.66公里的昆仑大道扩建三期工程于10月全线竣工(加上前期建成的南梧大道一、二期工程,昆仑大道总长13.53公里,总投资8亿多元);投资3000万元的中兴大道一期工程竣工通车;投资约1100万元,完成兴东路东段路基施工;嘉和城骑楼街完成投资1500万元;上海路围合区旧城改造完成投资1.5亿元;澳门街旧城改造完成投资5000万元;原市委党校旧城改造完成投资1亿元;启动西南商都旧城改造项目,占地1.07公顷,计划总投资3.5亿元。争取到市政府同意东沟岭新区继续享受土地出让金返还,用于新区基础设施建设的优惠政策;完成四组团项目挂牌出让。金禾湾经济适用房、澳华经济适用房、皇龙新城、橘子郡等房地产项目累计完成投资15.35亿元。开展城乡清洁工程,投入资金3869.7万元,组织清理整治摊点乱摆18.17万起、车辆乱停放6.18万台次、垃圾乱扔5.63万起、工地乱象1786处、广告乱贴19.37万处;整治内河8条26公里,完成上海路、长堽三里等10条小街小巷和望州路南二里、望州路北三里、中华片区内涝点及广西一安氩气站4个内涝点的改造,新建鸡村垃圾中转站和公厕;完成火车站周边31个单位19幢楼宇立面整治和64幢10层以上楼宇的亮化改造;完成城区数字城管二级指挥中心系统项目。落实"门前三包"责任制,重点整治官桥、高峰路、济南路地下通道等马路市场,新建皇马、降桥、新济南东、邕宾等农贸市场;新建东皇、南宁饭店立体停车场,恢复南宁百货大楼、天兴商厦、华美、裕丰商场、民族商场5个地下停车场。完成绿化种植树木10万株。落实节能减排工作,责令辖区10家造纸企业停产整治和关停31家砖厂,主要污染物排放总量控制在市排放指标范围内。开展社会主义新农村建设,修建通行政村水泥路3条5.45公里;改建贫困村道路3条8.6公里;新建贫困村沼池40座。

【社会事业发展概况】

文明创建活动　2007年,兴宁区开展"和谐建设在基层"活动,望州南社区成为南宁市和谐创建的先进典型,中央电视台《新闻联播》栏目对望州南社区进行专题报道。建立健全"文明创建"长效机制,把创建文明县区、全国文明城市、实施城乡清洁工程、南宁市"创新年"的要求与城区中心工作结合起来,融入日常工作抓创建。建立全社会关心、支持和参与青少年思想道德建设的长效机制,完善考评机制,逐步健全学校、家庭、社会"三结合"的教育网络,以"四个一"(即完善一批思想教育网络、开展一系列主题活动、建立一批法制教育阵地和整治一批校园周边网吧、娱乐场所、电子游戏室)为切入点,推进未成年人工作和谐发展。全面开展"和谐建设"活动,根据不同行业、不同群体的实际,开展具有行业特色、职业特点的和谐建设实践活动。辖区单位被评为市精神文明建设先进单位18个、先进社区21个、先进村坡7个、军警民共建先进单位5对、标兵单位4对。

科教文卫体事业　兴宁区投入科技经费447万元,组织实施花卉产业化基地、无公害蔬菜育苗大棚、中草药种植示范基地等项目18个,举办农业科技培训班43期,培训3860人次。城区管理的小学58所(社会力量办学20所),在校生2.53万人;初中20所(社会力量办学10所),在校生7820人;高中2所(社会力量办学1所),在校生950人。有教职工1756人。小学适龄儿童入学率100%;初中毕业生升高中毛入学率78%;参加高考610人,考上本科学校录取分数线14人。继续实行"两免一补"政策,免除1.34万名义务教育阶段学生教科书费61.68万元、学杂费259.75万元,补助1028名贫困家庭寄宿生生活费10.28万元。资助贫困家庭学生2602人,其中贫困大学生

2007年兴宁区国民经济主要指标情况表

项　目	单　位	实　绩	比上年增长(%)
地区生产总值	万元	522827	17.30
第一产业	万元	38978	9.70
第二产业	万元	141462	17.10
工　业	万元	110282	16.90
第三产业	万元	342387	18.20
农林牧渔业总产值	万元	65138	11.23
粮食总产量	吨	49700	4.33
全社会固定资产投资	万元	244583	32.74
实际利用外资	万美元	2176	27.40
社会消费品零售总额	万元	997049	21.89
全部财政收入	万元	111688	21.01
地方财政一般预算收入	万元	25495	27.30
一般预算支出	万元	37765	13.47
城镇居民人均可支配收入	元	13738	14.58
农民人均纯收入	元	3972	13.19

2007年兴宁区各镇、街道情况表

名　称	土地面积(平方公里)	村民委员会(个)	社区居民委员会(个)	自然屯(个)	年末人口(人)	耕　地(公顷)	农林牧渔业总产值(万元)	粮食产量(吨)	农民人均纯收入(元)
三塘镇	288	13	4	74	45746	3677	25279	15380	3740
五塘镇	280	13	1	126	62718	4736	29143	25485	3620
昆仑镇	133	8	1	126	27306	1743	6759	8660	3160
民生街道	20	1	15	4	84997				7169
朝阳街道	30	2	15	18	96000	30	2263		

56名、贫困女孩132人。投资1102万元，建设五塘第一、二中学和昆仑中学等14所学校23个基建项目；投入约300万元，为学校添置图书、电脑、教学仪器、办公自动化设备等。组织开展广场文化、社区文化、乡镇文化活动46场次，巡回放电影266场次；三塘松柏汉族十声部平话山歌列入市非物质文化遗产名录，文化市场案卷管理获自治区一等奖。有卫生医疗机构71家（镇卫生院4家、村卫生所46家、个体医疗诊所21家）；卫生技术人员298人（卫生院技术人员146人）；病床106张。投资72万元建造农村户厕4000座。参加新型农村合作医疗农民10.78万人，参合率85.4%，个人缴款100.3万元。2007年区间人口出生3290人，人口出生率9.79‰，获自治区年度人口和计划生育目标管理鼓励奖。修建村级篮球场15个、公共设施（含单位、社区）204个；举办兴宁区第一届非公有制经济人士运动会、首届学校民族体育运动会、第六届老年人运动会和农民篮球赛等7项体育比赛，组队参加2007年首府冬泳邕江、南宁市全民健身周启动仪式健身跑等大型活动。

民政工作　兴宁区审批城镇最低生活保障对象5.76万人次，发放低保金612.79万元；审批农村低保对象3.8万人次，发放低保金82.57万元。发放抚恤、定补、工资113.16万元，退伍义务兵家属优待金33.28万元；临时救济31人次，发放救济金2.31万元；给特困户、重灾民发放救济粮55吨，救济1758户3466人。投入5.82万元，重建水毁民房12户38间；发放冬令救灾棉被382床、蚊帐437床、衣服2242件套。有五保对象469人，其中敬老院供养45人，每人每月供养费220元；五保村供养65人，每人每月供养费150元；分散供养359人，每人每月供养费100元。农村医疗救助168人，发放医疗救助金28.13万元。免费为30名生活困难的城乡肺结核患者提供治疗，为4名贫困高危孕妇提供救治。办理结婚登记3311对，离婚登记441对，补领结婚证104对。

劳动与社会保障　兴宁区新增就业7500人，城镇下岗失业人员实现再就业1255人，帮助大龄就业困难人员再就业350人。城镇登记失业率控制在2.7%以内。实施农民就业培训工程，培训农村劳动力3360人，组织劳务输出3000人，农村劳动力转移就业新增3180人。开展社会保障扩面征缴工作，督促各类用人单位和个体户依法参加社会保险，新接收16家企业的721名退休人员进入社区实行社会化管理，累计实行社会化管理的企业退休人员1.14万人，社会化管理98%以上。劳动保障监察立案29件，法定期限结案率100%；处理突发事件11起，涉及农民工1200多人，为农民工追回工资待遇300万元。城区各类企业签订劳动合同人数4.03万人。　（徐曼春）

江　南　区

【概　况】　江南区位于南宁市区西南部，邕江南岸。东邻南宁经济技术开发区、良庆区；南连钦州市上思县；西接崇左市扶绥县；北与兴宁区、青秀区、西乡塘区隔邕江相望。土地面积1154平方公里。南宁吴圩国际机场和西南最大铁路编组站——南宁铁路南站坐落辖区内，南柳高速公路、南北公路、市快速环道、市高速外环和南宁至凭祥高速公路贯穿辖区，白沙大桥、中兴大桥、青川大桥、南宁邕江大桥、永和大桥、葫芦鼎大桥和正在建设的北大桥、桃源大桥、凌铁大桥与江北市区相联。主要旅游景区景点有良凤江国家森林公园、扬美古镇等。主要矿产资源有煤、石灰石等。主要地方特产有西瓜、蔬菜和扬美“三宝”（豆豉、梅菜、沙糕）。2007年，辖4个镇、4个街道（那洪街道由南宁经济技术开发区托管）、56个行政村、26个社区、780个自然村。年末总人口42.75万（农业人口23.26万），其中壮族人口19.2万，占总人口45%。人口自然增长率9.13‰。有耕地2.6万公顷（水田1.08万公顷）；有林面积1.57万公顷，森林覆盖率19%。地区生产总值40.43亿元；全部财政收入6.38亿元（地方财政一般预算收入1.35亿元），一般预算支出2.73亿元；城镇居民人均可支配收入1.09万元，农民人均纯收入4071元。

【经济发展概况】

农　业　2007年，江南区实现农林牧渔业总产值15.67亿元。其中：农业11.70亿元，林业1806万元，牧业2.90亿元，渔业8156万元，农林牧渔服务业779万元。第一产业增加值9.78亿元。粮食作物种植面积1.56万公顷、总产量7.79万吨。其中：水稻1.08万公顷、6.06万吨；玉米3842公顷、1.55万吨。经济作物种植面积1.87万公顷。其中：甘蔗1.36万公顷、产量124.37万吨；木薯2003公顷、产量1.95万吨；果园面积2716公顷、水果产量3.3万吨；蔬菜1.82万公顷、产量35.4万吨。肉类产量1.84万吨，水产品产量1.18万吨。完成人工造林662公顷。农业基础设施建设投入5394万元，完成水库除险加固3座、农村人饮工程66处、渠道防渗工程52公里。加大农业科技投入，引进糖料蔗等农业新品种18个，推广超级稻种植面积1万亩（666.67公顷）。

工　业　江南区工业企业有348家，实现工业总产值53.75亿元。其中，规模以上工业企业57家，实现工业总产值43.69亿元，销售收入42.18亿元，利税总额3.11亿元（利润1.05亿元）。第二产业增加值18.42亿元（工业增加值15.27亿元）。工业对经济增长贡献率38.01%，拉动经济增长6.25个百分点。主要工业产品产量：配混合饲料86.16万吨，发酵酒精5.48万千升，中成药5700吨，家具5.68万件，塑料制品2.42万吨，铝材4429吨，平板玻璃530.34万重量箱，商品混凝土73.74万立方米，电力电缆1.75万千米，水泥37.59万吨，水泥预制管桩28.51万米。全社会固定资产投资18.07亿元。江南工业园区有企业51家（外资企业1家），完成固定资产投资4.56亿元，实现工业总产值13.52亿元，工业增加值4.88亿元，税收4578万元。主要有铝加工、电子信息、仓储物流等产业。

商贸流通业　江南区有国有企业77家，集体企业175家，股份合作企业17

位于江南区的良凤江国家森林公园　　江南区提供

家;私营企业466家(注册资金30万元及以下和其他分支机构户数),从业3241人,注册资金6266万元;个体工商户5906户(新增224户),从业1.63万人,注册资金9529万元。实现社会消费品零售总额42.38亿元。第三产业增加值12.23亿元。新建农贸市场4个,改造农贸市场2个;有商业网点1513个。实施“万村千乡”市场工程,新建、改造农家店30家。完成房地产开发建设投资4.47亿元,商品房销售4800平方米,销售额1344万元。接待游客13万人次,旅游收入585万元。

招商引资　江南区抓住东部产业转移和国家加工贸易政策调整的有利机遇,强化投资软环境建设,创新招商策略和招商方式方法,成功引进富士康电子科技公司、华南国际工业原料城有限公司、深圳市农产品股份有限公司等世界500强企业和国内知名物流企业。共引进投资2000万元以上的项目16个,合同引进内资25.18亿元,实际到位内资10.4亿元,实际利用外资1697万美元。江南工业园区引进企业(项目)2个,实际到位资金1.5亿元。

城乡建设　江南区完成南宁南火车站货场进出道路等重点城建项目建设;五一路扩建工程主车道竣工通车。加强市容环境综合整治,完成“两会一节”精品线路、楼宇亮化工程和南宁吴圩国际机场周边环境整治。完成园林绿化1514.8公顷。完成各类征地拆迁建设项目50多个,征用、征收土地281.8公顷,房屋拆迁12.52万平方米。继续实施城乡清洁工程,清理马路市场18个;整治农贸市场8个、内河沿线26公里;整顿摆卖街12条;清理广告乱贴2.36万处;查处车辆乱停放1.59万台次、撒漏车辆133台次、工地乱象501处;拆除违章建筑24万平方米。完成数字化城市管理二级指挥中心组建。新农村建设试点涉及吴圩、苏圩、延安3个镇34个行政村228个自然屯共12.7万人,2006~2007年累计完成投资1.63亿元,建设通村道路23条127.3公里,通屯道路163条346.41公里;完成人饮工程66处,渠道防渗12处52公里,水库除险加固3座,小型水利工程81处,那齐电灌站技术改造;完成村屯规划编制141个,沼气池建设3500座,卫生户厕改造3900座,屯内绿化260万平方米;实施8个村级学校危房改造和学校寄宿宿舍建设,完成2个乡镇卫生院、27个村级综合文化活动室、14个卫生所(计生室)及15个篮球场建设;实现150个村屯的电话入屯和15个村点的宽带进村。

2007年江南区国民经济主要指标情况表

项　目	单　位	实　绩	比上年增长(%)
地区生产总值(现价)	万元	404287	16.00
第一产业	万元	97842	10.90
第二产业	万元	184173	17.80
工　业	万元	152736	18.30
第三产业	万元	122272	17.60
农林牧渔业总产值	万元	156682	13.90
粮食总产量	吨	77913	21.89
全社会固定资产投资	万元	180652	32.00
实际利用外资	万美元	1697	2.79
社会消费品零售总额	万元	423810	28.58
全部财政收入	万元	63799	31.75
地方财政一般预算收入	万元	13499	40.15
一般预算支出	万元	27345	-5.79
城镇居民人均可支配收入	元	10906	15.19
农民人均纯收入	元	4071	11.02

注:地区生产总值和农林牧渔业产值按可比价计算

【社会事业发展概况】

文明创建活动　2007年,江南区围绕开放创新年工作,深入开展创建文明城市活动和“三个百万”活动(即百万市民开放创新建议活动、百万市民素质培训活动、百万市民就业培训活动),发动辖区单位和市民参与“两会一节”市容环境综合整治及城乡清洁工程活动;继续开展社会主义荣辱观教育,加强未成年人思想道德建设,推进文明城区创建和文明社区、文明单位、文明村、军(警)民共建、和谐城乡共建等群众性精神文明创建活动,城区第三次被评为自治区级双拥模范县区。辖区单位被评为市级文明单位3个、文明村镇3个、军警民共建先进单位3个;累计有全国精神文明建设单位2个、先进村镇2个,自治区级文明单位26个,市级文明单位55个、社区20个、示范窗口单位24个。

科教文卫体事业　江南区投入科技经费460万元,组织实施科技项目15个。实施到期通过验收的市级科技项目2个、自治区级科技项目1个。举办各种科技培训班126期,培训1.75万人次。城区管理的小学76所(社会力量办学8所),在校生3.84万人;初中25所(社会力量办学10所),在校生1.38万人;高中3所,在校生1087人。有教职工2749人(代课教师107人)。小学适龄儿童入学率及小学毕业生升学率均100%;初中毕业生升高中毛入学率115.48%。参加高考460人,考上本科学校录取分数线26人。继续实行“两免一补”政策,农村学校免除2.52万名贫困家庭学生教科书费134.09万元、4573名贫困家庭学生学杂费431.54万元,补助1879名贫困家庭寄宿生生活费18.79万元。投入667.9万元用于学校基本建设,其中投入30.9万元硬化乡镇学校路面,投入330万元增添教学设备,实施中小学危房改造工程项

2007年江南区各镇、街道情况表

名　称	土地面积(平方公里)	村民委员会(个)	社区居民委员会(个)	自然屯(个)	年末人口(人)	耕　地(公顷)	农林牧渔业总产值(万元)	粮食产量(吨)	农民人均纯收入(元)
江西镇	214	10		103	44399	5434	28943	20497	3806
吴圩镇	394	10	2	133	58743	6845	40103	19520	4096
苏圩镇	223	15	1	118	61383	9086	45485	30038	4294
延安镇	132	5	1	69	26228	3501	24527	4848	5065
福建园街道	16.6	4	15		129900	7	464		
江南街道	22.2	3	5		49200	7	929		
沙井街道	49.5	11		209	26719	1098	16232	3010	3965
那洪街道	68.5	12	3	50	11145	807	8423	2471	3171

12 月 2 日，市红亭爱心超市开业　　蒙志献　摄

目 10 个，改造危房 2006 平方米，新增校舍面积 8315 平方米。教育“两基”工作通过国家复查验收。加强文化设施建设，自筹资金 96 万元装修改造江南区文化活动中心 A、B 楼；筹资 80 万元新建农村文化室 10 个。举办(协办)各种群众文化活动 15 场次，参加演出人员约 900 人次，观众约 7300 人次。广西省土改工作团第二团团部旧址(麻子畲)和疍家水上婚礼分别被列为市级文物保护单位、市级非物质文化遗产代表作。有医疗卫生机构 186 家(国有医疗卫生机构 7 家、村卫生所 106 家、个体医疗诊所 73 家)；卫生技术人员 310 人；病床 182 张。投资 119 万元建造卫生户厕 2190 座。参加新型农村合作医疗农民 4.95 万户 20.19 万人，参合率 86.94%，个人缴费 187.97 万元。城市医疗救助 59 户次 60 人次，发放医疗救助金 10.14 万元；农村医疗救助 95 户次 97 人次，发放医疗救助金 19.21 万元。2007 年区间人口出生 5709 人，人口出生率 11.95‰，获南宁市 2007 年度人口和计划生育目标责任制考核一等奖。

民政工作　江南区审批城镇最低生活保障对象 4.8 万人次，发放低保金 506.84 万元；审批农村低保对象 1.51 万人，发放保障金 50.4 万元。发放抚恤、定补、工资 83.57 万元，退伍义务兵家属优待金 39.60 万元。给特困户、重灾民发放救济粮 153 吨，救济 1916 户 2993 人。投入资金 13 万元，重建水毁民房 13 户 28 间。发放冬令救灾棉被 541 床、蚊帐 521 床、衣服 1481 件套。确定五保老人 785 名，发放五保供养定补金 56.3 万元、救济粮 141.3 吨。农村医疗救助 97 人次，发放医疗救助金 19.21 万元。免费为 400 对新婚夫妇进行地中海贫血筛查，为 127 名生活困难的城乡肺结核患者提供治疗，为 955 名贫困高危孕妇提供救治。办理结婚登记 5156 对，离婚登记 489 对，补领结婚证 75 对。

劳动与社会保障　江南区新增就业 1.04 万人，城镇下岗失业人员实现再就业 3530 人，帮助大龄就业困难人员再就业 575 人，帮助零就业家庭实现就业和再就业 3 户。城镇登记失业率 1.74%。继续开展农民就业培训工程，培训农村劳动力 7604 人，农村劳动力转移就业新增 4024 人。开展劳动保障监察，完成用人单位报送的书面材料审查 3758 户；受理举报投诉案件 225 起，立案 75 件，结案 75 件，结案率 100 %；督促用人单位与劳动者签订劳动合同 10.65 万份，涉及 5.92 万人。　　（许候境）

【市红亭爱心超市开业】 2007 年 12 月 2 日开业。位于菠萝岭社区西正街。由江南区政府和商家联合打造，江南区爱心协会与市红亭超市共同成立。为南宁市首家市场化运作爱心超市。面积约 40 平方米，设有仓储式货架 12 个，有文具、百货、家电、日用品等 6 大类 700 多个品种、上千种规模商品。其经营方式从采购、销售、管理、服务到宣传等各个环节均实行市场化运作，经营场地由江南区政府无偿提供，并在工商、税收等方面享受政府优惠政策。超市以低保户、残疾人、70 岁以上老年人及生活出现暂时困难的边缘户为主要帮扶对象，不以营利为目的，把便民利民服务和扶贫帮困、集中捐赠与经常性捐助结合起来。超市成立后，江南区爱心协会向受助人群发放一定数额的提货券，受助对象凭提货券每月可不定期到超市免费领取自己所需的物品。同时，江南区政府还面向在爱心超市登记在册救助对象以外的其他低保户，发放超市爱心折扣卡，凭卡可在超市中通过打折的方式，以成本价或低于市场价的价格购买一定数额的超市物品。在开业仪式上，市商业银行江南支行等单位向爱心超市捐赠了一批面条、食用油等生活用品。　　（孙贵寿）

青　秀　区

【概　况】 青秀区位于南宁市区东南部。东邻横县、宾阳县；南连邕宁区，与良庆区隔邕江相望；西接西乡塘区，与江南区隔邕江相望；北与兴宁区接壤。土地面积 872 平方公里。是自治区和南宁市党、政、军机关及中国—东盟博览会会址所在地。有街道 218 条。郁江航道、湘桂铁路、桂海高速公路过境，设有长堽岭、屯里、五合、长塘、伶俐火车站和埌东客运站，三岸、伶俐、五合、独岭高速公路互通，城区中心道路网络四通八达。主要旅游景区景点有青秀山旅游风景名胜区、南湖公园、南湖名树博览园、南湖水幕电影综合水景、石门森林公园、金花茶公园、广西药用植物园等。主要矿产资源有煤、石英砂、重晶石、石灰石。主要地方特产有甜竹笋。有仙葫经济开发区。2007 年，辖 5 个街道、4 个镇、46 个行政村、54 个社区、334 个自然村。年末总人口 54.83 万(农业人口 17.59 万)。人口自然增长率 7.24‰。有耕地 1.26 万公顷（水田 6851 公顷)；有林面积 3.31 万公顷，森林覆盖

位于青秀区的南湖水幕电影综合水景　　青秀区提供

率38.6%。地区生产总值70.14亿元;全部财政收入23.27亿元(地方财政一般预算收入5.30亿元),一般预算支出7.62亿元;城镇居民人均可支配收入1.65万元,农民人均纯收入3965元。青秀区被评为全国家庭教育先进县区、科普示范区、残疾人社区康复工作示范区、爱国拥军模范单位、科技进步考核先进县区、社区卫生服务先进区、中医进社区卫生服务先进区;获自治区级荣誉15项。伶俐镇获2007年度南宁市乡镇经济发展进步奖。

【经济发展概况】

农　业　2007年,青秀区实现农林牧渔业总产值9.89亿元。其中:农业4.78亿元,林业5508万元,牧业4.06亿元,渔业3061万元,农林牧渔服务业1936万元。第一产业增加值5.75亿元。粮食作物种植面积1.53万公顷、总产量8.67万吨。其中:水稻1.10万公顷、6.79万吨;玉米3215公顷、1.64万吨。经济作物种植面积7487公顷。其中:甘蔗4602公顷、产量33.88万吨;木薯755公顷、产量6221吨;果园面积1951公顷、水果产量9639吨;蔬菜3801公顷、产量8.87万吨。肉类产量2.45万吨,水产品产量4328吨。完成人工造林833公顷。农业基础设施建设投入4600万元,完成水库除险加固2座,水毁工程修复3处,农村人饮工程73处,渠道防渗工程110公里。投入110万元,推广种植超级稻7333.33公顷。发展"一村一品"特色农业,投入181万元,重点扶持刘圩镇麓阳村的食用菌和南阳镇留凤村养殖业等示范项目发展。

工　业　青秀区工业企业有104家,实现工业总产值14.36亿元。其中规模以上工业企业19家,实现工业总产值4.48亿元,利税总额2387万元(利润1108万元)。第二产业增加值10.56亿元(工业增加值5.38亿元),工业对经济增长贡献率5.72%,拉动经济增长1.1个百分点。形成印刷、食品加工、电子信息产品、化工、日用品、工艺饰品等产业。完成伶俐工业集中区总体规划;投入近200万元,完成二塘工业园区基础道路建设,引进市生源中药饮片有限责任公司等项目6个,其中已投产2个;仙葫经济开发区的服务型配套项目建业混凝土有限公司实现当年建设当年投产,产值5480万元。以广西医疗器械有限公司为龙头的青秀区医疗器械专业园区成为全自治区最大的医疗器械制造基地。

商贸流通业　青秀区有国有企业139家,集体企业60家,股份合作企业10家,股份制企业46家,有限责任公司1545家;私营企业68家,从业2.17万人;其他企业3家;个体工商户1.93万户,从业3.26万人。实现社会消费品零售总额106.12亿元。第三产业增加值53.82亿元。完成房地产开发建设投资11.66亿元,商住房地产开发建设施工面积124.93万平方米(新开工面积17.61万平方米),竣工面积20.89万平方米,商品房销售57.18万平方米,销售额15.08亿元。实施"万村千乡"市场工程,引进连锁店3家。辖区内有七星路精品服饰一条街、东葛路通信器材专业街、星湖路电子科技街、教育路文体用品一条街、桃源路和长湖路饮食娱乐一条街、中山路美食街、双拥路特色餐饮一条街等八大商业街区。按照"大力发展现代服务业,巩固提升传统服务业"的发展思路,以建设大市场、发展大贸易、搞活大流通为主导,优化商品布局,发展新商圈,重点做好埌东凤岭片区和仙葫开发区、沿江经济带和市内环快速环道经济带、柳沙半岛屿等"两区两带一岛屿"服务业的布局,组织开展"工商企业服务年"、"月月美食节"、"科企联合、共谋发展"等活动,规划埌东凤岭商圈,巴黎春天、广州友谊等国内外知名百货公司在辖区内相继开业;启动"都市休闲游,欢乐青秀行"主题旅游活动,打造3条商务会展精品路线;培育中介、科技、咨询等知识密集型服务业,吸引华夏银行、福建兴业银行等国内金融机构进驻城区。批发零售、餐饮娱乐和房地产三大传统支柱产业增势不减,销售超亿元商贸企业31家,限额以上批零贸易额154亿元;餐饮业营业额23.74亿元;文化体育和娱乐业销售额3.38亿元;房地产业营业收入9.23亿元,房地产税收占全部税收45%。

招商引资　青秀区创新招商引资工作机制,首次组团赴广州、深圳、佛山等地开展承接东部产业转移的大规模招商活动;组织人员参加郑州中部投资贸易博览会、长沙泛珠三角经贸洽谈会;利用"两会一节"的平台,做好项目洽谈、投资环境推介等工作,签订云星·星都国际、大观天下、德瑞花园地产等项目6个,总投资29.64亿元。共引进企业(项目)14个,合同引进内资44.33亿元,实际到位内资21.33亿元;新批合同外资3100万美元,实际利用外资2481万美元。

城乡建设　青秀区推进服务自治区、南宁市重点工程征地拆迁工作,按期解决青竹立交桥、葫芦鼎大桥地面交通完善工程、自治区党校新址(二期)项目等久拖多年的征地拆迁问题;完成柳铁新址建设及储备用地项目、"七一"总渠改造、广西国际儿童医院、南宁市科技馆等30个征地拆迁项目,征地总面积219.13公顷,拆迁单位23个、私房600多户,拆迁总面积14.4万平方米;推进香港街、长堽路改扩建等工程征地拆迁工作;投资近2000万元,完成14.5万株树木种植工程和建成区的英华路、柳沙路等重要节点及小街小巷绿化;投资1500万元,完成小街小巷维修、改造、建设66条以及对七星路、双拥路等街区进行街景综合整治,实施高层楼宇灯光亮化工程。完成南湖连通渠、新兴村"城中村"改造、青秀区社区综合服务中心大楼等项目的前期工作。完成4个建制镇、102个村屯的总体规划编制。投入专项资金6510万元,继续实施城乡清洁工程,查处摊点乱摆约26万起、车辆乱停放4万起、垃圾乱扔24万起、广告乱贴30万起、工地乱象920起;新增加环卫工人810人,成立环卫夜巡队,为环卫工人配备防寒棉衣2500件;聘请市容协管员490名;购买治理"五乱"巡逻车11辆、环卫清运车13辆和环卫三轮车350辆;在各镇、村屯新建垃圾池352个;投资783万元,建设数字城管二级指挥中心。开展节能减排百日行动和环保专项整治行动,组织实施并完成自治区人大督办的南宁市新青有色金属选矿实业总公司关停工作,关停二氧化硫排放超标的津头砖厂,强制关停拆除3家无证砖厂,完成伶俐、长塘、刘圩、南阳镇卫生院的医疗废水处理工程建设。开展社会主义新农村建设,投入1.48亿元实施新农村建设项目874个,建成村屯道路430.5公里,受益群众13.98万人;完成灌溉渠道61条110公里;建成人饮工程73个,解决3.96万名群众安全饮水问题;新建沼气池3350座,试点村屯沼气池普及率80%;新建村级计生卫生室17个,卫生户厕改造2950户,村屯绿化150万平方米。

【社会事业发展概况】

文明创建活动　2007年,青秀区贯彻落实科学发展观,开展"创新年"活动,推进机关行政效能建设;深入实施城乡清洁工程,开展学习型社区创建活动、百佳文明市民学校评比和亲子教育进社区、环保知识进社区、健康生活进社区、图书借阅室进社区等系列活动,推进社区居民文化道德素养的进一步提升;开展困难群体帮扶活动、"文明行为大家谈",营造亲情社区氛围;开展针对老年人的送温馨、送健康、送欢乐、送关心"四送真情"活动,为孤寡老人服务;开展"和谐建设在基层"系列活动,进一步推动辖区崇尚先进浓厚氛围的形成。各镇、街道、社区(村)100%建立文明市民(村民)学校,建立健全社区(村)精神文明建设理事会。青秀区被评为全国爱国拥军模范单位、家庭教育先进县区、残疾人社区康复示范区、社区卫生服务示范区,获全国维护妇女儿童权益贡献奖、自治区级表彰15项、市级表彰28项。

科教文卫体事业　青秀区投入科技经费550万元，组织实施科技项目18个。实施到期通过上级验收的市级科技项目2个，自治区级科技项目1个。举办各种科技培训班13期，培训1500人次。城区被评为全国科技进步考核先进县区、全国科普示范县区。城区管理的小学76所，在校生3.60万人；初中13所，在校生2.18万人。有教职工2269人。小学适龄儿童入学率及小学毕业生升学率均100%，辍学率零；初中毕业生升高中毛入学率99.19%。继续实行"两免一补"政策，共免除3306名家庭贫困学生教科书费30.33万元、学杂费8.81万元，补助1368名家庭贫困寄宿生生活费13.68万元；解决进城务工农民工子女读书难问题，安排2670名农民工子女就近到公办学校就读，减免费用近300万元。投入2976万元，加强中小学基础设施建设，改善办学条件。被评为自治区基本普及九年义务教育、基本扫除青壮年文盲工作先进县区，广西中小学规范管理"十佳"县区，自治区规范教育收费示范县区，广西青少年维权先进集体，广西支教工作先进单位。滨湖路小学被为全国教育系统先进集体、广西中小学规范管理"十佳学校"；东葛路小学被评为全国红十字示范学校。举办各类文艺演出150场次，观众7.5万多人次；送电影下乡350场次，观众10万多人次。有医疗卫生机构400家（卫生院5家、村卫生所46家）；卫生技术人员2.1万人（卫生院卫生技术人员168人）；乡镇卫生院病床97张。完成户厕改造2950座。社区卫生服务机构服务人口覆盖率95%以上。新建人口和计划生育服务室2个，2007年区间人口出生5081人，人口出生率9.54‰。全民健身普及率72%以上。

民政工作　青秀区审批城镇最低生活保障对象4.90万人次，发放低保金520.96万元；审批农村低保对象7440人，发放保障金50.53万元。发放抚恤、定补、工资118.68万元，退伍义务兵家属优待金52.33万元。给特困户、重灾民发放救济粮116.3吨。投入资金28.95万元，重建水毁民房13户41间。发放冬令救灾棉被300床、蚊帐100床、毛巾被50床、衣服2914件套。确定五保老人1.20万名，农村五保供养标准从每人每月80元提高到100元，发放五保供养定补金121.49万元、救济粮92.55吨、食油补助款30.2万元。农村医疗救助57人，发放医疗救助金7.96万元。办理结婚登记5707对，离婚登记1186对，补领结婚证215对。构建城区、街道、社区（村）三级爱心超市实物救助网络，惠及2912户7799名城乡低保对象和特困居民。提高村（居）民委员会工作者待遇，城市和农村社区工作人员岗位补贴分别平均提高73.58%、32.37%；村级"两委"干部的生活补贴平均提高53.47%。8月，城区对街道管辖区域进行调整，将原由津头街道管辖的9个"城中村"划分给5个街道管理。

劳动与社会保障　青秀区城镇新增就业1.21万人，城镇下岗失业人员实现再就业3123人，帮助大龄困难人员再就业814人，帮助零就业家庭实现就业和再就业39户。城镇登记失业率1.84%。实施农民就业培训工程，培训农村劳动力1.08万人，组织劳务输出4069万人，农村劳动力转移就业新增4069人。（蔡光燊）

2007年青秀区国民经济主要指标情况表

项　目	单　位	实　绩	比上年增长(%)
地区生产总值	万元	701405	18.40
第一产业	万元	57510	7.50
第二产业	万元	105636	18.27
工业	万元	53801	25.10
第三产业	万元	538259	19.50
农林牧渔业总产值	万元	98938	7.48
粮食总产量	吨	86692	5.54
全社会固定资产投资	万元	348303	20.69
实际利用外资	万美元	2481	44.16
社会消费品零售总额	万元	1061238	19.62
全部财政收入	万元	232719	27.95
地方财政一般预算收入	万元	52998	31.10
一般预算支出	万元	76196	23.43
城镇居民人均可支配收入	元	16504	14.78
农民人均纯收入	元	3965	10.97

西乡塘区

【概　况】西乡塘区位于南宁市区中西部。东邻兴宁区；南与江南区隔江相望；西南连崇左市扶绥县；北与武鸣县、隆安县接壤。土地面积1298平方公里。南宁至昆明、南宁至贵阳两条高速公路在坛洛镇、石埠街道、安吉街道设有出入口。市快速环道、市高速外环道路贯穿辖区。南宁铁路局、南宁火车站坐落在辖区内。主要旅游景区景点有南宁动物园、石埠"美丽南方"、天雹水库、广西八桂田园、下楞民俗文化村、黄氏家族民居和陈东老屋。主要矿产资源有煤炭、石灰岩及黏土等。主要地方特产有"金坛王"香蕉、甜瓜、花卉。南宁高新技术产业开发区、市相思湖新区坐落在辖区内。2007年，辖3个镇、10个街道（心圩街道由南宁高新技术产业开发区托管）、76个行政村、71个社区、365个自然村。年末总人口78.35万（农业人口25.25万），其中壮族人口33.22万，占总人口42.4%。人口自然增长

2007年青秀区各镇、街道情况表

名　称	土地面积(平方公里)	村民委员会(个)	社区居民委员会(个)	自然屯(个)	年末人口(人)	耕　地(公顷)	农林牧渔业总产值(万元)	粮食产量(吨)	农民人均纯收入(元)
长塘镇	265.00	8	1	85	29164	2502	17672	14400	3425
伶俐镇	264.00	8	1	64	34000	2473	16223	17382	3401
南阳镇	97.00	7	1	48	31739	2387	19676	19296	3786
刘圩镇	158.00	14	1	118	54317	2584	34648	29678	3478
新竹街道	8.50	1	15		152000				5830
中山街道	9.80	2	14		97000		219		4100
建政街道	10.10	1	6		94500	5	134		4200
南湖街道	36.40	2	4		61000	204		7269	3600
津头街道	65.00	3	6		63000				6431

位于西乡塘区的石埠“美丽南方”乡村旅游区　　西乡塘区提供

率 6.19‰。有耕地 2.01 万公顷(水田 5442 公顷);有林面积 3.39 万公顷,森林覆盖率 29.7%。地区生产总值 62.89 亿元;全部财政收入 11.22 亿元(地方财政一般预算收入 2.33 亿元),一般预算支出 5.9 亿元;城镇居民人均可支配收入 1.06 万元,农民人均纯收入 3811 元。西乡塘区被评为全国科技进步先进县区,自治区“两基”工作先进县区、双拥模范县区;坛洛镇、金陵镇被评为 2007 年度南宁市经济发展十佳乡镇。

【经济发展概况】

农　业　2007 年,西乡塘区实现农林牧渔业总产值 14.89 亿元。其中:农业 9.08 亿元,林业 1093 万元,牧业 4.74 亿元,渔业 8793 万元,农林牧渔服务业 778 万元。第一产业增加值 9.02 亿元。粮食作物播种面积 1.26 万公顷、总产量 5.77 万吨。其中:水稻 8200 公顷,4.06 万吨;玉米 4300 公顷、1.6 万吨。经济作物种植面积 1.59 万公顷。其中:甘蔗 8126 公顷、产量 54.38 万吨;木薯 4456 公顷、产量 5.32 万吨;果园 1.07 万公顷、水果产量 20.44 万吨(香蕉 8641 公顷、产量 17.87 万吨);蔬菜 1.12 万公顷、21.14 万吨。肉类产量 3.03 万吨,水产品产量 1.22 万吨。建立超级稻、无公害香蕉、无公害甜瓜、中国—东盟博览会特供蔬菜生产种植示范基地共 1.33 万公顷(20 万亩)。完成人工造林 621 公顷。农业基础设施建设投入 2463 万元,完成水库除险加固 3 座,水毁工程修复 1 处,农村人饮工程 25 处,渠道防渗工程 18 公里。

工　业　西乡塘区工业企业有 2144 家,实现工业总产值 46.34 亿元。其中规模以上工业企业 63 家,实现工业总产值 30.79 亿元,销售收入 25.05 亿元,利税总额 1.33 亿元(利润 2511 万元)。第二产业增加值 19.97 亿元(工业增加值 17.43 亿元)。工业对经济增长贡献率 29.10%,拉动经济增长 4.76 个百分点。工业主要有化工、五金制品、铸造、化肥、印刷、钢木家具、塑料制品、电器、食品加工、制药、机械加工、电线电缆、电子、饲料、水泥等行业。有亿元企业 8 家,其中南宁青岛啤酒有限公司及高峰人造板厂为年产值 2 亿元以上的企业。完成固定资产投资 21.49 亿元。市政府批准将北湖工业集中区建设纳入南宁市 2006~2020 年城市建设总体规划方案,完成总规设计、地形图编制、地灾评估等前期工作。落实节能减排工作,关停不符合产业政策、证照不齐全的砖厂 13 家,限期治理淀粉企业 12 家、关闭 3 家,关停污染小型造纸企业 5 家。驻区的南宁百会药业集团为市首家应用水煤浆锅炉的企业

商贸流通业　西乡塘区有国有企业 11 家,集体企业 6 家,有限责任公司 364 家;私营企业 381 家,从业 1513 人,注册资金 1.53 亿元;个体工商户 1.9 万户,从业 2.89 万人,注册资金 2.56 亿元。实现社会消费品零售总额 97.99 亿元。第三产业增加值 33.89 亿元。完成房地产开发建设投资 6.29 亿元,商住房地产开发建设施工面积 42.93 万平方米(新开工面积 7.72 万平方米),商品房销售 5.4 万平方米,销售额 2.36 亿元。接待游客 13.6 万人次,旅游综合收入 300 多万元。石埠“美丽南方”成为市十大乡村旅游景点之一。继续实施“万村千乡”市场工程,新建农资连锁店 5 家。4 月 19~22 日,在安吉大道举办广西第十二届汽车交易会暨西乡塘区春季车展,车展面积 1.46 万平方米,设汽车展位 46 个、汽车装饰展位 43 个,参展汽车品牌 46 个近 170 款,参会 20.3 万人,成交 1087 辆。7 月 7~15 日,在民生广场举办“2007 南宁西乡塘区·水街山水啤酒美食狂欢节”,场地面积 3.6 万平方米,设摊位 80 个,进驻美食商家 69 个,参会人流超过 40 万人次。

招商引资　西乡塘区实施“千人招商活动”,组织招商队伍赴深圳、广州等珠三角地区开展承接东部产业转移招商活动。新引进项目 52 个,实际到位内资 21.25 亿元;实际利用外资 6584 万美元。

城乡建设　西乡塘区完成南宁市城建重点项目龙腾路二期工程的征地拆迁、北湖路北段延长线、安吉大道—北湖路北段连接道路前期及 8 条小街小巷改造和 8 个内涝工程整治等工作;新种植绿化树木 13 万株。新建秀厢第二农贸市场、地洞口综合贸易市场、鲁班路新农贸市场、安吉农贸市场,升级改造白苍岭农贸市场。新建陈东村垃圾中转站和坛洛镇、金陵镇、双定镇垃圾中转站。恢复动物园和新秀公园 2 个停车场,新建银顶、柏宁、西津 3 个停车场。继续实施城乡清洁工程,投入 200 多万元建成城区一级“数字化城管”指挥中心;清理流动摊点 2.69 万摊次、跨门槛经营 1.07 万摊次、早夜市摊点 7977 摊次、不规范设非法广告广告招牌 1.5 万多块、乱贴、乱张挂 2.5 万多处、卫生死角 2084 处,查处车辆乱停放 1.74 万台次、垃圾乱扔 1.51 万起、长期占道堆放 551 处、工地不设围栏 354 处、建筑运输撒漏现象 196 起、不及时清理临街施工场地 428 处,拆除违章建筑 11 万平方米。开展社会主义新农村建设,筹措资金 1780 万元建设庆林村、金陵村、义平村、忠良村和路西村 5 个社会主义新农村项目,完成农村道路建设 20 公里、现代农业水利基本建设项目 9 个、沼气池 200 座、村级综合文化室 5 个。

【社会事业发展概况】

文明创建活动　2007 年,西乡塘区组织开展以关爱促和谐为主题的捐资助学、扶贫济困、市民素质培训等活动;以效能促和谐为主题,开展“转变干部作风,加强机关行政效能建设”和创文明机关、满意在机关、创和谐型机关活动;在中小学校开展以“共创和谐,快乐成长”为内容的教育实践活动,举办“我与父母成长”主题论坛,组织未成年人法律、安全防护知识咨询;开展与社区共建和谐平安活动,辖区内的大中专院校成立 12 支有 6000 多人参加的大学生社区服务队和 38 支共 3 万多人的大中专生创建和谐平安社区先锋队,通过开展“牵手农民工,和谐进工地”主题活动,以富裕田园、文化乐园、生态家园、平安庄园为内容,在金陵镇流江坡、坛洛镇圩中村 12 队、石埠街道和安村 1 队、安宁街道路西村老直坡建立“文明四园”示范点;在街道社区开展“五情教育”(婆媳体贴情、兄弟手足情、父母养育情、夫妻恩爱情、邻里互助情),推进和谐建设在基层活动的深入开展。辖区

单位被评为市级文明机关 1 个、文明单位 5 个、文明村(屯)3 个、军(警)民共建先进(标兵)单位 6 个。

科教文卫体事业　西乡塘区投入科技经费 779 万元,组织实施科技项目 32 个。实施到期通过验收的市级科技项目 7 个、自治区级科技项目 5 个。举办各种科技培训班 4 期，培训 360 人次。辖区的科技项目获市级科技进步奖 13 个。7 月 18 日,在广西民族大学举办南宁市西乡塘区第一届科技大联合交流日活动，有 11 家企业与有关高等院校建立合作关系。城区管理的小学 101 所(民办学校 9 所)，在校生 6.63 万人;初中 47 所(民办学校 21 所),在校生 2.19 万人;有教职工 4976 人。小学适龄儿童入学率与小学毕业生升学率均 100%。继续实行“两免一补”政策,免除 4147 名家庭贫困学生教科书费 40 万元、5.02 万名义务教育阶段学生学杂费 713 万元,补助 1567 名家庭贫困寄宿生生活费 21.94 万元。资助 216 名贫困大学生入学,金额 42 万元。投资 1212 万元,完成学校基建工程 10 个，面积 1.43 万平方米;投入 987 万元,购置教学仪器、图书资料。城区教育系统各学校获全国奖 40 个，教师获全国奖 137 人次，学生获全国奖 369 人次。在南宁市举办的社区情和谐颂文艺比赛中,选送的节目《南宁春锣》获一等奖,《鞋、协、谐》获优秀奖。陈东村古傩戏代表作《大酬雷》被确定为市级非物质文化遗产。有医疗卫生机构 128 家（国有医疗卫生机构 12 家、村卫生所 90 家、个体医疗诊所 26 家);卫生技术人员 241 人;病床 2476 张(市级医院 2345 张、镇卫生院 131 张)。参加新型农村合作医疗农民 5.45 万户、19.75 万人，参合率 80%，个人缴费 197.60 万元。2007 年区间人口出生 8847 人,人口出生率 8.89‰。开展“全民健身与奥运同行”主题活动,举行各种群众性体育比赛 300 多场次,参加人员超过 6 万人次。

民政工作　西乡塘区审批城镇最低生活保障对象 15.2 万人次，发放低保金 1412.7 万元; 审批农村低保对象 3.53 万人次,发放保障金 111.3 万元。发放抚恤、定补、工资 47 万元,退伍义务兵家属优待金 56 万元。临时救济 26 人次,发放救济金 1.44 万元。给特困户、重灾民发放救济粮 295 吨,救济 3442 户 6090 人。发放冬令救灾棉被、蚊帐 1177 床、衣服 1170 件套。确定五保老人 347 名,发放五保供养定补金 21.4 万元、救济粮 31.2 吨、食油补助款 20.8 万元。完成 33 户农村贫困残疾人危房改造和 30 户农村特困户危房的重建、维修。农村医疗救助 143 人次，发放医疗救助金 27.5 万元；免费为 350 对新婚夫妇进行地中海贫血筛查,为 100 名生活困难的城乡肺结核患者提供治疗。办理结婚登记 7636 对,离婚登记 1388 对,补领结婚证 248 对。

劳动与社会保障　西乡塘区新增就业 1.59 万人，城镇下岗失业人员实现再就业 5612 人,帮助大龄困难人员再就业 915 人,帮助零就业家庭实现就业和再就业 16 户。城镇登记失业率 3.3%。实施农民就业培训工程，培训农村劳动力 8512 人,组织劳务输出 3897 人,农村劳动力转移就业新增 3897 人。劳动保障监察接受劳动争议投诉 184 起，立案处理 85 件，为打工者追回劳动工资、福利待遇 102 万元。　　(陆永龙　周家厚)

2007 年西乡塘区国民经济主要指标情况表

项　目	单　位	实　绩	比上年增长(%)
地区生产总值	万元	628853	16.37
第一产业	万元	90191	10.40
第二产业	万元	199744	20.00
工业	万元	174270	20.60
第三产业	万元	338918	16.25
农林牧渔业总产值	万元	148938	10.24
粮食总产量	吨	57694	2.71
全社会固定资产投资	万元	214889	33.31
实际利用外资	万美元	6584	240.00
社会消费品零售总额	万元	979918	17.87
全部财政收入	万元	112217	18.79
地方财政一般预算收入	万元	23264	5.72
一般预算支出	万元	58970	17.37
城镇居民人均可支配收入	元	10565	14.78
农民人均纯收入	元	3811	15.80

2007 年西乡塘区各镇、街道情况表

名　称	土地面积(平方公里)	村民委员会(个)	社区居民委员会(个)	自然屯(个)	年末人口(人)	耕 地(公顷)	农林牧渔业总产值(万元)	粮食产量(吨)	农民人均纯收入(元)
金陵镇	197.00	14		57	48356	3589	37687	13893	3824
坛洛镇	335.00	19		158	75469	9637	55834	27407	3896
双定镇	187.00	6		27	27033	4218	21522	7216	3628
西乡塘街道	20.00	1	13	1	191000				
北湖街道	14.50	2	16	2	120791				
衡阳街道	8.50	2	13	2	71600				
华强街道	2.30		5		25000				
新阳街道	4.50	2	13	2	89000				
上尧街道	10.00	3	4	3	61000				3600
安吉街道	16.00	4	6	7	68372	4588	4588	728	4419
安宁街道	28.00	6	1	37	14720	8449	8449	426	4205
石埠街道	128.00	11	0	69	37442	21129	21129	8024	3274
心圩街道	19.00	8		39	27000	389	5143	1221	3970

邕　宁　区

【概　况】 邕宁区位于南宁市区东南部。东邻青秀区、横县;东南连钦州市灵山县;南接钦州市钦北区;西和西南交良庆区;北隔邕江与青秀区相望。土地面积 1255 平方公里。南宁至北海高速公路、黎塘至南宁铁路复线和邕江航道过境,设有铁路货运站、高速公路出入口;有蒲庙至南宁二级公路。主要旅游景区景点有五圣宫、蒲津公园、徐汉林烈士陵园、雷婆岭摩崖石刻、顶蛳山贝丘遗址。主要矿产资源有石灰石、重晶石、页岩等。主要地方特产有淮山、松香、红龙果。2007年,辖3个镇、2个乡、65个行政村、9个社区、455个自然村。年末总人口32.39万(农业人口27.80万),其中壮族人口29.23万,占总人口90.24%。人口自然增长率8.82‰。有耕地3.41万公顷(水田1.38万公顷);有林面积4.81万公顷,森林覆盖率39.15%。地区生产总值24.69亿元;全部财政收入2.17亿元(地方财政一般预算收入5819万元),一般预算支出3.19亿元;城镇居民人均可支配收入1.02万元,农民人均纯收入3278元。邕宁区被评为2007年度自治区新型农村合作医疗先进县区;邕宁公安分局被评为2005~2006年度全国优秀公安局、全国县级公安机关执法示范单位,自治区县级公安机关2006年度工作综合考评优胜单位、自治区2007年度县级公安机关执法质量优秀单位;那楼镇获2007年度南宁市乡镇经济发展进步奖。

位于邕宁区的雷婆岭摩崖石刻　　周家志　摄

【经济发展概况】

农　业　2007年,邕宁区实现农林牧渔业总产值14.28亿元。其中:农业8.99亿元,林业2280.12万元,牧业4.17亿元,渔业6779.4万元,农林牧渔服务业产值2172.6万元。第一产业增加值9.99亿元。粮食作物种植面积2.56万公顷、总产量12.59万吨。其中:水稻2.06万公顷、10.44万吨;玉米3260公顷、1.33万吨。经济作物种植面积3.76万公顷。其中:甘蔗1.55万公顷、产量103万吨;木薯1667公顷、产量2.93万吨;果园面积4213公顷、水果产量1.95万吨;蔬菜7867公顷、产量14.70万吨。肉类产量4.07万吨,水产品产量9155吨。完成人工造林467公顷。依托广东温氏畜禽有限公司南宁分公司,发展"公司+基地+农户"模式养殖"温氏鸡",形成蒲庙—那楼、蒲庙—中和、蒲庙—新江3条养鸡经济带,主要养殖品种有新兴黄鸡、新兴矮脚鸡、温氏麻鸡、广西土鸡、麻黄土鸡等。有蒲庙五合桂宁猪场、新江明威猪场、壮大猪场3个万头以上养猪场和23个养猪千头以上养殖户,年产优质三元杂瘦肉型猪15.5万头。蒲庙镇良勇村成立野猪养殖协会,带动390个农户驯养商品野猪1万头。百济乡建立芝麻鸭养殖小区14个,带动群众养殖芝麻鸭183万羽。投入5419.61万元,完成水库除险加固3座、农村人饮工程73处、渠道防渗工程40.4公里、"民办公助"小型水利项目104处、电灌站(灌溉面积万亩以上)技术改造工程2处。城区有农业产业化龙头企业8家,农民合作经济组织18个,入会社员1.68万人。有6个行政村实现"一村一品"专业村。

工　业　邕宁区工业企业有50家,实现工业总产值16.44亿元。其中规模以上工业企业16家,实现工业总产值12.18亿元,利税总额2.26亿元(利润1.67亿元)。第二产业增加值8.64亿元(工业增加值7.25亿元)。完成工业投资3.5亿元,技术改造投资3亿元。在建续建工业项目23个,其中投资1000万元以上项目3个,即蒲庙造纸厂污水处理项目3500万元、创科新建材混凝土项目3800万元、凯得利电动车项目2000万元。工业形成以水泥、造纸、化工、制药为支柱的产业体系。主要工业产品产量:水泥100.47万吨,机制纸10.58万吨。

商贸流通业　邕宁区有国有企业58家,集体企业176家,股份合作企业7家;其他分支企业117家,从业1977人;私营企业158家,从业798人,注册资金4297万元;个体工商户4503户,从业6021人,注册资金4056万元。实现社会消费品零售总额5.22亿元。第三产业增加值6.05亿元。投资18万元,新建红星便民市场,面积250平方米;投资20多万元,新建彩虹夜市;投资90万元,改造那元果菜市场,面积5700平方米;投资1.2万元,改造蒲庙造纸厂市场。实施"万村千乡"市场工程,建成农家店11家。

招商引资　邕宁区围绕支柱产业、优势产业和重点产业,组织由行业主管部门、企业参与的招商组,先后3次到浙江、福建、厦门、广州、深圳、东莞、佛山等地开展以承接消费品工业、服装加工、纸制品、第三产业等产业转移为主的专题招商活动;利用"两会一节"进行招商引资。共引进内资项目27个,合同引进资金8.74亿元,实际到位内资3.69亿元;引进外资项目2个,合同引进资金800万美元,实际到位外资321万美元。

城乡建设　邕宁区辖区内投资1.79亿元的仙葫大桥建设基本完工。完成邕宁—浦北二级公路邕宁段仙葫至八里亭段路一期工程建设和五象大道邕宁段工程。投资5万元,新建银峰停车场,面积2000多平方米;投资292万元,改造蒲庙镇社区商业小街小巷;投资124万元,续建邕宁区商业文化街即新兴广场三期工程。实施城乡清洁工程,整治跨门槛经营2940处次,查处车辆乱停放3970台次、乱扔垃圾行为4700起。开展社会主义新农村建设,完成2006~2007年自治区、南宁市下达新农村建设项目1044个中的1043个。其中:道路项目360个、939公里(通村公路45条、306公里、通屯公路315条、633公里),水利项目188个,生态能源项目5个,教育文体项目111个,医疗卫生项目38个,通信项目109个,村屯绿化项目5个,村屯规划项目228个。累计完成投资2.54亿元。完成卫星电视地面接收设施调整456座。

【社会事业发展概况】

文明创建活动　2007年,邕宁区结合实施"城乡清洁工程",开展创建文明单位(村)、文明社区、军(警)民共建先进单位、文明县区活动和评选"十个十佳"(十佳党务工作者、十佳公务员、十佳政法干警、十佳"窗口"行业标兵、十佳文明市民、十佳教育工作者、十佳计划生育工作者、十佳个体工商户、十佳村(居)干部、十佳致富能手)公民道德实践活动。继续在中小学校开展加强未成年人的感恩教育、互助教育、挫折教育,参与南宁市开展百万市民学礼仪活动,广泛开展和谐建设在基层活动,推进公民思想道德、未成年人思想道德建设。辖区单位被评为自治区级文明单位2个、文明单位2个、文明村3个、文明社区1个。累计有自治区级文明单位12个、军(警)民共建先进单位4个;市级文明单位(村)33个、社区6个,军(警)民共建先进(标兵)单位7个。

科教文卫体事业　邕宁区投入386万元,实施科技项目34个。到期结题验收科技项目18个，其中自治区级项目1个，市级项目3个，城区本级项目14个。举办各类农村实用技术和致富技能培训班306期，培训农民5.1万人次。实施的"甘蔗标准化生产技术研究与示范"项目获2007年度南宁市科学技术进步三等奖。邕宁区通过2005~2006年度全国科技进步考核，获2006年度南宁市科技进步与科技创新计划管理三等奖。城区管理的小学71所，在校生2.51万人；初中11所，在校生1.47万人；高中1所，在校生570人；教师进修学校1所，在校生725人。有教职工2607人(代课教师120人)。小学适龄儿童入学率及小学毕业生升学率均100%。继续实行"两免一补"政策，共免除4万名义务教育阶段学生教科书费225.38万元、学杂费279.19万元，补助3178名家庭贫困寄宿生生活费31.78万元。资助贫困大学生60人，每人2000元。开展创建常规管理示范校和义务教育阶段合格学校活动，民族中学、城关四小、城关一小等30所学校为第一批邕宁区义务教育阶段合格学校。百济中学、百济乡初级中学、城关二小等9所学校为第一批邕宁区中小学校常规管理示范校优秀学校。投资275万元建设邕宁老年活动中心和文化中心。投资285万元，建成村级综合文化活动室57个，建筑面积5700平方米。送戏送文艺下乡81场次，观众8000多人次；送电影下乡1670场次，观众50万多人次；送图书、科技资料下乡5次，发放图书、科技资料1000多册(份)。开展文化进广场、进社区活动10次，观众1.5万多人次。有医疗卫生机构198家(国有医疗卫生机构8家、集体医疗卫生机构10家、村卫生所121家、个体医疗诊所59家)，卫生技术人员571人，病床480张(乡镇卫生院158张)。农村建造卫生户厕2496座。依靠国债投资165万元，建设乡镇卫生院4所，建筑面积3200平方米；投资137.75万元，建设村卫生室和计生服务室29个，建筑面积2320平方米。参加新型农村合作医疗农民5.22万户21.20万人，参合率77%，个人缴费209.12万元。2007年区间人口出生4000人，人口出生率12.26‰。落实乡镇计生人员编制，达到每个村(社区)配1名计生干部要求。投资71万元，建成标准篮球场35个。投入经费15.32万元，组织开展篮球、气排球、门球、象棋、扑克、舞龙狮、冬泳等群众体育活动60次。

民政工作 邕宁区审批城镇最低生活保障对象7775人次，发放低保金785.6万元；审批农村低保对象4594人，发放保障金20.52万元。发放抚恤、定补、工资157.1万元，退伍义务兵家属优待金47.7万元。临时救济86人次，发放救济金1.8万元。给特困户、重灾民发放救济粮210吨，救济2391户3998人。投资107万元，重建水毁民房171户411间。发放冬令救灾棉被2504床、衣服1.11万件套、鞋2160双。投入108万元，为100户农村特困户和31户农村贫困残疾人进行危房改造。确定五保老人2004名，发放五保供养定补金120.2万元、救济粮72.14吨、食油补助款95.4万元。农村医疗救助54人，发放医疗救助金8.8万元。免费为250对新婚夫妇进行地中海贫血筛查，为89名生活困难的城乡肺结核患者提供补助治疗。办理结婚登记3470对，离婚登记220对，补领结婚证57对。

劳动与社会保障 邕宁区新增就业1019人，城镇下岗失业人员实现再就业207人，帮助大龄困难人员再就业41人。城镇登记失业率3.5%。继续实施农民就业培训工程，培训农村劳动力2万人，组织劳务输出4.8万人，农村劳动力转移就业新增2103人。督促用人单位与劳动者签订劳动合同2451份，劳动用工登记鉴证2234人。受理劳动争议案34起，立案、结案均27起。 (奚少婷)

2007年邕宁区国民经济主要指标情况表

项　目	单　位	实　绩	比上年增长(%)
地区生产总值	万元	246912	15.26
第一产业	万元	99978	8.30
第二产业	万元	86393	22.17
工业	万元	72468	23.74
第三产业	万元	60541	17.10
农林牧渔业总产值	万元	142840	9.86
粮食总产量	吨	125936	1.42
全社会固定资产投资	万元	100278	30.68
实际利用外资	万美元	321	25.39
社会消费品零售总额	万元	52244	12.29
全部财政收入	万元	21728	20.40
地方财政一般预算收入	万元	5819	53.98
一般预算支出	万元	31851	9.08
城镇居民人均可支配收入	元	10163	15.99
农民人均纯收入	元	3278	16.70

2007年邕宁区各乡镇情况表

名　称	土地面积(平方公里)	村民委员会(个)	社区居民委员会(个)	自然屯(个)	年末人口(人)	耕　地(公顷)	农林牧渔业总产值(万元)	粮食产量(吨)	农民人均纯收入(元)
蒲庙镇	249	17	4	160	127235	7317	40548	30923	3695
那楼镇	349	20	2	92	88697	9256	60320	42156	3368
新江镇	165	8	1	61	30320	4306	19264	8332	3170
百济乡	310	13	1	105	44302	9067	25372	27558	3418
中和乡	176	7	1	37	33382	4135	19160	46967	3051

良　庆　区

【概　况】 良庆区位于南宁市区南部。东邻邕宁区；南接上思县、钦州市钦北区；西连江南区；北隔邕江与青秀区相望。土地面积1379平方公里。南宁至北海高速公路、市外环高速公路、南宁至北海二级公路、南宁至防城铁路、湘桂铁路过境，有良庆、那马、玉洞高速公路出入口，宁村、那铺、大拟、百浪火车站。主要旅游景区景点有五象岭森林公园、大王滩、凤亭湖、绿温泉、竹泉岛、那兰生态自然村(白鹭村)。主要矿产资源有铁、铅、锌、铜、钛、重晶石、花岗岩、石灰石。主要地方土特产有南晓土鸡、芝麻鸭、龙眼、荔枝、杧果、西瓜、红龙果、菠萝、柠檬、淮山、彩色蚕茧。2007年，辖5个镇、12个社区、57个行政村、430个自然村。年末总人口22.21万(农业人口19.58万)。人口自然增长率12.91‰。有耕地1.75万公顷(水田1.1万公顷)；有林面积5.6万公顷，森林覆盖率40.96%。地区生产总值43.6亿元；全部财政收入3.27亿元(地方财政一般预算收入7959万元)，一般预算支出2.81亿元；城镇居民人均可支配收入9877元，农民人均纯收入3795元。那马镇、那陈镇、南晓镇获2007年度南宁市乡镇经济发展进步奖。

【经济发展概况】

农 业 2007年，良庆区实现农林牧渔业总产值15.89亿元。其中：农业8.57亿元，林业5282万元，牧业6.07亿元，渔业6069万元，农林牧渔服务业981万元。第一产业增加值10.06亿元。粮食作物种植面积1.85万公顷、总产量8.18万吨。其中：水稻1.47万公顷、7.03万吨；玉米2563公顷、产量0.95万吨。经济作物种植面积1.61万公顷。其中：甘蔗1.16万公顷、产量86.62万吨；木薯2045公顷、产量3.35万吨；果园面积1.22万公顷、水果产量8.13万吨；蔬菜8700公顷、产量19.63万吨。肉类产量3.76万吨，水产品产量8935吨。调运辖区生产的各种瓜果蔬菜、生猪、家禽等鲜活农产品8.83万吨，直接带动农民增收720万元。完成人工造林733公顷。农业基础设施建设投入3581万元，完成水库除险加固1座、农村人饮水工程8处、渠道防渗53公里、硬化渠道104.5公里。继续实施无公害农产品生产基地建设，推广农作物无公害标准化生产技术，新增通过自治区无公害农产品产地认定3042.73公顷（菠萝1176.73公顷，蔬菜1866公顷），累计8702.4公顷。广西万利来工贸有限责任公司和南宁金泰尔果品有限公司与良庆区的农户签订单生产菠萝1000公顷。南宁市储备粮管理公司以"公司+农户"模式与良庆区的农户签订合作生产协议，实施绿色优质稻示范160.67公顷。

工 业 良庆区工业企业有235家，实现工业总产值60.21亿元。其中规模以上工业企业75家，实现工业总产值53.43亿元，利税总额4.3亿元(利润2.68亿元)。第二产业增加值24.95亿元(工业增加值20.11亿元)。工业对经济增长贡献率47.7%，拉动经济增长8.1个百分点。完成工业技术改造投资5.37亿元。主要工业产品产量：混合饲料51.05万吨，机制纸3.80万吨，成品糖6.76万吨，服装170万件，水泥45.51万吨，纤维板18.55万立方米，中成药3134吨。

商贸流通业 良庆区有集体企业160家，股份合作企业42家，个人独资企业151家，有限责任公司190家，其他企业131家；个体工商户6735户，从业1.09万人，注册资金8520万元。实现社会消费品零售总额9.29亿元。第三产业增加值8.59亿元。房地产开发建设投资9.11亿元，房屋施工面积139.24万平方米(住宅面积122.12万平方米)，竣工面积36.52万平方米，商品房销售29.75万平方米，销售额8.59亿元。实施"万村千乡"市场工程，改造农家店89家。接待游客24万人次，收入2088万元。

位于良庆区的竹泉岛　　良庆区提供

招商引资 良庆区抓住东部产业转移的机遇，以电子信息、机械汽配、家具制造等产业为重点承接产业，先后两次到广州、深圳、东莞、佛山、汕头等地进行承接东部产业转移招商。对原闲置土地纳入土地储备，进行挂牌出让、拍卖，通过土地的深度开发，流转土地和厂房，广泛招商引资。合同引进企业(项目)21个，总投资额92.21亿元，合同引进资金23.64亿元，实际到位内资12.30亿元、外资800万美元。

城乡建设 良庆区辖区内银海大道拓宽工程一期、玉洞大道、平乐大道开工建设。投资250万元维修改造小街小巷15条，在19条小街小巷安装路灯200盏，植树8.8万株。为广西体育中心、南宁国际综合物流园、南宁大桥延长线(平乐大道段)、玉洞大道、五象大道、银海大道等项目征地192.13公顷，拆迁面积45万平方米。继续实施城乡清洁工程，新购置垃圾桶250只，安装果皮箱500只；取缔马路市场3处，新建农贸市场3个，清理处罚乱摆乱卖、跨门槛经营以及各类流动摊点1.89万个处和不规范悬挂牌匾、横幅、标语120多处次及非法小广告3.52万多条，查处违章车辆195台次、无证非法营运三轮摩托车286台次、违章建筑工地2000起处，拆除违法建筑7.33万平方米，清理建筑垃圾及生活垃圾478吨、河道面积1900平方米，种植乔木2519株，绿化面积6538平方米。社会主义新农村基础设施建设投入2.14亿元，建成通村道路36条174.3公里、通屯道路271条644公里，人饮工程12个、沼气池3100座，改造农村卫生户厕4000座。

【社会事业发展概况】

文明创建活动 良庆区组织开展"学雷锋、树新风，构建和谐良庆"、"送温暖、献爱心"、"爱心超市"募捐活动和扶弱助残、保护环境、婚育新风进万家、关爱女童等道德实践活动；开展以"社会公德、家庭美德、卫生在家门"、"和谐建设在家庭活动暨'三八维权周'"系列宣传活动和我为城乡清洁工程作贡献为内容的社会教育实践活动及"百万市民大行动、文明出行大宣传、莘莘学子大参与"等活动，促进辖区群众性精神文明建设的开展。辖区单位被评为市级文明单位2个、文明社区1个、文明村2个和军(警)民共建先进(标兵)单位4个。累计有自治区级文明单位、文明村镇、文明庭院等20个，市级28个。

科教文卫体事业 良庆区投入科技经费278万元，组织实施科技项目27个。实施到期通过验收的市级科技项目4个。举办各种科技培训班156期，培训1.56万人次。城区管理的小学65所(社会力量办学6所)，在校生2.82万人；初中5所，九年一贯制民办学校7所，在校生1.1万人；完全中学2所，在校生1300多人。有教职工1756人。小学适龄儿童入学率100%、小学毕业生升学率99.8%，辍学率0.02%；初中毕业生升高中毛入学率70%。参加高考361人，考上重点学校录取分数线2人、本科学校录取分数线36人。继续实施"两免一补"政策，免除4393名家庭贫困学生教科书费46.24万元、学杂费576.38万元，补助1922名家庭贫困寄宿生生活费22.1万元。投入11.50万元，开展卫星广播电视转星调整，完成转星1272面。建设村级文化室46个、篮球场30个。开展文化下乡活动，为南晓镇、大塘镇、那陈镇等5个村级文化室赠送图书2000册。有医疗卫生机构180家(国有医疗卫生机构5家、集体医疗卫生机构12家、村卫生所79家、个体医疗诊所84家)；卫生技术人员921人；病床614张(乡镇卫生院175张)。完成农村户厕改造4000座。参加新型农村合作医疗农民15.32万人，参合率80%，个人缴费153.25万元。投资278万元，完成良庆、那马、那陈、大塘、南晓5家镇卫生院扩建（改建）工作，面积4950平方米；投资135.6万元，完成26家村级卫生所的建设。2007年区间人口出生4164人，人口出生率15.12‰。开展文化体育活动76项（次），参加人数4000多人次，观众15万多人次。

民政工作　良庆区审批城镇最低生活保障对象8342人次，发放低保金123.82万元；审批农村低保对象5591人，发放保障金119.63万元。发放抚恤、定补、工资122.5万元，退伍义务兵家属优待金29.4万元。临时救济11人次，发放救济金2.01万元。给特困户、重灾民发放救济粮148吨（折款43.57万元），救济2310户4319人。发放冬令救灾棉被999床、蚊帐300床、衣服600件套。确定五保老人1352名，发放五保供养定补金169.94万元、食油补助款16.22万元。农村医疗救助123人，发放医疗救助金20万元。免费为269对新婚夫妇进行地中海贫血筛查，为67名生活困难的城乡肺结核患者提供治疗，为1名贫困高危孕妇提供救治。办理结婚登记3093对，离婚登记138对，补领结婚证55对。

劳动与社会保障　良庆区有社区劳动保障工作站13个。新增就业3725人，城镇下岗失业人员实现再就业132人，帮助大龄困难人员再就业31人。城镇登记失业率3.65%。继续实施农民就业培训工程，培训农村劳动力5600人，组织劳务输出2660人，农村劳动力转移就业新增3000人。受理劳动争议案19起，结案19起；受理拖欠工资案件44起，结案44起，追回工资67万元，涉及受益职工370人。　　　　　　　　　　（龚瑞侦）

武　鸣　县

【概　况】　武鸣县位于广西中南部、南宁市区北部。东邻上林县、宾阳县；南连兴宁区、西乡塘区；西接隆安县、平果县；北与马山县接壤。土地面积3378.36平方公里。县政府驻城厢镇。都南高速公路、国道210线和省道20321线过境，有武鸣至南宁二级公路。主要旅游景区景点有伊岭岩、大明山、灵水、罗波潭、起凤山、黄道山、三园一河（明秀园、春霞园、秋霞园、西江河）、花花大世界、三十六弄等。主要矿产资源有铜、锰、钨、金、铁、煤、铅、锌、锑、镍、钴、铝等20多种，其中铜矿总蕴藏量2600万吨，占广西总蕴藏量30%，品位0.97%~13%。主要地方特产有“灵水”牌龙眼、“伊岭”牌系列香米、“滙阳”牌红橙、“石牛”牌干笋、“旋力威”牌辣椒、“锣皎”牌木薯淀粉、玉泉土鸡、灵马鲶鱼等。南宁华侨投资区、东风农场驻县内。2007年，辖13个镇、198个行政村、20个社区、1703个自然村。年末总人口66.94万（农业人口55.24万），其中壮族人口57.57万，占总人口86.6%。人口自然增长率7.91‰。有耕地6.23万公顷（水田2.41万公顷）；有林面积13.11万公顷，森林覆盖率43.8%。地区生产总值85.59亿元；全部财政收入4.38亿元（地方财政一般预算收入2.43亿元），一般预算支出8.22亿元；城镇居民人均可支配收入1.08万元，农民人均纯收入4253元。城厢镇、宁武镇、双桥镇、陆斡镇被评为2007年度南宁市经济发展十佳乡镇；两江镇、太平镇、仙湖镇、罗波镇、锣圩镇获2007年度南宁市乡镇经济发展进步奖。

【经济发展概况】

农　业　2007年，武鸣县实现农林牧渔业总产值52.59亿元。其中：农业29.52亿元，林业1.59亿元，牧业18.37亿元，渔业2.72亿元，农林牧渔服务业3868万元。第一产业增加值32.84亿元。粮食作物种植面积6.19万公顷、总产量32.49万吨。其中：水稻3.62万公顷、22.18万吨；玉米1.83万公顷、9.04万吨。经济作物种植面积6.01万公顷。其中，甘蔗2.15万公顷、产量185.19万吨；木薯2.43万公顷、产量32.2万吨（折干）；果园面积1.85万公顷、水果产量30.57万吨；蔬菜3.52万公顷、产量75.62万吨。肉类产量12.23万吨，水产品产量3.94万吨。完成人工造林2746公顷。农业基础设施建设投入2.06亿元，完成水库除险加固9座，水毁工程修复18处，农村人饮工程71处，渠道防渗工程687公里。7月，启动深化和完善集体林权制度改革试点工作。

工　业　武鸣县工业企业有6710家，实现工业总产值74.17亿元。其中规模以上工业企业153家，实现工业总产值54.86亿元，利税总额3.31亿元（利润1.59亿元）。第二产业增加值31.68亿元（工业增加值28.14亿元）。工业对经济增长贡献率54.97%，拉动经济增长10.42个百分点。完成工业投资13.24亿元，技术改造投资4.95亿元。主要工业产品产量：机制糖20.59万吨，淀粉28.6万吨，变性淀粉2.1万吨，水泥32.42万吨，酒精5.5万吨。做好重大项目的跟踪服务，

2007年良庆区国民经济主要指标情况表

项　目	单　位	实　绩	比上年增长(%)
地区生产总值	万元	435982	17.00
第一产业	万元	100559	6.00
第二产业	万元	249507	19.90
工业	万元	201086	19.30
第三产业	万元	85916	22.30
农林牧渔业总产值	万元	158945	6.59
粮食总产量	吨	81831	2.75
全社会固定资产投资	万元	273333	26.76
实际利用外资	万美元	800	12.50
社会消费品零售总额	万元	92869	16.53
全部财政收入	万元	32740	29.92
地方财政一般预算收入	万元	7959	46.31
一般预算支出	万元	28089	45.99
城镇居民人均可支配收入	元	9877	16.59
农民人均纯收入	元	3795	9.68

2007年良庆区各镇情况表

名　称	土地面积(平方公里)	村民委员会(个)	社区居民委员会(个)	自然屯(个)	年末人口(人)	耕地(公顷)	农林牧渔业总产值(万元)	粮食产量(吨)	农民人均纯收入(元)
良庆镇	124	9	1	38	57057	2461	28721	12959	3797
那马镇	168	8	1	68	23229	2314	26177	10136	3885
那陈镇	293	15	1	104	32943	4185	27413	12171	4115
大塘镇	500	13	1	110	46139	4713	38368	23350	3858
南晓镇	294	13	1	110	43084	3747	37810	23215	4021

位于武鸣县的灵水风景区　　周家志　摄

使南宁普田润生物有机肥有限公司年产3万吨生物有机肥料生产项目按建设进度要求建成投产,协调解决广西武鸣锦龙水泥股份有限公司日产4500吨水泥熟料生产线在建设中遇到的困难和问题。抓好伊岭工业集中区建设,落户集中区的企业有113家,其中建成投产88家,实现工业总产值12.87亿元,建材、陶瓷、制药、林产品加工等产业集群初具规模。

商贸流通业　武鸣县有国有企业2家,集体企业1家,有限责任公司1家;私营企业3家,从业72人;个体工商户1.65万户,从业2.3万人,注册资金2.94亿元。实现社会消费品零售总额21.16亿元。第三产业增加值21.07亿元。完成房地产开发建设投资3.05亿元,商住房地产开发建设施工面积34.12万平方米(新开工面积16.72万平方米),竣工面积18万平方米,商品房销售15万平方米,销售额2.41亿元。实施"万村千乡"市场工程,改造农家店73家。接待游客186万人次,旅游总收入2.24亿元。

招商引资　武鸣县继续实行招商引资工作目标责任制及奖励制,加强投资软环境建设,出台《中共武鸣县委员会　武鸣县人民政府关于加强投资软环境建设的若干规定》,编印《武鸣投资指南》1万多册、招商项目册5000多册,刻录招商引资工作VCD光盘1000多张,加强对外招商的宣传;组织招商小分队赴珠三角地区开展承接东部产业转移招商活动。共引进企业(项目)79个,总投资额26.5亿元,合同引进资金19.57亿元,实际到位内资10.15亿元、外资653万美元。开展招商引资项目"大兑现"活动,全县列入南宁市"大兑现"活动,确保重大项目"落地一个,开工建设一个,竣工投产一个"。全县列入南宁市"大兑现"目标任务的项目11个,合同引资额14.01亿元,到位资金目标2.99亿元,至年末,"大兑现"项目履约率100%,项目开工率100%,项目竣工率64%,资金到位率40.1%。

城乡建设　武鸣县实施城市建设"1236"(建设1条环道、2个新区,景观改造3段河流,美化改造6条街道)工程,完成县城香山大道景观亮化工程施工路段总长2.6公里,累计完成投资3000多万元;农坛路景观亮化工程及明秀路、宝珠路、永宁路支道改造建设,完成投资620多万元;明秀路改造扩建工程完成投资180万元;投资255万元,完成合旗垃圾无害化处理场征地工作和仙湖、陆斡、宁武、罗波、灵马等镇垃圾中转站主体工程。继续实施城乡清洁工程,拆除违法建(构)筑物19处、面积1.91万平方米,取缔马路市场15处,治理车辆乱停放、乱吐痰、乱扔垃圾、乱贴广告及工地乱堆乱放现象。开展社会主义新农村建设,累计投入5.96亿元,实施建设项目3734个,完成通村通屯水泥道路1073条1811.36公里,实现村村通水泥路;修建农村水利项目819个,完成1个流量以上水利渠道节水改造348公里、民办公助1个流量以下渠道防渗硬化549处687公里、水源工程109处,小(一)型水库除险加固9座,恢复和改善灌溉面积3.09万公顷;完成农村饮水安全工程71处,解决13.7万名群众饮水难问题;完成2.55万平方米的教育基础设施、158个村级综合文化室和45个村级体育活动场所建设;完成13个镇卫生院1.48万平方米业务用房改造,新建85个村甲级卫生所、计生服务室,建造农村卫生户厕5550座,完成538个村屯规划,村屯绿化面积1482万平方米。

【社会事业发展概况】

文明创建活动　2007年,武鸣县抓好公民道德建设,实施文明礼仪培训暨"百万市民学礼仪"活动和第五个"公民道德宣传日"活动,结合"学雷锋活动日"开展"关爱促和谐——和谐建设在社区"等活动;以开展社会主义新农村建设为契机,组织开展文明县区、乡镇、单位、村、社区创建活动。武鸣县获第六届市容"南珠杯"竞赛县城A类特等奖,并通过南宁市文明县区达标竞赛活动的考评验收。被评为市级文明单位(社区)4个。

科教文卫体事业　武鸣县投入科技经费977.5万元,组织实施科技项目34个。实施到期通过验收的市级科技项目8个、自治区级科技项目3个。取得科技成果4项,获自治区科技进步奖1项、南宁市科技进步奖2项。武鸣县全国科技进步考核工作通过自治区考核评审。8月18日,广西首家全国文化信息资源共享工程武鸣县级分中心开通。有小学168所(社会力量办学3所),在校生4.01万人;初中27所,在校生2.48万人;高中5所,在校生1.13万人;中等职业学校、教师进修学校各1所。有教职工5764人。小学适龄儿童入学率100%,小学毕业生升学率99.5%,辍学率1.38%;初中毕业生升高中毛入学率74.5%。参加高考5489人,考上重点学校录取分数线359人、本科学校录取分数线3169人。继续实行"两免一补"政策,义务教育阶段免除6.78万名学生学杂费566.14万元、1.12万名学生教科书费330万元;补助5879名贫困家庭寄宿生生活费64.67万元。扶助1231名贫困家庭中小学生64.08万元,资助522名贫困家庭大学生95.38万元。投入785万元,完成学校危房改造面积1.28万平方米;投入200万元,完成县职业技术学校学生公寓楼建设,面积2942平方米。有医疗卫生机构372家(国有医疗卫生机构23家、集体医疗卫生机构27家、村卫生所210家、个体医疗诊所112家)。卫生技术人员1440人(县属医疗机构卫生技术人员841人);病床1029张(县级医院465张、乡镇卫生院317张)。完成建造卫生户厕1000座。参加新型农村合作医疗农民47.87万人,参合率89.06%,个人缴费478.2万元。施行大病救助363人,支出86.43万元。2007年区间人口出生7118人,人口出生率10.52‰。举办县第五届运动会。

民政工作　武鸣县审批城镇最低生活保障对象5.15万人次,发放低保金500.66万元;审批农村低保对象10.51万人,发放保障金239.08万元。发放抚恤、定补、工资384.1万元,退伍义务兵家属优待金45.9万元;安置退役士兵43人,发放一次性经济补偿金55万元。临时救济7601人次,发放救济金94.3万元。给特困户、重灾民发放救济粮297.5吨,救济4615户9698人。投入162万元,完成危房改造480户1538

间。发放冬令救灾棉被2500床、蚊帐2000床、衣服7600件。确定五保老人1861人，发放五保供养定补金293万元、救济粮335吨，食油补助款26.8万元。农村医疗救助8590户8593人次，发放医疗救助金65.94万元。免费为450对新婚夫妇进行地中海贫血筛查，为248名生活困难的城乡肺结核患者提供治疗，为13名贫困高危孕妇提供救治。办理结婚登记7351对，离婚登记565对，补领结婚证450对。

劳动与社会保障　武鸣县新增就业2220人，城镇下岗失业人员实现再就业750人，帮助大龄困难人员再就业100人，帮助零就业家庭实现就业和再就业39户。城镇登记失业率3.9%。开展农民就业培训工程，培训农村劳动力2648人，组织劳务输出4735人，农村劳动力转移就业新增1.2万人。城镇企业职工参加基本养老保险1.38万人，征缴保险费7857.18万元，支出12967万元；参加失业保险1.76万人，征缴保险费785.6万元，支出214万元；参加基本医疗保险2.27万人，征缴保险费2438万元，支出1542万元；参加工伤保险1.22万人，征缴保险费110.94万元，支出37.1万元；参加生育保险1.03万人，征缴保险费81.12万元，支出39.2万元。劳动保障监察立案26起，结案25起，法定期限结案率96.15%，帮助农民工追回工资36.12万元。

【武鸣“三月三”歌圩】　2007年4月19日，第五届中国壮乡——武鸣“三月三”歌圩活动在县城举行。有千人竹杠阵表演、山歌擂台赛、趣味技竞比赛、“万隆国际杯”风采摄影比赛、斗鸡斗鸟斗狗民间民俗大赛和抢花炮、抛绣球、武术散打、板鞋等民族体育比赛、房地产交易、车展销交易、歌圩美食节、《壮乡欢歌》歌圩文艺晚会、建设社会主义新农村文艺比赛等活动。自治区内外新闻媒体的200多名记者前来宣传报道，南宁电视台对歌圩的主要活动进行现场直播。同日，举办“三月三”歌圩投资贸易洽谈会，签约项目7个，涉及房地产开发、塑料包装袋生产、饲料生产、木地板生产、食用品油脂生产、有机肥料生产等，合同投资总额2.5亿元。　（黄孟乔）

2007年武鸣县国民经济主要指标情况表

项　目	单　位	实　绩	比上年增长(%)
地区生产总值	万元	855953	19.00
第一产业	万元	328431	8.80
第二产业	万元	316810	33.10
工业	万元	281456	35.80
第三产业	万元	210712	16.50
人均地区生产总值	元	12869	17.40
农林牧渔业总产值	万元	525925	9.02
粮食总产量	吨	324930	5.18
全社会固定资产投资	万元	383418	27.52
实际利用外资	万美元	653	24.86
社会消费品零售总额	万元	211575	19.71
全部财政收入	万元	43834	13.31
地方财政一般预算收入	万元	24256	11.58
一般预算支出	万元	82241	43.21
城镇居民人均可支配收入	元	10840	23.20
农民人均纯收入	元	4253	14.87

2007年武鸣县各镇情况表

名　称	土地面积(平方公里)	村民委员会(个)	社区居民委员会(个)	自然屯(个)	年末人口(人)	耕　地(公顷)	农林牧渔业总产值(万元)	粮食产量(吨)	农民人均纯收入(元)
城厢镇	244.77	21	8	146	100702	5106.33	60398	27718	4710.28
太平镇	359.95	12	11	151	38779	4968.53	33317	23080	4376.07
双桥镇	204.18	15	1	129	53782	4686.20	45887	33854	4709.68
甘圩镇	89.68	4	1	16	23639	2129.93	20000	9572	4277.2
宁武镇	225.37	13	1	93	38180	5822.07	43651	22659	4569.24
锣圩镇	379.11	25	1	148	62520	9458.00	64049	35829	4538.73
灵马镇	191.37	13	1	112	43522	2428.53	24463	15382	3965.29
仙湖镇	188.82	10	1	157	40785	4548.27	33192	24119	4006.25
府城镇	267.36	23	1	239	57141	5173.47	49395	28099	4369.06
陆斡镇	235.17	23	1	193	61731	5755.20	55707	41304	4118.04
两江镇	198.75	14	1	133	42173	3125.00	23317	26031	4352.19
罗波镇	161.42	13	1	89	34240	2487.33	18451	17872	3944.88
马头镇	164.11	12	1	97	23611	1757.07	19112	11705	3840.98

横　县

【概　况】　横县位于广西东南部，南宁市区东部。东邻贵港市覃塘区；南连钦州市灵山县、浦北县；西接邕宁区；北与宾阳县接壤。土地面积3456平方公里。县政府驻横州镇。湘桂铁路、黎塘至钦州铁路、南宁至柳州高速公路、粤桂高速公路六景至兴业段、国道209线、省道101线和郁江河道过境。有六景、沙江、横州、大崇、飞龙、玉岭火车站，六景、校椅、云表高速公路出入口，郁江河道流经县内乡镇14个。主要旅游景区景点有中国茉莉之乡、九龙瀑布群国家森林公园、西津湖旅游区、宝华山旅游区、伏波庙旅游区、海棠公园、清江公园、霞霓山旅游区、沙江旅游区、岭脚木祥新仲生态旅游村、那阳五公井等。主要矿产资源有金、钛、铜、锌、铅、锑、贡、铁、铀、芒硝、煤、膨润土、石灰石、三水铝等20多种，以黄金、芒硝、膨润土、石灰石、三水铝藏量最为丰富。中国第一座低水头河床式径流水电站——广西西津水力发电厂坐落在县城郁江上游5公里的西津村。主要地方特产有优质谷、果蔗、茉莉花茶、甜玉米、桑蚕、蘑菇、三月红荔枝、蜜梨、大头菜、大粽、木瓜丁、芝麻饼等，是“中国茉莉之乡”；“横县茉莉花”获地理标志产品，并成功注册证明商标。有南宁六景工业园区（自治区级开发区）和横州工业基地。2007年，辖14个镇、3个乡、276个行政村、26个社区、1404个自然村。年末总人口115.32万（农业人口102.08万），其中壮族人口43.24万，占总人口37.99%。人口自然增长率9‰。有耕地5.61万公顷（水田3.89万公顷）；有林面积15.24万公顷,森林覆盖率46.30%。地区生产总值76.22亿元;全部财政收入4.81亿元(地方财政一般预算收入2.56亿元),一般预算支出8.28亿元;城镇居民人均可支配收入1.04万元,农民人均纯收入3453元。横县被评为全国科普示范县、科技进步先进县、文物工作先进县、优秀平安畅通县和自治区绿色工程建设先进县、双拥工作模范县;横州镇、校椅镇被评为2007年度南宁市经济发展十佳乡镇;南乡镇、峦城镇、那阳镇、马山乡、平朗乡获2007年度南宁市乡镇经济发展进步奖。

【经济发展概况】

农　业　2007年,横县实现农林牧渔业总产值41.47亿元。其中:农业23.76亿元,林业1.07亿元,牧业14.05亿元,渔业2.55亿元,农林牧渔服务业382万元。第一产业增加值25.32亿元。粮食作物种植面积13.32万公顷、总产量35.16万吨。其中:水稻5.31万公顷、27.63万吨;玉米1.16万公顷、6.62万吨。经济作物种植面积2.98万公顷。其中:甘蔗2.21万公顷、产量189.39万吨;木薯2861公顷、产量1.15万吨;果园面积3.76万公顷、水果产量3.76万吨;蔬菜1.96万公顷、产量33.45万吨。肉类产量6.94万吨,水产品产量3.7万吨。完成人工造林3373.4公顷。水利建设投入1424万元,完成六巴水库、水燕水库除险加固工程;投入405.32万元,完成农村人饮工程16处,解决8872人饮水难问题。8月,横县首家农民专业合作社——横县大地种植专业合作社成立。

工　业　横县工业企业有358家,个体企业2.56万家,实现工业总产值59.53亿元。其中,规模以上工业企业62家,实现工业总产值41.96亿元,利税总额3.34亿元(利润1.74亿元)。第二产业增加值23.22亿元(工业增加值19.87亿元)。工业对全县经济发展贡献率41.90%,拉动经济增长7.6个百分点。完成工业投资10.04亿元,工业技改投资7.64亿元。主要产品产量:配混合饲料4.34万吨,成品糖18.92万吨,淀粉5700吨,丝1182吨,罐头5.50万吨,机制纸及纸板7459吨,精制茶7.05万吨,人造板5.66万立方米,水泥114.63万吨,钢材17.15万吨,中成药3126吨,轻革132.86万平方米,发电量9.74亿千瓦,纸浆6.04万吨。节能降耗列入年度工业完成指标,有9家重点耗能企业列入市节能降耗指标内容,能源消费量节约1.2万吨标准煤,万元产值综合能耗1.58吨标准煤,万元规模以上工业增加值能耗同比下降4.5%。丽冠人造板项目建成投产。六景工业园区投资4000万元,完成道路、供水、供电等基础设施建设;新开工项目9个,新增规模以上企业2家;实现工业总产值7.94亿元,财政收入1208万元。

商贸流通业　横县有国有企业213家,集体企业249家,股份合作企业11家;私营企业426家,从业1.37人,注册资金3.53亿元;个体工商户2.56万户,从业4.1万人,注册资金3.38亿元。实现社会消费品零售总额24.7亿元(县城消费市场实现零售额10.68亿元,农村消费市场实现零售额14.02亿元)。第三产业增加值27.68亿元。房地产开发完成投资2.76亿元,商住房施工面积26.75万平方米、竣工面积13.11万平方米,销售面积14.61万平方米,销售额2.63亿元。实施“万村千乡”市场工程,改造农家店59家,横县被评为自治区实施“万村千乡”工程先进单位。接待游客40.09万人次,旅游收入4200万元。

招商引资　横县制定《2007年横县招商引资工作方案》,修改和完善《2007年招商引资考核办法》,采取“请进来”和“走出去”相结合的办法,新签合同82个,合同引进内资45.01亿元,实际到位资金14.15亿元;引进新批合同外资2000万美元,实际利用外资655万美元。

城乡建设　横县推进茉莉花大道西段、横州大道、长安大道、行政服务区、商业中心区、龙池塘商住、海棠公园、综合市场建设。其中,完成茉莉花大道西段、横州大道、长安大道详细规划;行政服务区于3月开工建设,首期用地19.57公顷;商业中心区总用地14.4公顷,总建筑面积40万平方米,首期开发3公顷,土地拍挂成交价7805万元;完成龙池商住区项目用地36.7公顷的规划编制和海棠公园旧围墙拆除、铺设仿古砖透水砖、植树绿化、更换秦观像、安装景观灯、填土、砌挡土墙、碑石、装修怀古亭等工程,总投资170万元;综合市场于6月开工建设,规划用地20.1公顷,首期开发面积15公顷。投资1400多万元,改造县城道路,铺设柏油路面6.9万平方米,修排水沟300米,铺人行道阶砖4.9万平方米,安装路灯163杆,建筑立面装饰1.64万平方米,清理排水沟9000米,安装供水管1000米;在莲州路口至小花园设置隔离带塑钢护栏3100米,拓宽、渠化莲州路口、交警路口并安装红绿灯。石塘镇横岗小区建设基本完成。完成校椅糊白至镇龙水泥路和乡村水泥路29条153.3公里及宝华山风景区公路建设。开工铺设那阳至南乡、南乡经新福至平朗、平朗至飞龙3条水泥路106公里,总投资7150万元。继续实施城乡清洁工程,清理流动摊点3896个、跨门槛经营5008处、卫生死角120多处,取缔马路市场47个,拆除违章建筑56间;投入100万元,购置环卫车64辆,设置果皮箱150只。开展社会主义新农村建设,投入1758万元,建成市、县级新农村试点村19个,绿化面积1.31万平方米,硬化村屯道路32.85公里,新建办公楼680平方米、装修1858平方米,新建、维修运动场3100平方米,完成水渠三面光4150米,建成生态文明村7个、沼气池2533座。

位于横县的九龙瀑布群国家森林公园　　周家志　摄

【社会事业发展概况】

文明创建活动　2007年,横县全面启动“和谐建设在基层、和谐建设在机关”活动;举办“创新观念大宣传、大征集、大评比”活动,印发宣传资料5000多份,征集创新建议638条,为群众做好事227件;启动“学雷锋、树新风,敬老助残送温暖”仪式,2000多名团员青年为民办实事好事1243件。以培训百万市民素质为抓手,广泛开展社会公德、职业道德、家庭美德教育和“创新年”教育活动,将城乡清洁工程纳入精神文明建设管理内容和评选条件，印发宣传资料10万多份，出板报126期；筹资67万元，制作大型公益广告牌39幅，举办文艺演出20多场。开展未成年人思想道德教育，净化文化市场，完善学校、社区、家庭"三位一体"未成年人教育网络，配合市文明办办好"南宁市未成年人网络家园"。被评为市级文明单位3个、文明村3个、文明社区1个、军(警)民共建标兵(先进)单位4个、"文明示范窗口"单位11个。至年末，共有全国精神文明建设工作先进单位1个、创建文明村镇工作先进单位1个、文明村1个，自治区级文明单位17个、文明村11个，市级文明单位48个、文明村14个。

科教文卫体事业　横县投入科技经费984万元，组织实施创新计划项目53个，引进新品种46个，新技术11项，开展共性关键技术攻关15项，取得科技成果3项，获市科技进步三等奖1项，申请专利26项，授权专利23项（发明专利5项）；开发汉桃叶片、清火栀麦片、益母草片3种中成药产品，实现全县高新技术企业零的突破；研制出"高强无收缩灌浆"特种建材产品；自主创新广西高品位5A丝和双宫丝技术；推广应用升降式方格簇营茧、甜玉米免耕栽培、标准化茉莉花、超级稻栽培、内置式无烟二次燃烧环保锅炉、六堡茶加工、低温渗透煮茧等7项实用新技术；建设中国茉莉花茶电子商务平台，实现网上交易；实施国家农村信息化综合信息服务试点县，开展科技信息进村入户和"农信通"手机短信、茉莉花产业专题信息业务。有小学294所，在校生8.53万人；初中42所，在校生4.91万人；普通高中2所，完全中学5所，在校生1.38万人；县特殊教育学校、县教师进修学校、县职业技术学校各1所。有教职工7776人。小学适龄儿童入学率99.94%，辍学率0.03%；初中阶段入学率104.82%，辍学率2.42%。参加高考4878人，考上本科录取分数线1952人。继续实行"两免一补"政策，共免除15.63万人次义务教育阶段学生教科书费742.51万元(春季学期免除2.25万名义务教育阶段学生教科书费103.04万元；秋季学期全部免除义务教育阶段学生教科书费，人数13.38万人，金额639.47万元)，2006年春季学期开始全部免除教育学杂费，补助2.25万名贫困家庭寄宿生生活费484.06万元。资助贫困学生3.14万人（大学生286人、中小学生3.11万人），金额452.86万元。创作的《茉莉之乡》、《高原风光美》、《百年到老不分离》3首歌曲分别获中国民歌精品评选活动金、银、铜奖，被收入《奥运之春中国民歌选粹(八)》暨"中国民族民间歌曲演创高端选粹"指定演唱歌曲，由北京中国广播电视出版社出版发行；山歌对唱《花都贺酒歌》获自治区、南宁市"田园欢歌"主题文艺创作演出比赛银奖。有国有医疗卫生机构32家，病床1119张，卫生技术人员1274人。参加新型农村合作医疗农民81.26万人，参合率80.70%，个人缴费812.62万元。2007年区间人口出生1.37万人，人口出生率12.02‰。向自治区体校、自治区体工队、市体育中学输送运动员20人。参加全

2007年横县国民经济主要指标情况表

项　　目	单　位	实　绩	比上年增长(%)
地区生产总值	万元	762206	17.10
第一产业	万元	253242	6.60
第二产业	万元	232201	25.30
工　业	万元	198662	28.50
第三产业	万元	276763	21.30
人均地区生产总值	元	6656	14.30
农林牧渔业总产值	万元	414704	3.71
粮食总产量	吨	351600	3.11
全社会固定资产投资	万元	294308	26.81
实际利用外资	万美元	655	111.29
社会消费品零售总额	万元	247016	17.63
全部财政收入	万元	48068	15.31
地方财政一般预算收入	万元	25622	18.21
一般预算支出	万元	82776	26.24
城镇居民人均可支配收入	元	10371	20.11
农民人均纯收入	元	3453	13.91

2007年横县各乡镇情况表

名　称	土地面积(平方公里)	村民委员会(个)	社区居民委员会(个)	自然屯(个)	年末人口(人)	耕　地(公顷)	农林牧渔业总产值(万元)	粮食产量(吨)	农民人均纯收入(元)
横州镇	178.96	21	6	135	160718	5432	40324	29301	4165
百合镇	189.83	27	1	92	99462	3898	30419	26160	3363
那阳镇	138.17	15	1	57	60097	2311	20005	21932	2856
南乡镇	328.33	18	2	152	88540	3195	20983	25424	2461
新福镇	343.39	16	2	132	53541	2898	9905	15785	1531
莲塘镇	132.96	11	1	46	41241	1638	12999	10357	3288
平马镇	134.55	8	1	52	34790	2307	14936	10512	2849
峦城镇	78.59	15	1	36	55767	2112	12361	17408	2691
六景镇	317.96	27	2	105	99200	5924	34434	26805	3791
石塘镇	203.84	15	2	84	68257	3990	29471	26276	3488
陶圩镇	179.25	18	1	79	82777	4884	32069	41105	3216
校椅镇	236.61	21	1	110	99221	6194	45552	42834	4084
云表镇	215.39	13	1	104	75480	3597	57371	21455	4006
马岭镇	92.43	12	1	13	28505	1718	18507	8925	4032
马山乡	130.87	16	1	79	59616	1649	8278	13356	2514
平朗乡	125.34	13	1	46	28482	1480	6510	10263	2266
镇龙乡	210.34	10	1	82	17751	646	4236	3750	2115

国、自治区、市举办的各项体育比赛,获国家级金牌1枚、银牌1枚;自治区级金牌15枚、银牌3枚、铜牌3枚;市级银牌1枚。

民政工作　横县审批城镇最低生活保障5374万人次,发放低保金537.76万元;审批农村低保对象3.97万人,发放保障金357.22万元。发放抚恤、定补、安抚费601.7万元,退伍义务兵家属优待金95万元。安置退役士兵46人,一次性发放经济补偿金21万元。临时救济1.11万人次,发放救济金39.34万元。给特困户、重灾民发放救济粮393.5吨,救济8741户1.62万人。投入145.39万元,重建水毁民房88间,维修26户。发放冬令救灾棉被3368床、蚊帐1657床、衣服6389件套。确定五保老人7007名,发放五保供养定补金504.5万元(每人每年720元)、救济粮1278.78吨、食油补助款50.45万元。核定全县参战退役人员身份2307人,参战民兵身份3731人,并做好参战退役人员、参战民兵生活补助费发放工作。建成县老年人活动中心柳明点综合楼并投入使用。有五保村100家,床位1074张,入住五保老人1025人;乡镇敬老院10家,收养五保老人176人。农村医疗救助8.48万人,发放医疗救助金95.09万元。免费为78名肺结核患者提供治疗,为17名贫困孕产妇住院分娩实施救助,为600名白内障患者实施复明手术。办理结婚登记9984对,离婚登记896对,补领结婚证1063人。

劳动与社会保障　横县城镇新增就业2458人,下岗失业人员再就业532人,帮助大龄就业困难人员实现再就业108人。城镇登记失业率2.3%。开展农民就业培训工程,培训农村劳动力3674人。参加养老保险1.44万人;征缴保险费8217万元;参加失业保险2万人,征缴保险费462万元;参加医疗保险3.08万人,征缴保险费2533万元;参加工伤保险9289人,征缴保险费80万元;参加生育保险9016人,征缴保险费60万元。受理劳动争议仲裁案件14起,结案14件,法定期限结案率100%。受理拖欠农民工工资案件5起,涉及农民工270人,追回被拖欠工资19万元。

【移民工作】　2007年,横县有水库库区和安置区移民30多万人,涉及乡镇17个。实施西津库区六年规划年度预算项目,共安排项目584个,总投资6137万元(库区建设基金3052万元、地方配套及群众自筹3085万元)。实施581个,其中竣工验收560个,完成投资6137万元。其中:实施人畜饮水项目101个,完成85个,投资810万元,受益2.5万人;农田水利项目146个,完成145个,投资920万元,受益3.6万人;交通项目86个,完成42个,投资2661万元,受益5.7万人;种植项目167个,投资954万元,受益8000人;养殖项目48个,投资582万元,受益4500人;科技推广项目36个,建立示范点50个,投资210万元,培训6220人。实施大中型水库移民后期扶持资金兑现工作,有16个乡镇、200个村委会、1821个村民小组、7.27万户共28.40万人受益,发放后扶金1.59亿元。县移民工作办公室被评为南宁市三大会战先进集体。

【第五届全国茉莉花茶交易会】　2007年8月6~7日在横县西南茶城举行。由中国茶叶流通协会和南宁市政府主办,横县政府承办。主题为“标准化·国际化”。有投资贸易洽谈会、全国茉莉花茶产业发展问题与对策研讨会、横县六堡茶恢复生产庆典暨产品订货会、“印象·茉莉花”百名记者横县花乡采风活动、“中国茉莉之乡”文艺晚会、横县乡村美食节和汽车展销会等活动。应邀前来参加交易会的中外客商超过1600人。新华社、中新社、《人民日报》、《光明日报》、《经济日报》、《广西日报》、广西电视台、广西人民广播电台、《香港商报》、《香港文汇报》等60多家媒体的70名记者到会采访报道。南宁电视台对“好一朵美丽的茉莉花”文艺晚会进行现场直播。交易会签约项目17个,其中合同14个,总投资额20亿元;成交花茶及茶坯20.5万担,总金额4.25亿元。

(陆世敏)

宾阳县

【概　况】　宾阳县位于广西中南部、南宁市区东部。东邻贵港市覃塘区;南连横县、青秀区;西接兴宁区、武鸣县;北与上林县、来宾市兴宾区接壤。土地面积2314.31平方公里。县政府驻芦圩镇。为桂中南重要交通枢纽,湘桂铁路、黎塘至湛江铁路、黎塘至钦州铁路在县内黎塘镇交汇,黎塘火车站是广西第二大铁路编组站;国道322、324线、桂海高速公路、南宁至梧州二级公路过境,有宾阳至上林、宾阳至横县二级公路。主要旅游景区景点有宾州古城文化景区、昆仑关战役旧址、古辣蔡氏书香古宅、陈平金坑峡漂流、白鹤观竹海旅游度假区、相思潭景区等;宾阳炮龙节被列为自治区级非物质文化遗产,每年农历正月十一由政府组织举办的炮龙节,吸引众多中外游客前来观光旅游。主要矿产资源有钨、钼、铋、铜、铅、锌、三水铝、铁、金和石灰石、毒砂、花岗岩等。主要地方特产有莲藕、瓷器、皮革、小五金、壮锦。有芦圩、黎塘两个工业集中区。2007年,辖15个镇、1个乡、193个行政村、40个社区、1892个自然村。年末总人口102.41万(农业人口87.94万),其中壮族人口19.17万,占总人口18.7%。人口自然增长率1.31‰。有耕地5.6万公顷(水田3.37万公顷);有林面积7.3万公顷,森林覆盖率35.9%。地区生产总值69.23亿元;全部财政收入4.12亿元(地方财政一般预算收入2.26亿元),一般预算支出6.95亿元;城镇居民人均可支配收入1.04万元,农民人均纯收入3489元。宾阳县被评为2005~2006年度全国科技进步考核先进县,广西平安县;芦圩镇、黎塘镇被评为2007年度南宁市经济发展十佳乡镇;和吉镇、新圩镇、露圩镇、武陵镇、邹圩镇、甘棠镇、思陇镇、洋桥镇、中华镇、陈平乡获2007年度南宁市乡镇经济发展进步奖。

【经济发展概况】

农　业　2007年,宾阳县实现农林牧渔业总产值28.73亿元。其中:农业16.58亿元,林业3659万元,牧业9.34亿元,渔业2.16亿元,农林牧渔服务业1930万元。第一产业增加17.95亿元。粮食作物种植面积6.65万公顷、总产量32.84万吨。其中:水稻5.34万公顷,29.17万吨;玉米0.62万公顷,2.1万吨。经济作物种植面积5.85万公顷。其中:甘蔗2.4万公顷,产量162.29万吨;果园面积1369.87公顷、水果产量1.07万吨;蔬菜1.99万公顷、产量37.13万吨。肉类产量5.12万吨,水产品产量3.13万吨。完成人工造林2426公顷。农业基础设施建设投入1500万元,完成水库除险加固9座、水毁工程修复24处、农村人饮工程9处、渠道防渗工程28公里。初步建成标准化鱼苗生产基地5个。有农业产业化经营组织660多个,其中市级重点龙头企业5个,龙头企业带动农户4.2万户、辐射带动农户2.5万户;农村专业经济协会37个,会员5100多人,带动农户4.6万户。农民参与产业化经营获得的总收入3.36亿元,占农村经济总收入9%。黎塘莲藕专业协会2006年被国家农业部确定为全国100家农民专业合作经济组织试点单位。

工　业　宾阳县工业企业有480家,实现工业总产值71.38亿元。其中规模以上工业企业52家,实现工业总产值30.99亿元,利税总额3.9亿元(利润2.32亿元)。第二产业增加值26.44亿元(工业增加值24.17亿元)。工业对经济增长贡献率40.4%，拉动经济增长5.2个百分点。完成工业投资6.93亿元，技术改造投资6.61亿元。在建工业项目77个，其中新开工66个。列入市"百项工业项目大会战"项目9个，总投资8.56亿元。主要工业产品产量（规模以上企业产量）：火电6155万千瓦时，小麦粉2.83万吨，成品糖23.08万吨，发酵酒精1.16万千升，丝298吨，轻草10.44万平方米，人造板8.29万平方米，纤维板8.29万平方米，机制纸及纸板3.86万吨，纸制品2263吨，水泥184.83万吨，水泥电杆5.49万根，卫生陶瓷34.99万件，日用陶瓷1942万件，钢材10.94万吨。芦圩工业集中区获审批土地指标33.13公顷。黎塘工业集中区已开发工业用地44.67公顷，基本建成入园道路宝园路。

商贸流通业　宾阳县有国有企业183家，集体企业179家，股份合作企业38家；私营企业492家，从业9979人，注册资金3.46亿元；个体工商户2.48万户，从业3.85万人，注册资金3.27亿元。实现社会消费品零售总额28亿元。第三产业增加值24.84亿元。完成房地产开发建设投资4.9亿元，商住房地产开发建设施工面积15.74万平方米（新开工面积13.08万平方米），竣工面积4.09万平方米，商品房销售8.17万平方米，销售额9396万元。宾阳工业品大市场部分专业市场、宾阳购物中心等商业网点投入营业。实施"万村千乡"市场工程，改造农家店47家。接待游客2.9万人次，收入85万元（不含炮龙节期间游客和收入数）。9月，宾阳县信昌隆出租汽车有限公司投入运营，一期投放市场出租车40辆。

招商引资　宾阳县完善重点项目挂钩承包制度，健全完善招商引资奖励机制和目标考核体系，出台一定几年不变的招商引资奖励办法和目标考核管理办法，建立招商引资项目库，组织招商小分队分别到广东、福建、湖南、浙江、山东等地开展招商活动。共引进企业（项目）29个，总投资额18.4亿元，合同引进资金18.3亿元，实际到位内资8.45亿元、外资300万美元。芦圩工业集中区新引进项目3个，总投资7000万元，完成建设投资4000万元。黎塘工业集中区新引进项目4个，总投资2.5亿元，完成建设投资5300万元。

城乡建设　宾阳县完成武陵、古辣、露圩3个镇总体规划和都市花园商住区等11个小区、工业集中区规划。实施城镇建设"213"（抓好芦圩、黎塘两个全国重点镇城镇建设，抓好10项重点工程项目建设，用3年时间实现以上城镇建设工作目标）工程项目，完成兴仁街路面铺设，商贸城转盘、永武人行道、文化广场改造，芦圩镇政府路口渠化道、黎塘永安东路北三里路面铺设、黎塘城东排水沟改造；基本完成永和路、永祥路、枫江路亮化建设工程；完成县城广场路小区财政路片区征用土地和拆迁工作和小区详细规划并通过环保评估。继续实施城乡清洁工程，清理乱摆卖摊点1.79万处，取缔马路市场25处，查处乱扔垃圾4415人次、车辆乱停放5987台次、违法建筑23起、工地乱象384处，清理非法小广告8.08万张；依法拆除马路菜市10多处，新建商贸城城东、陆村原汽修厂路口、新宾明镜家禽便民市场；清扫保洁面积121.6万平方米，清理卫生死角57处；筹资60多万元，购置农用车2辆，安装果皮箱1200只；在县城中医院街边建设垃圾中转站1座。开展

2007年宾阳县国民经济主要指标情况表

项　目	单　位	实　绩	比上年增长(%)
地区生产总值	万元	692324	12.90
第一产业	万元	179513	7.80
第二产业	万元	264441	14.60
工业	万元	241728	14.90
第三产业	万元	248370	14.70
人均地区生产总值	元	6818	11.40
农林牧渔业总产值	万元	287259	8.17
粮食总产量	吨	328414	4.29
全社会固定资产投资	万元	219256	25.39
实际利用外资	万美元	300	-72.88
社会消费品零售总额	万元	279954	16.84
全部财政收入	万元	41160	10.25
地方财政一般预算收入	万元	22646	11.58
一般预算支出	万元	69522	24.41
城镇居民人均可支配收入	元	10390	17.39
农民人均纯收入	元	3489	17.12

2007年宾阳县各乡镇情况表

名　称	土地面积(平方公里)	村民委员会(个)	社区居民委员会(个)	自然屯(个)	年末人口(人)	耕地(公顷)	农林牧渔业总产值(万元)	粮食产量(吨)	农民人均纯收入(元)
芦圩镇	228.61	33	15	285	216088	6888	35164	53704	4411.16
黎塘镇	202.70	14	9	86	124459	5319	31436	23128	4508.08
甘棠镇	188.24	14	1	99	52181	3033	16345	22484	3746.78
思陇镇	173.74	15	2	274	62395	1244	7223	12782	3444.22
新桥镇	97.93	15	1	146	86545	2593	10490	22872	3645.51
新圩镇	65.78	6	1	54	29896	2514	13896	13070	3537.69
邹圩镇	143.77	14	1	118	47798	4493	20667	22325	3513.08
大桥镇	115.31	16	1	134	73087	5361	28685	30310	4168.01
武陵镇	146.90	13	1	109	59528	2522	17361	28782	3639.30
中华镇	74.70	6		81	34571	1854	13157	17215	3865.41
古辣镇	109.09	9	2	88	55342	3018	17293	17800	3377.08
露圩镇	127.59	5	1	52	36153	1832	13329	17671	3560.98
王灵镇	148.52	9	1	76	41245	3707	15912	15745	3487.57
和吉镇	115.44	8	1	55	39047	3975	18951	12781	3713.47
洋桥镇	105.75	8	1	88	28955	4213	15621	9909	3226.88
陈平乡	153.50	8	2	147	26903	885	5397	7783	3175.25

社会主义新农村建设,完成"村村通"水泥路100.48公里和整村推进扶贫村通屯道路11条19.2公里;建成农村人饮安全工程7处,解决1万多人的饮水问题;建成生态文明村11个、沼气池1500座、村级文化活动室6个、村级体育活动场所12个。

【社会事业发展概况】

文明创建活动　2007年,宾阳县深入开展城乡清洁工程宣传教育活动,培育市民道德精神和城市文明意识;加强思想道德建设,提高市民现代文明素质;继续开展2007年诚信宾阳"十佳"评比活动,加大未成年人思想道德建设,开展社会主义核心价值观教育,以全国道德模范谢芳秋为榜样,广泛开展"学模范、做模范"活动;举办宾阳百里民俗文化长廊(露圩)壮乡第三届民俗风情文化艺术节;继续开展创建文明县区、文明社区、文明单位、文明村镇和军(警)民共建工作,开展"和谐建设在基层"创建活动和首批文明机关创建活动。被评为自治区级文明单位3个,市级文明单位3个、文明镇(村)3个、文明社区1个。

科教文卫体事业　宾阳县投入科技经费155万元,组织实施科技项目19个。实施到期通过验收的市级科技项目1个、自治区级科技项目1个。举办各种科技培训班21期,培训5560人次。有小学236所(社会力量办学1所),在校生8.7万人;初中42所(社会力量办学7所),在校生5.1万人;高中9所(社会力量办学2所),在校生1.8万人;中等职业学校和教师进修学校各1所。有教职工9617人。小学适龄儿童入学率99.92%,小学毕业生升学率99.9%,辍学率0.028%;初中毕业生升高中毛入学率78.2%。参加高考8034人,考上重点学校录取分数线481人,考上本科学校录取分数线3559人。继续实行"两免一补"政策,共免除13.29万名义务教育阶段学生教科书费852.93万元、学杂费2083.9万元,补助6962名贫困寄宿生生活费69.62万元。资助贫困大学新生911人,资助金额109万元。共安装有远程教育光盘播放设备(模式一)569套,卫星教学收视点(模式二)270套,计算机教室(模式三)7套,实现课堂教学现代化。组织大型文艺游行1次,镇乡业余文化队演出10场次,广场文化活动12场次;两次组织游彩架赴外地参加民俗文化节表演。有医疗卫生机构450家(国有医疗卫生机构28家、村卫生所217家、个体医疗诊所205家);卫生技术人员3307人(县属卫生技术人员1816人);病床1690张(市级医院病床340张、县级医院病床674张、乡镇卫生院病床676张)。投资297.04万元,建造卫生户厕2900座。参加新型农村合作医疗农民15.15万户、63.62万人,参合率73.37%,缴费636.22万元。投入420多万元,建设镇乡卫生院业务用房2300平方米,配备医疗设备33台(件)。2007年区间人口出生1.03万人,人口出生率13.11‰。开展节庆日体育活动,组队参加南宁国际龙舟赛、自治区体育先进县篮球赛和南宁市三人篮球赛等比赛;农村基层体育开展篮球赛等活动309次。

民政工作　宾阳县审批城镇最低生活保障对象1.54万人次,发放低保金618万元;审批农村低保对象3.43万人,发放保障金259万元。发放抚恤、定补、工资494.8万元,退伍义务兵家属优待金140万元;安置退役士兵57人,发放一次性经济补偿金53.3万元。临时救济104人次,发放救济金2.16万元。给特困户、重灾民发放救济粮600吨,救济2296户1.15万人。投入资金102.6万元,重建水毁民房171户280间。发放冬令救灾棉被500床、蚊帐7700床、衣服1500件套。确定五保老人4092名,发放五保供养定补金(每人每月100元)40.92万元。农村医疗救助2.73万人,发放医疗救助金167万元。免费为603对新婚夫妇进行地中海贫血筛查,为306名生活困难的城乡肺结核患者提供治疗,为13名贫困高危孕妇提供救治。办理结婚登记8419对,离婚登记695对,补领结婚证274对。

劳动与社会保障　宾阳县城镇新增就业2249人,下岗失业人员再就业516人,帮助大龄困难人员再就业121人,帮助零就业家庭实现再就业18户。城镇登记失业率3.45%。开展农民就业培训工程,培训农村劳动力3.31万人,农村劳动力转移就业新增1.26万人。城镇企业职工参加基本养老保险1.78万人,征缴保险费7350万元,支出5046万元;参加失业保险2.20万人,征缴保险费470万元,支出208万元;参加医疗保险3.60万人,征缴保险费2707万元,支出1999万元;参加工伤保险1.09万人,征缴保险费85万元,支出19万元;参加生育保险1.03万人,征缴保险费80万元,支出18万元。劳动保障监察立案21起,结案21起,法定期限结案率100%;清理拖欠农民工工资21.53万元,涉及农民工354人。

【广西民营经济质量兴县(宾阳)研讨会暨小商品展销会】　2007年11月6~8日,2007年广西民营经济质量兴县(宾阳)研讨会暨小商品展销会在县城举行。由自治区质量技术监督管理局、宾阳县委、县政府联合举办。有研讨会、小商品展销会、项目推介签约会、项目开竣工仪式、旅游美食节等活动。共设展位480个,有自治区内外300多家企业和单位前来参展。签约项目22个,其中项目合同14个,总投资额12.22亿元。

【宾阳炮龙节】　2007年2月27~28日(农历正月初十至十一日)在县城举行。首次由宾阳县委、县政府正式介入组织引导。其中,27日20时举行宾阳县2007年"百龙舞宾州"炮龙节开幕式及炮龙节礼仪风采大赛颁奖晚会;28日(正月十一)19时开始举行舞炮龙活动,县城共有101条炮龙在各条街道舞动,游客25万多人。中央电视台、广西电视台等17家国内电视台32个新闻栏目,《香港文汇报》、《广西日报》、《南宁日报》等22家报社,中央人民广播电台、广西人民广播电台等14家广播电台,雅虎、新浪、网易、

宾阳炮龙节　　宾阳县提供

新桂等31家网站的152名记者到场报道。期间,举办书画摄影展,举行灯展、烟花燃放、民间文艺游行(包括龙狮队、游彩架、高跷队、彩凤队、马娘队、少先队仪仗队、少年腰鼓队、老年秧歌队、军乐队等)和"百龙舞宾州"炮龙节开光仪式、参观县内旅游景区景点等活动。旅游收入超过5000万元。 (卓家林)

上 林 县

【概 况】 上林县位于广西中南部,大明山东麓,南宁市区东北部。东邻来宾市兴宾区;南连宾阳县;西南毗武鸣县;西北交马山县;北与忻城县接壤。土地面积1869.64平方公里。县政府驻大丰镇。有宾阳至上林、上林至马山两条二级公路。主要旅游景区景点有大明山国家级自然保护区、大龙湖风景区、三里·洋渡风景区、不孤村人文风景区、唐智城垌古城垌遗址。主要矿产资源有金、铁、锌、锑、煤、滑石、石英石、大理石、方解石等31种,其中钒矿储量3000万吨。主要地方特产有优质米、茶叶、果、蔗、八角、龙眼。2007年,辖7个镇、4个乡(1个瑶族乡)、131个行政村、16个社区、1355个自然村。年末总人口48.22万(农业人口43.14万)。人口自然增长率14.10‰。有耕地2.76万公顷(水田1.5万公顷);有林面积4.89万公顷,森林覆盖率44.26%。地区生产总值21.11亿元;全部财政收入1.50亿元(地方财政一般预算收入7990万元),一般预算支出3.88亿元;城镇居民人均可支配收入8821元,农民人均纯收入2811元。上林县被评为2007年度全国农机科普工作先进单位,自治区"两基"工作先进县;县财政国库支付中心被评为全国财政系统先进集体,县档案局立自治区档案工作集体二等功;西燕镇、白圩镇、三里镇、木山乡获2007年度南宁市乡镇经济发展进步奖。

【经济发展概况】

农 业 2007年,上林县实现农林牧渔业总产值14.61亿元。其中:农业6.46亿元,林业4146万元,牧业6.66亿元,渔业1.05亿元,农林牧渔服务业341万元。第一产业增加值9.03亿元。粮食作物种植面积3.88万公顷、总产量13.84万吨。其中:水稻2.56万公顷、11.13万吨;玉米8103公顷、1.94万吨。经济作物种植面积1.43万公顷。其中:甘蔗1.01万公顷、产量62.85万吨;木薯1238公顷、产量7305吨;果园面积415公顷,水果产量2983吨;蔬菜种植4142公顷、产量8.85万吨。肉类产量3.45万吨,水产品产量1.54万吨。人工造林1589公顷。农业基础设施建设投入2838.4万元,完成水库除险加固3座、水毁工程修复11处、农村人饮工程38处、渠道防渗工程21公里。

工 业 上林县工业企业有278家,完成工业总产值12.75亿元。其中规模以上工业企业16家,完成工业总产值10.09亿元,实现利税总额1.64亿元(利润1.17亿元)。第二产业增加值5.73亿元(工业增加值4.88亿元)。工业对经济增长贡献率47.6%,拉动经济增长8.31个百分点。完成工业投资3.69亿元,技术改造投资3.67亿元。南南铝实业1.6万吨电解铝生产车间和1.4万吨电解铝生产线建成投产。

商贸流通业 上林县有国有企业86家,集体企业36家,股份合作企业18家,有限责任公司53家,其他分支机构31家;私营企业243家,从业3474人,注册资金1.80亿元;个体工商户8296户,从业1.08万人,注册资金1.56亿元。实现社会消费品零售总额5.82亿元。第三产业增加值6.35亿元。完成房地产开发建设投资3820万元,商住房地产开发建设施工面积5.25万平方米(新开工面积1.87万平方米),竣工面积3.38万平方米,商品房销售2.39万平方米,销售额3500万元。接待游客64.7万人次,旅游综合收入1710万元。

招商引资 上林县开展承接东部产业转移招商活动,加强与山东信发铝电集团、山东淄博大染坊公司、广西合山煤业有限责任公司等企业沟通交流,共引进签约项目8个,合同总投资12亿元,实际到位资金3.2亿元。

城乡建设 上林县县城总体规划通过市、自治区两级评审。完成42个新农村示范村屯规划。开工建设忻城—上林—宾阳二级公路上林段。投资1044万元,改造县城延东街旧街350米;铺设丰岭路二级公路大转盘至尖岭段人行道六角砖1200米,硬化城东三区的天通路、古思路、龙头路、智城路、霞客路、八寨路共1870米,完成明山大道景观亮化工程改造,安装象山工业园区高杆路灯48盏,划设临时停车位1000多个。投资44万元,安装街道环保垃圾箱100只,购置密封式垃圾运输车和城建监察巡逻车各1辆。开展城乡清洁工程,拆除乱搭乱盖违章建(构)筑物130处,治理工地乱象723处、不规范牌匾、广告3446处、占道经营1832处、车辆乱停放行为1974起、圾垃乱扔行为1560起,整治马路市场24处、公路沿线33公里、内河5条3800米,清淤排水沟3000米,清运垃圾175吨。开展社会主义新农村建设,投入资金1065.02万元(市级投入454.9万元,县财政配套396.05万元,农民自筹214.07万元),实施建设项目10类41个,至年末,全部完成2007年度新农村建设项目实施任务。其中,建成村屯道路212公里、农田水利设施35处、沼气池3786座。

·位于上林县的大龙湖风景区 周家志 摄

【社会事业发展概况】

文明创建活动 2007年,上林县开展南宁市文明县区达标竞赛活动和自治区文明县城创建活动,全面建设"洋渡—清水河文明示范带"和沿大明山文明带,推进文明社区、村镇、机关、单位和小康生态文明示范村、星级户、文明示范窗口等群众性精神文明创建活动的开展。被评为自治区第十一批文明单位2个、军(警)民共建精神文明先进单位2个,被评为南宁市第五批"文明示范窗口"7个、文明社区1个、文明单位2个、文明村2

个、军(警)民共建标兵单位2个。

科教文卫体事业 上林县投入科技经费96万元，组织实施科技项目15个;实施到期通过验收的市级科技项目1个、自治区级科技项目1个。举办各种科技培训班65期，培训1.15万人次。有小学117所，在校生3.5万人；初中19所，在校生2.06万人;高中4所(社会力量办学1所)，在校生6390人;中等职业学校、教师进修学校各1所。有教职工4031人。小学适龄儿童入学率99.9%，小学毕业生升学率99.8%，辍学率0.04%；初中毕业生升高中毛入学率63.8%。参加高考3196人，考上重点学校录取分数线124人，考上本科学校录取分数线1277人。继续实行“两免一补”政策，共免除5.56万名义务教育阶段学生教科书费361.35万元、学杂费1067.56万元，补助6015名贫困家庭寄宿生生活费42.11万元。投资8120万元，实施学校基础设施建设项目25个。上林县中学经自治区评估确定为示范性普通高中。教育“两基”工作通过国家验收，被评为自治区“两基”工作先进县。组织选送的“家庭才艺”节目在中央电视台第三套综艺频道《神州大舞台》栏目播出，并获二等奖。有医疗卫生机构128家（国有医疗卫生机构14家、村卫生所226家、个体医疗诊所114家），卫生技术人员371人，病床574张(县级医院285张、乡镇卫生院289张)。建造卫生户厕200座。参加新型农村合作医疗农民9.19万户36.76万人，参合率85.22%，个人缴费367.62万元。2007年区间人口出生4959人，人口出生率16.55‰。县女子手球队代表南宁市参加自治区第十一届运动会比赛获冠军。

民政工作 上林县审批城镇最低生活保障对象1.49万人次，发放低保金18.7万元；审批农村低保对象2.11万人，发放保障金359万元。发放抚恤、定补、工资150万元，退伍义务兵家属优待金34.5万元;安置退役士兵16人，发放一次性经济补偿金19.8万元。临时救济318人次，发放救济金12.27万元。给特困户、重灾民发放救济粮150吨，救济3571户8873人。重建水毁民房35户85间。发放冬令救灾棉被2800床、蚊帐1400床、毛巾被3200床、衣服1600件套。确定五保老人2551名，发放五保供养定补金317.4万元、救济粮224.6吨、食油补助款36.72万元。农村医疗救助2525人，发放救助金额22.6万元。办理结婚登记4573对，离婚登记271对。

劳动与社会保障 上林县新增就业1270人，城镇下岗失业人员实现再就业225人，帮助零就业家庭实现就业和再就业472户。城镇登记失业率3.8%。实施农民就业培训工程，培训农村劳动力2373人，组织劳务输出1.12万人，农村劳动力转移就业新增1.05万人。参加基本养老保险企业135个6060人，征缴保险费2041万元，支出1488万元;参加失业保险1万人，征缴保险费195万元，支出106万元;参加基本医疗保险1.66万人，征缴保险费875万元，支出912万元;参加工伤保险5050人，征缴保险费39万元，支出21万元；参加生育保险2900人，征缴保险费22万元，支出3万元。办理各类企业劳动合同签订6292人，个体工商户劳动合同签订1520人;处理劳动争议案件13件。 （覃利英）

2007年上林县国民经济主要指标情况表

项　目	单　位	实　绩	比上年增长(%)
地区生产总值	万元	211052	15.30
第一产业	万元	90289	6.70
第二产业	万元	57278	25.00
工业	万元	48790	30.50
第三产业	万元	63485	20.16
人均地区生产总值	元	4416	13.70
农林牧渔业总产值	万元	146118	7.39
粮食总产量	吨	138416	0.07
全社会固定资产投资	万元	87288	26.00
实际利用外资	万美元	0	0
社会消费品零售总额	万元	58220	16.40
全部财政收入	万元	15045	16.74
地方财政一般预算收入	万元	7990	14.50
一般预算支出	万元	38840	31.64
城镇居民人均可支配收入	元	8821	19.12
农民人均纯收入	元	2811	14.73

2007年上林县各乡镇情况表

名　称	土地面积(平方公里)	村民委员会(个)	社区居民委员会(个)	自然屯(个)	年末人口(人)	耕地(公顷)	农林牧渔业总产值(万元)	粮食产量(吨)	农民人均纯收入(元)
大丰镇	176	9	4	72	60084	1665	13501	8751	3172
明亮镇	120	8	1	75	31726	1981	12988	10017	2661
巷贤镇	172	12	1	92	43449	3052	15534	23220	2700
澄泰镇	112	11	1	119	39325	2345	12791	19947	3069
白圩镇	234	7	2	172	77960	5467	34038	36139	2497
三里镇	192	14	1	156	54000	2971	15072	16397	2670
乔贤镇	126	7	1	109	34679	1663	9210	8936	2650
木山乡	124	6	1	124	20023	1376	6635	1903	2330
塘红乡	181	10	2	242	41470	2069	11987	15536	2486
镇圩瑶族乡	113	10	1	182	23500	1155	3120	5045	2582
西燕乡	292	11	1	131	41216	2393	12236	9890	2780

马　山　县

【概　况】 马山县位于广西中部略偏西，红水河中段南岸，大明山北麓;南宁市区北部。东邻上林县、忻城县;南连武鸣县;西接大化瑶族自治县、平果县;北隔红水河与都安瑶族自治县相望。土地面积2345平方公里。县政府驻白山镇。水任(河池)—南宁高速公路、马山—大化二级公路，马山—上林—宾阳二级公路，国道210线过境。主要旅游景区景点有金伦洞、大明山自然保护区、弄拉自然保护区 、百龙滩红水河风光、灵阳寺。主要矿产资源有煤、锰、铁、钨、铜、滑石、重晶石、方解石、叶蜡石、石灰石、高岭土。主要地方特产有黑山羊、里当香鸡、金银花、旱藕粉、八角。2007年，辖7个镇、4

个乡（2个瑶族乡）、145个行政村、6个社区、3001个自然村。年末总人口52.41万（农业人口48.50万），其中壮族人口39.31万，占总人口75%。人口自然增长率10.82‰。有耕地2.26万公顷（水田1.02万公顷）；有林面积8.55万公顷，森林覆盖率36.33%。地区生产总值21.88亿元；全部财政收入1.26亿元（地方财政一般预算收入6916万元），一般预算支出5.04亿元；城镇居民人均可支配收入9227元，农民人均纯收入2661元。马山县被评为全国青年中心建设先进县，被命名为第五批国家级生态示范区；白山镇、林圩镇、永州镇、加方乡获2007年度南宁市乡镇经济发展进步奖。

【经济发展概况】

农　业　2007年，马山县实现农林牧渔业总产值12.55亿元。其中：农业5.37亿元，林业6111万元，牧业5.86亿元，渔业6730万元、农林牧渔服务业365万元。第一产业增加值8.0亿元。粮食作物种植面积3.95万公顷、总产量13.52万吨。其中：水稻1.59万公顷、7.17万吨；玉米1.64万公顷、5.55万吨。经济作物种植面积7917公顷。其中：甘蔗2928公顷、产量18.4万吨；木薯3021公顷、产量1.16万吨；果园面积1889公顷、水果产量8014吨；蔬菜6300公顷、产量15.48万吨。肉类产量3.88万吨，水产品产量9671吨。完成人工造林1223公顷。水利建设投入3803万元，完成水库除险加固2座、水毁工程修复3处、农村人饮水工程78处、渠道防渗工程8.14公里。发放贴息扶贫贷款1200万元，扶持2070户困难群众发展生产。投入280万元，扩大马山黑山羊、马山土鸡、杜东母猪、剑麻、旱藕等特色产业生产。

工　业　马山县工业企业有78家，实现工业总产值11.52亿元。其中规模以上工业企业14家，实现工业总产值8.17亿元，利税总额5639万元（利润2482万元）。第二产业增加值6.59亿元（工业增加值5.48亿元），工业对经济增长贡献率50.1%。完成工业投资2.32亿元，技术改造投资2.11亿元。主要工业产品产量：成品糖1.35万吨，水泥20.94万吨，电6.69亿千瓦时，铁合金1.12万吨，酒精1.40万千升，机制纸以及纸浆3.96万吨。基本完成县水泥厂改制工作，投入1152万元偿还历年改制企业拖欠职工工资、安置费等，完成434名职工身份置换。百龙滩工业园区有规模以上工业企业3家，实现工业总产值3亿多元，占全县规模以上工业产值36.68%。苏博工业集中区完成总体规划、详细规划、可行性研究报告、环境保护评估报告的评审工作，配套建设正式启动。

商贸流通业　马山县有国有企业61家，集体企业164家，股份合作企业21家；私营企业114家，从业2614人，注册资金9012万元；其他企业61家。个体工商户9240户，从业9732人，注册资金1.59亿元。完成社会消费品零售总额6.28亿元，第三产业增加值7.29亿元。房地产开发完成投资3105万元，施工总面积5.1万平方米，销售商品房195套。实施“万村千乡”市场工程，改造农家店42家。接待游客25.3万人次，旅游综合收入3000多万元。举办马山县首届文化旅游美食节，期间接待自治区内外游客10万多人次。

招商引资　马山县加大招商项目的宣传与推介，组织招商团到广州、深圳、东莞、湖南等地开展招商活动。实施“凤还巢”工程，鼓励外出务工人员带资金、带技术、带信息返乡创业，新建小型加工厂20多个，有3000多名农民工实现“家门口”就业。引进广西博宁矿业有限公司、广西马山汉邦水泥有限公司、马山县弘润铁合金厂等15家企业，合同引进资金8.35亿元，实际到位资金1.7亿元。

城乡建设　马山县投入资金6200万元用于城镇基础设施建设，占财政支出12.3%。县城给水系统改造工程建成供水，解决县城及周边8万多人的生产生活用水困难。完成县城小街小巷改造6条和体育馆主体工程及外墙装修。“鹏城·东方名都”商住区一期工程全面竣工。实施县法院、党校、消防站和疾控中心等9个单位迁往县城新区建设。继续实施城乡清洁工程，增加城乡清洁工人36名；在县城及周边植树造林66.67公顷，新增绿地面积2万平方米。参加广西第六届市容环境综合整治“南珠杯”竞赛活动，获县城C类特等奖。开展社会主义新农村建设，投入资金150多万元，重点抓好8个一类试点村屯建设，共硬化屯路13条3000多米，铺设排污暗道3017米，修建农田水利渠道1600米，修复拦河坝1座28米、渡槽1处20米，建成文化活动室2处。首批38个整村推进扶贫开发的村委所在地全部通四级公路，20户以上自然村（屯）机动车通达率95%，沼气池入户率41%，91.3%的村（屯）解决了饮水困难，99.8%农户用上电，38个整村推进扶贫开发项目通过了自治区级验收。第二批27个整村推进扶贫工作共修建四级路17条107公里、屯路140条247.2公里，改造渠道1000米，建成饮水工程3处、水柜100座。

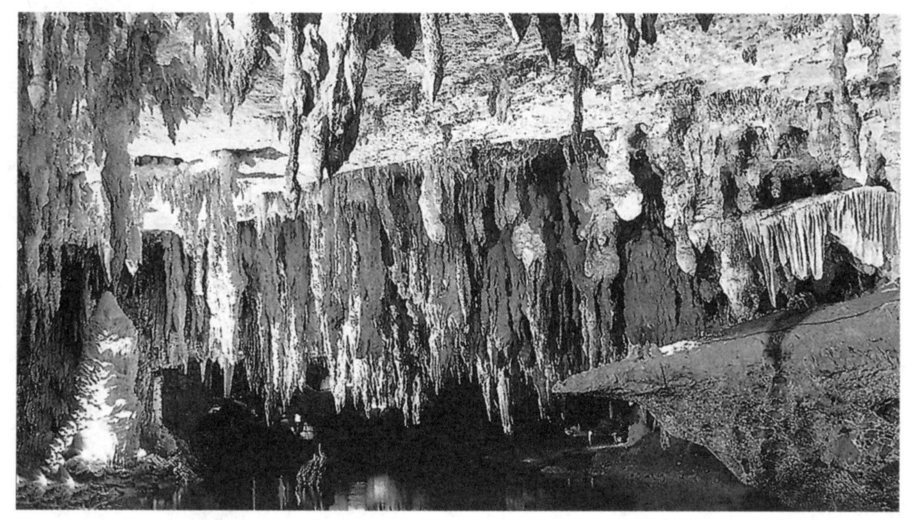

位于马山县的金伦洞　　周家志　摄

【社会事业发展概况】

文明创建活动　2007年，马山县开展以“八荣八耻”为主要内容的社会主义荣辱观教育活动，围绕创建自治区文明县城目标，广泛开展文明乡镇、文明单位、文明社区、文明村屯等群众性精神文明创建活动。通过学习望州南精神与建设新农村相结合，为建设和谐社区、和谐村屯、和谐家庭、和谐学校、和谐机关、和谐单位及和谐企业增加新的理论和经验，组织广大党员、青年团员、放假返乡的学生等深入农村献爱心，为建设新农村群策群力，提高农村文明创建水平。被评为自治区级文明单位2个，市级文明单位2个、文明村2个、军（警）共建先进单位1对。

科教文卫体事业　马山县投入科技经费190万元，推广普及适用技术与试验、示范项目22个；举办各种科技培训班245期，培训2.34万人次；通过全国科技进步县区考核。有小学146所，在校生4.44万人；初中21所，在校生2.27万人；高中5所，在校生6005人；中等职业学校2所、教师进修学校1所。有教职工4508人（代课教师582人）。小学适龄儿童入学率99.9%，小学毕业生升学率100%、辍学率0.07%;初中毕业生升高中毛入学率55.7%。参加高考2927人，考上重点学校录取分数线100人、本科学校录取分数线1107人。继续实行"两免一补"政策,免除6.64万名义务教育阶段学生教科书费414.77万元、学杂费1164.28万元，补助1.31万名贫困家庭寄宿生生活费110.89万元。资助贫困大学生526人,贫困女孩391人。投资546.25万元，实施中小学危房改造,新建校舍8744平方米。马山中学经自治区评估确定为示范性普通高中。成立马山县职业教育中心。"两基"工作通过国家级验收。被誉为"中华民族文化瑰宝"的马山壮族三声部民歌列入自治区级第一批非物质文化遗产名录,马山壮族会鼓列入市级非物质文化遗产名录;三声部民歌《高歌朝太阳》、《山水和谐山歌飞》在广西山歌大奖赛中获金奖和银奖。有医疗卫生机构237家(国有医疗卫生机构16家、村卫生所151家、个体医疗诊所70家)，卫生技术人员1024人;病床462张(县级医院281张、乡镇卫生院181张)。参加新型农村合作医疗农民8.16万户34.63万人，参合率72.04%,个人缴费34.63万元。2007年区间人口出生9424人，人口出生率17.98‰。新增村级篮球场12个;举办各类群众文体活动200多场次。

民政工作　马山县审批城镇最低生活保障对象3.23万人次，发放低保金312.14万元;审批农村低保对象2.39万人,发放保障金421.85万元。发放抚恤、定补、工资202万元，退伍义务兵家属优待金85万元；安置退役士兵19人，发放一次性经济补偿金20.9万元。临时救济129人次，发放救济金4.15万元。给特困户、重灾民发放救济粮283.5吨，救济4835户1.42万人。投入资金101.32万元，重建水毁民房111户186间。发放冬令救灾棉被3500床、蚊帐、毛巾、衣服1.1万床件。确定五保老人2865名，发放五保供养定补金357万元;农村医疗救助9258人,发放医疗救助金34.50万元。免费为2792对农村新婚夫妇进行地中海贫血筛查,为225名生活困难的城乡肺结核患者提供治疗，为4850名贫困孕妇提供救治。办理结婚登记6187对,离婚登记205对,补领结婚证168对。

劳动与社会保障　马山县新增就业1271人,城镇下岗失业人员实现再就业361人,帮助大龄困难人员再就业77人。城镇登记失业率3.96%。实施农民就业培训工程,培训农村劳动力1.97万人,组织劳务输出9227人,农村劳动力转移就业新增1.03万人;劳务输出稳定在10万人以上,劳务收入6亿元,成为农村群众脱贫致富的重要渠道。参加基本养老保险企业80个4800人,征缴保险费1773.92万元,支出3169.91万元;参加失业保险8502人,征缴保险费179.98万元,支出45.28万元；参加基本医疗保险1.33万人,征缴保险费844.2万元,支出671.67万元;参加工伤保险2900人,征缴保险费18.45万元,支出6.48万元;参加生育保险2800人,征缴保险费21.49万元,支出3.3万元 。

2007年马山县国民经济主要指标情况表

项　目	单　位	实　绩	比上年增长(%)
地区生产总值	万元	218846	14.10
第一产业	万元	80004	6.80
第二产业	万元	65899	22.30
工业	万元	54711	25.20
第三产业	万元	72943	13.80
人均地区生产总值	元	4217	12.20
农林牧渔业总产值	万元	125546	7.15
粮食总产量	吨	135200	6.54
全社会固定资产投资	万元	106622	22.44
实际利用外资	万美元	65	-45.83
社会消费品零售总额	万元	62859	17.11
全部财政收入	万元	12600	14.36
地方财政一般预算收入	万元	6916	11.69
一般预算支出	万元	50447	53.15
城镇居民人均可支配收入	元	9227	29.59
农民人均纯收入	元	2661	12.56

【大石山区大会战】 2007年,马山县实施大石山区基础设施建设大会战项目共15类4910个,总投资3.3亿元,项目涉及交通、水利、能源、教育等方面,直接受益人口50多万。项目要求于2008年6月底前完成,至2007年12月末,所有项目全部开工,累计完成投资2.88亿元,占项目总投资87.28%；竣工项目4783个,竣工率97.4%。其中:农村能源建设、电信、市场建设、基层政权、人口计生、体育、政法等项目全部完成。

【首届文化旅游美食节】 2007年12月3~5日在县城举办。有黑山羊选秀、奇石展、特色农副产品及商品展销、美食、招商引资及劳务输出洽谈等活动。美食街和特色农副产品及商品展销会搭建展位250多个,吸引200多家企业参展,交易

2007年马山县各乡镇情况表

名　称	土地面积(平方公里)	村民委员会(个)	社区居民委员会(个)	自然屯(个)	年末人口(人)	耕　地(公顷)	农林牧渔业总产值(万元)	粮食产量(吨)	农民人均纯收入(元)
白山镇	223.36	21	6	240	79306	2351	12507	16773	3011
古零镇	255.49	14		192	52833	2617	9620	15484	2642
金钗镇	126.03	8		253	29808	1559	8116	6556	2501
百龙滩镇	87.83	6		105	21839	1114	6160	5057	2711
林圩镇	306.24	19		246	88590	3225	17478	20645	2735
周鹿镇	336.62	19		218	87611	3801	22511	23835	2805
永州镇	302.45	18		176	52188	2395	16648	16355	2699
乔利乡	172.75	10		111	37537	2148	13549	14194	3028
加方乡	204.69	17		443	30192	1557	7216	7671	2509
里当瑶族乡	145.85	10		451	21309	891	4307	4050	1673
古寨瑶族乡	152.61	9		320	21710	1069	5030	2157	2019

额1000多万元；招商引资及劳务输出洽谈推介会达成合作协议40多项、金额3.8亿元、劳动力输出1万多人。期间，接待游客10万多人次，自治区内外60多家新闻媒体100多名记者进行宣传报道。 （蓝振福）

隆 安 县

【概 况】 隆安县位于广西中部偏西南，右江下游两岸。东邻武鸣县、西乡塘区；南连扶绥县、崇左市江州区；西接大新县、天等县；北隔右江与平果县相望。土地面积2277平方公里。县政府驻城厢镇。南宁至昆明铁路、南宁至百色二级公路、南宁至百色高速公路过境。主要旅游景区景点有龙虎山自然保护区、渌水江漂流、峨山生态旅游区、榜山文塔。主要矿产资源有金、银、煤和水晶石，其中凤凰山银矿藏量居全国第三、自治区第一。主要地方特产有板栗、荔枝、龙眼、香蕉、红瓜子、果蔗，有"中国板栗之乡"之称。有浪湾华侨管理区、宝塔工业区。2007年，辖6个镇、4个乡、118个行政村、15个社区、1239个自然村。年末总人口38.43万（农业人口34.36万），其中壮族人口36.88万人，占总人口94.6%。人口自然增长率7.66‰。有耕地3.44万公顷（水田0.92万公顷）；有林面积3.33万公顷，森林覆盖率45.51%。地区生产总值26.47亿元；全部财政收入2.01亿元（地方财政一般预算收入1.03亿元），一般预算支出4.70亿元；城镇居民人均可支配收入9668元，农民人均纯收入2891元。乔建镇、南圩镇、丁当镇、雁江镇、都结乡、古潭乡获2007年度南宁市乡镇经济发展进步奖。

【经济发展概况】

农 业 2007年，隆安县实现农林牧渔业总产值16.99亿元。其中：农业11亿元，林业6819万元，牧业4.52亿元，渔业7506万元，农林牧渔服务业462万元。第一产业增加值10.35亿元。粮食作物种植面积3.52万公顷、总产量13.58万吨。其中：水稻1.42万公顷、7.91万吨；玉米1.26万公顷、4.52万吨。经济作物种植面积2.52万公顷。其中：甘蔗1.58万公顷、产量109.42万吨；木薯7990公顷、产量11.24万吨；果园面积7933公顷，水果产量12.70万吨；蔬菜8261公顷，产量20.60万吨。肉类产量3万吨，水产品产量1.09万吨。完成人工造林589公顷。农业基础设施建设投入3912.14万元，完成水库除险加固1座，农村人饮水工程74处，渠道防渗工程2公里。农业产业化、集约化经营龙头企业隆安县金穗农工贸公司以科技为依托，运用机械化的耕作方法和现代化的喷灌设施，实施"高投入+良种+良法=高效益"的现代农业集约化经营模式，规模连片种植香蕉、甘蔗、木薯、西瓜等经济作物，年总产值1600万元，创利税50万元。公司主打的"绿水江"牌香蕉出口日本市场。

工 业 隆安县工业企业（含个体工业）有1086家，实现工业总产值18.26亿元。其中规模以上工业企业27家，实现工业总产值15.35亿元，利税总额1.98亿元（利润1.13亿元）。第二产业增加值8.31亿元（工业增加值6.9亿元）。主要工业产品产量：机制糖8.29万吨，合成氨4.24万吨，水泥81.22万吨。完成工业投资4.2亿元，技术改造投资3.25亿元。浪湾华侨管理区新开工项目8个，竣工投产、试产企业9家，在建项目13个。

商贸流通业 隆安县有国有企业2家，股份合作企业2家；私营企业194家，从业3853人，注册资金3.94亿元。个体工商户9556户，从业1.19万人，注册资金2.70亿元。实现社会消费品零售总额6.21亿元。第三产业增加值7.80亿元。完成房地产开发建设投资5621万元，商住房地产开发建设施工面积7.24万平方米（新开工面积6.46万平方米），竣工面积2.11万平方米，商品房销售5.39万平方米，销售额7428.9万元。实施"万村千乡"市场工程，改造农家店89家。接待游客15万人次，收入500万元。

位于隆安县的渌水江漂流 隆安县提供

招商引资 隆安县以浪湾华侨管理区、驮堪农场两个工业集中区为载体，以优化环境、提升服务质量为突破口，以承接东部产业转移为重点，采取"走出去、广联系、多渠道、大招商、招大商"的招商方式，组织招商小分队赴珠三角、长三角等地区举办推介会21场，上门拜访企业200多家，达成投资意向40多家，邀请商会和企业代表团近20批次300多家企业到隆安县进行投资考察活动。共签约内资合同项目27个，合同总金额27.48亿元（列入南宁市招商引资统计口径项目16个，合同总金额16.69亿元）；实际到位内资8.3亿元，新批合同外资额1609万美元，实际利用外资500万美元。

城乡建设 隆安县结合实施城乡清洁工程，投入资金800多万元完成县城蝶城路、国泰街等33个城建项目建设；完成排污管网埋设、改造1500米，铺设花阶砖9734平方米、沥青路面5.49万平方米，新安装、改造路灯533盏。完成江堤路二期、城北铁路立交桥、城北铁路立交桥出口两旁道路与花周大桥平面立交道路、隆南大道路灯安装工程，南（宁）百（色）二级路那桐路口至那桐大桥绿化和路灯安装以及道路硬化、老街道的改造、县城的绿化亮化美化等城镇工程。开展社会主义新农村建设，完成村级路39条284公里，屯级路133条236.1公里，水利和人饮项目105个，沼气池4100座。5月8日，列为隆安县2006年大石山区基础设施建设大会战项目的屏山乡万岭村通电工程竣工投入使用，解决292户1377名村民用电问题。至此，全县实现所有行政村全部通电。

【社会事业发展概况】

文明创建活动 2007年，隆安县营造廉洁高效的政务环境、公平公正的法治环境、规范守信的市场环境、健康向上的人文环境、安居乐业的生活环境和可持续发展的生态环境；加强文明市民学校建设，开展文明礼仪培训和"书香蝶城"主题读书教育活动，提升公民文明素质；深入开展"学雷锋，送关爱，促和谐"和各类群众性精神文明创建活动；开展"创新观念大宣传、大征集、大评比"活动和城乡清洁工程宣传教育活动，着力提高市民文明卫生意识。被评为市级首批文明机关1个、第二十二批文明单位（村镇)4个、军(警)民共建精神文明建设标兵(先进)单位4个。因机构改制、合并、撤销、破产或创建工作出现滑坡等原因终止55个文明单位称号。

科教文卫体事业　隆安县投入科技经费420万元,组织实施科技项目20个(自治区级1个、市级5个、县级14个)。实施到期通过验收的市级科技项目1个。举办各种科技培训班75期，培训1.59万人次。有小学129所(社会力量办学1所)，在校生2.13万人；初中14所(社会力量办学1所),在校生1.38万人;高中5所(社会力量办学3所),在校生5641人;中等职业学校、教师进修学校各1所。教职工3346人。小学适龄儿童入学率99.79%、小学毕业生升学率99.93%,辍学率0.04%;初中毕业生升高中毛入学率68.3%。参加高考1630人,考上重点学校录取分数线57人,考上本科学校录取分数线698人;继续实行“两免一补”政策，免除3.86万名义务教育阶段学生教科书费336.68万元、学杂费698.68万元，补助1.16万名贫困家庭寄宿生生活费116.36万元。筹集扶贫助学金111.4万元,资助贫困大学生321人83.1万元,资助贫困中小学生771人28.3万元。被评为2007年广西希望工程圆梦行动先进县。举办“青春建功新农村”、“廉政文化进乡村暨婚育新风进万家”、“八桂会战石山区”等文艺晚会,承办广西乡村青年文化节“青年歌手大赛”、“青春风采大赛”、南宁市老年文艺会演等活动。有医疗卫生机构194家(国有医疗卫生机构18家、村卫生所130家、个体医疗诊所49家),卫生技术人员704人,病床750张(县级医院400张、乡镇卫生院350张)。完成建造农村卫生户厕200座。参加新型农村合作医疗农民6.67万户25.90万人，参合率76.43%，个人缴费258.99万元。2007年区间人口出生4984人,人口出生率12.77‰,获年度市人口和计划生育工作目标管理一等奖。组织开展乒乓球、羽毛球、气排球等各种体育比赛活动和举办那桐“四月八”农具节篮球赛、拔河赛、抢花炮等具有地方特色的民俗文体活动；组队参加第四届中国南宁国际龙舟邀请赛获混合组标准龙舟800米和500米比赛金牌和银牌,总成绩第一名。

民政工作　隆安县审批城镇最低生活保障对象5.6万人次，发放低保金549.5万元；审批农村低保对象2.93万人,发放保障金162.8万元。发放抚恤、定补、工资105.8万元,退伍义务兵家属优待金54万元;安置退役士兵21人,发放一次性经济补偿金26.6万元。临时救济63人次，发放救济金5.6万元。给特困户、重灾民发放救济粮473吨,救济3.1万户4.7万人。投入资金19.5万元,重建水毁民房149户149间。发放冬令救灾棉被2000床、蚊帐2000床。确定五保老人2298名,发放五保供养定补金101万元、救济粮606吨、食油补助款12.1万元。农村医疗救助2596人,发放救助金34万元。免费为75对新婚夫妇进行地中海贫血筛查，为203名生活困难的城乡肺结核患者提供治疗，为5名贫困高危孕妇提供救治。办理结婚登记3791对，离婚登记160对,补领结婚证144对。

劳动与社会保障　隆安县新增就业1128人，城镇下岗失业人员实现再就业212人,帮助大龄困难人员再就业81人,帮助零就业家庭实现就业和再就业35户。城镇登记失业率3.70%。继续开展农民就业培训工程，培训农村劳动力1400人,组织劳务输出7900人,农村劳动力转移就业新增7910人。参加基本养老保险企业109个0.63万人，征缴保险费3044万元，支出1407万元；参加失业保险1.003万人，征缴保险费294万元,支出351万元；参加基本医疗保险1.6万人,征缴保险费1004万元,支出749万元;参加工伤保险0.47万人,征缴保险费62.19万元,支出13.34万元;参加生育保险0.42万人,征缴保险费37.99万元,支出16万元。受理群众投诉举报案件7起，全部立案并结案；追回农民工工资284.6万元。(黄永清)

2007年隆安县国民经济主要指标情况表

项　　目	单　位	实　绩	比上年增长(%)
地区生产总值	万元	264661	19.32
第一产业	万元	103496	6.60
第二产业	万元	83140	31.92
工业	万元	69012	38.94
第三产业	万元	78025	24.56
人均地区生产总值	元	6940	17.68
农林牧渔业总产值	万元	169936	7.02
粮食总产量	吨	135800	4.69
全社会固定资产投资	万元	169996	33.80
实际利用外资	万美元	500	74.22
社会消费品零售总额	万元	62098	15.30
全部财政收入	万元	20088	28.23
地方财政一般预算收入	万元	10278	19.66
一般预算支出	万元	47034	55.73
城镇居民人均可支配收入	元	9668	26.02
农民人均纯收入	元	2891	17.42

2007年隆安县各乡镇情况表

名　称	土地面积(平方公里)	村民委员会(个)	社区居民委员会(个)	自然屯(个)	年末人口(人)	耕　地(公顷)	农林牧渔业总产值(万元)	粮食产量(吨)	农民人均纯收入(元)
城厢镇	386	14	5	192	64356	3195	21929	22957	3114
南圩镇	311	18	2	190	63611	3699	20997	18657	2746
雁江镇	128	9	1	86	27011	2309	11815	13893	2355
那桐镇	187	11	1	124	52881	6609	30081	23833	3510
乔建镇	217	14	1	70	39226	4878	22553	15764	2786
丁当镇	269	10	1	107	34133	8126	28740	9698	3336
古潭乡	108	6	1	56	24755	1200	12020	5362	3083
都结乡	215	19	1	200	38374	2031	8767	13115	2062
布泉乡	174	8	1	112	23212	1054	4152	6179	1835
屏山乡	234	9	1	102	16739	950	4134	6193	1824

责任编辑　孙贵寿

人　　物

名人简介

全国五一劳动奖章获得者

李祥军　市人民路东段小学教师，小学高级教师。壮族，1972年2月生，广西武鸣人。大学学历，中共党员。1991年参加工作以来，15年积累超时工作达4000小时。为教导弱智儿童呕心沥血，先后接教了3批弱智儿童，最小的6岁，最大的13岁；进行分层次教学尝试，所撰写的论文多次获市级、自治区级、国家级奖励，其中《在特殊教育中实施创新教育》获全国中小学素质教育优秀论文评选二等奖。教学水平在全市同行中处于领先地位。先后获全国优秀教师、模范教师、志愿者助残先进个人和自治区先进工作者、优秀共产党员等称号。2007年被全国总工会授予全国五一劳动奖章。

杨家荣　市公安局刑事科学技术研究所副所长，痕迹检验工程师。1971年5月生，广西玉林人。大学学历，中共党员。刻苦钻研业务，多年来攻破多项刑事技术难题，共出具各类鉴定书401份，利用技术手段直接认定犯罪嫌疑人113人，现场勘验率、提取率、分析率、制作率以及建档率均达100%，为侦查破案提供大量有价值的线索和证据；撰写多篇专业学术论文，一些论文成果属全国首创，处于国内领先水平。先后立个人二等功1次、三等功3次，获市劳动模范、自治区优秀人民警察、全国优秀民警等称号；2003年入选全国刑事科学技术青年人才库。2007年被全国总工会授予全国五一劳动奖章。　（张　延）

中国青年五四奖章获得者

滕　峰　中国农业银行南宁市金朝阳支行副主任。女，1976年10月生，广西南宁人。大学本科学历，中共党员。从事银行工作以来，勤奋好学，钻研业务技能，苦练基本功，对工作负责，抓好业务经营、内勤管理及服务，热情接待客户。2002年3月3日，面对持枪抢劫的歹徒，沉着冷静，英勇机智地与歹徒周旋，并迅速报警，保证了国家财产安全，而自己却身负重伤。曾获中国杰出青年卫士、中国农业银行金融卫士、全国金融系统五一劳动奖章、自治区"三八"红旗手、自治区五一劳动奖章、广西五四青年奖章、广西十大杰出青年卫士等称号。2007年5月被共青团中央等授予第十一届中国青年五四奖章。（共青团市委）

谭　璇　原为兴宁区检察院民事检察科科长，2007年5月任青秀区检察院副检察长。女，1972年10月生，广西南宁人。研究生学历，中共党员。从事检察工作以来，始终坚持"立检为公，执法为民"思想，虚心好学，勤奋工作，淡泊名利，甘于吃苦，乐于奉献，成功办理在全国有重大影响的南丹"7·17"系列案、广西"0201"特大走私专案等一批重特大案件，办案数量多、质量高，在检察工作岗位上作出突出贡献。曾获全国优秀公诉人、第五届"中国优秀青年卫士"、广西"三八"红旗手等称号。2007年5月被共青团中央等授予第十一届中国青年五四奖章。

全国巾帼建功标兵

黄素卿　良庆区检察院副检察长。女，1975年7月生，广西隆安人。在职硕士研究生学历，中共党员。1997年7月大学毕业至今一直从事刑事检察工作，共办理各类刑事案件320多件涉案500多人，提起公诉后法院都作有罪判决，无一错案。2002年，有一件团伙盗窃案进入审查起诉程序，因受到机构改革、人事变动的影响，当案件转到黄素卿手上时，办案期限只剩一个多星期，她奔波于案发地、失主住处、看守所之间补充调查取证，连续奋战数昼夜，最终认定犯罪事实61起，是原邕宁县历史上犯罪事实最多的案件。她坚持不脱岗学习，获得法律硕士学位。2005年调任良庆区检察院副检察长，当年分管的公诉工作纠正漏诉8人，改变罪名3人，追加犯罪事实39起。曾受上级检察机关和地方党政机关表彰20多次，立三等功1次，被评为第二届广西十佳公诉人。2007年8月，被全国妇联授予全国巾帼建功标兵称号。（蒙　旗）

全国优秀人民警察

宋晓东　市公安局西乡塘禁毒大队侦察员。1976年1月8日生，广西博白人。大学学历，中共党员。2005年以来，先后抓获各类涉毒违法犯罪人员503名，破获重特大贩毒案54起，一般贩毒案134起，摧毁重特大贩毒团伙10个，逮捕毒品犯罪嫌疑人202名，缴获毒品5626克，收缴毒资100余万元，在全队打击毒品违法犯罪活动中起到关键性作用。曾立个人三等功2次；被评为自治区基层公安机关执法能手、

自治区优秀人民警察、自治区政法系统人民满意政法干警、市劳动模范、市优秀共产党员、首届南宁杰出青年卫士等。2007年5月,被公安部评为2005~2006年度全国优秀人民警察。

(黎柱 李泽泰 李金 杨梅)

全国优秀女法官

黄睿 青秀区法院民一庭副庭长。

女,1976年8月生,广西横县人。硕士研究生学历,中共党员。2000年从事民事审判工作以来,所办理民事案件,当事人服判率均在98%以上,调解结案的案件无一申诉反悔,实现法律效果与社会效果的统一。撰写学术论文和调研文章13篇,其中获上级法院三等奖以上奖励12篇次,在省级以上刊物上发表9篇次,两篇学术论文被选送参加全国法院学术论文竞赛;主笔草拟的简易程序庭审规程被用作广西法院系统通用范本,一篇案例入选最高人民法院《中国审判要揽》。近三年来共审理民事案件686件,名列自治区法院系统前茅,裁判正确率99.81%。所审理的案件涉案总人数3000余人,最大的一起涉案263人,无一发生矛盾激化现象。2005年获市法院系统岗位练兵庭审竞赛一等奖、法律文书制作竞赛二等奖。曾获自治区法院十佳优秀女法官、十佳调解能手、十佳办案数量和质量竞赛能手、自治区巾帼建功标兵、三八红旗手、广西十大女杰候选人、市劳动模范等称号。2007年被最高人民法院评为全国优秀女法官。 (张华雪)

全国妇联系统先进工作者

甘秋棠 市妇女联合会宣传部部长。女,

1953年9月生,安徽砀山人。中共党员。从事妇女儿童工作38年,在市妇联多个岗位工作。在市妇联领导下,通过各级基层妇联组织,协调有关部门一起举办科技实用技术培训班,培训农村妇女40万人次,使85%的受训妇女掌握1~2门实用技术;组织城镇女工开展260次岗位技术比武,13万名女工参与活动;接待处理来信来访1000多件,处理重大残害妇女案件30多件;参与组织10万南宁市新婚夫妻学习培训;创新开展"五好文明家庭"创建活动,策划丰富多彩的活动内容,吸引89万户市民家庭广泛参与,成为市妇联一大亮点工作。曾获自治区"三八"红旗手和市先进工作者、优秀共产党员等称号。2007年被全国妇联评为全国妇联系统先进工作者(劳动模范)。 (沈进东)

全国信访系统先进工作者

易坚 市信访局党组书记,局长。女,

壮族,1953年1月生,广西博白人。大学学历,高级政工师。曾任自治区十届人大代表;自治区第四次、第八次、第九次党代会代表;市第九次、第十次党代会代表;市委第九届委员;市十一届人大代表。自1995年任职以来,在工作中做到"三亲":即凡发生重大集体上访或突发性事件,亲临督查督办。坚持"哪怕群众的诉求有百分之一是合理的,也要付出100%努力"的服务理念,努力实践"三个代表"重要思想,成功解决一大批信访疑难问题。在工作中锐意改革创新,率先在全自治区推行"公开大接访暨与民沟通日"活动,拓宽信访渠道;建立信访信息系统,填补广西信息系统建设方面的空白;开展"青年文明号"创建活动,2004年市长公开电话受理办公室获"全国青年文明号"。先后被授予"全国维护妇女儿童权益贡献奖"、自治区信访系统先进工作者和市先进生产(工作)者、思想政治工作先进个人、青年文明号活动十周年突出贡献奖、支持和关心妇女儿童工作领导干部先进个人及首府"树立广西新形象,创建全国文明城"活动先进个人等称号。2007年市信访局获全国信访系统先进集体。2007年被国家信访局评为全国信访系统先进工作者。

(余桂莲 宋鸿云 范淑强)

全国道德模范(见义勇为)

谢芳秋 广西财经学院学生。女,壮族,1986年7月生,广西宾阳人。共青团员。2003年2月21日22时40分许,她帮助邻居照看4岁的小孩时,看见一名50多

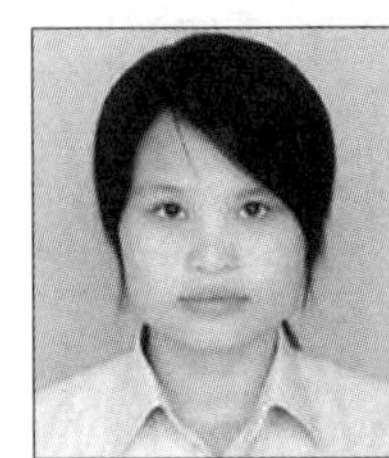

岁的聋哑老人扛着一捆甘蔗,从对面火车站站台横穿火车轨道走过来。而此时,一列调度机车牵引着6节车厢由北向南飞速驰来,老人由于被甘蔗挡住视线,没看到火车急速逼近,也无法听到火车示警鸣笛声。她放下手中的小孩,飞身跨入火车轨道,双手用力向老人的后背一推,就在老人被推出的一瞬间,火车急速而至,将其右大腿截成两段……经过连续7个小时的全力抢救,她终于从死亡线上活过来,但右大腿因被粉碎性碾断而无法接回,留下终生残疾。曾获全国优秀共青团员、自治区优秀共青团员、广西青年五四奖章、自治区三八红旗手等称号。2007年被中央文明办、全国总工会、共青团中央、全国妇联评为全国道德模范(见义勇为)。

全国道德模范(诚实守信)提名奖

周小容 广西南宁市周小容回报牌食品

连锁店经理,市个体协会副会长。女,1966年6月生,广西博白人。1984年开始自谋职业当上了个体工商户,由"烧鸭摊"、"干杂摊"起步,发展成为拥有个人经营品牌的连锁经营企业。在23年的创业生涯中,始终坚持诚实守信,以质量求信誉、以质量谋发展,不生产、销售伪劣产品和"三无"产品,不以次充好,不短斤缺两,公平竞争,以质量上乘、数量足额、品味纯正获得顾客信赖。创立注册的"回报"牌广西土特产品远销东南亚,树立起诚信的品牌。1997年,带头在全市个体户中发起帮扶下岗职工再就业的"一帮一"活动,以传授经商技能、提供商品信息、免息借资筹资、赊销提供适销产品、帮助组织货源和客户的方式与下岗职工签订经营协议书,结成帮扶对子,并从"一帮一"发展到"一帮二"、"一帮十"。近年来,在拥军优属、扶贫帮困、支持希望工程等活动中,捐献近20万元的款物,以实际行动回报社会。曾获全国先进青年个体劳动者、百家维权先进个人、兴业领头人等称号。2007年获中央文明办、全国总工会、共青团中央、全国妇联评选的全国道德模范(诚实守信)提名奖。

(沈进东)

全国科普惠农兴村带头人

李冬兰　邕宁区蒲庙镇良勇村党总支部委员、妇代会主任，农民助理畜牧师。女，壮族。1965年10月生，广西南宁人。中共党员。2005年成立邕宁区野猪养殖业协会，通过培训班、板报、黑板报等形式，把驯养野猪技术传授给广大农民，组织协会带领群众致富。至2006年末，拥有会员120名、核心种猪400头，养殖基地出栏野猪种猪8000头，产值达500万元，户均获利1.9万元。曾获全国民族团结进步模范个人、三八红旗手和自治区科技种养能手、三八红旗手、优秀共产党员及1999~2000年度自治区优秀青年星火带头人等称号。2007年3月被全国科协评为全国科普惠农兴村带头人。

（张　延）

获全国奖的文艺家

陆　坚　词作家、诗人。市文联副主席，市音乐家协会主席，广西音乐家协会理事，广西音乐文学学会副秘书长。1960年生，广西容县人。在职研究生，中共党员。广西音乐第一届、第三届金钟奖获得者。创作发表诗歌200多首、歌曲歌词作品500多首，共有150多首歌词作品被作曲家谱曲，80多首作品制作成歌曲CD或录音带；有10首作品被摄制成音乐电视；有50多首作品在电台、电视台播放和播出。出版有个人作品专辑《刘三姐的故乡——陆坚作词歌曲精选集》。2007年，由他作词的歌曲《感恩》获中宣部第十届精神文明建设“五个一工程”优秀作品奖、团中央第九届精神文明建设“五个一工程”优秀文化作品奖；歌曲《让大地永远美丽》获2006年广西电视文艺优秀作品音乐电视一等奖；歌曲《爱在家乡》获2006年广西广播新歌一等奖。

覃祉幸　市艺术剧院编导，市舞蹈家协会会员，三级演员。壮族，1976年9月生，广西贺州市人。大专学历。从事舞蹈创作编导的研究和开发工作，参加全国、广西舞蹈创作大赛多次获得大奖。2007年11月壮族舞蹈《歌催月圆》获第六届中国舞蹈荷花奖民族民间舞展演编导十佳。同年被评为第五批南宁市新世纪学术和技术带头人第三层次人选和市2007年先进生产工作者、创新年先进个人。

覃福邦　南宁创作艺术学校舞蹈编导，市舞蹈家协会会员，四级编导。壮族，1980年3月生，广西贺州人。本科学历。从事舞蹈创作编导的研究和开发工作，参加全国、广西舞蹈创作大赛多次获得大奖。2007年，舞蹈《山娃仔》获第六届中国舞蹈“荷花奖”比赛编导银奖；壮族舞蹈《歌催月圆》获第六届中国舞蹈荷花奖民族民间舞展演编导十佳。

黄庆新　广西卫生厅幼儿园特色教育组组长，市舞蹈家协会会员，幼儿园高级教师。女，1969年6月出生，大专学历，中共党员。1987年7月参加工作。长期从事幼儿教育工作，对少儿歌舞有较高的造诣，所创编的少儿舞蹈多次参加南宁市、自治区和全国舞蹈比赛，并多次获全国、自治区、市奖励。所撰写的论文也多次获全国、自治区、市奖励。2007年，创编指导的幼儿舞蹈《东盟，你好》在第四届“小荷风采”全国少儿舞蹈展演中获幼儿组银奖和首届广西幼儿歌舞大赛银奖和创编奖。8月，创编指导的幼儿三人组合歌舞《壮族敬酒歌》在首届广西幼儿歌舞大赛中获金奖。2006年，论文《论幼儿舞蹈对幼儿成长的作用》获第五届全国幼儿音乐教育优秀研究成果评选三等奖和2007年12月全国“国合杯”优秀教育创新教学论文评比一等奖，并编入《中国教育改革与现代教育理论创新》一书。

杨国荫　市金蓓蕾艺术培训学校校长，中国儿童歌舞学会常务理事，中国少儿舞蹈艺术委员会委员，中国舞蹈家协会会员，广西舞蹈家协会会员，市舞蹈家协会主席，自治区政协第七届委员会委员。回族，女，1951年3月生，天津市人。大学学历。曾获南宁市专业技术拔尖人才、德艺双馨文艺家、“感动南宁”十大新闻人物、全国优秀教师等称号。2007年在中国第四届“小荷风采”全国少儿舞蹈展演中获“小荷园丁”称号。在舞蹈创作中善于观察、思考、提炼、升华，主张“艺术源于生活”，从平凡的生活中挖掘素材，经过反复锤炼，逐步形成自己独特的艺术风格，创作的不少作品，获全国、自治区级奖励。2007年创作的苗族儿童舞《织梦》、儿童舞《祖国的歌》获中国舞协举办的第四届“小荷风采”全国少儿舞蹈比赛金奖。

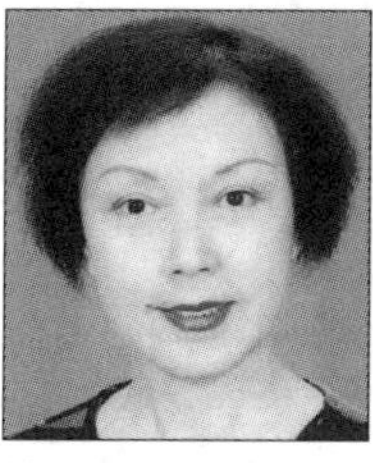

侯长明　南宁电视台纪录片工作室制片人，主任编辑。第八届市政协委员、中国电视艺术家协会会员、中国纪录片协会会员、广西电视艺术家协会理事、广西作家协会会员、市电视艺术家协会理事。1953年3月生，河南上蔡人。大专学历。先后获广西第四届十佳电视工作者、市第四批专业技术拔尖人才、市劳动模范称号。拍摄的音乐纪录片《温飘贝哲》获2005年广西新闻奖一等奖、广西广播电视一等奖、第八届四川电视节“印象中国·观众最喜爱的节目奖”、第十届亚洲电视节最佳摄影奖提名奖、2006年第51届IFEA（国际节庆年会）哈斯·维克森电视纪录片金奖、2007年中国电视协会第四届国际纪录片选片会十大纪录片奖。

（郑嘉琳）

第六批自治区优秀专家

陆雪梅　市体育职业中学教师，高级教练。女，1956年12月生，广西南宁人。大专学历。爱岗敬业，勤于钻研，勇于创新，对羽毛球训练有独到的见解和一整套行之有效的训练方法。20多年来经她训练的运动员，成才率高。继前世界著名选手吴文凯、于勇和现役国家队员黄楠雁、周蜜等世界级尖子选手外，近年来又为广西体校和广西羽毛球队培养输送容璐、曹鎏等10多名优秀苗子，输送率占广西羽毛球队70%。其培养和输送的运动员在国际重大比赛中共获金牌48枚、银牌25枚、铜牌27枚。全国比赛中获金牌11枚、银牌29枚、铜牌22枚。有5人获国际级健将、9人获国家级健将称号。其中，2000~2007年，培养运动员参加羽毛球比赛，24人次获国家级、洲级和世界级荣誉，为中国和广西羽毛球事业做出积极贡献。2007年12月被评为自治区第六批优秀专家。

梁素梅 市粤剧团副团长，国家一级演员。女，壮族，1963年3月生，广西百色人。高中文化。从艺20多年来坚持党的文艺路线，勇于探索，勤奋工作，为南宁市文艺事业的发展作出重要贡献。1998~1999年先后被评为市首届中青年"德艺双馨"文艺家二十佳和自治区首届中青年"德艺双馨"戏剧家。2000年被授予市第三批优秀青年专业技术人才和自治区文化系统先进工作者；2003年获市第四届"十大杰出青年"称号；2004年广西十三年文学艺术家成果展获"文艺家"；称号2006年获市第六批专业技术拔尖人才、自治区文联系统个人二等功、市文学艺术界优秀文艺家（工作者）。2007年12月被评为自治区第六批优秀专家。

周春萍 市第二中学教师，特级教师，翻译组组长。女，1960年1月生，广西玉林人，英国斯特莱特克莱德(Strathclyde)大学研究生毕业，英国教育硕士，赴美访问学者，广西外语教学专业委员会理事，市外语协会副理事长。工作24年来，教科研成绩突出，课题和论文多次获全国和自治区一、二等奖。在国内外报纸杂志发表中英文论文50多篇，出版个人专著《英语教学新视界》、英文专著《教育技术在中学英语教学中的应用》（被英国Strathclyde大学图书馆收藏）；出版其他合著译著和编写教材共10本。应邀到美国、英国的学校和俱乐部作学术报告10多场。主持过国家级重点课题3项、自治区级3项，为中国瑞典合作"环境小硕士"(中国)YMP试点学校项目课题负责人，中国广西-英国南威尔士新港市国际教师/学生交流项目中方项目负责人之一。1994年获美国纽约AFS总部"AFS世界和平理解杰出贡献"奖、美国本那斯威学区"文化教育"奖；2001年以来曾获中小学国家级骨干教师、特级教师、自治区21世纪园丁工程(A类)优秀学员、市教坛明星、市第五批专业技术拔尖人才等称号。2007年12月被评为自治区第六批优秀专家。 （市委组织部）

第六届广西十大女杰

王　芳 市残联智力残疾人及亲友协会副主席。女，1967年10月生，山西临汾人。研究生学历。2002年创办广西南宁市江南区安琪之家康复教育活动中心，旨在通过为残障儿童提供全人关顾的一体化服务，使他们平等参与社会生活，目前已为全国400多个脑瘫儿童家庭免费提供技术咨询和指导。2005年，安琪之家入选清华大学《中国NGO(非政府组织)500强》，作为全国20家NGO慈善机构的创办人，受邀参加建国以来首次由政府举办的中华慈善大会；2005年实施美国CBF基金会脑瘫儿童早期干预项目，2006年，与国际助残组织合作开展融合教育项目及社区康复项目。2006年，安琪之家康复教育活动中心获市残联"优秀残疾人之家"奖；被评为"中国首届百名优秀母亲"。2007年3月被自治区妇联评为第六届广西十大女杰。 （沈进东）

新闻人物

麦　克 小提琴家。1983年生，广西南宁人。4岁开始学习小提琴，师从著名小提琴教育家、广西艺术学院董学尧教授，1993年获全国少儿小提琴大赛第五名，1995年获广西首届钢琴小提琴大赛冠军，并入选广西红蕾青少年音乐代表团，同年8月赴日本参加第十一届熊本青少年音乐节，为来自世界各地的300名青少年演员中年纪最小的，共演出4场，演奏了中国古典《渔舟唱晚》和现代《春节序曲》。2001年7月进入上海音乐学院，师从吴菲菲教授；11月考入乌克兰柴可夫斯基音乐学院，攻读乐队演奏硕士学位。2007年3月20日，参加第七届"斯维多斯拉瓦·李赫特"国际音乐节的演出，与乌克兰交响乐团合作演奏的《D小调小提琴协奏曲》技惊四座，引起观众热烈掌声，并获乌克兰媒体赞誉。

何　姿 中国跳水队队员。女，1990年12月生，广西南宁人。6岁被送到市业余体校学习跳水。2000年在自治区第九届运动会上，获3米板第三名、1米板第六名、5米台第七名。之后，曾在清华跳水青少年队、深圳跳水队、广东队等训练。

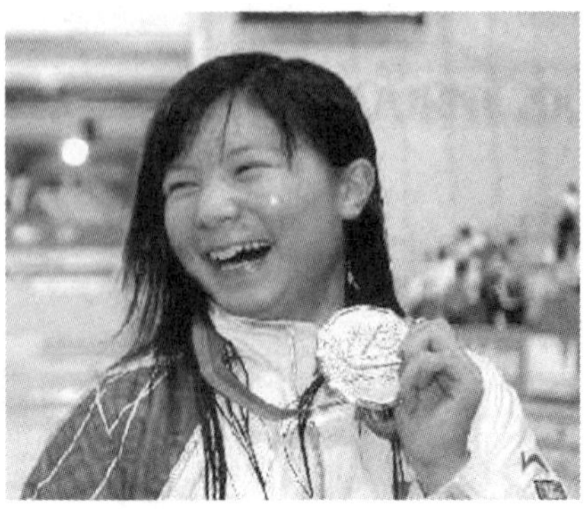

2006年10月进入国家跳水队，主攻项目为3米板和1米板，并参加同年12月在多哈举行的亚运会，夺得1米板和3米板两枚银牌。2007年3月在墨尔本举行的2007年世界游泳锦标赛上，获女子1米板金牌。

甘　泉 美国南加州大学钢琴博士生、青年钢琴演奏家。壮族，女，1981年生，广西南宁人。1986年师从广西艺术学院钢琴老师李奕昭。1989年移居美国，并于1998年以全额奖学金进入卫斯理女子学院，师从钢琴演奏名家爱德华·伊肯纳教授。2002年获卫斯理女子学院的音乐和美术双学士学位；同年考入美国北卡罗来纳州州立大学音乐学院，并以优异成绩获得钢琴演奏和钢琴伴奏两个硕士学位。现正攻读美国南加州大学钢琴演奏博士学位，师从诺曼·卡列戈教授。积极从事钢琴教学活动并参加国际上的各种音乐演出，曾在美国、加拿大、奥地利及德国举办独奏音乐会，先后与亚特兰大交响乐团、北卡罗来纳州州立大学交响乐团合作，还出版两张钢琴独奏专辑唱片。2007年3月，在广西艺术学院学术报告厅举行钢琴独奏音乐会，演奏《D大调奏鸣曲》(第一乐章)、《科雷利主题变奏曲》(作品42号)、《"婴儿的家"组曲》(第二部)等世界名曲，以及《二泉映月》《采茶扑蝶》等民乐代表作。

司　丹 美国人。圆梦咖啡厅总经理。2000年因中美学生交流互换活动，首次来到中国，开始学习中国文化和中文，并到过中国许多地方旅游。2004年，带着一批学生到广西钦州支教，随后来到南宁，曾在广西大学任教。每天开着摩托车到咖啡厅上班。喜欢唱中文歌曲，喜欢到南宁著名的夜宵点——小福楼吃烧烤。他说："在南宁我的心很快乐。"

鲍　尔 美国人。原在美国迪斯尼工作，其夫人是教师。夫妻二人退休后，接受在南宁做生意的朋友建议，到南宁开办培训学校。2002年9月在荣和新城开办外国学生培训中心，针对外国小孩设置从小学到初中的美式教育课程，采用英语授课方式，接收的多是外国家庭或华侨子女。他负责校外事务，夫人负责

学生课程设置和内务管理。学生由开始时的10人发展到50人，有外国教师5名、中国教师3名。他说："我的事业在南宁。" （黄艳阳）

百岁老人

（2007年，南宁市新增百岁老人126人。其中：男性13人，女性113人）

徐泽珍　村民。1898年9月4日生，广西马山人。有6个儿子、6个孙子女、8个孙子女、2个曾孙。住在马山县永州镇大旺村大内屯。生活健康状况：一日3餐，每餐1碗，主食为米饭、玉米粥、青菜；每天睡眠10小时，行动不太方便，有感冒、腰酸等疾病。靠儿子赡养。

李春玉　村民。女，1899年12月2日生，广西横县人。有6个子女、5个孙子女、14个外孙、18个曾孙。住在横县六景镇那莫村委。生活健康状况：一日3餐，每餐适量，主食为粥、饭；每天睡眠8个小时，行动方便，无疾病。靠孙子供养。

梁志欢　村民。1901年1月14日生，广西上林人。有2个儿女、3个孙子女。住在上林县三里镇三里社区新村。生活健康状况：一日3餐，每餐适量，主食为粥、青菜；每天睡眠8小时，行动不方便，无重大疾病。靠儿女供养。

黄林芳　村民。女，1901年6月29日生，广西南宁邕宁区人。有5个子女、5个孙子女、12个外孙、1个曾孙。住在邕宁区那楼镇屯良村那棉坡。生活健康状况：一日3餐，每餐2两，主食为米饭和猪肉；每天睡眠15小时，行动较方便，基本无疾病。靠儿子赡养。

廖才英　村民。女，1901年12月20日生，广西南宁邕宁区人。有2个女儿、8个外孙、1个外曾孙。住在邕宁区新江镇华联村那威上坡。生活健康状况：一日4餐，每餐适量，主食为粥、饭、肉、蔬菜；每天睡眠10小时，行动较方便，基本无疾病。靠女儿供养。

陈雅玉　村民。女，1902年1月20日生，广西宾阳人。有1个女儿、4个外孙。住在宾阳县甘棠镇。生活健康状况：一日3餐，每餐100克，主食为米饭、青菜、肉类；每天睡眠正常，行动不便，坐轮椅。靠女儿赡养。

姚沛英　村民。女，1902年4月18日生，广西横县人。有1个儿子、4个孙子女。住在横县横州镇谢圩村。生活健康状况：一日3餐，每餐适量，主食为大米、骨头汤、青菜；每天睡眠正常，行动不方便，有下肢麻木疾病。靠儿子赡养。

黄草云　村民。女，1902年7月6日生，广西横县人。有5个子女、4个孙子女、2个外孙。住在横县马山乡象旺村。生活健康状况：一日3餐，每餐适量，主食为米饭、粥、少量肉类、青菜；每天睡眠5小时左右，行动方便，精神有问题，不爱理人。靠媳妇供养。

蒙玉辉　村民。女，1903年10月6日生，广西宾阳人。有1个儿子、5个孙子女。住在宾阳县新桥镇新桥社区重善村。生活健康状况：一日3餐，主食为大米；每天睡眠正常，行动方便，无重大疾病。靠儿子赡养。

李秀珍　村民。女，1903年12月29日生，广西灵山人。有5个子女、14个孙子女、10个外孙、15个曾孙。住在邕宁区蒲庙镇广良村石广坡。生活健康状况：一日4餐，每餐100克，主食为粥；每天睡眠9小时，行动较方便，有气喘病状。靠儿子赡养。

黎开先　村民。1904年6月7日生，广西南宁邕宁区人。有3子女、6个孙子女、4个外孙、9个曾孙。住在邕宁区百济乡红星村那萎坡。生活健康状况：一日3餐，每餐150克，主食为米饭、肉类、蔬菜；每天睡眠10小时，行动较方便，无疾病。靠儿子赡养。

戴碧珍　村民。女，1905年2月12日生，广西宾阳人。有4个子女、12个孙子女、3个外孙、18个曾孙。住在宾阳县思陇镇太守社区太守街。生活健康状况：一日3餐，每餐适量，主食为米饭、粥；每天睡眠正常，生活能自理，无重大疾病。靠子孙供养。

覃彩英　村民。女，1905年4月16日生，广西南宁邕宁区人。有4个子女、14个孙子女、8个外孙、7个曾孙。住在兴宁区三塘镇六村村宝盖坡。生活健康状况：一日3餐，每餐1碗稀饭，主食为玉米粥、青菜、稀饭；每天睡眠正常，行动不方便，有风湿、偶有头痛等疾病。靠子女赡养。

陈英华　村民。女，1905年5月4日生，广西横县人。有3个子女、5个孙子女、2个外孙、6个曾孙。住在横县那阳镇那市社区黄村5队。生活健康状况：一日3餐，每餐约150克，主食为大米；每天睡眠6小时，行动方便，无重大疾病。靠儿子赡养。

谢叔奎　村民。女，1905年6月12日生，广西横县人。有1个儿子、2个孙子女、1个曾孙。住在横县马山乡罗板村委大板村24队。生活健康状况：一日2餐，每餐适量，主食为米饭、青菜；每天睡眠8小时，行动方便，无重大疾病。靠孙子供养。

黄美丽　村民。女，1905年7月18日生，广西武鸣人。有10个子女、31个孙子女、18个外孙、7个曾孙。住在武鸣县太平镇文坛村地灵屯。生活健康状况：一日3餐，每餐150克，主食为玉米粥、青菜、一些肉类；每天睡眠正常，行动不方便。由儿子轮流赡养。

谭美英　村民。女，1905年8月25日生，广西隆安人。有5个子女、7个孙子女、1个外孙。住在隆安县丁当镇定坤村陇蒙屯。生活健康状况：一日3餐，主食为玉米粥；每天睡眠4~5个小时，行动不方便，左手残疾。靠儿子赡养。

周韦香　村民，女，1905年9月3日生，广西上林人。有2个儿子、4个孙子女、2个曾孙。住在上林县三里镇龙联村。生活健康状况：一日2餐，每餐适量，主食为米类、肉、菜类；每天睡眠10小时，行动方便，无疾病。靠儿子赡养。

韦秀先　村民。女，1905年11月8日生，广西南宁邕宁区人。有1个孙子、4个曾孙。住在邕宁区百济乡红星村那洞坡。生活健康状况：一日3餐，每餐100克，主食为米饭；每天睡眠8小时，行动较方便，有风湿病。靠孙子赡养。

雷秀南　村民。女，1906年1月1日生，广西横县人。有2个子女、4个孙子女、5个外孙、3个曾孙。住在横县峦城镇良塘村。生活健康状况：一日3餐，每餐100克，主食为米类、猪肉、青菜；每天睡眠8小时，行动不便，耳聋，常患感冒疾病。靠子女供养。

覃云梅　村民。女，1906年2月5日生，广西大化人。有1个女儿、4个外孙、9个曾孙。住在马山县周鹿镇双联村坛庞屯。生活健康状况:一日2餐,每餐适量,主食为米饭、粥、肉类;每天睡眠10小时,行动不方便,体弱。无重大疾病。靠孙子一家供养。

李秀松　居民。女,1906年3月16日生,广西田阳人。有3个儿子、7个孙子女、4个曾孙。住在宾阳县黎塘镇一五〇地质勘探队农场。生活健康状况:一日2~3餐,主食为粥、肉类;每天睡眠5~6小时,行动不方便,无重大疾病。靠儿孙赡养。

庞朝连　居民。女,1906年4月8日生,广西博白人。有6个子女、4个孙子女、6个外孙、5个曾孙。住在自治区农垦大院。生活健康状况:一日3餐,每餐适量,主食为米饭、杂粮;每天睡眠6小时,行动较方便,无重大疾病。靠子女赡养。

韦娇明　村民。女,1906年4月12日生,广西宾阳人。有5个子女、5个孙子女。住在宾阳县和吉乡平桥村委老平桥村。生活健康状况:一日3餐,主食为米饭、粥;每天睡眠正常,行动方便,无重大疾病。靠儿子赡养。

奚姓妹　村民。女,1906年4月17日生,广西南宁良庆区人。有7个子女、12个孙子女、8个外孙、10个曾孙。住在良庆区那黄村。生活健康状况:一日3餐,主食为米饭、粥、青菜;每天睡眠8小时,行动方便,生活自理,能带小孩。靠子女赡养。

婆加相　村民。女,1906年4月24日生,广西南宁邕宁区人。有7个子女、10个孙子女、5个外孙、4个曾孙。住在邕宁区百济乡南华村那朴坡。生活健康状况:一日3餐,每餐100克,主食为米饭、肉类;每天睡眠8小时,行动较方便,无疾病。靠儿子赡养。

梁乃芳　村民。女,1906年4月28日生,广西南宁邕宁区人。有1个女儿、5个孙子女、3个外孙、9个曾孙。住在邕宁区蒲庙镇。生活健康状况:一日3餐,每餐适量,主食为米饭;每天睡眠6小时,行动方便,无疾病。靠孙子赡养。

孙怡英　村民。女,1906年5月20日生,广西横县人。有4个子女、2个孙子女、14个外孙、3个曾孙。住在横县平朗乡池渌村。生活健康状况:一日3餐,每餐适量,主食为大米、青菜;每天睡眠正常,行动一般,靠拐杖借助行走,有腰痛、手脚麻木、头痛等疾病。靠儿子赡养。

郭其明　村民。1906年6月1日生,广西横县人。有5个子女、7个孙子女、11个外孙、6个曾孙。住在横县云表镇宿龙村委上小陂。生活健康状况:一日3餐,每餐适量,主食为米类、菜类,喝些米酒;每天睡眠正常,行动方便,无疾病。靠子女供养。

李秀花　村民。女,1906年6月5日生,广西隆安人。有2个子女、4个孙子女、4个曾孙。住在隆安县那桐乡那门村5队。生活健康状况:一日3餐,每餐适量,主食为米粥、玉米粥;每天睡眠8小时,行动一般,耳聋。靠儿子赡养。

温春盛　村民。女,1906年6月6日生,广西上林人。有2个子女、4个孙子女、1个外孙、3个曾孙。住在上林县明亮镇塘隆村。生活健康状况:一日3餐,每餐适量,主食为米类、青菜;每天睡眠正常,行动方便,无重大疾病。靠儿子赡养。

潘妹兰　村民。女,1906年7月26日生,广西南宁邕宁区人。有1个女儿、2个外孙、多个外曾孙。住邕宁区那楼镇那楼村那王坡。生活健康状况:一日3餐,每餐150克,主食为米饭、肉类、蔬菜;每天睡眠12小时,行动不方便,卧床、视力微弱。靠曾侄孙媳妇供养。

凌秋菊　村民。女,1906年7月28日生,广西扶绥人。有5个子女、15个孙子女、4个外孙、8个曾孙。住在江南区苏圩镇那海小学。生活健康状况:一日4餐,每餐适量,主食为米饭、粥;每天睡眠10小时,行动不方便,曾滑跌断腿,轮椅代步。靠子女供养。

刘显珍　村民。女,1906年9月6日生,广西横县人。有6个子女、11个孙子女、4个外孙、3个曾孙。住在横县横州柳明村社区海屯二队。生活健康状况:一日3餐,每餐适量,主食为大米饭、蔬菜、肉;每天睡眠10小时,行动不方便,无重大疾病。靠子女赡养。

李兆然　农民。女,1906年9月16日生,广西南宁邕宁区人。有7个子女、7个孙子女、15个外孙、5个曾孙。住在邕宁区蒲庙镇那路村那文坡。生活健康状况:一日3餐,每餐150克,主食为米饭、粥、肉、蔬菜;每天睡眠8个小时,行动方便,无疾病。靠儿子赡养。

覃日高　村民。女,1906年9月18日生,广西上林人。有3个子女、6个孙子女、2个曾孙。住在上林县三里镇高仁村乔岑庄。生活健康状况:一日2餐,每餐适量,主食为米饭、蔬菜类;每天睡眠10小时,行动方便,无重大疾病。靠儿子赡养。

柳枝斜　村民。女,1906年9月29日生,广西南宁兴宁区人。有1个儿子、8个孙子女、8个外孙、5个曾孙。住在兴宁区五塘镇四六村。生活健康状况:一日3餐,每餐适量,主食为米饭;每天睡眠8小时,行动方便。靠儿子赡养。

韦　定　村民。女,1906年10月1日生,广西横县人。有4个子女、12个孙子女、8个外孙、4个曾孙。住在横县石塘镇陆村。生活健康状况:一日3餐,每餐适量,主食为粥、杂粮;每天睡眠正常,行动不太方便,视听差。靠儿子赡养。

覃秀香　村民。女,1906年10月4日生,广西马山人。有3个子女、7个孙子女、4个外孙、3个曾孙。住在马山县周鹿镇琴子村。生活健康状况:一日3餐,每餐少量,主食为米饭、青菜类;每天睡眠15小时,行动方便,无重大疾病。靠子女供养。

黄秀容　家庭妇女。女,1906年10月5日生,广西龙州人。有1个女儿、4个外孙、4个曾孙。住在兴宁区共和路165号。生活健康状况:一日3餐,每餐100克,主食为大米饭;每天睡眠12小时,行动不大方便,有肠胃病。靠外孙供养。

卢大连　村民。女,1906年10月9日生,广西南宁青秀区人。有4个子女、42个孙子女、3个外孙、2个曾孙。住在青秀区伶俐镇独岭村玉村坡。生活健康状况:一日3餐,主食为粥、肉、青菜;每天睡眠3~5小时,行动不方便,有腰痛、脚痛等疾病。靠儿子赡养。

李福建　村民。1906年10月20日生,广西马山人。有4个子女、6个孙子女、10个外孙、12个曾孙。住在马山县永州镇德育村坡备屯。生活健康状况:一日3餐,每餐适量,主食为大米、青菜;每天睡眠10小时,行动不方便,有胃痛等疾病。靠孙子赡养。

杨秀英　村民。女,1906年11月4日生,广西南宁邕宁区人。有2个子女、9个孙子女、1个外孙、11个曾孙。住在良庆区那马社区新华坡。生活健康状况:一日4餐,每餐适量,主食为青菜;每天睡眠10小时,行动较方便,无重大疾病。靠子女供养。

余达英　村民。女,1906年11月13日生,广西宾阳人。有4个子女、14个孙子女、7个外孙、18个曾孙。住在宾阳县甘棠镇八合村委。生活健康状况:一日3餐,每餐适量,主食为米饭、青菜、肉类;每天睡眠正常,行动不便,无重大疾病。

靠子女供养。

李秋月　村民。女，1906年11月14日生，广西南宁青秀区人。有2个儿子、6个孙子女、6个外孙。住在邕宁区社会福利院。生活健康状况：一日3餐，主食为米饭；每天睡眠10小时，行动不方便，无重大疾病。靠子孙赡养。

淡大姐　退休工人。女，1906年12月6日生，广西南宁江南区人。有1个女儿、3个孙子女、4个外孙、1个曾孙。住在邕江南岸一桥附近。生活健康状况：一日3餐，每餐半碗饭或稀饭，主食为肉稀饭、大米饭；每天睡眠7~8小时，起床后习惯和人聊聊天，行动不方便，无重大疾病；有退休金。

陈子基　村民。1906年12月12日生，广西横县人。有5个儿女、5个孙子女、10个外孙。住在横县新福镇那河村。生活健康状况：一日3餐，每餐150克，主食为米饭、鱼肉类；每天睡眠7小时，行动方便，无疾病。靠儿子赡养。

梁四姐　家庭妇女。女，1906年12月15日生，广西南宁江南区人。有2个儿子、4个孙子女、1个曾孙。住在明秀西路39号。生活健康状况：一日3餐，每餐适量，主食为大米；每天睡眠8小时，行动不方便，有肺病。靠儿子赡养。

周国谅　村民。1906年12月19日生，广西藤县人。有7个子女、14个孙子女、2个外孙、1个曾孙。住在兴宁区三塘镇围村山场坡13号。生活健康状况：一日3餐，每餐适量，主食为米饭、稀粥；每天睡眠正常，行动较方便，有胃病。靠子女供养。

黄月华　村民。女，1907年1月2日生，广西马山人。无子女，五保户。住在马山县白山镇西华街。生活健康状况：一日3餐，每餐适量，主食为米粥；每天睡眠正常，行动方便，无疾病。靠政府供养。

陆桂兰　村民。女，1907年1月8日生，广西宾阳人。有3个子女、2个孙子女、3个外孙、6个曾孙。住在宾阳县甘棠镇八德村委沉香村。生活健康状况：一日3餐，每次一碗，主食为大米；每天睡眠8小时，行动不太方便，有脚痛、腰弯等症。靠孙子赡养。

陆玉娟　村民。女，1907年1月12日生，广西南宁邕宁区人。有7个子女、6个孙子女、8个外孙、4个曾孙。住在兴宁区五塘镇友爱村段敖坡13队。生活健康状况：一日4餐，每餐约100克，主食为大米；每天睡眠9~10小时，行动方便，无重大疾病。靠儿子赡养。

农才华　村民。女，1907年1月13日生，广西横县人。有5个子女、4个孙子女、3个外孙、4个曾孙。住在横县六景镇木塘村9队。生活健康状况：一日3餐，每餐适量，主食为米饭；每天睡眠10个小时，行动方便，有点耳聋。靠儿子赡养。

周学培　村民。1907年1月16日生，广西横县人。有8个子女、8个孙子女，33个外孙。住在横县六景镇竹标村。生活健康状况：一日3餐，每餐适量，主食为米饭、杂粮、鱼类、青菜；每天睡眠7小时，行动方便，无重大疾病。靠儿子赡养。

黎秀芝　村民。女，1907年1月19日生，广西宾阳人。有3个子女、17个孙子女、3个外孙、17个曾孙。住在宾阳县露圩镇上塘村委下富村12队。生活健康状况：一日3餐，每餐适量，主食为粥；每天睡眠5~6个小时，行动不方便，有胃痛、眼睛看不清等疾病。靠子女供养。

张景莲　村民。女，1907年1月20日生，广西横县人。有3个子女、4个孙子女、8个外孙、2个曾孙。住在横县云表镇宿龙村。生活健康状况：一日3餐，每餐适量，主食为米类、肉、青菜类；每天睡眠6小时，行动方便，无疾病。靠子女供养。

卓秀山　村民。女，1907年1月23日生，广西武鸣人。有3个子女、6个孙子女、6个外孙、1个曾孙。住在武鸣县永宁路70号县运输公司。生活健康状况：一日3餐，每餐约100克，主食为米饭、碎肉、青菜；每天睡眠正常，行动方便，无重大疾病。靠女儿、孙子供养。

梁秀珍　村民。女，1907年1月24日生，广西宾阳人。有5个子女、3个孙子女、14个外孙、2个曾孙。住在宾阳县甘棠镇新宁村委那利村。生活健康状况：一日3餐，每餐适量，主食为米饭；每天睡眠12小时，行动不太方便，有眼盲症。靠儿子赡养。

姆之香　村民。女，1907年2月1日生，广西南宁武鸣县人。有3个儿子、2个女儿、10个孙子女、6个外孙、5个曾孙。住在武鸣县锣圩镇罗福村1队。生活健康状况：一日3餐，主食玉米粥、米饭；每天睡眠8~10小时，喜欢和人聊天，行动不方便，无重大疾病。靠子孙供养。

周文英　村民。女，1907年2月2日生，广西横县人。有2个儿子、7个孙子女、10个曾孙。住在横县百合镇永新村3队。生活健康状况：一日3餐，每餐适量，主食为米饭；每天睡眠10小时，行动方便，无疾病。靠儿子一家供养。

陆镜芬　村民。女，1907年2月10日生，广西武鸣人。有6个子女、8个孙子女、3个外孙、3个曾孙。住在武鸣县仙湖镇那溪村旧圩屯。生活健康状况：一日3餐，每餐适量，主食稀饭、青菜；每天睡眠9~11小时，行动方便，可以做些家务活，无疾病。靠儿子赡养。

廖双娥　村民。女，1907年2月10日生，广西武鸣人。有4个子女、12个孙子女、7个外孙8个曾孙。住在武鸣县宁武镇华山村2队。生活健康状况：一日3餐，主食为玉米粥、稀饭、肉类、青菜；每天睡眠正常，行动不太方便，靠扶拐棍行走，能做些家务，有手脚麻木、疼痛等症状。靠儿孙供养。

梁四妹　村民。女，1907年2月12日生，广西武鸣人。有3个子女、4个孙子、8个外孙、5个曾孙。住在武鸣县城厢镇和平街363号。生活健康状况：一日3餐，主食为米饭、肉类、青菜，每餐适量；每天睡眠6小时，行动不太方便，有腰痛、腿肿等疾病。靠女儿一家赡养。

马秀明　村民。女，1907年2月18日生，广西隆安人。有2个孙子。住在西乡塘区金陵镇南岸村花黎坡。生活健康状况：一日3餐，每餐适量，主食为粥；每天睡眠时间较长，行动较为方便。靠孙子赡养。

陆金梅　村民。女，1907年2月18日生，广西武鸣人。有2个儿子、7个孙子女、8个曾孙。住在武鸣县双桥镇平陆六组。生活健康状况：一日3餐，每餐适量，主食为米饭、肉类、青菜；每天睡眠长，行动方便，无重大疾病。靠儿孙供养。

莫大志　村民。1907年2月19日生，广西横县人。有2个女儿、5个外孙。住在横县新福镇那河村委吴村1队。生活健康状况：一日3餐，每餐适量，主食为大米、肉类、青菜；每天睡眠正常，行动不太方便，身体虚弱，无重大疾病。靠政府供养。

韦文华　村民。女，1907年2月27日生，广西横县人。有5个子女、19个孙子女、15个外孙、2个曾孙。住在横县云表镇大良村委大塘村。生活健康状况：一日3~4餐，每餐适量，主食为大米、粥；每天睡眠10小时，生活可以自理，行动方便，常患感冒。靠儿女供养。

黄安代　村民。女，1907年3月4日生，广西南宁兴宁区人。有5个子女、18个孙子女、15个外孙、14个曾孙。住在兴宁区五塘镇永宁村。生活健康状况：一日3餐,每餐适量,主食为大米、青菜;每天睡眠12小时,行动方便,无重大疾病。靠儿子赡养。

梁瑞珍 村民。女,1907年3月10日生,广西南宁西乡塘区人。有2个女儿、4个孙子女、2个外孙、4个曾孙。住在西乡塘区坛洛镇马重坡。生活健康状况:一日3餐,每餐1碗饭,主食为米类、青菜;每天睡眠10小时,行动不方便,有腰、腿痛等疾病。靠政府救济。

韦莲欢 村民。女,1907年3月10日生,广西武鸣人。有4个子女、5个孙子女、9个外孙、24个曾孙。住在武鸣县陆斡镇坡班村5组。生活健康状况:一日4餐,每餐适量,主食为米饭、肉类、青菜;每天睡眠13小时,行动一般,无重大疾病。靠儿子赡养。

黄桂英 村民。女,1907年3月15日生,广西马山人。有4个儿女、2个孙子女、9个外孙、8个曾孙。住在马山县林圩镇合理村。生活健康状况:一日3餐,每餐适量,主食为米饭、粥;每天睡眠10小时,行动不方便,有风湿痛疾病。靠儿子赡养。

黄秀兰 退休工人。女,1907年4月1日生，广西武鸣人。有2个儿子、9个孙子女、6个曾孙。住在望州南小区。生活健康状况:一日多餐,主食为粥、素菜;每天睡眠12小时,行动较方便,耳聋。有退休金。

曾秀英 村民。女,1907年4月1日生,广西马山人。4个子女、3个孙子女、2个外孙、3个曾孙。住在马山县白山镇四达街60号。生活健康状况:一日3餐,每餐100克,主食为米饭、粥、青菜、肉类等;每天睡眠8小时,行动方便。靠政府救济和儿子赡养。

肖宝琼 居民。女,1907年4月4日生,广西合浦人。有3个子女、3个孙子女、3个外孙、4个曾孙。住在五一中路教师新村5栋3单元201房。生活健康状况:一日3餐,每餐均100克,主食为米饭、粥;每天睡眠10小时,行动一般,生活一般能自理,有白内障、风湿痛等疾病。靠子女供养。

廖玉连 村民。女,1907年4月4日生,广西凤山人。有3个子女、5个孙子女、1个曾孙。住在隆安县乔建镇培正村一组。生活健康状况:一日3餐,每餐适量,主食为米饭、玉米粥、肉类;每天睡眠10小时,行动不方便,双目失明、耳聋。靠儿子赡养。

梁桂兴 村民。女,1907年4月5日生,广西南宁西乡塘区人。有1个儿子、4个孙子女、3个外孙、2个曾孙。住在西乡塘区金陵镇刚德村务学坡。生活健康状况:一日3餐,每餐适量,主食为粥、米饭;行动不方便,10年来瘫痪在床。靠儿媳供养。

林汝娇 村民。女,1907年4月5日生,广西宾阳人。有4个子女、8个孙子女、8个外孙、6个曾孙。住在宾阳县新桥镇甘村村委里塘村。生活健康状况：一日2餐,每次一小碗,主食为面条、米饭;每天睡眠正常,行动不便,双目失明。靠儿女供养。

关卫荣 农民。女,1907年4月6日生,广西南宁兴宁区人。有5个子女、10个孙子女、13个外孙、2个曾孙。住在兴宁区五塘镇上沙平村佃山坡。生活健康状况:一日3餐,每餐适量,主食为米饭;每天睡眠9小时,行动较方便,无重大疾病。靠儿子赡养。

袁云霄 家庭妇女。女,1907年4月9日生,广西南宁兴宁区人。有3个儿子、8个孙子女。住在人民东路228号A栋2单元A261号。生活健康状况:每餐1碗粥,主食为白粥;每天睡眠6小时,行动不方便。靠儿子赡养。

梁秀甫 村民。女,1907年4月16日生,广西横县人。有4个子女、11个孙子女、5个外孙。住在横县石塘镇抽水站。生活健康状况:一日3餐,每餐适量,主食为米粥;每天睡眠6个小时,行动不方便,无重大疾病。靠子女供养。

零壮兴 村民。女,1907年4月22日生,广西横县人。有6个子女、9个孙子女、8个外孙、10个曾孙。住在横县镇龙乡龙西村。生活健康状况:一日2~3餐,每餐适量,主食为米饭、青菜、肉类;每天睡眠8小时,行动一般,无重大疾病。靠子女供养,政府救济。

闭树和 村民。女,1907年4月27日生,广西横县人。有7个子女、9个孙子女、9个外孙、5个曾孙。住在横县马山乡六旺村。生活健康状况:一日3餐,每餐少量,主食为稀饭、杂粮;每天睡眠10小时,行动方便,无重大疾病。靠子女供养。

韦连昌 村民。女,1907年5月10日生,广西武鸣人。有3个子女、3个孙子女、3个外孙、7个曾孙。住在武鸣县陆斡镇育秀村六组。生活健康状况:一日2餐,每餐适量,主食为米饭;每天睡眠9~10小时,行动一般,能行走,经常头痛。靠儿子赡养。

吴应凤 村民。女,1907年5月12日生,广西南宁江南区人。有5个子女、5个孙子女、8个外孙、2个曾孙。住在江南区苏圩镇慕村新宁坡。生活健康状况:一日5餐,每餐适量,主食米饭;每天睡眠12小时,行动一般,耳聋,患精神分裂症。靠子女供养。

巫芳莲 村民。女,1907年5月12日生,广西宾阳人。有4个子女、3个孙子女、2个外孙。住在宾阳县黎塘镇建设东路49号。生活健康状况:一日3餐,主食为米饭、粥;每天睡眠正常,行动一般,有冠心病等疾病。靠子女供养。

冯西娥 居民。女,1907年5月12日生,广西天等人。有2个儿子、3个孙子、5个曾孙。住在宾阳县黎塘镇永安路268号。生活健康状况:一日3餐,每餐100克;主食为大米、杂粮;每天睡眠正常,行动不方便,有便秘、痔疮出血等症。靠儿子赡养。

刘维楷 退休干部。1907年5月20日生,广西临桂人。有7子女、7个孙子女、7个外孙、9个曾孙。住在桃源路自治区供销社。生活健康状况:一日4餐,主食为鱼肉粥;每天睡眠12小时,行动不方便,有糖尿病、高血压等疾病。有退休工资。

张素娟 村民。女,1907年5月22日生,广西南宁邕宁区人。有1个儿子、2个孙子女。住在青秀区津头街道埌西五组。生活健康状况:一日3餐,每餐一小碗,主食为粥、米饭;每天睡眠8~10小时,行动较方便,有高血压、白内障等疾病。生活来源于儿子原单位发放的赡养费、生产队年末的少许分红,靠孙女供养。

滕引启 村民，女,1907年6月4日生,广西南宁良庆区人。有2个孙子女、3个曾孙。住在良庆区良庆镇坛泽村荔坡。生活健康状况:一日3餐,主食米饭;每天睡眠8小时,行动方便,无疾病。靠孙子供养。

孙文英 村民。女,1907年6月5日生,广西南宁邕宁区人。有1个养子、1个女儿、2个外孙。住在邕宁区中和乡孙头坡。生活健康状况:一日6餐,每餐适量,主食为米饭；每天睡眠6小时，行动较方便,有风湿、腰骨痛等疾病。靠养子供养。

陈淑新 居民。女,1907年6月10日生,广西宾阳人。无子女。住在宾阳县芦圩镇南街271号。生活健康状况:一日3餐,主食为米饭;每天睡眠正常,能行走,生活自理,有白内障、关节炎等疾病。靠政府救济和侄子供养。

黎寿万 村民。女,1907年6月15日生,广西隆安人。有3个子女、8个孙子女、3个外孙、2个曾孙。住在隆安县都结乡都结村务成屯。生活健康状况:一日3餐,每餐100克,主食为大米饭、粥;每天睡眠时间长,行动不太方便,视力差,听力下降。靠子女供养。

韦 氏 村民。女,1907年6月15日生,广西马山人。有2个子女、6个孙子女、4个外孙、2个曾孙。住在马山县白山镇新汉村。生活健康状况:一日3餐,每餐适量,主食为米饭、玉米粥;每天睡眠正常,行动不方便,无重大疾病。靠儿子赡养。

覃耐春 村民。女,1907年6月18日生,广西上林人。有3个子女、7个孙子女、10个曾孙。住在上林县太丰镇云隆村大里庄。生活健康状况:一日3餐,每餐适量,主食为米类、青菜;每天睡眠8小时,行动不方便,有风湿、脚痛疾病。靠儿子赡养。

林秀明 村民。女,1907年6月21日生,广西南宁西乡塘区人。有4个子女、17个孙子女、3个外孙、16个曾孙。住在西乡塘区双定镇秀山村。生活健康状况:一日4~5餐,每餐适量,主食为大米饭;每天睡眠6小时,行动不方便,持拐棍,有时头痛。靠孙子赡养。

叶敬鸾 家庭妇女。女,1907年6月22日生,广东南海人。有2个儿子、5个孙子女、1个外孙、2个曾孙。住在兴宁路186-1号。生活健康状况:一日3餐,每餐适量,以素为主,主食为素面、粥、素菜;每天8~10小时,行动不便,有白内障、风湿痛等疾病。靠儿子赡养。

李作政 村民。1907年7月2日生,广西武鸣人。有4个子女、13个孙子女、7个外孙、8个曾孙。住在武鸣县府城镇富良村。生活健康状况:一日4餐,每餐一小碗,主食为米饭、玉米粥;每天睡眠10~12小时,行动方便,无疾病。靠子女供养。

陆月东 村民。女,1907年7月5日生,广西马山人。有2个子女、9个孙子女、18个外孙、9个曾孙。住在马山县古零镇乔老村下号屯。生活健康状况:一日3餐,每餐适量,主食为米饭、肉、菜类;每天睡眠10小时,行动方便,无重大疾病。靠儿子赡养。

谢 瑛 居民。女,1907年7月8日生,广西南宁邕宁区人。有6个儿子女、10个孙子女、7个外孙、10个曾孙。住在临胜街西一里一号。生活健康状况:一日3餐,每餐适量,主食为大米饭;每天睡眠9小时,行动较方便,每天早上出外活动1小时后在家看电视,血压偏高。有养老保险金,靠儿子赡养。

苏月秋 村民。女,1907年7月13日生,广西武鸣人。有4个子女、13个孙子女、7个外孙、8个曾孙。住在武鸣县陆斡镇育秀村4组。生活健康状况:一日2餐,主食为米饭、肉类、青菜;每天睡眠9小时,行动不太方便,有风湿骨痛疾病。靠儿子赡养。

梁福英 家庭妇女。女,1907年7月14日生,广西钦州市人。有1个儿子、1个养女。住在锦明大厦305号房。生活健康状况:每餐适量,主食为米饭、粥,行动较方便,有风湿痛疾病。靠养女赡养。

韦绍芳 家庭妇女。女,1907年7月26日生,广西岑溪人。有2个女儿、5个孙子女、5个外孙。住在朝阳路49号大院。生活健康状况:一日3~4餐,每餐50~100克,主食为米饭;每天睡眠12小时,行动不方便,行走无力,有眼朦、耳聋症状。靠女儿赡养。

黄淑馨 居民。女,1907年8月10日生,广西浦北人。有1个儿子、1个孙子。住在体育路4号。生活健康状况:一日3餐,主食为米饭;每天睡眠5~6小时,行动不太方便,有腰腿痛、牙痛、便秘等疾病。靠侄女供养。

陈琼珍 居民。女,1907年8月10日生,广西南宁青秀区人。有4个子女、3个孙子女、7个外孙、7个曾孙。住在维新街南一里3号。生活健康状况:一日3餐,每餐100克,主食为米饭、粥等;每天睡眠10小时,行动一般,有关节痛疾病。靠子女赡养。

黄秋凤 家庭妇女。女,1907年8月10日生,广西南宁市人。有2个子女、3个孙子女、1个外孙、5个曾孙。住在市棉纺厂宿舍区42栋。生活健康状况:一日4餐,每餐适量,主食为粥、饭;每天睡眠正常,行动较不方便,无重大疾病。靠政府救济及儿子赡养。

刘瑞芬 村民。女,1907年8月12日生,广西南宁邕宁区人。有1个侄孙。住在青秀区南阳镇二田村上田坡。生活健康状况:一日3餐,每餐150克,主食为米饭、青菜、少量肉类;每天睡眠6小时,行动一般,生活能自理,无疾病。靠政府救济和侄孙供养。

蓝元桂 村民。女,1907年8月12日生,广西上林人。有3个子女、6个孙子女。住在上林县乔贤镇龙头村。生活健康状况:一日3餐,每餐100克,主食为米饭、粥、肉、蔬菜等;每天睡眠6小时,行动方便,能一般自理,时常感冒,有风湿痛等疾病。靠儿子赡养。

李连香 村民。女,1907年8月19日生,广西马山人。有3个子女、3个孙子女、6个外孙、4个曾孙。住在马山县永州镇州圩村内通屯。生活健康状况:一日3餐,每餐适量,主食为大米、粥、青菜;每天睡眠10小时,行动不便,有腰酸疾病。靠儿子赡养。

黎昌芳 居民。女,1907年8月20日生,广西藤县人。有1个女儿、3个孙子女、1个外孙、1个曾孙。住在新竹路29号。生活健康状况:一日3餐,每餐适量,主食为米饭、稀饭;每天睡眠10小时,行动较方便,血压偏高。靠女儿赡养。

余克功 村民。1907年8月23日生,广西横县人。有2个子女、4个孙子女、5个外孙、3个曾孙。住在横县峦城镇良塘村。生活健康状况:一日3餐,每餐适量,主食为米类、肉类、青菜;每天睡眠8小时,行动方便,无重大疾病。靠子女供养。

周景珍 村民。女,1907年8月28日生,广西宾阳人。有4个子女、9个孙子女、22个外孙、8个曾孙。住在宾阳县古辣镇龙额村委炳村。生活健康状况:一日3餐,每餐适量,主食为米饭、青菜;每天睡眠8小时,行动方便,无疾病。靠子女赡养。

张普兰 村民。女,1907年9月6日生,广西宾阳人。有1个儿子、7个孙子女、4个曾孙。住在宾阳县芦圩镇老勒马村。生活健康状况:一日3餐,每餐1碗,主食为米饭、粥;每天睡眠正常,行动方便,能一般自理,无重大疾病。靠儿子赡养。

陆秀琼 家庭妇女。女,1907年9月7日生,广西南宁西乡塘区人。有3个外孙、4个曾孙。住在新阳路三座11号。生活健康状况:一日4餐,每餐适量,主食为米饭、粥、面条;每天睡眠10小时,行动不方便,患老年性白内障,双目失明。无固定生活来源。

韦　氏　村民。女,1907年9月17日生,广西横县人。有3个女儿、3个孙子女、12个外孙、4个曾孙。住在横县陶圩镇上塘村大平屯。生活健康状况:一日3餐,每餐适量,主食为米饭;每天睡眠11小时,行动方便,无疾病。靠子女供养。

李集芳　村民。女,1907年9月24日生,广西南宁西乡塘区人。有4个女儿、7个外孙、2个曾孙。住在乡塘区双定镇兴平村兴隆旧街43号。生活健康状况:一日3餐,吃较少,主食为粥、饭;每天睡眠6小时,习惯静坐,行动不方便,无重大疾病。靠低保及女儿赡养。

李素青　村民。女,1907年10月3日生,广西上林人。有2个子女、2个孙子女、4个外孙。住在上林县明亮镇甘六村大安庄。生活健康状况:一日4餐,每餐适量,主食为大米、肉类、蔬菜等;每天睡眠10小时,行动方便,无重大疾病。靠女儿赡养。

黄本菊　女,1907年10月7日生,广西隆安县人,村民。有1个儿子、5个孙子女、9个曾孙。住在隆安县那桐乡那重村4队。生活健康状况:一日3餐,每餐100克,主食为米饭、玉米粥,喝少量酒;每天睡眠8小时,行动方便,无疾病。靠孙子赡养。

李玉辉　家庭妇女。女,1907年10月9日生,广西南宁邕宁区人。有1个女儿、4个孙子女、1个外孙、6个曾孙。住在市科技馆宿舍。生活健康状况:一日3餐,主食为米饭;每天睡眠10小时,行动方便,每天习惯走路,无疾病。靠子女赡养。

蒙锦位　五保户。女,1907年10月12日生,广西武鸣人。有1个女儿、3个外孙。住在南宁华侨投资区敬老院。生活健康状况:一日3餐,每餐适量,主食为稀饭;每天睡眠正常,行动不方便,年老体弱,听、视力差。靠政府救济。

蒙月卫　村民。女,1907年10月13日生,广西马山人。有1个女儿、3个外孙、4个曾孙。住在马山县永州镇造加村秀峰屯。生活健康状况:一日3餐,每餐50克,主食为米饭、玉米粥、青菜等;每天睡眠10小时,行动不方便,有胃病。靠孙子供养。

张芝福　退休干部。1907年11月1日生,江苏人。有2个儿子、3个孙子女、1个曾孙。住在衡阳西路2号9栋。生活健康状况:一日3餐,每餐150克,主食为面、粉、粥;每天睡眠6小时,行动较方便,有耳聋疾病。有养老金。

陆翠娥　家庭妇女。女,1907年11月9日生,广西南宁邕宁区人。有1个儿子、2个孙子女。住在广西民族大学宿舍。生活健康状况:一日3餐,每餐100克,主食为大米;每天睡眠8小时,行动较方便,有坐骨神经痛疾病。靠儿子赡养。

农华支　村民。女,1907年11月11日生,广西南宁青秀区人。有5个子女、10个孙子女、7个外孙、2个曾孙。住在青秀区伶俐镇上王村上王坡。行动较方便,眼花。靠儿子赡养。

唐毓铃　家庭妇女。女,1907年11月28日生,广西藤县人。有1个儿子、2个孙子女。住在新阳路221号26栋5单元。生活健康状况:一日4餐,每餐适量,主食为米、面;每天睡眠10小时,行动较方便,手脚麻木。靠儿子赡养。

张惠芳　退休工人。女,1907年11月30日生,广西南宁邕宁区人。有8个子女、10个孙子女、10个外孙、14个曾孙。住在新阳路254号。生活健康状况:一日4餐,每餐适量,主食为粥、面条;每天睡眠11小时,行动不方便,无重大疾病。有退休金领。

唐玉珍　村民。女,1907年12月23日生,广西隆安人。有4个子女、10个孙子女、10个外孙、2个曾孙。住在隆安县城厢镇小林村二组。生活健康状况:一日3餐,每餐约100克,主食为米类、玉米粥、肉类、菜类;每天睡眠10小时,行动不方便,上下肢残。靠孙子赡养。

(甘丹妮　谭邕生)

逝世名人

(享受副厅级以上待遇人物)

张芷鹏　(1920.03~2007.06.30)　曾用名胡显翼。四川蓬溪人。1938年5月参加革命工作,1939年1月加入中国共产党。曾先后在陕北庆阳抗日军政大学分校、晋东南抗日军政大学一分校、八路军前线总司令部参谋训练班学习。历任八路军一二九师新八旅廿二团司令部队训参谋,一二九师新八旅司令部队列股副股长,冀南军区第三军分区司令部队列股副股长,辽南军区第五军分区教导队副教导员、教导员,辽南军区独立第四团一营教导员,辽南军区第五军分区基干营政委、教导队政委,辽南军区独立五师十五团政治处主任,辽南军区独立二师六团政治处主任,第四野战军41军154师462团政治处主任,广西军区整党建党试点工作组组长、广西军区后勤部驻南宁办事处三五反工作组组长,广西复员转业建设委员会办公室副主任,广西军区军政干部学校三大队政委,广西军区政治部秘书科科长,广西军区181医院政委,市委副秘书长、市基建委员会副主任,市委工交部副部长、政治部主任,市重工业局副局长,市冶金工业局副局长,市经济委员会顾问,市人大常委会副主任。1985年6月离职休养。

莫自煜　(1926.04~2007.12.12)　广西贺州人。1948年4月参加革命工作并加入中国共产党。曾在南宁师范学院学习。历任市学联主席、新民主主义青年团工委学生部长、中共南宁市青委会委员,南宁师范学校教师、副校长、市郊区土地改革工作队组长、市"五反"工作队组长,市委宣传部学校教育科科长,市第三中学校长,市教育局局长,市委宣传部巡视员,市委党校副校长、党委副书记,市第十中学革委会主任、党支部书记,市委党校副校长、党委书记,市委组织部部长,市委常委、组织部部长,市人大常委会副主任、党组成员。1991年12月离休。

陆必康　(1937.09~2007.12.26)　壮族,广西隆安人。1963年9月参加革命工作,1979年10月加入中国共产党。曾在新疆八一农学院学习。历任自治区党委农业技术试点改造办公室农机技术员,武鸣县农业技术试点改造办公室农机技术员,武鸣县革委会工交服务组农机技术员,武鸣县农机局技术员、工程师、副局长,武鸣县委书记、武装部党委书记(兼),市委常委、纪委书记,市政协副主席、党组成员。2000年11月退休。

(市委组织部)

名　人　录

2007年广西五一劳动奖章获得者

(2007年4月,自治区总工会授予,6名)

杨丽宾　南南铝业股份有限公司铝材加工厂副厂长
陈载华　南宁化工集团有限公司董事长
潘少莉　女,广西德意数码股份有限公司副总经理
李年生　南宁建宁水务集团有限责任公司党委副书记、工会主席
陈　渊　南宁建筑安装工程有限责任公司砌砖工
马坚定　南宁广发重工集团金工车间主任

(张　延)

第十一届广西青年五四奖章获奖者

（2008年5月，共青团自治区委、自治区青年联合会联合授予，共2名）

卢义贞　隆安县金穗农工贸有限公司董事长
曾　湄　女，市盲聋哑学校副校长

广西优秀共青团干部

（2008年5月，共青团自治区委、自治区青年联合会联合授予，共8名）

刘红瑜　女，共青团市委权益部部长
覃秋燕　女，共青团市委权益部主任科员
黄飞恒　武鸣县团委书记
蒋慧恒　女，宾阳县团委书记
黄枝滔　隆安县团委书记
冯晓华　女，兴宁区团委书记
简　霞　女，横县团委副书记
黄英豪　良庆区团委副书记

广西优秀共青团员

（2008年5月，共青团自治区委、自治青年联合会联合授予，共12名）

陈佳璐　女，共青团市委宣传部科员
钟　炜　市财政局团支部书记
银坤麟　南宁凤凰纸业有限公司团委书记
韦金凤　女，上林县直属机关团委书记
蓝　慧　女，马山县白山镇合作初中学生会干部
欧莲秀　女，市卫生学校团委书记
陈　颖　女，市沛鸿民族中学教师
黎芷宏　女，西乡塘区西乡塘街道团工委书记
梁　华　邕宁区电业公司仙葫供电所所长
伍睿豪　南宁经济技术开发区团工委书记
徐雪翔　女，南宁华侨投资区医院团支部书记
盛　鑫　市第三中学学生

（共青团市委）

2007年度广西十佳企业家

（2008年7月，广西企业家联合会、广西企业家协会授予，1名）

陈载华　南宁化工股份有限公司董事长

2007年度广西优秀企业家

（2008年7月，广西企业家联合会、广西企业家协会授予，9名）

潘希初　广西农垦糖业集团良圻制糖有限公司董事长
杨远立　南宁锦虹棉纺织有限责任公司董事长
周兴初　广西银泉化工有限责任公司董事长、总经理
黄嘉棣　广西皇氏甲天下乳业股份有限公司董事长
黄永干　南宁百货大楼股份有限公司董事长
严武明　中房集团南宁房地产开发公司董事长
覃　勇　南宁广发重工集团有限公司董事长
覃其炳　南宁现代运输有限责任公司董事长、总经理
宁　俊　广西华劲集团股份有限公司董事长

（黄艳阳）

2007年度南宁市劳动模范

（2008年6月，市委、市政府授予，30名）

雷润娓　南宁化工股份有限公司班长
张显华　广西南宁凤凰纸业有限公司热电分厂工段长
朱国杰　南南铝业股份有限公司挤压厂副厂长
韦景先　南宁广发重工集团有限公司发电设备公司重金工车间班长
石美红　女，西乡塘区环境卫生管理站清扫保洁队队长
黄　甄　广西电网公司南宁供电局变电运行管理所副站长
韦洁萍　女，横县公路局养路工
陈越彬　南宁银河有限责任公司大酒店领班
罗桂军　中国建筑第五分工程局广西分公司项目经理
林新勤　市疾病预防控制中心主任
张炳芬　上林县明亮镇万古村支部书记、村委会主任
胡康柱　江南区江西镇智信村雷寨坡党支部书记
李英辉　马山县财政局局长
吴帼玲　女，市二十六中体育教研组组长
李星葵　青秀区长塘镇天堂村支部书记、村委会主任
苏喜朝　市殡葬管理处殡仪馆化妆班班长
潘彩楼　武鸣县城厢镇农业服务中心副主任
蒙永业　广西万寿堂药业有限责任公司董事长
李伟文　市公安局兴宁分局禁毒大队大队长
蓝　彬　女，江南区人民法院审判员
金　果　女，市工商行政管理局企业注册与个体私营经济管理科科长
黄伟玲　女，兴宁区朝阳街道望州南社区居委会主任
覃　锋　市明天学校校长
蒙贵来　宾阳县高级中学校长
伍志滨　广西大都混凝土有限公司总经理助理、业务处处长
莫文蔚　南宁五菱桂花车辆有限公司董事、总经理
刘德宁　市社会劳动保险事业管理所所长
周兴初　广西银泉化工有限责任公司董事长、总经理
张建平　市手表厂党委书记、厂长
韦业东　南宁凤凰纸业有限责任公司总经理

（苏小坚）

2006年度南宁市五一劳动奖章获得者

（2007年4月，市总工会授予，17名）

程　荣　南宁广发重工集团有限公司维修电工
何资帜　南宁化工集团有限公司焊工
李统彦　南宁五菱桂花车辆有限公司工具钳工
雷文军　南宁银河有限责任公司银河大酒店中式面点师
佘春南　市规划管理局计算机操作员
陈良秀　女，南宁柏联百盛商业有限公司商品营业员
韦立夫　市三发烫染形象店美发师
李冬梅　女，南宁五菱桂花车辆有限公司铣工
尹　丹　女，市乐道茶艺馆茶艺师
翁　钦　市凌天通讯店用户通信终端维修员
黄晋旭　市黔菜缘店中式烹调师
邵良敏　广西电网公司南宁供电局汽车

驾驶员
蓝晓滨　广西建工集团建筑机构制造公司车工
韦礼胜　广西交通高级技工学校汽车维修工
陆丽梅　女，广西锦华大酒店餐厅服务员
龚　榆　女，广西元之源健康产业有限责任公司（美容师）
王　剑　广西桃源医学保健中心按摩师

（蒋建坤）

第六届南宁十大杰出青年

（2007年9~12月由市委组织部、宣传部、统战部、共青团市委等联合开展评选表彰）

杨家荣　市公安局刑事科学技术研究所副所长、工程师
曾　湄　女，市盲聋哑学校副校长、小学高级教师
农向华　女，市公共交通总公司一公司九车队驾驶员、党的十七大代表
谢芳秋　女，广西财经学院会计系会计专业学生
覃露莹　女，南宁电视台新闻综合频道总监、记者
卢义贞　隆安县金穗农工贸有限公司董事长
徐永芳　女，市疾病预防控制中心艾滋病与慢性病防制科科长、副主任医师
黄秀明　女，隆安县屏山乡农业服务中心干部
岑艳伶　女，市邮政局民生邮政营业处青年文明号号长
张道明　中国人民解放军某部雷达技师

（张　延）

第四届南宁市杰出青年岗位能手

（2008年2月，共青团市委、市精神文明办、市经委、市科技局、市人事局、市财政局、市劳动保障局、市国资委、市科协联合授予，10名）

赵　洁　女，市第三十六中学教师
宋晓东　市公安局西乡塘分局禁毒大队民警
莫宗茂　武警市消防支队兴宁大队朝阳中队士官
黄　睿　女，青秀区人民法院民事审判第一庭法官
孙国铭　南宁建宁水务集团有限责任公司后勤服务中心财务管理员
廖雪梅　女，市第一人民医院护师
何年茂　市邮政局报刊发行投递局仙葫投递部投递员
李　弘　广西电网公司南宁供电局电力工程技术工程师
覃毓宁　女，青秀区新竹社区副主任
李达富　广西华宏混凝土有限公司搅拌站生产班班长

第四届南宁市优秀青年岗位能手

（2008年2月，共青团市委、市精神文明办、市经委、市科技局、市人事局、市财政局、市劳动保障局、市国资委、市科协联合授予，10名）

黄　兵　市第一职业学校维修电工
胡　江　市公安局特警支队七大队民警
唐宁萍　女，广西公安边防总队南宁边防检查站干部
陈玉萍　女，兴宁区人民法院法官
吴　凯　女，市地方税务局税务服务中心经济师
韦小荣　女，南宁现代运输有限责任公司北大公路客运中心服务员
张显华　南宁凤凰纸业有限公司热电分厂机修工段工段长
刘　鲁　南宁青秀山风景名胜旅游区管理委员会经济师
韦秋明　广西区电信南宁市兴宁分公司电信交换通信工程师
蒙汝萍　女，市第二人民医院主管护师

南宁市第二届十佳青年文明号号长

（2008年1月，共青团市委等授予，10名）

潘晓华　女，市公安局巡警支队110警务大队副大队长
何　翔　深圳航空有限责任公司南宁分公司乘务分部经理
岑艳伶　女，市邮政局民生邮政管理处营业员
韩永健　南宁高新技术产业开发区国税局团支部书记
廖　军　女，南宁边防检查站执勤业务一科科长
马　鸿　中建五局广西分公司项目工程部副经理
李向恒　青秀区地方税务局副局长
何　岳　市公共交通总公司四车队驾驶员
黄文伶　女，市第二人民医院急诊科副护士长
冯　嘉　女，广西电网公司南宁供电局呼叫中心技术管理工程师

2007年度南宁市团干之星

（2008年4月，共青团市委表彰，共20名）

黄枝滔　隆安县团委书记
农　烈　横县团委副书记
蓝全祥　马山县团委副书记
林　涛　共青团市委宣传部部长
陶园园　女，武鸣县电业公司团总支书记
李晓萍　女，宾阳县芦圩镇团委书记
李振华　上林县城关中学团委书记
赵丽琴　女，市医药技工学校团委书记
杨良平　南宁化工集团有限公司团委书记
陈　颖　女，青秀区南湖街道团工委副书记
施晓天　西乡塘区新阳街道团工委副书记
磨　丽　女，邕宁区团委副书记（兼）、新江镇团委书记
韦　祥　良庆区五象中学团委书记
曾岱誉　女，市规划管理局团委书记
廖　慧　女，南宁高新技术产业开发区团工委委员
黄荣会　那洪中学团委书记
马奇丹　女，南宁华侨投资区华侨中学高中部团支部书记
吴先睿　南宁青秀山风景名胜旅游开发有限责任公司第一团支部文体委员
马相锋　市新阳路小学团支部书记
林丽敏　女，南宁医药有限责任公司团委书记

2007年度南宁市团员之星

（2008年4月，共青团市委表彰，共29名）

曾伟玲　女，武鸣县双桥镇团委书记
詹艳霞　女，武鸣县仙湖镇农业服务中心干部
蒙丽梅　女，横县横州镇幼儿园教师
刘强华　横县横州镇团委书记
王顺德　宾阳县高级中学团委书记
黄云德　宾阳县新宾中学团委书记
周蒙婷　女，上林县民族中学学生会主席
石钧木　上林县中学学生
覃　迎　马山县团委干事
蓝　慧　女，马山县合作初中学生会干部
何　芸　女，隆安县雁江镇司法所司法员
林燕妮　女，隆安中学学生会主席
林　琦　女，市第九中学团委副书记
梁雁斌　市第十三中学高中体育教师
梁　晟　江南区机关团支部书记
苏丽雅　女，市第二人民医院生殖中心护师

邓健娜　女，青秀区南湖街道嘉宾社区团支部书记
陈　颖　女，市沛鸿民族中学教师
黄黎明　女，第二十八中学教师
许世平　市友爱南路学校校长办公室副主任
肖　飞　市公安局邕宁分局刑侦大队民警
王瑛瑛　女，良庆区人民法院团支部委员
罗　媛　女，良庆区直属机关团工委委员
李洪波　市中级人民法院团支部委员
吕　征　市国家税务局团委副书记
吴娜娜　女，深圳航空南宁分公司团总支书记
冯梅丽　女，南宁经济技术开发区信息中心科员
莫永飞　南宁华侨投资区华侨中学学生干部
潘永恒　南宁青秀山风景名胜旅游开发有限责任公司职员

第八届南宁市十大杰出中学生

（2008年1月，共青团市委、市教育局、市学生联合会授予）

梁荔园　女，横县中学
谢瀛苇　女，宾阳中学
磨　蔚　女，市沛鸿民族中学
侯　程　市第十四中学
毛佳昕　女，市第三中学
卢江楠　市第二十六中学
黄雪芹　女，良庆区大沙田五象中学
彭　璐　女，市天桃实验学校中学部
白凌昕蕾　女，南宁外国语学校
诸葛心宇　女，广西大学附属中学

（共青团市委）

2007年南宁市十大阳光女孩

（2007年10月，市人口和计生委、市妇联、共青团市委、南宁日报社、市广播电视局联合授予）

王柳璎　武鸣县实验学校
颜梦怡　原就读宾阳县露圩镇中心小学，现就读宾阳县民族中学
梁璐瑶　原就读隆安县第二小学，现就读平果县第三高级中学
刘　璇　原就读市共北小学，现就读市第十一中学
黄芷欣　市共北小学
彭　川　原就读市民主路小学，现就读市新民中学
甘棠之　原就读市大沙田中心小学，现就读广西艺术学院附中
莫　若　市第十四中学
施佳旋　原就读市星湖小学，现就读市三美中学
陈奕延　原就读市天桃实验学校，现就读市新民中学

（沈进东）

12月17日，感动邕城十大好医生获表彰　　蓝振荣　摄

2007年感动邕城十大好医生

（2007年7~12月，自治区卫生厅新闻办、市委宣传部、南宁晚报等单位组织评选）

赵晓琴　女，广西医科大学第一附属医院
林　辉　自治区人民医院
黄顺荣　自治区人民医院
史　伟　女，广西中医学院第一附属医院
林寿宁　自治区中医学院附属瑞康医院
郑陈光　自治区妇幼保健院
刘继秀　女，自治区妇幼保健院
于　波　市第一人民医院
韦胜文　市第八人民医院
严永光　市第九人民医院

（张　延）

南宁市十佳巾帼创业明星

（2007年8月，市妇联、市劳动保障局联合授予）

周键玮　市竹篱笆餐饮连锁企业董事长
韩秀清　广西富丰集团有限公司总裁
廖　瑛　市餐具消毒中心董事长
彭金妹　横县金妹油业食品有限公司董事长
李秋妹　南宁东博国际五金机电城总经理
胡金莲　广西百洋饲料集团有限公司董事长
李桂芝　广西全通木业有限责任公司董事长
韦艾莉　市莉薇专业美容连锁机构总经理
林汉文　市振企农业科技开发有限公司董事长
梁　敏　市直通车商贸有限责任公司董事长

（沈进东）

2007年度南宁市获正高级职称人员

伍业光　市社会福利院，主任医师（内科）
陆建建　女，市第一人民医院，主任医师（内科）
韩　伟　市第一人民医院，主任医师（外科）
黄　克　市第二人民医院，主任医师（外科）
方海宁　市第三人民医院，主任医师（外科）
温秀珠　女，上林县人民医院，主任医师（妇产科）
颜秀梅　女，横县妇幼保健院，主任医师（儿童保健）
李新萍　女，市第一人民医院，主任护师
黄桂婵　女，南宁职业技术学院，编审
陈伯群　南宁职业技术学院，教授
黄春波　南宁职业技术学院，教授
唐锡海　南宁职业技术学院，教授
张　纪　女，南宁职业技术学院，教授
秦克烈　市艺术剧院，一级编导
许光华　市粤剧团，一级演员

（韦火清）

南宁市荣誉市民

（2007年11月，市十二届人大常委会第十二次会议通知，市政府授予，2名）

姓名	国籍（地区）	工作单位及职务
洪瑞泉	文莱	文莱-中国友好协会常务副会长
何玉棠	中国（澳门）	澳门广西联谊总会会长、广西澳门街房地产有限公司董事长

（黄艳阳）

责任编辑　余朝霞

城市竞争力

南宁市在全国部分城市综合竞争力排位

2007年全国37个大中城市综合竞争力排位情况表

城　市	增长指数	增长排名	规模指数	规模排名	效率指数	效率排名	效益指数	效益排名	结构指数	结构排名	质量指数	质量排名	综合竞争力	位次
南　宁	0.745	15	0.215	32	0.211	35	0.467	29	0.444	30	0.146	32	0.460	32
深　圳	0.825	7	0.742	3	0.627	1	0.587	12	1.714	3	0.606	1	0.795	1
上　海	0.612	33	1	1	0.583	2	0.553	19	2.005	1	0.434	2	0.770	2
北　京	0.626	32	0.863	2	0.406	13	0.608	9	1.749	2	0.391	3	0.721	3
广　州	0.723	20	0.731	4	0.496	4	0.553	20	1.137	4	0.355	6	0.689	4
苏　州	0.857	5	0.412	11	0.493	5	0.626	5	0.913	9	0.349	7	0.654	5
杭　州	0.701	23	0.496	6	0.446	9	0.586	13	1.081	6	0.342	8	0.653	6
天　津	0.786	10	0.611	5	0.404	14	0.601	10	1.085	5	0.258	12	0.652	7
青　岛	0.867	4	0.393	15	0.472	6	0.671	2	0.941	8	0.291	11	0.643	8
无　锡	0.835	6	0.406	13	0.503	3	0.650	3	0.769	16	0.326	9	0.641	9
南　京	0.774	11	0.479	7	0.326	22	0.513	25	1.022	7	0.296	10	0.615	10
厦　门	0.819	8	0.310	21	0.462	7	0.611	8	0.612	22	0.366	5	0.606	11
宁　波	0.700	24	0.369	17	0.420	12	0.574	16	0.603	25	0.375	4	0.598	12
沈　阳	0.792	9	0.450	9	0.396	16	0.623	6	0.859	12	0.187	20	0.596	13
济　南	0.734	17	0.377	16	0.351	18	0.646	4	0.874	11	0.241	16	0.594	14
大　连	0.774	12	0.400	14	0.432	10	0.567	18	0.662	20	0.255	13	0.593	15
成　都	0.726	19	0.409	12	0.351	19	0.703	1	0.841	13	0.197	19	0.587	16
长　沙	0.743	16	0.294	22	0.462	8	0.582	14	0.780	15	0.249	14	0.585	17
武　汉	0.731	18	0.445	10	0.404	15	0.521	24	0.912	10	0.159	27	0.578	18
合　肥	0.901	2	0.252	26	0.347	20	0.620	7	0.661	21	0.180	21	0.546	19
福　州	0.609	34	0.250	28	0.347	21	0.550	21	0.685	19	0.249	15	0.541	20
南　昌	0.874	3	0.251	27	0.425	11	0.578	15	0.528	29	0.164	24	0.534	21
郑　州	0.666	28	0.264	25	0.296	26	0.444	31	0.793	14	0.225	17	0.529	22
哈尔滨	0.751	13	0.345	18	0.274	28	0.496	27	0.608	24	0.158	28	0.520	23
重　庆	0.685	25	0.471	8	0.193	37	0.469	28	0.753	17	0.157	29	0.519	24
长　春	0.571	37	0.327	20	0.310	25	0.598	11	0.609	23	0.153	31	0.519	25
石家庄	0.703	22	0.250	29	0.385	17	0.503	26	0.585	27	0.163	26	0.518	26
西　安	0.661	29	0.333	19	0.279	27	0.523	23	0.735	18	0.139	34	0.517	27

续表

城　市	增长指数	增长排名	规模指数	规模排名	效率指数	效率排名	效益指数	效益排名	结构指数	结构排名	质量指数	质量排名	综合竞争力	位次
呼和浩特	0.946	1	0.216	31	0.323	23	0.526	22	0.441	31	0.218	18	0.512	28
太　原	0.750	14	0.265	24	0.316	24	0.377	35	0.549	28	0.169	23	0.497	29
昆　明	0.582	36	0.269	23	0.268	29	0.409	33	0.595	26	0.176	22	0.487	30
乌鲁木齐	0.679	26	0.220	30	0.213	33	0.440	32	0.439	32	0.157	30	0.459	31
兰　州	0.596	35	0.205	33	0.258	30	0.378	34	0.415	33	0.109	36	0.434	33
海　口	0.640	30	0.151	34	0.213	34	0.571	17	0.320	35	0.129	35	0.428	34
贵　阳	0.714	21	0.180	35	0.217	32	0.176	37	0.412	34	0.164	25	0.415	35
银　川	0.636	31	0.119	36	0.203	36	0.452	30	0.315	36	0.140	33	0.409	36
西　宁	0.679	27	0.099	37	0.224	31	0.184	36	0.227	37	0.099	37	0.352	37

2007 年全国部分西部省会城市综合竞争力排位情况表

城　市	增长指数	增长排名	规模指数	规模排名	效率指数	效率排名	效益指数	效益排名	结构指数	结构排名	质量指数	质量排名	综合竞争力	位次
南　宁	0.745	2	0.215	5	0.211	8	0.467	3	0.444	3	0.146	6	0.460	4
成　都	0.726	3	0.409	1	0.351	1	0.703	1	0.841	1	0.197	2	0.587	1
呼和浩特	0.946	1	0.216	4	0.323	2	0.526	2	0.441	4	0.218	1	0.512	2
昆　明	0.582	9	0.269	2	0.268	3	0.409	6	0.595	2	0.176	3	0.487	3
乌鲁木齐	0.679	5	0.220	3	0.213	7	0.440	5	0.439	5	0.157	5	0.459	5
兰　州	0.596	8	0.205	6	0.258	4	0.378	7	0.415	6	0.109	8	0.434	6
贵　阳	0.714	4	0.180	7	0.217	6	0.176	9	0.412	7	0.164	4	0.415	7
银　川	0.636	7	0.119	8	0.203	9	0.452	4	0.315	8	0.140	7	0.409	8
西　宁	0.679	6	0.099	9	0.224	5	0.184	8	0.227	9	0.099	9	0.352	9

2007 年广西部分城市综合竞争力排位情况表

城　市	增长指数	增长排名	规模指数	规模排名	效率指数	效率排名	效益指数	效益排名	结构指数	结构排名	质量指数	质量排名	综合竞争力	位次
南　宁	0.745	3	0.215	1	0.211	3	0.467	2	0.444	1	0.146	4	0.460	1
柳　州	0.766	1	0.173	2	0.314	1	0.333	5	0.162	3	0.177	1	0.419	2
桂　林	0.594	5	0.106	3	0.260	2	0.520	1	0.168	2	0.159	2	0.396	3
玉　林	0.755	2	0.080	4	0.164	5	0.434	4	0.077	4	0.155	3	0.340	4
北　海	0.710	4	0.072	5	0.194	4	0.463	3	0.068	5	0.140	5	0.336	5

（资料来源于《中国城市竞争力报告（2008 版）》，社会科学文献出版社，2008 年 3 月出版）

南宁市在全国部分城市地区生产总值排位

2007 年全国 36 个大中城市地区生产总值排位情况表

城市名称	地区生产总值（亿元）	位　次	增长速度（%）	位　次
南　宁	1069.01	29	17.2	6
北　京	9006.20	2	12.3	36
上　海	12001.16	1	13.3	31
天　津	5018.28	5	15.1	22

续表

城市名称	地区生产总值(亿元)	位　次	增长速度(%)	位　次
重　庆	4111.82	6	15.6	14
宁　波	3433.08	9	14.8	24
厦　门	1375.26	25	16.1	8
深　圳	6765.41	4	14.7	25
广　州	7050.78	3	14.5	28
大　连	3131.00	13	17.5	5
青　岛	3786.52	8	16.0	9
南　京	3275.00	11	15.6	14
哈尔滨	2436.80	16	13.5	30
石家庄	2393.35	18	13.2	32
太　原	1254.95	27	16.4	7
呼和浩特	1118.00	28	20.8	1
沈　阳	3073.93	14	17.7	3
长　春	2089.00	20	17.7	3
合　肥	1334.20	26	18.1	2
福　州	1974.59	21	15.1	22
南　昌	1390.10	24	15.5	18
济　南	2554.30	15	15.7	13
郑　州	2421.20	17	15.6	14
长　沙	2190.25	19	16.0	9
成　都	3324.40	10	15.3	19
贵　阳	696.40	32	15.8	12
昆　明	1393.69	23	12.5	34
西　安	1737.10	22	14.6	26
兰　州	732.80	31	12.5	34
西　宁	343.09	35	15.3	19
银　川	400.30	33	13.8	29
乌鲁木齐	782.00	30	15.2	21
武　汉	3141.50	12	15.6	14
海　口	396.35	34	12.6	33
杭　州	4103.89	7	14.6	26
拉　萨	119.90	36	16.0	9

2007年西部省会城市地区生产总值排位情况表

城市名称	地区生产总值(亿元)	位　次	增长速度(%)	位　次
南　宁	1069.01	5	17.2	2
呼和浩特	1118.00	4	20.8	1
成　都	3324.40	1	15.3	5
贵　阳	696.40	8	15.8	4
昆　明	1393.69	3	12.5	10
西　安	1737.10	2	14.6	8
兰　州	732.80	7	12.5	10
西　宁	343.09	10	15.3	5
银　川	400.30	9	13.8	9
乌鲁木齐	782.00	6	15.2	7
拉　萨	119.90	11	16.0	3

2007年广西各市主要指标排位

土地面积、人口情况表

城市名称	土地面积(平方公里)	位　次	年末总人口(万人)	位　次
南　宁	22112	4	683.51	1
柳　州	18617	5	362.50	7
桂　林	27809	3	504.62	3
梧　州	12588	9	310.15	9
北　海	3337	14	156.32	13
防城港	6181	13	83.32	14
钦　州	10843	11	355.98	8
贵　港	10606	12	491.59	4
玉　林	12838	8	625.01	2
百　色	36201	1	385.90	6
贺　州	11855	10	218.40	12
河　池	33508	2	396.99	5
来　宾	13411	7	250.15	10
崇　左	17351	6	236.89	11

地区生产总值情况表

城市名称	地区生产总值(亿元)	位　次	增长(%)	位　次
南　宁	1069.01	1	17.20	4
柳　州	738.79	3	16.50	7
桂　林	749.49	2	15.40	10
梧　州	326.76	7	15.70	9
北　海	244.95	10	18.16	2
防城港	159.07	14	20.30	1
钦　州	303.87	9	17.21	3
贵　港	333.07	6	16.30	8
玉　林	507.37	4	15.30	12
百　色	349.42	5	15.40	10
贺　州	233.20	12	14.46	14
河　池	311.69	8	16.61	6
来　宾	244.36	11	15.30	12
崇　左	229.96	13	16.80	5

财政收入情况表

城市名称	财政收入(亿元)	位　次	增长(%)	位　次
南　宁	150.84	1	25.32	5
柳　州	116.38	2	22.25	9
桂　林	72.50	3	22.20	10
梧　州	27.03	8	17.10	13
北　海	30.03	7	33.93	3
防城港	15.76	14	48.81	1
钦　州	23.56	11	37.20	2
贵　港	23.02	12	20.70	12
玉　林	40.68	5	20.80	11
百　色	50.08	4	24.96	7
贺　州	15.81	13	16.60	14
河　池	34.32	6	25.25	6
来　宾	26.07	10	23.80	8
崇　左	26.94	9	31.38	4

社会经济主要指标

2007年南宁市社会经济主要指标情况表

指标名称	单位	2007年	2006年	比上年增长(%)
人口、土地面积				
土地面积	平方公里	22112	22112	
#建城区土地面积	平方公里	179	170	5.33
年末户籍总人口	人	6835117	6718928	1.73
#非农业人口	人	1859508	1817485	2.31
农业人口	人	4975609	4901443	1.51
#市区人口	人	2597687	2548616	1.93
市辖县人口	人	4237430	4170312	1.61
#男性	人	3571952	3513115	1.67
女性	人	3263165	3205813	1.79
人口密度	人/平方公里	309	304	1.68
年出生人数	人	98792	102007	-3.15
年死亡人数	人	27844	27219	2.30
年末总户数	户	1958717	1902477	2.96
年平均人口	人	6777023	6657165	1.80
人口结构				
非农业人口比重	%	27.21	27.05	0.16★
农业人口比重	%	72.79	72.95	-0.16★
市区人口比重	%	38.01	37.93	0.08★
市辖县人口比重	%	61.99	62.07	-0.08★
男性人口比重	%	52.26	52.29	-0.03★
女性人口比重	%	47.74	47.71	0.03★
地区生产总值				
地区生产总值(当年价)	万元	10690099	8701481	17.20
第一产业	万元	1579371	1343771	7.30
第二产业	万元	3722713	2973069	21.10
工业	万元	2840933	2212890	24.10
建筑业	万元	881780	760179	12.60
第三产业	万元	5388015	4384641	17.60
交通运输仓储邮政业	万元	614293	478779	18.20
批发和零售业	万元	979710	795502	17.50
住宿和餐饮业	万元	390105	353462	6.70
金融保险业	万元	558996	457403	17.60
房地产业	万元	407532	322906	20.30
其他服务业	万元	2437379	1976589	19.10
人均地区生产总值(当年价)	元	15774	13071	15.10
地区生产总值构成	%	100	100	
第一产业	%	14.77	15.44	-0.67★
第二产业	%	34.82	34.17	0.65★
工业	%	26.58	25.43	1.15★
建筑业	%	8.25	8.74	-0.49★
第三产业	%	50.40	50.39	0.01★
工农业总产值				
工农业总产值(当年价)	万元	10856419	8539782	27.13
工业总产值	万元	8302142	6392812	29.87
农业总产值	万元	2554277	2146970	7.70

注:1.人口数据由公安局提供;2.地区生产总值增长速度按可比价计算;3."★"为增减百分点(后同)

续表

指 标 名 称	单 位	2007年	2006年	比上年增长(%)
农业				
农村社会总产值(当年价)	万元	5408311	4574338	18.23
#非农行业总产值	万元	2854034	2427368	17.58
农林牧渔业商品产值	万元	1715660	1457589	17.71
农林牧渔业总产值(当年价)	万元	2554277	2146970	7.70
农业	万元	1408420	1228190	7.44
林业	万元	81167	64797	20.18
牧业	万元	898339	709179	6.73
渔业	万元	141127	121991	9.60
服务业	万元	25224	22813	6.78
农林牧渔业总产值(构成)	%	100	100	0.00
农业	%	55.14	57.21	−2.07★
林业	%	3.18	3.02	0.16★
牧业	%	35.17	33.03	2.14★
渔业	%	5.53	5.68	−0.15★
服务业	%	0.99	1.06	−0.07★
主要农作物种植面积				
粮食	公顷	417064	419416	−0.56
甘蔗	公顷	158830	137763	15.29
油料	公顷	39919	40237	−0.79
蔬菜	公顷	151383	150882	0.33
乡村从业人员	万人	286.91	291.65	−1.63
#农林牧渔业从业人员	万人	202.66	197.62	2.55
年末耕地面积	公顷	385182	358186	7.54
水田	公顷	188264	190783	−1.32
旱地	公顷	196918	167403	17.63
人均耕地面积	亩	0.85	0.80	5.66
有效灌溉面积	公顷	202755	237790	−14.73
主要农产品产量				
粮食总产量	吨	1899351	1819084	4.41
油料产量	吨	94863	90259	5.10
甘蔗产量	吨	11882567	9566802	24.21
蔬菜产量	吨	3059855	2914748	4.98
肉类产量	吨	528604	508395	3.98
#猪肉	吨	325738	330017	−1.30
牛羊肉	吨	20720	18919	9.52
禽肉	吨	179846	157327	14.31
猪年末存栏数	万头	278.65	292.68	−4.79
当年出栏肉猪	万头	432.16	437.82	−1.29
大牲畜年末存栏数	万头	74.18	75.04	−1.15
#牛	万头	72.59	73.50	−1.24
羊年末存栏数	万只	26.28	22.34	17.64
水产品产量	吨	204521	187028	9.35
禽蛋产量	吨	18139	15962	13.64
牛奶产量	吨	39100	33421	16.99
水果产量	吨	892245	812826	9.77
农业机械总动力	万千瓦	314.08	296.91	5.78
农村用电量	万千瓦时	63357	51585	22.82
农业生产用化肥(折纯量)	吨	391166	366622	6.69
工业				
全部工业总产值(当年价)	万元	8302142	6392812	29.87

注:农业总产值增长速度按可比价计算

续表

指　标　名　称	单　位	2007 年	2006 年	比上年增长(%)
#规模以上工业总产值	万元	6690667	4954808	35.03
规模以下工业总产值	万元	1611475	1438004	12.06
规模以上工业按登注册类型分				
内资企业	万元	5842169	4292025	36.12
#国有企业	万元	1303988	1038323	25.59
集体企业	万元	96465	88873	8.54
股份合作企业	万元	5022	37892	-86.75
股份制企业	万元	4049784	2847715	42.21
其他经济类型企业	万元	386910	279222	38.57
外商及港澳台商投资企业	万元	848498	662783	28.02
按轻重工业分:				
轻工业	万元	3279171	2464060	33.08
重工业	万元	3411496	2490748	36.97
按企业规模分:				
大型企业	万元	517075	405659	27.47
中型企业	万元	2395445	1858613	28.88
小型企业	万元	3778147	2690536	40.42
规模以上工业企业主要经济指标				
企业单位数	个	807	743	8.61
# 产值超亿元企业	个	155	104	49.04
# 亏损企业	个	162	231	-29.87
工业总产值(现价)	万元	6690667	4954808	35.03
工业增加值(现价)	万元	2249977	1685574	27.50
资产总计	万元	5428961	4503263	20.56
负债总计	万元	3452691	3001175	15.04
产品销售收入	万元	5845058		31.97
# 产品销售税金及附加	万元	170881	4429174	25.03
实现利税总额	万元	844200	136673	71.26
#利润总额	万元	398599	492946	134.68
亏损企业亏损额	万元	22457	169849	-48.23
经济效益综合指数	%	233.96	43381	44.52
资本增值保值率	%	133.57	189.44	20.14★
总资产贡献率	%	16.82	113.43	4.47★
资产负债率	%	63.60	12.35	-3.04★
流动资产周转率	%	2.91	66.64	0.12★
成本费用利润率	%	8.25	2.79	3.68★
全员劳动生产率	元	164079	4.57	24.05
产品销售率	%	93.92	132272	-1.67★
主要工业产品产量			95.59	
原煤	万吨	23.38	34.51	-32.25
成品糖	万吨	132.37	92.47	43.15
淀粉	吨	542731	414256	31.01
罐头	吨	72146	53424	35.04
乳制品	吨	45194	45866	-1.47
啤酒	千升	88957	69690	27.65
软饮料	吨	123263	105979	16.31
卷烟	万支	3070929	2681000	14.54
配混合饲料	万吨	221.16	195.65	13.04
纱	吨	22436	21598	3.88
布	万米	821	1132	-27.47
家用电风扇	万台	37.10	24.13	53.77

注:工业增加值增长速度按价格指数缩减法计算

续表

指 标 名 称	单 位	2007年	2006年	比上年增长(%)
塑料制品	吨	99913	63903	56.35
机制纸及纸板	吨	375897	302516	24.26
纸浆	吨	284690	278518	2.22
化学农药原药(折有效成分阶段100%)	吨	3934	2928	34.36
烧碱(折100%)	吨	240834	222164	8.40
内燃机	万千瓦	14.69	16.42	-10.56
小型拖拉机	台	98850	88844	11.26
发电设备	万千瓦	63.13	44.60	41.56
水泥	万吨	684.26	620.98	10.19
平板玻璃	万重量箱	530.34	292.31	81.43
铝材	吨	62449	49904	25.14
发电量	万千瓦时	265231	220949	20.04
交通、邮电、电力				
货运总量	万吨	9236.91	7852.63	17.63
铁路货运量	万吨	583.21	504.63	15.57
公路货运量	万吨	7160	6071	17.94
水路货运量	万吨	1491	1273	17.12
民用航空货邮运量	万吨	2.70	2.20	22.73
客运总量	万人	10531.57	9665.20	8.96
铁路客运量	万人	732.57	607.00	20.69
公路客运量	万人	9546	8839	8.00
水路客运量	万人	106	107	-0.93
民用航空客运总量	万人	147	112.20	31.02
内河港口货物吞吐量	万吨	208	232	-10.34
年末邮电局(所)数	处	205	216	-5.09
邮电业务总量(2000年不变价)	万元	1033495	689043	49.99
年末电话用户数	户	4408556	4040947	9.10
# 移动电话用户数	户	2731844	2329638	17.26
年末互联网用户	户	393508	818140	-51.90
全年用电量	万千瓦时	869827	739399	17.64
# 工业用电	万千瓦时	510677	425941	19.89
城乡居民生活用电	万千瓦时	168478	148927	13.13
固定资产投资				
全社会固定资产投资	万元	5602200	4472211	25.27
#城镇固定资产投资	万元	5179195	4077515	27.02
#基本建设投资	万元	2127423	1803307	17.97
更新改造投资	万元	1035189	807735	28.16
其他投资	万元	141953	75731	87.44
房地产开发投资	万元	1874630	1390742	34.79
新增固定资产	万元	2967701	2410404	23.12
房屋施工面积	万平方米	3606.05	2858.53	26.15
# 住宅	万平方米	2285.32	1713.21	33.39
房屋竣工面积	万平方米	858.20	742.11	15.64
# 住宅	万平方米	506.75	394.19	28.55
商品房施工面积	万平方米	2116.34	1751.86	20.81
# 住宅	万平方米	1622.91	1322.08	22.75
商品房竣工面积	万平方米	419.77	363.24	15.56
# 住宅	万平方米	344.41	297.01	15.96
商品房实际销售面积	万平方米	628.84	456.02	37.90
# 住宅	万平方米	585.47	419.79	39.47
商品房实际销售额	万元	2140574	1309986	63.40

注:公路、水路客货运量由市交通局提供

续表

指　标　名　称	单　位	2007年	2006年	比上年增长(%)
#住宅	万元	1916475	1115007	71.88
城镇公用事业(含县城)				
水厂综合生产能力(含自备水源)	万吨/日	152.07	140.70	8.08
年末供水管道总长度	公里	2433	2027	20.03
全年供水总量	万吨	33342	34172	-2.43
#居民家庭用水量	万吨	16098	16134	-0.22
生活用水人口	万人	237.42	213.89	11.00
年末实有公共汽车营运车辆	辆	2855	2218	28.72
全年公共汽车客运总数	万人次	48934	45993	6.39
年末实有出租汽车数	辆	3464	3490	-0.74
液化石油气供气总量	吨	95530	90897	5.10
#家庭用量	吨	94424	83103	13.62
家庭用液化石油气人口	万人	207.40	203.22	2.06
年末实有道路总长度	公里	1463	1362	7.42
年末实有道路总面积	万平方米	2912	2645	10.09
人均道路面积	平方米	11.89	11.44	3.93
排水管道总长度	公里	976	893	9.29
建成区园林绿地面积	公顷	7039	6614	6.43
人均公园绿地面积	平方米	9.33	9.28	0.54
建成区绿化覆盖面积	公顷	8252	7666	7.64
商业、外贸、旅游				
批零贸易业商品销售总额	万元	10937511	9965245	9.76
#限额以上批发零售贸易业商品销售总额	万元	6010138	5609075	7.15
社会消费品零售总额	万元	5156225	4355090	18.40
按销售地区分				
市的零售额	万元	4234503	3570326	18.60
县的零售额	万元	406907	342988	18.64
县以下零售额	万元	514815	441776	16.53
按行业分				
批发零售贸易业	万元	4564120	3866950	18.03
住宿餐饮业	万元	577603	481025	20.08
其他行业	万元	14502	7115	103.82
按经济类型分				
#国有经济	万元	116981	133538	-12.40
集体经济	万元	51102	50941	0.32
私营经济	万元	688017	586389	17.33
个体经济	万元	2803777	2339637	19.84
海关进出口总额	万美元	128596	92783	38.60
出口总额	万美元	101316	71652	41.40
进口总额	万美元	27280	21131	29.10
市属进出口总额	万美元	94061	55664	68.98
出口总额	万美元	72330	39834	81.58
进口总额	万美元	21731	15830	37.28
实际利用外资总额	万美元	23055	18528	24.43
#对外借款	万美元	4513	3552	27.06
外商直接投资	万美元	18542	14976	23.81
新签利用外资合同	个	87	87	
协议(合同)外资金额	万美元	50027	47076	6.27
期末实有三资企业个数	个	625	537	16.39

注:1.城市公用事业数据由市建委提供;

2.2007年社会消费品零售总额中的其他行业新增了报纸自办发行的销售额

续表

指　标　名　称	单　位	2007 年	2006 年	比上年增长(%)
#建成投产企业个数	个	427	405	5.43
国内外旅游人数	万人次	2072	1851	11.93
#国内旅游人数	万人次	2058	1841	11.81
国际旅游人数	万人次	14.11	10.65	32.49
#外国人	万人次	10.29	8.40	22.50
港澳台同胞	万人次	3.81	2.25	69.33
国内外旅游收入	万元	1173905	1000289	17.36
#国内旅游收入	万元	1142201	975476	17.09
国际旅游收入	万元	31704	24813	27.77
主要宾馆	个	87	87	
#星级宾馆	个	84	84	
五星级	个	5	5	
四星级	个	9	7	28.57
三星级	个	32	32	
二星级	个	37	39	−5.13
一星级	个	1	1	
客房数	间	14053	13532	3.85
床位数	张	24300	24193	0.44
财政、金融、保险				
财政收入	万元	1508393	1203603	25.32
#地方财政一般预算收入	万元	701510	566191	23.90
地方财政支出	万元	1180007	930781	26.78
金融机构各项存款余额	亿元	1871.51	1585.36	18.05
#城乡居民储蓄存款余额	亿元	714.79	681.45	4.89
金融机构各项贷款余额	亿元	1922.35	1662.54	15.63
银行现金收入	亿元	3505.99	3105.34	12.90
银行现金支出	亿元	3426.16	3041.27	12.66
保费收入	万元	270507	213628	26.63
#财产险保费收入	万元	114759	82054	39.86
人寿险保费收入	万元	155748	131574	18.37
城镇私营企业从业人员	人	214106	201822	6.09
城镇个体从业人员	人	136903	184688	−25.87
城镇登记失业人员数	人	29851	29450	1.36
劳动工资				
年末单位在岗人数	人	604935	581428	4.04
在岗职工资总额	万元	1479269	1177159	25.66
在岗职工年平均工资	元/人	24789	20650	20.04
城镇居民家庭基本情况				
平均每户人口	人	3.08	3.11	−0.96
平均每户就业人口	人	1.53	1.55	−1.29
每一就业者负担人数	人	2.02	2.00	1.00
城镇住户人均年可支配收入	元	11877	10193	16.52
城镇住户人均年消费性支出	元	7882	7303	7.93
#食品支出	元	3352	2867	16.92
衣着支出	元	524	462	13.42
设备用品及服务支出	元	472	417	13.19
人均住房使用面积	平方米	25.3	24.9	1.61
主要商品年人均消费量				
粮食	公斤	76.72	74.43	3.08
食用植物油	公斤	9.96	8.23	21.02
鲜菜	公斤	117.75	113.20	4.02
猪肉	公斤	28.22	31.70	−10.98

续表

指 标 名 称	单 位	2007 年	2006 年	比上年增长(%)
牛羊肉	公斤	6.00	4.76	26.05
家禽	公斤	26.91	21.75	23.72
鲜蛋	公斤	6.56	6.10	7.54
城镇每百户居民主要耐用品拥有量				
空调器	台	93	91	2.20
洗衣机	台	95	94	1.06
电冰箱	台	92	91	1.10
摩托车	辆	67	66	1.52
彩色电视机	台	140	140	
组合音响	套	36	34	5.88
照相机	架	50	47	6.38
家用电脑	台	64	58	10.34
移动电话	部	167	157	6.37
农村居民家庭基本情况				
平均每户人口	人	4.58	4.56	0.44
平均每户从业人口	人	3.33	3.28	1.52
平均每一劳动力负担人口数	人	1.38	1.39	-0.72
农村居民人均纯收入	元	3462	3033	14.14
农村住户人均年消费性支出	元	2660	2298	15.75
#食品支出	元	1355	1156	17.21
衣着支出	元	69	61	13.11
家庭设备用品支出	元	114	91	25.27
人均居住面积	平方米	32.59	31.68	2.87
主要商品年人均消费量				
粮食	公斤	194.43	190.25	2.19
食用油	公斤	3.68	3.76	-2.00
蔬菜	公斤	97.63	84.23	15.91
猪肉	公斤	11.57	13.36	-13.38
牛羊肉	公斤	0.61	0.36	69.44
家禽	公斤	13.82	12.87	7.56
鲜蛋	公斤	1.11	0.87	27.56
农村每百户居民主要耐用品拥有量				
洗衣机	台	10.92	10	2.16
电冰箱	台	20.54	12	55.23
摩托车	辆	66.38	59	19.69
彩色电视机	台	96.38	84	18.88
固定电话	部	56.54	58	3.96
移动电话	部	94.92	77	29.89
热水器	台	20	21	-4.76
照相机	台	3.08	2	54.00
居民消费价格指数	%	104.40	102.50	4.40
食品类	%	111.10	103.20	11.10
#粮食	%	106.80	101.40	6.80
肉禽及其制品	%	129.30	98.50	29.30
水产品	%	104.20	103.40	4.20
鲜菜	%	103.20	109.90	3.20
烟酒及用品	%	100.50	99.70	0.50
衣着	%	100.50	94.40	0.50
家庭设备用品及维修服务	%	102.30	102.70	2.30
医疗保健和个人用品	%	99.80	113.60	-0.20
交通和通讯	%	98.70	100.30	-1.30
娱乐教育文化用品及服务	%	99.20	97.30	-0.80

续表

指 标 名 称	单 位	2007年	2006年	比上年增长(%)
居住	%	104.70	106.10	4.70
教育、科研、卫生				
学校数				
高等学校	所	28	28	
中等职业学校	所	97	99	-2.02
技工学校	所	19	19	0.00
普通中学	所	372	385	-3.38
小学	所	1567	1605	-2.37
专任教师数				
高等学校	人	11716	10539	11.17
中等职业学校	人	5313	5097	4.24
技工学校	人	885	1206	-26.62
普通中学	人	21897	21918	-0.10
小学	人	28873	28147	2.58
在校学生数				
高等学校	人	238375	202750	17.57
中等职业学校	人	144411	121718	18.64
技工学校	人	33125	28707	15.39
普通中学	人	402571	418129	-3.72
小学	人	547085	556090	-1.62
专业技术人员数	人	196039	191472	2.39
# 市县属国有企事业单位专业技术人员数	人	111822	107969	3.57
# 中级及以上技术职称人员	人	36299	34015	6.71
县级以上公共图书馆	个	16	16	
县级以上公共图书馆图书总藏量	千册、件	4011	3870	3.63
# 图书藏量	千册	3026	2974	1.75
图书出版印数	万册	16116	13923	15.75
杂志出版印数	万册	4565	4420	3.28
报纸出版印数	万份	53550	51000	5.00
卫生机构数(含个体)	个	2112	2070	2.03
# 医院、卫生院	个	201	204	-1.47
门诊部	个	31	28	10.71
卫生机构床位数	张	20567	19889	3.41
# 医院、卫生院	张	19271	18451	4.44
卫生技术人员数(含个体)	人	29622	25962	14.10
# 执业医师	人	10013	9300	7.67
执业助理医师	人	1866	1844	1.19
注册护士	人	10645	9317	14.25
社会福利机构数	个	725	711	1.97
社会福利机构床位数	张	11045	10194	8.35
社会治安				
火灾起数	起	243	250	-0.80
火灾死伤人数	人	11	11	0.00
火灾损失折款	万元	258.68	637.59	-59.43
交通事故件数	件	1659	2246	-26.14
交通事故死伤人数	人	2807	3492	-19.62
# 死亡人数	人	485	533	-9.01
交通事故损失额	万元	428.32	456	-6.07
刑事案件立案数	件	23059	22872	0.82
犯罪人数	人	4599	4396	4.62

注:“社会福利机构数”统计口径包括国办福利院、乡镇敬老院、民办福利机构以及“星光计划”老年活动中心、五保村

2007年南宁市区社会经济主要指标情况表

指 标 名 称	单 位	2007年	2006年	比上年增长(%)
人口、土地面积				
土地面积	平方公里	6479	6479	
#建成区土地面积	平方公里	179	170	5.29
年末户籍总人口	人	2597687	2548616	1.93
#非农业人口	人	1334705	1308081	2.04
农业人口	人	1262982	1240535	1.81
#男性	人	1347210	1325774	1.62
女性	人	1250477	1222842	2.26
人口密度	人/平方公里	401	393	2.02
年出生人数	人	32180	34912	-7.83
年死亡人数	人	7189	8687	-17.24
年末总户数	户	765033	745524	2.62
年平均人口	人	2573152	2522634	2.00
人口结构				
非农业人口比重	%	51.38	51.33	0.05★
农业人口比重	%	48.62	48.67	-0.05★
男性人口比重	%	51.86	52.02	-0.16★
女性人口比重	%	48.14	47.98	0.16
地区生产总值				
地区生产总值(当年价)	万元	7685057	6246072	17.50
第一产业	万元	544396	465329	6.90
第二产业	万元	2702944	2169248	19.70
工业	万元	1946574	1519231	22.70
建筑业	万元	756370	650017	13.00
第三产业	万元	4437717	3611495	17.50
交通运输仓储邮政业	万元	404018	312844	15.30
批发和零售业	万元	843523	676474	19.00
住宿和餐饮业	万元	333615	306464	5.50
金融保险业	万元	526646	430250	17.80
房地产业	万元	311532	246552	20.00
其他服务业	万元	2018383	1638911	19.10
人均地区生产总值(当年价)	元	29866	24760	15.20
地区生产总值构成	%	100	100	
第一产业	%	7.08	7.45	-0.37★
第二产业	%	35.17	34.73	0.44★
工业	%	25.33	24.32	1.01★
建筑业	%	9.84	10.41	-0.56★
第三产业	%	57.74	57.82	-0.08★
工农业总产值				
工农业总产值(当年价)	万元	6710862	5306847	26.46
工业总产值	万元	5826073	4562777	27.69
农业总产值	万元	884789	744070	7.60
农业				
农村社会总产值(当年价)	万元	1713153	1433131	19.54
#非农业总产值	万元	828364	689061	20.22
农林牧渔业商品产值	万元	573880	478858	19.84
农林牧渔业总产值(当年价)	万元	884789	744070	7.60
农业	万元	481562	425308	6.85
林业	万元	33823	26568	23.18
牧业	万元	309357	238976	7.09
渔业	万元	42171	36533	9.62

注:1.人口数据由市公安局提供;2.地区生产总值增长速度较可比价计算;3."★"为增减百分点(后同)

续表

指　标　名　称	单　位	2007 年	2006 年	比上年增长(%)
服务业	万元	17876	16685	4.84
农林牧渔业总产值(构成)	%	100	100	
农业	%	54.43	57.16	-2.73★
林业	%	3.82	3.57	0.25★
牧业	%	34.96	32.12	2.84★
渔业	%	4.77	4.91	-0.14★
服务业	%	2.02	2.24	-0.22★
乡村从业人员	万人	75.93	73.66	3.08
#农林牧渔业从业人员	万人	53.03	52.77	0.49
年末实有耕地面积	公顷	126182	110754	13.93
水田	公顷	58554	60217	-2.76
旱地	公顷	67628	50537	33.82
人均耕地面积	亩	0.73	0.65	12.10
有效灌溉面积	公顷	49390	69440	-28.87
粮食总产量	吨	484980	459440	5.56
油料产量	吨	37280	35243	5.78
甘蔗产量	吨	4607069	3813123	20.82
蔬菜产量	吨	1148504	1104783	3.96
肉类产量	吨	182479	174277	4.71
#猪肉	吨	79943	83010	-3.69
牛羊肉	吨	3265	2997	8.94
家禽	吨	98744	87814	12.45
猪年末存栏数	万头	55.82	59.40	-5.96
当年出栏肉猪	万头	105.31	110.07	-4.32
大牲畜年末存栏数	万头	17.04	17.71	-3.78
#牛	万头	17.02	17.68	-3.73
羊年末存栏数	只	4993	6952	-28.18
水产品产量	吨	60926	55723	9.34
禽蛋产量	吨	10293	9185	12.06
牛奶产量	吨	37623	31915	17.89
水果产量	吨	400252	363825	10.01
农业机械总动力	万千瓦	99.98	91.03	9.83
农村用电量	万千瓦时	24270	15787	53.74
农业生产用化肥(折纯量)	吨	14635	126805	12.48
工业				
全部工业总产值(当年价)	万元	5826073	4562777	27.69
#规模以上工业总产值	万元	5076404	3905707	29.97
规模以下工业总产值	万元	749669	657070	14.09
规模以上工业按登注册类型分				
内资企业	万元	4427680	3352813	32.06
#国有企业	万元	1150025	911003	26.24
集体企业	万元	76231	60259	26.51
股份合作企业	万元	4255	33718	-87.38
股份制企业	万元	3064427	2249721	36.21
其他经济类型企业	万元	132742	98112	35.30
外商及港澳台商投资企业	万元	648724	552894	17.33
按轻重工业分:				
轻工业	万元	2419522	1902336	27.19
重工业	万元	2656882	2003371	32.62
按企业规模分:				
大型企业	万元	517075	405659	27.47

注:农业总产值增长速度按可比价计算

续表

指　标　名　称	单　位	2007年	2006年	比上年增长(%)
中型企业	万元	1832306	1481147	23.71
小型企业	万元	2727023	2018901	35.07
规模以上工业企业主要经济指标				
企业单位数	个	489	488	0.20
# 亏损企业	个	99	149	-33.56
工业总产值(现价)	万元	5076404	3905707	29.97
工业增加值(现价)	万元	1675149	1288915	24.04
资产总计	万元	4071015	3486403	16.77
负债合计	万元	2668847	2359412	13.11
产品销售收入	万元	4403333	3511329	25.40
# 产品销售税金及附加	万元	161026	130033	23.83
实现利税总额	万元	696825	410113	69.91
# 利润总额	万元	316600	134215	135.89
亏损企业亏损额	万元	14504	29623	-51.04
主要工业产品产量				
成品糖	万吨	73.93	56.21	31.50
淀粉	吨	160183	90120	77.74
罐头	吨	13411	19387	-30.82
乳制品	吨	45194	45866	-1.47
啤酒	千升	88957	69690	27.65
软饮料	吨	101263	84979	19.16
卷烟	万支	3070929	2681000	14.54
配混合饲料	万吨	211.81	192.94	9.78
纱	吨	22436	21598	3.88
布	万米	632	933	-32.26
家用电风扇	万台	37.10	24.13	53.77
塑料制品	吨	83515	57386	45.53
机制纸及纸板	吨	266948	207252	28.80
纸浆	吨	224332	234020	-4.14
化学农药原药(折有效成分100%)	吨	3633	2801	29.70
烧碱(折100%)	吨	240834	222164	8.40
内燃机	万千瓦	14.69	16.42	-10.56
小型拖拉机	台	78569	70110	12.07
水泥	万吨	238.13	226.97	4.92
平板玻璃	万重量箱	530.34	292.31	81.43
铝材	吨	62449	49904	25.14
发电量	瓦时	50027	50114	-0.17
交通、邮电、电力				
货运总量	万吨	6140.03	4955.33	23.91
铁路货运量	万吨	436.63	366.13	19.25
公路货运量	万吨	5007	4014	24.74
水路货运量	万吨	693.70	573	21.06
民用航空货邮运量	万吨	2.70	2.20	22.73
客运总量	万人	8155.09	7523.11	8.40
铁路客运量	万人	667.69	539.11	23.85
公路客运量	万人	7315	6851	6.77
水路客运量	万人	25.80	25	3.20
民用航空客运量	万人	146.60	108	35.74
内河港口货物吞吐量	万吨	86.30	88	-1.93
年末邮电局(所)数	处	97	103	-5.83
邮电业务总量(2000年不变价)	万元	821609	521359	57.59

注：工业增加值增长速度按价格指数缩减法计算

续表

指 标 名 称	单 位	2007 年	2006 年	比上年增长(%)
年末电话用户数	户	3164761	2832404	11.73
# 移动电话用户数	户	1979708	1628350	21.58
年末互联网用户	户	335691	764094	−56.07
全年用电量	万千瓦时	6591089	561969	17.28
# 工业用电	万千瓦时	372725	310566	20.01
城乡居民生活用电	万千瓦时	116078	105014	10.54
固定资产投资				
全社会固定资产投资	万元	4341312	3481191	24.71
# 城镇固定资产投资	万元	4200374	3345126	25.57
# 基本建设投资	万元	1693170	1445753	17.11
更新改造投资	万元	635393	541252	17.39
其他投资	万元	120282	56965	111.15
房地产开发投资	万元	1751529	1301156	34.61
新增固定资产	万元	2065274	1738963	18.76
房屋施工面积	万平方米	3324.00	2619.97	26.87
# 住宅	万平方米	2157.21	1604.99	34.41
房屋竣工面积	万平方米	737.40	628.93	17.25
# 住宅	万平方米	456.42	343.62	32.83
商品房施工面积	万平方米	1996.72	1664.58	19.95
# 住宅	万平方米	1525.16	1253.30	21.69
商品房竣工面积	万平方米	382.24	340.27	12.33
# 住宅	万平方米	312.63	279.73	11.76
商品房销售面积	万平方米	579.28	427.32	35.56
# 住宅	万平方米	541.38	392.47	37.94
商品房销售额	万元	2063585	1273262	62.07
# 住宅	万元	1855437	1081589	71.55
城市公用事业				
水厂综合生产能力(含自备水源)	万吨／日	126.70	126.70	
年末供水管道总长度	公里	1834	1675	9.49
全年供水总量	万吨	29387	27594	6.47
# 居民家庭用水量	万吨	13389	12757	4.95
生活用水人口	万人	189.05	161.26	17.23
年末实有公共汽车营运车辆	辆	2817	2183	29.04
全年公共汽车客运总数	万人次	48564	45720	6.22
年末实有出租汽车数	辆	3359	3444	−2.47
液化石油气供气总量	吨	79048	70971	11.38
# 家庭用量	吨	79048	65308	21.04
家庭用液化石油气人口	万人	167.37	161.26	3.79
年末实有道路总长度	公里	1089	1011	7.72
年末实有道路总面积	万平方米	2347	2122	10.60
人均道路面积	平方米	12.41	13.16	−5.70
排水管道长度	公里	679	634	7.10
建成区园林绿地面积	公顷	6145	5642	8.92
人均公园绿地面积	平方米	10.86	12.23	−11.20
建成区绿化覆盖面积	公顷	7137	6495	9.88
商业、外贸、旅游				
批零贸易业商品销售总额	万元	9619394	8818569	9.08
# 限额以上批发零售贸易业商品销售总额	万元	5746058	5376978	6.86
社会消费品零售总额	万元	4234503	3570326	18.60
按行业分				
批发零售贸易业	万元	3750472	3172815	18.21
住宿餐饮业	万元	476802	397194	20.04

注:城市公用事业数据由市建委提供

续表

指　标　名　称	单　位	2007 年	2006 年	比上年增长(%)
其他行业	万元	7229	317	2180.44
按经济类型分	万元			
#国有经济	万元	98233	114848	-14.47
集体经济	万元	33693	33776	-0.25
私营经济	万元	663034	564239	17.51
个体经济	万元	2003181	2522634	-20.59
海关进出口总额	万元	122578	89720	36.62
出口总额	万美元	97382	69222	40.68
进口总额	万美元	25196	20498	22.92
市属进出口总额	万美元	88043	54131	62.65
出口总额	万美元	68396	38827	76.16
进口总额	万美元	19647	15304	28.38
实际利用外资总额	万美元	19948	16384	21.75
#对外借款	万美元	4513	3552	27.06
外商直接投资	万美元	15435	12832	20.29
新签利用外资合同	个	83	81	2.47
协议(合同)外资金额	万美元	44868	39664	13.12
国内外旅游人数	万人次	1810	1653	9.52
#国内旅游人数	万人次	1796	1642	9.38
国际旅游人数	万人次	14.09	10.64	32.39
#外国人	万人次	10.28	8.40	22.40
港澳台同胞	万人次	3.81	2.24	69.76
国内外旅游收入	万元	1138007	973890	16.85
#国内旅游收入	万元	1106331	949102	16.57
国际旅游收入	万元	31676	24788	27.79
主要宾馆	个	82	81	1.23
#星级宾馆	个	79	78	1.28
五星级	个	5	5	0.00
四星级	个	9	7	28.57
三星级	个	32	32	0.00
二星级	个	32	33	-3.03
一星级	个	1	1	0.00
客房数	间	13753	13152	4.57
床位数	张	23749	23496	1.08
财政、金融、保险				
财政收入	万元	1327598	1046331	26.88
#地方财政一般预算收入	万元	603801	480724	25.60
地方财政支出	万元	809147	667453	21.23
金融机构各项存款余额	万元	16698421	14135228	18.13
#城乡居民储蓄存款余额	万元	5560735	5426602	2.47
金融机构各项贷款余额	万元	18387512	15982035	15.05
银行现金收入	万元	31111782	27390184	13.59
银行现金支出	万元	30419063	26870372	13.21
保费收入	万元	241510	187643	28.71
#财产保险费收入	万元	105016	73794	42.31
人寿险保费收入	万元	136494	113850	19.89
城镇私营企业从业人员	人	195475	186026	5.08
城镇个体从业人员	人	95825	138796	-30.96
城镇失业人员数	人	20879	20180	3.46
劳动工资				
年末单位在岗人数	人	458830	443881	3.37
在岗职工资总额	万元	1248491	991185	25.96

注:2007 年社会消费品零售总额中,其他行业零售新增了报纸自办发行的零售额

续表

指　标　名　称	单　位	2007 年	2006 年	比上年增长(%)
在岗职工年平均工资	元/人	27636	22918	20.59
城镇居民家庭基本情况				
平均每户人口	人	3.01	3.04	-0.99
平均每户就业人口	人	1.47	1.50	-2.00
每一就业者负担人数	人	2.06	2.03	1.48
城镇住房人均年可支配收入	元	12597	10938	15.17
城镇住户人均年消费性支出	元	8608	8036	7.12
#食品支出	元	3577	3062	16.82
衣着支出	元	565	500	13.00
设备用品及服务支出	元	508	471	7.86
人均住房使用面积	平方米	21.25	20.94	1.48
主要商品年人均消费量				
粮食	公斤	80.59	76.43	5.44
食用植物油	公斤	10.65	8.51	25.15
鲜菜	公斤	122.81	116.92	5.04
猪肉	公斤	28.76	31.65	-9.13
牛羊肉	公斤	6.32	5.20	21.54
家禽	公斤	23.91	21.86	9.38
鲜蛋	公斤	7.33	6.94	5.62
城镇每百户居民主要耐用品拥有量				
空调器	台	114	112	1.79
洗衣机	台	95	94	1.06
电冰箱	台	97	96	1.04
摩托车	辆	64	63	1.59
彩色电视机	台	140	142	-1.41
组合音响	套	34	32	6.25
照相机	架	59	54	9.26
家用电脑	台	70	64	9.38
移动电话	部	169	158	6.96
农村居民家庭基本情况				
平均每户人口	人	4.41	4.40	0.23
平均每户从业人口	人	3.15	3.08	2.27
平均每一劳动力负担人口数	人	1.40	1.43	-2.10
农村居民人均纯收入	元	3794	3421	10.90
农村住户人均年消费性支出	元	3125	2705	15.53
#食品支出	元	1650	1295	27.41
衣着支出	元	77	65	17.89
设备用品及服务支出	元	109	96	13.25
人均居住面积	平方米	30.93	31.68	-2.37
主要商品年人均消费量				
粮食	公斤	212.83	194.89	9.21
食用油	公斤	3.34	3.06	9.15
蔬菜	公斤	120.20	105.25	14.20
猪肉	公斤	13.94	15.79	-11.72
牛羊肉	公斤	0.93	0.71	30.99
家禽	公斤	20.01	17.08	17.15
鲜蛋	公斤	1.43	1.04	37.50
农村每百户居民主要耐用品拥有量				
洗衣机	台	11	13	-16.23
电冰箱	台	27	17	56.53
摩托车	辆	62	41	51.12

注:城镇私营、城镇个体从业人员数据由市工商局提供

续表

指 标 名 称	单 位	2007 年	2006 年	比上年增长(%)
彩色电视机	台	99	73	35.27
固定电话	部	48	41	17.17
移动电话	部	107	63	69.22
热水器	台	23	20	16.05
照相机	台	4	5	−10.80
教育、科研、卫生				
学校数				
高等学校	所	28	28	
中等职业学校	所	87	90	−3.33
技工学校	所	19	16	18.75
普通中学	所	172	177	−2.82
小学	所	475	489	−2.86
专任教师数				
高等学校	人	11716	10539	11.17
中等职业学校	人	4563	4492	1.58
技工学校	人	885	1206	−26.62
普通中学	人	9085	9157	−0.79
小学	人	11137	11001	1.24
在校学生数				
高等学校	人	238375	202750	17.57
中等职业学校	人	130452	109385	19.26
技工学校	人	33125	28707	15.39
普通中学	人	160686	166890	−3.72
小学	人	230934	224984	2.64
专业技术人员数		137111	134404	2.01
# 市县属国有企事业单位专业技术人员数	人	64487	60245	7.04
# 中级及以上技术职称人员	人	20420	19174	6.50
县级以上图书馆	个	10	10	
县级以上公共图书馆图书总藏量	千册、件	3325	3229	2.98
# 图书藏量	千册	2508	2514	−0.24
图书出版印数	万册	16116	13923	15.75
杂志出版印数	万册	4565	4420	3.28
报纸出版印数	万份	53550	51000	5.00
卫生机构数(含个体)	个	1249	1209	3.31
# 医院、卫生院	个	99	97	2.06
门诊部	个	29	27	7.41
卫生机构床位数	张	14713	14583	0.89
# 医院、卫生院	张	13943	13765	1.29
卫生技术人员数(含个体)	人	21193	18461	14.80
# 执业(含助理)医师	人	8296	7668	8.19
注册护士	人	7857	6917	13.59
社会福利机构数	个	213	210	1.43
社会福利机构床位数	张	5073	4727	7.32
社会治安				
火灾起数	起	168	169	−0.59
火灾死伤人数	人	6	10	−40.00
火灾损失折款	万元	140.20	522	−73.14
交通事故件数	件	779	1157	−32.67
交通事故死伤人数	人	1191	1711	−30.39
# 死亡人数	人	214	240	−10.83
刑事案件立案数	件	18570	18480	0.49
犯罪人数	人	3187	3069	3.84

2007年南宁市、全国、全自治区主要经济社会指标对比情况表

指标名称	单位	绝对数			南宁占广西的比重(%)
		全国	广西	南宁	
年末人口	万人	132129	5002	683.51	13.66
国内生产总值	亿元	246619	5885.88	1069.01	18.16
#第一产业	亿元	28910	1264.58	157.94	12.49
第二产业	亿元	121381	2335.39	372.27	15.94
#工业	亿元	107367	2001.17	284.09	14.20
第三产业	亿元	96328	2285.91	538.80	23.57
全社会固定资产投资	亿元	137239	2970.47	560.22	18.86
#城镇固定资产投资	亿元	117414	2627.54	517.92	19.71
#基本建设	亿元		1438.54	212.74	14.79
更新改造	亿元		527.05	103.52	19.64
房地产	亿元	25280	536.67	187.46	34.93
邮电业务总量(2000年不变价)	亿元	19361	479.47	103.35	21.56
固定电话用户	万户	36545	892.06	167.67	18.80
#城市电话用户	万户	24859	538.09	122.37	22.74
移动电话用户	万户	54729	1370.94	273.20	19.93
社会消费品零售总额	亿元	89210	1987.87	515.60	25.94
#城市	亿元	60411	1125.91	423.50	37.61
#批发零售贸易	亿元	75040	1640.28	456.40	27.83
进出口总额	亿美元	21738	92.78	12.90	13.86
#出口	亿美元	12180	51.13	10.10	19.81
实际利用外贸	亿美元	747.70	6.84	1.90	27.05
国际旅游人数	万人次	13187	205.18	14.10	6.88
国际旅游外汇收入	亿美元	419	41.85	0.40	1.00
金融机构各项存款余额	亿元	401051	5749.94	1871.50	32.55
#城乡居民储蓄存款	亿元	176213	3185.28	714.80	22.44
金融机构各项贷款余额	亿元	277747	4287.79	1922.40	44.83
居民消费价格指数(上年=100)	%	104.80	106.10	104.40	
城镇居民人均可支配收入	元	13786	12200	11877	
农民人均纯收入	元	4140	3224	3462	
普通高校在校学生	万人	1885	43.44	23.84	54.88
中等职业技术学校在校学生	万人	800	54.06	14.44	26.71
普通高中在校学生	万人	2522	43.44	11.18	25.74
初中在校学生	万人	5736	76.07	29.08	38.23
普通小学在校学生	万人	10564	452.48	54.71	12.09
卫生机构数	万个	31.50	1.08	0.21	19.44
#医院、卫生院	万个	6	0.17	0.02	11.76
医院、卫生院床位数	万张	327.90	9.50	1.93	20.32
卫生技术人员	万人	468	14.20	2.96	20.85
#执业医师和助理执业医师	万人	204	5.90	1.19	20.17
农产品产量					
粮食	万吨	50150	1551.40	189.90	12.24
油料	万吨	2461	67	9.50	14.16
甘蔗	万吨		7737.50	1188.30	15.36
水果	万吨		690.90	89.20	12.91
肉类总产量	万吨	6800	452.30	52.90	11.69
水产品	万吨	4737	380.60	20.50	5.37
工业产品产量					
成品糖	万吨	1271.40	771.16	132.40	17.17
发电量	亿千瓦时	32777.20	682.81	26.50	3.88
粗钢	万吨	48966	765.67	18.40	2.41
钢材	万吨	56894.40	984.91	41.50	4.22
十种有色金属	万吨	2350.80	81.31	1.00	1.25
水泥	万吨	136000	4350.48	684.30	15.73
化肥(折100%)	万吨	5786.90	91.08	8.10	8.92

(资料来源于《南宁市情统计手册·2008》,市统计局编印,2008年8月出版)

责任编辑 梁 坤

附　　录

南宁市人民政府驻外地机构

驻北京联络处
地址：北京市西城区赵登禹东冠英园西区 39 号
电话：010-66111113

外地人民政府(部门)驻南宁办事处

四川省人民政府驻广西办事处
地址：江南路西一里 4 号
电话：0771-4826119

贵州省人民政府驻广西办事处
地址：望州路北二里 13 号
电话：0771-3312147　3316131

云南省人民政府驻广西办事处
地址：星光大道西一里 4 号
电话：0771-4835760

江苏省人民政府驻广西办事处
地址：济南路 25 号
电话：0771-2421553　2422647

天津市人民政府驻广西办事处
电话：竹溪路 19 号新兴苑小区 16 栋 101 房
电话：0771-5336734

沈阳市人民政府驻广西办事处
地址：北湖路东二里 10 号
电话：0771-3303079

内蒙古阿拉善佐旗人民政府驻广西办事处
地址：纬武路 167 号区建材供销公司
电话：0771-2802349

柳州市人民政府驻南宁办事处
地址：桃源路 82 号财政厅招待所
电话：0771-5307706

桂林市人民政府驻南宁办事处
地址：民生路 1 号
电话：0771-2809866

玉林市人民政府驻南宁办事处
地址：济南路 25 号
电话：0771-2429286

贵港市人民政府驻南宁办事处
地址：新民路永嘉大厦 A 座 409 房
电话：0771-2626351

防城港市人民政府驻南宁办事处
地址：星湖路 34 号
电话：0771-5312868

梧州市人民政府驻南宁办事处
地址：明秀东路 82 号
电话：0771-3302735

北海市人民政府驻南宁办事处
地址：体育路 2 号
电话：0771-4825369

百色市人民政府驻南宁办事处
地址：民主路明园饭店 2 号楼
电话：0771-2620029

河池市人民政府驻南宁市办事处
地址：民主路望仙坡小区 1-2 栋
电话：0771-5629211

贺州市人民政府驻南宁办事处
地址：园湖南路 7 号华兴苑富阁座 403 房
电话：0771-5871141

大化瑶族自治县人民政府驻南宁办事处
地址：星湖路北二里 3-9 号
电话：0771-5877878

凭祥市人民政府驻南宁办事处
地址：民族大道 69 号新华大酒店 5 楼
电话：0771-2085888-517

宜州市人民政府驻南宁办事处
地址：民主路望仙坡小区 1-2 栋
电话：0771-5640431

凤山县人民政府驻南宁办事处
地址：高峰路 82 号新峰大厦
电话：0771-2812576

天峨县人民政府驻南宁办事处
地址：民族大道阳光公寓 201 房
电话：0771-2844889

隆林县人民政府驻南宁办事处
地址：共和路 168 号 8 楼
电话：0771-2614439

乐业县人民政府驻南宁办事处
地址：北宁路 15 号
电话：0771-2624691

凌云县人民政府驻南宁办事处
地址：唐山路 2 号小区 5 栋
电话：0771-3311065

田东县人民政府驻南宁办事处
地址：北宁路 42-1 号
电话：0771-2820240

田林县人民政府驻南宁办事处
地址：唐山路中鼎花园 6 栋 6411 号房
电话：0771-3105315

陆川县人民政府驻南宁办事处
地址：民主路官塘小区 1 栋 2 单元
电话：0771-5645513

博白县人民政府驻南宁办事处
地址：新竹路 33-1 号
电话：0771-5853387

平乐县人民政府驻南宁办事处
地址：东葛路 7 号
电话：0771-2810400

南丹县人民政府驻南宁办事处
地址：园湖南路 26-1 号昌龙大酒店

电话：0771-2269215

巴马瑶族自治县人民政府驻南宁办事处
地址：桃源路津头街55号
电话：0771-5322969

商务部驻南宁办事处
地址：园湖路17号
电话：0771-5867858

经济日报南宁记者站
地址：嘉宾路1号1号楼11119房
电话：0771-5535194

中国新闻社南宁支社
地址：嘉宾路1号1号楼105111房
电话：0771-5537898

主要区域邮政编码

南宁市	530000
兴宁区主要街道	530012
青秀区主要街道	530022
西乡塘区主要街道	530001
江南区主要街道	530031
邕宁区主要街道	530200
良庆区主要街道	530219
武鸣县	530100
横　县	530300
宾阳县	530400
上林县	530500
马山县	530600
隆安县	530700

地方性法规、规章、规范性文件目录选编

类别	文件号	文　件　名　称
公安司法安全	政府令第2号	南宁市烟花爆竹经营燃放管理规定
	南府发[2007]36号	关于印发南宁市《米粉质量安全要求》标准实施办法的通知
	南府发[2007]45号	关于印发南宁市重大食品安全事件应急预案的通知
	南府办[2007]20号	关于印发南宁市2006年至2008年消防重点建设目标的通知
	南府办[2007]38号	关于做好春节期间烟花爆竹“禁改限”消防安全工作的紧急通知
	南府办[2007]74号	关于印发南宁市打击传销专项行动实施方案的通知
	南府办[2007]135号	关于印发2007年南宁市安全生产月活动方案的通知
	南府办[2007]170号	关于印发2007年南宁市食品安全工作实施方案的通知
	南府办[2007]203号	关于印发南宁市猪肉市场供应应急预案的通知
	南府办[2007]209号	关于印发2007年南宁市服务“两会一节”食品安全保障工作方案的通知
	南府办[2007]241号	关于印发2007年南宁市“两会一节”安全生产工作方案的通知
	南府办[2007]244号	关于印发南宁市产品质量和食品安全专项整治行动方案的通知
	南府办[2007]260号	关于印发南宁市老城区消防安全专项治理方案的通知
	南府办[2007]312号	关于印发南宁市整顿成品油市场秩序联合执法工作方案的通知
	南府办[2007]229号	关于印发南宁市首届城市公共交通周及无车日活动工作方案的通知
	南府办[2007]264号	关于印发南宁市车用乙醇汽油推广使用工作总体实施方案的通知
	南府办[2007]305号	关于做好防范重特大道路交通事故工作的紧急通知
规划计划	南府发[2007]39号	关于印发《南宁市残疾人事业“十一五”规划纲要(2006年-2010年)》的通知
	南府发[2007]68号	关于加快发展循环经济的实施意见
	南府发[2007]71号	关于印发南宁市安全生产“十一五”规划的通知
	南府发[2007]83号	关于印发《南宁市档案事业发展十一五规划》的通知
	南府发[2007]100号	关于印发《〈南宁市中小学校布局调整规划与实施方案〉修编工作方案》的通知
	南府办[2007]44号	关于印发南宁市全面建设小康社会规划纲要编制工作方案的通知
	南府办[2007]168号	关于印发南宁市城市水系综合整治与利用规划工作方案的通知
	南府办[2007]179号	关于印发邕江两岸砂场规划的通知
	南府办[2007]319号	关于印发南宁市预拌混凝土行业发展规划纲要(2007-2010)的通知
建设房产	政府令第7号	南宁市城市照明管理规定
	南府字[2007]2号	关于开展城市内河综合整治的通告
	南府字[2007]8号	关于公布城区范围内地质灾害隐患点的通告
	南府发[2007]63号	关于进一步加强和规范全额集资建房管理的通知
	南府发[2007]77号	关于印发南宁市“十一五”农村公路建设实施方案的通知
	南府发[2007]78号	关于印发南宁市市区内涝应急抢险工作预案的通知
	南府发[2007]85号	关于印发《南宁电网建设绿色通道实施办法》的通知
	南府发[2007]104号	关于进一步落实自治区成立50周年大庆南宁市项目建设任务的通知
	南府发[2007]113号	关于印发南宁市华侨农林场住房制度改革实施方案的通知
	南府办[2007]22号	关于印发南宁市治理“五乱”停车设施规划整治实施方案的通知

续表

类别	文件号	文　件　名　称
建设房产	南府办[2007]32号	关于尽快建设(设立)便民农贸服务点的通知
	南府办[2007]33号	关于印发南宁市落实"十一五"城市绿色照明工程规划纲要实施方案通知
	南府办[2007]88号	关于印发南宁市骑楼城改造建设实施方案的通知
	南府办[2007]105号	关于印发南宁市2007年经济适用住房建设管理实施方案的通知
	南府办[2007]126号	关于对《南宁市征收集体土地及房屋拆迁补偿安置办法》的补充通知
	南府办[2007]136号	关于做好2007年汛期地质灾害防治工作的通知
	南府办[2007]178号	关于印发南宁火车站及周边环境景观整治工作实施方案的通知
	南府办[2007]182号	关于印发2007年南宁市整顿和规范市场经济秩序工作实施方案的通知
	南府办[2007]195号	关于印发2007年南宁市灾民倒房恢复重建实施方案的通知
	南府办[2007]201号	关于印发南宁市占道亭清理整治工作方案的通知
	南府办[2007]313号	关于印发南宁市拆迁安置小区建设工作方案的通知
环境保护	南府字[2007]7号	关于高考中考期间严格控制环境噪声污染的通告
	南府发[2007]6号	关于印发2007年建设生态南宁年内种植170万株树木工程实施方案的通知
	南府发[2007]7号	关于加强"城中村"及城乡结合部环境卫生管理工作的通知
	南府发[2007]109号	关于印发南宁市城市区域环境噪声标准适用区域划分的通知
	南府办[2007]185号	关于下达南宁市2007年主要污染物总量减排计划的通知
	南府办[2007]280号	关于印发南宁市生活垃圾袋装密闭管理实施方案的通知
	南府办[2007]303号	关于印发南宁市市区环境空气质量功能区划的通知
国土矿产	南府字[2007]5号	关于收回五象新区蟠龙片区国有土地使用权有关事宜的通告
	南府发[2007]19号	关于印发《南宁市工业用地使用权招标拍卖挂牌出让暂行办法》的通知
	南府办[2007]36号	关于印发南宁市加强砂石专业市场监督管理工作方案的通知
	南府办[2007]110号	关于印发南宁市地名公共服务工程实施方案的通知
	南府办[2007]221号	关于印发南宁市矿产资源开发矿区整合实施方案的通知
	南府办[2007]222号	关于下达南宁市2007年土地利用计划的通知
	南府办[2007]276号	关于印发五象新区核心区统筹土地利用及征地拆迁补偿安置办法(试行)的通知
	南府办[2007]293号	关于印发南宁市开展国有土地使用权出让情况专项清理工作实施方案的通知
农林水利	南府发[2007]9号	关于加强农村消防工作的实施意见
	南府办[2007]49号	关于印发南宁市2007年1000户农村贫困残疾人危房改造实施方案的通知
	南府办[2007]58号	关于印发2007年1000户农村特困户危房改造实施方案的通知
	南府办[2007]77号	关于印发南宁市社会主义新农村文化致富工程总体实施方案的通知
	南府办[2007]101号	关于印发集中开展三大纠纷调处加强年专项活动工作实施方案的通知
	南府办[2007]113号	关于印发2007年南宁市扶贫开发工作意见的通知
	南府办[2007]158号	关于印发《南宁市农村医疗救助实施办法》的通知
	南府办[2007]159号	关于加快我市种子管理体制改革的通知
	南府办[2007]202号	关于印发南宁市农村民居防震保安工程建设工作方案的通知
	南府办[2007]247号	关于印发南宁市农村社区建设试点工作方案的通知
	南府办[2007]269号	关于印发《南宁市被征地农民培训就业和社会保障试行办法》的通知
	南府办[2007]309号	印发《关于进一步完善城乡公共就业服务体系的实施意见》、《关于建立健全统筹城乡就业职业培训体系的实施意见》、《关于统筹城乡就业切实维护农民工合法权益的意见》的通知
科学教育文化	南府发[2007]26号	关于印发《南宁市高中阶段学校招生办法》的通知
	南府发[2007]48号	关于贯彻实施全民科学素质行动计划纲要的意见
	南府发[2007]50号	关于印发《南宁市民办学校接受政府委托承担义务教育任务管理暂行办法》的通知
	南府发[2007]80号	关于印发南宁市振兴职业教育九大工程实施方案的通知
	南府发[2007]107号	关于公布第一批南宁市级非物质文化遗产名录的通知
	南府办[2007]100号	关于印发南宁市少数民族古籍抢救收集整理工作方案的通知
	南府办[2007]166号	关于开展南宁市第三次文物普查的通知
	南府办[2007]304号	关于公布第九批南宁市重点文物保护单位的通知

续表

类别	文件号	文 件 名 称
财政税务	南府发[2007]27 号	关于印发南宁市建立现代社会信用体系规划的通知
	南府办[2007]120 号	关于印发南宁市 OA 系统处理网上市长信箱信件实施方案的通知
	南府办[2007]76 号	转发市财政局市审计局关于进一步加强南宁市各县(区)与开发区财政预算管理和审计监督的意见的通知
卫生医疗人口与计划生育	政府令第 4 号	南宁市人口和计划生育管理若干规定
	南府办[2007]64 号	关于印发 2007 年南宁市为民办实事项目为生活困难的城乡肺结核病患者免费治疗实施方案的通知
	南府办[2007]65 号	关于印发 2007 年南宁市继续大力推进新型农村合作医疗建设为民办实事项目实施方案的通知
	南府办[2007]66 号	关于印发 2007 年南宁市为民办实事项目继续实施贫困高危孕产妇救助工程实施方案的通知
	南府办[2007]107 号	关于印发南宁市 2007 年为 5000 对农村新婚夫妇免费开展地中海贫血筛查工作实施方案的通知
	南府办[2007]160 号	关于印发《南宁市城市医疗救助办法》的通知
	南府办[2007]257 号	关于印发《南宁市城镇居民基本医疗保险门诊大病(慢性病)管理试行办法》等三个城镇居民基本医疗保险配套文件的通知
劳动和社会保障	南府发[2007]16 号	关于提高我市(市区)城市居民最低生活保障标准的通知
	南府发[2007]17 号	关于提高我市农村五保供养标准的通知
	南府发[2007]95 号	关于印发《南宁市贯彻〈国务院关于解决城市低收入家庭住房困难的若干意见〉工作方案》的通知
	南府发[2007]101 号	关于印发《南宁市城镇居民基本医疗保险暂行办法》的通知
	南府发[2007]110 号	转发自治区人民政府关于调整全区职工最低工资标准的通知
	南府办[2007]37 号	关于进一步做好就业困难人员就业再就业工作的通知
	南府办[2007]61 号	关于印发《南宁市 2007 年资助 5000 名贫困家庭大中小学生就读工作实施方案》的通知
	南府办[2007]69 号	关于印发完善农村特困群众最低生活保障制度做到应保尽保实施方案的通知
	南府办[2007]70 号	关于印发完善五保供养制度提高五保户供养标准实施方案的通知
	南府办[2007]82 号	关于印发《南宁市资助家庭经济 困难大学新生入学实施细则》的通知
	南府办[2007]124 号	关于印发《南宁市籍退役运动员就业安置工作实施意见》的通知
	南府办[2007]157 号	关于印发《南宁市职工生育保险办法(试行)》的通知
	南府办[2007]186 号	关于切实做好城镇零就业家庭就业援助工作的通知
档案	政府令第 6 号	南宁市城市建设档案管理办法
企业	南府办[2007]25 号	关于印发南宁市开展电子游戏经营场所管理试点工作方案的通知
	南府发[2007]65 号	关于调整南宁市国有企业改革职工经济补偿金标准的通知
	南府发[2007]92 号	关于公布 2007 年企业工资指导线的通知
	南府办[2007]17 号	关于解决国有企业办中小学校退休教师生活补贴问题的通知
	南府办[2007]149 号	关于印发 2007 年南宁市统筹城乡就业工作要点的通知
	南府办[2007]187 号	关于印发行业协会和中介组织与行政职能部门脱钩工作实施方案的通知
	南府办[2007]197 号	转发关于推进企业解决工资拖欠问题的若干意见的通知
	南府办[2007]238 号	关于行业协会和中介组织与行政职能部门脱钩工作有关事宜的通知
	南府办[2007]288 号	关于印发南宁市工业用地招标拍卖挂牌出让程序规定的通知
招商引资	南府发[2007]90 号	关于修改《南宁市人民政府关于印发南宁大明山旅游区招商引资优惠政策的通知》有关涉税条款的通知
	南府办[2007]84 号	关于印发 2007 年南宁市“百企入邕”境内外招商引资活动计划的通知
	南府办[2007]307 号	关于建立南宁市台湾同胞投资权益保护联席会议制度的通知
其他	政府令第 8 号	南宁市物业管理办法
	南府发[2007]106 号	关于县区工业产业定位的意见
	南府发[2007]21 号	关于进一步清理南宁市本级设定的行政审批项目的通知
	南府发[2007]49 号	关于进一步明确市和县、区(开发区)事权划分理顺部门职能关系的通知
	南府发[2007]60 号	关于公布规范性文件清理结果的通知
	南府发[2007]61 号	关于印发《南宁市人民政府及其各部门各县区人民政府新闻发布制度实施细则》的通知
	南府发[2007]64 号	关于南宁市荣誉市民在本市享受的优惠礼遇的通知
	南府办[2007]90 号	关于开展政府规章清理工作的通知
	南府办[2007]180 号	关于印发 2007 年南宁市人民政府新闻发布计划的通知

（资料源自 2007 年《南宁政报》）

旅游指南

旅游精品线路

绿城风情七日游

A线： D1:上午 南宁—武鸣,游览花花世界、喀斯特地貌溶洞—伊岭岩欣赏民族风情表演;下午 游览大明山国家自然保护区。欣赏大峡谷、神笔峰,看万重山,观佛谷与田园风光。宿大明山。

D2:上午 观大明山日出,游览不老松、天书草坪、金龟溪、龙尾瀑布等景点;下午 大明山—马山,前往金伦洞,游览喀斯特地貌最大、最长、最深的原始石漠溶洞—金伦洞,之后参观奇石一条街。宿马山县。

D3:上午 游览红水河百龙滩风景区;下午从马山县至上林县,游览上林三里·洋渡,乘竹筏沿着明代大旅行家徐霞客足迹漂游,沿途观赏田园风光,奇峰竞姿,翠竹倒影,唐碑古庙,在下金壮乡民族风情园烧烤。宿上林县。

D4:上午 驱车前往大龙湖,乘船游览大龙湖,观赏绵羊迎宾、天马相亲、龙脊、神鲤迎宾、龙王鞋等景点;下午从上林县至宾阳县,游览抗日战争昆仑关战役旧地—昆仑关景区,到九曲湾温泉谷泡温泉。宿南宁。

D5:上午 游览国家4A旅游区——青秀山名胜风景旅游区龙象塔、泰国园、苏铁园等景点,参观南湖广场、南宁国际会展中心、五象广场;下午参观广西博物馆、广西民族文物苑、广西药用植物园。宿南宁。

D6:上午 沿途参观星光大道、民族大道,游览具有明清建筑风格的扬美古镇,参观临江街、梁列亚故居、明清民居;下午游览良凤江国家森林公园水杉林、阴阳菩提树,参加滑草、野战、卡丁车等娱乐活动。宿南宁。

D7:上午 南宁出发前往中国茉莉花之乡——横县,游览九龙瀑布群龙迎宾、双龙戏珠等景区;下午 参观茉莉花基地、全国最大的茉莉花交易市场、茉莉花西南茶城品茶、购茶,游览西津湖景区,返南宁,行程结束。

B线： D1:上午 游览国家4A旅游区——青秀山风景名胜旅游区龙象塔、泰国园、苏铁园等景点,参观南湖广场、南宁国际会展中心、五象广场;下午 参观广西博物馆、广西民族文物苑、广西药用植物园。宿南宁。

D2:上午 游览南宁市动物园,观看黑叶猴等珍稀动物以及大象、海豚表演等,参观国家农业旅游示范点——广西现代农业科技示范园;下午游览抗日战争昆仑关战役旧址——昆仑关景区,宾阳县程思远故居、古辣蔡村等景点,晚上,前往上林县,宿上林县城。

D3:游览上林三里·洋渡,乘竹筏沿着明代大旅行家徐霞客足迹漂游,沿途观赏田园风光,奇峰竞姿,翠竹倒影,唐碑古庙,在下金壮乡民族风情园烧烤;下午驱车前往大龙湖,乘船游览大龙湖,观赏绵羊迎宾、天马相亲、龙脊、神鲤迎宾、龙王鞋等景点;晚上,前往马山县,宿马山县城。

D4:上午 从马山县出发前往大明山国家级自然保护区,游览不老松、天书草坪、金龟溪、龙尾瀑布等景点;下午游览大峡谷、神笔峰、看万亩杜鹃或吊钟花,观佛谷与田园风光。宿大明山。

D5:上午大明山观日出,大明山—武鸣,游览喀斯特地貌溶洞——伊岭岩,民族长廊欣赏民族风情表演;下午游览明秀园、灵水、中国东盟经济园、花花世界。宿南宁。

D6:上午 从南宁出发前往隆安县,游览龙虎山风景区,隆安红七军指挥部旧址;下午返南宁,游览具有明清建筑风格的扬美古镇,参观临江街、梁列亚故居、明清民居。宿南宁。

D7:上午 参观南宁国际会展中心、百色起义革命烈士纪念碑,李明瑞、韦拔群陈列馆,南宁高新技术产业开发区、青岛啤酒南宁分公司;下午前往九曲湾温泉度假中心或绿都温泉度假中心,享受温泉泡浴,晚上行程结束。

中越跨国游

A线：南宁—凭祥—越南(河内—海防—下龙)

B线：南宁—东兴—越南(芒街—下龙湾—海防—河内—西贡)

边关风情游

A线：南宁—大新(德天瀑布)—靖西(通灵大峡谷)—龙州(小连城)

B线：南宁—隆安(龙虎山)—大新(德天瀑布)—崇左(斜塔)—宁明(花山壁画)—凭祥(友谊关)

八桂精华游

A线：南宁—桂林—兴安—资源—龙胜

B线：南宁—北海—钦州—防城—东兴

C线：南宁—大新(德天瀑布)—靖西(通灵大峡谷、古龙河漂流)—百色乐业(天坑群)

绿城寻胜游

A线：南宁—横县(茉莉花之都、九龙瀑布群、伏波风景区)—上林(大龙湖风景区、三里洋渡风景区)—马山(金伦洞、红水河风景区)—大明山风景区—武鸣(伊岭岩、灵水、明秀园)

B线：南宁—邕宁(昆仑关)—宾阳(金坑峡漂流)—上林(大龙湖风景区、三里洋渡风景区)—马山(金伦洞、红水河风景区)

绿城风光游

A线：朝阳广场—兴宁路步行街—邕江大桥景观带—民族大道—民族广场—南湖景观带—埌东新颜

B线：青秀山风景名胜旅游区—广西博物馆—广西民族文物苑—伊岭岩

C线：广西药用植物园—伊岭岩—扬美古镇—青秀山—良凤江国家森林公园

(沈述莲)

2007年南宁市三星级以上宾馆酒店名录(48家)

名 称	级 别	地 址	电 话
南宁明园新都酒店	五 星	新民路38号	2118988
市邕江宾馆	五 星	江滨东路41号	2180888
南宁饭店	五 星	民生路38号	2103888
广西沃顿国际大酒店	五 星	民族大道东段88号	2111910
南宁桂景大酒店	五 星	文信路(桂景巷)1号桂林大厦	5806608
广西金都大酒店	四 星	中华路17号	2108188
广西锦华大酒店	四 星	东葛路1号	2088888
南宁明园饭店	四 星	新民路38号	2118668
南宁跨世纪大酒店	四 星	民族大道东段111号	5519200
广西南宁凤凰宾馆	四 星	朝阳路63号	2119888
广西夏威夷国际大酒店	四 星	民族大道81号	5885538
东盟国际大酒店	四 星	邕武路1号	5803988
万锦大酒店	四 星	星湖路27号	5818333
广西凯宾皇冠大酒店	四 星	民族大道98号	4917750
南宁翔云大酒店	三 星	新民路59号	2626008
广西南宁天湖酒店	三 星	杭州路3号	2195588
南宁金悦宾馆	三 星	新民路59号	2101088
市银河大酒店	三 星	朝阳路76号	2116688
南宁万兴酒店	三 星	共和路174号	2102888
广西南宁市昌龙大酒店	三 星	园湖路26-1号	2269888
市恒川大酒店	三 星	杭州路5号	2198388
南宁金禾宫大酒店	三 星	桂春路13号	2198688
广西三月花大酒店	三 星	东葛路119	5703999
市永华大酒店	三 星	园湖北路11-6号	5656528
广西福彩宾馆	三 星	葛村路23号	2235988
市富满地大酒店	三 星	桃源路43号	2195888
广西新华大酒店	三 星	民族大道69号	2085868
南宁华星酒店	三 星	七星路125号	4917750
市凯莱大酒店	三 星	中华路48号	2088088
市金琅大酒店	三 星	桂春路中段	5517733
广西绿都大酒店	三 星	七星路133号	2266688
广西华夏大酒店	三 星	中华支一路3号	2410600
市海浪湾酒店	三 星	凤翔路3号	5506585
广西发改委培训中心	三 星	葛村路1号	2282266
南宁大王滩度假村	三 星	良庆区那马镇南宁大王滩风景区内	4778120
广西博宾酒店	三 星	唐山路54号	5800888
广西天妃商务酒店	三 星	明秀东路238号	2080880
南宁圣展酒店	三 星	金湖南路49号	2026999
南宁金茶花大酒店	三 星	中华路125号	2432825
长湖大酒店	三 星	长湖路8-8号	4805555
南宁松源锦大酒店	三 星	金湖路62号	5761188
广西满江红大酒店	三 星	祥宾路63号	5752688
南宁永凯大酒店	三 星	友爱南路43-2号	3936089
市壮元坡宾馆	三 星	秀灵路77-1号	5758088
市湄公河大酒店	三 星	竹溪大道98号	2022811
市钻石海岸海鲜大酒店	三 星	双拥路南湖广场旁	4805555
广西阳光假日酒店	三 星	中华路17-1号	5810368
南宁振宁大酒店	三 星	新阳路286号	5517733

南宁市全面建设小康社会进程统计监测情况

为科学地反映南宁市全面建设小康社会的现状，提供决策依据，市统计局小康测算课题组根据自治区统计局关于开展全面建设小康社会统计监测的要求，以及国家统计局关于开展全面建设小康社会统计监测指标体系的测算规范要求，对南宁市2000~2006年全面建设小康社会进程进行了监测和评价。

一、南宁市全面建设小康社会进程基本情况

党的十六大以来，南宁市经济快速稳健发展，城乡居民生活质量稳步提高，民主法制建设不断增强，社会事业发展加快，全面建设小康社会进程加快，至2006年，南宁市全面建设小康社会实现程度已在70%以上。

到2006年止，南宁市全面建设小康社会的六大类统计监测指标体系实现程度均在60%以上，其中民主法制、资源环境、社会和谐、科教文卫四大类指标体系实现程度均超过70%，经济发展、生活质量两大类指标体系实现程度较低，均在70%以下。六大类统计监测指标体系中：民主与法制指标实现程度为91.25%，距离标准目标值还有8.75个百分点；资源环境指标实现程度为85.36%，距离标准目标值还有14.64个百分点；社会和谐指标实现程度为73.04%，距离标准目标值还有26.96个百分点；科教文卫指标实现程度为72.72%，距离标准目标值还有27.28个百分点；经济发展指标实现程度为65.20%，距离标准目标值还有34.8个百分点；生活质量指标实现程度为60.54%，距离标准目标值还有39.46个百分点。

全面建设小康社会的25项统计监测基础指标中：达到全面建设小康社会标准要求，实现程度为100%的，有第三产业比重、城镇登记失业率、人均住房使用面积、社会安全指数、5岁以下儿童死亡率、平均预期寿命等6项指标；实现程度在90%~99%之间的，有高中阶段毕业生性别比、常用耕地面积指数、地区经济发展差异系数、环境质量指数、基尼系数等5项指标；实现程度在80%~89%之间的，有万元GDP综合能耗、恩格尔系数、公民自身民主权利满意度、平均受教育年限等4项指标；实现程度在60%~69%之间的，有城镇人口比重指标；实现程度在60%以下的，与标准目标值差距较大的，有基本社会保障覆盖率、万元GDP用水量、居民人均生活用电量、人均GDP、家用电脑拥有量、居民人均可支配收入、城乡居民收入比、R&D经费支出占GDP比重、民用载客汽车拥有量等9项指标。

二、南宁市全面建设小康社会进程的主要特点

1.全面建设小康社会实现程度进程不断加快

2000~2006年，南宁市全面建设小康社会实现程度呈逐年递增趋势。2006年我市全面建设小康社会进程实现程度71.08%，比2000年提高了11.43个百分点，年均提高1.9个百分点。

南宁市全面建设小康社会进程明显加快，2005~2006年两年实现程度的年均百分点由2000~2004年的年均1.25个百分点提高到3.23个百分点，每年的实现程度比前四年加快了1.98个百分点，正处于全面建设小康社会的加速推进阶段。

2.社会事业发展指标实现程度高于经济发展指标

南宁市全面建设小康社会过程中，民主法制、资源环境、社会和谐、科教文卫四大类社会发展的指标实现程度高于经济发展与生活质量两项经济生活的指标。全面建设小康社会的六大类统计监测指标体系中：小康实现程度最高的是民主法制建设指标，其实现程度达91.25%，比实现程度最低的生活质量建设指标60.54%高出30.71个百分点。

3.资源环境指标呈U型发展，其他指标逐年上升

南宁市全面建设小康社会的六大类统计监测指标体系中，除环境资源指标实现程度略有下降外，其他指标实现程度均逐年上升。其中，2006年的指标与2000年的指标相比，社会和谐指标实现程度进展最快，提高了26.04个百分点，年均提高4.34个百分点；第二是生活质量指标，提高了13.94个百分点，年均提高2.32个百分点；第三是经济发展指标，提高了11.8个百分点，年均提高1.97个百分点；第四是科教文卫指标，提高了8.43个百分点，年均提高1.41个百分点；第五是民主法制指标，提高了3.71个百分点，年均提高0.63个百分点；实现程度最慢是资源环境指标，下降了3.13个百分点。

4.六大类统计监测指标发展不平衡

——经济发展指标中的第三产业比重、城镇调查失业率指标已经达标，而人均GDP、城镇人口比重两项指标则进展缓慢，特别是人均CDP指标，实现程度仅为42.04%，大大低于全市全面建设小康社会实现程度。

——社会和谐指标中的基尼系数、地区经济发展差异系数、高中阶段毕业生性别比三项指标实现程度较好，而城乡居民收入比、基本社会保障覆盖率指标实现程度明显靠后。

——生活质量指标中的人均住房使用面积指标已经达标，恩格尔系数指标进展较快，而居民人均可支配收入、民用载客汽车拥有量、居民人均生活用电量三项指标发展较为滞后。

——民主法制指标整体实现程度较好，特别是社会安全指数已经达标，公民自身民主权利满意度指标进展也较快。

——科教文卫指标中的5岁以下儿童死亡率、平均预期寿命指标已经达标，平均受教育年限指标进展较快，而R&D经费支出占GDP比重、家用电脑拥有量两项指标进展则明显落后。

——资源环境指标中的万元GDP综合能耗、常用耕地面积指数、环境质量指数三项指标均进展较快、而万元GDP用水量指标发展较为滞后。

25项基础指标中，实现程度在50%以下的，还有人均GDP、城乡居民收入比、居民人均可支配收入、民用载客汽车拥有量等8项指标。其中差距最大的指标是民用载客汽车拥有量，实现程度仅为26.34%，与小康标准值的差距为73.66个百分点。

5.城乡经济发展与生活质量指标差异大，农村全面建设小康社会任重道远

据全市2006年监测资料分析，全市城镇全面建设小康社会的实现程度为83.18%，而农村仅为61.14 %，两者差距高达22.04个百分点。其中，经济发展指标城乡差距最大，城镇实现程度为83.58%，农村实现程度为49.05%，两者差距高达34.53个百分点；其次为生活质量指标，城镇实现程度比农村实现程度高27.86个百分点。六大类指标体系中，资源环境指标是农村实现程度唯一高于城镇的指标，农村实现程度为85.45%，城镇实现程度为85.1%，农村比城镇高了0.35个百分点。南宁市农村全面建设小康社会进程与城镇比，实现程度差距较大，小康建设之路任务艰巨。

（摘自《南宁调研》2008年第四期《社会和谐发展小康建设进程加快》）

南宁市第二次全国农业普查主要数据公报

第一号

（2008 年 5 月 10 日）

根据国务院和自治区人民政府的统一部署，我市开展了第二次全国农业普查。这次普查的标准时点为 2006 年 12 月 31 日，时期资料为 2006 年度。普查对象为我市行政辖区范围内全部的农村住户、城镇农业生产经营户、农业生产经营单位、村民委员会和乡镇人民政府。农业普查采用全面调查的方法，对所有普查对象由普查员进行逐个查点和填报。普查的主要内容包括：农业生产条件、农业生产经营活动、农业土地利用、农村劳动力及就业、农村基础设施、农村社会服务、农村居民生活，以及乡镇、村民委员会和社区环境情况等。

在市委、市政府以及各级政府、各级领导的高度重视和有关部门的大力配合下，经过全市 24000 多名普查工作人员历时两年的艰苦努力，我市第二次全国农业普查的登记填报、光电录入、数据处理等主要工作顺利完成。通过普查，全面掌握了我市农业、农村、农民的基本情况，为研究和制定农业经济发展规划提供了全面、准确、翔实的基本数据。

根据《全国农业普查条例》的有关规定，南宁市第二次全国农业普查领导小组办公室和南宁市统计局将分期发布农业普查公报，向社会公布全市农业普查的主要结果。

农业、农村、农民的基本情况

我市第二次全国农业普查共调查了 133 个乡镇级行政单位，其中乡 18 个，镇 84 个，涉农的街道办事处 19 个，农场 12 个；共调查了 1559 个村级组织，其中 1395 个村，涉农社区 115 个，农场 49 个；普查登记户 107.12 万住户，其中在农村居住 1 年以上的家庭户 105.44 万户。

一、农业基本状况

2006 年末，全市共有农业生产经营户 97.03 万户，主营农业生产单位 2144 个。全市共有农业从业人员 210.34 万人，农业技术人员 9314 人。

二、主要农业机械

2006 年末，全市共有大中型拖拉机 0.41 万台，小型拖拉机 12.98 万台，大中型拖拉机配套农具 0.28 万套，小型拖拉机配套农具 9.86 万套，联合收割机 0.06 万台。

三、农村基础设施

2006 年末，全市 14.7%的乡镇地域范围内有火车站，53.9%的乡镇地域范围内有二级以上公路通过，96.1%的乡镇有邮电所，99.0%的乡镇有储蓄所，5.9%的乡镇有公园，96.1%的乡镇有综合市场，18.6%的乡镇有农产品专业市场。全市 88.1%的镇实施集中供水，14.3%的镇生活污水经过集中处理，31%的镇有垃圾处理站。

全市 95.3%的村通公路，99.9%的村通电，96.6%的村通电话，97.9%的村能接收电视节目；20.6%的村饮用水经过集中净化处理，6.1%的村实施垃圾集中处理，94.4%的村有沼气池，32%的村完成改厕；18.6%的村地域范围内有 50 平方米以上的综合商店或超市。

四、农村社会服务

2006 年末，全市 8.8%的乡镇有职业技术学校。91.2%的乡镇有广播、电视站，102 个乡镇全部拥有医院、卫生院，83.3%的乡镇有敬老院。97.2%的村在 3 公里范围内有小学，55.6%的村在 5 公里范围内有中学。43.9%的村有幼儿园、托儿所，19.8%的村有体育健身场所，18.9 %的村有图书室、文化站，17.9%的村有农民业余文化组织。86.7%的村有卫生室（站、所），86.9%的村有行医资格证书的医生，26.1%的村有行医资格证书的接生员。

五、农村劳动力资源与就业

2006 年末，全市农村劳动力资源总量达 261.8 万人。其中，男劳动力占 51.9%；农村从业人员 239.4 万人，占农村劳动力资源总量的 91.4 %。

六、农村居民生活条件

2006 年末，全市农村居民平均每户拥有住宅面积 129.7 平方米。99.5%的住户拥有自己的住宅。61.7%的住户使用管道水。80.5%的住户炊事能源以柴草为主。农村居民中，平均每百户农户拥有彩电 78.4 台，固定电话 34.6 部，手机 73.3 部，电脑 1.2 台，摩托车 50.1 辆，生活用汽车 2 辆。

注：1.乡级行政单位：包括乡、镇和具有行政职能的乡级农场。普查公报中，农村基础设施和基本社会服务的资料范围是 102 个乡镇，其中乡 18 个，镇 84 个，不包括具有行政职能的乡级农场。

2.村级组织：包括村民委员会、有集体所有制农业用地或农业户籍人口的居民委员会所辖地域、具有村民委员会职能的农场。普查公报中，农村基础设施和基本社会服务的资料范围是全市 1492 个村民委员会和有集体所有制农业用地或农业户籍人口的居民委员会所辖地域，不包括具有村民委员会职能的农场。

3.住户：包括农村住户、城镇农业生产经营户。农村住户包括集体户和家庭户。普查公报中，农村居民生活条件的资料范围是在农村居住一年以上的家庭户。

4. 农业生产经营户和农业生产经营单位：是指在农业用地和单独的设施中经营农作物种植业、林业、畜牧业、渔业以及农林牧渔服务业，并达到以下标准之一的住户和单位：

① 年末经营耕地、园地、养殖水面面积在 0.1 亩及以上；

② 年末经营林地、牧草地面积在 1 亩以上；

③ 年末饲养牛、马、猪、羊等大中型牲畜 1 头及以上；

④ 年末饲养兔等小动物以及家禽共计 20 只及以上；

⑤ 2006 年全年出售和自产自用的农产品收入超过 500 元以上；

⑥ 对本户或本单位以外提供农林牧渔服务的经营性收入在 500 元以上，或者行政事业性农林牧渔服务业单位的服务事业费支出在 500 元以上。

普查公报中，农业生产基本状况和生产条件的资料范围是我市行政区域范围内全部的农业生产经营户和农业生产经营单位，既包括农村地域也包括城镇地域内的农业生产经营户和农业生产经营单位。

5.农村劳动力资源：是指 2006 年末农村住户常住人口（即在本户居住 6 个月以上人口）中 16 周岁及以上具有劳动能力的人员。

6.农业从业人员：是指在 2006 年从业人员中，以农业为主要行业的从业人员。包括我市行政区域范围内全部农村住户、城镇农业生产经营户和农业生产经营单位中的农业从业人员。

7.农业技术人员：指 2006 年末，农业从业人员中受过各种专业技术培训或掌握某项专门技能并具有各种专业技术职称的人员，且必须有上级主管部门颁发的专业技术资格证书，分为初级、中级和高级三个档次。专业技术人员的等级以专业技术资格证书上登记的为准。

8.农村外出从业劳动力:是指农村住户户籍从业人员中,2006年到本乡镇行政管辖区域以外从业1个月及以上的人员。

9.实施集中供水的镇:指本乡镇镇区内,通过管道系统对镇区居民进行集中供水。集中供水的水质必须符合国家有关自来水或者饮用水的标准。不符合国家自来水或饮用水标准,或者水质未经过国家有关部门检验认定为合格的,虽然其形式为集中供水,也不算集中供水。

10. 生活污水经过集中处理的镇:是指镇区居民的生活污水纳入污水收集管网并通过污水处理厂进行处理。

11.有垃圾处理站的镇:是指在镇区内有对垃圾进行集中、转运或各种无毒化处理的垃圾清理场所。不包括只存放垃圾,但不进行任何处理的垃圾堆放场所。

12.村:指村民委员会所辖地域和有集体所有制农业用地或有农业户籍的居民委员会所辖地域。

13. 饮用水经过集中净化处理的村:是指年末本村村委会驻地的住户的生活饮用水经过集中净化、消毒等处理。来自自来水厂的饮用水视为经过集中净化处理。

14.实施垃圾集中处理的村:是指本村地域内,有垃圾处理设施进行垃圾集中处理,或者虽然没有垃圾处理设施,但是对垃圾实行统一集中清运。

15.完成改厕的村:指本村地域内基本消灭了露天粪缸、粪坑、旱厕、简易厕所,大多数或全部居民使用带有化粪池、沼气池或三隔池厕所,部分居民使用公共厕所或其他村里指定的定点场所作为倾倒粪便的场所。

16.卫生室:指在本村地域内,经县级卫生行政部门许可,由村集体或个人举办的卫生机构。卫生室(所、站)有固定场所,从事医疗活动,承担管理职能。不包括专科的牙医室,以及主要从事药品销售活动的单位。

17.住宅面积:指本户拥有的全部住宅的建筑面积,包括自住、租出和空置的住宅建筑面积。

第二号

(2008年5月11日)

农业基本状况和生产条件

我市第二次全国农业普查对全市农业生产经营户和农业生产经营单位的基本状况和生产条件进行了全面调查。现将主要结果公布如下:

一、农业生产经营户和农业生产经营单位

2006年末,全市共有农业生产经营户97.03万户,农业生产经营户中,以从事农作物种植业户最多,占全部农业生产经营户的87.7%,其次为畜牧业占8.7%,其余依次为林业、渔业、农林牧渔服务业,分别占2.8%、0.7%和0.1%。

2006年末,全市拥有农业生产经营单位2144个。农业生产经营单位中以主要从事林业的单位最多,占全部农业生产经营单位的31.7%,其余依次为农林牧渔服务业、种植业、渔业和畜牧业,占全部农业生产经营单位比重分别为30.5%、22.4%、8.3%和7.1%。

二、农业从业人员

2006年末,全市拥有农业从业人员210.34万人,其中,男性占50.7%,女性占49.3%。按年龄分,农业从业人员在20岁以下占5.5%,21~30岁占18.2%,31~40岁占23.7%,41~50岁占21.4%,51岁以上占31.2%;按文化程度分,我市农业从业人员中具有初中文化程度的人员最多,占57.6%,其次为小学文化程度,占34.1 %,高中文化程度占5.2%,文盲占2.8 %,大专及以上文化程度占0.3%。

三、农业技术人员

2006年末,全市共有农业技术人员9314人。按职称分,初、中、高级农业技术人员分别为6690人、2016人和608人,其比重分别为71.8%、21.7%和6.5%。

四、农业机械及使用和设施农业情况

2006年末,全市大中型拖拉机0.41万台;小型拖拉机12.98万台;大中型拖拉机配套农具0.28万套;小型拖拉机配套农具9.86万套;联合收割机0.06万台。

2006年,机耕面积占耕地面积的比重33.7%;喷灌面积占耕地面积的比重为0.7%,滴灌渗灌面积占0.3%。机播面积占农作物播种面积的比重0.03%;机收面积占农作物播种面积的比重2.17%。2006年末,全市共有温室面积580亩,大棚面积2110亩。

注:1.农业生产经营户和农业生产经

表1 农业生产经营户和农业生产经营单位数量及构成

	农业生产经营户		主营农业生产经营单位	
	数量(万户)	比重(%)	数量(个)	比重(%)
全市合计	97.03	90.6	2144	
农作物种植业	85.10	87.7	480	22.4
林业	2.77	2.8	679	31.7
畜牧业	8.45	8.7	153	7.1
渔业	0.63	0.7	177	8.3
农林牧渔服务业	0.08	0.1	655	30.5

表2 农业从业人员数量及构成

	计量单位	数量
全市农业从业人员	万人	210.34
农业从业人员性别构成		
男	%	50.7
女	%	49.3
农业从业人员年龄构成		
20岁以下	%	5.5
21~30岁	%	18.2
31~40岁	%	23.7
41~50岁	%	21.4
51岁以上	%	31.2
农业从业人员文化程度构成		
文盲(未上学)	%	2.8
小学	%	34.1
初中	%	57.6
高中	%	5.2
大专及以上	%	0.3

表3 农业技术人员数量(产业活动单位)

	人数(人)	比重%
农业技术人员合计	9314	
初级	6690	71.8
中级	2016	21.7
高级	608	6.5

表4 全市主要农业机械数量

	计量单位	数量
大中型拖拉机	万台	0.41
小型拖拉机	万台	12.98
大中型拖拉机配套农具	万套	0.28
小型拖拉机配套农具	万套	9.86
联合收割机	万台	0.06

表5 全市农业机械使用情况

	计量单位	比重
占耕地面积的比重		
机耕面积	%	33.7
喷灌面积	%	0.7
滴灌渗灌面积	%	0.3
占农作物播种面积的比重		
机播面积	%	0.03
机收面积	%	2.17
设施农业		
温室面积	亩	580
大棚面积	亩	2110

营单位：是指在农业用地和单独的设施中经营农作物种植业、林业、畜牧业、渔业以及农林牧渔服务业，并达到以下标准之一的住户和单位：

①年末经营耕地、园地、养殖水面面积在0.1亩及以上；

②年末经营林地、牧草地面积在1亩以上；

③年末饲养牛、马、猪、羊等大中型牲畜1头及以上；

④年末饲养兔等小动物以及家禽共计20只及以上；

⑤2006年全年出售和自产自用的农产品收入超过500元以上；

⑥对本户或本单位以外提供农林牧渔服务的经营性收入在500元以上，或者行政事业性农林牧渔服务业单位的服务事业费支出在500元以上。

普查公报中，农业生产基本状况和生产条件的资料范围是我市行政区域范围内全部的农业生产经营户和农业生产经营单位，既包括农村地域也包括城镇地域内的农业生产经营户和农业生产经营单位。

2.农业从业人员：是指在2006年从业人员中，以农业为主要行业的从业人员。包括我市行政区域范围内全部农村住户、城镇农业生产经营户和农业生产经营单位中的农业从业人员。

3.农业技术人员：指2006年末，农业从业人员中受过各种专业技术培训或掌握某项专门技能并具有各种专业技术职称的人员，且必须有上级主管部门颁发的专业技术资格证书，分为初级、中级和高级三个档次。专业技术人员的等级以专业技术资格证书上登记的为准。

4.农业机械：主要是指用于农业生产的大中小型拖拉机及其配套农具和联合收割机等农业机械。其具体解释是：

大中型拖拉机指发动机额定功率在14.7千瓦(含14.7千瓦即20马力)以上的拖拉机，有链轨式和轮式两种。

小型拖拉机指发动机额定功率在2.2千瓦(含2.2千瓦)以上，小于14.7千瓦的拖拉机，包括小四轮与手扶式。

大中型拖拉机配套农具指与大中型拖拉机配套使用的牵引和悬挂的田间移动作业机具，例如机引犁、机引耙、机引播种机、旋耕机等农具。不包括旧式农具与半机械化农具改为拖拉机牵引和悬挂的农具。

小型拖拉机配套农具指与小型拖拉机配套使用的牵引和悬挂的田间移动作业机具。不包括旧式农具与半机械化农具改为拖拉机牵引和悬挂的农具。

联合收割机指在收获过程中同时可以完成几项作业(如收割和脱粒等)的收割机械，如谷物联合收割机、棉花联合收获机(摘棉机)。有牵引式和自走式两种。

第三号

（2008年5月12日）

农村基础设施建设和基本社会服务

我市第二次全国农业普查对全市102个乡镇和1492个村的基础设施建设和基本社会服务情况进行了全面调查，现将主要结果公布如下：

一、交通

2006年末，在乡镇地域范围内有火车站的乡镇占全部乡镇的14.7%，有码头的乡镇占16.7%，有二级以上公路通过的乡镇占53.9%。乡镇政府所在地距县城在一小时车程内的乡镇占79.4%，距一级公路或高速公路出入口在50公里之内的乡镇占90.2%。

2006年末，95.3%的行政村和81.8%的自然村通公路，19.3%的村地域范围内有车站或码头。进村公路路面和村内道路路面以沙石路面居多。

二、电力、通讯

2006年末，93.1%的乡镇已经完成农村电网改造，96.1%的乡镇有邮电所；99.9%的行政村和99.3%的自然村通电，96.6%的行政村和88.2%的自然村通电话。

三、文化教育

2006年末，8.8%的乡镇有职业技术学校；5.9%的乡镇有公园；91.2%的乡镇有广播、电视站。97.2%的村在3公里范围内有小学，55.6%的村在5公里范围内有中学；97.9%的村能接收电视节目，48.2%的村安装了有线电视；43.9%的村有幼儿园、托儿所，19.8%的村有体育健身场所；18.9%的村有图书室、文化站，17.9%的村有农民业余文化组织；93.3%的自然村能接收电视节目，26.0 %的自然村安装了有线电视。

四、环境卫生

全市102个乡镇中，88.1%的乡镇实施集中供水，14.3%的乡镇生活污水经过集中处理，31%的乡镇有垃圾处理站。20.6%的村饮用水经过集中净化处理，

表1　有交通设施的乡镇比重

	比重(%)
有火车站的乡镇	14.7
有码头的乡镇	16.7
有二级以上公路通过的乡镇	53.9
距离一级公路或高速公路出入口在50公里之内乡镇	79.4
能在一小时内到达县政府的乡镇	90.2

表2　有交通设施的村比重

	比重(%)
通公路的村	95.3
通公路的自然村	81.8
按村到最近的车站、码头的距离分	
村内有车站、码头	19.3
1～3公里	32.0
4～5公里	15.4
6～10公里	19.0
11～20公里	11.5
20公里以上	2.8
按进村公路路面类型分	
水泥路面	25.3
柏油路面	16.4
沙石路面	46.0
其他路面	12.3
按村内主要道路路面类型分	
水泥路面	13.5
柏油路面	1.9
沙石路面	54.5
砖、石板路面	0.2
其他路面	29.9
村内主要道路有路灯的村	2.9

表3　有电力、通讯设施的乡镇或村比重

	比重(%)
已经完成农村电网改造的乡镇	93.1
有邮电所的乡镇	96.1
通电的村	99.9
通电的自然村	99.3
通电话的村	96.6
通电话的自然村	88.2

表4　有文化教育设施的乡镇或村比重

	比重(%)
村内有中学	8.0
1～3公里	27.1
4～5公里	20.5
6～10公里	25.9
11～20公里	16.2
20公里以上	2.3
能接收电视节目的村	97.9
安装了有线电视的村	48.2
有幼儿园、托儿所的村	43.9
有体育健身场所的村	19.8
有图书室、文化站的村	18.9
有农民业余文化组织的村	17.9
能接收电视节目的自然村	93.3
安装了有线电视的自然村	26.0

表5　有卫生处理设施的乡镇或村比重

	比重(%)
实施集中供水的镇	88.1
生活污水经过集中处理的镇	14.3
有垃圾处理站的镇	31.0
饮用水经过集中净化处理的村	20.6
实施垃圾集中处理的村	6.1
有沼气池的村	94.4
完成改厕的村	32.0

表6　有医疗和社会福利机构及人员的乡镇或村比重

	比重(%)
有医院、卫生院的乡镇	100.0
有敬老院的乡镇	83.3
按村到医院、卫生院的距离分	
村内有医院、卫生院	7.7
1～3公里	25.2
4～5公里	20.6
6～10公里	27.7
11～20公里	17.0
20公里以上	1.8
有卫生室的村	86.7
有行医资格证书医生的村	86.9
有行医资格证书接生员的村	26.1

表7　有金融商业机构的乡镇或村比重

	比重(%)
有综合市场的乡镇	96.1
#有年交易额超过1000万元以上综合市场的乡镇	35.3
有专业市场的乡镇	22.5
#有年交易额超过1000万元以上专业市场的乡镇	8.8
有农产品专业市场的乡镇	18.6
#有年交易额超过1000万元以上农产品专业市场的乡镇	7.8
有储蓄所的乡镇	99.0
有50平方米以上的综合商店或超市的村	18.6
在村内就可以买到化肥的村	
按村到可以买到彩电的商店的距离分	64.5
在村内可以买到彩电	5.4
1～3公里	19.3
4～5公里	16.4
6～10公里	26.6
11～20公里	22.6
20公里以上	9.7

6.1%的村实施垃圾集中处理,94.4%的村有沼气池,32.0%的村完成改厕。

五、医疗和社会福利机构

2006年末,102个乡镇全部拥有医院、卫生院,83.3%的乡镇有敬老院。32.9%的村距离医院、卫生院在3公里以内,86.7%的村有卫生室,86.9%的村有行医资格证书的医生,26.1%的村有行医资格证书的接生员。

六、市场建设

2006年末,96.1%的乡镇有综合市场,22.5%的乡镇有专业市场,18.6%的乡镇有农产品专业市场,7.8%的乡镇有年交易额超过1000万元以上的农产品专业市场,99.0%的乡镇有储蓄所。18.6%的村有50平方米以上的综合商店或超市,64.5%的村在村内可以买到化肥,5.4%的村在村内可以买到彩电。

注:1.村:指村民委员会所辖地域和有集体所有制农业用地或有农业户籍的居民委员会所辖地域。

2.通公路的村:指有公路从外部通达到的村。公路是指能通行汽车、拖拉机的道路。

3.村到最近的车站、码头的距离:指本村村委会驻地到最近车站或码头的距离。有定时经过或经常经过的客运车、并能招手上车的地点也视为车站。

4.通电的村:指能用电进行正常的生产和生活活动的村。

5.通电话的村:指能用固定电话或手机与外界联系的村。

6.卫生室:指在本村地域内,经县级卫生行政部门许可,由村集体或个人举办的卫生机构。卫生室有固定场所,从事医疗活动,承担管理职能。不包括专科的牙医室,以及主要从事药品销售活动的单位。

7.饮用水经过集中净化处理的村:指年底本村村委会驻地的住户生活饮用水经过集中净化、消毒等处理。来自自来水厂的饮用水视为经过集中净化处理。

8.实施垃圾集中处理的村:指本村地域内有垃圾处理设施进行垃圾集中处理,或者虽然没有垃圾处理设施,但是对垃圾实行统一集中清运。

9.完成改厕的村:指本村地域内,基本消灭了露天粪缸、粪坑、旱厕、简易厕所,大多数或全部居民使用带有化粪池、沼气池或三隔池厕所,部分居民使用公共厕所或其他村里指定的定点场所作为倾倒粪便的场所。

10.实施集中供水的镇:指通过管道系统对镇区居民进行集中供水的乡镇。集中供水的水质必须符合国家有关自来水或者饮用水的标准。不符合国家自来水或饮用水标准,或者水质未经过国家有关部门检验认定为合格的,虽然其形式为集中供水,也不算集中供水。

11.生活污水经过集中处理的镇:指镇区居民的生活污水纳入污水收集管网并通过污水处理厂进行处理的乡镇。

12.有垃圾处理站的镇:是指镇区内有对垃圾进行集中、转运或者各种无毒化处理的垃圾清理场所的乡镇。垃圾处理站不包括只存放垃圾,但不进行任何处理的垃圾堆放场所。

第四号

(2008年5月13日)

农村居民生活条件

我市第二次全国农业普查对全市农村居民的生活条件进行了全面调查。现将主要结果公布如下:

一、住宅及卫生设施

2006年末,全市农村居民平均每户拥有住宅面积129.7平方米。99.5%的住户拥有自己的住宅,其中,拥有1处住宅的农户占92%;拥有2处住宅的农户占7.2%;拥有3处以上住宅的农户占0.3%,没有住宅的农户占0.5%。

农户的住宅类型主要为平房。其中,居住平房的农户占50.8%,居住楼房的农户占46.1%,居住其他类型住房的农户占3.1%。

住宅结构主要为砖木和砖混结构。住宅为砖木结构的农户占23.2%;砖混结构的农户占72.2%;钢筋混凝土结构的农户占2.1%;竹草土坯结构的农户占2.0%;其他结构的农户占0.5%。

2006年末使用水冲式厕所的农户占17.5%,使用旱厕、简易厕所或无厕所的农户占82.5%。

二、饮用水

2006年,全市农村住户中,有10.4%的农户获取饮用水存在困难,有61.7%的

表1　住房面积与住宅卫生设施构成

	比重(%)
户均拥有住房面积(平方米)	129.7
按拥有住房数量分	
拥有1处住宅的住户	92.0
拥有2处住宅的住户	7.2
拥有3处以上住宅的住户	0.3
没有住宅	0.5
按住房类型分	
楼房的住户	46.1
平房的住户	50.8
其他的住户	3.1
按住房结构分	
钢筋混凝土的住户	2.1
砖混的住户	72.2
砖木的住户	23.2
竹草土坯的住户	2.0
其他的住户	0.5
水冲式厕所	17.5
旱厕、简易厕所或无厕所	82.5

表2　饮用水情况

	比重(%)
获取饮用水困难住户	10.4
使用入户管道水	61.7
按饮用水水源分的住户	
净化处理过的饮用水	23.9
深井水	28.8
浅井水	33.0
江河湖水	5.2
池塘水	1.0
雨水	2.7
其他水	5.4

农户通过管道取水。饮用水经过净化处理的农户占 23.9%;饮用水为深井水的农户占 28.8%; 饮用水为浅井水的农户占 33%; 饮用水来源于江河湖水的农户占 5.2 %; 饮用水为池塘水的农户占 1%;饮用水来源于雨水的农户占 2.7%; 饮用水来源于其他水源的农户占 5.4%。

三、炊事能源

农村居民炊事使用的能源主要为柴草。其中,主要使用柴草的农户占 80.5%;主要使用煤的农户占 0.6%; 主要使用煤气或天然气的农户占 14.6%;主要使用沼气的农户占 3.7%; 主要使用电的农户占 0.6%。

四、耐用消费品

2006 年末全市农村居民平均每百户

表 3 按主要使用的炊事能源类型分的住户构成

	比重(%)
柴草	80.5
煤	0.6
煤气、天然气	14.6
沼气	3.7
电	0.6

表 5 主要耐用消费品拥有量

	每百户拥有量
彩电	78.4
汽车	2.0
摩托车	50.1
固定电话	34.6
手机	73.3
电脑	1.2

拥有彩电 78.4 台; 固定电话平均每百户拥有 34.6 部; 手机平均每百户拥有 73.3 部,电脑平均每百户拥有 1.2 台;摩托车平均每百户拥有 50.1 辆; 生活用汽车平均每百户拥有 2.0 辆。

注:1.住宅:一般指上有顶、周围有墙,能防风避雨,供人居住的房屋。按照各地生活习惯,可供居住的窑洞、竹楼、蒙古包、帐篷、毡房、船屋等也包括在内。

2.住宅面积:指住户所拥有的全部住宅的建筑面积,包括自住、租出和空置的住房建筑面积。

3.获取饮用水困难:主要指到取水点的水平距离大于 1 公里或垂直高差超过 100 米、正常年份连续缺水 70 天以上,或单次取水时间超过半小时。也包括村干部或农户反映的水质混浊、水质超标等现象。

4.炊事用能源:指住户在家庭炊事中使用的主要能源。

第五号

(2008 年 5 月 14 日)

农村劳动力资源与就业

我市第二次全国农业普查对全市农村劳动力资源与就业情况进行了全面调查,现将主要结果公布如下:

一、农村劳动力资源总量与结构

2006 年末,全市农村劳动力资源总量为 261.8 万人。其中,男劳动力占 51.9%;女劳动力占 48.1%。

农村劳动力资源中,20 岁及以下占 12.9%;21~30 岁占 18.7%;31~40 岁占 22.6%;41~50 岁占 19.6 %;51 岁以上占 26.2%。

农村劳动力资源中,文盲占 2.3%;小学文化程度占 28.8%; 初中文化程度占 58.0%;高中文化程度占 9.9 %;大专及以上文化程度占 1.0%。

二、农村劳动力流动

2006 年,农村外出从业劳动力 93.17 万人。其中,男劳动力占 57.7%;女劳动力占 42.3%。

外出从业劳动力中,20 岁及以下占 19.2%,21~30 岁占 47.5%,31~40 岁占 22.9%,41~50 岁占 8.3%,51 岁以上占 2.1%。

外出从业劳动力中,文盲占 0.2%,小学文化程度占 12.4%, 初中文化程度占 77.4%,高中文化程度占 8.3%,大专及以上文化程度占 1.7%。

外出从业劳动力中, 在乡外县内从业的劳动力占 5.5%, 在县外市内从业的劳动力占 17.1%,在市外区内从业的劳动力占 7.1%, 去区外从业的劳动力占 70.3%。

外出从业劳动力中, 从事第一产业的劳动力占 4.8%, 从事第二产业的劳动力占 59.9%, 从事第三产业的劳动力占 35.3%。

注:1.劳动力资源:是指 2006 年末农村常住人口中 16 周岁及以上具有劳动能力的人口。

2.农村外出从业劳动力:是指农村住户户籍从业人员中 2006 年到本乡镇行政管辖区域以外从业 1 个月及以上的人员。

表 1 农村劳动力资源总量及构成

	计量单位	数量
农村劳动力资源总量	万人	261.8
按性别		
男性	%	51.9
女性	%	48.1
按年龄分组		
20 岁及以下	%	12.9
21~30 岁	%	18.7
31~40 岁	%	22.6
41~50 岁	%	19.6
50 岁以上	%	26.2
按文化程度分组		
文盲	%	2.3
小学	%	28.8
初中	%	58.0
高中	%	9.9
大专及以上	%	1.0

表 2 农村外出从业劳动力总量及构成

	计量单位	数量
外出从业劳动力	万人	93.17
按性别分		
男性	%	57.7
女性	%	42.3
按年龄分组		
20 岁及以下	%	19.2
21~30 岁	%	47.5
31~40 岁	%	22.9
41~50 岁	%	8.3
50 岁以上	%	2.1
按文化程度分组		
文盲	%	0.2
小学	%	12.4
初中	%	77.4
高中	%	8.3
大专及以上	%	1.7

表 3 农村外出劳动力流向及从业情况

	比重(%)
外出从业劳动力按从业地区分	
乡外县内	5.5
县外市内	17.1
市外区内	7.1
区外	70.3
外出从业劳动力按产业分	
第一产业	4.8
第二产业	59.9
第三产业	35.3

(摘自《南宁日报》)

责任编辑 沈述莲

索　　引

说　明

一、本索引是《南宁年鉴·2008》的内容分析索引。正文(包括条目、文献、资料、图片和表格)中凡具有独立检索意义的完整资料，都可以通过本索引进行检索。

二、本索引按汉语拼音字母(同音字按声调)顺序排列。类目、分目、次分目作索引款目用黑体字排印，其余款目均用宋体字排印。表格、图片、示意图在其款目后分别注明“表”、“图”或“示意图”。

三、索引款目后的数字表示内容所在的页码，数字后的拉丁字母(a、b、c)表示栏别(即版面的1、2、3栏)。空2字起排的款目为上一主题的“附见”。同一主题的“参见”，只标页码。内容有交叉的款目，为便于读者检索，在本索引中重复出现。

四、“专文”、“特载”、“特辑”、“图片专辑”、“附录”在栏目的内容不作索引。

C

E

F

G

H

J

K

L

M

N

O

P

Q

R

S

T

W

Y

Z